D1718569

J. von Staudingers
Kommentar zum Bürgerlichen Gesetzbuch
mit Einführungsgesetz und Nebengesetzen
Zweites Buch. Recht der Schuldverhältnisse
§§ 244−248 (Geldrecht)

J. von Staudingers
Kommentar zum Bürgerlichen Gesetzbuch
mit Einführungsgesetz und Nebengesetzen

Zweites Buch
Recht der Schuldverhältnisse
§§ 244–248 (Geldrecht)

Dreizehnte
Bearbeitung 1997
von
Andreas Blaschczok
Karsten Schmidt

Redaktor
Michael Martinek

Sellier – de Gruyter · Berlin

Die Kommentatoren

Dreizehnte Bearbeitung 1997
Vorbemerkungen zu §§ 244 ff; §§ 244, 245,
248: KARSTEN SCHMIDT
§ 246: ANDREAS BLASCHCZOK (Neukommentierung unter teilweiser Verwendung der Vorauflage)
§ 247: MICHAEL MARTINEK (Hinweise des
Redaktors)

12. Auflage
Vorbemerkungen zu §§ 244 ff; §§ 244−248:
KARSTEN SCHMIDT (1982)

11. Auflage
§§ 244−248 Landgerichtsdirektor a. D. Dr. Dr.
WILHELM WEBER (1967)

Sachregister

Rechtsanwalt Dr. Dr. VOLKER KLUGE, Berlin

Zitierweise

STAUDINGER/K SCHMIDT (1997) Vorbem 1 zu
§§ 244 ff
STAUDINGER/BLASCHCZOK (1997) § 246 Rn 1

Zitiert wird nach Paragraph bzw Artikel und
Randnummer.

Hinweise

Das **vorläufige Abkürzungsverzeichnis** für das
Gesamtwerk STAUDINGER befindet sich in
einer Broschüre, die zusammen mit dem Band
§§ 985−1011 (1993) geliefert worden ist.

Der **Stand der Bearbeitung** ist jeweils mit Monat
und Jahr auf den linken Seiten unten angegeben.

Am Ende des Bandes befindet sich eine Übersicht über den aktuellen **Stand des Gesamtwerks**
STAUDINGER zum Zeitpunkt des Erscheinens
dieses Bandes.

Die Deutsche Bibliothek – CIP-Einheitsaufnahme

J. von Staudingers Kommentar zum Bürgerlichen Gesetzbuch : mit Einführungsgesetz und
Nebengesetzen / [Kommentatoren Karl-Dieter Albrecht . . .]. – Berlin : Sellier de Gruyter
Teilw. hrsg. von Günther Beitzke . . . – Teilw. im Verl. Schweitzer, Berlin. – Teilw. im
Verl. Schweitzer de Gruyter, Berlin
ISBN 3−8059−0784−2

Buch 2. Recht der Schuldverhältnisse
§§ 244-248 (Geldrecht) / von Andreas Blaschczok ; Karsten Schmidt. Red. Michael Martinek. – 13. Bearb. – 1997
ISBN 3−8059−0886−5

Printed in Germany. – Satz und Druck: Buch-
und Offsetdruckerei Wagner GmbH, Nördlin-
gen. – Bindearbeiten: Lüderitz und Bauer,
Buchgewerbe GmbH, Berlin. – Umschlagge-
staltung: Bib Wies, München.

♾ Gedruckt auf säurefreiem Papier, das die
DIN ISO 9706 über Haltbarkeit erfüllt.

Inhaltsübersicht

---

* Zitiert wird nicht nach Seiten, sondern nach
Paragraph bzw Artikel und Randnummer; siehe
dazu auch S VI.

Vorbemerkungen zu §§ 244—248

Schrifttum

Acta monetaria, Jahrbuch für Geldordnung und Geldethik (1977 ff)
ANDREAE, Geld und Geldschöpfung (1953)
ASCARELLI, Studi giuridici sulla moneta (1952)
BECHLER, Geld und Währung I: Theorie des Geldes und der Geldpolitik (1978)
BENDA, Geld und Währung in der Rechtsprechung des Bundesverfassungsgerichts, in: HAHN (Hrsg), Das Geld im Recht (1986) 9
BENDIXEN, Geld und Kapital (3. Aufl 1922)
ders, Das Wesen des Geldes (4. Aufl 1926)
BOMBACH/GAHLEN/OTT (Hrsg), Geldtheorie und Geldpolitik (1988)
WILFRIED BRAUN, Monetärrechtliche Probleme vertraglicher Geldwertsicherung im grenzüberschreitenden Wirtschaftsverkehr (Diss Würzburg 1979)
BRUNNER ua, Geld- und Währungsordnung, Schriften des Vereins für Sozialpolitik 138 (1983)
BRUNNER/MONISSEN/NEUMANN (Hrsg), Geldtheorie (1974)
BUDGE, Lehre vom Geld I (1933)
BURAWOY, Der Knappsche Nominalismus und seine Rechtfertigung (1929)
BURGHARDT, Geld und Währung (4. Aufl 1974)
BURCKHARDT, Das Geld, ZBernJV 71 (1935) 6
BURSTEIN, Money (Cambridge/Mass 1963)
CARSON (Hrsg), Money and finance (New York, London 1967)
CHANDLER, The monetary financial system (New York 1979)
CHANDLER-GOLDFELD, The Economics of Money and Banking (7. ed New York 1977)
CLAASSEN, Probleme der Geldtheorie (2. Aufl 1980)
CREUTZ, Das Geld-Syndrom (2. Aufl 1995)
CROWTHER, An outline of money (1946)
DEL VECCHIO, Grundlinien der Geldtheorie (1930)
DÖRING, Die Geldtheorien seit Knapp (2. Aufl 1922)

DUDEN, Der Gestaltwandel des Geldes und seine rechtlichen Folgen (1968)
EHRLICHER, Geldtheorie, in: Handwörterbuch der Sozialwissenschaften IV (1965)
ders, Geldtheorie und Geldpolitik III: Geldtheorie, in: Handwörterbuch der Wirtschaftswissenschaft III (1981) 374
ELSTER, Die Seele des Geldes (2. Aufl 1923)
FORSTMANN, Geld und Kredit (1952)
FÖGEN, Geld- und Währungsrecht (1969)
FORSTER/CATCHINGS, Money (2. Aufl 1924)
FRAENKL, Geld, die Philosophie und die Psychologie des Geldes (1979)
ders, Two Philosophies of Money (New York 1970)
FRAUENFELDER, Das Geld als allgemeiner Rechtsbegriff (1938)
FUERST, Die Konsumtheorie des Geldes (1968)
GALBRAITH, Money. Whence it came, where it went (Boston 1975) = Geld. Woher es kommt, wohin es geht (1976)
GEMTOS, Die Neubegründung der Quantitätstheorie durch Milton Friedman (1975)
GERBER, Geld und Staat (1926)
GERLOFF, Geld und Gesellschaft (1952)
GOCHT, Kritische Betrachtung zur nationalen und internationalen Geldordnung (1975)
GOLDSCHMIDT, Handbuch des Handelsrechts I/2 (1868) 1060 ff
HAHN (Hrsg), Das Geld im Recht (1968)
ders, Währungsrecht (1990)
HARROD, Money, A comprehensive Account of the Nature of Money and of the Development of Monetary Theory and of modern Institutions (London 1874)
HARTMANN, Über den rechtlichen Begriff des Geldes und den Inhalt der Geldschulden (1868)
HAWTREY, Currency and Credit (4. ed London 1950)
HELFFERICH, Das Geld (6. Aufl 1928)
HICKS, Critical Essays in Monetary Theory (1967)

Karsten Schmidt

FRIEDRICH HOFFMANN, Kritische Dogmengeschichte der Geldwerttheorie (1907)

ISSING, Einführung in die Geldpolitik (6. Aufl
1996)

ders, Einführung in die Geldtheorie (10. Aufl
1995)

JUNG, Das privatrechtliche Wesen des Geldes
(1926)

KATH, Geld und Kredit; in: Vahlens Kompendium der Wirtschaftstheorie und Wirtschaftspolitik I (1980) 155

KEYNES, Vom Gelde (A treatise on Money)
(Nachdruck 1955)

ders, A Tract on Monetary Reform (1923) =
Ein Traktat über Währungsreform (1924)

KIEFNER, Geld und Geldschuld in der Privatrechtsdogmatik des 19. Jahrhunderts, in:
COING/WILHELM (Hrsg), Wissenschaft und
Kodifikation des Privatrechts im 19. Jahrhundert V (Geld und Banken) (1980) 27

KINLEY, Money. A Study of the Theory of the
Medium of Exchange (New York 1904)

KNAPP, Staatliche Theorie des Geldes (3. Aufl
1921)

KNIES, Das Geld (2. Aufl 1885)

KÖHLER, Der Geldkreislauf (1962)

KOEHLER, Geldwirtschaft I (2. Aufl 1977)

KORNER, Entdeckung des wertbeständigen
Geldes (1961)

OTTO KRAUS, Geld-Kredit-Währung (1958)

LAUGHLIN, The Principles of Money (1903)

LIEFMANN, Geld und Gold (1916)

LOJACONO, Aspetti privatistici del fenomeno
monetario (1955)

LÜTGE, Einführung in die Lehre vom Gelde
(2. Aufl 1948)

LUKAS, Aufgaben des Geldes (1937)

LUTZ, Geld und Währung. Gesammelte
Abhandlungen (1962)

F A MANN, The Legal Aspect of Money
(5. Aufl 1992)

ders, Das Recht des Geldes – Eine rechtsvergleichende Untersuchung auf der Grundlage
des englischen Rechts (1960)

vMAYDELL, Geldschuld und Geldwert (1974)

vMISES, Theorie des Geldes und der Umlaufmittel (2. Aufl 1924)

HERO MOELLER, Die Lehre vom Gelde (1925)

HANS MÖLLER, Zur Vorgeschichte der Deutschen Mark (1961)

MOLL, Logik des Geldes (4. Aufl 1956)

MÜNCH, Das Giralgeld in der Rechtsordnung
der Bundesrepublik Deutschland (1990)

MUNDELL, Monetary Theory (1971)

NEUMAYER, Internationales Verwaltungsrecht
III/2 (1930)

NEWLYN, Theory of Money (3. ed Oxford
1978)

NIEHANS, The Theory of Money (Baltimore
1978)

ders, Theorie des Geldes (1980)

NORTH, Das Geld und seine Geschichte (1994)

ders, Von Aktie bis Zoll (1995)

NUSSBAUM, Das Geld in der Theorie und Praxis des deutschen und internationalen Rechts
(1925)

ders, Money in the Law (1950)

OBST/HINTNER, Geld-, Bank- und Börsenwesen (39. Aufl 1993)

OLIVECRONA, The problem of the monetary
unit (1957)

OTTEL, Ständische Theorie des Geldes (1934)

PATINKIN, Money, Interest and Prices (2. Aufl
1965)

PRATHER, Money and Banking (9. ed Home-
wood/Ill 1974)

Readings in Monetary Theory, Selected by a
Committee of the American Economic Association (London 1952/62)

RITTER/SILBER, Money (3. ed New York 1977)

ROBERTSON, Money (1959)

ders, Das Geld (2. Aufl 1935)

RUGINA, Geldtypen und Geldordnungen
(1949)

SAVIGNY, Obligationenrecht I (1851)

SCHAELCHLIN, Das Geld als ökonomische und
juristische Kategorie (1949)

SCHILCHER, Geldfunktionen und Buchgeldschöpfung (1958)

KARSTEN SCHMIDT, Geldrecht = mit einer
Einleitung versehene Sonderausgabe der Vorauflage dieses Kommentars (1983)

ders, Geld und Geldschuld im Privatrecht, JuS
1984, 737

ders, Die „Staatliche Theorie des Geldes":
Jahrhundertwerk oder Makulatur?, in: FS
Hahn (1997) 81

REINER SCHMIDT, Geld und Währung, in: ISENSEE/KIRCHHOF (Hrsg), Handbuch des Staatsrechts III (1988) § 82 ders, Öffentliches Wirtschaftsrecht, Allgemeiner Teil (1990)

BERNHARD SCHMITT, Die Theorie des Kreditgeldes und ihre Anforderungen im internationalen Geldverkehr (1978)

ERICH SCHMITT, Kapitalmarkt und Währungsrecht, in: HAHN (Hrsg), Das Geld im Recht (1986) 65

SCHMÖLDERS, Einführung in die Geld- und Finanzpsychologie (1975)

SCHUMPETER, Das Wesen des Geldes (1970)

SEUSS, Alles über Geld (1973)

SIMMEL, Philosophie des Geldes (2. Aufl 1907; 6. Aufl 1958)

SINGER, Das Geld als Zeichen (1920)

SLOVIN/SUSHKA, Money and economic Activity (Lexington/Mass 1977)

PAUL F SMITH, Money and financial intermediation (Englewood Cliffs 1978)

SODES, Geld und Wert (2. Aufl 1924)

SPRENGER, Das Geld der Deutschen. Geldgeschichte Deutschlands (1991)

vSTEBUT, Geld als Zahlungsmittel und Rechtsbegriff, Jura 1982, 561

STUCKEN, Geld und Kredit (2. Aufl 1957)

SUHR, Geld ohne Mehrwert (1983)

THYWISSEN, Sind Bankguthaben Geld im Rechtssinne?, BB 1971, 1304

TIEMANN, Die Geldschuld (Diss Marburg 1932)

VEIT, Reale Theorie des Geldes (1966)

WAGEMANN, Allgemeine Geldlehre I (1923)

ADOLPH WAGNER, Theoretische Sozialökonomik II/2, Sozialökonomische Theorie des Geldes und Geldwesens (1909)

WALKER, Das Buchgeld (1951)

WALRAS, Theorie des Geldes (1922)

WICKSELL, Vorlesungen über Nationalökonomie II, Geld und Kredit (1922)

WIESER, Geld, in: Handwörterbuch der Staatswissenschaften (4. Aufl 1927)

WILCZYNSKI, Comparative monetary Economics (New York 1978)

MARTIN WOLFF, Das Geld, in: Ehrenbergs Handbuch des gesamten Handelsrechts IV/1 (1917) 563

ZOTTMANN, Geld und Kredit (9.-11. Tsd 1974).

Systematische Übersicht

Karsten Schmidt

Karsten Schmidt

Alphabetische Übersicht

A. Grundlagen

I. Geld und Geldschuld als Rechtsbegriffe

1. Geld und Geldfunktionen

a) Der Geldbegriff als Methodenproblem

A 1 **aa)** Die Analyse des Geldes und der Geldfunktionen ist zunächst ein **Problem der interdisziplinären Kooperation.** Das ökonomische Schrifttum zur Lehre vom Geld ist unübersehbar. Wenn es im folgenden um Geld und Geldschuld *im Rechtssinne* und um die *rechtlichen* Probleme von Geld und Geldschuld geht, so stellt sich alsbald die Frage, in welchem Umfang wirtschaftswissenschaftliche Begriffe und Aussagen zu befragen sind. Das Problem der Zusammenarbeit von **Wirtschaftswissenschaft und Rechtswissenschaft** erwies sich bereits im 19. Jahrhundert als Kernfrage im Methodenstreit um das Geldrecht (vgl zu den Standpunkten von SAVIGNY und HARTMANN die Analyse von KIEFNER 42 f). Heute noch wird über das Nebeneinander eines wirtschaftlichen und eines rechtlichen Geldbegriffs diskutiert (HAHN § 2 Rn 50). Dieses Problem kann hier nicht allgemein entwickelt werden*. Festzuhalten bleibt folgender Standpunkt: Der Geldbegriff so wie er hier verwendet werden soll, kann nur ein *Rechtsbegriff* sein, dh ein Begriff, der rechtliche Aussagen über Geld und Geldschuld ermöglicht. Aber als deskriptiver Begriff muß der Geldbegriff der Welt der Tatsachen entlehnt, kann also nicht ohne Bezug zur Rechtswirklichkeit entwickelt werden. Daraus folgt zunächst, daß auch der juristische Geldbegriff nicht ohne Berücksichtigung wirtschaftswissenschaftlicher Erkenntnisse formuliert werden kann. Mit der im wirtschaftswissenschaftlichen Schrifttum hM soll daher der Geldbegriff aus den **Geldfunktionen** entwickelt werden (Rn A 10, 13). Dabei erweist es sich als notwendig, diese Funktionen nach Kräften am Ist-Befund zu messen, den Geldbegriff also von Sollenssätzen nach Kräften freizuhalten. Unbrauchbar, weil nur iS eines Sollenssatzes, nicht einer beschreibenden Definition zu begreifen (6 ff, 72, 218), ist zB die Begriffsbestimmung bei FRAUENFELDER (218): „Das Geld (im Rechtssinn) ist das in einer zwingenden Norm zu bestimmende teilbare, absatzfähige (allgemein begehrte), in seiner durchschnittlichen Kaufkraft (zum mindesten relativ) beständige allgemeine subsidiäre Exekutionsmittel des Privatrechts, dh der Rechtsordnung mit Vertragsfreiheit und Privateigentum." Die Rücksichtnahme auf ökonomische Befunde zwingt aber auf der anderen Seite nicht zu einer Einheitsterminologie. Eine Identität des Begriffes Geld in den wissenschaftlichen Disziplinen ist allenfalls wünschenwert, keineswegs aber zwingend geboten. Ob zwischen einem ökonomischen und einem juristischen Geldbegriff unterschieden werden darf, ist str (bejahend STAUDINGER/WEBER[11] Vorbem 2 f zu §§ 244, 245; vgl auch bes HAHN § 2 Rn 49 f; HELFFERICH 257 ff, 320 ff; F A MANN, Legal Aspect 5; MARTIN WOLFF, in: EhrenbHandb IV/1 563 ff, 573 ff; verneinend

---

* Schrifttum: ALBACH, Ökonomie und Recht, in: SCHOLZ (Hrsg), Wandlungen der Technik und Wirtschaft als Herausforderung des Rechts (1985) 23; ders, Das Verhältnis der Wirtschaftswissenschaft zur Rechtswissenschaft, Soziologie und Statistik, Schriften des Vereins für Socialpolitik 33 (1964); BUCHANAN, Das Verhältnis der Wirtschaftswissenschaft zu ihren Nachbardisziplinen, in: JOACHIMSEN-KNOBEL (Hrsg), Gegenstand und Methoden der Nationalökonomie (1971) 88; RINCK, Wirtschaftswissenschaftliche Begriffe in Rechtsnormen, in: FS 150 Jahre Carl Heymanns Verlag (1965) 361; STAMMLER, Wirtschaft und Recht (5. Aufl 1924); zum Standpunkt des Verf vgl RAISCH/KARSTEN SCHMIDT, Rechtswissenschaft und Wirtschaftswissenschaften, in: DIETER GRIMM (Hrsg), Rechtswissenschaft und Nachbarwissenschaften I (1973 = 2. unv Aufl 1976) 143; KARSTEN SCHMIDT, Rechtswissenschaft und Wirtschaftswissenschaften im Unternehmensrecht in: KOTSIRIS (Hrsg), Law at the Turn of the 20th Century (Thessaloniki 1994) 337; speziell zum Recht des Geldes vgl etwa: FRAUENFELDER, Das Geld als allgemeiner Rechtsbegriff (1938) 22 ff; GERBER, Geld und Staat (1926) 17 ff; GÜNTER, Zur volkswirtschaftlichen Problematik der Indexklauseln bei Inflation, in: HORN/TIETZ (Hrsg), Sozialwissenschaften im Studium des Rechts I (1977) 41; vMAYDELL, Geld und Währung, in: HORN/TIETZ (Hrsg), Sozialwissenschaften im Studium des Rechts (1977) 31; KARSTEN SCHMIDT, Die Staatliche Theorie des Geldes: Jahrhundertwerk oder Makulatur, in: FS Hahn (1997) 81; SCHUMPETER, Das Wesen des Geldes (1970).

SIMITIS AcP 159 [1960] 418). Da Begriffe – Rechtsbegriffe zumal – Abbreviaturen für sachliche Aussagen darstellen, kann eine unterschiedliche Terminologie in den Fachdisziplinen durchaus sachgerecht sein. Die im folgenden verwendete Terminologie nimmt deshalb Gültigkeit nur für das Recht des Geldes in Anspruch. Mit der terminologisch „richtigen" (dh zweckmäßigen, sachgerechten) Nomenklatur der wirtschaftswissenschaftlichen Forschung kann sich die hier verwendete Begrifflichkeit decken, aber sie muß sich mit ihr nicht decken.

A 2 **bb)**   Das **Verhältnis der Rechtsordnung zum Geld** gehört zu den theoretischen *Grundproblemen* der Lehre vom Geld und von der Geldschuld. Doch sollte diese Lehre vor Fehleinschätzungen des Problems bewahrt werden, die bisweilen schon im Ausgangspunkt zu schiefen Fragestellungen führen. Unrichtig gestellt ist zunächst die Frage, ob Geld eine wirtschaftliche oder eine rechtliche Erscheinung ist; es ist das eine und das andere zugleich (GERBER 57). Herkunft und Ziel der Geldverwendung sind unzweifelhaft ökonomischer Art. Aber das Geld als rechtliches Phänomen beruht auf der Anerkennung durch die Rechtsordnung und ist in diesem Sinne Erzeugnis der Rechtsordnung (GOLDSCHMIDT, HandB I/2 1069 ff; LABAND, Das Staatsrecht des Dt Reiches III [5. Aufl 1913] 170; NUSSBAUM, Das Geld 17; MARTIN WOLFF, in: EhrenbHandB IV/1 575; vgl auch GERBER 59). Der Streit, ob das Geld ein Geschöpf der Rechtsordnung ist (KNAPP 3) oder ob es seinem Ursprung nach eine volkswirtschaftliche Institution ist (so zB HELFFERICH 320; LÜTGE 15 f), droht deshalb in die Irre zu leiten (dies ist erkannt bei ELSTER 71 ff; FORSTMANN 29 f). Es geht bei diesem Streit um das komplexe Verhältnis zwischen der Rechtsordnung und der Welt der Tatsachen, nicht um ein tatsachengetreues Bild von der Entstehung des Geldes. Niemand – auch nicht KNAPP! – hat je geleugnet, daß tatsächlicher Gebrauch zur Entstehung des Geldes geführt hat; aber ebensowenig sollte man leugnen, daß nicht schon die Einbürgerung einer fungiblen Werteinheit (etwa der „Zigarettenwährung" nach dem Zweiten Weltkrieg!), sondern nur deren Anerkennung durch die Rechtsordnung dieser Werteinheit diejenigen Eigenschaften verleiht, die sie im Rechtssinne zu Geld werden lassen. An ihr und damit am Rechtsbegriff „Geld" fehlt es, wo Freigeldbewegungen und Tauschinstitutionen privates Tauschgeld einführen (dazu etwa BRANDENSTEIN/CORINO/PETRI NJW 1997, 825 f). Daß diese Anerkennung einer gesetzlichen Basis bedarf (Rn A 3), ist allerdings nicht begrifflich vorgegeben, sondern beruht auf dem positiven Staatsrecht. Es ist deshalb keineswegs widersprüchlich oder auch nur überraschend, wenn das Geld, je nach dem Blickwinkel, einmal als Produkt des Wirtschaftslebens, dann wieder als Geschöpf der Rechtsordnung erscheint (vgl hierzu MOLL 21 f). Dies ist auch kein Grund zu der Folgerung, Geld sei also weder das eine noch das andere (überzeugend SIMITIS AcP 159 [1960] 417 Fn 52). *Vielmehr bleibt festzuhalten*: Der *ökonomische Begriff des Geldes* – wenn es ihn als Einheitsbegriff gibt – *kann* von der Anerkennung durch die Rechtsordnung abhängig sein; der *Rechtsbegriff* Geld *muß* von der Anerkennung durch die Rechtsordnung abhängig sein.

A 3 **cc)**   Hieran anknüpfend stellt sich die **Frage nach der maßgeblichen Rechtsquelle**, also die Frage nach dem **Verhältnis zwischen Geld und Gesetzgebung**. Das Problem ist ein solches der Rechtsetzungsbefugnis und deshalb nur theoretisch streng von der Frage zu trennen, ob das Geld als Produkt des Wirtschaftslebens stets auch schon Geld im Rechtssinne ist. Um ein theoretisches – diesmal politisches – Grundlagenproblem des Geldrechts handelt es sich auch hier. Während die einen dem *staatlichen Gesetzgeber* allein die Befugnis zusprechen, über die Entstehung von Geld zu entscheiden (zB RGZ 96, 262, 265 = JW 1920, 43 f; KNAPP 1 ff, 19; F A MANN, Recht des Geldes 10; MARTIN WOLFF, in: EhrenbHandB IV/1 575), gibt nach den anderen die *tatsächliche Übung* den Ausschlag (in dieser Richtung SAVIGNY, Obligationenrecht I 408; NUSSBAUM, Das Geld 14 f). Die jetzt bei HAHN (§ 2 Rn 51 ff) ausführlich dokumentierte Kontroverse zwischen der „staatlichen" Theorie und der „gesellschaftlichen" Theorie des Geldes ist für die Legitimationsanliegen des Währungsrechts und für das Verständnis der geldtheoretischen und rechtlichen Begriffe von bleibender Bedeutung, und sie ist Spiegelbild des staatstheoretischen Grundverständnisses der Rechtsordnung. Da die tatsächliche Massengewohnheit der Annahme staatlicher Zahlungsmittel zwar durch deren Ausgestaltung als gesetzliche Zahlungsmittel ermöglicht wird, von dieser aber nicht notwendig abhängt (vgl ISSING, Geldtheorie 2), führen die beiden Modelle notwendig zu unterschiedlichen Geldbegriffen. Insbesondere das Vordringen des Buch- oder Giralgeldes hat der gesellschaftsrechtlichen Theorie des Geldes erheblichen Auftrieb gegeben (eingehend HAHN § 2 Rn 42 ff). Für die praktische Rechtsfindung sollte diesem Streit indes nur noch historische, terminologische sowie rechtspolitische Bedeutung beigemessen werden (über die Bedeutung von SAVIGNYS Abneigung gegen hoheitliche Eingriffe in private Rechtsverhältnisse für die Geldschuldlehre vgl KIEFNER 37 f). Er steht außerdem in Abhängigkeit von dem verwendeten Geldbegriff (dazu Rn A 12 ff). Für das mit Annahmezwang verbundene Sachgeld (Rn A 24) steht außer Zweifel, daß eine **Währungshoheit** dem Staat – oder einem von Staaten eingerichteten supranationalen Hoheitsträger – allein das Privileg einräumt, die Geldeigenschaft von Wertzeichen festzulegen und diese Zeichen in Umlauf zu setzen (HELFFERICH 385 ff; LABAND, Das Staatsrecht des Deutsches Reiches III [5. Aufl 1913] 170 f, 173; REINHARDT, Vom Wesen des Geldes und seiner Einführung in die Güterordnung des Privatrechts, in: FS Boehmer [1954] 68; eingehend F A MANN, Legal Aspect 14 ff; ders, Recht des Geldes 10 ff; vgl aber SIMITIS AcP 159 [1960] 423 mwNw). Auch Art 73 Nr 4 GG (dazu Rn A 65) geht von dieser ausschließlichen Befugnis des Staates aus. Nach Art 73 Nr 4 GG ist das Währungs-, Geld- und Münzwesen Gegenstand der ausschließlichen Gesetzgebung des Bundes, liegt also die Währungshoheit beim Staat, und zwar beim Bund (eingehend REINER SCHMIDT, HandBStaatsR III § 82 Rn 7; HALL, Rechtsprobleme der Währungsparitätsfestsetzung [Diss Kiel 1969] 48 ff). Währung und Sachgeld werden deshalb allein vom Staat bestimmt. Nur staatliches Geld kann Sachgeld iS von Rn A 16 sein. Eine Ausdehnung des Geldbegriffs ist nur im Bereich des, seinerseits von der staatlichen Währungshoheit abhängigen, Buchgelds möglich (Rn A 28). Wenn demgegenüber ENNECCERUS/NIPPERDEY (§ 123 I) und ERNST WOLF (Schuldrecht I § 4 D II b) noch zwischen staatlichem Sachgeld und Verkehrsgeld unterscheiden, so beruht dies auf unzureichender Trennung des Geldes von bloßen Tauschgegenständen (dazu jetzt auch HAHN § 2 Rn 42). Geld ist nach ERNST WOLF staatliches Geld, wenn der Tauschwert ein aufgedruckter oder aufgeprägter Tauschwert in einer staatlichen Währung ist. Von usuellem Geld oder Verkehrsgeld spricht ERNST WOLF bei solchen vertretbaren Sachen, deren Verkehrswert darauf beruht, daß sie in einem Gebiet üblicherweise zur Erfüllung von Geldschulden geleistet und angenommen werden. Zum Verkehrsgeld rechnet ERNST WOLF sowohl das Warengeld, das als Ersatzgeld in Zeiten des Währungsverfalls an die Stelle der staatlichen Währung tritt (Roggenwährung, Zigarettenwährung etc), als auch ausländisches Geld, das in einem Gebiet kursiert, in dem die ausländische Währung nicht gilt. Auch das auf Tauschfunktionen beschränkte Verkehrsgeld bei Tauschringen etc (BRANDENSTEIN/CORINO/PETRI NJW 1997, 825 f) könnte hierher gehören. Ein solcher Geldbegriff entspricht aber nicht dem gerade von ERNST WOLF betonten *Rechtsbegriff* Geld. Dieser ist an der nominalistischen Funktion des staatlichen Geldes orientiert. Er erfaßt daher sowohl inländisches als auch ausländisches Geld, immer jedoch nur Geld mit rechtsverbindlich bestimmtem Nennwert. Geld iS der hier verwendeten Terminologie ist also stets staatliches Geld, wenn auch nicht stets iS des Wortgebrauchs von ERNST WOLF, denn es verliert diese Eigenschaft nicht dadurch, daß Geldzeichen auch außerhalb des eigenen Währungsgebietes kursieren. Damit ist die Frage nach dem Verhältnis zur „Staatlichen Theorie des Geldes" gestellt.

A 4 Die von dem Wirtschaftswissenschaftler KNAPP entwickelte, in den Wirtschaftswissenschaften von Anbeginn umstrittene und heute überwiegend abgelehnte **Staatliche Theorie des Geldes** (Rn A 11, D 2) hat im rechtswissenschaftlichen Schrifttum nicht zuletzt deshalb so viel Gefolgschaft gefunden, weil sie den Begriff des Sachgelds konsequent auf das staatliche Geld beschränkt und die *ausschließliche Befugnis des Staates zur Schaffung von Geld* festgeschrieben hat. Darin liegt die Beschränkung, aber auch das Verdienst der Staatlichen Theorie, die von F A MANN (Recht des Geldes 10 f) auf die plausible Formel gebracht wird: „Nur diejenigen beweglichen Sachen sind Geld, denen vom Recht, dh vom Staate oder auf Grund einer staatlichen Ermächtigung, Geldcharakter verliehen wird." Oder (Legal Aspect 14): „Only those chattels are money to which such character has been attributed by law, i.e. by the authority of the State." Der Staatlichen Theorie des Geldes sind in der weiteren Entwicklung zwei große Feinde gewachsen: die Inflation des staatlichen Geldes (Rn D 17) und die private Buchgeldschaffung (Rn A 9). Vor allem haftet die Staatliche Theorie des Geldes ausschließlich am Musterbeispiel der Schaffung von Wertzeichen (KARSTEN SCHMIDT, in: FS Hahn [1997] 86 ff). Darin ist sie ein Kind des 19. Jahrhunderts, und ihre Ergebnisse scheinen heute banal (vgl SCHUMPETER 83 f). Aus heutiger Sicht ist der notwendige Blick auf die Geldfunktionen zu vermissen (KARSTEN SCHMIDT, in: FS Hahn [1997] 90). Auch hat diese von einem Nationalökonomen erdachte Theorie nicht wirklich zu einer interdisziplinären Befruchtung des Geldrechts beigetragen (ebd sowie Rn A 11, Rn A 19). Hinzu kommt eine Auflehnung des Privatrechts gegen die Hegemonie des öffentlichen Rechts, das noch die Lehre von KNAPP beherrschte. Das ändert indes nichts an einem berechtigten Grundanliegen dieser Lehre. Die Staatliche Theorie des Geldes ist zwar in ihren staatstheoretischen Grundlagen überholt, und ihre sachlichen Aussagen beschränken sich auf die Bereiche der Währung und des Sachgeldes, aber sie verdeutlicht in diesem Rahmen die *Legitimationsvoraussetzungen des Geldwesens*. In diesem Sinn und mit dieser Beschränkung ist der Staatlichen Theorie des Geldes terminologisch und sachlich zu folgen: Sie verdeutlicht das *Währungsmonopol des Staates* (bzw supranationaler Institutionen) und sein *Monopol bei der Emission von Geldzeichen*. Zwar hat SIMITIS dazu aufgerufen, die Staatliche Theorie des Geldes als Grundlage und Rechtfertigung des (scil: Gesetzes-) Positivismus in der Geldlehre abzulehnen, denn nur die Berücksichtigung der für das Geld entscheidenden wirtschaftlichen Zusammenhänge mache es möglich, „staatlichen Willkürakten auf monetärem Gebiete rechtzeitig einen Riegel vorzuschieben". Man sollte aber zwei Dinge nicht miteinander verwechseln: das Währungsmonopol des Staates, also des staatlichen Gesetzgebers, und das Legitimationsproblem bei der Ausübung dieser Währungshoheit. KNAPP (19) erklärt, nachdem er das Geld zum Geschöpf der Rechtsordnung erklärt hat, die Bestimmung der Zahlungsmittel zu einem freien Akt der Staatsgewalt. Diese währungsrechtliche Staatswillkür in öffentlichrechtlicher und ihre unbedingte Verbindlichkeit für das Recht der Geldschuld in privatrechtlicher Hinsicht konnte von KNAPPS Staatlicher Theorie des

Geldes nicht bewiesen werden. Denn charakteristisch für den rechtspositivistischen Ansatz von Knapps Theorie ist ihre rechtspolitische Blindheit, ihre „freiwillige Selbstbeschränkung" (Bendixen, in: Singer [Hrsg], Knapp/Bendixen. Zur Staatlichen Theorie des Geldes. Ein Briefwechsel [1958] 151). Die Staatliche Theorie des Geldes hat zu den Jahrhundertproblemen des Geldrechts keine bedeutsamen Beiträge geleistet (Karsten Schmidt, in: FS Hahn [1997] 88 ff). Sie ist viel zu eng angelegt, um dem Rechtsanwender das Nachdenken über Geldfunktion und Geldwert abzuschneiden (Rn A 11, D 2). Die Staatliche Theorie des Geldes sollte deshalb in ihre Schranken gewiesen, nicht jedoch generell abgelehnt werden. Indem sie das Geld zum „Geschöpf der Rechtsordnung" erklärt, sagt sie nach rechtem Verständnis auch nicht, daß nur Gesetzesrecht darüber entscheidet, ob sich Geldfunktionen auf staatlich emittiertes Sachgeld beschränken. Auch der Hinweis auf die Bedeutung des Buchgeldes vermag deshalb die auf Geldzeichen beschränkte Lehre vom Geldschöpfungsmonopol des Staates nicht zu widerlegen (wie hier im Ergebnis Münch 62 ff; anders aber Simitis AcP 159 [1960] 423 ff). Richtig ist zwar, daß mit der Existenz von Buchgeld die Möglichkeit privater Kreditschöpfung einhergeht (ausführlich Forstmann 93 ff; Schilcher 103–204) und daß solches „Kreditgeld" nicht auf staatlicher Deklaration beruht, sondern von der Barliquidität und dem ökonomischen Kalkül der Kreditnachfrager abhängt (Forstmann 92; Schilcher 105). Dasselbe gilt auch für Obligationen, die man als privatrechtlich gültiges „Papiergeld" bezeichnen mag, obwohl sie nicht auf staatlicher Autorität beruhen (Hahn § 2 Rn 12). Die Schaffung von Buchgeld ist indes ohne währungsrechtliche Grundlage nicht möglich, und sie ist qualitativ nicht dasselbe wie die Schaffung staatlichen Geldes, und zwar weder ökonomisch noch juristisch. Erst recht gilt dies für umlauffähige Schuldverschreibungen. Das staatliche (bzw supranationale) Währungssystem schafft die Rahmenbedingungen für die Kreditschöpfung. Es hat zu verhindern, daß die private Kreditschöpfung als „Willkürkreditgeld" (Forstmann 95; Lütge 83 ff; der Umgang mit dem Begriff „Willkürgeld" ist uneinheitlich!) inflationäre Prozesse in Gang setzt. Einen Gesetzesvorbehalt für die Schaffung von Kreditgeld kann die Währungshoheit des Staates nicht zum Inhalt haben. Sie braucht ihn auch nicht zum Inhalt zu haben. Folglich läßt auch das Fehlen eines solchen Gesetzesvorbehalts keinen Schluß gegen die Währungshoheit des Staates zu. Als berechtigter Kern der Staatlichen Theorie erweist sich damit der Grundsatz: Nur was währungsrechtlich legitimiert und mit Annahmezwang versehen ist, kann Geld im Rechtssinne sein.

dd)   Ob der **Rechtsbegriff Geld** ein solcher des **öffentlichen** Rechts ist (Gerber 59 ff,   **A 5** 72 ff) oder ein solcher des **privaten** Rechts (Jung, Das privatrechtliche Wesen des Geldes, passim; wohl auch Ernst Wolf, Schuldrecht I § 4 D II a mit Fn 60), ist eine Frage, die heute in diese Form nicht mehr gestellt werden sollte (Fögen 6; in diesem Punkt zutreffend bereits Frauenfelder 74 ff, der aber ebd 190 ff den Geldbegriff, gleichfalls unbefriedigend, als „öffentlichrechtlichen Begriff im Privatrecht" einordnet). Die Fragestellung mag rechtspolitisch auf einem Streit um die Hegemonie von öffentlichem oder privatem Recht beruhen. Juristisch ist sie ohne Sinn. Im Gegensatz zu der Frage, ob die Anerkennung von Geld eines Hoheitsakts bedarf (Rn A 2), ist der Rechtsbegriff „Geld" immer nur normspezifisch zu handhaben, kann also nicht abstrakt darauf befragt werden, ob er öffentlichrechtlicher oder privatrechtlicher Natur ist (vgl auch Münch 91). Wenn Gerber (67) diese Frage auf die Überlegung stützte, ob Geld seinem Wesen nach ein Stück private oder öffentliche Wirtschaft und demnach (!) als rechtliche Erscheinung dem privaten oder dem öffentlichen Recht zuzuordnen sei, dann gab er den technischen Begriffen Privatrecht und öffentliches Recht einen ihnen nicht zukommenden Inhalt. Denn der Geldbegriff ist, wenngleich als Rechtsbegriff normativ determiniert, kein Spezifikum bestimmter Normen. Er tritt als Vorfrage bei der Anwendung sowohl privatrechtlicher als auch öffentlichrechtlicher Rechtsnormen in Erscheinung. Bereits hieraus ergibt sich, daß der Begriff „Geld" im Recht kein Einheitsbegriff sein, sondern von Rechtsnorm zu Rechtsnorm mit unterschiedlichem Bedeutungsgehalt auftreten kann (Rn A 12 ff). Das gilt für Normen des öffentlichen ebenso wie für Normen des privaten Rechts.

b) Geldbegriff und Geschichte des Geldes*

A 6 aa)   Die **Geschichte des Geldes** ist zuvörderst Gegenstand nationalökonomischer Betrachtung. Die nachfolgenden Bemerkungen beschränken sich auf den für die privatrechtliche Analyse entscheidenden Aspekt: auf die *von der Ware zur Abstraktion* führende Entwicklung des Geldes. Der Ursprung des Geldes wird im Entstehen einer arbeitsteiligen Tauschwirtschaft erblickt. Zu einer Handelswirtschaft konnte diese Tauschwirtschaft nur dadurch werden, daß bestimmte Waren – sie mußten

---

* **Schrifttum:** BORN, Geldtheorie und Geldpolitik II: Geldgeschichte, in: Handwörterbuch der Wirtschaftswissenschaft III (1981) 360; CHRISTMANN, Das Bemühen von Kaiser und Reich um die Vereinheitlichung des Münzwesens (1988); DAY (Hrsg), Etudes d'histoire monétaire (Lille 1984); DUDEN, Der Gestaltwandel des Geldes und seine rechtlichen Folgen (1968); EINZIG, Primitive Money (London 1948); GEBHART, Numismatik und Geldgeschichte (1949); GERLOFF, Die Entstehung des Geldes (3. Aufl 1947); ders, Geld und Gesellschaft (1952) 30 ff; GOLDSCHMIDT, Handbuch des Handelsrechts I/2 (1868) 1060 ff; GRAMLICH, Reichsbank und Reichswährung in der Rechtsprechung des Reichsgerichts, in: FS Hahn (1997) 29; HAHN, Währungsrecht und Gestaltwandel des Geldes, in: FS Zweigert (1981) 625; HARLANDT, Die Evolution des Geldes (1989); HELFFERICH, Das Geld (6. Aufl 1928) 1–78; HÜTTER, Savignys Geldlehre (Diss Münster 1970); KIEFNER, Geld und Geldschuld in der Privatrechtsdogmatik des 19. Jahrhunderts, in: COING/WILHELM (Hrsg), Wissenschaft und Kodifikation des Privatrechts im 19. Jahrhundert, V (Geld und Banken) (1980) 27; KNIES, Das Geld (2. Aufl 1885) 1 ff; LAUM, Heiliges Geld (1924); LÜTGE, Einführung in die Lehre vom Gelde (2. Aufl 1948) 22 ff; MACHLUP, Die Goldkernwährung (1925); GUSTAV MAIER, Das Geld und sein Gebrauch (1913) 3 ff; DEL MAR, History of Monetary Systems (1895, Nachdruck 1969); MÜNCH, Das Giralgeld in der Rechtsordnung der Bundesrepublik Deutschland (1990); NAU, Epochen der Geldgeschichte (1972); NORTH, Das Geld und seine Geschichte (1994); REINHARD, Vom Wesen des Geldes und seiner Einfügung in die Güterordnung des Privatrechts, in: FS Boehmer (1954) 60; HUGO RITTER, Der Mensch und das Geld (1952); RITTMANN, Deutsche Geldgeschichte 1484–1914 (1975); RUGINA, Geldtypen und Geldordnungen (1949) 60 ff; SAVIGNY, Obligationenrecht I (1851) 408 ff; SCHMÖLDERS, Geldpolitik (2. Aufl 1968) § 3; SCHMOLLER, Über die Ausbildung einer richtigen Scheidemünzpolitik vom 14.-19. Jahrhundert, Schmollers Jahrbuch XXIV (1900) 1247; SCHREMMER (Hrsg), Geld und Währung vom 16. Jahrhundert bis zur Gegenwart (1993); BRUNO SCHULTZ, Kleine deutsche Geldgeschichte des 19. und 20. Jahrhunderts (1976); SCHUMPETER, Das Wesen des Geldes (1970) 40 ff; SIMMEL, Philosophie des Geldes (2. Aufl 1907) 129 ff; SPRENGER, Das Geld der Deutschen. Geldgeschichte Deutschlands (1991); VEIT, Reale Theorie des Geldes (1966) 22 ff; ROLF H WEBER, Das Geld in einem sich wandelnden Vermögensrecht, ZfSchweizR 100 (1981) 165; WIRTH, Das Geld. Geschichte der Umlaufmittel von der ältesten Zeit bis in die Gegenwart (1884).

allgemein gebraucht, zählbar, nach Möglichkeit auch kostbar und vor raschem Verderben geschützt sein – zu überindividuell anerkannten Tauschmitteln wurden (zum Warengeld vgl Lütge 23 ff; über Frühformen des Geldes vgl Harlandt 16 f; eingehend Gerloff, Entstehung 87 ff; noch Fichte schlug Ledergeld als Währung des geschlossenen Handelsstaats vor). Von hierher führte der Weg zu den Edelmetallen als Tauschmitteln (zum Verhältnis zwischen Substanzwert, Gebrauchswert und Nachfrage vgl Veit 23 f) und dann weiter zum Münzwesen, zunächst vor allem im griechischen und orientalischen, auch fernöstlichen Kulturraum (Gerloff, Entstehung 78 ff). Mit der Entwicklung des Münzwesens ging eine zunehmende Einflußnahme der Staatsgewalt auf die Entstehung von Geld und die Ordnung des Geldwesens einher (Münzregal). Die Geschichte des sog Münzregals seit dem klassischen Altertum ist Spiegelbild der politischen Geschichte, insbes des Aufbaus und Verfalls, der Zentralisierung und Zersplitterung staatlicher Gewalt. Geldtheoretisch war die neuzeitliche Phase des Geld- und Münzwesens zunächst von der sog metallistischen Theorie geprägt. Die *Münzhoheit* des Staates wurde jahrhundertelang nur iS einer Befugnis zu verbindlicher Festlegung des realen Metallwerts begriffen (Münze als beglaubigter Barren; vgl Goldschmidt, HandB I/2 1093 ff mwNw, 1177). Diese Deutung mußte allerdings schon im Hinblick auf Schwankungen und Imponderabilien im Wertverhältnis unter den verschiedenen Edelmetallen Theorie bleiben (vgl dazu besonders Helfferich 52 ff). Die Edelmetallknappheit im ausgehenden Mittelalter und die sich anschließende Silbereinfuhr aus der Neuen Welt brachte dieses System vollends in Unordnung (eingehend North 38 ff, 76 ff). Das Streben nach einem einheitlichen Geldsystem führte bei Festhalten am metallistischen Grundsatz teils zum *System der Goldwährung* (dazu Goldschmidt, HandB I/2 1191; Helfferich 58 ff; Gustav Maier 11); teils aber führte dieses Streben die Praxis und Theorie des Geldwesens auch auf eine neue Abstraktionsstufe: zur *Trennung des Geldwerts vom Substanzwert der Geldzeichen* (historisches Material bei Goldschmidt, HandB I/2 1185 ff). Die Loslösung von der metallistischen Grundlage des Geldwesens ließ seit dem 18. Jahrhundert Scheidemünzen und Papiergeld – dieses zunächst vielfach noch in Gestalt verzinslicher oder unverzinslicher Wertpapiere – entstehen (zu den geldtheoretischen Implikatonen vgl North 128 ff). Mit ihnen entstand das Notenbanksystem (Sprenger 151). Diese Geldschöpfungsmethode galt zunächst als unseriös (charakteristisch der Zusammenbruch der Papiergeldfinanzierung durch John Law in Frankreich; als Reaktion hierauf versteht sich wohl Goethe, Faust II, 1. Akt 4. Szene, Lustgarten). Sie wurde auch von zeitgenössischen Staatswissenschaftlern skeptisch beurteilt (vgl auch noch Goldschmidt, HandB I/2 1207) und führte teilweise zu beträchtlichem Währungsverfall (vgl näher Hahn § 1 Rn 10 ff; Helfferich 64 ff; Gustav Maier 7 f; North 128 ff). Diese Probleme sind indes Fragen der ökonomischen Grenzen der Geldschöpfung, nicht dagegen Probleme des Geldbegriffs. Sie haben die Fortentwicklung des Geldbegriffs vom Warencharakter des Geldes zur abstrakten Rechengröße nicht aufhalten können. Zu den Konsequenzen für die Lehre vom Geldwert vgl Rn D 7.

bb)   Der Prozeß der Entsubstantialisierung, also der Weg vom Warengeld zur abstrak-   **A 7**
ten Geldfunktion, ist charakteristisch für die historische Entwicklung des Geldes (Harlandt passim; Karsten Schmidt JuS 1984, 737 f). Ob eine echte Entsubstantialisierung vorliegt oder vielmehr ein Sinnwandel der Geldsubstanz, ist eine rein terminologische Frage. Gebhart und im Anschluß an ihn Schmölders haben die entwicklungsgeschichtlichen Stufen folgendermaßen bezeichnet: „magisch-mythisch bedingte Geldsubstanz" (I) „stoffwertbedingte Geldsubstanz" (II) „funktionsbedingte Geldsubstanz" (III), wobei die letzte neben dem Papiergeld auch das Buch-

geld umfaßt. Da der Begriff der Substanz Stofflichkeit suggeriert, scheint der Begriff „funktionsbedingte Geldsubstanz" für unverkörpertes Geld unglücklich, der Begriff „Entsubstantialisierung" treffender. Auch die Bezeichnung als „immaterielles Geld" (HARLANDT 90) ist für den Juristen mißverständlich, denn im Rechtssinne ist alles Geld materiell, wenn auch uU unverkörpert. Der Sinnwandel führt von der Substanz des Geldzeichens weg zu seiner abstrakten Funktion. SIMMEL (136) konstatiert, mit dem steigenden Bedürfnis nach Tauschmitteln und Wertmaßstäben werde das Geld „immer mehr aus einem Gliede von Wertgleichungen zu einem Ausdruck derselben, und insofern von dem Werte seines Substrats immer unabhängiger". Die ökonomische Erklärung dieses Prozesses der Entsubstantialisierung des Geldes wird in dem Bedürfnis nach Senkung der Transaktionskosten gesehen (CLAASSEN 61 ff; in gleicher Richtung bereits GOLDSCHMIDT, HandB I/2 1185 ff). Der ökonomische Effekt besteht in einer zunehmenden Verlagerung der Aufgabenverantwortung bei der Ausübung der staatlichen Währungshoheit: zunächst hin zu einem Geldschöpfungsmonopol des Staates und von da weiter zu einer auf die Geldmengenkontrolle zielenden Währungsaufsicht.

A 8 *Terminologisch* wurde diese Entwicklung erst allmählich nachvollzogen. Das 18. Jahrhundert sieht Banknoten noch als Geldsurrogat an und definiert das Geld nach seinem Substanzwert. KANT etwa verlangt noch, der Nominalwert des Geldes müsse durch den Fleiß, den die Hervorbringung der Sache Geld gekostet habe, gedeckt sein (Metaphysik der Sitten § 31 I). „Denn wäre es leichter, den Stoff, der Geld heißt, als die Ware anzuschaffen, so käme mehr Geld zu Markte, als Ware feil steht. ... Daher können Banknoten und Assignaten nicht für Geld angesehen werden." SAVIGNY (Obligationenrecht I 413) unterscheidet noch zwischen dem aus Silber und Gold bestehenden „wirklichen Geld" und dem Papiergeld und den Scheidemünzen als bloßem „Zeichengeld". Aber die Entwicklung der Banknoten zum gesetzlichen Zahlungsmittel erwies sich im Laufe des 18. Jahrhunderts als unausweichlich (eingehend NORTH 151 ff; SPRENGER 171 ff). Spätestens seit KNAPPS „Chartalismus" (im Gegensatz zum „Metallismus") dürfte feststehen, daß die modernen Geldzeichen nicht Schuldscheine und nicht bloß Geldersatz sind (KNAPP 41; insoweit grundlegend bereits HARTMANN 59). Mit Recht bezeichnet es KNAPP (41) als „völlig verkehrt, im echten Papiergeld keine wirkliche Zahlung zu sehen; sie ist nicht stofflich." Geld im Rechtssinne ist nicht deshalb bloß „Geldsurrogat" oder „uneigentliches Geld", weil es in Form von Papiergeld oder Scheidemünzen ausgegeben und deshalb durch seinen Metallwert nicht gedeckt ist (MARTIN WOLFF, in: EhrenbHandB IV/1 566 mwNw). Die definitive *Loslösung der Papiergeldwährung vom Goldwert* ließ das Geld einen neuen Abstraktionsgrad gewinnen: Es war nur mehr die *reine Verkörperung der Geldfunktion* (HELFFERICH 78). Eine weitere – vorläufig letzte – Abstraktionsstufe erreichte das Geld durch das *Vordringen von Buchgeld* (dazu mwN etwa DUDEN 6 f; MÜNCH 34 ff; PULVERMÜLLER, Rechtsnatur und Behandlung des privatrechtlichen Geldanspruches [Diss Würzburg 1974] 13 ff; HAHN, in: FS Zweigert [1981] 631, 634; ISELE AcP 129 [1928] 134; SIMITIS AcP 159 [1960] 423; ROLF H WEBER ZfSchweizR 100 [1981] 168 f; zur Erfüllung der Geldschuld mittels *Buchgeld* vgl Rn C 39 ff). Die Folgerichtigkeit dieser Entwicklung wird etwa deutlich, wenn SIMITIS sagt: „Was die Banknote in der Vergangenheit gegenüber der Münze war, das ist heute das Buchgeld gegenüber dem Sachgeld." Auch die terminologischen Probleme jener früheren Entwicklungsstufe kehren in neuem Gewand wieder. Bereits KNAPP (139) hat dargelegt, daß die girale Zahlung Zahlung, daß also auch Buchgeld Geld sein kann: Zu den (metallistischen) „pensatorischen" und den (nominalistischen) „chartalen" Zahlungsmitteln komme nunmehr das „girale" hinzu. Diese partielle Funktionsgleichheit muß auch in der rechtlichen Lehre vom Geld Berücksichtigung finden, ohne daß freilich der unleugbare Unterschied zwischen den Geldzeichen und dem Buchgeld terminologisch eingeebnet werden sollte. Der gegenständliche Geldbegriff ist deshalb nicht auf das Buchgeld zu erstrecken (Rn A 28). Aber aus diesem Grundsatz ist terminologisch nur noch die eigentlich selbstverständliche Folgerung zu ziehen: Buchgeld (Giralgeld) ist nicht dasselbe wie Sachgeld. Ob es als Geld oder nur als Quasi-Geld bezeichnet wird (Issing, Geldtheorie 3 f), ist insofern nur eine terminologische Frage, die davon abhängt, ob man den gegenständlichen Geldbegriff auf das sog Sachgeld beschränkt.

cc) Die **Entstehung sog Buchgelds (Giralgelds)** ist nichts als eine weitere Ebene der **A 9** Entsubstantialisierung des Geldes. Sie ist als Phänomen keineswegs neu, vielmehr ist bereits der Zahlungsverkehr der Renaissancezeit in den oberitalienischen Städten durch einen hochentwickelten bargeldlosen Zahlungsverkehr (damals vor allem durch Wechsel und ähnliche Anweisungen) gekennzeichnet (Hahn § 1 Rn 16 ff; Harlandt 90 ff; Münch 29 ff; North 33; Sprenger 95 ff). Gegen Ende des 18. Jahrhunderts entwickelten sich von England her Verrechnungssysteme in clearing houses, die heute als Wiege des modernen Giralgeldes begriffen werden (Hahn § 1 Rn 18). Für das Kaiserreich von 1871 wird bereits ein deutliches Überwiegen des Buchgeldes in der Gesamtgeldmenge konstatiert (Sprenger 202: 1876 59%, 1913 88%), und um die Wende vom 19. zum 20. Jahrhundert trat auch das Problem der willkürlichen Geldmengenvermehrung durch Buchgeld in das Bewußtsein (Münch 34 ff). Einen weiteren Schub in der Entwicklung des Buchgeldes bewirkte in den 60er Jahren die allgemeine Verbreitung der Girokonten und der Eurocheque-Zahlungen (dazu zB Harlandt 111 f; Mülhaupt, Strukturwandlungen im westdeutschen Bankenwesen [1972] 347 ff) sowie seit den 80er Jahren die durch Computer ermöglichte Automation der unbaren Zahlungs-Dienstleistungen der Banken (Einzelheiten bei Hahn § 1 Rn 24 ff; Münch 40 ff; Gramlich CR 1997, 11 ff). Verhältnismäßig neu und vermutlich erst durch diese zunehmende Ausbreitung des Giralgeldes erklärlich ist dagegen die sich hieran anschließende **Rechtsfrage, ob Buchgeld (Giralgeld) Geld im Rechtssinne ist** (dazu Rn A 28). Sie ist, wie sich aus Rn A 8 ergibt, im wesentlichen terminologischer Art. Es geht einerseits darum, der Erfüllung von Geldfunktionen mittels Buchgeld terminologisch gerecht zu werden. Anderseits muß der nach wie vor bestehende Unterschied zwischen Sachgeld und sog. Buchgeld verdeutlicht werden. In der Voraufl wurde ein zweigliedriger Geldbegriff zugrundegelegt, bestehend aus einem institutionellen Geldbegriff (Geld als Werteinheit) und einem gegenständlichen, dann aber auf Wertzeichen bezogenen Geldbegriff (Staudinger/Karsten Schmidt[12] Rn A 14). Giralgeld kann danach innerhalb des institutionellen Geldbegriffs Geldfunktionen erfüllen, ohne jedoch Geld im gegenständlichen Sinne zu sein (Staudinger/Karsten Schmidt[12] Rn A 18; krit dazu Reiner Schmidt, HandB des Staatsrechts III § 82 Rn 82; ders, Öffentliches Wirtschaftsrecht 348).

c)   Funktionen des Geldes*
aa)   **Die **Begriffsbestimmung des Geldes von den Geldfunktionen her hat sich in den **A 10**

---

* **Schrifttum:** Block, Die Marx'sche Geldtheorie (1926); Elster, Die Seele des Geldes (1920) 88 ff; Forstmann, Geld und Kredit (1952) 38 ff; Frauenfelder, Das Geld als allgemeiner   Rechtsbegriff (1938) 131 ff; Fritsch, Die Geld- und Kredittheorie von Karl Marx (1968); Gerloff, Geld und Gesellschaft (1952) 98 ff; Goldschmidt, Handbuch des Handelsrechts

ökonomischen Wissenschaften durchgesetzt (vgl statt vieler Issing, Geldtheorie 1). Geld
ist Träger von Geldfunktionen (Schilcher 16), oder – populär gewendet: „Money is
what money does". Die Geldfunktionenlehre als tauglicher Ansatz wird überwiegend anerkannt (vgl nur Simmel 116 ff, 151 f; Helfferich 259; Kerschagl 21; Schilcher 14 f
in Auseinandersetzung mit Olivecrona; BernerKomm/Rolf H Weber Art 84 OR Rn 11 ff; Simitis AcP 159 [1960] 416 unter Berufung auf Hawtrey). Nur vereinzelt wird die Fruchtbarkeit
dieses Gedankens bestritten (zB Ernst Wolf, Schuldrecht I § 4 D II a Fn 55; Wagemann
101). Durch seine Funktion unterscheidet sich das **Geld** zunächst von der **Ware**. Geld
ist zwar, da es Tauschmittel und notwendiger Bestandteil einer Wirtschaftsordnung
ist, die die Güter zueinander in meßbare Beziehungen setzt, Äquivalent von Gütern
und damit selbst ein Gut (Schilcher 24 ff; Ottel 24; Simitis AcP 159 [1960] 413 f; Hans
Möller, in: FS Neumark [1970] 638). Aber Geld – auch das einzelne Geldzeichen – ist
nicht Ware, sondern Zahlungsmittel (vgl dagegen noch zur Einordnung des Geldes bei Adam
Smith und bei Ricardo: Wagemann 19 ff). Werden Geldzeichen – etwa wegen ihres
Metallwerts – im Einzelfall zum Gegenstand des Warenhandels, so ist der Bereich
des Geldrechts und der Geldschuld verlassen (vgl auch Rn C 4 ff). Das Geld wird dann
nicht in der ihm eigenen Funktion verwendet. Wo aber Geld nicht als Geld funktioniert, ist es nicht mehr Gegenstand geldrechtlicher Betrachtung. Ob es überhaupt
noch Geld im Rechtssinne ist, ist dann privatrechtlich ohne Belang (Rn B 13; zum
Strafrecht vgl Rn A 24 und B 3).

A 11 **bb)** Die Schwierigkeit der Geldfunktionenlehre besteht einmal darin, daß die in
den Wirtschaftswissenschaften entwickelten **Kataloge der Geldfunktionen** – teils rein
terminologisch, teils aufgrund unterschiedlicher Fragestellungen – voneinander
divergieren (Überblick bei Schilcher 36–90; krit vMises 7 f); zum anderen hat man zwar
über einen mehr oder weniger vollständigen Funktionenkatalog weitgehende Einigkeit erzielt, nicht aber darüber, welches *die primären, dh für den Geldbegriff
ausschlaggebenden Geldfunktionen* sind (Schilcher 90). Klarheit gewinnt nur, wer die
Funktionsbestimmung von der konkreten, hier also (privat)rechtlichen Aufgabe her
angeht. Die politischen Implikationen der Geldfunktionen etwa sind hier ohne Interesse (vgl etwa zur marxistischen Geldtheorie Wagemann 24 f; Block passim). Der juristischen
Analyse kann nur eine Einteilung dienen, die möglichst umfassend und doch
zugleich einfach genug ist, um einerseits ohne Widerspruch zu ökonomischen Befun-
den, andererseits aber ohne ökonomischen Ballast mit ihr zu operieren. Die umfangreichen, von Autor zu Autor wechselnden Kataloge der Geldfunktionen lenken von
einheitlichen Grundgedanken vielfach ab (vorbildlich im Bemühen, das Grundsätzliche her-

---

I/2 (1868) 1060 ff; Helfferich, Das Geld
(6. Aufl 1928) 283 ff; Issing, Einführung in die
Geldtheorie (9. Aufl 1993) 1 f; Kerschagl,
Das Geld von heute (1949); Knies, Das Geld
(2. Aufl 1885) 84 ff; Liefmann, Geld und Gold
(1916) 85 ff; Lukas, Aufgaben des Geldes
(1937); vMises, Theorie des Geldes und der
Umlaufmittel (2. Aufl 1924) 1 ff; Hans Möller, Geld als wirtschaftliches Gut – Ein Beitrag
zu den Grundlagen der Geldtheorie, in: FS
Neumark (1970) 637; Reinhardt, Vom Wesen
des Geldes und seiner Einfügung in die Güte-

rordnung des Privatrechts, in: FS Boehmer
(1954) 60; Rugina, Geldtypen und Geldordnungen (1949) 18 ff; Schilcher, Geldfunktionen und Buchgeldschöpfung (1958 = 2. unv
Aufl 1973); Schmölders, Geldpolitik (2. Aufl
1968) § 4; Schumpeter, Das Wesen des Geldes
(1970); Suhr, Geld ohne Mehrwert (1983);
Veit, Reale Theorie des Geldes (1966) 51 ff;
Wagemann, Allgemeine Geldlehre I (1923)
99 ff; Martin Wolff, Das Geld, in: Ehrenbergs Handbuch des gesamten Handelsrechts
IV/1 (1917) 564 ff.

auszuarbeiten, dagegen MARTIN WOLFF, in: EhrenbHandB IV/1 564 ff). Den zahlreichen tatsächlichen Funktionen sind Hauptfunktionen überzuordnen (LÜTGE 31). Im Anschluß an FORSTMANN (53) und VEIT (51 ff) sollte unterschieden werden zwischen den *abstrakten* und den *konkreten Funktionen*. Die **abstrakten Funktionen** konzentrieren sich auf die *Wertmessereigenschaft* des Geldes, die **konkreten Funktionen** auf die Fähigkeit des Geldes, *Werttransportmittel* und *Wertaufbewahrungsmittel* zu sein. Diese Funktionen als Recheneinheit (abstrakt) und als Tauschmittel (konkret) stehen zwar in innerem Zusammenhang miteinander, sind aber doch klar voneinander zu trennen (vgl VEIT 51 ff). Bei dieser Zweiteilung sollte es bleiben. Die weiteren gebräuchlichen Differenzierungen führen über sie nicht hinaus. Ein Teil der ökonomischen Funktionen ist in den abstrakten Funktionen enthalten, so etwa die Funktion als Wertausdrucksmittel, als Kostenausdrucksmittel, als Kostenvergleichsmittel, als Preisausdrucksmittel, als Preisvergleichsmittel; die meisten Geldfunktionen, die üblicherweise noch genannt werden, fallen unter die konkreten Funktionen, so die Aufgabe als Tauschmittel, Zahlungsmittel, Schuldentilgungsmittel, Vermittler des Kapitalverkehrs usw (ähnlich WAGNER 116 ff; LUKAS 7; FORSTMANN 58; LÜTGE 130; auch MARTIN WOLFF 567 ff, die allerdings unter den hier sog konkreten Funktionen die Tauschmitteleigenschaft in den Mittelpunkt stellen; aM zB SCHILCHER 41 ff mwNw). Immer wieder hat man zwar einzelne Funktionen herausgestellt und in den Mittelpunkt der ökonomischen Funktionsanalyse gerückt (so etwa die Wertaufbewahrungsfunktion unter dem Eindruck von KEYNES' Liquiditätstheorie). Solche ökonomischen Akzentsetzungen ändern aber nichts an der juristischen Ergiebigkeit der Zweiteilung in die abstrakten und konkreten Funktionen. Der Sache nach ist diese Gegenüberstellung schon vor mehr als 100 Jahren selbst bei so unterschiedlichen Autoren wie SAVIGNY und LEVIN GOLDSCHMIDT nachweisbar. Bei SAVIGNY (Obligationenrecht I 405) erscheint Geld zunächst in der „Funktion eines bloßen Werkzeuges zur Messung des Werthes der einzelnen Vermögensbestandtheile", daneben aber noch „in einer zweiten und höheren Function, indem es den von ihm gemessenen Werth selbst in sich schließt, und so den Werth aller anderen Vermögensstücke vertritt"; in dieser zweiten Funktion verleiht Geld „dieselbe Macht, welche die durch dasselbe gemessenen Vermögensstücke zu verleihen fähig sind". GOLDSCHMIDT (HandB I/2 1060 f) bezeichnet das Geld als allgemeines Tauschgut und als allgemeines Wertmaß. Er stellt auch bereits fest, daß beide Funktionen einander bedingen (HandB I/2 1061). Die Gegenüberstellung der abstrakten und der konkreten Funktionen des Geldes ist ihrem Grundgedanken nach auch sonst allenthalben nachweisbar; so, wenn WAGEMANN (70) die Werteinheit Geld im Anschluß an LIEFMANN als ein Abstraktum, das Geld aber zugleich als etwas „durchaus Konkretes" bezeichnet: „Es repräsentiert Vermögensmacht." Beide Funktionen, die abstrakte und die konkrete stehen gleichwertig nebeneinander. Dies geleugnet zu haben, ist die „freiwillige Selbstbeschränkung" (BENDIXEN), aber auch der entscheidende *Irrtum in* KNAPPS *Staatlicher Theorie des Geldes* (eingehend Rn D 8, D 27). Diese macht die Wertmaßfunktion zu ihrer zentralen – im Grunde gar einzigen – Aussage und hat sich dem Einwand ausgesetzt, dies sei so wenig eine Funktion des Geldes wie der Staat eine Funktion des Staates sei (ELSTER 93). Erst die Doppelfunktion des Geldes erlaubt die Anwendung des Geldbegriffs auf Tatbestände des Rechts- und Wirtschaftslebens. Keine wesentliche Hilfe für die Bestimmung des Geldbegriffs leistet die Funktion des Geldes als subsidiäres Exekutionsmittel (übereinstimmend HELFFERICH 350; NUSSBAUM, Das Geld 4; REINHARDT, in: FS Boehmer [1954] 60). Hier setzen die Begriffsbestimmungen von GUSTAV HARTMANN (50 ff), von FRAUENFELDER (131 ff) und von BURCKHARDT (ZBJV 71 [1935] 11 f) an. Der Grundsatz „omnis

Vorbem zu §§ 244 ff   2. Buch

A 12, A 13   1. Abschnitt. Inhalt der Schuldverhältnisse

condemnatio pecuniaria est" entspricht nicht dem geltenden Recht (unstreitig; vgl NUSSBAUM, Das Geld 4). Richtig ist zwar, daß im Nichterfüllungsfall – sofern nicht befreiende Unmöglichkeit vorliegt – jede Verbindlichkeit iS von § 916 ZPO in eine Geldverbindlichkeit übergehen kann; richtig ist auch, daß die Fähigkeit des Geldes, hier als *subsidiäres Exekutionsmittel* zu wirken, mit den allgemeinen Funktionen des Geldes zusammenhängt. Ein Begriffsmerkmal des Geldes sollte indes daraus nicht hergeleitet werden (MARTIN WOLFF 569). Die Rechtsordnung macht sich bei der Exekution in Geld nur die abstrakte Funktion (Wertmesser) und die konkrete Funktion des Geldes zunutze.

2. Begriffsbildung

A 12   **a)**   Die **Uneinheitlichkeit des Geldbegriffs** hindert zunächst eine allgemeingültige Begriffsbildung. Ein unwandelbarer Rechtsbegriff „Geld" existiert nicht (vgl besonders ENNECCERUS/NIPPERDEY § 123 I 3; RIST, Geschichte der Geld- und Kredittheorien [1947] 303 f). Nicht einmal die Gesetze verwenden den Begriff einheitlich (FÖGEN 8). NUSSBAUM (Das Geld 2) weist mit Recht daraufhin, daß schon im BGB der Begriff durchaus uneinheitlich gebraucht wird, zB einmal iS der einzelnen Geldzeichen, dann iS des Geldes als Abstraktum, zT sogar unter Einschluß des Buchgeldes (Giralgeldes). Bereits hierin wird die **Dreiteilung des rechtlichen Geldbegriffs** erkennbar: Wir werden einen institutionellen (Rn A 15), einen gegenständlichen (Rn A 16) und einen konkret-funktionellen Geldbegriff unterscheiden (Rn A 17). Welcher dieser Rechtsbegriffe gemeint ist und wie er im einzelnen zu präzisieren ist, kann niemals eine vorab zu entscheidende Begriffsfrage sein, sondern hängt von der jeweils anzuwendenden Norm ab (so zB auch SIMITIS AcP 159 [1960] 406, 408). Die **Relativität des Begriffs Geld** wird im Schrifttum allenthalben betont (vgl nur FORSTMANN 65 ff; VEIT 55 f; ISELE AcP 129 [1928] 183 f; SIMITIS AcP 159 [1960] 408). Das gilt für die rechtswissenschaftliche ebenso wie für die ökonomische Literatur. Als Beispiel kann das bei Rn A 24 dargestellte Auseinanderfallen der allgemein geldrechtlichen und der strafrechtlichen Terminologie genannt werden. Trotz dieses Befundes sollte die Rechtswissenschaft nicht vor der Vielfalt des Geldbegriffs kapitulieren. Ein **Geldbegriff**, mag er auch hier und da der Erläuterung oder der Modifikation bedürfen, ist für die Lehre von der Geldschuld schwer zu entbehren (NUSSBAUM, Das Geld 3; F A MANN, Recht des Geldes 3). Die Relativität des Geldbegriffs, das Bedürfnis, die jeweils anzuwendende Norm stets auf die Aussagekraft des Begriffs zu befragen, verbietet es zwar, solcher Begrifflichkeit heuristischen Wert in dem Sinne zuzuerkennen, daß aus dem Begriff Rechtsfolgen zwingend deduziert werden könnten (insofern übereinstimmend SIMITIS AcP 159 [1960] 409). Solcher Begriffsrelativismus ist indes in der Rechtsordnung nichts Ungewöhnliches und darf einer Begriffsbildung nicht im Wege stehen.

A 13   **b)**   Der Geldbegriff ist ein **funktionaler Begriff**. Wie bereits in Rn A 10 bemerkt, ist der Begriff Geld von den *Aufgaben des Geldes* her zu bestimmen (vgl namentlich SIMITIS AcP 159 [1960] 416 ff). Wenn sich damit Tautologien einschleichen, macht dies eine funktionale **Begriffsbildung** noch nicht unerlaubt (aM ERNST WOLF, Schuldrecht I § 4 D II a Fn 55). Tautologische Elemente in **Rechtsbegriffen** sind keine Seltenheit, weil Rechtsbegriffe im Hinblick auf die mit ihnen zu formulierenden rechtlichen Aussagen abgegrenzt werden müssen. Sagt man „Geld ist, was als Geld funktioniert", so ist dies eben nicht dasselbe, als sagte man „Wein ist, was als Wein verkauft und gekauft wird" (aM, wohl aufgrund seiner „realen Rechtslehre", ERNST WOLF ebd). Da es um den **recht-**

lichen Begriff des Geldes gehen soll, entscheidet die *Ordnung der rechtlich relevanten Geldfunktionen* (Rn A 11) auch über den Geldbegriff. Obwohl dies im Ansatz nur von wenigen bestritten wird, bereitet die Definition des Geldes selbst dann noch Schwierigkeiten, wenn man die in Rn A 11 festgehaltene Einteilung in abstrakte und konkrete Funktionen als geklärt betrachtet. Wer auf die Geldfunktionen verweist, kann notfalls ohne eine besondere Begriffsbestimmung auskommen. Nicht von ungefähr fehlt eine solche bei SAVIGNY (dazu eingehend HÜTTER 1 f, 25). SAVIGNY spricht zwar vom Begriff des Geldes (Obligationenrecht I 404), beschreibt indes nur dessen Funktionen (Obligationenrecht I 405 f). Das Bedürfnis nach klarer Sprachregelung drängt aber zu *expliziten Begriffsbestimmungen*, nicht weil *Begrifflichkeit* Probleme zu lösen imstande wäre, wohl aber weil sie terminologische Hindernisse bei der Problemlösung beseitigt. Wer im 19. Jahrhundert vom Geld sprach, mußte offenlegen, ob er metallistisch oder nominalistisch dachte, Geldzeichen ohne äquivalenten Substanzwert also vom Geldbegriff ausschloß oder nicht. Wer im 20. Jahrhundert vom Geld spricht, muß klarstellen, ob er nur Geldzeichen oder etwa auch Buchgeld einbegriffen sehen will. Die Formel „Money is what Money does", also der schlichte Hinweis auf die Funktionalität des Geldbegriffs, sagt hierüber noch nichts.

c)   Der vorliegenden Darstellung liegt ein **dreigliedriger Geldbegriff** zugrunde (Rn   **A 14**
A 12). Es geht dabei weniger um das Anliegen, den unzähligen vorhandenen Gelddefinitionen eine neue hinzuzufügen, als darum, den *Rechtsbegriff Geld* so zu strukturieren, daß einerseits auf die wirtschaftlichen Geldfunktionen Rücksicht genommen und die zunehmende Bedeutung des Buchgeldes terminologisch eingebunden werden kann, während andererseits die juristisch geläufige und in der Gesetzes- und Rechtssprache bewährte Beschränkung des Geldbegriffs auf Geldzeichen den ihr gebührenden Platz erhält. Der Rechtsbegriff Geld kann zweierlei besagen. Es ist zu unterscheiden zwischen dem **Geld als Institution** und dem **Geld als gesetzlichem Zahlungsmittel**. Beide sind durch Geldfunktionen definiert, sind also Geld. Demgemäß ist zu unterscheiden zwischen einem **institutionellen Geldbegriff** und einem **gegenständlichen Geldbegriff**. Diese Terminologie ist der Formulierung nach neu, dem Gedanken nach aber bereits bewährt. Ein zweigliedriger Geldbegriff ist in anderer Formulierung – meist in Form der Gegenüberstellung eines „abstrakten" und eines „konkreten" Geldbegriffs – bereits verschiedentlich verwandt worden (vgl MARTIN WOLFF, in: EhrenbHandB IV/1 577 f: Geld als Geldstück und Geld als abstrakter Begriff; LIEFMANN 123 ff: Geld als Rechengeld oder abstrakte Rechnungseinheit und Geld als Tauschmittel oder Zahlungsmittel; DUDEN 6: „abstrakte" Geld-Rechnungseinheit und Geld in seinen „konkreten" Funktionen; F A MANN, Recht des Geldes 3: Geld als abstrakter Begriff und Geld als konkrete Sache; ESSER/EIKE SCHMIDT I/1 § 13 II 1 a: Wertmaßstab und Wertträger; LARENZ I § 12 I: Geld und Geldzeichen; AK-BGB/BRÜGGEMEIER Vorbem 2 zu §§ 244, 245: abstrakter Funktionsbegriff und konkrete Erscheinungsform; krit Analyse bei SCHILCHER 46 ff; s auch HAHN § 2 Rn 15 ff). Das *Nebeneinander zweier Geldbegriffe* ist in methodischer Hinsicht auf Kritik gestoßen. Das gilt auch für die Unterscheidung zwischen Geld als Institution und dem gegenständlichen Geldbegriff (STAUDINGER/KARSTEN SCHMIDT[12] Vorbem A 11 ff; MÜNCH 71 f). Eingewandt wurde vor allem, daß der „institutionelle" Geldbegriff zu weit und der „gegenständliche" unklar sei, weil er gleichzeitig auf die Gegenständlichkeit und auf die Funktionalität des Geldes abstelle (MÜNCH ebd). Sodann stieß die Beschränkung des gegenständlichen Geldbegriffs auf Sachgeld unter Ausschluß des Buchgeldes auf Widerspruch (vgl namentlich REINER SCHMIDT, Öffentliches Wirtschaftsrecht 348; ders, HandB des Staatsrechts III § 82 Rn 2). Indes wird das mit den hier verwendeten Begriffen ver-

bundene rein terminologische Ziel (vgl bereits Rn A 7) hierbei verkannt. Für das private Recht der Geldschulden und der Zahlungen geht es nur um eine terminologische Ordnung der folgenden Gesichtspunkte, die nunmehr ohne sachliche Änderung zu einem **dreigliedrigen Geldbegriff** führen:

A 15 **aa)** Der **institutionelle Geldbegriff** entspricht dem, was andere Autoren Geld im „abstrakten" Sinn nennen: Er wird benötigt, wo Geld ohne Bezug auf konkrete Gegenstände im Privatrecht eine Rolle spielt, insbesondere bei der Bestimmung und Behandlung (Verzinsung, Erfüllung usw) von Geldschulden. Hier wird nicht nach der Geldeigenschaft bestimmter liquider Mittel gefragt, sondern nach der Zugehörigkeit einer Forderung, eines Geschäfts, einer Erfüllung etc zum Geldrecht. In diesem Sinne wird der Geldbegriff etwa verwendet in § 270.

A 16 **bb)** Der **gegenständliche Geldbegriff** zielt dagegen auf die Geldeigenschaft bestimmter Gegenstände (Münzen, Papiere, Forderungen etc). Er wurde in der Vorauflage auf das Sachgeld beschränkt. Der offenbar entstandene Eindruck, damit würde einem wirtschaftsfremden Anachronismus das Wort geredet, ist verfehlt. Die hier verwendete Terminologie soll nur die zivilrechtliche Sonderbehandlung des Sachgeldes verdeutlichen. BGB und ZPO meinen mit dem Wort „Geld" durchweg das Sachgeld (§§ 232, 233, 235, 372, 698, 702, 935, 1006 BGB, 808, 815 ZPO). Geld im gegenständlichen Sinne unterscheidet sich aber auch sachlich vom bloßen Buchgeld, und zwar dadurch, daß man seine Geldeigenschaft nicht erst beim Gebrauch, sondern auch im „Ruhezustand" erkennt.

A 17 **cc)** Der **konkret-funktionelle Geldbegriff** umfaßt dagegen alle bereiten Mittel, die für die Erfüllung von Geldfunktionen gebraucht werden können. Dieser Begriff ist im Gegensatz zum institutionellen („abstrakten") Geldbegriff „konkret" und in Erweiterung des gegenständlichen Geldbegriffs „funktionell". *Er umfaßt* neben dem Sachgeld *auch das sog Buchgeld* (zu diesem vgl Rn A 28 ff). Die Privatrechtsordnung kann und darf Sachgeld und Buchgeld nicht gleichstellen. Buchgeld ist ungegenständliche Liquidität und wird im Gegensatz zum Sachgeld zum Geld erst im Fall seines Gebrauchs. Zuvor ist es Forderung (wird auch als Forderung abgetreten oder gepfändet) oder ist im Fall der Überziehung überhaupt nicht als Aktivum vorhanden. Im Gegensatz zum Währungsrecht ist deshalb im Zivilrecht die Gleichstellung von Buchgeld und Sachgeld nicht angängig. Gleichwohl gibt es Vorschriften im BGB, die das Buchgeld mit erfassen (vgl zB §§ 270, 1806 f, 2119).

A 18 **d)** Der **institutionelle Geldbegriff** steht dem Begriff der Währung (Rn A 40 ff) nahe. Beides ist aber nicht dasselbe (FÖGEN 35 Fn 60 gegen FRANZKE, Geldhoheit und Währungssteuerung [1964] 29). Währung ist das Geldsystem. *Geld als Institution ist die in Geldzeichen zu verkörpernde oder als Buchgeld (Giralgeld) darstellbare Werteinheit.* Geld als Institution muß zwar der Verkörperung in Geldzeichen fähig, muß aber nicht aktuell in Geldzeichen verkörpert oder als Buchgeld darstellbar sein (über die außerordentliche Reichsabgabe aufgrund des G v 21. 6. 1916 [RGBl 561] als Ausnahme vgl MARTIN WOLFF, in: EhrenbHandB IV/1 578). Der institutionelle Geldbegriff trägt der Abstraktheit des Geldwesens Rechnung: Von ihm macht das geltende Recht Gebrauch, auch wo es sich nicht um Geldzeichen oder um Buchgeldkonten handelt, zB bei der Bestimmung von Geldschulden, von Bilanzpositionen, von statistischen oder von rechtlichen Größen (zB von MindestreservenA) etc. Der institutionelle Geldbegriff

schlägt die Brücke zu den vielfachen Geldfunktionen, deren sich das Wirtschaftsleben auch ohne konkrete Wertbewegungen bedient. Dies beginnt mit der *Wertmaßfunktion* (zu ihr vgl Rn A 11). Geld als Maßeinheit und damit als Institution dient der
Bewertung von Gegenständen (zB in der Bilanz, in der Vermögensteuererklärung,
im Insolvenzstatus oder bei der Nachlaßbewertung). Werden hier Anschaffungs-
oder Versilberungswerte eingestellt, so wird doch nicht Geld, sondern der in Geld
(als Institution) bemessene Wert des Gegenstandes verbucht. Es wird vom Geld als
Maßeinheit Gebrauch gemacht, ohne daß Geldzeichen im Spiel sind (in ähnlicher
Richtung bereits MARTIN WOLFF 577 f). Der institutionelle Geldbegriff erfaßt auch die
Verwendung von Wertzeichen, die selbst weder Geldzeichen sind noch Geldforderungen verkörpern, aber einen nominellen Geldwert haben. Das gilt für Brief-
marken („Postwertzeichen") ebenso wie für Jetons (Einwurfmarken für Münzautomaten), Gutscheine, Chips der Spielbanken, Fahrkarten etc. Sie verbriefen
Forderungen und sind überwiegend Inhaberzeichen iS von § 807 (vgl ZÖLLNER, Wert-
papierrecht [14. Aufl 1987] § 27 III). Allgemein liegt der institutionelle Geldbegriff den
Geldforderungen, insbesondere den verbrieften Geldforderungen, zugrunde (ganz
ähnlich bereits MARTIN WOLFF 577 f). Das gilt namentlich für Wechsel und Scheck. Die
Geldforderung ist nicht als Anspruch auf Übereignung von Geldzeichen zu deuten,
sondern nur unter Zuhilfenahme des institutionellen Geldbegriffs zu verstehen. Der
Unterschied zwischen Geldwertschuld und Geldsummenschuld (Rn C 17, D 42 ff) und
die unbare Tilgung von Geldschulden (Rn C 39 ff) bliebe rätselhaft, wollte man die
Geldschuld nur am Begriff des Geldzeichens orientieren. Auch die Ausdehnung des
gegenständlichen Geldbegriffs auf alle Zahlungsmittel (Sachgeld und Buchgeld)
ändert hieran nichts. Der institutionelle Geldbegriff verdeutlicht, daß auch *verbriefte
Forderungen* und das sog *Buchgeld* Geldfunktionen wahrnehmen können, ohne
doch Geld im Sinne des gegenständlichen Geldbegriffs zu sein. Er macht ihre terminologische Gleichstellung mit den Geldzeichen entbehrlich (Rn A 20).

e)   Der **gegenständliche Geldbegriff** zielt auf die *Geldzeichen in ihrer Funktion als* **A 19**
Geld. Zwischen dem gegenständlichen Geldbegriff und dem institutionellen Geldbegriff (Rn A 18) besteht ein enger Funktionszusammenhang. Geldzeichen sind nicht
bloß bewegliche Sachen von objektiv abschätzbarem Wert. Gelddefinitionen, die am
Substanzwert der Geldzeichen orientiert sind, stellen, obgleich noch im 20. Jahrhundert verbreitet, Anachronismen dar (vgl auch F A MANN, Recht des Geldes 4; ders, Legal
Aspect 7 f). Sobald der Rechtsverkehr Geldzeichen wegen ihres Substanzwertes handelt, sie etwa zur Kaufsache macht, befaßt er sich mit beweglichen Sachen, nicht
aber mit Geld; es wird dann nicht vom spezifischen Geldcharakter der Geldzeichen
Gebrauch gemacht (Rn C 4 ff). Die um das Geldzeichen kreisenden **Definitionen** sind
ohne Zahl. Einige besonders wichtige sollen hier analysiert werden. Jede rein funktionelle Gelddefinition droht sich in einer Tautologie zu erschöpfen. Bezeichnet man
das Geldzeichen als eine Sache, die Geldcharakter hat (NUSSBAUM, Das Geld 33), so
besagt dies nur, daß das Geldzeichen unter den gegenständlichen Geldbegriff fällt.
Noch deutlicher ist der tautologische Zug in der Gelddefinition der hier verschiedentlich kritisierten Staatlichen Geldtheorie. Wie die Staatliche Theorie des Geldes
allgemein zu wenig über das Geld besagt, so wenig besagt auch die Gelddefinition
von KNAPP (31; zust ELSTER 97; SINGER 63 ff; krit SCHMÖLDERS, Geldpolitik § 2): „Geld
bedeutet stets chartales Zahlungsmittel; jedes chartale Zahlungsmittel heißt bei uns
Geld." Eine solche Begriffsbestimmung ist keine logische Unmöglichkeit (so aber
ERNST WOLF, Schuldrecht I § 4 D II Fn 50), aber sie enthält – was für die bei Rn A 3

Karsten Schmidt

kritisierte Enge der Staatlichen Theorie charakteristisch ist – zu wenig an materialer Aussage. Nussbaum (Das Geld 7) sieht in der nach Knapp so entscheidenden Chartalität des Geldes gar nur ein negatives Kriterium des Geldbegriffs: die Unabhängigkeit des Geldes von der Substanz der Geldzeichen. Indessen ist damit zugleich ein positives Merkmal benannt: *die nominalistische Funktion des Geldzeichens*. Gleichfalls nominalistisch ist auch die Definition von Wagemann (95): Geld ist Träger von Werteinheiten mit allgemeiner und unbedingter Zahlungskraft. Damit spricht Wagemann dem Geld nicht den Wertcharakter ab, bringt aber zum Ausdruck, daß das Geld keine Ware und damit als solches den Schwankungen des Marktes für Waren entzogen ist (Wagemann 96). Diese nominalistischen Definitionen lenken den Blick zu sehr auf ein Detail, wo es gilt, das Ganze zu erfassen. Überzeugen kann nur eine Begriffsbestimmung, die die *Gegenständlichkeit der Geldzeichen* ebenso wie die *Geldfunktion* zum Ausdruck bringt. Substanzlos ist noch die „juristische Definition des Geldes" bei Knies (343). Geld ist nach Knies „derjenige Gegenstand, welcher als Geld zu verwenden ist (!), soweit Geldgebrauch rechtsgültig normiert worden ist". Mit Tautologien und mit Vorgriffen auf das Recht der Geldschuld geradezu überladen ist die Begriffsbestimmung von Fögen (7). Er rechnet zum Geld im Rechtssinne „die nicht ablehnbaren Zahlungsmittel, dh Gegenstände, deren Annahme als Erfüllung von Zahlungsverbindlichkeiten mindestens in einem begrenzten Betrage von mindestens einer begrenzten Anzahl mit dem Emittenten der Gegenstände nicht identischer Gläubiger nicht ohne die Rechtsfolge des Annahmeverzuges oder anderer nachteiliger Rechtsfolgen abgelehnt werden darf und die der Schuldner einer Zahlungsverbindlichkeit dem Gläubiger mangels abweichender Vereinbarung als Erfüllung verschaffen muß". Die Fülle der Merkmale täuscht hier Subsumtionsfähigkeit vor, die aber nicht vorhanden ist. Ein Kompromiß ist zB die Gelddefinition bei Lütge (20): Geld ist ein generelles Gut nominaler Geltung, das im Wirtschaftsleben auf Grund seiner allgemeinen Markttätigkeit tatsächlich die Rolle des allgemeinen Tauschmittels und der Recheneinheit übernimmt. Dem hier gesuchten gegenständlichen, dabei auf die Geldfunktionen ausgerichteten Geldbegriff entsprechen im wesentlichen die Definitionen durch Martin Wolff, F A Mann und Ernst Wolf. Nach Martin Wolff sind bewegliche Sachen, die innerhalb einer größeren Verkehrsgemeinschaft bestimmungsmäßig als allgemeine Tauschmittel dienen, Geld (EhrenbHandB IV/1 563). Ernst Wolf (Schuldrecht I § 4 D II a) bezeichnet als Geld eine vertretbare Sache, mit der innerhalb eines Gebiets eine bestimmte Menge an allgemeinem Tauschwert aufgrund einer Währung verbunden ist; der Rechtsbegriff Geld umfasse diejenigen vertretbaren Sachen, deren Wert ausschließlich oder vornehmlich darin bestehe, daß für sie im allgemeinen Verkehr Leistungen, Bemühungen oder Unterlassungen anderer in bestimmter Menge eingetauscht werden können. Nach F A Mann (Recht des Geldes 5) umfaßt der Begriff Geld jede bewegliche Sache, die, von Rechts wegen ausgegeben und nach einer Rechnungseinheit gestückelt, dazu bestimmt ist, als Universaltauschmittel zu dienen (vgl auch ders, Legal Aspect 8: „all chattels which, issued by the authority of the law and dominated with reference to a unit of account, are meant to serve as universal means of exchange in the State of issue"). In Anlehnung an diese Begriffsbestimmung lautet die **Definition der Geldzeichen** folgendermaßen: *Geldzeichen sind bewegliche Sachen, die, nach einer Rechnungseinheit gestückelt, bestimmungsgemäß zum Nominalwert als Tauschmittel dienen, als solche von Rechts wegen anerkannt sind und vom Gläubiger nicht abgelehnt werden dürfen.* Dieser gegenständliche Geldbegriff bringt den Begriff der Geldzeichen mit der Institution Geld in Einklang. Die darin enthaltene Beschrän-

kung auf aufdrängbares Geld, das vom Gläubiger nicht abgelehnt werden kann, ist in
dem Sinne zu verstehen, daß nur die so definierten Wertträger in jedem Sinne als
Geldzeichen betrachtet werden müssen. Es ist nach dem bei Rn A 12 Gesagten nicht
ausgeschlossen, daß einzelne Normen den Begriff weiter ziehen. So heißt es bei
BGHSt 32, 198 = NJW 1984, 1311 zum Geldbegriff des § 146 StGB (vgl Rn 24, A 81):
„Geld in diesem Sinne ist jedes vom Staat oder durch ihn dazu ermächtigten Stelle als
Wertträger beglaubigte, zum Umlauf im öffentlichen Verkehr bestimmte Zahlungs-
mittel ohne Rücksicht auf einen allgemeinen Annahmezwang (RGSt 58, 255;
BGHSt 12, 344, 345; 23, 229, 231)." Die **Einzelmerkmale eines gegenständlichen Geld-
begriffs** sind folgende:

aa) Geldzeichen sind **bewegliche Sachen** (Martin Wolff, in: EhrenbHandB IV/1 563; **A 20**
Nussbaum, Das Geld 32 ff; Hahn § 5 Rn 53; Karsten Schmidt JuS 1984, 739; gegen die Bedeutung des Sachbegriffs im Geldrecht aber zB Pulvermüller 45 ff). Aus ihren Funktionen im
Rechtsverkehr ergibt sich weiter, daß sie vertretbare und verbrauchbare Sachen iS
der §§ 91 f sind (Rn B 9). Forderungen, auch wertpapierrechtlich verbriefte Forderungen, sind kein Geld (Fögen 4 f), so wie umgekehrt die Geldzeichen keine Forderungen verbriefen (sog Leere des Papiergeldes; vgl Pfennig, Die Notenausgabe der
Deutschen Bundesbank [1971] 29 f; Häde, Geldzeichen im Recht der Bundesrepublik Deutschland
[1991] 157 ff; AK-BGB/Brüggemeier Vorbem 5 zu §§ 244, 245, wo es aber auch unrichtig heißt,
Geldzeichen seien Wertpapiere). Streitig war die Wertpapiereigenschaft noch für die
Banknoten (Reichsbanknoten) älteren Rechts, die teilweise als Inhaberpapiere ausgegeben wurden und dann als einlösliches Geld Forderungen gegen die Notenbank
auf Übereignung vollwertigen (kuranten) Metallgeldes verbrieften (vgl RGZ 114, 27;
125, 273; Martin Wolff 608 ff; weitere Nachweise bei Häde aaO 154 f). Die Sacheigenschaft
des Geldes schließt dessen Wertpapiereigenschaft keineswegs begrifflich aus (eingehend Nussbaum, Das Geld 28 ff), aber die währungsgeschichtliche Entwicklung ist über
diese Zwischenform zwischen nominalistischem und metallistischem Geld hinwegge-
gangen (Rn A 7, A 54). Spätestens mit dem Fortfall der Pflicht der Zentralbank,
Banknoten in Gold umzutauschen (Rn A 54), kann von einem Wertpapiercharakter
der Geldzeichen nicht mehr gesprochen werden (vgl vStebut Jura 1982, 563). Der
moderne Sprachgebrauch meint mit Banknoten nichts anderes mehr als Papiergeld
(vgl § 14 BBankG; Fögen 17; AK-BGB/Brüggemeier Vorbem 5 zu §§ 244, 245). Buchgeldforderungen (Rn A 28), auch Sonderziehungsrechte (zu ihnen Rn F 33 ff), sind mangels
Sacheigenschaft selbst kein Geld im Sinne dieses gegenständlichen Geldbegriffs (vgl
mit anderer Begründung auch Pulvermüller 38 ff). Gleiches gilt für die sog *Xeno-Devisen*
(Hahn, in: FS Zweigert [1981] 635 f), insbes für den *Euro-Dollar* (zu ihm vgl Rn F 41).
Entscheidend für den nichtmonetären Charakter der Xeno-Devisen ist allerdings
nach verbreiteter Auffassung die fehlende Währungshoheit (Hahn, in: FS Zweigert
[1981] 637).

bb) Geldzeichen dienen bestimmungsmäßig als Tauschmittel (Martin Wolff, in: **A 21**
EhrenbHandB IV/1 564 f), genauer: als **Zahlungsmittel** für die Begleichung von in Geld
bemessenen Verbindlichkeiten (Martin Wolff 568 f; Schilcher 58). Von diesem Erfordernis geht auch die strafrechtliche Praxis aus (zusammenfassend BGHSt 32, 198 f = NJW
1984, 1311; Herdegen, in: LeipzigerKomm [10. Aufl 1988] § 146 Rn 4; Schönke/Schröder/Stree,
StGB [24. Aufl 1991] § 146 Rn 2). Die „Widmung" (Fögen 21) der Papierscheine und Münzen zu Zahlungsmitteln macht die Geldzeichen nach einer verbreiteten Auffassung
zu *öffentlichen Sachen* (Pfennig, Die Notenausgabe der Deutschen Bundesbank [1971] 28 ff;

dazu auch STAUDINGER/DILCHER [1995] § 91 Rn 13). Dahinter verbirgt sich der Versuch, die aufgrund der Währungshoheit dem Geld verliehene Zahlkraft rechtlich einzuordnen, ohne auf wertpapierrechtliche, also privatrechtliche Vorstellungen zu rekurrieren (besonders deutlich PFENNIG 32 f). Der Begriff der öffentlichen Sache wird aber gemeinhin dadurch gekennzeichnet, daß die Sache unmittelbar durch ihren Gebrauch dem Gemeinwohl oder den eigenen Bedürfnissen der öffentlichen Verwaltung zu dienen bestimmt ist (vgl FORSTHOFF, Lehrb des Verwaltungsrechts I [10. Aufl 1973] § 20 I; WOLFF/BACHOF/STOBER, Verwaltungsrecht I [10. Aufl 1974] § 39 Rn 5; SALZWEDEL, in: ERICHSEN/MARTENS, Allgemeines Verwaltungsrecht [9. Aufl 1992] § 43). Nur die Institution Geld, nicht das individuelle Geldzeichen dient in diesem Sinne dem Gemeinwohl. Geldzeichen sollten deshalb *nicht als öffentliche Sachen* angesehen werden. Die ihnen kraft „Widmung" beigegebene Zahlkraft rechtfertigt eine solche Einordnung nicht (eingehend HÄDE, Geldzeichen im Recht der Bundesrepublik Deutschland [1991] 161 ff, 189 f).

A 22 **cc)** Geldzeichen sind mit einem **Nominalwert** ausgestattet. Sie beziehen ihre Verkehrsgeltung von diesem Nominalwert und nicht, wie Waren, von dem Substanzwert oder von ihrem Nutzen als Sache. Der Nominalwert macht aus dem Tauschmittel (weiterer Begriff) ein Zahlungsmittel.

A 23 **dd)** Geldzeichen genießen als Zahlungsmittel von Rechts wegen **allgemeine Anerkennung** (MARTIN WOLFF, in: EhrenbHandB IV/1 565; F A MANN, Recht des Geldes 19). Dies bestimmt in Anbetracht der staatlichen Währungshoheit (Rn A 3) das Gesetz (vgl nur F A MANN, Recht des Geldes 10 f, 14 f). Die nur beschränkt verkehrsfähigen, insbesondere nur „kassenfähigen" Zahlungsmittel sind zwar Ausdruck der Institution Geld, können aber nicht generell als Geldzeichen angesehen werden (str; vgl dazu FÖGEN 5). Nur wenn eine Rechtsnorm derartige Zahlungsmittel nach Sinn und Zweck einbeziehen soll, können diese Zahlungsmittel im Rahmen der konkreten Norm als Sachgeld behandelt, dh dem allgemein anerkannten Sachgeld gleichgestellt werden. – Unwesentlich ist, in welchem *Währungsgebiet* sich das Geldzeichen befindet. Es verliert seine Eigenschaft als gesetzliches Zahlungsmittel nicht etwa mit Überschreitung der Grenzen des Währungsgebiets (aM ERNST WOLF, Schuldrecht I § 4 D II b 2, der ausländisches Geld nicht als staatliches Geld, sondern als Verkehrsgeld, nach der hier verwendeten Terminologie also überhaupt nicht als Geld, betrachtet; s auch BGB-RGRK/ALFF[12] § 244 Rn 2; differenzierend NUSSBAUM, Das Geld 42). Geld in der allgemeinen Bedeutung des Rechtsbegriffs sind alle gesetzlichen Zahlungsmittel, mögen sie nach der einheimischen oder nach einer ausländischen Rechts- und Währungsordnung diese Eigenschaft haben (FÖGEN 6; SCHLEGELBERGER/HEFERMEHL, HGB[5] Anh § 361 Rn 2). Eine ganz andere Frage ist, ob eine bestimmte Rechtsnorm ausländische Geldzeichen als gesetzliche Zahlungsmittel behandelt oder solche Geldzeichen den Wertpapieren gleichstellt. Hierüber entscheidet nicht die geldrechtliche Terminologie, sondern die Norminterpretation. So umfaßt in § 429 Abs 2 HGB, wo es um das besondere Verlustrisiko geht, der Begriff Geld auch ausländische Zahlungsmittel (vgl BGH WM 1981, 714, 715 mwNw; HELM, in: GroßkommHGB[4] § 429 Rn 129). Bei den §§ 232, 234, in denen es um Mittel der Sicherheitsleistung geht, werden dagegen ausländische Zahlungsmittel nicht als Geld, sondern als Wertpapiere behandelt, die einen Kurswert haben (STAUDINGER/DILCHER[12] § 232 Rn 2; SOERGEL/FAHSE[12] § 233 Rn 5). Auch kann ausländisches Geld von den Parteien im Rechtsverkehr als Ware behandelt werden (vgl Rn C 4 ff; RGZ 108, 280; RG JW 1920, 44; OLG Hamburg HansGZ 1922, H 298, 299; FÜLBIER NJW 1990, 2797 ff). Dies wird durch

Auslegung nach den §§ 133, 157 ermittelt. Es kommt auch vor, daß solche ausländischen Münzen im allgemeinen Verkehr zu bloßen Handelsmünzen werden (vgl zur
Krügerrand-Goldmünze BGHSt 32, 198, 200 f = NJW 1984, 1311, 1312). Zur Frage, ob sie
damit die Geldeigenschaft verlieren, vgl sogleich unter Rn A 24. Dagegen ist der sog
Sortenkauf kein Kauf von Geld als Ware, sondern von Zahlungsmitteln (für Anwen-
dung des § 459 bei fehlender Eignung als Zahlungsmittel aber LG Regensburg NJW-RR 1993, 822).
Abreden, die das Verlustrisiko im Transportrecht betreffen, erfassen mit dem Begriff
„Geld" auch ausländische Zahlungsmittel (BGH WM 1981, 714).

ee) Als Geldzeichen sollten nur die (in der durchaus mangelhaften deutschen Ter- **A 24**
minologie sog) **gesetzlichen Zahlungsmittel** bezeichnet werden (BGB-RGRK/Alff[12] § 244
Rn 2). Diese Terminologie ist weder zwingend noch allgemein gebräuchlich, nach
geltendem deutschen Recht aber zweckmäßig (aM etwa Martin Wolff, in: EhrenbHandB
IV/1 573 f mwNw; vStebut Jura 1982, 569 f; für das schweizerische Recht BernerKomm/Rolf H
Weber Art 84 OR Rn 26). Die Entwicklungsgeschichte des Geldes hat zur Unterscheidung zweier Geldarten geführt: Zwangsgeld (obligatorisches, zwangsläufiges, auf-
drängbares Geld) und freiläufiges (ablehnbares) Geld (vgl bes ausführlich Martin Wolff
580 ff). Moderne Währungssysteme, auch das deutsche, haben indessen dafür
gesorgt, daß jedes Sachgeld aufdrängbares Geld ist. Der Geldbegriff sollte dieser
Entwicklung ebenso angepaßt werden, wie er der Entwicklung vom Metallismus zum
Nominalismus angepaßt wurde. Deshalb sollte *nur noch das Zwangsgeld als Geld im
Rechtssinne* bezeichnet werden. Bei der Bestimmung des Anwendungsbereiches der
Strafvorschriften gegen Falschmünzerei geht allerdings die Praxis von einem Geldbegriff aus, der allgemein Annahmezwang als Tatbestandsmerkmal nicht enthält
(grundlegend BGHSt 12, 344, 345; seither allg Meinung, vgl etwa Dreher/Tröndle, StGB
[47. Aufl 1995] § 146 Rn 2; Herdegen, in: LeipzigerKomm [10. Aufl 1988] § 146 Rn 4; Schönke/
Schröder/Stree, StGB [25. Aufl 1997] § 146 Rn 2 f, der allerdings die Leitentscheidung BGHSt 12,
344 im Ergebnis ablehnt). BGHSt 32, 198 = NJW 1984, 1311 definiert Geld iS des § 146
StGB als „jedes vom Staat oder einer durch ihn dazu ermächtigten Stelle als Wertträger beglaubigte, zum Umlauf im öffentlichen Verkehr bestimmte Zahlungsmittel
ohne Rücksicht auf einen allgemeinen Annahmezwang". Indes geht es hierbei nicht
um einen allgemeinen Rechtsbegriff des Sachgeldes, sondern um den Schutzzweck
des § 146 StGB, der das „Vertrauen in den gesetzlich geregelten Zahlungsmittelumlauf" schützt (BGHSt 12, 344, 346 = NJW 1959, 947). Außerdem zeigt gerade die
strafrichterliche Rechtsprechung die Unverläßlichkeit des von ihr vertretenen Sachgeldbegriffs. Die Leitentscheidungen des BGH bezogen sich sämtlich auf Geldzeichen, die als Zwangsgeld eingeführt und nicht demonetisiert (Rn A 81, B 3 ff), wenn
auch faktisch nur noch als Wert- und Sammelobjekt im Handel waren (vgl zum englischen Goldsovereign BGHSt 12, 344 = NJW 1959, 947; 19, 334 = NJW 1964, 1629; zur Krügerrand-
Goldmünze BGHSt 32, 198 = NJW 1984, 1311; s auch BGHSt 27, 255 = NJW 1977, 2364 m krit
Anm Geissler NJW 1978, 708 = LM §§ 146, 147 StGB Nr 1 m Anm Pelchen). Die Folgerungen des BGH aus diesem vom Annahmezwang unabhängigen Geldbegriff waren
aber durchaus verschieden. Während die Entscheidungen zum Goldsovereign die
Strafbarkeit wegen Münzfälschung bejahten, weil es an einer staatlichen Demonetisierung der Münzen fehlte, erkannte das mit der Krügerrandmünze befaßte Urteil
BGHSt 32, 198 = NJW 1984, 1311 auf Freispruch, weil die Münze nicht mehr als
Zahlungsmittel, sondern nur noch als Handelsmünze im Verkehr sei. Auf diese Fragen wird unter Rn A 81 zurückzukommen sein. Sie sind nicht als Fragen des
allgemeinen Sachgeldbegriffs zu erklären, sondern einzig und allein aus der anzu-

wendenden Norm des § 146 StGB zu erklären und zu lösen. Gesetzliche Zahlungsmittel können den Schutz des § 146 StGB ungeachtet ihrer allgemeinen Geldqualität verlieren, weil eben diese Bestimmung das „Vertrauen in den gesetzlich geregelten Zahlungsmittelumlauf" schützt (BGHSt 12, 344, 346 = NJW 1959, 947). Der Geldbegriff selbst sollte unabhängig von dieser strafrechtlichen Frage auf Zwangsgeld beschränkt bleiben (vgl insofern die methodische Vorüberlegung bei Rn A 12). Mindestens muß es sich um *beschränkt zwangsläufige Zahlungsmittel* handeln (zum Begriff des beschränkt zwangsläufigen Geldes vgl ausführlich MARTIN WOLFF 582 f). Die nur „kassenläufigen" Zahlungsmittel sind zwar nach der hier gewählten Terminologie kein Geld (aM FÖGEN 5). Ist aber ein Zahlungsmittel Zwangsgeld für jeden Gläubiger, so kommt es nicht darauf an, ob es dem Gläubiger in beliebiger Höhe aufgedrängt werden kann. Gesetzliche Zahlungsmittel sind auch diejenigen, die der Gläubiger – wie die Scheidemünzen nach § 3 MünzG (Rn C 38) – nur bis zu einem bestimmten Betrage annehmen muß (FÖGEN 5).

A 25   **f)**   **Geldbegriff und Geldforderung** stehen in einem Funktionszusammenhang. Dieser Zusammenhang ist nicht durch den Begriff des Geldzeichens bestimmt (Geldforderung als Anspruch auf Geldzeichen), sondern durch das *Geld als Institution* (Rn A 18; der Sache nach übereinstimmend bereits MARTIN WOLFF, in: EhrenbHandB IV/1 577 f; ähnlich auch ENNECCERUS/LEHMANN § 11 I 3: gerichtet auf den durch eine bestimmte Anzahl von Geldstücken oder Geldsorten ausgedrückten Wert einer Geldsumme; aM ERNST WOLF, Schuldrecht I § 4 D d). *Die Geldforderung ist gerichtet auf den durch den Nennbetrag der Forderung oder durch einen Geldwert ausgedrückten unkörperlichen Vermögenswert* (Rn C 2; LARENZ I § 12 III; unbegründete logische Einwände hiergegen bei ERNST WOLF, Schuldrecht I § 4 D II g). Im Einzelfall kann die Geldforderung als Geldsurrogat funktionieren, also der Erfüllung von Geldzwecken dienen, etwa im Wege der Abtretung, Aufrechnung etc. Auch dann ist sie aber nicht Geld. Für die Geldforderung im allgemeinen (Rn A 26), für die verbriefte Forderung (Rn A 27) und für das sog Buchgeld (Rn A 28) können hieraus Folgerungen gezogen werden:

A 26   **aa)**   Die **Geldforderung im allgemeinen** wurde bereits aus dem Geldbegriff ausgeschieden (Rn A 25). Sie ist in Geld ausgedrückt und auf Verschaffung von in Geld ausgedrückter Vermögensmacht gerichtet. Sie kann ohne den institutionellen Geldbegriff rechtlich nicht eingeordnet werden, aber sie ist selbst kein Geld im Rechtssinne, denn sie erfüllt nicht die Merkmale des gegenständlichen Geldbegriffs.

A 27   **bb)**   Auch **Wertpapiere** *in Gestalt von verbrieften Geldforderungen* sind keine Zahlungsmittel, also kein Geld (hM; vgl nur RGZ 41, 120, 123 f; BGH WM 1981, 594; FÖGEN 4 f; ERNST WOLF, Schuldrecht I § 4 D II c 1), so wie umgekehrt die Geldzeichen keine Wertpapiere sind (Rn A 20; irreführend AK-BGB/BRÜGGEMEIER Vorbem 5 zu §§ 244, 245, wo Banknoten als Wertpapiere bezeichnet werden). Wer verbriefte Geldforderungen begründet und in den Verkehr bringt, macht lediglich von der Institution Geld Gebrauch (Rn A 18). Geld im Rechtssinne können und dürfen solche Papiere weder darstellen noch ersetzen (daran hat auch die Streichung der §§ 795, 808 a durch G v 17. 12. 1990 [BGBl I 2839] nichts geändert). Wertpapiere können die Transportfunktion von Geld ausüben (JACOBI, Wechsel- und Scheckrecht [1955] § 55). Sie können auch Kreditfunktion haben (EUGEN ULMER, Recht der Wertpapiere [1938] § 15 II). Ob die hierin liegende Kreditschöpfung als Geldschöpfung iS der Währungsaufsicht anzusehen ist, ist ein wirtschaftswissenschaftliches und währungsrechtliches Problem, das sich nicht in dem hier verwendeten, auf die Privatrechtsordnung zugeschnittenen Geldbegriff niederschlägt. Um Geldzeichen handelt es sich nicht, wohl aber um eine Erscheinung des Geldrechts. Die wertpapierrechtlichen Geldsurrogate – auch Scheck, Kreditkarte und Reisescheck – sind also kein Geld (PULVERMÜLLER 42 f).

g) Als **Buchgeld (Giralgeld)** bezeichnet man Guthaben bei Kreditinstituten, dh **A 28** Forderungen, die nicht in einem Wertpapier verkörpert und bestimmt und geeignet sind, jederzeit zu Zahlungszwecken zur Verfügung stehen (LARENZ I § 12 I; ESSER/EIKE SCHMIDT I/1 § 13 II 1 a; eingehend MÜNCH 22 ff; vSTEBUT Jura 1982, 568 ff mit terminologischer Kritik am Begriff Buchgeld). *Buchgeld kann Geldfunktionen wahrnehmen* und nimmt sie in immer stärkerem Maße wahr, anfangs im nationalen, immer mehr auch im grenzüberschreitenden Geldverkehr (vgl nur RGZ 134, 73, 76; DACH, Payment in cashless Societies, in: FS F A Mann [1977] 707; HAHN, in: FS Zweigert [1981] 631 ff; LUKAS 231 ff; LÜTGE 79 ff; MÜNCH 40 ff; MünchKomm/vMAYDELL[3] § 244 Rn 4; AK-BGB/BRÜGGEMEIER Vorbem 7 zu §§ 244, 245; ISELE AcP 129 [1928] 135 ff; SIMITIS AcP 159 [1960] 423, 431 ff). Im grenzüberschreitenden Geldverkehr hat das Giralgeld eine Bedeutung gewonnen, die die UNCITRAL veranlaßt hat, ein „Modellgesetz über den internationalen Überweisungsverkehr" zu erarbeiten (dazu UWE H SCHNEIDER WM 1989, 285 ff). Wenn Geld durch Geldfunktionen (Rn A 10 ff) und durch Entsubstantialisierung bestimmt ist (Rn A 7), dann kann man geradezu sagen, daß im Buchgeld das Prinzip des Geldes weitaus konsequenter ausgeprägt ist als im Stückgeld (Rn B 8). Deshalb wird Buchgeld in der wirtschaftswissenschaftlichen Literatur (zB SCHILCHER 100 ff mwNw), zunehmend aber auch im rechtswissenschaftlichen Schrifttum dem Stückgeld gleichwertig zur Seite gestellt und dem Begriff Geld zugeordnet (STAUDINGER/WEBER[11] Rn 9; LARENZ I § 12 I; REINHARDT, in: FS Boehmer [1954] 70 f; AK-BGB/BRÜGGEMEIER Vorbem 8 und 16 zu §§ 244, 245; BernerKomm/ROLF H WEBER Art 84 OR Rn 38; SIMITIS AcP 159 [1960] 432; PULVERMÜLLER 27 ff, 34; THYWISSEN BB 1971, 1347 ff; MÜNCH 129 f, 162, 227; vSTEBUT Jura 1982, 569 f). Sachgeld und Buchgeld stellen dann nur mehr Erscheinungsformen des Einheitsbegriffs Geld dar (SIMITIS AcP 159 [1960] 435). Demgegenüber verneint die traditionelle juristische Doktrin bis heute den Geldcharakter des sog Buchgelds und spricht von bloßen Geldforderungen (STAUDINGER/DILCHER [1995] § 91 Rn 7; RGZ 41, 120, 123 f; ENNECCERUS/ NIPPERDEY § 123 I 1; F A MANN, Legal Aspect 6 f; Recht des Geldes 5; ERNST WOLF, Schuldrecht I § 4 II c 2; MEYER-CORDING, Das Recht der Banküberweisung [1951] 127 ff; HAHN, in: FS Zweigert [1981] 625 ff). Dahinter verbirgt sich ein Doppeltes: zum einen das Festhalten an der Staatlichen Theorie des Geldes (Rn A 4) und an dem von ihr angenommenen Geldschöpfungsmonopol des Staates (dazu aber Rn A 3), zum anderen das aus juristischer Sicht unentbehrliche Bedürfnis nach einer Unterscheidung von Sachgeld und Buchgeld. Der erste Gesichtspunkt hängt mit der Fixierung der Staatlichen Theorie auf das Sachgeld zusammen (Rn A 4) und ist ebenso überholt wie diese Fixierung. Unentbehrlich bleibt aber die Unterscheidung von Sachgeld und Buchgeld. Um diese zu verdeutlichen, hatte die Voraufl die Geldeigenschaft des Buch- oder Giralgelds verneint (Voraufl Rn A 18). Sie ist damit auf Kritik gestoßen (vgl nur MÜNCH 71 f; REINER SCHMIDT, HandB des Staatsrechts III § 82 Rn 2; ders, Öffentliches Wirtschaftsrecht 348).

aa) Ein ausführliches **Plädoyer für die Geldqualität von Buchgeld (Giralgeld)** hat **A 29** CHRISTOF MÜNCH in einer umfassenden Untersuchung über das Giralgeld in der Bundesrepublik Deutschland vorgelegt. MÜNCH geht bei der Definition des Giralgelds vom Begriff des bargeldlosen Zahlungsverkehrs aus (MÜNCH 25), knüpft also die Geldqualität nicht an den Zustand, sondern an den Gebrauch des Buchgeldkontos (s auch Münch 97). Münch legt einen währungsrechtlichen Geldbegriff zugrunde, der die staatliche Anerkennung voraussetzt (Münch 100), diese aber im Lichte eines sich wandelnden Währungsrechts nicht mehr auf die kraft Widmung mit Zahlkraft versehenen Geldzeichen beschränkt (Münch 99 ff). Lasse man anstelle des gesetzlichen Annahmezwangs die staatliche Anerkennung genügen, so könne das Buchgeld auch auf dem Boden der Staatlichen Theorie des Geldes durchaus als Geld im währungsrechtlichen Sinne erscheinen (Münch 129), denn bei der Entstehung von Giralgeld handle es sich nicht, wie üblicherweise angenommen, um private Geldschöpfung (so die hM; zB Harlandt, Die Evolution des Geldes [1989] 123 ff). Vielmehr stellten die Geschäftsbanken lediglich Medien im Transmissionsprozeß der Währungspolitik dar (Münch 127), und die währungspolitischen Instrumente der Deutschen Bundesbank seien auf Giralgeld wie auf Sachgeld – primär sogar auf das Giralgeld – bezogen (Münch 126). Die staatliche Anerkennung des Giralgeldes leitet Münch sodann aus Regeln wie § 224 Abs 2 Nr 2 AO, Art I § 47 SGB-AT, § 51 Abs 1 BAFöG, § 49 Abs 7 BeamtVG, § 22 Abs 1 S 2 BRAGO, § 149 Abs 1 S 2 KostO, § 54 Abs 3 AktG etc her, die sämtlich die unbare Zahlung zulassen.

A 30 **bb)** **Stellungnahme:** Münchs gründliche Analyse wird der Gleichstellung von Giralgeld und Sachgeld weiteren Auftrieb geben. Indes: Daß Geldschulden bargeldlos beglichen werden können und daß die Verwendung von Buchgeld zu Geldleistungszwecken von Rechts wegen anerkannt ist, ist unbestreitbar und bedarf nicht der Diskussion. Es geht auch bei der hier vertretenen Auffassung nicht darum, dem Giralgeld die Eignung abzusprechen, für Geldzwecke verwendet zu werden. Giralgeld ist, wie gerade hier betont wird, als Zahlungsmittel zur Erfüllung von Geldfunktionen geeignet, ist also **Geld im konkret-funktionellen Sinn**. Seine Gleichstellung mit dem Sachgeld kann dagegen nur währungsaufsichtsrechtlich und nicht geldschuldrechtlich gerechtfertigt werden (zur Gleichstellung von Bar- und Buchgeld im währungspolitischen Instrumentarium der DBB vgl Kümpel WM-Sonderbeil 1/92, 5 f). Münchs Methode macht dies nur noch deutlicher, denn Sachgeld ist Stück für Stück in jedem Zustand währungsrechtlich als Geld anerkannt, während sich die von Münch dargestellte staatliche Anerkennung des Giralgelds immer nur auf seine konkrete Verwendung zu Zwecken der Schuldenbegleichung beziehen kann. Deshalb bleibt es dabei: Giralgeld erfüllt zwar die **Merkmale des konkret-funktionellen Geldbegriffs**, und seine Verwendung erfüllt Geldfunktionen. Aber Buchgeldkonten sind doch im schuldrechtlichen Sinne nicht Geld, sondern lediglich Forderungen.

A 31 **h)** Die einzelnen **Merkmale des Buchgeldbegriffs (Giralgeldbegriffs)** sind folgende:

A 32 **aa)** Es muß sich um ein *Guthaben* handeln (Münch 27 f mit Nachweisen zur Gegenansicht). Ob eine Kreditlinie dem gleichgestellt werden kann, ist zweifelhaft. Für die Gleichstellung spricht, daß die Bank mit einem Überziehungskredit Liquidität, also verfügbares „Geld" für den Kontoinhaber bereithält. Charakteristisch für die Erfüllung von Geldfunktionen mittels Buchgeld ist, daß Buchgeld nicht schon „im Ruhezustand" (als aktivistisches Konto), sondern erst „in Aktion" (bei Zahlungsvorgängen) Geldqualität annimmt (auch insofern charakteristisch die Beweisführung für die Geldqualität bei Münch 131 ff).

A 33 **bb)** Das Guthaben muß eine *Geldforderung* begründen, mithin in Sachgeld einlösbar sein. Seine Denominierung muß allerdings nicht zwingend in einer gültigen

Währung erfolgen. Möglich ist insbesondere die Denominierung in bloßen Rechnungseinheiten (Rn A 37 ff) oder durch den Wert von Sachen und Leistungen (wobei eine andere Frage ist, ob eine solche Wertsicherung währungsrechtlich zulässig ist; vgl Rn D 191 ff).

cc) Das Guthaben muß bestimmt und geeignet sein, *Zahlungszwecken* zu dienen. **A 34**
Dies ist der Fall bei den Sichteinlagen – nicht auch bei den Spar- und Terminguthaben – bei Kreditinstituten unter Einschluß der Postbank (MÜNCH 26 f).

i) Die **praktische Verwendung von Buchgeld (Giralgeld)** schlägt sich vor allem in der **A 35**
zunehmenden **Automation des Zahlungsverkehrs** nieder (vgl zu dieser HAHN § 1 Rn 24 ff; KÜMPEL, Bank- und Kapitalmarktrecht [1995] 349 ff). Kreditkartensysteme, Bankautomaten und belegloser Zahlungsverkehr haben die technische Vielfalt erhöht, jedoch nichts am Prinzip geändert. Die rechtlichen Verwendungsarten beschränken sich nach wie vor auf Anweisungen (§§ 783 ff), Weisungen des Buchgeldinhabers an die kontoführende Stelle (vgl §§ 675, 665) und Barabhebungen (§ 362). Die Barabhebung verdeutlicht vollends den Unterschied zwischen Giralgeld und Sachgeld. Auch wenn sie währungsrechtlich nur als Übergang von einer Geldform in die andere angesehen werden mag, handelt es sich privatrechtlich um die Einwechselung (Erfüllung) einer Forderung gegen Geld (Sachgeld). Nur Sachgeld ist im „Ruhezustand" als Geld zu erkennen. Buchgeld ist monetäre Liquidität, aber selbst nicht Geld im gegenständlichen Sinne. Deshalb ist auch **das sog Plastikgeld** kein Geld im Rechtssinne, sondern es eröffnet nur die Verwendung von Buchgeld (vgl auch MÜNCH 48: „ec-Karte als Zugangsmedium für elektronische Bankdienstleistungen"). Auch der Ausdruck **Computergeld** läßt sich rechtlich nicht umsetzen. Formulierungen wie diese sind Ausdruck faktisch-praktischer Veränderungen, denen das Geldschuldrecht gerecht zu werden hat und mit den herkömmlichen Rechtsfiguren gerecht werden kann, ohne daß neue Rechtsfiguren eingeführt werden müßten.

k) Die **unterschiedlichen Arten (Formen)** des Geldes sind besonders eingehend dar- **A 36**
gestellt bei MARTIN WOLFF, in: EhrenbHandB IV/1 580 ff. Sie haben im Privatrecht des Geldes nur eine *untergeordnete Bedeutung*, weil es dem privaten Recht des Geldes weder um eine ökonomische Geldfunktionenlehre noch um eine Phänomenologie des Geldes geht. Der einzig elementare Unterschied zwischen dem Sachgeld und dem sog Buch- oder Giralgeld ist durch die klare terminologische und funktionelle Trennung in Rn A 30 bereits verdeutlicht. Auch die *im ökonomischen Schrifttum* teilweise verwendete Unterscheidung zwischen Arten und Formen des Geldes (zB FORSTMANN 78 ff; LÜTGE 67 ff) ist privatrechtlich ohne nennenswerte Bedeutung. VEIT (89 ff) bildet etwa die folgenden Gegensatzpaare: Stückgeld – Giralgeld; vollwertiges Geld – unterwertiges Geld; Warengeld – Kreditgeld; bares Geld – notales Geld; obligatorisches Geld – fakultatives Geld; gesetzliches Zahlungsmittel – Scheidegeld; definitives Geld – provisorisches Geld; Währungsgeld – andere Geldarten. Die *privatrechtlichen* Funktionen des Geldes sind aber im Prinzip einheitlich (zutreffend ESSER/EIKE SCHMIDT I/1 § 13 II 1 a). Deshalb sollte das Privatrecht des Geldes von solcher Begriffsvielfalt freigehalten werden. Die *Unterscheidung zwischen staatlichem Geld und Verkehrsgeld* wurde bereits in Rn A 3 abgelehnt. Das privatrechtliche Problem der Geldformen konzentriert sich wesentlich auf den Unterschied zwischen *Zeichengeld und Buchgeld* (FORSTMANN 112 ff). Mit der terminologischen Einordnung des sog Buchgelds bei Rn A 28 erledigt sich die Frage. Der Unterschied zwischen

inländischem und ausländischem Geld schlägt sich gleichfalls nicht im Geldbegriff nieder (Rn A 24; str). Ob *ausländisches Geld* geschuldet ist und ob mit inländischem Geld erfüllt werden kann, ist ein Problem der Geldschuld, nicht des Geldbegriffs (näher Erl zu § 244). Ohne terminologischen Wert ist schließlich die *Unterscheidung zwischen zwangsläufigem (obligatorischem, aufdrängbarem) Geld und freiläufigem (ablehnbarem) Geld* (eingehend noch MARTIN WOLFF 580 f). Geld ist nach der hier verwendeten Terminologie nur das Zwangsgeld (Rn A 19 f). Zwar sind nur Banknoten, nicht Münzen, unbeschränkt obligatorisch (Rn C 38), beides sind aber gesetzliche Zahlungsmittel. Nur für das Währungsrecht und für die Phänomenologie und Geschichte, nicht aber für das Privatrecht des Geldes ist auch die noch von STAU-DINGER/WEBER[11] verwendete Unterscheidung zwischen Kurantgeld und Scheidemünzen von Bedeutung (Vorbem 8 zu §§ 244, 245; übereinstimmend ENNECCERUS/NIPPERDEY § 123 II): *Kurantgeld* ist das vollwichtige oder nahezu vollwichtige ausgeprägte Geld, dessen Nennwert auf seinem Substanzwert beruht. *Scheidemünzen* sind zwar, wie das Kurantgeld, Metallgeld, aber sie sind nicht vollwichtig ausgeprägt, so daß der Substanzwert den Nennwert nicht deckt; charakteristisch, allerdings nicht begriffsnotwendig ist, daß Scheidemünzen nur bis zu einem bestimmten Betrag angenommen werden müssen (zum geltenden Recht vgl Rn C 38). *Papiergeld* schließlich ist durch Banknoten ausgedrücktes Geld. Es kann ungedecktes Papiergeld (reine Papierwährung) oder gedecktes Papiergeld sein (Deckung durch eine dem Nennwert entsprechende Menge von Gold oder Devisen bei dem staatlichen Zahlungsinstitut). Metallgeld und Papiergeld sind Ausdruck unterschiedlicher Währungssysteme (dazu Rn A 49). Da nach dem GRESHAM'schen Gesetz (Thomas Gresham, 1519–1579) das schlechtere Geld in der historischen Entwicklung das bessere zu verdrängen pflegt, sind mit der zunehmenden Entsubstantialisierung des Geldes den Institutionen der Währungspolitik immer mehr Aufgaben zugewachsen, die sich als Legitimationsanliegen auch im Privatrecht des Geldes widerspiegeln (Rn A 48).

A 37 I)   aa) Kein Geld sind die bloßen **Rechnungseinheiten**. Rechnungseinheiten sind währungsrechtlich anerkannte Größen, die für die Denominierung von Geldsummen und Geldforderungen geeignet, nicht aber der Verkörperung in Geldzeichen fähig und deshalb als solche im allgemeinen Rechtsverkehr nicht als Tauschmittel tauglich sind (ähnliche Definition bei HAHN § 3 Rn 16). Historisch gehen die Rechnungseinheiten auf die Goldwerteinheiten – im Gegensatz zu der durch Gold gedeckten und in Gold einlösbaren Goldwährung – zurück (vgl mit zT anderer Akzentsetzung HAHN § 3 Rn 4 ff). Eine goldbezogene Rechnungseinheit war vor allem die sog **Goldmark** der 20er Jahre, die im Gegensatz zur Reichsgoldwährung (Rn A 53) nicht als Sachgeld existierte, sondern lediglich als inflationsgesicherte Denominierungseinheit diente und im Wert von 1/2790 kg Feingold zu begleichen war (BayObLG JW 1929, 3022; HAHN § 3 Rn 8; NUSSBAUM, Das Geld 104 ff; F A MANN, Recht des Geldes 114 Fn 76). Die Goldmark wurde der Reichsmark gleichgesetzt und dadurch faktisch wirkungslos gemacht durch die Verordnung über wertbeständige Rechte vom 16. 11. 1940 (RGBl I 1521; dazu STAUDINGER/WEBER[11] § 244 Rn 88; OLG Düsseldorf NJW 1956, 1824 m Anm FÖGEN). Rechnungseinheiten mit Goldbezug waren ferner der Franc Poincaré und der Goldfranken, die sich nur durch ihre Definition nach unterschiedlichen Goldgewichten unterschieden (ZEHETNER, Geldwertklauseln im grenzüberschreitenden Wirtschaftsverkehr [1976] 54 ff). Die bedeutsamsten Rechnungseinheiten der Gegenwart sind die **Sonderziehungsrechte** (Rn F 33), der **private ECU** (Rn F 51), nach dem Eintritt in die dritte Stufe der Europäischen Währungsunion auch die bisherigen nationalen Währungen der teilnehmenden Staaten (Rn F 80). Das Sonderziehungsrecht (SZR) ist eine auf den Artt XV ff des IWF-Abkommens (BGBl 1978 I 13) beruhende Währungskorb-Rechnungseinheit, der ECU (European Currency Unit) oder Euro ist die im Europäischen Währungssystem (EWS) verwendete Rechnungseinheit, die gleichzeitig als Währungsreserve dient und Grundlage einer künftigen Einheitswährung in der Europäischen Union werden soll (eingehend Rn F 47, F 85 ff).

bb) Unterschieden werden **offizielle und private, echte und unechte Rechnungseinhei-** **A 38**
ten. Offizielle Rechnungseinheiten beruhen auf staatlicher – auch zwischenstaatlicher oder supranationaler – Einführung, private Rechnungseinheiten nur auf der Verwendung im Rechtsverkehr (vgl dazu MURPHY, International Moneys: Official and Private, in: FS Sir Joseph Gold [1990] 237 ff; F A MANN, Legal Aspect 166 f). **Private Rechnungseinheiten** können beliebiger Art sein (zB Gold- oder Roggenklauseln). Sie können auch bei offiziellen Rechnungseinheiten anknüpfen. So handelt es sich bei dem „privaten Sonderziehungsrecht (SZR)" oder „privatem ECU" um nichts anderes als um die Denominierung von Geldsummen oder Geldforderungen unter Verwendung der offiziellen Rechnungseinheiten (vgl zum privaten SZR F A MANN, Legal Aspect 167; zum privaten ECU HAHN § 3 Rn 19 ff). Die währungsrechtliche Zulässigkeit der Verwendung von privaten Rechnungseinheiten ist ein Wertsicherungsproblem (dazu Rn F 56). Vollends mißverständlich ist der aus der Zeit der Goldklauseln herrührende Gegensatz zwischen echten und unechten Rechnungseinheiten. Nur echten Rechnungseinheiten wird üblicherweise die Fähigkeit zuerkannt, auch den Inhalt der Geldschuld zu bestimmen (zB Goldmünzklausel), während die unechte oder umgekehrte Rechnungseinheit nur der Wertsicherung dient (zB Goldwertklausel, vgl WILFRIED BRAUN 59; wortgleich ZEHETNER, Geldwertklauseln im grenzüberschreitenden Wirtschaftsverkehr [1976] 53 und HAHN § 3 Rn 7; s auch NUSSBAUM, Money in the Law 230: „promise to pay the value of gold coin" im Gegensatz zu „promise to pay in gold coin"). Goldmark, Goldfranken und Franc Poincaré wären in diesem Sinne „unechte" Rechnungseinheiten gewesen, die sich voneinander durch ihre Bestimmung nach unterschiedlichen Goldgewichten unterscheiden (vgl dazu auch ZEHETNER 54 ff). Doch ist mit der Unterscheidung nichts anzufangen. An den „unechten" Rechnungseinheiten ist nichts „Unechtes", vielmehr verdeutlichen gerade sie das Prinzip der Rechnungseinheit, die eben als Mittel der Denominierung von Geldschulden dient. Mit der Unterscheidung mochte etwas anzufangen sein, solange man Goldmünzklauseln und Goldwertklauseln zu unterscheiden hatte (vgl auch NUSSBAUM, Money in the Law 230: „promise to pay in gold coin" und „promise to pay the value of gold coin"). Doch handelt es sich bei der Goldmünzklausel eben nicht um die Verwendung einer bloßen Rechnungseinheit. Es läßt sich wohl sagen, daß Rechnungseinheiten erst mit der Überschreitung zur Grenze des Sach- oder Buchgeldes eine besondere Qualität gewinnen, wie dies insbesondere bei den „offiziellen" SZR und ECU konstatiert werden kann.

cc) Von Rechnungseinheiten, die auf verschiedenen Währungen beruhen, sind **A 39**
Währungsoptionsklauseln zu unterscheiden, bei denen der Schuldner eine Verbindlichkeit durch Leistung von Währungsbeträgen einer oder mehrerer Währungen aus einem vorher festgelegten Währungskorb mit festen Relationen der Währungen zueinander begleichen kann (ZEHETNER, Geldwertklauseln im grenzüberschreitenden Wirtschaftsverkehr [1976] 31 ff; WINFRIED BRAUN 56 ff). Sie sind als wertgesicherte Fremdwährungsschulden einzuordnen.

A 40 **m)** **Geld und Währung** als Rechtsbegriffe sind voneinander zu unterscheiden und können auch unterschieden werden (FÖGEN 9 Fn 19, 35 Fn 60). Art 73 Nr 4 GG unterscheidet zwischen dem „Währungs-, Geld- und Münzwesen", geht also gleichfalls von einer Unterscheidung aus. Diese Terminologie ist auf Kritik gestoßen (vgl nur REINER SCHMIDT, HandB des Staatsrechts III § 82 Rn 7), weil die Aneinanderreihung die Hierarchie der Begriffe verdeckt. Üblicherweise wird der Währungsbegriff in Art 73 Nr 4 GG als Oberbegriff verstanden (REINER SCHMIDT, Öffentliches Wirtschaftsrecht 350). Für die in Art 73 Nr 4 GG geregelte Gesetzgebungskompetenz kommt es also maßgeblich auf den Begriff des Währungswesens an. Die folgende Darstellung geht bei den Begriffen Währung und Geld von einer funktionellen Deutung aus. Während der Geldbegriff herkömmlich nur auf die Geldzeichen bezogen wurde, rückt die hier verwendete Terminologie die Begriffe Geld und Währung nahe aneinander, denn es wird zwischen dem gegenständlichen und dem institutionellen Geldbegriff unterschieden. Auch die Institution Geld (Rn A 18) ist aber nicht dasselbe wie die Währung. Der **Begriff Währung** hat seine Bedeutung im Laufe der Währungsgeschichte verändert und wird auch heute noch unterschiedlich verwendet. Das Schrifttum nennt bisweilen noch als historische Reminiszenz den Begriff Währung iS der staatlichen Garantie des Feingehalts von Münzen (zB NUSSBAUM, Das Geld 43). Dieser Währungsbegriff hat sich in dem Wort „Währungsgeld" für das metallistische Kurantgeld erhalten (zB STAUDINGER/WEBER[11] Vorbem 8 zu §§ 244, 245). Er wird noch verwendet bei MARTIN WOLFF, in: EhrenbHandB IV/1 581, ist aber durch die Entwicklung des modernen Geldwesens überholt. *Heute wird der Begriff Währung in unterschiedlichem Sinn gebraucht* (ISSING, Geldpolitik 1; REINHUBER, Grundbegriffe und internationaler Anwendungsbereich von Währungsrecht [1995] 6; eingehend NUSSBAUM, Das Geld 43 ff). Einmal ist damit die staatliche *Geldordnung (Geldverfassung)* gemeint, ein andermal die maßgebliche *Rechnungseinheit* (vgl nur HELFFERICH 412; LIPFERT, Einführung in die Währungspolitik [8. Aufl 1974] I A 1; noch weiter differenzierend FÖGEN 35 ff). Demgemäß ist zu unterscheiden:

A 41 **aa)** **Währung als Funktionsbegriff** bezeichnet die staatliche Geldverfassung, dh das auf einer gesetzlich bestimmten Rechnungseinheit für ein Währungsgebiet aufgebaute staatliche Geldsystem (vgl mit Abweichungen im einzelnen etwa NUSSBAUM, Das Geld 44; FÖGEN 35; LARENZ I § 12 I; MARTIN WOLFF, in: EhrenbHandB IV/1 570; KÜMPEL WM-Sonderbeil 1/92, 3). HAHN (§ 18 Rn 27) bezeichnet als Währung „die abstrakte oder ideelle Einheit eines Geldsystems, zugleich jedoch das gesamte Geldwesen eines Landes, seine Geldordnung oder -verfassung" (ähnlich ERICH SCHMIDT, in: Hahn [Hrsg], Das Geld im Recht [1986] 68). Das BVerfG faßt unter den Begriff des Währungswesens neben den tragenden Grundsätzen der Währungspolitik „die besondere institutionelle Ordnung der Geldrechnung und der in ihr gültigen Zahlungsmittel" (BVerfGE 4, 60, 73). Dieser Währungsbegriff und der institutionelle Geldbegriff (Rn A 18) bedingen einander. Geld als Institution muß möglich sein, damit es eine Geldverfassung geben kann, aber Geld als Institution wird erst durch die Geldverfassung geschaffen. Geld als Institution ist ein abstractum, ist die in Geldzeichen zu verkörpernde Werteinheit. Währung als Geldverfassung ist ein System, das auf politischen (wirtschaftspolitischen) Entscheidungen und Maßnahmen beruht. Das Währungssystem schafft die Voraussetzungen dafür, daß Geld als Institution die ihm zugedachten ökonomischen Aufgaben erfüllen kann.

A 42 **bb)** **Währung als Zuordnungsbegriff** verweist auf die im konkreten Fall mit der Wertmaßfunktion des Geldes verbundene Recheneinheit. Der Zusammenhang dieses Währungsbegriffs mit dem in Rn A 41 besprochenen Funktionsbegriff besteht darin, daß der Zuordnungsbegriff sich mit der Frage befaßt, welcher unter mehreren Geldverfassungen die Parteien im Einzelfall unterstellt sind. Wenn der Wert eines Gegenstandes „in deutscher Währung" (dh in DM) oder „in englischer Währung" (dh in £) angegeben ist, dann besagt dies nur etwas über die verwendete Rechengröße. Heimwährungsschuld und Fremdwährungsschuld unterscheiden sich nach § 244 darin, daß die Fremdwährungsschuld „in ausländischer Währung ausgedrückt" ist (dazu § 244 Rn 4). Mit diesem Währungsbegriff ist der Zuordnungsbegriff gemeint.

cc) Die unterschiedlichen **Währungssysteme** sind Spiegelbilder der im Verlauf der **A 43** Geschichte praktzierten Geldsysteme (dazu Rn A 52 ff). Im wesentlichen werden **Metallwährungen** und **Papierwährungen** unterschieden, wobei sich folgende Begriffe herausgebildet haben (ISSING, Geldpolitik 2 ff): **Metallumlaufwährungen** operieren mit Kurantgeld und Scheidemünzen (Rn A 49); **Metallkernwährungen** verbinden die Ausgabe von Banknoten mit einer Goldeinlösungspflicht der Notenbank; **Golddevisenwährungen** gewährleisten die Knappheit des Geldumlaufs durch seine Deckung mittels (Gold und) Golddevisen, dh durch goldgedecktes Auslandsgeld; **Papierwährungen ohne Metalldeckung** müssen die Geldmengenpolitik auf andere Weise begrenzen. Da jede Bindung an ein von Natur aus knappes Gut entfällt, können die währungsrechtlichen Grenzen der Geldmengenpolitik nur durch verbindliche Zielvorgaben zu erreichen sein (dazu SCHULTES, Bestimmungsfaktoren der Geldpolitik der Deutschen Bundesbank [1994] passim).

n) Die **Geldschuld als Rechtsbegriff** ist definiert als schuldrechtliche Verbindlich- **A 44** keit, die in Geld ausgedrückt und auf die Verschaffung von Geld als unkörperlichem Vermögenswert gerichtet ist (str; vgl Rn A 25, A 26). Über die *Rechtsnatur und Behandlung der Geldschuld* vgl Rn C 1 ff. Der **Begriff der Geldschuld** orientiert sich an den Funktionen des Geldes (vMAYDELL, Geldschuld 10) und enthält folgende Merkmale:

aa) Nur eine **schuldrechtliche Verbindlichkeit** kann eine Geldschuld sein. Die Geld- **A 45** schuld setzt also eine Forderung im Rechtssinne voraus. Wer individuelle Geldstücke nach § 861, § 985, § 1007 oder § 2018 herausgeben muß, schuldet nicht Geld (vgl aber zum Problem der Wertvindikation Rn B 10). Forderungen und damit auch Geldschulden können allerdings nicht nur aufgrund schuldrechtlicher Normen entstehen. Wer etwa Schadensersatz nach den §§ 989 ff oder ein Geldvermächtnis schuldet, schuldet Geld. Forderungen sind zweifelsfrei die Ansprüche auf Herausgabe des Erlangten (zB nach den §§ 667, 812, 816).

bb) Nur eine **in Geld ausgedrückte Verbindlichkeit** kann Geldschuld sein. Dieses **A 46** Merkmal setzt nicht voraus, daß die Geldschuld bereits der Höhe nach bestimmt ist. Es genügt, daß sie bestimmbar ist wie zB ein Schmerzensgeldanspruch, dessen Bemessung selbst in der Klage noch in das Ermessen des Gerichts gestellt werden darf, oder ein Anspruch auf Ersatz eines nach § 287 ZPO zu schätzenden Schadens (RGZ 140, 211; BGHZ 4, 138, 141; 45, 91, 92 f; std Rspr). Darauf, ob die Geldschuld in deutscher oder ausländischer Währung ausgedrückt ist, kommt es nicht an (arg § 244).

A 47   cc)   Nur die **auf Verschaffung von Geld** als unkörperlichem Vermögenswert gerichtete, also durch eine in Kraft befindliche deutsche oder ausländische Währung erfüllbare Verbindlichkeit ist Geldschuld. Auch aus diesem Grund scheiden die Fälle der §§ 861, 985, 1007, 2018 aus dem Bereich der Geldschuld aus. Wer dagegen Eigentum an Geld erlangt hat und das Erlangte etwa nach den §§ 667, 812, 816 herauszugeben hat, schuldet nicht Übereignung dieser individuellen Stücke (Rn C 3). Zur Unterscheidung der Geldschuld von der Stück- und Gattungsschuld vgl Rn C 4 ff.

II.   Währungsrechtliche Grundlagen des privaten Geldrechts*

1.   Privatrecht und Währungsrecht

A 48   a)   Der **Funktionszusammenhang** zwischen dem Währungsrecht und dem Privatrecht des Geldes besteht darin, daß das Währungsrecht die Voraussetzungen für ein funktionierendes Privatrecht des Geldes zu schaffen hat (vgl dazu auch vMAYDELL, Geldschuld 57 f). Die Staatliche Theorie des Geldes ist auch heute noch jedenfalls in dem Sinne aufrechtzuerhalten, daß der Staat für die währungsrechtlichen Legitimationsvoraussetzungen der privaten Geldrechtsordnung verantwortlich ist (KARSTEN SCHMIDT, in: FS Berliner Jur Gesellschaft [1984] 668 f). Das *Währungsrecht* befaßt sich mit der Währung iS des bei Rn A 41 entwickelten Funktionsbegriffs. Das Währungsrecht kann deshalb definiert werden als das *Recht der Geldverfassung* (vgl auch zum Währungswesen iS von Art 73 Nr 4 GG MAUNZ, in: MAUNZ/DÜRIG/HERZOG/SCHOLZ, GG [Lfg 1988] Art 73 Rn 79 f). Das Währungsrecht regelt die Entstehung und die Erhaltung der Funktionsfähigkeit des Geldes mit den Mitteln des öffentlichen Rechts (vMAYDELL, Geldschuld 57). Es gehört damit dem öffentlichen Recht an (näher BULL, Die Staatsauf-

---

* **Schrifttum:** BERNHOLZ, Währungskrisen und Währungsordnung (1974); CASSEL, Das Geldwesen nach 1914 (1925); CAGAN, Determinants and Effects of Changes in the stock of money 1875–1960 (1965); EMMINGER, Verteidigung der DM. Plädoyer für stabiles Geld (1980); ders, The D-Mark in the Conflict between internal and external equilibrium 1948–75 (Princeton 1977); ETTINGER, Der Einfluß der Goldwährung (1982); FROWEIN/COURAKIS (Hrsg), Monetary Policy and Economic Activity in West Germany (London 1977); GÖTZE/HILDEBRANDT/JURISCH/KRECH/MÖLLER/SIEGERT/SKAUPY, Probleme der Währungsreform (1949); HETTLAGE und MAUNZ, Die Finanzverfassung im Rahmen der Staatsverfassung, VVDStRL 14 (1956) 2, 37; JAMES, The Reichsbank and Public Finance in Germany 1924–1933 (1985); JARCHOW, Theorie und Politik des Geldes II (4. Aufl 1980); KAULLA, Rechtsstaat und Währung (1949); LABAND, Das Staatsrecht des Deutschen Reiches III (5. Aufl 1913); LÜTGE, Einführung in die Lehre vom Gelde (2. Aufl 1948); LUTZ, Geld und Währung (1962); Monetary Policy in Germany. OECD monetary studies series (Paris 1973); NYDEGGER ua, Devisenmärkte und Währungsrisiken (1983); ROEPER, Die D-Mark (2. Aufl 1978); RETTMANN, Deutsche Geldgeschichte (1975/1986); KARSTEN SCHMIDT, Die Rechtspflicht des Staates zur Stabilitätspolitik und der privatrechtliche Nominalismus, in: FS zum 125jährigen Bestehen der Juristischen Gesellschaft zu Berlin (1984) 665; BRUNO SCHULTZ, Kleine deutsche Geldgeschichte des 19. und 20. Jahrhunderts (1976); SCHUMPETER, Das Wesen des Geldes (1970); STÜTZEL, Über unsere Währungsverfassung (1975); TRIFLIN, Die Währungsordnung des XX. Jahrhunderts, in: HUNOLD (Hrsg), Inflation und Weltwährungsordnung (1963) 123; WANDEL, Die Entstehung der Bank deutscher Länder und die Währungsreform 1948 (1980); WEIKART, Geldwert- und Eigentumsgarantie (1993).

gaben nach dem GG [1973] 268 f; MÜNCH 54). Deshalb gehört es nur um des hier besprochenen Funktionszusammenhangs willen in die vorliegende Darstellung. *Währungsrecht, Währungspolitik und Privatrecht des Geldes stehen zueinander in Wechselwirkung.* Soll das Geld als Institution und soll das einzelne Geldzeichen Geldfunktionen erfüllen (Rn A 10 f) und ist die Fähigkeit hierzu neben der wirtschaftlichen auch von der rechtlichen Anerkennung des Geldes abhängig (Rn A 2), so schafft – anders als bei archaischen Geldsystemen (Rn A 6) – erst die *staatliche Währungsordnung* die Voraussetzungen für die Existenz von Geld (Rn A 3). Der Funktionszusammenhang erschöpft sich indes nicht darin, daß das Währungsrecht die Erfüllung von Geldfunktionen *technisch* ermöglicht. Der Funktionszusammenhang ist vielmehr auch *Legitimationszusammenhang*: Die Erfüllung von Geldfunktionen hängt von der *Geltung des Nennwertprinzips* ab (Rn D 41), und dieses wird nicht schon durch den Aufdruck des Nennwerts auf den Geldzeichen legitimiert, sondern nur durch *Währungsrecht* und durch *rechtsgebundene Währungspolitik* (Rn A 67 ff). Um der Anerkennung und Legitimation des Nennwertsprinzips willen ist die währungsrechtliche Praxis gehalten, der Inflationsproblematik im Recht der Geldschuld präventiv entgegenzuwirken (SCHWANDER, Die Geldschuldlehre [1938] 283; FRANZKE, Geldhoheit und Währungssteuerung [1964] 142 ff; vMAYDELL, Geldschuld 72 ff; KARSTEN SCHMIDT, in: FS Berliner Jur Gesellschaft 668 ff; REINER SCHMIDT, HandB des Staatsrechts III § 82 Rn 9). Der Funktionszusammenhang zwischen Währungsrecht und privatem Geldrecht erklärt auch, warum sich *der privatrechtliche Gesetzgeber* auf so wenige ausdrückliche Regeln über Geld und Geldschuld beschränken konnte (über das Preußische ALR und das Sächsische BGB vgl HAHN § 6 Rn 4). Bereits SAVIGNY (Obligationenrecht I 493) und, noch entschiedener, HARTMANN (Über den rechtlichen Begriff des Geldes [1868] 139) erklärten diese Beschränkung geradezu zum Prinzip. Auch die kargen Regeln des BGB über die Geldschuld erklären sich nicht zuletzt daraus, daß der Gesetzgeber des ausgehenden 19. Jahrhunderts auf der Basis des durch die Reichsgesetzgebung eingeführten Währungssystems nur ein sehr begrenztes Bedürfnis nach bürgerlichrechtlichen Vorschriften über die Geldschuld anerkannte (Mot in: MUGDAN II 7). Wenn sich die erschütternden monetären Veränderungen seit Inkrafttreten des BGB im Gesetz nicht niedergeschlagen haben, dann ist das kein Beweis für eine prästabilierte Harmonie des privaten Geldrechts, die dieses gleichsam in sich ruhen ließe. Schließlich konnte auch der radikale Wandel des privaten Geldschuldrechts vom Sachgeld hin zur Dominanz des Buchgelds nur auf der Basis einer fragmentarischen gesetzlichen Regelung vollzogen werden, die mehr auf den Parteiwillen und auf allgemeine Prinzipien setzt als auf perfektionistische Regelungen. Die mit dem Giralgeld operierende Privatrechtsordnung zeigt aber nur umso mehr den Bedarf nach einer hoheitlichen Steuerung der umlaufenden Geldmenge (eingehend MÜNCH 55 ff). *Das vom Nennwertprinzip regierte private Recht des Geldes und der Geldschuld* schöpft seine Legitimation nicht aus sich selbst, sondern es *bedarf währungsrechtlicher und währungspolitischer Legitimation.* Dieser Zusammenhang bleibt auch Gegnern der hier vertretenen Auffassungen nicht verborgen. ERNST WOLF (Schuldrecht I § 4 D II k und l), der sich weigert, den Konflikt zwischen Nominalismus und Geldentwertung interessengerecht zu lösen, erkennt in der Entstehung dieses Konflikts eine Aufgabe des Rechts und sieht in der vom Staat zugelassenen oder geförderten Inflation sogar eine verfassungswidrige Enteignung der Eigentümer von Geld und der Inhaber von Geldforderungen. Die These ist nicht neu. Sie hat etwa in der Geldgeschichte der USA bereits im 19. Jahrhundert die Gemüter bewegt (KAULLA 86 f). Ihre verfassungsrechtliche Basis ist zweifelhaft (vgl zur Bedeutung des Art 14 GG für die Währungspolitik WEIKART

Vorbem zu §§ 244 ff   2. Buch

A 49, A 50   1. Abschnitt. Inhalt der Schuldverhältnisse

237 f sowie Rn A 69). Treffend erkannt ist jedoch der Zusammenhang zwischen Nominalismus und Währungspolitik, dh nach der hier vertretenen Auffassung: das währungspolitische Legitimationsbedürfnis des Nennwertprinzips.

A 49   **b)**   Die **Währungssysteme** lassen sich nach unterschiedlichen Gesichtspunkten ordnen (eingehend Fögen 36 ff). In rechtsfunktioneller Hinsicht und im Blick auf den Zusammenhang zwischen Währungsrecht und Privatrecht interessiert namentlich die Frage der Wertdeckung des Geldes (vgl zum folgenden statt vieler Fögen 38 ff; Issing, Geldpolitik 2 ff). Es werden dabei *Metallwährungen* und *Papierwährungen* unterschieden. *Metallumlaufwährungen* sind dadurch gekennzeichnet, daß die umlaufende Geldmenge aus Währungsmetall, namentlich aus Gold, besteht. *Metallkernwährungen* sind durch die Einlösungspflicht der Notenbank charakterisiert. Das Währungsgeld besteht aus Banknoten, aber die Notenbank hat diese Banknoten auf Vorlage jederzeit in das Währungsmetall, dh praktisch in Gold, einzulösen. *Metalldevisenwährungen* (Golddevisenwährungen) lassen es ausreichen, wenn die Deckung des inländischen Bargeldumlaufs ganz oder zT auch aus Währungseinheiten eines anderen Landes mit Goldwährung (Golddevisen) besteht. *Papierwährungen* sind demgegenüber dadurch gekennzeichnet, daß eine Deckung durch ein von Natur aus knappes Gut, zB Gold, fehlt. Neben Scheidemünzen befindet sich nur noch Papiergeld im Umlauf, für das eine bestimmte Einlösungspflicht oder Deckung nicht vorgeschrieben ist. Es wird für ein solches Währungssystem der Begriff der „manipulierten" oder „gelenkten" oder „gesteuerten" Währung verwandt (zur Terminologie vgl näher Fögen 39). Die Deutsche Mark ist eine solche „gelenkte" Währung (Rn A 64). Der Vorzug eines solchen Währungssystems besteht darin, daß die Geldversorgung ohne Rücksicht auf die Knappheit eines Edelmetalls reguliert werden kann. Mit diesem Vorzug geht bei der Papierwährung die *Gefahr einer manipulierten Inflation* einher. Unter der Herrschaft des Buchgelds hat sich diese Gefahr insofern vervielfacht, als die Geldmenge nicht mehr vom Staat selbst bestimmt, sondern nur noch mittelbar durch währungspolitische Eingriffe unter Kontrolle gebracht werden kann (vgl Münch 126 ff). Sie kann nur von einer auf das Ziel der Geldwertstabilität verpflichteten Währungspolitik verhindert werden.

A 50   **c)**   **Währungsänderungen im materiellen Sinne** sind Eingriffe in das Geldsystem, die zu einer neuen Verfassung des Geldwesens führen (vgl auch Fögen 46). Nicht jede tatsächliche Veränderung des monetären Systems kann in diesem Sinne als Währungsänderung bezeichnet werden. Der hier verwendete *enge Begriff der Währungsänderung* korrespondiert mit der staatlichen Währungshoheit (vgl auch zur Bedeutung der Staatlichen Theorie des Geldes in diesem Zusammenhang F A Mann, Legal Aspect 52; ders, Recht des Geldes 46). Er erfaßt *die auf der Währungshoheit beruhenden Eingriffe des Gesetzgebers in die Geldverfassung* (insoweit übereinstimmend RGZ 142, 23, 31) und nur sie. Allerdings ist diese Terminologie nicht zwingend. Der Begriff der Währungsänderung ist mehrdeutig, kann also unterschiedliche Vorgänge beschreiben. Keine Währungsänderung im hier verwendeten Sinn des Wortes ist die bloße Einführung oder Außerkurssetzung bestimmter Arten von Geldzeichen. Keine materiellen Währungsänderungen sind auch bloße Namensänderungen („Nouveau Franc" in „Franc"; „Mark der Deutschen Notenbank" in „Mark der DDR" etc), denn sie sind ohne unmittelbare monetäre Wirkungen (andere Terminologie bei Fögen 41). Inflation und Deflation (Rn D 16) sind nach der Terminologie von F A Mann (Legal Aspect 50; Recht des Geldes 43 f) Währungsänderungen innerer Art. Nach der hier gewählten

Sprachregelung fallen sie aus dem Begriff der materiellen Währungsänderung heraus. Sie verändern das Erscheinungsbild und die Funktionsfähigkeit eines Währungssystems; sie machen auch uU materielle Währungsänderungen erforderlich, stellen aber nicht selbst solche Änderungen dar (vgl aber RGZ 142, 23, 31, wo eine „Zerstörung der Währung" durch Inflation als Währungsänderung angesehen wird; dazu auch F A MANN, Recht des Geldes 46). Eher könnte man Aufwertung und Abwertung (dazu Rn F 8) als Währungsänderungen bezeichnen (vgl FÖGEN 44), doch geht es auch hierbei nicht um eine Änderung der Währung als Geldverfassung (Rn A 41) oder als Zuordnungsgegenstand (Rn A 42), sondern um Änderungen des Außenwerts bei einem in sich unverändert bleibenden Währungssystem. Die nur relative Eindeutigkeit des hier verwendeten Begriffs darf indes nicht aus den Augen verloren werden. Das gilt vor allem für die Auslegung von Verträgen, in denen etwa mit dem Begriff „Währungsänderung" auch Inflationserscheinungen gemeint sein können (FÖGEN 47 Fn 76). Aber selbst der hier verwendete enge Begriff der Währungsänderung kann noch *unterschiedliche Sachverhalte* erfassen. Er erfaßt sowohl *Änderungen des Währungstypus* (zB Änderungen in der Frage der Golddeckung; vgl RGZ 142, 23, 31) als auch die *Ersetzung einer Währung* (auch einer Währung gleichen Typs, zB einer Papierwährung) durch eine andere (vgl zur sog Währungsreform von 1948 Rn A 59). Die *Schaffung einer einheitlichen europäischen Währung* in der dritten Stufe der Europäischen Wirtschafts- und Währungsunion (dazu Rn A 75 ff) stellt eine solche Währungsänderung im materiellen Sinn dar. Zu Besonderheiten der Deutsch-Deutschen Währungsunion vom 1. Juli 1990 vgl Rn A 62. *Einfluß auf privatrechtliche Verhältnisse* haben beide Formen der Währungsänderung. So stellte die erste eine Hauptursache für die Geldschuldprobleme nach dem Ersten Weltkrieg dar. Unmittelbare Bedeutung für Schuldverhältnisse hat der zweite Typus des Währungswechsels. Dieser Fall ist dann und nur dann gegeben, wenn der Grundsatz der Gleichheit jeder Geldeinheit der vorhandenen Geldmenge mit jeder Geldeinheit einer späteren Geldmenge durchbrochen wird (FÖGEN 46). Ob damit auch ein Namenswechsel verbunden ist, ist unerheblich. Auch eine Regelung, die etwa eine vorhandene Geldmenge lediglich in einem bestimmten Verhältnis, zB „um zwei Nullen", kürzt, ist ein Währungswechsel (FÖGEN 46). Für *Kontinuität der Rechtsverhältnisse beim Währungswechsel* sorgt das *Prinzip des rekurrenten Anschlusses* (dazu vgl etwa FÖGEN 47; HAHN § 26 Rn 5; F A MANN, Legal Aspect 266 ff; ders, Recht des Geldes 58, 217 ff; ders JZ 1965, 450; NUSSBAUM, Das Geld 156 f). Das rekurrente Anschlußverhältnis bestimmt den Umrechnungsbetrag zwischen „Altgeld" und „Neugeld". In früheren Zeiten war es üblich, den Umrechnungsbetrag einheitlich zu bestimmen, während in jüngerer Zeit mit dem Währungswechsel meist ein differenziertes Anschlußverhältnis vorgeschrieben wird (FÖGEN 47; HAHN § 26 Rn 7 f). Das sich aus der sog Währungsreform ergebende Umstellungsrecht zwischen RM und DM ist im UmstellungsG (Rn A 59) sehr differenziert geregelt (vgl noch die eingehende Darstellung bei STAUDINGER/WEBER[11] Einl T 1 ff vor § 241). Die Währungsänderung führt also nur zur Umstellung, nicht zum Erlöschen der Geldschuld (Rn C 30).

d) Nicht in den vorliegenden Zusammenhang gehören die **Sonderprobleme des** **A 51** **internationalen Währungsrechts und des Devisenrechts**. Zu ihnen vgl Rn F 1 ff und E 1 ff.

Vorbem zu §§ 244 ff   2. Buch

A 52—A 54   1. Abschnitt. Inhalt der Schuldverhältnisse

2. Die deutsche Währung

A 52 a) Die **Entwicklung** der deutschen Währung **seit der Reichsgründung von 1871** ist für das Verständnis geldschuldrechtlicher Kernprobleme, vor allem aber auch für die aktuelle Würdigung der älteren Gerichtspraxis noch heute von Bedeutung. Wegen der Fülle der Details und der älteren Nachweise kann für wissenschaftliche Zwecke weiterhin auf STAUDINGER/WEBER[11] Vorbem 19—36 zu §§ 244—245 verwiesen werden. Eingehende Darstellungen finden sich seither bei HAHN § 10 Rn 11 ff und SPRENGER 183 ff; vgl ferner ISSING, Geldpolitik 16 ff.

A 53 b) Die Zeit bis zum Ersten Weltkrieg kann als die **Epoche der Goldwährung** bezeichnet werden. Die Verfassung von 1871 (GBl des Norddt Bundes 1870 627 ff) hatte die Geldhoheit in ihrem Art 4 Nr 3 der Gesetzgebung und Exekutive des Reichs übertragen. Der Währungsvereinheitlichung diente zunächst das G v 4. 12. 1871 (RGBl 403: Prägung von Goldmünzen in Mark; Aufruf der Landesgoldmünzen; dazu FÖGEN 48; HAHN § 10 Rn 12; SPRENGER 183 f). Die Markwährung als Goldwährung wurde definitiv eingeführt durch das MünzG v 9. 7. 1873 (RGBl 233). Da zunächst auch noch Silbergeld als gesetzliches Zahlungsmittel unbeschränkt annahmepflichtig war, war diese Goldwährung eine sog hinkende Goldwährung (SPRENGER 187). Immerhin brachte schon dieser Teil der Reform einen reichseinheitlichen Münzumlauf zustande (SPRENGER 188). Schwieriger als die Münzreform war die Neuordnung des Papiergeldwesens. Durch G v 30. 4. 1874 (RGBl 94) wurde die Ausgabe von Reichskassenscheinen und durch das BankG v 14. 3. 1875 (RGBl 177) die Ausgabe von Noten durch Privatbanken (Bayerische Notenbank, Sächsische Bank, Württembergische Notenbank, Badische Bank) geregelt (auch dazu ausführlich jetzt HAHN § 10 Rn 15 ff; SPRENGER 190 ff). Die Reichskassenscheine und Privatbanknoten erhielten jedoch zunächst nicht die Funktion von gesetzlichen Zahlungsmitteln (eingehend FÖGEN 49 f). Das Recht zur Ausgabe der Noten lag bei der Deutschen Reichsbank, die durch das BankG v 14. 3. 1875 Nachfolgerin der Preußischen Bank geworden war (FÖGEN 49). Sie hatte den Geldumlauf im Reichsgebiet zu regeln und war verpflichtet, die von ihr emittierten Noten zu einem Festpreis in Feingold einzutauschen. Damit war das Konzept der neuen Reichswährung komplett. Das Münzwesen blieb allerdings, bedingt durch die unterschiedliche Akzeptanz der einzelnen Münzen, in Bewegung (näher SPRENGER 196 f). Seit dem G v 1. 6. 1909 (RGBl 507), in Kraft ab 1. 1. 1910, unterlagen auch die Reichsbanknoten dem unbeschränkten Annahmezwang. Da aber die Reichsbanknoten nach wie vor einlösungspflichtig waren, blieb die Währung eine Goldwährung. Auch überwog in der Geldmengenstruktur nach wie vor das Münzgeld gegenüber dem Papiergeld (SPRENGER 202). Scheidemünzen (Silbermünzen, Nickel- und Kupfermünzen) unterlagen einem der Höhe nach begrenzten Annahmezwang. Die Bindung der Banknoten an die Goldwährung und die Einlösungspflicht der Reichsbank ging einher mit einer Vorratspflicht der Reichsbank und zog der Papiergeldschöpfung Grenzen (HAHN § 10 Rn 21). Allerdings wuchs durch den Ausbau des Giroverkehrs bereits die Buchgeldmenge (HAHN § 10 Rn 26; Statistisches bei SPRENGER 202 f).

A 54 c) **Zum Abbau der Goldwährung** führten die währungspolitischen Maßnahmen des Ersten Weltkrieges (eingehende Analyse bei HAHN § 10 Rn 27 ff; SPRENGER 205 ff; STUCKEN 13 ff). Zunächst verschwanden die Goldmünzen aus dem Zahlungsverkehr, ab Mitte des Krieges mehr und mehr auch die Silbermünzen. Bereits am 4. 8. 1914 ergingen mehrere Reichsgesetze, in deren Gefolge die Geldmenge in Gestalt von Papiergeld gewaltig anstieg. Das am 23. 11. 1914 (RGBl 481) erlassene, 1919 wieder aufgehobene Verbot, Goldmünzen mit Aufgeld zu handeln, bewahrte den Goldmünzen nicht die Funktion im Zahlungsverkehr. Durch das G v 4. 8. 1914 betr die Reichskassenscheine und die Banknoten (RGBl 347) wurden die Reichskassenscheine bis „auf weiteres" zu gesetzlichen Zahlungsmitteln erklärt. Die Reichsbank war zur Einlösung der Reichsbanknoten nicht mehr verpflichtet (§ 2); die Privatnotenbanken durften zur Einlösung ihrer Noten statt Gold Reichsbanknoten verwenden (§ 3). Gemäß G v gleichen Tage betr die Änderung des Münzgesetzes (RGBl 326) konnten die Reichs- und Staatskassen die Umwechslung von Silber- und Kupfermünzen an Stelle der Goldmünzen mit Reichsbanknoten und Reichskassenscheinen vornehmen, während zuvor von bestimmten Mindestbeträgen an auch Münzen umtauschberechtigt gewesen waren (HAHN § 10 Rn 28). Die Beschränkungen der Geldschöpfungsbefugnis wurden weitgehend beseitigt (HAHN § 18 Rn 33). Als ein neues Papiergeld wurden die Darlehenskassenscheine eingeführt (G v 4. 8. 1914, RGBl 340); doch waren sie kein gesetzliches Zahlungsmittel (RG JW 1929, 3493), obwohl sie von öffentlichen Kassen zum Nennwert in Zahlung genommen werden mußten (ISSING, Geldpolitik 17). Damit war die Goldwährung praktisch durch eine Papierwährung ersetzt. Die Einziehung der 2-Mark-Stücke durch VO v 12. 7. 1917 (RGBl 625), die Außerkurssetzung der Silbermünzen durch VO v 13. 4. 1920 (RGBl 521) und die formelle „Außerkraftsetzung" der übrigen Scheidemünzen durch das MünzG v 30. 8. 1924 (RGBl II 254) sind Folgeerscheinungen dieser Entwicklung. Die alten Goldmünzen wurden erst durch VO v 16. 7. 1938 (RGBl I 901) formell außer Kurs gesetzt.

d)   Die **Weimarer Republik** übernahm nach Art 178 Abs 2 WRV zunächst das Wäh-   **A 55** rungssystem des zusammengebrochenen Kaiserreichs. Dieses hatte indessen schon derart Schaden genommen, daß sein Zusammenbruch unausweichlich war (zum folgenden vgl HAHN § 11 Rn 1 ff). Der Abbau der Goldwährung und der **Zusammenbruch der bestehenden deutschen Währung** führte zunächst zur Schaffung von sog Notgeld (näher FÖGEN 51; SPRENGER 210 ff; STUCKEN 55 ff) und zur Flucht in Golddollarklauseln (vgl zB RGZ 146, 1; 148, 42; 150, 153; 163, 324, 325, 331) und in Feingoldklauseln (vgl zB RGZ 101, 141; 103, 384; 104, 218; 107, 370). Mit diesem Aufkommen der „Dollargoldmark" und der „Feingoldmark", also mit dem Überhandnehmen der Wertsicherungsklauseln (insbes in Gestalt von Geldsortenklauseln) war die Wertmaßfunktion des Währungsgeldes (Rn A 11) praktisch aufgegeben und das Währungssystem zusammengebrochen. Die Neuordnung der deutschen Währung lag in der Hand der durch VO v 15. 10. 1923 (RGBl I 963) gegründeten *Rentenbank*, für kurze Zeit auch der *Golddiskontbank* (vgl G v 19. 3. 1924, RGBl II 71; §§ 15—20 der 3. DVO zum AktG v 21. 12. 1938, RGBl I 1839). Die von ihr ausgegebenen *Rentenbankscheine* (berechnet nach Rentenmark) wurden als gesetzlich zugelassene (nicht als gesetzliche!) Zahlungsmittel eingeführt. Die öffentlichen Kassen hatten sie als Zahlungsmittel anzunehmen (§ 14 Abs 3 VO v 15. 10. 1923). Der Kurs der Rentenmark wurde auf eine Billion Mark fixiert, wobei ein US-Dollar 4,2 Billionen Mark, also 4,20 Rentenmark entsprach (SPRENGER 222). Die Rentenbankscheine hatten den Charakter von Inhaberschuldverschreibungen, gerichtet auf Leistung von Rentenbriefen. Deckungsunterlagen waren Grundschulden. Die Liquidierung des Umlaufs von Rentenbankscheinen wurde durch G v 30. 8. 1924 (RGBl II 252) langfristig in die Wege geleitet, doch wurde die Neuausgabe von Rentenbankscheinen durch G v 4. 9. 1939 (RGBl I 1694) wieder zugelassen (vgl im einzelnen STAUDINGER/WEBER[11] Vorbem 20 zu §§ 244,

245; Fögen 51 f; Hahn § 11 Rn 7; Stucken 50 ff, 61 ff). Alle Rentenbankscheine haben mit
Ablauf des 31. 8. 1948 ihre Geldeigenschaft verloren.

A 56   e)   Die **Reichsmark** wurde eingeführt durch die *Währungsgesetze von 1924*, bestehend aus dem MünzG, dem BankG und dem PrivatnotenbankenG, sämtlich v
30. 8. 1924 (RGBl II 235−254; dazu Sprenger 224 ff; über die Durchführungsverordnungen und
Änderungen vgl Staudinger/Weber[11] Vorbem 22 zu §§ 244, 245). Die Reichsbank wurde eine
von der Reichsregierung unabhängige Zentralbank, die Reichsmark ausschließliche
deutsche Währungseinheit. Sie entsprach einer Goldmark, und der US-Dollar entsprach 4,20 Reichsmark. Die Reichsmark war eingeteilt in 100 Reichspfennige.
Ebenso wie bei der Rentenmark wurde die Reichsmark einer Billion Papiermark
gleichgesetzt (näher Fögen 54). Die Reichsmark war keine Goldumlaufwährung, wohl
aber – mindestens theoretisch – eine sog Goldkernwährung (vgl Fögen 54; Stucken 67 f;
Schlegelberger/Hefermehl, HGB[5] Anh § 361 Rn 6), genauer: eine Golddevisenkern-
währung (Sprenger 224). Das MünzG sagte in seinem § 1: „Im Deutschen Reiche gilt
die Goldwährung." Es legte eine feste Relation zwischen Gold und Geld fest (2790
RM = 1 kg Feingold) und bestimmte Reichsgoldmünzen und Reichsbankmünzen als
unbeschränkte gesetzliche Zahlungsmittel. Allerdings traten die alten Reichsgoldmünzen zum gesetzlichen Nennwert nicht mehr als Zahlungsmittel in Erscheinung
(Fögen 54). Die Ausgabe neuer Goldmünzen wurde in § 31 des BankG v 1924 in
Aussicht gestellt. Die Bekanntmachung des Reichsbankdirektoriums v 15. 4. 1930
(RGBl II 691) stellte wieder die Pflicht der Reichsbank zur Einlösung der Reichsmark
in Goldbarren, Goldmünzen oder Devisen her, und zwar in Höhe von 40% (Hahn
§ 11 Rn 25; Sprenger 224; Stucken 66 f; Schlegelberger/Hefermehl, HGB[5] Anh § 361 Rn 7).
Für den nicht in Gold oder Devisen gedeckten Teil des Banknotenumlaufs mußte die
Reichsbank für Deckung in Wechseln und Schecks sorgen. Die Einführung und
Sicherung der Reichsmark trugen zunächst wesentlich zur Stabilisierung und Konsolidierung der deutschen Wirtschaft und der Versorgungslage der Bevölkerung bei,
zumal der Dawes-Plan von 1924 die auf dem Versailler Vertrag beruhenden Repara-
tionszahlungen auf eine neue, freilich von einer positiven Handelsbilanz abhängige
Grundlage stellte (eingehend Sprenger 227 ff). Die ohnehin bereits negative Handelsbilanz und die sich durch die Weltwirtschaftskrise ab 1930 verschärfenden Refinan-
zierungsprobleme der Banken, verbunden mit einem strikten Sparkurs der Reichsregierung und der Reichsbank, führten zu Deflation, Preisverfall und wirtschaftlicher Depression (North 185 ff; Sprenger 231 ff). Die Währungsverfassung blieb
hiervon jedoch wenig berührt.

A 57   f)   Erst die **nationalsozialistische Regierung** griff wieder grundsätzlich in die Währungsverfassung ein (Hahn § 12; Sprenger 234 ff). Die letzten Privatnotenbanken
wurden beseitigt, ebenso die Unabhängigkeit der Reichsbank. Das **Abrücken vom
Grundsatz der internationalen Golddeckung** erfolgte durch das G über die Deutsche
Reichsbank v 15. 6. 1939 (RGBl I 1015). § 21 Abs 1 dieses Gesetzes bestimmte, daß die
Deckung der ausgegebenen Reichsbanknoten in erster Linie durch Reichsschatz-
wechsel, Wertpapiere, Schecks und Wechsel zu erfolgen habe, während die Gold-
und Devisenbestände nur noch zur Aufrechterhaltung des Zahlungsverkehrs mit
dem Ausland und zur Stabilisierung des amtlichen Wechselkurses zu dienen hatten.
Das BankG v 1924 wurde ausdrücklich aufgehoben, die Reichsbank unmittelbar
dem Führer und Reichskanzler unterstellt. Über Geld und Kredit im Verlauf des
Zweiten Weltkrieges vgl eingehend Stucken 164 ff.

g) Der **Zusammenbruch 1945** führte zunächst – wenigstens im Gebiet der drei west- **A 58**
lichen Besatzungszonen – nicht zur Auflösung der *Deutschen Reichsbank*. Vgl für das
britische Besatzungsgebiet die VO Nr 140 v 1. 4. 1948 betr die Bestellung eines Treu-
händers zur Wahrung der Rechte und Interessen der Deutschen Reichsbank
(ABlBrMilReg Nr 23 S 718) und das Gesetz betr die Treuhandverwaltung über das Vermögen der Deutschen Reichsbank v 6. 8. 1954 (BGBl I 241), das auch in den Westsek-
toren von Berlin galt. Zur späteren Liquidation der Reichsbank und der Deutschen
Golddiskontbank nach dem Zweiten Weltkrieg siehe das G v 2. 8. 1961 (BGBl I 1165),
geändert durch das 3. UmstellungsänderungsG v 22. 1. 1964 (BGBl I 33); vgl ferner
HEINZ BECK, Kommentar zum BBankG (1959) Anm E 13 ff. Auch die Reichsmark-
währung blieb einstweilen bestehen. Die alliierten Militärregierungen führten
jedoch neben der Reichsmark als gleichwertiges weiteres gesetzliches Zahlungsmittel die Alliierte Militär-Mark ein (MRG 51, ABlBrMilReg Nr 1 S 22). Eine Neuordnung
der Währung wurde wegen der *Inflation der Reichsmark* unentbehrlich. Diese hatte
schon vor dem Zweiten Weltkrieg begonnen, weil die Produktion sich stark auf
kriegswichtige Güter umgestellt und die Gesamtmenge der für den zivilen Bedarf
vorhandenen Güter der ständig wachsenden Menge an umlaufenden Zahlungsmitteln nicht mehr entsprochen hatte (zur finanziellen Rüstung vor dem Zweiten Weltkrieg vgl
STUCKEN 147 ff). Dies führte zu einem Geldüberhang und einer beträchtlichen Minderung der Kaufkraft der Reichsmark. Anzeichen einer offenen Inflation wurden
allerdings durch eine strenge Preisregulierung und durch ein alle lebenswichtigen
Güter umfassendes Bewirtschaftungssystem verdeckt, in dessen Folge praktisch die
Wertfunktion des Geldes durch staatliche Bezugsberechtigungsscheine („Marken")
übernommen wurde (sog zurückgestaute Inflation; vgl SPRENGER 238 f). Beim Zusammenbruch im Jahre 1945 wurde das Ausmaß der „schleichenden Inflation" sichtbar
(vgl auch FÖGEN 55), dies jedoch weiterhin in Gestalt einer „zurückgestauten Inflation", also nicht in Gestalt einer Steigerung der künstlich eingefrorenen Preise,
sondern in Gestalt eines Zusammenbruchs des Warenangebots gegen Geld (Tausch-
handel und Schwarzmarktwirtschaft). Die Durchführung einer schon 1946 geplanten
einheitlichen Währungsreform für ganz Deutschland scheiterte an der inzwischen
eingetretenen Funktionsunfähigkeit des Alliierten Kontrollrates.

h) Die sog **Währungsreform von 1948**, dh die Neuordnung des Geldwesens nach **A 59**
dem Zweiten Weltkrieg, ging mit der innerdeutschen Währungsspaltung einher (eingehend SPRENGER 241 ff; WANDEL passim; WEIKART 30 f). Sie erfolgte auf dem Boden der
amerikanischen, britischen und französischen Besatzungszonen, dh der nachmaligen
Bundesrepublik, durch gleichlautende Anordnungen der Militärregierungen der
drei westlichen Besatzungsmächte in den von diesen besetzten Teilen Deutschlands
(amerikanisches und britisches MRG 61, ABlAmMilReg Ausg I S 6, ABlBrMilReg Nr 25
S 848; französische MRVO 158, JO Nr 173 S 1506). Durch dieses sog **Währungsgesetz**
(Erstes Gesetz zur Neuordnung des Geldwesens) wurde für das Gebiet der späteren
Bundesrepublik die *Deutsche Mark* (DM-West) eingeführt, die in hundert Deutsche
Pfennig unterteilt ist und innerhalb des Währungsgebiets das alleinige gesetzliche
Zahlungsmittel darstellt (§ 1 WährG). Die für eine Überbrückungszeit zu 1/10 ihres
Nennwerts weitergeltenden, auf Rentenmark, Alliierte Militär-Mark, Reichsmark
und -pfennige bis zum Betrage von zwei Mark lautenden Scheidemünzen verloren
am 31. 8. 1948 ihre gesetzliche Zahlungskraft. Gemäß § 2 WährG trat an die Stelle
der in Gesetzen, Verordnungen, Verwaltungsakten oder rechtsgeschäftlichen Erklärungen verwendeten Rechnungseinheit Reichsmark die neue Rechnungseinheit

Deutsche Mark. Gleichzeitig mit dem Währungsgesetz trat das (durch § 43 des
BBankG v 26. 7. 1957, BGBl I 745, aufgehobene) Zweite Gesetz zur Neuordnung des
Geldwesens oder **Emissionsgesetz** in Kraft (MRG 62, ABlAmMilReg Ausg J S 18,
ABlBrMilReg Nr 25 S 859; franz MRVO 159, JO Nr 176 S 1531). Hierdurch erhielt die
Bank deutscher Länder (BdL) als Vorgängerin der Deutschen Bundesbank das aus-
schließliche Recht, auf Deutsche Mark oder Pfennig lautende Banknoten und
Münzen im Währungsgebiet auszugeben (§ 1). Entsprechende Bekanntmachungen
ergingen am 4. 11. 1948 und 7. 3. 1949 über die Ausprägung bzw Ausgabe von Mün-
zen. Die Erstausstattung der Bürger mit neuem Geld (sog Kopfquote) erfolgte im
Juni 1948 und löste im Verein mit dem Übergang zur Lohn- und Gehaltszahlung in
DM einen heftigen Schub im Warenangebot aus (plastische Darstellung bei NORTH 196).
Über die Errichtung der BdL und über die Entstehung des Landeszentralbanksy-
stems vgl im einzelnen HAHN § 12 Rn 14 ff (über die DBB vgl auch Rn A 73). Das dritte
gleichzeitig erlassene Gesetz ist das Dritte Gesetz zur Neuordnung des Geldwesens
oder **Umstellungsgesetz** (MRG Nr 63, ABlAmMilReg Ausg J S 21, ABlBrMilReg Nr 25 S 862;
franz MRVO 160, JO Nr 177 S 1537). Das Gesetz trifft sehr differenzierte Regelungen
über das rekurrente Anschlußverhältnis zwischen RM-Beträgen und DM-Beträgen
(vgl auch Rn A 50). Schwerpunkt des Gesetzes ist die *Behandlung von Reichsmark-
Schuldverhältnissen* (§§ 13 ff). Die Umstellung erfolgt nach der – durch viele Ausnahmen eingeschränkten – Regel des § 16 im Verhältnis 10:1. Ein *Viertes Gesetz zur
Neuordnung des Geldwesens* („Festkontogesetz"; MRG Nr 65, ABlAmMilReg Ausg L
S 21, ABlBrMilReg Nr 27 S 1025; franz MRVO Nr 175, JO Nr 205 S 1679) schränkte sodann
die Umtauschberechtigung von Einlagen bei Banken, insbes Spareinlagen, auf 65%
der Nennbeträge ein. *Abdruck und Kommentierung der Gesetze zur Neuordnung des
Geldwesens* bei: HARMENING/DUDEN, Währungsgesetze (1949); HÜBERNAGEL,
UmstellungsG (1948); LANGEN, Die neuen Währungsgesetze (1949); PRIESE/
REBENTROST, Kommentar zu den Gesetzen zur Neuordnung des Geldwesens (1948);
SCHÄFFER/STRAUCH, Geld- und Währungsordnung (1949). Die *Probleme und Erfahrungen der Währungsreform* sind eingehend dargestellt zB bei: STUCKEN 193 ff;
BINDER/WETTER/REINBOTHE, Die Währungsreform (1949); GOETZE/HILDE-
BRANDT/JURISCH/KRECH/MÖLLER/SIEGERT/SKAUPY, Probleme der Währungsreform
(1949); WALTER/SEELIGER, Die Regelung der Schuldverhältnisse nach der Währungsreform (1948). Zur Frage, ob die Ablösung eines am Umsatz eines Unternehmens orientierten Rentenanspruchs durch Kapitalzahlung im Jahr 1946 gegen Treu
und Glauben verstieß, vgl BGH WM 1978, 1177. Das Gesetz über den Abschluß der
Währungsumstellung vom 17. 12. 1975 (BGBl I 3123) brachte die Währungsumstellung
zum Abschluß. Nach diesem Gesetz erloschen alte Reichsmarkguthaben bei Geldinstituten, soweit sie weder in Deutsche Mark umgewandelt worden oder erloschen
waren noch auf Grund einer bis zum 30. 6.1976 erfolgenden Anmeldung in Deutsche
Mark umgewandelt wurden. Die umfangreiche *Rechtsprechung zu den Problemen
der Währungsreform*, insbes zum Umstellungsgesetz, wird hier aus Gründen der
Aktualität nicht mehr insgesamt verarbeitet, sondern nur noch in konkreten Pro-
blemzusammenhängen angesprochen. Als Musterbeispiel eines gesetzlich geordneten rekurrenten Anschlusses beim Währungswechsel hat zwar das Umstellungsgesetz
(ebenso auch die kaum übersehbare Rechtsprechung) bleibende Bedeutung für die
Lehre von der Geldschuld. Auch praktisch hat sich der Anwendungsbereich des
Umstellungsgesetzes nicht endgültig erledigt, weil vereinzelt immer noch über die
Umstellung von RM-Verbindlichkeiten entschieden werden muß (insofern ist zu verweisen auf STAUDINGER/WEBER[11] Einl T 15-T 60 vor § 241). Über *Spezialliteratur über die*

privatrechtlichen Folgen des Währungswechsels von 1948 unterrichtete die 12. Auflage (Rn A 39). Darauf ist zu verweisen.

i) Die Entwicklung in der DDR und die Währungsunion*

aa) Nachdem die sowjetische Besatzungsmacht zunächst noch die Errichtung A 60 einer gesamtdeutschen *Zentralbank geplant* hatte, gab sie diese Vorstellung nach der Währungsreform in den westlichen Besatzungszonen endgültig auf. Es kam zur Umwandlung der Deutschen Emmissions- und Girobank in die **Deutsche Notenbank** (SMAD-Befehl Nr 122 v 20. 7. 1948, ZentralVOBl 1948 S 320). Dieser wurde am 13. 10. 1948 die Deutsche Investitionsbank als nicht weisungsgebundenes zentrales Realkreditinstitut zur Seite gestellt (Anordnung v 13. 10. 1948, abgedruckt in: KOHLMEY/DEWEY 161 ff). Die Deutsche Investitionsbank erhielt die Aufgabe, Investitionsfonds für die volkseigene Wirtschaft zu verwalten sowie die Verteilung und Verwendung von Finanzmitteln zu organisieren. Demgegenüber verblieben der Deutschen Notenbank Aufgaben der Globalsteuerung durch Einflußnahme auf Geldumlauf, Zahlungsverkehr und kurzfristige Kredite (eingehend dazu DECKERS 81 ff und passim).

bb) **Währung und Zentralbanksystem der DDR** waren gleichfalls durch die Nach- A 61 kriegsentwicklung bestimmt. Als Reaktion auf die in den drei westlichen Besatzungszonen durchgeführte Währungsreform wurde auch in der sowjetisch besetzten Zone Deutschlands und im Sowjetsektor Berlins am 23. 6. 1948 eine Währungsreform angeordnet (SMAD-Befehl Nr 11/1948, abgedruckt bei: KOHLMEY/DEWEY 193 ff). Es wurden zunächst keine neuen Geldzeichen ausgegeben, sondern Reichsmark und Rentenmark mit aufgeklebten Spezialkupons als neue Währung kenntlich gemacht. Dabei wurden 70 RM im Verhältnis 1:1 umgestellt. Spareinlagen bis zu 1000 RM wurden bevorzugt umgestellt: für die ersten 100 RM erfolgte eine Umstellung im Verhältnis 1:1, weitere 900 RM wurden im Verhältnis 5:1, alle größeren Guthaben im Verhältnis 10:1 umgestellt. Gemäß SMAD-Befehl Nr 124/1948 (abgedruckt bei: KOHLMEY/DEWEY 242 f) wurden vom 25. bis 28. 7. 1948 Reichsmark und Rentenmark mit aufgeklebten Spezialkupons umgetauscht in „Deutsche Mark der Deutschen Notenbank", wobei die Umstellung im Verhältnis 1:1 erfolgte. Am 13. 10. 1957 erfolgte ein weiterer Umtausch von Banknoten im Verhältnis 1:1 unter gleichzeitiger Verringerung des Geldumlaufs (VO über die Ausgabe neuer Bankno-

---

* **Schrifttum:** ABEKEN, Das Geld- und Bankwesen in der sowjetischen Besatzungszone und im Sowjetsektor von Berlin von 1945 bis 1954 (1955); Autorenkollektiv, Das Finanzsystem der DDR (1962); BUDER, Die ostdeutsche Währungsreform, DRZ 1948, 415; BÖHRINGER, Problemfälle bei der Grundbuchbereinigung in den neuen Bundesländern, DtZ 1994, 194; BULTMANN, Umstellungen Alt-Grundpfandrechte auf DM in den neuen Bundesländern, AgrarR 1993, 140; DECKERS, Die Transformation des Bankensystems in der sowjetischen Besatzungszone/DDR (1974); DEWEY, Die Planung und Regulierung des Bargeldumflaufs in der Deutschen Demokratischen Republik (1956); FELSKE, Die zivilrechtlichen Folgen der Währungsreform in der sowjetischen Besatzungszone Deutschlands (1948); HAFERKAMP, Die deutsche Währungsunion – bereits Rechtsgeschichte?, DtZ 1991, 201; HORN, Das Zivil- und Wirtschaftsrecht im neuen Bundesgebiet (2. Aufl 1993); KOHLMEY/DEWEY, Bankensystem und Geldumlauf in der DDR 1945–1955. Gesetzessammlung und Einführung (1956); KÖLLNER, Chronik der deutschen Währungspolitik 1871–1971 (1972); SPRENGER, Das Geld der Deutschen. Geldgeschichte Deutschlands (1991).

Karsten Schmidt

ten und die Außerkraftsetzung bisher gültiger Banknoten der Deutschen Notenbank
v 13. 10. 1957, GBl I 603). Mit VO über die Erneuerung der Banknoten der Deutschen
Notenbank v 30. 7. 1964 (GBl II 653) wurde die Währungseinheit in *„Mark der Deut-
schen Notenbank"* umbenannt, wobei der Wert der Zahlungsmittel, Spareinlagen,
Forderungen usw unberührt blieb. Eine erneute Umbenennung erfolgte durch die 1.
DVO zum StaatsbankG v 1. 12. 1967 (GBl II 805). Seither lautete die Bezeichnung
„Mark der Deutschen Demokratischen Republik", Kurzbezeichnung „Mark", abgekürzt „M". Der Sache nach blieb diese Mark der DDR eine reine Binnenwährung,
deren Ein- und Ausfuhr durch strenge Devisenbeschränkungen untersagt und deren
Konvertibilität in Anbetracht der verzerrenden Bewirtschaftungsregelungen uner-
reichbar war.

A 62 cc)   Der **Staatsvertrag über die Schaffung einer Währungs-, Wirtschafts- und Sozialunion** zwischen der Bundesrepublik Deutschland und der Deutschen Demokratischen Republik vom 18. 5. 1990 wurde aufgrund Gesetzes v 25. 6. 1990 als Bundesrecht verkündet (Staatsvertragsgesetz v 25. 6. 1990, BGBl II 518). Nach ihm wurde ab
1. 7. 1990 die DM einziges gesetzliches Zahlungsmittel auf dem Gebiet der zunächst
noch bestehenden DDR (dazu HAFERKAMP DtZ 1991, 201 f). Die hierfür erforderliche
Übertragung der währungspolitischen Zuständigkeit auf die Deutsche Bundesbank
erfolgte durch Einführung des Bundesbankgesetzes für das Gebiet der DDR (Gesetz
über die Inkraftsetzung von Rechtsvorschriften der Bundesrepublik Deutschland in
der DDR [Mantelgesetz] v 21. 6. 1990, abgedruckt bei: HORN, Das Zivil- und Wirtschaftsrecht der DDR [1990] Nr 1.7). Damit verlor die DDR die Währungshoheit und hatte ihre
Staatsbank aufzulösen, in deren Rechte und Pflichten nach dem Beitritt der neuen
Bundesländer der Bund eingetreten ist (eingehend HORN 19 ff; HAFERKAMP DtZ 1991,
202 f). Die Umstellung der Forderungen von DDR-Bürgern von Mark der DDR auf
DM erfolgte grundsätzlich im Verhältnis 2:1 (Art 10 Abs 5 EinigV). Das galt auch
für Hypotheken und Grundschulden (BULTMANN AgrarR 1993, 140 ff) und zB auch für
Prozeßkosten (LG Berlin DGVZ 1989, 174). Es galt nicht für Forderungen, die schon auf
DM lauteten (OLG Hamm FamRZ 1991, 1078). Forderungen, denen ein dauerndes Leistungsverweigerungsrecht entgegenstand, waren von der Umstellung ausgeschlossen
(VG Göttingen WM 1996, 109). In beschränkter Höhe fand pro Person ein Umtausch von
Kontoguthaben zum Kurs von 1:1 statt. Bankguthaben von Devisenausländern wurden 3:1 umgestellt (näher zu all dem HAFERKAMP DtZ 1991, 204). Bei Versicherungsleistun-
gen aus Schadensversicherungen im Gegensatz zu Summenversicherungen erfolgt
die Entschädigung auf DM-Basis, wenn die Ersatzbeschaffung nach Inkrafttreten
der Währungsunion vorgenommen worden ist, auch wenn der Versicherungsfall
davor lag (KG VersR 1993, 997). Am 29. 9. 1990 trat mit dem Einigungsvertrag das
DM-Bilanzgesetz in Kraft, das inzwischen mehrfach novelliert worden ist (Gesetz
über die Eröffnungsbilanz in Deutscher Mark und die Kapitalneufestsetzung
[DMBilG] v 23. 9. 1990; die Fassung der Neubekanntmachung vom 28. 7. 1994, BGBl I
842, berücksichtigt die Änderungen). Dieses Gesetz begründete für Unternehmen im
neuen Bundesgebiet rückwirkend auf den Stichtag der Währungs-, Wirtschafts- und
Sozialunion die Verpflichtung zur Erstellung einer DM-Eröffnungsbilanz (eingehend
HORN 736 ff; Kommentare [Auswahl]: BIENER/BISTER/CZERWENKA, Die Rechnungslegung nach
dem DM-Bilanzgesetz [1990]; BUDDE/FORSTER, DM-Bilanzgesetz [1991]; vWYSOCKI, Die DM-
Eröffnungsbilanz [2. Aufl 1991]). Ein Gläubiger, der das Leistungsbestimmungsrecht
nach § 32 Abs 1 DMBilG in Anspruch nimmt, muß die Billigkeit der von ihm getrof-

fenen Preisbestimmung darlegen und beweisen (BGH DtZ 1995, 334 = ZIP 1995, 1119).

k) Die **Währung der Bundesrepublik Deutschland** ist nicht in einem einheitlichen **A 63** Münz- oder Währungsgesetz niedergelegt, sondern sie ergibt sich aus verschiedenen Rechtsquellen (eingehend FÖGEN 57 ff). *Die gesetzlichen Zahlungsmittel* ergeben sich aus dem *Währungsgesetz* (Rn A 59) und aus dem *Münzgesetz* v 8. 7. 1950 (BGBl 323; vgl zu diesem Gesetz auch im Zusammenhang mit der Annahmepflicht bei der Erfüllung von Geldschulden Rn C 38). Geldeinheit ist die *Deutsche Mark*, zerlegt in 100 Pfennige.

aa) Das **Währungssystem** der Bundesrepublik ist gekennzeichnet durch die völlige **A 64** Abkehr von der Golddeckung. Der verfügbare Gold- und Devisenbestand hat nur noch die Bedeutung einer für zwischenstaatliche Zahlungen verwendbaren Währungsreserve (FÖGEN 59). Die Währung selbst ist weder Goldumlaufwährung noch Goldkernwährung noch Golddevisenwährung, sondern nur noch *gelenkte (manipulierte)* Papierwährung (vgl zu diesen Begriffen Rn A 49). Wert und Stabilität des Geldes sind durch das Vertrauen in die deutsche Währung und durch die Währungspolitik der DBB bestimmt. Diese Tatsache hat beträchtliche Auswirkungen auf die Zentralbankpolitik. Währungspolitisch war allerdings immer wieder eine Rückkehr zur Goldwährung im Gespräch. Eine mittelbare Änderung der Situation der deutschen Währung ergab sich vorübergehend aus dem Beitritt zum Internationalen Währungsfonds (IWF; zu ihm vgl Rn F 20), der für die Vornahme von Gold- und Devisengeschäften das Gold als Maßstab des Paritätswertes bestimmte (vgl dazu SCHLEGELBERGER/HEFERMEHL, HGB⁵ Anh § 361 Rn 16; HAHN § 13 Rn 2). Demgemäß klassifizierte FÖGEN (61) die DM nach damaligem Stand als eine nach nationalem Recht gesteuerte Währung mit den Merkmalen einer Goldparitätswährung aufgrund internationaler Abkommen. Im Jahre 1978 ist der IWF von der Goldparität abgerückt. Gem Anh C Ziff 1 des IWF-Übereinkommens in der Fassung der zweiten Änderung und Ergänzung (BGBl 1978 II 15, 68) werden die Paritäten der Währungen der Mitgliedsländer in Sonderziehungsrechten (vgl dazu Rn F 33) oder einem anderen vom Fonds zugelassenen gemeinsamen Nenner, der weder Gold noch eine Währung sein darf, ausgedrückt. Zur *Konvertierbarkeit* der Deutschen Mark vgl Rn F 7.

bb) Die **derzeitige Währungsverfassung** der Bundesrepublik basiert auf der staats- **A 65** theoretisch und geldtheoretisch nicht mehr umstrittenen *Währungshoheit des Staates* (Rn A 3). Wesentliche Änderungen wird die Europäische Wirtschafts- und Währungsunion mit sich bringen (dazu Rn F 67). Im einzelnen ist zu unterscheiden: Die *Gesetzgebungshoheit* für das Währungs-, Geld- und Münzwesen sowie für den Zahlungsverkehr mit dem Ausland liegt beim Bund (ausschließliche Gesetzgebung des Bundes nach Art 73 Nr 4 und 5 GG). Nach Art 88 GG errichtet der Bund eine Währungs- und Notenbank als Bundesbank (vgl über die DBB näher Rn A 73; zur Übertragung der Befugnisse der Deutschen Bundesbank auf eine Europäische Zentralbank gemäß Art 88 S 2 GG vgl Rn F 73). Träger der *Münzhoheit* ist die Bundesregierung. Die äußere *Währungspolitik*, insbes die Wechselkurspolitik, liegt gleichfalls in den Händen der Bundesregierung (ISSING, Geldpolitik 26). Diese ist allerdings nach Art IV des Abkommens über den Internationalen Währungsfonds und nach Art 3 a EGV auf internationaler Ebene gebunden (näher DICKERTMANN/SIEDENBERG, Geldpolitische Lenkungsinstrumente in der BRD [2. Aufl 1975] 10 f, 80 ff). Rückwirkungen auf die Tätigkeit der DBB hat die internationale Währungspolitik namentlich in einem System fester Wechselkurse, denn dieses verpflichtet die DBB, spätestens bei Erreichen einer maximal zugelassenen Bandbreite zu intervenieren, so daß wechselkurspolitische Entscheidungen der Bundesregierung mit bestimmend sind für die Erfolgsaussichten der Notenbankpolitik (Issing, Geldpolitik 26, 28 f). Das Instrumentarium der inneren Währungspolitik liegt dagegen in der Hand der DBB (Rn 76).

A 66 cc) Währungsverfassung und Bankensystem stehen miteinander in engem Zusammenhang deshalb, weil die währungspolitischen Maßnahmen der DBB durchweg beim Banksektor ansetzen, von dem sich die kreditpolitischen Impulse dem Nichtbankensektor mitteilen (vgl nur Issing, Geldpolitik 41; eingehend Möschel, Das Wirtschaftsrecht der Banken [1972] 50–83).

l) Währungspolitik*
A 67 aa) Der **Begriff Währungspolitik** wird unterschiedlich umschrieben. Die Vielfalt

---

* **Schrifttum** (s auch bei Rn 48; zur DBB vor Rn 73): Adebahr, Währungstheorie und Währungspolitik I (1978); van den Adel, Geldentwertung und monetäre Stabilisierungspolitik (1973); Andreae, Geld und Geldschöpfung (1953); Andreae/Hansmeyer/Scherhorn (Hrsg), Geldtheorie und Geldpolitik, in: FS Günter Schmölders (1968); Arndt, Politik und Sachverstand im Kreditgewährungswesen (1963); Badura/Issing (Hrsg), Geldpolitik (1980); Basler, Wirtschaftspolitische Zielpräferenzen und theoretische Orientierung in der Geldpolitik der Bundesrepublik Deutschland (1979); Bechler, Geld und Währung II: Zahlungsbilanz und Währungspolitik (1981); Benda, Geld und Währung in der Rechtsprechung des Bundesverfassungsgerichts, in: Hahn (Hrsg), Das Geld im Recht (1986) 9; Bloomfield, Monetary Policy under the International Gold Standard 1888–1914 (1959); Bochud (Hrsg), Fundamentale Fragen künftiger Währungspolitik (1965); Booms, Geldtheoretische und -politische Konzepte der DBB: Ermittlung und Kritik (1980); Bosch/Veit, Theorie der Geldpolitik (1966); Brunner, Die Rolle des Geldes und der Geldpolitik, in: Brunner/Monissen/Neumann (Hrsg), Geldtheorie (1974) 332; Bub/Duwenga/Richter (Hrsg), Geldwertsicherung und Wirtschaftsstabilität, in: FS Schlesinger (1989); Caesar, Der Handlungsspielraum von Notenbanken (1981); Cassel, Das Stabilisierungsproblem oder Der Weg zu einem festen Geldwesen (1926); Chalmers, Monetary Policy in the Sixties (1968); Crow-ther, An outline of money (1946) 181 ff; Day, Outline of Monetary Economics (1957); Dieckheuer, Wirkung und Wirkungsprozeß der Geldpolitik (1975); Dobretsberger, Das Geld im Wandel der Wirtschaft (1946); Dudler, Geldpolitik und ihre theoretischen Grundlagen (1984); Duenberry, Money and Credit (3. Aufl 1972); Dürr (Hrsg), Geld- und Bankpolitik (1969); ders, Wirkungsanalyse der monetären Konjunkturpolitik (1966); Duwenag/Ketterer/Köster/Pohl/Simmert, Geldtheorie und Geldpolitik (1977); Ehrlicher, Geldtheorie und Geldpolitik VI: Geldpolitik, in: Handwörterbuch der Wirtschaftswissenschaft III (1981) 423; Ehrlicher/Duwenga (Hrsg), Geld- und Währungspolitik im Umbruch (1983); Ehrlicher/Richter (Hrsg), Probleme der Währungspolitik (1981); Emminger, Deutsche Geld- und Währungspolitik im Spannungsfeld zwischen innerem und äußerem Gleichgewicht, in: Währung und Wirtschaft in Deutschland (1976); ders, Währungspolitik im Wandel der Zeit (1966); Wolfram Engels, Stabilität und diskretionäre Geldpolitik, in: FS Wilhelm Seuß (1981) 1; Forstmann, Wege zu nationalsozialistischer Geld-, Kredit- und Währungspolitik (1933); Franzke, Geldhoheit und Währungssteuerung (1964); Friedman, A Program for Monetary Stability (1959); Geisler, Bundesbankpolitik (1983); Gramlich, Bundesbankgesetz, Währungsgesetz, Münzgesetz (1988); Hahn, Geld und Gold (1969); Hankel, Währungspolitik (2. Aufl 1972); ders, Die Rolle der Geldpolitik, in: Brunner/Monissen/Neu-

der Definitionen ist ohne nachhaltige juristische Bedeutung. Sie läßt sich ordnen, wenn man erkennt, daß Währungspolitik wie alle Politik einmal als Aufgabe, zum anderen auch als Geschehen, also als Aufgabenerfüllung, beschrieben und abgegrenzt werden kann. Währungspolitik als Aufgabe ist zB nach FÖGEN (35) „das Bemühen um die Erhaltung oder Herbeiführung eines bestimmten Zustandes des Geldwesens". Währungspolitik als Geschehen definiert LIPFERT (1) als „die

mann (Hrsg), Geldtheorie (1974) 314; HAWTREY, The Art of Central Banking (2. Aufl 1962); ISSING, Leitwährung und internationale Wirtschaftsordnung (1965); JANOCHA, Intervention und Kooperation der Zentralbanken auf den Devisenmärkten (1966); JARCHOW, Theorie und Politik des Geldes I: Geldtheorie (4. Aufl 1978), II: Geldmarkt, Bundesbank und geldpolitisches Instrumentarium (4. Aufl 1980); HARRY G JOHNSON, Beiträge zur Geldtheorie und Geldpolitik (1969); ders, Beiträge zur Geldtheorie und Währungspolitik (1976); KAULLA, Rechtsstaat und Währung (1949); KETTERER, Probleme der Neo-Quantitätstheorie und der Geldmengenpolitik (1975); KEYNES, Vom Gelde (A Treatise on Money) (Nachdruck 1955) 469 ff; KLAUSS/FALK, Geldpolitik und Globalsteuerung, Kredit und Kapital (1969) 160 ff; JOHN D KLEIN, Money and the Economy (1965 ff); KÖHLER, Geldwirtschaft I, Geldversorgung und Kreditpolitik (2. Aufl 1977); KÖSTER, Das Recht der europäischen Währungspolitiken (1990); OTTO KRAUS, Geld-Kredit-Währung (1958) 154 ff; KÜMPEL, Das währungsrechtliche Instrumentarium der Deutschen Bundesbank aus rechtlicher Sicht, WM-Sonderbeilage 1/1992; LECHNER, Währungspolitik (1988); LIPFERT, Einführung in die Währungspolitik (8. Aufl 1974); LUTZ, Geld und Währung (1962); MACHLUP, International Monetary Economics (London 1964); MELTZER, Kontrolle der Geldmenge, in: BRUNNER/MONISSEN/NEUMANN (Hrsg), Geldtheorie (1974) 378; MOLL, Die modernen Geldtheorien und Währungssysteme (2. Aufl 1926); NEUMANN, Zwischenziele und Indikatoren der Geldpolitik, in: BRUNNER/MONISSEN/NEUMANN (Hrsg), Geldtheorie (1974) 360; PAHLKE, Staatliche Geldschöpfung als Einnahmequelle, in: Handbuch der Finanzwissenschaft III (1981) 117; PATINKIN, Studies in Monetary Economics (1972); PIERCE/SHAW, Monetary Economics:

Theories, Evidence and Policy (1974); PÖHL, Grundprobleme der deutschen Geldpolitik, in: FS Wilhelm Seuß (1981) 173; POHL, Geldtheoretische Analysen der Deutschen Bundesbank als Elemente einer Strategie der Überredung (1971); ROBERTSON, Money (1922); SALOMO, Geldangebot und Zentralbankpolitik (1971); SAMM, Verfassungsgarantierte Bundesbankautonomie, WM-Sonderbeilage 5/1984; SAMMLER, Eigentum und Währungsparität (1975); SCAMMEL, International Monetary Policy (2. Aufl 1964); SCHAAL, Monetäre Theorie und Politik (1981); SCHLESINGER, Die Geldpolitik der Deutschen Bundesbank 1967–1977, Kredit und Kapital 1978, 1; ders, Verteidigung des Geldwertes in einer inflatorischen Umwelt (1982); KARSTEN SCHMIDT, Die Rechtspflicht des Staates zur Stabilitätspolitik, in: FS zum 125jährigen Bestehen der Juristischen Gesellschaft zu Berlin (1984) 765; SCHMÖLDERS, Gutes und schlechtes Geld (1968); ders, Währungspolitik (2. Aufl 1968); ders, Geldpolitik (2. Aufl 1968); WOLFGANG SCHRÖDER, Theoretische Grundstrukturen des Monetarismus (1978); SCHULTES, Bestimmungsfaktoren der Geldpolitik der Deutschen Bundesbank (1994); SEIDEL (Hrsg), Geldwertstabilität und Wirtschaftswachstum (1984); SIEBELT, Der juristische Verhaltensspielraum der Zentralbank (1988); SIEBKE/WILLMS, Theorie der Geldpolitik (1974); STERN/MÜNCH/HANSMEYER, Gesetz zur Förderung der Stabilität und des Wachstums der Wirtschaft (2. Aufl 1972); STUCKEN, Geld und Kredit (2. Aufl 1957); ders, Deutsche Geld- und Kreditpolitik 1914–1963 (3. Aufl 1964); STÜTZEL, Bankpolitik heute und morgen (1964); ders, Währung in weltoffener Wirtschaft (1973); TEIGEN, The Evolution of Monetarism, ZStW 137 (1981) 1; TOBIN, Grundsätze zur Geld- und Staatsschuldenpolitik (1978); TRÉSOR, Kompendium der Geld- und Währungspolitik für die Praxis (1981); VEIT, Der Wert unseres Geldes

Gesamtheit aller generellen und speziellen, langfristig und kurzfristig wirksamen Überlegungen, Absichten und Maßnahmen, die gerichtet sind auf die optimale Gestaltung, Regulierung und Manipulierung der Währung und des Währungsgeschehens eines Landes (Währungsgebietes) sowie des Miteinanders der Währungen und Währungsentwicklungen verschiedener Länder". Währungspolitik in diesem weiten Sinn ist eine kontinuierliche, auch in Zeiten der Stabilität niemals unterbrochene *Erscheinung des Wirtschaftslebens*. Sie beschränkt sich nicht auf die Schaffung einer neuen oder auf die Änderung einer vorhandenen Geldverfassung (in diesem Fall spricht ISSING, Geldpolitik 1, von „institutionierender" Währungspolitik). Die folgende Darstellung beschränkt sich auf die für das *Privatrecht des Geldes* ausschlaggebenden Grundzüge, damit allerdings auf einen wesentlichen Aspekt der Währungspolitik, weil währungsrechtliche und währungspolitische Wirkungsmechanismen nur aufgrund ihres Einflusses auf private Rechtsverhältnisse funktionieren (vgl über Transmissionsmechanismen der Geldpolitik etwa DIECKHEUER passim; weitere Nachw bei ISSING, Geldpolitik 159; vgl auch KÜMPEL WM-Sonderbeil 1/92, 5).

A 68 **bb)** Eine **Rechtspflicht des Staates zur Stabilitätspolitik***, hier iS von Antiinflationspolitik begriffen, ist zu bejahen (eingehend KARSTEN SCHMIDT, in: FS Berliner Jur Gesellschaft [1984] 765 ff; zust REINER SCHMIDT, HandB des Staatsrechts III § 82 Rn 10). Diese Pflicht ist sogar eine wesentliche Legitimationsgrundlage für das Privatrecht des Geldes, insbesondere für den Nominalismus im Recht der Geldschuld (Rn A 48, D 41). Der Grundgedanke ist der, daß mit der währungspolitischen Aufgabenzuweisung an den Staat dessen Pflicht zu institutioneller Gewährleistung eines funktionierenden Geldwesens einhergeht und daß diese institutionelle Gewährleistung ihrerseits für die Legitimation des nominalistischen Prinzips unerläßlich ist (dazu sogleich Rn A 69).

A 69 **α)** Die möglichen **Rechtsgrundlagen** der Staatspflicht zur Stabilitätspolitik sind ebenso zweifelhaft wie die Anerkennung dieser Pflicht überhaupt. Diese Rechtsgrundlagen werden von manchen aus **Art 14 GG** hergeleitet (vgl mit Unterschieden im einzelnen MAMMITZSCH, Eigentumsgarantie und Geldwert [Diss München 1968] passim; PAPIER, in: MAUNZ/DÜRIG/HERZOG/SCHOLZ, GG [Lfg 1994] Art 14 Rn 183 ff; ders AöR 98 [1973] 528 ff; ders

(1958); ders, Grundriß der Währungspolitik (3. Aufl 1969); ders, Währungspolitik als Kunst des Unmöglichen (1968); ders, Untauglich zur Abwehr der Inflation, in: FS Wilhelm Seuß (1981) 213; WARD, Monetary Theory and Policy (1966); WEIKART, Geldwert und Eigentumsgarantie (1993); WICKSELL, Vorlesungen über Nationalökonomie II. Geld und Kredit (1922); WIENERS, Geldpolitik und Wirtschaftswachstum (1969); WILSON, Monetary Policy and the Development of Money Markets (1966); ZUCK, Verfassungsrechtliche Probleme des Stabilitätsgesetzes, JZ 1967, 694.

* **Schrifttum zum Stabilitätsgesetz**: BENDA, Die aktuellen Ziele der Wirtschaftspolitik und die tragenden Grundsätze der Wirtschaftsverfassung, NJW 1967, 849; GREITEMANN, Das Stabilitätsgesetz als Schrittmacher des rechts- und wirtschaftswissenschaftlichen Zusammenwirkens, in: FS Knorr (1968) 257; HALL, Rechtsprobleme der Währungsparitätsfestsetzung unter besonderer Berücksichtigung des Eigentumsschutzes bei staatlichen Maßnahmen der Währungslenkung [Diss Kiel 1968]; HOLLMANN, Rechtsstaatliche Kontrolle der Globalsteuerung (1980); ALEX MÖLLER (Hrsg), Kommentar zum Gesetz zur Förderung der Stabilität und des Wachstums der Wirtschaft (2. Aufl 1969); REINER SCHMIDT, Wirtschaftspolitik und Verfassung (1971); STERN/MÜNCH/HANSMEYER, Kommentar zum Gesetz zur Förderung der Stabilität und des Wachstums der Wirtschaft (2. Aufl 1972); ZUCK, Wirtschaftsverfassung und Stabilitätsgesetz (1975).

JuS 1974, 477 ff; SELMER AöR 101 [1976] 433 ff; Meinungsüberblick bei SCHMIDT/BLEIBTREU/
KLEIN, GG [8. Aufl 1995] Art 14 Rn 3). Indes ist die Herleitung einer solchen verfassungsrechtlichen Pflicht aus Art 14 GG außerordentlich umstritten (abl zB HAHN § 16
Rn 32 ff; vMAYDELL, Geldschuld 79 ff; WEIKART 205 ff; INZITARI RabelsZ 45 [1981] 731). Die
Antwort auf die umstrittene Frage hängt nicht zuletzt davon ab, ob sie richtig gestellt
ist. Mit HAHN (§ 16 Rn 56) und WEIKART (237) darf festgehalten werden, daß der
subjektivrechtliche, nur um den Preis einer Enteignungsentschädigung einschränk-
bare Eigentumsschutz nicht dazu geeignet ist, den Bürger vor Inflationsschäden zu
schützen. Aber damit ist die Frage nur unvollständig gestellt, also auch unvollständig
beantwortet. Die vom BVerfG vertretene Auffassung, aus Art 14 GG lasse sich
„weder eine staatliche Wertgarantie des Geldes noch das währungs- und wirtschaftspolitische Leitbild, die Vorstellung eines stabilen Geldwerts zu verwirklichen",
herleiten (BVerfG HFR 1969, 347), wird mit Recht kritisiert (PAPIER AöR 98 [1973] 530 ff;
ders JuS 1974, 477 mwNw). Eine Wertgarantie in dem Sinne, daß das Auftreten von
Entwertungsproblemen von Staats wegen ausgeschaltet würde, gibt es allerdings
nicht (insoweit übereinstimmend vMAYDELL, Geldschuld 81). Die Annahme einer solchen
Garantie wäre rechtspraktisch illusionär und auch grundrechtsdogmatisch nicht
begründbar (s auch vMÜNCH/BRYDE, GG, [4. Aufl 1992] Art 14 Rn 24; REINER SCHMIDT, HandB
des Staatsrechts III § 82 Rn 12). Die Eigentumsgarantie garantiert primär nur Substanz
und Rechtsträgerschaft; sie ist erst in der Entschädigungsfolge Eigentumswertgaran-
tie (vgl BVerfGE 24, 367, 397, 400; 35, 348, 361; BGB-RGRK/KREFT[12] Vorbem 10 zu § 839). Es
gibt auch kein individuelles Grundrecht auf stabile Währung und auf Erhaltung der
Kaufkraft (vgl aber PAPIER, in: MAUNZ/DÜRIG/HERZOG/SCHOLZ, GG [Lfg 1994] Art 14
Rn 183 f). Die Rückbesinnung auf den Sach- oder Wertcharakter des Geldes (ebd
Rn 183) kann daran nichts ändern. Art 14 GG kommt damit nur iS einer **Institutsga-
rantie**, nicht iS einer Gewährleistung individueller subjektiver Rechte zum Tragen
(KARSTEN SCHMIDT, in: FS Berliner Jur Gesellschaft [1984] 674; ähnlich REINER SCHMIDT, HandB
des Staatsrechts III § 82 Rn 12; **aM** PAPIER, in: MAUNZ/DÜRIG/HERZOG/SCHOLZ, GG [Lfg 1994]
Art 14 Rn 184; MAMMITZSCH 87; PAPIER AöR 98 [1973] 548 f; krit mit Recht ROLF H WEBER,
ZfSchweizR 100 [1981] 185 f). Art 14 GG schützt das individuelle Eigentum, nicht das
Vermögen als solches (BVerfGE 27, 326, 343; vgl auch BVerfGE 28, 119, 142; 30, 250, 272 zur
Auferlegung von Geldleistungspflichten). Nur Rechtspositionen des einzelnen sind als
Eigentum geschützt (Nachw bei BGB-RGRK/KREFT[12] Vorbem 25 zu § 839). Die geschützten
Rechtspositionen müssen allerdings nicht Eigentum iS von § 903 sein. Deshalb spielt
auch die Sacheigenschaft von Geldzeichen für die Schutzfrage keine Rolle (zu dieser
Diskussion PAPIER, in MAUNZ/DÜRIG/HERZOG/SCHOLZ Art 14 Rn 183). Erforderlich, aber
auch ausreichend ist, daß Eigentum oder eine eigentumsähnliche Rechtsstellung vorliegt, die des Eigentumsschutzes fähig und bedürftig ist (BGH LM Art 14 GG Nr 38 [Ce]
= WM 1968, 1126, 1129; WarnR 1967 Nr 161; LM Art 14 GG Nr 17 [Bc] = WM 1973, 491, 494;
BGB-RGRK/KREFT[12] Vorbem 28 zu § 839). Ein individueller Grundrechtsschutz, der
jedem Grundrechtsträger gleichsam das Geldvermögen als solches garantierte,
kommt nicht in Betracht. Das Bundesverfassungsgericht hat zwar in seinem Zinsbe-
steuerungsurteil (BVerfGE 50, 57 = NJW 1979, 1151 m Anm VOGEL) eine Auseinandersetzung mit diesen Grundfragen vermieden, doch kann die subjektivrechtliche Geld-
wertgarantie gerade auch im Hinblick auf dieses Urteil wohl ausgeschlossen werden
(zu den Versäumnissen des Urteils vgl etwa BonnKomm/KIMMINICH [Lfg 1992] Art 14 Rn 63).
Auch an den Eingriffsmodalitäten des Art 14 GG läßt sich das verdeutlichen: Die
Enteignung oder der enteignungsgleiche Eingriff setzen zwar keinen Einzeleingriff
voraus (so noch RGZ 124, Anh 19, 33; 128, 165, 171; 129, 146, 149), nach Auffassung der

Praxis aber doch eine *konkrete hoheitliche Maßnahme* (BGHZ 55, 229, 231; 56, 40, 42; BGH NJW 1978, 1051, 1052; BGB-RGRK/KREFT[12] Vorbem 31 zu § 839). Durchweg grenzt nun die Rechtsprechung des BGH die entschädigungspflichtige Enteignung durch das *Merkmal des Sonderopfers* gegenüber der Sozialbindung ab (BGHZ 23, 30, 32 ff; 60, 145, 147; 63, 240, 246 und öfter). Daran wird es bei inflationsfördernden Maßnahmen oder Unterlassungen selbst dann fehlen, wenn die wirtschaftlichen Folgen auf die Sozialpartner oder auf Gruppen von Wirtschaftssubjekten ungleich verteilt sind (aM PAPIER, in: MAUNZ/DÜRIG/HERZOG/SCHOLZ, GG [Lfg 1994] Art 14 Rn 185). Eine Enteignung kann allerdings ausnahmsweise *auch bei generellen Regelungen* vorliegen, die nicht den Gleichheitsgrundsatz beeinträchtigen, wohl aber den Wesensgehalt des Eigentums (BGHZ 30, 338, 341; 60, 145, 147; BGB-RGRK/KREFT[12] Vorbem 49 zu § 839). Doch dürfte diese Voraussetzung im Recht des Geldes allenfalls in dem unter den zZ vorstellbaren politischen Bedingungen rein theoretischen Fall ersatzloser Demonetisierung bestimmter Geldzeichen oder Buchgeldforderungen erfüllt sein. Nach HÄDE (Geldzeichen im Recht der Bundesrepublik Deutschland [1991] 94) fällt auch eine Währungsumstellung wie zB durch die Währungsreform 1948 (Rn A 59) unter den Begriff der Legalenteignung; zulässig ist sie nach HÄDE (aaO) regelmäßig nach Art 14 Abs 3 GG zum Wohle der Allgemeinheit. Dann muß allerdings der Umtauschkurs zur neuen Währung als Entschädigungsregelung gemäß Art 14 Abs 3 S 2 GG angesehen werden. Währungspolitische Maßnahmen als solche erfüllen den Enteignungstatbestand nicht (vgl HAHN § 16 Rn 42 ff; insoweit auch PAPIER JuS 1974, 478; HALL, Rechtsprobleme der Währungsparitätsfestsetzung [Diss Kiel 1969] 75 ff) und werden auch schwerlich individuelle Staatshaftungsansprüche auslösen (vgl vMAYDELL, Geldschuld 78 f). *Im Sinne einer Institutsgarantie aber bleibt Art 14 GG einschlägig*: Diese Garantie ist nicht auf finale Hoheitsakte beschränkt (PAPIER AöR 98 [1973] 542 ff). Sie umfaßt und schützt die Grundformen der Vermögensdisposition (vMÜNCH/BRYDE, GG [4. Aufl 1992] Art 14 Rn 12), mithin auch die *Funktionsvoraussetzungen des Geldes* (PAPIER, in: MAUNZ/DÜRIG/HERZOG/SCHOLZ, GG [Lfg 1994] Art 14 Rn 187; ders JuS 1974, 478). Art 14 GG als Institutsgarantie verpflichtet den Staat, ein der Stabilität dienendes Normensystem bereitzustellen (PAPIER, in: MAUNZ/DÜRIG/HERZOG/SCHOLZ, GG [Lfg 1994] Art 14 Rn 187) und durch stabilitätspolitische Maßnahmen das Prinzip der Nominalisierung zu rechtfertigen (KARSTEN SCHMIDT, in: FS Berliner Jur Gesellschaft [1984] 676 f). Im Rahmen der durch Art 109 Abs 2 GG und durch das Stabilitätsgesetz gezogenen Grenzen verpflichtet Art 14 GG den Staat auf die Stabilitätspolitik (vgl nur MAMMITZSCH 133 ff; WERNER WEBER, in: NEUMANN/NIPPERDEY/SCHEUNER, Die Grundrechte II [1954] 361; PAPIER AöR 98 [1973] 529 ff; ders JuS 1974, 478; SELMER AöR 101 [1976] 433 ff). MAMMITZSCH (77 ff) spricht neben der Institutsgarantie noch von der Rechtsstellungsgarantie des Art 14 GG und sieht auch den „funktionellen Nutzen" des Geldes als durch Art 14 GG garantiert an. Nach der hier vertretenen Auffassung ist diese Funktionsgarantie Teil der Institutsgarantie. Für den Bereich der *öffentlichen* Haushalte wird eine Verpflichtung des Staates zur Erhaltung der Preisstabilität auch aus **Art 109 Abs 2 GG** hergeleitet: Im Rahmen des gesamtwirtschaftlichen Gleichgewichts stellt die Stabilität des Preisniveaus ein wichtiges Teilziel dar (vMÜNCH/FISCHER-MENSHAUSEN, GG [2. Aufl 1983] Art 109 Rn 10; PAPIER, in: MAUNZ/DÜRIG/HERZOG/SCHOLZ, GG [Lfg 1994] Art 14 Rn 186; SCHMIDT/BLEIBTREU/KLEIN, GG [8. Aufl 1995] Art 109 Rn 9; BonnerKomm/VOGEL/WIEBEL [Lfg 1971] Art 109 Rn 83 ff; SELMER AöR 101 [1976] 433 f; Bedenken bei HAHN § 16 Rn 15 ff). Haushaltsmaßnahmen, die inflationsfördernd und damit geldwertmindernd wirken und nicht durch die Möglichkeit der Erreichung eines anderen volkswirtschaftlichen Teilzieles legitimiert sind, werden als verfassungswidrig zu beurteilen sein (vgl mit

Hinweis auf BVerfGE 79, 311, 331 ff PAPIER, in: MAUNZ/DÜRIG/HERZOG/SCHOLZ, GG [Lfg 1994] Art 14 Rn 186; BonnKomm/VOGEL/WIEBEL [Lfg 1971] Art 109 Rn 69). Dabei muß hier nicht die Frage aufgegriffen werden, ob es zulässig ist, Art 109 GG „über Art 14 GG aus dem staatsorganisatorischen Teil des Grundgesetzes in dessen Grundrechtsabschnitt zu transferieren" (dazu krit HAHN § 16 Rn 17). Denn wiederum geht es nur um die *institutionelle* Begründung der Staatspflicht zur Stabilitätspolitik, nicht um deren Herleitung aus subjektivrechtlichen Grundrechtspositionen des einzelnen. Fragwürdig ist dagegen die Herleitung der Staatspflicht zur Stabilitätspolitik aus dem **Sozialstaatsprinzip** (dafür zB BULL, Die Staatsaufgaben nach dem Grundgesetz [1973] 269; SAMM 159; abl KARSTEN SCHMIDT, in: FS Berliner Jur Gesellschaft [1994] 673 f). Diese Begründung hat nunmehr eine überzeugende Kritik durch HAHN erfahren (§ 16 Rn 21): Auch wenn die Sozialstaatsklausel als unmittelbar geltendes Staatsrecht und nicht bloß als ein Programmzusatz anzusehen ist, erlaubt sie es doch nicht, ausgerechnet die Geldstabilität als sozialstaatliches Ziel herauszugreifen. Im wesentlichen ist es also Art 14 GG, der den verpflichtenden Zusammenhang zwischen den Geldfunktionen und den Staatsaufgaben herstellt. Auf dem durch Art 14 GG garantierten funktionellen Nutzen des Geldes, mithin auf den Geldfunktionen (Rn A 11) und dem auf ihnen fußenden Nominalismus (Rn D 19 ff) beruht auch die **währungsrechtliche Pflicht** des Staates zur Erhaltung der Geldwertstabilität. Im Gegensatz zu der aus Art 14 GG und aus Art 109 GG resultierenden Staatspflicht zur Erhaltung der Institution Geld und der mit ihr verbundenen Geldfunktionen hat die währungsrechtlich begründete Pflicht keinen Verfassungsrang (vgl insoweit auch WEIKART 237 f mit Hinweis auf F A MANN NJW 1974, 1297 ff). Sie ergibt sich aus dem **Legitimationszusammenhang zwischen Währungsrecht und Nominalismus** (in gleicher Richtung KAULLA 90 ff; vMAYDELL, Geldschuld 74 ff). Diesen Zusammenhang hat mit besonderer Deutlichkeit SCHWANDER (Die Geldschuld [1938]) zur Geltung gebracht und er ist vom Verfasser fortgeführt worden (KARSTEN SCHMIDT, in: FS Berliner Jur Gesellschaft [1984] 671 ff, 677 ff, insbes 683 f). SCHWANDER verbindet mit dem Nennwertprinzip den „Auftrag" an den Staat, die im „Rahmenverhältnis", dh der Fixierung des Nennbetrages umrissenen Belange des Vertragspartners zu wahren. Der Staat habe „gewissermaßen als Treuhänder für das zu sorgen, für das Gläubiger und Schuldner wegen der sich mit dem Zeitmoment einstellenden außerordentlichen Schwierigkeiten einer genauen Bestimmung der künftigen Geldleistung als einer wirtschaftlich angemessenen Leistung eben nicht zu sorgen vermögen. Der Staat soll als Treuhänder dafür sorgen, daß die dereinstige Geldleistung auch wirklich die wirtschaftlich angemessene Leistung ausmache" (SCHWANDER 283). Dieser Lehre ist entgegengehalten worden, es fehle an dem von ihr zugrundegelegten Rechtsverhältnis zwischen dem einzelnen und dem Staat und die Lehre suggeriere die in Wahrheit illusionäre Vorstellung, der Staat sei aufgrund dieses – tatsächlich nicht einmal vorhandenen – Rechtsverhältnisses in der Lage, den einzelnen vor Geldentwertungen zu schützen (vMAYDELL, Geldschuld 80). Der Einwand ist nur teilweise berechtigt. Teilweise beruht er auf einem Mißverständnis. Das von SCHWANDER angenommene „Treuhandverhältnis" ist keine Sonderrechtsbeziehung zwischen jedem einzelnen Geldgläubiger und dem Staat. Es geht SCHWANDER nur um eine Verdeutlichung der objektivrechtlichen Pflicht des Staates zur Stabilitätspolitik, nicht um ein subjektives Recht des einzelnen Geldgläubigers. Der Treuhandgedanke soll die staatlichen Pflichten gegenüber dem Rechtsverkehr, dh gegenüber allen aktuellen und potentiellen Geldgläubigern, benennen. Was aber die Illusion eines Schutzes gegen jede Entwertung anlangt, so kann und muß SCHWANDERS Lehre von ihr befreit werden. Die Pflicht zur Stabilitätspolitik vermag nicht das

Inflationsproblem zu erledigen, wohl aber trägt sie zur *Legitimation des Nominalismus* bei (KARSTEN SCHMIDT 673 f). Die Rechtspflicht des Staates zur Inflationsbekämpfung ist Garant und zugleich Legitimationsbasis für die Beibehaltung des vom geltenden Währungsrecht gewollten und stillschweigend angeordneten Nennwertprinzips (vgl zu diesen Zusammenhängen auch vMAYDELL, Geldschuld 71 ff mwNw). Allerdings kann es nicht darum gehen, die Aufgaben des privaten Geldschuldrechts einfach auf das öffentliche Recht der Währung zu verlagern (gegen ein solches Substitutionsmodell mit Recht vMAYDELL, Geldschuld 81). Das *Verhältnis zwischen dem Währungsrecht* auf der einen *und dem Recht der Geldschuld* auf der anderen Seite ist ein Verhältnis wechselseitiger Durchdringung. Nominalismus, Währungsrecht und eine auf Geldwertstabilität zielende Währungspolitik bedingen einander. Sobald dem schuldrechtlichen Nominalismus die Legitimationsgrundlage entzogen ist – in Zeiten der Hyperinflation ist das in besonderem Maße der Fall – reagiert das Schuldrecht mit Aufwertungsfolgen (Rn D 90 ff). Diese *Reaktionsverbundenheit von Währungsrecht und Schuldrecht* ist, wenn die Pflicht des Staates zu einer stabilitätsorientierten Währungspolitik auch aus Art 14 GG resultiert, sogar verfassungsrechtlich verbürgt (insoweit wie hier PAPIER, in: MAUNZ/DÜRIG/HERZOG/SCHOLZ, GG [Lfg 1994] Art 14 Rn 187; ders AöR 98 [1973] 542; ders JuS 1974, 478). Auch dies wurde an anderer Stelle eingehend ausgeführt (KARSTEN SCHMIDT 674 ff). Eine Rechtspflicht zur Stabilitätspolitik wird schließlich auch aus **§ 1 des Gesetzes zur Förderung der Stabilität und des Wachstums der Wirtschaft** (StabG; BGBl 1967 I 582) hergeleitet (vgl KARSTEN SCHMIDT 672 f). Soweit dem entgegengehalten wird, daß die Stabilität hier nur Teilziel ist (HAHN § 16 Rn 16), ist darauf zu erwidern, daß auch die sich aus dem StabG ergebenden Staatspflichten ihrerseits im Lichte des Art 109 Abs 2 GG zu begreifen sind und daß es auch hierbei nicht um die Entwicklung eines individuellen Stabilitätsgrundrechts geht, sondern nur um objektivrechtliche Pflichten des Staates (insofern nicht unähnlich HAHN aaO).

A 70 β) **Inhalt und Grenzen der Staatspflicht** zu geldwertsichernder Währungspolitik können nicht mit absoluten Maßstäben gemessen werden. Die Pflicht beschränkt sich einerseits nicht auf das Verbot, den Nominalismus zur Sanktionierung staatlicher Betrugsmanöver zu mißbrauchen (zu diesem Verbot vgl STÜTZEL, Das Mark-gleich-Mark-Prinzip und unsere Wirtschaftsordnung [1979] 24 ff). Auf der anderen Seite kann nicht jede Zulassung oder Duldung von Geldentwertungsprozessen als rechtswidriges Staatshandeln betrachtet werden. Die *Festlegung eines quantitativen Maßstabs* bereitet naturgemäß Schwierigkeiten. Am weitesten geht diejenige Auffassung, die staatliche Maßnahmen, insbesondere Gesetze, mit erkennbar inflationären Rechtsfolgen für verfassungswidrig und damit für rechtswidrig – im Fall von Gesetzen für nichtig – erklärt (vgl PAPIER, in: MAUNZ/DÜRIG/HERZOG/SCHOLZ, GG [Lfg 1994] Art 14 Rn 185). MAMMITZSCH (139) nennt als quantitative Orientierungsgröße den landesüblichen Habenzins für Spareinlagen (insofern ähnlich BFHE 89, 422, 442; abl aber PAPIER AöR 98 [1973] 539; Überblick bei SELMER AöR 101 [1976] 433). Derartige objektive Maßstäbe sind ohne Willkür nicht fixierbar; zB läßt das scheinbar plausible Abheben auf den Sparzins einerseits die Wahl der Anlageform und anderseits die Besteuerungsprobleme unberücksichtigt. Sie gehen auch an der Komplexität des Problems vorbei (vgl auch SELMER AöR 101 [1976] 434). Aus Art 109 Abs 2 GG und aus § 1 StabG ergibt sich, daß Geldwertstabilität nur ein Teilziel im Rahmen des anzustrebenden gesamtwirtschaftlichen Gleichgewichts ist (vgl nur HAHN § 16 Rn 18; PAPIER AöR 98 [1973] 548 f; ders JuS 1974, 478). Abgesehen davon, daß wirtschaftsordnende Entscheidungen ohnehin weitgehend politisch determiniert sind, sind die Grenzen der Rechtspflicht zu einer Politik der

Währungsstabilität auch aus Rechtsgründen nur eingeschränkt justitiabel (Bonn-Komm/Vogel/Wiebel [Lfg 1971] Art 109 Rn 136 ff; vMünch/Fischer-Menshausen, GG [2. Aufl 1983] Art 109 Rn 15). Diese Grenzen sind nicht nur in tatsächlicher Hinsicht fließend. Geldwertstabilität ist auch in der Währungspolitik kein absoluter Wert (vgl mwNw Bull, Die Staatsaufgaben nach dem Grundgesetz [1973] 260; Hall, Rechtsprobleme der Währungsparitätsfestsetzung [Diss Kiel 1969] 83 ff, 115; Papier, in: Maunz/Dürig/Herzog/Scholz, GG [Lfg 1994] Art 14 Rn 186; Simitis, in: Kötz/Reichert-Facilides, Inflationsbewältigung im Zivil- und Arbeitsrecht [1976] 62 f; unter allgemein wirtschaftspolitischem Aspekt vgl Issing, Geldpolitik 9 f; eingehend Streissler/Beinsen/Schlecher/Suppanz, Zur Relativierung des Zieles der Geldwertstabilität [1976]). Da sie nur als Teilziel Anerkennung verdient, können die Grenzen der Staatspflicht zu einer geldsichernden Währungspolitik und damit auch die Voraussetzungen eines Verstoßes nicht mit Absolutheit und Präzision bestimmt werden. Gerade die hier verfochtene Legitimationsfunktion rechtsgebundener Währungspolitik für den geldprivatrechtlichen Nominalismus gibt allerdings Anlaß, über solchen Relativierungstendenzen nicht das Rechtsprinzip selbst aus den Augen zu verlieren.

γ)   Auch die **Sanktionen** der Pflicht weisen nicht die für rechtlich durchsetzbare **A 71** Pflichten charakteristische Schärfe auf. Verfassungsbeschwerde und Staatshaftungsanspruch kommen mangels subjektivrechtlichen Rechtsschutzes nicht in Betracht (hM; vgl etwa Hettlage VVDStRL 14 [1956] 7 ff; Ingo Müller ZRP 1974, 159; Papier JuS 1974, 479 mwNw). Im praktischen Ergebnis ist damit die Staatspflicht zur Erhaltung der Währungsstabilität nur politisch durchsetzbar. Bestandteil des objektiven Rechts ist sie gleichwohl. Wer nur subsumtionsfähige und sanktionsfähige Imperative als Rechtspflichten anerkennen wollte (so namentlich Kelsen, Reine Rechtslehre [1960] 120 ff), müßte freilich die Folgerung ziehen, daß auch die Pflicht zur Stabilitätspolitik nur eine politische Pflicht sein könne. Indes ist die „Normqualität" und Durchsetzbarkeit gerade öffentlichrechtlicher Normen durchaus unterschiedlich (Karsten Schmidt, in: FS Berliner Jur Gesellschaft [1984] 684 ff). Als Maßstab rechtsgebundener Wirtschaftspolitik und als Gewährleistungsvoraussetzung für ein funktionierendes Privatrecht hat die Stabilitätspflicht Rechtsnormcharakter (ebd 687 f). Eben dies macht ihre Legitimationswirkung aus.

cc)   Das **Zentralbanksystem der Bundesrepublik*** ist Teil der bei Rn A 65 umrissenen **A 72**

* **Schrifttum zur DBB**: Benda, Die aktuellen Ziele der Wirtschaftspolitik und die tragenden Grundsätze der Wirtschaftsverfassung, NJW 1967, 849; vBonin, Zentralbanken zwischen funktioneller Unabhängigkeit und politischer Autonomie (1979); Brandt, Die währungsrechtlichen Befugnisse der Bundesregierung (Diss Würzburg 1990); Braun, Die Stellung der Notenbank als wirtschaftspolitische Instanz (1969); Coburger, Die währungsrechtlichen Befugnisse der Bundesbank (1988); Dickertmann/Siedenberg, Geldpolitische Lenkungsinstrumente in der BRD (2. Aufl 1975); Dudler, Instrumente und quantitative Hilfsmittel der kurzfristigen Geldmengenkontrolle, in: Brunner ua (Hrsg), Geld- und Währungsordnung (1983) 39; Duwenag, Macht und Ohnmacht der Bundesbank (1973); Ehrlicher/Duwenga (Hrsg), Geld- und Währungspolitik im Umbruch (1983); Ehrlicher/Simmert, Wandlungen des geldpolitischen Instrumentariums der Deutschen Bundesbank (1988); Faber, Wirtschaftsplanung und Bundesbankautonomie (1969); Fögen, Geld- und Währungsrecht (1969) 65 ff; Gaddum, Die Geldverfassung in der Bundesrepublik Deutschland, Bank 1986, 336; Gaude, Die Mechanismen der Zentralbankgeldschöpfung

Währungsverfassung. Es besteht aus der Deutschen Bundesbank und den Landeszentralbanken. Rechtsgrundlage für die DBB ist das *Gesetz über die Deutsche Bundesbank (BBankG)* idF der Bek v 22. 10. 1992 (BGBl I 1782), zuletzt geändert durch G v 8. 7. 1994 (BGBl I 1465). Vorgänger der DBB war die Bank Deutscher Länder (errichtet am 1. 3. 1948 aufgrund der gleichlautenden Militärregierungsge-

und ihre Kontrollierbarkeit durch die Zentralbank (1969); GAUDENRIEGER, Die rechtliche Stellung der Zentralnotenbank im Staatsgefüge in Geschichte und Gegenwart (Diss Würzburg 1961); GEISLER, Bundesbankpolitik (1983); GRAMLICH, Bundesbankgesetz, Währungsgesetz, Münzgesetz (1988); GUTOWSKI (Hrsg), Geldpolitische Regelbildung (1987); HAHN, Rechtsfragen der Diskontsatzfestsetzung (1966); ders, Die Deutsche Bundesbank im Verfassungsrecht, BayVBl 1982, 33, 70; HAWTREY, The Art of Central Banking (London 1962); HOFFMANN-RIEM, Rechtsfragen der Währungsparität (1969); ISSING, Die Unabhängigkeit der Bundesbank, in: FS Voigt (1975) 365; JAHNKE, Geldpolitische Instrumente und monetärer Transmissionsprozeß, in: BRUNNER ua (Hrsg), Geld- und Währungsordnung (1983) 9; JARCHOW, Theorie und Politik des Geldes II. Geldmarkt, Bundesbank und geldpolitisches Instrumentarium (4. Aufl 1980); KAISER, Bundesbankautonomie – Möglichkeiten und Grenzen einer unabhängigen Politik (1980); KIESCHKE, Rechtsprobleme der Diskont- und der Mindestreservesatzfestsetzung (Diss Tübingen 1964); KÖNNECKER, Die Deutsche Bundesbank (2. Aufl 1973); KÖSER/PFISTERER, Die Notenbank (1969); KÜMPEL, Das währungsrechtliche Instrumentarium der Deutschen Bundesbank aus rechtlicher Sicht, WM-Sonderbeilage 1/1992; ORTRUN LAMPE, Die Unhängigkeit der Deutschen Bundesbank (1971); LIPFERT, Einführung in die Währungspolitik (8. Aufl 1974); ALEX MÖLLER, Kommentar zum Gesetz zur Förderung der Stabilität und des Wachstums der Wirtschaft (2. Aufl 1969); MÖSCHEL, Das Wirtschaftsrecht der Banken (1972); H MÜLLER, Die Zentralbank – Eine Nebenregierung (1973); PAPIER, Das Zentralbanksystem im Verfassungsgefüge – Generalbericht, Der Staat 1981 Beiheft 5, 109; PFLEIDERER, Die Notenbank im Spannungsfeld von Wirtschafts- und Finanzpolitik, in: FS vEynern (1967) 563; PROST,

Die Deutsche Bundesbank im Spannungsbereich anderer unabhängiger Organe und Institutionen, in: BÜSCHGEN (Hrsg), Kapital und Kredit (1968) 110; ders, Wandlungen im deutschen Notenbankwesen (1972); RITTERSHAUSEN, Die Zentralnotenbank (1962); SAMM, Die Stellung der Deutschen Bundesbank im Verfassungsgefüge (1967); ders, Verfassungsgarantierte Bundesbankautonomie, WM-Sonderbeilage 5/1984; SALOMO, Geldangebot und Zentralbankpolitik (1971); SCHLESINGER, Die Geldpolitik der Deutschen Bundesbank, Kredit und Kapital 1978, 3; ders, Die Geldpolitik der Deutschen Bundesbank 1967–1977, in: EHRLICHER/DUWENAG (Hrsg), Geld- und Währungspolitik im Umbruch (1993) 59; REINER SCHMIDT, Grundlagen und Grenzen der Unabhängigkeit der Deutschen Bundesbank, in: FS Zepos II (1973) 655; ders, Die Zentralbank im Verfassungsgefüge der Bundesrepublik Deutschland, Der Staat 1981 Beiheft 5, 61; SCHULTES, Bestimmungsfaktoren der Geldpolitik der Deutschen Bundesbank (1994); SEECK/STEFFENS, Die Deutsche Bundesbank (4. Aufl 1979); SIEBELT, Der juristische Verhaltensspielraum der Zentralbank (1988); SPEYERER, Die Offenmarktpolitik der Deutschen Bundesbank (1979); vSPINDLER/BECKER/STARCKE, Die Deutsche Bundesbank (4. Aufl 1973); STERN, Das Staatsrecht der Bundesrepublik Deutschland II (1980) § 35; STERN/MÜNCH, Gesetz zur Förderung der Stabilität und des Wachstums der Wirtschaft (1967); DIRK UHLENBRUCK, Die verfassungsmäßige Unabhängigkeit der Deutschen Bundesbank und ihre Grenzen (1968); ders, Die Grenzen der währungspolitischen Gefolgschaftstreue der Deutschen Bundesbank, Betrieb 1967, 1; VÖLLING, Bedarf das Bundesbankinstrumentarium einer Erweiterung? in: FS Bärmann (1975) 1021; WENDENBURG, Die Mitwirkung der Deutschen Bundesbank bei der Gestaltung der Wirtschaftspolitik auf der Grundlage der gesetzlichen Regelung im Stabi-

setze Gesetz Nr 60, VO Nr 129, Information Nr 219/220; näher FÖGEN 58). Bereits die Bank Deutscher Länder arbeitete in einem zweistufigen System mit Landeszentralbanken und der Berliner Zentralbank zusammen. Sie alle wurden durch § 1 BBankG zur DBB verschmolzen (vgl zur historischen Entwicklung näher ORTRUN LAMPE, Die Unabhängigkeit der Deutschen Bundesbank [1971] 3 ff).

α)   Die **DBB** ist eine *bundesunmittelbare juristische Person des öffentlichen Rechts*, **A 73** ohne in die unmittelbare Bundesverwaltung einbezogen zu sein (GRAMLICH § 29 BBankG Rn 5; KÜMPEL WM-Sonderbeil 1/92, 4 mwNw). Ihr Sitz ist Frankfurt am Main. Ihr Grundkapital im Betrag von 290 Mio DM steht dem Bund zu (§ 2 BBankG). Die organisationsrechtlichen Grundlagen des dt Zentralbanksystems sind eingehend dargestellt bei FÖGEN 104 ff; ORTRUN LAMPE 65 ff; SEECK/STEFFENS 40 ff. **Organe der DBB** sind der Zentralbankrat, das Direktorium und die Vorstände der Landeszentralbanken (§§ 5 ff BBankG). Die Landeszentralbanken sind Hauptverwaltungen der DBB in den Bundesländern (§ 8 BBankG). Die DBB darf Zweiganstalten unterhalten (§ 10 BBankG).

β)   Die sog **Unabhängigkeit der DBB** hängt eng mit der organisationsrechtlichen **A 74** Stellung und den Aufgaben der DBB zusammen (Versuch einer umfassenden Rechtfertigung bei ORTRUN LAMPE 72–101; rechtsvergleichende und historische Darstellung bei vBONIN). Diese sog Unabhängigkeit besteht darin, daß die DBB Weisungen der Bundesregierung nicht unterworfen ist (§ 12 S 2 BBankG). Ob diese Unabhängigkeit vorrechtlich vorgegeben oder durch Art 88 GG garantiert ist, ist str und hier nicht zu entscheiden (eingehend STERN § 35 V; GRAMLICH Einl BBankG Rn 11 f; HAHN § 18 Rn 18 ff; DIRK UHLENBRUCK passim; s auch REINER SCHMIDT Der Staat 1981 Beiheft 5, 64 f; ders, in: FS Zepos II [1973] 665 ff). Vieles spricht für die Auffassung, daß die Freiheit der DBB von Weisungen der Bundesregierung nur positivrechtlich durch § 12 BBankG angeordnet und insbes durch Art 88 GG zwar staatsrechtlich zugelassen, nicht aber verfassungsrechtlich festgeschrieben wird (HAHN § 18 Rn 27 ff). Sie ist, wie § 12 S 1 BBankG zeigt, zunächst eine institutionelle und organisatorische, nicht eine in „Planlosigkeit" (FABER 13) führende Unabhängigkeit von der Wirtschaftspolitik der Bundesregierung (der Begriff der „planlosen Autonomie" wird zurückgeführt auf HANS-J ARNDT, Politik und Sachverstand im Kreditgewährungswesen [1963] 322 ff). Das positive Recht spricht sich eindeutig gegen solche „Planlosigkeit" aus. Die DBB ist nach § 12 S 1 BBankG verpflichtet, unter Wahrung ihrer Aufgabe die allgemeine Wirtschaftspolitik der Bundesregierung zu unterstützen. Ein allgemeiner Primat der Regierungspolitik gegenüber der Notenbankpolitik ergibt sich hieraus jedoch nicht (DIRK UHLENBRUCK 68 f mwNw). Nach der Begründung zum Regierungsentwurf eines Bundesbankgesetzes war allerdings der Vorrang der Regierungspolitik einschließlich deren Grenzen ausschlaggebend und deshalb die Bundesbank auf das Interesse der Politik der Bundesregierung verpflichtet (BT-Drucks II 2741/24). Aber auch ein allgemeiner Vorrang der Notenbankpolitik vor der Wirtschaftspolitik der Bundesregierung wäre mit § 12 S 1 BBankG unvereinbar und kann nicht aus den Worten „unter Wahrung ihrer Aufgabe" gefolgert werden (insofern übereinstimmend HOFFMANN-RIEM BB 1970, 1264). HAHN (§ 18 Rn 3) würdigt deshalb § 12 BBankG als eine „lex imperfecta", die im Fall eines Konflikts zwischen Bundesregierung und Bundesbank zu dessen demokratischer „Dramatisierung" zwingt und

---

litäts-, Außenwirtschafts- und Kreditwesengesetz (Diss rer pol Hohenheim 1976); WOLL,   Geldwertsicherung als Leitidee des Bundesbankgesetzes, in: FS Schlesinger (1984) 279.

strikt rechtliche Konfliktlösungen nicht gewährleistet. Verschiedentlich wird die Auffassung vertreten, es liege eine „planbeschränkte" oder „planzielbezogene" Unabhängigkeit vor, dh eine Unabhängigkeit in der Verwirklichung, nicht in der Bestimmung der Planziele (in dieser Richtung FABER 27 ff; WENDENBURG 104 ff; krit hierzu REINER SCHMIDT Der Staat 1981 Beiheft 5, 68). Hiermit werden unzulässige Vereinfachungen – etwa die, daß jede Wirtschaftspolitik der Bundesregierung am Willen der autonomen Bundesbank scheitern kann – berichtigt. Aber das komplizierte Verhältnis gegenseitiger Durchdringung von Planzielen, Planverwirklichung, Wirtschaftspolitik und Rechtsbindung darf ebensowenig zugunsten der Bundesregierung vereinfacht werden wie zugunsten der DBB. Fragwürdig ist namentlich die These, schon im Rahmen des § 3 WährG sei die DBB neben der Kaufkraftstabilität der Währung auch auf die vier Globalziele der Wirtschaftspolitik verpflichtet (eingehend und kritisch dazu MÖSCHEL 51 ff). Mit MÖSCHEL ist die Unabhängigkeit der DBB gegen solche „berichtigenden" Gesetzesauslegungen zu verteidigen. Namentlich eine Mitwirkung an Maßnahmen, die die Währungssicherheit beeinträchtigen, ist der DBB grundsätzlich von Rechts wegen versagt (FÖGEN 71). Nicht die Notenbankpolitik im einzelnen, wohl aber die Aufgabe der Währungssicherung begrenzt die Unterstützungspflicht der DBB (MÖSCHEL 78 f). Die Zulässigkeit wirtschaftspolitischer Kompromisse ist umstritten (weitgehend HOFFMANN-RIEM 219 ff). Eine Brücke zwischen weisungsfreier Zentralbankpolitik (§ 12 BBankG) und allgemeiner Wirtschaftspolitik schlägt auch § 13 StabG (zum umstrittenen Verhältnis zwischen diesen Bestimmungen vgl etwa die Nachweise bei von SPINDLER/BECKER/STARKE § 12 Anm 1 [I]; für Spezialität des § 12 BBankG zB FÖGEN 69 gegen HOFFMANN 220 ff; s dazu auch REINER SCHMIDT Der Staat 1981 Beiheft 5, 65 ff). Den Vorzug dürfte aber die Auffassung verdienen, daß § 13 StabG nur über § 12 BBankG, also auch nur in den Grenzen des § 12 S 1 BBankG angewandt werden kann (aM wohl FABER 40 ff: Stabilitätsgesetz als lex posterior; ebd 59: berichtigende Auslegung des § 12 BBankG, mit der sich Kollisionen mit dem Stabilitätsgesetz „von selbst" auflösen). Im Gegensatz zur Bundesregierung ist dabei die DBB zwar nicht vom Zugriff des Gesetzgebers, wohl aber vom Parlament als politischer Instanz in dem Sinne unabhängig, daß sie von parlamentarischer Verantwortung frei ist (eingehend ORTRUN LAMPE 45 ff). Die Weisungsfreiheit der DBB schließt einen politischen Einfluß der Bundesregierung nicht aus. Diese hat das Vorschlagsrecht für die Bestellung des Präsidenten und des Vizepräsidenten (§ 7 Abs 3 BBankG; über die Frage der personellen Unabhängigkeit vgl in diesem Zusammenhang ORTRUN LAMPE 25 ff). Im übrigen ergeben sich immanente Grenzen der Unabhängigkeit der DBB aus ihrem Gegenstand. Nicht mit der Unabhängigkeit zu verwechseln ist namentlich die Frage, ob die Bundesregierung Vorbedingungen für eine erfolgreiche oder erfolglose Notenbankpolitik setzen kann. Das ist selbstverständlich der Fall. Sogar konkrete Maßnahmen der DBB können sich aus politischen Vorgaben ergeben. Insbesondere außenwirtschaftliche Entscheidungen der Bundesregierung im Rahmen der Wechselkurspolitik können die DBB mittelbar vor die Notwendigkeit des Kaufs oder Verkaufs von Devisen und im Extremfall vor unlösbare Aufgaben stellen (vgl ISSING, Geldpolitik 26).

A 75   dd)   **Aufgaben und Aufgabenerfüllung der DBB** werden hier nur im Hinblick auf die *Bezüge zum Privatrecht des Geldes* dargestellt (ausführlich zur Tätigkeit der Bundesbank insgesamt zB DICKERTMANN/SIEDENBERG, Geldpolitische Lenkunginstrumente [2. Aufl 1975] 44 ff; DUDLER, Geldpolitik und ihre theoretischen Grundlagen [1984] 79 ff, 102 ff; FÖGEN 72 ff; HAHN §§ 19 f; LIPFERT 147 ff; ERICH SCHMITT, in: HAHN [Hrsg], Das Geld im Recht [1986] 71; STERN § 35 III mwNw; Überblick bei KÜMPEL WM-Sonderbeil 1/92).

α)   Die **währungspolitische Aufgabe der DBB** besteht darin, mit Hilfe der ihr zuste- **A 76**
henden währungspolitischen Befugnisse den Geld- und Kreditumlauf sowie die
Kreditversorgung der Wirtschaft zu regeln, und zwar mit dem Ziel, die Währung zu
sichern (§ 3 BBankG). Das bedeutet, daß die DBB bemüht sein muß, eine Überver-
sorgung mit Zahlungsmitteln (Inflation) ebenso zu vermeiden wie eine Unterversor-
gung (Deflation). Die Geldpolitik der DBB ist deshalb zu allererst **Geldmengenpolitik**
und findet seit 1974 Ausdruck in den jährlich im voraus bekanntgegebenen Geld-
mengenzielen (HAHN § 18 Rn 2; ISSING, Geldpolitik 260; SCHULTES 45 ff; eingehend zur Geldmengenpolitik auch DUDLER, Geldpolitik und ihre theoretischen Grundlagen [1964] 102 ff). Die
Bestimmung der Geldmengenziele ist eine volkswirtschaftliche Aufgabe und hier
nicht darzustellen (ISSING, Geldpolitik 143 ff, 167 ff; SCHULTES 45 ff). Diese währungspolitische Funktion stellt allerdings nur einen Ausschnitt aus den Aufgaben der Zentralbank dar, die bis in das Recht der Bankenaufsicht hineinreichen. Doch ist der Bezug
zum Privatrecht des Geldes allenthalben erkennbar, denn eine wesentliche Funktion
staatlicher Währungspolitik besteht darin, daß sie erst die rechtstechnischen Vorzüge
des Nennwertprinzips möglich macht und rechtfertigt (Rn A 48, A 67 ff und D 46).
Besondere Bedeutung für das Recht der Geldschuld kommt der DBB im Bereich der
Wertsicherungsklauseln zu (Rn D 208 ff, D 314 ff). Aufgaben, die über die **Währungssicherung** hinausgehen und hier nicht näher dargestellt werden, ergeben sich aus dem
internationalen Währungsrecht (Rn F 9 ff), auch im Rahmen des Art 3 a EGV.
Danach ist die Bundesrepublik als Mitgliedstaat verpflichtet, eine Wirtschaftspolitik
zu betreiben, die erforderlich ist, um unter Wahrung eines hohen Beschäftigungs-
standes und eines stabilen Preisniveaus das Gleichgewicht seiner Gesamtzahlungsbi-
lanz zu sichern und das Vertrauen in die Währung aufrechtzuerhalten. Das
Abkommen über den Internationalen Währungsfonds (IWF; BGBl 1978 II 15, zuletzt
geändert 1990, BGBl II 814) legt in Art I als Ziele das Wachsen des Welthandels, einen
hohen Beschäftigungsgrad und die Stabilität der Währungen fest. Aber auch die sich
aus dem nationalen Recht ergebenden Aufgaben sind vielschichtig und beschränken
sich, wie schon in Rn A 36 angedeutet wurde, nicht auf das Ziel der Geldwertstabilität. Das sog **Stabilitätsgesetz** (Gesetz zur Förderung der Stabilität und des Wachstums der Wirtschaft v. 8. 6. 1967, BGBl I 582, zuletzt geändert durch die Fünfte
Zuständigkeitsanpassungsverordnung vom 26. 2. 1993, BGBl I 278) verpflichtet den
Bund und die Länder auf die Erfordernisse des gesamtwirtschaftlichen Gleichgewichts; die Maßnahmen sind so zu treffen, daß sie im Rahmen der marktwirtschaftlichen Ordnung gleichzeitig zur Stabilität des Preisniveaus, zu einem hohen
Beschäftigungsstand und zu außenwirtschaftlichem Gleichgewicht bei stetigem und
angemessenem Wirtschaftswachstum beitragen (vgl auch DUDLER 41). Die spezifischen
Aufgaben, aber auch die Schwierigkeiten moderner Währungspolitik beruhen nicht
zuletzt auf der Ablösung der Goldwährung durch eine manipulierte Währung. Die
Zentralbankpolitik in einer Goldwährung hatte sich auf die Aufgabe zu konzentrieren, die jederzeitige Einlösbarkeit der Geldnoten, also ihr Verhältnis zur vorhandenen Goldmenge, sicherzustellen (eingehend zB vSPINDLER/BECKER/STARKE Einl B II). Die
manipulierte Währung in den modernen Währungssystemen führt zu einem Mehr an
währungspolitischem Spielraum und an währungspolitischen Problemen. Im wesentlichen rühren diese Probleme von den Konflikten im „magischen Viereck" der
Stabilitätsziele – Vollbeschäftigung, Ausgleich der Zentralbilanz, Wirtschaftswachstum und Preisstabilität – her (vgl LIPFERT 11 ff; vSPINDLER/BECKER/STARKE Einl B III;
WENDENBURG 15–79; zu den Prioritäten vgl krit SCHLESINGER, Verteidigung des Geldwertes in
einer inflatorischen Umwelt [1982] 6 ff).

A 77 β)   Die Aufgabenerfüllung setzt bei dem ausschließlichen Recht der DBB zur Ausgabe von Banknoten an (§ 14 BankG; dazu Rn B 1 f). Dieses **Notenmonopol** verleiht der DBB eine Sonderstellung im Bankensystem, nämlich die einer letzten Liquiditätsstelle („Bank der Banken"), weil die DBB ein Höchstmaß an Liquidität aufweist. Obwohl Grundlage der weiteren währungspolitischen Steuerungsmittel, gehört doch die Notenausgabe selbst noch nicht zu den ieS währungspolitischen Befugnissen der DBB. Die Steuerung der Notenausgabe ist namentlich weder dazu geschaffen noch auch nur geeignet, die *Buchgeldschöpfung* der Geschäftsbanken in Grenzen zu halten (vgl MÜNCH 51 ff). Die Schaffung von Buchgeld unterliegt damit nicht dem Monopol der DBB, wohl aber unterliegen ihre Voraussetzungen der währungspolitischen Kontrolle. Die Schaffung von Buchgeld ist von der Kreditnachfrage und von der Liquidität der Banken abhängig. Deshalb ist Geldpolitik in erster Linie Zinspolitik (ISSING, Geldpolitik 184 ff). Das **liquiditätspolitische Instrumentarium der DBB** (Mindestreservepolitik, Einlagenpolitik und Offenmarktgeschäfte) bestimmt über die Voraussetzungen und beeinflußt den Umfang der Entstehung von Buchgeld. Da der Umschlag von Buchgeld den Bargeldverkehr an Ausmaß und Bedeutung übertrifft, liegt hier ein Schwerpunkt der währungspolitischen Maßnahmen (zur stabilitätspolitischen Tragweite der Geldmengenpolitik vgl SCHLESINGER, Verteidigung des Geldwertes in einer inflatorischen Umwelt [1982] 8 ff). Dabei bedingen Geldmengen-, Zins- und Liquiditätspolitik einander in dem Sinne, daß keines davon ausschließlich Ziel und keines ausschließlich Instrument ist (ISSING, Geldpolitik 243 f).

A 78   Die **Zins- und Kreditpolitik, auch Refinanzierungspolitik** der DBB (§ 15 BBankG) besteht in der Festsetzung der für die Geschäfte der DBB anzuwendenden Zins- und Diskontsätze, insbes also des Zinssatzes, zu dem die DBB Wechsel ankauft (Diskontsatz) und Lombardkredite gewährt (Lombardsatz). Diese zunächst nur für die von der DBB geführten Geschäfte geltenden Zinssätze beeinflussen die Zinsstruktur im gesamten Währungsgebiet (eingehend GUTOWSKI [Hrsg], Geldpolitische Regelbindung [1987]; HAHN § 19 Rn 8 ff; ders, Rechtsfragen der Diskontsatzfestsetzung [1966]; ISSING, Geldpolitik 67 ff; KÜMPEL WM-Sonderbeil 1/92, 6 f; PFLEIDERER, HDSW II [1959] 614; PROST NJW 1966, 806; SCHULTES 52 ff; TRIPP WM 1969, 1270). Zur umstrittenen rechtlichen Beschaffenheit der Maßnahmen der Zins- und Kreditpolitik vgl eingehend FÖGEN 73 f; HAHN § 19 Rn 41 ff; ders, Rechtsfragen der Diskontfestsetzung [1966] 13 ff; ISSING, Geldpolitik 81 ff; COBURGER WM 1989, 1005 ff; KIESCHKE NJW 1966, 2201; KÜMPEL WM-Sonderbeil 1/92; PROST NJW 1966, 806; auch BENDA 19. Nach § 15 BBankG bestimmt die DBB auch die Grundsätze für ihre **Offenmarktpolitik**. Gemeint ist der Ankauf und Verkauf von Wertpapieren zur Regelung des Geldmarktes, wodurch sowohl die Liquidität der Banken (Zuführung bzw Entzug von Liquidität als Gegenleistung) als auch die Zinssätze am Geldmarkt beeinflußt werden (dazu ERICH SCHMITT, in: Hahn [Hrsg], Das Geld im Recht [1986] 73 f; SCHULTES 56). Die **Mindestreservepolitik** (§ 16 BBankG) besteht darin, daß die DBB zur Beeinflussung des Geldumlaufs und der Kreditgewährung verlangen kann, daß die Kreditinstitute in Höhe eines Prozentsatzes ihrer Verbindlichkeiten aus Sichteinlagen, befristeten Einlagen und Spareinlagen sowie aus aufgenommenen kurz- und mittelfristigen Geldern mit Ausnahme der Verbindlichkeiten gegenüber anderen mindestreservepflichtigen Kreditinstituten Guthaben auf Girokonten bei ihr unterhalten. Das gilt auch für kurzfristige Inhaberschuldverschreibungen (BVerwG NJW 1997, 618). Die Mindestreserve bindet Liquidität und beschränkt die Kreditschöpfungsmöglichkeit der Banken (vgl auch ERICH SCHMITT 73). Über die rechtliche Qualifikation der Maßnahmen vgl BÖCKMANN, Die Rechtsnatur der Mindestreservesatzfestsetzung (Diss Köln 1969); Coburger WM 1989, 1005 ff; Kümpel aaO. Als ökonomische Studien vgl: Gehrig, Geldmenge und Mindestreserven (Bern 1976); Voss, Zielkonforme Ausgestaltung der Mindestreservepolitik (1972). Schließlich entzieht auch die Bindung der Bankeinlagen bestimmter **öffentlicher** Stellen bei der DBB den Kreditinstituten Zentralbankgeld. Nach § 17 BBankG müssen der Bund, das Sondervermögen des Ausgleichsfonds, das ERP-Vermögen und die Länder ihre flüssigen Mittel bei der DBB auf Girokonten anlegen. Die sog **Einlagenpolitik** der DBB beschränkt sich hierbei allerdings darauf, daß eine anderweitige Einlage oder Anlage der Zustimmung der DBB bedarf, während die DBB auf den Umfang der betroffenen Mittel keinen Einfluß hat (vgl zur Einlagenpolitik Hahn § 19 Rn 47 ff; Issing, Geldpolitik 123 ff; Oberhauser FinArch 1969, 377). Ein wesentlicher Gewinn an währungspolitischem Spielraum ist von der Einlagenpolitik nicht zu erwarten. Nicht im Gesetz geregelt, aber praktisch besonders bedeutsam, ist die **Devisenpolitik**, durch die die DBB im Rahmen des freien Devisenhandels durch Kauf- und Verkaufgeschäfte die Devisenströme beeinflußt (vgl insbes zur sog Swap-Satzpolitik Hahn § 19 Rn 56 ff; Issing, Geldpolitik 138 ff; Lipfert 183 ff; Janocha, Intervention und Kooperation der Zentralbanken auf den Devisenmärkten [1966] 15 ff). Sie dient neben der Einlagen- und Offenmarktpolitik der kurzfristigen und flexiblen „Feinstrukturierung" mit Hilfe von Wechselpensionsgeschäften, Devisenpensionsgeschäften und Devisenswapgeschäften (Schultes 55).

γ) Rechtsschutzprobleme bei kreditpolitischen Beschlüssen der DBB liegen außer- **A 79** halb der vorliegenden Darstellung.*

m) Der strafrechtliche Schutz der Währung**

Das öffentliche Interesse an der Sicherheit und Zuverlässigkeit des Geldverkehrs ist **A 80** durch strafrechtliche Bestimmungen geschützt (vgl zu diesem Rechtsgut RGSt 67, 294, 297; BGHSt 31, 380, 382 = NJW 1983, 2152; BGH NJW 1954, 564; LG Karlsruhe NJW 1977, 1301, 1302).

aa) Nach dem **Achten Abschnitt des Besonderen Teils des StGB** genießen Geld und **A 81** andere Wertzeichen strafrechtlichen Schutz. Der Achte Abschnitt wurde durch Art 19 Nr 60 EGStGB (BGBl 1974 I 469) im Jahr 1974 mit Wirkung v 1. 1. 1975 neu gefaßt (§§ 146 ff StGB). Wegen der Kommentierung wird auf die strafrechtliche Literatur verwiesen. Zum **strafrechtlichen Geldbegriff** vgl Rn A 24. Als Geld bezeichnet der BGH im Anschluß an das RG jedes vom Staat oder einer durch ihn ermächtigten Stelle als Wertträger beglaubigte, zum Umlauf im öffentlichen Verkehr bestimmte Zahlungsmittel ohne Rücksicht auf einen allgemeinen Annahmezwang (BGHSt 12,

---

* **Schrifttum:** Kindermann, Die Anfechtung von kreditpolitischen Beschlüssen der Bundesbank (1974); Stern, Umstrittene Maßnahmen der Bundesbank, JuS 1963, 68.

** **Schrifttum:** Dreher, Aktuelle Probleme der Geldfälschung, JR 1978, 45; Dreher/Kanein, Der gesetzliche Schutz der Münzen und Medaillen (1975); Fögen, Geld- und Währungsrecht (1969) 27 ff (zT veraltet); Geisler, Der Begriff Geld bei der Geldfälschung, GA 1981, 497;

Häde, Geldzeichen im Recht der Bundesrepublik Deutschland (1991); Hahn, Währungsrecht (1990) § 9; Oppe, Fälschung von Sammlermünzen, MDR 1973, 183; Prost, Straf- und währungsrechtliche Aspekte des Geldwesens, in: FS Richard Lange (1976) 419; Puppe, Die neue Rechtsprechung zu den Fälschungsdelikten, JZ 1986, 992; Schmiedl/Neuburg, Die Falschgelddelikte (1968).

344 = NJW 1959, 947; BGHSt 23, 229, 231 = NJW 1970, 1331). Er geht davon aus, daß die einem Geldzeichen von einem Staat einmal beigegebene Geldqualität ohne einen Willensakt eben desselben Staates nicht beseitigt werden könne, weshalb der englische Goldsovereign noch Geld iS des StGB sei (BGHSt 12, 344 = NJW 1959, 947; BGHSt 19, 357 = NJW 1964, 1629). Kein Geld iS der §§ 146 ff StGB sind außer Kurs gesetzte, entwertete oder verfallene Wertzeichen (BGHSt 31, 380, 382 = NJW 1983, 2152). Den von der Republik Südafrika ausgegebenen Krügerrand-Goldmünzen hat der BGH die Geldqualität abgesprochen, weil ihnen, obwohl in Südafrika zum gesetzlichen Zahlungsmittel erklärt, die Bestimmung und Eignung zum Umlauf im öffentlichen Zahlungsverkehr fehle: Gold, das nur deshalb in Münzform verkauft wird, weil es sich auf diese Weise besser als in Barrenform absetzen läßt, kann keinen höheren Strafschutz genießen als Barrengold (dazu auch Rn A 24, B 3 sowie PUPPE JZ 1986, 992 f). Nach § 146 Abs 1 Nr 1 StGB wird bestraft, wer Geldzeichen in der Absicht nachmacht, sie als echt in den Verkehr zu bringen oder dies zu ermöglichen, oder echtes Geld in dieser Absicht so verfälscht, daß der Anschein eines höheren Wertes hervorgerufen wird. Ebenso wird bestraft, wer sich falsches Geld in dieser Absicht verschafft (§ 146 Abs 1 Nr 2 StGB) oder wer falsches Geld, das er in dieser Absicht nachgemacht oder sich verschafft hat, als echt in den Verkehr bringt (§ 146 Abs 1 Nr 3 StGB). Unter § 146 Abs 1 Nr 1 StGB fällt auch das täuschende Zusammenfügen von Teilen echter Geldscheine (BGHSt 23, 229 = LM § 146 StGB Nr 6 = NJW 1970, 1331). Ein unübersehbarer Werbeaufdruck auf beiden Seiten der Abbildung einer Banknote schließt die Gefahr der Verwechselung mit gültigem Geld aus (BGH NJW 1995, 1844; strenger OLG Düsseldorf NJW 1995, 1846). Für eine Strafbarkeit nach § 146 Abs 1 Nr 2 StGB genügt es, wenn der Täter sich das Geld in der Absicht verschafft, einem Dritten das Inverkehrbringen zu ermöglichen, während im Fall des § 146 Abs 1 Nr 3 StGB der Täter das Falschgeld selbst in Verkehr bringt (BGHSt 35, 21 = NJW 1988, 79). Auch die Rücknahme von einem Empfänger, der die Fälschung erkannt hat, ein Sichverschaffen von Falschgeld sein (BGH NJW 1995, 1845). Ein Inverkehrbringen iS von § 146 Abs 1 Nr 3 StGB liegt dann vor, wenn der Täter das Falschgeld in der Weise aus seinem Gewahrsam entläßt, daß ein anderer tatsächlich in die Lage versetzt wird, das Falschgeld nach seinem Belieben weiterzugeben (RGSt 67, 167; BGHSt 1, 143 = NJW 1951, 529, 530; BGHSt 27, 255, 259 = NJW 1977, 2364, 2365; BGHSt 35, 21, 23 = NJW 1988, 79, 80). Dazu genügt es, wenn der Täter Falschgeld, das er sich unter den Voraussetzungen des § 146 Abs 1 Nr 2 verschafft hat, in einer Weise wegwirft, welche die naheliegende Gefahr mit sich bringt, daß Dritte es auffinden und als echt weitergeben (BGHSt 35, 21 = NJW 1988, 79). Das Nachmachen „verrufener", dh außer Kurs gesetzter Geldzeichen ist nicht nach § 146 StGB strafbar, wohl aber die Veränderung außer Kurs gesetzter Geldscheine oder Münzen in dem Sinne, daß dadurch der Anschein der Gültigkeit hervorgerufen wird (HAHN § 9 Rn 4). Für § 146 Abs 1 Nr 3 StGB wird als umstritten bezeichnet, ob die Absicht, das falsche Geld in den Verkehr zu bringen, kontinuierlich bestanden haben muß, ob also die zwischenzeitliche Aufgabe dieser Absicht den Straftatbestand entfallen läßt (vgl HAHN § 9 Rn 9 unter Berufung auf BGHSt 35, 21 = NJW 1988, 79). In dem für diese Ansicht angeführten Urteil BGHSt 35, 21 = NJW 1988, 79 ging es jedoch nur um die Feststellung des bedingten Inverkehrbringens-Vorsatzes bei Falschgeld, dessen sich der Täter durch Einwurf in einen Abfallbehälter entledigt hatte. Wer Falschgeld als echt in den Verkehr bringt, ohne daß die besonderen Merkmale des § 146 Abs 1 Nr 3 StGB vorliegen, wird nach § 147 StGB bestraft; die Vorschrift erfaßt vor allem die Weitergabe von Geld, das als vermeintlich echtes empfangen wurde. Die Herstellung, das

Verschaffen, Feilbieten oder Inverkehrbringen von Druckvorrichtungen, die zur Tatbegehung geeignet sind, ist nach § 149 Abs 1 Nr 1 StGB strafbar.

bb)   Neben den Schutz der Geldzeichen als solcher tritt ein **Präventivschutz** durch   **A 82**
§ 149 StGB (Vorbereitung) und durch **§ 138 Abs 1 Nr 4 StGB** (Nichtanzeige geplanter Geldfälschungsdelikte) sowie durch Bestimmungen des Ordnungswidrigkeitenrechts. Nach **§ 127 OWiG** handelt ordnungswidrig, wer vorsätzlich ohne die schriftliche Erlaubnis der zuständigen Behörde Vorrichtungen (zB Platten, Druckstöcke), die ihrer Art nach geeignet sind zur Herstellung von Geld, oder Papier, das dem Papier für Geld gleicht oder zum Verwechseln ähnlich ist, herstellt, sich oder einem Dritten verschafft, feilhält, verwahrt, einem anderen überläßt oder in den räumlichen Geltungsbereich des OWiG einführt (Abs 1). Ordnungswidrig handelt auch derjenige, der fahrlässig das Fehlen der Erlaubnis verkennt (Abs 2). Geld fremden Währungsgebiets ist deutschem Geld gleichgestellt (Abs 3). Nach § 128 OWiG handelt ordnungswidrig, wer vorsätzlich Drucksachen oder Abbildungen herstellt oder vertreibt, die im Zahlungsverkehr mit deutschem (Abs 1) oder ausländischem (Abs 3) Papiergeld verwechselt werden können oder zur Herstellung solcher verwechslungsfähigen Papiere verwendet werden können (§ 128 Abs 1 Nr 1 OWiG). Da es auf die Verwechslungsgefahr und nicht auf die Geldeigenschaft ankommt, genügt die Gefahr, daß unerfahrene Personen das Papier mit Papiergeld verwechseln können, so daß zB auch die bloße Kopie von Geldscheinen zu Werbe- oder Spielzwecken, sofern die Verwechslungsgefahr nicht ausgeschlossen wird, unter § 128 OWiG fallen kann (Hahn § 9 Rn 20, 22). Ordnungswidrig handelt auch, wer vorsätzlich Vorrichtungen wie Platten, Druckstöcke etc, die zur Herstellung solcher Drucksachen oder Abbildungen geeignet sind, herstellt, verschafft, feilhält, verwahrt, einem anderen überläßt oder in den räumlichen Geltungsbereich des OWiG einführt (§ 128 Abs 1 Nr 2 OWiG). Ordnungswidrig nach § 128 Abs 2 OWiG handelt, wer die Verwechslungsfähigkeit fahrlässig verkennt. Die §§ 127, 128 OWiG haben § 360 Nr 4-6 StGB aF sowie den Grundtatbestand des G v 2. 1. 1911 (Rn A 84) ersetzt. § 129 OWiG regelt die Einziehung der Gegenstände. Zuständig für die Verfolgung ist die Deutsche Bundesbank (§§ 36 Abs 1 Nr 1, 131 Abs 1 Nr 4 b OWiG; Hahn § 9 Rn 22).

cc)   Nach **§ 35 BBankG** wird bestraft, wer vorsätzlich (Abs 1) oder fahrlässig   **A 83**
(Abs 3) Geldersatz ausgibt (Abs 1 Nr 1) oder verwendet (Abs 1 Nr 2). Der Versuch ist strafbar (Abs 2). Die Bestimmung dient dem Schutz des Geldausgabemonopols von Bundesregierung und Bundesbank (Häde 191; Hahn § 9 Rn 23). Geldzeichen iS der Verbotsvorschrift sind Marken, Münzen, Scheine oder sonstige Urkunden, die geeignet sind, an Stelle der Mark- und Pfennigmünzen der Bundesrepublik Deutschland als allgemeines Tausch- und Zahlungsmittel verwendet zu werden (Gramlich § 35 BBankG Rn 4 ff; Häde 191). Das ist nur der Fall bei Urkunden, die nach Art von Banknoten oder Münzen genormt und gestückelt und verkehrsfähig, dh nicht nur für einen einmaligen Zahlungsvorgang, sondern für den Umlauf in einem offenen Personenkreis geeignet sind (näher Hahn § 9 Rn 27 ff). Rabattmarken, Lohnschecks und ähnliche nicht für den dauernden Umlauf geeignete Zeichen fallen nicht unter § 35 BBankG (Häde 193; Hahn § 9 Rn 29).

dd)   Das **Gesetz betreffend den Schutz des zur Anfertigung von Reichsbanknoten ver-**   **A 84**
wendeten Papiers gegen unbefugte Nachahmung v 2. 1. 1911 (RGBl 25) gilt mit seinem Verbot in § 1 auch heute noch (Hahn § 9 Rn 17). Die Strafvorschrift in § 2 und die

Einziehungsanordnung in § 3 wurden durch Art 287 Nr 32 EGStGB v 2. 3. 1974
(BGBl I 469) mit Wirkung v 1. 1. 1975 außer Kraft gesetzt. Die Strafbarkeit ist nun in
den §§ 127 Abs 1 Nr 3 OWiG, 149, 151 StGB geregelt (Rn A 82).

A 85 ee) Das **Münzgesetz** (Gesetz über die Ausprägung von Scheidemünzen v 8. 7. 1950,
BGBl 323), geändert durch das Änderungsgesetz v 18. 1. 1963 (BGBl I 55), durch
Art 171 EGStGB v 2. 3. 1974 (BGBl I 469), durch § 1 Nr 11 des Änderungsgesetzes
zum EGStGB v 15. 8. 1974 (BGBl I 1942) und durch das Änderungsgesetz v
10. 12. 1986 (BGBl I 2414), enthält in § 11 a MünzG eine Bestimmung über ordnungs-
widriges Handeln zum Schutz außer Kurs gesetzter Münzen. Um einen Schutz der
Währung handelt es sich hierbei nicht mehr. Nur noch in losem Zusammenhang mit
dem Währungsrecht steht *§ 5 der VO über die Herstellung und den Vertrieb von
Medaillen und Marken* v 13. 12. 1974 (BGBl I 3520). Diese VO beruht auf der Ermäch-
tigungsgrundlage des § 12 a MünzG, der seinerseits durch Art 171 Nr 2 EGStGB v
2. 3. 1974 (BGBl I 469) eingeführt wurde.

B.   Das Recht der Geldzeichen

I.   Entstehung und Untergang von Geldzeichen*

1.   Grundlagen

B 1 Entstehung und Untergang von Geldzeichen sind zwar nicht ausschließlich, aber
doch im wesentlichen an das Staatsmonopol der Geldausgabe gebunden. Wegen der
Ausübung dieser Hoheitsbefugnisse ist zu unterscheiden zwischen den **Banknoten**
und den **Scheidemünzen**. Art 88 GG gibt der Bundesbank das Recht zur Ausgabe von
Banknoten, während die Ausgabe von Münzen zum Münzwesen iS von Art 73 Nr 4
GG gehört und deshalb, von Art 88 GG unberührt, in die Gesetzgebungshoheit des
Bundes fällt (HÄDE 32). Die Ausgabe von Banknoten ist geregelt in **§ 14 BBankG**.
Durch diese Vorschrift wurde der Bundesbank das ausschließliche Recht verliehen,
Banknoten im Geltungsbereich des Grundgesetzes auszugeben (HÄDE 35). Für Schei-
demünzen gilt das sog **MünzG** (Gesetz über die Ausprägung von Scheidemünzen v
8. 7. 1950, BGBl I 323, geändert durch G v 18. 1. 1963, BGBl I 55, durch Art 171 des
EGStGB v 2. 3. 1974, BGBl I 469, durch § 1 Nr 11 des Änderungsgesetzes zum
EGStGB v 15. 8. 1974, BGBl I 1942, und durch das Änderungsgesetz v 10. 12. 1986,
BGBl I 2414). Zu den Münzen vgl besonders GRAMLICH § 1 MünzG Rn 8 ff; vSPIND-

---

* **Schrifttum:** FÖGEN, Geld- und Währungsrecht
(1969) 21 ff; ders, Geld und Scheingeld der
Bundesbank, JZ 1970, 409; GRAMLICH, Bundesbankgesetz, Währungsgesetz, Münzgesetz
(1988); ders, Die Begebung von Geldzeichen,
ZfKrW 1987, 548; HÄDE, Geldzeichen im
Recht der Bundesrepublik Deutschland (1991);
ders, Ersatzpflicht der Bundesbank für gestoh-
lene und beschädigte Banknoten, JuS 1994,
923; HAHN, Währungsrecht (1990) § 5; LAMPE,
Die Unabhängigkeit der Deutschen Bundes-
bank (1971); F A MANN, Geld und Scheingeld
der Bundesbank, JZ 1970, 212, 409; NUSSBAUM,
Das Geld in der Theorie und Praxis des deut-
schen und internationalen Rechts (1925) 35 ff;
PFENNIG, Die Notenausgabe der DBB (1971);
PROST, Geld und Scheingeld der Bundesbank,
JZ 1969, 786; vSPINDLER/BECKER/STARKE, Die
Deutsche Bundesbank (4. Aufl 1973); SPREN-
GER, Banknotenprivileg in Deutschland, Bank
1986, 533; ULLMANN, Bundesmünzen und ihre
Einlösung, ZfKrW 1967, 547.

LER/BECKER/STARKE § 14 Anm 3 (unter III 2); ULLMANN ZfKrW 1967, 547. Der *Begriff des Geldzeichens* ist ein Funktionsbegriff (Rn A 13). Noten und Münzen werden zu Geldzeichen, indem ihnen die Funktion, gesetzliche Zahlungsmittel zu sein, verliehen wird. Sie gehen als Geldzeichen unter, indem ihnen diese Funktion genommen wird. Im Zuge der dritten Stufe der Europäischen Wirtschafts- und Währungsunion werden Kompetenzen der Schaffung von Geldzeichen auf die Europäische Zentralbank übergehen (vgl Art 105 a EGV und dazu Rn F 73).

2. Entstehung von Geldzeichen

Die **Entstehung von Geldzeichen** (NUSSBAUM, Das Geld 35, spricht von der „Begeltung") ist **B 2** hiernach rechtlich nicht ein Problem der gegenständlichen Gestaltung, sondern ein Widmungsproblem (vgl nur NUSSBAUM, Das Geld 35 ff; FÖGEN 20 ff; HAHN § 5 Rn 22; eingehend PFENNIG 28 ff). Die Fabrikation der Geldzeichen als Sachen ist privatrechtlicher Natur (PFENNIG 26 f). Von ihr ist die Widmung als Staatsakt zu unterscheiden (HAHN § 5 Rn 31; HÄDE 50; PFENNIG 25). Sie ist kein Widmungsakt des öffentlichen Sachenrechts in dem Sinne, daß durch sie die einzelnen Geldzeichen zu öffentlichen Sachen würden (Rn A 21; aM PFENNIG 28 ff; STAUDINGER/DILCHER [1995] § 91 Rn 13). Ihre Wirkung besteht vielmehr darin, daß Sachen, nämlich Medaillen und bedruckte Scheine mit Geldfunktionen versehen, also als Geldzeichen iS von Rn A 19 f qualifiziert werden (ebenso jetzt HÄDE 183 ff; ders JuS 1993, 117; 1994, 924). Die Widmung bestimmt, daß die Geldzeichen zu ihrem nominellen Wert Zahlkraft besitzen und als Zwangsgeld vom Gläubiger angenommen werden müssen (vgl PFENNIG 42 ff, allerdings mit einer überkonstruierten Unterscheidung zwischen der Widmung zu Geldzeichen und zu gesetzlichen Zahlungsmitteln). Dagegen legt sie weder den Kurswert (Rn D 11) noch die Kaufkraft (Rn D 13) des emittierten Geldes fest (PFENNIG 43). Widmendes Subjekt öffentlicher Verwaltung ist bei Banknoten die DBB (HAHN § 5 Rn 23; PFENNIG 38). **Banknoten** können im Geltungsbereich des BBankG nur von der DBB ausgegeben werden (§ 14 Abs 1 S 1 BBankG; HÄDE 35; eingehend PFENNIG 22 ff). Die DBB hat die Stückelung und die Unterscheidungsmerkmale der von ihr ausgegebenen Note öffentlich bekanntzumachen (§ 14 Abs 1 S 5 BBankG). Gesetzliche Vorschriften für die Stückelung enthält § 14 BBankG nicht (HÄDE 36). Für **Münzen** wird das Währungsmonopol von der Bundesregierung ausgeübt (§ 6 MünzG; Hinweis auf verfassungsrechtliche Unstimmigkeiten bei MAUNZ, in: MAUNZ/DÜRIG/HERZOG/SCHOLZ, GG [Lfg 1992] Art 88 Rn 31), jedoch werden auch die als Scheidemünzen ausgeprägten Geldzeichen von der DBB in den Verkehr gebracht (§ 8 MünzG). Im Gegensatz zur Notenausgabe ist die Stückelung der Münzen durch § 1 MünzG vorgeschrieben (HÄDE 38 f): Münzen sind für Beträge von 1, 2, 5, 10 und 50 Deutschen Pfennigen sowie für 1, 2 und 5 DM auszugeben, es können aber auch 10-DM-Münzen hergestellt werden, die freilich fast ausschließlich dem Bedarf von Sammlern dienen und im Zahlungsverkehr bisher keine Rolle spielen (Zahlen bei HÄDE 39). Die Münzausgabe ist durch § 5 MünzG an die Zustimmung des Zentralbankrates bei einer Ausprägung von mehr als 20 DM je Kopf der Bevölkerung gebunden. Das frühere Verbot einer Ausprägung von mehr als 30 DM je Kopf (§ 5 Abs 1 MünzG aF) ist mit dem Änderungsgesetz v 18. 1. 1963 (BGBl I 55) gefallen. Streit herrscht über den *Zeitpunkt, die Rechtsnatur und den Umfang des Widmungsakts.* Eine generelle Widmung durch das BBankG oder durch Rechtsverordnung liegt nicht vor (HÄDE 63 f; PFENNIG 37). Daraus wird vielfach gefolgert, daß erst die Ausgabe die Widmung der je einzelnen Geldzeichen darstellt (in diesem Sinne namentlich PFENNIG 37 f mwN). Richtig scheint die Einordnung der Widmung als Allgemeinverfügung iS von § 35 S 2 VwVfG. Stücke einer bereits eingeführten Geldsorte erlangen dann Geldeigenschaft bereits *mit der Herstellung*, jedenfalls mit der Inbesitznahme durch die DBB, nicht erst mit dem Inverkehrbringen durch den zur Ausgabe Berechtigten, denn sie sind bereits vom geldrechtlichen Widmungsakt erfaßt (so im Ergebnis die hM; HÄDE 80 ff; NUSSBAUM, Das Geld 35; vSPINDLER/BECKER/STARKE § 14 Anm 2; MARTIN WOLFF, in: EhrenbHandB IV/1 631 f; F A MANN JZ 1970, 212 und 409; aM FÖGEN 21 f; ders JZ 1970, 409; PROST JZ 1969, 786; ders, Straf- und währungsrechtliche Aspekte des Geldwesens, in: FS Richard Lange [1976] 419 und 425; s auch GEISLER NJW 1978, 708; unentschieden BGHSt 27, 255 = NJW 1977, 2364 = LM § 146 StGB Nr 1 m Anm PELCHEN und GEISLER aaO). Unterscheidet man richtig zwischen dem die Geldeigenschaft begründenden Hoheitsakt und der Herstellung der einzelnen Stücke, so ist dieser antizipierte Widmungsakt kein Widerspruch in sich (so aber HÄDE 67). Es ist deshalb nicht erforderlich, in dem Herstellungsauftrag einen je einzelnen Monetisierungsakt hinsichtlich einer durch diesen Auftrag begrenzten Stückzahl zu sehen (so HÄDE 83), sondern die Allgemeinverfügung ist bereits antizipiert. Mit der Bekanntmachung der Emission neuer Zeichen werden sämtliche bereits hergestellten entsprechenden Geldzeichen zu Geld (HAHN § 5 Rn 27). Die künftige Herstellung entsprechender Geldzeichen ist von dieser Allgemeinverfügung gedeckt, so daß der einzelne Druck- oder Prägeauftrag nur als Werkvertrag und nicht als Verwaltungsakt qualifiziert zu werden braucht (HAHN § 5 Rn 31; aM HÄDE 80 f; GRAMLICH ZfKrW 1987, 52). Allerdings muß es sich um eine *befugte Herstellung* handeln. Münzen einer eingeführten Münzsorte, die ohne Prägeauftrag des Bundes in einer Münzstätte nachgeprägt werden, sind Falschgeld (BGHSt 27, 255 = NJW 1977, 2364 = LM § 146 StGB m Anm PELCHEN; HAHN § 5 Rn 34; HÄDE 82 f; aM LG Karlsruhe NJW 1977, 1301). Denn nur die rechtmäßige Herstellung ist von dem antizipierten Widmungsakt erfaßt. Demgegenüber schadet ein bloß unbefugtes Inverkehrbringen weder bei bereits eingeführten Geldzeichen (HAHN § 3 Rn 33) noch bei deren Neueinführung, wenn die Neuausgabe nach § 14 BBankG bzw § 6 MünzG bekanntgegeben war (HÄDE 75 ff). Die Geldeigenschaft von Geldzeichen auch vor dem Inverkehrbringen wird überwiegend, aber nicht überzeugend, mit § 794 (MARTIN WOLFF aaO; vSPINDLER/BECKER/STARKE aaO) oder mit der wertpapierrechtlichen Kreationstheorie begründet (so NUSSBAUM aaO). Indes ist die Anwendung des § 794 fehl am Platze, denn die modernen Geldzeichen verbriefen kein privates Recht gegen den Aussteller, und es besteht auch kein eine etwaige Analogie zu § 794 tragendes Schutzbedürfnis (HAHN § 5 Rn 30). Zur Kreationstheorie ist zu sagen, daß sie in der allgemeinen Lehre vom Wertpapier als überholt gilt (vgl HUECK/CANARIS, Recht der Wertpapiere [12. Aufl 1986] § 3 I); außerdem ist die Parallelität der Probleme nur eine sehr vordergründige. Der Kreationstheorie geht es um die Begründung verbriefter Forderungen ohne Vertrag, während es hier um den Zeitpunkt der – zweifellos einseitig auszuübenden – Geldzeichenschöpfung geht. Kein Geld ist **Falschgeld**. Auch *unbefugt ausgegebene Geldzeichen* (§ 35 BBankG) sind kein Geld. Die DBB und alle Kreditinstitute haben nachgemachte oder verfälschte Geldzeichen sowie unbefugt ausgegebene Geldzeichen anzuhalten (§ 36 Abs 1 S 1 BBankG). Als Falschgeld verdächtige Banknoten und Münzen sind der DBB zur Prüfung vorzulegen. Zum Ersatz für Falschgeld ist die DBB nicht verpflichtet (§ 14 Abs 3 S 1 BBankG und dazu GRAMLICH § 14 BBankG Rn 31), ebensowenig für vernichtete, verlorene oder ungültig gewordene Noten (näher GRAMLICH § 14 BBankG Rn 28 ff). Nur im Fall der Beschädigung macht § 14 Abs 3 S 2 BBankG eine Ausnahme (Rn B 7). Für den Fall der Demonetisierung bestimmter Geldsorten wird man eine Umtauschpflicht aus Art 14 GG herzuleiten haben (dazu sogleich Rn B 5).

3. Demonetisierung

a) Die **Demonetisierung durch Hoheitsakt** („Entgeltung" iS von NUSSBAUM, Das Geld 36) **B 3** findet idR statt, indem Geldzeichen außer Kurs gesetzt oder eingezogen werden. Sie kann sich auf alle Geldzeichen einer Währung, auf ganze Geldsorten oder auf einzelne Stücke beziehen. Die Demonetisierung ist ein Staatsakt. Geldzeichen behalten diese Eigenschaft so lange, wie sie nicht vernichtet oder durch Staatsakt entwertet worden sind (zust BVerwG JZ 1994, 675 m Anm HAHN/ECKERT = NJW 1994, 954 = WM 1994, 1324). Auch wertvolles Metallgeld, das im Verkehr nur noch als Sache gehandelt wird, bleibt bis zur Außerkurssetzung Geld (BGHSt 12, 344 = NJW 1959, 947; BGHSt 19, 357 = LM § 146 StGB m Anm WILLMS; BGHSt 27, 255 = NJW 1977, 2364 m insoweit krit Anm GEISLER NJW 1978, 708). Für Geldsortenschulden, die auf solche Geldzeichen lauten, gilt § 245 (vgl § 245 Rn 15). Für die *Möglichkeit gewohnheitsrechtlicher Demonetisierung* tritt allerdings ein erheblicher Teil der Strafrechtsliteratur ein (so etwa SCHÖNKE/SCHRÖDER/STREE, StGB [25. Aufl 1997] § 146 Rn 3; ältere Nachweise bei GEISLER NJW 1978, 709). Inzwischen hat der BGH in dem Krügerrand-Urteil BGHSt 32, 198 = NJW 1984, 1311 entschieden, daß § 146 StGB Geldzeichen, die im Rechtsverkehr nur noch als Handelsmünzen, also wegen ihres Geldwerts oder als Medaillen gehandelt werden, auch dann nicht mehr schützt, wenn eine Demonetisierung durch Gesetz oder Verwaltungsakt nicht stattgefunden hat (Rn A 81). Im Gefolge dieser Entscheidung hat auch die Neunundneunzigste VO zur Änderung der Einfuhrliste v 13. 11. 1986 (BAnz Nr 216) die Krügerrandmünze als Ware eingestuft (HAHN § 2 Rn 47). Doch handelt es sich bei der einen wie bei der anderen Frage um ein normspezifisches Auslegungsproblem: nicht um den Geldbegriff, sondern darum, ob es auf die Geldeigenschaft einer Münze oder auf deren Verwendung ankommt. Ein Gewohnheitsrechtssatz des Inhalts, daß Geldzeichen ihre Zahlkraft verlieren, läßt sich aber noch nicht daraus herleiten, daß diese Zeichen nicht mehr als Geld verwendet zu werden pflegen. Die spezifisch strafrechtliche Frage, ob § 146 StGB hier zurücktritt, mag durch restriktive Interpretation dieser Norm oder durch Schaffung eines besonderen strafrechtlichen Geldbegriffs bewältigt werden (vgl Rn A 20, A 81). Eine Demonetisierung liegt nicht vor (vgl aber HÄDE 103 ff, der diese Möglichkeit nicht ausschließt).

aa) Die Demonetisierung aller Geldzeichen einer Währung kann nur durch gesetz- **B 4** lichen **Währungswechsel** erfolgen (eingehend HÄDE 91 ff). Mit der Einführung einer neuen Währung verlieren die bisherigen Geldzeichen ihre Geldeigenschaft, soweit ihnen nicht vorübergehend oder auf Dauer zu einem gesetzlich festzulegenden Kurs die Zahlkraft in der neuen Geldordnung belassen wird (FÖGEN 24, 47). Es ist dann Aufgabe des Gesetzgebers, die Bedingungen für den Umtausch alter in neue Geldzeichen und für die Umrechnung von Geldschulden verfassungsgerecht zu regeln (vgl HAHN § 5 Rn 38; zum sog rekurrenten Anschluß vgl auch Rn A 50, A 59). Charakteristisch waren etwa die §§ 1, 8 ff WährG für die sog Währungsreform von 1948 (zu dieser vgl Rn 59) sowie die Regelungen des Staatsvertrags vom 18. 5. 1990 über die Schaffung einer Währungs-, Wirtschafts- und Sozialunion zwischen der Bundesrepublik Deutschland und der Deutschen Demokratischen Republik mit dem dazu gehörigen Gesetz vom 25. 6. 1990 (dazu Rn A 62). Auch die Vollendung der Europäischen Wirtschafts- und Währungsunion wird zu einer Totaldemonetisierung nationaler Geldzeichen führen (dazu Rn F 74 f, F 93).

bb) **Demonetisierung bestimmter Geldsorten** lag etwa vor bei der VO über die Außer- **B 5**

kraftsetzung der Reichsgoldmünzen v 16. 7. 1938 (RGBl I 901). Münzen können nach § 10 Abs 1 MünzG durch die Bundesregierung außer Kurs gesetzt werden, wobei eine Umtauschfrist eingeräumt werden muß (HÄDE 95 f). Dies ist auch durch Art 14 GG gewährleistet (HÄDE 98). Ein Beispiel war die Außerkraftsetzung der 5-DM-Silbermünzen im Jahr 1975 (BGBl I 1882). Um die Demonetisierung bestimmter Geldsorten handelt es sich auch bei dem Aufruf nach den §§ 14 Abs 2, 33 BBankG. Die DBB kann Noten zur Einziehung aufrufen (näher HAHN § 5 Rn 39 ff). Es muß dann eine Umtauschfrist eingeräumt werden (HÄDE 97). Die Demonetisierung erfolgt durch einen Verwaltungsakt in Gestalt einer Allgemeinverfügung (HÄDE 96 mwNw). Aufgerufene Noten werden nach Ablauf der beim Aufruf bestimmten Umtauschfrist ungültig. Die noch von HELFFERICH (391 ff) und von NUSSBAUM (Das Geld 36 f) diskutierte Frage, ob eine Pflicht der Zentralbank zum Aufruf und zur Gestattung des Umtausches besteht, ist für das geltende Recht durch § 14 Abs 2 BBankG geklärt. Geldzeichen einer aufgerufenen, aber noch eintauschbaren Sorte sind noch Geld. Wer statt ihrer Fälschungen zum Umtausch einreicht, bringt Falschgeld in den Verkehr (BGH LM § 146 StGB aF Nr 2). Zu den Rechtsfolgen der Demonetisierung für Geldsortenschulden vgl § 245 Rn 15.

B 6 cc) **Einzelne Geldzeichen** können zurückgezogen werden, zB wegen Abnutzung, Beschädigung oder Beschmutzung. Die Zweiganstalten der DBB sondern die auszuwechselnden Noten und Münzen aus und leiten sie der Hauptkasse der DBB zu, wo sie geprüft und ggf vernichtet werden (GRAMLICH § 14 BBankG Rn 24; vSPINDLER/BECKER/STARKE § 14 Anm IV 3). Der *Zeitpunkt der Demonetisierung* ist in diesem Fall zweifelhaft. Gründe des Verkehrsschutzes sprechen für die Annahme, daß es sich so lange noch um Geld handelt, wie nicht der Wille, die Verkehrsfähigkeit zu beseitigen, unmißverständlich zum Ausdruck gelangt ist. Wird dieses unerlaubterweise wieder in den Verkehr gebracht, so erlangt der Erwerber Geld. Als Demonetisierungsakt muß aber die Lochung genügen; eine Totalvernichtung ist nicht erforderlich (Klarstellung gegenüber STAUDINGER/KARSTEN SCHMIDT[12] Rn B 8; vgl HÄDE 102; HAHN § 5 Rn 45). Die Entwertung ist ein Verwaltungsakt iS von § 35 S 2 VwVfG (HÄDE 102; HAHN § 5 Rn 45). Für beschädigte Banknoten hat die DBB Ersatz zu leisten, wenn der Inhaber der Note entweder Teile vorlegt, die insgesamt größer sind als die Hälfte der Note, oder den Nachweis führt, daß der Rest der Note vernichtet ist (§ 14 Abs 3 S 2 BBankG; näher PFENNIG 52 f). Beschädigte Münzen braucht der Bund dagegen nur umzutauschen, wenn sie durch längeren Umlauf abgenutzt sind (§ 9 MünzG), sonst nicht (§ 4 MünzG; dazu ULLMANN ZfKrW 1967, 547). Keine Demonetisierung ist die „Stillegung" von Geldzeichen, die der DBB zugeflossen sind (im Ergebnis übereinstimmend HÄDE 106; HAHN § 5 Rn 47; PFENNIG 59 f). Die Geldzeichen verlieren durch diese rein tatsächliche Maßnahme nicht ihre Zahlkraft, sondern sie sind nur faktisch dem Zahlungsverkehr entzogen, solange sie nicht wieder in den Verkehr gebracht werden. Insbesondere kommt nicht der schuldrechtliche Grundsatz der Konfusion zum Tragen, der eine Forderung erlöschen läßt, wenn Gläubiger und Schuldner zusammenfallen (HÄDE 106). Denn Geldzeichen sind keine Wertpapiere, die eine Forderung gegen den Staat (gegen die Zentralbank) verbriefen (vgl Rn A 25).

B 7 b) Eine **Demonetisierung durch rein tatsächliche Vorgänge** tritt ein durch Vernichtung oder durch eine Beschädigung, die den Geldcharakter so stark beeinträchtigt, daß der Gläubiger das Geldzeichen nicht mehr anzunehmen und auch die DBB es nicht mehr einzutauschen braucht (noch weiter FÖGEN 26). Solange mehr als die Hälfte von **Banknoten** erhalten ist, sind sie nur beschädigt, aber nicht ungültig (BVerwG JZ 1994, 675 m Anm HAHN/ECKERT = NJW 1994, 954 = WM 1993, 1324; HÄDE JuS 1994, 924 f). Auch hier spielt bei Banknoten die Umtauschverpflichtung der DBB (§ 14 Abs 3 S 2 BBankG) eine Rolle. Nach dieser Bestimmung hat die DBB für beschädigte, nicht auch für vernichtete, Noten Ersatz zu leisten, wenn der Inhaber entweder Teile einer Note vorlegt, die insgesamt größer sind als die Hälfte der Note, oder den Nachweis führt, daß der Rest der Note vernichtet ist. Inhaber der Banknote und deshalb befugt für die Geltendmachung des Umtauschrechts ist, wer die tatsächliche Sachherrschaft über den Geldschein hat; auf die Eigentumslage kommt es grundsätzlich nicht an (BVerwG JZ 1994, 675 m Anm HAHN/ECKERT = NJW 1994, 954 = WM 1993, 1324; dazu HÄDE JuS 1994, 925 f). Im Fall BVerwG JZ 1994, 675 m Anm HAHN/ECKERT = NJW 1994, 954 = WM 1993, 1324 hatte die Klägerin der DBB Banknoten in Höhe von 97 000 DM zum Umtausch vorgelegt. Diese Banknoten stammten aus einem Bankeinbruch, bei dem sie Schaden genommen hatten, ua durch Brandstellen. Die Banknoten waren durch eine inzwischen wegen Hehlerei verurteilte Prostituierte und eine weitere Person an die Klägerin gelangt, die von der Hehlereianklage freigesprochen worden, nach den §§ 932, 935 Abs 2 aber mangels guten Glaubens nicht Eigentümerin geworden war. Das BVerwG stellte nicht auf die Eigentumslage ab, was in Standardfällen zu unerwünschten Prüfungspflichten der DBB geführt hätte, entschied aber gegen die Klägerin: „Einem Anspruch auf Ersatz nach § 14 Abs 3 S 2 BBankG kann der Einwand der unzulässigen Rechtsausübung entgegenstehen, wenn der Inhaber beim Erwerb der abhandengekommenen Banknoten nicht in gutem Glauben war." Die Toleranzgrenze für den Gewichtsverlust von **Münzen** wird aufgrund von § 6 Abs 1 MünzG von der Bundesregierung bestimmt. Geht ein verkehrsbedingter Substanzverlust über die Toleranzgrenze hinaus, so tritt noch keine Demonetisierung ein, aber die Münze braucht nur noch von Bundes- oder Landeskassen in Zahlung genommen zu werden; sie wird alsdann für Rechnung des Bundes eingezogen (§ 9 MünzG). Beruht der Substanzverlust dagegen auf einem anderen Eingriff, ist zB die Münze durchlöchert, so verliert die Münze die Eigenschaft als gesetzliches Zahlungsmittel; sie braucht nicht mehr angenommen und umgetauscht zu werden (§ 4 MünzG).

II.   Das Geld im Sachenrecht*

1.   Das Grundproblem

Die Schwierigkeit, Geld und Geldzeichen überzeugend in das Sachenrecht einzu- **B 8**

***

* **Schrifttum**: BAUR/STÜRNER, Sachenrecht (6. Aufl 1992); BRANDT, Eigentumserwerb und Austauschgeschäft (1940); FALCK, Das Geld und seine Sonderstellung im Sachenrecht (1960); GOLDBERGER, Zur Lehre von der Vermengung des Geldes nach BGB, SeuffBl 72 (1907) 633; HÄDE, Geldzeichen im Recht der Bundesrepublik Deutschland (1991) 110 ff; HAHN, Währungsrecht (1990) § 5 V; KASER, Das Geld im Sachenrecht, AcP 143 (1937) 1; HEINRICH LANGE, Zum System des deutschen

Vermögensrechts, AcP 147 (1941) 290; ders, Rechtswirklichkeit und Abstraktion, AcP 148 (1943) 188; HELLMUTH MAYER, Eigentum an Geld und strafrechtliche Konsequenzen, GS 104 (1934) 100; MEDICUS, Ansprüche auf Geld, JuS 1983, 897; NEMELKA, Eigentum an Geld nach dem schweizerischen Zivilgesetzbuch (Diss Zürich 1978); PIKART, Die sachenrechtliche Behandlung von Geld und Wertpapieren in der neueren Rechtsprechung, WM 1980, 510; REINHARDT, Vom Wesen des Geldes und seiner

ordnen, beruht auf dem **Spannungsverhältnis zwischen der ungegenständlichen Geldfunktion** Rn A 11 **und den Prinzipien des Mobiliarsachenrechts**. Sieht das Sachenrecht
auf die Individualität des Stücks (Spezialitätsgrundsatz!), so sieht der Rechtsverkehr
auf den im Geld verkörperten, vom individuellen Stück unabhängigen Wert. Verschiedentlich und mit unterschiedlichen Ergebnissen hat man versucht, dieser
Besonderheit Rechnung zu tragen (vgl namentlich WESTERMANN, Sachenrecht [5. Aufl 1966]
§ 30 V 3; WESTERMANN/PINGER, Sachenrecht I § 30 V 3; REINHARDT, in: FS Boehmer [1954] 84 ff;
KASER AcP 143 [1937] 1, 9−11; WIEACKER AcP 148 [1943] 57, 70−72; SIMITIS AcP 159 [1960/61]
406, 412 ff, 454 ff; ROXIN, in: FS Hellmuth Mayer [1966] 468 f; NEMELKA 171 ff; Meinungsüberblick
bei FALCK 1 ff). Indes sollte die ordnende Kraft des Spezialitätsgrundsatzes und der
Verkörperung des Geldwerts in je einzelnen Geldzeichen nicht im Prinzip preisgegeben werden. So richtig es nämlich ist, daß die Geldfunktionen wirtschaftlich im
Vordergrund stehen, die durch das sog Buchgeld (Rn A 28) weitaus konsequenter als
durch Geldzeichen umgesetzt werden, so sehr sollte auf der anderen Seite bedacht
werden, daß die Sacheigenschaft der Geldzeichen kein Atavismus, sondern eine den
Rechtsverkehr erleichternde Technik ist. Wo sich das Rechtsleben noch der Geld-
zeichen bedient, macht es sich die Handgreiflichkeit und damit den geringeren
Abstraktionsgrad des Stückgeldes zunutze. Die *Besinnung auf die Geldfunktionen*
im rechtlichen Umgang mit der Sache Geld sollte nichts an der prinzipiellen
Anwendbarkeit sachenrechtlicher Regeln ändern. Wohl allerdings sollte bei der
Anwendung einzelner Normen der Sonderstellung des Geldes Rechnung getragen
werden. Die umstrittenen Einzelprobleme des Geldes im Sachenrecht sind damit
Normanwendungsprobleme, die mit einer *generellen* Stellungnahme zum „Wesen"
des Geldes nicht beantwortet werden können, aber auch nicht ohne Rücksicht auf
die Eigenschaft der Geldzeichen als Zahlungsmittel beantwortet werden sollten.
Geldfunktionen und Sachenrecht lassen sich so in Einklang bringen.

2.   Geldzeichen als bewegliche Sachen

B 9   Das BGB sieht **das einzelne Geldzeichen als bewegliche Sache** an (WOLFF/RAISER § 65 IV;
HÄDE 111 f; HAHN § 5 Rn 52; NUSSBAUM, Das Geld 9; MünchKommBGB/QUACK[2] § 929 Rn 17;
SOERGEL/MÜHL[12] § 929 Rn 3; BGB-RGRK/PIKART[12] § 929 Rn 21; HEINRICH LANGE AcP 147 [1941]
290, 300 f; 148 [1943] 188, 216 f). Sachenrechtlich kommt es stets auf das Eigentum an der
Münze oder Banknote als Sache, auf ihre Übereignung, Verpfändung, Pfändung etc
an. Daß die Münze oder Banknote nicht um ihres Substanzwertes, sondern um des in
ihr verkörperten Geldwertes willen übereignet, verpfändet oder gepfändet wird,
kann sachenrechtlich vernachlässigt werden (WESTERMANN/PINGER, Sachenrecht I § 30 V
2). Die Sachorientierung ist hier sogar eine große Hilfe bei der Rechtsanwendung.
Versuche, dem Geldwert die Qualität eines Herrschaftsrechts oder eines Verfü-
gungsgegenstands zuzusprechen, entsprechen nicht dem System des deutschen
Sachenrechts (PIKART WM 1980, 515). Sie vernachlässigen auch die bei Rn B 8 heraus-

---

Einfügung in die Güterordnung des Privatrechts, in: FS Boehmer (1954) 60; ROXIN, Geld
als Objekt von Eigentums- und Vermögensdelikten, in: FS Hellmuth Mayer (1966) 467; KAR-
STEN SCHMIDT, Geld und Geldschuld im Privatrecht, JuS 1984, 737; SIMITIS, Bemerkungen zur
rechtlichen Sonderstellung des Geldes, AcP 159

(1960/61) 406; WESTERMANN/PINGER, Sachenrecht I (6. Aufl 1990); WIEACKER, Sachbegriff,
Sacheinheit und Sachzuordnung, AcP 148
(1943) 57; WILHELM, Sachenrecht (1994); MAR-
TIN WOLFF, Das Geld, in: Ehrenbergs Handbuch des gesamten Handelsrechts IV/1 (1917)
624.

gestellte Verkehrserleichterung, die das geltende Recht mit der Sachnatur der Geldzeichen verbindet. Umgekehrt jedes Herrschaftsrecht an Geld zu verneinen, mithin auch jeden Geldherausgabeanspruch zum bloßen Zahlungsanspruch zu erklären, wäre eine Vernachlässigung der sich mit dem Geldeigentum verbindenden Güterzuordnung (zB §§ 771 ZPO, 43 KO [ab 1999: § 48 InsO]; dazu BGHZ 58, 257, 258). Der Wertcharakter des Geldes und das geringe Interesse des Rechtsverkehrs an der Individualität des einzelnen Wertzeichens sollte nach Rn B 8 nur bei der Normanwendung im einzelnen beachtet werden, die sachenrechtliche Einordnung des Geldes dagegen unangetastet lassen. Geldzeichen sind nicht nur *vertretbare* (FALCK 25, 70 ff; HÄDE 111), sondern sie sind, obgleich nur auf Verbrauch dem Werte nach gerichtet, *verbrauchbare Sachen* iS von § 92 Abs 1 (Mot in: MUGDAN III 19; MARTIN WOLFF, in: EhrenbHandB IV/1 628; HÄDE 112; HAHN § 5 Rn 52; STAUDINGER/DILCHER [1995] § 92 Rn 2). Das Gesetz bewerkstelligt dies, indem es die bestimmungsmäßige Veräußerung dem bestimmungsmäßigen Verbrauch gleichstellt. Dagegen sind Geldzeichen *keine öffentlichen Sachen* (Rn A 21; str). Über Geldzeichen als Gegenstand von Pfandrechten vgl STAUDINGER/WIEGAND[12] § 1204 Rn 52. Zur Pfändung von Geld vgl Rn B 19.

3. Eigentum an Geld

Eigentum an Geld ist **Eigentum am einzelnen Geldzeichen**. Dieser Grundsatz enthält **B 10** eine doppelte Aussage. Zunächst handelt es sich um privates Eigentum iS von § 903 (HÄDE 112), sodann folgt das Sachenrecht des Geldes dem Spezialitätsprinzip. Das Geldzeichen verkörpert den Geldwert, das Eigentum am Geldzeichen verkörpert die *Innehabung des Geldwerts*. Der *Spezialitätsgrundsatz* gilt für Geldzeichen ebenso wie für andere Sachen. Er stellt nur scheinbar eine Erschwernis für den Rechtsverkehr dar und bedeutet nichts anderes, als daß auch bei größeren Beständen von Sachen jedes Stück seine eigene dingliche Rechtslage hat, mag auch im Einzelfall oder Regelfall die dingliche Rechtslage für den ganzen Bestand identisch sein. Auch das Miteigentum bei der Vermischung von Geld (Rn B 14) ist Miteigentum an den einzelnen Geldzeichen, nicht am wertmäßigen Gesamtbestand (vgl zum Spezialitätsgrundsatz und zu seinen Grenzen bei der Bruchteilsgemeinschaft MünchKommBGB/KARSTEN SCHMIDT[3] § 741 Rn 32, § 1008 Rn 2). Es gibt im deutschen Recht *kein allgemeines Prinzip der dinglichen Surrogation* (BGHZ 33, 66, 71 f). Ein allgemeiner Grundsatz, wonach sich das Eigentum an (fremdem) Geld an den mit diesem Geld angeschafften Gegenständen fortsetzte, ist dem geltenden Recht fremd und ist auch rechtspolitisch abzulehnen (vgl nur STAUDINGER/GURSKY [1993] § 985 Rn 66 mwNw; aM REINHARDT, in: FS Boehmer [1954] 91 ff und 95). Eine solche Rechtsfolge würde Rechtsunsicherheit schaffen und die Geldvindikation nur noch weiter als schon nach geltendem Recht mit dem Wertcharakter des Geldes in Unstimmigkeit bringen. Wer mit dem Geld eines anderen im eigenen Namen bewegliche Sachen anschafft, wird deren Eigentümer (BGB-RGRK/PIKART[12] § 929 Rn 110; STAUDINGER/WIEGAND [1995] § 929 Rn 99). Auch *eingewechseltes Geld* tritt nicht ohne weiteres an die Stelle der herauszugebenden Geldzeichen (WOLFF/RAISER § 84 Fn 6; HÄDE 116; REINHARDT, in: FS Boehmer [1954] 86 f; MEDICUS JuS 1983, 900; aM WESTERMANN, Sachenrecht [5. Aufl 1966] § 30 V 3; FALCK 162 ff; BGB-RGRK/PIKART[12] § 985 Rn 55; differenzierend ERMAN/HEFERMEHL[9] § 985 Rn 6). Nur wenn ein Fremdbesitzer fremde Geldzeichen gegen bestimmte andere Geldzeichen eintauscht und diese für den Eigentümer verwahrt, kann das eingewechselte Geld im Wege des Insichgeschäfts an die Stelle des fremden Geldes treten (vgl auch FALCK 137 ff). Es gibt

Karsten Schmidt

auch *keine allgemeine Wertsurrogation* in dem Sinne, daß die Unmöglichkeit der Herausgabe fremden Geldes stets einen Zahlungsanspruch nach sich zöge (dies wäre unvereinbar mit den §§ 818 Abs 3, 993). Wohl aber kann und wird idR die Verfügung eines Nichtberechtigten über Geldzeichen einen Herausgabeanspruch aus § 816 Abs 1 S 1 begründen (dazu alsbald bei Rn B 12 aE). Auch hier wird aus dem dinglichen Herausgabeanspruch ein Zahlungsanspruch (anders die Lehre von der Wertvindikation; vgl Rn B 12). In Vollstreckung und Konkurs hat allerdings die Ablehnung der dinglichen Surrogation den Nachteil, daß der Schutz durch die §§ 771 ZPO, 43 KO (ab 1999: § 48 InsO) verkürzt wird. Abhilfe kann in den Grenzen des § 46 KO (§ 47 InsO) die Ersatzaussonderung schaffen (RGZ 98, 143, 148 f; 141, 89, 92 und 94; BGHZ 23, 307, 317; 30, 176, 179 ff). Stärkeren Schutz gibt hier allerdings die Lehre von der Wertvindikation (Rn B 12), nach der die Wertherausgabepflicht allgemein ein durch Drittwiderspruchsklage bzw Aussonderung geschütztes Drittrecht schafft, das von dem Zufall, ob das Drittrecht in fremden Münzen oder Banknoten verkörpert ist, unabhängig ist (WESTERMANN/PINGER, Sachenrecht I § 30 V 3).

B 11 Von den Fragen der dinglichen Rechtszuordnung ist die **Frage** zu unterscheiden, *ob der besitzende Nichteigentümer fremde Geldzeichen vermischen oder verbrauchen und durch eigene ersetzen darf.* Diese Frage, deren **Hauptbedeutung im Strafrecht** liegt (Rn B 24), kann nach der Verkehrsanschauung in weitem Umfang bejaht werden (eingehend FALCK 106 ff). Damit erwirbt aber weder der Nichteigentümer Eigentum an dem fremden Geld, noch erlangt der Eigentümer ohne weiteres Eigentum an Surrogatsstücken. Die Eigentumslage bestimmt sich nach allgemeinem Sachenrecht. Die „Einwechselung fremden Geldes in Buchgeld" (eingehend FALCK 180 ff) enthält zwei verschiedene Probleme: Die Frage, ob der Herausgabepflichtige den Vindikationsanspruch durch Überweisung erfüllen kann, ist dahin zu beantworten, daß Leistung an Erfüllungs Statt vorliegt, denn er schuldet Zahlung, nicht Herausgabe (FALCK 182, 205; vgl dagegen zur Erfüllung von Zahlungsansprüchen durch Überweisung Rn C 41 ff). Die andere Frage, ob der Besitzer fremden Geldes dieses Geld auf ein eigenes Buchgeldkonto einzahlen darf, hängt von der Zustimmung des Geldeigentümers ab; fehlt diese, so ist die Befugnis zu verneinen (eingehend FALCK 183 ff).

B 12 Der sachenrechtlichen Zuordnung der einzelnen Geldzeichen entspricht der **Herausgabeanspruch aus § 985.** Dieser Anspruch bezieht sich stets auf die im Eigentum des Gläubigers und im Besitz des Schuldners befindlichen Geldzeichen, nicht auf den Geldwert; eine Wertvindikation ist dem geltenden Recht fremd (STAUDINGER/GURSKY [1993] § 985 Rn 66; MünchKommBGB/MEDICUS[2] § 985 Rn 17; ERMAN/HEFERMEHL[9] § 985 Rn 6; BGB-RGRK/PIKART[12] § 985 Rn 55; PALANDT/BASSENGE[56] § 985 Rn 10; PIKART WM 1980, 514 f; KARSTEN SCHMIDT JuS 1984, 741). Allerdings hat der Gedanke der Wertvindikation namhafte Befürworter gefunden (WESTERMANN, Sachenrecht [5. Aufl 1966] § 30 V 3; WESTERMANN/PINGER, Sachenrecht I § 30 V 3; EICHLER, Institutionen des Sachenrechts I [1954] 84 f, II/1 [1957] 216; NEMELKA 179; KASER AcP 143 [1937] 1, 15 ff; SIMITIS AcP 159 [1960/61] 406, 459 ff). Der Grundgedanke der Lehre von der Wertvindikation hat viel für sich: Wenn Geldzeichen nur um des in ihnen verkörperten Geldwerts als Sachen im Verkehr sind, liegt es nahe, auch den Tatbestand fremden und deshalb herauszugebenden Geldes an der Innehabung von fremdem Geldwert und nicht von fremden Geldzeichen zu orientieren. Aber diese funktionelle Betrachtung des Geldwerts fügt sich nur dem Recht der Geldschuld, nicht auch dem Sachenrecht bruchlos ein. Die §§ 985 ff sind auf das Eigentum an individuellen Sachen hin orientiert und nicht auf die Inneha-

kehr (vgl zu den Begriffen PUTZO 1) mehr und mehr neben die Barzahlung getreten. Der Stand der Entwicklung ist eingehend geschildert bei MÜNCH (29 ff) und HELLNER (ZHR 145 [1981] 109 ff). Mit vSTEBUT (Jura 1982, 567) kann konstatiert werden, daß die wirtschaftliche Gleichrangigkeit des unbaren Zahlungsverkehrs neben dem Verkehr mit barem Geld keiner näheren Begründung mehr bedarf. Welche zivilrechtlichen Konsequenzen hieraus zu ziehen sind, ist spätestens seit den 20er Jahren als umstritten zu bezeichnen (vgl einerseits NUSSBAUM, Das Geld 68; andererseits HOENIGER WeltwirtschaftsA 24, 211; ISELE AcP 129 [1928] 129). Die *Erfüllung mit Buchgeld* (Buchgeld und Giralgeld werden hier, was terminologisch umstritten ist, gleichgesetzt; vgl Rn A 28) nimmt bereits so breiten Raum ein, daß vielfach empfohlen wird, das Giralgeld dem Sachgeld in rechtlicher Hinsicht gleichzustellen, und zwar auch hinsichtlich der Erfüllung der Geldschuld (vgl nur FÖGEN 15; MÜNCH 175 ff; SCHLEGELBERGER/HEFERMEHL, HGB⁵ Anh § 361 Rn 1; REINHARDT, Vom Wesen des Geldes und seiner Einführung in die Güterordnung des Privatrechts, in: FS Boehmer [1954] 70 f; ISELE AcP 129 [1928] 185; SIMITIS AcP 159 [1960] 435; vSTEBUT Jura 1982, 568 f; eingehend THYWISSEN BB 1971, 1347; anders die hergebrachte Auffassung; vgl etwa MEYER-CORDING 128 mwNw). Zur grundsätzlichen Bedeutung der Frage im Rahmen des Geldbegriffs vgl Rn A 28. Diese Diskussion um die Geldeigenschaft des Buchgeldes hat wenig Gewinn gebracht. Die Vorstellung, Buchgeld (Giralgeld) müsse als Geld im Rechtssinne anerkannt werden, um der Erfüllung dienen zu können, und die Anerkennung der Erfüllungswirkung schlage sich unmittelbar im Geldbegriff nieder, ist Ausdruck begriffsjuristischer Selbstgenügsamkeit. Die angebliche Modernität des mit ihr verbundenen weiten Geldbegriffs lenkt von der funktionellen Fragestellung ab. Es kommt nicht darauf an, ob Buchgeld „Geld im Rechtssinne" ist, sondern darauf, ob unbare Zahlung „geschuldete Leistung" iS von § 362 Abs 1 ist (richtig PUTZO 69, allerdings mit unzutreffender Berufung auf HELFFERICH 75 ff). In Anlehnung an die Lehre von der Relativität des Geldbegriffs (Rn A 12) hat bereits ISELE (AcP 129 [1928] 183 f) angedeutet, daß nicht eigentlich der Geldbegriff, sondern die *Inhaltsbestimmung der Geldschuld* den Ausschlag geben muß (im Ergebnis aber doch für generelle Gleichsetzung des bargeldlosen Verkehrs mit der Barzahlung im Bereich

---

MÜLLER, Die Bank im Konkurs ihres Kunden (4. Aufl 1991); POLKE, Der Zahlungsverkehr der Banken im In- und mit dem Ausland (1978); PUTZO, Erfüllung mit Buchgeld und die Haftung der Beteiligten wegen ungerechtfertigter Bereicherung (1977); REISER, Fortschreitende Beleglosigkeit im Zahlungsverkehr durch EZÜ- und EZL-Abkommen, WM 1990, 745; RIESENKAMPFF, Der Anspruch des Überweisungsempfängers im Konkurs der Absenderbank, NJW 1976, 321; ROHE, Das Grundrecht auf ein Girokonto – ein Irrweg der Rechtspolitik, ZRP 1995, 260; ROSPATT, Rückgängigmachung irrtümlicher Banküberweisungen, BankArch 1933/34, 499; ders, Unter welchen Voraussetzungen erwächst einem Dritten, zu dessen Gunsten eine Banküberweisung erfolgt, ein Rechtsanspruch gegen die Bank?, BankArch 1933, 320; SCHAUDWET, Bankenkontokorrent

und AGB (1967); UWE H SCHNEIDER, Erster Entwurf für den Vorschlag einer Richtlinie des Rates zur „Transparenz der Konditionen und zur Leistungsfähigkeit der Systeme für grenzüberschreitende Fernzahlungen", WM 1994, 478; SCHOELE, Das Recht der Überweisung (1937); SCHOENLE, Bank- und Börsenrecht (2. Aufl 1976) § 30; SCHÜRMANN, Haftung im mehrgliedrigen bargeldlosen Zahlungsverkehr (1994); SCHWINTOWSKI/SCHÄFER, Bankrecht (1997) § 4; STAUB/CANARIS, HGB Bankvertragsrecht (4. Aufl 1989) Rn 300 ff; vSTEBUT, Geld als Zahlungsmittel und Rechtsbegriff, Jura 1982, 561; STIERLE, Der Bereicherungsausgleich bei fehlerhaften Banküberweisungen (1980); THYWISSEN, Sind Bankguthaben Geld im Rechtssinne?, BB 1971, 1347; WIRTH, Die Rückabwicklung fehlgeschlagener Banküberweisungen (1975).

der Geldschuld Isele AcP 129 [1928] 185). Da die Geldschuld *tatsächlich* auf unterschiedliche Weise, nämlich durch bare oder durch unbare Zahlung, erfüllt werden kann, ist stets zu fragen, ob die geleistete Zahlung *obligationsmäßige Erfüllung* ist. Die Frage stellt sich bei barer Zahlung insoweit nicht, als ein Annahmezwang besteht (dazu Rn C 38), sie stellt sich aber bei der Zahlung mit Buchgeld. Bei der Beurteilung dieser Frage gehen allerdings diejenigen Argumente, die zur Einordnung des Buchgeldes unter einen institutionellen Geldbegriff führen können, doch wieder in die Diskussion ein: Buchgeld ist Verkehrsgeld und erfüllt, ebenso wie das Sachgeld, anerkanntermaßen die Funktion, Geldschulden zu tilgen. Die Frage ist nur, ob und unter welchen Voraussetzungen der Gläubiger die unbare Zahlung zurückweisen kann. Die Zahlung durch Giroüberweisung hat für die Beteiligten nicht nur praktische Vorteile, sondern auch Nachteile (Staub/Canaris, HGB[4] Bankvertragsrecht Rn 303). Einen *allgemeinen Annahmezwang* für Buchgeld kann man aus der Funktion des Buchgelds und des Überweisungsverkehrs auch nach heutiger Anschauung *nicht* herleiten (statt vieler Meyer-Cording 127; Staudinger/Olzen [1995] Vorbem 35 f zu §§ 362 ff; Staub/Canaris, HGB[4] Bankvertragsrecht Rn 466; aM Thywissen BB 1971, 1349 f). Mit anderen Worten: Ein Zwang zur Annahme von Buchgeld kann sich nur aus dem einzelnen Schuldverhältnis ergeben, während der Annahmezwang dem Sachgeld kraft staatlicher Regelung allgemein beigegeben ist.

C 40   **bb)**   Die **Tatbestände** *des bargeldlosen oder bargeldsparenden Zahlungsverkehrs* sind im Hinblick auf die Tilgungswirkung (§§ 362 ff) aus der Sicht des Gläubigers, nicht des Schuldners, zu bestimmen. Durch Zahlung mit Buchgeld erhält der Gläubiger nicht Eigentum an Geldzeichen, sondern eine Gutschrift auf einem ihm zustehenden Konto. Ob der Schuldner diese Gutschrift durch Überweisung (bargeldlose Zahlung) oder durch Barzahlung zugunsten des Kontos (bargeldsparende Zahlung) herbeiführt, ist ohne Belang. In beiden Fällen wird mit Buchgeld gezahlt (vgl auch Esser/Eike Schmidt I/1 § 17 V 1 und Rn C 39). Neben der Einzahlung oder Überweisung auf ein Konto des Gläubigers (Rn C 41 ff) gehört hierher namentlich das Lastschriftverfahren (Rn C 50 f). Zur unterschiedlichen Behandlung der Leistung auf ein Sparkonto statt auf ein Bankkonto des Gläubigers vgl OLG Hamm NJW 1987, 70 f. Bargeldloser bzw bargeldsparender Zahlungsverkehr ist auch die Begleichung einer Geldschuld mittels Scheck (Rn C 55 ff). Als weitere wichtige Form der bargeldsparenden oder bargeldlosen Forderungsbegleichung ist das Akkreditiv zu erwähnen (Rn C 59). Erheblich zugenommen hat seit der Vorauflage die Bedeutung bargeldloser Zahlung mittels Kreditkarte (Rn C 57); völlig neu ist die Entwicklung des Point-of-Sale (POS)-Zahlungsverfahrens (Rn C 54) und des GeldKarte-Systems (Rn C 58).

b)   Einzahlung oder Überweisung auf Girokonto

C 41   Die Einzahlung oder Überweisung auf ein Girokonto ist der Grundfall der Erfüllung einer Geldschuld mit Buchgeld. Die **Bareinzahlung** auf das Gläubigerkonto ist bargeldersparende Zahlung; der Schuldner leistet Sachgeld, der Gläubiger erhält Buchgeld. Die **Banküberweisung** ist bargeldlose Zahlung durch Übertragung von Buchgeld von dem zu belastenden Konto des Überweisenden auf das Konto des Empfängers aufgrund Überweisungsauftrags.

C 42   **aa)**   Die Einzahlung auf das Konto des Gläubigers oder die Banküberweisung ist **nicht Leistung an einen Dritten** iS von § 362 Abs 2, sondern Leistung an den Gläubiger als Inhaber des Kontos; die Bank fungiert nur als Zahlstelle (BGHZ 53, 139, 142; BGH

NJW 1974, 456, 458; Larenz I § 18 II 2; Erman/H P Westermann[9] § 362 Rn 8; BGB-RGRK/
Weber[12] § 362 Rn 20; Staudinger/Olzen [1995] Vorbem 33 zu Rn 362 ff; **aM** wohl Staudinger/
Kaduk[10/11] § 362 Rn 81; RGZ 133, 249, 253; OGHZ 4, 47, 49; OLG Celle OLGE 28, 86, 87).
Anders, wenn das angegebene Konto das eines Dritten ist (BGH WM 1971, 1500).
Keine Leistung an einen Dritten liegt vor, wenn das Konto des richtig bezeichneten
Empfängers lediglich unrichtig angegeben ist. Stimmen Name und Kontonummer
nicht überein, so ist für die Bank der Name entscheidend (BGHZ 108, 386, 390 f; BGH
NJW 1991, 3208 mwNw), und die fehlgeleitete Gutschrift auf dem Konto eines Dritten
unterliegt dem Stornorecht der Bank (so zB Nr 8 Abs 1 AGB-Banken 1993; OLG
München WM 1971, 264; NJW 1950, 188, 189; Staub/Canaris, HGB[4] Bankvertragsrecht Rn 331;
Schlegelberger/Hefermehl, HGB[5] Anh § 365 Rn 92; krit aber Hellner ZHR 145 [1981] 129 ff;
Hadding/Häuser ZHR 145 [1981] 144 f). Nach Nr 11 Abs 2 AGB-Banken 1993 trifft den
Bankkunden insoweit die Pflicht, seine Aufträge entsprechend klar zu erteilen.
Doch wirkt diese Pflicht nur im Innenverhältnis. Kommt es zu einer Fehlüberwei-
sung aufgrund unzutreffender Kontonummer bei richtiger Namensangabe, so hat die
Bank den Auftrag nicht ausgeführt und folglich keinen Aufwendungsersatzanspruch
gegen den Bankkunden (Baumbach/Hopt, HGB AGB-Banken Nr 11 Rn 8). Unter
Umständen kann ein Mitverschulden des Bankkunden gemäß § 254 BGB zu berück-
sichtigen sein (BGH NJW 1991, 2559, 2563). Im Verhältnis zwischen Schuldner und
Gläubiger kann eine Vertrauenshaftung des Gläubigers im Einzelfall, etwa wenn die
falsche Angabe von ihm herrührte, dazu führen, daß der Gläubiger die Buchung auf
dem unrichtigen Konto als Tilgung der Forderung gegen sich gelten lassen muß
(Canaris, in: GroßkommHGB[3] Anh § 357 Rn 246; Staub/Canaris, HGB[4] Bankvertragsrecht
Rn 485).

bb)   α) Umstritten ist, ob die zugunsten eines Gläubigerkontos erbrachte Leistung   **C 43**
Erfüllung (§ 362 Abs 1) **oder Leistung an Erfüllung Statt** ist (§ 364 Abs 1). Die **traditio-
nelle Auffassung** tritt für eine Anwendung des § 364 Abs 1 ein (Staudinger/Kaduk[10/11]
Vorbem 62 zu § 362, § 364 Rn 30 f; Gössmann Rn 5; RG Gruchot 37, 919, 920; RGZ 134, 73, 76;
BGHZ 58, 108, 109; BGH NJW 1953, 897 = JZ 1953, 469 = LM § 364 Nr 1 m Anm Pritsch; WM
1971, 1500; OGHZ 4, 47, 49; 4, 188, 194; OLG Celle OLGE 28, 86, 87; OLG Hamm NJW 1988,
2115; Meyer-Cording 127; Fikentscher, Schuldrecht[8] Rn 217; BGB-RGRK/Weber[12] § 362
Rn 21; Jauernig/Stürner[7] §§ 364, 365 Anm 1 d; Soergel/Zeiss[12] § 362 Rn 4; Staub/Canaris,
HGB[4] Bankvertragsrecht Rn 467; unentschieden Staudinger/Olzen [1995] Vorbem 35 zu
§§ 362 ff). Die Befreiung des Schuldners hängt dann von der Einwilligung oder
Genehmigung durch den Gläubiger ab (so auch, in Anwendung von § 362 Abs 2, RGZ 133,
249, 253). Die nach § 364 Abs 1 erforderliche Zustimmung des Gläubigers kann aber
bereits in der Angabe einer Kontonummer auf Briefbögen, Rechnungen etc (RG
Recht 1924 Nr 384; BGHZ 98, 29, 30 = NJW 1986, 2428, 2429; BGH NJW 1953, 897 = JZ 1953, 469
= LM § 364 Nr 1 m Anm Pritsch; OGHZ 4, 47, 49; 4, 188, 194) oder in der widerspruchslosen
Hinnahme bargeldloser Zahlungen auf das Konto liegen (RGZ 99, 257, 258; BGH WM
1955, 1473, 1476; OLG Hamburg HansRZ 1925, 440, 442). Überblick: Esser/Eike Schmidt
I/1 § 17 V; Kümpel Rn 4.11; Schlegelberger/Hefermehl, HGB[5] Anh § 365
Rn 102. Die bloße Eröffnung eines Kontos ohne Mitteilung an den Schuldner ist
noch kein Einverständnis mit der unbaren Zahlung auf dieses Konto (BGH NJW 1953,
897 = JZ 1953, 469 = LM § 364 Nr 3 m Anm Pritsch; BGB-RGRK/Weber[12] § 362 Rn 21; Staub/
Canaris, HGB[4] Bankvertragsrecht Rn 470; Joost/Dikomey JuS 1988, 106; **aM** vCaemmerer JZ
1953, 446; Isele AcP 121 [1928] 165; Esser/Eike Schmidt § 17 V 1; vgl auch LG Berlin JW 1916,
978).

C 44 β)   Nach einer **Gegenansicht** ist die Begleichung der Geldschuld mit Buchgeld Erfüllung, nicht also eine andere als die geschuldete Leistung (SCHOELE 240 ff; HELBIG, Die Giroüberweisung [Diss Gent 1970] 85 ff; GERNHUBER § 11 I 2; LARENZ I § 12 III Fn 15; § 18 IV; MEDICUS, Schuldrecht I § 18 II 3 b; MÜNCH 210 ff; SCHÖNLE § 32 I; SCHWINTOWSKI/SCHÄFER § 4 Rn 135; ERMAN/H P WESTERMANN[9] § 362 Rn 8; MünchKommBGB/HEINRICHS[3] § 362 Rn 22; PALANDT/HEINRICHS[55] § 362 Rn 9; ISELE AcP 129 [1928] 165; SIMITIS AcP 159 [1960] 449 ff; SCHÜTZ AcP 160 [1961] 25; KARSTEN SCHMIDT JuS 1984, 743; s auch BernerKomm/ROLF H WEBER Art 84 OR Rn 167). Das UNCITRAL-Modellgesetz über den internationalen Überweisungs- verkehr sieht in seinem Art 11 Abs 1 ausdrücklich eine echte Erfüllungswirkung der Zahlung durch Überweisung vor (vgl dazu UWE H SCHNEIDER WM 1989, 293). Der *Bun- desgerichtshof* hat die Frage, ob unbare Zahlung Erfüllung oder Leistung an Erfül- lungs Statt ist, in jüngerer Zeit offen gelassen (BGHZ 87, 156, 163 = NJW 1983, 1605, 1606; 98, 24, 30 = NJW 1986, 2428, 2429; ebenso CLAUSSEN § 7 Rn 20). Er verlangt jedoch in stän- diger Rechtsprechung ein Einverständnis des Geldgläubigers mit der unbaren Zah- lung (BGHZ 87, 156, 163 = NJW 1983, 1605, 1606; 98, 24, 30 = NJW 1986, 2428, 2429; BGH WM 1985, 826; ganz ähnlich zB OLG Hamm NJW 1987, 70; LG Wuppertal NJW-RR 1995, 178, 179; KÜMPEL Rn 4.13; JOOST/DIKOMEY JuS 1988, 106; KRAUSE JuS 1991, 103 f).

C 45 **Stellungnahme**: Das Problem ist in dogmatischer Hinsicht ein solches des Geldschuld- begriffs und des Inhalts der geschuldeten Leistung. In praktischer Hinsicht besteht die Frage in der richtigen Verteilung von Regel und Ausnahme (ähnlich ISELE AcP 129 [1928] 165): Bedarf (und wann bedarf ggf) die unbare Zahlung der Zustimmung des Gläubigers? In rechtlicher Hinsicht konzentriert sich das Problem, wie bei Rn C 39 bemerkt, nicht auf die Frage, ob Buchgeld Geld ist, sondern auf die Frage, ob die Verschaffung von Buchgeld Bewirkung der geschuldeten Leistung iS von § 362 ist. Das ist keine Frage des Geldbegriffs. Auch wer Buchgeld als Geld im Rechtssinne anerkennt, braucht sich keineswegs für einen allgemeinen Annahmezwang bei Buch- geld auszusprechen (durchaus nicht inkonsequent deshalb SCHLEGELBERGER/HEFERMEHL, HGB[5] Anh § 361 Rn 1 und § 365 HGB Rn 102). Auch wer den Geldcharakter von Buchgeld ablehnt, kann anerkennen, daß die Begleichung von Geldschulden mittels Buchgeld Zahlung ist. Ob diese Zahlung die geschuldete und vom Gläubiger zu akzeptierende Leistungsbewirkung ist, ist damit weder positiv noch negativ entschieden. Es geht bei der Frage, ob die Verschaffung von Buchgeld unter § 362 Abs 1 oder unter § 364 Abs 1 fällt, in erster Linie um die Wahrung berechtigter Gläubigerinteressen (sie werden vernachlässigt bei THYWISSEN BB 1971, 1349). Aber die Anwendung des § 364 Abs 1 beruht auf einer Überbewertung dieser Interessen und ist mit den Anschauungen des Verkehrs nicht vereinbar. Nach der Verkehrsanschauung stehen Barzahlung und unbare Zahlung zueinander nicht, wie zB Zahlung und Befreiung von einer Verbind- lichkeit (BGHZ 15, 154, 157), im Verhältnis der geschuldeten Leistung zur Leistung an Erfüllungs Statt (§§ 362 Abs 1, 364 Abs 1), sondern *es handelt sich um bloße Zah- lungs-(Leistungs-)Modalitäten* (SIMITIS AcP 159 [1960] 449; KARSTEN SCHMIDT JuS 1984, 743). Mindestens für den kaufmännischen Verkehr war dies bereits vor Jahrzehnten anerkannt (vgl RG Recht 1909 Nr 2789; OLG Dresden OLGE 37, 20, 21). Die prinzipielle Gleichwertigkeit einer unbaren Zahlung mit der Barzahlung wird heute im kaufmän- nischen Verkehr schon als Handelsbrauch eingeschätzt (vgl MünchKommBGB/HEIN- RICHS[3] § 362 Rn 21). Mit der Verbreitung der Postscheck- und Girokonten unter Privatleuten hat diese Verkehrsanschauung Allgemeingültigkeit erlangt. Die Rechts- figuren der Wahlschuld, der facultas alternativa (gegen sie eingehend ISELE AcP 129 [1928] 180 f) und der Leistung an Erfüllungs Statt (§ 364 Abs 1) passen nicht auf diese bloße

Modalität der Leistung (Münch 212 ff; Simitis AcP 159 [1960] 449 f). Dieses Umdenken kann nicht ohne Einfluß auf das Zustimmungserfordernis des Gläubigers sein (vgl jetzt auch eingehend Gernhuber § 11 I 2). Wenn nämlich die Art der Übermittlung geschuldeten Geldes dem Schuldner grundsätzlich frei zur Wahl steht (Staudinger/Selb[12] § 270 Rn 7; für Bargeld RG LZ 1913, 380 = Recht 1913 Nr 915), dann hat dies im Grundsatz auch für die Frage, ob das Geld bar oder unbar übermittelt wird, zu gelten. Der hM ist zwar darin zuzustimmen, daß nicht jede Überweisung auf ein dem Schuldner bekanntes Girokonto des Gläubigers befreiende Wirkung hat (BGH NJW 1953, 897; OLG Hamm NJW 1988, 2115; OLG Köln NJW-RR 1991, 50; tendenziell aM Esser/Eike Schmidt I/1 § 17 V). Aber Regel und Ausnahme kehren sich um (in gleicher Richtung jetzt eingehend Gernhuber § 11 I 2; Münch 210). Im Gegensatz zu § 364 Abs 1 bedarf es nicht eines – vom Schuldner im Streitfall zu beweisenden – besonderen Einverständnisses des Gläubigers. Dies wird zu einer **schuldnerfreundlichen Lösung** führen: Hat der Schuldner den Betrag auf ein dem Gläubiger zustehendes Konto eingezahlt oder überwiesen, so ist dies als eine Bewirkung der geschuldeten Leistung anzusehen, sofern nicht eine andere Art der Zahlung vereinbart oder die gewählte Zahlungsart im Einzelfall für den Schuldner erkennbar mit den Gläubigerinteressen unvereinbar ist (Rn C 46 f).

cc)   Die Modalitäten der geschuldeten Zahlung können sich zunächst aus den **Abre-** **C 46** **den der Parteien** ergeben (wie hier jetzt Münch 210). Ist *Zahlung auf ein bestimmtes Konto* vereinbart, so muß und kann der Schuldner vereinbarungsgemäß leisten. Die Leistung von Buchgeld ist dann die geschuldete Leistung (insoweit übereinstimmend auch BGB-RGRK/Weber[12] § 362 Rn 20 mwNw). Ob hierfür die *Kontenangabe auf Briefbögen* genügt (so BGB-RGRK/Weber[12] aaO), kann nicht generell beantwortet werden, sondern bestimmt sich nach § 157 (Staub/Canaris, HGB[4] Bankvertragsrecht Rn 468). Es versteht sich aber, daß der Schuldner idR auf ein in Briefen, Rechnungen etc angegebenes Konto mit befreiender Wirkung zahlen kann (BGHZ 98, 24, 30 = NJW 1986, 2428, 2429; Kümpel Rn 4.13). Ist Zahlung auf ein bestimmtes Konto vereinbart, so genügt die Gutschrift auf einem anderen Konto nicht (BGH NJW 1985, 2700 = ZIP 1985, 857; Erman/Westermann[9] § 362 Rn 8). Die Forderungstilgung durch Überweisung ist eindeutig ausgeschlossen, wenn ausdrücklich oder den erkennbaren Umständen nach *Barzahlung* vereinbart ist (KG JW 1925, 647). Aber nicht jede Barzahlungsklausel macht eine Forderungstilgung durch Überweisung unzulässig; es kommt auf den durch Auslegung zu ermittelnden Sinn und Zweck der Klausel an (KG JW 1933, 1468; Staub/Canaris, HGB[4] Bankvertragsrecht Rn 469; Schlegelberger/Hefermehl, HGB[5] Anh § 365 Rn 103; Isele AcP 129 [1928] 169). Die Barzahlungsklausel kann die Bedeutung haben, daß lediglich die Verrechnung oder Hingabe eines Schecks, nicht aber die Bereitstellung von Buchgeld ausgeschlossen sein soll (OLG Hamburg HansRZ 1925, 440). „Netto Kasse" bedeutet nicht notwendig Barzahlung, sondern nur Ausschluß eines Skontoabzugs. Bei Rechtsgeschäften des täglichen Lebens wie alltäglichen Kauf-, Beförderungs- oder sonstigen Werk- bzw Dienstverträgen des Alltags kann regelmäßig Barzahlung als vertraglich vereinbart gelten (Isele AcP 129 [1928] 169). Auch für die Begleichung von Geldschulden im Rahmen gesetzlicher Schuldverhältnisse können Gläubiger und Schuldner Vereinbarungen über die Zahlungsart treffen. Regelmäßig wird es sich hier indes nicht um verbindliche Abreden handeln, sondern um einseitige, vom Schuldner nur zur Kenntnis genommene Weisungen des Gläubigers (dazu Rn C 47). Haben die Parteien Scheckzahlung vereinbart, so führt die Überweisung der Schuldsumme auf ein dem Gläubiger nicht genehmes Konto nicht zur Tilgung der Schuld (LG Wuppertal NJW-RR 1995, 178). *Fehlt es an einer Abrede* über die Art der Erfüllung und hat der Gläubiger nicht um eine bestimmte Art der Zahlung gebeten, so steht dem Schuldner die Erfüllung in bar oder die Überweisung im Grundsatz zur Wahl. Mehr und mehr setzt sich jedoch eine Verkehrssitte (§ 157 BGB) bzw ein Handelsbrauch (§ 346 HGB) durch, wonach bei bedeutsameren Geschäften, die nicht Handgeschäfte sind, unbar zu leisten ist (MÜNCH 184, 210). Die herrschende, von CANARIS (STAUB/CANARIS, HGB[4] Bankvertragsrecht Rn 470) ausführlich begründete Auffassung verlangt aber grundsätzlich noch ein Einverständnis des Gläubigers mit der Überweisung auf das betreffende Konto (vgl nur BGH NJW 1953, 897; OLG Hamm NJW 1988, 2115, 2116; STAUB/CANARIS aaO; MEYER-CORDING 127 f; SCHLEGELBERGER/HEFERMEHL, HGB[5] Anh § 365 Rn 102; ERMAN/H P WESTERMANN[9] § 362 Rn 8; STAUDINGER/OLZEN [1995] Vorbem 37 zu §§ 362 ff; **aM** SCHÖNLE § 32 I; BÄRMANN/BRINK, Europäisches Geld-, Bank- und Börsenrecht I [1974] Rn 252). Eine Selbstverständlichkeit ist dies für diejenige Auffassung, die in der Überweisung eine Leistung an Erfüllungs Statt und keine Erfüllung sieht. Erkennt man dagegen mit der hier vertretenen Meinung in der Überweisung eine bloße Modalität der Erfüllung und lehnt man bei der Anwendung des § 362 die Vertragstheorie ab (Überblick bei ERMAN/H P WESTERMANN[9] § 362 Rn 2; STAUDINGER/OLZEN [1995] Vorbem 9 zu §§ 362 ff), so kommt es nur noch darauf an, ob die Erfüllung obligationsmäßig ist (Rn C 40). Da die Zahlung mit Buchgeld keinem allgemeinen gesetzlichen Annahmezwang unterliegt (Rn C 39), steht fest, daß der Gläubiger auf einer bestimmten Zahlungsart bestehen kann. Soweit er nicht vertraglich an eine bestimmte Zahlungsart gebunden ist, kann er bis zur Leistungsbewirkung Weisungen über die Zahlungsart an den Schuldner geben. Bare Zahlung kann er zwar nicht zurückweisen, soweit nicht eine Abrede (Rn C 46) oder die Verkehrssitte (§ 157) den Schuldner zur Überweisung anhält. Wohl aber kann der Gläubiger die Überweisung überhaupt oder die Überweisung auf ein bestimmtes Konto untersagen (ähnlich ISELE AcP 129 [1928] 165; MünchKommBGB/vMAYDELL[3] § 244 Rn 7). Hat er dies nicht getan, aber auch kein Überweisungskonto genannt, so ist nach hM eine befreiende Überweisung auf ein dem Schuldner bekanntes Konto nicht möglich (RG Gruchot 37, 919 = JW 1892, 483; BGH NJW 1953, 897; OLG Hamm NJW 1988, 2125; OLG Köln NJW-RR 1991, 50; STAUB/CANARIS, HGB[4] Bankvertragsrecht Rn 470 mwNw). Es ist nach dieser Auffassung Sache des Schuldners, das Einverständnis des Gläubigers einzuholen. Geht der Betrag auf einem dem Gläubiger unerwünschten Konto ein, so erwächst diesem hieraus allein zwar kein Zurückweisungsrecht gegenüber der gutschreibenden Bank (BGH NJW 1990, 323 = WM 1989, 1560; BGHZ 128, 135 = NJW 1995, 520 = WM 1995, 149 = ZIP 1995, 149; sehr str; **aM** zB STAUB/CANARIS, HGB[4] Bankvertragsrecht Rn 473; CANARIS ZIP 1986, 1025 f; HÄUSER, Das Zurückweisungsrecht des Empfängers einer „aufgedrängten" Gutschrift, in: WM-FG Hellner [1994] 15 f). Aber gegenüber dem Schuldner braucht er die Zahlung nicht als Erfüllung zu akzeptieren. Hatte dagegen der Gläubiger ein Konto angegeben, so wird der Schuldner durch Überweisung und Gutschrift auf diesem Konto auch dann frei, wenn der Gläubiger nicht mehr Inhaber des Kontos ist und sich die Empfangsbank ohne Empfängerprüfung nur nach der Kontonummer gerichtet hatte (BFH WM 1988, 252, 253; FG Baden-Württemberg ZIP 1984, 305; s auch zu den Konsequenzen im Innenverhältnis OLG Köln WM 1990, 1963). Diese hM hat gute Gründe der Interessenabwägung für sich. Der Gläubiger, nicht der Schuldner, bestimmt die Zahlstelle, bei der er die unbare Zahlung anzunehmen bereit ist. Die allgemeine Verbreitung der unbaren Zahlung ist auch für sich allein noch kein Grund, diese hM für überholt zu erklären. Obligationsmäßige Erfüllung besteht bei der Geldschuld in einer Leistung, die grundsätzlich unabhängig von den Modalitäten der Leistung als „gleich gut" angesehen wird. Girokonten von Gläubigern sind nicht immer „gleich gut". Die Frage ist nur, ob dieses Risiko dem Schuldner aufgeladen und ob der Gläubiger instand gesetzt werden soll, sich auf fehlendes Einverständnis zu berufen, wenn sich die Überweisung nachträglich als unvorteilhaft herausstellt. Die Zahlungspraxis sollte sich weiterhin auf die Lösung der hM einrichten. Aus dem zuletzt genannten Grund sprechen aber gravierende – wohl sogar überwiegende – Gründe für **folgende dem Schuldner günstigere Lösung**:

Bei Fehlen einer entgegenstehenden Vereinbarung oder Weisung setzt die **Existenz C 47 eines für die Entgegennahme derartiger Zahlungen nicht erkennbar ungeeigneten Gläubigerkontos** den Schuldner grundsätzlich instand, befreiend durch Einzahlung oder Überweisung auf dieses Konto zu leisten (so im Ergebnis namentlich vCAEMMERER JZ 1953, 447 f; in gleicher Richtung GERNHUBER § 11 I 2 b; MÜNCH 210; BernerKomm/ROLF H WEBER Art 84 OR Rn 166). Die Mitteilung von Kontonummern auf Briefen, Rechnungen etc dient nur der Information des Schuldners über diese Möglichkeit sowie ggf auch die ausdrückliche Gestattung dieser Zahlungsart (vgl insoweit auch BGHZ 98, 24, 30 = NJW 1986, 2428, 2429). Im Einzelfall kann darin zugleich die Weisung zu sehen sein, nur auf dieses Konto zu zahlen. Fehlt eine solche Angabe, so wird sich der Schuldner im eigenen Interesse nach einer Überweisungsmöglichkeit erkundigen. Das Risiko, ob ein Gläubigerkonto (noch) existiert, trägt, sofern nicht den Gläubiger im Einzelfall eine Mitteilungspflicht trifft (Anfrage des Schuldners; laufende Geschäftsverbindung; Vorangabe eines Gläubigerkontos [vgl Rn C 46] etc), der Schuldner. Hatte der Gläubiger ihm ein Konto genannt, so darf er im Vertrauen auf diese Angabe auf das Konto leisten (BFH WM 1988, 252 f; FG Baden-Württemberg ZIP 1984, 305; s auch OLG Köln WM 1990, 1963). Eine Leistung auf gut Glück geht auf Gefahr des zahlenden Schuldners. Kennt dieser aber ein Gläubigerkonto und ist dieses nicht erkennbar ungeeignet für eine obligationsmäßige Zahlung, so wird der Schuldner befreit, gleichgültig woher seine Kenntnis rührt. Demgegenüber verweist die hM auf Fälle, in denen die Bank in Konkurs fällt, oder auf Fälle, in denen das Gläubigerkonto debitorisch, der Eingang auf diesem Konto also unwillkommen ist. Richtig ist, daß die bei Rn C 28 geschilderte Insolvenzrisikoverteilung zwischen Gläubiger und Schuldner erst Geltung verdient, wenn überhaupt durch Überweisung gezahlt werden darf. Aber der Gläubiger hat dieses Risiko für jede eingehende Zahlung im Verhältnis zu seinen Schuldnern auf sich genommen. Auch kann dem Gläubiger, wenn er nichts anderes angeordnet hat, angesonnen werden, die Zahlung auf ein im Debet befindliches Konto als Erfüllung gelten zu lassen (ISELE AcP 129 [1928] 161 f; vgl auch OLG Dresden OLGE 37, 20, 21). Er kann diesen Nachteil oder das Insolvenzrisiko durch *Weisung an den Schuldner* von sich abwenden. Ist die Schuld bereits erfüllbar (§ 271 Abs 1), so trägt der Gläubiger, wenn er einen bestimmten Zahlungsweg anordnen will, das Risiko rechtzeitiger Information des Schuldners (unklar ISELE AcP 129 [1928] 165, der die Ablehnung „bevor noch der Schuldner üblicherweise über seine Zahlungen disponiert" ausreichen läßt). Allerdings können nicht nur Weisungen des Gläubigers, sondern uU *auch sonstige aus Schuldnersicht zumutbarerweise erkennbare Umstände* eine befreiende Überweisung hindern, so das Vorhandensein von Sonderkonten. Im Fall OLG Hamm NJW 1988, 2115 hatte der Schuldner Unterhaltsleistungen auf ein debitorisches Betriebskonto überwiesen, das die Gläubigerin für einen inzwischen wieder eingestellten Trinkhallenbetrieb eingerichtet hatte. Das OLG entschied im Ergebnis richtig, daß diese Zahlung ohne besondere Gestattung nicht befreiend wirkte. Der Gläubiger kann zB auch dann die Überweisung nachträglich zurückweisen, wenn in

Zeiten extremer Inflation selbst kurzfristige Gutschrift des Betrags auf einem Giro-konto einen beträchtlichen Entwertungsschaden erwarten läßt (ISELE AcP 129 [1928] 165 mit Hinweis auf OLG Hamburg HansGZ 1924 H 257; 1925 H 203); jedenfalls kann dann der Gläubiger Schadensersatz wegen positiver Forderungsverletzung verlangen. Ins-gesamt bleibt damit das Risiko für den Schuldner, der sich des Einverständnisses seines Gläubigers nicht versichert hat, beträchtlich. Vermieden wird aber im Gegen-satz zur hM, daß sich der Gläubiger im Nachhinein auf sein fehlendes Einverständnis beruft, um Nachteile von sich abzuwenden, die aus Schuldnersicht nicht ex ante erkennbar waren (debitorischer Kontenstand nach dem Überweisungsauftrag; Insol-venz der Bank nach Gutschrift). Die Streitfrage spielt, soweit ersichtlich, in der forensischen Praxis keine erhebliche Rolle. Da in den wichtigen Fällen der laufenden Geschäftsverbindung die Kenntnis des Schuldners vom Konto nicht auf Zufall, son-dern auf einer Mitteilung des Gläubigers zu beruhen pflegt, wird es nur in Ausnah-mefällen auf die Frage ankommen (Beispiel: Der Vermieter, der bisher nur Empfänger von Geldüberweisungen war, überweist eine zurückzuzahlende Kaution ohne entsprechende Weisung auf das ihm bekannte Konto des Mieters). In diesen Ausnahmefällen nimmt die hier vertretene Auffassung dem Schuldner ein erheb-liches Prozeßrisiko ab und vermeidet Rechtsstreitigkeiten über das Einverständnis des Gläubigers. Umgekehrt kann eine dem Gläubigerinteresse unverkennbar zuwi-derlaufende Überweisung auch dann nicht als Bewirkung der geschuldeten Leistung anerkannt werden, wenn die Überweisung auf ein vom Gläubiger angegebenes Giro-konto erfolgte. Wer etwa auf eine Schuld durch eine Vielzahl geringwertiger Einzel-überweisungen zahlt, ist dem Gläubiger nicht nur zum Schadensersatz verpflichtet (so AG Brilon NJW-RR 1993, 1015), sondern hat, wenn die Buchungskosten die Zahlun-gen zu einem wesentlichen Teil aufzehren, insoweit überhaupt nicht erfüllt.

C 48   **dd) Erfüllungswirkung** tritt im Fall der Banküberweisung mit der Gutschrift, auch ohne Kenntnis des Gläubigers, ein, aber auch erst mit der Gutschrift und nicht schon mit dem Anspruch auf Gutschrift (RGZ 54, 331; 105, 266, 269; 141, 289; BGHZ 6, 121, 122 f; 58, 108, 109; 103, 143, 147; BGH BB 1971, 147, 148; WM 1982, 291, 293; OLG Hamburg HansRZ 1924, 142; CLAUSSEN § 7 Rn 20; SCHÖNLE § 32 I; STAUB/CANARIS, HGB[4] Bankvertragsrecht Rn 419, 476; GERNHUBER § 11 I 4; KÜMPEL Rn 4.31; SCHLEGELBERGER/HEFERMEHL, HGB[5] Anh § 365 Rn 105; PALANDT/HEINRICHS[56] § 362 Rn 9; BGB-RGRK/WEBER[12] § 362 Rn 22; Münch-KommBGB/HEINRICHS[3] § 362 Rn 23; STAUDINGER/OLZEN [1995] Vorbem 39 zu §§ 362 ff; GÖSS-MANN Rn 21; MÜNCH 211; vCAEMMERER JZ 1953, 447; aM SCHÜTZ AcP 160 [1961] 18–28). Auch § 224 Abs 2 Nr 2 AO stellt bei der Erfüllung im bargeldlosen Zahlungsverkehr auf den Zeitpunkt der Gutschrift ab. Mit der Gutschrift erlangt der Empfänger einen unmittelbaren Auszahlungsanspruch gegen die Bank (BGHZ 103, 143, 146). Die bank-rechtlichen, also das Giroverhältnis betreffenden, Grundlagen des Anspruchs auf Gutschrift und des Wirksamwerdens der Gutschrift finden sich mwNw dargestellt bei STAUB/CANARIS, HGB[4] Bankvertragsrecht Rn 410–425 sowie bei HADDING/HÄU-SER ZHR 145 (1981) 158 ff; vgl auch BAUMBACH/HOPT, HGB BankGesch (Anh 7) Rn C 13 f; s auch KOLLER BB 1972, 687 ff. Nicht unmißverständlich heißt es bei BGH WM 1996, 438, daß der eingegangene Betrag „zur freien Verfügung" überwie-sen sein muß; damit ist nur gesagt, daß die Zuwendung endgültig sein muß, nicht auch, daß das Konto nicht debitorisch sein darf. Die Erfüllungswirkung ist endgültig. Sie kann nicht, wie DIETRICH (AcP 170 [1970] 545) meint, dadurch rückgängig gemacht werden, daß etwa der Gläubiger noch von einer vor der Erfüllung vorhandenen Aufrechnungsbefugnis Gebrauch macht und das nun nachträglich rechtsgrundlos

Erlangte dem Schuldner zurücküberweist (dagegen auch LARENZ I § 18 VI 4 d). Keine Erfüllungswirkung hat die Überweisung auf ein Konto, auf welches für den Schuldner erkennbar gerade nicht geleistet werden sollte. Nach BGH NJW 1985, 2700 steht aber dann dem Überweisenden ein Bereicherungsanspruch zu, mit dem er dann gegen die fortbestehende Forderung des Überweisungsempfängers aufrechnen kann (zu dieser „Aufdrängung der Erfüllungswirkung" mittels Aufrechnung JOOST/DIKOMEY JuS 1988, 107 f).

ee) Für die **Gefahrtragung** gelten die Ausführungen von Rn C 20 ff. § 270 gilt auch **C 49** für den bargeldlosen Verkehr (vgl nur BGH WM 1982, 291; OLG Köln NJW-RR 1992, 1528; SCHLEGELBERGER/HEFERMEHL, HGB⁵ Anh § 365 Rn 109; KÜMPEL Rn 4.31 ff; ISELE AcP 129 [1928] 173, 175; aM BRODMANN, Die Handelsgeschäfte, in: EhrenbHandB IV/2 231). Die Bestimmung regelt nur die Verlustgefahr (Rn C 23). Der Schuldner trägt auch die Entwertungsgefahr im Fall einer Währungsumstellung (MEYER-CORDING 131 ff; SCHÖNLE § 32 I; SCHLEGELBERGER/HEFERMEHL, HGB⁵ Anh § 365 Rn 111; STAUB/CANARIS, HGB⁴ Bankvertragsrecht Rn 477; vgl auch Rn C 28). Von der Erfüllungswirkung ist auch hier das **Verspätungsrisiko** zu unterscheiden. Dieses Risiko trägt der Gläubiger, wenn die Schuldnerbank rechtzeitig die zur Ausführung des Überweisungsauftrags erforderlichen Maßnahmen getroffen hat (Rn C 26). Zum beleglosen, elektronischen Zahlungsverkehr vgl STAUB/CANARIS, HGB⁴ Bankvertragsrecht Rn 519 ff; STAUDINGER/OLZEN (1995) Vorbem 41 ff zu §§ 362 ff. Zum Bildschirmtext-Verfahren im Zahlungsverkehr vgl STAUB/CANARIS Rn 527 ff.

c) **Lastschriftverfahren***
Das Lastschriftverfahren, von den Spitzenverbänden des Kreditgewerbes einheit- **C 50**

---

* **Schrifttum:** BADDE, Vertrag mit Schutzwirkung für Dritte im Lastschriftverfahren (Diss Münster 1979); BORK, Grundprobleme des Lastschriftverfahrens, JA 1986, 121; BUCHAL, Problematische Urteile zum Lastschriftverkehr, Sparkasse 1978, 24; BUNDSCHUH, Die Widerspruchsfrist im Einzugsermächtigungsverfahren, in: FS Stimpel (1985) 1039; CLAUSSEN, Bank- und Börsenrecht (1996) § 7 Rn 25 ff; DENCK, Der Mißbrauch des Widerspruchsrechts im Lastschriftverfahren, ZHR 144 (1980) 171; ders, Zur Verteidigung der Genehmigungstheorie beim Einzugsermächtigungsverfahren, ZHR 147 (1983) 544; ENGEL, Rechtsprobleme um das Lastschriftverfahren (1966); FALLSCHEER/SCHLEGEL, Das Lastschriftverfahren (1977); FRANKE, Rechtsfragen im Bereich des Lastschriftverfahrens, Betrieb 1973, 1055; FRENZ/WINTERHALDER, Die unberechtigte Rückbelastung von Lastschriften beim Abbuchungsauftragsverfahren, Betrieb 1978, 1821; GERNHUBER, Die Erfüllung und ihre Surrogate (2. Aufl 1994) § 11 II; GÖSSMANN, Recht des Zahlungsverkehrs (2. Aufl 1993); GREGOR, Grundlagen und verfahrenstypische Risiken des Lastschriftverfahrens (Diss Augsburg 1981); HADDING, Zivilrechtliche Beurteilung des Lastschriftverfahrens, in: FS Bärmann (1975) 375; ders, Das Lastschriftverfahren in der Rechtsprechung, WM 1978, 1366; HAHN, Das Zahlungs- und Inkassogeschäft der Banken (1970); HÄUSER, Zur Erfüllung der Geldschuld durch Inkasso einer Einzugsermächtigungslastschrift, WM 1991, 1; HEGEL, Lastschriftverfahren und Widerspruchsrecht, Bank 1981, 611; HOLSCHBACH, Risiken der Forderungseinziehung im Lastschriftverfahren, Betrieb 1977, 1933; JACOB, Die zivilrechtliche Beurteilung des Lastschriftverfahrens (1995); JAKFELD, Zum Risiko des Lastschrifteinzugsverkehrs, ZfKrW 1977, 152; KESSLER, Der Lastschrift-Einzugsverkehr (1966); KÜMPEL, Bank- und Kapitalmarktrecht (1995) Rn 4.149 ff; LÜKE/PHILIPPI, Haftung der einlösenden Bank im Lastschriftverfahren, JuS 1978, 304; MÜTZE, Das Fehlerrisiko im bargeldlosen Zahlungsverkehr (Diss Köln 1980);

lich geregelt durch das **Abkommen über den Lastschriftverkehr** vom 7. 4. 1993 (Text bei
BAUMBACH/HOPT, HGB Anh 10; zur Entwicklung sowie zu Literaturhinweisen für ältere Fassungen
des Abkommens vgl STAUDINGER/KARSTEN SCHMIDT[12] Rn C 50), tritt heute als dritte wichtige
Art des bargeldlosen Zahlungsverkehrs neben Überweisung und Scheckzahlung. Mit
der Überweisung besteht eine Gemeinsamkeit darin, daß Gläubiger und Schuldner
Girokonten unterhalten müssen, aber der Unterschied besteht darin, daß der ein-
zelne Zahlungsvorgang vom Gläubiger und nicht vom Schuldner eingeleitet wird.
Der Schuldner erteilt entweder der Bank einen *Abbuchungsauftrag* oder dem Gläu-
biger eine – nach der Neufassung des Abkommens notwendig schriftliche – *Einzugs-
ermächtigung* (Rn C 52) Höchstrichterliche Rechtsprechung zum Lastschriftverfahren
(Auswahl): BGHZ 69, 82, 186; 72, 343; 74, 300, 309, 352 = JuS 1980, 148 (KARSTEN
SCHMIDT); 79, 381 = BB 1981, 754 = Betrieb 1981, 1083 = ZIP 1981, 489; 95, 103 =
NJW 1985, 2326; 101, 153 = NJW 1987, 2370. Überblick bei BAUMBACH/HOPT,
HGB BankGesch Rn D 1 ff.

C 51 **aa)**   Wegen der Einzelprobleme des Lastschriftverfahrens muß auf das bankrecht-
liche **Schrifttum**, insbes auf STAUB/CANARIS, HGB[4] Bankvertragsrecht Rn 528 ff;
STAUDINGER/MARTINEK (1995) § 675 Rn B 32 ff sowie auf die eingehende Darstel-
lung bei BAUMBACH/HOPT, HGB BankGesch Rn D 1 ff, GERNHUBER § 11 II und bei
JACOB verwiesen werden. Im vorliegenden Zusammenhang geht es nur um die **Leistungsbewirkung durch Lastschriftvollzug**: Die Lastschriftabrede macht die Geldschuld zur Holschuld (BGH VersR 1985, 447, 448; LG Berlin WM 1975, 530, 531 f;
STAUB/CANARIS, HGB[4] Bankvertragsrecht Rn 629; BAUMBACH/HOPT, HGB BankGesch Rn D 22;
STAUDINGER/OLZEN [1995] Vorbem 58 zu §§ 362 ff; GÖSSMANN Rn 121; JACOB 48, 50; HADDING
WM 1978, 1379). Die Geldforderung wird durch die Lastschriftabrede, ähnlich wie bei
einer Leistung erfüllungshalber, einredebehaftet in dem Sinne, daß sich der Gläubi-
ger in erster Linie durch Lastschrifteinzug zu befriedigen hat (vgl STAUB/CANARIS, HGB[4]
Bankvertragsrecht Rn 629). Dem Schuldner ist mit der Lastschriftabrede nicht generell
die Barzahlung oder die Zahlung durch Überweisung untersagt (STAUB/CANARIS, HGB[4]
Bankvertragsrecht Rn 632). Der Lastschrifteinzug bewirkt, wie die Banküberweisung,
eine Erfüllung iS von § 362 Abs 1 (STAUDINGER/MARTINEK [1995] § 675 Rn B 33 nennt § 362
Abs 2), nicht bloß eine Leistung an Erfüllungs Statt (aM STAUB/CANARIS, HGB[4] Bankvertragsrecht Rn 649). Freilich liegt eine Zahlungsmodalität vor, die eine Abrede zwischen
Gläubiger und Schuldner und eine besondere Vollzugshandlung des Gläubigers voraussetzt. Jede Art Lastschrift wird vom Gläubiger bei seiner Bank eingereicht, die
seinem Konto mit dem Vermerk „Eingang vorbehalten" eine Gutschrift erteilt (STAU-

---

OBERMÜLLER, Die Bank im Konkurs ihres
Kunden (2. Aufl 1982) Rn 450 ff; PLEYER-
HOLSCHBACH, Lastschriftverfahren und Mono-
polmißbrauch, Betrieb 1972, 761; POLKE, Der
Zahlungsverkehr der Banken im In- und mit
dem Ausland (1978); PUTZO, Betrug durch Angabe fingierter Forderungen im Lastschrift-Einzugsverkehr, NJW 1978, 689; SANDBERGER,
Grundlagen und Grenzen des Widerspruchsrechts beim Lastschriftverfahren, JZ 1977, 285;
SCHÖNLE, Bank- und Börsenrecht (2. Aufl
1976) § 32 IV; SCHÜRMANN, Haftung im mehr-

gliedrigen bargeldlosen Zahlungsverkehr (1995)
39 ff, 248 ff; SKROTZKI, Lastschriftverfahren
und Insolvenz, KTS 1974, 136; SCHWINTOWSKI/
SCHÄFER, Bankrecht (1997) § 4 Rn 196 ff;
STAUB/CANARIS, HGB Bankvertragsrecht
(4. Aufl 1989) Rn 528 ff; TERPITZ, Lastschriften
ohne Abbuchungsauftrag, NJW 1981, 1649;
VIEHOFF, Automation im Zahlungsverkehr,
ZfKrW 1967, 984; WOLFF, Zahlungsverkehrsabkommen im Kreditgewerbe, in: FS Bärmann
(1975) 1057; ZSCHOCHE, Zur dogmatischen
Einordnung des Lastschriftverfahrens (1981).

DINGER/MARTINEK [1995] § 675 Rn B 33). Man kann die Zahlung durch Lastschrift als „rückläufige Überweisung" bezeichnen (KÜMPEL Rn 4.150; ähnlich STAUDINGER/OLZEN [1995] Vorbem 58 zu §§ 362 ff). Erfüllungswirkung tritt mit der Gutschrift ein, dies aber unter der aufschiebenden Bedingung der Lastschrifteinlösung (näher STAUB/CANARIS, HGB⁴ Bankvertragsrecht Rn 635; STAUDINGER/OLZEN [1995] Vorbem 62 ff zu §§ 362 ff; enger GERNHUBER, § 11 II 2) und beim Einziehungsermächtigungsverfahren unter der auflösenden Bedingung einer Rückbelastung wegen Widerspruchs des Schuldners (STAUB/CANARIS, HGB⁴ Bankvertragsrecht Rn 636; STAUDINGER/MARTINEK [1995] § 675 Rn B 33). Deshalb wird vertreten, daß erst die Genehmigung des Zahlungspflichtigen die Erfüllungswirkung herstellt (JACOB 56 f; wohl auch STAUDINGER/OLZEN [1995] Vorbem 73 zu §§ 362 ff, vgl aber auch Vorbem 75 zu §§ 362 ff).

bb) Im einzelnen ist streng zwischen dem **Einziehungsermächtigungsverfahren** und C 52 dem **Abbuchungsauftragsverfahren** zu unterscheiden (zur Abgrenzung OLG Rostock NJW-RR 1996, 882), wobei alle Lastschriften dem Einzugsermächtigungsverfahren unterworfen werden, die den Vermerk tragen: „Einzugsermächtigung des Zahlungspflichtigen liegt vor" (BGHZ 72, 343, 347; 74, 309, 311 = JuS 1980, 148 [KARSTEN SCHMIDT]; OLG Rostock NJW-RR 1996, 883). Die Rechtsnatur der **Einziehungsermächtigung** ist umstritten (GERNHUBER § 11 II 3; JACOB 21 ff). Nach Auffassung des BGH liegt nicht eine Bevollmächtigung oder Ermächtigung seitens des Schuldners zugrunde (BGHZ 95, 103, 106; 69, 82, 84 f; 74, 300, 304; 74, 309, 312 = JuS 1980, 148 [KARSTEN SCHMIDT]; BGH NJW 1989, 1672, 1673; für eine Ermächtigung aber zB STAUDINGER/MARTINEK [1995] § 675 Rn B 35; Meinungsüberblick bei JACOB 21 ff). Die Schuldnerbank als Zahlstelle handelt vielmehr ausschließlich auf Weisung der Gläubigerbank und erlangt demgemäß nicht ohne weiteres durch die Ausführung des Lastschriftauftrags, sondern erst aufgrund einer Genehmigung des Schuldners gegen diesen einen Aufwendungsersatzanspruch gemäß den §§ 670, 675, der sie zu einer Belastung des Schuldnerkontos berechtigt (zusammenfassend BGH NJW 1989, 1672, 1673; KÜMPEL Rn 4.179). Die Genehmigung kann auch stillschweigend erfolgen, aber dazu genügt nicht die Kenntnisnahme vom Tagesauszug (BGHZ 95, 103, 108; BGH NJW 1985, 2326; GÖSSMANN Rn 145; JACOB 72 ff; KÜMPEL Rn 4.181). Charakteristisch für das Einzugsermächtigungsverfahren ist das Widerspruchsrecht des Schuldners. Nach Abschnitt III Nr 1 des Abkommens über den Lastschriftverkehr (Rn C 50) kann die Zahlstelle (Schuldnerbank) Lastschriften, die auf einer Einziehungsermächtigung beruhen, zurückgeben und deren Wiedervergütung verlangen, wenn der Zahlungspflichtige der Belastung widerspricht (dazu eingehend KÜMPEL Rn 4.175 ff). In diesem Fall hat die Zahlstelle den Widerspruch des Schuldners grundsätzlich ohne Rücksicht darauf zu befolgen, ob der Schuldner im Verhältnis zum Gläubiger zum Widerspruch berechtigt ist (BGHZ 74, 309 = JuS 1980, 148 [KARSTEN SCHMIDT]; OLG Rostock NJW-RR 1996, 882; STAUB/CANARIS, HGB⁴ Bankvertragsrecht Rn 561; STAUDINGER/MARTINEK [1995] § 675 Rn B 36; DENCK ZHR 144 [1980] 176 f; MEDER JuS 1996, 92). Dann trifft die Zahlstelle (Schuldnerbank) eine Schutzpflicht gegenüber dem Gläubiger (sog Vertrag mit Schutzwirkung für Dritte). Sie ist diesem gegenüber gehalten, die unbezahlte Lastschrift alsbald zurückzuleiten (Abschnitt II Nr 1 des Abkommens über den Lastschriftverkehr) und kann dem Gläubiger zum Schadensersatz verpflichtet sein, wenn sie dies unterläßt (BGHZ 69, 82; STAUB/CANARIS, HGB⁴ Bankvertragsrecht Rn 617; KÜMPEL Rn 4.198 ff; krit BADDE 78 ff, 169 ff; HADDING WM 1978, 1374 f; einschränkend auch HELLNER ZHR 145 [1981] 118 ff). Der Widerspruch des Schuldners ist unwiderruflich (BGH NJW 1989, 1672; STAUDINGER/MARTINEK [1995] § 675 Rn B 39). Unwirksam ist der Widerspruch des Schuldners nur, wenn ein evidenter und beweisbarer Rechtsmißbrauch vorliegt (STAUB/CANARIS, HGB⁴ Bankvertragsrecht Rn 562). Dann ist die Zahlstelle nicht nur berechtigt, sondern auch gegenüber dem Gläubiger verpflichtet, den Widerspruch unbeachtet zu lassen (STAUB/CANARIS, HGB⁴ Bankvertragsrecht Rn 618; zu eng DENCK ZHR 144 [1980] 188 im Anschluß an SANDBERGER JZ 1977, 290). In diesem Fall kann der Schuldner auch der Gläubigerbank zum Schadensersatz verpflichtet sein, und zwar sowohl wegen Schutzpflichtverletzung (STAUB/CANARIS, HGB⁴ Bankvertragsrecht Rn 612; aM wegen fehlenden Vertragsverhältnisses BGHZ 69, 186, 187 = NJW 1977, 2210; 74, 300 = NJW 1979, 1652; BGH WM 1979, 831; NJW 1979, 2146 = WM 1979, 994 = JuS 1980, 148 [KARSTEN SCHMIDT]) als auch aus § 826 (eingehend BGHZ 74, 300 = NJW 1979, 1652; BGH WM 1979, 831; NJW 1979, 2146 = WM 1979, 994 = JuS 1980, 148 [KARSTEN SCHMIDT]; STAUB/CANARIS, HGB⁴ Bankvertragsrecht Rn 604 ff; KÜMPEL Rn 4.201; krit JACOB 88 ff). Ein solcher Fall liegt insbesondere bei Lastschriftreiterei vor (vgl BGHZ 74, 309, 315 = JuS 1980, 148 f [KARSTEN SCHMIDT]; STAUB/CANARIS, HGB⁴ Bankvertragsrecht Rn 604; DENCK ZHR 144 [1980] 180), außerdem immer dann, wenn das Lastschriftverfahren, etwa im Vorfeld der Insolvenz, als Kreditmittel in dem Sinne verwendet wird, daß dem Gläubiger auf Bankenrisiko ein Kredit zufließt. Wird die Insolvenz des Gläubigers erst nachträglich bekannt und widerspricht der Schuldner, um sich Einwendungen, Aufrechnungsmöglichkeiten oder Zurückbehaltungsrechte zu erhalten, so ist die Abgrenzung zweifelhaft. BGHZ 74, 300 = NJW 1979, 1652 verfährt hier nach folgendem Grundsatz: „Ein Schuldner, der den Widerspruch zu dem Zwecke einlegt, Zahlungen auf begründete und von seiner Einziehungsermächtigung gedeckte Gläubigeransprüche rückgängig zu machen, die er, wenn er sie überwiesen hätte, durch einen Widerruf der Überweisung nicht mehr hätte rückgängig machen können, nutzt ... die ihm seiner Bank gegenüber zustehende Widerrufsmöglichkeit zweckfremd aus und handelt, wenn er damit vorsätzlich das Ausfallrisiko der ersten Inkassostelle zuschiebt, dieser gegenüber sittenwidrig" (kritisch, weil die Parallele zur Banküberweisung tatsächlich nicht zutreffe, STAUB/CANARIS, HGB⁴ Bankvertragsrecht Rn 605; DENCK ZHR 144 [1980] 182 ff). Auch im Verhältnis zwischen Schuldner und Gläubiger ist nur ein rechtsmißbräuchlicher Widerspruch, nicht jeder Widerspruch gegen eine berechtigterweise ausgestellte Lastschrift, untersagt (STAUB/CANARIS, HGB⁴ Bankvertragsrecht Rn 637 f; str). Nach Abschnitt III Nr 2 des Lastschriftabkommens ist die Rückgabe und Rückrechnung ausgeschlossen, wenn der Zahlungspflichtige nicht binnen sechs Wochen widerspricht. Aber das gilt nur im Verhältnis der Banken untereinander (GÖSSMANN Rn 143; vgl auch STAUDINGER/OLZEN [1995] Vorbem 72 zu §§ 362 ff mwNw). Für den Lastschriftschuldner ergeben sich zeitliche Grenzen aus § 242 BGB. Hat er nach Ablauf von sechs Wochen noch wirksam widersprochen, so muß sich die Schuldnerbank direkt an den Gläubiger halten (KÜMPEL Rn 4.185).

C 53 cc) Anders ist die Rechtslage im **Abbuchungsauftragsverfahren**. Der Abbuchungsauftrag des Schuldners ist eine Weisung an seine Bank, Lastschriften eines bestimmten Gläubigers einzulösen (GÖSSMANN Rn 125; KÜMPEL Rn 4.164). Die Rechtsnatur des Abbuchungsauftrags ist umstritten (eingehend GERNHUBER § 11 II 2). Der BGH sieht ihn nicht als eine Ermächtigung oder Bevollmächtigung zugunsten des Gläubigers an, sondern rechtfertigt die Lastschrift allein mit der der Bank erteilten Weisung (BGHZ 69, 82, 85; 72, 343, 345 f; std Rspr; vgl BGHZ 95, 103, 105 f). Bei diesem Verfahren kann zwar der Abbuchungsauftrag widerrufen werden (vgl im einzelnen STAUB/CANARIS, HGB⁴ Bankvertragsrecht Rn 555), nicht aber gibt es einen Widerspruch nach Einlösung der Lastschrift (BGHZ 72, 343, 345 f = NJW 1979, 542; 79, 381, 385 = ZIP 1981, 489, 490; BGH WM 1978, 819, 820; STAUB/CANARIS, HGB⁴ Bankvertragsrecht Rn 557; GÖSSMANN Rn 151; STAUDINGER/

OLZEN [1995] Vorbem 69 zu §§ 362 ff; STAUDINGER/MARTINEK [1995] § 675 Rn B 41). Mit Einlösung der Lastschrift durch Belastung des Schuldnerkontos tritt im Valutaverhältnis – also im Verhältnis zwischen Gläubiger und Schuldner – Erfüllung ein (KÜMPEL Rn 4.168). Auch einen Regreß der Schuldnerbank gegen die Gläubigerbank gibt es dann nicht (BGHZ 79, 381, 384 = ZIP 1981, 489, 490). Die Weisung der Gläubigerbank an die Schuldnerbank ist allerdings nach BGHZ 79, 381 = ZIP 1981, 489 nur bindend, wenn der Schuldner einen Abbuchungsauftrag erteilt hat und auf seinem Konto Deckung vorhanden ist. Fehlt es am Abbuchungsauftrag oder an der Deckung und wird die Lastschrift deshalb nicht bezahlt, so sendet die Zahlstelle die Lastschrift mit Vorlagevermerk zurück (Abschnitt II Nr 1 des Lastschriftabkommens). Eine verzögerte Rückgabe kann Schadensersatzansprüche der Gläubigerbank begründen (vgl BGH BB 1982, 2133 = Betrieb 1982, 2613 = WM 1982, 1246 = ZIP 1982, 1418). Liegt der Schuldnerbank kein Abbuchungsauftrag vor, ist die in der Übersendung der Lastschrift liegende Weisung nach Auffassung des BGH zwar nicht bindend; sie enthält aber das Auftragsangebot, dennoch die Lastschrift nach Möglichkeit vom Schuldner einzuziehen (vgl auch schon BGHZ 74, 352; JACOB 94; KÜMPEL Rn 4.170; STAUDINGER/MARTINEK [1995] § 675 Rn B 42). Auch wenn in diesem Fall die Schuldnerbank das Konto des Schuldners zunächst belastet, ist das Angebot regelmäßig noch nicht angenommen und die Lastschrift im Verhältnis der Banken zueinander nicht eingelöst, solange der Schuldner der Belastung nicht zustimmt (BGHZ 79, 381 = ZIP 1981, 489 LS 2). Der Einziehungsauftrag ist jedoch mit dem Wirksamwerden der Belastung des Schuldnerkontos angenommen und die Lastschrift eingelöst, wenn aus dem Verhalten der Schuldnerbank zu folgern ist, daß sie aus besonderen Gründen das Risiko einer unwirksamen Belastung des Schuldnerkontos zu übernehmen bereit ist. Dies ist insbes der Fall, wenn sie zur Vereinfachung des Geschäftsbetriebs bei Lastschriften bis zu einem bestimmten Betrag auf die Prüfung, ob ein Abbuchungsauftrag vorliegt, verzichtet (BGHZ 79, 381 = ZIP 1981, 489 in Ergänzung zu BGHZ 74, 352). Mit dem Urteil BGH BB 1982, 2133 = Betrieb 1982, 2613 = WM 1982, 1246 = ZIP 1982, 1418 läßt sich der Standpunkt der Rechtsprechung dahin zusammenfassen, daß der Schuldnerbank die Rückbelastung der Gläubigerbank aufgrund einer Einlösung versagt ist, wenn der Schuldnerbank ein Abbuchungsauftrag vorgelegen oder der Schuldner der Belastung seines Kontos nachträglich zugestimmt oder die Schuldnerbank mit dem Willen gehandelt hatte, die Lastschriften endgültig – ggf auf eigenes – Risiko einzuziehen. Hat die Schuldnerbank eine Rücklastschrift vorgenommen und macht die Gläubigerbank geltend, daß dies aus den angeführten Gründen unzulässig war, so erlegt der BGH die Beweislast der Gläubigerbank auf (Leistungskondiktion).

d) Point of Sale (Electronic Cash)*

Das sog Point-of-Sale-Verfahren ähnelt dem Kreditkartenverfahren (Rn C 57): Der   **C 54** Inhaber einer Scheckkarte oder Kreditkarte mit persönlicher Identitätsnummer bedient sich bei ihm einer meist automatisierten Kasse zum bargeldlosen Bezug von Waren oder Dienstleistungen. Dazu reicht er die Karte einem Vertragsunternehmen

---

* **Schrifttum:** BROCKMEIER, Das POS-System des deutschen Kreditgewerbes (1991); GÖSSMANN, Recht des Zahlungsverkehrs (2. Aufl 1991); HABERKE, Die POS-Systeme der deutschen Kreditwirtschaft, WM-Sonderbeil 1/94; HÄDE, Die Zahlung mit Kredit- oder Scheckkarte, ZBB 1994, 33; KÜMPEL, Bank- und Kapitalmarktrecht (1995) Rn 4.348 ff; MARTINEK, Moderne Vertragstypen III (1993) § 23 VI; SCHUSTER, Revolution des Zahlungsverkehrs durch Automaten (1964).

(zB Warenhaus) ein, das von einem automatisierten Kassenterminal die Zahlungs-
bereitschaft des Kartenausgebers (Kreditinstitut) erfragt und aufgrund einer vom
Karteninhaber erteilten Ermächtigung den Zahlungsbetrag im Wege einer girover-
traglichen Weisung (§ 665 BGB) bei diesem abruft. Die Weisung ist unwiderruflich.
Da der Kartenausgeber (Kreditinstitut) die Zahlung aufgrund einer das Giroverhältnis mit dem Karteninhaber (Bankkunden) betreffenden Weisung (§ 665 BGB) zahlt,
kann er vom Karteninhaber Aufwendungsersatz nach § 667 sowie eine Provision
verlangen (Lastschrift). Es liegt ein Fall der unbaren Zahlung vor, gleichsam ein
Lastschriftverfahren, das vom Gläubiger (Vertragsunternehmen) über eine eigene
elektronische Kasse in die Wege geleitet wird (STAUDINGER/MARTINEK [1995] § 675 Rn B
117). Ähnlich wie bei der Zahlung im Abbuchungsverfahren tritt Erfüllung erst mit
dem Eingang der Schuldsumme beim Gläubiger ein. Das beruht nicht auf § 364
Abs 2 (so aber STAUDINGER/MARTINEK [1995] § 675 Rn B 117), sondern auf der Zahlung mit
Buchgeld: Die Ermächtigung des Gläubigers zum Abruf der Schuldsumme ist nicht
die Übernahme einer Verbindlichkeit erfüllungshalber, wohl aber Bestandteil der
unbaren Zahlung, die erst mit dem Eingang der Schuldsumme vollzogen ist.

e) Zur Leistung erfüllungshalber mittels Scheck und Wechsel*

C 55 Die **Leistung erfüllungshalber** als Mittel unbarer Zahlung erfolgt herkömmlicherweise in erster Linie im Wege der *Leistung mittels Schecks*. Die Scheckbegebung, auch im Fall des Euroschecks mit Scheckkartengarantie, ist nach § 364 Abs 2
im Zweifel Leistung erfüllungshalber (RGZ 78, 137, 142; RG JR 1926 Nr 799 = JW 1926,
2074; BGHZ 44, 178, 179; hM). Für den kartengarantierten Scheck wird dies allerdings
zunehmend bestritten (vgl AG Paderborn MDR 1989, 63; FIKENTSCHER, Schuldrecht[8] Rn 217;
GÖSSMANN Rn 195; differenzierend PALANDT/HEINRICHS[55] § 364 Rn 6; STAUDINGER/OLZEN [1995]
Vorbem 24 zu §§ 362 ff). Auch die *Begebung eines Wechsels* fällt unter § 364 Abs 2 (RGZ
158, 315, 317; BGH LM § 766 Nr 12 = BB 1968, 357, 358 = NJW 1968, 987; KÖHLER WM 1977, 251;
vgl weiter ZÖLLNER § 19 III). Dies gilt allerdings nach § 364 Abs 2 nur im Zweifel. Vor
allem der Streit um die Scheckzahlung bei einem kartengarantierten Scheck steht

---

* **Schrifttum**: ADLER, Die Einwirkung der
Wechselbegebung auf das kausale Schuldver-
hältnis, ZHR 64 (1909) 127; 65 (1909) 141;
BAUMBACH/HEFERMEHL, WG und ScheckG
(18. Aufl 1993); BEZLER, Rechtsfragen der
Scheckkarte (Diss Frankfurt 1972); BUCHMÜL-
LER, Rechtliche Probleme der Scheckkarte,
NJW 1979, 1198; DAMRAU, Probleme der
Scheckkarte, BB 1969, 199; DÜTZ, Rechtliche
Eigenschaften der Scheckkarte, Betrieb 1970,
189; EISEMANN, Grenzen der Scheckkartengarantie, JR 1976, 367; GERNHUBER, Die Erfül-
lung und ihre Surrogate (2. Aufl 1994); GÖSS-
MANN, Recht des Zahlungsverkehrs (2. Aufl
1993); HÄUSER, Die Scheckeinlösung in der
neueren Rechtsprechung, WM 1988, 1505;
HUECK/CANARIS, Recht der Wertpapiere
(12. Aufl 1986); KLAUSING, Zahlung durch
Wechsel und Scheck (1919); KÖHLER, Die Leistung erfüllungshalber, WM 1977, 242; MEDER,
Rechtsfragen des bargeldlosen Zahlungsverkehrs unter besonderer Berücksichtigung der
europäischen Entwicklung, JuS 1996, 89; MÜL-
LER, Die Hingabe erfüllungshalber, SeuffBl 70,
553; PFLÜG, Schecksperre und Handelsbrauch,
ZHR 135 (1971) 1; POLKE, Der Zahlungsverkehr der Banken im In- und mit dem Ausland
(1978); RIEDER, Scheckbestätigung und Schek-
keinlösung, WM 1979, 686; SCHÜTZ, Die Fort-
bildung des Scheckrechts durch die Praxis,
NJW 1968, 721; STAUB/CANARIS, HGB Bankvertragsrecht (4. Aufl 1989) Rn 675 ff; WENT-
ZEL, Das Scheckkartenverfahren der deutschen
Kreditinstitute (1974); ZAHRNT, Die Sicherheit
der Scheckeinlösung (1971); ZÖLLNER, Wertpa-
pierrecht (14. Aufl 1987); ders, Zur rechtlichen
Problematik der Scheckkarte, Betrieb 1968,
559.

deshalb der praxisgerechten Beurteilung von Alltagsgeschäften nicht im Wege: Die Parteien können selbstverständlich vereinbaren, daß statt Geld die Hingabe eines garantierten Schecks geschuldet oder als Leistung an Erfüllungs Statt angenommen wird. Wird wie bei Empfang einer Geldsumme quittiert, so muß dies noch keine Annahme an Erfüllungs Statt sein; es kann immer noch eine Leistung erfüllungshalber vorliegen (RG WarnR 1911 Nr 13; BGB-RGRK/WEBER[12] § 364 Rn 6; STAUDINGER/OLZEN [1995] Vorbem 21 zu §§ 362 ff). Im Einzelfall kann eine Leistung an Erfüllungs Statt vereinbart sein (BGH WM 1959, 1092, 1093) oder eine Schuldumschaffung wie zB bei Hingabe eines Prolongationswechsels gegen Rückgabe eines Wechsels (RGZ 107, 34, 35 f; STAUDINGER/KADUK[12] § 364 Rn 39; differenzierend STAUDINGER/OLZEN [1995] § 364 Rn 53). Kein Fall des § 364 Abs 2 liegt vor, wenn von vornherein nicht Geld, sondern Verschaffung der Wechselforderung geschuldet ist (RG JW 1937, 1485; BGB-RGRK/WEBER[12] § 364 Rn 6). Für die *Rechtzeitigkeit der Zahlung* (vgl zum Verspätungsrisiko Rn C 26) kommt es auf die Zeit der Leistungshandlung an. Die rechtzeitige Übergabe oder Übersendung eines Schecks genügt also, wenn dieser alsbald eingelöst wird (BGHZ 44, 178, 179 f; OLG Karlsruhe NJW 1955, 504, 505; STAUDINGER/OLZEN [1995] Vorbem 25 zu §§ 362 ff; vgl aber STAUB/CANARIS, HGB[4] Bankvertragsrecht Rn 780 und dazu oben Rn C 26). Nach BGH NJW 1969, 875 genügt bereits fristgemäße Absendung (zustimmend GÖSSMANN Rn 198; krit ERMAN/H P WESTERMANN[9] § 364 Rn 10). Der Einlösungszeitpunkt differiert aus banktechnischen Gründen. Es ist hierbei zwischen dem LZB-Abrechnungsverkehr, dem überbetrieblichen Inkasso, dem betrieblichen Inkasso und der Barauszahlung von Schecks zu unterscheiden (GÖSSMANN Rn 202 f). Zum Scheckinkasso vgl im einzelnen KÜMPEL, Bank- und Kapitalmarktrecht (1995) Rn 4.204 ff.

Da die Begebung eines Schecks nur Erfüllungsversuch und keine Erfüllung ist,   **C 56** besteht keine allgemeine Obliegenheit des Gläubigers, einen Scheck anzunehmen (RG Recht 1919 Nr 1050; OLG Braunschweig OLGE 33, 277, 279; OLG Frankfurt NJW 1987, 455; GERNHUBER § 9 I 8; GÖSSMANN Rn 195; aA für Euroschecks bis zur maximalen Garantiesumme ERNST, Wechsel und Scheck im Wettbewerb der Zahlungsmittel [1993] 30 Fn 8; weitere Nachw bei ISELE AcP 129 [1928] 143, 156 ff). Auch einen dahingehenden Handelsbrauch soll es nach STAUB/CANARIS, HGB[4] Bankvertragsrecht Rn 761 nicht geben. Durch Auslegung der Parteierklärungen (RG LZ 1926, 695) oder aus § 242, insbes aus der Übung unter den Parteien (KG OLGE 13, 370), kann sich allerdings ergeben, daß ein guter Scheck im Einzelfall nicht zurückgewiesen werden darf (ISELE AcP 129 [1928] 143; STAUB/CANARIS, HGB[4] Bankvertragsrecht Rn 761). Das wird namentlich für den Scheckkartenscheck gelten (ebenso STAUDINGER/OLZEN [1995] Vorbem 22 zu §§ 362 ff). Hat der Gläubiger den Scheck erfüllungshalber entgegengenommen, so begründet dies eine Einrede gegen die zu tilgende Geldschuld; der Gläubiger hat sich in erster Linie durch Einziehung des Schecks zu befriedigen (RG SeuffA 81 Nr 26; HansRZ 1927, 421, 423; STAUB/CANARIS, HGB[4] Bankvertragsrecht Rn 769). Sinngemäß Gleiches gilt für die Zahlung mittels Wechsels (RGZ 153, 179, 182; BGH WM 1968, 943; HUECK/CANARIS § 17 III 1). Auf einen zweifelhaften Prozeß aus der erfüllungshalber erlangten Forderung gegen einen Dritten braucht sich der Gläubiger dagegen nicht einzulassen (OLG Nürnberg WM 1976, 967, 968). Vgl STAUDINGER/OLZEN (1995) § 364 Rn 21 sowie eingehend STAUDINGER/KADUK[12] § 364 Rn 35 ff; BAUMBACH/HEFERMEHL Einl WG Rn 39; STAUB/CANARIS, HGB[4] Bankvertragsrecht Rn 761 ff. *Erfüllungswirkung* tritt, sofern nicht der Scheck oder Wechsel ausnahmsweise an Erfüllungs Statt genommen wurde, erst im Zeitpunkt der Einlösung ein (vgl RGZ 142, 296, 298; STAUB/CANARIS, HGB[4] Bankvertragsrecht Rn 771; ERMAN/H P WESTERMANN[9] § 364 Rn 10). Gutschrift „Eingang vorbehalten" bei der

Einlösung eines Verrechnungsschecks genügt nicht; Erfüllungswirkung tritt hier erst mit der Honorierung des Schecks ein (ERMAN/H P WESTERMANN[9] § 364 Rn 10; BAUMBACH/ HEFERMEHL Einl ScheckG Rn 19). Von einem *Gefahrübergang mit Begebung des Schecks* (POLKE 180 f) kann nur bei der Scheckbegebung erfüllungshalber gesprochen werden. Was hier als „Gefahrübergang" bezeichnet wird, ist aber nur die Konsequenz daraus, daß der Schuldner den Gläubiger vorrangig auf den Scheck verweisen kann und nicht Gefahr läuft, etwa bei Abhandenkommen des Schecks, doppelt zahlen zu müssen. Nicht in den hier zu behandelnden Zusammenhang gehört der Reisescheck; er dient der Bargeldbeschaffung und nicht der Zahlung (BAUMBACH/HOPT, HGB [29. Aufl 1995] BankGesch Rn E 9).

f) Die Universalkreditkarte*

C 57 Auch das Kreditkartengeschäft funktioniert in der Praxis als bargeldlose Zahlung des Kreditkarteninhabers an das annahmebereite Vertragsunternehmen durch Einschaltung des bezogenen Kreditkartenunternehmens. Darin ähnelt es dem Point-of-Sale-System (dazu Rn C 54). Verschiedentlich wird das Kreditkartengeschäft denn auch als Anweisung iS von § 783 eingeordnet (OLG Karlsruhe Betrieb 1991, 34, 35; LG Berlin NJW 1986, 1939, 1941; STAUB/CANARIS, HGB[4] Bankvertragsrecht Rn 1624; KNAUTH NJW 1983, 1289; aA MARTINEK § 23 II 2 b; STAUDINGER/MARTINEK [1995] § 675 Rn B 96 ff; WELLER 88). Modelltheoretisch liegt dem Kreditkartengeschäft ein Dreipersonensystem zugrunde (Karteninhaber, Kreditkartenunternehmen, Vertragsunternehmen). In der Praxis handelt es sich wegen der zwischengeschalteten Banken meist um ein Sechspersonenverhältnis (KÜMPEL Rn 4.295). Insbesondere die international dominierenden Kreditkartensysteme betreiben das Kreditkartengeschäft nicht selbst, sondern vergeben Lizenzen an Finanzinstitute (eingehend REINFELD WM 1994, 1505 ff). Die Regreßnahme basiert dann auf den §§ 670, 675 (MEDER JuS 1996, 94). Möglich und jedenfalls bei Eurocard richtig ist aber auch die Einordnung als Geschäftsbesorgungsvertrag mit Forderungskauf (BGH NJW 1990, 2880, 2881; OLG Schleswig WM 1991, 453; ECKERT WM 1987, 162; GERNHUBER § 11 III 6; REINFELD WM 1994, 1505 f; eingehend KÜMPEL Rn 4.308 ff; krit MARTINEK § 23 III 1; STAUDINGER/MARTINEK [1995] § 675 Rn B 99 ff; WELLER 94 ff): Der zwischen dem Kreditkartenausgeber und den Vertragsunternehmen geschlossene Rahmenvertrag verpflichtet den Kreditkartenausgeber zum Ankauf der gegen die Kreditkarteninhaber gerichteten Forderungen (vgl zur Annahmepflicht auch STAUDINGER/MARTINEK [1995] § 675 Rn B 106). Mit den Kreditkarteninhabern steht

---

* **Schrifttum**: Custodis, Das Kreditkartenverfahren (1970); DORNER, Das Kreditkartengeschäft (1991); ECKERT, Zivilrechtliche Fragen des Kreditkartengeschäfts, WM 1987, 161; FISCHER, EG-Empfehlungen zum kartengesteuerten Zahlungsverkehr, WM 1989, 397; GERNHUBER, Die Erfüllung und ihre Surrogate (2. Aufl 1994) § 11 III; GÖSSMANN, Recht des Zahlungsverkehrs (2. Aufl 1993); HADDING, Zur Zahlung mittels Universalkreditkarte, in: FS Pleyer (1986) 17; HAEDE, Die Zahlung mit Kredit- und Scheckkarten, ZBB 1994, 33; HAMMANN, Die Universalkreditkarte, ein Mittel des bargeldlosen Zahlungsverkehrs (1991); KÜM-
PEL, Bank- und Kapitalmarktrecht (1995) Rn 4.290 ff; MARTINEK, Moderne Vertragstypen III (1993) § 23; MEDER, Rechtsfragen des bargeldlosen Zahlungsverkehrs unter besonderer Berücksichtigung der europäischen Entwicklung, JuS 1996, 89; METZ, Aktuelle Rechtsfragen der Kreditkartenpraxis, NJW 1991, 2804; REINFELD, Rechtsfragen des Interchange-Kreditkartensystems am Beispiel von VISA und EUROCARD, WM 1994, 1505; WELLER, Das Kreditkartenverfahren (1986); ZAHRNT, Die Kreditkarte unter privatrechtlichen Gesichtspunkten, NJW 1972, 1077.

der Kreditkartenausgeber zugleich in einem Vertragsverhältnis, das ihn verpflichtet, gemäß den Kreditkartenbedingungen die Forderungen der Vertragsunternehmen zu tilgen (eingehend STAUDINGER/MARTINEK [1995] § 675 Rn B 65). Ähnlich wie die Zahlung mittels Wechsel oder Scheck stellt die Verwendung der Kreditkarte nach hM grundsätzlich keine Zahlung, sondern eine Leistung erfüllungshalber dar (LG Düsseldorf NJW-RR 1991, 310, 311 = WM 1991, 1027, 1029; STAUDINGER/OLZEN [1995] Vorbem 54 zu §§ 362 ff; STAUDINGER/MARTINEK [1995] § 675 Rn B 108; aM ECKERT WM 1987, 167). Dem ist unabhängig von der Rechtskonstruktion der Kreditkartenzahlung im Ergebnis zuzustimmen: Zwar handelt es sich nicht um den in § 364 Abs 2 geschilderten Fall, daß der Schuldner eine Verbindlichkeit gegenüber dem Gläubiger eingeht (vgl insofern auch STAUDINGER/MARTINEK [1995] § 675 Rn B 108). Aber sein Gläubiger – also das Vertragsunternehmen des Kreditkartenherausgebers – ist dem Schuldner – also dem Kreditkarteninhaber – gegenüber nicht generell verpflichtet, Leistung mittels Kreditkarte anzunehmen (LG Düsseldorf NJW-RR 1991, 310, 311 = WM 1991, 1027, 1029; HADDING, in: FS Pleyer 24; aM ECKERT WM 1987, 167). Auch wenn durch Kundmachung des Gläubigers oder durch sonstige Vorabreden die Ablehnung eines Kreditkartengeschäfts ausgeschlossen ist, handelt es sich bei dem Kreditkartengebrauch doch nicht um eine Leistung an Erfüllungs Statt. Aus dem Rechtsgeschäft zwischen dem Vertragsunternehmen und dem Karteninhaber (Kauf, Werkvertrag etc) ergibt sich, daß der Karteninhaber zahlen soll und sich hierfür der Kreditkarte lediglich bedient. Gleichgültig also, ob man das Kreditkartengeschäft als Anweisung oder als Forderungskauf konstruiert, tritt doch mangels besonderer Vereinbarung eine Erfüllungswirkung erst ein, wenn dem Vertragsunternehmen das um die Provision des Kreditkartenunternehmens gekürzte Entgelt zugeflossen ist.

g)   Die GeldKarte*
Ab 1997 wird aufgrund der Vereinbarung über das institutsübergreifende System C 58 „GeldKarte" (Abdruck WM 1996, 2353 ff) und der Neufassung der Bedingungen für ec-Karten (Abdruck WM 1996, 2356 ff) die **GeldKarte als weiteres Instrument des bargeldlosen Zahlungsverkehrs** eingeführt. Nach der Neufassung der ec-Kartenbedingungen kann der Bankkunde die Scheckkarte dann neben den bisherigen Zwecken auch verwenden: ohne Einsatz der persönlichen Geheimzahl als GeldKarte zum bargeldlosen Bezahlen an automatisierten Kassen des Handels- und Dienstleistungsbereichs, die als GeldKarten-Terminals gekennzeichnet sind; sowie in Verbindung mit der persönlichen Geheimzahl zum Aufladen der GeldKarte an Ladeterminals, die mit dem GeldKarte-Logo gekennzeichnet sind. Die Geldkarte ist eine mit einem Chip ausgestattete Scheckkarte, mit der der Karteninhaber an GeldKarten-Terminals, die bei Handels- und Dienstleistungsunternehmen eingerichtet werden, bargeldlos zahlen kann. Dazu kann der Karteninhaber die GeldKarte bei einem Kreditinstitut an einem Ladeterminal zu Lasten des auf ihr angegebenen Kontos oder gegen Barzahlung oder zu Lasten eines anderen Kontos aufladen. Die Zahlung mittels GeldKarte erfolgt unter Verwendung eines GeldKarten-Terminals (dh einer für diesen Zweck ausgerüsteten und gekennzeichneten Kasse) des Gläubigers (dh des Handels- oder Dienstleistungsunternehmens, bei dem der Karteninhaber Kunde ist). Mit dem Abschluß eines ordnungsgemäßen Bezahlvorganges erwirbt das Unter-

---

* **Schrifttum:** KÜMPEL, Rechtliche Aspekte der neuen Geldkarte als elektronische Geldbörse, WM 1997, 1037; SCHWOLOW, Die Elektronische Geldbörse, in: FS Horn (1997) 272; PFEIFFER, Die Geldkarte – Ein Problemaufriß, NJW 1997, 1036.

nehmen erfüllungshalber (§ 364 Abs 2) einen Garantieanspruch gegen das kartenausgebende Kreditinstitut, und der auf der Karte gespeicherte Betrag vermindert sich um den Zahlungsbetrag. Die dem GeldKarten-System angeschlossenen Kreditinstitute ermächtigen einander wechselseitig zum Einzug der durch ordnungsgemäßen Gebrauch der GeldKarten an GeldKarten-Terminals begründeten Forderungen mittels Lastschrift im Einziehungsermächtigungsverfahren.

h) Das Akkreditiv*

C 59 Das **Akkreditiv**, vor allem das Dokumentenakkreditiv im Außenhandel, hat neben der *Funktion bargeldloser Zahlung* auch *Sicherungsfunktion*. Akkreditiv und Dokumenteninkasso sind Gegenstand des Bankrechts. Wegen der Einzelheiten ist auf folgende Darstellungen sowie die dort nachgewiesene Spezialliteratur zu verweisen: BAUMBACH/HOPT, HGB (29. Aufl 1995) BankGesch Rn K 1 ff; HEYMANN/HORN, HGB (1990) Anh § 372 Bankgeschäfte IV Rn 20 ff; SCHLEGELBERGER/HEFERMEHL, HGB[5] Anh § 365 Rn 139 ff; STAUB/CANARIS, HGB[4] Bankvertragsrecht Rn 916 ff; KÜMPEL, Bank- und Kapitalmarktrecht (1995) Rn 7.64 ff; LIESECKE, Neue Theorie und Praxis des Dokumentenakkreditivs, WM 1976, 258; ZAHN, Zahlung und Zahlungssicherung im Außenhandel (5. Aufl 1976). Im vorliegenden Zusammenhang interessiert nur die Zahlungsfunktion. Diese besteht darin, daß die Akkreditivbank auf Geheiß des Akkreditiv-Auftraggebers Zahlung an den Begünstigten leistet. Die Frage, ob der Gläubiger diese Form der bargeldlosen Zahlung ablehnen kann, wird sich in der Praxis nicht stellen, weil die Akkreditivstellung üblicherweise aufgrund einer Akkreditivklausel im Grundvertrag (er ist meist *Kaufvertrag*) erfolgt (vgl BAUMBACH/HOPT, HGB [29. Aufl 1995] BankGesch Rn K 25). Einer ausdrücklichen Akkreditivklausel bedarf es dann nicht, wenn sich die Akkreditivabrede im Auslegungswege aus dem Vertrag ergibt (zB aus der Abrede „Kasse gegen Duplikatfrachtbrief"; vgl sinngemäß RGZ 105, 32, 34). Die Eröffnung und Bestätigung des Akkreditivs durch die Akkreditivbank bewirkt ebenso wie die Begebung eines akzeptierten Wechsels regelmäßig noch nicht das Erlöschen der Geldschuld, sondern erfolgt idR nur erfüllungshalber (BGH BB 1956, 546; STAUB/CANARIS, HGB[4] Bankvertragsrecht Rn 1057; hM). Die zu tilgende Kausalforderung wird aber, ähnlich dem Fall der Zahlung mit Wechsel und Scheck (Rn C 55 ff), einredebehaftet. Der Gläubiger muß zunächst Befriedigung aus dem Akkreditiv suchen (STAUB/CANARIS, HGB[4] Bankvertragsrecht Rn 1058). Die Verzögerungsgefahr trägt auch hier der Gläubiger. Es liegt aber kein Gefahrtragungsfall, sondern ein Anwendungsfall des § 278 vor, wenn die Akkreditivbank als Erfüllungsgehilfin des Schuldners die Verzögerung zu vertreten hat; dieses Risiko liegt also beim Schuldner (STAUB/CANARIS, HGB[4] Bankvertragsrecht Rn 1062). Für die Verlustgefahr gilt an sich § 270. CANARIS (STAUB/CANARIS, HGB[4] Bankvertragsrecht Rn 1061) gibt allerdings zu bedenken, daß nach der Eröffnung bzw Bestätigung eines unwiderruflichen Akkreditivs der Erfüllungszeitpunkt vom Verhalten des Gläubigers abzuhängen pflegt.

---

* **Schrifttum**: CLAUSEN, Bank- und Börsenrecht (1996); EISEMANN/SCHÜTZE, Das Dokumenten-Akkreditiv im Internationalen Handelsverkehr (3. Aufl 1989); HORN, Dokumentenakkreditive und Bankgarantien (1977); LÜKKE, Das Dokumentenakkreditiv in Deutschland, Frankreich und der Schweiz (1976); NIELSEN, Grundlagen des Akkreditivgeschäfts (3. Aufl 1989); ders, Neue Richtlinien für Dokumenten-Akkreditive (1994); vWESTPHALEN, Rechtsprobleme der Exportfinanzierung (3. Aufl 1987).

3.   Die Aufrechnung als Erfüllungssurrogat*

Geldforderungen sind Hauptanwendungsfall der Aufrechnung. Das **Merkmal der** C 60
Gleichartigkeit ist bei gegenseitigen Geldschulden grundsätzlich erfüllt. Mit einem
Zahlungsanspruch kann sogar gegen einen Anspruch auf Einwilligung in die Auszahlung eines hinterlegten Betrages aufgerechnet werden (BGH NJW-RR 1989, 173;
Palandt/Heinrichs[55] § 387 Rn 9). *Forderungen gleicher Währung* sind **gleichartig**, Forderungen auf *Geld verschiedener Währungen* sind es nach hM nicht (dazu § 244 Rn 47 ff
mit differenzierenden Ergebnissen; differenzierend auch Gernhuber § 12 III 5). Anders, wenn
durch Ausübung der in § 244 ausgesprochenen Ersetzungsbefugnis die Forderungen
gleichartig geworden sind (näher § 244 Rn 49). *Befreiungsanspruch und Geldforderung*
sind nicht gleichartig (RGZ 158, 6, 10; RG JW 1910, 332; Recht 1915 Nr 2468; BGHZ 25, 1; 29,
337, 343; 47, 157, 166; BGH NJW 1983, 2438 f; ZIP 1987, 1058, 1059; vOlshausen AcP 182 [1982]
254; **aM** Trinkl NJW 1968, 1077; Geissler JuS 1988, 454; zum Anspruch auf Zahlung an einen
Dritten vgl OLG Hamburg MDR 1970, 588; weitere Nachw bei Staudinger/Kaduk[12] § 387 Rn 73).
Der Befreiungsanspruch kann sich indes in einen Zahlungsanspruch verwandeln
(Übergang auf den Gläubiger; Regreßanspruch nach Inanspruchnahme des Befrei-
ungsberechtigten). Er kann also gegen einen Zahlungsanspruch aufrechenbar werden, zB durch Abtretung an den Gläubiger (BGHZ 35, 317, 325; Gerhardt, Der
Befreiungsanspruch [1966] 72 ff). Die Aufrechnungslage tritt dann ex nunc ein. In ähnlich
beschränktem Umfang läßt die hier in der 12. Aufl geteilte herkömmliche Ansicht
eine *Aufrechnung zwischen einer Geldsummenschuld und einer Geldwertschuld* zu
(RGZ 136, 152, 161; BGHZ 27, 123; zu den Begriffen von Geldsummenschuld und Geldwertschuld
vgl Rn C 17, D 42). Gleichartigkeit werde erst hergestellt, wenn die Geldwertschuld
summenmäßig fixiert werde (Palandt/Heinrichs[55] § 387 Rn 9; Soergel/Zeiss[12] § 387 Rn 43;
Larenz I § 18 VI a 2; G und D Reinicke NJW 1959, 361 ff; **aM** Grunsky JuS 1963, 104). Dies
geschehe mit der Aufrechnungserklärung. Die Aufrechnung wirke zwar nach § 389
zurück, aber doch nur zurück auf den Zeitpunkt der Aufrechnungslage. Der Umfang
der Tilgungswirkung bestimme sich wenigstens dann nach dem Zeitpunkt der Aufrechnungserklärung, wenn nur der Aufrechnende und nicht auch der Aufrechnungsgegner zur Aufrechnung berechtigt ist (BGHZ 27, 123 = JZ 1958, 504 m Anm Lehmann; **aM**
Grunsky JuS 1963, 106: Der Aufrechnende dürfe sich den für ihn günstigsten Zeitpunkt aussu-
chen). Dieses Ergebnis beruht auf dem Urteil BGHZ 27, 123 = JZ 1958, 504 m Anm
Lehmann, das allerdings ganz aus der Interessenlage argumentiert und keine
Grundsatzdebatte über Geldsummenschuld und Geldwertschuld enthält. Der Leitsatz des Urteils lautet: „Rechnet der Gläubiger einer Schadensersatzforderung, die
sich im Laufe der Zeit erhöht hat, mit dieser Schadensersatzforderung gegen eine
niedrigere Forderung seines Schuldners auf, dann hat die Aufrechnung jedenfalls
dann, wenn lediglich der Gläubiger aufrechnen konnte, nur zur Folge, daß die Forderungen in demselben Umfange erlöschen, in dem sie sich zur Zeit der Aufrechnungserklärung gedeckt haben." Daß dies auf einer Nicht-Gleichartigkeit von Geldwertschuld (Schadensersatz) und Geldsummenschuld beruht, wird zunehmend
bestritten (Gernhuber § 12 III 4; MünchKommBGB/vFeldmann § 387 Rn 16; Karsten
Schmidt, in: FS Odersky [1996] 692 ff). Um vermeintlichen Folgen der rückwirkenden

---

* **Schrifttum:** Gernhuber, Die Erfüllung und
ihre Surrogate (2. Aufl 1994); Grunsky, Die
Rückwirkung der Aufrechnung, JuS 1963, 102;
G und D Reinicke, Zur Aufrechnung mit und

gegen Schadensersatzforderungen, NJW 1959,
301; Karsten Schmidt, Gleichartigkeit und
Rückwirkung bei der Aufrechnung von Geldschulden, in: FS Odersky (1996) 685.

Aufrechnung auszuweichen, wurde die Gleichartigkeit zweier Geldschulden in Zweifel gezogen. GERNHUBER (aaO) rügt mit Recht eine Verwechselung von Aufrechnungsvoraussetzung und Aufrechnungsfolge. Es geht bei der Frage nicht um die Aufrechnungsvoraussetzungen nach § 387, sondern um deren Folgen nach § 389 (KARSTEN SCHMIDT aaO). Hatte, wie im BGH-Fall, die Geldwertforderung des Schadensersatzgläubigers im Zeitpunkt der Aufrechnungslage einen geringeren Wert als im Zeitpunkt der Aufrechnungserklärung und überdies einen geringeren Wert als die Gegenforderung, so meinte man, die Aufrechnungslage auf den Aufrechnungszeitpunkt verlagern zu müssen, weil die Schadensersatzforderung nicht rückwirkend entfallen und ihr nachträgliches Anwachsen nicht nachträglich ausgeschlossen sein sollte. Richtigerweise aber konnte sich eine solche Folge überhaupt nicht aus § 389 ergeben. Angenommen, der Schaden des Aufrechnenden hätte im Zeitpunkt, da sich Schadensersatzforderung und die sich auf 10 000 DM belaufende Geldsummenforderung des Aufrechnungsgegners gegenüberstanden, gleichfalls 10 000 DM betragen, hätte sich aber nachträglich verdoppelt, so hätte die Aufrechnungsfolge nach dem recht verstandenen § 389 BGB nur darin bestanden, daß die inzwischen auf 20 000 DM angewachsene Schadensersatzforderung in Höhe von 10 000 DM erloschen wäre; sie hätte nicht darin bestanden, daß die Schadensersatzforderung im Zeitpunkt der Aufrechnungslage voll und endgültig erloschen wäre (KARSTEN SCHMIDT, in: FS Odersky [1996] 699). Hätte sich umgekehrt der Schaden zwischen dem Zeitpunkt der Aufrechnungslage und dem Zeitpunkt der Aufrechnungserklärung halbiert, so wäre die Forderung des Aufrechnungsgegners auch nur in Höhe von 5000 DM erloschen, denn § 389 kann nicht dazu führen, daß eine im Aufrechnungszeitpunkt überhaupt nicht mehr bestehende Forderung noch rückwirkend für die Tilgung verwendet wird (so im Ergebnis auch GERNHUBER § 12 III 4). Zur *Aufrechenbarkeit von Herausgabeansprüchen* vgl Rn B 12 und Rn C 3.

IV. Die Geldschuld in Prozeß, Zwangsvollstreckung und Insolvenz*

1. Erkenntnisverfahren

C 61 Für das **Erkenntnisverfahren** sind nur wenige besondere Regeln über die Geldschuld zu beachten.

C 62 a) Die prozessuale Durchsetzung einer Geldforderung erfolgt im **Mahnverfahren** (§§ 688 ff ZPO) oder durch **Klage** (§§ 253 ff, 495 ff, 642 ff ZPO), auch im Urkunden-, Wechsel- und Scheckprozeß (§§ 592 ff ZPO). Für den einstweiligen Rechtsschutz sorgt das **Arrestverfahren** (§§ 916 ff ZPO), ausnahmsweise auch die **einstweilige Verfügung** (§§ 1615 o BGB, 940 ZPO).

C 63 b) Bei Klageerhebung und Tenorierung wirkt sich die **Unterscheidung zwischen Geldforderungen und Individualansprüchen** auf Herausgabe oder Übereignung von Geld aus, denn diese Ansprüche unterliegen unterschiedlichen vollstreckungsrecht-

---

* **Schrifttum:** BAUMBACH/LAUTERBACH/ALBERS/HARTMANN, ZPO (53. Aufl 1995); GERSTENBERG, Der unbezifferte Klageantrag und der Dornröschenschlaf des § 92 II ZPO, NJW 1988, 1352; Münchener Kommentar zur ZPO (1992); ROSENBERG/SCHWAB/GOTTWALD, Zivilprozeßrecht (15. Aufl 1993); STEIN/JONAS, ZPO (21. Aufl 1993/95); THOMAS/PUTZO, ZPO (20. Aufl 1997); ZÖLLER, ZPO (20. Aufl 1997).

lichen Regeln (Rn B 18, C 73). Darüber, daß Ansprüche auf Herausgabe des Erlangten Geldforderungen sein können, vgl Rn C 3.

c) Die **Bestimmtheit des Klagantrags** setzt idR dessen Bezifferung voraus. Die **C 64**
Höhe der eingeklagten Summe gehört regelmäßig zum Gegenstand des erhobenen Anspruchs iS von § 253 Abs 2 Nr 2 ZPO, und zwar bei Geldwertschulden ebenso wie bei Geldsummenschulden. Unzulässig ist zB die Klage auf Schadensersatz schlechthin (BGH WM 1975, 599; BAUMBACH/LAUTERBACH/HARTMANN § 253 Rn 86) oder auf „angemessenen Unterhalt" (OLG Düsseldorf FamRZ 1978, 134). Ein *unbezifferter Klagantrag* wird vom Gesetz ausnahmsweise nach *§ 642 ZPO* zugelassen: Das nichteheliche Kind kann mit der Unterhaltsklage gegen den Vater statt der Verurteilung zur Leistung eines bestimmten Betrages die Verurteilung zur Leistung des Regelunterhalts beantragen. Dieser Antrag ist unbeziffert, aber nicht eigentlich unbestimmt, denn er entspricht dem gesetzlichen Anspruch des minderjährigen nichtehelichen Kindes auf den durch RechtsVO festzusetzenden Regelunterhalt (§ 1615 f). Über diesen gesetzlich geregelten Sonderfall hinaus läßt die *Rechtsprechung* den unbezifferten Klagantrag zu, wo eine Bezifferung und damit das Risiko, zu wenig einzuklagen oder die Kosten einer Teilabweisung zu tragen, dem Kläger nicht zugemutet werden kann (std Rspr seit RGZ 21, 382, 387; BGH NJW 1967, 1420; NJW 1970, 281; OLG Düsseldorf DNotZ 1978, 683; ROSENBERG/SCHWAB/GOTTWALD § 97 II 3 b; MünchKommZPO/LÜKE § 253 Rn 116 ff; eingehend PAWLOWSKI ZZP 82 [1969] 131; abl RÖHL ZZP 85 [1972] 52, 73; 86 [1973] 326; GERSTENBERG NJW 1988, 1352). In diesem Fall genügt es, wenn der Kläger die Höhe der Verurteilung in das Ermessen des Gerichts stellt und die für eine Bezifferung ausschlaggebenden Tatsachen vorträgt (RGZ 21, 382, 387; 140, 211, 213; 141, 304, 305; 165, 289, 298; BGHZ 4, 138, 142 = NJW 1952, 382; BGH NJW 1964, 1797; 1967, 1420; 1970, 281; 1992, 311, 312; WM 1975, 599; LM § 253 ZPO Nr 54 und 59; THOMAS/PUTZO § 253 Rn 12; HUSMANN NJW 1988, 3126; BUTZER MDR 1992, 539). Ob der Kläger einen Mindestbetrag angeben muß, ist str (bejahend PAWLOWSKI NJW 1961, 341; BERG JR 1967, 83; zur Bejahung neigt auch BGHZ 45, 91, 93; NJW 1984, 1807, 1809). BGH LM § 253 ZPO Nr 54 und 59 spricht davon, daß der Kläger "nicht nur die tatsächlichen Feststellungs- und Schätzungsgrundlagen, sondern auch den Größenbereich (bzw die ‚Größenordnung') des geltend gemachten Anspruchs so genau wie möglich anzugeben" hat. Fälle des zulässigerweise unbezifferten Klagantrags sind diejenigen, in denen das Gericht im Rahmen der Leistungsklage rechtsgestaltend die Anspruchshöhe bestimmt (zB §§ 315 Abs 3 S 2, 343), außerdem Fälle, in denen die Anspruchshöhe nach Billigkeit (zB den §§ 847 BGB, 89 b HGB) oder aufgrund richterlicher Schätzung (§ 287 ZPO) festgelegt wird (vgl RGZ 140, 211, 213; 141, 304, 305; 165, 289, 298; BGHZ 4, 138, 142 = NJW 1952, 382; 45, 91, 92 f; BGH NJW 1967, 1420; 1970, 281; ausführlicher Überblick bei BAUMBACH/LAUTERBACH/HARTMANN § 253 Rn 49 ff). Nicht zulässig ist der unbezifferte Klagantrag, wenn der Kläger nur das sich aus einer Beweisaufnahme oder aus einer ihn treffenden Mitverantwortung (§ 254) resultierende Prozeßrisiko vermeiden will (BGH NJW 1967, 1420). Schwierige Probleme werfen die **Rechtsmittel** auf (vgl auch BEHRENS, Die Nachprüfbarkeit richterlicher Ermessensentscheidungen [1979]). Zum *Problem der Beschwer bei unbeziffertem Klagantrag* vgl BGHZ 45, 91; BGH MDR 1978, 44; VersR 1979, 472; OLG Bamberg FamRZ 1967, 334, 335; OLG Oldenburg VersR 1979, 657; eingehend STEIN/JONAS/GRUNSKY Einl vor § 511 Rn 80 ff; ZEUNER, Unbezifferter Klagantrag und Beschwer, in: FS Baur [1981] 741). Da die hM eine bloß materielle Beschwer nicht ausreichen läßt, kann nach ihr die für die Zulässigkeit von Rechtsmitteln erforderliche Beschwer nicht schon darin gesehen werden, daß der dem Kläger zugesprochene Betrag hinter sei-

nen Erwartungen zurückbleibt (BGHZ 45, 91; std Rspr; Nachweise zum Streitstand bei STEIN/JONAS/GRUNSKY aaO). *Eine formelle Beschwer kann sich nur ergeben, wenn der Kläger eine Größenordnung genannt hat und die zugesprochene Summe diese Größenordnung nicht erreicht* (BGHZ 45, 91, 93; BGH MDR 1978, 44; VersR 1979, 472; NJW 1993, 2875, 2876; OLG Bamberg FamRZ 1967, 334, 335; OLG Oldenburg VersR 1979, 657; std Rspr), wobei sich die Mindestsumme nicht aus dem Klagantrag ergeben muß (BGH LM § 511 ZPO Nr 26 = NJW 1971, 40; NJW 1984, 1807, 1809; 1992, 311, 312). Der Umfang der formellen Beschwer, dh die Differenz zwischen Streitwert und zugesprochenem Betrag, kann sich unmittelbar oder mittelbar aus dem Urteil selbst ergeben (LINDACHER AcP 182 [1982] 279). ZEUNER (Unbezifferter Klagantrag und Beschwer, in: FS Baur [1981] 747) hat diese recht formal scheinende hM einer materialen Begründung und einer Korrektur unterzogen: Die Notwendigkeit einer formellen Beschwer sei als Ausdruck des Gedankens zu rechtfertigen, daß sich die Parteien hinsichtlich der Zulässigkeit von Rechtsmitteln regelmäßig an ihren eigenen prozessualen Dispositionen festhalten lassen müssen und daß deshalb bei der Bestimmung der Beschwer von diesen auszugehen sei. Eine solche Disposition könne in der Benennung eines Mindestbetrages liegen. Aber auch unabhängig davon enthalte schon der unbezifferte Klagantrag als solcher eine prozessuale Disposition in diesem Sinne. Überlasse es der Kläger dem Gericht, die Höhe des eingeklagten Anspruchs zu bestimmen, so sei dies keine bedingungslose Unterwerfung unter jede Festlegung. Der unbezifferte Klagantrag gebe dem Gericht nur anheim, die Höhe des Klaganspruchs auf der Grundlage richtiger Tatsachenfeststellungen und richtiger Rechtsanwendung durch fehlerfreie Ermessensausübung oder Schätzung zu bestimmen. Seien diese Voraussetzungen zum Nachteil des Klägers nicht erfüllt, so sei die Bestimmung des Anspruchsbetrages in qualitativer Hinsicht nicht mehr durch die im unbezifferten Klagantrag enthaltene Disposition gedeckt, ohne daß es noch auf eine quantitative Unterschreitung des Klagebegehrens ankomme. Als konsequente Fortsetzung des Prinzips des unbezifferten Klagantrags im Recht der zivilprozessualen Rechtsmittel hat diese Lösung Vernunftgründe für sich. Aber nach dem Prinzip der formellen Beschwer scheinen die Konsequenzen kaum annehmbar. Wer keine Mindestsumme genannt hätte, bräuchte nur noch zu zeigen, daß die zugesprochene Summe aufgrund unrichtiger Tatsachenfeststellung oder Rechtsanwendung zustandegekommen ist und könnte die Berufungssumme durch den in zweiter Instanz gestellten Mindestantrag manipulieren. LINDACHER (AcP 182 [1982] 282) bildet deshalb ZEUNERS Ansatz in dem Sinne fort, daß die „reale Möglichkeit" einer Beschwerquantität, wie sie das Gesetz verlangt, gegeben ist: Es müsse ein Schätz- oder Ermessensfehler solcher Tragweite vorliegen (geltend gemacht werden?), daß „unter Berücksichtigung der Unsicherheitszone einschlägiger Schätzung" nicht auszuschließen ist, daß der Fehler eine Minderverurteilung in Höhe der gesetzlichen Mindestbeschwer bewirkt hat. Das Gesamtmodell ist als Übertragung des Prinzips unbezifferter Anträge auf das Beschwerproblem durchaus stimmig. Es wird sich indessen nicht behaupten, solange die Praxis bei einem Rechtsmittel des Klägers grundsätzlich am strengen Erfordernis der formellen Beschwer festhält (zu diesem Erfordernis vgl BGH NJW 1958, 995, 996; ROSENBERG/SCHWAB/GOTTWALD § 136 II 3 a; STEIN/JONAS/GRUNSKY Allg Einl vor § 511 Rn 78; § 511 a Rn 11; **abl** aber BETTERMANN ZZP 82 [1969] 34 ff; BROX ZZP 81 [1968] 400 ff; OHNDORF, Die Beschwer und die Geltendmachung der Beschwer als Rechtsmittelvoraussetzung im deutschen Zivilprozeß [1972] 97 ff 1; insbes zum unbezifferten Klagantrag 126).

C 65 Die **Verbindung eines bezifferten Klagantrags mit einer Wertsicherungsklausel** ist nur zulässig, wenn sich daraus ein summenmäßig bestimmbarer Titel ergibt; dabei ist ausreichend, aber auch erforderlich, daß die Anspruchshöhe aus den in Antrag und Tenor genannten Angaben mit Hilfe allgemein zugänglicher Hilfsmittel – zB Lebenshaltungskostenindex – ohne weiteres errechnet werden kann (vgl zur Abgrenzung BGH LM § 253 ZPO Nr 49 = MDR 1973, 217; FamRZ 1989, 267; NJW 1993, 324, 325; 1994, 586, 587; OLG Karlsruhe NJW 1969, 1488, 1490; eingehend STEIN/JONAS/MÜNZBERG vor § 704 Rn 153 ff).

d)   **Geldwertforderungen** (Rn C 17) sind bis zu ihrer summenmäßigen Fixierung (Rn **C 66** D 78 ff) noch nicht auf einen bestimmten Betrag konkretisiert. Sie passen sich auch einer Geldentwertung automatisch an. Die Klage aus einer *Geldwertforderung* unterliegt gleichwohl aus prozeßrechtlichen Gründen denselben *Bestimmtheitsanforderungen* wie die Klage aus einer Geldsummenschuld (Rn C 64 f). Deshalb wird die Geldwertforderung ebenso eingeklagt wie eine Geldsummenforderung, ohne sich indessen mit der Klage in eine Geldsummenforderung zu verwandeln (Rn D 83). Nach RG JW 1923, 457 m Anm HENLE unterbricht dann die Klage die Verjährung auch hinsichtlich der weiteren Beträge, soweit die Klage auf vollen Schadensersatz zielte. Veränderungen der Geldwertschuld (auch soweit auf Entwertung des Geldes beruhend) können während eines möglicherweise langwierigen Prozesses durch (evtl wiederholte) *Klagerweiterung* geltend gemacht werden. Zulässig ist aber auch eine *Klaghäufung von Leistungs- und Feststellungsklage*. Es wird etwa bei einem Sachschaden auf Zahlung von... DM und auf Feststellung geklagt, daß der Beklagte dem Kläger allen weiteren (genauer: den durch Teuerung seit ... entstehenden weiteren) Schaden zu ersetzen hat. Eine solche Feststellungsklage bereitet den Boden für eine spätere Zusatzklage. Sie verhindert, daß einer Nachforderung die materielle Rechtskraft des Urteils entgegensteht, und sie erleichtert den Zweitprozeß, indem sie für rechtskräftige Feststellung des Klaggrundes sorgt (über die Anpassung der titulierten Geldforderung an Veränderungen des Geldwerts vgl Rn C 68 ff).

e)   Für **das Zahlungsurteil und seine Rechtskraft** gelten die allgemeinen prozessualen **C 67** Grundsätze. Das Zahlungsurteil muß *summenmäßig bestimmt* sein (vgl zur Bestimmtheit der Zahlungsklage Rn C 64). Verurteilung zur Zahlung der laufenden Miete ist unzulässig (KG HRR 1938 Nr 1197), ebenso die Verurteilung zur Zahlung eines Vermögensbruchteils (STEIN/JONAS/MÜNZBERG vor § 704 Rn 28 mwNw). Das gilt auch bei dem aufgrund einer *Geldwertforderung* ergehenden Zahlungsurteil. Die Verurteilung zur Zahlung einer Verletztenrente nach Maßgabe einer Erwerbsminderung von 40% ist kein zulässiges Leistungsurteil (BGH RzW 1957, 203, 293; ZÖLLER/VOLLKOMMER § 313 Rn 8), ebensowenig die Verurteilung zu Zinsleistungen nach einem variablen, nichtamtlichen Zinssatz (OLG Frankfurt/Main NJW-RR 1992, 684). Wegen des Bestimmtheitserfordernisses führt das Leistungsurteil nach hM zur *„Umwandlung" der Geldwertschuld in eine Geldsummenschuld* (dazu vgl aber Rn D 84). **Dynamisierte Leistungsurteile** sind nach hM unzulässig (OLG Karlsruhe/Freiburg NJW 1969, 1488, 1490; ebenso WIECZOREK, ZPO [2. Aufl 1976] § 323 Anm A I a 1; unentschieden BGH NJW 1973, 1653). Der Bestimmtheitsgrundsatz, auf den man sich hierfür beruft, gibt für diese hM wenig her, denn eine den Bestimmtheitsgrundsatz wahrende Dynamisierung ist bei anderen Titeln anerkannt (Rn C 74). Es wäre etwa möglich, den Beklagten zur Zahlung eines Festbetrags zu verurteilen, der sich automatisch nach Maßgabe des Lebenshaltungskostenindex erhöht. Materiellrechtlich setzt dies selbstverständlich voraus, daß eine Geldwertschuld (oder eine zulässigerweise wertgesicherte Schuld) vorliegt und daß die gewählte Indexierung auch den materiellrechtlich richtigen

Schlüssel für die Anpassung darstellt (dies verneint für die Schmerzensgeldrente BGH NJW 1973, 1653; dazu Rn D 58). Die *prozeßrechtliche Problematik des dynamisierten Leistungsurteils* ist von dieser *materiellrechtlichen Frage* zu unterscheiden (zutreffend BGH NJW 1973, 1653). Paßt sich die Klagforderung als Geldwertschuld kraft Gesetzes dem Geldwert an, so kann dies auch im Prozeß geltend gemacht werden, ohne daß Bedenken aus § 3 WährG bestehen; beruht die Dynamisierung auf einer Anpassungsklausel, so kann zwar § 3 WährG entgegenstehen, doch ist dies eine materiellrechtliche, keine prozessuale Frage: Soweit § 3 WährG entgegensteht, ist die Klage unbegründet, nicht unzulässig. Die Zulassung dynamisierter Leistungsurteile hat in der Praxis wohl nur bei der Verurteilung zu wiederkehrenden Leistungen eine Rolle gespielt (Unterhaltsrente, Schmerzensgeldrente). Gewichtige *praktische Argumente sprechen für die Zulassung solcher Urteile*, sofern die auch für sonstige Titel geltenden Bestimmtheitsanforderungen gewahrt sind (dazu Rn C 74). Die forensische Praxis muß sich indes auf den Standpunkt der hM einrichten. Dieser kann auf dem Gebiet der wiederkehrenden Leistungen mit einer Spezialität der §§ 323, 641 l-t ZPO begründet werden. Die hM verweist den Gläubiger auf diesen – im Fall des § 323 ZPO mühsamen – Weg (deutlich OLG Karlsruhe/Freiburg NJW 1969, 1488, 1490). Insofern liegt die Ablehnung dynamisierter Rentenurteile auf einer Ebene mit der Ablehnung der Unterhaltszusatzklage durch BGHZ 34, 110 = NJW 1961, 872 m krit Anm BROX NJW 1961, 853. Im praktischen Ergebnis wird mit der Ablehnung dynamisierter Leistungsurteile eine gleitende Anpassung ausgeklagter Ansprüche auf wiederkehrende Leistung vermieden. Eine *Nachforderung* kann durch die innere *Rechtskraft des Urteils* ausgeschlossen sein (BGHZ 34, 337; std Rspr; s auch BGH NJW 1979, 720; zur Abgrenzung BGHZ 82, 246 = NJW 1982, 578 = JuS 1982, 628 [KARSTEN SCHMIDT]; str; Nachweise bei BAUMBACH/LAUTERBACH/HARTMANN § 322 Rn 51 ff „Nachforderung"). Vgl zu den prozessualen Problemen der Anpassung titulierter Forderungen sogleich Rn C 68 ff.

C 68 **f)**   Die **Anpassung titulierter Geldforderungen** an die Geldentwertung ist zunächst keine prozessuale, sondern eine materiellrechtliche Frage (dazu Rn D 90 ff). Aber es stellt sich auch die *Frage nach der verfahrensrechtlichen Geltendmachung* des Anpassungsbegehrens. Dabei ist zu unterscheiden:

C 69 **aa)**   Titel, die auf künftig fällig werdende *wiederkehrende Leistungen* gerichtet sind, unterliegen der **Abänderungsklage**, wenn eine wesentliche Änderung derjenigen Verhältnisse eintritt, die für die Verurteilung zur Entrichtung der Leistungen, für die Bestimmung ihrer Höhe oder der Dauer ihrer Entrichtung maßgebend waren (§ 323 ZPO). Änderungen der Kaufkraft sind, sofern „wesentlich" (vgl zu diesem Merkmal MünchKommZPO/GOTTWALD § 323 Rn 51 ff; HUMMEL FamRZ 1972, 124), Änderungen der in § 323 ZPO beschriebenen Verhältnisse (RGZ 114, 188, 192; BGH NJW-RR 1993, 5 = MDR 1993, 54; LG Braunschweig JZ 1951, 271 m Anm HAMELBECK; LG Bonn MDR 1951, 302; LG Frankfurt NJW 1951, 606; LG Hagen MDR 1954, 553; LG Trier FamRZ 1954, 55; LG Tübingen MDR 1955, 112; LG Hof FamRZ 1961, 279; LG Baden-Baden FamRZ 1961, 279; vMAYDELL, Geldschuld 291 ff; ZÖLLER/VOLLKOMMER § 323 Rn 33). Zur Abänderung ausländischer Unterhaltstitel wegen veränderter Umstände vgl eingehend SIEHR, Ausländische Unterhaltsentscheidungen und ihre Abänderung im Inland wegen veränderter Umstände, in: FS Bosch (1976) 927 ff. Spezialvorschriften, in deren Anwendungsbereich die Abänderungsklage mangels Rechtsschutzbedürfnisses unzulässig ist, enthält das **Vereinfachte Verfahren zur Änderung von Unterhaltstiteln über den Unterhalt Minderjähriger** (§§ 641 l ff ZPO). Das Verhältnis zur Abänderungsklage ergibt sich aus § 323

Abs 5 ZPO. Nur in dem dort geregelten Umfang kann der Antragsberechtigte zwischen beiden Rechtsbehelfen wählen (vgl BGH MDR 1982, 1004; Einzelheiten zB bei ZÖLLER/VOLLKOMMER § 323 Rn 49). Die durch die §§ 323, 641 l ff ZPO geschaffene Verfahrensordnung sorgt namentlich dafür, daß eine rückwirkende Anpassung nicht unbegrenzt möglich ist. Nach § 323 Abs 3 ZPO darf das Urteil im Verfahren der Abänderungsklage nur für die Zeit nach Erhebung der Klage abgeändert werden. Nach § 641 p Abs 1 S 2 ZPO darf auch im Vereinfachten Verfahren der Titel nur für die Zeit nach Einreichung oder Anbringung des Antrags abgeändert werden. Eine Nachtragsklage, mit der diese zeitlichen Grenzen durchbrochen werden könnten, ist neben den Verfahren nach den §§ 323, 641 l ff ZPO unzulässig (vgl zur Abgrenzung BGHZ 82, 246 = NJW 1982, 578 = JuS 1982, 628 [KARSTEN SCHMIDT]). Auch § 258 ZPO gibt keine Handhabe für eine von den Voraussetzungen des § 323 ZPO unabhängige Nachtragsklage (BGHZ 34, 110; 82, 246, 252; LG Frankenthal FamRZ 1972, 399; LG Freiburg FamRZ 1972, 397; BAUMBACH/LAUTERBACH/HARTMANN § 258 Rn 5; aM LG Fulda FamRZ 1961, 278; BROX NJW 1961, 853; HABSCHEID FamRZ 1961, 267). Ließe die Praxis *dynamisierte Leistungsurteile* zu, so könnte für Abhilfe im voraus gesorgt werden (vgl zur überwiegenden Ablehnung des dynamisierten Leistungsurteils Rn C 67). In der Zeit galoppierender Inflation hat allerdings das RG eine rückwirkende Aufwertungsklage als Nachtragsklage ohne Beschränkung auf die Grenzen des § 323 ZPO zugelassen (RGZ 114, 188, 192; vgl auch für die Nachtragsklage nach einem Prozeßvergleich die Nachweise bei RGZ 126, 294, 299; ablehnend PAGENSTECHER, Die Einrede der Rechtskraft im Aufwertungsprozeß [1925] 21 ff).

bb) Liegt nicht eine Verurteilung zu wiederkehrenden Leistungen, sondern ein **ein-** C 70 **faches Zahlungsurteil** vor, so stellt sich die Frage nach einer *Nachforderung* im Wege der Leistungsklage. Diese ist teils *materiellrechtliches*, teils *ein prozeßrechtliches* Problem. Die Lehre von der „Umwandlung" der Geldwertforderung durch ein Geldsummenurteil (Rn D 84) muß zu dem Ergebnis gelangen, daß eine titulierte Geldwertforderung die Fähigkeit verliert, sich dem Geldwert anzupassen. Dem ist im Ergebnis zu folgen, nicht aber in der materiellrechtlichen Begründung. Soweit nicht die materielle Rechtskraft des Urteils entgegensteht, ist eine Nachforderung möglich (diesem Ziel dient die bei Rn C 66 besprochene Verbindung von Zahlungsklage und Feststellungsklage). Die *Rechtskraft des Zahlungsurteils* (Rn C 67) kann eine Nachforderung ausschließen. Die objektiven Rechtskraftgrenzen lassen zwar die nachträgliche Geltendmachung von *Schadensposten* zu, *die außerhalb des Streitgegenstandes des Erstprozesses liegen* (vgl BGH MDR 1976, 299). *Ein auf Entwertung beruhender Verzugsschaden* (Rn D 344 ff) kann demnach noch eingeklagt werden (RGZ 109, 345; 113, 53). Unproblematisch ist dies freilich nur, soweit nicht der Verzugsschaden auch bereits Gegenstand des Vorprozesses war. War der Verzugsschaden auch Gegenstand des Vorprozesses, so kann der Geldentwertungsschaden nur noch geltend gemacht werden, soweit er nach der letzten mündlichen Verhandlung in der Tatsacheninstanz eingetreten ist (vgl PAGENSTECHER JW 1925, 2754 f; zur Verzugsschadensklage nach einem Zahlungsurteil vgl aber RGZ 109, 345, 348). Dasselbe gilt für sonstige Fälle, in denen die Geldentwertung Schadensposten ist (Rn D 342 ff). Sehr viel problematischer ist eine Nachforderung, die außerhalb besonderer Schadensersatzansprüche auf die bloße Aufwertung der ausgeklagten Forderung gestützt wird. *Die bloße Tatsache, daß eine Geldwertforderung vorliegt, die sich automatisch jeder Geldwertänderung anpaßt, kann nach wohl richtiger Auffassung nach Rechtskraft des Zahlungsurteils nicht mehr geltend gemacht werden* (im Ergebnis übereinstimmend die Lehre von der „Umwandlung" der Geldwertschuld in eine Geldsummenschuld). Umstritten ist, ob die materielle Rechtskraft eine *Nachforderung nach § 242* hindert. Der allgemeine Grundsatz, daß nur die Teilklage eine Nachforderung offen läßt, während nach einem rechtskräftigen Urteil über den ganzen Anspruch nicht mehr geltend gemacht werden kann, die Forderung sei falsch bemessen, gilt nach einer strengen Auffassung auch hier (PAGENSTECHER, Die Einrede der Rechtskraft im Aufwertungsprozeß [1925] 18 f). Die Rechtskraft des Urteils wirkt in diesen Grenzen nicht nur gegen den Besiegten, sondern auch gegen den Sieger (PAGENSTECHER 121). RGZ 109, 375, 378 sieht die Aufwertungsforderung nicht als ein aliud gegenüber dem Streitgegenstand des Vorprozesses an, sondern als „Nachforderung aus dem gleichen Geschäfte und dem gleichen Grunde". *Trotzdem kann nach ständiger reichsgerichtlicher Praxis die Rechtskraft des Urteils im Vorprozeß eine auf § 242 gestützte Nachforderung nicht hindern* (RGZ 109, 345, 348; 109, 375; 110, 127; 110, 147, 149; 110, 388; 110, 398; 111, 361; 113, 53; 113, 324; 119, 362, 363; 123, 66, 68; 126, 294, 299; vgl auch SEUFFERT/WALSMANN, ZPO [12. Aufl 1932] § 322 Anm 3 b; krit PAGENSTECHER 45 ff; zum Streitstand von 1925 vgl auch die Nachw bei RGZ 109, 375, 376). Diese Auffassung war mühelos begründbar, soweit man den Aufwertungsanspruch als einen neuen zusätzlichen Anspruch im materiellen wie im prozessualen Sinne ansah (RGZ 109, 345, 348). Soweit aber das RG sowohl an der Identität der Forderung als auch an dem Grundsatz der Unabänderlichkeit der rechtskräftig ausgeklagten Forderung festhielt, begründete es seine Auffassung mit der bedenklichen Unterstellung, die Klage im Vorprozeß sei lediglich Teilklage gewesen (abl PAGENSTECHER 72 ff, 93 f). Die Deutung als Teilklage war nichts als eine absichtsvolle Fiktion ex post (deutlich RGZ 110, 147, 148 und dazu PAGENSTECHER 97 f, 109 ff). Im Ergebnis läßt sich der Standpunkt des RG halten, wenn man die Aufwertung nach § 242 rechtsähnlich einer Gesetzesänderung behandelt. Es bedarf dann wohl nicht der Annahme eines Mißbrauchs der Rechtskraft durch den Schuldner, so, wie die Rechtsprechung dem Gläubiger einen Mißbrauch des als unrichtig erkannten Titels untersagt (vgl hierzu BGHZ 13, 71, 72; 26, 391, 396 f; 50, 115, 117; BGH WM 1969, 475; std Rspr; sehr str; Nachweise bei SPELLENBERG JuS 1979, 555); denn es wird nicht die Unrichtigkeit des Leistungsurteils geltend gemacht, sondern der Eintritt veränderter Umstände nach der letzten mündlichen Verhandlung in der Tatsacheninstanz. Auf diesen Zeitraum muß sich die Nachtragsklage beschränken. In diesem Umfang ist sie zulässig. Es liegt ein neuer Streitgegenstand vor.

C 71 Nicht weniger zweifelhaft als die Zulässigkeit der Nachtragsklage wegen Entwertung der rechtskräftig zuerkannten Geldforderung ist auch der *Einfluß der Rechtskraft auf die Vorfragenprüfung im Rahmen der Nachtragsklage.* Nach RGZ 111, 361, 363 kann allerdings auch der Beklagte gegenüber der Nachforderungsklage alle Einwendungen, die durch die materielle Rechtskraft gegenüber dem rechtskräftig zuerkannten Anspruch abgeschnitten sind, geltend machen. Das ist nicht unzweifelhaft, wenn man die objektiven Rechtskraftgrenzen nach Sinnzusammenhängen abgrenzt und sie in diesen Grenzen auf präjudizielle Fragen erstreckt (zu dieser auch in der Rechtsprechung unausgesprochen praktizierten Abgrenzungsmethode vgl grundlegend ZEUNER, Die objektiven Grenzen der Rechtskraft im Rahmen rechtlicher Sinnzusammenhänge [1959]). Das Bestehen der rechtskräftig ausgeklagten Forderung ist unter den Parteien einschließlich der unmittelbar präjudiziellen Vorfragen rechtsverbindlich festgestellt. Nach RGZ 113, 53 soll es nicht genügen, wenn der Gläubiger lediglich unter Bezugnahme auf den Vorprozeß nun auch den Verzugsschaden oder die Aufwertungssumme einklagt (zweifelhaft!). Ist im Vorprozeß das Nichtbestehen oder das Erlöschen des zugrundeliegenden Anspruchs festgestellt worden, so steht die materielle Rechtskraft dieses Urteils auch der Geltendmachung einer Nachforderung wegen Geldentwertung entgegen (RGZ 123, 66, 68).

g) Folgende **prozessrechtliche Einzelfragen aus der Aufwertungspraxis** sind zu **C 72** erwähnen: Der Eintritt der Geldentwertung *wird von Amts wegen berücksichtigt* (RGZ 107, 19, 21; 107, 149, 151; 108, 75, 76; vgl aber zur Vollstreckungsgegenklage RGZ 109, 69). Wird die aufzuwertende Geldschuld eingeklagt, so ist aber selbstverständlich § 308 ZPO zu berücksichtigen. Hinsichtlich des *Zwischenurteils über den Grund* haben RGZ 109, 152, 155 f und 109, 288, 290 daran festgehalten, daß sich das Zwischenurteil nur auf den Anspruch insoweit erstreckt, als er im Zeitpunkt der dem Zwischenurteil zugrundeliegenden mündlichen Verhandlung rechtshängig war. Wird später der Antrag erweitert, so muß er nach diesen Entscheidungen auch dem Grunde nach neu geprüft werden. Hinsichtlich der *Rechtsmittel* im allgemeinen ist zu verweisen auf das Problem der Beschwer bei unbeziffertem Klagantrag (Rn C 64). Für die Revisionsinstanz vgl zur Abgrenzung von Tatfrage und Rechtsfrage bei der Aufwertung von Geldforderungen RGZ 107, 149, 150. Über Fremdwährungsklagen und Fremdwährungsurteile vgl § 244 Rn 103 ff.

2. Einzelzwangsvollstreckung

In der **Einzelzwangsvollstreckung** wird nach der beizutreibenden Forderung und dem **C 73** Gegenstand der Vollstreckung unterschieden.

a) Die **Vollstreckung wegen Geldforderungen** (§§ 803–882 a ZPO) wird von der sog **C 74** Individualvollstreckung (Vollstreckung zur Erwirkung der Herausgabe von Sachen und zur Erwirkung von Handlungen und Unterlassungen) unterschieden (§§ 883–898 ZPO). Der *Anspruch auf Befreiung von einer Geldschuld* ist selbst kein Zahlungsanspruch und wird nach § 887 ZPO vollstreckt (BGH NJW 1958, 497; BAG KTS 1976, 140, 143; STEIN/JONAS/MÜNZBERG vor § 803 Rn 6; MünchKommZPO/SCHILKEN § 887 Rn 3; hM; anders TRINKL NJW 1968, 1077). Ansprüche auf Herausgabe individueller Geldzeichen werden nach § 883 ZPO durchgesetzt, Ansprüche auf Übereignung von Geldzeichen nach den §§ 894, 883 ZPO; sind die Geldzeichen nicht individuell, sondern nur der Art und Menge nach bestimmt, so gilt § 883 Abs 1 ZPO nach § 884 ZPO entsprechend. Echte Herausgabeansprüche im prozessualen Sinne (Rn B 12) und Sachleistungsansprüche (Rn C 4) sind auf dem Gebiet des Geldrechts aber selten. Namentlich die auf die §§ 667, 812 BGB, 384 Abs 2 HGB usw gestützten Ansprüche auf Herausgabe des Erlangten sind in aller Regel Geldforderungen (Rn C 3). Vollstreckungstitel haben in diesen Fällen auf Zahlung, nicht auf Herausgabe zu lauten. Die *Bestimmtheit des Vollstreckungstitels* setzt – ohne Unterschied zwischen den Geldsummenschulden und den Geldwertschulden – voraus, daß die zu zahlende und ggf zu vollstreckende Summe in dem Titel festgelegt oder aus ihm erkennbar ist (eingehend MünchKommZPO/KRÜGER § 704 Rn 9; STEIN/JONAS/MÜNZBERG vor § 704 Rn 28; speziell für Urteile vgl auch bereits Rn C 67). Ein auf den Bundesbankdiskontsatz bezogener oder ein an den Lebenshaltungsindex geknüpfter Titel kann hierfür ausreichen (MünchKommZPO/KRÜGER § 704 Rn 9), nicht aber eine Bindung an nichtamtliche Marktdaten (STEIN/JONAS/MÜNZBERG vor § 704 Rn 38). Zur *Zulässigkeit des sog Bruttolohnurteils* vgl BAGE 15, 227 = NJW 1964, 1338 m krit Anm PUTZO NJW 1964, 1823; BAG WM 1966, 758; 1980, 850, 854; OLG Frankfurt OLGZ 1990, 327 = Betrieb 1990,

Vorbem zu §§ 244 ff   2. Buch

C 75, C 76   1. Abschnitt. Inhalt der Schuldverhältnisse

1291; vBOCKELMANN DGVZ 1970, 6; W MÜLLER Betrieb 1978, 935; gegen die Zulässigkeit LG Frankfurt NJW 1956, 1764; LG Hamburg NJW 1966, 786. Über *Unterhaltsrenten* vgl GÖPPINGER/WAX, Unterhaltsrecht (6. Aufl 1994) Rn 2856 ff. *Dynamisierte Rentenurteile* werden von der hM nicht zugelassen (Rn C 67). Bei *Vollstreckungstiteln nach § 794 Abs 1 Nr 5 ZPO* betont das Gesetz selbst, daß der Titel auf Zahlung einer bestimmten Geldsumme gerichtet sein muß. Der Anspruch muß in der Urkunde selbst beziffert sein oder sich aus den in der Urkunde enthaltenen Angaben mühelos errechnen lassen (BGHZ 22, 54, 57 f; LENT DNotZ 1952, 411). Faktoren, die außerhalb der Urkunde liegen, müssen ausreichen, wenn sie ihrerseits bestimmt und allgemein zugänglich sind. Ausreichend ist nach der Rechtsprechung die Bezugnahme auf den Diskontsatz (BGHZ 22, 54, 61; OLG Düsseldorf Rpfleger 1977, 67) oder auf den Lebenshaltungskostenindex (OLG Düsseldorf NJW 1971, 436, 437). Nicht ausreichend ist die Bezugnahme auf das jeweilige Grundgehalt oder die jeweilige Höchstpension einer bestimmten Gehaltsgruppe (BGHZ 22, 54, 60; OLG Nürnberg NJW 1957, 1286 = DNotZ 1957, 665 m krit Anm HIEBER). Vor allem Wertsicherungsklauseln in vollstreckbaren Urkunden werfen, soweit nach Rn D 218 ff wirksam, das Bestimmtheitsproblem auf (streng BGHZ 22, 54; OLG Nürnberg NJW 1957, 1286; LG Essen NJW 1972, 2050; großzügiger OLG Düsseldorf NJW 1971, 436, 437; LG Göttingen NdsRpfl 1971, 208; eingehend WOLFSTEINER, Die vollstreckbare Urkunde [1978] 67 ff; MünchKommZPO/WOLFSTEINER § 794 Rn 226; STEIN/JONAS/MÜNZBERG vor § 704 Rn 153 ff; MES NJW 1973, 875; MÜMMLER Rpfleger 1973, 124; POHLMANN NJW 1973, 200; AHRENS WM 1980, 749 f). LG Essen NJW 1972, 2050 m Anm POHLMANN NJW 1973, 199 erhält bei zu unbestimmter Wertsicherungsklausel die Vollstreckungsfähigkeit der Urkunde in Höhe des hinreichend bestimmten Sockelbetrags aufrecht.

C 75 **b)** Die **Vollstreckung in Geldforderungen** und die Verwertung einer gepfändeten Geldforderung ist geregelt in den §§ 829, 835 ZPO. Hierbei ist auf die Bestimmtheit nicht nur der zu vollstreckenden Forderung, sondern auch derjenigen Forderung zu achten, die Gegenstand der Vollstreckung ist. Auch die *Pfändung sog Buchgelds* ist Forderungspfändung. Seit dem Urteil BGHZ 84, 325 = NJW 1982, 2192 ist die **Pfändbarkeit des sog Tagessaldos** beim Girokonto anerkannt. Vgl hierzu und zur Bestimmtheit des Pfändungsbeschlusses Rn B 20.

3.   Insolvenz*

C 76 Im **Konkurs** bzw ab 1999 **Insolvenzverfahren** kommen als Konkursforderungen nur solche Vermögensansprüche (vgl §§ 3 Abs 1 KO, 38 InsO) in Betracht, die entweder Geldforderungen sind oder in Geldforderungen übergehen können (JAEGER/HENCKEL § 3 Rn 20; KUHN/UHLENBRUCK § 3 Rn 16). Die Anmeldung zur Tabelle muß eine *Bezifferung* des Anspruchs enthalten (§§ 139 KO, 174 Abs 2 InsO). Das gilt auch für Geldwertforderungen sowie in denjenigen Fällen, in denen im Prozeß ein unbezifferter Klagantrag zulässig ist (Rn C 64), also zB auch für Forderungen aus § 847 (allgM; vgl nur KILGER/KARSTEN SCHMIDT § 139 Anm 1 b). Forderungen, die nicht auf einen Geldbetrag

---

* **Schrifttum:** BORK, Einführung in das neue Insolvenzrecht (1995); HÄSEMEYER, Insolvenzrecht (1992); JAEGER/HENCKEL, Konkursordnung (9. Aufl 1977 ff); KILGER/KARSTEN SCHMIDT, Konkursordnung (16. Aufl 1993);

KUHN/UHLENBRUCK, Konkursordnung (11. Aufl 1994); KARSTEN SCHMIDT, Fremdwährungsforderungen im Konkurs, in: FS Merz (1992) 533.

gerichtet sind oder deren Geldbetrag unbestimmt oder ungewiß ist, sind nach ihrem Schätzwert geltend zu machen (§§ 69 KO, 45 InsO und dazu KARSTEN SCHMIDT, in: FS Merz [1992] 533 ff). Zinsen zur angemeldeten Hauptforderung müssen nur angemeldet, aber nicht auf einen Geldbetrag ausgerechnet werden (KILGER/KARSTEN SCHMIDT § 139 Anm 1 b).

D.   Geldschuld und Geldwert

I.   Einführung

1.   Der Geldwert*

a)   Der Geldwert ist als **ökonomische Tatsache im Recht** aufzufassen.   **D 1**

aa)   Geld ist zwar keine Ware, aber ein **wirtschaftliches Gut** (Rn A 10). Als solches **D 2** *kann Geld einen Wert haben* (vgl statt vieler vMAYDELL, Geldschuld 22 ff; vgl selbst ERNST WOLF, Schuldrecht I § 4 D II a). Dies beruht darauf, daß sich die Geldfunktionen (Rn A 10 f) nicht in der Wertmaßfunktion der Währungseinheiten erschöpfen, sondern die Aufgaben als Wertbewegungs- und Wertaufbewahrungsmittel umfassen. Daß Geld einen Wert haben kann, wird heute weder in der ökonomischen noch in der juristischen Lehre ernsthaft bestritten. Anders sah es noch KNAPPS *Staatliche Theorie des Geldes*. Nach ihr soll es zwar Teuerung geben, nicht aber Geldentwertung (KNAPP 436 ff; BENDIXEN, Geld und Kapital Rn 31). Die Begriffe Geldwert und Geldentwertung beruhen nach der Staatlichen Theorie des Geldes auf einer Vertauschung der Geld-

---

* **Schrifttum:** AMONN, Der Begriff des Geldes und das Geldwertproblem, ZStW 109, 665; BURAWOY, Der Knappsche Nominalismus und seine Rechtfertigung (1929); CROWTHER, An outline of money (1946) 87 ff; IRVING FISHER, Die Kaufkraft des Geldes (1916); ders, The Money Illusion (1928); FORSTMANN, Geld und Kredit (1952) 125 ff; FRIEDMAN, Studies in the Quantity Theory of Money (Chicago/London 1956); GAERTNER, Vom Gelde und der Geldentwertung (2. Aufl 1922); HAHN, Währungsrecht (1990); HELFFERICH, Das Geld (6. Aufl 1928) 544 ff; HOFFMANN, Kritische Dogmengeschichte der Geldwerttheorie (1907); ISSING, Einführung in die Geldtheorie (10. Aufl 1995); JAHR, Implikationen eines anhaltenden Geldwertschwundes in der Rechtsordnung der Bundesrepublik Deutschland, in: Jahresgutachten 1966/67 des Sachverständigenrates zur Begutachtung der gesamtwirtschaftlichen Lage und Entwicklung (1966) 199; JARCHOW, Theorie und Politik des Geldes I (4. Aufl 1978); KOLLHOSSER, Rechtsprobleme der Geldentwertung, JA 1983, 49; KAULLA, Rechtsstaat und Währung (1949); KEYNES, Vom Gelde (A Treatise on Money) (Nachdruck 1955) 43 ff; LIEFMANN, Geld und Gold (1916) 110 ff; LÜTGE, Einführung in die Lehre vom Geld (2. Aufl 1948) 41 ff; F A MANN, The Legal Aspect of Money (5. Aufl 1992); MARSHALL, Money, Credit and Commerce (1922); vMAYDELL, Geldschuld und Geldwert (1974); vMISES, Theorie des Geldes und der Umlaufmittel (2. Aufl 1924) 73 ff; NEISSER, Der Tauschwert des Geldes (1928); OTTEL, Ständische Theorie des Geldes (1934) 91 ff; SCHMALZ, Die Stabilität des Geldwertes als Problem des Privatrechts (1986); SCHMÖLDERS, Geldpolitik (2. Aufl 1968) § 5; SODA, Geld und Wert (1909); STEINMANN, Versuch einer Verzahnung der Geldtheorie mit der Gütertheorie (1971); VEIT, Der Wert unseres Geldes (1958); WAGEMANN, Allgemeine Geldlehre I (1923) 59 ff; WILHELM WEBER, Stabiler Geldwert in geordneter Wirtschaft (1965); WEIKART, Geldwert und Eigentumsgarantie (1993); WICKSELL, Geld und Kredit (2. Aufl 1928).

seite und der Warenseite. Die angebliche Wertschätzung des Geldes betrifft nur den Preis der geldwerten Güter (vgl ELSTER 22). Die Mark selbst bleibt deswegen konstant eine Mark wert, weil sie ihren Wert selbst benennt. Diese Auffassung ist, was ihre logische Schlüssigkeit anlangt, in sich zwar folgerichtig; sie kann und will aber die zivilrechtlichen Geldwertprobleme nicht aus der Welt reden, sondern nur aus dem Geldbegriff ausblenden (zu dieser Methode vgl Rn A 11, D 27). Was die tatsächlichen ökonomischen Gegebenheiten anlangt, so scheint die Staatliche Theorie, indem sie das Phänomen allgemeiner Teuerung ganz auf die Warenseite verlegt, durch das Währungsgeschehen des 20. Jahrhunderts widerlegt. Aber ihre Reduktion auf das von Staats wegen verbindlich denominierte Sachgeld ist auch methodisch angreifbar und in den Aussagen ärmlich (vgl KARSTEN SCHMIDT, in: FS Hahn [1997] 81 ff). Das Spannungsverhältnis zwischen Nennwert und Geldwert wird auf diese Weise verdeckt, die unterschiedlichen Gründe einer Teuerung (Knappheit der Güter und Inflation) werden ausgeblendet. Das kann nicht verwundern. Die ökonomische Wirklichkeit widerzuspiegeln, liegt jenseits der Leistungsgrenzen der Staatlichen Theorie des Geldes. Die Werteinheit ist bei KNAPP pure Abstraktion (zutreffend BENDIXEN Rn 11). Deshalb beruht auch die Eliminierung des Geldwertproblems aus diesem Gedankengebäude nicht auf einem „Gedankensprung, durch den hier das Wertproblem ... gewissermaßen in das Reich der Metaphysik verwiesen wird" (so HELFFERICH 545 Fn 1), sondern auf der theoretischen Prämisse der Staatlichen Theorie. Das Geld wird gleichsam auf seine Wertmesserfunktion (Rn A 11) reduziert; die nominalistische Funktion der Geldeinheit und der Geldzeichen (Rn D 24) wird zum absoluten Maßstab erklärt, der *Nennwert* des Geldes zum *Geldwert* schlechthin. Die Staatliche Theorie des Geldes verweigert die Antwort auf die Geldwertfrage, indem sie die Augen vor ihr verschließt (auf diese methodische Schwäche zielt der Vergleich mit Andersens Märchen von des Kaisers neuen Kleidern bei KAULLA 23). Aus diesem Grund kann und muß die Staatliche Theorie des Geldes bei der Diskussion vom Geldwertproblem vernachlässigt werden. Eine terminologische Konsequenz ziehen ECKSTEIN (Geldschuld und Geldwert im materiellen und internationalen Privatrecht [1932] 4) und vMAYDELL (Geldschuld 21): Sie ersetzen den Begriff des Nennwerts durch den des Nennbetrags und machen auf diese Weise deutlich, daß eben der Nennbetrag nicht, wie es die Staatliche Theorie des Geldes sieht, den Geldwert fixiert.

D 3   **bb)**   Die **Verwendung ökonomischer Theorien über den Geldwert** ist einerseits unentbehrlich (vgl auch vMAYDELL, Geldschuld 17 f; s auch Rn A 1 zum allgemeinen Methodenproblem), sie stößt andererseits aber auf Grenzen (näher vMAYDELL, Geldschuld 18). Wenn RGZ 110, 371, 373 f sich weigert, der Aufwertungsrechtsprechung eine bestimmte ökonomische Theorie des Geldes zugrundezulegen, so ist dies charakteristisch. Wirtschaftswissenschaftliche Aussagen helfen zweifelsfrei dort weiter, wo sie die Antwort auf Tatfragen ermöglichen, die als rechtserheblich erkannt sind. Soweit sie Zusammenhänge herstellen und Folgerungen zulassen sollen, sind wirtschaftswissenschaftliche Modelle für das *Schuldrecht des Geldes* nur brauchbar, solange Ziel und Methode mit der rechtlich vorgegebenen Fragestellung konform gehen. Im Bereich der Theorie des Geldes ist das weithin nicht der Fall. Die volkswirtschaftliche Geldtheorie will mit ihren Methoden zur Ermittlung des Geldwertes und seiner Veränderungen kompliziertere Mechanismen aufdecken, als sie für das Privatrecht des Geldes von Interesse sind, insbesondere auch währungspolitische Postulate. Die *objektive Quantitätstheorie* (IRVING FISCHER ua) geht von der Korrespondenz der Güterumsätze und Geldumsätze aus (sie setzt daher den Geldwert in Verhältnis zum

Geldvolumen); gleichzeitig geht sie davon aus, daß die Zahlungen nicht nur zum Umfang, sondern auch zur Häufigkeit der Verwendung der Kassenbestände in einem Verhältnis stehen (sie stellt deshalb neben dem Geldvolumen auch auf die Umlaufgeschwindigkeit ab). Diese Theorie ist verschiedentlich modifiziert worden, zB durch die Kassenhaltungstheorie (MARSHALL ua). Die vor allem auf KEYNES zurückgehende *Einkommenstheorie* mißt dem Ausmaß und der Art der Einkommensverwendung die entscheidende geldtheoretische Bedeutung bei; sie stellt eine Relation zwischen der Einkommensverwendung für den Kauf von Verbrauchsgütern und der Einkommensverwendung für Hortungen her. FRIEDMAN hat versucht, zu einer *neu formulierten Quantitätstheorie* zurückzufinden. Die Geldmenge erscheint bei ihm als Zentralgröße der Geldwerttheorie und als monetäres Steuerelement. Die richtige Steuerung des jährlichen Geldmengenzuwachses („Die optimale Geldmenge") ist der Schlüssel zu einer erfolgreichen Währungspolitik. Diese und andere Geldtheorien sind nicht etwa juristisch belanglos. Sie spielen namentlich bei der Handhabung des währungsrechtlichen Instrumentariums, also bei der rechtlichen Umsetzung währungspolitischer Befunde und Ziele, eine Rolle. Das Recht der Geldschuld können aber nicht diese theoretischen Modelle berühren, sondern nur diejenigen ökonomischen Lehren, die zur *Ermittlung des rechtlich relevanten Geldwerts* führen.

b)   Die Bestimmung des Geldwerts ist zunächst ein **Methodenproblem**. Kann nicht **D 4** die ökonomische Geldtheorie, sondern nur die vom Recht vorgegebene Frage über den *rechtlich maßgeblichen Geldwert* entscheiden, so läßt dies bereits generelle Schlüsse zu.

aa)   Jede rechtliche Folgerung aus einer Geldwertveränderung setzt eine Feststel- **D 5** lung und Quantifizierung dieser Veränderung voraus (vgl auch vMAYDELL, Geldschuld 33 ff). Eine Reihe scheinbarer Kriterien erweist sich dabei a limine als **unbrauchbar**:

α)   Selbstverständlich sagt der **Nennwert** nichts über den Geldwert aus. Das Geld- **D 6** wertproblem resultiert ja gerade aus dem Spannungsverhältnis zwischen konstantem Nennwert und beweglichem Geldwert, weshalb manche den Begriff des Nennwerts durch denjenigen des Nennbetrags auswechseln wollen (ECKSTEIN, Geldschuld und Geldwert im materiellen und internationalen Privatrecht [1932] 3 f; vMAYDELL, Geldschuld 20 f; dazu bereits Rn D 2). Das Geldwertproblem muß bei der Tauschfunktion und der Wertaufbewahrungsfunktion des nominell konstant bleibenden Geldes ansetzen.

β)   Auch der **Metallwert** ist in einem Währungssystem, das nicht mehr metallistisch **D 7** strukturiert ist, unbrauchbar (zum Metallismus vgl Rn A 6 f). Der Substanzwert scheidet als Geldwertmesser aus (vgl statt vieler vMAYDELL, Geldschuld 25 f; WEIKART 64). Die immer wieder erhobenen Forderungen nach Rückkehr zur Golddeckung ändern daran nichts. Sie sind währungspolitischer Art und zielen auf Sicherung, nicht auf Messung des Geldwerts. Der Metallismus beherrschte die ökonomische wie die juristische Theorie bis hinein in das 19. Jahrhundert. Der juristische Metallismus dürfte mit PUCHTA als dem wohl letzten großen Metallisten zu Ende gegangen sein. Nach PUCHTA hängt der Wert der Geldmünze von ihrem Feingehalt ab, und dieser bestimmt sich nach der Menge der Münzen, die aus einer bestimmten Menge feinen Metalls geprägt werden, dh aus dem Münzfuß (Pandekten [8. Aufl 1856] § 38). In der

Rechtswissenschaft der Mitte des 19. Jahrhunderts konnte ein solcher Metallismus bereits als überholt gelten (GOLDSCHMIDT, HandB I/2 1165 mwNw). Auch SAVIGNY (Obligationenrecht I 423 ff) lehnte ihn überzeugend ab.

D 8 γ)   Die **subjektive Wertlehre** sucht den subjektiven Tauschwert als Wertmaß der Güter auch für den Geldwert in Anspruch zu nehmen (vgl nur vMAYDELL, Geldschuld 30 f mit Nachw). Der volkswirtschaftlich-subjektive Geldwert kann nach dieser Theorie nur aus den einzelwirtschaftlich-subjektiven Bewertungen ermittelt werden. Als theoretische Deutung des Phänomens Geldwert ist der Ansatz der subjektiven Wertlehre dem Anschein nach unwiderlegt. Das sozialpsychologische Moment des Geldwertes ist unleugbar und etwa aus der Diskussion um § 3 WährG kaum wegzudenken. Als Methode der praktischen Wertermittlung ist die subjektive Wertlehre unbrauchbar (vgl LÜTGE 42; ISSING, Geldtheorie 177). Denn das am Geldschuldverhältnis beteiligte einzelne Rechtssubjekt findet den Geldwert ungeachtet seiner subjektiven Determinanten als objektive Größe vor. Die objektiven Gegebenheiten des Geld- und Gütermarktes allein können Gegenstand der für das Recht der Geldschuld relevanten Geldwertermittlung sein. In der Methode der praktischen Geldwertfeststellung stellt sich deshalb der Geldwert als eine objektive Erscheinung dar, mag sich auch dahinter ein in Wahrheit subjektiver Mechanismus verbergen (nur im Ergebnis, nicht in der theoretischen Einschätzung ebenso vMAYDELL, Geldschuld 31 f).

D 9 bb)   Der Geldwert ist hiernach ein **objektiver Funktionswert**. Er ist objektiv insofern, als er an Erscheinungen des Marktes gemessen werden muß, und ein Funktionswert insofern, als nicht die Substanz der Geldzeichen, sondern die Funktion des Geldes den Wert bestimmt (hM; vgl statt vieler LÜTGE 43; WEIKART 67). Maßgeblich ist in erster Linie die Tauschmittelfunktion des Geldes, selbstverständlich nicht die nominelle Wertmaßfunktion, weil eine Orientierung an ihr in die KNAPPsche Geldwerttautologie münden müßte. Welches Gewicht hierbei neben der Tauschmittelfunktion der Wertaufbewahrungsfunktion beigemessen werden kann, ist str (Nachw bei vMAYDELL, Geldschuld 28). Man hat darauf hingewiesen, daß das Gegensatzpaar Substanzwert/ Funktionswert ungenau bestimmt ist, weil jeder wirtschaftliche Wert, auch der am Sachwert orientierte, ein Funktionswert ist (HELFFERICH 557 im Anschluß an SIMMEL 151). Das Gegensatzpaar beruht indes auch nicht auf der Annahme, der Verkehrswert von Sachen wohne diesen in der Substanz inne. Es soll nur besagen, daß sich der Geldwert aus der Verkehrsgeltung der nominellen Währungseinheit und nicht aus der Verkehrsgeltung des Materials ergibt.

D 10 cc)   Innerhalb dieses Funktionsbegriffs trennt die hM zwischen **unterschiedlichen Geldwerten**, denn der Geldwert ist ein komplexer Funktionswert (vMAYDELL, Geldschuld 27 f):

D 11 α)   Unterschieden wird zwischen dem **Binnenwert** und dem **Außenwert** des Geldes (eingehend vMAYDELL, Geldschuld 28 ff mwNw). Der **Außenwert** wird von dem Wertverhältnis der Inlandswährung zu Auslandswährungen bestimmt (vMAYDELL, Geldschuld 28 f; FÖGEN 44; HAHN § 16 Rn 5; SCHMALZ 38 f; WEIKART 63; REICHERT-FACILIDES JZ 1969, 618; dazu näher Rn F 2 f). Der Außenwert ist nicht dasselbe wie der *Kurswert* (REICHERT-FACILIDES JZ 1969, 618; anders wohl STAUDINGER/DILCHER [1995] § 91 Rn 10). Zum Zusammenhang beider vgl vMAYDELL, Geldschuld 30. Auf den Kurswert kommt es zB im Fall des § 244 Abs 2 an (dazu § 244 Rn 84). In der Diskussion um Geldschuld und Geld-

bung fremden Geldwerts. Insbesondere die Herausgabe fremder Buchgeldkonten kann nicht mit den §§ 985 ff geordnet werden. Der Gedanke der Wertvindikation eignet sich auch nicht als Kompensation eines aus § 935 Abs 2 resultierenden Risikos des Geldeigentümers. Gerade diese Bestimmung läßt ein Vindikationsrecht des bisherigen Eigentümers entfallen und eignet sich nicht zu dessen Ausdehnung. Es bleibt also bei der Sachorientierung des Herausgabeanspruchs. Die *Klage* ist auf Herausgabe individueller Stücke, nicht auf Zahlung zu richten. Die *Vollstreckung* erfolgt nach § 883 ZPO, nicht nach den §§ 803 ff ZPO (MEDICUS JuS 1983, 898; KARSTEN SCHMIDT JuS 1984, 740). Dieser Herausgabeanspruch spielt – abgesehen vom Strafrecht – in der Praxis nur eine ganz unbedeutende Rolle, aber der dingliche Eigentumsschutz ist Grundlage vollstreckungsrechtlicher Rechtsbehelfe (§§ 771 ZPO, 43 KO [ab 1999: § 47 InsO]), und er fügt sich auch sonst in das geltende Recht der Vermögenszuordnung ein. Bis hierher bleibt es bei einer streng gegenständlichen Orientierung des Herausgabeanspruchs aus § 985. Bei *Unmöglichkeit der Herausgabe* bestimmen sich die Rechtsfolgen nach den §§ 989 ff, 816, 818 ff. Doch gilt diese strenge Sachorientierung der Geldvindikation nur, solange der Bereich des Sachenrechts nicht verlassen wird. Im schuldrechtlichen Bereich ist nach dem bei Rn B 8 dargestellten Grundsatz die Funktion der Geldzeichen zu beachten, was zu **Konzessionen an den Gedanken der Wertvindikation** zwingt: Der Geldvindikationsanspruch und ein Zahlungsanspruch können *aufrechenbar* sein (vgl nur FALCK 100 ff; STAUDINGER/GURSKY [1993] § 985 Rn 67; BGB-RGRK/PIKART[12] § 985 Rn 55; ERMAN/HEFERMEHL[9] § 985 Rn 6; MEDICUS JuS 1983, 903; KARSTEN SCHMIDT JuS 1984, 741; aM OLG Dresden SeuffA 72, 36, 38; offengelassen bei RGZ 160, 52, 60). Die Aufrechnung führt dann dazu, daß der bisherige Vindikationsschuldner Eigentümer der Geldzeichen wird (STAUDINGER/GURSKY [1993] § 985 Rn 67). Ob dies eine Aufrechnungslage trotz fehlender Gleichartigkeit ist oder ob die Gleichartigkeit bejaht werden kann, ist eine theoretische Frage, die im letzteren Sinn beantwortet werden sollte, weil das Merkmal der Gleichartigkeit bei § 387 kein deskriptives, sondern ein normatives Tatbestandsmerkmal ist (zust jetzt HÄDE 120 im Anschluß an KARSTEN SCHMIDT aaO). Diese Aufrechnungsbefugnis wird man nicht nur dem Vindikationsgläubiger und Zahlungsschuldner, sondern auch umgekehrt dem Zahlungsgläubiger und Vindikationsschuldner zuzugestehen haben. Eine Ausnahme ist nur anzuerkennen, wenn ein besonderes Interesse gerade an den herauszugebenden Stücken besteht (HÄDE 120). Die Praxis wird sich nicht einmal scheuen, einer *Zahlungsklage* stattzugeben, obwohl ein Vindikationssachverhalt dargelegt wird, doch läßt sich dies nur rechtfertigen, solange der Klagevortrag dahin ausgelegt werden kann, das Geld sei ausgegeben (§ 816 Abs 1 S 1). Auch *gesetzliche Zinsen*, insbes Verzugszinsen, sind auf die Herausgabeschuld zu zahlen. E I § 248 Abs 3 ordnete dies für Verzugszinsen noch ausdrücklich an. Die Bestimmung fand keine Aufnahme in das Gesetz, weil sich dieser Grundsatz, wenn er zutreffe, schon aus den §§ 286, 288 ergebe (vgl Prot in: MUGDAN II 538). Dies ist in der Tat der Fall. § 288 Abs 1 pauschaliert den Verzugsschaden, wenn er in der Entbehrung von Geld besteht (vgl Mot in: MUGDAN II 34; rechtspolitische Kritik bei HONSELL, Der Verzugsschaden bei der Geldschuld, in: FS LANGE [1992] 509, 511). *Wird das Geld weiterveräußert*, so greift § 816 ein (RG WarnR 1920 Nr 160; FALCK 51 ff). Gegenstand des mit dieser Nichtleistungskondiktion auszugleichenden Eingriffs ist der durch das Eigentum am Geld verkörperte Geldwert. Bei entgeltlicher Weiterveräußerung ist deshalb nicht die Gegenleistung, sondern, soweit nicht die Bereicherung entfallen ist (§ 818 Abs 3), Geld in Höhe des ausgegebenen Betrages herauszugeben (in dieser Richtung mit anderer Begründung JUNG, in: STAMMLER, Das gesamte deutsche Recht I [1931] 765 f; vLÜBTOW, Beiträge zur Lehre von der

Condictio [1952] 35 f; aM RG WarnR 1920 Nr 160; ENNECCERUS/LEHMANN § 225 I 1; de lege lata auch FALCK 59). § 816 Abs 1 S 1 stellt nur die Verallgemeinerung einer in den Entwürfen an den Gutglaubenserwerb nach den §§ 892, 932 anknüpfenden Rechtsregel dar, die den Gedanken der Eingriffskondiktion (E I § 748) auf die Einleitung eines gutgläubigen Erwerbes ausdehnte und noch auf Herausgabe der „dadurch erlangten Bereicherung" lautete (E I §§ 839, 880; E II §§ 812, 850; zur Überführung der Norm in das Schuldrecht vgl Prot in: MUGDAN II 1181). Besinnt man sich auf diese Funktion des § 816 Abs 1 S 1 (zum umstrittenen Normzweck vgl MünchKommBGB/LIEB² § 816 Rn 1 ff), so scheint es erlaubt, die Vorschrift bei der Verfügung über fremdes Geld in dem hier vorgeschlagenen Sinn zu handhaben: Herauszugeben ist Geld in Höhe des verausgabten Betrages, soweit nicht der Verfügende entreichert ist und dies nach den §§ 818, 819 geltend machen darf. Die umstrittene Rechtsprechung, nach der im Fall des § 816 Abs 1 S 1 ein etwaiger Gewinn dem Berechtigten verbleibt (RGZ 88, 351, 359; BGHZ 29, 157, 159; BGH WM 1975, 1179 = JuS 1976, 187 mwNw), paßt nicht auf den Fall der Veräußerung von Geld.

4.   Hauptsächliche Eigentumsänderungen

B 13 a)   Die **Übereignung von Geldzeichen** erfolgt nach den §§ 929 ff (vgl BGH NJW 1990, 1913 = WM 1990, 847; HÄDE 113; eingehend PIKART WM 1980, 513 f). Bei der Benutzung von Waren- oder Leistungsautomaten wird die eingeworfene Münze Eigentum des Automatenaufstellers, wenn sie so weit gefallen ist, daß die Warenausgabe bzw Leistung möglich ist (vOLSHAUSEN/SCHMIDT, Automatenrecht [1972] Rn B 137). Bei der Barabhebung am Geldautomaten soll die Einigung nach § 929 BGB bereits im voraus bei Begebung der Code-Karte vorliegen, allerdings unter der auflösenden Bedingung, daß ein ausreichender Auszahlungsanspruch bestehe (eingehend AG Hamburg NJW 1986, 945, 946 [zu den §§ 242, 246 StGB]; zust SOERGEL/MÜHL¹² § 929 Rn 18). Bei der Benutzung von Waren- oder Leistungsautomaten steht die Einigung nach OLG Düsseldorf NJW 1988, 1335, 1336 (zu § 242 StGB) unter der – wohl aufschiebenden – Bedingung der tatsächlichen Bewirkung der Leistung. Zum erweiterten Schutz des guten Glaubens auch bei abhandengekommenen Geldzeichen vgl § 935 Abs 2. Sie können, sofern der Erwerber gutgläubig ist, auch dann vom Nichtberechtigten erworben werden, wenn sie gestohlen oder sonst abhandengekommen sind. Auch diese Regelung paßt nur auf Geldzeichen, nicht auf Buchgeld (Rn B 12). Nach verbreiteter Auffassung ist bei der Übereignung von Geld auch der gute Glaube an die Verfügungsmacht des Übereignenden geschützt (REINHARDT, in: FS Boehmer [1954] 85, 94), nach manchen sogar der gute Glaube an seine Geschäftsfähigkeit (FALCK 29; REINHARDT aaO). Für diese Ausdehnung bietet allerdings das Gesetz keine tragfähige Grundlage (anders Art 16 WG; wie hier WESTERMANN/PINGER, Sachenrecht I § 49 III 1). Jeder gutgläubige Erwerb setzt voraus, daß ein Verkehrsgeschäft vorliegt. § 935 Abs 2 gilt auch für umlauffähiges ausländisches Geld (PIKART WM 1980, 514; LG Köln NJW-RR 1991, 868 = JuS 1991, 855 m Anm KARSTEN SCHMIDT), nicht allerdings für Geldzeichen, die – etwa wegen ihres Goldwertes – als Ware erworben werden (LG Karlsruhe NJW 1977, 1301, 1303; BGB-RGRK/PIKART¹² § 935 Rn 31; ERMAN/MICHALSKI⁹ § 935 Rn 8; WESTERMANN/PINGER aaO; PIKART WM 1980, 514; differenzierend HAHN § 5 Rn 53). Solche Geldzeichen bleiben zwar Geld im Rechtssinne (Rn B 3), aber § 935 Abs 2 befaßt sich nur mit dem Erwerb von Geld in seiner Funktion als Zahlungsmittel.

B 14 b)   Die **Vermengung von Geldzeichen** löst die Rechtsfolgen der §§ 948, 947, 1008 ff,

741 ff aus, begründet also Miteigentum (RG WarnR 1918 Nr 117; 1920 Nr 160; BGB-RGRK/
PIKART[12] § 948 Rn 18; SOERGEL/MÜHL[12] § 948 Rn 3; eingehend FALCK 30 ff, 46 ff; aA MEDICUS JuS
1993, 899 f; ihm folgend HÄDE 116; WESTERMANN/PINGER, Sachenrecht I § 52 III a). Quantitativ
größere Bestände gelten als Hauptsache gemäß § 947 Abs 2 BGB, die Vermengung
führt dann zu Alleineigentum des Eigentümers des größeren Bestandes (LG Köln
NJW-RR 1991, 868 = JuS 1991, 855 m Anm KARSTEN SCHMIDT). Geldzeichen, die auch nach
der Vermischung noch so identifiziert werden können, daß der Eigentümer feststellbar ist, bleiben dessen Alleineigentum (FALCK 33); nur an untrennbar vermischtem
oder vermengtem Geld entsteht nach § 948 Abs 1 Miteigentum. Dieser Fall ist aber
im Rechtsleben der häufigere: „money has no earmark" (vgl die Kritik bei NEMELKA
178). Das Verkehrsbedürfnis spricht dafür, in diesem Fall das *Teilungsrecht* in Gestalt
einer Verfügungsbefugnis dem unmittelbar besitzenden Miteigentümer zuzusprechen (HECK § 62/3; WOLFF/RAISER § 72 III 3 Fn 22; WESTERMANN, Sachenrecht [5. Aufl 1966] § 52
III b; REINHARDT, in: FS Boehmer [1954] 90 f; FALCK 36 ff; BGB-RGRK/PIKART[12] § 948 Rn 17;
MünchKommBGB/QUACK[2] § 948 Rn 8; SOERGEL/MÜHL[12] § 948 Rn 3; PIKART WM 1980, 514; aM
noch STAUDINGER/BERG[11] § 948 Rn 6). Alleineigentum nach den §§ 948, 947 Abs 2 entsteht auch bei Vorräten unterschiedlicher Größe jedenfalls idR nicht (FALCK 46 ff;
Einzelheiten str; vgl BGB-RGRK/PIKART[12] § 948 Rn 21 mwNw; ganz anders GOLDBERGER SeuffBl
72 [1907] 633, 635 f).

c)   Das **Wechseln von Bargeld** – schuldrechtlich idR ein Tauschgeschäft (FALCK 60;   **B 15**
SOERGEL/HUBER[12] § 433 Rn 44; str; näher Rn C 6) – geschieht gleichfalls durch Übereignung
nach den §§ 929 ff (HÄDE 116). Die Übereignung ist regelmäßig in dem Sinne aufschiebend bedingt, daß ein dinglicher Zug-um-Zug-Mechanismus entsteht (BGB-
RGRK/PIKART[12] § 929 Rn 110 mit unzutreffender Berufung auf RG JW 1919, 321). In Anbetracht der geringen Verkehrsbedeutung der Individualität von Geldzeichen ist allerdings str, ob die Vorschriften über Rechtsgeschäfte zur Anwendung kommen oder
ob der Eigentumsübergang beim Geldwechseln einem wirtschaftlichen Automatismus folgt (MARTIN WOLFF, in: EhrenbHandB IV/1 626 f: Lehre von der „vermögensrechtlichen
Neutralität" des Geldwechselns; eingehend FALCK 149–176 mwNw). Auch wird entgegen der
hier vertretenen Ansicht ein Prinzip der dinglichen Surrogation befürwortet, was zur
Folge hätte, daß jeder Eigentümer der zum Geldwechsel ausgetauschten Geldzeichen kraft Gesetzes Eigentümer der Ersatzstücke würde (vgl Rn B 10). Richtig ist, daß
die wirtschaftlichen Ergebnisse einem Prinzip der dinglichen Auswechselung im
Interesse der Verkehrsauffassung möglichst nahe kommen sollten. Kein Tausch, sondern Kauf ist idR gegeben beim *Einwechseln von Geld einer anderen Währung*, vor
allem dann, wenn eine „Provision" als Gewinnmarge auf den Kurswert aufgeschlagen wird oder in dem zugrundegelegten „Tauschwert" enthalten ist (vgl § 244 Rn 12;
zum Valutakauf als Sachkauf auch RG JW 1925, 1986 m Anm NUSSBAUM; NUSSBAUM, Das Geld
201 f; F A MANN, Recht des Geldes 145; SOERGEL/HUBER[12] § 433 Rn 44). Wird Falschgeld
geliefert, so löst dies beim Spezieskauf (ein seltener Fall) Ansprüche aus Sachmän-
gelgewährleistung aus (RGZ 108, 279, 280; SOERGEL/HUBER[12] § 437 Rn 58), während die
Lieferung falscher Banknoten beim Gattungskauf Nichterfüllung ist (RG JW 1923, 176;
aM vCAEMMERER, Falschlieferung, in: FS Wolff [1952] 10; SOERGEL/HUBER[12] § 437 Rn 59: Sachmän-
gelgewährleistung). Im Fall des Stückkaufs kann also aufgrund des Wandlungsrechts
Rückzahlung des Kaufpreises verlangt werden (RGZ 108, 279, 280), im Fall des Gat-
tungskaufs besteht der Anspruch auf gültige Zahlungsmittel fort. Wer im Auftrag
eines Dritten bei einer Bank Geld wechselt – zB Auslandswährung in Inlandswährung – erwirbt regelmäßig für den Auftraggeber (RG LZ 1921, 723; BGB-RGRK/PIKART[12]

§ 929 Rn 110). Das ergibt sich entweder aus § 164 oder aus den Regeln über das Geschäft für den, den es angeht, oder (dann Durchgangserwerb) aus einem antizipierten Besitzkonstitut. Wechselt der Verwahrer fremden Geldes – ein seltener Fall, weil meist ein depositum irregulare nach § 700 vorliegen wird – fremde Geldzeichen gegen andere ein, so kann dies ein Insichgeschäft (§§ 181, 930) sein, das dem Hinterleger Eigentum am Ersatzgeld verschafft (vgl auch FALCK 137 ff). Zur Auswechselung von *Bargeld gegen Buchgeld* und umgekehrt vgl eingehend FALCK (183 ff). Da Buchgeld Forderungscharakter hat, kann es sich hierbei nicht um Sachtausch handeln, sondern um die Herstellung (zB Bareinzahlung auf ein Girokonto) bzw Begleichung (zB Barabhebung von einem Girokonto) einer Buchgeldforderung durch Übereignung von Geldzeichen. Weist der Bankkunde seine Bank an, ihm gegen entsprechende Belastung seines Girokontos einen bestimmten Betrag auf seinem Devisenkonto gutzubringen, so ist umstritten, ob dies Valutakauf ist (RG JW 1925, 1986; SOERGEL/HUBER[12] § 433 Rn 45) oder bloß eine Weisung im Rahmen des Giroverhältnisses (vgl § 244 Rn 12). Richtigerweise schließt das eine das andere nicht aus: Mit einem Devisenkauf geht die beiderseitige Erfüllung mittels Buchgeld einher.

B 16 d) Die **Prägung von Münzen** – auch die unerlaubte Nachprägung – verschafft dem in der Münzstätte Tätigen kein Eigentum nach § 950 (BGHSt 27, 255, 258; LG Karlsruhe NJW 1977, 1301, 1302; PIKART WM 1980, 514). Es gilt das Prinzip der fremdwirkenden Verarbeitung. Gleiches gilt für die Herstellung von Papiergeld. Falschgeldherstellung außerhalb einer Münzstätte bzw Banknotendruckerei verschafft dem Hersteller Eigentum nach § 950. § 134 steht nicht entgegen, denn es liegt gesetzlicher, nicht rechtsgeschäftlicher Erwerb vor. Vom Eigentumserwerb ist die Frage zu unterscheiden, ob unerlaubt hergestellte Münzen Geldzeichen sind (dazu Rn B 2).

III. Geldzeichen in Zwangsvollstreckung und Insolvenz*

1. Grundsätzliches

B 17 Der enge **Begriff der Geldzeichen** (Rn A 5) ist auch für das Zwangsvollstreckungs- und Konkursrecht verbindlich. Der vollstreckungsrechtlichen Systematik folgend geht es hier nicht um die Bedeutung und Behandlung der *Geldforderung* im Vollstreckungsrecht (dazu Rn C 68 ff), sondern um *Geld als Gegenstand der Vollstreckung* bzw der konkursrechtlichen Abwicklung. Solange es um die zu vollstreckende Forderung geht, sehen ZPO und KO (bzw ab 1999: InsO) die Geldforderung nicht als Sachforderung an. Sobald es aber um den Vollstreckungsgegenstand geht, behandelt die ZPO Geld als Sache, folglich nur Sachgeld als Geld. Buchgeld ist iS des Vollstreckungsrechts eine bloße Forderung.

---

* **Schrifttum:** BAUMBACH/LAUTERBACH/ALBERS/ HARTMANN, ZPO (53. Aufl 1995); BROX/WALKER, Zwangsvollstreckungsrecht (4. Aufl 1993); HÄDE, Geldzeichen im Recht der Bundesrepublik Deutschland (1991); ders, Geldzeichen in Zwangsvollstreckung und Konkurs, KTS 1991, 365; KILGER/KARSTEN SCHMIDT, KO (16. Aufl 1993); KUHN/UHLENBRUCK, KO (11. Aufl 1994); MünchKomm ZPO (1992); ROSENBERG/ GAUL/SCHILKEN, Zwangsvollstreckungsrecht (11. Aufl 1997); STEIN/JONAS, ZPO (21. Aufl 1993 ff); THOMAS/PUTZO, ZPO (20. Aufl 1997); ZÖLLER, ZPO (20. Aufl 1997).

2. Einzelzwangsvollstreckung

a)   Der auf bestimmte Geldzeichen zielende **Herausgabeanspruch** – zB aus den **B 18**
§§ 861, 985 – wird nach § 883 ZPO vollstreckt (ausführlich HÄDE 125). Diese Vollstreckungsart ist praktisch nahezu bedeutungslos, weil Ansprüche auf Herausgabe individueller Geldzeichen selten sind. Sie kommen zB bei Geld im Tresor oder bei Sammlermünzen vor. Wer Geld als Wert, also als Liquidität, herauszugeben hat, schuldet nicht Herausgabe iS von § 883 ZPO, sondern Zahlung. Auch die Lehre von der sog Wertvindikation (Rn B 12) kann hieran nichts ändern. § 883 ZPO gilt nicht für die Geldschuld, und zwar auch dann nicht, wenn die Geldschuld materiellrechtlich auf einem Herausgabeanspruch, zB nach den §§ 667, 812, 816, beruht (zur Abgrenzung der Geldschuld in diesen Fällen vgl Rn C 3). Die Geldschuld ist auch nicht auf eine bestimmte Menge vertretbarer Sachen oder Wertpapiere gerichtet (Rn C 7). Sie fällt also nicht unter § 884 ZPO.

b)   Die **Zwangsvollstreckung wegen einer Geldforderung** richtet sich nach den **B 19**
§§ 803 ff ZPO. Dabei vollzieht sich die *Pfändung von Bargeld* nach § 808 Abs 1 ZPO. Die Pfändung setzt grundsätzlich Gewahrsam des Schuldners voraus (näher, auch zur Pfändung von Geld in Automaten, HÄDE KTS 1991, 366 ff). Gepfändetes Geld ist dem Gläubiger abzuliefern (§ 815 Abs 1 ZPO). Erst mit der Ablieferung geht das Eigentum auf den Gläubiger über (LG Braunschweig DGVZ 1977, 22, 23; STEIN/JONAS/MÜNZBERG § 815 Rn 15; THOMAS/PUTZO § 815 Rn 3; PIKART WM 1980, 515). Erst die Ablieferung beendet auch in verfahrensrechtlicher Hinsicht die Vollstreckung und schließt Anschlußpfändung, prozessuale Rechtsbehelfe etc aus (KG OLGZ 1974, 306, 307; LG Braunschweig DGVZ 1977, 22, 23; STEIN/JONAS/MÜNZBERG aaO; BAUMBACH/LAUTERBACH/HARTMANN § 815 Rn 7). Bis dahin besteht das Eigentum des Schuldners am Geld, belastet mit einem Pfändungspfandrecht, oder etwaiges Dritteigentum fort. Mit der Ablieferung erwirbt der Gläubiger Eigentum an dem Geld auch dann, wenn es sich um schuldnerfremde Geldzeichen handelte (MünchKommZPO/SCHILKEN § 815 Rn 4; THOMAS/PUTZO § 815 Rn 3; hM). Zugunsten des Schuldners gilt nach § 815 Abs 3 ZPO bereits die Wegnahme des Geldes durch den Gerichtsvollzieher als Zahlung; eine Schuld gilt auch dann als getilgt, wenn das gepfändete Geld dem Betrage nach noch auf dem Dienstkonto des Gerichtsvollziehers verbucht ist (BGH JZ 1984, 151). Die Gefahr etwa einer Unterschlagung durch den Gerichtsvollzieher geht dann auf den Gläubiger über (ZÖLLER/STÖBER § 815 Rn 2; hM; aM WIECZOREK, ZPO [2. Aufl 1981] § 815 Anm A IIb 3). Anders nur, wenn nach § 815 Abs 2 ZPO oder nach § 720 ZPO die Hinterlegung zu erfolgen hat. Von dieser in § 815 Abs 3 ZPO angeordneten Ausnahme – kein Gefahrübergang bei Hinterlegung – sind nach richtiger Auffassung auch die Hinterlegungsfälle der §§ 720, 815 Abs 3, 827 Abs 2, 3, 854 Abs 2, 930 Abs 2 ZPO erfaßt (BAUMBACH/LAUTERBACH/HARTMANN § 815 Rn 9; MünchKommZPO/SCHILKEN § 815 Rn 10; unentschieden KG OLGZ 1974, 306, 307). § 815 Abs 3 ZPO regelt allerdings nur die Gefahrtragung und sagt nichts über den Eigentumserwerb des Gläubigers oder über die Erfüllung und ihren Zeitpunkt (hM; vgl ROSENBERG/GAUL/SCHILKEN § 53 II; anders SCHÜNEMANN JZ 1985, 51 ff). Von der Vollstreckung nach den §§ 808, 815 muß die *Zahlung an den Gerichtsvollzieher* unterschieden werden (RG JW 1913, 101; hM; anders OLG Hamm OLGE 25, 182). Nach § 754 ZPO bewirkt die Beauftragung des Gerichtsvollziehers zur Zwangsvollstreckung in Verbindung mit der Übergabe der vollstreckbaren Ausfertigung die Befugnis, Zahlungen in Empfang zu nehmen. Herkömmlich wird diese Befugnis als Vollmacht oder als gesetzliche Vertretungsmacht gedeutet (zB RGZ

Karsten Schmidt

77, 24, 25; OLG Frankfurt NJW 1963, 773, 774; Blomeyer, Vollstreckungsverfahren [1975] § 47 II; Stein/Jonas/Münzberg § 754 Rn 7, § 815 Rn 23; Thomas/Putzo § 815 Rn 4; Soergel/Leptien[12] Vorbem 90 zu § 164). Diese Stellvertretungslösung wird allerdings zunehmend bestritten (für prozeßrechtliche, also öffentlichrechtliche Deutung des Vorgangs LG Gießen DGVZ 1991, 173; AG Bad Homburg DGVZ 1991, 121, 122; Messer, Die freiwillige Leistung des Schuldners in der Zwangsvollstreckung [1966] 45 ff, 84 ff, 90 ff; Brox/Walker Rn 314; Rosenberg/Gaul/Schilken § 25 IV 1 d; Baumbach/Lauterbach/Hartmann § 815 Rn 8; MünchKommZPO/Arnold § 754 Rn 49; MünchKommZPO/Schilken § 815 Rn 14; Fahland ZZP 92 [1979] 432 ff; Geissler DGVZ 1991, 166, 168 f). Sie entspricht dem historischen Konzept der gesetzlichen Regelung, wonach die Entgegennahme durch den Gerichtsvollzieher keine mit Zustimmung des Schuldners geduldete Pfändung darstellt (so aber Messer aaO; ähnlich Wieser DGVZ 1988, 134). Gleichwohl sprechen gute Gründe dafür, sie ähnlich zu behandeln. Der zunehmende Sinnwandel im prozeßrechtlichen Schrifttum hat eine doppelte Wurzel: Er beruht zum einen auf der Aufgabe der dem Text der ZPO noch zugrundeliegenden sog Mandatstheorie, wonach der Vollstreckungsauftrag an den Gerichtsvollzieher ein privatrechtliches Auftragsverhältnis darstellt (eingehend Rosenberg/Gaul/Schilken § 25 IV 1; MünchKommZPO/Arnold § 753 Rn 13); die öffentlichrechtliche Deutung des Innenverhältnisses würde allerdings die Annahme nicht ausschließen, daß die Aushändigung des Geldes an den Gerichtsvollzieher eine Übereignung an den von ihm vertretenen Gläubiger darstellt. Zum anderen beruht der Sinnwandel auf einer Angleichung der Rechtslage an den von § 754 nur schwer zu unterscheidenden Fall der Wegnahme von Geld zum Zweck der Pfändung und Ablieferung beim Gläubiger. Fahland (aaO) erklärt den Gerichtsvollzieher zum bloßen Boten des Schuldners, der dessen Übereignungserklärung übermittelt (ähnlich jetzt Rosenberg/Gaul/Schilken § 25 IV 1 d; MünchKommZPO/Arnold § 754 Rn 49; MünchKommZPO/Schilken § 815 Rn 14). Da mit der Zahlung die Gefahr mindestens analog § 815 Abs 3 ZPO auf den Gläubiger übergeht (Brox/Walker Rn 314; Rosenberg/Gaul/Schilken aaO; MünchKommZPO/Schilken aaO; Fahland ZZP 92 [1979] 452 ff; Wieser DGVZ 1988, 137; für direkte Anwendung Messer 129 f; gegen Gefahrübergang AG Bad Homburg DGVZ 1991, 121, 122; Baumbach/Lauterbach/Hartmann § 815 Rn 8; Zöller/Stöber § 755 Rn 4), ist damit den Interessen des Schuldners hinlänglich Genüge getan, ohne daß es noch auf den Unterschied zwischen Pfändung und Empfangnahme ankäme. Aber das Gesetz will diesen Unterschied, wie § 754 ZPO zeigt, denn dort ist nicht nur geregelt, daß der Gerichtsvollzieher die Zahlung in Empfang nehmen darf, sondern auch, daß der Schuldner im Fall vollständiger Leistung seiner Verbindlichkeit genügt hat. Das spricht nach wie vor für folgende Lösung: Der Schuldner kann den geschuldeten Betrag alsbald an den Gläubiger, vertreten durch den Gerichtsvollzieher, übereignen und ihn hierfür an den Gläubiger als mittelbaren Besitzer übergeben (Wieczorek, ZPO [2. Aufl 1981] § 754 Anm B I b). Besitzmittler ist der Gerichtsvollzieher. Damit hat der Schuldner erfüllt und trägt schon aus diesem Grund nicht mehr die Gefahr des Verlustes (Wieczorek, ZPO [2. Aufl 1981] § 754 Anm B I b 1; nur im Ergebnis ähnlich in analoger Anwendung von § 815 Abs 3 ZPO die nunmehr wohl hM). Es liegt ein Anwendungsfall des § 362, nicht des § 270 vor (aM Wieczorek, ZPO [2. Aufl 1981] § 815 Anm A II a 1). Die *Abgrenzung der Zahlung gegenüber der Geldpfändung* kann zweifelhaft sein. Freiwilligkeit ist nicht unbedingte Voraussetzung der Zahlung nach § 754 ZPO (Wieczorek, ZPO [2. Aufl 1981] § 754 Anm B I b; Thomas/Putzo § 754 Rn 3; Messer 54 ff; vgl aber auch Stein/Jonas/Münzberg § 754 Rn 8). Entscheidend ist, ob nach dem Willen der Beteiligten eine befreiende Leistung an den Gläubiger auf eine bestehende Forderung vorliegt. Im praktischen Fall kann dies zB daran erkannt werden, ob der Schuldner volle Zahlung nur gegen Herausgabe des Titels leistet. Die Zahlung zur Abwendung der Vollstreckung kann Übereignung des Geldes sein, uU selbst dann, wenn dem Schuldner ein nur vorläufig vollstreckbarer Titel vorgelegt wird (vgl insoweit auch FAHLAND ZZP 92 [1979] 437 f; am RGZ 63, 330, 331 f). Bei nur vorläufig vollstreckbaren Titeln tritt nach der Rspr jedoch regelmäßig keine Erfüllungswirkung ein, da die Zahlung dann unter dem Vorbehalt rechtskräftiger Entscheidung stehe (BGHZ 86, 267, 269; BGH WM 1990, 1434). Aber nach § 106 Nr 1 S 2 GVGA darf und im praktischen Regelfall will der Gerichtsvollzieher Zahlungen unter Vorbehalt nicht entgegennehmen. Gibt der Schuldner nicht zu erkennen, daß er auf etwaige Einwendungen verzichten will, so stellt, was wie eine Zahlung aussieht, im Zweifel nur eine Duldung der Wegnahme dar (im Ergebnis zutr deshalb RGZ 63, 330, 331 f). Zur Anwendung des § 754 ZPO bei Fremdwährungsschulden vgl § 244 Rn 114.

c)   Von der Pfändung von Geld wegen einer Geldforderung ist die **Vollstreckung** **B 20** **wegen einer Geldforderung in eine Geldforderung** zu unterscheiden (vgl auch Rn C 70). Die **Pfändung von sog Buchgeld** ist nach der Systematik der ZPO Forderungspfändung, nicht Geldpfändung (vgl statt aller OLG Oldenburg WM 1979, 591; STÖBER, Forderungspfändung [10. Aufl 1993] Rn 156 ff; STEIN/JONAS/BREHM § 829 Rn 11 ff; LIESECKE WM 1975, 314; TERPITZ WM 1979, 570; PIKART WM 1980, 515; WERNER/MACHUNSKY BB 1982, 1581; RUTKE ZIP 1984, 538). Besondere Bedeutung kommt dabei dem Bestimmtheitsgrundsatz zu (zu ihm vgl RGZ 108, 318 f; 157, 321, 324; RG JW 1920, 558 m Anm OERTMANN; BGHZ 13, 42, 43 ff; BGH LM § 829 ZPO Nr 5; BB 1965, 607; NJW 1975, 980 f; WM 1978, 613; NJW 1980, 584; 1982, 1150; WM 1991, 779; OLG Köln MDR 1980, 150 f; PIKART WM 1980, 515). Die Formulierung, es würden die angeblichen Forderungen des Schuldners „aus Bankverbindung" gegen die Drittschuldnerbank gepfändet, genügt nicht den Bestimmtheitsanforderungen (OLG Frankfurt NJW 1981, 468 = JuS 1981, 461 m Anm KARSTEN SCHMIDT; LG Bochum NJW 1986, 3149; STEIN/JONAS/BREHM § 829 Rn 44). Die Angabe der Kontonummer ist auf der anderen Seite nicht erforderlich (BGH NJW 1982, 2195; STÖBER Rn 157). Das Girokonto wird durch den Schuldnernamen identifiziert. Ist unmißverständlich, daß das Girokonto des Schuldners bei einer bestimmten Bank gepfändet sein soll, so genügt dies. Führt er mehrere Konten, so sind sie alle erfaßt (LG Oldenburg Rpfleger 1982, 112; STÖBER aaO Rn 157).

3. Insolvenzverfahren

Über die vermögensrechtliche Zuordnung von Geldzeichen im Insolvenzverfahren **B 21** entscheidet das **Eigentum** (über Besonderheiten bei treuhänderischem Eigentum vgl KUHN/UHLENBRUCK § 43 Rn 10 ff). *Eine Aussonderung von Geld* nach den §§ 985 BGB, 43 KO (bzw ab 1999: § 47 InsO) kommt nur in Betracht, wenn *individuelle Geldzeichen* als Fremdeigentum ausgemacht werden können (RGZ 94, 20, 24; 94, 191, 194; BGHZ 58, 257, 258; KILGER/KARSTEN SCHMIDT § 43 Anm 2; KUHN/UHLENBRUCK § 43 Rn 4; PIKART WM 1980, 515; HÄDE KTS 1991, 371 f). Die auf solche Individualisierbarkeit verzichtende Lehre von der Wertvindikation wurde bereits bei Rn B 12 abgelehnt. Ihr sollte allerdings nicht entgegengehalten werden, daß sie zu einer „Ausplünderung der Konkursmasse" führt (so KUHN/UHLENBRUCK § 43 Rn 4), denn sie setzt wertmäßige Massefremdheit voraus. Aber sie ist mit der sachenrechtlichen Güterzuordnung nicht in Einklang zu bringen (so auch HÄDE KTS 1991, 372). Eine Geldforderung gegen den Gemeinschuldner genügt auch dann nicht, wenn sie materiellrechtlich einen Herausgabeanspruch (zB nach den §§ 667, 816, 822) darstellt oder auf Eigentum beruht (zB gemäß den §§ 823, 989 f). Eine Geldforderung kann zwar im Konkurs eines Dritten ausgesondert werden, nicht aber führt sie im Konkurs des Geldschuldners zur Aussonderung des geschuldeten Geldwerts. Anders kann es sich verhalten, wenn der Gegenstand der Herausgabepflicht – zB ein eingezogener Geldbetrag oder ein Zahlungsanspruch gegen einen Dritten – seinerseits ausgesondert werden kann, so etwa aufgrund von § 392 Abs 2 HGB (zu dieser Vorschrift vgl KARSTEN SCHMIDT, Handelsrecht [4. Aufl 1994] § 31 V 4 mwNw) oder aufgrund von § 46 KO bzw künftig § 48 InsO (*Ersatzaussonderung*). Nach § 46 KO (§ 48 InsO) kann, wenn Aussonderungsgegenstände vor der Eröffnung des Konkurses von dem Gemeinschuldner oder nach der Verfahreneröffnung vom Verwalter veräußert worden sind, der Aussonderungsberechtigte die Abtretung des Rechts auf die Gegenleistung verlangen; ist die Gegenleistung bereits eingezogen, so kann der Aussonderungsberechtigte diese Gegenleistung aus der Masse beanspruchen, soweit die Einziehung nach der Verfahreneröffnung stattgefunden hat. Hat der Gemeinschuldner fremdes Geld auf das eigene Bankkonto eingezahlt und hierdurch fremdes Bargeld in eigenes sog Buchgeld verwandelt, so fehlt es nach BGHZ 58, 257 jedenfalls dann an den Voraussetzungen des § 46 KO, wenn der sich aus der Bareinzahlung ergebende Buchgeldanspruch im Kontokorrent seine Selbständigkeit eingebüßt hat, so daß ein abtretbares Recht auf die Gegenleistung nicht mehr besteht (BGHZ 58, 257, 259 f; PIKART WM 1980, 515); spätestens entfällt nach Auffassung des BGH die Ersatzaussonderung mit dem Saldoanerkenntnis, weil die für die Ersatzaussonderung in Betracht kommende Forderung im Wege der Novation beseitigt sei (weitere Nachweise bei KILGER/KARSTEN SCHMIDT § 46 Anm 5; zur Kritik dieser Auffassung vgl CANARIS, in: GroßkommHGB[3] § 355 Rn 88 ff; CANARIS, Handelsrecht [22. Aufl 1995] § 25 IV 1 a; s auch KARSTEN SCHMIDT, Handelsrecht [4. Aufl 1994] § 21 V 1; nur referierend HÄDE KTS 1991, 374). Unverkennbar ist hier, wie folgenreich die Behandlung von Buchgeld als bloßer Forderung und die Ablehnung der sog Wertvindikation (Rn B 12) ist. § 46 KO (§ 48 InsO) vermag diese Defizite nur begrenzt zu kompensieren. Wiederum wird man dies aber als eine Konsequenz der Unterscheidung von Sach- und Buchgeld und der fehlenden Publizität bei der Ersatzaussonderung hinzunehmen haben. **Miteigentum** genügt, um einen auf Einräumung des Mitbesitzes und auf Auseinandersetzung gerichteten Aussonderungsanspruch geltend zu machen (BGH LM § 82 KO Nr 1 = KTS 1958, 142, 143; KUHN/UHLENBRUCK § 43 Rn 50). Im Konkurs eines dritten Besitzers können die Miteigentümer und kann nach § 1011 jeder Miteigentümer aussondern (KUHN/UHLENBRUCK § 43 Rn 50 mit Hinweis auf das allerdings nicht konkursrechtliche Urteil RGZ 69, 36, 40). Auch aus Treuhandverhältnissen kann sich ein Aussonderungsrecht ergeben (vgl zur Massefremdheit von Anderkonten BFH NJW 1965, 1046, 1048; KUHN/UHLENBRUCK § 43 Rn 13).

IV. Strafrechtlicher Schutz von Geldzeichen*

B 22 Der strafrechtliche **Schutz des Eigentums an Geldzeichen** muß vom strafrechtlichen

---

* **Schrifttum:** BAUMANN, Der strafrechtliche Schutz bei den Sicherungsrechten des modernen Wirtschaftsverkehrs (1956) 107 ff; BRUNS, Die Befreiung des Strafrechts vom zivilistischen Denken (1938); DREHER/TRÖNDLE, StGB (47. Aufl 1995); EBEL, Die Zueignung von Geldzeichen, JZ 1983, 175; FÖGEN, Geld- und Währungsrecht (1969) 27 ff; HÄDE, Geldzeichen im Recht der Bundesrepublik Deutschland (1990) 138 ff, 191 ff; HAHN, Währungsrecht (1990) § 9; KOLLENBERG, Besondere Probleme bei Geld als Angriffsobjekt von Eigentums- und Vermögensdelikten (1979); LACKNER, StGB (21. Aufl 1995); HELLMUTH MAYER,

Schutz der Währung (Rn A 80 ff) unterschieden werden. Münzdelikte richten sich nicht gegen Eigentum und Vermögen des einzelnen, sondern gegen das öffentliche Interesse an der Sicherheit und Zuverlässigkeit des Geldverkehrs (RGSt 67, 294, 297; BGH NJW 1954, 564; LG Karlsruhe NJW 1977, 1301, 1302), maW gegen die Währung. Der strafrechtliche Schutz von Geldzeichen befaßt sich mit Rechtsgütern einzelner. Die folgende Darstellung kann nur grobe Hinweise geben.

1.   Vermögensschutz

Geld und Geldforderungen unterliegen dem **allgemeinen strafrechtlichen Vermögens- B 23** **schutz**, namentlich den §§ 263, 266 StGB. Buchgeld, das auch im Strafrecht nicht als Sachgeld behandelt wird (OLG München JZ 1977, 408, 409 m Anm SIEBER), genießt Vermögensschutz, nicht Eigentumsschutz (vgl zum strafrechtlichen Schutz des bargeldlosen Zahlungsverkehrs HAHN § 9 Rn 38 ff). Um den Schutz der Geldzeichen selbst geht es hierbei nicht. Die durch Art 1 Nr 19 OrghG v 15. 7. 1992 (BGBl I 1302) geschaffene Strafbarkeit der **Geldwäsche** gemäß § 261 StGB (zuletzt geändert durch G v 28. 10. 1994 [BGBl I 3186]) betrifft den Schutz der Geldzeichen so wenig wie den Schutz der Währung oder des Zahlungsverkehrs. § 261 Abs 1 StGB schützt die Aufgabe der inländischen Rechtspflege, die Wirkungen von Straftaten zu beseitigen; Abs 2 schützt – wie § 257 StGB – das Interesse an der Wiederherstellung des gesetzmäßigen Zustands (LACKNER § 261 Rn 1). Tatobjekt des § 261 StGB ist daher nicht allein Geld iSd § 146 StGB, sondern jeder vermögenswerte Gegenstand (DREHER/ TRÖNDLE § 261 Rn 4, umfangr Nachweise zu dieser Vorschrift Rn 2).

2.   Eigentumsschutz

Das **Eigentum an Geld** ist namentlich durch die §§ 242, 246, 249 ff, 259 f StGB **B 24** geschützt (HÄDE 138 ff). Zur Eigentumslage nach geltendem Sachenrecht vgl zunächst Rn B 10. Da Geld den Charakter eines Wertträgers hat, ist allerdings zweifelhaft, ob das Eigentum an Geld dem Eigentum an sonstigen beweglichen Sachen strafrechtlich gleichgestellt werden darf (Roxin, in: FS Hellmuth Mayer [1966] 467 ff; BOCKELMANN ZStrW 69 [1957] 269, 279). Der Versuch HELLMUTH MAYERS, den Begriff der Fremdheit von der sachenrechtlichen Eigentumsprüfung zu lösen, hat keine nennenswerte Gefolgschaft gefunden (vgl aber die Kritik der hM bei BAUMANN 107 f, 201 ff). Die Problematik besteht darin, daß **Eigentumsdeliktstatbestände** vorliegen, daß aber die Anwendung dieser Tatbestände auf Geld in den praktischen Ergebnissen nicht auf den Schutz *des Eigentums*, sondern *des im Geldeigentum verkörperten Vermögenswerts* hinauslaufen muß. Es bedarf deshalb bei der Anwendung des strafrechtlichen Eigentumsschutzes auf Geldzeichen eines Korrektivs, das die Geldfunktionen zum Tragen bringt. Bei den §§ 242, 246 StGB wird dieses Korrektiv im wesentlichen im *Begriff der Zueignung* und in der (mutmaßlichen) Einwilligung des Eigentümers gesucht. Geldzueignung setzt nach manchen voraus, daß sich der Täter den Geldwert dauernd zueignen will; kann und will er die Summe erstatten, so liegt nach dieser Ansicht keine Zueignung vor (OLG Celle NJW 1974, 1833; ROXIN 471; dagegen HÄDE 140). Die

---

Eigentum an Geld und strafrechtliche Konsequenzen, GS 104 (1934) 100; SCHÖNKE/SCHRÖDER, StGB (24. Aufl 1991); ROXIN, Geld als Objekt von Eigentums- und Vermögensdelik-

ten, in: FS Hellmuth Mayer (1966) 467; UNGER, Die Zueignung von Geld und der allgemeine Unrechtsausschließungsgrund des „nicht schutzwürdigen Interesses" (1973).

Vermischung fremden Geldes mit eigenem (§ 948!) ist nach dieser Auffassung noch keine Zueignung (OLG Celle NJW 1974, 1833; Roxin aaO 477; **aM** etwa RGSt 71, 95, 96; RG HRR 1929 Nr 1413; 1934 Nr 1170; 1937 Nr 533). Andere unterscheiden zwischen sofortigem Ausgleich beim Geldwechsel und dem Fall einer erst für spätere Zeit ins Auge gefaßten Erstattung des Betrages; nur im zweiten Fall liege eine Zueignungshandlung vor (Schönke/Schröder/Eser § 242 Rn 6; Ebel JZ 1983, 182 f). Ob auch beim eigenmächtigen „Ausleihen" von fremdem Geld ebenso differenziert werden darf, ist bei Vertretern dieser Ansicht umstritten (bejahend Roxin 478 f; verneinend Ebel JZ 1983, 183 f). Auch bei der eigenmächtigen Durchsetzung von Forderungen durch Wegnahme von Geld kann diese Ansicht die Strafbarkeit verneinen (Roxin 479 f). Dieser Ansatz hat rechtspolitische Gründe für sich (vgl Amtl Entw eines Allg Dt StGB 1925, § 300 Abs 2 und dazu ebd S 156 f; Entwurf eines Allg Dt StGB 1927, § 348 Abs 2 und dazu ebd S 180; Kohlrausch, Vermögensverbrechen und Eigentumsverbrechen, in: Gürtner, Das kommende dt Strafrecht, BT [2. Aufl 1936] 474 ff; Bockelmann ZStrW 69 [1957] 269 ff). Nach geltendem Recht hält die **hM** am Sacheigentum als geschütztem Rechtsgut fest. Eigentums- und Vermögensdelikte bleiben streng getrennt. Bei Wegnahme einer Sache, die Gegenstand eines Individual- oder Gattungsanspruchs ist, fehlt es zwar an der Rechtswidrigkeit der Zueignung (BGHSt 17, 87, 89), anders aber verhält es sich bei der Durchsetzung von Geldforderungen durch Wegnahme von Geld (BGHSt 17, 87, 88 f). In anderen Fällen der Zueignung von Geld kann (mutmaßliche) Einwilligung des Eigentümers vorliegen. Fehlt es hieran, so ist mit der strafrechtlichen Irrtumslehre zu helfen. Bei der **Hehlerei** wirft das Geldwechseln Probleme der Ersatzhehlerei auf (RGSt 4, 321 f; 47, 313, 314 f; BGH NJW 1958, 1244, 1245; Häde 142 f; Schönke/Schröder/Stree § 259 Rn 14). Ähnlich wie bei der Wertvindikation (Rn B 12) wird man hier an der individuellen Zuweisung von Geldzeichen zu bleiben haben. Das mag ein geldrechtlicher Atavismus sein, doch ist dieser dem Sachgeld immanent.

3. Urheberschutz

B 25 Die Banknoten werden meist unter Verwendung altmeisterlicher Vorlagen von angesehenen Graphikern entworfen. Sie sind **Werke der Kunst** und keine amtlichen Werke iS von § 5 UrhG. Dies gilt ebenso für die von der Bundesregierung ausgegebenen Münzen (Hahn § 9 Rn 35). Der strafrechtliche Schutz des Urheberrechts ergibt sich aus § 106 UrhG (zum Strafantragserfordernis vgl § 109 UrhG).

C. Das Recht der Geldschuld

I. Grundlagen

1. Die Geldschuld im BGB

C 1 Das BGB enthält in den **§§ 244–248** und verstreut bei einzelnen Rechtsfragen (zB §§ 270, 288, 301, 1288) **nur vereinzelte Regeln** über die Geldschuld, nicht dagegen eine systematisch angelegte Ordnung dieses Regelungsbereichs (vgl demgegenüber etwa die §§ 665–684 SächsBGB 1863/65, Nachdruck 1973). Das Mißverhältnis zwischen der statistischen Bedeutung der Geldschuld und der ihr vom Gesetzgeber beigemessenen Bedeutung beruht nicht so sehr auf einer dem BGB häufig nachgesagten Vernachlässigung der Rechtswirklichkeit wie vielmehr darauf, daß man für schuldrechtliche Konflikte und Lösungen unter einem geordneten Währungsrecht wenig Raum sah (Mot in: MUGDAN II 7; vgl jetzt auch MünchKommBGB/vMAYDELL[3] § 244 Rn 1 f).

## 2.	Abgrenzung der Geldschuld

Der **Begriff der Geldschuld** ergibt sich aus Rn A 44 ff. Geldschulden sind alle **auf** **C 2** **Zahlung** gerichteten Verbindlichkeiten und nur diese Verbindlichkeiten. Zahlung bedeutet Verschaffung von Liquidität in Gestalt eines in Geld ausgedrückten Vermögenswerts (Rn A 25, C 7). Geldschulden sind damit zunächst alle auf Zahlung gerichteten Primärverbindlichkeiten aus Gesetz oder Rechtsgeschäft. Geldschulden sind weiter die auf Kompensation in Geld zielenden (sekundären) Wertersatz- und Schadensersatzverbindlichkeiten (eingehend AK-BGB/BRÜGGEMEIER Vorbem 14 zu §§ 244, 245).

a)	**Abgrenzungsschwierigkeiten** bereitet die **Verpflichtung zur Herausgabe von Geld.** **C 3** Ob es sich hierbei um Geldschulden handelt, wird vielfach generell geprüft und dann unterschiedlich beurteilt. Im Schrifttum wird teils eine strenge Abgrenzung gegen die Geldschuld befürwortet (vgl selbst für den Anspruch aus § 667 etwa BGHZ 28, 123, 128 sowie besonders deutlich noch MünchKommBGB/EMMERICH [1979] § 279 Rn 4: „keine Geldschuld"; vgl jetzt aber MünchKommBGB/EMMERICH[3] § 279 Rn 7: „keine Gattungsschuld"), teils wird ebenso generell die Herausgabeschuld als Geldschuld bezeichnet (AK-BGB/ BRÜGGEMEIER Vorbem 14 zu §§ 244, 245). Doch ist der Gegensatz in seiner Allgemeinheit unrichtig. Nach richtiger Ansicht ist zu differenzieren, denn das Bürgerliche Recht bezeichnet völlig heterogene Ansprüche als Herausgabeansprüche (so auch MEDICUS JuS 1983, 898 f). Herausgabeansprüche können sachbezogen sein (zB die §§ 861, 985, 1007), können aber auch auf Herausgabe des Erlangten gerichtet sein (zB die §§ 667, 812, 816), und erlangt ist nach Lage des Falls einmal ein Geldwert, einmal sind konkrete Geldzeichen erlangt. Wenn das BGB in beiden Fällen von der „Herausgabe" spricht, ist damit nur die Einheitlichkeit des Rechtsgrundes gemeint, nicht Identität des Anspruchsinhalts. Die technisch präzise Unterscheidung zwischen Zahlung und Herausgabe als Anspruchsinhalt spielt aber im Vollstreckungsrecht und damit auch bei Antrag und Titel im Zivilprozeß eine Rolle. *Es kommt darauf an, was herauszugeben ist: Geldzeichen oder ein Geldbetrag bzw Geldwert, also Liquidität.* Der auf die Herausgabe individueller Geldzeichen gerichtete Anspruch ist auch dem Inhalt nach ein Herausgabeanspruch; er ist folglich nach § 883 ZPO vollstreckbar und kein Zahlungsanspruch. Das gilt neben § 861 insbes für den Herausgabeanspruch aus § 985 (Rn B 12; str). Aber auch aus § 812 kann sich ein Anspruch auf Herausgabe bestimmter Stücke ergeben, wenn bloßer Besitz an Geldzeichen rechtsgrundlos erlangt ist. Zwar kann sich ein solcher Herausgabeanspruch ohne Zutun des Gläubigers in einen Zahlungsanspruch verwandeln (vgl nur die §§ 816, 951, 990, 818 Abs 2), und das geringe wirtschaftliche Interesse an der Identität der einzelnen Geldzeichen legt auch die Gleichstellung dieser Ansprüche mit Zahlungsansprüchen nahe. Eine solche Gleichstellung ist aber nach geltendem Recht nur sehr eingeschränkt möglich (vgl Rn B 12). Auch der Anspruch auf Herausgabe einer bestimmten Menge bestimmter Geldzeichen (eigentliche Geldsortenschuld; vgl Rn C 6) ist kein Zahlungsanspruch, sondern ein Anspruch auf eine bestimmte Menge vertretbarer Sachen (Vollstreckung nach § 884 ZPO). Eine *Geldschuld* liegt dagegen vor, wenn eine Geldsumme oder ein Geldwert herauszugeben ist. Wer „fremdes Geld" in „Besitz" hat, schuldet Herausgabe nach § 985 nur, solange im Dritteigentum stehende Geldzeichen als fremde Sachen individualisierbar sind, sonst nur Herausgabe als Geldschuld (keine Wertvindikation; vgl Rn B 12). Wer ohne Rechtsgrund Geld übereignet hat, kann nach § 812 Abs 1 S 1 vom Bereicherten Zahlung, nicht Rückübereinigung der individuellen Geldzeichen verlangen. Wenn das Geld auf ein Girokonto gelangt ist, besteht das erlangte und herauszugebende „Etwas" iS von § 812 nicht in der Buchgeldforderung, sondern es ist die Geldsumme zurückzuzahlen (vgl BGH JZ 1982, 470 = NJW 1982, 1585 = WM 1982, 707 = JuS 1982, 775 m Anm Karsten Schmidt). Wer als Nichtberechtigter (§ 816) oder als Empfänger einer ungerechtfertigten Bereicherung (§ 822) gegen Entgelt wirksam über einen herauszugebenden Gegenstand verfügt hat, schuldet Zahlung in Höhe des erzielten Erlöses, nicht Herausgabe der empfangenen Geldzeichen. Hier überall ist nicht Besitz und Eigentum an Geld, sondern ein durch Geld repräsentierter Vermögenswert „erlangt" iS der §§ 812, 816, 822 usw. Wer aufgrund Auftrags oder Geschäftsbesorgungsvertrags – etwa als Kommissionär – Geld für Rechnung des Eigentümers erworben hat und dieses herauszugeben hat, schuldet nach §§ 667 BGB, 384 Abs 2 HGB nicht Übereignung individueller Stücke, sondern eine Geldsumme (aM MünchKommBGB/Emmerich[3] § 279 Rn 7; differenzierend Medicus JuS 1983, 901 f). Steht dem Geschäftsbesorger eine Geldforderung gegen den Herausgabe verlangenden Auftraggeber zu, so besteht eine *Aufrechnungslage* nach § 387 zwischen den beiden als gleichartig zu behandelnden Ansprüchen (BGHZ 71, 380, 382 = NJW 1978, 1807, 1808; BGB-RGRK/Steffen[12] § 667 Rn 25; Erman/H P Westermann[3] § 387 Rn 10; Palandt/Heinrichs[56] § 387 Rn 8; Soergel/Zeiss[12] § 387 Rn 6; Staudinger/Gursky [1993] § 985 Rn 67; Schrader MDR 1978, 621, 622; Medicus JuS 1983, 902 f; s auch OLG Celle OLGZ 1970, 5, 8; unentschieden RGZ 160, 52, 60; BGHZ 14, 342, 346; aM Enneccerus/Lehmann § 70 VI; BGB-RGRK/Weber[12] § 387 Rn 33). Die Aufrechnung – etwa mit nichtkonnexen Ansprüchen – kann aus anderen Gründen, insbesondere aufgrund ausdrücklicher oder stillschweigender Vereinbarung, ausgeschlossen sein (RGZ 160, 52, 60; BGHZ 14, 342, 346 f; MünchKommBGB/Seiler[2] § 667 Rn 25). Daran, daß der Herausgabeanspruch kein Geldanspruch wäre, scheitert sie nicht (zu der ganz anderen Frage, ob Geldsummenansprüche und Geldwertansprüche aufrechenbar sind, vgl Rn C 60). Die Einordnung dieser Ansprüche als Zahlungsansprüche zwingt nicht zur blinden Anwendung aller Geldschuldregeln. So paßt etwa die Gefahrtragungsregel des § 270 nicht auf einen Herausgabeanspruch aus § 667 (Rn C 22). Beruht der Herausgabeanspruch auf den §§ 812 ff, so hat auch § 818 Abs 3 Vorrang vor der allgemeinen Regel des § 270 (vgl Rn C 22 aE). Keine Geldschuld begründet nach OLG Hamm DNotZ 1983, 61 die Verpflichtung des Notars, bei ihm hinterlegtes Geld auszuzahlen. Auch das ist in dieser Allgemeinheit nicht richtig. Allerdings kann der Notar gehalten sein, auch eine in Geld bestehende Herausgabepflicht bar zu erfüllen, also zB nicht mit eigenen Forderungen zu verrechnen.

C 4 **b)**   **Geldschuld und Sachschuld** müssen unterschieden werden. Die Geldschuld ist keine Sachschuld, insbesondere keine Gattungsschuld (Rn C 7), aber auch keine Sachschuld eigener Art (so aber Fülbier NJW 1990, 2797: Geldschuld als dritte Art der Sachschuld neben Stück- und Gattungsschuld); umgekehrt können auch Sachschulden, insbes Gattungsschulden, niemals Geldschulden sein. Der Unterschied liegt im Leistungsinhalt: Sachschulden können auf Herausgabe oder Übereignung individuell oder gattungsmäßig bestimmter Gegenstände gerichtet sein, während Geldschulden auf Wertverschaffung zielen (Rn A 44). Die Bedeutsamkeit dieses Unterschieds zeigt sich mit Deutlichkeit in der Zwangsvollstreckung: Eine titulierte Sachschuld wird nach den §§ 883, 884, 894 ZPO vollstreckt, nicht nach den §§ 808 ff ZPO (Fögen 112; vgl auch LG Frankfurt NJW 1956, 65 f). Sachschuld ist insbes die *Goldleistungsschuld*, und zwar auch dann, wenn sie sich auf Münzen bezieht (§ 245 Rn 23). Eine Selbstverständlichkeit ist, daß außer Kurs befindliche Geldzeichen, insbes antike Münzen, nur noch als Sachen und nicht mehr als Geld geschuldet sein können. Aber auch Geldzeichen, die nicht demonetisiert sind und deshalb die Geldeigenschaft nicht verloren haben (Rn B 3), können – etwa wegen ihres Goldwertes oder Seltenheitswertes – als Sachen im Handel sein und als Sachen geschuldet werden. Dann begründet das Verpflichtungsgeschäft keine Geldschuld, und auch das Erfüllungsgeschäft unterliegt nicht den Sonderregeln über Geldzeichen (vgl Rn B 13 zur Unanwendbarkeit des § 935 Abs 2). Dem trägt auch das **Steuerrecht** Rechnung. Die Umsatzsteuerbefreiung nach § 4 Nr 8 Buchst b UStG für die Umsätze und die Vermittlung der Umsätze von gesetzlichen Zahlungsmitteln gilt nach S 2 der Bestimmung nicht, wenn die Zahlungsmittel wegen ihres Metallgehaltes oder ihres Sammlerwertes umgesetzt werden. Vgl dazu Abschn 59 UStR:

„Gesetzliche Zahlungsmittel

(1) Von der Steuerfreiheit für die Umsätze von gesetzlichen Zahlungsmitteln (kursgültige Münzen und Banknoten) und für die Vermittlung dieser Umsätze wurden solche Zahlungsmittel ausgenommen, die wegen ihres Metallgehaltes oder ihres Sammlerwertes umgesetzt werden. Hierdurch sollen Geldsorten, die als Waren gehandelt werden, auch umsatzsteuerrechtlich als Waren behandelt werden.

(2) Es kann davon ausgegangen werden, daß Goldmünzen in fremder Währung im Inland nicht als gesetzliche Zahlungsmittel, sondern nur wegen ihres Metallgehaltes oder ihres Sammlerwertes umgesetzt werden. Die Umsätze von Goldmünzen sind deshalb nicht von der Umsatzsteuer befreit.

(3) Bei anderen Münzen und bei Banknoten ist davon auszugehen, daß sie wegen ihres Metallgehaltes oder ihres Sammlerwertes umgesetzt werden, wenn sie mit einem höheren Wert als ihrem Nennwert umgesetzt werden. Die Umsätze dieser Münzen und Banknoten sind nicht von der Umsatzsteuer befreit.

(4) Das Sortengeschäft (Geldwechselgeschäft) bleibt von den Regelungen der Absätze 1 bis 3 unberührt. Dies gilt auch dann, wenn die fremde Währung auf Wunsch des Käufers in kleiner Stückelung (kleine Scheine oder Münzen) ausgezahlt und hierfür ein vom gültigen Wechselkurs abweichender Kurs berechnet wird oder Verwaltungszuschläge erhoben werden."

Vgl dazu auch BMF-Finanznachrichten Nr 4/80 vom 18. 1. 1980, Betrieb 1980, 233. Zum ermäßigten Steuersatz für Sammlermünzen vgl § 12 Abs 2 Nr 1 UStG iVm Nr 54 der Anlage; vgl auch ZIMMERMANN Betrieb 1980, 127, 129 f. Für die **zivilrechtliche Behandlung von Geldzeichen als Gegenstand einer Sachschuld** gilt folgendes:

aa) Die **Geldstückschuld** ist nicht Geldschuld (FÖGEN 112; TITZE, Recht der Schuldver- **C 5** hältnisse [4. Aufl 1948] 27 f; ERMAN/WERNER[9] § 244 Rn 11; PLANCK/SIBER[4] Vorbem 2 d zu §§ 244, 245; PULVERMÜLLER, Rechtsnatur und Behandlung des privatrechtlichen Geldanspruchs [Diss Würzburg 1974] 68 f). In diesem Fall wird das Geldzeichen als bewegliche Sache geschuldet: Ein bestimmtes Geldzeichen oder eine bestimmte Menge bestimmter Geldzeichen ist hier vom Schuldner zu liefern, zB aufgrund *Kaufvertrages* oder

Tauschvertrages. Dieser Fall ist bei inländischen Zahlungsmitteln weitgehend theoretisch. Er wird nur vorkommen, wenn es ausnahmsweise einmal auf die Individualität von Geldzeichen ankommt. Das ist regelmäßig nicht einmal bei Handgeschäften der Fall. Wer beim Handgeschäft ein Geldzeichen vorweist und damit bezahlt, schließt einen Kaufvertrag, Dienstvertrag etc ab, nicht einen Tauschvertrag. Die Übereignung des Geldzeichens dient nach dem Parteiwillen der Begleichung eines Kaufpreises, ist also Zahlung, nicht schlichte Sachübereignung. Eine Stückschuld kann etwa durch das Vermächtnis einer Geldkassette oder eines sonstigen Vorrats an Geldzeichen begründet werden. Dem wirtschaftlichen Zweck nach kommt eine Stückschuld bei solchen Zahlungsmitteln in Betracht, die auch als Sachen von Wert sind, zB bei Sondermünzen, Fehlprägungen, Fehldrucken, auch bei ausländischen Goldmünzen (zum umstrittenen Geldcharakter dieser Münzen vgl Rn A 24). Doch ist die Vereinbarung von Stückschulden selbst bei Geldzeichen, die als Waren gehandelt werden, überaus selten. Hierauf ist es wohl zurückzuführen, daß die Geldstückschuld oft, terminologisch ungenau, mit der eigentlichen Geldsortenschuld (Rn C 6) vermengt wird, die gleichfalls auf Sachleistung und nicht auf Zahlung gerichtet ist (charakteristisch LG Frankfurt NJW 1956, 65; FÖGEN 112; MünchKommBGB/vMAYDELL[3] § 244 Rn 9; SOERGEL/TEICHMANN[12] § 244 Rn 5).

C 6 bb) Die **eigentliche oder echte Geldsortenschuld** ist im Gegensatz zur unechten Geldsortenschuld (§ 245 Rn 3) eine **Gattungsschuld** und damit keine Geldschuld (BGB-RGRK/ALFF[12] § 245 Rn 3; ERMAN/WERNER[9] § 244 Rn 11; STAUDINGER/SCHIEMANN [1995] § 243 Rn 18). Die in § 245 geregelte Geldsortenschuld wird als unechte oder uneigentliche Geldsortenschuld bezeichnet und ist Geldschuld (Mot in: MUGDAN II 8). Von ihr ist hier nicht die Rede. Die echte Geldsortenschuld zielt auf *Übereignung von Geldzeichen einer bestimmten Gattung*. Das Motiv für die Vereinbarung einer eigentlichen Geldsortenschuld kann unterschiedlich sein. Es kann auf das Geld als Zahlungsmittel gerichtet sein (zB beim Erwerb ganz bestimmter Zahlungsmittel aufgrund devisenrechtlicher Beschränkungen oder aus technischen Gründen, etwa als Vorrat von Wechselgeld für Münzautomaten). Doch ist dies ein seltener Fall. Der auf Erwerb von Geldsorten als Zahlungsmitteln gerichtete Vertrag begründet idR eine uneigentliche oder unechte Geldsortenschuld; dies ist der Fall des § 245. Bei gesetzlichen Zahlungsmitteln ist die eigentliche Geldsortenschuld außerordentlich selten. Sie entspricht im Zweifel auch dann nicht dem Parteiwillen, wenn sich die Parteien über die Leistung einer bestimmten Geldsorte geeinigt haben (ENNECCERUS/LEHMANN § 11 I 2). Doch wird man im *Valutakauf* (§ 244 Rn 12) und im *Auswechseln von Geldzeichen* derselben Währung die Begründung echter Geldsortenschulden durch Gattungskauf bzw Tausch erblicken können (Rn B 15; vgl auch STAUDINGER/MAYER-MALY[12] § 515 Rn 4; FÜLBIER NJW 1990, 2797; **aM** wohl SIMITIS AcP 159 [1960] 493 mit unzutreffendem Hinweis auf die auf das Auswechseln herausgebender Stücke bezogene Äußerung von MARTIN WOLFF, in: EhrenbHandB IV/1 626 f). Häufiger zielt die eigentliche oder echte Geldsortenschuld nur auf den Erwerb von wertvollen Sachen, zB von ausländischen Goldmünzen oder von Sonder- oder Gedenkmünzen (FÖGEN 112; TITZE, Recht der Schuldverhältnisse [4. Aufl 1948] 27). Über Zahlungsmittel, die als Waren im Handel sind, vgl auch Rn A 19. Es gelten dann die bei Rn C 4 geschilderten Grundsätze. Da die echte (eigentliche) Geldsortenschuld Gattungsschuld und nicht Geldschuld ist, unterliegt sie den §§ 243, 279 (ENNECCERUS/LEHMANN § 11 I 2; PLANCK/SIBER[4] Vorbem 2 c zu § 244; ERMAN/WERNER[9] § 244 Rn 11; BGB-RGRK/ALFF[12] § 245 Rn 3). Befindet sich die vereinbarte Sorte von Münzen oder Geldzeichen nicht mehr im Umlauf, so gilt für die eigentliche Geldsortenschuld nicht § 245. Der Schuldner muß nicht nach § 245 die Zahlung so leisten, wie wenn keine Münzsorte bestimmt wird, denn er schuldet lediglich die Übereignung von Geldzeichen einer ganz bestimmten Gattung. Der Schuldner wird aber nur unter den Voraussetzungen der §§ 275, 279 frei (MünchKommBGB/vMaydell[3] § 245 Rn 6 sieht eine solche Schuld ohne Grund als uneigentliche oder unechte Geldsortenschuld an, bei der § 245 abbedungen ist). Leistungszweck ist in diesem Fall der Erwerb von Sachen, nicht von Zahlungsmitteln. Zielt ausnahmsweise – wie beim Valutakauf – die echte Geldsortenschuld auf Geldzeichen als Zahlungsmittel, so kann dem Gläubiger bei Außerkurssetzung der Geldzeichen mit den §§ 119 Abs 2, 459, 480, evtl mit § 242, geholfen werden (einen Anspruch auf Wandelung bei Lieferung nicht mehr gültiger 100-Rubel-Noten hat LG Regensburg NJW-RR 1993, 822 zugebilligt). Ein Fall des § 245 liegt auch dann nicht vor, aber die praktische Handhabung kommt der des § 245 nahe.

3.   Rechtsnatur der Geldschuld

a)   Die Geldschuld zielt auf einen in Geld ausgedrückten unkörperlichen Vermö-   **C 7** genswert (vgl Rn A 25 in Anlehnung an Larenz). Sie zielt – gleichgültig, ob eine sog Geldsummenschuld oder eine sog Geldwertschuld vorliegt – auf einen Betrag, der in einer Geldsumme ausgedrückt und durch Zahlung dieser Summe beglichen werden kann. Man kann sie deshalb als **Wertverschaffungsschuld** einordnen (Savigny, Obligationenrecht I 440 ff; MünchKommBGB/vMaydell[3] § 244 Rn 8; Soergel/Teichmann[12] § 244 Rn 4; vMaydell, Geldschuld 11 mwNw), wobei allerdings dieser Begriff nicht zu Verwechselungen mit dem engeren Begriff der Geldwertschuld führen darf (hierzu Rn C 17, D 42 ff). Mit dem Begriff der Wertverschaffungsschuld soll gesagt sein, *daß der Geldschuldner Geld als abstrakte Vermögensmacht und nicht Geldzeichen als Sachen schuldet.* Zahlung ist Verschaffung von währungsrechtlich anerkannter Liquidität. Die Geldschuld zielt auf Zahlung, also nur auf die Liquidität (Rn C 2). Wenn in § 607 die Darlehnsvaluta immer noch als „Geld oder andere vertretbare Sachen" bezeichnet ist, dann läßt dies keine Rückschlüsse auf den Inhalt der Geldschuld zu (so aber Fülbier NJW 1990, 2798), sondern nur auf die Rückständigkeit des Gesetzestextes. Die Geldschuld ist nicht auf Sachen, auch nicht auf Geldzeichen, gerichtet. Sie ist **keine Gattungsschuld** (Staudinger/Schiemann [1995] § 243 Rn 17; Enneccerus/Lehmann § 11 I; Erman/Werner[9] § 244 Rn 5; Palandt/Heinrichs[56] § 243 Rn 2, § 245 Rn 6; Larenz I § 12 III; ders, Methodenlehre der Rechtswissenschaft [6. Aufl 1991] 418; Esser/Eike Schmidt I/1 § 13 II; Medicus[17] Rn 248 ff; Lempennau, Gattungsschuld und Beschaffungspflicht [1972] 111 f; vMaydell, Geldschuld 11; MünchKommBGB/vMaydell[3] § 244 Rn 8; Isele AcP 129 [1928] 172; Simitis AcP 159 [1960] 445). Allerdings ist dies auch heute noch umstritten (ältere Nachw bei vMaydell, Geldschuld 11). Eine noch immer verbreitete Auffassung sieht die Geldschuld als eine Gattungsschuld an, die durch Verschaffung von Eigentum an der Gattungssache Geld erfüllt wird (Blomeyer, Allg Schuldrecht § 13 I 2; BGH LM § 12 HöfeO Nr 5; Ernst Wolf, Schuldrecht I § 4 D II 2; Soergel/Reimer Schmidt[10] § 244 Rn 1). Auch bei BGHZ 83, 293, 300 ist für einen auf Rückzahlung gerichteten Bereicherungsanspruch noch von der „Herausgabe eines nur der Gattung nach bestimmten Gegenstandes die Rede", woraus gefolgert worden ist, auch der VII. Senat sehe die Geldschuld als Gattungsschuld an (Fülbier NJW 1990, 2797). Indes kann dieser Einordnung nicht gefolgt werden. *Die Lehre von der Geldschuld als Gattungsschuld ist so überholt wie die Substanzwerttheorie des Geldes.* Überwiegend beruht sie auf der ungeprüften Fortschreibung überholter Prämissen. Ein ausführlicher Begründungsversuch findet sich allerdings noch bei Ernst Wolf (Schuldrecht I § 4 D II d). Ernst Wolf verfährt zwar mit der Geldschuld nominalistisch, also ohne Bezug auf den Stoffwert. Er spricht – ganz im Sinn der hier vertretenen Auffassung – von einer „Nennbetragsschuld, Wertsummenschuld oder Geldbetragsschuld". Die hiernach überraschende Einordnung als Gattungsschuld beruht auf folgender Überlegung: Da ein „reiner Wert" nicht existiere, könne die Geldschuld nicht „reine Wertschuld" sein, sondern sie sei, wie es dem Begriff Geld entspreche, eine Sachschuld, genauer: eine Gattungsschuld mit dem Inhalt, eine Sachmenge an Geld zu zahlen, die einer bestimmten Menge von Werteinheiten entspricht (der Begriff der „bargeldlosen Zahlung" wird von ERNST WOLF Fn 70 folgerichtig negiert, und die Banküberweisung wird § 8 C II a als Hingabe an Erfüllungs Statt eingeordnet). Der Fehler dieses Begründungsversuchs liegt in dem ihm zugrundeliegenden Geldbegriff. Geld ist nicht nur bewegliche Sache (Rn A 20), sondern auch Institution (Rn A 18). Dabei weist der institutionelle Geldbegriff den Geldzeichen nur eine, aber nicht die ausschließliche Tilgungsfunktion zu (vgl auch insofern Rn A 18). Nicht eine begriffliche, sondern allenfalls eine normative Betrachtungsweise könnte die Einordnung der Geldschuld unter die Gattungsschulden rechtfertigen. Es geht um ein Normanwendungsproblem, und es liegt nahe, die Geldschuld mangels durchgehender systematischer Sonderregeln im BGB dem Recht der Gattungsschuld zuzuordnen. Dies ist wohl die methodische Grundlage der *Lehre von der Gattungsschuld besonderer Art*. Nach dieser ist die Geldschuld nicht eine Gattungsschuld wie jede andere, weil nicht Geldzeichen mittlerer Art und Güte geschuldet werden; es liegt nach dieser Lehre ein Sondertypus der Gattungsschuld vor, auf den einzelne Vorschriften der Gattungsschuld anwendbar sind (zB die §§ 243 Abs 2, 279), andere (zB § 243 Abs 1) nicht (so FIKENTSCHER, Schuldrecht[8] Rn 216; ähnlich HECK, Schuldrecht § 19/3; TITZE, Recht der Schuldverhältnisse [4. Aufl 1948] 26). Die Lehre von der Gattungsschuld besonderer Art stellt eine durch Begriffsbildung *verdeckte Gesamtanalogie* dar (oder eine verdeckte „Induktion" iS des Sprachgebrauchs von CANARIS, Die Feststellung von Lücken im Gesetz [1964] 97 ff). Die Methode der Gesamtanalogie schließt nicht aus, daß – wie bei der sog Gattungsschuld besonderer Art – unpassende Einzelregelungen von der Analogiebildung ausgenommen werden (vgl LARENZ, Methodenlehre der Rechtswissenschaft [6. Aufl 1991] 383 ff). Aber die Methode der verdeckten Analogie kehrt Regel und Ausnahme um. In Wahrheit kann es nicht darum gehen, die Geldschuld generell den Gattungsschuldregeln zu unterstellen und sodann einzelne unpassende Gattungsschuldregeln zu eliminieren. Es kann nur darum gehen, etwa vorhandene Lücken durch *offene Analogie* zu schließen. Dies ließe sich bewerkstelligen, wenn man die Geldschuld, da Einzelregelungen im Gesetz fehlen, als dritte Form der Sachschuld neben die Stück- und die Gattungsschuld stellte (so FÜLBIER NJW 1990, 2797 f), jedoch ist die Prämisse dieser Einordnung, die Geldschuld sei auf Sachgeld gerichtet (FÜLBIER NJW 1990, 2798), nicht zu halten. Es bleibt also dabei: Als Wertverschaffungsschuld ist die Geldschuld eine im Gesetz nur fragmentarisch geregelte Verbindlichkeit eigener Art, auf welche einzelne Regeln über Gattungsschulden analog anwendbar sind.

C 8 b)   Die **analoge Anwendung einzelner Gattungsschuldregeln** auf die Geldschuld als Nicht-Gattungsschuld kommt nur in engen Grenzen in Betracht.

C 9 aa)   **Unanwendbar ist § 243 Abs 1** (allgM). Wer Geld schuldet, hat Geld als Vermögenswert in Höhe des geschuldeten Betrags zu leisten, nicht Sachen und schon gar nicht Sachen mittlerer Art und Güte.

bb) Die (analoge) **Anwendbarkeit des § 243 Abs 2** ist str (bejahend STAUDINGER/MEDI- **C 10**
CUS[12] § 243 Rn 35; LG Lüneburg MDR 1951, 424; SIMITIS AcP 159 [1960] 446 f; verneinend OLG
Hamburg MDR 1948, 346, 347; MEYER-CORDING, Das Recht der Banküberweisung [1951] 131;
PLANCK/SIBER[4] § 243 Anm 4 c ß bb; ISELE AcP 129 [1928] 175 f). Daß eine unmittelbare
Anwendung nicht in Betracht kommt, versteht sich, nachdem Gattungs- und Geldschuld unterschieden wurden. Die Frage kann nur sein, ob die Leistungsgefahr bei
einer Geldschuld auf den Gläubiger übergeht, wenn der Schuldner das zur Leistung
seinerseits Erforderliche getan hat. Wie SIMITIS ausführlich begründet hat, ließe sich
der Gedanke der Konzentration, obgleich die Geldschuld keine Gattungsschuld ist,
durchaus auf diese Schuld übertragen (aM ISELE AcP 129 [1928] 176). Notwendigkeit und
Legitimation einer solchen Analogie hängen indes davon ab, ob eine Lücke vorhanden ist. Das ist *zu verneinen.* § 270 Abs 1 genießt Vorrang und schließt den Rückgriff
auf § 243 Abs 2 aus (OLG Hamburg MDR 1948, 346, 347; MEYER-CORDING aaO; PLANCK/
SIBER[4] aaO). MEDICUS (JuS 1966, 305; STAUDINGER/SCHIEMANN [1995] § 243 Rn 35) will allerdings § 243 Abs 2 analog da anwenden, wo § 270 Abs 1 nicht weiterhilft: erstens im
Fall des § 270 Abs 3 (dazu Rn C 24); zweitens beim Problem der Verspätungsgefahr
(dazu Rn C 26); drittens bei Herausgabepflichten des (entgeltlichen oder unentgelt-
lichen) Geschäftsführers, für die § 270 nicht gilt (dazu Rn C 22). Nach der zu diesen
Fragen hier vertretenen Auffassung bedarf es der analogen Anwendung in keinem
dieser Fälle.

cc) **Auch § 279** findet nach einer im Vordringen befindlichen Auffassung *keine* **C 11**
Anwendung (STAUDINGER/SCHIEMANN [1995] § 243 Rn 13; ERMAN/WERNER[9] § 244 Rn 5;
PALANDT/HEINRICHS[55] § 279 Rn 4 mwNw; aA BGHZ 83, 293, 299 f zu § 818 Abs 4). Dieser Auffassung ist insoweit zu folgen, als sie Geldschuld und Gattungsschuld unterscheidet
und demgemäß eine direkte Anwendung verneint. Nach richtiger Auffassung ist zu
unterscheiden: Für den Grundsatz, daß Unvermögen den Schuldner nicht befreit,
bedarf es nicht der (analogen) Anwendung des § 279 (Rn C 30 f mit eingehenden Nachw
zum Streitstand). Der ganz andere Grundsatz, daß der Schuldner sich nicht unter Berufung auf unverschuldete Zahlungsunfähigkeit nach § 285 exkulpieren kann, sollte
dagegen, da er bei § 285 nicht zum Ausdruck gelangt ist, analog § 279 entwickelt
werden (Rn C 32).

dd) *Anwendbar* (nach der hier vertretenen Auffassung nur analog anwendbar) ist **C 12**
nach ganz hM **§ 300 Abs 2** (vgl nur LARENZ I § 25 II β aE; ESSER/EIKE SCHMIDT I/2 § 23 I 2;
FIKENTSCHER, Schuldrecht[8] Rn 210; ERMAN/WERNER[9] § 243 Rn 11, § 244 Rn 5; STAUDINGER/
LÖWISCH [1995] § 300 Rn 13; MünchKommBGB/THODE[3] § 300 Rn 4). Die Materialien zu den
§§ 270 und 300 geben für eine Anwendung des § 300 Abs 2 auf Geldschulden nichts
her (Mot in: MUGDAN II 18 ff, 41; Prot in: MUGDAN II 524, 540 f; JAKOBS/SCHUBERT, Die Beratung
des BGB, SchuldR I [1978] 181 ff, 349 ff). Aus ihnen geht nur hervor, daß sich die (heute
umstrittene!) Notwendigkeit der Regelung aus dem für Geldschulden nicht einschlägigen § 243 Abs 2 ergeben soll (Hinweis auf E I § 214 in: Mot aaO). Seinem Grundgedanken nach kann aber § 300 Abs 2 ebenso an § 270 Abs 1 anknüpfen wie an § 243
Abs 2. Wenn der Gläubiger die Gefahrtragung des Schuldners nicht durch Wohnsitzänderung (§ 270 Abs 3) zum Nachteil des Schuldners verlängern darf, muß auch der
Gläubigerverzug die Gefahrtragung beenden. Der hM ist deshalb zuzustimmen.
Über die *Rechtsfolgen* der analogen Anwendung vgl Rn C 36.

ee) *Nicht* analog anwendbar sind die **§§ 2155 und 2182.** Es besteht kein sachlicher **C 13**

Grund, das Geldvermächtnis als Gattungsvermächtnis zu behandeln. Bei anderen Sondervorschriften für die Gattungsschuld (§§ 480, 524 Abs 2) stellt sich die Frage einer analogen Anwendung auf Geldschulden nicht.

4.   Arten der Geldschuld

C 14 Die **unterschiedlichen Arten der Geldschuld** können unter verschiedenen Gesichtspunkten geordnet werden.

C 15 a)   Wegen der Unterscheidung von **Heimwährungsschulden** und **Fremdwährungsschulden** ist auf die Kommentierung des § 244 zu verweisen. Es handelt sich hierbei nicht nur um unterschiedliche Wertberechnungsarten, sondern um unterschiedlichen Leistungsinhalt. Auch wenn die Fremdwährungsschuld nach § 244 in Inlandswährung beglichen werden kann (sog unechte Fremdwährungsschuld; vgl § 244 Rn 4), ist doch primär Zahlung in fremder Währung geschuldet.

C 16 b)   Die **Geldsortenschuld** ist eine Geldschuld nur dann, wenn sie als sog uneigentliche oder unechte Geldsortenschuld auf Zahlung, wenn auch auf Zahlung in bestimmter Geldsorte, gerichtet ist; dieser Fall ist geregelt in § 245. Die eigentliche oder echte Geldsortenschuld ist Gattungsschuld (vgl Rn C 6; § 245 Rn 3).

C 17 c)   **Geldsummenschulden** und **Geldwertschulden** werden von der hM unterschieden (Rn D 42 ff). Der Unterschied zwischen ihnen besteht nicht im Gegenstand der geschuldeten Leistung, sondern in der Bestimmung der Forderungshöhe. Die *Geldsummenschuld* ist betragsmäßig fixiert. Sie kann zum Gegenstand einer Leistungsklage und eines Leistungsurteils gemacht werden und Grundlage der Vollstreckung nach den §§ 808 ff ZPO sein. Die *Geldwertschuld* ist nicht durch eine Summe, sondern durch einen Wertdeckungszweck (Schadensersatz, Wertersatz, angemessener Unterhalt etc) begrenzt. Die *Besonderheiten der Geldwertschuld* bestehen zum einen in ihrer automatischen Dynamisierung (Rn D 44), zum anderen angeblich auch in ihrer währungsmäßigen Neutralität (eingehend und krit § 244 Rn 24). Schließlich wird auch behauptet, ein Geldwertanspruch sei nicht verzinslich (OLG Köln NJW 1960, 388, 389). Diese Auffassung hat sich indes nicht durchgesetzt (Rn C 18). Zur Berechtigung und Bedeutung des Instituts der Geldwertschuld und zur Umwandlung einer Geldwertschuld in eine Geldsummenschuld vgl Rn D 43, D 78 ff.

II.   Allgemeine Regeln

1.   Verzinslichkeit

C 18 Zur Frage ob nur Geldschulden verzinslich sind, vgl § 246 Rn 9. **Jede Geldschuld** ist der Verzinsung fähig. Ob sie im Einzelfall verzinslich ist, ergibt sich aus Vertrag oder Gesetz (vgl insbes die gesetzliche Verzinsung nach den §§ 291, 256, 347, 452, 819 f iVm 291, 849 BGB, 352 f HGB). Ein Unterschied zwischen Geldsummenschulden und Geldwertschulden besteht nicht. Auch Geldwertansprüche unterliegen der gesetzlichen Verzinsung (STAUDINGER/LÖWISCH [1995] § 288 Rn 5, § 291 Rn 4; BGH NJW 1953, 337; 1965, 531, 532; 1965, 1374, 1376; KG VersR 1972, 281; MünchKommBGB/THODE[3] § 291 Rn 5; SOERGEL/WIEDEMANN[12] § 279 Rn 4; F A MANN NJW 1960, 825 gegen OLG Köln NJW 1960, 388, 389). Es gibt also keinen Grundsatz, wonach die Möglichkeit der Verzinsung erst besteht, wenn die Geldwertschuld der Höhe nach fixiert und dadurch zur Geldsummenschuld umgewandelt ist (so aber OLG Köln NJW 1960, 388, 389; von ERNST WOLF, Schuldrecht I § 4 D II h wird diese Auffassung dem BGH unterstellt und zum Bestandteil einer eingehenden Polemik gegen das Institut der Geldwertschuld gemacht). Sogar vor der endgültigen Bezifferung wird § 291 schon auf Schmerzensgeldansprüche angewandt (STAUDINGER/LÖWISCH [1995] § 291 Rn 5; BGH NJW 1965, 531, 532; 1965, 1374, 1376; KG VersR 1972, 281, 282; aM auch hier OLG Köln NJW 1960, 388 m abl Anm F A MANN NJW 1960, 825; zu den Anforderungen an die Rechtshängigkeit OLG Nürnberg VersR 1962, 626).

2. Zahlungsort

Der **Zahlungsort** ergibt sich aus den **§§ 269, 270 Abs 4**. Der Zahlungsort kann vertrag- **C 19**
lich (auch im Wertpapier, vgl Art 1 Nr 5 WG, 1 Nr 4 ScheckG) bestimmt oder spezialgesetzlich geregelt sein (zB durch § 1194 BGB, § 36 VVG). Steuerschulden sind nach § 224 AO Bringschulden, Schulden aus Präsentationspapieren (§§ 808 Abs 2 BGB, Art 28 ScheckG, 38 WG) nach der Vorstellung des Gesetzes Holschulden. Eine von § 269 abweichende Vereinbarung kann ausdrücklich oder stillschweigend getroffen werden (MünchKommBGB/KELLER[3] § 270 Rn 12). Vor allem die Zahlung im Lastschriftverfahren bewirkt, daß aus der qualifizierten Schickschuld eine Holschuld wird (Rn C 51; SOERGEL/WOLF[12] § 270 Rn 11). Zahlungsortklauseln in Allgemeinen Geschäftsbedingungen unterliegen der Kontrolle nach § 9 AGBG (SOERGEL/WOLF[12] § 270 Rn 10 iVm § 269 Rn 17). Fehlt es an einer von § 269 abweichenden Vereinbarung, so bestimmt der Wohnort bzw die gewerbliche Niederlassung des Schuldners den Zahlungsort. Bedeutung hat dies namentlich für die Verzögerungsgefahr (Rn C 25) und für den gesetzlichen Gerichtsstand nach § 29 ZPO, ausnahmsweise auch bei der Bestimmung des Schuldstatuts im Internationalen Privatrecht (zB BGHZ 57, 72; BGH NJW 1960, 1720, 1721; OLG Köln OLGZ 1975, 454, 456). Nach § 361 HGB entscheidet der Leistungsort auch über die geschuldete Währung (dazu § 244 Rn 16). Über weitere materiellrechtliche Folgen aus der Bestimmung des Leistungsorts vgl STAUDINGER/ SELB [1995] § 269 Rn 19 mit umfassenden Nachweisen. Im internationalen Warenverkehr ist allerdings Art 57 Abs 1 lit a) CISG zu beachten, der den Sitz des Gläubigers als Zahlungsort bestimmt (rechtsvergleichende Hinweise bei SCHÖNLE, Ort und Zeit bargeldloser Zahlung, in: FS Werner [1984] 817).

3. Gefahr und Kosten der Geldübermittlung

Nach **§ 270 Abs 1, 2** hat der Schuldner Geld auf seine Kosten und Gefahr dem Gläu- **C 20**
biger an dessen Wohnsitz oder Niederlassung zu übermitteln (dazu eingehend BALSER, Die Bedeutung der Geldübereignungspflicht bei Geldschulden [Diss Göttingen 1933] 45 ff). Da § 270 Abs 4 den Leistungsort unberührt läßt, macht § 270 aus der Geldschuld keine Bringschuld, sondern eine sog qualifizierte Schickschuld, dh eine Schickschuld mit Transportgefahr des Schuldners.

a)   aa) Die Vorschrift gilt für die **Geldübermittlung**. *Barübermittlung* und *unbare* **C 21**
Leistung stehen einander gleich (vgl Rn C 50). Dem Wortlaut nach paßt § 270 nur auf die Übermittlung von einer Gemeinde in eine andere. Die Bestimmung gilt aber auch für das *Platzgeschäft*, dh für die Geldübermittlung am gemeinsamen Wohnort oder Sitz (RGZ 78, 137, 140; BGH NJW 1959, 1176; GERNHUBER, Erfüllung § 2 VII 1; allgM).

Auch die unbare Leistung vom Schuldnerkonto auf ein Gläubigerkonto derselben Bank fällt unter § 270.

C 22   **bb)**   § 270 gilt für **alle Geldschulden**, für Geldwertschulden ebenso wie für Geldsummenschulden (MünchKommBGB/Keller[3] § 270 Rn 3; Soergel/Wolf[12] § 270 Rn 2; Staudinger/Selb [1995] § 270 Rn 2). Allerdings enthält § 270 dispositives Recht (Staudinger/Selb [1995] § 270 Rn 14; AG Freiberg/Sa NJW 1947/48, 300, 301 m Anm Krekels; im Ergebnis ebenso MünchKommBGB/Keller[3] § 270 Rn 2). Nicht nur eine ausdrückliche oder eine konkludente Einzelfallabrede, sondern auch die allgemeine Risikoordnung eines Vertragsverhältnisses kann § 270 verdrängen. Hier ist mit Staudinger/Selb [1995] (§ 270 Rn 3) die Erklärung für die **Ausnahmen** *bei der Herausgabepflicht im Auftrags- und Geschäftsbesorgungsverhältnis*, insbes im Kommissions- und Speditionsrecht zu suchen. Im Ergebnis besteht weitgehende Einigkeit darüber, daß diese Pflichten zur Herausgabe von Geldsummen nicht der Gefahrtragungsregel des § 270 Abs 1, 2 unterliegen (vgl nur BGHZ 28, 123, 128 = LM § 270 Nr 2 m Anm Rietschel; LG Hamburg MDR 1951, 557 f; AG Frankfurt NJW 1949, 111, 112; Erman/Kuckuck[9] § 270 Rn 1; Staudinger/Selb [1995] § 270 Rn 3; MünchKommBGB/Keller[3] § 270 Rn 5; Soergel/Wolf[12] § 270 Rn 3; Coing JZ 1970, 246; s auch schon zu Art 325 ADHGB RGZ 2, 116, 117; 23, 96, 103; **aM** OLG Frankfurt NJW 1949, 111; Staudinger/Werner[11] § 270 Rn 1). Überwiegend wird dies mit der Überlegung erklärt, die Herausgabepflicht begründe keine oder doch keine typische Geldschuld (charakteristisch MünchKommBGB/Keller[3] § 270 Rn 5). Aber die Pflicht dessen, der ein fremdes Geschäft besorgt hat, zur „Herausgabe" des Erlangten (§§ 667, 675, 681 BGB, 384 Abs 2 HGB) begründet, wenn Geld erlangt ist, nicht eine Herausgabepflicht iS von § 883 ZPO, sondern eine Geldschuld (Rn C 3). Unklar ist auch die Formel, dies sei keine „gewöhnliche" Geldschuld (so zB BGHZ 28, 123, 128 = LM § 270 Nr 2 m Anm Rietschel; Ostler NJW 1975, 2274). Wer eine Geldsumme herauszugeben hat, schuldet Zahlung, ist also „gewöhnlicher" Geldschuldner. Gleichwohl stand schon vor dem Inkrafttreten des BGB fest, daß der zur „Herausgabe" der Geldsumme Verpflichtete nicht die Verlustgefahr trägt (vgl m Nachw Coing JZ 1970, 246). Der Grund liegt nicht im Inhalt der Geldschuld, sondern in der Risikoordnung des Rechtsverhältnisses. Wer Geld für fremde Rechnung empfangen und deshalb weiterzugeben hat, haftet nicht für den zufälligen Untergang des Erlangten in seiner Hand, folgerichtig kann er nach der Risikoordnung des Vertrags auch für das Transportrisiko nicht haften (vgl im Ergebnis RGZ 2, 116, 118; 23, 96, 103 f; BGHZ 28, 123, 128 = LM § 270 Nr 2 m Anm Rietschel; LG Hamburg MDR 1951, 557 f; AG Frankfurt NJW 1949, 111, 112; Gernhuber, Erfüllung § 2 VII 1; MünchKommBGB/Keller[3] § 270 Rn 5; heute wohl unstr; **aM** noch OLG Frankfurt NJW 1949, 111). Deshalb bedarf es auch nicht einer analogen Anwendung des § 243 Abs 2, um das – gar nicht vorhandene – Transportrisiko des Geschäftsführers übergehen zu lassen (aM Staudinger/Medicus[12] § 243 Rn 34). Die Sonderbehandlung dieser Herausgabepflichten gilt für alles Handeln für fremde Rechnung, insbes für die Verkaufskommission, für die Einziehung von Forderungen und für die treuhänderische Verwaltung von Vermögen. *Herausgabepflichten aus den §§ 812 ff* unterliegen in aller Regel wegen § 818 Abs 3 gleichfalls nicht der Gefahrtragungsregel des § 270 Abs 1 (aA OLG Braunschweig MDR 1947, 290 f m insoweit abl Anm Sieveking; die teilw aA bei Staudinger/Selb [1995] § 270 Rn 3 bezieht sich nicht auf die Gefahrtragungsregel). Anders im Fall des § 819 Abs 1. Wiederum ist also ein Rückgriff auf § 243 Abs 2 überflüssig.

C 23   **b)**   **aa)** Die **Verlustgefahr** liegt nach § 270 Abs 1 beim Schuldner. Die „Gefahr", von der § 270 Abs 1 spricht, ist nur die des Verlusts von Geldzeichen bzw – bei Erfüllung mit Buchgeld – die Gefahr der Nichtausführung oder Fehlausführung einer Überweisung (STAUDINGER/SELB [1995] § 270 Rn 8, 10; MünchKommBGB/KELLER[3] § 270 Rn 15). Der Schuldner muß, wenn geschuldetes Geld auf dem Transport verlorengeht, nochmals zahlen (RGZ 78, 137, 140). Wenn sich die Gefahr durch Wohnsitzänderung des Gläubigers erhöht, geht sie insoweit auf ihn über (§ 270 Abs 3; dazu Rn 24). Darüber hinaus wird man jede in der Sphäre des Gläubigers eintretende Gefahrerhöhung ihm zurechnen müssen (MünchKommBGB/KELLER[3] § 270 Rn 16; SOERGEL/WOLF[12] § 270 Rn 15), so zB bei Selbstabholung von der Post (dazu RGZ 69, 137, 139). Eine analoge Anwendung auf die *Versendung von Schecks*, wie sie wohl bei RGZ 69, 137, 139 angenommen wird, ist wegen § 364 Abs 2 in aller Regel überflüssig, weil selbst der Empfang des Schecks noch keine Erfüllungswirkung hat (ERMAN/KUCKUCK[9] § 270 Rn 4; STAUDINGER/SELB [1995] § 270 Rn 9). Ist jedoch Scheckübersendung an Zahlungs Statt vereinbart, so sollte § 270 analog angewendet werden. Abgrenzungsschwierigkeiten können im **Giroverkehr** entstehen, weil der Zeitpunkt des Gefahrübergangs durch den Gesetzeswortlaut nicht geklärt ist. Über die (analoge) Anwendung des § 270 Abs 1 in diesem Bereich vgl zunächst allgemein STAUB/CANARIS, HGB[4] Bankvertragsrecht Rn 477 ff. Grundsätzlich und eindeutig geht die Gefahr mit der endgültigen Gutschrift auf dem Gläubigerkonto über (RGZ 54, 329, 331; 105, 266, 268; BGHZ 3, 156, 159; 6, 121, 123 = LM § 270 Nr 1 m Anm ASCHER = JZ 1952, 492; BGH WM 1982, 291, 293; STAUB/CANARIS, HGB[4] Bankvertragsrecht Rn 477; STAUDINGER/SELB [1995] § 270 Rn 8; krit und eingehend POLKE, Der Zahlungsverkehr der Banken im In- und mit dem Ausland [1978] 81 ff). BGHZ 6, 121, 125 = LM § 270 Nr 1 m Anm ASCHER = JZ 1952, 492 läßt dahingestellt, ob es auch genügen kann, wenn die Überweisungsunterlagen bei der kontoführenden Bank eingehen. Die *Endgültigkeit der Vermögensbewegung* muß den Ausschlag geben. Deswegen genügt es, wenn die Unterlagen bei der Gläubigerbank eingegangen sind und der Schuldner die Widerrufsmöglichkeit verloren hat (STAUDINGER/SELB [1995] § 270 Rn 8 unter Berufung auf BGH NJW 1971, 380). Allerdings ist auch der Zeitpunkt, in dem das Widerrufsrecht endet, str. Nach hM endet es nicht vor der Erteilung der Gutschrift (BGHZ 103, 143, 145 f = NJW 1988, 1320, 1321; eingehend STAUB/CANARIS, HGB[4] Bankvertragsrecht Rn 354 f mwNw; GÖSSMANN, Recht des Zahlungsverkehrs [2. Aufl 1993] Rn 53 f; HADDING/HÄUSER ZHR 145 [1981] 148 f; dies WM 1988, 1153; HÄUSER NJW 1994, 3122). Nach BGHZ 103, 143 = NJW 1988, 1320 ist der Widerruf des Überweisungsauftrags eine (Gegen-)Weisung, die über die Landeszentralbank als Botin weitergegeben wird und so lange möglich ist, wie der Auftrag nicht endgültig ausgeführt ist. Dies ist mit der Gutschrift auf dem Empfängerkonto geschehen. In Korrektur dieses vorherrschenden Standpunkts verwies die Voraufl auf den Sphärengedanken und plädierte für eine Vorverlegung in dem Sinne, daß bei der zwischenbetrieblichen Überweisung von Bank zu Bank und bei der Filialüberweisung schon der Eingang der Unterlagen mit der Ermächtigung zur Belastung der Vorbank das Widerrufsrecht enden läßt (POLKE 51–61 mwNw; zum Risiko eines Konkurses der Empfängerbank vgl eingehend STAUB/CANARIS, HGB[4] Bankvertragsrecht Rn 478 mwNw sowie unten, Rn C 27). Nur bei der Hausüberweisung komme es dann auf die Gutschrift an (nach POLKE 61 f auf die Entäußerung der Gutschriftanzeige; vgl zu dieser STAUB/CANARIS, HGB[4] Bankvertragsrecht Rn 420 ff). Die Filialüberweisung könne dabei der Hausüberweisung gleichgestellt werden (zw dagegen beim Konkursrisiko; Rn C 27). Nach dem Grundlagenurteil BGHZ 103, 143 = NJW 1988, 1320 ist diesem differenzierenden Ansatz die Grundlage entzogen. Das Widerrufsrecht dauert bis zur Gutschrifterteilung an. Selbst wenn der Überweisungsbegünstigte schon mit dem Eingang bei seiner (Empfänger-)

Bank einen Anspruch gegen diese auf Auszahlung erwirbt, ist doch dieser Anspruch vom Bestand des Überweisungsauftrags, folglich vom Fortbestand der auf Zahlung lautenden Weisung des Zahlenden abhängig, so daß erst mit der Gutschrift die Erfüllungswirkung eintritt und damit das Widerrufsrecht endet (STAUB/CANARIS, HGB[4] Bankvertragsrecht Rn 355). Nur in ganz unvorhersehbaren *Fällen der steckengebliebenen Banküberweisung* kommt eine Teilung des Verlustes zwischen Gläubiger und Schuldner nach § 242 in Betracht (BGHZ 2, 218, 225; 10, 319, 323; STAUB/CANARIS, HGB[4] Bankvertragsrecht Rn 477; MünchKommBGB/KELLER[3] § 270 Rn 16; PALANDT/HEINRICHS[56] § 270 Rn 10).

C 24 **bb)** Soweit **Änderungen des Wohnsitzes oder der gewerblichen Niederlassung** des Gläubigers nach Entstehung des Schuldverhältnisses die Kosten und die Gefahr zum Nachteil des Schuldners verändern, trägt nach **§ 270 Abs 3** der Gläubiger die Mehrkosten bzw die Gefahr. Der Gläubiger trägt namentlich die Gefahr, daß die Durchführung eines Nachsendeauftrages zum Verlust führt (AG Berlin-Neukölln VersR 1967, 176; STAUDINGER/SELB [1995] § 270 Rn 12). Kein Anwendungsfall des § 270 Abs 3 ist die bloße Änderung des Bankkontos (BGHZ 6, 121, 127 = LM § 270 Nr 1 m Anm ASCHER = JZ 1952, 492; SOERGEL/WOLF[12] § 270 Rn 15; STAUDINGER/SELB [1995] § 270 Rn 12; BGB-RGRK/ ALFF[12] § 270 Rn 8). Das wird vom BGH damit begründet, daß der Schuldner nicht gezwungen ist, auf das Neukonto zu zahlen. Sollte allerdings der Schuldner einmal aus tatsächlichen oder rechtlichen Gründen keine andere Wahl haben, so müßte § 270 Abs 3 analog angewandt werden. Aus § 270 Abs 3 wird der allgemeine Gedanke hergeleitet, daß der Schuldner das Verlustrisiko nicht trägt, soweit es auf eine vom Gläubiger herbeigeführte Gefahrerhöhung zurückzuführen ist (vgl schon Rn C 23). So zB, wenn der Gläubiger das Geld selbst beim Postamt abholen läßt und es in falsche Hände gerät (RGZ 69, 137, 139). Nach MEDICUS (JuS 1966, 305; STAUDINGER/ MEDICUS[12] § 243 Rn 43) gilt im Fall des § 270 Abs 3 die in analoger Anwendung des § 243 Abs 2 zu entwickelnde Regel, daß die Gefahr spätestens dann übergeht, wenn der Schuldner das zur Leistung seinerseits Erforderliche getan hat. Eine Regelungslücke, die diese Analogie erforderlich machen könnte, ist indes nicht zu erkennen. Es bleibt bei dem durch § 270 Abs 3 lediglich modifizierten Grundsatz des § 270 Abs 1 (vgl schon Rn C 10).

C 25 **cc)** Eine von § 270 **abweichende Vereinbarung** ist möglich. Wird die Geldschuld als Holschuld vereinbart, so trägt der Gläubiger ohne weiteres mit den Kosten auch die Verlustgefahr, so vor allem bei der Vereinbarung eines Lastschrifteinzugs (vgl zum Erfüllungsort Rn C 51). Dann bedarf es keiner weiteren von § 270 Abs 1 abweichenden Vereinbarung. Eine solche Vereinbarung kann aber Bedeutung gewinnen, wenn ein von §§ 270 Abs 4, 269 abweichender Erfüllungsort nicht vereinbart worden ist, der Gläubiger aber das Verlustrisiko tragen soll. Dies kann in den Grenzen des § 9 AGBG auch durch Allgemeine Geschäftsbedingungen geschehen, zB in den Bezugsbedingungen eines Großabnehmers.

C 26 **c)** *Nicht* in § 270 Abs 1 geregelt ist die **Verspätungsgefahr.** Das Risiko verspäteten Zahlungseingangs trägt der Gläubiger, wenn der Schuldner das seinerseits zur rechtzeitigen Zahlung Erforderliche getan hat (RGZ 78, 137, 139; 99, 257; RG Recht 1925 Nr 1244 = JR 1925 Nr 762; BGHZ 44, 178, 179 = NJW 1966, 46 f; BGH NJW 1959, 1176; 1964, 499; 1969, 875; OLG Hamm VersR 1976, 1032 f; OLG Köln NJW-RR 1992, 1528, 1529; LARENZ I § 14 IV c; SOERGEL/WOLF[12] § 270 Rn 17; SCHLEGELBERGER/HEFERMEHL, HGB[5] Anh § 365 Rn 107).

Das ergibt sich nicht – auch nicht in entspr Anwendung – aus § 243 Abs 2 (so aber
MEDICUS JuS 1966, 305 und STAUDINGER/MEDICUS[12] § 243 Rn 34), sondern daraus, daß § 270
Abs 4 den Zahlungsort unberührt läßt (RGZ 78, 137, 139; 99, 257, 258; BGB-RGRK/ALFF[12]
§ 270 Rn 1, 7; MünchKommBGB/KELLER[3] § 270 Rn 18; zur Unanwendbarkeit des § 243 Abs 2 vgl
schon Rn C 10). Es genügt nach der gesetzlichen Regel, wenn der Schuldner die Geldleistung rechtzeitig am Leistungsort – und das ist im Zweifel sein Wohnsitz (§§ 269,
270 Abs 4) – auf den Weg gebracht hat. Ein Kreditinstitut, dessen er sich hierbei
bedient, ist, wenn eine Schickschuld vorliegt, insofern nicht sein Erfüllungsgehilfe.
Mit STAUB/CANARIS, HGB[4] Bankvertragsrecht Rn 479 sollte deshalb nicht vom
Übergang der Verspätungsgefahr gesprochen werden, sondern davon, daß der Gläubiger diese Gefahr trägt. Darüberhinaus ist der Begriff der „Gefahr" überhaupt
mißverständlich, sofern er dazu verleitet, die „Verspätungsgefahr" mit der Leistungs-
und Gegenleistungsgefahr auf eine Stufe zu stellen. Es geht bei dieser „Gefahr" um
nichts anderes als um die Rechtzeitigkeit der Leistung. Die ganz *herrschende Meinung* stellt dabei auf den *Zeitpunkt* der *Leistungshandlung* ab. Der Schuldner muß
die Leistung in der Weise auf den Weg gegeben haben, daß sie seiner Verfügungsmacht endgültig entzogen ist (BGH NJW 1969, 874). Das gilt auch für **unbare Leistungen.** Die rechtzeitige **Absendung eines Schecks** (auch Verrechnungsschecks oder
vordatierten Schecks), der alsbald eingelöst wird, genügt (BGHZ 44, 178, 179 f; BSG
NJW 1988, 2501; OLG Karlsruhe NJW 1955, 504, 505; OLG Nürnberg MDR 1968, 148; LARENZ I
§ 14 IV c; ERMAN/KUCKUCK[9] § 270 Rn 8; MünchKommBGB/KELLER[3] § 270 Rn 21). Überbringt
der Schuldner den Scheck, so kommt es darauf an, wann der Scheck in die Verfü-
gungsgewalt des Gläubigers gelangt (BGH NJW 1969, 875; BFH Betrieb 1969, 420;
PALANDT/HEINRICHS[56] § 270 Rn 6). Es schadet hierbei nicht, daß die Scheckhingabe
regelmäßig nur Leistung erfüllungshalber ist und der Leistungserfolg deshalb erst
mit der Einlösung eintritt (SOERGEL/WOLF[12] § 270 Rn 19). Bei der **Überweisung im Bank-
giroverkehr** oder im Postgiroverkehr geht die Verspätungsgefahr im Gegensatz zur
Verlustgefahr (Rn C 23) nicht erst dann über, wenn das Widerrufsrecht des Zahlungs-
schuldners endet. Erst recht kann es, wie bei der Scheckzahlung, nicht auf den
Erfüllungszeitpunkt ankommen (vgl auch zur Einstellung der Zwangsvollstreckung bei Banküberweisung LG Düsseldorf DGVZ 1990, 140). Spätestens geht die Verspätungsgefahr in
dem Zeitpunkt über, in dem der Überweisungsbetrag auf dem Konto des Schuldners
abgebucht worden ist (BGH NJW 1964, 499; 1971, 380; SCHÖNLE, Bank- und Börsenrecht
[2. Aufl 1976] § 32 I; MEYER-CORDING, Das Recht der Banküberweisung [1951] 136 f; Münch-
KommBGB/KELLER[3] § 270 Rn 22; MARTIN VersR 1977, 658; BRINK EWiR 1985, 358; Bedenken
aber bei CLAUSSEN, Bank- und Börsenrecht [1996] § 7 Rn 20). Die bloße Absendung des
Überweisungsauftrags an die Schuldnerbank genügt nicht (SCHLEGELBERGER/HEFER-
MEHL, HGB[5] Anh § 365 Rn 107; beide gegen die möglicherweise nur mißverständliche Abgrenzung
bei ENNECCERUS/LEHMANN § 23 I 3). Ebensowenig genügt der Eingang des Überwei-
sungsauftrags bei der noch der Schuldnersphäre zuzurechnenden Schuldnerbank
(CANARIS, in: GroßkommHGB[3] Anh § 357 Anm 243; SCHLEGELBERGER/HEFERMEHL, HGB[5] Anh
§ 365 Rn 107; HEYMANN/HORN, HGB Anh III § 372 Rn 34; aA BFH, WM 1986, 631; OLG Celle
MDR 1969, 1007; OLG Düsseldorf Betrieb 1984, 2686 = EWiR 1985, 357; OLG Köln NJW-RR
1992, 1528, 1529; OLG Koblenz NJW-RR 1993, 583 = MDR 1993, 213 = WM 1993, 705; ERMAN/
KUCKUCK[9] § 270 Rn 7; MünchKommBGB/KELLER[3] § 270 Rn 22; STAUDINGER/SELB [1995] § 269
Rn 19; PALANDT/HEINRICHS[56] Rn 7; SCHÖNLE, Ort und Zeit bargeldloser Zahlung, in: FS Werner
[1984] 821). Die vorherrschende Gegenansicht, wonach Einreichung bei der Schuldnerbank, sofern ausreichende Deckung vorhanden ist, genügt, paßt nur auf den Fall
der sog Hausüberweisung innerhalb einer Bank, die zugleich Schuldner- und Gläu-

bigerbank ist (so auch SOERGEL/WOLF[12] § 270 Rn 18). Wo dies nicht der Fall ist, wird man die Einreichung bei der Schuldnerbank nicht für den Gefahrübergang ausreichen lassen. Mit CANARIS und HEFERMEHL (beide aaO) wird man, der Zurechnung von Risikosphären folgend, die Absendung des Überweisungsauftrags durch die Schuldnerbank an die Gläubigerbank als den entscheidenden Zeitpunkt anzusehen haben (ebenso HEYMANN/HORN aaO; GERNHUBER, Erfüllung § 2 VII 4 b). Ist dieser Zeitpunkt nicht feststellbar, so wird eine tatsächliche Vermutung dafür sprechen, daß die Weitergabe des Überweisungsauftrags der Belastungsbuchung unmittelbar folgte. Das Handeln und Zögern der Schuldnerbank ist noch dem Schuldner zuzurechnen, sofern nicht die Gläubigerbank mit der Schuldnerbank identisch ist (LARENZ I § 14 IV Fn 16; auch CANARIS begrenzt seine Auffassung auf den außerbetrieblichen Überweisungsverkehr; zu sog „Hausüberweisungen" vgl STAUB/CANARIS, HGB[4] Bankvertragsrecht Rn 481 und LARENZ aaO). Das Absenden an eine Zwischenbank genügt (so HEFERMEHL und GERNHUBER, beide aaO; aM STAUB/CANARIS, HGB[4] Bankvertragsrecht Rn 481). Wird durch *Postanweisung* oder *Zahlkarte* – nicht durch Überweisung von einem Konto auf ein Postgirokonto – gezahlt, so kommt es auf den Zeitpunkt an, in dem der Schuldner den Betrag bei der Post eingezahlt hat (RGZ 78, 137, 140; 99, 257 f; SCHLEGELBERGER/HEFERMEHL, HGB[5] Anh § 365 Rn 106; PALANDT/HEINRICHS[56] § 270 Rn 6). Diese auf den Zeitpunkt der Leistungshandlung abstellende hM ist einfach und bei Unterscheidung zwischen der sog „Hausüberweisung" und der zwischenbetrieblichen Überweisung auch aus der Gläubigerperspektive im Regelfall überzeugend. Sie ist allerdings zugegebenermaßen bei Abwägung der beiderseitigen Interessen nicht unanfechtbar, weil sie die *Frage der Verspätungsgefahr* mit der *Frage der rechtzeitigen Leistungsbewirkung* vermischt. Dieses vermeidet ein von CANARIS herausgearbeitetes, *differenziertes Lösungsmodell* (vgl zuletzt STAUB/CANARIS, HGB[4] Bankvertragsrecht Rn 480): Nicht jede Vornahme der Leistungshandlung vor Fälligkeit oder vor Fristablauf schließt nach CANARIS die Annahme einer verspäteten Leistung aus, sondern der Schuldner muß die Leistungshandlung – zB die Überweisung – so rechtzeitig vornehmen, daß bei normaler Durchführung damit zu rechnen ist, daß der Anspruch aus der Gutschrift spätestens zum Fälligkeitszeitpunkt entsteht; durch Erteilung des Überweisungsauftrags am 31. eines Monats kann deshalb nach CANARIS (aaO) eine auf den 1. des Folgemonats lautende Zahlungsfrist nicht gewahrt werden (vgl auch OLG Koblenz NJW-RR 1993, 583; enger wohl HEYMANN/HORN, HGB Anh III § 372 Rn 33). Einschränkungen dieses Grundsatzes können nach CANARIS (Rn 480 a) nur der in concreto anzuwendenden Gesetzesnorm oder Vertragsklausel entnommen werden (ebenso HEYMANN/HORN, HGB Anh III § 372 Rn 35). Für diese Lösung sprechen erhebliche Gesichtspunkte der individuellen Gerechtigkeit. Die bei RGZ 78, 137, 140 vollzogene Gleichstellung der qualifizierten Schickschuld mit einer Holschuld („als wenn der Gläubiger bei ihm erschiene, um es zu holen") wird von CANARIS (aaO) ausdrücklich abgelehnt. Allerdings hat das RG die Geldschuld nicht zur Holschuld erklärt, sondern nur die Regelung des Leistungsorts (§§ 269, 270 Abs 4) auf die Leistungszeit erstreckt: Habe der Schuldner das, was seinerseits zur Erfüllung zu geschehen habe, am Erfüllungsort getan, so sei dies auch rechtzeitig geschehen, sofern die Leistung nur überhaupt an den Gläubiger gelange. Diese Auslegung hat den Vorteil der Rechtsklarheit für sich (vgl zum diesbezüglichen Einwand gegen CANARIS etwa BRINK EWiR 1985, 358). Die Lösung des RG scheint auch durch § 270 Abs 4 gedeckt. Deshalb ist an der Maßgeblichkeit der Leistungshandlung festzuhalten: Sie bestimmt nach der gesetzlichen Regel nicht nur den Übergang der Gefahr einer zufälligen Verzögerung, sondern auch die geschuldete Erfüllungsbewirkung (unter Beibehaltung der Verlustgefahr). Wer diese Lösung nicht will, muß eine andere vereinbaren. Die gesetzliche „Gefahrtragungs"-Regelung ist *abdingbar*. Es kann eine Bringschuld vereinbart werden mit der Folge, daß Eingang der Zahlung beim Empfänger, bei unbarer Leistung also Gutschrift auf dem Empfängerkonto, erforderlich ist (RGZ 78, 137, 140; BGH NJW 1971, 380; OLG Frankfurt NJW 1949, 111; OLG München VersR 1975, 851; PALANDT/HEINRICHS[56] § 270 Rn 6; SOERGEL/WOLF[12] § 270 Rn 20). Eine Holschuld ist bei Zahlung im Lastschriftverfahren vereinbart (BGH NJW 1984, 871, 872; WM 1985, 461, 462; **aA** GERNHUBER, Erfüllung § 2 VII 4 c).

d) *Nicht* in § 270 geregelt ist das **Insolvenzrisiko**, auch nicht das Risiko eines **C 27** Zusammenbruchs der Gläubigerbank, also ihres Konkurses bzw ihrer Schließung nach dem KWG (STAUDINGER/SELB [1995] § 270 Rn 8; **aA** HEYMANN/HORN, HGB Anh III § 372 Rn 36). Aber die Lösung muß aus dem Rechtsgedanken des § 270 entwickelt werden (STAUB/CANARIS, HGB[4] Bankvertragsrecht Rn 478), der allerdings durch den Sphärengedanken zu modifizieren ist. Das Risiko eines Zusammenbruchs der Schuldnerbank im zwischenbetrieblichen Überweisungsverkehr und ebenso das Risiko des Zusammenbruchs einer Zwischenbank trägt der Schuldner (STAUB/CANARIS, HGB[4] Bankvertragsrecht Rn 478). Bei der Hausüberweisung trägt er das Risiko bis zur Gutschrift auf dem Gläubigerkonto (nach STAUB/CANARIS, HGB[4] Bankvertragsrecht Rn 476 iVm 419 ff und nach POLKE, Der Zahlungsverkehr der Banken im In- und mit dem Ausland [1978] 94 bis zur Entäußerung der Gutschriftanzeige). Das entspricht dem bei Rn C 23 angenommenen Übergang der Verlustgefahr. Dagegen sollte bei der zwischenbetrieblichen Überweisung (STAUB/CANARIS, HGB[4] Bankvertragsrecht Rn 478; eingehend POLKE 91 ff), nach einer umstrittenen Auffassung auch bei der Filialüberweisung (POLKE 94 ff; **aM** STAUB/CANARIS, HGB[4] Bankvertragsrecht Rn 478), das Insolvenzrisiko nach dem Sphärengedanken zwischen Schuldner und Gläubiger verteilt und dem Schuldner das Risiko einer Insolvenz der Gläubigerbank abgenommen werden. Hier wird in aller Regel schon der Eingang der Unterlagen bei der Gläubigerbank (Gläubigerfiliale) zum Übergang der Gefahr führen (wegweisend in dieser Richtung aufgrund des Sphärengedankens CANARIS und POLKE, beide aaO).

e) *Nicht* in § 270 geregelt ist auch das **Geldentwertungsrisiko** (**aM** STAUDINGER/SELB **C 28** [1995] § 270 Rn 10; BGB-RGRK/ALFF[12] § 270 Rn 1; PALANDT/HEINRICHS[56] § 270 Rn 10; Münch-KommBGB/KELLER[3] § 270 Rn 17; SOERGEL/WOLF[12] § 270 Rn 13). Es ist hierbei zu unterscheiden: Die *bloße Geldentwertung* hat nichts mit § 270 zu tun (OLG Karlsruhe SoergRspr 1926 Nr 2 zu § 270). Sie ist aufgrund des geldrechtlichen Nominalismus (Rn D 19) nicht dem Teilverlust des geschuldeten Geldes gleichzustellen, sondern ist Teil der Verzögerungsgefahr, die in § 270 nicht geregelt ist. Da die Verzögerungsgefahr bei einer vom Schuldner rechtzeitig veranlaßten Zahlung vom Gläubiger zu tragen ist (Rn C 26), trägt er auch die Gefahr eines während der Wertbewegung eintretenden Wertverlusts (ebenso STAUB/CANARIS, HGB[4] Bankvertragsrecht Rn 477, 479). Erst mit Eintritt des Schuldnerverzuges geht die Entwertungsgefahr auf den Schuldner über (Rn D 344 f). Umstritten ist dagegen die *Frage des Währungswechsels*, also der Überweisung des Betrages in einer Altwährung, die im Zeitpunkt des Eingangs außer Kurs gesetzt ist. Die Frage spielte während der Währungsreform von 1948 (Rn A 59) eine erhebliche praktische Rolle, während aus den Vorgängen der Deutsch-Deutschen Währungsunion von 1990 Rechtsstreitigkeiten dieser Art nicht bekannt geworden sind (vgl dagegen zu den Transferrubelgeschäften HORN, Das Zivil- und Wirtschaftsrecht im neuen Bundesgebiet [2. Aufl 1993] § 7 Rn 34). Da die Außerkurssetzung zur *Demonetisierung* von Geldzeichen führt (Rn B 4), steht sie bei der Barzahlung dem Verlust des übermittelten Geldes gleich. Deshalb spricht eine sinngemäße Übertragung dieses Gedankens auf die Erfüllung mit Buchgeld dafür, die Gefahr der Außerkurssetzung dem Verlustrisiko gleichzusetzen (so im Ergebnis Staudinger/Selb [1995] § 270 Rn 10 mwNw; OLG Stuttgart NJW 1950, 189; LG Dortmund MDR 1949, 225; Meyer-Cording, Das Recht der Banküberweisung [1951] 131 ff; Schönle, Bank- und Börsenrecht [2. Aufl 1976] § 32 I; Staub/Canaris, HGB[4] Bankvertragsrecht Rn 477; Schlegelberger/Hefermehl, HGB[5] Anh § 365 Rn 111; aM OLG Düsseldorf NJW 1949, 158; Ackermann JR 1947, 79; 1948, 183; vermittelnd Jakobsohn JR 1947, 159). Eine andere Frage ist, inwieweit ein Umstellungsgesetz bei einem Währungswechsel dieses Risiko ausschaltet.

C 29   f)   Auch die **Kosten der Geldübermittlung** trägt nach § 270 Abs 1 der Schuldner. Diese Regelung gilt auch für den nach den §§ 812 ff zur Herausgabe Verpflichteten (Staudinger/Selb [1995] § 270 Rn 3; für Anwendung des ganzen Abs 1 OLG Braunschweig MDR 1947, 290 m krit Anm Sieveking; dazu Rn C 22). Die Kontoführungsgebühr des Empfängers gehört nicht zu diesen Kosten (Staudinger/Selb [1995] § 270 Rn 13; MünchKommBGB/Keller[3] § 270 Rn 26; Soergel/Wolf[12] § 270 Rn 23; BAG BB 1977, 443 = NJW 1977, 919; OVG Bremen ZBR 1976, 90, 91). Erhöhen sich infolge einer Wohnsitzverlegung oder infolge eines nach Rn C 24 gleichzustellenden Vorgangs die Kosten der Geldübermittlung, so trägt diese erhöhten Kosten der Gläubiger (§ 270 Abs 3).

4.   Keine Befreiung durch Unvermögen

C 30   a)   Unvermögen (subjektive Unmöglichkeit) *befreit den Schuldner* auch dann *nicht*, wenn es auf unverschuldeter Ursache beruht. Die Zahlungsunfähigkeit kann zwar auslösendes Moment für eine Beseitigung des Schuldverhältnisses sein (zB §§ 119 Abs 2, 123, 326, 610). Das Unvermögen als solches hat aber nicht die Wirkung des § 275. Vielfach wird dieser Grundsatz aus § 279 hergeleitet (vgl nur RGZ 75, 335, 337; BGHZ 7, 346, 354; 28, 123, 128; BGH LM § 275 Nr 5; BGHZ 83, 293 = JZ 1982, 470 = NJW 1982, 1585 = WM 1982, 707 = JuS 1982, 775 m Anm Karsten Schmidt; BGH NJW 1985, 1828, 1829; BAG MDR 1961, 355; Leonhard, Allgemeines Schuldrecht 115; Enneccerus/Lehmann § 11 I 3; Blomeyer, Schuldrecht § 13/2; Fikentscher, Schuldrecht[8] Rn 335; Soergel/Reimer Schmidt[10] § 244 Rn 1; BGB-RGRK/Alff[12] § 244 Rn 11; MünchKommBGB/Thode[3] § 285 Rn 2; Honsell, Der Verzugsschaden bei der Geldschuld, in: FS Lange [1992] 509; Roth JuS 1968, 106). Nach BGHZ 83, 293 = JZ 1982, 470 = NJW 1982, 1585 = WM 1982, 707 = JuS 1982, 775 m Anm Karsten Schmidt gilt das auch für den gemäß §§ 818 Abs 4, 819 Abs 1 verschärft haftenden Bereicherungsschuldner. Die Vorstellung ist die, daß der Schuldner Sachen aus der unerschöpflichen Gattung Geld schuldet. Die Bestimmung ist aber sicherlich nicht unmittelbar anwendbar, denn die Geldschuld ist weder eine Gattungsschuld noch überhaupt eine Sachschuld (Rn C 4). Wer Geld schuldet, schuldet eine gegenständlich nicht bestimmte Vermögensleistung: geschuldet wird Liquidität in einer durch das Schuldverhältnis bestimmten Währung. Aus demselben Grund ist aber auch eine dem § 279 entsprechende Sonderregel entbehrlich, denn der Gedanke einer befreienden Unmöglichkeit ist dem Recht der Geldschuld schon im Ausgangspunkt fremd. § 279 regelt ein Problem, das es bei Geldschulden nicht gibt. Eine Rechtsordnung, die die Zahlungsunfähigkeit zum Konkursgrund erklärt, geht mit stillschweigender Selbstverständlichkeit davon aus, daß Zahlungsunfähigkeit den Schuldner nicht befreien kann. Das ist heute hM (vgl mit Unterschieden im Detail Larenz I § 12 III; Esser/Eike Schmidt I/1 § 13 II; Lemppenau, Gattungsschuld und Beschaffungspflicht [1972] 114; vMaydell, Geldschuld 12; Erman/Battes[9] § 279 Rn 3; Münch-

KommBGB/Emmerich[3] § 279 Rn 5; Palandt/Heinrichs[56] § 279 Rn 4; Soergel/Wiedemann[12] § 279 Rn 7; Schlegelberger/Hefermehl[5] Anh 361 HGB Rn 19; Ballerstedt, Zur Lehre vom Gattungskauf, in: FS Nipperdey [1955] 267 f; Simitis AcP 159 [1960] 445 f; Karsten Schmidt JuS 1984, 742; Emmerich JuS 1993, 340). Nicht einmal eine analoge Anwendung des § 279 ist deshalb angezeigt (Lemppenau 112 ff; s auch Rn C 11 mwNw). Vgl auch § 244 Rn 61 *zur devisenrechtlich bedingten Unmöglichkeit* der Erfüllung einer Fremdwährungs-schuld. Ein *Währungswechsel* oder der Untergang der geschuldeten Geldsorte führt gleichfalls nicht zum Erlöschen der Geldschuld, sondern zur Umstellung (vgl Rn A 50; RGZ 107, 370, 371; Esser/Eike Schmidt I/1 § 13 II 2 a; zur Lehre vom rekurrenten Anschluß vgl in diesem Zusammenhang auch F A Mann JZ 1965, 450). Selbst eine sog überobligationsmä-ßige Schwierigkeit (sog wirtschaftliche Unmöglichkeit), die man nach § 242 in Ausnahmefällen berücksichtigen mag (vgl zur Behandlung von Altschulden in der Wieder-aufbausituation nach dem Zweiten Weltkrieg Nehlert NJW 1947/48, 142), führt nicht zum Erlöschen der Geldschuld, sondern kann nur den Verzugseintritt hindern (vgl Rn C 32). **Ein per se nach § 275 befreiendes Unvermögen gibt es bei der Geldschuld nicht.** Die Zweite BGB-Kommission hat aus diesem Grund auf eine ausdrückliche Regel ver-zichtet, die den Wortlaut gehabt hätte: „Unverschuldete Zahlungsunfähigkeit gilt nicht als Unmöglichkeit" (Jakobs/Schubert, Die Beratung des BGB, SchuldR I [1978] 214). Da nach der gesetzlichen Interessenwertung der Käufer einer Sache das Risiko der Geldbeschaffung zur Zahlung des Kaufpreises trägt, stellt die mangelnde Zahlungs-fähigkeit auch keinen Fortfall der Geschäftsgrundlage des Kaufvertrages dar (BGH WM 1982, 532). Besondere gesetzliche Befreiungstatbestände und Einreden bei Ent-reicherung oder Erschöpfung eines Vorrats (§§ 818 Abs 3, 1973, 1989 f etc) sind hierdurch nicht ausgeschlossen.

b) An der herrschenden, bisher wohl einhelligen Ansicht ist entgegen neuerdings **C 31** aufkommender **Kritik** festzuhalten. Solche Kritik üben einzelne rechtspolitisch motivierte Stimmen (Reifner, Alternatives Wirtschaftsrecht am Beispiel der Verbraucherver-schuldung [1979] 308 ff; AK-BGB/Dubischar § 279 Rn 6). Stein des Anstoßes ist für Reif-ner der dem BGH unterstellte Satz: „Geld hat man zu haben" (308 mit Fehlzitat BGH LM § 275 Nr 5). Reifner sieht diesen Gedanken nur dort als zutreffend an, wo Geld und Waren zur Gewinnerzielung eingesetzt werden (308), nicht aber auf der Konsu-mentenebene (309 f). Hier werde „aus dem Schein, den das Geld auf einer bestimm-ten Stufe des gesellschaftlichen Entwicklungsprozesses ausstrahlt" durch „ideologi-sche Gleichstellung von Verhältnissen der individuellen Konsumtion und Verhältnis-sen der Kapitalverwertung in der Zivilrechtsdogmatik" ein der „Kapitalsphäre" entnommenes Maß unzulässig verallgemeinert (311). Im Ergebnis behandelt Reif-ner (317) die Geldschuld beim Konsumentenkredit als eine auf das verfügbare Einkommen (315) des Schuldners beschränkte Gattungsschuld. – **Stellungnahme:** Die von Reifner diskutierten ökonomischen Spannungsverhältnisse im scheinbar so ein-heitlichen Rechtsbild der Geldschuld sind offenbar. Offenbar ist aber auch die zivilrechtsdogmatische Unhaltbarkeit seines Lösungsansatzes (dazu nunmehr auch MünchKommBGB/Emmerich[3] § 279 Rn 5; Medicus AcP 188 [1988] 494 ff). Nicht der „Schein, den das Geld auf einer bestimmten Stufe des gesellschaftlichen Entwicklungsprozes-ses ausstrahlt", sondern Reifners eigenes Gedankengebäude ist ideologischer Natur. Es beruht auf unbeabsichtigten oder beabsichtigten Mißverständnissen und Unterstellungen. Der Fortbestand einer Geldschuld bei jeder (auch der unverschul-deten) Zahlungsunfähigkeit knüpft keine Sanktion an die Zahlungsunfähigkeit (Schuldturm), sondern er besagt nur, daß die Forderung für den Zweck quotenmäßiger (Konkurs), evtl sogar vollständiger Befriedigung des Gläubigers (wenn der Schuldner wieder zu Geld kommt) fortbesteht. Er verhindert nur, daß dem Gläubiger über das wirtschaftliche Insolvenzrisiko hinaus auch noch ein rechtliches Insolvenzrisiko aufgebürdet wird. Die von REIFNER attackierte Formel „Geld hat man zu haben" ist als Erklärung der hM irreführend und damit unbrauchbar, denn der bloße Fortbestand der Geldschuld bei Zahlungsunfähigkeit ist keine Sanktion dieses Grundsatzes. REIFNERS Lösungskonzept steht aber nicht nur in der Begründung auf schwachen Füßen, es führt auch in den Rechtsfolgen nicht weiter. Die Rechtsfigur der beschränkten Gattungsschuld ist statisch angelegt. Ihr liegt die Begrenzung auf einen Vorrat zugrunde. Die Beschränkung der Haftung „auf eine bestimmte Vermögensmasse" (REIFNER 317) kann der Sache nach keine beschränkte Gattungsschuld, sondern nur eine gegenständlich beschränkte Haftung (Haftung „cum viribus bonorum") sein, also eine ganz andere Rechtsfigur. Sieht man aber mit REIFNER das verfügbare Einkommen als eine (sich ständig ändernde) „bestimmte Vermögensmasse" an, aus der der Schuldner zu zahlen hat, so kann doch das (stets nur vorübergehende) Fehlen solchen Einkommens nicht zum Erlöschen der Geldschuld führen, sondern allenfalls den Eintritt des Schuldnerverzuges hindern (dazu Rn C 32). Auch nach REIFNER tritt dauerndes, befreiendes Unvermögen nur in zwei Fällen ein: im Todesfall bei Erschöpfung des Nachlasses und im Fall dauernder Arbeitsunfähigkeit (322 f). Im ersten Fall ist REIFNERS Konstruktion überflüssig (arg §§ 1975 ff), im zweiten Fall ist das Ergebnis unhaltbar. Endgültiges Unvermögen des Schuldners zur Zahlung kann niemals, auch nicht im Fall der Erwerbsunfähigkeit, angenommen werden. Das geltende Recht der Geldschuld sieht jeden, auch den zZ zahlungsunfähigen Schuldner als potentiell zahlungsfähig an. Vermögenssubstanz und Vermögenserwerb des Schuldners werden durch die §§ 811 ff, 850 ff ZPO gegen Zugriffe des Gläubigers auf das iS von REIFNER nicht „verfügbare" Vermögen und Einkommen geschützt. Die Frage des Leistungsunvermögens ist der falsche Ansatzpunkt für ein sich sozial gebärdendes Zivilrecht. Seit der Voraufl hat sich auch MEDICUS der Frage angenommen (AcP 188 [1988] 489 ff). Er hat REIFNERS Ergebnisse als rechtspraktisch unsinnig, als rechtspolitisch verfehlt und als mit den Vertragsauslegungsregeln des Zivilrechts unvereinbar gebrandmarkt.

5.   Schuldnerverzug

C 32   a)   **Schuldnerverzug** tritt unter den allgemeinen Voraussetzungen der §§ 284 ff ein. Eine *Exkulpation des Schuldners* nach § 285 bei Vorliegen der objektiven Voraussetzungen des § 284 ist zwar nicht grundsätzlich ausgeschlossen, kann aber nicht auf unverschuldetes Unvermögen gestützt werden (so, teils unter Berufung auf § 279, im Ergebnis die hM; vgl STAUDINGER/LÖWISCH [1995] § 285 Rn 1; FIKENTSCHER, Schuldrecht[8] Rn 361; MünchKommBGB/THODE[3] § 285 Rn 2; HONSELL, Der Verzugsschaden bei der Geldschuld, in: FS Lange [1992] 509; ROTH JuS 1968, 106; vgl auch RGZ 75, 335, 337; BGHZ 36, 344, 345; BGH WM 1982, 399; BAGE 10, 176, 181; 11, 20). Üblicherweise wird dieser Grundsatz auf den Gedanken gestützt, wenn Zahlungsunfähigkeit den Schuldner nicht nach § 275 befreie, dann könne sie ihn auch nicht nach § 285 exkulpieren. Eine Selbstverständlichkeit ist dieser gedankliche Schritt nicht (vgl auch Prot in: MUGDAN II 536). Anders als beim Problem des befreienden Unvermögens geht es hier wirklich um einen Grundsatz des Vertretenmüssens, den REIFNER (Alternatives Wirtschaftsrecht am Beispiel der Verbraucherverschuldung [1979] 308) mit den bei Rn C 31 als irreführend erkannten Worten kennzeichnet und kritisiert: „Geld hat man zu haben." Hier – nicht beim befreienden Unvermögen – könnte REIFNERS Kritik der hM (Rn C 31) also ansetzen. Aber der Grundsatz der hM entspricht eindeutig dem Willen des Gesetzgebers (vgl Prot in: MUGDAN II 537; JAKOBS/SCHUBERT, Die Beratung des BGB, SchuldR I [1978] 299, 303). Er hat zwar entgegen den Beratungen der II. Kommission (vgl insbes JAKOBS/SCHUBERT 214) nicht bei § 285 Platz gefunden (vgl auch zum BGB-Vorentwurf MEDICUS AcP 188 [1988] 499 f). Die Kommission sah aber von vornherein eine Verbindung zu E I § 237, aus dem auch § 279 hervorgegangen ist, und hierauf beruht wohl die fehlende Klarstellung im Gesetz. Es handelt sich deshalb – anders als beim Problem des befreienden Unvermögens – um eine bei § 285 beheimatete, *analog § 279 zu entwickelnde Regel*: „Auf unverschuldete Zahlungsunfähigkeit kann sich der Schuldner nicht berufen" (Prot in: MUGDAN II 537). Einzelergebnissen, die schlechterdings unvertretbar sind, kann nicht durch Außerkraftsetzung dieser Regel begegnet werden (vgl aber REIFNER 314 ff, 320 f: Beschränkung der Leistungspflicht auf das „verfügbare Einkommen"; vgl auch zur Geldschuld im Wiederaufbau NEHLERT NJW 1947/48, 142). Es kann nur in Extremfällen durch gerechte Einzelfallösung nach § 242 geholfen werden.

b) Die **Verzugsfolgen** (insbes Verzinsung und Ersatz des Verzugsschadens) ergeben **C 33** sich aus den §§ 286 ff. Da ein Entwertungsschaden als Verzugsschaden geltend gemacht werden kann (Rn D 344 f), kehrt sich das Entwertungsrisiko im Verzugsfall um. Jedoch ist ein Schaden des Gläubigers erforderlich. Keineswegs ergibt sich aus § 286 eine allgemeine Dynamisierung von Geldsummenschulden im Verzug.

c) Eine **Beendigung des Schuldnerverzuges** tritt nach allgemeinen Regeln ein (dazu **C 34** STAUDINGER/LÖWISCH [1995] § 284 Rn 71 ff). Die *Beendigung durch nachträgliche Leistung* tritt ein, sobald der Schuldner das zur Vornahme der Leistungshandlung seinerseits Erforderliche getan hat (STAUDINGER/LÖWISCH [1995] § 284 Rn 71). Die Verzögerungsgefahr trägt auch nach Verzugseintritt der Gläubiger. Die Verzugsfolgen enden deshalb nicht erst mit dem Empfang des Geldes, sondern es entscheidet der in Rn C 26 entwickelte Zeitpunkt. Das gilt vor allem für die Zahlung mittels Scheck oder Überweisung (BGH NJW 1969, 875; OLG Karlsruhe NJW 1955, 504 f; OLG Düsseldorf Betrieb 1984, 2686; SOERGEL/WIEDEMANN[12] § 284 Rn 48; EISENHARDT JuS 1970, 489 f). Besonders wichtig ist dies für das Entwertungsrisiko. Dieses ist grundsätzlich Teil der vom Gläubiger zu tragenden Verzögerungsgefahr (Rn C 28); mit Verzugseintritt geht es nach § 286 auf den Schuldner über (Rn D 344 f); bewirkt der Schuldner die Leistung, so liegt die Verzögerungsgefahr wieder beim Gläubiger.

6.   Gläubigerverzug

a) Gläubigerverzug tritt nach § 294 nur ein, wenn der Schuldner die *Leistung* so, **C 35** *wie sie zu bewirken ist*, auch tatsächlich anbietet (zur Frage, wann ein wörtliches Angebot ausreicht, vgl STAUDINGER/LÖWISCH [1995] § 295 Rn 2). Bloße Leistungsbereitschaft genügt nicht (RGZ 109, 324, 328; BGHZ 88, 91, 94; MünchKommBGB/THODE[3] § 294 Rn 2). *Bare Mittel* (Geldzeichen) müssen mindestens ausgesondert sein (RG LZ 1925, 256 = JW 1925, 470). Aber das bloße Aussondern von Geldstücken ohne tatsächliches Angebot genügt noch nicht. Doch reicht es aus, wenn der Schuldner zum Ausdruck bringt, daß er das Geld bei sich hat und leistungsbereit ist (STAUDINGER/LÖWISCH [1995] § 294 Rn 12; RGZ 85, 415, 416). Entsprechendes gilt bei unbarer Leistung. Bereithalten des Betrags bei der Bank genügt nicht (RGZ 108, 158, 160), auch dann nicht, wenn die Bank dem Gläubiger den Zahlungsauftrag mitteilt (STAUDINGER/LÖWISCH [1995] § 294

Rn 12; RGZ 109, 324, 327 f). Bei unbarem Angebot wird idR Eingang bei der Bank des Gläubigers als ausreichend, aber auch als erforderlich angesehen (STAUDINGER/ LÖWISCH [1995] § 294 Rn 12; SOERGEL/WIEDEMANN[12] § 294 Rn 4). Voraussetzung hierfür ist, daß überhaupt mit befreiender Wirkung auf das betreffende Konto gezahlt werden kann (dazu Rn C 45 f). Notfalls muß deshalb nach hM der Schuldner nach § 294 Barzahlung anbieten. Die *zunehmende Verkehrsbedeutung der Zahlung mit Buchgeld* (Rn C 39 ff) läßt diesen Vorrang des Barangebots jedenfalls bei solchen Gläubigern als überholt erscheinen, die ein Girokonto unterhalten und denen die Entgegennahme unbarer Zahlung angesonnen werden kann. Soweit nicht Barzahlung vereinbart oder nach den Umständen des Einzelfalls objektiv allein angemessen ist, müssen vor allem Behörden und Unternehmensträger auf Anfrage ein Empfangskonto mitteilen, falls dieses nicht dem Schuldner bereits mitgeteilt ist. Ein solcher Gläubiger kommt in Verzug, wenn er der Aufforderung des Schuldners, ein Konto zu benennen, nicht nachkommt und damit die ihm angebotene (§ 295 S 2) Leistung nicht annimmt (§ 293).

C 36 **b)** Unter den **Rechtsfolgen des Gläubigerverzuges** ist der *Gefahrübergang* hervorzuheben. **§ 300 Abs 2** findet entsprechende Anwendung (Rn C 12). Die Frage, ob § 300 Abs 2 auf das *Entwertungsrisiko* anzuwenden ist, stellt sich nur bei denjenigen Entwertungsrisiken, die nicht von vornherein vom Gläubiger getragen werden (ähnlich bereits Rn C 28 zu § 270 Abs 1). Es versteht sich, daß nur diejenigen Gefahren, die nach allgemeinen Grundsätzen vom Schuldner zu tragen sind, analog § 300 Abs 2 auf den Gläubiger übergehen können. Bei der Gattungsschuld setzt allerdings dieser Gefahrübergang nach hM voraus, daß konkrete Gattungssachen ausgesondert sind, so daß der bloße Gläubigerverzug aufgrund wörtlichen Angebots nicht genügt (vgl nur BGH WM 1975, 917, 920; einschränkend SCHRÖDER MDR 1973, 466). Die ältere Praxis übertrug diese Voraussetzung auch auf die Geldschuld (vgl nur RG JW 1925, 470 m Anm vTUHR; OLG Breslau JW 1928, 2876, 2877 m Anm BOESEBECK; OLG Frankfurt JW 1928, 2877). Das Bereithalten von Geld soll danach nicht genügen; erforderlich ist die Aussonderung bestimmter Geldzeichen. Diese Praxis ist Ausdruck der hier nicht geteilten Orientierung der Geldschuld am Modell der Sachschuld (vgl gegen diese Betrachtung Rn C 4). *Den Vorzug verdient folgende Auffassung*: Der analog anzuwendende § 300 Abs 2 bezieht sich nur auf die nach allgemeinen Regeln vom Schuldner zu tragenden Verlustrisiken. Nach den Ausführungen bei Rn C 28 bezieht sich deshalb die Gefahrtragung nicht auf das Geldentwertungsrisiko (STAUDINGER/LÖWISCH [1995] § 300 Rn 16; SOERGEL/WIEDEMANN[12] § 300 Rn 17; anders die ältere Praxis, die aber die Anwendung im Ergebnis meist am Fehlen der Konkretisierung scheitern ließ und betonte, daß sich die Aufwertung auch noch im Gläubigerverzug fortsetzen könne; RG JW 1929, 229; DJZ 1927, 199; OLG Breslau JW 1928, 2876, 2877 m Anm BOESEBECK; OLG Frankfurt JW 1928, 2877). Sie bezieht sich auf das Verlustrisiko unter Einbeziehung des Verlusts durch Demonetisierung des zur Zahlung verwendeten Geldes (str; vgl zum Währungsrisiko die Nachweise bei BGH LM § 12 HöfeO Nr 5). Unter das Verlustrisiko fällt bei Buchgeld wohl auch das Insolvenzrisiko bei der Schuldnerbank (vgl Rn C 27). Für den Gefahrübergang genügt es, wenn entweder Geldzeichen (angebotene Barzahlung) oder Buchgeld (Überweisungsauftrag; Festlegung auf Sonderkonto) dergestalt ausgesondert sind, daß bei Verlust die Identität der verlorenen Summe mit dem Zahlungsbetrag feststellbar ist. Ungeklärt ist noch, ob auch das Stehenlassen des Betrages auf einem größeren Konto ausreicht (vgl zur „Sammelaussonderung" im unmittelbaren Anwendungsbereich des § 300 Abs 2 SCHRÖDER MDR 1973, 466 f). Die Frage wird nur ausnahmsweise praktisch (bei Konfiskation ausländischer Konten; evtl auch bei Anwendung des § 300 Abs 2 auf den Konkurs der Schuldnerbank).

III. Die Erfüllung der Geldschuld

1. Barzahlung*

a) Barzahlung ist **Verschaffung von Eigentum** (§ 929) und Besitz an Geldzeichen **C 37** (Banknoten oder Scheidemünzen). Eine Geldschuld wird durch bare Zahlung mittels Geldzeichen der geschuldeten Art und Menge erfüllt (ESSER/EIKE SCHMIDT I/1 § 17 V; eingehend HOFFMANN WM 1995, 1341 ff). Dem historischen Gesetzgeber erschien die Barzahlung noch als der Normalfall. Demgemäß geht das BGB „als selbstverständlich davon aus, daß jede Geldschuld durch Barzahlung des Nennwertbetrages erfüllt werden . . . kann" (BGHZ 124, 254, 259 = Betrieb 1994, 272, 273 = NJW 1994, 318, 319 = WM 1992, 2237, 2239 = ZIP 1994, 21, 22 f; vgl auch STAUDINGER/OLZEN [1995] Vorbem 19 zu §§ 362 ff: „Verpflichtung zur Barzahlung"). Der XI. Zivilsenat des BGH hat aus dieser Überlegung abgeleitet, daß Gebührenklauseln für Bareinzahlungen in den Allgemeinen Geschäftsbedingungen der Banken den privaten Kunden unangemessen benachteiligen und nach § 9 AGBG unwirksam sind. Nach BROCKMEIER (Das POS-System des deutschen Kreditgewerbes [1989] 13) wurden 1989 noch 88% aller Rechnungen im Handels- und Dienstleistungsbereich mit Bargeld beglichen. Allerdings ist die Tendenz rückläufig. Selbst im Alltagsverkehr tritt die Zahlung mittels Buchgeld zunehmend in den Vordergrund. Soll Barzahlung ausgeschlossen sein, so muß dies ausdrücklich oder konkludent vereinbart werden. Ein Barzahlungsverbot in Allgemeinen Geschäftsbedingungen unterliegt der Kontrolle gemäß den §§ 3, 9 AGBG. Nach § 224 Abs 3 S 1 AO sind Zahlungen der Finanzbehörden unbar zu leisten. Für die meisten öffentlichen Leistungen gilt dagegen, daß sie unbar, aber auf Verlangen auch bar erfolgen können (ausführlich MÜNCH 131 ff). In zunehmendem Maße, vor allem bei Distanzgeschäften, kann die Pflicht zur Zahlung mit Buchgeld auch bereits als Verkehrssitte (§ 157) bzw Handelsbrauch (§ 346 HGB) angesehen werden (MÜNCH 182 ff). Barzahlung ist auch die Schuldtilgung mittels Postanweisung, denn hier erhält der Gläubiger den Betrag in Geldzeichen ausgehändigt (STAUDINGER/OLZEN [1995] Vorbem 19 zu §§ 362 ff). Dagegen ist die Einzahlung auf ein Gläubigerkonto bereits ein Fall der Erfüllung mit Buchgeld (BGH WM 1988, 524, 525; ESSER/EIKE SCHMIDT I/1 § 17 V 1; HADDING/HÄUSER WM 1988, 1150).

b) **In welcher Währung** zu erfüllen ist, ergibt sich aus § 244 Rn 16 ff. **Welche Geld- C 38** **zeichen** der Gläubiger annehmen muß, wird sich selten aus dem Schuldverhältnis ergeben (wo dies der Fall ist, liegt idR keine Geldschuld vor; Rn C 4 ff). Die Frage ist für Münzen geregelt in § 3 MünzG 1950. Danach müssen Bundes- und Landeskassen Scheidemünzen in jedem Betrag annehmen (§ 3 Abs 2 MünzG). Andere Gläubiger müssen Münzen nur bis zu bestimmten Beträgen annehmen, nämlich Münzen bis

---

* **Schrifttum:** BOECKLER, Die Bezahlung von Geldschulden, VerkRdsch 2 [1923] 247; FALCK, Das Geld und seine Sonderstellung im Sachenrecht (1960); FÖGEN, Geld- und Währungsrecht (1969) § 2; GERNHUBER, Die Erfüllung und ihre Surrogate (2. Aufl 1994); HOFFMANN, Die Bar- leistung zwischen gesetzlichem Regelmodell und wirtschaftlicher Last, WM 1995, 1341; SCHOENFELD, Die Verteilung der Beweislast beim Verlust einer Geldsendung, Recht 1902, 393.

50 Pfg nur bis zum Betrag von 5 DM, Münzen über 1, 2 und 5 DM nur bis zum Betrag von 20 DM (§ 3 Abs 1 MünzG). Im Einzelfall entscheidet sich die Frage, ob der Gläubiger Zahlung in unpassenden Banknoten oder Münzen zurückweisen darf und ob er Wechselgeld bereithalten muß, nach § 242 (vgl statt vieler Fögen 12 f). Im übrigen gelten für die Erfüllung der Geldschuld die §§ 362 ff. Die Verfasser des BGB haben auf Sonderregeln verzichtet (Mot in: Mugdan II 7 f). Zur Gefahrtragung und zum Verspätungsrisiko vgl Rn C 20 ff.

2. Bargeldloser Zahlungsverkehr*

a) Bedeutung

C 39   aa)   Im Rechtsleben sind **der bargeldlose und der bargeldersparende Zahlungsver-**

---

* **Schrifttum** (Auswahl; ältere Fundstellen in der Voraufl; vgl noch zum Lastschriftverfahren, zur Zahlung mittels Scheck, zur Kreditkartenzahlung, zum Point-of-Sale-Verfahren und zum GeldKarte-System Rn C 50, C 55, C 57, C 54, C 58): Baumbach/Hopt, HGB (29. Aufl 1995); Becker, Schuldrechtsreform und Bankvertragsrecht, ZHR 147 (1983) 223; vCaemmerer, Girozahlung, JZ 1963, 446; Canaris, Lastschrift und Verfügungsbefugnis bei Bankkonten, NJW 1973, 825; ders, Einwendungsausschluß und Bereicherungsausgleich im Girovertragsrecht, BB 1972, 774; ders, Grundprobleme des bankgeschäftlichen Abrechnungsverkehrs, WM 1976, 994; Claussen, Bank- und Börsenrecht (1996) § 7 Rn 9 ff; Duden, Der Gestaltwandel des Geldes und seine rechtlichen Folgen (1968); van Gelder, Schutzpflichten zugunsten Dritter im bargeldlosen Zahlungsverkehr?, WM 1995, 1253; Gernhuber, Die Erfüllung und ihre Surrogate (2. Aufl 1994); Gössmann, Recht des Zahlungsverkehrs (2. Aufl 1993); Hadding, Neuere Rechtssprechung zum bargeldlosen Zahlungsverkehr, JZ 1977, 281; Hadding/Häuser, Rechtsfragen des Giroverhältnisses, ZHR 145 (1981) 138; dies, Gutschrift und Widerruf des Überweisungsauftrages im Giroverhältnis, WM 1988, 1149; Hadding/Uwe H Schneider, Die einheitliche Regelung des internationalen Überweisungsverkehrs durch das UNCITRAL-Modellgesetz, WM 1993, 629; Hahn, Modern Techniques for Financial Transaction and their Effects on Currency, in: Jayme (Hrsg), Deutsche Landesberichte im Zivilrecht für den XIV. Kongreß für Rechtsvergleichung (1994) 199; Häuser, Giro-

verhältnis, in: Bundesminister der Justiz, Gutachten und Vorschläge zur Überarbeitung des Schuldrechts (1981) 1323; Hefermehl, Rechtsfragen des Überweisungsverkehrs, in: FS Möhring (1975) 381; Hellner, Rechtsprobleme des Zahlungsverkehrs unter Berücksichtigung der höchstrichterlichen Rechtsprechung, ZHR 145 (1981) 109; Henning, Zahlungsverkehrsabkommen der Spitzenverbände in der Kreditwirtschaft (1991); Herz, Das Kontokorrent (1974); Hüffer, Dritthaftung gegenüber dem ersten Auftraggeber im mehrgliedrigen Zahlungsverkehr, ZHR 151 (1987) 93; Isele, Geldschuld und bargeldloser Zahlungsverkehr, AcP 129 (1928) 129; Jacob, Die zivilrechtliche Beurteilung des Lastschriftverfahrens (1995); Kolbenschlag, Rechtliche Probleme der Stornierungspraxis bei Kreditinstituten, WM 1970, 174; Koller, Die Bedeutung der dem Überweisungsbegünstigten erteilten Gutschrift im Giroverkehr, BB 1972, 687; Kübler, Der Einfluß der Konkurseröffnung auf den Überweisungsverkehr des Gemeinschuldners, BB 1976, 801; Kümpel, Bank- und Kapitalmarktrecht (1995); Meder, Rechtsfragen des bargeldlosen Zahlungsverkehrs unter besonderer Berücksichtigung der europäischen Entwicklung, JuS 1996, 89; Meyer-Cording, Das Recht der Banküberweisung (1951); Möschel, Fehlerhafte Banküberweisungen und Bereicherungsausgleich, JuS 1972, 297; ders, Dogmatische Strukturen des bargeldlosen Zahlungsverkehrs, AcP 186 (1986) 187; Münch, Das Giralgeld in der Rechtsordnung der Bundesrepublik Deutschland (1990); Nebelung, Gutschriften auf dem Konto pro Diverse, NJW 1959, 1068; Ober-

---

wert geht es nicht um den Außenwert und schon gar nicht um den Kurswert (REICHERT-FACILIDES JZ 1969, 618). Allerdings hat der Außenwert beträchtliche Bedeutung im internationalen Handel, insbesondere im Handel mit Devisen. Er läßt sich aber in einem Währungssystem der festen Wechselkurse nicht ohne weiteres aus den amtlichen Notierungen ablesen (näher vMAYDELL, Geldschuld 29). Unter der Geltung fester Paritäten vermag der Valutakurs nur wenig über den Geldwert zu sagen (vMAYDELL, Geldschuld 30), und selbst im System der frei schwankenden Wechselkurse (Floating; Rn F 5) ist zu bedenken, daß Auslandswährungen ihrerseits nicht stabil zu sein pflegen und deshalb als Vergleichsmaßstab wenig taugen (HAHN § 16 Rn 7; vMAYDELL, Geldschuld 33 f).

β) *Mißverständlich* und deshalb wenig brauchbar ist demgegenüber die **Unterschei-** **D 12** **dung zwischen dem objektiven und dem subjektiven Geldwert** (dazu vMAYDELL, Geldschuld 30 ff). Sie spiegelt das Vorhandensein zweier Geldwerte vor (vMAYDELL, Geldschuld 32). Diese sind nicht vorhanden, und nachdem hier die subjektive Wertlehre als rechtswissenschaftlich unergiebig abgelehnt wurde (Rn D 8), bezeichnet das Gegensatzpaar nicht einmal unterschiedliche Methoden der Geldwertfeststellung. Die für den Geldwert ausschlaggebende subjektive Nutzenschätzung wird durch objektive Gegebenheiten – namentlich durch die Knappheit eines Gutes – bestimmt, und sie ist auch objektiv (besser: überindividuell) in dem Sinne, daß das einzelne Wirtschaftssubjekt sie als gegeben vorfindet (vgl dazu auch vMAYDELL, Geldschuld 32). Nur dieser Befund ist hier von Interesse.

dd) Die **Kaufkraft des Geldes** ist zwar nicht schlechthin mit dem Geldwert identisch **D 13** (vgl vMAYDELL, Geldschuld 31 ff). Regelmäßig – und das gilt gerade auch für das Schuldrecht des Geldes – werden aber die Begriffe *Geldwert* und *Kaufkraft* wie Synonyme gebraucht (LÜTGE 43; SCHMALZ 55 f; WEIKART 67), denn der Geldwert als Funktionsbegriff orientiert sich an der Tauschmittelfunktion des Geldes (ISSING, Geldtheorie 177 f). Als Kaufkraft bezeichnet das ökonomische Schrifttum die Fähigkeit des Geldes zum Eintausch in geldwerte Güter (so mit Unterschieden im einzelnen KEYNES 43; LÜTGE 42 f; vMAYDELL, Geldschuld 31). Die Maßgeblichkeit der Kaufkraft ist bereits bei SAVIGNY voll erkannt (Obligationenrecht I 423 ff), denn um nichts anderes handelt es sich bei dem „Courswerth", dem er gegenüber dem Nennwert und dem Metallwert den Vorzug gab. Dieser Kurswert hat nichts mit dem heutigen Begriff, insbesondere nichts mit einem Devisenkurs zu tun. Es ist „derjenige Werth, welchen der allgemeine Glaube, also die öffentliche Meinung, irgend einer Art des Geldes beilegt". Die prinzipielle Maßgeblichkeit des Kurswerts für die Geldschuld ergibt sich aus den Funktionen des Geldes, oder, wie es SAVIGNY ausdrückt: „aus dem Wesen des Geldes überhaupt, und daraus wird die Realität und Wichtigkeit des Courswerthes von selbst einleuchtend" (Obligationenrecht I 432; vgl auch ebd 454). Wenn SAVIGNY den Kurswert auch noch am Preis des Goldes oder des Silbers messen wollte (Obligationenrecht I 433), so fällt es doch leicht, darin das *Prinzip der Kaufkraft* zu entdecken. Es handelt sich lediglich um eine Besonderheit, die auf der von SAVIGNY noch zugrundegelegten Gold- oder Silberwährung beruht (vgl auch Rn D 25).

c) Die **Kaufkraft des Geldes und der Preis geldwerter Güter** stehen zueinander in **D 14** einem reziproken Verhältnis (ISSING, Geldtheorie 177; WEIKART 67 unter Berufung auf STAUDINGER/KARSTEN SCHMIDT[12] Rn D 14). Die Theorie der Kaufkraftmessung hat hier nicht zu interessieren (zu ihr vgl LÜTGE 45 ff). Da allerdings Preisänderungen von der Warenseite ebenso wie von der Geldseite herrühren können, kann die Kaufkraft nicht im Hinblick auf ein bestimmtes Gut bestimmt werden, sondern nur im Hinblick auf den *Preisdurchschnitt von Waren*. Deshalb wird die Preisentwicklung von einzelnen Gütern – zB von Grundstücken –, die oft spekulativen Charakter hat, nach Möglichkeit ausgeschaltet (vgl nur BGH LM § 157 BGB Nr 17 [A] und 14, 15 [Ge]; WM 1967, 1220; 1969, 1281; NJW 1974, 1235 = JuS 1974, 797 [EMMERICH]; OLG Schleswig WM 1969, 1249; OLG Oldenburg NdsRpfl 1978, 50, 52). Ein Preisindex auf der Basis des Bruttosozialprodukts läßt sich praktisch nicht festlegen; er wäre auch kein Maßstab für die meist als wesentlich angesehene Kaufkraft des Geldes in der Hand des Konsumenten (ISSING, Geldtheorie 177 f). Die einzelnen Preisindizes für repräsentative Gruppen von Gütern haben unterschiedliche Aussagekraft einmal für die Preisentwicklung dieser Güter auf spezifischen Märkten, zum anderen für die Entwicklung des Geldwerts. Indizes, die nur auf Nahrungsmittel etc zugeschnitten sind, sagen über die Teuerung auf diesen Märkten mehr als über Schwankungen in der Kaufkraft des Geldes (eingehend zur Problematik bereits HELFFERICH 567 ff mwNw). Ein Preisindex, der die Kaufkraft des Geldes messen soll, muß an den Bedürfnissen des Konsumenten ausgerichtet sein (vMAYDELL, Geldschuld 35). Deshalb hat sich der sog *Lebenshaltungskostenindex* als Preisindex für die Konsumgüterpreise durchgesetzt. Es handelt sich bei diesem Preisindex für die Lebenshaltung um einen sog *Warenkorbvergleich*, der freilich nicht nur am Preis bestimmter Waren, sondern an dem Normal-Lebenshaltungsaufwand einer Normal-Familie orientiert ist (vgl dazu ISSING, Geldtheorie 177 ff; WEIKART 69 ff; RASCH DNotZ 1991, 646 ff). Die praktische Brauchbarkeit versteht sich unter der Voraussetzung, daß jeder Index nur Annäherungswerte vermitteln kann. Die DBB hat in einem für den BFH erstatteten Gutachten ausgeführt, es sei im allgemeinen noch nicht als Geldwertminderung zu werten, wenn der Preisindex für die Lebenshaltung der „mittleren" Verbrauchergruppe etwa um 1% im Jahr steige, und auch eine jährliche Erhöhung um 1−2% könne nur mit Einschränkungen als Indiz für eine Verschlechterung des Geldwerts angesehen werden (vgl BFHE 89, 422 = WM 1967, 1151; BGH BB 1977, 1151, 1152). An der grundsätzlichen Eignung dieses Index für eine rechtlich relevante Abschätzung der Geldwertentwicklung ändern solche Einschränkungen nichts (vgl auch BGH AP § 16 BetrAVG Nr 6 = AG 1979, 197, 198; wie hier jetzt auch WEIKART 71).

d)   Geldwertänderungen*
D 15 aa)   Unter Geldwertänderung wird hier nur die **Änderung der Kaufkraft des Geldes**

---

* Schrifttum: BOMBACH (Hrsg), Stabile Preise in wachsender Wirtschaft, in: FS Erich Schneider (1960); BRESCIANI/TURRONI, The Economics of Inflation (2. Aufl 1953); FELLNER/GILBERT/HANSEN/KAHN/LUTZ/DE WOLFF, The Problem of rising Prices (1961); FLAMANT, Die Inflation (1974); FREDBORG, Die manipulierte Inflation (1971); FRIEDMAN, Inflation – das weltweite Übel (1974); GAETTENS, Inflationen (1955); GIERSCH, Inflation, in: Handwörterbuch der Sozialwissenschaften V (1956); HABELER, Inflation. Its Causes and Cures (2. Aufl 1961); HAGGER, The Theory of Inflation (1964); HAHN, Fünfzig Jahre zwischen Inflation und Deflation (1963); ders, Währungsrecht (1990); HARROD, Policy against Inflation (1960); HEUBES, Inflationstheorie (1989); HINSHAW (Hrsg), Inflation as a global Problem (1972); HUNOLD (Hrsg), Inflation und Weltwährungsordnung (1963); ISSING, Einführung in die Geldtheorie (10. Aufl 1995) 153 ff; ders, Einführung in die Geldpolitik (6. Aufl 1996); ders, Inflation, WiST 1974, 453; JACOBS, Auswirkungen der Inflation auf unternehmerische und gesetzgeberische Entscheidungen, Betrieb 1974, 1026; JENKIS, Die importierte Inflation (1966); JOHNSON, In-

verstanden. Nicht erfaßt sind damit Maßnahmen der Aufwertung und Abwertung, die die internationalen Währungsbedingungen betreffen (Rn F 8). Gleichfalls nicht erfaßt sind staatliche Eingriffe in das Währungssystem wie ein Währungswechsel (Rn B 4). Schließlich ist auch die Demonetisierung bestimmter Geldsorten (Rn B 5) keine Geldwertänderung iS der folgenden Ausführungen.

bb) Die monetären Prozesse, in deren Verlauf Geldwertänderungen aufzutreten **D 16** pflegen, werden **Inflation und Deflation** genannt (vgl etwa Lütge 59 ff; Issing, Geldtheorie 183 ff; aus dem rechtswissenschaftlichen Schrifttum etwa vMaydell, Geldschuld 36 f). Beiden Erscheinungen ist gemeinsam, daß sie auf der geldwirtschaftlichen, nicht auf der güterwirtschaftlichen Seite ansetzen (Lütge 59). Beiden ist weiter gemeinsam, daß sie sich in der Kaufkraft niederschlagen. Ob die Begriffe Inflation und Deflation mit einem Sinken bzw Steigen der Kaufkraft gleichgesetzt werden dürfen, ob also mit jeder Inflation eine Geldentwertung, mit jeder Deflation ein Anstieg der Kaufkraft einhergeht, ist in der ökonomischen Lehre umstritten (vgl Issing, Geldtheorie 183 ff). Die Frage ist teils eine solche des ökonomischen Mechanismus, um den es hier nicht zu gehen hat, teils eine solche der Terminologie, die sich hier auf schuldrechtliche Zweckbegriffe beschränken kann (ähnlich vMaydell, Geldschuld 37). Für den Zweck des Geld-Schuldrechts kann deshalb *Inflation* als Sinken der Kaufkraft (und vice versa als geldwertbedingter Anstieg des Preisniveaus) bezeichnet werden oder auch – wenn man Geldwert und Kaufkraft einander gleichsetzt – schlicht als Entwertung des Geldes. Entsprechend kann dann die *Deflation* als ein Anstieg der Kaufkraft des Geldes (und vice versa als ein geldwertbedingtes Sinken des Preisniveaus) definiert werden (Issing, Geldtheorie 185). Sind die geldrechtlichen Probleme der Inflation unverkennbar, so könnte doch auch die Deflation Auswirkungen auf Geldschulden haben (zu den ökonomischen Auswirkungen der „deflatorischen Lücke" vgl Issing, Geldtheorie 187). Im Extremfall müßte sie zur Abwertung von Geldschulden auf der Basis des § 242 führen. Das Währungsgeschehen des 20. Jahrhunderts gestattet es jedoch, Deflationsprobleme zu vernachlässigen (vgl auch vMaydell, Geldschuld 37). Praktische Bedeutung hat nach den Erfahrungen der vergangenen Jahrzehnte allein die Inflation. Es wird sogar vorgeschlagen, die Deflation aus dem Vokabular des Geldrechts zu streichen und statt von Geldwertschwankungen nur noch vom Geldwertschwund zu sprechen (Reichert-Facilides JZ 1969, 618).

cc) α) Auch die **Erscheinungsformen der Inflation** (dazu etwa Pohl 8 f; Issing, Geld- **D 17**

flation. Theorie und Politik (1975); Klaus, Inflationstheorie (1974); le Bourra, Die Theorie der Inflation unserer Zeit (1965); Lütge, Die Lehre vom Gelde (2. Aufl 1948); Lutz (Hrsg), Internationales Währungssystem und Inflation (1973); ders, Zins und Inflation (1973); vMaydell, Geldschuld und Geldwert (1974); Neumark, Begriff und Wesen der Inflation (1922); Paish, Studies in an inflationary Economy (1962); Parkin/Sumner, Income policy and Inflation (1972); Pohl, Theorie der Inflation (1981); Peter Richter, Ökonometrische Untersuchungen zum Inflationsproblem (1967); Rosch, Kreditinflation und Wirtschaftskrisen (1927); Roth/Geiler/Sontag/Abraham/von der Trenck, Die Geldentwertung in der Praxis des deutschen Rechtslebens (1923): Rothschild/Schmahl, Beschleunigter Geldwertschwund (1973); Schmalz, Die Stabilität des Geldwertes als Problem des Privatrechts (1986); Ströbele, Inflation (1979); Warburton, Depression, Inflation, and Monetary Policy (1966); Weikart, Geldwert und Eigentumsgarantie (1993); Ziercke, Die redistributiven Wirkungen von Inflationen (1970).

theorie 183 ff; Weikart 73 ff) sollen hier nur nach ihrer schuldrechtlichen Relevanz unterschieden werden. Deshalb kann es nicht darum gehen, zwischen Inflationsursachen (Geldmenge, Nachfrageeffekte, Rückgang des Sozialprodukts, Angebotseffekte, insbes Kosteninflation und Gewinninflation usw) zu unterscheiden (wie hier F A Mann, Legal Aspect 89 f). Eine Typenbildung für Zwecke des Rechts der Geldschuld kann nur von denjenigen Faktoren bestimmt werden, die die Geldfunktionen im Schuldverhältnis bestimmen. vMaydell unterscheidet insofern folgende Typen der Inflation (Geldschuld 37 ff): galoppierende und schleichende Inflation; offene und zurückgestaute Inflation; absolute und relative Inflation. Die Bedeutung der „Gangart" einer Inflation, also der Gegenüberstellung von **galoppierender und schleichender Inflation**, für das Recht der Geldschuld steht außer Frage. **Offene und zurückgestaute Inflation** unterscheiden sich nach der Manifestation der Geldentwertung. Die offene Inflation zeigt sich am Preisanstieg. Zurückgestaute Inflation liegt vor, wenn mit der Inflation ein staatlich angeordneter Preisstop einhergeht wie im Deutschland des Zweiten Weltkriegs (Rn A 58). Dem währungspolitischen Ziel der zurückgestauten Inflation entspricht die Inflationshemmung. Erfahrungsgemäß kann aber wohl nur der Preisauftrieb gestaut werden, nicht die Geldentwertung als solche, so daß ein teilweiser Funktionsverlust des Geldes eintritt (Rückgang des Güterumschlags, Verdrängung des Geldes durch andere Wertmesser, zB Berechtigungsmarken). Die zurückgestaute Inflation kann als zZ nicht aktuell vernachlässigt werden. Daß auch sie auf die Geschäftsgrundlage von Verträgen Einfluß haben kann, bleibt festzuhalten. Als **relative Inflation** im Gegensatz zur absoluten Inflation wird von manchen das Phänomen der Geldentwertung durch Anhebung des Lebensstandards bezeichnet (Fricke, Geldentwertung bei konstantem Preisniveau und realem Einkommenswachstum. Das Problem der relativen Inflation, in: Geldtheorie und Geldpolitik, in: FS Schmölders [1968] 47; vMaydell, Geldschuld 40 f). Teils werden auch gesamtwirtschaftliche Vorgänge, die bei konstanten Preisen zur Aufgabe kostenorientierter Preisbildung führen, als relative Inflation bezeichnet (Issing, Geldtheorie 183). Man mag darüber streiten, ob diese Erscheinungen als monetäre Probleme begriffen werden sollten. Richtig und auch in rechtlicher Hinsicht nicht völlig belanglos ist zB, daß **Kapitalvermögen**, die nicht am realen Einkommenswachstum teilhaben, der relativen Entwertung auch bei konstanter Kaufkraft unterliegen und daß die Kalkulation konstant bleibender Preise Verschiebungen unterliegen kann. Um einen Kaufkraftschwund, mithin um Inflation iS der hier gewählten Terminologie, handelt es sich nicht. Der bei vMaydell nicht auftauchende *Gegensatz zwischen chronischer Inflation, einmaligem und vorübergehendem Preisanstieg* (Issing, Geldtheorie 183) kann dagegen in einzelnen Fällen von Bedeutung sein, nämlich dort, wo zivilrechtliche Rechtsfolgen von einer Prognose abhängen (uU etwa bei der Kündigung eines Dauerschuldverhältnisses).

D 18 β)   Die **Unterscheidung zwischen schleichender Inflation, galoppierender Inflation und Hyperinflation** ist für das Recht der Geldschuld von entscheidender Bedeutung. Überwiegend wird dies nur als eine Frage der „Gangarten" betrachtet (deutlich vMaydell, Geldschuld 37 f mwNw; vgl auch Weikart 74), die noch um die „trabende" Inflation ergänzt werden. Dabei wird meist die galoppierende Inflation mit der Hyperinflation gleichgesetzt (vgl zB Issing, Geldtheorie 183; F A Mann, Legal Aspect 106). Die *Bedeutung der Inflationsgeschwindigkeit für die Inflationsfolgen* ist unbestreitbar. Auch läßt sich das Inflationstempo, wenn man sich einmal auf den für maßgeblich erachteten Index geeinigt hat, rechnerisch bestimmen. Eine genaue Quantifizierung des schleichenden, trabenden und galoppierenden Inflationstempos ist aber nicht möglich, und es ist auch nicht möglich, bestimmte Schwellen zu kennzeichnen, bei denen andere oder auch nur schärfere Rechtsfolgen einzutreten haben. Die wirtschaftspolitische Resignation vor der schleichenden Inflation hat teils schon zu der Auffassung geführt, eine allmähliche Erosion des Geldwertes sei gar kein Inflationsphänomen (vgl dazu vMAYDELL, Geldschuld 38 mit Hinweis auf GAETTENS 299), teils hat sie dazu geführt, daß die Schwelle schleichender Inflation höher als etwa noch in den 50er Jahren angesetzt wird (ISSING, Geldtheorie 183). Erst bei einer monatlichen Preissteigerungsrate um 50% beginnt nach wohl hM die galoppierende Inflation (vgl ISSING, Geldtheorie 183; POHL 8 im Anschluß an CAGAN). Im Recht der Geldschuld kann es stets nur um die *individuelle Erheblichkeit einer vorhandenen und objektiv feststellbaren Geldentwertung* gehen (vgl statt vieler RGZ 107, 124, 126). Die „Gangart" der Inflation ist dabei ein wesentlicher, allerdings nicht ein ausschließlich bestimmender Faktor. Eine schleichende Inflation kann bei langfristigen Schuldverhältnissen zur Aufwertung von Geldforderungen zwingen, während es Austauschverhältnisse geben kann, bei denen selbst die galoppierende Inflation zur Aufwertung nicht berechtigt. Die Gangarten der Inflation benennen deshalb die Inflationstypen auch in privatrechtlicher Hinsicht nur schlagwortartig und ohne Anspruch auf scharf abgrenzbare Rechtsfolgen. Das gilt selbst noch im Fall der galoppierenden Inflation. Dagegen wird hier der **Begriff der Hyperinflation** von demjenigen der galoppierenden Inflation unterschieden (dazu WEIKART 74 mit Fn 82). Als Hyperinflation wird hier ein *inflationsbedingter Funktionsverlust des Geldes* bezeichnet. Dieser wird allerdings faktisch auf galoppierender Inflation beruhen und mit ihr zusammentreffen. Der Begriff der Hyperinflation dient zur Kennzeichnung dafür, daß nicht bloß die Geschwindigkeit zunimmt (galoppierende Inflation), daß vielmehr die Inflation eine *qualitativ andere Dimension* gewinnt, und zwar eine *Dimension von privatrechtlicher Erheblichkeit*. Die Hyperinflation rechtfertigt schärfere, von den Kriterien und Unwägbarkeiten des Einzelfalls weniger abhängige Rechtsfolgen (Rn D 99). Nicht von ungefähr stellte das Reichsgericht nach 1923 wiederholt Überlegungen darüber an, von welchem Zeitpunkt an die Papiermark – ihr Wert sank schließlich auf einen billionsten Teil der Goldmark – die Anerkennung als Wertmesser endgültig eingebüßt hatte (RGZ 113, 136, 138; 115, 198, 200; 115, 201, 205; 116, 306; 117, 34, 40 f; 118, 375, 376; 124, 76, 80). Dabei war das Inflationstempo 1922/23 Ursache des Tatbestandes, der hier als Hyperinflation bezeichnet wird. Die Umlaufgeschwindigkeit zog extrem an (Angaben zB bei ISSING, Geldpolitik 18; BECHTEL, Wirtschaftsgeschichte Deutschlands [1956] 389). Der Index der Großhandelspreise (1913 = 100) stieg auf 2785 im Januar 1923 und im Verlauf des Jahres (Ruhrkampf!) auf 74 787 (STOLPER, Deutsche Wirtschaft seit 1870 [1964] 99). Die monatliche Inflationsrate lag im Oktober 1923 bei 32 000% (ISSING, Geldpolitik 18 f). Der hierdurch verursachte Funktionsverlust des Geldes äußerte sich zB darin, daß die Vertragspraxis ohne Wertsicherungsklauseln nicht mehr auskam, womit die Wertmaßfunktion des Geldes abhandengekommen war. Im Gegensatz zum bloßen Inflationstempo ist Hyperinflation iS der hier eingeführten Begriffsbildung deshalb keine objektiv meßbare Erscheinung, weil neben der Geldwertänderung auch die Geldillusion eine entscheidende Rolle spielt (eingehend ISSING, Geldtheorie 227 ff). Bricht die Geldillusion zusammen, so wird aus der Stabilisierungskrise eine Hyperinflation, die Umlaufgeschwindigkeit des Geldes nimmt schlagartig und maßlos zu, womit sich die Hyperinflation selbst potenziert. Die Wertmaßfunktion des Geldes zerfällt, so daß ein Festhalten am nominalistischen Charakter der Geldzeichen eine Fiktion wäre, die den Interessen der Beteiligten nicht mehr gerecht werden kann und auch währungspolitisch nicht mehr zu rechtfertigen ist.

2. Das Nennwertprinzip*

D 19 a) Das Recht der Geldschuld wird nach ganz herrschender, wenngleich bestrit-

* **Schrifttum:** vArnim, Der ausgebeutete Geld-
wertsparer, ZRP 1980, 201; Bettermann, Die
Geldentwertung als Rechtsproblem, ZRP 1974,
13; ders, Über Inhalt, Grund und Grenzen des
Nominalismus, RdA 1975, 2; Boecken, Nominalwertprinzip und Substanzerhaltung, Betrieb
1974, 881; Brink/Scheerer, in: Bärmann,
Europäisches Geld-, Bank- und Börsenrecht I
(1974) § 5; Eckstein, Geldschuld und Geldwert im materiellen und internationalen Privatrecht (1932); Ertl, Inflation, Privatrecht und
Wertsicherung (1980); Irving Fisher, Die
Kaufkraft des Geldes (1916); Geldwert und
Recht, Podiumsdiskussion, in: 50. DJT II, 1974,
N 6; Gozdz, Die Dynamisierung von Tariflöhnen (Diss Gießen 1977); Günter, Zur volkswirtschaftlichen Problematik der Indexklauseln
bei Inflation, in: Horn/Tietz (Hrsg), Sozialwissenschaften im Studium des Rechts I (1977)
41; Güntsch, Nominalwertprinzip und Scheingewinne, BB 1981, 2568; Hahn, Währungsrecht § 6; Haller, Das Problem der Geldwertstabilität (2. Aufl 1971); Helfferich, Das Geld
(6. Aufl 1923) 351 ff; Henle, Mark gleich
Mark? (1923); Eliyahu Hirschberg, The
nominalistic Principle (Ramat-Gan, Israel 1971;
besprochen von: Wittmer RabelsZ 38 [1974]
801; vMaydell ZHR 141 [1977] 283; Karsten
Schmidt MDR 1976, 437); ders, The Impact of
Inflation and Devaluation on Private Legal Obligations (Ramat-Gan, Israel 1976); Horn,
Geldwertveränderungen, Privatrecht und Wirtschaftsordnung (1975); Hütter, Savignys Geldlehre (Diss Münster 1970); Inzitari, Geldschulden im Inflationszeitalter, RabelsZ 45
(1981) 705; Jahr, Implikationen des anhaltenden Geldwertschwundes in der Bundesrepublik
Deutschland, in: Jahresgutachten des Sachverständigenrates zur Begutachtung der gesamtwirtschaftlichen Entwicklung (1966/67) 199;
Kaiser, Mark ist nicht mehr gleich Mark, in:
FS E R Huber (1973) 237; Kiefner, Geld und
Geldschuld in der Privatrechtsdogmatik des
19. Jahrhunderts, in: Coing/Wilhelm (Hrsg),
Wissenschaft und Kodifikation im 19. Jahrhun-

dert V, Geld und Banken (1980); Kötz/Rei-
chert-Facilides, Inflationsbewältigung im Zi-
vil- und Arbeitsrecht (1976) (besprochen von:
Nobel AcP 178 [1978] 411 ff); Kollhosser,
Rechtsprobleme der Geldentwertung, JA 1983,
49; Lipkau, Inflationsbewältigung im Zivil- und
Arbeitsrecht in Brasilien, in: Kötz/Reichert-
Facilides 11; F A Mann, The Legal Aspect of
Money (5. Aufl 1992) 90 ff; ders, Das Recht des
Geldes – Eine rechtsvergleichende Untersuchung auf der Grundlage des englischen Rechts
(1960) 55 ff; ders, Geldentwertung und Recht
(1974); ders, Inflationsbewältigung im anglo-
amerikanischen Zivilrecht und Arbeitsrecht, in:
Kötz/Reichert-Facilides 19; Matthöfer,
Probleme der Indexierung von Geldforderun-
gen, ZRP 1980, 325; Mammitsch, Die Eigen-
tumsgarantie und die Stabilität des Geldwerts
(Diss München 1967); vMaydell, Geldschuld
und Geldwert (1974); ders, Geld und Währung.
Zu den Auswirkungen von Geldwertveränderungen auf Geldschulden, in: Horn/Tietz
(Hrsg), Sozialwissenschaften im Studium des
Rechts I (1977) 31; Medicus, Privatrechtliche
Fragen der Geldentwertung, Betrieb 1974, 759;
Moll, Logik des Geldes (1956); Monatsbericht
der DBB August 1979, 20 ff; Ingo Müller,
Die Geldentwertung als rechtliches und soziales
Problem, ZRP 1974, 159; Muscheler, Das
Mark-gleich-Mark-Prinzip und unsere Wirtschaftsordnung, ZHR 144 (1980) 247; Nussbaum, Das Geld in der Theorie und Praxis des
deutschen und internationalen Rechts (1925)
11 f; Papier, Rechtsprobleme der Inflation, JuS
1974, 477; Reichert-Facilides, Geldwertschwankungen und Privatrecht, JZ 1969, 617;
ders, Geldentwertung und Recht, JZ 1974, 483;
Reuter, Nominalprinzip und Geldentwertung,
ZHR 137 (1974) 482; ders, Geldwert und Geldschuld, ZHR 140 (1976) 73; Schmalz, Die Stabilität des Geldwertes als Problem des Privatrechts (1986); Karsten Schmidt, Die Rechtspflicht des Staates zur Stabilitätspolitik, in: FS
Jur Gesellschaft zu Berlin (1984) 665; Schwander, Die Geldschuld (1938); Simitis, Infla-

tener Auffassung vom **Nennwertprinzip (Nominalismus)** beherrscht (vgl nur BVerfGE 50, 57, 92 = NJW 1979, 1151, 1154 m Anm VOGEL; BGHZ 7, 134, 140; 61, 31, 38 = NJW 1973, 1599, 1600; BAGE 25, 146, 158 = AP § 242 BGB Nr 4 Ruhegehalt – Geldentwertung = NJW 1973, 959, 960; BVerwGE 41, 1, 5 = NJW 1973, 529, 530; BFHE 89, 422, 434 ff; 92, 561, 565; 112, 546, 555 ff; 112, 567 ff; 127, 30; MünchKommBGB/vMAYDELL[3] § 244 Rn 13; BLOMEYER, Schuldrecht § 13 III 1; ESSER/EIKE SCHMIDT I/1 § 13 II 2 a; FIKENTSCHER, Schuldrecht [8. Aufl 1992] Rn 218; TITZE, Schuldverhältnisse § 6/4; F A MANN, Legal Aspect 90 ff, 271 ff; ders, Recht des Geldes 55 ff, 222 ff; FÖGEN 137 f; HORN 18 ff; BRINK/SCHEERER, in: Bärmann [1974] § 5; REICHERT-FACILIDES JZ 1969, 620; REUTER ZHR 137 [1974] 493 ff). BFHE 89, 422, 436 sagt apodiktisch: „Das Nominalprinzip selbst kann (!) rechtlich nicht in Frage gestellt werden . . . Angesichts der tragenden Bedeutung des Geldnominalismus für das Rechts- und Wirtschaftsleben ist für eine verfassungsrechtliche Prüfung des Grundsatzes kein Raum. Er stellt eine der Grundlagen der geltenden Währungsordnung und der staatlichen Wirtschaftspolitik dar." Diese Überhöhung wird mit Recht kritisiert. Das Nennwertprinzip steht zwar in einem Legitimationszusammenhang mit der staatlichen Währungsordnung (vgl alsbald Rn D 21), ist aber selbst nicht staats- oder währungsrechtlicher Art, sondern in erster Linie eine technische Funktion des Geldes und sodann ein Prinzip des Geldschuldrechts (vgl auch F A MANN, Legal Aspect 102 ff).

aa)   Der **Nominalismus als Rechtsprinzip** liegt auch nach der hier vertretenen Auffas-   **D 20**
sung dem Recht der Geldschuld zugrunde. Die folgende Darstellung zielt nicht auf vollständige Wiedergabe der Stimmen und Argumente. Sie muß aber so viel an Grundlagen aufarbeiten, wie für die Beurteilung praktischer Fragen des Geldschuldrechts erforderlich ist.

bb)   Dabei ist ohne eine **terminologische Vorklärung** nicht auszukommen. Hinter   **D 21**
dem Schlagwort „Nominalismus" steht keine in sich geschlossene Theorie (vMAYDELL, Geldschuld 54 ff; ders, in: HORN-TIETZ [Hrsg] [1977] 34 f). Der Begriff „Nominalismus" hat selbst bereits eine Fülle unterschiedlicher, zwischen Recht, Rechtspolitik und Wirtschaftswissenschaft schwankender Bedeutungen, wie namentlich STÜTZEL eingehend dargelegt hat (Das Mark-gleich-Mark-Prinzip und unsere Wirtschaftsordnung [1979]; dazu MUSCHELER ZHR 144 [1980] 247 ff). Es handelt sich in der Analyse STÜTZELS um genau sieben Varianten des Nominalismus, die allerdings für die rechtliche Würdigung wenig hergeben und nur die Notwendigkeit problemspezifischer Differenzierung belegen. Für den Umgang mit dem **Rechtsbegriff Nominalismus** (genauer: mit den unterschiedlichen Rechtsbegriffen des Nominalismus) verbietet sich eine schematisierende Gleichsetzung des Nominalismus mit dem Prinzip „Mark gleich Mark" zu einem Einheitsbegriff (vgl treffend BETTERMANN RdA 1975, 2 gegen die terminologischen Ungenauigkeiten bei BAG AP § 242 BGB Nr 4 und 5 Ruhegehalt – Geldentwertung = NJW 1973, 959 und 1296 [LS] sowie bei BVerwGE 41, 1, 5 = NJW 1973, 529, 530). Die Formel „Mark gleich Mark" kann nämlich ihrerseits unterschiedlichen Inhalt haben, an ihre Rechts-

---

tionsbewältigung im Zivil- und Arbeitsrecht, in: KÖTZ/REICHERT-FACILIDES 49; SIMMEL, Philosophie des Geldes (2. Aufl 1907; 6. Aufl 1958) 101 ff; SINGER (Hrsg), Knapp-Bendixen, Zur Staatlichen Theorie des Geldes. Ein Briefwechsel 1905–1920 (1958); STÜTZEL, Das Markgleich-Mark-Prinzip und unsere Wirtschaftsord-

nung. Über den sog Nominalismus, insbesondere im Schuld- und Steuerrecht (1979); SUVIRANTA, Inflationsbewältigung im finnischen Zivilund Arbeitsrecht, in: KÖTZ/REICHERT-FACILIDES 41; WEIKART, Geldwert und Eigentumsgarantie (1993).

Karsten Schmidt

geltung können sich unterschiedliche Rechtsfolgen knüpfen (auch hierin übereinstimmend BETTERMANN RdA 1975, 2). Deshalb können auch weder die Befürworter des sog Nominalismus noch seine Gegner schlicht als „Nominalisten" oder „Valoristen" in zwei gegnerische, je in sich einheitliche Lager aufgeteilt werden (man vergleiche etwa den „Valorismus" bei BETTERMANN aaO mit demjenigen von ELIYAHU HIRSCHBERG oder den „Nominalismus" des BGH mit demjenigen von F A MANN). Auch in der Argumentation wirkt schematisierende Begrifflichkeit hier nicht klärend, sondern vernebelnd. BETTERMANN (RdA 1975, 5) hat darauf hingewiesen, daß etwa § 3 WährG teils als Beleg für die Rechtsgeltung des nominalistischen Prinzips herangezogen wird (vgl nur BVerwGE 41, 1, 5 = NJW 1973, 529, 530; BRINK/SCHEERER, in: FS Bärmann [1974] § 5 I Rn 20; SPANNER DStR 1975, 476), während teils davon die Rede ist, das Nennwertprinzip gelte trotz § 3 WährG (vgl BFHE 89, 422, 435; 92, 561, 565; der BFH verweist allerdings in diesem Zusammenhang nicht auf den Verbotsinhalt des § 3 WährG, sondern auf die verbliebenen Wertsicherungsmöglichkeiten; die Ungereimtheit ist also eine nur scheinbare). Derartige Ungenauigkeiten führe zu Scheinargumenten pro und contra Nominalismus. Damit wird für die Sache des Nominalismus oder Valorismus nichts gewonnen. Eine differenzierte Terminologie, wie sie hiernach erforderlich ist, darf nicht von der Zufälligkeit wechselnder Aspekte abhängen und muß auf eine sachgerechte Ordnung der **Begriffsebenen** achten. Deshalb kann auch die Gegenüberstellung des „währungsrechtlichen", des „schuldrechtlichen" und des „stabilitätspolitischen" Nominalismus (AK-BGB/BRÜGGE-MEIER Vorbem 18 ff zu §§ 244, 245) nicht weiterführen (ein „schuldrechtlicher" Nominalismus kann zB auf währungsrechtliche oder stabilitätspolitische Gesichtspunkte gestützt werden). Die terminologische Ordnung innerhalb des Nennwertprinzips muß sich zuerst nach der *inhaltlichen Aussage* des Prinzips richten. Die hier verwendete *rechtsfolgenorientierte Terminologie* ist von dem Bestreben geleitet, die Inhalte des Prinzips nach Kräften vom „Warum" zu trennen.

D 22 cc) *Das Nennwertprinzip kann hiernach ganz Unterschiedliches besagen.* Aus den vorstehenden Überlegungen ergibt sich die folgende Einteilung (zT übereinstimmend MünchKommBGB/vMAYDELL[3] § 44 Rn 13): Nominalismus ist zunächst eine sich aus den Geldfunktionen ergebende und dem Geldbegriff anhaftende **technische Regel** (Rn D 23 ff). Auf dieser technischen Regel baut das **positivrechtliche Nennwertprinzip im Recht der Geldschuld** auf, aus dem sich im einzelnen wiederum unterschiedliche Rechtsfolgen ergeben können (Rn D 28 ff). Nominalismus als technische Regel und geldschuldrechtlicher Nominalismus stehen nun keineswegs unverbunden nebeneinander, sondern es besteht zwischen ihnen ein Funktionszusammenhang. Von beiden Regeln zu unterscheiden, gleichfalls aber funktionell mit ihnen verbunden, ist der **Nominalismus als rechtspolitische Kategorie** (Rn D 38 ff).

D 23 b) **Der technische Nominalismus des Geldes** steht am Anfang der Nominalismusdiskussion (diese Terminologie wird nunmehr übernommen von HAHN § 6 Rn 1).

D 24 aa) **Nominalismus** in diesem Sinn ist eine **Eigenschaft der Institution Geld und der Geldzeichen** oder – iS der Terminologie STÜTZELS (21) – eine *technische Erleichterung* des Zahlungsverkehrs. Es geht um die Gleichheit allen Geldes (BETTERMANN RdA 1975, 2). vMAYDELL (Geldschuld 59 ff; ders, in: HORN/TIETZ [Hrsg] [1977] 38) spricht hier von „geldtheoretischem Nominalismus" (ebenso ERTL 25), doch ist diese Begriffsbildung problematisch, weil sich die Geldtheorie auch mit den konkreten Funktionen des Geldes (Rn A 11) und damit auch mit dem Nennwertprinzip bei Geldschulden befassen kann. Der technische Nominalismus ist aber, genau genommen, nichts als das Spiegelbild der abstrakten Funktion des Geldes (zu ihr vgl Rn A 11). Er ist Bestandteil der Geldtheorie und kann mit vMAYDELL (Geldschuld 61) als der „wahre" (dann aber nur beschränkt aussagekräftige!) Sinn des Satzes „Mark gleich Mark" bezeichnet werden. Im Gegensatz zu den älteren Waren- oder Metallwährungen haben es sich die modernen Währungssysteme zum Prinzip gemacht, daß alle Geldzeichen in einem bestimmten Währungsgebiet zueinander in einem festen Wertverhältnis stehen (ECKSTEIN 18; der Sache nach ähnlich FÖGEN 16 f; LÜTGE 18; NUSSBAUM, Das Geld 11 ff). Jede Geldeinheit ist notwendig Träger einer nominalen Wertgröße (LÜTGE 18). Indem der technische Nominalismus die Geldzeichen vom Substanzwert unabhängig macht, nimmt er dem Empfänger von Geld die Aufgabe ab, außer der Echtheit auch noch irgendeine andere körperliche Eigenschaft des Geldzeichens zu prüfen; er läßt bei der Erfüllung einer Geldschuld die richtige Summe, nicht die richtige Menge der Geldzeichen, entscheiden (HAHN § 6 Rn 1; NUSSBAUM, Das Geld 11 f). VEIT (in FG Seuß [1981] 216) sagt plastisch und treffend, Geld könne seine abstrakte Funktion als Recheneinheit nur ausüben, wenn es von den Güterwerten unabhängig bleibe: „Ein Längenmaß, das sich verändert mit der Entfernung, die es messen soll, taugt zur Messung nicht. Mark, Franken, Dollar, deren Wert mit dem Preis der Waren mitgeht, sind nicht mehr in vollem Umfang Geld." Vollends belegt die Verbreitung von Buchgeld die Unentbehrlichkeit des technischen Nominalismus. Damit ist bereits die enge Verknüpfung zum schuldrechtlichen Nominalismus verdeutlicht (vgl auch STÜTZEL 33 ff), aber der technische Nominalismus schafft für dieses Prinzip nur eine Voraussetzung und ist mit ihm nicht identisch. Der technische Nominalismus ist der Funktionsbeschreibung des Geldes in modernen Währungssystemen beigegeben (vgl zur Gelddefinition Rn A 19). Er vollzieht nur die Abkehr des Geldwesens vom Substanzwertprinzip und des Geldes von der Metallwährung (Rn A 7) begrifflich nach.

bb) Die **historischen und ökonomischen Grundlagen** des Nominalismus liegen auf der **D 25** Hand. Sie sind als Vorbedingungen der gegenwärtigen Nominalismusdebatte noch heute von Belang. Das Nennwertprinzip als bestimmende Eigenschaft der Geldzeichen stellte bis weit in das 19. Jahrhundert hinein noch ein Zentralproblem der Lehre vom Recht des Geldes dar (vgl SAVIGNY, Obligationenrecht I 423; eingehend HÜTTER 60 ff). Es löste traditionelle Formen des Valorismus ab (eingehend HÜTTER 68 ff). SAVIGNY bezeichnet als Nennwert den „Wert, welcher jedem Geldstück, nach der Absicht seines Urhebers, beizulegen ist". Er erkannte damit den technischen Nominalismus an, maß aber im Schuldrecht des Geldes das von ihm sog „Zeichengeld", das gleichsam nur die Fiktion „wirklichen Geldes" war (Obligationenrecht I 413), noch an einem Kurswert, den er nach dem Kaufpreis von Edelmetallen bestimmte (Obligationenrecht I 433, 457 f; s auch oben, Rn D 13; eingehend HÜTTER 72 f, 82 ff). Nachdem im 18. Jahrhundert die Nennwerttheorie vorgedrungen war (Nachweise bei HÜTTER 97), war damit für das Recht der Geldschuld vorerst ein Kompromiß zwischen der rein metallistischen Auffassung – Substanzwert als Wertmesser des Geldes – und dem Nennwertprinzip geschaffen. Der technische Nominalismus war noch nicht in seinen Konsequenzen für die Geldschuld ausformuliert. Das änderte sich erst im Laufe des 19. Jahrhunderts, insbesondere aufgrund der Geldtheorie von HARTMANN (Über den rechtlichen Begriff des Geldes und den Inhalt von Geldschulden [1868]). Heute stellt die Frage kein Problem mehr dar. Das Währungsrecht der Bundesrepublik steht ganz auf dem Boden des technischen Nominalismus (vgl auch Rn A 48, A 69).

D 26 cc) Die **Rechtsgeltung des technischen Nominalismus** ist nicht, wie etwa noch im SächsBGB von 1863/65, ausdrücklich angeordnet. § 666 S 1 dieses Gesetzes lautete noch: „Unter dem Werthe der gültigen inländischen oder diesen gleichgestellten ausländischen Münzsorten ist, sofern nicht gesetzlich etwas Anderes bestimmt ist, der Werth zu verstehen, welcher den Münzen durch ihre Prägung beigelegt ist." Einer solchen Vorschrift bedarf es nicht. Der technische Nominalismus als Rechtsprinzip ergibt sich bereits daraus, daß Geld im Rechtssinne ein Geschöpf der Rechtsordnung ist (Rn A 2), die ihrerseits das Geld nicht um seiner selbst willen, sondern um der Geldfunktionen willen anerkennt. Wohnt aber dem staatlich geschaffenen Geld aufgrund seiner Funktionen das Nennwertprinzip notwendig inne, so bedarf es keines besonderen Rechtssatzes, der die Gleichwertigkeit aller nominell gleichwertigen Geldzeichen dekretiert (ECKSTEIN 12 gegen HELFFERICH 33 f). Auch das Privatrecht des Geldes macht sich den Grundsatz stillschweigend zu eigen (so wohl auch vMAYDELL, Geldschuld 61, 62 f; INZITARI RabelsZ 45 [1981] 708 f). Die stillschweigend vom Gesetz zugrunde gelegte Rechtsgeltung des technischen Nominalismus zeigt sich besonders bei Rechtsnormen mit geldsummenmäßiger Quantifizierung. Beispiele sind etwa die Haftungshöchstgrenzen in den §§ 12 StVG, 37 LuftVG, 9 f HaftPflG, 660 HGB (vgl auch vMAYDELL, Geldschuld 50 f). Das Zivilprozeßrecht macht etwa bei Fragen des Streitwerts, der Zuständigkeit, der sog Erwachsenheitssumme (Rechtsmittelsumme) und der Pfändbarkeitsgrenzen von der Nennwertfunktion des Geldes Gebrauch (REUTER ZHR 137 [1974] 493 f; vgl auch vMAYDELL, Geldschuld 50). Gleiches gilt für die Bestimmungen über das Mindestkapital und über die Anteile an Kapitalgesellschaften (RGZ 119, 170, 171; KROPFF, AktG [1965] 22; RefE GmbHG 1969, S 143). Das Mindeststammkapital der GmbH etwa blieb in seinem Nennbetrag von 1892 bis 1980 unverändert und wurde erst mit Wirkung vom 1. 1. 1981 durch den Gesetzgeber (G v 4. 7. 1980 zur Änderung des GmbH, BGBl I 833) „angesichts der seit Einführung der GmbH im Jahre 1892 veränderten Geldwerte" von 20 000 auf 50 000 DM erhöht (Begründung des E eines Ges zur Änderung des GmbHG, BR-Drucks 404/77 S 29). Charakteristisch ist schließlich der Nominalismus in der Steuertarifgestaltung (vgl nur BFHE 89, 422, 435; STÜTZEL 39 ff). Er wirft die schwierigen Inflationsprobleme des Steuerrechts auf (dazu Rn D 357 ff).

D 27 dd) Die **Grenzen der Aussagekraft des technischen Nominalismus** ergeben sich von selbst aus dem Inhalt dieses Prinzips. Was im modernen Rechtsverkehr als eine Trivialität erscheint, wird wenig zur Klärung schwieriger Rechtsprobleme beitragen können. Eine *begriffliche Herleitung* des Nennwertprinzips für Geldschulden aus dem hier sog technischen Nominalismus, wie sie namentlich in HARTMANNS seinerzeit zukunftsweisendem Modell entwickelt wurde (HARTMANN, Über den rechtlichen Begriff des Geldes und den Inhalt von Geldschulden [1868] 46 ff), wird heute mit Recht abgelehnt (vMAYDELL, Geldschuld 82 ff mwNw). Dieser bei vMAYDELL (82 ff) als „konstruktive" Theorie diskutierte Ansatz ist eine petitio principii. Wer „Mark gleich Mark" sagt, sagt noch nicht „Markwert gleich Markwert" (NUSSBAUM, Das Geld 10). Man braucht nur die Frage zu stellen, ob auch die Geldwertschuld mit dem Prinzip des technischen Nominalismus vereinbar ist, um dies zu erkennen. Das geltende Recht der Geldwertschulden (Rn D 42 ff) läßt keinen Widerspruch mit dem technischen Nominalismus erkennen. Dieser läßt Geldschulden zu, deren nomineller Betrag mit dem Geldwert schwankt. Mit den Grenzen der Aussagekraft des technischen Nominalismus erklärt sich auch der *beschränkte Argumentationswert der so umstrittenen „Staatlichen Theorie des Geldes"* von KNAPP (dazu auch Rn A 11, D 2). KNAPP deutet die

Wahl der Zahlungsmittel und die Bestimmung der Werteinheiten als freien Akt der Staatsgewalt (19) und erkennt ein systemimmanentes Problem des Geldwerts überhaupt nicht an (436 ff). Eine Veränderlichkeit des Geldwerts ist seiner Theorie unbekannt (439), nicht weil Teuerung und Währungsverfall als Fakten geleugnet werden, sondern weil sie auf den staatlich verfügten Nennwert des Geldes ohne Einfluß bleiben müssen (richtig eingeordnet bei BURAWOY, Der Knappsche Nominalismus und seine Rechtfertigung [1929] 183). Der Prozeß spielt sich außerhalb der Staatlichen Theorie des Geldes ab, weil die nominale Geltung des Geldes „als eine juristische Vorstellung ganz unabhängig ist davon, was man mit dem Gelde kaufen kann" (KNAPP 441). Diese These KNAPPS ist immer wieder als Kennzeichen der Unhaltbarkeit seiner Geldtheorie verstanden worden (vgl etwa ECKSTEIN 31; HANKEL, Währungspolitik [1972] 31, 99, 233; SCHMÖLDERS, Geldpolitik [1968] 47 f; RIST, Geschichte der Geld- und Kredittheorien [1947] 330; eingehende ältere Nachw bei SCHWANDER 40). Sie ist indessen nur Kennzeichen einer bewußten Verengung des Blickfeldes. Mit Recht bescheinigt deshalb WAGEMANN, im Gegensatz zu der Mehrzahl der Nationalökonomen, der Staatlichen Theorie des Geldes, sie sei „ein Lehrgebäude von wunderbarer Architektonik" (WAGEMANN, Allgemeine Geldlehre I [1923] 42), bemängelt aber die „Überspannung des Prinzips: das Geld als Werteinheit" (WAGEMANN 52 f). KNAPPS Staatliche Theorie des Geldes argumentiert nur mit der abstrakten Funktion des Geldes (zu ihr vgl Rn A 11), und so kann nicht verwundern, daß sie über die hier entscheidenden konkreten Funktionen nichts auszusagen vermag (KARSTEN SCHMIDT, in: FS Hahn [1997] 86 ff). Allerdings ist auch KNAPPS Nominalismus mehr als das Ergebnis einer begrifflichen Operation. Der Sache nach läuft die Staatliche Theorie des Geldes auf die Auffassung hinaus, der nominalistische Charakter des Geldzeichens teile sich der Geldschuld automatisch mit, weil der mit Gesetzgebungshoheit versehene Staat es so wolle. Gegen eine solche Auffassung hatte sich aber mit Recht bereits SAVIGNY gewandt. SAVIGNY lehnt gerade den Begriff „gesetzlicher Werth" ab, weil er zu dem „Nebenbegriff" führen könne, „als *läge* in dem Nennwerth die gesetzliche Vorschrift für die Unterthanen des Münzherrn, jenen Werth als den wahren in ihren Rechtsgeschäften anzuerkennen" (Obligationenrecht I 425 f). Selbst ein Gesetz, das den Nennwert ausspreche, habe nicht notwendig den Sinn, daß dadurch der Wille der Einwohner gebunden, die Entscheidung der Richter bestimmt sein soll (Obligationenrecht I 444). Die Frage, „ob der Nennwerth als wahrer Inhalt einer Geldschuld anzusehen ist", wird von SAVIGNY unmißverständlich verneint (Obligationenrecht I 448). Nicht der Nennwert, auch nicht der Substanzwert, sondern der „Kurswerth" des Geldes gibt nach SAVIGNY den Ausschlag (Obligationenrecht I 454 ff). Dem wird hier nicht gefolgt (Rn D 25, D 31). Festzuhalten bleibt jedoch die heute noch gültige Erkenntnis, daß der technische Nominalismus des Geldes und der Geldzeichen den geldschuldrechtlichen Nominalismus nicht notwendig zur Folge hat.

c)   **Der Nominalismus im Recht der Geldschuld** baut auf dem technischen Nominalismus auf, weil er ohne diesen nicht denkbar wäre. Es handelt sich jedoch um ein Nennwertprinzip anderer Qualität. Mehr oder weniger deutlich wurde schon vor dieser Kommentierung in der Literatur auf diesen Unterschied aufmerksam gemacht (ECKSTEIN 2; HELFFERICH 351 ff; NUSSBAUM, Das Geld 10; vMAYDELL, Geldschuld 62 ff; ERTL 25). HAHN (§ 6 Rn 2) hat die Unterscheidung nunmehr übernommen. Nominalismus als Konstanz der Recheneinheit ist dem Geld immanent. Soll diese Konstanz auch für den Umfang der Geldschuld verbindlich bleiben, so bedarf dieser Nominalismus der Präzisierung und der rechtlichen Begründung. Denn mit dem technischen Nomi-   **D 28** nalismus des Geldes ist ein valoristisches Verständnis der Geldschuld ebenso vereinbar wie ein nominalistisches (zustimmend HAHN § 6 Rn 2). Im einzelnen ist dabei zu unterscheiden zwischen dem *Prinzip der Geldsummenschuld* (Rn D 29 ff) und dem *strikten Nominalismus*, insbesondere dem Verbot der Wertsicherung (Rn D 33 ff). Nicht zu folgen ist der Auffassung von KRESS (SchuldR I § 13 2 c), wonach ein Nominalitätsprinzip im Recht der Geldschuld entweder zwingend ist oder gar nicht existiert. Es macht einen Unterschied, ob das bürgerliche Recht Geldschulden zu Summenschulden erklärt oder ob es sogar die Vereinbarung anderer als summenmäßig begrenzter Schulden verbietet.

D 29 **aa)** Das **Prinzip der Geldsummenschuld** ist Spiegelbild des technischen Nominalismus, so wie der technische Nominalismus Spiegelbild der Geldfunktion ist. Die Geldsummenschuld ist die Anwendung und Übertragung des technischen Nominalismus auf die Geldschuld (vgl zur Geldsummenschuld Rn C 17).

D 30 **α)** Der **Inhalt des Prinzips** besteht in den Worten von BFHE 89, 422, 434 darin, „daß bei Geldschuldverhältnissen der Nennwert maßgebend ist. Den Gegensatz bildet der sogenannte Valorismus, der auf den Kurswert oder Verkehrswert, insbesondere den Kaufkraftwert des Geldes, abstellt". Diese Aussage des geldschuldrechtlichen Nominalismus deckt sich im wesentlichen mit dem, was BETTERMANN (RdA 1975, 2 f) mit den Schlagworten beschreibt: „Gleichheit aller Geldschulden" und „Gleichheit von Geld und Geldschuld"; alle auf den gleichen Betrag lautenden Geld(summen)schulden sind nominell gleich, und jede bezahlte Mark ist gleich jeder geschuldeten Mark (ähnlich F A MANN, Legal Aspect 90; ders, Recht des Geldes 60). Im einzelnen sind in diesem Prinzip *mehrere Grundsätze* enthalten und für die Rechtsanwendung zu unterscheiden, aber auch in ihrem Zusammenhang zu erkennen. Der *erste Grundsatz* besteht darin, daß die Geldschuld regelmäßig als *Geldsummenschuld* durch einen Nominalbetrag ausgedrückt wird; dieser bestimmt ihren Inhalt (in diesem Sinn wird das Wort Nominalismus etwa verstanden bei ESSER/EIKE SCHMIDT I/1 § 13 II 2 a; F A MANN, Recht des Geldes 66 f; ders, Legal Aspect 100; FÖGEN 139). Dieses Prinzip der Geldsummenschuld schließt eine *Anpassung* von Geldschulden an Veränderungen des Geldwerts nicht aus. Wohl aber ergibt sich aus ihm als *zweiter Grundsatz*, daß eine solche Anpassung nicht – wie bei der Geldwertschuld – die Regel, sondern die Ausnahme ist und nur durch Vertrag (Wertsicherung) oder im Einzelfall durch eine besondere gesetzliche Norm (auch § 242) gerechtfertigt werden kann. Im Zusammenhang hiermit besagt ein *dritter Grundsatz*, daß die vertragliche Wertsicherung, so groß bei Betrachtung ex post das Interesse an ihr sein mag, den Parteien nicht unterstellt werden darf: Es gibt keine für Wertsicherungsvereinbarungen sprechende Vermutung; Wertsicherungsvereinbarungen müssen im erklärten Parteiwillen nachweisbar sein (insoweit übereinstimmend HAHN § 6 Rn 38; vMAYDELL, Geldschuld 63 f). An das Prinzip der Geldsummenschuld können sich weitere rechtliche Folgerungen knüpfen. Zu ihnen rechnet BFHE 92, 561, 565 das umstrittene Gebot der Ertragsbesteuerung unter Inflationsbedingungen (Rn D 359), denn aus dem Nennwertprinzip ergebe sich, daß über das Schuldrecht hinaus auch keine sonstige unmittelbare rechtliche Folgerungen aus einer Veränderung des inneren Geldwerts gezogen werden darf. Dagegen besagt das Prinzip der Geldsummenschuld allein noch nichts über die Zulässigkeit von Wertsicherungsklauseln. Es bringt dispositives Recht zum Ausdruck (LARENZ I § 12 III). Ein Verbot der Wertsicherung kann nur auf einem strikten Nominalismus beruhen (Rn D 34).

β)   Die **Rechtsgeltung des Prinzips** wird immer wieder bestritten (eingehend SCHMALZ   **D 31**
159 ff; s auch KOLLHOSSER JA 1983, 50 ff). Sie steht aber für die Praxis außer Frage und ist
auch theoretisch kaum angreifbar. Das Nennwertprinzip bei Geldforderungen ist
objektiv geltendes, wenngleich ungeschriebenes Recht (vgl nur LARENZ I § 12 III;
MÖSCHEL, Das Wirtschaftsrecht der Banken [1972] 71; mit Einschränkungen auch F A MANN,
Recht des Geldes 66 f; ders, Legal Aspect 100: „legal principle"). Nicht zu folgen ist der rela-
tivierenden Ableitung des Prinzips aus dem erklärten Parteiwillen (in dieser Richtung
aber zB vMAYDELL, Geldschuld 97; deutlich HAHN § 6 Rn 36, 40; s auch JAHR, in: Jahresgutachten
[1966/67] 200; STÜTZEL 27 ff; SIMITIS 59; mit Recht abl LARENZ I § 12 III Fn 19; MÖSCHEL 71).
Damit wird den Parteien ein Wille unterstellt, der in Anbetracht des technischen
Nominalismus des Geldes im Regelfall weder vorhanden noch erklärt ist (in gleicher
Richtung ECKSTEIN 33 ff). Diesen Fehler vermeidet die Auffassung, die das Prinzip der
Geldsummenschuld zur Auslegungsregel erklärt (zB HAHN § 6 Rn 36; ROSENFELDER
JherJb 71 [1922] 263; BETTERMANN RdA 1975, 6; s auch SCHMALZ 163 f). Aber die Auslegungsregel, wonach vereinbarte Geldschulden im Zweifel Geldsummenschulden sind (Rn
D 46), ist nur Bestandteil, nicht Grundlage des Nennwertprinzips. Dieses gilt auch für
gesetzliche Schuldverhältnisse, soweit sich nicht aus deren Inhalt im Einzelfall
ergibt, daß eine Geldwertschuld vorliegt. Nominalismus kraft Vereinbarung ist auch
nicht ein isolierbares Institut unter verschiedenen „Nominalismen" (so aber STÜTZEL
27 ff; SCHMALZ 164), vielmehr gilt das Nennwertprinzip für alle Geldsummenschulden,
es mag vereinbart sein oder nicht. Es dürfte auf der Wertsicherungsdiskussion (Rn D
162 ff) und auf dem besonderen Wertsicherungsbedürfnis bei längerfristigen Vertragsschulden beruhen, daß der Nominalismus immer wieder als ein Prinzip des Vertragsrechts eingeordnet und diskutiert wird. Dieses Prinzip ist aber nicht vertragsrecht-
licher Natur. Man mag den Nominalismus entstehungsgeschichtlich aus dem
regelmäßigen Parteiwillen herleiten und als „Abstraktion durchschnittlicher Willens-
vorstellungen" bezeichnen (HAHN § 6 Rn 36); er ist aber doch selbst ein objektivrecht-
liches Prinzip (so wohl F A MANN, Legal Aspect 100: „a legal principle, but ... empirically
derived from a generalization of the normal factual situation"). Seine Geltung für den Einzelfall beruht weder auf dem erklärten oder vermuteten Parteiwillen noch überhaupt
auf dem Vertragstatbestand (richtig MÖSCHEL 71; FÖGEN 138 Fn 220, der dann aber im Text
unklar davon spricht, „daß das Wertverhältnis der Leistungen, wie es den Parteien beim Vertragsabschluß vorgeschwebt hat, nicht auch noch bei der Vertragserfüllung zu bestehen braucht"). Als
objektivrechtliche, vertragsunabhängige Norm fand sich das Prinzip etwa in § 792 I
11 ALR, einer Rechtsnorm, die bei SAVIGNY (Obligationenrecht I 485 f) auf heftigen
Tadel stieß: „Das im Handel und Wandel gewöhnliche Steigen und Fallen des Cours
bey einer und eben derselben Münzsorte kommt außer dem Fall des § 785. 786. (scl:
Fremdwährungsschuld) bey Darlehns-Rückzahlungen in keine Betrachtung." Auf
Art 1895 Code Civil weist BETTERMANN (RdA 1975, 6) hin: „(1) L'obligation qui résul-
te d'un prêt en argent n'est toujours que le la somme numérique énoncée au contrat.
(2) S'il y a eu augmentation ou diminution d'espèces avant l'époque du payement, le
débiteur doit rendre la somme numérique prêtée, et ne doit rendre que cette somme
dans les espèces ayant cours au moment du payement." Dem *Recht der Geldschuld
nach dem BGB* liegt eine solche Rechtsnorm lediglich stillschweigend zugrunde.
Dem Wortlaut der §§ 244 ff läßt sich unmittelbar weder für noch gegen den Nominalismus etwas entnehmen (vMAYDELL, Geldschuld 90 f, 93 ff; SOERGEL/TEICHMANN[12] § 244
Rn 9). Insbesondere deutet § 244 Abs 2 nicht etwa auf eine valoristische Geldschuldlehre des BGB hin (aM wohl ECKSTEIN 33 ff), denn die Maßgeblichkeit des Kurswerts in
diesem besonderen Fall ist eine Selbstverständlichkeit. Es ist deshalb BETTERMANN

(RdA 1975, 5) Recht zu geben, der eine Norm darüber, „daß jede Zahlungsmark mit jeder Schuldmark identisch sei", im Gesetz vermißt. Die Frage ist nur, ob es einer solchen im Gesetz fehlenden Norm über den „Zwangskurs" der DM (BETTERMANN aaO) überhaupt bedarf. Das ist zu verneinen. Indem sich das Schuldrecht des Instituts Geld und damit des technischen Nennwertprinzips bedient, überführt es das Nennwertprinzip in das Recht der Geldschuld (der Sache nach übereinstimmend HELFFE-RICH 363 f; REUTER ZHR 140 [1976] 81). Nicht das nominalistische, sondern das valoristische Prinzip bedürfte ausdrücklicher gesetzlicher Fixierung. Schon der *historische Gesetzgeber* ging hinsichtlich der Heimwährungsschulden davon aus, daß das Nennwertprinzip durch das währungsrechtliche Prinzip des Zwangsgeldes vorgegeben sei. Nach Mot (in: MUGDAN II 7) folgt „schon aus dem eingeführten Währungssysteme, daß der Werth einer in Reichswährung ausgedrückten Schuld der Nennwerth ist und die Zahlung in Geld der Reichswährung zum Nennwerthe genommen werden muß. Aus dem unbedingten Annahmezwange ergiebt sich von selbst die Annahmepflicht zum Nennwerthe (ReichsmünzG v 13. Juli 1873 Art 14 § 1)." Das gilt bei geänderter währungsrechtlicher Grundlage noch heute. Das BGB geht stillschweigend vom nominalistischen Prinzip aus, zB in § 433 Abs 2 (LARENZ I § 12 III): Der Kaufpreis besteht in Geld und wird nicht als angemessenes Äquivalent im Zeitpunkt der Erfüllung oder der Gerichtsentscheidung, sondern als „vereinbarter Kaufpreis" im Zeitpunkt des Vertragsschlusses bestimmt. Das Gegenteil folgt auch nicht aus § 243, denn die Geldschuld ist, wie bei Rn C 7 ff ausgeführt wurde, keine Gattungsschuld (vgl auch vMAYDELL, Geldschuld 96 f). Zu Unrecht wird bisweilen § 607 für die Valorisierung von Darlehensforderungen herangezogen (zB KRESS, SchuldR I § 13 2 a; SIBER, Schuldrecht [1931] § 7 V 4; ECKSTEIN 32; BETTERMANN RdA 1975, 7; Überblick bei SCHWANDER 86 ff). Die gesetzliche Gleichstellung des Gelddarlehens mit dem Sachdarlehen (vgl BETTERMANN RdA 1975, 6) ist der Natur der Sache nach dadurch begrenzt, daß das Gelddarlehen eine Geldschuld mit den dazugehörigen Rechtsfolgen begründet. Sie kann also weder aus dieser Geldschuld eine Gattungsschuld machen noch kann sie dem Darlehensnehmer das Währungsrisiko nach dem Grundsatz „casum sentit dominus" auferlegen (unergiebig deshalb die Kontroverse darüber, wer hier der „dominus" sein soll; vgl einerseits REICHERT-FACILIDES JZ 1969, 620, anderseits BETTERMANN RdA 1975, 7). § 607 bleibt also unergiebig (so jetzt auch SCHMALZ 282). Die positiv-rechtliche Absicherung des Nennwertprinzips wird auch in der Währungsverfassung (MÖSCHEL 71) oder im Währungsrecht gesucht (eingehende Nachweise bei vMAYDELL, Geldschuld 62 ff; vgl auch zum 19. Jahrhundert KIEFNER 53; die von SCHWANDER 34 ff, 60 ff als konstruktiv, dh begriffsjuristisch und positivistisch gescholtenen Auffassungen von LABAND, HELFFERICH und NUSSBAUM setzen gleichfalls hier an). Die Aussagekraft des Währungsrechts, auch unter Einschluß des § 3 WährG, für den schuldrechtlichen Nominalismus ist allerdings str (vgl die Kritik bei vMAYDELL, Geldschuld 67 f; BETTERMANN RdA 1975, 5). Unleugbar ist indes, daß § 3 WährG ohne die Geltung des Prinzips der Geldsummenschuld eine unverständliche Regel wäre. Das Währungsrecht soll das Nennbetragsprinzip als „technisches Hilfsmittel" (SCHWANDER 285) des Schuldrechts gewährleisten. Doch bleiben alle Versuche, den Nominalismus positiv-rechtlich zu begründen, unbefriedigend. *Das Prinzip der Geldsummenschuld ist die Nutzbarmachung des technischen Nominalismus für das Schuldrecht* (in gleicher Richtung ERTL 26 ff). Die Frage, ob sich der technische Nominalismus in dieser Weise dem Recht der Geldschuld mitteilt, wurde mit unterschiedlicher Begründung bereits im 19. Jahrhundert namentlich von HARTMANN (Über den rechtlichen Begriff des Geldes und den Inhalt von Geldschulden [1868] 76 f) sowie von KNIES (Das Geld [1873] 258) und von GOLDSCHMIDT (HandB I/2 1121 ff) erkannt und bejaht (Überblick bei SCHWANDER 23 ff). Die Notwendigkeit, die Vorzüge des technischen Nominalismus des Geldes auf die Geldschuld zu übertragen, scheint unleugbar in Anbetracht der Tatsache, daß viele Geldforderungen sog Buchgeld (Rn A 28) darstellen. Forderungen müssen Geldfunktionen erfüllen, also auch Geldeigenschaften aufweisen können. Bezeichnenderweise rechtfertigt JAHR (in: Jahresgutachten [1966/67] 200) den schuldrechtlichen Nominalismus wie folgt: „Soll eine Forderung auf einen Gegenstand nach dem Willen dessen, der sie begründet (Gesetzgeber, Vertragspartner, Erblasser), dem Eigentum an diesem Gegenstand gleichwertig sein, so gilt dieser Wille ... Geldbetragsforderungen sind Forderungen, die dem Geldeigentum gleichstehen, weil sie ihm gleichstehen sollen." *Das moderne Schuldrecht des Geldes kommt ohne die Vorzüge des Nominalismus nicht aus*. Wertungsgrundlage des Nennwertprinzips ist das Streben nach Rechtssicherheit (vgl statt vieler ESSER/EIKE SCHMIDT I/1 § 13 II 2 a; REICHERT-FACILIDES JZ 1969, 620; REUTER ZHR 137 [1974] 493), und zwar nicht nur nach Rechtssicherheit inter partes, sondern nach Sicherheit des gesamten Rechtsverkehrs. Mit Recht wird von der Unverträglichkeit des Valorismus mit öffentlichen Interessen ausgegangen (REUTER ZHR 140 [1976] 82). Als ungeschriebene, nicht erst durch Rechtsfortbildung hervorgebrachte Rechtsnorm darf das Prinzip der Geldsummenschuld dem *Gewohnheitsrecht* zugerechnet werden (vgl HECK AcP 122 [1924] 205). VMAYDELL (Geldschuld 98 ff) lehnt die Anerkennung eines solchen Gewohnheitsrechtssatzes zwar ab, weil weder über den Kreis der vom Nennwertprinzip erfaßten Verbindlichkeiten noch über die sonstigen Anwendungsgrenzen dieses angeblichen Gewohnheitsrechtssatzes (insbesondere über das zu seiner Durchbrechung erforderliche Ausmaß der Geldentwertung) Einigkeit bestehe (ähnlich SCHMALZ 181). Die Rechtsgeltung eines Gewohnheitsrechtssatzes hat indessen nicht zur Voraussetzung, daß die genauen Konturen des Rechtssatzes unbestritten sind. Ebensowenig muß die gewohnheitsrechtliche Geltung des Nominalismus aus dem regelmäßigen Parteiwillen abgeleitet werden (so die Kritik bei SCHMALZ 181 f), denn es handelt sich um ein alle Geldschulden, nicht nur die Vertragsschulden umfassendes Prinzip.

γ) Mit dieser **Ablehnung des Valorismus** ist zunächst nur das Prinzip der Geldsum- **D 32** menschuld unterstrichen. Ein *strikter Valorismus* in dem Sinne, daß jede Geldschuld Geldwertschuld wäre, kann nach geltendem Recht nicht anerkannt werden (in dieser Richtung aber wohl ELIYAHU HIRSCHBERG). Vereinzelte Ansätze (MÜGEL JW 1921, 1269 ff; STAMPE DRiZ 1925, 210 ff) – sie stammen namentlich aus der Weimarer Zeit – sind jedenfalls de lege lata zurückzuweisen. Nach KRESS (SchuldR I § 13 2 a) ist jede Geldschuld eine Wertschuld, nicht eine Summenschuld. Vertragliche Erfüllungsansprüche sind deshalb Wertschulden, weil der Wille der Parteien auf den „inneren Wert", nicht auf den Nennwert des vereinbarten Betrages abstelle. Auch Geldschulden aus gesetzlichen Schuldverhältnissen seien auf die „Verschiebung wirklicher Werte", nicht bloß auf Zahlung zum Nennwert, gerichtet. Demgegenüber ist auf Rn D 31 zu verweisen. Nicht mehr zu halten ist auch SAVIGNYS Kurswerttheorie (zu ihr vgl eingehend HÜTTER; NUSSBAUM, Das Geld 67 ff; SCHWANDER 17 ff). Teile ihrer Begründung finden eine historische Erklärung darin, daß SAVIGNY zwar einen wichtigen, aber doch nicht den entscheidenden Schritt über den Metallismus hinaus tat. Aus heutiger Sicht wird deshalb diese Theorie als eine metallistische petitio principii kritisiert (deutlich HELFFERICH 361). Dabei werden freilich die Wertungsgrundlagen vernachlässigt. SAVIGNYS Kurswerttheorie beruht auf dem Gedanken absoluter Gerechtigkeit: Weder der Gläubiger noch der Schuldner darf durch eine nominelle Geldwertdefinition bevorzugt werden; in einem modernen Währungswesen kann sich aber diese Theorie nicht behaupten, weil die Rechtsorganisation keines Staates in der Lage wäre, ihr zu entsprechen (Rosenfelder JherJb 71 [1922] 262). Mit Recht wurde deshalb Savignys Geldlehre noch im Verlauf des 19. Jahrhunderts durch die Nennwerttheorie verdrängt (vgl mit umfangreichen Nachweisen Hütter 140 ff), die in Knapps Staatlicher Theorie des Geldes ihre konsequenteste Ausprägung und in der Hyperinflation der 20er Jahre unseres Jahrhunderts ihre tiefste Krise erfuhr. Nicht von ungefähr wandte die Literatur der Inflationszeit Savignys Geldlehre wieder gesteigerte Aufmerksamkeit zu (Eckstein 56 f; der Sache nach auch Herzfeld AcP 120 [1922] 203 ff; Mügel JW 1921, 1269 ff; Überblick bei Schwander 69 ff; Hütter 152 ff). Eine Rückkehr zum Kurswert ist aber rechtspolitisch fragwürdig (Helfferich 368) und entspräche jedenfalls nicht dem geltenden Recht. Wo materiale Gerechtigkeit eine Durchbrechung des Nennwertprinzips verlangt, um unerträgliche Wertverluste zu verhindern, bleibt nur die Aufwertung nach Rn D 90 ff.

D 33 **bb)** Als **strikten Nominalismus** kann man Rechtssätze bezeichnen, die eine Anpassung von Geldsummenforderungen an Geldwertveränderungen verbieten (vgl vMaydell, Geldschuld 65 ff; Ertl 41 spricht von „verstärktem" Nominalismus; vgl im Anschluß an Stützel auch Schmalz 164: Nominalismus als Einschränkung der Vertragsfreiheit).

D 34 **α)** Der **Inhalt des Prinzips** kann wiederum uneinheitlich sein und muß deshalb besonders benannt werden. Die völlige Ablehnung jeglicher Geldwertschuld – auch der gesetzlichen – scheint unhaltbar und kann vernachlässigt werden. Der strikte Nominalismus bezieht sich auf Geldsummenschulden, insbes auf vertraglich begründete Geldschulden. Zielrichtung ist vor allem die vertragliche *Wertsicherung von Geldforderungen* (zu ihr vgl Rn D 162 ff). „Nominalistisch" in diesem Sinne ist die Ordnung des Geldrechts dann, wenn sie die vertragliche Wertsicherung untersagt. Diese Variante des strikten Nominalismus wird von manchen geradezu mit dem Nominalismus gleichgesetzt, während F A Mann die Wertsicherung als Sicherungsmaßnahme gegen den Nominalismus bezeichnet (Legal Aspect 147 ff; Recht des Geldes 99 ff). Das ist in der Sache unschädlich, wenn terminologisch bedingte Mißverständnisse vermieden werden. Die Wertsicherungsvereinbarung ist Sicherungsmittel gegen Risiken, die sich aus dem Prinzip der Geldsummenschuld ergeben; das *Verbot von Wertsicherungsvereinbarungen* ist Bestandteil eines strikten Nominalismus. Auch Stützel (33 ff) setzt § 3 WährG nicht mit dem Nominalismus schlechthin gleich, sondern betrachtet die Norm nur als Ausprägung eines Teils des Nennwertprinzips (bei Stützel „Nominalismus Nr 4"). Aber der strikte Nominalismus muß sich nicht auf die vertragliche Wertsicherung beschränken. Er kann unterschiedliche Rechtsregeln enthalten und zB auch dem Richter die *Anpassung von Geldsummenschulden* nach § 242 verbieten (vgl zB F A Mann NJW 1974, 1298).

D 35 **β)** Die **Rechtsgeltung des Prinzips** muß zwischen den unterschiedlichen Inhalten eines strikten Nominalismus unterscheiden. Daran fehlte es noch in der im Anschluß an Hartmann (Über den rechtlichen Begriff des Geldes und den Inhalt der Geldschulden [1868] 54 ff) geführten Diskussion. Der strikte Nominalismus bedarf einer positivrechtlichen Grundlage. Er beruht, anders als das bei Rn D 29 diskutierte Prinzip der Geldsummenschuld auf einer rechtspolitischen Entscheidung des Gesetzgebers. Wenn gesagt wird, das Nennwertprinzip als Bestandteil des geltenden Rechts setze eine formell-rechtliche Norm voraus, die dieses Prinzip ausdrücklich in den Rang eines

„Zwangskurses" erhebe (so BETTERMANN RdA 1975, 3, 5), dann trifft das für den strikten Nominalismus, und nur für ihn, zu. Klar erkannt findet sich dies schon bei SAVIGNY: Ordne der Gesetzgeber die Maßgeblichkeit des Nennwertes durch einen „Zwangskurs" besonders an, so sei allerdings der Richter hieran gebunden (Obligationenrecht I 444 ff). Ein solches Gesetz könne nicht die Teuerung verhindern (Obligationenrecht I 449), wohl aber binde es den Richter bei der Rückzahlung von Verbindlichkeiten, so daß der Gläubiger sich bei der Rückzahlung von Verbindlichkeiten mit entwertetem Geld zufrieden geben müsse (Obligationenrecht I 450). Die Härte und Ungerechtigkeit eines dergestalt dekretierten Nominalismus, der einseitig nur den Gläubiger älterer Geldschulden treffe, steht in SAVIGNYS Augen außer Zweifel (Obligationenrecht I 450).

Eine positivrechtliche Anordnung des strikten Nominalismus fand sich im sog **Mark-** **D 36** **gleich-Mark-Gesetz** (Gesetz Nr 51 der Militärregierung; dazu auch Rn D 165). Art II Nr 4 dieses Gesetzes hatte idF von 1947 folgenden Wortlaut:

„Eine Verbindlichkeit, gesichert oder ungesichert, die auf Reichsmark, Rentenmark, irgendein anderes auf Mark lautendes gesetzliches Zahlungsmittel, auf Goldmark oder auf Mark lautet, deren Nennwert unter Benützung einer gleitenden Skala oder auf andere Weise durch Bezugnahme auf den Preis des Feingoldes (Goldklausel) oder den Preis anderer Edelmetalle, Waren, Wertpapiere oder ausländischer Zahlungsmittel (Wertbeständigkeitsklauseln) bestimmt ist, ist bei Fälligkeit, ungeachtet der Bestimmungen der Paragraphen 157, 242 und 607 des Bürgerlichen Gesetzbuches und der Bestimmungen irgendeines anderen deutschen Gesetzes, durch Zahlung – Mark für Mark – von Reichsmark oder Alliierten Militärmarknoten erfüllbar. Dabei ist es gleichgültig, ob die Verbindlichkeit vor oder nach dem Inkrafttreten dieses Gesetzes fällig wird. Der Gläubiger ist in allen Fällen verpflichtet, Reichsmark- und Alliierte Militär-Marknoten zu ihrem Nennwert in Erfüllung der Verbindlichkeit anzunehmen. Ohne schriftliche Genehmigung der Militärregierung darf niemand eine Vereinbarung eingehen oder ein Rechtsgeschäft abschließen oder den Abschluß einer derartigen Vereinbarung oder eines derartigen Rechtsgeschäftes anbieten, falls darin Zahlung in einer anderen als der Markwährung oder Lieferung einer solchen vorgesehen ist."

Diese Regelung, die allerdings die sich nach den Kriegsjahren fortsetzende verdeckte Inflation (Rn A 58) nicht aufzuhalten vermochte, wird heute noch unterschiedlich beurteilt. Zustimmung findet sie zB bei EMMERICH (Das Recht der Leistungsstörungen [3. Aufl 1991] § 28 II 3 c). FLUME (Rechtsgeschäft § 26/6 a) sieht in ihr dagegen eine Aufhebung der Vertragsregelung, die durch hoheitliche Regelung ersetzt worden sei. Dem geltenden Recht ist ein Verbot richterlicher Forderungsaufwertung fremd (Rn D 95 ff). Für das geltende Recht ist festzuhalten: *Eine richterliche Anpassung von Geldschulden an den veränderten Geldwert ist nicht verboten, allerdings auch nur in den bei Rn D 104 ff geschilderten Grenzen zugelassen.* Auch ein strikter Nominalismus muß nicht lückenlos durchgeführt sein; er kann vielmehr da zurücktreten, wo überwiegende Interessen der Vertragsgerechtigkeit dies fordern (in dieser Richtung FÖGEN 141; MEDICUS Betrieb 1974, 759). *Wertsicherungsvereinbarungen sind gleichfalls nicht generell verboten,* untersagt sind aber die in § 3 WährG beschriebenen klassischen Fälle der Wertsicherung, soweit keine Erlaubnis erteilt ist.

γ)   Damit ist **§ 3 WährG** als Anwendungsfall eines strikten Nominalismus einge- **D 37** ordnet. Die Regel ist, wenn man sie mit der hM als verfassungskonform ansieht (Rn D 196) geltendes Recht. Zu ihrer Anwendung vgl Rn D 205 ff. Von dieser Feststellung zu unterscheiden – aufgrund der oft unscharfen Verwendung des Schlagworts vom „Nominalismus" aber oft nicht hinreichend davon unterschieden – ist die Frage nach der rechtspolitischen Rechtfertigung des § 3 WährG (Rn D 40 sowie Rn D 197 ff).

D 38 **d)**   Der **währungspolitische Nominalismus** macht den rechtspolitischen Kern der Nominalismusdiskussion aus. Er wird vor allem auf wirtschaftswissenschaftlicher Ebene diskutiert und kann in einer dem geltenden Recht gewidmeten Darstellung nur gestreift werden. Auch die rechtspolitische Diskussion sollte indes genauer, als es durchweg geschieht, zwischen den ganz unterschiedlichen Rechtsprinzipien unterscheiden, die sich unter dem Schlagwort vom „Nominalismus" verbergen.

D 39 **aa)**   Hinsichtlich der **rechtlichen Bedeutung** ist hiernach zu differenzieren: Der rechtspolitische Nominalismusgedanke gibt den Ausschlag im Streit um die automatische Aufwertung von Geldforderungen wegen Währungsverfalls. Er rechtfertigt das Prinzip der Geldsummenschuld. Eine automatische Anpassung aller Geldforderungen, also ein strikter Valorismus, ist als „Institutionalisierung von Inflationsfaktoren" abzulehnen (HORN 31). Als Leitgedanke bei der Anwendung des geltenden Rechts spielt damit der währungspolitische Nominalismus durchaus eine Rolle, nämlich stets da, wo die automatische Aufwertung in Frage steht. Diese Aufwertung ist einmal ein Problem individueller (Vertrags-)Gerechtigkeit zwischen Gläubiger und Schuldner; insofern gilt es, ungerechte Inflationsverluste des einen und Inflationsgewinne des anderen aufzufangen (vgl FÖGEN 140 f; eingehende ältere Nachw bei SCHWANDER 92 ff). Zum anderen weist die Aufwertungsrechtsprechung auch überindividuelle Implikationen auf, weil wirtschaftliche und soziale Folgen der Inflation und der Inflationsfolgenbewältigung mit einbezogen werden müssen (vgl besonders eingehend HORN 33 ff, 43 ff; ältere Nachw bei SCHWANDER 112 ff). Die viel umstrittenere Frage, ob auch ein strikter Nominalismus, ob also insbes die Regel des § 3 WährG zu rechtfertigen ist, ist bei Rn D 40, D 197 ff dargestellt.

D 40 **bb)**   Die währungspolitischen **Wertungsgrundlagen** im Streit um den rechtspolitischen Nominalismusgedanken lassen sich im wesentlichen in folgende Gruppen von Argumenten einteilen: inflationspolitische Argumente, wachstumspolitische Argumente und verteilungspolitische Argumente (vgl den Überblick bei HORN 23 ff, 33 ff; REUTER ZHR 137 [1974] 482 ff mit Nachw aus dem wirtschaftswissenschaftlichen Schrifttum). Was das Prinzip der Geldsummenschuld anlangt, so scheinen die Vorzüge des Nominalismus unbestreitbar. Im Brennpunkt der Diskussion steht der strikte Nominalismus. Für das nominalistische Prinzip werden – mehr von juristischer als von wirtschaftswissenschaftlicher Seite – immer wieder dessen ökonomische Vorzüge in Anspruch genommen: Der Nominalismus wirke inflationshemmend, weil er antiinflationäre Interessen mobilisiere und die Überwälzung von Kostensteigerungen erschwere; als Folgewirkung der inflationshemmenden Kraft wird dem Nominalismus die Fähigkeit zuerkannt, das Wirtschaftswachstum und den Außenwirtschaftsverkehr günstig zu beeinflussen (vgl mit Unterschieden im einzelnen Sachverständigenrat, Gutachten 1972, Nr 341 ff; HORN 26 f mwNw; REUTER ZHR 137 [1974] 482 ff; vgl auch MATTHÖFER ZRP 1980, 325). Allerdings handelt es sich hierbei um Wahrscheinlichkeitsmechanismen, die in der ökonomischen Literatur bestritten sind (vgl namentlich den Gegenstandpunkt bei GIERSCH, Indexklauseln und Inflationsbekämpfung [1973] 5 ff; vgl ebenfalls PFLEIDERER ZfKrW 1965, 886 ff; TIMM, Der Einfluß von Geldwertsicherungsklauseln, in: Jahrbuch für Nationalökonomie und Stati-

stik 180 [1967] 313 ff; Schmölders, Geldpolitik [1968] 392 ff; Woll, Allgemeine Volkswirtschafts-
lehre [7. Aufl 1981] 487 ff; weitere Nachw bei Günter, in: Horn/Tietz [Hrsg] [1977] 41; Horn 27). Auch die Befürworter einer valoristischen Indexierung von Geldforderungen berufen sich demgemäß auf die wirtschaftspolitischen Vorzüge ihres Konzepts (vgl nur
AK-BGB/Brüggemeier Vorbem 23 zu §§ 244, 245; Bettermann ZRP 1974, 13, 15). Der häufig
einbezogene soziale Gerechtigkeitsaspekt – soll der Geldschuldner oder der Geldgläubiger das Entwertungsrisiko tragen? – kann, wie in der Rechtsprechung des
BAG, nur bei der Ordnung von Fallgruppen helfen, nicht dagegen bei der
Gesamtbeurteilung des Nominalismus; denn es geht nicht an, Geldgläubiger und
Geldschuldner zu sozialen Gruppen zu ordnen (überzeugend Simitis, in: Kötz/Rei-
chert-Facilides [1980] 72; vgl aber Ingo Müller ZRP 1974, 160 f). Das abschließend nicht
bewertbare Bild der Meinungen spiegelt sich wider in der Podiumsdiskussion auf
dem 50. Deutschen Juristentag (50. DJT II N 6 ff). Es macht die *Bewertung des
Nennwertprinzips* insgesamt schwierig, vor allem aber die Bewertung des § 3
WährG (Rn D 197 ff). Die enge Verknüpfung jedes Nominalismus mit den Funk-
tionen des Geldes läßt aber jedenfalls eine Folgerung von relativer Gültigkeit zu:
Das Nennwertprinzip dient dazu, die in langer Entwicklung errungene Wertmaßfunktion des Geldes aufrechtzuerhalten. Es darf um seiner währungspolitischen
Vorteile willen nicht leichtfertig preisgegeben werden. Es darf aber nicht zum
Selbstzweck in dem Sinne werden, daß es die ihm innewohnende ökonomische
Vernunft selbst widerlegt. Mit einem recht verstandenen Nennwertprinzip ist deshalb die richterliche Forderungsanpassung nach § 242 BGB vereinbar. Zu der
umstrittenen Frage der Streichung von § 3 WährG vgl Rn D 204.

cc) Der Zusammenhang zwischen **Nominalismus und Stabilitätspolitik** wird bei Rn A   **D 41**
48 und A 67 ff angesprochen. Das bedeutet zwar noch nicht, daß die Rechtsgeltung
des Nominalismus aus staatsrechtlichen Gründen nicht in Frage gestellt werden kann
(so BFHE 89, 422, 436). Auch die Formel von BVerwGE 41, 1, 5, wonach das Nennwertprinzip der Stärkung der Staatsautorität und des Ansehens der Währung dient,
wird nicht zu Unrecht als „verklärende Formel" kritisiert (Hahn § 6 Rn 42). Im Licht
des Zusammenhangs zwischen Nominalismus und Stabilitätspolitik ist sie aber nicht
ohne Substanz (Karsten Schmidt, in: FS Berliner Jur Gesellschaft [1984] 677 ff). Das Nennwertprinzip wird vielfach nur als Instrument der Stabilitätspolitik diskutiert, es ist
indessen rechtspolitisch nur haltbar, solange es in eine funktionierende Stabilitätspolitik eingebettet ist. Der Legitimationszusammenhang ist also wechselseitiger Art.
Wie einerseits Stabilitätspolitik vom Nennwertprinzip abhängt, so setzt umgekehrt
das Nennwertprinzip ein Bekenntnis zur Stabilitätspolitik voraus. Namentlich ein
Verbot vereinbarter Wertsicherung (§ 3 WährG) kann nur gerechtfertigt werden,
wenn der Staat auch mit anderen Mitteln für Geldwertstabilität sorgt. Die Diskussion um die Verfassungsmäßigkeit des § 3 WährG kann nicht unabhängig von der
währungspolitischen Verpflichtung des Staates zur Geldwertstabilität sein. Stabilitätspolitik ist also nicht nur Ziel, sie muß auch Legitimationsgrundlage des § 3
WährG sein (deutlich Reuter ZHR 137 [1974] 496). Mit aller Deutlichkeit hat namentlich
Simitis (in: Kötz/Reichert-Facilides [1980] 66 f) auf den Zusammenhang zwischen
wirtschaftsrechtlicher und einzelvertraglicher Inflationsbekämpfung hingewiesen,
dies freilich mit einer bemerkenswerten Umkehrung der Perspektive, bei der der
„etatistische Nominalismus" im Vordergrund steht. Der Zusammenhang von Nominalismus und Währungspolitik ist keine neue Entdeckung. Gerade der Nominalismus Knapps kann nur verständlich sein, wenn das staatliche Monopol der Ausgabe

Vorbem zu §§ 244 ff   2. Buch

D 42, D 43   1. Abschnitt. Inhalt der Schuldverhältnisse

nominalistischen Geldes mit der Pflicht einhergeht, dieses gesetzliche Zahlungsmittel, dieses „Geschöpf der Rechtsordnung" auch wertbeständig zu erhalten (so FORSTMANN 46 zum Nominalismus KNAPPS). BENDIXEN, Geld und Kapital 54 sah deshalb die Geldemission nur insoweit als zulässig an, als Warenvermehrung vorliegt. Die Forderung nach Unveränderlichkeit des Wertmessers liegt bereits in der dem Geld zugedachten Funktion, Wertmesser zu sein, begründet (FORSTMANN 159 im Anschluß an WICKSELL). Zwar heißt es bei BGHZ 79, 187, 194 f, es könne nicht Aufgabe der Zivilgerichte sein, durch Versagung dynamisierter Urteile Währungspolitik zu betreiben. Diese mißverständliche Formulierung bezieht sich indes auf die Frage, ob die Gerichte einen Anspruch auf eine dynamisierte Schadensersatzrente (Geldwertschuld!) allein aus währungspolitischen Gründen ablehnen, also dem Verletzten das versagen dürfen, was ihm nach dem Gesetz zusteht. Diese Frage wird auch hier verneint (vgl unten Rn D 342).

II. Geldwertschulden

1. Geldwertschulden und Geldsummenschulden

D 42 **a)** Die hM unterscheidet zwischen **Geldwertschulden und Geldsummenschulden** (vgl nur LARENZ I § 12 VI; SCHMALZ 78 ff; der Sache nach auch F A MANN, Legal Aspect 122 ff; krit MünchKommBGB/vMAYDELL[3] § 244 Rn 11; ihm zustimmend KOLLHOSSER JA 1983, 50). Die Terminologie ist etwas uneinheitlich, vor allem deshalb, weil manche jede Geldschuld als Wertschuld bezeichnen (so zB mit nicht ganz treffendem Hinweis auf RGZ 101, 313 ENNECCERUS/LEHMANN § 11 I 3; demgemäß werden Untergruppen der Währungs- oder Betragsschulden und der Wertschulden ieS gebildet; vgl ebd § 11 II 3 a; vgl auch OLG Köln NJW 1960, 388; ERMAN/WERNER[9] § 244 Rn 8 f). Diese Uneinheitlichkeit der Terminologie ändert jedoch nichts daran, daß bei aller Umstrittenheit der Einzelfragen ein breiter Konsens über das allgemeine Institut der Geldwertschuld herrscht. Eine **Geldsummenschuld** ist eine Geldschuld, deren Höhe durch einen Nominalbetrag, dh durch ein bestimmtes Vielfaches einer Währungseinheit, bestimmt ist (vgl nur OLG Köln NJW 1960, 388; BGB-RGRK/ALFF[12] § 244 Rn 7; vgl auch RGZ 129, 134 und 216). Die Geldsummenschuld ist die regelmäßige Form der Geldschuld (LARENZ I § 12 VI; NUSSBAUM, Das Geld 145). Als **Geldwertschuld** bezeichnet man demgegenüber eine Geldschuld, deren Umfang nicht nominell in Währungseinheiten festgelegt, sondern aus dem Geldwert anderer Güter errechenbar ist (ähnlich OLG Köln NJW 1960, 388; ENNECCERUS/LEHMANN § 11 II 3 b; BGB-RGRG/ALFF[12] § 244 Rn 7; HAHN § 6 Rn 6). Das Maß der Berechnung ergibt sich hier aus dem Schuldzweck (Schadensersatz, Unterhalt etc; PALANDT/HEINRICHS[55] §§ 244, 245 Rn 10). Er allein kann auch die Anerkennung von Geldwertschulden rechtfertigen (ähnlich INZITARI RabelsZ 45 [1981] 714 f; wohl auch HAHN § 6 Rn 6). Einer Geldsummenschuld entspricht auf der Gläubigerseite ein Geldsummenanspruch; einer Geldwertschuld entspricht ein Geldwertanspruch (BGB-RGRK/ALFF[12] § 244 Rn 7).

D 43 **b)** Der **Nutzen der Unterscheidung von Geldwertschulden und Geldsummenschulden** hat sich namentlich in der Inflationszeit der 20er Jahre erwiesen. Während die „Aufwertung" von Geldsummenschulden beträchtliche Schwierigkeiten bereitete, war die „Umwertung" von Geldwertschulden ohne weiteres begründbar (vgl nur RGZ 109, 62; 111, 361, 366; 114, 342, 345; 130, 23, 33; std Rspr). Es handelt sich nicht, wie behauptet wird, um eine erst in Anwendung des Umstellungsgesetzes erfundene Rechtsfigur (ERNST WOLF, Schuldrecht I § 4 D Fn 80 mit unzutreffender Berufung auf ERMAN/SIRP[6] § 244

Rn 12). Die Rechtsfigur der Geldwertschuld ist ein bewährtes Institut des Geld-schuldrechts. Allerdings zeigt sich die Bedeutung dieser Rechtsfigur gerade auch beim *Währungswechsel.* Ein solcher beeinträchtigt Geldwertschulden nicht. Sie sind nicht umzustellen, sondern nach dem maßgebenden Wert in neuer Währung zu berechnen (vgl nur BGHZ 3, 162, 178; OGHZ 2, 65; 3, 287; SKAUPY, in: Probleme der Währungs-reform [1949] 63 ff; BGB-RGRK/ALFF[12] § 244 Rn 8; zur Abgrenzung vgl BGH NJW 1951, 841; 1952, 1172; knapper Überblick bei LARENZ I § 12 VI). Die Hauptbedeutung liegt aber bei der *Unabhängigkeit vom Geldwertrisiko* (vgl alsbald Rn D 44). Trotz überwiegender Anerkennung ist allerdings diese Rechtsfigur nicht unbestritten. Die *Kritik* setzt zT beim Nominalismusproblem an und rügt, daß die Lehre von den Geldwertschulden ein Stück Valorismus in die Schuldrechtsordnung hereinträgt (in dieser Richtung zB ENNECCERUS/LEHMANN § 11 II 3 b). Ist aber der Nominalismus mit der hier vertretenen Auffassung (Rn D 31) als Satz des positiven Schuldrechts zu begreifen, so kann das positive Schuldrecht auch anordnen, daß bestimmte Verbindlichkeiten dem Nenn-wertprinzip nicht folgen. ERNST WOLF (Schuldrecht I § 4 D II d und h) leugnet, daß es einen „reinen Wert" gibt, und meint, deshalb jeder Geldschuld den Wertschuldcha-rakter absprechen zu müssen. Geldschulden seien ausnahmslos Gattungsschulden, gerichtet auf Zahlung in einer bestimmten „Wertmenge" (?). Dem wurde bereits bei Rn C 7 widersprochen. Weiter wendet sich ERNST WOLF (aaO) gegen die angebliche Unverzinslichkeit von Geldwertschulden. Auch damit trifft er die hM nicht, weil diese Geldwertschulden überhaupt nicht für unverzinslich hält (Rn C 18). Nicht wäh-rungpolitischer und auch nicht begrifflicher, wohl aber methodologischer Art sind die Einwände vMAYDELLS (Geldschuld 106 ff; vgl auch MünchKommBGB/vMAYDELL[3] § 244 Rn 11 f). vMAYDELL lehnt nicht die mit der Rechtsfigur der Geldwertschuld bezweck-ten Ergebnisse, sondern nur die Bildung zweier Klassen von Geldschulden ab. Er will den Gegensatz zwischen Geldsummenschulden und Geldwertschulden durch eine Systematisierung der Geldschulden nach funktionalen Gesichtspunkten erset-zen. **Drei Einwände** trägt vMAYDELL (aaO) vor: Erstens nehme die terminologische Trennung das Ergebnis vorweg; zweitens gehe sie von einem strikten Entweder-Oder aus, indem sie jede Forderung entweder streng nominalistisch oder streng valori-stisch behandle; drittens schließlich habe sich im Wandel der währungspolitischen Diskussion noch keine allgemeingültige Abgrenzung ergeben. Diesen in der Sache beachtlichen Einwänden kann Rechnung getragen werden, auch ohne daß die Ter-minologie der hM aufgegeben wird. Man muß sich zunächst darüber klar sein, daß juristische Terminologie stets auf Ergebnissen beruht, sie also nicht vorwegnehmen, sondern nur abbreviativ darstellen kann. Das strikte Entweder-Oder, gegen das sich vMAYDELL wendet, ist im Einzelfall eine Notwendigkeit und darf nur bei der Ord-nung der Sachverhalte nicht irreleiten. Wenn etwa vielfach gefragt wird, ob „der Anspruch aus ungerechtfertigter Bereicherung" Geldsummenanspruch oder Geld-wertanspruch ist (vgl dagegen Rn D 48 ff), dann beweist dies falschen Umgang mit der Unterscheidung, aber nicht die Unbrauchbarkeit der Unterscheidung. Zwar bleibt einzuräumen, daß die Begriffe Geldsummenschuld und Geldwertschuld auf zwei grundverschiedene Klassen von Geldforderungen hinzudeuten scheinen. Aber das ist kein Grund, von dieser gebräuchlichen Sprachregelung abzurücken, sofern nur beachtet wird, daß *lediglich unterschiedliche Methoden der summenmäßigen Bestim-mung des Geldschuldinhalts* vorliegen: einmal eine durch eine Geldsumme bestimmte, ein andermal eine wertmäßig auf eine Geldsumme zu bestimmende Geldschuld. Es geht auch nicht darum, „auf das entscheidende Kriterium für alle Geldschulden, daß sie durch Geld ... erfüllt werden, zu verzichten" (so die Unterstel-

                                        Karsten Schmidt

lung bei MünchKommBGB/vMAYDELL[3] § 244 Rn 11). Die Schwierigkeit und Umstrittenheit der Zuordnung im Einzelfall (vMAYDELLS dritter Einwand) macht schließlich die Benennung des Zuordnungsproblems nicht enbehrlich. vMAYDELLS *Einwände sollten deshalb nur als ein Aufruf zu sorgsamem Umgang mit der Rechtsfigur der Geldwertschuld verstanden werden.* An der Unterscheidung als solcher ist festzuhalten (ähnlich ERTL 40).

D 44 c)   Die **Bedeutung der Unterscheidung** wird sowohl in praktischer als auch in rechtsdogmatischer Hinsicht bisweilen überschätzt. Nach der hier vertretenen Auffassung handelt es sich um nicht mehr und nicht weniger als die terminologische Klassifizierung der Geldschulden in solche, die summenmäßig feststehen und solche, deren Summe noch durch Wertberechnung konkretisiert werden muß. Es handelt sich also nicht eigentlich um verschiedene Arten von Forderungen, sondern nur um Techniken ihrer Bemessung. Auch die sog „Umwandlung" einer Geldwertschuld in eine Geldsummenschuld und umgekehrt (Rn D 78 ff) besagt nichts anderes, als daß der Nennbetrag der in ihrer Identität unberührt bleibenden Verbindlichkeit im ersten Fall fixiert, im zweiten Fall wieder zu einer nur berechenbaren Größe gemacht wird. Die *Konkretisierungsbedürftigkeit* der Geldwertschuld macht die Geldwertforderung vom *Entwertungsrisiko* frei. Sie paßt sich dem Geldwert automatisch an (vgl statt vieler ESSER/EIKE SCHMIDT I/1 § 13 II 2 b; SOERGEL/REIMER SCHMIDT[10] § 244 Rn 4; SOERGEL/TEICHMANN[12] § 244 Rn 7). Diese Anpassung der Geldwertschuld ist Konsequenz des Forderungsinhalts, nicht Änderung des Forderungsinhalts, denn der Forderungsinhalt kann, solange nicht die Geldwertschuld durch „Umwandlung" in eine Geldsummenschuld konkretisiert ist, nicht durch einen Festbetrag wiedergegeben werden. Das *Reichsgericht* brachte dies terminologisch dadurch zum Ausdruck, daß es bei Geldwertansprüchen von einer *Umwertung*, nicht von einer Aufwertung sprach (RGZ 115, 385, 392; 116, 324, 329; 118, 185, 188; 120, 76, 80; 126, 186, 191; 129, 208, 210). Hiermit hängt es zusammen, daß die Geldwertschuld auch nicht der Umstellung im Fall eines Währungswechsels bedarf (vgl soeben Rn D 43). Im Geldrecht der Nachkriegszeit bestand die Hauptbedeutung des Begriffs der Geldwertschuld darin, daß diese Schulden weder unter das Umstellungsgesetz (Rn A 59) noch unter das sog „Mark-Gleich-Mark-Gesetz" (Rn D 58) fielen. Rechtliche Folgerungen, die über die summenmäßige Konkretisierungsbedürftigkeit der Geldwertschuld hinausgehen, läßt der Begriff der Geldwertschuld nicht zu. Abzulehnen ist insbesondere die Auffassung, Geldwertschulden könnten nicht verzinslich sein (dazu Rn C 18; § 246 Rn 9) oder sie seien währungsrechtlich neutral (dazu § 244 Rn 24 ff).

D 45 d)   Da der Gegensatz zwischen Geldsummenschulden und Geldwertschulden nur eine Frage der Anspruchsbemessung ist, können im folgenden auch **Mischsachverhalte** mit abgehandelt werden, in denen eine Geldsummenschuld unter rückwirkender Berücksichtigung von Geldwertänderungen berechnet wird. Dazu gehört zB der Anspruch auf Zugewinnausgleich (§ 1378); dieser Anspruch entsteht erst mit der Beendigung des Güterstandes (STAUDINGER/THIELE [1994] § 1378 Rn 11), und zwar als Geldsummenschuld; bei der Berechnung des Zugewinns nach den §§ 1373 ff wird aber rückwirkend wie bei einer Geldwertschuld verfahren (Rn D 72).

2.   Abgrenzung in wichtigen Fällen

D 46 a)   **Vertragliche Erfüllungsansprüche** sind, solange sie nicht durch Wertsicherungsklauseln dynamisiert sind, grundsätzlich *Geldsummenschulden* (eingehend vMAYDELL, Geldschuld 110 ff). Die in einer Geldsumme ausgedrückte Verbindlichkeit aus einem Vertrag wird also nicht dynamisiert. Dies entspricht nicht nur dem Nennwertprinzip, das nach richtiger Auffassung vom Parteiwillen unabhängig ist (Rn D 31), sondern es entspricht auch dem regelmäßigen Willen der Parteien. Anderer Auffassung ist namentlich ECKSTEIN (29 ff), der bei gegenseitigen Verträgen den Geldwertcharakter der Forderung aus dem Sinn und Zweck des Austauschverhältnisses herleitet. Auch SAVIGNY entnahm die Maßgeblichkeit des Kurswertes (heute: der Kaufkraft) dem regelmäßigen Parteiwillen; er ziele nicht auf den Nennwert oder auf den Metallwert des geschuldeten Geldes, sondern auf den von SAVIGNY sog „Courswert" (Obligationsrecht I 461; dagg HARTMANN, Über den rechtlichen Begriff des Geldes und den Inhalt der Geldschulden [1868] 46 f, 67 ff; vgl dazu auch KIEFNER 43 ff). Nach geltendem Recht kann dieser Auffassung nicht gefolgt werden. Sie trägt eine schwer zu verkraftende Unbestimmtheit in die Auslegung der Rechtsgeschäfte hinein. Sie unterstellt auch den Parteien einen regelmäßig gerade nicht vorhandenen und nur im nachhinein für zweckmäßig angesehenen Parteiwillen. De lege lata spricht schließlich auch § 3 WährG gegen eine Vermutung stillschweigender Dynamisierungsabreden. Gegenteilige Anhaltspunkte enthält das Gesetz nicht, und zwar auch nicht beim *Darlehen*. Aus § 607, wonach „Sachen von gleicher Art, Güte und Menge" zurückzuerstatten sind, wurde bisweilen gefolgert, die Rückzahlung eines in gutem Geld genommenen Darlehens mit schlechtem Geld sei keine Vertragserfüllung (zB SIBER, Grundriß [1931] § 7 IV 1 b; ECKSTEIN 32). Heute kann als geklärt gelten, daß § 607 kein Argument für den Valorismus hergibt (vgl nur vCAEMMERER, in: 40. DJT II [1954] D 8; OERTMANN, Die Aufwertungsfrage bei Geldforderungen, Hypotheken und Anleihen [1924] 16 ff; KOLLER, Die Risikozurechnung bei Vertragsstörungen in Austauschverträgen [1979] 258; SCHMALZ 168; vgl insoweit auch vMAYDELL, Geldschuld 96). Die Verpflichtung, ein in bestimmter Höhe gegebenes (§ 607 Abs 1) oder bedungenes (§ 607 Abs 2) Darlehen zurückzuzahlen, ist, sofern nicht eine wirksame Wertsicherungsklausel vereinbart ist, eine Geldsummenschuld. Geldsummenschulden entstehen also nicht nur aus kurzfristigen Austauschverträgen (vgl zu diesen vMAYDELL, Geldschuld 110 ff), sondern in aller Regel auch aus langfristigen Dauerschuldverhältnissen. Auch die Pflicht zur Geldeinlage bei einer Gesellschaft ist Geldsummenschuld (RGZ 124, 264, 269). Die **Vereinbarung von Geldwertschulden** wird zwar in Praxis und Lehre mehr oder weniger ausdrücklich für möglich gehalten (vgl RG WarnR 1921 Nr 99; 1923/24 Nr 3; BGHZ 7, 134, 137; 9, 56, 60; 28, 259, 265; RABEL Recht 1923, 139). Vor allem auf dem Gebiet der Wertsicherung hat aber diese Auffassung bedenkliche Unklarheit hervorgerufen (Rn D 241 ff). Richtig ist, daß die Vereinbarung von Geldwertschulden *schuldrechtlich* grundsätzlich möglich, aber *währungsrechtlich* nicht ohne weiteres zulässig und damit auch schuldrechtlich nicht ohne weiteres wirksam ist. Nur wenige Geldschulden sind der Dynamisierung schlechthin unfähig wie etwa Forderungen aus Wechseln (sie sind nicht einmal der Aufwertung zugänglich; vgl RGZ 110, 40). Aus den angeführten Gründen darf aber den Parteien eine Wertsicherungsabrede nicht unterstellt werden. Großzügig verfährt hier die Praxis allenfalls dann, *wenn die Vertragsschuld eine Geldwertschuld ersetzen soll*, wie etwa beim Kauf zur *Abwehr einer Enteignung* (RGZ 114, 185; 127, 266; zweifelhaft!). Auch hier ist jedoch idR von einer „Umwandlung" der Geldwertschuld in eine Geldsummenschuld auszugehen (Rn D 79; vgl auch zu den *Unterhaltsvereinbarungen* Rn D 66). Ist eine Wertsicherung vereinbart, so muß die Wirksamkeit des Vertrags nach § 3 WährG geprüft werden (Rn D 205 ff). Zweifelhaft ist die *Auslegung von Verträgen, die auf Auseinandersetzung oder auf vorweggenommene Erbfolge zielen.* vMAYDELL

(Geldschuld 143 ff) ordnet diese Verträge als atypische Austausch-Geldschuldverhältnisse ein, bei denen der Gedanke des Güteraustausches und der Äquivalenz durch andere Zwecksetzungen überlagert und teilweise ersetzt wird. Man kann etwa von *Verträgen mit Wertausgleichszweck* sprechen. Generelle Lösungen – etwa iS einer Dynamisierung aller durch solche Verträge begründeten Geldschulden – läßt aber dieser Typus von geldschuldbegründenden Verträgen nicht zu (gerade vMAYDELL lehnt sie auch prinzipiell ab). Es kann deshalb bei diesem Sondertypus von Verträgen nur um *zwei Fragen* gehen: einmal darum, ob Wertsicherungsklauseln großzügiger als bei Austauschverträgen zugelassen werden sollen (Rn D 243), und zum anderen darum, daß bei Geldwertänderungen im Rahmen der Geschäftsgrundlage der spezifische Vertragszweck berücksichtigt wird (Rn D 134).

D 47 b)　Die **Rückabwicklung von Verträgen** begründet regelmäßig Geldsummenschulden (vgl auch BGH NJW 1955, 417). Ist in einem *Aufhebungsvertrag* die Zahlung einer bestimmten Summe oder einfach die Rückzahlung des Erlangten vereinbart, so begründet dies eine Geldsummenschuld. Auch Rückgewähransprüche bei *Rücktritt* (§§ 346 ff) und *Wandlung* (§§ 467, 346) begründen Geldsummenschulden. Wer aufgrund § 346 S 1 eine Geldleistung zurückverlangen kann, hat einen summenmäßig fixierten Anspruch (vgl RGZ 108, 279, 281: Aufwertung nach § 242). Der *Wertersatz* nach § 346 S 2 begründet nur eine Geldsummenschuld. Der Wertersatz ist auf den Zeitpunkt der Leistung festzulegen (Prot in: MUGDAN II 725; LESER, Der Rücktritt vom Vertrag [1975] 169; ERMAN/H P WESTERMANN[9] § 346 Rn 8; MünchKommBGB/JANSSEN[3] § 346 Rn 20). Wie nämlich § 346 S 2 mit dem Hinweis auf die vereinbarte Gegenleistung zeigt, orientiert sich dieser Wertersatz überhaupt nicht am Gedanken der reparatio damni, sondern am Gedanken der Rückgabe einer im Zeitpunkt der Bewirkung wertmäßig fixierten Leistung. Erst mit dem Zeitpunkt der verschärften Haftung nach § 347 kommt es zur *Schadensersatzhaftung*, die eine Geldwertschuld begründet. Die umstrittenen Voraussetzungen des § 347 sind nicht zuletzt aus diesem Grunde bedeutsam (zur Einschränkung des § 347 beim gesetzlichen Rücktritt vgl OLG Köln OLGZ 1970, 454, 455; eingehend LESER 204 ff; GLASS, Gefahrtragung und Haftung beim gesetzlichen Rücktritt [1959] 93 ff; ERMAN/H P WESTERMANN[9] § 347 Rn 4 f; MünchKommBGB/JANSSEN[3] § 347 Rn 12 ff; PALANDT/HEINRICHS[55] § 347 Rn 6 ff).

D 48 c)　**Herausgabeansprüche wegen ungerechtfertigter Bereicherung** werden unterschiedlich beurteilt (vgl deshalb die Kritik bei vMAYDELL, Geldschuld 107 ff; MünchKommBGB/vMAYDELL[3] § 244 Rn 11).

D 49 aa)　Die Einordnung ist **im Grundsätzlichen** umstritten. Die Rechtsprechung des RG hat auf Zahlung lautende Kondiktionsansprüche verschiedentlich als Geldwertansprüche eingeordnet (RGZ 108, 337, 340; 114, 342, 345; 118, 185, 188; 120, 76, 80; 130, 310, 313 aE; RG JW 1927, 1364, 1365; 1927, 1854; übereinst SOERGEL/REIMER SCHMIDT[10] § 244 Rn 4; PULVERMÜLLER, Rechtsnatur und Behandlung des privatrechtlichen Geldanspruchs [Diss Würzburg 1974] 72 ff). Heute werden sie in der Rechtsprechung überwiegend als Geldsummenansprüche angesehen (BGHZ 5, 197, 200; 6, 227, 231 f; 35, 356, 358 f; BGH LM § 18 Abs 1 Nr 3 UmstG Nr 25; OGHZ 1, 72, 80; 1, 198, 204 f; 1, 217, 221 f; OGH MDR 1949, 32). Die Frage ist zunächst ein Methodenproblem. Indem das Gesetz den einen oder anderen Anspruch als Kondiktionsanspruch einordnet, trifft es eine systematische Entscheidung, die mit der Abgrenzung zwischen Geldsummenansprüchen und Geldwertansprüchen nichts zu tun hat. Die Frage, ob Bereicherungsansprüche in die eine oder in die andere Kategorie fallen, ist damit unrichtig gestellt (insofern übereinstimmend vMAY-DELL, Geldschuld 346 ff, doch ist dies kein Beleg gegen die Brauchbarkeit der Unterscheidung an sich). Nach richtiger Ansicht muß aufgrund der vom Gesetz angeordneten Rechtsfolgen differenziert werden.

bb) **Besteht das erlangte „Etwas" in Geld** – das ist im besonderen bei einem auf **D 50** Rückzahlung von Geld gerichteten Leistungskondiktionsanspruch (§ 812 Abs 1 S 1, 1. Alt) der Fall –, so entsteht ein Geldsummenanspruch (im Ergebnis übereinst vMAY-DELL, Geldschuld 347; vgl aber RGZ 114, 342, 344; 118, 185, 188; RG JW 1927, 1364; KRESS, SchuldR I § 13 2 c). Das herauszugebende „Etwas" ist die erlangte Geldsumme, nicht ein Geldwert. Eine Aufwertung in Zeiten des Währungsverfalls ist nur nach den für Geldsummenschulden geltenden Grundsätzen zulässig. Der noch von RGZ 108, 120, 121 unternommene Versuch, diesen Grundsatz mit Hilfe von § 818 Abs 1 („gezogene Nutzungen") zu korrigieren, scheint kaum haltbar (eingehend und differenzierend vMAYDELL, Geldschuld 349). Aus dieser Vorschrift kann – etwa bei rechtsgrundloser Darlehensgewährung – keine Dynamisierung, wohl allerdings eine Verzinsung des rechtsgrundlos genutzten Kapitals hergeleitet werden (RGZ 151, 123, 127; BGH NJW 1961, 452; 1962, 1158; hM). Das *Entwertungsrisiko* trägt damit grundsätzlich der Kondiktionsgläubiger. Diese Rechtslage ändert sich erst, wenn der Bereicherungsschuldner nach den §§ 818 Abs 4, 819 Abs 1 verschärft haftet, denn dann muß er nach den §§ 291, 288 Abs 2 auch einen Geldentwertungsschaden ersetzen (vMAYDELL, Geldschuld 349 f). Vgl zum Entwertungsschaden Rn D 340 ff.

cc) Auch die Pflicht zur **Herausgabe des Erlangten in den Fällen der §§ 816, 822** **D 51** begründet, wenn Geld erlangt ist, eine Geldsummenschuld. Die ganz hM erkennt dem Bereicherungsgläubiger in den Fällen der §§ 816 Abs 1, 822 nicht den Wert des Verfügungsgegenstandes, sondern den erlangten Geldbetrag zu (RGZ 88, 351, 359; 138, 45, 47 mit Begr aus § 281; BGHZ 29, 157, 159; BGH WM 1975, 1179 = JuS 1976, 187 [KARSTEN SCHMIDT]; eingehend LOPAU, Surrogationsansprüche und Bereicherungsrecht [1971] 19 ff; aber sehr str; **aM** zB LARENZ, in: FS vCaemmerer [1978] 228; FIKENTSCHER, Schuldrecht [8. Aufl 1992] Rn 1161; vCAEMMERER, in: FS Rabel [1954] 356 ff; vLÜBTOW, Beiträge zur Lehre von der Conditio [1952] 29 f; differenzierend ERMAN/H P WESTERMANN[9] § 816 Rn 20; LARENZ/CANARIS II/2 § 72 I 2).

dd) **Wertersatz nach § 818 Abs 2** soll den Gläubiger so stellen, als könnte der Lei- **D 52** stungsgegenstand herausverlangt werden (zur umstrittenen Bedeutung des „Wertersatzes" in § 818 Abs 2 vgl eingehend LARENZ, in: FS vCaemmerer [1978] 209). Der Gesetzgeber verstand § 818 Abs 2 als Parallelnorm zu § 251: Der Wertersatz entspreche der Situation bei einer an sich geschuldeten, aber unmöglich gewordenen Naturalrestitution (Mot in: MUGDAN II 467). Trotzdem ist zweifelhaft, ob eine Geldwertschuld vorliegt (bejahend RGZ 108, 337, 340; verneinend PALANDT/THOMAS[56] § 818 Rn 19). Man wird unterscheiden müssen. Bei der *Rückabwicklung entgeltlicher Verträge* spielen der Streit um die Saldotheorie (Überblick bei KARSTEN SCHMIDT JuS 1979, 663; 1981, 459 f) und die vertragliche Bewertung des Leistungsgegenstands eine Rolle. Auch der nichtige oder unwirksame Vertrag ist kein rechtliches nullum (vgl eingehend PAWLOWSKI, Rechtsgeschäftliche Folgen nichtiger Willenserklärungen [1966] passim). Die in einem solchen Vertrag bedungene Bewertung des Leistungsgegenstands bleibt für die Wertherausgabe nach § 818 Abs 2 bei der Leistungskondiktion verbindlich (aM PALANDT/THOMAS[56] § 818 Rn 19), es sei denn, die Rechtsgrundlosigkeit beruht gerade auf der Bewertung (Bei-

spiel: § 123). Damit entsteht eine Geldsummenschuld. Zweifelhaft sind *die verbleibenden Fälle*, namentlich die Fälle der Eingriffskondiktion. Der *Bewertungszeit-
punkt* im Fall des § 818 Abs 2 ist umstritten. Die Motive überlassen die Klärung der
Theorie und Praxis (Mugdan II 467). Die *hM* stellt bei der Bewertung des Erlangten
auf den Zeitpunkt ab, in dem der Kondiktionsanspruch entsteht (RGZ 101, 389, 391;
119, 332, 336; BGHZ 5, 197, 200; BGH NJW 1963, 1299, 1301; BGB-RGRK/Heimann-Trosien[12]
§ 818 Rn 19; Palandt/Thomas[56] § 818 Rn 26; Jauernig/Schlechtriem[7] § 818 Anm 5 a cc; differenzierend aber BGH NJW 1970, 136). Eine *Gegenansicht* stellt auf den Zeitpunkt ab, in
dem dem Bereicherten die Herausgabe unmöglich wird (vMaydell, Geldschuld 350;
MünchKommBGB/Lieb[2] § 818 Rn 45 f; Erman/H P Westermann[9] § 818 Rn 21; Furtner MDR
1961, 650; Pinger MDR 1972, 101, 188; so für den Fall, daß das Erlangte aus dem Vermögen des
Kondiktionsschuldners ausgeschieden ist, auch Koppensteiner NJW 1971, 591 f; vgl auch differenzierend Larenz/Canaris II/2 § 72 III 5). Die Frage, ob der so ermittelte Anspruch noch
indexiert werden kann, ob er also Geldwertanspruch ist, wird verneint bei vMaydell (Geldschuld 345). Eine noch strengere *dritte Ansicht* stellt auf den jeweils
gegenwärtigen Zeitpunkt – aus prozessualen Gründen also auf den Zeitpunkt der
letzten mündlichen Verhandlung in der Tatsacheninstanz – ab (so mit Unterschieden im
einzelnen Koppensteiner/Kramer, Ungerechtfertigte Bereicherung [2. Aufl 1988] § 16 III 3;
Lange NJW 1951, 688; nur für den Fall, daß das gegenständliche Substrat der Wertersatzschuld
noch im Vermögen des Bereicherten vorhanden ist, Koppensteiner NJW 1971, 591). Diese dritte
Auffassung entspricht am besten der vom Gesetzgeber gewollten Parallele zu § 251.
Sie beruht auf dem Gedanken, daß der Bereicherte nach § 818 Abs 2 nicht eine von
vornherein durch einen Geldbetrag fixierte Summe herauszugeben hat (so aber BGHZ
5, 197, 200), sondern, soweit er noch bereichert ist (§ 818 Abs 3!), den vollen Wert
(Lange NJW 1951, 685; insoweit übereinst Koppensteiner/Kramer und Koppensteiner aaO; abl
Staudinger/Lorenz [1994] § 818 Rn 31). Bis zur Grenze des § 818 Abs 3 wird der volle
Wert ersetzt. § 818 Abs 3 erscheint dann als einziger Korrekturposten der auf Wert-
ersatz zielenden *Geldwertschuld*. Diese ist in doppelter Weise begrenzt: durch den
gegenwärtigen Wert des Erlangten (§ 818 Abs 2) und durch die noch vorhandene
Bereicherung (§ 818 Abs 3). Die dritte Ansicht setzt allerdings voraus, daß § 818
Abs 3 die ihm zugewiesene Aufgabe auch noch nach Rechtshängigkeit erfüllen kann.
Das wird von manchen mit der Begründung bejaht, daß § 818 Abs 4 auf die §§ 291,
292, verweist, aber den § 818 Abs 3 nicht ausschließt (vgl mit guten Gründen Wilhelm,
Rechtsverletzung und Vermögensentscheidung als Grundlagen und Grenzen des Anspruchs aus
ungerechtfertigter Bereicherung [1973] 185; MünchKommBGB/Lieb[2] § 818 Rn 112; unklar, aber
wohl in gleicher Richtung, vereinzelt das RG: RGZ 139, 208, 213; RG WarnR 1908 Nr 45; JW 1933,
692, 693; 1938, 1025, 1027 f). Nach ganz hM schließt § 818 Abs 4 dagegen den § 818
Abs 3 aus (RGZ 93, 227, 230; BGHZ 57, 137, 150; BGH NJW 1982, 1585 = JuS 1982, 775, 776
[Karsten Schmidt]; Koppensteiner/Kramer § 15 II 1 c; Überblick Staudinger/Lorenz [1994]
§ 818 Rn 52; BGB-RGRK/Heimann-Trosien[12] § 818 Rn 23). Der Meinungsstreit um § 818
Abs 2 führt damit in Grundfragen des § 818 hinein, die an dieser Stelle nicht ausdis-
kutiert werden können. Nur diejenige Ansicht, die auch nach Rechtshängigkeit den
Entreicherungseinwand zuläßt, kann die dritte Auffassung (Bewertung nach dem
jeweils gegenwärtigen Zeitpunkt) ohne Bruch mit der allgemeinen Ordnung des
§ 818 durchhalten. Diese Lösung verdient nach dem Sinn und Zweck des § 818 Abs 2
den Vorzug: Es liegt eine **Geldwertschuld** vor, die durch den Wert des Erlangten und
durch die noch vorhandene Bereicherung begrenzt ist. Solange die hM daran festhält, daß § 818 Abs 4 den § 818 Abs 3 ausschließt, wird sie allerdings zwischen der
ersten und der zweiten Lösung wählen müssen, wobei dann die zweite der von § 818

Abs 2 intendierten Wertersatzfunktion näher kommt als die erste. Daß die Haftung strenger ist als im Fall der Rückabwicklung eines gegenseitigen Vertrags, ist kein stichhaltiger Einwand, denn es macht einen Unterschied, ob die Parteien den Wert der Bereicherung vertraglich fixiert haben oder ob eine Bewertung nach dem Gesetz stattzufinden hat.

ee) Um einen dem Schadensersatz verwandten Anwendungsfall des Bereiche- **D 53** rungsrechts handelt es sich im **Fall des § 951**. Die Geldschuld soll hier an die Stelle des dem Entreicherten versagten Anspruchs auf Wiederherstellung des ursprünglichen Zustands treten (Prot in: MUGDAN III 647). Dieser Grundgedanke spricht für eine am Wert der Sache orientierte Geldwertschuld (so im Ergebnis auch RGZ 130, 310, 313). In der Tat wird die Auffassung vertreten, es sei auf den gegenwärtigen Wert abzustellen (SKAUPY, in: Probleme der Währungsreform [1949] 94 f; PINGER MDR 1972, 101 ff, 187 ff; im Ergebnis auch KOPPENSTEINER NJW 1971, 588 ff). Die hM sieht die Bereicherungshaftung aus § 951 als *Geldsummenschuld* an (vgl BGHZ 7, 253). Die zu zahlende Vergütung richtet sich nach dem Sachwert zZ der Verbindung, Vermischung oder Verarbeitung (RGZ 130, 310, 313; RG Gruchot 67, 316, 317; BGH LM § 946 Nr 6; NJW 1962, 2293; MDR 1963, 120; vMAYDELL, Geldschuld 351; vgl aber auch BGHZ 10, 170, 180: Nichtabbruch eines Gebäudes durch weichenden Mieter; BGHZ 35, 356, 359: Erfolgsvereitelung). Die Rechtslage ist ebenso zweifelhaft wie im Fall des § 818 Abs 2. Für die hM spricht aber die Überlegung, daß der Gesetzgeber dem Bereicherten im Fall des § 951 eine unentziehbare dingliche Rechtsposition zuweist (nämlich durch die §§ 946–950). Auch die Wertsteigerung des Erlangten fällt ihm zu. Das ändert sich erst in den Fällen der §§ 818 Abs 4, 819 Abs 1 (vgl insbes die §§ 292, 982, 990 Abs 2, 287).

d)   **aa) Schadensersatzansprüche** sind *Geldwertansprüche*, solange sie auf Herstel- **D 54** lung eines hypothetischen wirtschaftlichen Zustands – zB positives oder negatives Interesse, §§ 250, 251 – zielen (RGZ 101, 418, 420; 102, 383, 384; 109, 61, 62; 114, 342, 345; 117, 252, 253; 130, 23, 33 f; std Rspr; BGHZ 3, 162, 177; 14, 212, 217; OGHZ 1, 128, 132; 3, 131; 3, 135, 141; OLG Köln NJW 1960, 388). Dieser Grundsatz gilt, weil und soweit die Berech-nung der Schadenssumme in die Gegenwart projiziert wird (vMAYDELL, Geldschuld 321). Alle, auch die auf Geldwertänderungen beruhenden Änderungen der Scha-denssumme können dann berücksichtigt werden (vMAYDELL, Geldschuld 321). Aller-dings gilt dies nicht ausnahmslos, sondern nur für den **Geldwertschaden**. Von diesem ist der Geldsummenschaden zu unterscheiden. Ein **Geldsummenschaden** liegt vor, wenn der in Geld zu ersetzende Schaden bereits summenmäßig fixiert ist. Das kann von Anfang an der Fall sein. So, wenn abhandengekommenes Geld zu ersetzen ist oder wenn der Schaden darin besteht, daß der Geschädigte mit einer Geldsummen-schuld belastet ist (vgl vMAYDELL, Geldschuld 321). Der Schaden kann auch nachträglich zum Geldsummenschaden werden. So im Fall des § 249 S 2 (Rn D 55) oder beim Schadensersatz wegen Nichterfüllung, wenn ein Deckungsgeschäft getätigt wird (Rn D 56).

bb)   Geldschulden aus den §§ 249–251 können nicht einheitlich beurteilt werden. **D 55** Ein Geldsummenschaden kann sich im Fall des § 249 S 2 ergeben. Grundsätzlich ist auch diese Regelung vom Restitutionsgedanken geleitet (BGHZ 5, 138, 142; vMAYDELL, Geldschuld 322 f). Solange die Herstellung noch nicht stattgefunden hat, ist stets der gegenwärtig für die Herstellung erforderliche Betrag geschuldet (RGZ 108, 38, 40; BGHZ 2, 192, 196; 3, 162, 178; OGHZ 3, 131, 135; 4, 263, 270; HAHN § 6 Rn 8; vMAYDELL, Geld-

Vorbem zu §§ 244 ff   2. Buch

D 56, D 57   1. Abschnitt. Inhalt der Schuldverhältnisse

schuld 323). Stehen aber die Reparaturaufwendungen des Geschädigten fest, so liegt ein Geldsummenschaden, mithin eine Geldsummenschuld vor (vgl RGZ 117, 252; OLG Hamburg VersR 1979, 833 f). Die §§ 249 S 2 und 251 sind zwar in zivilrechtsdogmatischer Hinsicht von Aufwendungsersatzansprüchen zu unterscheiden (vgl STAUDINGER/MEDICUS[12] § 249 Rn 223 ff; BGHZ 54, 82, 84 f; 63, 182, 185 f; OLG Köln OLGZ 1970, 132). Wirtschaftlich kommt aber der Schadensersatz in diesem Fall einem Aufwendungsersatz gleich. Eine Geldwertschuld besteht demgegenüber im Fall des § 250: Nur der Anspruch auf Naturalherstellung durch den Schädiger ist in diesem Fall ausgeschlossen (§ 250 S 2, 2. HS), nicht dagegen eine Ausrichtung des Geldersatzanspruchs auf den Wiederherstellungszweck (für Ausrichtung des § 250 am Integritätsinteresse deshalb STAUDINGER/MEDICUS[12] § 250 Rn 2 ff; vMAYDELL, Geldschuld 324; MünchKommBGB/GRUNSKY[3] § 250 Rn 2; PALANDT/HEINRICHS[56] § 250 Rn 3; grundlegend FROTZ JZ 1963, 394; für Orientierung am Wertinteresse dagegen HERMANN LANGE, Schadensersatz [2. Aufl 1990] § 5 V 1; LARENZ I § 28 II; BGB-RGRK/ALFF[12] § 250 Rn 4; auch diese Auffassung gelangt zur Geldwertschuld). Nach § 251 kann der Ersatzberechtigte Entschädigung in Geld verlangen, soweit die *Herstellung in Natur nicht möglich* oder zur Entschädigung nicht genügend ist; der Ersatzpflichtige kann den Gläubiger in Geld entschädigen (facultas alternativa!), wenn die Herstellung nur mit unverhältnismäßigen Aufwendungen möglich ist. Diese Entschädigung ist am Wertinteresse orientiert, entspricht also nicht dem nach § 249 S 2 auszugleichenden Integritätsinteresse (STAUDINGER/MEDICUS[12] § 251 Rn 2 f; vMAYDELL, Geldschuld 324). Auszugleichen ist die wertmäßige Differenz zwischen der bestehenden Vermögenslage und der Vermögenslage, wie sie ohne das schädigende Ereignis bestünde. Auch dies ist ein Geldwertanspruch, denn es sind alle bis zur Entschädigung eintretenden, nicht inadäquaten Umstände bei der Berechnung der Entschädigungsleistung zu berücksichtigen, mithin auch eine Entwertung des Geldes (RGZ 101, 418, 420; 102, 383, 384; 106, 184; 119, 152, 155; BGHZ 3, 162, 178; HAHN § 6 Rn 8; vMAYDELL, Geldschuld 325).

D 56   **cc)**   **Zum Verzugsschaden** vgl Rn D 344 ff. Der **Schadensersatz wegen Nichterfüllung** begründet bei abstrakter Berechnung eine Geldwertschuld (vgl allerdings RGZ 112, 324). Ist ein Deckungsgeschäft getätigt und wird der Schaden auf diese Weise konkret berechnet, so wandelt sich der Geldwertschaden in einen Geldsummenschaden iS von Rn D 54 um (vgl RGZ 111, 342; 113, 136, 140). Verlangt der Käufer Schadensersatz wegen Nichterfüllung, so ist die Differenz zwischen dem Deckungskaufpreis und dem vereinbarten Kaufpreis der Schaden, und zwar auch insoweit, als diese Differenz auf der Geldentwertung beruht (RG aaO; zust vMAYDELL, Geldschuld 324). Eine Kürzung dieser Differenz wegen Geldentwertung ist nur möglich, wenn auch der Verkäufer im Zeitpunkt des Deckungsgeschäfts eine Anpassung hätte verlangen können (vgl RGZ 113, 136, 139 f). Ein nach dem Deckungsgeschäft eingetretener Währungsverfall wird als Schadensposten berücksichtigt, wenn der Gläubiger den bei Nichteintritt des Schadens ersparten Betrag der Entwertung hätte entziehen können (RGZ 111, 342, 345; s auch Rn D 343).

D 57   **dd)**   Auch der **Anspruch auf Ersatz eines immateriellen Schadens**, insbes nach den §§ 847, 1300, begründet eine *Geldwertschuld*, denn was eine „billige Entschädigung in Geld" ist, berechnet sich nicht nach dem Zeitpunkt des Schadenseintritts, sondern stets nach dem gegenwärtigen Zeitpunkt (RG JW 1923, 174; OGHZ 2, 65; OLG Köln NJW 1960, 388; HAHN § 6 Rn 8; vMAYDELL, Geldschuld 325; BGB-RGRK/KREFT[12] § 847 Rn 34; eingehend HEIDEL, VersR 1974, 927; zur österreichischen Praxis vgl ERTL 176 ff).

ee)   **Schadensersatzrenten** sind *Geldwertschulden*. Sie passen sich den Veränderun- **D 58** gen des Geldwerts automatisch an (vgl statt vieler BGHZ 79, 187, 194 ff; OLG Karlsruhe/ Freiburg NJW 1973, 851 m Anm ROTH = m Anm STIELOW NJW 1973, 1503; HAHN § 6 Rn 9). Die „Dynamisierung" einer solchen Rente ist nach BGHZ 79, 187, 194 keine „Aufwertung der Schadensersatzforderung", sondern sie ergibt sich aus dem geschuldeten Schadensersatz selbst. *Zur prozessualen Geltendmachung* dieser Dynamisierung vgl Rn C 66 ff). Erst ein die Rente festlegender Vergleich kann aus der Geldwertschuld eine der Aufwertung bedürftige Geldsummenschuld machen (BGHZ 105, 243 = NJW 1989, 289). Eine *„dynamische" Schmerzensgeldrente* ist allerdings nach hM schon deshalb ausgeschlossen, weil sie die Funktion eines billigen Ausgleichs immateriellen Schadens in Geld nicht zu gewährleisten vermag (BGH NJW 1973, 1653; ebenso ERMAN/ SCHIEMANN[9] § 847 Rn 16; MünchKommBGB/MERTENS[2] § 847 Rn 44; PALANDT/THOMAS[56] § 847 Rn 12; HERMANN LANGE, Schadensersatz [2. Aufl 1990] § 7 IV 5; referierend BGB-RGRK/KREFT[12] § 847 Rn 63; krit HEIDEL VersR 1974, 929; CIUPKA VersR 1976, 226). Der BGH begründet dies für den besonderen Fall des Schmerzensgeldes damit, daß das Schmerzensgeld im Grundsatz endgültig festzusetzen ist und daß die Zusprechung einer Geldrente statt eines Festbetrages selbst schon im Ermessen des Tatrichters steht (vgl dazu den Überblick bei BGB-RGRK/KREFT[12] § 847 Rn 58); außerdem sei meist nicht abzusehen, welche Auswirkungen der Währungsverfall auf die bei der Schmerzensgeldbemessung mit zu berücksichtigenden Verhältnisse des Schädigers habe. Dieser Standpunkt des BGH hat gute Gründe für sich, ist aber doch letztlich von zweifelhafter Überzeugungskraft. Wenn der Richter eine Schmerzensgeldrente zuspricht, dann legt er – wie bei einer einmaligen Schmerzensgeldzahlung – einen der Schadensreparation zugrundezulegenden materiellen Wert fest. In *materiellrechtlicher* Hinsicht ist deshalb nicht zu erkennen, warum dies eine summenmäßige, nicht eine wertmäßige Fixierung sein muß. Das ganz andere Problem, ob das „dynamisierte Leistungsurteil" *prozeßrechtlich* zulässig ist und damit die „Umwandlung" der Geldwertschuld in eine Geldsummenschuld (Rn D 84) hindern kann, wird an anderer Stelle behandelt (Rn C 66). *Materiellrechtlich* bleibt der Schmerzensgeldanspruch ein Geldwertanspruch. Der materiellrechtliche Einwand, der für die Dynamisierung allein in Frage kommende Lebenshaltungskostenindex sei am Wert materieller Güter orientiert (OLG Bremen VersR 1972, 940, 942 und ebenso wohl BGH NJW 1973, 1653), spricht nicht gegen die dynamische Schmerzensgeldrente, denn der einmal als wirtschaftlich (!) angemessen angesehene Geldbetrag ist ein materielles Gut, dessen Wert konstant gehalten werden sollte. Eher sind schon zwei andere Erwägungen des BGH von Gewicht: die „Berücksichtigung allgemeiner volkswirtschaftlicher Gesichtspunkte" (also das Währungsargument) und die Rücksichtnahme auf das Kalkulationsrisiko der Versicherer und auf die Gefahr einer Erschöpfung der Deckungshöchstsumme. Auch diese Begründung scheint indes durch das Urteil BGHZ 79, 187, 194 f überholt, wo für eine wegen Verdienstausfalls zu zahlende Geldrente ausgeführt wird, daß diese kraft Gesetzes dynamisiert sei und daß es nicht Aufgabe der Gerichte sein könne, Währungspolitik auf Kosten des Gläubigers zu betreiben.

ff)   **Gesetzliche Haftungshöchstgrenzen** (zB im Versicherungs- und Transportrecht) **D 59** ändern nichts daran, daß eine Geldwertforderung vorliegt. Sie können nur der Valorisierung von Schadensersatzansprüchen eine Obergrenze setzen (vMAYDELL, Geldschuld 327 f). Dabei ist zu unterscheiden zwischen nominalistisch definierten Höchstgrenzen (zB § 12 StVG, § 37 LuftVG, §§ 9, 10 HaftPflG, § 54 lit a ADSp) und Höchstgrenzen, die ihrerseits valoristisch definiert sind (zB § 430 HGB, § 85 EVO,

§ 19 Abs 5 OLSchVO, § 54 lit c ADSp). Nur die erste Gruppe stellt eine Begrenzung des Geldwertschuldcharakters der Schadensersatzverbindlichkeit dar. Mit Erreichen dieser Grenze kann die Schadensersatzforderung ihre valoristische Funktion nicht mehr erfüllen. Die zweite Gruppe von Vorschriften läßt den Geldwertschuldcharakter unberührt und ändert nur die für die Berechnung der Geldwertschuld ausschlaggebende Vergleichsgröße (vgl zB RGZ 109, 16 zur Berechnung des gemeinen Handelswerts).

D 60 e) *Geldwertschuld* ist auch die **Enteignungsentschädigung** (RGZ 102, 228, 229; 109, 258, 261; 114, 185; 119, 362; 120, 174, 175 f; RG WarnR 1923/24 Nr 112, 113; BGHZ 7, 96, 104; 11, 156, 165; 12, 357, 379; 14, 106, 108; 40, 87; 40, 312, 315; BGB-RGRK/Alff[12] § 244 Rn 9; anders für den Fall einer „angemessenen" Entschädigung anfangs BGHZ 6, 91, 96; **aM** auch noch OGHZ 1, 228, 233). Sinn und Zweck der Enteignungsentschädigung ist es, einen Ausgleich für das mit der Entschädigung verbundene Opfer zu schaffen (BGHZ 39, 198). Für die Bemessung einer Enteignungsentschädigung ist grundsätzlich der Zeitpunkt der Zahlung maßgebend (BGH NJW 1976, 1499; BGB-RGRK/Kreft[12] § 839 Rn 98). Da aber die Geldwertschuld durch Urteil oder durch Verwaltungsakt konkretisiert wird (Rn D 84 und D 86), entscheidet in streitigen Fällen idR der Zeitpunkt der letzten mündlichen Tatsachenverhandlung (BGHZ 26, 373, 374; BGH NJW 1974, 275, 278) oder der Zeitpunkt der Zustellung eines Entschädigungsbeschlusses (BGHZ 14, 106, 110; 25, 225, 230; 44, 52, 54), je nachdem, ob die Entschädigung im Zivilrechtsstreit oder im administrativen Festsetzungsverfahren festgelegt wird. Bei dieser Festsetzung wird auf einen Zeitpunkt abgestellt, der der tatsächlichen Zahlung möglichst nahe kommt (BGHZ 25, 225, 230; 44, 52, 54; BGB-RGRK/Kreft[12] Vorbem 98 zu § 839; eingehend Kreft WM-Sonderbeil 7/82, 12 ff). Das gilt nicht nur für den klassischen Enteignungstatbestand, sondern auch für die Entschädigung wegen enteignungsgleichen Eingriffs (BGHZ 40, 312, 315; BGB-RGRK/Alff[12] § 244 Rn 9; Kreft WM-Sonderbeil 7/82, 8 f) sowie für den Entschädigungsanspruch aus *Aufopferung*; auch dieser Anspruch geht auf Schadensdeckung (BGHZ 45, 290, 295; BGB-RGRK/Kreft[12] Vorbem 162 zu § 839) und wird währungsrechtlich wie ein Enteignungsanspruch behandelt (vMaydell, Geldschuld 341). Gleiches gilt für den *nachbarrechtlichen Ausgleichsanspruch* nach § 906 Abs 2 S 2. Zur *Kriegsopferversorgung* und zum *Lastenausgleich* vgl vMaydell, Geldschuld 342 ff; vergleichend zum österreichischen Recht Ertl 191 ff. Dagegen wird die Entschädigung nach dem Gesetz zur Regelung offener Vermögensfragen (Entschädigungsgesetz) v 27. 11. 1994 (BGBl I 2624) durch Zuteilung von übertragbaren Schuldverschreibungen des Entschädigungsfonds gewährt (§ 1 des Gesetzes).

D 61 f) **Ansprüche nach dem Bundesentschädigungsgesetz** (BEG v 18. 9. 1953, zuletzt geändert durch G v 20. 12. 1991 [BGBl I 2317]) verfolgen gleichfalls Restitutionsziele. Aufgrund des BEG sollen Opfer der nationalsozialistischen Verfolgung einen Ausgleich für erlittene Schäden erhalten (vMaydell, Geldschuld 345). Eine Dynamisierung findet hinsichtlich der Rentenzahlungen nach dem BEG statt (dazu näher vMaydell, Geldschuld 345). Sinngemäß gleiches gilt hinsichtlich der Dynamisierung von Renten für das Gesetz über Entschädigung für Opfer des Nationalsozialismus im Beitrittsgebiet v 22. 4. 1992 (BGBl I 906). Keine Geldwertschuld, sondern eine Geldsummenschuld entsteht durch den *Anspruch auf Heilkostenersatz* nach § 30 BEG (eingehend BGH LM § 30 BEG Nr 21 = MDR 1975, 927 = RZW 1975, 301). Selbst wenn Heilverfahrenskosten in fremder Währung entstanden sind, werden sie nach dem Kurswert am Stichtag der Aufwendung in DM umgerechnet (§ 244 Rn 29). Der Anspruch ist sogleich in einer festen DM-Summe ausgedrückt und unterliegt dem nominalistischen Grundsatz „Mark gleich Mark", erfährt also weder nach oben noch nach unten valoristische Änderungen (BGH LM § 30 BEG Nr 21 = MDR 1975, 927 = RZW 1975, 301). Für den Umrechnungskurs bei Abtretung von Ansprüchen aus dem BEG an internationale Hilfsorganisationen ist der Zeitpunkt der Zahlung durch diese Organisationen maßgeblich (BGH WM 1981, 1110).

g)   Wertersatzansprüche begründen nicht in jedem Fall Geldwertschulden. Eine **D 62** Gleichstellung mit dem Schadensersatz liegt zwar nahe, wird aber nicht in jedem Fall durch den Normzweck gerechtfertigt. Das Gesetz verfolgt mit dem Wertersatz unterschiedliche Zwecke. So geht es bei § 346 S 2 um nichts anderes als um die Rückgewähr eines fiktiven Entgelts (Rn D 47), bei § 818 Abs 2 dagegen um das Surrogat des Erlangten (Rn D 52). Nur der zweite Fall steht dem Restitutionszweck einer Schadensersatzleistung nahe und kann eine Geldwertschuld begründen. Die Einordnung der Wertersatzansprüche ist nicht immer einfach (ein Zweifelsfall ist zB § 256; dazu Rn D 63). Weil das so ist, verbietet sich eine generelle Aussage über Wertersatzansprüche.

h)   Ansprüche auf Aufwendungsersatz sind regelmäßig bloße *Geldsummenansprü-* **D 63** *che*, wenn die Aufwendung in Geld bestand (vMAYDELL, Geldschuld 355 f; ERMAN/ KUCKUK[9] § 256 Rn 6; **aM** RGZ 120, 76, 80; 126, 186, 190). Sie sind dann durch den aufgewendeten Geldbetrag, nicht durch den mit der Aufwendung erwirtschafteten Wert, fixiert. Auch aus § 256 ergibt sich, daß der aufgewendete Betrag zu ersetzen ist. Aufwendungsersatzansprüche können nur der Aufwertung nach § 242 unterliegen, nicht der für Geldwertansprüche charakteristischen Umwertung (vgl RGZ 107, 148; 116, 187, 190 ff; **aM** RGZ 120, 76, 80; 126, 186, 190). Geldsummenanspruch ist aber der Anspruch nach richtiger Auffassung auch dann, wenn die Aufwendung selbst nicht in Geld, sondern in einer anderen Leistung bestand (vgl BGHZ 5, 197, 199). Allerdings kann dem § 256 entnommen werden, daß in solchen Fällen Wertersatz geschuldet wird. vMAYDELL (Geldschuld 357 f mit Hinweis auf SOERGEL/REIMER SCHMIDT[10] § 256 Rn 1) behandelt einen solchen Anspruch der Sache nach als Geldwertanspruch, weil der Anspruch dem Restitutionsgedanken folgt (ebenso ERMAN/KUCKUK[9] § 256 Rn 6). Das überzeugt nicht. Eine Gleichstellung des Wertersatzanspruchs mit einem Schadensersatzanspruch ist nicht angezeigt. Der Wertersatz, von dem § 256 S 1 spricht, steht gleichwertig neben dem Begriff des aufgewendeten Betrages. Die erbrachte Aufwendung ist zu vergüten, wie sie im Zeitpunkt ihrer Erbringung zu vergüten gewesen wäre. Deshalb wird die Aufwendungsleistung nach Maßgabe des Aufwendungszeitpunkts bewertet (vgl MünchKommBGB/SEILER[2] § 670 Rn 11 mwNw; einschränkend RGZ 120, 76, 80 f). Ausnahmen – Naturalrestitution oder Anpassung der Ersatzforderung – können zwar im Einzelfall nach § 242 geboten sein (vgl nur OLG Braunschweig MDR 1948, 112, 113 f m Anm BRUNS; MünchKommBGB/KELLER[3] § 256 Rn 5; MünchKommBGB/SEILER[2] § 670 Rn 11); aber dies ändert nichts daran, daß der Aufwendungsersatzanspruch als solcher ein Geldsummenanspruch ist.

i)   aa) Unterhaltsschulden sind *Geldwertschulden* (allgM; vgl § 244 Rn 33 ff; OLG Frank- **D 64** furt DNotZ 1969, 98; ENNECCERUS/LEHMANN § 11 II 3 b; FÖGEN 142; HAHN § 6 Rn 7; NUSSBAUM, Das Geld 148; HIRSCHBERG, Das internationale Währungs- und Devisenrecht der Unterhaltsverbindlichkeiten [1968] 34). Geschuldet ist angemessener Unterhalt, der sich nach der Lebensstellung des Bedürftigen richtet und den gesamten Lebensbedarf zu umfassen hat (§ 1610); der unter Ehegatten maßgebende Beitrag zum Familienunterhalt umfaßt alles, was nach den Verhältnissen der Ehegatten erforderlich ist, um die Kosten des Haushalts zu bestreiten und die persönlichen Bedürfnisse der Ehegatten und den Lebensbedarf der gemeinsamen unterhaltsberechtigten Kinder zu befriedigen (§ 1360 a Abs 1). Soweit sich hieraus Geldschulden ergeben, sind diese nicht summenmäßig, sondern nach Währung und Betrag durch den Lebensbedarf bestimmt. Für Unterhaltsrenten Minderjähriger gilt die Sonderregel des § 1612 a (dazu vgl Rn C 68 sowie GERNHUBER/COESTER-WALTJEN, Familienrecht [4. Aufl 1994] § 45 VIII 4; KÖHLER NJW 1976, 1953). Allerdings ist nicht jede dem Unterhalt dienende Geldschuld eine Geldwertschuld (FÖGEN 142). Sie ist es nur, soweit und solange sie durch den Unterhaltszweck definiert ist. Leibrentenversprechen oder Unterhaltsverträge begründen Geldsummenschulden, sofern nicht Unterhalt „als solcher" versprochen ist (Rn D 243). Zur Änderung von Unterhaltstiteln vgl Rn C 68. Zur Umstellung von Unterhaltsrückständen aus dem Währungsbereich der früheren DDR vgl BezG Gera DtZ 1993, 124; VOGEL DtZ 1991, 338, 339.

D 65 **bb)** Eine Sonderstellung nimmt der **Regelbedarf des nichtehelichen Kindes** ein (§ 1615 f). Der Regelbedarf wird durch Rechtsverordnung der Bundesregierung mit Zustimmung des Bundesrates festgesetzt (§ 1615 f Abs 2; vgl VO v 27. 6. 1970 [BGBl I 1010]; zuletzt geändert durch VO vom 19. 3. 1992 [BGBl I 535]). Nicht nur die Durchsetzung des Unterhaltsanspruchs im allgemeinen, sondern auch die Dynamisierung der Unterhaltsrente ist damit erleichtert. Das Verfahren über den Regelunterhalt nichtehelicher Kinder ist geregelt in den §§ 642 ff ZPO; vgl dort namentlich über die Neufestsetzung des Regelunterhalts § 642 b ZPO.

D 66 **cc)** **Unterhaltsvereinbarungen** können die Geltendmachung veränderter Umstände ausschließen, müssen dies aber nicht tun. Ein solcher Ausschluß liegt nicht schon ohne weiteres vor, wenn vereinbart worden ist, daß die Rente alle Ansprüche abdecken soll (BGHZ 105, 243, 246 = NJW 1989, 289). Zunächst ist stets zu prüfen, ob es der Aufwertung überhaupt bedarf. Das ist nur der Fall, wenn die Unterhaltspflicht von einer Geldwertschuld in eine Geldsummenschuld umgewandelt ist (Rn D 78 ff). Dann kann eine Geldentwertung nicht mehr iS einer automatischen Dynamisierung geltend gemacht werden (BGHZ 2, 379, 383 gegen BOEHMER JherJb 73 [1923] 204 ff), sondern nur noch aufgrund vertraglichen Vorbehalts oder, soweit noch zulässig, aufgrund Änderung der Geschäftsgrundlage. *Im einzelnen ist zu unterscheiden.* Soll die Unterhaltsregelung nur die gesetzliche Verpflichtung konkretisieren, so läßt sie die Unterhaltspflicht ihrem Wesen nach unverändert (GERNHUBER/COESTER-WALTJEN, Familienrecht [4. Aufl 1994] § 45 XIII; PALANDT/DIEDERICHSEN[56] Einf v § 1601 Rn 14; vgl LG Kassel NJW 1975, 267). Der Unterhaltsgläubiger soll nicht schlechter dastehen, als wenn er ein Unterhaltsurteil erwirkt hätte. Im Regelfall wird dies bedeuten, daß jede wesentliche Geldentwertung, ebenso wie sonst jede wesentliche Änderung der Bemessungsgrundlage (arg § 323 Abs 4 ZPO), eine Anpassung ex nunc gestattet. Das gilt auch bei einer Unterhaltsschadensrente, und zwar uU auch dann, wenn nach dem Vertrag mit der vereinbarten Rentenzahlung alle Ansprüche abgedeckt sein sollen, denn diese Vertragsformulierung ist im Lichte des Versorgungscharakters der Rente zu sehen (BGHZ 105, 243, 246 = NJW 1989, 289). Im übrigen gilt der *Vorrang der Vertragsregelung vor der gesetzlichen Anpassung*. Eine Anpassung aufgrund von § 242 kann also nicht verlangt werden, soweit der Vertrag selbst eine abweichende Regelung enthält (vgl RGZ 145, 119, 120; LG Hamburg FamRZ 1975, 497). Auch nach § 1612 a Abs 1

S 2 kann die gesetzliche Anpassung einer vereinbarten Unterhaltsrente nicht verlangt werden, wenn und soweit bei der Festlegung der Höhe des Unterhalts eine Änderung der Geldrente ausgeschlossen worden oder ihre Anpassung an Veränderungen der wirtschaftlichen Verhältnisse auf andere Weise geregelt ist. Ob dies der Fall ist, ist Auslegungsfrage (Rn D 79; vgl als Beispiel OLG Hamm FamRZ 1980, 190 = NJW 1980, 1112 [LS]). Nicht zu folgen ist der Auffassung von LANGENFELD NJW 1981, 2378 f, wonach das vereinfachte Anpassungsverfahren des § 1612 a nur durch Wertsicherung abbedungen werden kann.

Die **Vereinbarung eines Festbetrages** schließt die Geltendmachung nachträglich verän- **D 67** derter Umstände als Veränderung der Geschäftsgrundlage nicht in jedem Fall aus (vgl RGZ 145, 119; 165, 26, 31; RG JW 1929, 583; DR 1940, 2163; BGH NJW 1962, 2147; 1992, 1621, 1622; VersR 1966, 37; 1968, 450, 451; PALANDT/DIEDERICHSEN[56] Einf v § 1601 Rn 14, 33; LAUTERBACH DR 1940, 2165). Die Abgrenzung im einzelnen ergibt sich aus dem Sinn und Zweck der Unterhaltsvereinbarung (vgl zur Abgrenzung etwa RGZ 75, 124, 127; 165, 27, 31; BayObLG FamRZ 1967, 224; LG Hamburg FamRZ 1975, 497; LG Kassel NJW 1975, 267, 268), wobei aber der Versorgungscharakter zu berücksichtigen bleibt (vgl sinngemäß zur Unterhaltsschadensrente BGHZ 105, 243, 246 = NJW 1989, 289). Insbesondere wird hierbei unterschieden zwischen der *Abfindung* und der *Kapitalisierung* (GERNHUBER/COESTER-WALTJEN, Familienrecht [4. Aufl 1994] § 47 VI 3–5). Die Bedeutung und Schwierigkeit dieser Abgrenzung zeigt sich vor allem dann, wenn eine einmalige Zahlung vereinbart wird. Abfindungsverträge, die § 1615 e sogar zwischen dem Vater und dem nichtehelichen Kind zuläßt, sollen sämtliche Unterhaltsansprüche abgelten und lassen dann idR keinen Raum mehr für den Einwand geänderter Geschäftsgrundlage. Die *Barabfindungsvereinbarung* hat idR zur Folge, daß das Rentenstammrecht endet; Änderungen der Geschäftsgrundlage, die für eine Rentenvereinbarung gelten könnten, sind damit ausgeschlossen, so daß die Rente auch bei wesentlicher Veränderung der Verhältnisse nicht mehr auflebt (RGZ 106, 396; RG WarnR 1925 Nr 104; BGHZ 2, 379, 381; OLG Hamburg MDR 1950, 614; LG Göttingen NJW 1954, 1330; GERNHUBER/COESTER-WALTJEN § 47 VI 3). Das gilt auch für den Währungsverfall (RGZ 106, 396; 141, 198, 200; RG WarnR 1925 Nr 104; OLG Hamburg MDR 1950, 614; OLG Düsseldorf FamRZ 1984, 171; LG Köln NJW 1949, 549; SOERGEL/HÄBERLE[12] § 1585 c Rn 23 und § 1615 e Rn 10; ERMAN/HOLZHAUER[9] § 1615 e Rn 3; MünchKommBGB/KÖHLER[3] § 1615 e Rn 5; STRUCKSBERG NJW 1949, 741, 742; aM RIEDEL NJW 1949, 539; rechtspolitische Bedenken bei STAUDINGER/EICHENHOFER[12] § 1615 e Rn 12; AK-BGB/DERLEDER[12] § 1615 e Rn 1). *Anders* verhält es sich *bei kapitalisierenden Verträgen* (GERNHUBER/COESTER-WALTJEN § 47 VI 4; MünchKommBGB/KÖHLER[3] § 1615 e Rn 7). Sie belassen dem Unterhaltsgläubiger das Rentenstammrecht und schließen eine nachträgliche Anpassung nicht aus (vgl BGHZ 2, 379, 386), wobei allerdings im Fall der Geldentwertung einschränkend zu beachten bleibt, daß die Kapitalisierungsleistung ihrerseits (im Gegensatz zu einer Rente) mit noch nicht entwertetem Geld erbracht wurde. Wegen des grundsätzlichen Unterschieds kommt bei der Geltendmachung geänderter Geschäftsgrundlage der **Abgrenzung zwischen Abfindungsvereinbarungen und Kapitalisierungsvereinbarungen** erhebliche Bedeutung zu. Regelmäßig wird durch Vereinbarung klargestellt, daß es sich um eine kapitalisierte Rente handeln soll. Fehlt jeder Hinweis, so ist eine Abfindungsvereinbarung anzunehmen (DÖLLE, Familienrecht [1964/65] § 103 VI 3; GÖPPINGER/GÖPPINGER, Unterhaltsrecht [5. Aufl 1987] Rn 1331; aM GERNHUBER/COESTER-WALTJEN § 47 VI 5; GÖPPINGER/MAURER, Unterhaltsrecht [6. Aufl 1994] Rn 906). Eine einseitige Belastung des Unterhaltsberechtigten folgt aus dieser Auslegungsregel nicht, denn auch zu seinen Lasten kann, etwa im Fall des

Todes des Unterhaltspflichtigen, kein Fortfall der Geschäftsgrundlage geltend gemacht werden (GÖPPINGER/GÖPPINGER aaO). Uneingeschränkt wird dies allerdings nur für einmalige Abfindungszahlungen, nicht auch für Renten, gelten können. Indizien für eine kapitalisierende, nicht abfindende, Vereinbarung sind etwa: der Vorbehalt von Nachforderungen für den Fall einer wesentlichen Veränderung der wirtschaftlichen Verhältnisse; die Vereinbarung, daß Teile der Festsumme bei vorzeitigem Tod zurückzuzahlen sind (GERNHUBER/COESTER-WALTJEN § 47 VI 5). Zur Frage, unter welchen Voraussetzungen eine sog Derzeitklausel als stillschweigend bedungen angesehen werden kann, vgl SOERGEL/HÄBERLE[12] § 1585 c Rn 21 mwNw.

D 68 **k)** **Bei Auseinandersetzungs- und Abfindungsansprüchen** ist zu unterscheiden:

D 69 **aa)** Eine **Auseinandersetzung oder Teilung** nach den §§ 731, 733, 1477, 2042, 749 ff BGB, 155 HGB, 271 AktG, 72 GmbHG wirft idR kein Bewertungsproblem auf. Die Teilung erfolgt in Natur (§ 752) oder durch Verteilung des Resterlöses nach Verkauf (§§ 753, 733 Abs 3 BGB, 268, 271 AktG, 70, 72 GmbHG). Im ersten Fall entsteht keine Geldschuld. Im zweiten Fall ergibt sich die Höhe der Auseinandersetzungsforderung aus dem nach Abzug der Verbindlichkeiten verbleibenden Erlös und aus dem dem jeweiligen Gläubiger zustehenden Anteil (vMAYDELL, Geldschuld 305). Ein entgeltliches Übernahmerecht als testamentarische *Teilungsanordnung* kann auf den Geldwert bezogen sein, wenn dies ihrem wirtschaftlichen Sinn entspricht (RGZ 108, 83; vMAYDELL, Geldschuld 315).

D 70 **bb)** Schwieriger einzuordnen sind **Abfindungsansprüche**, insbes eines austretenden oder ausgeschlossenen Gesellschafters (§ 738 BGB, §§ 138, 140 ff HGB), aber auch zB nach § 305 AktG. In diesen Fällen ist streng zu unterscheiden zwischen dem für die Vermögens- und *Anteilsbewertung* entscheidenden Bewertungsstichtag und Bewertungsmaßstab auf der einen und dem Schicksal des *Auseinandersetzungsanspruchs* auf der anderen Seite (insofern unbefriedigend vMAYDELL, Geldschuld 305 f). Das RG hat zwar für die Berechnung der Kapitalanteile die Bilanzen der Geldentwertungszeit auf Festmarkgrundlage umgewertet, „um die verwirrenden Einflüsse des Währungsverfalls nach Möglichkeit auszuschalten" (RGZ 127, 141, 145 im Nachgang nach RGZ 121, 238, 242; 126, 386, 396; RG WarnR 1925 Nr 184; 1928 Nr 65; zum Problem der Geldentwertung in der Bilanz vgl auch Rn D 349 ff). Es hat aber den Abfindungsanspruch in der Inflationszeit als aufwertungsbedürftig nach § 242 angesehen (RGZ 122, 28, 32), demnach also als Geldsummenschuld. Bereits die Leitentscheidung RGZ 117, 238, 242 f zeigt zwar, daß eine klare Trennung der *Anteilsbewertung* vom Schicksal des *Abfindungsanspruchs* schwer fällt, aber der Grundsatz muß doch lauten: Der Anteil wird auf den Bilanzstichtag bewertet. Der Abfindungsanspruch bezieht sich auf diesen Zeitpunkt und ist als Summenanspruch in diesem Zeitpunkt fixiert. Das gilt sinngemäß auch für die *Buchwertabfindung* und sonstige Abfindungen aufgrund von *Abfindungsklauseln*. Ob dann das Abfindungsguthaben als Vereinbarungsdarlehen (§ 607 Abs 2) stehen bleibt oder nicht – es ist in jedem Fall eine Geldsummenschuld. Die Geltendmachung eines etwaigen Entwertungs-Verzugsschadens ist nicht ausgeschlossen. Aber eine Dynamisierung findet nicht statt. Über die vertragliche Wertsicherung vgl Rn D 304.

D 71 **cc)** Auch der **Rückforderungsanspruch des stillen Gesellschafters** ist eine Geldsummenschuld (RGZ 126, 386 ff). Nach dem *gesetzlichen Modell* entspricht dieser Rückforderungsanspruch demjenigen eines Darlehensgebers beim partiarischen Darlehen (KARSTEN SCHMIDT ZHR 140 [1976] 475 ff; str); in der *gesellschaftsvertraglichen Praxis* („atypische stille Gesellschaft") wird der Stille oft einem Gesamthandsgesellschafter, bei Beendigung der stillen Gesellschaft also einem abzufindenden Gesellschafter schuldrechtlich gleichgestellt (SCHLEGELBERGER/KARSTEN SCHMIDT, HGB[5] § 230 Rn 68 ff). Die Gleichstellung mit einem Abfindungsanspruch führt aber wiederum zur Geldsummenschuld (vgl soeben bei Rn D 70).

l)   Der **Zugewinnausgleich** besteht nach § 1378 Abs 1 BGB in einer Ausgleichs- **D 72** forderung desjenigen Ehegatten, der keinen oder den geringeren Zugewinn gemacht hat. Die Zugewinnausgleichsforderung ist zwar keine Geldwertforderung in dem Sinne, daß der einmal entstandene und fällige Ausgleichsanspruch sich bis zu seiner Erfüllung an Geldwertänderungen anpaßt (STAUDINGER/FELGENTRAEGER[11] § 1378 Rn 18; **aM** LANGE/KUCHINKE, Erbrecht [3. Aufl 1989] § 39 VII 4). Die *Höhe des Zugewinns* wird aber nach richtiger Auffassung wie eine Geldwertforderung errechnet. Während echte Wertsteigerungen des Ehegattenvermögens, auch wenn sie bloß auf Preisänderungen beruhen, als Zugewinn berücksichtigt werden (hM; vgl nur vMAYDELL, Geldschuld 308; OLG Köln DNotZ 1979, 753 = FamRZ 1979, 511 gegen WERNER DNotZ 1978, 74 f), könnte *ein auf der Entwertung des Geldes beruhender* „**unechter Zugewinn**" bei nominalistischer Zugewinnberechnung dazu führen, daß etwa bei konstanter Vermögenslosigkeit des einen und bei konstantem Vermögensbestand des anderen Ehegatten für den letzteren ein scheinbarer Zugewinn in Höhe der Hälfte der auf Währungsverfall beruhenden Preissteigerung seiner Vermögensgegenstände errechnet würde. Das wäre im Ergebnis kaum hinnehmbar. Da der Zugewinn aus der Differenz zwischen Endvermögen und Anfangsvermögen errechnet wird (§ 1373) und da Anfangs- und Endvermögen nach ihrem Geldwert bei Eintritt und Beendigung des Güterstands berechnet werden (§ 1376), kann der „unechte Zugewinn" nur nachträglich wieder aus der Berechnung eliminiert werden. Das Gesetz klärt die Frage nicht. Deshalb ist die Auffassung vertreten worden, der unechte Zugewinn dürfe aus der Berechnung nicht ausgeschlossen werden (BREETZKE FamRZ 1959, 445; vGODIN MDR 1966, 722, 723; STUBY FamRZ 1967, 185 ff; sympathisierend noch heute wohl BEITZKE/LÜDERITZ, Familienrecht [26. Aufl 1992] § 14 III 3 e). Eine verbreitete, lange Zeit vorherrschende Auffassung nimmt § 1381 zu Hilfe, muß sich dann aber mit der Frage auseinandersetzen, ob § 1381 nur von Fall zu Fall eingreift (vgl KG MDR 1971, 580; ERMAN/HECKELMANN[9] § 1376 Rn 3; DÖLLE, Familienrecht I [1964] §§ 59 III 2, 61 VIII 2) oder ob der „unechte Zugewinn" über § 1381 generell ausgeschlossen werden soll (so OLG München NJW 1968, 798 = JuS 1968, 289; SOERGEL/LANGE[10] § 1376 Rn 9). Durchgesetzt hat sich die Auffassung, **daß der „unechte Zugewinn" überhaupt kein Zugewinn ist** und aus der Berechnung ausgeschlossen werden muß, ohne daß es einer Anwendung des § 1381 bedarf (BGHZ 61, 385 = NJW 1974, 173 = JuS 1974, 258 = JZ 1974, 293 m Anm HERMANN LANGE; BGHZ 109, 89, 95; 129, 311, 321 = NJW 1995, 2165, 2167; NJW 1984, 434; OLG Hamm FamRZ 1973, 654 = JuS 1974, 258 [KARSTEN SCHMIDT]; OLG Köln DNotZ 1979, 753 = FamRZ 1979, 511; LG Berlin FamRZ 1965, 438 = JuS 1966, 82 [GERBER]; GERNHUBER/COESTER-WALTJEN, Familienrecht [4. Aufl 1994] § 36 VI; STAUDINGER/THIELE [1994] § 1373 Rn 12 ff; SOERGEL/LANGE[12] § 1376 Rn 9; BGB-RGRK/FINKE[12] § 1376 Rn 17; MünchKommBGB/GERNHUBER[3] § 1373 Rn 6 ff; PALANDT/DIEDERICHSEN[56] § 1376 Rn 11 f; vMAYDELL, Geldschuld 311; THIELE JZ 1960, 398; KOHLER NJW 1963, 225, 229; THIERFELDER FamRZ 1959, 225; 1960, 184; 1963, 328; REICHERT-FACILIDES JZ 1974, 483, 486; WERNER DNotZ 1978, 66; MERKERT Betrieb 1974, 496). Das in BGHZ 61, 385 abgedruckte Grundlagenurteil des BGH argumentiert namentlich mit dem Leitbild und Zweck der Zugewinngemeinschaft als Gütertrennung mit Zugewinnausgleich und folgert auch aus § 1374 Abs 1 (2. Halbsatz), daß außer in den Ausnahmefällen des § 1375 Abs 2 der Zugewinnausgleich das Anfangsvermögen des Ausgleichspflichtigen nicht schmälern darf. Die von F A MANN (NJW 1974, 1299 f), MEDICUS (Betrieb 1974, 762) und ERTL (202 ff) gerügte antinominalistische Tendenz dieser Praxis ist nicht zu beanstanden, denn sie wird dem Zweck des Vermögensvergleichs gerecht, der mit rein nominalistischer Methode nicht erfüllt werden kann (zutr HERMANN LANGE JZ 1974, 296). Es geht auch nicht um eine Dynamisierung von Forderungen, sondern um deren zweckgerechte – dh auf den Vermögenszuwachs bezogene – Berechnung. Der privilegierte Zugewinn nach § 1374 Abs 2 wird in gleicher Weise hochgerechnet (BGHZ 129, 311, 321 f = NJW 1995, 2165, 2167). Die Berechnungsmethode, mit der der „unechte Zugewinn" ausgeschaltet werden soll, ist indes zweifelhaft, weil praktisch schwer zwischen der Wertsteigerung von Anlagegütern und dem „unechten Zugewinn" unterschieden werden kann. Der BGH, der unter Ablehnung des § 1381 um eine generalisierende Lösung bemüht ist, verwendet den Lebenshaltungsindex und verfährt nach folgender Formel (Z = Zugewinn; A = Anfangsvermögen; E = Endvermögen; IA = Index bei Beginn des Güterstandes; IE = Index bei Beendigung des Güterstandes):

$$Z = E - \frac{A \times IE}{IA}$$

D 73 Der **Vorzug dieser Lösung** besteht in ihrer Praktikabilität und in der überindividuellen Gültigkeit dieses Index (vMAYDELL, Geldschuld 310). Anders als OLG Hamm FamRZ 1976, 633 mindert der BGH den Index IE auch nicht um den nur grob zu schätzenden Anteil der Verbesserung des Lebensstandards (zustimmend MünchKommBGB/GERNHUBER[3] § 1373 Rn 7 a). Die allerdings gleichfalls unübersehbaren Nachteile der vom BGH durchgeführten Pauschalierung werden auch von prinzipiellen Befürwortern der neueren Rechtsprechung nicht verkannt (vgl namentlich GERNHUBER/COESTER-WALTJEN, Familienrecht [4. Aufl 1994] § 36 VI; MünchKommBGB/GERNHUBER[3] § 1373 Rn 7 a; noch skeptischer zB HERMANN LANGE JZ 1974, 296 f): Die zugrundegelegten Indexzahlen unterscheiden die monetäre Ursache der Preisentwicklung nicht von anderen Faktoren; sie sind auf die für den wirklichen Zugewinn nicht immer maßgebenden Verhältnisse der Bundesrepublik begrenzt und an den in concreto evtl nicht maßgebenden Verhältnissen der Durchschnittsfamilie orientiert. Verschiedentlich werden deshalb Einzelkorrekturen versucht. Nach OLG Hamm FamRZ 1973, 654 = JuS 1974, 258 (KARSTEN SCHMIDT) gibt der Lebenshaltungskostenindex nur eine vorläufige, nicht eine endgültige Auskunft darüber, inwieweit die Geldwertsteigerung des Ehegattenvermögens im Einzelfall auf dem Kaufkraftschwund beruht (Preissteigerung von Eigenheimen als Zugewinn auch insoweit, als sie sich in Gestalt gestiegener Wohnkosten im Lebenshaltungskostenindex niederschlägt; deshalb geschätzter Abzug vom Faktor IE). Damit wird aber die vom BGH angestrebte Rechtssicherheit preisgegeben, ohne daß der unvermeidliche Nachteil der Pauschalierung wirklich beseitigt wäre. Ein Scheinproblem hat sich bei der Behandlung der Passiven im Anfangsvermögen (§ 1374) eingeschlichen. Nach HERMANN LANGE (JZ 1974, 297) sind sie um den gleichen Betrag wie die Aktiven zu erhöhen; möge auch die Schuld inzwischen mit entwertetem Geld zurückzuzahlen sein, so sei es doch mit der Vereinfachungstendenz des Gesetzes unvereinbar, im Einzelfall stets den einzelnen

Zahlungen nachzugehen. Nach richtiger Auffassung wird ein etwa vorhandener Inflationsgewinn des Schuldners solcher Verbindlichkeiten mit der Formel des BGH automatisch berücksichtigt, ohne daß den einzelnen Zahlungen nachgegangen würde. Es werden nicht die einzelnen Aktiven und Passiven durch einen Entwertungszuschlag korrigiert (BGH NJW 1984, 434). Das Anfangsvermögen wird nach § 1374 mit den unkorrigierten Posten errechnet, und die Korrektur (Multiplikation mit IE, Division durch IA) bezieht sich auf den nach § 1374 errechneten Saldo aus Aktiven und Passiven (so wohl auch STAUDINGER/THIELE [1994] § 1373 Rn 18 f im Anschluß an MünchKommBGB/GERNHUBER[3] § 1373 Rn 10). Auch Geldzeichen, Geldforderungen und Geldschulden werden vor der Korrektur in die Vermögensberechnung nach § 1374 einbezogen und nehmen insofern an der Korrektur teil (STAUDINGER/THIELE [1994] § 1373 Rn 18; aA MünchKommBGB/GERNHUBER[3] § 1373 Rn 9; GERNHUBER NJW 1991, 2240). Einzelkorrekturen der vom BGH verwendeten Formel sollten vermieden werden. Insbes kommt es auf die Vermögenszusammensetzung im Einzelfall nicht an, denn Sinn und Zweck der valoristischen Zugewinnberechnung ist eine auf das Gesamtvermögen bezogene pauschale Loslösung vom Nennwertprinzip (STAUDINGER/THIELE [1994] § 1373 Rn 18). Abzulehnen ist insbesondere die Auffassung, Gebrauchsgüter (zB Pkw) und Geldforderungen (zB Lebensversicherungen) seien von der Indexierung auszunehmen, weil der Geldwert dieser Gegenstände nicht durch den Kaufkraftschwund steige (so OLG Hamm FamRZ 1983, 918 m abl Anm FRÖHLICH). Diese Ansicht verkennt, daß die Bewertung des Anfangs- und Endvermögens nach Zeitwerten, nicht nach Anschaffungswerten, erfolgt und daß sich die Herausrechnung des „unechten Zugewinns" auf die Gesamtvermögensveränderung, nicht auf einzelne Gegenstände, bezieht. Korrekturen zugunsten des Ausgleichspflichtigen ermöglicht im Einzelfall § 1381.

m)   Die **Ausgleichung von Vorempfängen unter Miterben** (§§ 2050 ff) wird von der **D 74** Gerichtspraxis nicht zum Nennwert, sondern unter Berücksichtigung von Geldwertveränderungen durchgeführt (RGZ 108, 337, 340; RG HRR 1930 Nr 1805; 1932 Nr 1307; BGHZ 65, 75 = WM 1975, 860 = NJW 1975, 1831 m Anm vLÖBBECKE NJW 1975, 2292; BGHZ 96, 174, 181; BGH WM 1975, 1179 = JuS 1976, 187 [KARSTEN SCHMIDT]). Auszugleichen ist nach § 2055 Abs 1 der *Wert der Zuwendung*, nicht eine im Zeitpunkt der Zuwendung fixierte Geldsumme. Nach BGHZ 65, 75, 77 ist der Wert, den die Zuwendung im Zuwendungszeitpunkt hatte, in Geld auszudrücken, und das Gesetz geht von dem ungeschriebenen Grundsatz aus, daß der errechnete Betrag im Zeitpunkt des Erbfalls, für den die Ausgleichung vorzunehmen ist, noch den unverändert gebliebenen Wert hat. § 2055 Abs 2 steht dem nur scheinbar entgegen. Es ist nämlich zwischen Wertänderungen auf der Währungsseite und auf der Warenseite zu unterscheiden. Die *Bewertung des Gegenstandes* nach dem Zeitpunkt der Zuwendung hat mit dem Problem der Geldwertschwankungen nichts zu tun, sondern nur mit Wertminderungen und Wertmehrungen, die diesen Gegenstand angehen. Sie sollen Sache des Erben sein, weil er sogleich Eigentümer geworden ist (Mot in: MUGDAN V 381). Nachträgliche Sachwertänderungen, nicht aber nachträgliche Geldwertänderungen, bleiben damit außer Betracht. Der Rechtsprechung ist hiernach insoweit zuzustimmen, als der Ausgleichsbetrag nicht nach dem Zuwendungszeitpunkt fixiert ist. Auch die wohl überwiegende Auffassung im Schrifttum berücksichtigt den Kaufkraftschwund (vgl nur KIPP/COING, Erbrecht [14. Aufl 1990] § 120 VI 3; LANGE/KUCHINKE, Erbrecht [7. Aufl 1989] § 15 III 4 Fn 41; ERMAN/SCHLÜTER[9] § 2055 Rn 4; MünchKommBGB/FRANK[2] § 2055 Rn 15; BGB-RGRK/KREGEL[12] § 2055 Rn 5 f; JAUERNIG/STÜRNER[7] § 2055 Anm 2; KOHLER AcP 122 [1924]

70 ff; ders NJW 1963, 227 f; vLöbbecke NJW 1975, 2293; Johannsen WM 1977, 272; eingehend
Ebenroth/Bacher BB 1990, 2053 ff; vgl auch Soergel/Wolf[12] § 2055 Rn 3; Meincke AcP 178
[1978] 46 f; **differenzierend** Philipp Betrieb 1976, 644; **aM** vLübtow, Erbrecht I [1971] 564; ders,
Erbrecht II [1971] 856; Hirsch JW 1923, 454; vMaydell, Geldschuld 314 f). Die Frage ist
allerdings, ob die **Berechnungsmethode** des BGH überzeugt. Das Gericht verwendet
dieselbe Berechnungsmethode wie beim Zugewinnausgleich (BGHZ 61, 385 = JuS 1974,
258 [Karsten Schmidt]; BGHZ 65, 75; 85, 274, 283; dazu auch Ebenroth/Bacher BB 1990, 2054;
vgl auch zur Anrechnung auf den Pflichtteil BGH WM 1975, 860, 862). Es gilt also sinngemäß
die bei Rn D 72 angegebene Formel: *Der Gegenstand wird nach dem Zuwendungszeitpunkt bewertet* (§ 2055 Abs 2), *und dieser Betrag wird mit dem Lebenshaltungsindex im Zeitpunkt des Erbfalls* (BGH) *oder, wohl besser, der Erbauseinandersetzung
multipliziert und durch den Lebenshaltungsindex zZ der Zuwendung dividiert* (für
Bewertung nach dem Zeitpunkt des Erbfalls BGHZ 96, 174, 181; Palandt/Edenhofer[56] § 2055
Rn 2; für den Auseinandersetzungszeitpunkt MünchKommBGB/Dütz[2] § 2055 Rn 15). Die Aus-
gleichsforderung wird hierdurch keine Geldwertforderung. Sie ist eine Geldsummenforderung, aber ihre Höhe wird unter Berücksichtigung der Geldwertänderung errechnet. Diese pauschal auf den Lebenshaltungskostenindex abstellende
Methode paßt ohne weiteres auf den Vergleich von Gesamtvermögensmassen nach
den §§ 1373, 1378, aber nicht in gleicher Weise auf die wertmäßige Hinzurechnung
individueller Gegenstände zu einer Vermögensmasse (zust aber Ebenroth/Bacher BB
1990, 2062). Beachtliche Gründe sprechen für die einfachere und in den Ergebnissen
sachgemäße Methode von Olaf Werner (Staudinger/Werner [1995] § 2055 Rn 8 f;
DNotZ 1978, 66, 80 ff): Das Wort „Wert" in § 2055 Abs 2 meint nach Werner nicht den
Geldwert, sondern den Zustand der Sache. Der Gegenstand soll bei der Auseinandersetzung als noch zum Nachlaß gehörig angesehen werden, dies aber in dem
Zustand, den er zZ der Zuwendung hatte. In diesem Zustand ist er nach dem Zeit-
punkt der Auseinandersetzung zu bewerten. Ein Geldwertproblem tritt nach dieser
Methode nicht auf. Werners Deutung des § 2055 ist in der Durchführung beste-
chend; sie entspricht indes schwerlich der Intention des Gesetzgebers. Abs 2 bezieht
sich, ganz wie nach hM, auf den Geldwert des Gegenstandes, nicht bloß auf den
Zustand einer Sache (zB befassen sich die §§ 333 ff II 2 ALR, auf die die Motive
Bezug nehmen, nicht nur mit Sachen). Eben deshalb spielt der Unterschied zwischen
Sachwertveränderungen und Geldwertveränderungen – im Gegensatz zu Werners
Deutung des § 2055 – eine beträchtliche Rolle. Der Empfänger soll vom Zeitpunkt
des Empfanges an den Gewinn und das Risiko von Sachwertveränderungen tragen,
nicht jedoch soll er von der Geldentwertung profitieren (ebenso Ebenroth/Bacher BB
1990, 2059, 2061). Ein Ausgleich nach dem Wert des Gegenstandes im Zeitpunkt des
Erbfalls kann sich aus einer letztwilligen Verfügung ergeben (OLG Hamm MDR 1966,
330; BGB-RGRK/Kregel[12] § 2055 Rn 5). Aus dem Gesetz ergibt er sich nicht. Ebensowenig stellt das Gesetz auf den Wert im Auseinandersetzungszeitpunkt ab. *Die
Methode des BGH wird damit dem § 2055 Abs 2 gerecht.* Eine nur noch geringe Rolle
spielt die Frage, ob bei Vorempfängen aus der Zeit vor 1948 auch die *Entwertung der
RM* berücksichtigt werden muß. Dies blieb bei BGHZ 65, 75 = JuS 1976, 187 (Karsten Schmidt) offen. Die Frage ist zu bejahen (Merkert DNotZ 1950, 428 f). Davon zu
unterscheiden ist die *Problematik der Währungsumstellung* von RM auf DM.
Obgleich der Rechnungsposten bei der Miterbenausgleichung nicht als Forderung
angesehen wird (LG Bremen NJW 1951, 199), wendet die hM § 18 Abs 1 Nr 3 UmstG
entsprechend an, rechnet also den Vorempfangsposten 1:1 um (vgl mit uneinheitlichen
Begründungen BGH JuS 1976, 187, 188 [Karsten Schmidt] [insoweit nicht in BGHZ 65, 75];

BGB-RGRK/Kregel[12] § 2055 Rn 6; Harmening/Duden, Währungsgesetze [1949] § 18 UmstG Anm 27; Merkert DNotZ 1950, 427; Däubler JZ 1951, 97 f; vgl auch KG OLGZ 1974, 257, 262 zum Pflichtteilsergänzungsanspruch). Die Problematik kann sich im Verhältnis Mark der DDR/DM wiederholen, soweit nach Art 235 § 1 EGBGB für die „erbrechtlichen Verhältnisse" neues Recht anwendbar ist.

n)   Der **Pflichtteilsanspruch** besteht in der Hälfte des Wertes des gesetzlichen Erb-   **D 75** teils (§ 2303 Abs 1 S 2). Er begründet eine *Geldsummenschuld* und keine Geldwertschuld (RGZ 104, 195, 196; 116, 5, 7; RG LZ 1925, 223; BGHZ 7, 134, 138; OLG Celle NJW 1952, 706; Soergel/Dieckmann[12] § 2303 Rn 32; MünchKommBGB/Frank[2] § 2303 Rn 2; aM Eckstein 46; Lange/Kuchinke, Erbrecht [7. Aufl 1989] § 39 VII 4; Soergel/Reimer Schmidt[10] § 244 Rn 4). Das kann nicht schon zwingend aus **§ 2311 Abs 1 S 1** gefolgert werden. Diese Vorschrift befaßt sich mit der Nachlaßbewertung (dazu vgl Meincke, Das Recht der Nachlaßbewertung im BGB [1973]). Sie sorgt dafür, daß *Wertänderungen des Nachlasses* (Kursschwankungen von Aktienpaketen, Wertschwankungen von Unternehmen etc) Sache der Erben bleiben und im Verhältnis zum Pflichtteilsberechtigten außer Ansatz bleiben (vgl aber Braga AcP 153 [1954] 158; zum Sonderproblem des „wirklichen Werts" am Stichtag bei Verzerrung durch Preisstop oder Inflation vgl BGHZ 13, 45, 47; RG JR 1926 Nr 2136 = LZ 1926, 1132; SeuffA 81 Nr 132 = JR 1927 Nr 119; DJZ 1927, 1272 = Recht 1927 Nr 1238). Bei BGHZ 7, 134, 138 ist die Einordnung als Geldsummenschuld auf § 18 Abs 1 Nr 3 UmstG gemünzt, dessen Hauptproblem in Wahrheit darin lag, ob der Nachlaß vor der Pflichtteilsberechnung in RM oder in DM umzurechnen war (für RM: BGHZ 7, 134; für DM: OLG München NJW 1950, 73; OLG Düsseldorf NJW 1950, 602; OLG Koblenz NJW 1951, 720; KG JR 1952, 279). Diese Problematik um § 18 UmstG ist auf das allgemeine Geldwertproblem kaum übertragbar, die Frage also offen. Entscheidend ist die Funktion des *Pflichtteilsanspruchs.* Der Gesetzgeber hat auf die Möglichkeit, den Pflichtteilsberechtigten zum Miterben zu machen, aus praktischen Gründen verzichtet (Prot in: Mugdan V 875). Er hat den Pflichtteil auch nicht als Schadensersatz dafür ausgestaltet, daß der Pflichtteilsberechtigte nicht Erbe ist. Vielmehr ordnet er ein am Stichtag des § 2311 fixiertes gesetzliches Vermächtnis an (insofern argumentiert namentlich RGZ 116, 5, 7 zu Recht mit dieser Vorschrift). Das Pflichtteilsrecht gewährt also nicht eine wertmäßige Teilhabe am Nachlaß, so daß eine Berücksichtigung von Geldwertschwankungen nach den bei Rn D 74 geschilderten Grundsätzen ausscheiden muß. Auch der Anspruch auf den *Zusatzpflichtteil* (Pflichtteilsrestanspruch) nach § 2305 ist Geldsummenanspruch (RGZ 104, 195, 196). Eine andere Frage ist, ob der Erblasser durch genehmigungsfreie *Geldwertvermächtnisse* instand gesetzt ist, dem Bedachten eine wertmäßige Teilhabe am Nachlaß zuzuwenden. Das ist zu bejahen (Rn D 221 und D 305).

o)   Die **Anrechnung einer Zuwendung auf den Pflichtteil** erfolgt nach § 2315 Abs 2 S 2   **D 76** gleichfalls nach dem Wert im Zeitpunkt der Zuwendung; auch hier geht es jedoch um eine Hinzurechnung nicht der im Zuwendungszeitpunkt fixierten Summe, sondern des Wertes (§ 2315 Abs 2 S 1). Der Kaufkraftschwund des Geldes wird deshalb in ähnlicher Weise berücksichtigt wie bei der Ausgleichung unter Miterben (RGZ 108, 337, 340; BGHZ 65, 75; BGH LM § 2325 Nr 12/13 m Anm Johannsen = WM 1975, 860; BGB-RGRK/Johannsen[12] § 2315 Rn 14; Erman/Schlüter[9] § 2315 Rn 5; MünchKommBGB/Frank[2] § 2315 Rn 15; Medicus Betrieb 1974, 764; differenzierend Philipp Betrieb 1976, 664; krit auch hier Werner DNotZ 1978, 66, 80 ff; gegen jede Berücksichtigung des Kaufkraftschwundes auch hier vMaydell, Geldschuld 312 ff). Sieht man allerdings den Pflichtteilsanspruch nicht als

Geldwertanspruch an (so Rn D 75), so muß diese Valorisierung mit dem Pflichtteils-
stichtag enden. Es wird also nur der *Kaufkraftschwund zwischen der Zuwendung und
dem Erbfall* berücksichtigt (vgl BGHZ 65, 75, 77 f; MünchKommBGB/FRANK[2] § 2315 Rn 15).
Die sich nach dem Erbfall berechnende Pflichtteilsverbindlichkeit ist Geldsummenschuld.

D 77 p)   Auch bei der **Berechnung des Pflichtteilsergänzungsanspruchs** (§ 2325) werden
die genannten Grundsätze befolgt (BGB-RGRK/JOHANNSEN[12] § 2325 Rn 21 f; MEDICUS
Betrieb 1974, 759, 764). Nach **§ 2325 Abs 2** kommt eine verbrauchbare Sache hiermit
dem Wert zur Zeit der Schenkung in Ansatz; ein anderer Gegenstand kommt mit
dem Wert zum Ansatz, den er zur Zeit des Erbfalls hatte; hatte er aber zur Zeit der
Schenkung einen geringeren Wert, so wird nur dieser in Ansatz gebracht. Wiederum
regelt das Gesetz mit den Bewertungsstichtagen nicht auch das Inflationsrisiko. Der
Kaufkraftschwund ist nach den auch für die §§ 2050 ff und 2315 geltenden Grundsätzen zu berücksichtigen (MünchKommBGB/FRANK[2] § 2325 Rn 23; ERMAN/SCHLÜTER[9] § 2325
Rn 4; **aM** auch hier vMAYDELL, Geldschuld 312 ff; differenzierend BGB-RGRK/JOHANNSEN[12]
§ 2325 Rn 18 und 22). Wiederum kann es sich allerdings nur um den *bis zum Erbfall*
eintretenden Kaufkraftschwund handeln, wenn man nicht auch den Pflichtteilsanspruch als Wertsummenanspruch einordnen will (vgl sinngemäß Rn D 76 aE). Auch beim
Pflichtteilsergänzungsanspruch werden zu berücksichtigende Posten aus der Zeit vor
der Währungsumstellung 1948 im Verhältnis 1:1 umgerechnet (vgl KG OLGZ 1974, 257,
262 und sinngemäß Rn D 74 aE).

3.   „Umwandlung" von Geldwertschulden und Geldsummenschulden

D 78 a)   Von einer **„Umwandlung" der Geldwertschuld in eine Geldsummenschuld** spricht
man, wenn die Geldwertschuld von einem bestimmten Zeitpunkt an summenmäßig
dergestalt fixiert ist, daß ihre Neuberechnung auf Geldwertgrundlage nur noch unter
den für die Geldsummenschuld geltenden Voraussetzungen zulässig ist. Umgewan-
delte Geldwertschulden unterlagen auch der für Geldsummenschulden geltenden
Umstellung nach dem UmstellungsG. Nach der hier vertretenen Auffassung (Rn D
44) darf allerdings der „Umwandlung" nicht die Bedeutung einer Auswechselung
oder auch nur materiellen Inhaltsänderung der Forderung beigemessen werden. Es
handelt sich nur um die nominelle Bemessung der Forderung: Diese wird am
„Umwandlungs"-Stichtag der Höhe nach fixiert.

D 79 aa)   „Umwandlung" kraft Rechtsgeschäfts ist grundsätzlich möglich (vMAYDELL,
Geldschuld 328 f; SOERGEL/REIMER SCHMIDT[10] § 244 Rn 4; JAHR, in: Jahresgutachten [1966/67]
205). Dazu genügt jede Vereinbarung, durch welche die Schuld nach Währung und
Betrag festgelegt wird (FÖGEN 143). Eine Novation (Schuldersetzung) ist ebensowenig
erforderlich wie die Begründung einer abstrakten Verbindlichkeit. Die „Umwandlung" kann zB im Schuldanerkenntnis, in einer vollstreckbaren Urkunde, im Vergleich, im Vereinbarungsdarlehen etc enthalten sein. Die praktische Bedeutung liegt
vor allem auf dem Gebiet der *Schadensregulierung* und des *Unterhalts*. Im einzelnen
ist wegen der Rechtsfolgen einer vertraglichen Festlegung zwischen verschiedenen
Gestaltungsformen zu unterscheiden: Praktisch selten, aber immerhin möglich ist
erstens, daß nur eine *Festlegung der Forderung dem Grunde und der gegenwärtigen
Höhe nach* gewollt ist (so uU bei einem deklaratorischen Schuldanerkenntnis). Eine
solche Vereinbarung macht die Geldwertschuld nicht zur Geldsummenschuld. Sie

schließt – ähnlich einem rechtskräftigen Urteil – die Berücksichtigung von Geldwertänderungen nur für die Vergangenheit, nicht für die Zukunft, aus (vgl etwa für
Unterhalt RG WarnR 1921 Nr 99). Möglich ist *zweitens* die *Umwandlung in eine Geldsummenschuld ohne Ausschluß der Abänderbarkeit bei wesentlichen Änderungen der
Verhältnisse* (RGZ 106, 233, 235; 110, 100; 145, 119; 164, 366, 369 f; BGH LM § 157 BGB Nr 6;
vMAYDELL, Geldschuld 329). Eine solche Abrede schließt für die Vergangenheit jede
Berufung auf Geldwertveränderungen aus (vgl für den Kauf zur Abwendung einer Enteignung RGZ 130, 58, 62 f); gleichzeitig beendet sie für die Zukunft die automatische
Anpassung der Geldwertschuld, macht also aus ihr eine Geldsummenschuld; aber sie
hindert nicht eine Aufwertung nach den allgemein für Geldsummenschulden geltenden Grundsätzen (dazu Rn D 90 ff). Eine *dritte*, am weitesten reichende Möglichkeit
besteht in der *Umwandlung in eine Geldsummenschuld unter gleichzeitigem Ausschluß der Abänderbarkeit* bei Geldwertveränderungen (vgl zB RGZ 106, 233, 235; BGH
LM § 157 BGB Nr 6). Die Möglichkeit solcher Vereinbarungen ist anerkannt durch
§ 1612 a Abs 1 S 2. Ihre Hauptbedeutung liegt bei den Unterhaltsrenten (Rn D 67).

Welche dieser drei Möglichkeiten vorliegt, ist im Einzelfall durch Auslegung des Ver **D 80**
trags zu ermitteln. Bei Unterhaltsabfindungen ist die dritte Gestaltung nicht selten
(Rn D 66 f). Im übrigen kann die Umwandlung in eine Geldsummenschuld ohne Ausschluß der Abänderbarkeit als Regelfall angesehen werden (so wohl auch vMAYDELL,
Geldschuld 329). Die Umwandlung unter Ausschluß der Abänderbarkeit bedarf
besonderer Erklärung (BGH LM § 157 BGB Nr 6; BGHZ 105, 243, 246 = NJW 1989, 289
[Unterhaltsschadensrente]; s auch für Rentenvereinbarungen RGZ 106, 233, 235).

Gegen einen Zessionar wirkt die Abrede nach den §§ 404, 407. Das gilt auch für Fälle **D 81**
der Legalzession, zB für die §§ 426 Abs 2 BGB, 67 VVG, 116 SGB X, früher 1542
RVO (vgl für § 1542 RVO BGHZ 19, 177, 179; für § 67 VVG PRÖLSS/MARTIN, VVG (25. Aufl
1992) § 67 Anm 5). Im Fall des § 116 SGB X ist zu beachten, daß der Anspruch
bereits mit dem Schadensfall übergeht (BGHZ 48, 181 [zu § 1542 RVO]) und daß jeder
bösgläubig iS von § 407 ist, der vom Bestehen eines Sozialversicherungsverhältnisses
weiß (BGHZ 19, 177, 180 f; BGH VersR 1960, 830, 831; SEITZ, Die Ersatzansprüche der Sozialversicherungsträger nach §§ 903 und 1542 RVO [1954] 41; krit WACHSMUTH, Voraussetzungen und
Wirkungen der versicherungsrechtlichen Legalzession [Diss München 1978] 241 ff). Da § 116
SGB X einen Anspruchsübergang dem Grunde nach anordnet (BGHZ 19, 177, 181; 48,
181; SEITZ 38; jeweils zu § 1542 RVO), fehlt dem Geschädigten für einen Anspruchsverzicht die Verfügungsbefugnis. Sofern nicht § 407 eingreift, braucht sich deshalb der
Sozialversicherungsträger die Abfindungsabrede zwischen dem Geschädigten und
dem Schädiger nicht entgegenhalten zu lassen (BGHZ 19, 177; vMAYDELL, Geldschuld 331;
SEITZ 40 ff).

bb) Die **Einstellung einer Geldwertschuld in ein Kontokorrent** ist zunächst eine *Frage* **D 82**
der „Kontokorrentfähigkeit" der Geldwertforderung (vgl zur Kontokorrentfähigkeit etwa
CANARIS, in: GroßkommHGB³ § 355 Rn 36 ff; SCHLEGELBERGER/HEFERMEHL § 355 HGB Rn 18 f).
Nach RGZ 118, 139 gehörte eine wertbeständige Kaufpreisforderung nicht in ein
Papiermark-Kontokorrent. Allgemein setzt die Einstellung in das Kontokorrent eine
Bezifferung der Forderung voraus. Die Einstellung in die laufende Rechnung erfolgt
mit einem bestimmten Geldbetrag. Doch hat diese Buchung nur deklaratorische,
nicht eine verfügende Bedeutung. Von einer Umwandlung in eine Geldsummen-

schuld wird man deshalb erst mit der Anerkennung des Saldos sprechen dürfen. Bis dahin können noch Posten ergänzt werden.

D 83 cc) Durch **Leistungsklage** tritt noch *keine „Umwandlung"* der Geldwertschuld in eine Geldsummenschuld ein (vgl aber zu den Fremdwährungsschulden § 244 Rn 25). Die *Rechtshängigkeit* beschränkt sich zwar bei der Zahlungsklage auf den eingeklagten Betrag. Damit ist aber nicht gesagt, daß nicht durch Klagerweiterung oder durch Feststellungsklage (Rn C 65) noch im Prozeß geltend gemacht werden kann, daß sich die Forderung durch Geldentwertung erhöht habe.

D 84 dd) Nach **hM** tritt **„Umwandlung" durch jedes Zahlungsurteil** ein (vgl nur FÖGEN 143; HAHN § 6 Rn 7 Fn 32; vMAYDELL, Geldschuld 287 ff, 333; JAHR, in: Jahresgutachten [1966/67] 205). Ob dies für alle Vollstreckungstitel gelten oder nur eine Folge der materiellen Rechtskraft des Urteils sein soll (so wohl BGH WM 1965, 521, 523; SOERGEL/REIMER SCHMIDT[10] § 244 Rn 4), wird dabei meist nicht deutlich. *Die hM ist irreführend.* Richtig ist nur, daß ein der Vollstreckung nach den §§ 803 ff ZPO fähiger Titel der Bestimmtheit bedarf (Rn C 73). Lautet der Titel auf Zahlung einer bestimmten Summe, so ist die im Vollstreckungswege durchsetzbare Forderung summenmäßig konkretisiert (BGHZ 36, 11, 15). Bei der Vollstreckung und bei der freiwilligen Leistung nach § 754 ZPO wird dann kein Unterschied zwischen Geldsummenschulden und Geldwertschulden gemacht. Aber dies ist noch keine Umwandlung der Geldwertschuld in eine Geldsummenschuld. Grundsätzlich kann sich die Geldwertschuld – nicht freilich der titulierte Forderungsteil – auch noch erhöhen, wenn bereits ein summenmäßig bestimmter Vollstreckungstitel vorliegt. Bei der Bestimmung der zu vollstreckenden Summe können deshalb schon absehbare Änderungen bis zum mutmaßlichen Zahlungszeitpunkt berücksichtigt werden (vgl zur Enteignungsentschädigung BGHZ 25, 225, 230; 44, 52, 54; BGB-RGRK/KREFT[12] Vorbem 98 zu § 839). Handelte es sich wirklich um eine „Umwandlung" der Geldwertschuld in eine Geldsummenschuld, so wäre dies ausgeschlossen. Die angebliche „Umwandlung" der Geldwertschuld in eine Geldsummenschuld ist *in Wahrheit ein Rechtskraftproblem* (Rn C 66 ff). Dieses besteht im wesentlichen in zwei Fragen: Kann auch nach einem rechtskräftigen Urteil, das nicht auf einen Teilbetrag beschränkt ist, eine Erhöhung im Wege der Nachtragsklage verlangt werden (dazu Rn C 68 f)? Ist dies nur noch unter den für eine Geldsummenforderung geltenden Voraussetzungen zulässig, oder folgt die Geldwertschuld auch nach Rechtskraft eines Zahlungsurteils noch den Grundsätzen der Geldwertschuld (dazu Rn C 66)? Das RG hat in Enteignungssachen die Grundsätze der Geldwertschuld auch nach rechtskräftigem Geldsummenurteil angewandt (RGZ 119, 362; vgl allerdings für die bestandskräftige Festsetzung durch eine Verwaltungsbehörde, in der schon die Geldentwertung berücksichtigt sein soll, RGZ 122, 110). Anders dagegen RGZ 130, 58, 62 f mit Hinweis auf ein unveröffentlichtes Urteil v 11. 6. 1929, wonach eine rechtskräftige Festsetzung der Enteignungsentschädigung den Wert am maßgebenden Stichtag bindend festlegt. Diese zweite Auffassung verdient den Vorzug: Eine bloß schleichende Inflation kann zur Erhöhung einer rechtskräftig festgestellten Forderung nur unter den besonderen Voraussetzungen des § 242 geltend gemacht werden. Insofern ist die hM im Recht: Es gelten die Grundsätze der Geldsummenschuld (vgl auch Rn C 69). Das beruht aber nicht auf einer materiellrechtlichen Umwandlung der Verbindlichkeit, sondern auf einer prozessualen Präklusion der materiellrechtlichen Dynamisierungsfolgen.

ee) Die **Feststellung einer Forderung im Konkurs** nach den §§ 144 ff KO (§§ 178 ff **D 85**
InsO) und ihre Eintragung in die Konkurstabelle hat – ebenso wie die Rechtskraft
eines Feststellungsurteils nach den §§ 146 f KO (§§ 180 ff InsO) – dieselben Folgen
wie ein rechtskräftiges Zahlungsurteil (dazu Rn C 66). Die Forderung ist aus *verfah-*
rensrechtlichen Gründen auf einen Festbetrag fixiert. Die *Anmeldung* zur Konkurstabelle hat – wie die Zahlungsklage – diese Wirkung noch nicht, obgleich die
Forderung beziffert werden muß.

ff) Durch **Verwaltungsakt** kann die Geldwertschuld gleichfalls konkretisiert wer- **D 86**
den. So kann das Enteignungsrecht vorsehen, daß die Höhe der Enteignungsentschädigung durch administrativen Festsetzungsakt fixiert wird: Es gelten dann die für
die Festsetzung durch Urteil maßgebenden Grundsätze sinngemäß (BGHZ 14, 106,
110; 25, 225, 230; 40, 87, 89; 40, 312, 316; 44, 52, 54; BGB-RGRK/Kreft[12] Vorbem 98 zu § 839;
eingehend zur Verfestigung der Enteignungsentschädigung vMaydell, Geldschuld 336 ff, 339 ff).
In der Praxis führt dieser Vorgang dazu, daß die an sich auf den Zeitpunkt der
Zahlung zu berechnende Enteignungsentschädigung durch den Feststellungsbe-
scheid (Entschädigungsbeschluß) fixiert wird (BGB-RGRK/Kreft[12] Vorbem 98 zu § 839).
Bei dieser Festsetzung ist auf einen Zeitpunkt abzustellen, der dem Zeitpunkt der
wirklichen Zahlung möglichst nahe kommt (BGHZ 25, 225, 230; 44, 52, 54; BGH WM 1957,
692, 693; 1972, 795, 796; BGB-RGRK/Kreft[12] Vorbem 98 zu § 839). Eine nach dieser Fixierung der Geldwertschuld auf eine Geldsumme eintretende Geldentwertung kann nur
noch ausnahmsweise und grundsätzlich jedenfalls nicht mehr bei bloß schleichender
Inflation geltend gemacht werden (vMaydell, Geldschuld 340). Eine Erhöhung unter
den besonderen Voraussetzungen des § 242 scheint aber – wie bei Rn D 84 aE – nicht
ausgeschlossen.

gg) **Erfüllung** der Geldwertschuld (Rn C 37 ff) kann nur eintreten durch Zahlung des **D 87**
im Zeitpunkt der Erfüllung geschuldeten Betrages (§ 362 Abs 1). Die Unsicherheit
über diesen Betrag kann bei Geldwertschulden ein beträchtliches Maß an Rechtsunsicherheit mit sich bringen, denn unter Berufung auf eine unrichtige Berechnung
könnte teilweise Nichterfüllung geltend gemacht werden. Deshalb geht mit der
Erfüllung einer Geldwertschuld häufig eine ausdrückliche oder konkludente Fest-
stellungs- oder Vergleichsvereinbarung über die Höhe der Schuld einher, nicht selten
wird sogar eine ausdrückliche Ausgleichsquittung verlangt und erteilt („Abgeltung
aller Ansprüche"). Gleichzeitig mit dem Erlöschen tritt eine Fixierung der Geldwertschuld ein. Der Begriff der „Umwandlung" in eine Geldsummenschuld ist hier
besonders unglücklich. Scheinbar ist sogar die Rechtsnatur einer Geldschuld nach
ihrem Erlöschen ganz irrelevant, dies jedoch eben nur scheinbar, weil nämlich die
Geldschuld ihre Bedeutung als Rechtsgrund der Leistung behält. Erfüllungssurro-
gate haben dieselbe Wirkung. Zu den Voraussetzungen einer Aufrechnung vgl Rn C
59.

hh) Die **Abtretung** einer Geldwertforderung fixiert diese *nicht* ohne weiteres auf **D 88**
eine bestimmte Summe. Wird die ganze Forderung unter Nennung ihres Betrages
abgetreten, so dient dies nur der Bezeichnung der Forderung, nicht ohne weiteres
ihrer endgültigen Festlegung, selbst wenn der Schuldner der Abtretung zustimmt.
Eine summenmäßig begrenzte *Teilabtretung* beschränkt zwar die Abtretungswir-
kung, nicht aber wird die Forderung auf einen Nominalbetrag fixiert. Die unterschiedlichen Rechtsfolgen der Erfüllung und der Abtretung werfen beim **Zessionsre-**

greß Probleme auf. Unter den Zessionsregreß in diesem *weiten Sinn* fallen im wesentlichen drei Fallgruppen: erstens die Fälle, in denen der Gläubiger dem zahlenden Schuldner Ansprüche gegen einen Dritten *abzutreten* hat (zB nach den §§ 255, 281), zweitens die Fälle der *cessio legis* (zB gemäß den §§ 426 Abs 2, 1607 Abs 2, 1608 S 3, 1584 S 3, 1615 b BGB, 67 VVG, 116 SGB X, 4 LohnfortzG), drittens der Übergang kraft *Überleitungsanzeige* nach den §§ 90 BSHG, 37 BAföG. Rechtsdogmatische Erwägungen sprechen auf den ersten Blick für die Annahme, daß eine Geldwertschuld im Fall des Zessionsregresses als Geldwertschuld auf den Regreßberechtigten übergeht. Die Regreßtechnik des Zessionsregresses geht mit der Annahme einher, daß der auf den Regreßberechtigten übergehende Anspruch des Gläubigers gegen den Dritten nicht schon mit der Zahlung des Regreßberechtigten nach § 362 Abs 1 erlischt. Das dogmatische Spezifikum dieser Rechtstechnik besteht in der Konstruktion eines identitätswahrenden Übergangs des Anspruchs des Gläubigers gegen den Dritten auf den Regreßberechtigten. Der übergehende Anspruch bleibt Vertragsanspruch, Bereicherungsanspruch, Schadensersatzanspruch usw. Das scheint gegen eine Umwandlung durch Legalzession zu sprechen. Handelt es sich bei dem übergehenden Anspruch etwa um einen Schadensersatzanspruch (so vielfach bei den §§ 426 Abs 2 BGB, 67 VVG, 116 SGB X) oder um einen Unterhaltsanspruch (vgl die §§ 1607 Abs 2, 1608 S 3, 1584 S 3, 1615 b), so liegt die Folgerung nahe, daß der übergegangene Anspruch auch seinen Charakter als Geldwertanspruch behält. Das ist indes zu verneinen. Der Rückgriff – gleich welcher Rechtstechnik das Gesetz sich bedient – ist seiner wirtschaftlichen *Funktion* nach ein Sonderfall des Aufwendungsersatzes (Medicus, Bürgerliches Recht [16. Aufl 1993] Rn 905). Die auf den Regreßberechtigten übergehende Forderung behält zwar aus Gründen der Rechtskonstruktion (zB wegen der akzessorischen Sicherungsrechte) ihre Identität, aber sie erfährt eine Zweckänderung und ist, gleich dem Aufwendungsersatz, nur mehr Geldsummenforderung. Allerdings steht außer Zweifel, daß eine Anpassung etwa des übergegangenen Schadensersatzanspruchs, soweit im Zeitpunkt der Zahlung schon realisiert, auch dem Regreßberechtigten zugute kommt (BGHZ 19, 177, 178 f; 48, 181, 186; vMaydell, Geldschuld 329 f). Auch das Recht des Verletzten, wegen veränderter Verhältnisse eine Abänderung zu verlangen, geht im Zeitpunkt des Forderungsübergangs auf den Regreßberechtigten über, soweit dieses Recht von der Leistung des Regreßberechtigten erfaßt ist (BGH LM § 1542 RVO Nr 42; VersR 1970, 617; vMaydell, Geldschuld 330 Fn 1).

D 89   **b)**   Die **„Umwandlung" einer Geldsummenschuld in eine Geldwertschuld** kann – soweit währungsrechtlich zulässig (Rn D 241 ff) – durch *Wertsicherungsklausel* erfolgen. Eine solche Vertragsabrede, die den Forderungswert durch Loslösung von der fixen Summe konstant halten soll, stellt eine Geldwertschuld her (BGHZ 9, 56, 60; std Rspr). Eine *gesetzliche* „Umwandlung" gibt es dagegen, genau genommen, auch hier nicht (aM Eckstein 39, 44: Umwandlung mit Fälligkeit). Wohl allerdings kann es sein, daß das Geldentwertungsrisiko vom Gläubiger auf den Schuldner übergeht. Das ist wegen § 286 mit *Eintritt des Verzugs* der Fall (Rn D 344 ff). Um eine Umwandlung der Geldsummenforderung in eine Geldwertforderung handelt es sich jedoch nicht. Der Ersatzanspruch aus § 286 stellt keine Dynamisierung der Geldsummenforderung dar. Es liegt ein besonderer, vom Gläubiger darzulegender Anspruch vor (zur Darlegungslast und zur Darlegung prima facie vgl Rn D 344 ff).

III. Geldentwertung und Anpassung bei Geldsummenschulden

1. Grundbegriffe*

a) In Anlehnung an MÜGEL (Das gesamte Aufwertungsrecht [1925] 86) kann **Aufwer-** **D 90**
tung definiert werden als die unter Berücksichtigung der Veränderung des Geldwerts
ohne Einigung der Parteien eintretende Änderung des Inhalts einer Geldforderung.
Es muß sich dabei um eine *Geldsummenforderung* handeln (vgl RGZ 129, 134; 129, 216),
denn Geldwertforderungen sind bereits ihrem Inhalt nach dynamisiert und bedürfen
nicht der Aufwertung (vgl nur BGHZ 105, 243, 246 = NJW 1989, 289 sowie Rn D 78 ff). Das
RG sprach bei dieser Dynamisierung von einer automatischen „Umwertung" im
Gegensatz zur „Aufwertung" (vgl Rn D 43). Die von CHIOTELLIS (143 f) vertretene
Gegenauffassung, wonach Geldwertschulden und Geldsummenschulden einheit-

---

* **Schrifttum:** CHIOTELLIS, Rechtsfolgenbestimmung bei Geschäftsgrundlagenstörungen in Schuldverträgen (1981); DIESSELHORST, Die Geschäftsgrundlage in der neueren Rechtsentwicklung, in: Rechtswissenschaft und Rechtsentwicklung (1980) 153; EIDENMÜLLER, Neuverhandlungspflichten bei Wegfall der Geschäftsgrundlage, ZIP 1995, 1063; EMMERICH, Der sog. Wegfall der Geschäftsgrundlage, in: Athenäum-Zivilrecht I (1972) = Vahlens-Zivilrecht I (1974) § 17; ders, Das Recht der Leistungsstörungen (3. Aufl 1991) §§ 27 ff; ESSER/EIKE SCHMIDT, Schuldrecht I/2 (7. Aufl 1993) § 24; FECHT, Neuverhandlungspflichten zur Vertragsänderung (1988); FIKENTSCHER, Schuldrecht (8. Aufl 1992) § 27; ders, Die Geschäftsgrundlage als Frage des Vertragsrisikos (1971); FLUME, Das Rechtsgeschäft (3. Aufl 1983) § 26; ders, Rechtsgeschäft und Privatautonomie, in: FS DJT I (1960) 135; GOLTZ, Motivirrtum und Geschäftsgrundlage im Schuldvertrag (1973); HAARMANN, Wegfall der Geschäftsgrundlage bei Dauerrechtsverhältnissen (1979); HEDEMANN, Reichsgericht und Wirtschaftsrecht (1929) 161 ff, 184 ff, 245 ff; ders, Die Flucht in die Generalklauseln (1933); HERMANN, Vertragsanpassung, Jura 1988, 505; HORN, Neuverhandlungspflicht, AcP 181 (1981) 255; ders, Vertragsbindung unter veränderten Umständen, NJW 1985, 1118; HORN/FONTAINE/MASKOW/SCHMITTHOFF, Die Anpassung langfristiger Verträge (1984); KEGEL, Empfiehlt es sich, den Einfluß grundlegender Veränderungen des Wirtschaftslebens auf Verträge gesetzlich zu regeln und in welchem Sinn?, in: 40. DJT (1953) 135; KÖHLER, Unmöglichkeit und Geschäftsgrundlage bei Zweckstörungen im Schuldverhältnis (1971); KOLLHOSSER, Rechtsprobleme der Geldentwertung, JA 1983, 49; LANGE, Ausgangspunkte, Wege und Mittel zur Berücksichtigung der Geschäftsgrundlage, in: FS Gieseke (1958) 21; LARENZ, Allgemeiner Teil (7. Aufl 1989) § 20 III; ders, Geschäftsgrundlage und Vertragserfüllung (3. Aufl 1963); MEDICUS, Bürgerliches Recht (16. Aufl 1993) Rn 151 ff; NELLE, Neuverhandlungspflichten (1994); OERTMANN, Die Geschäftsgrundlage. Ein neuer Rechtsbegriff (1921); ROTHOEFT, System der Irrtumslehre als Methodenfrage der Rechtsvergleichung (1968); ders, Gegenwartkontrolle bei langfristigen Verträgen über Liegenschaften, NJW 1986, 2211; RÜTHERS, Die unbegrenzte Auslegung (1968) 13 ff, 68 ff; SCHIEFERSTEIN, Gesetzesänderung und Vertragsgrundlage (Diss Gießen 1970); PETER SCHLOSSER, Gestaltungsklagen und Gestaltungsurteile (1966); GÜNTER SIMON, Die Rechtsfolgen der gestörten Vertragsgrundlage (Diss Marburg 1969); THIERFELDT, Nochmals: Geldentwertung und Recht, NJW 1974, 1854; ULMER, Wirtschaftslenkung und Vertragserfüllung, AcP 174 (1974) 167; WIEACKER, Gemeinschaftlicher Irrtum der Vertragspartner und Clausula rebus sic stantibus, in: FS Wilburg (1965) 225; WINDSCHEID, Die Lehre des römischen Rechts von der Voraussetzung (1850); WINDSCHEID/KIPP, Lehrbuch des Pandektenrechts I (9. Aufl 1906; Neudruck 1963) §§ 97 ff; ERNST WOLF, Allgemeiner Teil des bürgerlichen Rechts (1973) 378 ff.

lichen Grundsätzen unterliegen sollen, verdient keine Gefolgschaft. Diese Auffassung versteht sich als Übernahme des gedanklich einheitlichen, in sich freilich sehr ausdifferenzierten Lösungsmodells von vMAYDELL. Voraussetzung dieses Lösungsmodells ist aber die Ablehnung der Rechtsfiguren Geldwertschuld und Geldsummenschuld (dazu Rn D 43). Erkennt man den Unterschied zwischen Geldwertschulden und Geldsummenschulden an, so muß man die Unterscheidung auch durchführen. Lehnt man den Unterschied ab, so ist das Institut der Geschäftsgrundlage, das nur im Rechtsgeschäftsbereich weiterhilft, als Basis der Vereinheitlichung fragwürdig. Die terminologische Unterscheidung zwischen der **Aufwertung** und der **Anpassung** ist zweifelhaft, weil die Anpassung von Verträgen, soweit sie hier zur Sprache kommt, idR nur in der Aufwertung einer Geldforderung bestehen kann. Der *Begriffsunterschied* besagt aber folgendes: Die *Anpassung* hat den Vertrag zum Gegenstand, sei es auch im Hinblick auf die Geldforderung; die Anpassung ist notwendig ein Problem der Geschäftsgrundlage. Die *Aufwertung* hat die Geldforderung als solche zum Gegenstand; sie *kann* im Wege der Vertragsanpassung zustande gebracht werden, muß aber nicht in jedem Fall auf diesem Wege zustande gebracht werden.

D 91 **b)** **Aufwertung, Anpassung und Geschäftsgrundlage** stehen damit in einem *Funktionszusammenhang*, sind aber weder Synonyma, noch treffen sie notwendig zusammen. Die Lehre von der Geschäftsgrundlage ist ein methodischer Ansatz, der zur Anpassung von Verträgen an geänderte wirtschaftliche Verhältnisse und auch zur Aufwertung von Geldforderungen führen kann. Sie ist aber weder der einzige Weg zur Aufwertung, noch besteht die Folge eines Fortfalls der Geschäftsgrundlage notwendig in der Aufwertung. Die *Dogmengeschichte und die Dogmatik der Lehre von der Geschäftsgrundlage* darzustellen, ist hier nicht der Ort. Es wird auf das allgemeine Schrifttum zum Schuldrecht verwiesen.* Im Rahmen der vorliegenden Untersuchung müssen folgende Hinweise genügen: Die *Dogmengeschichte* des Rechts der Geschäftsgrundlage findet sich dargestellt bei LARENZ, Geschäftsgrundlage 5 ff; KEGEL, in: 40. DJT I (1953) 139 ff; DIESSELHORST, in: Rechtswissenschaft und Rechtsentwicklung (1980) 153 ff. Das **Institut des Fortfalls der Geschäftsgrundlage** ist in der Literatur weithin anerkannt und durch eine ständige Rechtsprechung erhärtet, allerdings bis heute noch nicht unbestritten (vgl namentlich die Kritik von FLUME, Rechtsgeschäft § 26/2, 3; ders, in: FS DJT I [1960] 135 ff). Im Streit der Meinungen geht es nicht so sehr um die prinzipielle Notwendigkeit, daß das Recht auf unvorhergesehene Änderungen vertraglicher Prämissen reagieren muß; es geht im wesentlichen um drei miteinander zusammenhängende rechtsdogmatische und rechtspraktische Fragen: um den *dogmatischen Standort* des Problems zwischen Vertragsauslegung und Leistungsstörung *(Schlagwort*: wirtschaftliche Unmöglichkeit), um den *Gradmesser für die Erheblichkeitsprüfung (Schlagwort*: Vorrang des Erklärten oder des wirtschaftlich Bezweckten bei der Bindung an Rechtsgeschäfte?) und schließlich drittens um die *Rechtsfolgen (Schlagwort*: Vorrang des Lösungsrechts oder Vorrang der Vertragskorrektur?). Die unbestimmte Ansiedlung der Rechtsfolgen bei den §§ 157, 242 entspricht der Funktion des Rechtsinstituts. Insbesondere die Verweisung auf § 242

---

* ZB auf: STAUDINGER/JÜRGEN SCHMIDT (1995) § 242 Rn 942 ff; BGB-RGRK/ALFF[12] § 242 Rn 52 ff; MünchKommBGB/ROTH[3] § 242 Rn 496 ff; BEUTHIEN, Zweckerreichung und Zweckstörung im Schuldverhältnis (1969); BLOMEYER, Allgemeines Schuldrecht (4. Aufl 1969) § 27 II; BRAUN, Wegfall der Geschäftsgrundlage, JuS 1979, 692.

wird teils als seine entscheidende Schwäche betrachtet (FLUME, Rechtsgeschäft § 26/2, 3), teils geradezu als seine entscheidende Stärke, weil sie die Grenzen der Vertragsauslegung übersteigen hilft und die Einbeziehung von Parteihandlungen erlaubt, die nicht in die Vertragsgestaltung eingegangen sind (KÖHLER, Unmöglichkeit und Geschäftsgrundlage 162 f). Man muß zwischen der Rechtsfolgenermittlung selbst und der Legitimation dieser richterlichen Tätigkeit unterscheiden. Die hM gibt sich unnötige Blößen, wenn sie vorgibt, die Rechtsfolgen eines Fortfalls der Geschäftsgrundlage aus § 242 abzulesen. Die Bestimmung – dasselbe gilt für § 157 – ist hierfür ungeeignet. Beide Vorschriften können nicht mehr als ein positivrechtliches Indiz für die rechtliche Maßgeblichkeit der anzustellenden Wertungen, dh für die Vereinbarkeit des Instituts mit dem geltenden Recht, sein (eingehend LARENZ, Geschäftsgrundlage 156 ff, 184). Die Unbestimmtheit der Kriterien und Rechtsfolgen, insbesondere die innere Fragwürdigkeit jedes lösenden oder korrigierenden Eingriffs in wirksam geschlossene Verträge ist unleugbar, aber sie entspricht der Natur des Rechtsinstituts. Dieses beschränkt sich auf Sachverhalte, die einer subsumtionsfähigen Gesetzesregelung unzugänglich sind und doch der Regelung bedürfen (vgl rechtsvergleichend und rechtspolitisch das Gutachten von KEGEL in: 40. DJT I [1953] 139 ff, insbes 232 ff). Nur die Legitimation des Richteramts in Geschäftsgrundlagenfällen, nicht das im Einzelfall zu erzielende Ergebnis ist abstrakt regelbar. Nicht mehr und nicht weniger besagt der recht verstandene Hinweis auf § 242. Er darf deshalb nicht als Bankrotterklärung der Rechtsgeschäftslehre und des Rechts der Leistungsstörungen, sondern er muß als *Aufruf zur Methodenehrlichkeit* begriffen werden. Mit dieser Maßgabe wird hier der hM gefolgt (vgl deshalb über *Gerichtskompetenz und Rechtsanwendungsmethode* Rn D 95 f; zu den *Rechtsfolgen* eines Fortfalls der Geschäftsgrundlage vgl Rn D 123 ff). Die Lehre von der Geschäftsgrundlage ist als Instrument des privaten Geldrechts nicht zu entbehren.

c)   **Gesetzliche und „freie" Aufwertung** sind zu unterscheiden (vgl nur ERTL 44). Die **D 92** allgemeine Aufwertung von Geldforderungen bei Verfall einer Währung ist eine prinzipielle gesetzliche Aufgabe (insofern überzeugend BGH LM § 242 Nr 34 = NJW 1959, 2203; EMMERICH, in: Athenäum-Zivilrecht I [1972] = Vahlens-Zivilrecht I [1974] § 16 II 2 b; ders, Das Recht der Leistungsstörungen [3. Aufl 1991] § 28 III 3 c; eingehend NUSSBAUM, Das Geld 126 f; vMAYDELL, Geldschuld 116 mwNw). Regelungen dieser Art enthielten das *Aufwertungsgesetz* (Gesetz über die Aufwertung von Hypotheken und anderen Ansprüchen) v 16. 7. 1925 (RGBl I 117) und das *Gesetz* v 18. 7. 1930 *über die Fälligkeit und Verzinsung von Aufwertungshypotheken* (RGBl I 300). Beide Gesetze sind kommentiert von MÜGEL (Das gesamte Aufwertungsrecht [1925, 5. Aufl 1927]; Kommentar zu den neuen Aufwertungsgesetzen [1930]). Da es sich um eine spezifisch gesetzgeberische Aufgabe handelte, mit der die Gerichte überfordert seien, wurde teils sogar dem Gesetzgeber allein die Befugnis zur Forderungsaufwertung zugesprochen, und zwar nicht nur unter Bedingungen der schleichenden Inflation, sondern auch im Fall einer Hyperinflation wie im Jahr 1923 (EMMERICH, in: Vahlens-Zivilrecht aaO). Man wird indes unterscheiden müssen: Eine **generelle**, von der Würdigung des Einzelfalls nur noch beschränkt abhängige Aufwertung, auf die die Rechtsprechung des Reichsgerichts ab 1923 hinauslaufen mußte, wirft ernste Probleme der Gewaltenabgrenzung zwischen Rechtsprechung und Gesetzgebung auf (dazu auch sogleich Rn D 95). Gleichwohl muß die Rechtsprechung Folgerungen aus der Tatsache ziehen, daß Zahlung des Nennbetrags den Schuldner bei Hyperinflation nicht befreien kann; für eine Konsolidierung inter omnes hat dann der Gesetzgeber zu sorgen (so überzeugend FLUME, Rechtsgeschäft § 26/6 a). Der Rechtsprechungswandel von 1923 versteht sich als Reaktion auf ein Versagen des Gesetzgebers, die sodann durch die Aufwertungsgesetzgebung von 1925 (Rn A 55) sanktioniert und legitimiert wurde (ähnlich MünchKommBGB/ Roth³ § 242 Rn 503). Von dieser Breitenwirkung einer allgemeinen Forderungsaufwertung muß die **individuelle** Anpassung unterschieden werden. Sie ist etwas qualitativ anderes als eine generelle Aufwertung sämtlicher Geldforderungen. Zu individuellen Korrekturen ist nicht der Gesetzgeber, sondern nur die Gerichtsbarkeit in der Lage. Der Unterschied zwischen der generellen Forderungsaufwertung und der individuellen Anpassung von Forderungen zeigt sich nicht zuletzt darin, daß eine gesetzliche Aufwertung von Forderungen ihrerseits wieder Anpassungsprobleme im Verhältnis zu Dritten aufwerfen kann. So konnte die gesetzliche Aufwertung von Hypothekenforderungen Ausgleichsansprüche zugunsten von Grundstücksverkäufern auslösen, die die Ablösung auf den Kaufgrundstücken lastender Hypotheken zugesagt hatten (RGZ 112, 329; 119, 133; std Rspr; dazu auch Koller, Die Risikozurechnung bei Vertragsstörungen in Austauschverträgen [1979] 209 f Fn 5; Chiotellis 151). Ein Anpassungsmonopol des Gesetzgebers ist angesichts solcher Komplexität der Zusammenhänge schwerlich haltbar. **Generelle und individuelle Aufwertung** unterliegen hiernach unterschiedlichen Regeln. Die individuelle Aufwertung, selbst wenn sie eine Vielzahl von Fällen betrifft, kann nur Aufgabe der Parteien und der Rechtsprechung, die allgemeine Aufwertung grundsätzlich nur Aufgabe der Gesetzgebung sein. Nicht von ungefähr hat sich das Reichsgericht selbst in der Inflationsrechtsprechung ab 1923 noch bemüht, dem in Wahrheit generellen Problem individuelle Züge abzugewinnen. Soweit dann in den 30er Jahren und jüngst wieder in den Überlegungen zur Schuldrechtsreform Versuche unternommen wurden, die individuelle Anpassung von Verträgen wegen Störungen der Geschäftsgrundlage gesetzlich niederzulegen (Nachweise bei Staudinger/Jürgen Schmidt [1995] § 242 Rn 979 ff), handelte es sich nur um Versuche, das bereits richterlich praktizierte Rechtsinstitut auszuformulieren.

D 93 d) Einen **Sonderfall der individuellen Aufwertung**, die hiernach nicht von einer ausdrücklichen gesetzlichen Zulassung abhängig gewesen wäre, regelt § 32 **Abs 2 DMBilG** (Fortsetzung und Anpassung von Altverträgen von Unternehmen der früheren DDR):

„Führt die Umrechnung von vor dem 1. Juli 1990 begründeten Forderungen und Verbindlichkeiten aus schwebenden Verträgen, insbesondere aus Dauerschuldverhältnissen dazu, daß das ursprüngliche Gleichgewicht von Leistung und Gegenleistung erheblich verschoben wird und droht dadurch einem Vertragspartner oder beiden Vertragspartnern ein nicht zumutbarer Nachteil, so kann jeder Vertragspartner verlangen, daß der andere Vertragspartner seine Leistung nach billigem Ermessen neu festsetzt. Die getroffene Bestimmung ist für den benachteiligten Vertragspartner nur verbindlich, wenn sie der Billigkeit entspricht. Entspricht sie nicht der Billigkeit, so wird die Bestimmung durch Urteil getroffen; das gleiche gilt, wenn die Bestimmung verzögert wird."

Innerhalb des bilanzrechtlichen Gesetzes (dazu Rn A 62) stellt § 32 Abs 2 DMBilG einen schuldrechtlichen Fremdkörper dar und ist entsprechend auszulegen (BGHZ 122, 32, 40 f = JZ 1993, 1057, 1059 m Anm Schulze-Osterloh = NJW 1993, 1387, 1389; Horn, Das Zivil- und Wirtschaftsrecht im neuen Bundesgebiet [2. Aufl 1993] § 8 Rn 12). Die Vorschrift ist mit den Bestimmungen über generelle Anpassungen (Rn D 92) nicht gleichzustellen. Sie ist als authentische Klarstellung der Geschäftsgrundlage und als eine

Regelung über den Vollzug der Anpassung zu handhaben. Auf vertragliche Schuldverhältnisse, die vor dem 1. 7. 1990 (Wirtschafts- und Währungsunion) in der DDR entstanden waren, können die Grundsätze über den Fortfall der Geschäftsgrundlage anwendbar sein (BGHZ 120, 10 = NJW 1993, 259; Horn Rn 14; ders AcP 194 [1994] 200 ff). Soweit § 32 Abs 2 DMBilG eingreift, hat diese Bestimmung als Spezialvorschrift über die Geschäftsgrundlage **Vorrang vor § 242** (Horn Rn 14; MünchKommBGB/Roth[3] § 242 Rn 507), aber Nachrang nach den unter früheren volkseigenen Betrieben zT noch anwendbaren §§ 78, 79 des Vertragsgesetzes der DDR von 1982 (BGH WM 1995, 72). Unter schwebenden Verträgen versteht das Gesetz solche, die noch nicht von beiden Seiten erfüllt sind (BGHZ 122, 32 = JZ 1993, 1057 m Anm Schulze-Osterloh = NJW 1993, 1387; BGH WM 1994, 1171, 1172; Horn Rn 14). Die engere, am Bilanzrecht ausgerichtete Auslegung, wonach schon die Vorleistung einer Seite die im Gesetz vorausgesetzte Schwebelage beende, ist vom BGH ausdrücklich abgelehnt worden (BGHZ 122, 32, 40 = JZ 1993, 1057, 1058 m Anm Schulze-Osterloh = NJW 1993, 1387, 1389). Eine Anpassung nach § 32 Abs 2 DMBilG kann nur verlangt werden, wenn der dem einen Vertragspartner entstandene oder drohende Nachteil unmittelbar auf die Währungsumstellung zurückzuführen ist (BGHZ 120, 10 = NJW 1993, 259). Die maßgebliche Äquivalenzstörung wird in der Bestimmung dahin beschrieben, daß durch die Währungsumstellung das ursprüngliche wirtschaftliche Gleichgewicht von Leistung und Gegenleistung erheblich verschoben wird und dadurch mindestens einem Vertragspartner ein unzumutbarer Nachteil droht. Für die im Gesetz vorausgesetzte **Äquivalenz** ist es unerheblich, ob die Sachleistung schon vor dem Stichtag der Währungsumstellung erbracht war (BGHZ 122, 32, 41 = JZ 1993, 1057, 1059 m Anm Schulze-Osterloh = NJW 1993, 1387, 1389 gegen VorinstanzBezG, Dresden DtZ 1992, 154 = ZIP 1992, 648; bestätigt durch BGH WM 1994, 1173, 1174). Erfaßt sind diejenigen Äquivalenzstörungen, die durch die Anwendung der Umrechnungskurse im Staatsvertrag über die Währungs-, Wirtschafts- und Sozialunion vom 18. 5. 1990 nur auf die Geldforderungen/Geldverbindlichkeiten und nicht auf die gegenüberstehenden Naturalleistungen hervorgerufen wurden, die bei Vertragsschluß noch nicht unter Marktbedingungen kalkuliert, sondern durch DDR-Preisbildungsvorschriften bewertet worden waren (BGH WM 1994, 1173, 1174). Wer am 1. 7. 1990 bereits vorgeleistet hatte, kann die Anpassung nicht verlangen (BGHZ 127, 212, 216 = NJW 1995, 47, 48). Ebenso scheidet die Anwendung von § 32 Abs 2 DMBilG aus, wenn sich der Schuldner durch Nichterfüllung von Verbindlichkeiten selbst in die zur Äquivalenzstörung führende Lage gebracht hatte (KG DtZ 1995, 30). Der **Anpassungsmechanismus** ist in § 32 Abs 2 DMBilG dahin beschrieben, daß jeder Vertragspartner vom anderen Neufestsetzung verlangen und bei verzögerter oder unbilliger Neufestsetzung eine richterliche Anpassung beantragt werden kann. Die an den §§ 315, 316 orientierte Regelung hat indes nicht zur Folge, daß die Klage in erster Linie auf Abgabe einer Willenserklärung zu richten wäre. Vielmehr ist wie bei den §§ 315, 316 die gerichtliche Festsetzung eines der Billigkeit entsprechenden Leistungsumfangs auch im Rahmen einer Zahlungsklage möglich (BGHZ 122, 32, 44 = JZ 1993, 1057, 1060 m Anm Schulze-Osterloh = NJW 1993, 1387, 1390). Der Gläubiger, der das Leistungsbestimmungsrecht nach § 32 DMBilG für sich in Anspruch nimmt, muß darlegen und beweisen, daß die von ihm getroffene Bestimmung der Billigkeit entspricht (so für § 32 Abs 1 BGH Betrieb 1995, 1760 = DtZ 1995, 334). § 32 Abs 1 DMBilG betrifft im Gegensatz zu Abs 2 nicht die Anpassung von Geldforderungen, die auf DM umgestellt sind, sondern die erstmalige Bestimmung der Leistung, wenn nicht bis zum 30. 6. 1990 eine Preisfestsetzung stattgefunden hat

(BGH WM 1994, 1171, 1172; Betrieb 1995, 1760). Die Bedeutung der Vorschrift wird in der 2. Hälfte der 90er Jahre zurückgehen.

D 94 **e)** **Wirtschaftsklauseln bei langfristigen Verträgen.** Unter Wirtschaftsklauseln sind Anpassungsregelungen zu verstehen, die die Anpassung von Verträgen und den Anpassungsmechanismus konkretisieren sollen (STAUDINGER/JÜRGEN SCHMIDT [1995] § 242 Rn 1066 ff; BAUR, Vertragliche Anpassungsregelungen [1983] passim; HARMS Betrieb 1983, 322; HORN NJW 1985, 1118; NELLE 250 ff; NICKLISCH, Der komplexe Langzeitvertrag [1987]; ROT-HOEFT NJW 1986, 2214). Sie können auf eine fortlaufende Anpassung hinauslaufen (Gleitklauseln), eine nachträgliche Abänderung unter qualifizierten Bedingungen regeln (Leistungsbestimmungsvorbehalte) oder Neuverhandlungspflichten begründen (Neuverhandlungsklauseln). Das Schwergewicht der Wirtschaftsklauseln liegt im praktischen Rechtsleben nicht bei der Anpassung an den Geldwert (über Wertsicherungsklauseln vgl Rn 162 ff). Es kann sich aber auch bei Wirtschaftsklauseln um Anpassungsklauseln handeln (BAUR 46 ff, 72 ff). Das Vorhandensein einer Wirtschaftsklausel schließt einen Rückgriff auf das allgemeine Rechtsinstitut der Geschäftsgrundlage nicht ohne weiteres aus, jedoch müssen die besonderen Voraussetzungen einer in der Klausel nicht vorgesehenen Anpassung nach § 242 in diesem Fall im Lichte der vorhandenen Wirtschaftsklausel geprüft werden. Nicht selten beschreiben Wirtschaftsklauseln verbindlich, inwieweit dem Gedanken der Geschäftsgrundlage Rechnung getragen werden darf. Über negative Anpassungsklauseln (Risikoübernahme) vgl STAUDINGER/JÜRGEN SCHMIDT (1995) § 242 Rn 174.

2.   Gerichtskompetenz und Rechtsanwendungsmethode

D 95 **a)**   Die **Grundsatzfrage**, ob der Richter zur Anpassung und Aufwertung befugt ist, wird von der ganz hM bejaht. Es liegt ein Legitimationsproblem richterlicher Entscheidungsmacht und damit ein Problem einerseits der Privatautonomie und andererseits der Gewaltenteilung vor (vgl auch Rn D 92). Die auf individuelle Komponenten und insbesondere auf § 242 gestützte RG-Praxis zur Hyperinflation wird zwar bisweilen in ihrer *Begründung* angezweifelt (zB LEONHARD, Allg Schuldrecht 119 ff; ESSER/EIKE SCHMIDT I/1 § 13 II 2 a; vMAYDELL, Geldschuld 118; HEDEMANN, Reichsgericht und Wirtschaftsrecht [1929] 269 ff). Dagegen wird die prinzipielle *Möglichkeit* richterlicher Aufwertung anerkannt. Soweit sie nicht – wie durch das „Mark-gleich-Mark-Gesetz" von 1947 (Rn D 36) – durch den Gesetzgeber untersagt ist, wird die Aufwertungsrechtsprechung im Grundsatz gebilligt (vgl nur LARENZ I § 10 II d, § 12 VII; ders, Geschäftsgrundlage 82 ff; ECKSTEIN 101; FÖGEN 141 f; CHIOTELLIS 142 ff; F A MANN, Legal Aspect 110 ff; BGB-RGRK/ALFF[12] § 242 Rn 75; MünchKommBGB/ROTH[3] § 242 Rn 593 ff; alle mwNw; besonders eingehend OERTMANN, Die Aufwertungsfrage bei Geldforderungen, Hypotheken und Anleihen [1924] passim). JAHR, der den Grund für den Nominalismus in der Gleichbehandlung von Geldeigentum und Geldforderung erblickt, muß den Grund für die Aufwertung von Forderungen in einem Unterschied zwischen Geldeigentum und Geldforderung sehen: darin, daß der Geldforderung – anders als beim Geldeigentum – ein Schuldner gegenübersteht, der von der Entwertung einseitig profitieren könnte (JAHR, in: Jahresgutachten [1966] 201). Das zB noch von HECK gegen jede Aufwertung ins Feld geführte Nominalwertprinzip (AcP 122 [1924] 214 f) darf nicht zu undifferenzierten Schlüssen verleiten (vgl zu seinem unterschiedlichen Bedeutungsgehalt Rn D 22 ff). Es wird durch § 242 begrenzt und vermag nicht selbst eine unübersteigbare Grenze vor sich aufzurichten. Einwände gegen die Kompetenz des Richters zur

Anpassung von Geldforderungen werden allerdings auch deshalb erhoben, weil Gerichte *Einzelfallentscheidungen inter partes* fällen und einen Aufwertungsgesetzgeber nicht ersetzen können (in dieser Richtung zB NUSSBAUM, Das Geld 126 ff; TITZE, Schuldverhältnisse [4. Aufl 1932; Nachdruck 1948] 29; EMMERICH, in: Athenäum-Zivilrecht I [1972] = Vahlens-Zivilrecht I [1974] § 17 II 2 b; HECK AcP 122 [1924] 203 ff; GRAU AcP 122 [1924] 318 ff). Dieser Einwand ist nach den Ausführungen bei Rn D 92 ernst zu nehmen, kann aber letztlich zurückgewiesen werden: Solange die Gerichte um **Einzelfallgerechtigkeit** bemüht sind, versetzen sie sich nicht in die Rolle des Gesetzgebers. Die Nachteile der nur inter partes wirkenden Entscheidung gehen mit dieser Einzelfallgerechtigkeit Hand in Hand, so daß es bei der bei Rn D 92, D 93 getroffenen Feststellung bleiben kann, daß die *individuelle Aufwertung* einzelner Klagforderungen und die *generelle Aufwertung* von Geldforderungen schlechthin von unterschiedlicher Qualität sind (vgl aber zB REDEKER und PFLEIDERER, in: 50. DJT [1974] II N 35). Erst in der **Hyperinflation** kann man mit NUSSBAUM (Das Geld 126) und PFLEIDERER (aaO) sagen, eine individualisierende Rechtsprechung wäre das Chaos, weil es das Volk dann „mit zehntausend Gesetzgebern" zu tun habe. Genau hier wurde auch von individuellen Merkmalen mehr und mehr abgesehen (Rn D 107). Die Rechtsprechung zur Reichsmark-Hyperinflation beruhte auf einem Ausnahmesachverhalt und auf einem Versagen des Gesetzgebers (LARENZ I § 10 II d). Das ernste Problem der Aufwertungsrechtsprechung in der Hyperinflation ist, daß sie einen Funktionsverlust des Geldes voraussetzt, diesen Funktionsverlust aber tatsächlich erst vollendet (vgl auch NUSSBAUM, Das Geld 127). Nicht zuletzt hieraus erklärt sich die Zerrissenheit der Inflationsrechtsprechung, die zwischen individuellen und überindividuellen Maßstäben schwankt. Grundsätzliche Bedenken gegen die Befugnis zu richterlicher Anpassung von Geldsummenschulden lassen sich daraus nicht ableiten. Sehr viel formalerer Art sind die von ERNST WOLF erhobenen Bedenken (Schuldrecht 1 § 4 D II 1): Das Gericht könne eine Geldschuld nur mit dem Inhalt erkennen, den sie habe, nicht könne es ihr einen anderen Inhalt verleihen; Geldwertänderungen, und seien sie noch so einschneidend, könnten nur von den Vertragsparteien und vom Gesetzgeber berücksichtigt werden, nicht dagegen vom Gericht; es gebe keine ergänzende Vertragsauslegung, keine Geschäftsgrundlage und keine Unzumutbarkeit als Grundlage einer Korrektur von Geldschulden. Als Warnung vor Richterwillkür ist diese Mahnung ernst zu nehmen. In ihrer dogmatischen Grundsätzlichkeit muß ihr jedoch widersprochen werden. ERNST WOLFS Auffassung hebt in Wahrheit die Bindung des Richters an Gesetz und Recht (Art 20 Abs 3 GG) auf, während sie gleichzeitig vorgibt, mit dieser Bindung Ernst zu machen. Weder das Gesetz noch ein Vertrag kann den Richter zu Entscheidungen zwingen, die der materialen Gerechtigkeit zuwiderlaufen. Das Problem liegt nicht in der grundsätzlichen Möglichkeit, sondern in den Grenzen der Gerichtskompetenz zur Forderungsaufwertung.

b)   Die **Methodenfrage** der Anpassungs- und Aufwertungsrechtsprechung ist bis **D 96** heute umstritten. Weitgehend einig ist man darin, daß es sich um ein *Rechtsproblem* handelt (vgl nur RGZ 108, 379, 381) und daß dieses bei dem Grundsatz von Treu und Glauben (§§ 157, 242) angesiedelt werden muß. *Ökonomische Theorie* kann der Rechtsprechung die Wertungen und Ergebnisse nach bisherigem Stand nicht vorgeben (charakteristisch RGZ 110, 371, 373 f). Anderes ergibt sich erwartungsgemäß auch nicht aus den interdisziplinären Überlegungen von vMAYDELL und GÜNTER, in: Sozialwissenschaften im Studium des Rechts I (1977) 31 ff, 41 ff. Ganz überwiegend wird der Fragenkreis als ein **Problem der Geschäftsgrundlage** angesehen, gleichzeitig aber als eine *Einschränkung des Nennwertprinzips* (vgl RGZ 107, 78, 88; 126, 294, 297 f). Angesichts der schillernden Bedeutung des Nominalismusbegriffs (Rn D 21 f) ist dies kein Widerspruch. Von grundsätzlicher Bedeutung ist aber die Frage, ob die Aufwertung von Vertragsschulden eine *Vertragskorrektur* ist (so die hM) oder ob sie dazu dient, die Vertragsregelung zur Geltung zu bringen (so FLUME, Rechtsgeschäft § 26/6 a). FLUME, der in der nominellen Anpassung nur eine Konsequenz der privatautonomen Regelung und im „Mark-gleich-Mark-Gesetz" (Rn D 36) eine Aufhebung der Privatautonomie erblickt, meint, daß die hM den Sitz des Problems verkennt und den Geldgläubiger zu Unrecht in die Verteidigung drängt, während es in Wahrheit der Geldschuldner sei, der bei Festhalten am Nominalbetrag vertragswidrig handle. Der hM ist demgegenüber zu folgen. Das Nennwertprinzip bestimmt die Akzentsetzung, so daß das Festhalten am Nennwert als die Regel, die Berücksichtigung von Verschiebungen in der Leistungsäquivalenz dagegen als die Ausnahme erscheinen muß. Richtig ist allerdings, daß bei Geldschulden aus Verträgen in erster Linie der Parteiwille, hilfsweise der mutmaßliche Parteiwille, verwirklicht werden muß. Für diese Geldschulden trifft die Beobachtung von CHIOTELLIS (24 f) zu, wonach der Fall der Geschäftsgrundlagenstörung als eine „Lücke doppelter Natur" angesehen werden kann: als Fall der Lücke im Vertrag und im Gesetz.

D 97 **Ergänzende Vertragsauslegung** hat deshalb Vorrang vor der Vertragskorrektur (dazu FLUME, Rechtsgeschäft § 16/4, § 26; LARENZ, Allgemeiner Teil § 29 I; ders, Geschäftsgrundlage 159 f in Auseinandersetzung mit OERTMANN; MEDICUS, in: FS Flume I [1978] 629 ff; CHIOTELLIS 59 f; abl ERNST WOLF, Allgemeiner Teil [1973] § 9 A II c 3). Sie wird aber – auch wegen § 3 WährG – in den bei der Aufwertungsdiskussion in Frage stehenden Fällen nur ausnahmsweise in Betracht kommen (ganz ähnlich schon die – seinerzeit aber normativ noch nicht abgesicherten – Einwände von HECK AcP 122 [1924] 214 f). Da idR der Rückgriff auf den Parteiwillen nicht weiterhilft, müssen die Voraussetzungen richterlicher Aufwertung regelmäßig im objektiven Recht gesucht werden. Denn die an den Vertrag herangetragenen Wertungen entstammen in Wahrheit nicht der autonomen Vereinbarung unter den Parteien, sondern es sind heteronome Wertungen, die eine ex post als angemessen empfundene Risikoordnung ermöglichen sollen (vgl KOLLER, Risikozurechnung bei Vertragsstörungen in Austauschverträgen [1979] 36 f; noch weitergehend jetzt CHIOTELLIS 27 f, 31 f). Die *Besinnung auf die objektivrechtlichen Grundlagen der Aufwertungsrechtsprechung* ist deshalb von großer Bedeutung, weil sie allein den Blick dafür frei macht, daß „freie Aufwertung" als allgemeines Geldschuldproblem zwar typischerweise, aber nicht begriffsnotwendig eine Frage der Auslegung und Umgestaltung von Schuldverträgen ist. *Regelungslücken und Geschäftsgrundlagenstörungen in Verträgen sind anerkannte Anwendungsfälle der „freien Aufwertung"; daß sich die „freie Aufwertung" auf diese Fälle beschränken müßte, steht damit nicht fest* (vgl auch Rn D 143).

D 98 Die **Methode der sog Aufwertungsrechtsprechung** ist gekennzeichnet durch Verstrickung in den Grenzen des Nominalismus und der Gerichtskompetenz, auch in den Grenzen hergebrachter Rechtsfiguren, und durch die unausweichliche Überschreitung dieser Grenzen. Das anfängliche Festhalten an, bisweilen hergeholten, Rechtsfiguren ist Ausdruck eines richterlichen Legitimationsdilemmas (vgl zur Entwicklung der Rechtsprechung auf die Geschäftsgrundlagenlehre hin auch den Überblick bei ENNECCERUS/ LEHMANN § 41 II). Charakteristisch sind etwa folgende Einordnungen des Problems: Geldentwertung als *Fall der wirtschaftlichen Unmöglichkeit* (vgl RGZ 100, 129, 131 f;

101, 74, 75 f; 102, 272, 273); Geldentwertung als Problem der gemeinrechtlichen *clausula rebus sic stantibus* (RGZ 100, 129, 130; 100, 134, 136; 106, 233, 235 und öfter); Geldentwertung als Problem der *Äquivalenz der Leistungen* im Synallagma (RGZ 103, 177, 179; 107, 149, 150 und öfter; dazu auch Rn D 99); Geldentwertung als Anwendungsfall von OERTMANNS Lehre von der *Geschäftsgrundlage* (RGZ 103, 328, 332; 106, 7, 9 f und öfter im Nachgang nach OERTMANN, Die Geschäftsgrundlage [1921]; oft kombiniert mit der clausula-Formel, zB RGZ 107, 124). Es wurde sogar das für diese Fälle gewiß nicht geschaffene *Kondiktionsrecht bemüht* und gefragt, ob nicht der Schuldner – in einem in Wahrheit ganz untechnischen Sinne – im Fall der Zahlung zum Nennwert rechtsgrundlos bereichert sei (vgl RGZ 109, 222, 224 f; 110, 40, 41). Die dogmatische Standortlosigkeit dieser Rechtsprechung ist mit der historischen Ausnahmesituation zu erklären und sollte auf sie beschränkt bleiben. Der Sache nach handelte es sich um einen *Prozeß der Rechtsneubildung* (richtig CHIOTELLIS 146). Heute erlaubt der historische Abstand eine behutsamere Einordnung der Probleme. Die Methodenfrage muß zwischen den Bedingungen der Hyperinflation (vgl sogleich Rn D 99) und den Bedingungen der anhaltend „schleichenden" Inflation (Rn D 100) unterscheiden.

aa) Die **Aufwertung unter den Bedingungen der Hyperinflation** war in Wahrheit ein **D 99** breit angelegtes, vom Regiment des Einzelfalls weitgehend losgelöstes Problem, mußte aber nach dem bei Rn D 92 f Gesagten von der Rechtsprechung wie ein Einzelfallproblem angegangen werden. Das RG hat deshalb das nominalistische Prinzip nicht einfach zugunsten des Valorismus preisgegeben, sondern – nicht zuletzt unter dem Eindruck von OERTMANNS Lehre von der Geschäftsgrundlage – vorwiegend auf Äquivalenzstörungen bei gegenseitigen Verträgen abgestellt. Aus diesem Grund ist diese Rechtsprechung zwar nicht hinsichtlich der tatsächlichen Ausgangslage (Hyperinflation) und damit auch nicht hinsichtlich ihrer praktischen Ergebnisse (weitgehende Auflösung von Rechtsverhältnissen und breit angelegte Anpassung nahezu aller Geldschulden), wohl aber hinsichtlich der Methode *auch in Zeiten der schleichenden Inflation* von Interesse. Ausgangspunkt ist der *Gedanke der Äquivalenzstörung* (zB RGZ 103, 177; 103, 328; 106, 7, 9; 106, 422, 424; 107, 19, 22; 107, 183; 108, 379; 109, 28; std Rspr; PALANDT/HEINRICHS[56] § 242 Rn 135; MEDICUS, Bürgerliches Recht [17. Aufl 1996] Rn 161; CHIOTELLIS 141 ff; vMAYDELL, Geldschuld 116 ff). Dies beruht darauf, daß die meisten Reichsgerichtsfälle gegenseitige Verpflichtungen bei Austauschverträgen betrafen und daß hier der Äquivalenzgedanke zum Tragen kommt (Kauf: RGZ 106, 422; 107, 124, 126; 108, 379; 109, 158 ua; Kauf mit teilweiser Übernahme von Hypotheken: RGZ 107, 183; Miete: RGZ 106, 7, 9 ua; Sachversicherung: RGZ 108, 173). Die RG-Praxis ist hierbei jedoch nicht stehengeblieben. Schon beim Vorhandensein beiderseitiger Vertragsleistungen *knüpft die RG-Praxis nicht an den Rechtsbegriff des Synallagmas an*, sondern es genügt eine *wirtschaftliche Äquivalenzbeziehung*. So hat das Gericht auch rückständige Gesellschaftereinlagen aufgewertet (RGZ 119, 220; 122, 339; 124, 264, 270; vgl allerdings RGZ 119, 170). Der Aufwertung unterlagen auch Abfindungsansprüche (RGZ 109, 41; 122, 28; s aber RGZ 127, 141) sowie das Auseinandersetzungsguthaben des stillen Gesellschafters (RGZ 122, 200). Auflagen bei Schenkungsverträgen und bei letztwilligen Zuwendungen müssen in einem angemessenen Verhältnis zu dem dem Verpflichteten zugewendeten Kapital stehen (RGZ 120, 237). Der im Testament festgesetzte Übernahmepreis bei der Auseinandersetzung kann gleichfalls aufgewertet werden (RGZ 108, 83). Aber die alleinige Maßgeblichkeit des Gedankens der Äquivalenz von Leistung und Gegenleistung unterliegt auch generellen Zweifeln. Das vielzitierte RG-Urteil vom 28. 11. 1923 (RGZ 107, 78) stellt entgegen verbreiteter Ansicht nicht

die erstmalige Anerkennung der Inflationsfolgen dar, sondern die Ausdehnung der
Aufwertungsrechtsprechung über den Bereich gegenseitiger Verträge hinaus (darüber, daß auch die Darlehensforderung am Äquivalenzgedanken gemessen werden kann, vgl
allerdings Rn D 103). Bei RGZ 107, 148 f werden die Grundgedanken der Rechtsprechung auf Ansprüche aus Geschäftsführung ohne Auftrag (?) ausdrücklich ausgedehnt, weil die Geldentwertung „bei Vertragsverhältnissen (?) der vorliegenden Art
ebenso zu berücksichtigen ist wie bei zweiseitigen Verträgen". RGZ 107, 180 unterwirft die Rücktrittsforderung, RGZ 108, 279 den Anspruch aus der Wandlung der
Aufwertung. Für Bereicherungsansprüche vgl RGZ 108, 120. Bei RGZ 108, 110 geht
es um den Rückforderungsanspruch eines Versicherungsunternehmens, bei RGZ
116, 5, 8 um den Pflichtteil. Alles in allem *erscheint die Äquivalenz von Leistung und
Gegenleistung zwar als ein maßgebendes, nicht aber als das allein maßgebende Auf-
wertungskriterium in der RG-Rechtsprechung.* Der Sache nach – nicht nach den
Entscheidungsgründen – war damit ein Stand erreicht, der es erlaubte, primär auf
das objektive Maß der Geldentwertung abzustellen und nur noch zur Kontrolle sekundär zu prüfen, ob diese Entwertung auch unter den Parteien des Rechtsstreits als
erheblich anzusehen war. Das konnte in Einzelfällen verneint werden, zB bei Risi-
kogeschäften (RGZ 94, 45, 47; 101, 75, 77). Die Lehre von der Geschäftsgrundlage
wurde zwar noch als willkommenes Vehikel für den Eingriff in Verträge eingesetzt,
doch ging es im Kern um Veränderungen, die bereits über die Anpassung von Verträgen wegen Geldwertschwunds hinausgingen: um den *Funktionsverlust des Geldes*
(vgl zur Hyperinflation Rn D 18). Die Bewältigung dieses Problems ließ die Rechtsprechung zu Mitteln greifen, die teilweise über die Normalfolgen gestörter Geschäftsgrundlage hinausgingen.

D 100   bb) Die **Anpassung unter den Bedingungen der schleichenden Inflation** erfolgt nach
bisheriger Praxis nur nach den Grundsätzen des Fortfalls der Geschäftsgrundlage
und hier unter dem Aspekt der *Äquivalenz von Leistung und Gegenleistung* (vgl zB
BGH NJW-RR 1994, 1433, 1434). In der Rechtsprechung tritt immer wieder der Gedanke
in Erscheinung, daß es ohne gegenseitige Leistungspflichten keine Äquivalenzstörung gebe (vgl nur BGH NJW-RR 1993, 271, 272). Selbst wenn man die Anpassung von
Geldforderungen auf Geschäftsgrundlagenfälle beschränkt, bedarf es doch auch
unter den Bedingungen der schleichenden Inflation mindestens folgender Korrekturen: Rückgewährschuldverhältnisse müssen ebenso erfaßt werden wie Primärpflich-
ten aus Verträgen (es bedarf dazu nicht eines dogmatischen Bekenntnisses zur
Rechtsfigur des „faktischen Synallagmas"); der Äquivalenzmaßstab darf nicht auf
den Vergleich von Leistung und Gegenleistung beschränkt sein (vgl namentlich BETTER-
MANN RdA 1975, 8). Es liegt auf der Hand, daß zB ein zinslos gegebenes Darlehen mit
gleichem Recht dem Währungsverfall angepaßt werden muß wie ein verzinsliches
Darlehen (vgl auch Rn D 103). Die Ausgewogenheit synallagmatischer Leistungen ist
einer unter mehreren, nicht aber der einzige Anwendungsfall des Äquivalenzprin-
zips. Denn es geht – insofern ist die bei Rn D 99 analysierte RG-Rechtsprechung von
bleibendem Wert – um eine *wirtschaftliche Äquivalenzbeziehung*, nicht bloß um
Äquivalenz im Synallagma. Der von der Aufwertung umfaßte Kreis von Geldforde-
rungen beschränkt sich also nicht notwendig auf Forderungen aus gegenseitigen
Verträgen. Allerdings sind die Kriterien der Äquivalenzstörung bei gegenseitigen
Verträgen am einfachsten feststellbar (s auch CHIOTELLIS 176 ff). Die Anwendung von
Aufwertungsgrundsätzen auf nichtvertragliche Forderungen ist bei schleichender
Inflation grundsätzlich nicht gerechtfertigt (Rn D 102, D 143).

c) Die in Betracht kommenden Forderungen sind unter verschiedenen Gesichts- **D 101** punkten abzugrenzen. Prinzipiell kann jede Geldsummenschuld den hier zu besprechenden Grundsätzen unterliegen.

aa) Aufwertungsfähige Forderungen müssen nicht Geldforderungen *aus Verträgen* **D 102** sein. Auch Ansprüche *aus Gesetz* können der Aufwertung unterliegen. Zweifelsfrei ist dies für den Fall einer gesetzlichen Aufwertung. Die „freie Aufwertung" nach § 242 macht bei gesetzlichen Ansprüchen Schwierigkeiten, soweit nur der Fortfall der Geschäftsgrundlage in Betracht gezogen wird (dazu Rn D 91, D 99). Soweit Schuldverträge vorliegen, orientiert sich die Rechtsprechung naturgemäß an diesen schuldrechtlichen Verträgen (vgl zum Erbbauzins BGHZ 96, 371, 376 = NJW 1986, 1333; 97, 171, 177 = NJW 1986, 1333; 111, 214, 215 = NJW 1990, 2620, 2621). BRAUN (JuS 1979, 692 mit Fn 3) führt die übliche Begrenzung der Anpassung auf rechtsgeschäftliche Verbindlichkeiten darauf zurück, daß das von WINDSCHEID herrührende Willensdogma in der Lehre von der Geschäftsgrundlage nicht überwunden wurde. Aber selbst unter der Herrschaft dieses Willensdogmas konnte die Rechtsprechung nicht bei vertraglichen Erfüllungsansprüchen stehenbleiben. Jedenfalls *Rückgewährschuldverhältnisse* nach den §§ 346, 467 und Leistungskondiktionsansprüche aus § 812 sind Erfüllungsansprüchen im Hinblick auf das Äquivalenzverhältnis in der Rechtsprechung zur Hyperinflation gleichgestellt worden (vgl oben Rn D 100). In der schleichenden Inflation wird das nur mit starken Einschränkungen gelten können, weil die Risikoordnung der §§ 347, 818 den Vorrang verdient (zweifelhaft). Bei nichtvertraglichen Ansprüchen entscheidet in erster Linie die gesetzliche Risikoordnung über die Folgen der Geldentwertung. Das Bedürfnis nach Forderungsaufwertung bei gesetzlichen Geldforderungen wird durch das Institut der Geldwertschuld erheblich eingeschränkt (dazu Rn D 42 ff). Ist eine Verbindlichkeit als Geldsummenschuld qualifiziert, so besagt das zunächst, daß sie sich Geldwertschwankungen grundsätzlich nicht anpaßt. Über *Fremdwährungsschulden* vgl § 244 Rn 45. Eine *Wechselsumme* ist und bleibt Geldsummenschuld; möglich ist eine Aufwertung der zugrundeliegenden Forderung, nicht dagegen eine Aufwertung der Wechselsumme (RGZ 110, 40). Beim *Fremdwährungswechsel* gilt an und für sich dasselbe, jedoch kann hier ein Verfall der Heimwährung bei der Umrechnung ausgeglichen werden (dazu § 244 Rn 101 f). Im *Kontokorrent* sind nicht die einzelnen eingestellten Forderungen, sondern nur Saldoforderungen der Aufwertung fähig (vgl zur Abgrenzung RGZ 114, 269, 273). Anders verhält es sich naturgemäß dann, wenn die einzelne Forderung als Geldwertforderung (Rn D 82) oder aufgrund des zugrundeliegenden Schuldvertrags der Korrektur unterliegt. Es muß dann auch möglich sein, innerhalb einer Kontokorrentperiode Korrekturposten nachzuschieben. Das *Grund- oder Stammkapital* von Kapitalgesellschaften unterliegt nach RGZ 119, 170, 172 nicht der richterlichen Anpassung (es ist aber an eine Treupflicht zur Kapitalerhöhung aus Gesellschaftsmitteln zu denken!). Bei RGZ 123, 246 wird die Aufwertung der *Haftsumme* bei einer eingetragenen Genossenschaft abgelehnt. Analoge Probleme stellen sich heute noch bei der *Haftsumme des Kommanditisten* und bei der *beschränkten Nachschußpflicht* im Genossenschaftsrecht. Einlageforderungen gegen einen Gesellschafter können dagegen als Geldsummenforderungen der Aufwertung unterliegen (vgl allerdings RGZ 119, 170, 171 und dazu Rn D 112).

bb) Äquivalenzstörungen und Geschäftsgrundlage setzen der Anpassungsrechtspre- **D 103** chung Grenzen. Lösungsrechte (Rücktritt und Kündigung) kommen prinzipiell nur bei gegenseitigen Verträgen in Betracht, die noch nicht vollständig abgewickelt sind. Diese institutionelle Begrenzung darf indes das Aufwertungsinstrumentarium nicht über Gebühr entwerten. Die verbreitete Auffassung, daß Rückgewähransprüche aus Darlehensverhältnissen nicht wegen Äquivalenzstörung aufgewertet werden können, weil sie nicht in den Gegenseitigkeitsmechanismus einbezogen sind (zB RGZ 145, 51, 56; MünchKommBGB/vMAYDELL[3] § 244 Rn 16), ist schon in RGZ 163, 324, 334 stark relativiert worden. Sie ist, was das verzinsliche Darlehen anlangt, auch rechtsdogmatisch verfehlt und wird hier bei Rn D 100 vollends abgelehnt. Im übrigen schließt der Äquivalenzgedanke nicht aus, daß die Grenze des unvollständig abgewickelten gegenseitigen Vertrags behutsam überschritten wird. Das gilt einmal für den Rück-Austausch von Leistungen (Rücktritt und Leistungskondiktion; vgl Rn D 100), zum anderen auch für unentgeltliche Kreditverhältnisse, bei denen sich ein Vergleich zwischen gewährtem und zurückzuzahlendem Kredit anbietet, obgleich es am Gegenseitigkeitsverhältnis fehlt (Rn D 100). Nachdem eine verbreitete Meinung aus § 607 sogar herzuleiten sucht, daß der Rückforderungsanspruch des Darlehensgebers Geldwertforderung ist (vgl Rn D 46 und D 141), scheint ein Ausschluß der Aufwertung solcher Ansprüche unannehmbar. Vollends gegenstandslos wird die Begrenzung der freien Anpassung auf den Äquivalenzgedanken in Zeiten der Hyperinflation (Rn D 99; enger wohl MünchKommBGB/vMAYDELL[3] § 244 Rn 16: „völliger Währungsverfall").

3. Allgemeine Kriterien der Anpassung

D 104 a)   Das **Zeitmoment** ist unentbehrlich für jede Aufwertung oder Anpassung. Das ist bei der schleichenden Inflation unverkennbar, gilt aber sogar in der Hyperinflation. Der klassische Anpassungsfall ist der langfristige Vertrag (BGH NJW 1991, 1478; JICKELI, Der langfristige Vertrag [1996] 251 ff). Bei *Handgeschäften* und sonstigen *alsbald ausgetauschten Leistungen* kommt eine Aufwertung unter dem Gesichtspunkt der Äquivalenzstörung nicht in Betracht (vMAYDELL, Geldschuld 114). Unter dem Gesichtspunkt der Aquivalenzstörung ist zu bedenken, daß die dem Vertragsprinzip innewohnende „Richtigkeitsgewähr" (SCHMIDT-RIMPLER AcP 147 [1941] 130 ff; ders, Zum Vertragsproblem, in: FS Raiser [1974] 5 ff) oder „Richtigkeitschance" (MANFRED WOLF, Rechtsgeschäftliche Entscheidungsfreiheit und vertraglicher Interessenausgleich [1970] 73 f, 81 f) von außen her gestört sein muß. Eine Veränderung der Geschäftsgrundlage durch Geldwertschwund ist ohne das Zeitmoment nicht denkbar (zum Irrtum über den Geldwert vgl Rn D 340 f). Fehlt es am Zeitmoment, irrten die Parteien einfach über den gegenwärtigen Wert des Geldes, so kann ein beiderseitiger Motivirrtum vorliegen, dessen Erheblichkeit und rechtliche Einordnung str ist (vgl dazu RGZ 105, 406; dazu Rn D 341; krit zur RG-Rechtsprechung zB ENNECCERUS/NIPPERDEY § 167 IV 4; FLUME, Rechtsgeschäft § 23/4 e, § 26/3; LARENZ, Allgemeiner Teil § 20 II; WIESER NJW 1972, 708; eingehende Nachweise bei STAUDINGER/DILCHER[12] § 119 Rn 27 ff). Der bloße Irrtum über die Kaufkraft des Geldes rechtfertigt nach richtiger Auffassung nicht die Anfechtung; nichts anderes gilt aber auch, wenn die Parteien über die künftige Kaufkraftentwicklung irrten (RGZ 111, 257, 259; dazu Rn D 340). Auch wenn schon ein Zeitraum verstrichen ist, sind die Aufwertungschancen um so geringer, je übersehbarer der Zeitraum ist (deutlich OLG München NJW 1991, 2649).

D 105 b)   Eine **Quantifizierung** und eine **Wertung** müssen in die Entscheidung eingehen. Die Prüfung enthält also ein quantitatives und ein qualitatives Element. Zweifelhaft ist der *Gegenstand der Quantifizierung*. Nach einer im Schrifttum vertretenen Ansicht kann es nur um den Grad der Äquivalenzstörung gehen (vMAYDELL, Geldschuld 122 f; MünchKommBGB/vMAYDELL[3] § 244 Rn 20). Dem ist nicht zu folgen. Ist zB bei einem langfristigen Liefervertrag über technische Güter eine erhebliche Geldentwertung eingetreten, ist aber der Marktpreis aus Gründen, die auf der Warenseite liegen, nominell konstant geblieben, also wertmäßig gefallen, so erübrigt sich nach vMAYDELL jede Wertung, weil schon eine quantifizierbare Äquivalenzstörung fehlt. Es ist aber keine quantitative Frage, sondern eine Frage des Vertragsrisikos, ob man dem Geldgläubiger und Sachschuldner wegen einer Preisentwicklung, die auf der Warenseite liegt, die Wohltat der Vertragsanpassung wieder nimmt. Gute Gründe sprechen dafür, gerade diese Fehlkalkulation als Risiko des Sachgläubigers und Geldschuldners anzusehen. Ob es, wie vMAYDELL meint, unbillig wäre, einem Verkäufer in diesem Fall einen über dem Marktpreis und nominell über dem Vertragspreis liegenden Kaufpreis zuzubilligen (Geldschuld 124), ist jedenfalls eine Frage der individuellen Wertung, nicht eine quantitative Frage. Auch kann vMAYDELLS Methode dem sog Sachschuldner (Verkäufer, aber auch Dienstleistungsschuldner etc) etwaige Verhandlungsvorteile von vornherein entziehen, wenn der vereinbarte Preis über dem Marktpreis lag. *Gegenstand der Quantifizierung ist bei den hier zu besprechenden Fällen der Geldwert und nur der Geldwert.* Kalkulationsirrtümer und Fehlerwartungen auf der Warenseite müssen vom Geldwertproblem unterschieden werden (vgl auch RGZ 100, 129, 133). Ob eine Anpassung des Vertrages auch geboten sein kann, soweit eine Preissteigerung ihren Grund auf der Warenseite hat (grundsätzlich verneinend vMAYDELL, Geldschuld, 123 f; eingehende Nachw bei MünchKommBGB/ROTH[3] § 242 Rn 587 ff), ist zwar gleichfalls ein Problem der Geschäftsgrundlage, aber kein Geldwertproblem (so offenbar klarstellend auch MünchKommBGB/vMAYDELL[3] § 244 Rn 17). Ob umgekehrt eine vorhandene Geldwertänderung durch sonstige Veränderungen der Geschäftsgrundlage neutralisiert wird, gehört in den wertenden Teil der zu treffenden Entscheidung. An die Quantifizierung der eingetretenen Entwertung schließt sich die *individuelle Erheblichkeitsprüfung* als wertende Entscheidung an. Sie konnte in der Phase der Hyperinflation grundsätzlich bejaht und nur ausnahmsweise verneint werden (vgl zum Regel-Ausnahme-Mechanismus alsbald bei Rn D 107). In Zeiten der schleichenden Inflation bedürfen die individuellen Belange der Parteien genauerer Prüfung unter dem Gesichtspunkt der Zumutbarkeit.

c)   Die **Erheblichkeitsprüfung** kann hiernach nicht rein quantitativer Art sein, sondern sie setzt eine wertende Entscheidung voraus. Als Grundsatz ist mit RGZ 101, **D 106** 74, 76 festzuhalten, daß die bloße Geldentwertung allein, also das quantitative Element, eine Forderungsaufwertung oder eine Anpassung des Vertrages nicht rechtfertigt. Das *Merkmal der Geschäftsgrundlage* wird bei OERTMANN (Die Geschäftsgrundlage [1921] 37) definiert als die beim Geschäftsschluß zutage tretende und vom etwaigen Gegner in ihrer Bedeutung erkannte und nicht beanstandete Vorstellung eines Beteiligten vom Sein oder Eintritt gewisser Umstände, auf deren Grundlage der Geschäftswille sich aufbaut. Die RG-Praxis hat dieses Merkmal mit geringen Modifikationen übernommen (zB RGZ 168, 121, 126). Bei ENNECCERUS/LEHMANN (§ 41 II Fn 8) findet es sich ergänzt um die Voraussetzung, daß der Vertragspartner sich bei redlichem Verhalten auf eine entsprechende Bedingung hätte einlassen müssen. Insgesamt hat sich OERTMANNS Formel nachhaltig durchgesetzt. Vgl nur BGH BB 1978, 1033 = JR 1979, 60, 61 m Anm HOMMELHOFF = WM 1978, 322, 323 (zu dem Urteil auch BRAUN JuS 1979, 692): „Nach der gefestigten Rechtsprechung des Bundesgerichtshofs wird die Geschäftsgrundlage eines Vertrages gebildet durch die nicht zum eigentlichen Vertragsinhalt erhobenen, aber bei Vertragsschluß zutage getretenen gemeinschaftlichen Vorstellungen beider Vertragsparteien oder die dem Geschäftsgegner erkennbaren und von ihm nicht beanstandeten Vorstellungen der einen Vertragspartei von dem Vorhandensein oder dem künftigen Eintritt oder dem Fortbestand gewisser Umstände, auf denen der Vertragswille sich aufbaut (vgl insbesondere BGHZ 25, 390, 392 = WM 1958, 112; BGH, Urteile vom 7. 2. 1968 = LM BGB § 242 [Bb] Nr 54 und vom 13. 11. 1975 = LM BGB § 242 [Bb] Nr 80 jeweils mwN). Bei gegenseitigen Verträgen ist in der Regel die Vorstellung von der Gleichwertigkeit von Leistung und Gegenleistung Geschäftsgrundlage (BGH, Urteile vom 14. 10. 1959 = LM BGB § 242 [Bb] Nr 34 und vom 21. 12. 1960 = LM BGB § 242 [Bb] Nr 39)." Es liegt auf der Hand, daß die absolute oder relative Stabilität des Geldwerts Geschäftsgrundlage sein kann. Allerdings stellen Inflationsrisiken innerhalb der Geschäftsgrundlagenproblematik einen Sondertypus dar, und es wäre verfehlt, Risikozuweisungen aus dem allgemeinen Zweckstörungsbereich unbesehen hierher zu übertragen (vgl KOLLER, Die Risikozurechnung bei Vertragsstörungen in Austauschverträgen [1979] 5). Der Grund liegt nicht zuletzt in den *gesamtwirtschaftlichen Implikationen* jeder Aufwertungsrechtsprechung (zu ihnen vgl nachdrücklich HORN, Geldwertveränderungen, Privatrecht und Wirtschaftsordnung [1975] 40 ff). Einer schematischen Dynamisierung von Geldschulden aus Vertrag stehen damit nicht nur Bedenken aus dem Argumentationsschema „Privatautonomie und Richtermacht" entgegen, sondern es ist auch für ein wirtschaftspolitisch ausgewogenes Verhältnis zwischen dem Nennwertprinzip und seiner Durchbrechung zu sorgen. Die weitere Prüfung muß nach der hier (Rn D 98 ff) vertretenen Auffassung unter den Bedingungen der Hyperinflation und der schleichenden Inflation unterschiedlich ausfallen. Regel und Ausnahme sind hier ungleich verteilt.

D 107 **aa)** Im **Fall der Hyperinflation** führt der Funktionsverlust des Geldes in aller Regel zu einer überindividuellen Erheblichkeit des Wertverlusts, so daß individuelle Unerheblichkeit die Ausnahme darstellt und im Streitfall vom Geldschuldner dargelegt und bewiesen werden muß. Das RG hat namentlich bei Verträgen mit spekulativem Charakter Ausnahmen vom Grundsatz der Aufwertung gemacht (vgl Rn D 99; auch RGZ 106, 177; weitere Nachw bei MünchKommBGB/ROTH[3] § 242 Rn 594). Im übrigen hat es bei vollständigem Funktionsverlust des Geldes sogar im unternehmerischen (kaufmännischen) Verkehr in Verträge eingegriffen, während es sonst im Unternehmensbereich in der Berücksichtigung von Geldentwertungen außerordentlich zurückhaltend war (vgl nur RGZ 113, 136, 138; 115, 198, 200).

D 108 **bb)** Im **Fall der schleichenden Inflation** muß die individuelle Erheblichkeit im Einzelfall dargelegt und positiv geprüft werden. Die Praxis der Gerichte verfährt hierbei außerordentlich zurückhaltend (Überblick bei ERMAN/WERNER[9] § 242 Rn 185; PALANDT/ HEINRICHS[56] § 242 Rn 136 f; zu der sich im Erbbaurecht abzeichnenden Kurskorrektur vgl aber auch Rn D 136). Die *restriktive Rechtsprechung des BGH* zur Forderungsaufwertung bei schleichender Inflation hat ein unterschiedliches Echo ausgelöst (zustimmend zB LARENZ I §§ 12 VII, 21 II; ESSER/EIKE SCHMIDT I/2 § 24 II 1; EMMERICH, in: Athenäum-Zivilrecht I [1972] = Vahlens-Zivilrecht I [1974] § 16 II 2 b; HORN, Geldwertveränderungen, Privatrecht und Wirtschaftsordnung [1975] passim; BGB-RGRK/ALFF[12] § 242 Rn 75; MünchKommBGB/vMAYDELL § 244 Rn 18; ERMAN/WERNER[9] § 242 Rn 185; F A MANN NJW 1974, 1297 ff; **ablehnend zB**: BETTERMANN RdA 1975, 6; REICHERT-FACILIDES JZ 1969, 621; wohl auch MEDICUS, Betrieb 1974, 763 ff). Die *Schwelle der Erheblichkeit* ist damit ungewiß. Nicht erforderlich ist, daß ein Ruin des

Geldgläubigers droht. Dieses Kriterium wurde allerdings vom RG verschiedentlich ins Feld geführt (RGZ 100, 134, 136 f; vgl auch bereits RGZ 98, 18, 21; 99, 258, 259 f; noch strenger RGZ 101, 74, 76). Im übrigen unterschied die Reichsgerichtspraxis bereits zwischen Verträgen mit Versorgungszweck und sonstigen Verträgen (Rn D 134); bei dieser zweiten Gruppe unterschied sie zwischen unternehmerischen Umsatzgeschäften und Rechtsgeschäften Privater (RGZ 114, 399, 402; 116, 306, 310). Richtig kann aber nur sein, daß zugunsten eines durch Geldentwertung individuell bedrohten Gläubigers die kritische Schwelle vorverlegt werden kann. Die Benennung allgemeingültiger objektiver Grenzen ist bisher nicht geglückt. KRÜCKMANN (AcP 116 [1918] 358) wollte es bereits ausreichen lassen, wenn die Gewinnspanne aufgezehrt ist (vgl demgegenüber etwa BGH NJW 1977, 2262). WIEACKER (in: FS Wilburg [1965] 251) tritt dafür ein, daß Wertverschiebungen über 50% stets als Äquivalenzstörungen erheblich sind (in dieser Richtung auch MünchKommBGB/vMAYDELL[3] § 244 Rn 19 [Erbbauzins]; ERTL 241; CHIOTELLIS 145). Es zeichnet sich jedoch eher ab, daß umgekehrt ein Geldwertschwund unter 50% unzureichend ist (vgl OLG München NJW 1991, 2649: keine Aufwertung einer Nutzungsentschädigungsrente bei Geldwertschwund von 36%). In der Rechtsprechung über nicht wertgesicherte Erbbauansprüche hat sich inzwischen die kritische Grenze von $^3/_5$ Geldwertschwund herauskristallisiert (BGHZ 90, 227, 229 = NJW 1984, 2212; 97, 171 = NJW 1986, 2698; 96, 372 = NJW 1986, 1333; 111, 214, 216 = NJW 1990, 2620, 2621; 119, 220, 222 = NJW 1993, 52). Generalisierungen dieser Art sind auf dem Sektor der Geschäftsgrundlage von zweifelhaftem Wert (richtig ROLF H WEBER ZfSchweizR 1981, 183; für eine generelle Grenze von 50% Wertverlust aber SOERGEL/TEICHMANN[12] § 242 Rn 253). Sie können jedoch als grobe Richtwerte für die Chancen eines Anpassungsbegehrens taugen (Rechtsprechungsüberblick bei MünchKommBGB/ROTH[3] § 242 Rn 600). Die Geschäftsgrundlage und ihr Fortfall müssen unter den Bedingungen der schleichenden Inflation von Fall zu Fall festgestellt werden. Dabei reicht das Spektrum von den Altverträgen aus der Vor-Inflationszeit (Rn D 135) über Verträge, die bereits unter den Bedingungen schleichender Inflation geschlossen, aber über größere Zeiträume aus dem Gleichgewicht gebracht sind, bis hin zu Verträgen, die das Inflationsrisiko bereits berücksichtigen, den nachträglich eintretenden Inflationsbedingungen aber im Ergebnis nicht gerecht werden (vgl zur Geschäftsgrundlage bei Wertsicherungsklauseln Rn D 177 ff). Auch der Vertragszweck wird berücksichtigt. Wichtige Fallgruppen sind bei Rn D 133 ff dargestellt.

cc) Fremdwährungsschulden, die dem deutschen Schuldstatut und damit auch der **D 109** Aufwertung nach § 242 unterliegen (vgl § 244 Rn 45), folgen im Grundsatz denselben Regeln wie Heimwährungsschulden (vgl nur RGZ 145, 51, 55; 147, 377, 380 f; 163, 324, 333; RG JW 1926, 1323; BGHZ 43, 162, 168; BGB-RGRK/ALFF[12] § 244 Rn 21). Nach der Praxis des RG reicht ein Wertverlust unter 33% jedenfalls idR nicht aus (vgl RGZ 145, 51, 55; 147, 377, 380). Das Gegenteil wird vielfach aus den Gründen von RGZ 147, 286, 290 hergeleitet, wo das RG 13% Dollarentwertung hat ausreichen lassen, weil der Gläubiger nicht darauf verwiesen werden dürfe, daß er „nur mit 13 vH ausfällt" (vgl zu dieser Entscheidung LARENZ, Geschäftsgrundlage 87; CHIOTELLIS 151; MünchKommBGB/ROTH[3] § 242 Rn 597; s dagg noch RGZ 141, 212). In Wahrheit hatte die Fremdwährungsschuld in casu Wertsicherungscharakter (Kaufpreiszahlung in Dollar unter Währungsinländern), und das Ergebnis versteht sich aus der Tatsache, daß der Kurswertverlust der Vertragswährung auf der Aufgabe der Golddeckung beruhte, während die Parteien gerade auf diese Golddeckung vertraut hatten. Es lag also ein charakteristischer Fall einer unzureichenden Wertsicherung vor (s auch RGZ 163, 324, 333 ff), der unter Rn D 183 gehört.

D 110 d)   Von einer **Subsidiarität** *des Rechts der Geschäftsgrundlage und der Aufwertung von Geldforderungen* kann in einem mehrfachen Sinne gesprochen werden.

D 111 aa)   **Andere Abhilfe hat Vorrang.** Ein in concreto eingreifendes anderes Rechtsinstitut kann die sonst aus § 242 herzuleitenden Rechtsfolgen verschärfen, wenn es geeignet ist, den durch die veränderten Umstände geschaffenen Zustand zu beseitigen und einen zumutbaren Zustand herzustellen (HAARMANN, Wegfall der Geschäftsgrundlage bei Dauerrechtsverhältnissen [1979] 75 ff). Sogar die Kündigung eines Rechtsverhältnisses aus wichtigem Grund soll aus diesem Grund Vorrang vor der Anpassung haben (vgl BGH NJW-RR 1993, 271, 272). Das kann nach dem Grundsatz der Verhältnismäßigkeit so nicht verallgemeinert werden, vielmehr kann nach dem ultima-ratio-Prinzip nach Lage des Falls auch eine Anpassung den Vorrang verdienen, die ihrerseits ein Kündigungsrecht der Gegenseite auslösen kann.

D 112 α)   Für eine Aufwertung wegen Fortfalls der Geschäftsgrundlage ist kein Raum, wenn die Parteien für eine Berücksichtigung der fortschreitenden Geldentwertung durch **wirksame Vereinbarungen** Sorge getragen haben (Rn D 118; RGZ 118, 346, 352; 124, 75, 78; RG WarnR 1926 Nr 63; BGH WM 1973, 839; vMAYDELL, Geldschuld 120; Münch-KommBGB/ROTH³ § 242 Rn 604; zur Abgrenzung vgl die Roggenklauselfälle BGH LM § 157 Nr 27 = BB 1972, 1527; AG Lübeck NJW 1976, 427 m Anm HARTMANN). Zur Geschäftsgrundlage bei Wertsicherungsklauseln vgl auch Rn D 180 ff. Durch vertragliche Risikoübernahmen (zB bei Fremdwährungsgeschäften) kann die Anpassung ausgeschlossen sein (STAUDINGER/JÜRGEN SCHMIDT [1995] § 242 Rn 1074). *Gesetzliche Regelungen* gehen der Anwendung des § 242 gleichfalls vor (eingehend STAUDINGER/JÜRGEN SCHMIDT [1995] § 242 Rn 1115 ff). Die *Geltendmachung eines Entwertungsschadens* (Verzugsschaden!) hat Vorrang vor der Aufwertung (RGZ 118, 63, 64). RGZ 119, 170, 171 folgert sogar aus § 723, daß Einlageforderungen gegen einen Gesellschafter nicht aufgewertet werden können, wenn und soweit § 723 den Gesellschaftern ein Kündigungsrecht gibt. In dieser Allgemeinheit kann dem nicht gefolgt werden, denn die Kündigung zielt nicht in Erfüllungsrichtung. Sie ersetzt nicht die Vertragsanpassung.

D 113 β)   Die **Aufwertung von Versicherungsansprüchen** war geregelt durch VO vom 22. 5. 1926 (zu dieser vgl RGZ 115, 207; 116, 196; 122, 41). Die *Umstellung von Lebens- und Rentenversicherungsverträgen auf DM* nach dem 2. Weltkrieg wurde durch eine Vielzahl von Gesetzen und Verordnungen geregelt (vgl dazu PRÖLSS, VVG [17. Aufl 1968] 1008 ff), abgeschlossen durch das Gesetz zum Abschluß der Währungsumstellung v 17. 12. 1975 (BGBl I 3123; Auszug in VerBAV 1976, 60). Das Geldwertproblem im Versicherungswesen ist in erster Linie ein Problem der Wertsicherungsvereinbarungen (zu diesen Rn D 162 ff). Die *Prämienanpassung* wegen Geldentwertung geschieht durch Vertragsänderung oder Prämienanpassungsklausel, die der aufsichtsbehördlichen Genehmigung bedarf (dazu Aufsichtsamt für das Versicherungswesen VerBAV 1978, 305; teilweise aufgehoben durch BVerwG VersR 1981, 221; Aufsichtsamt für das Versicherungswesen VerBAV 1981, 162; BRUCK/MÖLLER, VVG I [8. Aufl 1961] § 41 Rn 23 f; GÄRTNER, Privatversicherungsrecht [2. Aufl 1980] 186; SCHULZE-SCHWIENHORST, Aufsichts- und wettbewerbsrechtliche Probleme der Prämienanpassungsklausel [1988] 33 ff; ders BB 1980, 448; BAUMGARTL VersW 1982, 556. Zu den inhaltlichen Anforderungen an solche Angleichungsklauseln eingehend PRÖLSS/MAR-

TIN, VVG [25. Aufl 1992] § 50 Anm C ff. Zur währungsrechtlichen Zulässigkeit im Hinblick auf § 3 S 2 WährG SCHULZE-SCHWIENHORST, Aufsichts- und wettbewerbsrechtliche Probleme der Prämienanpassungsklausel [1988] 31 f). Soll die Prämienanpassungsklausel nur für künftige, nach ihrer Einführung abzuschließende Verträge gelten, so darf ihre Genehmigung durch das Bundesaufsichtsamt nicht vom Vorliegen eines Fortfalls der Geschäftsgrundlage abhängig gemacht werden (BVerwG VersR 1981, 221, 224). Eine Prämienanpassungsklausel, die eine einseitige Erhöhung der Versicherungsprämien vorsieht, beeinträchtigt nicht ohne weiteres die schutzwürdigen Belange des Versicherungsnehmers und braucht nicht mit einem uneingeschränkten Kündigungsrecht des Versicherungsnehmers für jeden Kündigungsfall verbunden zu sein (BVerwG VersR 1981, 221, 226; RITTNER VersR 1982, 207). Darf die Versicherungsprämie nur bei einer nicht unwesentlichen Änderung der für Prämiengestaltung maßgeblichen Umstände geändert werden, so hat eine mit der Anpassungsklausel verbundene Kündigungsklausel nur die Funktion, den Versicherungsnehmer gegen Erhöhungen zu schützen, die ihm – obwohl objektiv angemessen – nicht zumutbar sind; deshalb muß das Versicherungsunternehmen dem Versicherungsnehmer keine uneingeschränkte Kündigungsmöglichkeit für den Anpassungsfall einräumen (BVerwG aaO). Fehlt in der *Rechtsschutzversicherung* eine Prämienanpassungsklausel, so kann eine Prämienanpassung nicht über eine Gefahrerhöhungsklausel durchgeführt werden; diese enthält keine Ermächtigung zur Prämienanpassung (BVerwG VersR 1976, 377). Bei der *Schadensversicherung* kann die Teuerung, gleich ob sie ihren Grund auf der Warenseite hat oder auf Geldentwertung beruht, bei fixen Versicherungssummen zur Unterversicherung führen. Es geht dann nicht um eine Anpassung (nur) der Prämien, sondern der Versicherungssumme. Der Anpassung ohne Vertragsänderung dienen Summenanpassungsklauseln (dazu BRUCK/MÖLLER/SIEG, VVG II [8. Aufl 1980] § 56 Rn 16 mit reichen Nachw). Die *Sonderbedingungen für die Gleitende Neuwertversicherung* von Wohn-, Geschäfts- und landwirtschaftlichen Gebäuden (Wortlaut in VerBAV 1989, 189; Erläuterung bei PRÖLSS/MARTIN, VVG [25. Aufl 1992] Teil III B VIII) schließen bei nicht-industriellen und nicht-gewerblichen Bauten eine Unterversicherung weitgehend aus; die Prämie wird dann als gleitende Prämie durch Multiplikation der „Versicherungssumme 1914" mit dem bei Vertragsbeginn zugrunde gelegten und nach § 3 Nr 2 der Sonderbedingungen für die Gleitende Neuwertversicherung dynamisierten Prämienfaktor ermittelt (dazu im einzelnen PRÖLSS/MARTIN [25. Aufl 1992] § 3 SGlN 79 a Anm 1; EICHLER, Versicherungsrecht [2. Aufl 1975] 363 mwNw). Bei industriellen und gewerblichen Bauten kann die Unterversicherung geschäftsplanmäßig nur mit Hilfe von Wertzuschlagsklauseln vermieden werden (vgl PRÖLSS/MARTIN [25. Aufl 1992] § 1 SGlN 79 a Anm 1). Es gelten die Sonderbedingungen für die Neuwertversicherung von Industrie und Gewerbe (Wortlaut bei PRÖLSS/MARTIN [25. Aufl 1992] Teil III B V). Bei der *Lebensversicherung* gilt es, eine Zweckvereitelung durch schleichende oder trabende Inflation zu verhindern (vgl zum Problem bereits SIEG BB 1953, 16). Die vereinbarte Versicherungssumme kann sich im Versicherungsfall als für den Versorgungszweck unzureichend erweisen. Dem Ausgleich dient zum einen die verzinsliche Ansammlung von Gewinngutschriften (dazu MOHR/HOFMANN, Lebensversicherung [1965] 158, 246). Die Dynamisierung von Lebensversicherungen hat Probleme bereitet (eingehend DÜRKES, Wertsicherungsklauseln [10. Aufl 1992] Rn D 639 ff). Zu ihrer Einführung vgl CLAUS VerBAV 1974, 11, 25. Zu den versicherungswirtschaftlichen und versicherungsrechtlichen Problemen vgl KLINGMÜLLER, Zur Problematik wertbeständiger Renten, in: FG Roehrbein (1962) 105 ff; GERD MÜLLER, Die Problematik der Wertsicherung in der

Lebensversicherung, in: FG A Möller (1968) 195 ff; BRAESS, Einfluß von Geldwertveränderungen auf langfristige Sparvorgänge, in: FG H Möller (1972) 101 ff.

D 114 γ) **Sozialrenten** unterliegen der Dynamisierung durch jährliche Anpassung an die
Lohnentwicklung. Rechtsgrundlagen für die Dynamisierung sind die §§ 63–69 SGB
VI (Art 1 RRG v 18. 12. 1989, BGBl I 2261, in Kraft seit 1. 1. 1992; Nachfolgeregelun-
gen zu den §§ 1253–1258 RVO). Die gegenüber dem alten Recht (vgl STAUDINGER/
KARSTEN SCHMIDT[12] Rn D 110) vereinfachte Formel zur Rentenberechnung lautet:
Monatsrente = EP x RaF x aRW (§ 64 SGB VI). EP steht für „persönliche Entgelt-
punkte", den subjektiven Faktor bei der Berechnung des Monatsbetrags der Rente.
Ein EP entspricht der Zahlung der aus einem Durchschnittseinkommen errechneten
Beiträge über den Zeitraum von einem Jahr. Die Zugrundelegung des jeweiligen
Durchschnittseinkommens sorgt für die Berücksichtigung der Lohnentwicklung in
der Anwartschaftsphase. RaF bedeutet „Rentenartfaktor" und ist die Rechengröße,
die das Sicherungsziel der Rente (etwa Unterhaltsrente im Gegensatz zur Altersrente) ausdrückt (§ 67 SGB VI). Der Faktor aRW = aktueller Rentenwert sorgt
schließlich für die Dynamisierung der Renten in der Leistungsphase. Die Formel zur
Errechnung des aktuellen Rentenwerts berücksichtigt neben der Veränderung der
Bruttoarbeitsentgelte im Gegensatz zum früheren Recht auch die Veränderungen
der Belastungen bei Arbeitsentgelten und Renten. Dieses nettolohnorientierte
Anpassungsverfahren (dazu ausführlich MICHAELIS, in: Handbuch der gesetzlichen Rentenversicherung [1990] Teil 24 Rn 161 ff) verhindert Divergenzen in der Entwicklung von
verfügbaren Einkommen einerseits und Renten andererseits. Der aRW ist ein abso-
luter DM-Betrag und wird jeweils zum 1. 7. eines Jahres durch VO der BReg mit
Zustimmung des BR neu festgesetzt (vgl zum ganzen auch EICHENHOFER, Sozialrecht [1995]
Rn 329; GITTER Sozialrecht [3. Aufl 1992] § 17 II 4; KasselerKomm/NIESEL [Lfg 1991] §§ 63–65).
Über **Sozialhilfeleistungen** vgl HAHN § 7 Rn 36 ff.

D 115 δ) **Gesetzlich geregelte Bezüge,** wie die der Beamten (vgl die §§ 83 BBG, 50 BRRG,
2 BBesG, 3 BeamtVG, Landesbesoldungsgesetze) liegen außerhalb der hier besprochenen Problematik (de lege ferenda vgl die Überlegungen von WIESE, Der Staatsdienst in der
Bundesrepublik Deutschland [1972] 290 ff). Schon RGZ 113, 78 hat einem Beamten eine
freie Aufwertung der laufenden Bezüge versagt. Der Grund liegt nicht in der öffentlichrechtlichen Ausgestaltung des Rechtsverhältnisses, sondern im Ausschluß privatautonomer Regelung (nur teilweise übereinstimmend RGZ 113, 78, 81 f). Die Anpassung
der laufenden Bezüge an Veränderungen der Kaufkraft ist Sache des Gesetzgebers.
Einen automatisch wirkenden Anpassungsmechanismus gibt es nach dt Recht nicht
(s dagg rechtsvergleichend vMAYDELL, Geldschuld 175 f). Aus der Alimentationspflicht des
Staates kann sich aber eine **Verpflichtung zur Anpassung der Bezüge** ergeben (BVerfGE
8, 1, 23 ff; eingehend HAHN § 7 Rn 25 ff; vMAYDELL, Geldschuld 175 ff; vgl auch § 14 BBesG und
dazu HAHN § 7 Rn 28). Bislang ist der Gesetzgeber dieser Pflicht auch stets nachgekommen (vgl auch vMAYDELL, Geldschuld 175). Die Abgrenzung im einzelnen kann nur
teilweise durch Rechtsansprüche, im übrigen aber – ähnlich dem Tarifvertragswesen
– nur durch politische Auseinandersetzung der Interessengruppen vollzogen werden.
Das gilt vor allem in wirtschaftlichen Krisensituationen. *Rückwirkende Kraft* für
bereits fällige Gehaltszahlungen hat eine gesetzliche Anhebung der Bezüge nur,
wenn das Gesetz dies bestimmt, anderenfalls auch dann nicht, wenn die Bezüge bei
Inkrafttreten der Erhöhung rückständig waren (BVerwGE 14, 222 = NJW 1962, 1882 f; vgl
auch vMAYDELL, Geldschuld 177 f mwNw). Das BVerwG hat nur für den Fall der Hyperin-

flation eine andere Entscheidung offen gelassen, also für den Fall, daß bei Zahlung des Nennbetrags von einer „Besoldung" nach Treu und Glauben nicht mehr gesprochen werden kann. In der Tat läßt sich die grundsätzliche Möglichkeit der rückwirkenden Aufwertung in Zeiten der Hyperinflation auf die Praxis des RG stützen (RGZ 109, 122, 127; 112, 104, 105; 124, 229, 232; RG JW 1927, 450; vgl auch vMAYDELL, Geldschuld 177). Doch hat sich die Reichsgerichtspraxis selbst in der Zeit extremer Geldentwertung auf die Aufwertung rückständiger Gehaltsforderungen beschränkt und die Anpassung der laufenden Bezüge an die Kaufkraft des Geldes dem Gesetzgeber überlassen (RGZ 113, 78, 81 f).

ε)   Die **Anpassung des Arbeitslohns** an den sich verändernden Geldwert ist in erster **D 116** Linie ein tarifrechtliches und tarifpolitisches Problem (vMAYDELL, Geldschuld 164 ff; HAHN § 7 Rn 12; beide mwNw). Ein Arbeitskampf zur Verbesserung der tariflichen Leistungen durch neuen *Tarifvertrag*, durch einzelvertragliche Regelung oder durch Betriebsvereinbarung verstößt während der Laufzeit eines Tarifvertrags gegen die Friedenspflicht der Tarifpartner (BAG AP Nr 1 zu § 1 TVG Friedenspflicht; AP Nr 2 zu Art 9 GG Arbeitskampf; SCHAUB, Arbeitsrechts-Handbuch [8. Aufl 1996] § 201 III 2; WIEDEMANN/ STUMPF, Tarifvertragsgesetz [5. Aufl 1977] § 1 Rn 341). Der Tarifvertrag und damit die Friedenspflicht kann allerdings bei Vorliegen eines wichtigen Grundes durch außerordentliche Kündigung aufgehoben werden (BAG AP Nr 4 zu § 1 TVG Friedenspflicht; SCHAUB § 199 IV 1 e). Ein wichtiger Grund liegt vor, wenn sich die Umstände, die bei Vertragsschluß vorlagen, wesentlich und unvorhergesehenerweise geändert haben und dem Kündigenden nicht zuzumuten ist, das Ende des Tarifvertrags oder den Ablauf der ordentlichen Kündigungsfrist abzuwarten. Für die Anwendung der clausula rebus sic stantibus ist gerade bei Tarifverträgen idR kein Raum; da gerade vor und bei Abschluß von Tarifverträgen die Dauer ihrer Geltung mit Rücksicht auf die wirtschaftlichen Verhältnisse einschließlich der Lebenshaltungskosten genau abgewogen wird, kommen nur völlig unerwartete und außergewöhnlich einschneidende Veränderungen in Betracht (RAG ARS V 411, 415 f m Anm NIPPERDEY; HUECK/NIPPERDEY, Lehrbuch des Arbeitsrechts II/1 [7. Aufl 1967] § 22 B I 5; WIEDEMANN/STUMPF § 1 Rn 109; NIPPERDEY/SÄCKER, Arbeitsrechtsblattei, Tarifvertrag II B [1970] V 2 e; WIEDEMANN RdA 1969, 326). Ob *Indexklauseln in Tarifverträgen* gegen § 3 WährG verstoßen, ist str (ja: SCHAUB § 202 II 2; nein: NIES RdA 1970, 169 ff; DÄUBLER, Tarifvertragsrecht [3. Aufl 1993] Rn 569 mwNw; WIEDE- MANN/STUMPF Einl Rn 95 mwNw). Über „*Inflationsbewältigung im Zivil- und Arbeitsrecht*" vgl rechtsvergleichend den gleichnamigen Tagungsbericht von KÖTZ/ REICHERT-FACILIDES (1976).

ζ)   **Sonstige Spezialregelungen** können hier nur beispielhaft aufgezählt werden. Die **D 117** *Anpassung von Betriebsrenten* ist in § 16 BetrAVG geregelt (Gesetz zur Verbesserung der betrieblichen Altersversorgung, sog Betriebsrentengesetz v 19. 12. 1974, BGBl I 3610; zuletzt geändert durch G v 21. 7. 1994, BGBl I 1630). Danach hat der Arbeitgeber alle drei Jahre eine Anpassung der laufenden Leistungen der betrieblichen Altersversorgung zu prüfen und hierüber nach billigem Ermessen zu entscheiden (vgl im einzelnen Rn D 145 ff). Auch die *Angleichung von gesetzlichen Gebühren und von Taxen (Tarifen)* unterliegt speziellen Regeln, die durch das Institut der Geschäftsgrundlage nicht unterlaufen werden können (unter den konkreten Parteien wird es auch häufig an dem nach Rn D 104 erforderlichen Zeitmoment fehlen). Vgl insbes über die Gebührenordnungen bei den freien Berufen vMAYDELL, Geldschuld 171 ff. Die Vergütung bei der kassenärztlichen Versorgung orientiert sich an den Einnahmen der

Krankenkassen und somit mittelbar an der Steigerung der Arbeitseinkommen (§ 85 Abs 3 a SGB V).

D 118 **bb)** Eine **Sperrwirkung des Vertrags** besteht insofern, als ein Vertrag, der den Währungsverfall bereits berücksichtigt, den Rückgriff auf das Institut der Geschäftsgrundlage grundsätzlich insoweit ausschließt, als die im Vertrag in Betracht gezogene Geldwertveränderung in Frage steht (vgl oben Rn D 112). Das gilt sowohl für Verträge, bei denen die Parteien von einer Wertsicherung abgesehen haben, als auch für solche, die eine Wertsicherungsklausel enthalten (zur Geschäftsgrundlage bei Wertsicherungsklauseln vgl wiederum Rn D 177 ff). Diese Form der „Subsidiarität" des Instituts der Geschäftsgrundlage ist in Wahrheit keine Konkurrenzregel, sondern *eine dem Tatbestand des Fortfalls der Geschäftsgrundlage immanente Schranke*. Besonders deutlich wird das bei jener Lehre, die die Regelungsproblematik der Geschäftsgrundlage bei der ergänzenden Auslegung, maW also bei der Ergänzungsbedürftigkeit des Parteiwillens ansiedelt (LARENZ, Geschäftsgrundlage 157 ff). Es ist eine Selbstverständlichkeit, daß sich die Frage der Geschäftsgrundlage verschieden darstellt bei Verträgen, in denen das Inflationsrisiko einkalkuliert ist, und bei Verträgen, bei denen dies nicht der Fall ist.

4. Fortfall der Rechte

D 119 **a)** Jedes Recht auf Anpassung einer Geldschuld oder auf Lösung eines Rechtsverhältnisses entfällt, wenn es **vertraglich ausgeschlossen** ist (vMAYDELL, Geldschuld 121; STAUDINGER/JÜRGEN SCHMIDT [1995] § 242 Rn 1074). Ausdrückliche Bestimmungen darüber, daß in jedem Fall nur der Nominalwert geschuldet sein soll, werden praktisch kaum vorkommen. Ist aber zB ein Geldentwertungszuschlag vereinbart, so braucht das hierdurch entgoltene Geldentwertungsrisiko nicht auch durch § 242 aufgefangen zu werden. Zur Frage, inwieweit *unzureichende Wertsicherungsklauseln* unter dem Gesichtspunkt des Fortfalls der Geschäftsgrundlage korrigiert werden können, vgl Rn D 183. Über *Unterhaltsverträge* vgl Rn D 66 und D 79. Ein *stillschweigender Verzicht auf das Aufwertungsrecht* wird nur unter besonderen Umständen – etwa bei bereits ausgetauschten Leistungen – angenommen werden können. Behält ein Lieferant die Ware unter Berufung auf andere Einwände zurück, ohne sich auch auf die Entwertung der Kaufpreisforderungen zu berufen, so kann hierin noch kein Verzicht auf den Aufwertungseinwand erblickt werden (RGZ 107, 19, 21). Bei einem Vergleichsvertrag kommt es darauf an, ob Aufwertungsansprüche überhaupt in Betracht gezogen und zum Gegenstand eines Forderungsverzichts gemacht wurden (RGZ 118, 59, 61; 122, 200, 203 f; 123, 224). Nach § 67 AufwertungsG 1925 war aber sogar ein Vergleich, in dem auf künftige Aufwertungsansprüche verzichtet wurde, der Aufwertung fähig (RGZ 117, 226). Doch wird dies – ähnlich wie bei der Friedenspflicht im *Tarifvertrag* (Rn D 116) – auf den Ausnahmefall einer gravierenden, in den Ausmaßen unvorhersehbaren Inflation beschränkt bleiben müssen.

D 120 **b)** **Verwirkung** tritt ein durch *illoyale Verspätung* (eingehend STAUDINGER/JÜRGEN SCHMIDT [1995] § 242 Rn 516 ff). Wer jahrelang zuwartet, kann jedenfalls nicht mit uneingeschränkter Rückwirkung die Aufwertung seiner Forderung verlangen (RGZ 118, 375, 377). Eine nur zögerliche, aber noch nicht illoyal verspätete Geltendmachung des Aufwertungsbegehrens muß diesem Begehren hinsichtlich unbeglichener Forderungen nicht entgegenstehen (RGZ 117, 211, 213; vgl auch RGZ 118, 63, 66). Ein vertragliches oder gesetzliches *Rücktrittsrecht* des Geldgläubigers beim gegenseitigen Vertrag kann durch Verwirkung (nach RGZ 107, 106, 110 durch Verzicht) verlorengehen, wenn der Berechtigte ohne rechtfertigenden Grund länger, als für den Vertragspartner zumutbar, mit dem Rücktritt wartet (RGZ 107, 106, 110 mwNw). Das gilt um so mehr, je unklarer die Rechtslage wird (vgl RG aaO für den Fall von Vorauszahlungen). Durch *widerspruchslose Entgegennahme von Zahlungen* geht das Aufwertungsrecht nicht in jedem Fall verloren. RGZ 114, 399, 403 sagt mit Recht, daß es für die Vertragserfüllung nicht darauf ankommt, ob der Gläubiger befriedigt zu sein glaubt, sondern darauf, ob er befriedigt ist. Das Recht wird aber verlorengehen, wenn das Verhalten des Gläubigers das Begehren nachträglicher Aufwertung nicht mehr erwarten läßt (vgl auch Rn D 129 zum Problem der „rückwirkenden Aufwertung"). Namentlich *unter den Bedingungen der schleichenden Inflation* wird die widerspruchslose Entgegennahme die nachträgliche Aufwertung in aller Regel hindern. Besonders nahe liegt diese Folgerung für die Lehre vom Erfüllungsvertrag, nach der die Wirkung des § 362 Abs 1 nicht schon durch die Leistungsbewirkung selbst, sondern durch besonderen Erfüllungsvertrag eintritt (Überblick bei LARENZ I § 18 I; STAUDINGER/OLZEN [1995] § 362 Rn 9 ff; die Lehre vom Erfüllungsvertrag wird heute namentlich iS einer Realvertragstheorie vertreten von EHMANN NJW 1969, 1833; WEITNAUER, Die Leistung, in: FS vCaemmerer [1978] 255), denn wer den Erfüllungsvertrag geschlossen hat, wird nicht mehr ohne weiteres einwenden können, es habe am Erfordernis der Leistungsbewirkung gefehlt. Doch dürfte der Theorienstreit um die Erfüllung im Ergebnis unerheblich sein. Die Berufung auf einen bloßen Motivirrtum nach widerspruchsloser Annahme einer entwerteten Geldsumme als Erfüllung ist unzulässig. Zwar ist in RGZ 109, 111 und in RGZ 110, 65, 78 davon die Rede, daß auch die vorbehaltlose Annahme das Aufwertungsrecht unberührt lasse, weil die Zahlung mit entwertetem Geld nicht die Bewirkung der geschuldeten Leistung iS von § 362 Abs 1 sei, doch ging es hierbei um Zahlungen, die vor der Anerkennung des Aufwertungsrechts gelegen hatten, so daß ein Protest des Gläubigers aus dieser Sicht aussichtslos, also auch nicht zu erwarten war. Die widerspruchslose *Entgegennahme von Teilzahlungen* hindert nicht die Aufwertung (vgl aber noch RGZ 106, 11, 13); sie kann nur dazu führen, daß sich die Aufwertung auf die offen gebliebenen Beträge beschränkt (RGZ 116, 313, 315). Das RG hat sogar die rückwirkende Aufwertung verschiedentlich gelten lassen, weil die erbrachten Teilzahlungen nicht mehr nach ihrem Nennwert die geschuldete Leistung iS von § 362 Abs 1 darstellten (RGZ 109, 111; 110, 65, 78; dazu vMAYDELL, Geldschuld 134). Aber es handelte sich wiederum um Zahlungen, die der Aufwertungsrechtsprechung vorausgegangen waren. Wird der Aufwertungsanspruch *teilweise eingeklagt*, so muß der Kläger den Restanspruch nicht alsbald geltend machen, nur um dem Verwirkungseinwand zu entgehen (RGZ 129, 401, 404).

c)   Durch **Vorleistung beim gegenseitigen Vertrag** kann das Recht zur Geltendma- **D 121** chung der Geldentwertung entfallen. Wie auch § 32 Abs 2 DMBilG zeigt (vgl zum Begriff des schwebenden Vertrags Rn D 93), kann die Adäquanz von Leistung und Gegenleistung berücksichtigt werden, solange nicht beide Seiten vollständig geleistet haben (BGHZ 122, 32 = JZ 1993, 1057 m Anm SCHULZE-OSTERLOH = NJW 1993, 1387). RGZ 109, 97, 100 unterscheidet allerdings deutlich zwischen denjenigen Fällen, in denen der Geldgläubiger und Sachschuldner die eigene Leistung schon erbracht hat, und denjenigen, in denen er die eigene Leistung noch zurückbehalten kann. Auch im ersten Fall versagt das Reichsgericht dem Geldgläubiger nicht schlechthin die Berufung darauf, daß die eigene Leistung voll erbracht sei. Aber es sieht doch einen erheblichen

Unterschied darin, „ob dem Sachschuldner zugemutet werde, nach eingetretener Geldentwertung selbst erst die Sachleistung zu erbringen, oder ob der geschuldete Sachwert schon hingegeben ist und es nur darum geht, die durch den Währungsverfall entwertete Geldleistung angemessen zu bestimmen". Das Reichsgericht sieht hierin einen ganz prinzipiellen Unterschied: „Es muß unbillig erscheinen, vom Sachschuldner zu verlangen, daß er eine vollwertige Sachlieferung gegen eine offensichtlich wertlose oder nur zu einem geringen Bruchteil aufgewertete Geldleistung mache. War hingegen die Sachleistung bereits bewirkt und steht nur die Aufwertung der Gegenforderung in Frage, dann ist – wirtschaftlich gesehen – der Schaden im Gegensatz zum vorigen Falle schon eingetreten …". Die Ähnlichkeit mit dem Rechtsgedanken des § 17 KO (§ 103 InsO) ist unverkennbar. Es scheint richtig, daß sich die Wertung bei einem Kaufkraftverlust nach Vorleistung verändert. Auch vMAYDELL (Geldschuld 129 ff) spricht dem Gläubiger in diesem Fall das Recht zur Geltendmachung der Äquivalenzstörung grundsätzlich ab, indem er den Vorleistenden nur mehr als Kreditgeber behandelt (130). Dies entspricht der in den §§ 320 f BGB, 17 KO, 103 InsO zum Ausdruck gelangten, allerdings dort nicht auf das Entwertungsrisiko bezogenen Interessenwertung. Ein strikter Grundsatz darf hieraus allerdings nicht gemacht werden (einschränkend auch vMAYDELL, Geldschuld 131). Die gesetzliche Wertung betrifft das Kreditrisiko, nicht aber ohne weiteres das Entwertungsrisiko. *Der vorleistende Sachschuldner begibt sich zwar der Möglichkeit, die Aufwertung durch Ausübung eines Zurückbehaltungsrechts zu erzwingen; das Aufwertungsrecht selbst gibt er nicht ohne weiteres auf.* Auf der anderen Seite läßt aber das geltende Recht auch nicht den Schluß zu, es komme auf die Vorleistung des Sachschuldners und Geldgläubigers schlechthin nicht an (in dieser Richtung aber SCHWERDTNER ZfA 1978, 566 mit Hinweis auf § 16 BetrAVG; diese Parallele überzeugt nicht; auch bei Bejahung eines Gegenseitigkeitsverhältnisses zwischen Arbeitsleistung und Ruhegeld läßt die notwendige Vorleistung des Arbeitnehmers keine Folgerungen für solche Fälle zu, bei denen eine Risikoverlagerung durch gewillkürte Vorleistung in Frage steht). Die Lösung dürfte, wie oft, in der Mitte liegen: Die Vorleistung bringt den Sachschuldner faktisch in eine Kreditgeberrolle; er kann den Mechanismus von Leistung und Gegenleistung nicht mehr in derselben Weise ausspielen wie bei einem beiderseits unerfüllten gegenseitigen Vertrag (über verschärfte Erheblichkeitsanforderungen bei unvollkommen zweiseitigen Schuldverhältnissen sinngemäß CHIOTELLIS 174 ff). Ihm die Verweisung auf Äquivalenzstörungen generell abzuschneiden, besteht jedoch keine Berechtigung (zur Äquivalenzstörung beim Kredit vgl Rn D 103).

D 122 **d)**   Ein **Verzug mit der Gegenleistung** läßt das Aufwertungsrecht des Geldgläubigers *nicht* generell entfallen (RGZ 107, 19, 21; 107, 124; 107, 148, 149; 107, 149, 150; 107, 156; vMAYDELL, Geldschuld 136 f). Anders beurteilt dies die verbreitete Auffassung, nach der sich eine selbst in Verzug befindliche Vertragspartei nicht auf den Fortfall der Geschäftsgrundlage berufen kann (RGZ 103, 3, 5; so in anderem Zusammenhang BGH LM § 284 BGB Nr 2; s auch MünchKommBGB/ROTH[3] § 242 Rn 542). Diese Auffassung ist indes in ihrer Allgemeinheit abzulehnen. Der seinerseits im Schuldnerverzug befindliche Geldgläubiger hat dem Geldschuldner nach § 286 Schadensersatz zu leisten, muß aber nicht generell auf die Aufwertungsrechte verzichten (RGZ 106, 422, 425; 107, 124, 129; 107, 149, 150; 107, 156, 160; 109, 97, 99; 109, 222, 224). Das gilt mit Sicherheit dann, wenn die Geschäftsgrundlagenstörung bereits vor Verzugseintritt vorhanden war. Es sollte aber auch für solche Entwertungen gelten, die erst nach Verzugseintritt eintraten. Der Gedanke des § 287 S 2 (vgl MünchKommBGB/ROTH[3] aaO) betrifft nur die

Schadensersatzpflicht, die ohnehin unberührt bleibt. Von einem Übergang des Entwertungsrisikos mit Verzugseintritt kann also nur in dem Sinne gesprochen werden, daß der aufwertungsberechtigte Geldgläubiger Verzugsschäden ausgleichen muß, wenn er seinerseits mit der Gegenleistung in Verzug ist.

5. Rechtsfolgen

a) Die **Rechtsfolgen eines Fortfalls der Geschäftsgrundlage** entziehen sich allgemein- **D 123** gültiger Festlegung (vgl statt vieler ENNECCERUS/LEHMANN § 41 III; LARENZ, Geschäftsgrundlage 170; CHIOTELLIS 4 ff, 64 ff; NELLE 206 ff, 220; MünchKommBGB/ROTH³ § 242 Rn 544 ff; ULMER AcP 174 [1974] 184; im Ergebnis insbes auch FLUME, Rechtsgeschäft § 26/3 mit Methodenkritik an der hM). Bei Äquivalenzstörungen, um die es sich hier handelt, kommen als Rechtsfolgen in erster Linie die *Wiederherstellung des Vertragsgleichgewichts* und die *Vertragsauflösung* in Betracht (MünchKommBGB/ROTH³ § 242 Rn 547). Das *Verhältnis zwischen Vertragsanpassung und Lösungsrecht* ist str. Für einen *Vorrang der Auflösung* spricht sich vMAYDELL (Geldschuld 127 ff) aus. Auch das RG hat verschiedentlich davon gesprochen, der Wille der Parteien zur Fortsetzung des Rechtsverhältnisses sei Voraussetzung der Anpassung (zB RGZ 100, 129, 132, wo die Befugnis richterlicher Vertragsinhaltsbestimmung geradezu a maiore ad minus aus dem Lösungsrecht hergeleitet wird). Das ist auf den ersten Blick verwunderlich, weil die Auflösung des Vertrags zwar beim Geschäftsgrundlagentypus der Zweckvereitelung, nicht aber bei der Äquivalenzstörung als adäquate Rechtsfolge erscheint. Heute überwiegt in Praxis und Literatur die Lehre vom **Vorrang der Anpassung** (vgl statt vieler: BGHZ 47, 48, 51 f; BGH NJW 1951, 836 f; BGH LM § 242 BGB Nr 13, 18, 24 und 27; LARENZ I § 21 II; ders, Geschäftsgrundlage 170 ff; ESSER/EIKE SCHMIDT I/2 § 24 III; EMMERICH, in: Athenäum-Zivilrecht I [1972] = Vahlens-Zivilrecht I [1974] § 16 III; ders, Das Recht der Leistungsstörungen [4. Aufl 1997] § 29; KÖHLER, Unmöglichkeit und Geschäftsgrundlage [1971] 156 ff; CHIOTELLIS 10 ff; NELLE 225 ff; BGB-RGRK/ALFF¹² § 242 Rn 67 ff; MünchKommBGB/ROTH § 242 Rn 544; HORN AcP 181 [1981] 276). Ein *Kompromiß* zwischen dem Vorrang der Auflösung und dem Vorrang der Anpassung ist bei RGZ 103, 328, 333 angelegt. Das RG hat hier noch die Rechtsgestaltungsbefugnis des Richters verneint, aber es hat die Ausübung des außerordentlichen Kündigungsrechts von der Verweigerung einer Vertragsanpassung abhängig gemacht: Bevor der Schuldner wegen Äquivalenzstörung zurücktrete (kündige), müsse er den Gläubiger zur Erhöhung der Gegenleistung auffordern; werde die Erhöhung verweigert, so sei der Schuldner frei (relativierend später RGZ 111, 156, 158: erst ab Eintritt der Hyperinflation). Damit zeigt sich, daß der Widerstreit der Meinungen nur teilweise auf unüberbrückbaren sachlichen Gegensätzen, teilweise aber auf der Vermischung unterschiedlicher Ebenen des Problems beruht: Unter dem Aspekt der Vertragstreue erscheint die Fortsetzung des Vertrags unter veränderten Bedingungen als der geringere, die Vertragslösung als der schärfere Eingriff. Als Eingriff in den erklärten Parteiwillen erscheint demgegenüber die Anpassung als die problematischere, der Legitimation bedürftige Rechtsfolge. Auch *in der praktischen Rechtsanwendung* ist mit dem Problem, ob der Lösung oder der Anpassung der Vorrang gebührt, Unterschiedliches gemeint: Das Lösungsrecht kann als Ziel der Konfliktbewältigung Vorrang genießen (dann stellt es die vorvertragliche Vertragsfreiheit wieder her), es kann aber auch Mittel zum Zweck der Anpassung sein, ist dann Teil der Anpassungsstrategie und der Anpassung nur zeitlich vorgeschaltet (dazu auch NELLE 225 ff). Eine mit diesem Ziel erklärte Kündigung dient dem Primärzweck der Anpassung (vgl insoweit auch vMAYDELL, Geldschuld 128 f). Da aber die Kündigung regel-

Vorbem zu §§ 244 ff   2. Buch

D 124, D 125   1. Abschnitt. Inhalt der Schuldverhältnisse

mäßig absolut – also nicht als bloße Änderungskündigung – erklärt zu werden pflegt, erscheint der Vorrang des milderen Mittels als Korrektiv. In diese Richtung weisen Entscheidungen, in denen das RG ausgesprochen hat, die Lösung von Dauerschuldverhältnissen bzw der Rücktritt vom Kaufvertrag sei nur gerechtfertigt, wo nicht Anpassung als das mildere Mittel zu einer interessengerechten Lösung führe (RGZ 103, 329; 107, 151, 153; 107, 180, 182). Gegenüber diesem Vertragsänderungsmechanismus hat sich weitgehend die Theorie der verdeckten richterlichen Gestaltung durchgesetzt (vgl nur ESSER/EIKE SCHMIDT I/2 § 24 III; HORN AcP 181 [1981] 280). Sie liegt auch der Praxis zu § 315 BGB sowie zu § 32 Abs 2 DMBilG zugrunde, bei dem es sich um einen Anwendungsfall der Anpassung wegen Fortfalls der Geschäftsgrundlage handelt (Rn D 93). Nun ist hier nicht der Ort für die Entwicklung eines dogmatischen Modells dieser Vertragsanpassung, deren Einordnung zwischen korrigierender Vertragsauslegung, Feststellung eines ipso iure umgestalteten Vertragsinhalts und richterlicher Gestaltung schwankt (dazu mwNw MEDICUS, Vertragsauslegung und Geschäftsgrundlage, in: FS Flume I [1978] 629 ff). Die allgemeine Standortlosigkeit der heute hM hinsichtlich der praktischen Prozedur läßt aber an den guten Sinn der geschilderten Reichsgerichtsrechtsprechung erinnern. *Für den Vorrang des Lösungsrechts werden namentlich die Legitimationsprobleme und die praktischen Schwierigkeiten einer dezisionistischen Vertragsanpassung ins Feld geführt* (deutlich vMAYDELL, Geldschuld 127). Bei Abwägung gegen den Gedanken der Vertragstreue sprechen diese Erwägungen aber nur für den *technischen Vorrang einer „Änderungskündigung"*, nicht dagegen für den Vorrang der Vertragslösung als Konfliktlösungsziel. *Der Vorrang als* **Konfliktlösungsziel** *gebührt der Vertragsanpassung.* Sie stellt bei längerfristigen Verträgen das Regelziel, die Vertragslösung dagegen das Ausnahmeziel dar, wenn auch aus diesem Grundsatz keine starre Regel gemacht werden kann (insofern zutreffend RGZ 111, 156, 158, wo das Korrektiv recht unglücklich beim Verschulden gesucht wird). Von diesem Konfliktlösungsziel ist die **Technik der Konfliktlösung** zu unterscheiden. Als Konfliktlösungsmethode dienen Lösungsandrohung und Lösung des Vertrags (außerordentliche Kündigung bzw Rücktritt). In rechtstechnischer Hinsicht stehen also die Lösungsrechte der Vertragspartei im Vordergrund. Lösungsandrohung und Lösungserklärung sind aber zunächst *nicht Ziel, sondern nur Mittel der Konfliktbewältigung* (ähnlich jetzt NELLE 228 f). Die angeblich vorrangige Kündigungs- oder Rücktrittserklärung setzt also den Geldgläubiger weder dazu instand, sich willkürlich und bedingungslos aus dem Vertragsverhältnis zu lösen (deutlich RGZ 107, 180, 182), noch dazu, dem Geldschuldner willkürlich eine den eigenen Interessen entsprechende Vertragsänderung aufzuzwingen (deutlich RGZ 107, 151, 155). Sie dient, solange die gütliche Einigung nicht aus objektiven oder subjektiven Gründen evident aussichtslos scheint, dem Versuch einer einverständlichen Vertragsänderung.

D 124   **b)**   Der **Anpassungs- und Lösungsmechanismus** kann vertraglich konkretisiert sein und wird vor allem in sog Wirtschaftsklauseln (Rn D 94) idR dahin konkretisiert, daß Neuverhandlungspflichten Vorrang vor einer Zwangsanpassung, zB durch ein Schiedsgericht, haben (BAUR, Vertragliche Anpassungsregeln [1983] 21 ff). Fehlt es an einer vertraglichen Regelung, so gestaltet sich die Anpassung im einzelnen nach folgenden, von Fall zu Fall zu modifizierenden Grundsätzen:

D 125   **aa)**   Bei gegenseitigen Verträgen steht dem Geldgläubiger ein Leistungsverweigerungsrecht zu, soweit und solange er berechtigt ist, Aufwertung der Geldforderung zu verlangen und seinerseits noch nicht geleistet hat (vgl RGZ 107, 124, 127). Die rechts-

dogmatische **Ansiedelung** dieses Leistungsverweigerungsrechts (§ 273?, § 320?,
§ 242?) hängt von der rechtlichen Konstruktion der Rechtsfolgen des Fortfalls ab
(automatische Korrektur oder Vertragsumgestaltung?), ist aber für die praktischen
Folgen ohne Belang. Neben das Leistungsverweigerungsrecht (bei Vorleistung des
Geldgläubigers: an seine Stelle) tritt Rücktritt oder Kündigung. Solange nicht eine
einverständliche Anpassung ausgeschlossen oder vom Geldschuldner definitiv abgelehnt ist, steht aber die Kündigung unter dem *Vorrang der Anpassung* (Rn D 123).
Eine Kündigungs- oder Rücktrittserklärung ist dann entweder unwirksam, weil
(noch) kein Lösungsrecht bestand, oder sie löst jedenfalls Neuverhandlungspflichten
des Kündigenden aus (NELLE 225 ff). Zulässig scheint dagegen eine mit einem Änderungsangebot verbundene und an eine Potestativbedingung geknüpfte Kündigungs-
bzw Rücktrittserklärung nach dem Vorbild der arbeitsrechtlichen **Änderungskündigung** (ähnlich wohl HAARMANN 141 f; NELLE 241; HORN AcP 181 [1981] 277 f; zur Rechtsfigur der
Änderungskündigung vgl allg MünchKommBGB/SCHWERDTNER[2] Vorbem 43 f zu § 620). Vielfach
wird nur eine *Rücktritts- oder Kündigungsdrohung*, verbunden mit einem Änderungsangebot gewollt und erklärt sein. Der technische Vorrang des Lösungsrechts ist
damit gewahrt. Gleichfalls gewahrt ist der Vorrang des Anpassungsziels.

bb) *Verweigert der Geldschuldner die gebotene und ihm auch zumutbare Vertragsan-* **D 126**
passung, so berechtigt dies den Geldgläubiger nicht in jedem Fall (RGZ 111, 156), aber
doch idR zum **Rücktritt** bzw zur **Kündigung** (RGZ 103, 329; 107, 180, 182). Inwieweit der
Geldschuldner in Vertragsverhandlungen eintreten oder sich sogar unbedingt auf das
Änderungsangebot einlassen muß, ist Frage des Einzelfalls. Hartnäckige Ablehnung
jedes Anpassungsangebots wird idR ein Recht zur Lösung des Vertrags geben. Der
Geldgläubiger kann dann idR nicht auf den Weg richterlicher Vertragskorrektur
verwiesen werden; dieser Weg steht ihm, sofern er nicht im Einzelfall zu besonderer
Vertragstreue angehalten werden kann, grundsätzlich neben der Kündigung zur
Wahl. Auf der anderen Seite ist der Geldgläubiger nicht schon dann zur Lösung des
Vertrags berechtigt, wenn die Gegenseite auf die von ihm erhobenen Forderungen
nicht eingeht (vgl RGZ 107, 151, 155). Fehlt es – wie später das Gericht feststellt –
überhaupt an einem zur Anpassung berechtigenden Fortfall der Geschäftsgrundlage,
so kann das Ansinnen des Geldgläubigers umgekehrt auch dem Vertragsgegner ein
außerordentliches Lösungsrecht (Kündigungsrecht oder Rücktrittsrecht) geben,
wenn eine gravierende Störung des Vertragsfriedens vorliegt, doch ist dies eine
streng zu prüfende Frage des Einzelfalls. In jedem Fall tritt die Aufhebung des
Vertrags nur ex nunc (RGZ 103, 328, 333) und nur aufgrund der Erklärungen der
Parteien ein (Aufhebungsvertrag, Rücktritt, Kündigung). Das Gericht kann diese
Erklärungen nicht ersetzen.

cc)   **Vertragsanpassung ohne Konsens der Parteien** kann nach dem Vorbild der §§ 315 **D 127**
Abs 3, 319 vom Gericht durchgeführt werden (grundlegend SIEG NJW 1951, 507; zur Auffassung des Verf vgl KARSTEN SCHMIDT JuS 1976, 715; vgl zu § 315 BGH NJW 1983, 1777, 1778; aM
namentlich NEUMANN-DUESBERG JZ 1952, 709). Durch das zu § 32 Abs 2 DMBilG – also zu
einem Spezialfall der Geschäftsgrundlage – ergangene Urteil BGHZ 122, 32, 44 f =
JZ 1993, 1057, 1060 m Anm SCHULZE-OSTERLOH = NJW 1993, 1387, 1389 wurde
diese Ansicht bestätigt. Es handelt sich um eine subsidiäre richterliche Billigkeitsentscheidung, gestützt auf das Scheitern einer der Billigkeit entsprechenden Einigung. Freilich ist die dogmatische Ansiedelung dieser Entscheidung noch wenig
geklärt, wie auch im unmittelbaren Anwendungsfall der §§ 315 und 319 Streit dar-

über besteht, ob das Gericht eine feststellende oder eine gestaltende Entscheidung trifft. Die Praxis neigt dazu, die Rechtsfolgen des Fortfalls der Geschäftsgrundlage auf § 242 zu stützen, und zugleich neigt sie zu der Annahme, es liege nicht Vertragsgestaltung, sondern die Feststellung eines ipso iure eingetretenen Rechtszustands vor (BGH NJW 1972, 152 f; BGB-RGRK/Alff[12] § 242 Rn 88 mwNw). Von einer bloß feststellenden Entscheidung kann indes allenfalls insoweit gesprochen werden, als aus dem wirklichen und dem hypothetischen Parteiwillen im Wege korrigierender Vertragsauslegung eine von den Parteien gewollte Regelung ermittelt wird (vgl hierzu Larenz, Geschäftsgrundlage 165 ff; ders, Schuldrecht I § 21 II; Medicus, Vertragsauslegung und Geschäftsgrundlage, in: FS Flume I [1978] 629 ff mit eingehender Problemanalyse). In Fällen der Geldwertveränderung bei nicht wertgesicherten Forderungen geht es dagegen um echte *richterliche Vertragsgestaltung*, und diese sollte nicht als bloß erkennende Richtertätigkeit ausgegeben, sondern als gestaltende subsidiäre richterliche Billigkeitsentscheidung erkannt und gewürdigt werden. Die Entscheidung kann durch Gestaltungsurteil erfolgen, erfolgt aber regelmäßig als *sog verdeckte richterliche Gestaltung* im Rahmen eines Leistungsprozesses (BGHZ 91, 32, 36 = NJW 1985, 126, 127). Vor allem in der *Praxis der Schiedsgerichte* ist diese subsidiäre Umgestaltung gebräuchlich. Sie ist aber nicht auf Schiedsgerichte beschränkt. Soweit im Wege der „verdeckten Gestaltung" ein Leistungsurteil ergeht, kann dieses nach allgemeinen Grundsätzen für vorläufig vollstreckbar erklärt werden (MünchKommBGB/Gottwald[3] § 315 Rn 31).

D 128 c) Der **Umfang der „Aufwertung"** ist nach den Grundsätzen billiger Vertragsinhaltsbestimmung (§§ 315, 319) unter *Berücksichtigung des individuellen Vertragsrisikos* zu bestimmen. Er entzieht sich einer generalisierenden Festlegung. Die Rechtfertigung der Anpassung durch die Geldentwertung bringt es mit sich, daß das Ausmaß der Entwertung das Höchstmaß der Anpassung markiert; die Forderungsaufwertung darf den Geldwertverlust nicht übersteigen (RGZ 109, 146, 148; 110, 371, 372; BGHZ 119, 220, 223 = NJW 1993, 52). Sehr umstritten war in der RG-Praxis das Ausmaß der Aufwertung bei Geschäften des Großhandels (vgl RGZ 110, 371 und zuvor RGZ 108, 379; 109, 97; 109, 241). Günstiger Weiterverkauf einer Sache ist für den Verkäufer eine res inter alios gesta und rechtfertigt nicht einen Aufschlag auf den Aufwertungsbetrag (vgl nur RGZ 109, 222). Die zu treffende Billigkeitsentscheidung muß nicht in jedem Fall zu einer vollständigen Anpassung der Forderung an den veränderten Geldwert führen. Das Institut des Fortfalls der Geschäftsgrundlage dient nicht dazu, fehlende Wertsicherungen zu ersetzen. Das Risiko kann und muß in vielen Fällen geteilt werden. Bei Dauerschuldverhältnissen, also zB bei der Anpassung des Miet- oder Pachtzinses, ist indes regelmäßig eine vollständige Anpassung angezeigt, wenn einmal die Schwelle des Fortfalls der Geschäftsgrundlage überschritten ist. Eine Risikoteilung ergibt sich in diesen Fällen regelmäßig bereits daraus, daß keine Dynamisierung, sondern nur eine stufenweise Anhebung der Geldschuld stattfindet.

D 129 d) Der **Anpassungszeitraum** kann zweifelhaft sein. Bereits erloschene Forderungen können nicht aufgewertet werden. Insofern ist eine *rückwirkende Anpassung* grundsätzlich ausgeschlossen (RGZ 107, 140; 116, 313, 317; vMaydell, Geldschuld 132 f). Der Vertragsgegner kann dann seine Leistung nicht nach Jahr und Tag unter Berufung auf Geldentwertung zurückhalten, denn die Entwertung empfangenen Geldes ist – im Gegensatz zur Entwertung einer Geldforderung – sein Risiko (RGZ 107, 128, 129 f; 108, 156, 157). Er kann sich auch nicht etwaigen Gewährleistungsrechten aus dem Vertrag mit der Begründung widersetzen, der empfangene Betrag sei nach der Zahlung entwertet, die Kalkulationsgrundlage also hinfällig (RGZ 107, 140). Auch wenn die Geldforderung durch Vorauszahlungen nur teilweise getilgt ist, ist es idR unzulässig, die Gesamtforderung aufzuwerten und die Zahlungen nur zum Nennwert auf die aufgewertete Forderung anzurechnen (RGZ 108, 395, 396). Im einzelnen wird ein *Unterschied zwischen der Aufwertung unter den Bedingungen der schleichenden Inflation und der Hyperinflation* gemacht werden müssen: *Schleichende Inflation* rechtfertigt regelmäßig nur die *Anpassung ex nunc*. Das bedeutet zunächst, daß die aufzuwertende Forderung noch existieren muß. Nur offenstehende oder unter Vorbehalt entgegengenommene Beträge können idR aufgewertet werden. Bei wiederkehrenden Leistungen bedeutet aber Aufwertung ex nunc auch, daß die Aufwertung nicht alle rückständigen Beträge umfassen kann. Insbes kann das Entgelt bei Dauerschuldverhältnissen idR nur für die Zukunft angepaßt werden (über Differenzierungen HAARMANN 102). Hinsichtlich des Aufwertungszeitraums sind daher *zwei Fragen* zu unterscheiden: die Frage, *welche Forderungsbeträge* von der Korrektur erfaßt werden, und die Frage, *welcher Inflationszeitraum* in Betracht zu ziehen ist. Die erste Frage sollte in dem Sinne beantwortet werden, daß bei wiederkehrenden Leistungen regelmäßig vom Zeitpunkt eines begründeten Aufwertungsverlangens an die Korrektur stattfinden kann (immerhin zweifelhaft); der in Betracht zu ziehende Inflationszeitraum umfaßt dagegen auch rückwirkend den gesamten Zeitraum von der Vereinbarung bis zum Zeitpunkt der letzten tatrichterlichen mündlichen Verhandlung. Im *Fall der Hyperinflation* ließ das RG auch die *rückwirkende* Feststellung zu, daß eine Zahlung bereits im Zahlungszeitpunkt keine ordnungsmäßige Erfüllung mehr war (vgl RGZ 114, 399, 403; vgl auch Rn D 120 zum Problem des Rechtsverlusts durch widerspruchslose Entgegennahme der Zahlung). *Vorauszahlungen* werden nach ihrem wirtschaftlichen Wert taxiert (vgl auch RGZ 107, 108, 110; 108, 395, 396). Ist eine Vorauszahlung alsbald bei Vertragsschluß erfolgt, so tilgt sie die Geldschuld zum vollen Nennwert (vgl auch RGZ 107, 240, 243; 107, 128, 129 für den Einkauf in ein Altenheim). Die *Möglichkeit rückwirkender Aufwertung* sollte prinzipiell auf den Fall der Hyperinflation beschränkt bleiben. Sie findet dann eine zeitliche Grenze mit dem Übergang von der schleichenden, trabenden und schließlich galoppierenden Inflation in das Stadium der Hyperinflation (dazu vgl Rn D 18). Demgemäß stellte der II. Zivilsenat des RG in RGZ 113, 136, 138 und RGZ 115, 198, 200 im Jahr 1926 fest, daß die Papiermark noch bis Mitte 1922 als Wertmesser anerkannt war. Bis dahin galt also für Geldsummenschulden der Grundsatz „Mark gleich Mark"! Das RG hat aber diesen Grundsatz dann 1927 in RGZ 115, 201, 205 gelockert für Geschäfte, die nicht dem kaufmännischen Güterumsatz zugehörten, sondern die Grundlage für die wirtschaftliche Existenz des Gläubigers bildeten. Bereits in RGZ 114, 399 hatte der V. Zivilsenat Ausnahmen für Grundstücksgeschäfte angenommen. Insgesamt lockerte sich damit die Rechtsprechung (RGZ 116, 306; RG JW 1927, 1146). RGZ 117, 34, 40 f spricht dann schon aus, bereits am Schluß des Jahres 1922 sei die Geldentwertung so weit fortgeschritten gewesen, daß sich der Satz „Mark gleich Mark" als unhaltbar herausgestellt hätte. RGZ 118, 375, 376 stellt sogar die Frage, ob die rückwirkende Aufwertung nicht doch auf kaufmännische Geschäfte ausgedehnt werden dürfe. Doch wurde an der strengeren Praxis in RGZ 124, 76, 80 festgehalten, weil es sich nicht um lebenswichtige Geschäfte handle.

e) Der **Einfluß der Vertragsanpassung und Forderungsaufwertung auf Kreditsicher-** **D 130** **heiten** darf nicht mit dem Problem der Geschäftsgrundlage bei Sicherungsverträgen verwechselt werden (vgl zur Geschäftsgrundlage des Bürgschaftsvertrags RGZ 146, 376, 379;

BGH WM 1959, 855; NJW 1965, 438; 1966, 448; WM 1973, 752; BB 1974, 1454). Es geht vielmehr darum, ob die aufgewertete Geldsummenforderung in eine vorhandene Kreditsicherung einbezogen ist oder einbezogen werden kann.

D 131 **aa)** Unter den **Personalsicherheiten** steht die *Bürgschaft* im Vordergrund. Die Bürgschaft ist nach § 767 streng akzessorisch. Die Anpassung der Hauptverbindlichkeit ändert an deren Indentität nichts. Sie fügt der Hauptverbindlichkeit keine neue Verbindlichkeit in Höhe des Aufwertungsbetrages hinzu, wenn auch die Reichsgerichtspraxis bisweilen von einem zusätzlichen Ausgleichsanspruch uä gesprochen hat. Es geht zwar nicht nominell, aber doch materiell nach Bestand und Umfang um denselben Anspruch, für den die Sicherheit übernommen wurde. Die Aufwertung wirkt deshalb auch gegen den Bürgen (vMAYDELL, Geldschuld 218; STAUDINGER/HORN[12] Vorbem 47 zu §§ 765–778). Der für die Bürgschaft geltende Bestimmtheitsgrundsatz (RGZ 57, 66; BGHZ 25, 318, 319 f; BGH NJW 1962, 1102; 1965, 965; WM 1978, 1065 = JuS 1979, 215 [KARSTEN SCHMIDT]) ändert hieran nichts. Auch eine *Höchstbetragsbürgschaft* folgt bis zu dem sich aus dem vereinbarten Höchstbetrag ergebenden Nennbetrag der Aufwertung. Eine Anpassung des vereinbarten Höchstbetrages wird dagegen idR nicht in Betracht kommen. Wird die Sicherung verkürzt, weil der Bürge eine Abänderung des Höchstbetrages verweigert, so kann dies für den Gläubiger ein Grund zur außerordentlichen Kündigung sein. *Schuldmitübernahme* und *Garantieversprechen* sind zwar keine akzessorischen Sicherheiten. Aber dies hindert nur, daß sie dem Umfang der gesicherten Verbindlichkeit automatisch folgen. Ihrem Vertragszweck entsprechend können dagegen diese Sicherheiten selbst der Aufwertung unterliegen. Damit entsteht eine Quasi-Akzessorietät. Dagegen ist die *Wechselverbindlichkeit* der Aufwertung durch Vertragsänderung oder Richterspruch unzugänglich.

D 132 **bb)** Bei den **dinglichen Sicherheiten** muß gleichfalls zwischen akzessorischen und nicht-akzessorischen Rechten unterschieden werden. *Sicherheiten an beweglichen Sachen* folgen – im Fall des Pfandrechts kraft gesetzlich angeordneter Akzessorietät (§ 1210) – der Forderung. Das gilt für das *Sicherungseigentum* ebenso wie für das akzessorische Pfandrecht (vMAYDELL, Geldschuld 219). Problemlos ist auch, daß die Sicherung durch *Eigentumsvorbehalt* der Aufwertung folgt, denn der Eintritt der aufschiebenden Bedingung vollständiger Kaufpreiszahlung (§§ 455, 158 Abs 1) hängt von der Höhe des Kaufpreises ab. Eine natürliche Obergrenze ist nur durch den Wert der Sache gesetzt. Besteht die Sicherheit ihrerseits in Geld, so kann ein Anspruch auf Ergänzung der Sicherheit bestehen (RGZ 117, 42; vgl zur Abgrenzung RGZ 121, 163). *Sicherheiten an unbeweglichen Sachen* lassen sich theoretisch streng unterscheiden in akzessorische Sicherungsrechte (Hypothek) und nicht akzessorische Sicherungsrechte (Grundschuld). Der Unterschied ist durch die Rechtsprechung zur Sicherungsgrundschuld stark relativiert (vgl nur BGH NJW 1980, 2198 = JuS 1980, 911 [KARSTEN SCHMIDT] NJW 1981, 1554 = JuS 1981, 844 [KARSTEN SCHMIDT]; 1987, 838; 1991, 1821; MünchKommBGB/EICKMANN[3] § 1191 Rn 65, 83, 85). Soweit die Sicherungsabrede dies zuläßt, kann auch eine Grundschuld einen nachträglich erhöhten Forderungsbetrag sichern. Die Aufwertungsproblematik bei Grundpfandrechten erweist sich indes nicht als ein Akzessorietätsproblem, sondern als ein Nennwertproblem. Bei der *Eintragung* einer Hypothek (§ 1115 Abs 1) bzw einer Grundschuld (§§ 1192, 1115 Abs 1) ist der Nennbetrag der gesicherten Forderung bzw der Grundschuld in das Grundbuch einzutragen. Der Nennbetrag unterliegt dem Grundsatz der Bestimmtheit (zu diesem Grundsatz vgl DEMHARTER, GBO [21. Aufl 1995] Anh § 13 Rn 5; EICKMANN, Grundbuchverfahrensrecht [3. Aufl 1994] Rn 327). Wertbeständige Grundpfandrechte, die diesem Bestimmtheitsgrundsatz zuwiderlaufen, werden deshalb sachen- und grundbuchrechtlich nur anerkannt, soweit formell nicht aufgehobene *Sondervorschriften* dies zulassen. Es sind dies: das Gesetz über wertbeständige Hypotheken v 23. 6. 1923, RGBl I 407, und die VO über wertbeständige Rechte v 16. 11. 1940, RGBl I 1521 (vgl MünchKommBGB/EICKMANN[3] § 1113 Rn 42; PALANDT/BASSENGE[55] vor § 1113 Rn 6). Der *Effekt eines wertbeständigen Grundpfandrechts* läßt sich nach dem BGB nur auf folgende Weise und nur bis zur Höhe des eingetragenen Nennwerts erzielen: durch eine Höchstbetragshypothek (§ 1190), durch eine wie die Höchstbetragshypothek „auf Zuwachs" berechnete Sicherungsgrundschuld oder durch eine „verdeckte Höchstbetragshypothek", die mit einem bestimmten Forderungsnennbetrag für eine ihrer Höhe nach noch nicht feststehende Forderung bestellt und eingetragen wird (Zulässigkeit str; bejahend RGZ 60, 243, 247; 152, 213, 219; BayObLGZ 1951, 594, 597; 1954, 196, 203; verneinend WESTERMANN, Sachenrecht [5. Aufl 1966] § 111 I 3; unentschieden SOERGEL/KONZEN[12] § 1190 Rn 4; differenzierend MünchKommBGB/EICKMANN[3] § 1113 Rn 35 ff). **Diese Fragen stellen sich** indes **regelmäßig** nicht im Zusammenhang mit der automatischen Forderungsaufwertung nach § 242, sondern **im Zusammenhang mit der vereinbarten Dynamisierung von Forderungen.** Sie gehören dann in den Zusammenhang des § 3 WährG (Rn D 308). Die Forderungsaufwertung nach § 242 stößt bei Grundpfandrechten regelmäßig an die *Grenze der eingetragenen Belastung*. Eine *Aufwertung der dinglichen Belastung* kann dann prinzipiell nur durch Rechtsgeschäft (§ 873) oder durch Gesetz erfolgen (III. SteuernotVO v 14. 2. 1924, RGBl I 74; AufwertungsG v 16. 7. 1925, RGBl I 117, ber 160). RG JW 1925, 1381 spricht sich für eine automatische Aufwertung auch des dinglichen Rechts aus (ebenso MÜGEL, Das gesamte Aufwertungsrecht [1925] 103). Diese für den Rang der Sicherheit bedeutsame Auffassung ist indes nur in Zeiten der Hyperinflation haltbar. Im übrigen gilt folgendes: Der Schuldner einer aufgewerteten Forderung kann nicht schon nach Rückzahlung des im Grundbuch eingetragenen Nennbetrags Grundbuchberichtigung (Hypothek) bzw Rückübertragung der Sicherheit (Grundschuld) verlangen, denn das Grundpfandrecht ist in Höhe des Aufwertungsbetrags noch valutiert. Hinsichtlich der Position des Gläubigers ist zu unterscheiden: Ein schuldrechtlicher Anspruch auf Einräumung zusätzlicher dinglicher Sicherheit besteht grundsätzlich nur, wenn der Eigentümer des belasteten Grundstücks und der Schuldner identisch sind. Selbst in diesem Fall kann es aus Gründen des Ranges an hinreichender Sicherheit fehlen. Bringt die unzureichende Sicherung die Geschäftsgrundlage auf der Gläubigerseite in Fortfall, so kann der Gläubiger das Rechtsverhältnis (zB den Kredit) kündigen.

6. Fallgruppen

Die bisherigen Erfahrungen mit dem Entwertungsproblem lassen zwar nicht die Bildung eines abschließenden Katalogs zu, wohl aber die **Entwicklung wichtiger Fallgruppen**. Wegen des bei Rn D 104 dargestellten Zeitmoments wird es sich dabei idR um langfristige Verträge handeln (vgl DÜRKES, Wertsicherungsklauseln [10. Aufl 1992] Rn F 42 ff; RASCH, BB 1971, 753 ff).   **D 133**

a) **Verträge mit Versorgungszweck** erscheinen schon in RGZ 115, 201, 205 f als privilegierter Vertragstypus, bei dem die Erheblichkeit einer Entwertung eher als bei sonstigen Verträgen berücksichtigt wird (vgl auch RG WarnR 1923/24 Nr 3; Münch-   **D 134**

KommBGB/Roth[3] § 242 Rn 590, 609 ff). BAG und BGH haben diesen Gedanken aufgegriffen. Bei diesen Verträgen – insbesondere bei Verträgen über **Ruhegelder** –
rechtfertigt sich richterliche Anpassungen auch bei bloß schleichender, aber quantitativ erheblicher Inflation. In diese Richtung wies bereits BAGE 17, 120, 123 f = BB
1965, 670. Richtungweisend waren dann die Urteile des BAG vom 30. 3. 1973, die
zwar keine stufenlose Dynamisierung und keine automatische Anpassung an die
gesetzliche Rentenversicherung, wohl aber einen Anpassungsanspruch jedenfalls bei
einer Geldentwertung um 40% befürwortet haben (BAG AP Nr 4 zu § 242 BGB Ruhegehalt-Geldentwertung m Anm Medicus = BB 1973, 522 = JuS 1973, 451 [Reuter]; AP Nr 5 zu § 242
BGB Ruhegehalt-Geldentwertung m Anm Förster/Rössler/Fürer = NJW 1973, 1296). Soweit
nicht § 16 BetrAVG als Spezialregelung eingreift (Rn D 152 ff), hat diese BAG-Praxis
weiterhin Gültigkeit (vgl zum Verhältnis zwischen § 16 BetrAVG und § 242 BGB auch Rn D
151). BGHZ 61, 31 = NJW 1973, 1599 hat sich dieser Tendenzwende gegenüber der
zuvor strengeren Rechtsprechung angeschlossen (ebenso BGH Betrieb 1977, 2239; vgl
auch bereits OLG Celle AP Nr 3 zu § 242 BGB Ruhegehalt = BB 1971, 914, 915). Das BGH-
Urteil betraf die Anpassung des Ruhegehaltes eines Vorstandsmitglieds einer AG
bei Teuerung von rd 57%. Der BGH hat die kritische Grenze nach dem Inkrafttreten
des BetrAVG für die noch nach altem Recht zu entscheidenden Fälle auf 33^1/$_3$%
herabgesetzt (vgl dazu näher Rn D 151). Diese großzügige Anpassungspraxis hat eine
lebhafte Diskussion ausgelöst. **Zustimmend** zB: Larenz I § 12 VII; Münch-
KommBGB/Roth[3] § 242 Rn 609 f; MünchKommBGB/vMaydell[3] § 244 Rn 20;
BGB-RGRK/Alff[12] § 242 Rn 75; Reuter ZHR 137 (1974) 482 ff; Stötter JZ 1974,
375; Medicus aaO; Thierfeldt NJW 1974, 1854; Chiotellis 168 ff; Ertl 241 ff;
Reichert-Facilides JZ 1974, 487; **kritisch** zB Ernst Wolf, Schuldrecht I § 4 D II
1; Esser/Eike Schmidt I/1 § 13 II 2; F A Mann NJW 1974, 1299; Höfer/Kemper
Betrieb 1973, 130, 1347; dies BetrAV 1974, 48; vWallis Betrieb 1973, 848; Pauls-
dorff BetrAV 1974, 38; referierend Dürkes, Wertsicherungsklauseln (10. Aufl
1992) Rn F 48 ff. Zu den *Methodenfragen* der Rechtsprechung vgl eingehend Die-
derichsen, Rechtsfortbildung in der betrieblichen Altersversorgung, in: FS Dietz
(1973) 225 ff. Bei einer **Leibrente** muß der Versorgungszweck beachtet werden, der
nach der Rechtsprechung eine aufwertungsfreundlichere Praxis rechtfertigt. Keineswegs paßt sich aber die Leibrente – etwa beim Grundstückskauf – wie eine Geldwertschuld automatisch jeder Geldwertveränderung an. Nach OLG Düsseldorf NJW
1972, 1137 = JuS 1972, 472 (Reuter) läßt sich eine auf allgemeinen Währungsverfall
gestützte Erhöhung der Leibrente jedenfalls so lange nicht rechtfertigen, wie die
vereinbarte Leistung noch als unterstützende Versorgung des Empfängers angesehen
werden kann. Auch **Vereinbarungen über eine Unterhaltsrente** begründen Dauerschuldverhältnisse mit Versorgungszweck (vgl RGZ 107, 215; Palandt/Heinrichs[56] § 242
Rn 138). Hier muß allerdings vorab die Frage geklärt werden, ob eine Geldwertschuld
vorliegt, bei der es einer besonderen Anpassung nicht bedarf (so das RG im Fall RGZ
110, 100, 101), oder ob möglicherweise umgekehrt sogar die Anpassung ausgeschlossen ist (vgl Rn D 66 und D 79). Über den **Erbbauzins mit Versorgungscharakter** vgl
Dürkes BB 1980, 1616, sowie hier auch Rn D 136. Ob ein Vertrag Versorgungscharakter hat, ergibt sich aus dem vertragsmäßigen, nicht schon aus dem subjektiv
verfolgten Zweck. Insbes kann ein Mietvertrag nicht schon dadurch zum Versor-
gungsvertrag für den Vermieter werden, daß der Vermieter alt werden und dann auf
die Einkünfte aus der Vermietung angewiesen sein kann (BGH WM 1975, 1131 = JuS
1976, 119; s aber auch OLG München BB 1982, 583, 584).

b)   Langfristige Verträge aus der Zeit vor 1920, jedenfalls vor dem Ersten Weltkrieg, **D 135** sind unter der Geschäftsgrundlage der Geldwertstabilität abgeschlossen (FLUME, Rechtsgeschäft § 26/6 a). Die durch BGH LM § 242 Nr 34 = NJW 1959, 2203 eingeleitete *Rechtsprechung zu den Kaliabbauverträgen* ist in den Ergebnissen unbillig und in den Argumenten verfehlt Eine Entwertung der Geldforderung um ²/₃ (also auf ¹/₃) genügt dem BGH nicht für eine Vertragskorrektur Es geht dabei aber nicht, wie man den Gründen entnehmen könnte, um die Frage, ob es erlaubt ist, dem Vertrag eine in Wahrheit fehlende Wertsicherung unterzuschieben; sondern es geht um Konsequenzen aus der Tatsache, daß diese Parteien zur Vereinbarung einer Wertsicherungsklausel überhaupt keinen Anlaß sehen konnten. In einem solchen Fall kann schon die Geldentwertung selbst eine so grundlegende und einschneidende Änderung der maßgeblichen Umstände sein, daß ein Festhalten an der ursprünglichen Vertragsregelung unzumutbar und damit rechtlich untragbar wäre (**aM** der BGH). Gesichtspunkte der Rechtssicherheit sprechen zwar auch bei diesen Altverträgen gegen eine automatische Dynamisierung, mindestens aber ist eine stufenweise Anpassung geboten. Eine Entwertung um je etwa 20−25% sollte für diese Anpassung ausreichen. Zu Unrecht wurde die durch das Kali-Abbauurteil eingeleitete Rechtsprechung fortgeführt in den Entscheidungen BGH LM § 242 Nr 39 = BB 1961, 190 (Kaliabbauvertrag von 1895); LM § 242 Nr 49 = NJW 1966, 105 (Kaliabbauvertrag von 1901). Der erste dieser beiden Fälle wies allerdings die Besonderheit auf, daß die Parteien im Jahr 1930, nachdem also das Phänomen der Inflationsgefahr den Parteien bewußt geworden sein mußte, einen Ergänzungsvertrag ohne Wertsicherung abgeschlossen hatten; die Steigerung der Lebenshaltungskosten seit diesem Zeitpunkt betrug 62,1%, die Rohstoffteuerung 111,4%; jedenfalls dieser Anstieg genügte dem BGH nicht. Das Schrifttum lehnt die Rechtsprechung zu den Altverträgen überwiegend und mit Recht ab (vgl statt vieler FLUME aaO; vMAYDELL, Geldschuld 157 f; ERTL 238 ff; SOERGEL/TEICHMANN¹² § 242 Rn 252; REICHERT-FACILIDES JZ 1969, 620).

c)   Der dingliche Erbbauzins unterliegt nach § 9 Abs 2 S 1 ErbbauVO einem stren- **D 136** gen Bestimmtheitsgrundsatz. Er muß nach Zeit und Höhe für die ganze Erbbauzeit im voraus bestimmt sein. Bestimmbarkeit genügt nicht (BGHZ 22, 220; OLG Hamm NJW 1967, 2362; STAUDINGER/RING [1994] § 9 ErbbauVO Rn 16). Das gilt trotz der mißverständlichen „Kann"-Formulierung auch für die auf dem Sachenrechtsbereinigungsgesetz von 1994 beruhende Neufassung (Rn D 291). *Die gesetzliche Anpassung nach § 242 kann stets nur einen schuldrechtlichen Anspruch auf Änderung des Erbbauzinses begründen.* Diesen stützt der BGH ausschließlich auf den schuldrechtlichen Vertrag über die Bestellung des Erbbaurechts, nicht auf das dingliche Recht (BGHZ 96, 371 = NJW 1986, 1333; 97, 171, 177 = NJW 1986, 2698, 2699; 111, 214 = NJW 1990, 2620). Er steht deshalb nicht ohne weiteres dem Grundstückseigentümer, sondern nur dem Vertragspartner zu, einem Grundstückserwerber also nur, wenn er in den Vertrag eingetreten ist oder wenn ihm die Rechte abgetreten worden sind (BGHZ 96, 371, 376 f = NJW 1986, 1333, 1334). Auf der Passivseite richtet sich der Anspruch nicht ohne weiteres gegen einen Erwerber des Erbbaurechts, jedoch kann dieser nach dem Kaufvertrag und ggf in ergänzender Vertragsauslegung dem Veräußerer zur Freistellung verpflichtet sein (BGHZ 111, 214 = NJW 1990, 2620). Der schuldrechtliche Anspruch des Bestellers (idR also des Eigentümers) gegen den Veräußerer des Erbbaurechts bleibt im Außenverhältnis von der Veräußerung unberührt (BGHZ 111, 214 = NJW 1990, 2620). Die Rechtsprechung verfährt bei der Anpassung von Erbbauzinsen zumindest im Ausgangspunkt außerordentlich restriktiv. Herkömmlich maß sie dem

in Zeiten der Hyperinflation anerkannten Äquivalenzgedanken grundsätzlich keine
zur Vertragsanpassung bei Erbbaurechten berechtigende Bedeutung bei, weil es
nicht zulässig sei, in den Vertrag eine Anpassungsregelung hineinzuinterpretieren
(BGH RdL 1958, 7; LM § 242 Nr 71 = NJW 1974, 1186 = JuS 1974, 798 [EMMERICH]; LM § 242
Nr 81 = NJW 1976, 846; BGHZ 76, 291; BGH LM § 9 ErbbauVO Nr 15 = WM 1976, 1034; WM
1979, 1212; BB 1981, 1121 = Betrieb 1981, 1617 = NJW 1981, 1668 = WM 1981, 583; OLG Hamm
BB 1977, 265; OLG Nürnberg OLGZ 1977, 75 = NJW 1976, 1507; Nachweise zur Diskussion bei
DÜRKES BB 1980, 1615 mwNw). Selbst langfristig fortschreitende Inflation sollte nach
dieser bedenklich strengen Rechtsprechung dem Eigentümer kein Aufwertungsrecht
geben. Mit fortschreitender DM-Inflation hat sich das Bild der Rechtsprechung
geändert: Der BGH geht inzwischen von einer kritischen Grenze aus, die bei $3/5$
Geldentwertung liegt (BGHZ 90, 227, 229 = NJW 1984, 2212; 96, 371 = NJW 1986, 1333; 97,
171 = NJW 1986, 2698; 111, 214, 216 = NJW 1990, 2620, 2621; 119, 220, 222 = NJW 1993, 52).
Dabei wird auch im Veräußerungsfall der gesamte Zeitraum des Erbbaurechts mit-
gerechnet, sofern der Erwerber in die sich aus dem Bestellungsvertrag für den
Besteller ergebenden Rechte eingetreten ist (BGHZ 97, 171 = NJW 1986, 2698). Das
Ausmaß der Anpassung muß dann von dem vereinbarten prozessualen Wertverhält-
nis zwischen Erbbauzins und Bodenwert ausgehen (BGHZ 119, 220 = NJW 1993, 52).
Den Maßstab für den **Umfang der Anpassung** gewinnt die Rspr regelmäßig aus dem
Mittelwert der seit Vertragsbeginn eingetretenen Steigerung der Lebenshaltungskosten und der Arbeitnehmereinkommen (BGHZ 119, 220, 223; vgl auch ERMAN/HAGEN[9] § 9
ErbbauVO Rn 18; MünchKommBGB/ROTH[3] § 242 Rn 600; KNOTHE, Das Erbbaurecht [1987]
252 ff). Für Verträge mit Anpassungsklausel (Rn D 284 ff) ist eine Anpassung nach
Maßgabe der „sachlich am nächsten liegenden" Entwicklung des Bodenwerts durch
§ 9 a Abs 1 S 3 ErbbauVO ausgeschlossen. Deshalb ist es nach BGHZ 73, 225, 228
(zu § 9 a ErbbauVO) unbeachtlich, wenn die Entwicklung des Grundstückswerts
hinter der Erbbauzinserhöhung zurückbleibt (**aM** KNOTHE 252). „Dies rechtfertigt sich
daraus, daß nach Wortlaut und Sinn des Gesetzes bis zur Grenze der eingetretenen
Änderung der allgemeinen wirtschaftlichen Verhältnisse die vereinbarte Anpassungsklausel den Umfang der Erbbauzinserhöhung hinnehmbar bestimmt" (BGHZ
119, 220, 223 = NJW 1993, 52). „Dieser Gesichtspunkt greift aber bei einem ohne Anpassungsklausel geschlossenen Vertrag nicht ein. Dann gibt es keinen triftigen Grund,
den Erbbauzins dem Stand der allgemeinen wirtschaftlichen Verhältnisse anzugleichen, wenn sie sich stärker als der Grundstückswert verändert haben und bei
Berücksichtigung dieses Werts auch der Kaufkraftverlust abgedeckt ist" (ebd). Vgl im
übrigen zum Beurteilungsmaßstab der Rspr STAUDINGER/RING (1994) § 9 ErbbauVO Rn 9; BGB-RGRK/RÄFLE[12] § 9 ErbbauVO Rn 63 ff. Sind Gläubiger des
schuldrechtlichen und des dinglichen Erbbauzinses identisch, so hat der Gläubiger
des (schuldrechtlichen) Erhöhungsanspruchs zugleich einen Anspruch auf Bewilli-
gung einer Eintragung der Erhöhung in das Grundbuch (BGHZ 96, 371 = NJW 1986,
1333). Liegen die Voraussetzungen einer Anpassung wegen Äquivalenzstörung vor,
ist sogleich auf Zahlung des erhöhten Erbbauzinses zu klagen; für eine Klage auf
Zustimmung zu einer entsprechenden Vertragsänderung soll nach BGHZ 91, 32, 37
= NJW 1985, 126 das Rechtsschutzbedürfnis fehlen. *Zur vertraglichen Wertsicherung
des Erbbauzinses* vgl Rn D 284 ff.

D 137   **d)**   Für den **Mietzins und Pachtzins** gelten sinngemäß dieselben Grundsätze wie für
den Erbbauzins (OLG Hamburg OLGZ 1990, 65; STAUDINGER/EMMERICH [1995] Vorbem 45 zu
§ 537). Schleichende Geldentwertung kann ausnahmsweise eine Anpassung langfri-

stiger Mietverträge unabweislich notwendig machen (BGH Betrieb 1958, 1325: Mietvertrag mit festem Mietzins seit 1932). Diese Vertragsverhältnisse setzen bei zumindest annähernd konstantem Gebrauchsüberlassungswert eine andauernde Äquivalenzbeziehung zwischen diesem Wert und dem Pachtzins voraus (eingehend vMAYDELL, Geldschuld 151 ff). Das gilt vor allem bei Verträgen mit Versorgungscharakter (MünchKommBGB/VOELSKOW³ §§ 535, 536 Rn 87; STAUDINGER/EMMERICH [1995] Vorbem 43 zu § 537). Grundsätzlich führen dagegen nach Auffassung des BGH das allmähliche Sinken der Kaufkraft und die allmähliche Mietpreissteigerung nicht zum Fortfall der Geschäftsgrundlage (BGH BB 1969, 1413 = Betrieb 1969, 2029 = WM 1969, 1323; Betrieb 1975, 2220 = NJW 1976, 142 = WM 1975, 1131 = JuS 1976, 119 [KARSTEN SCHMIDT]; vgl auch OLG Düsseldorf MDR 1975, 404; LG Lübeck MDR 1972, 612; vgl aber auch AG Stuttgart ZMR 1970, 303). Aus der Praxis zum Erbbaurecht (Rn D 136) entnimmt der BGH, daß jedenfalls ein Geldwertschwund von ²/₃ noch keine Anpassung des Vertrags gegen den Willen des Mieters rechtfertigt. Diese Praxis ist allerdings umstritten (Nachw bei BGB-RGRK/GELHAAR¹² Vorbem 160 zu § 535; MünchKommBGB/VOELSKOW³ §§ 535, 536 Rn 86 f). Im Hinblick auf die neuere Praxis zu § 9 ErbbauVO ist auch hier mit einer maßvollen Lockerung der Grenzen zu rechnen. Eine summenmäßige, für jeden Einzelfall geltende Fixierung ist nicht möglich. Über die Besonderheiten bei staatlicher Mietpreisbindung vgl vMAYDELL, Geldschuld 153 f. Für die *Wohnraummiete* gelten die §§ 2-5 MHRG, zuletzt geändert durch Viertes MietrechtsänderungsG v 21. 7. 1993 (BGBl I 1257). Gemischttypische Verträge mit Nutzungselementen – zB Abbauverträge, Franchising-Verträge, Know-How-Verträge, Lizenzverträge etc – unterliegen sinngemäß den auch für Miet- und Pachtverträge geltenden Regeln, soweit ein konstantes Entgelt und nicht eine Wertsicherung oder eine Ertragsbeteiligung vereinbart ist. Unter den allgemein für § 242 geltenden Voraussetzungen kann auch bei einer Ertragsbeteiligung die Geschäftsgrundlage entfallen (BGH LM § 242 Nr 39 = NJW 1991, 1478 Salome). Eine gesetzliche Anpassungsregel für Landpachtverträge enthält § 593 BGB in der seit 1. 7. 1986 geltenden Fassung; s auch § 4 Abs 1 Nr 3 LandpachtverkehrsG.

e)   **Langfristige Kaufverträge und Werklieferungsverträge** können das Entwertungs- **D 138** problem aufwerfen (vgl KUNTH, BB 1978, 178). Namentlich *Sukzessivlieferungsverträge und sog Wiederkehr-Schuldverhältnisse* (RGZ 148, 326, 330; zum fragwürdigen Sinn der Unterscheidung vgl KARSTEN SCHMIDT, Handelsrecht [4. Aufl 1994] § 20 I 2 c) weisen das für die Aufwertung ausschlaggebende Zeitmoment auf (vMAYDELL, Geldschuld 115). Sofern nicht zu Tages- oder Listenpreisen kontrahiert werden soll, kann eine Anpassung des Vertrags wegen Geldentwertung in Betracht kommen (nicht hierher gehört der Fall BGH JZ 1978, 235 = BB 1978, 1033 = JR 1979, 60 m Anm HOMMELHOFF; dazu auch BRAUN JuS 1979, 692; die Ölpreisentwicklung ist auf der Warenseite anzusiedeln). Aber auch wenn der Leistungsaustausch selbst nicht von Dauer, jedoch lange *im voraus vereinbart* ist, ist das für das Entwertungsproblem charakteristische Zeitmoment vorhanden. So im Opel-Motorwagen-Fall RGZ 100, 134, im Drehstrommotoren-Fall RGZ 101, 74 oder bei den Grundstücks- bzw Unternehmenskaufverträgen RGZ 102, 98 und 103, 328. Was für den im voraus zwischen Verkäufer und Käufer vereinbarten Kaufpreis gilt, gilt sinngemäß auch für einen testamentarisch angeordneten Übernahmepreis (vgl dazu RGZ 108, 83). Auch *langfristige Kaufangebote, Vorverträge und aufschiebend bedingte Verträge*, also kaufrechtliche Austauschverhältnisse mit lange vorwegbestimmtem Kaufpreis sind der Anpassung nicht unzugänglich. OLG Hamburg WM 1971, 1062 erklärt den Erwerb eines Grundstücks im Werte von nunmehr 800 000 DM für einen im Jahr 1955 festgesetzten Kaufpreis von 100 000 DM für „grob ungerecht" und verteilt die Preissteigerung unter den Parteien. Im einzelnen ist die Erheblichkeit des Geldwertschwundes nach der Lage des Einzelfalls zu beurteilen. Grundsätzlich reicht es nicht aus, wenn der vereinbarte Preis nicht mehr kostendeckend ist (vgl BGH NJW 1977, 2262 Fernwärme). Selbst in der galoppierenden Inflation war die Praxis zunächst außerordentlich zurückhaltend. Ein Umschwung bahnte sich an in RGZ 106, 422. Zur Frage, ob Vorleistung des Verkäufers das Recht, sich auf eine Geldentwertung zu berufen, in Fortfall bringt, vgl Rn D 121. Über vertragliche *Tagespreisklauseln* vgl Rn D 171.

D 139 f) **Dienstverträge** weisen idR, allerdings keineswegs immer, das für die Anpassungsproblematik charakteristische Dauermoment auf. Fehlt es daran – so etwa regelmäßig bei werkvertragsnahen Dienstverträgen wie denen der Architekten, Ärzte, Rechtsanwälte, Steuerberater etc – so stellt die Anpassung von Gebührensätzen ein hier nicht zu behandelndes Sonderproblem dar (eingehend vMAYDELL, Geldschuld 172). Die *Anpassung des Arbeitslohns* an Veränderungen des Geldwerts ist kein individualvertragsrechtliches, sondern in aller Regel ein tarifpolitisches und tarifvertragliches Problem. Die individuelle Vertragskündigung oder Vertragsanpassung muß deshalb zurücktreten (vgl Rn D 116). Zur Frage der arbeitsvertraglichen Gleichbehandlung und Ungleichbehandlung bei Teuerungszulagen im Arbeitsrecht vgl BAG AP Nr 13 zu Art 3 GG; MünchKommBGB/SCHAUB[2] § 612 Rn 233.

D 140 g) **Werkverträge** unterliegen, je nach tatsächlicher Gestaltung, sinngemäß den für *Kaufverträge* oder für Dienstverträge dargestellten Grundsätzen.

D 141 h) **Kreditverträge** – insbesondere also Darlehen einschließlich der Vereinbarungsdarlehen (§ 607 Abs 1 und 2) – begründen Geldsummenschulden; Versuche, das Gegenteil aus der Formulierung des § 607, nämlich aus den Worten „Sachen von gleicher Art, Güte und Menge" herauszulesen, können als gescheitert betrachtet werden (Rn D 46). Auch die Erwägungen bei RGZ 107, 78, 91 sind nur auf § 242 gestützt und heben hervor, daß das Gesetz „wenigstens unter normalen wirtschaftlichen Verhältnissen" eine Darlehensrückzahlung zum Nennwert als Zahlung in der nach § 607 erforderlichen „Güte" ansieht. Die individuelle Aufwertung nach § 242 ist dagegen zulässig (RGZ 107, 78, 91 ff; std Rspr; CHIOTELLIS 175 Fn 71; vMAYDELL, Geldschuld 213; aA wohl STAUDINGER/HOPT/MÜLBERT[12] § 607 Rn 375). Zweifelhaft ist die Bedeutung des Äquivalenzgedankens. Darlehenshingabe und Darlehensrückzahlung stehen nicht im Verhältnis von Leistung und Gegenleistung. vMAYDELL (Geldschuld 214) will hieraus in Übereinstimmung mit RGZ 107, 78, 91 die Unbrauchbarkeit des Äquivalenzgedankens beim Darlehen herleiten, übersieht aber dabei, daß es beim verzinslichen Darlehen sehr wohl ein Gegenseitigkeitsverhältnis gibt, nämlich das zwischen Kreditbelassung und Zins (KARSTEN SCHMIDT JZ 1976, 757 mwNw). Fraglich ist indessen, ob dieses Gegenseitigkeitsverhältnis für die Äquivalenzbetrachtung maßgebend sein kann und ob es allein maßgebend sein kann. Die erste Frage ist zu bejahen, die zweite zu verneinen. Die Wertdifferenz zwischen dem ausgezahlten und dem zurückgegebenen Darlehensbetrag beziffert den Wertverlust der Forderung nach § 607. Diese Wertdifferenz kann trotz fehlender Gegenseitigkeit der Leistungen Anlaß für eine Aufwertung der Darlehensforderung sein (Rn D 100, D 103). Die Frage, ob die ermittelte Entwertung ein Lösungs- oder Aufwertungsrecht gibt, ist jedoch unter Berücksichtigung des Zinsertrages zu ermitteln. Daß dieser allein nicht den Ausschlag geben kann, zeigt das Beispiel des zinslosen Darlehens. Allgemeine Grundsätze lassen sich nicht aufstellen, auch nicht ein Grundsatz des Inhalts, daß jeder durch Zinsen nicht ausgeglichene Wertverlust auszugleichen ist. Die Kreditinstitute pflegen durch Zinsanpassungsklauseln vorzusorgen. Über Kreditvereinbarungen im Zusammenhang mit Beteiligungsverhältnissen vgl sogleich Rn D 142.

i) Geldschulden aus Beteiligungsverhältnissen, insbes aus Gesellschaftsverträgen **D 142** waren in § 63 Abs 2 Nr 1 AufwertungsG besonders hervorgehoben. Zur Bedeutung dieses Typus der Geldschuld im Recht der freien Forderungsaufwertung vgl eingehend vMAYDELL, Geldschuld 222 ff. Soweit es um gesetzliche Gewinnanteilsrechte, Abfindungsansprüche oder Liquidationsquoten geht, stellt sich die Aufwertungsfrage allerdings idR nicht, wenn diese Ansprüche nach periodischen Gewinnen oder nach Ertrags- bzw Liquidationswerten des Unternehmens berechnet werden (vgl zur Frage, ob Geldwertforderungen vorliegen, Rn D 68 ff). Anders kann es sich bei der Berechnung nach Buchwerten verhalten. Die *rein schuldrechtlichen* Ansprüche aus Beteiligungsverhältnissen – Einlageforderungen der Gesellschaft, typische stille Beteiligungen, Gesellschafterdarlehen einschließlich stehengebliebener Gewinnanteile oder Abfindungsguthaben – können eine Anpassung erforderlich machen, wenn der Berechnungszeitpunkt für die Forderung in der Vergangenheit liegt (vgl für Einlageforderungen RGZ 119, 220; 122, 339; 124, 264, 270; für Abfindungsansprüche RGZ 109, 41; 122, 28; für das Auseinandersetzungsguthaben des stillen Gesellschafters RGZ 122, 200; vgl zum Ganzen auch Rn D 9). Aus der gesellschaftsrechtlichen Zweckverbundenheit – evtl auch aus deren Nachwirken – ergibt sich uU eine Verstärkung des Inflationsschutzes gegenüber sonstigen Kreditverhältnissen. Der Gesellschafter etwa, der durch *stille Einlage* oder *Gesellschafterdarlehen* mehr als die Mitgesellschafter zur Lebensfähigkeit der Gesellschaft beiträgt, müßte sonst in Zeiten der Inflation zusehen, wie der wirtschaftliche Wert des Geleisteten allmählich im Eigenkapital der Gesellschaft aufgeht und insoweit auf seine Kosten den Mitgesellschaftern zufließt. Im Einzelfall kann es sogar gerechtfertigt sein, *stille Beteiligungen Dritter* oder partiarische Darlehensverhältnisse den Geldschulden aus Beteiligungsverhältnissen gleichzusetzen (Nachweise bei MÜGEL, Das gesamte Aufwertungsrecht [1925] § 63 Anm 3/1; vgl auch MÜGEL JW 1925, 936 gegen RG ebd). Ähnliches gilt schließlich für „atypische Darlehensverhältnisse", bei denen der Darlehensgeber aus anderen Gründen an dem mit dem Darlehen erzielten wirtschaftlichen Ergebnis beteiligt sein soll (vgl vMAYDELL, Geldschuld 216 mit Hinweis auf BGHZ 7, 143; BGH LM § 18 UmstG Nr 2).

7.   Sonderprobleme

a) Die **Aufwertung nichtvertraglicher Geldforderungen** spielt praktisch nur eine **D 143** geringe Rolle. Das RG hat eine solche Aufwertung, wie bei Rn D 99 bemerkt, in der Reichsmark-Hyperinflation verschiedentlich anerkannt. Hier kann nicht das Rechtsinstitut der Geschäftsgrundlage weiterhelfen, sondern es kann nur darum gehen, der nominell geschuldeten Geldsumme die Eigenschaft als „geschuldete Leistung" (§ 362 Abs 1) abzusprechen. Diese Aufwertung läßt sich schwerlich in das am Vertragsrecht orientierte Instrumentarium der Geschäftsgrundlage einordnen. Als Grundlage kommt ausschließlich § 242 in Betracht. In der Tat erweisen sich unter den Extrembedingungen der Hyperinflation die Grundsätze über den Fortfall der Geschäftsgrundlage für die erforderlichen Konfliktlösungen als zu eng. Auf die schleichende Inflation läßt sich dieser Gedanke nicht übertragen.

D 144 **b)** **Geschäftsgrundlage und Inflationsbeendigung** (es wird sich im praktischen Fall um eine Verlangsamung der Inflation handeln) können Probleme bei solchen Verträgen aufwerfen, die auf Inflationsbedingungen zugeschnitten sind. Das gilt namentlich mit der Beendigung einer Hyperinflation. Ein unter Inflationsbedingungen abgeschlossener Vertrag kann wegen Fortfalls der Geschäftsgrundlage der Anpassung bedürfen, wenn sich die Währungsverhältnisse normalisieren (vgl RGZ 110, 251: Inflationsdarlehen mit 500% Zinsen).

IV. Die Anpassung betrieblicher Ruhegelder*

1. Definition, Rechtsnatur und Rechtsgrundlagen

D 145 **a)** Die **betriebliche Altersversorgung** ist definiert in § 1 Abs 1 S 1 BetrAVG (Gesetz zur Verbesserung der betrieblichen Altersversorgung, sog Betriebsrentengesetz, v 19. 12. 1974, BGBl I 3610; zuletzt geändert durch G v 21. 7. 1994, BGBl I 1630). Danach

---

* **Schrifttum** (ältere Angaben in der 12. Aufl): AHREND/FÖRSTER, Gesetz zur Verbesserung der betrieblichen Altersversorgung (5. Aufl 1994); dies, in: Münchener Handbuch des Arbeitsrechts I (1992) §§ 101 ff; BLOMEYER, Die wirtschaftliche Lage des Arbeitgebers, NZA 1985, 1; ders, Rechtliche Kriterien für die Unternehmensbewertung im Rahmen der betrieblichen Altersversorgung, RdA 1986, 69; BLOMEYER/OTTO, Gesetz zur Verbesserung der betrieblichen Altersversorgung (1984); BODE, Teuerungsanpassung der Betriebsrenten, Betrieb 1991, 229; 1992, 323; 1993, 274; 1994, 784; BODE/GRABNER, Die Anpassung von Betriebsrenten – ein lösbares Problem, BetrAV 1976, 6 = BB 1975, 1644; dies, Zur Anpassung betrieblicher Versorgungsleistungen, BB 1978, Beil 3; dies, Altersversorgung – quo vadis?, Betrieb 1977, 1897; dies, Der Netto-Einkommensanstieg als Maßstab für die Anpassung von Betriebsrenten, Betrieb 1988, 650; 1989, 275; 1990, 225; 1991, 229; BRÄUCHLE, Die Beurteilung der wirtschaftlichen Lage des Arbeitgebers bei der Betriebsrentenanpassung nach § 16 BetrAVG, BB 1988, 1882; GÖTZ, Die wirtschaftliche Lage des Arbeitgebers, NZA 1986, 351; HEUBECK/HÖHNE/PAULSDORFF/RAU/WEINERT, Kommentar zum BetrAVG, Bd I (2. Aufl 1982); HÖFER, Gesetz zur Verbesserung der betrieblichen Altersversorgung (4. Aufl 1995); ders, Die Grundsatzentscheidung des BAG zur Anpassung von Betriebsrenten, Betrieb 1977, 1893; ders, Zur Anpassung betrieblicher Alters-

versorgungsleistungen unter Beachtung des Anstiegs der Sozialversicherungsrenten, Betrieb 1977, 1142; HÖFER/ABT, Gesetz zur Verbesserung der betrieblichen Altersversorgung I: Arbeitsrechtlicher Teil (2. Aufl 1982); HÖFER/KEMPER, Einzelfragen zur Anpassung betrieblicher Versorgungsleistungen, Betrieb 1974, 1573; HÖHNE, Die Anpassungsurteile des BAG vom 17. 1. 1980, Betrieb 1980, 944; HÖHNE/HEUBECK, Anpassung betrieblicher Ruhegelder (2. Aufl 1975); LEITHERER, Die Belange des Versorgungsempfängers in § 16 BetrAVG (1983); LIEB/WESTHOFF, Voraussetzungen und Grenzen der Anpassung gemäß § 16 BetrAVG, Betrieb 1976, 1958; ORTLEPP/WILLEMSEN, Gesetz zur Verbesserung der betrieblichen Altersversorgung (1975); RICHARDI, Anpassung der Leistungen einer betrieblichen Altersversorgung nach § 16 BetrAVG, Betrieb 1976, 1718; ders, Anpassungsprüfung und Anpassungsentscheidung bei Betriebsrenten nach § 16 BetrAVG, in: FS Hilger/STUMPF (1983) 601; RÜHLE, Konfliktlösung im Arbeitsverhältnis am Beispiel des § 16 BetrAVG, ArbR 1988, 206; SCHAUB, Arbeitsrechts-Handbuch (7. Aufl 1992) § 81 VII; ders, Die Entwicklung der Rechtsprechung zur betrieblichen Altersversorgung im Jahre 1980/81, NJW 1982, 362; SCHAUB/SCHUSINSKI/STRÖER, Vorsorge für das Alter (1975); SCHULIN, Fragen der Anpassung von Betriebsrenten, insbesondere das Problem der betriebsbezogenen Dynamisierung, ZfA 1979, 139; SCHWERDTNER, Quasi-Dynamisie-

handelt es sich um Leistungen der Alters-, Invaliditäts- oder Hinterbliebenenversorgung, die dem Arbeitnehmer aus Anlaß des Arbeitsverhältnisses zugesagt sind. Der Begriff der betrieblichen Altersversorgung ist weiter als der des Ruhegeldes. Er umfaßt nicht nur Geldrenten, sondern auch einmalige Kapitalleistungen sowie Leistungen, die nicht in Geld bestehen.

b) Die „**Rechtsnatur**" der betrieblichen Altersversorgung ist str. Die Altersversor- **D 146** gung ist jedenfalls von einer Schenkung zu unterscheiden (BAG AP Nr 2 zu § 518 BGB; SCHAUB, Arbeitsrechts-Handbuch § 81 I 2). Im übrigen streiten die sog Entgelttheorie und die sog Fürsorgetheorie über die Funktion des Ruhegeldes (vgl die Nachweise bei SCHAUB aaO; SCHULIN ZfA 1979, 150 ff). Das BAG neigt einer vermittelnden Auffassung zu und wägt das Entgeltmoment und das Versorgungsmoment von Fall zu Fall gegeneinander ab (vgl BAG AP Nr 1, 3 zu § 242 Ruhegehalt: Unterstützungskassen; AP Nr 1 zu § 87 BetrAVG 1972 Altersversorgung; AP Nr 9 zu § 61 KO). Unter dem Gesichtspunkt der Äquivalenzstörung (Rn D 151) war dieser Gesichtspunkt jedenfalls bis zum Inkrafttreten des BetrAVG nicht nur von theoretischer Bedeutung. Die Eignung der Entgelttheorie, zur Lösung der Anpassungsproblematik beizutragen, wird freilich sehr unterschiedlich eingeschätzt (vgl einerseits SCHWERDTNER ZfA 1978, 579 ff; REUTER ZHR 137 [1974] 497 ff; andererseits LIEB/WESTHOFF Betrieb 1976, 1964 f; SCHULIN ZfA 1979, 150 f). Die Frage hat unter der Geltung des BetrAVG an Bedeutung verloren.

c) **Rechtsgrundlage** des Anspruchs auf betriebliche Altersversorgung ist nicht das **D 147** BetrAVG, sondern der Einzelvertrag, die betriebliche Übung, die Betriebsvereinbarung, evtl auch ein *Tarifvertrag*, uU auch der Grundsatz der Gleichbehandlung (vgl im einzelnen SCHAUB, Arbeitsrechts-Handbuch § 81 II; AHREND/FÖRSTER, BetrAVG § 1 Anm 4; HEUBECK/HÖHNE/PAULSDORFF/RAU/WEINERT § 1 Rn 46 ff). *Rechtsquelle bei der Anpassungsproblematik* ist § 16 BetrAVG als Spezialvorschrift. Zur Konkurrenz mit dem allgemeinen Institut des Fortfalls der Geschäftsgrundlage vgl Rn D 117 sowie alsbald Rn D 151.

2. Wertsicherungsklauseln in Ruhegeldzusagen

a) Über das **Problem der Wertsicherung im allgemeinen** vgl zunächst Rn D 162 ff. **D 148** Nicht nur durch Wertsicherungsklauseln, sondern auch durch *betriebliche Übung* kann sich der Arbeitgeber zur Anpassung von Betriebsrenten verpflichten, zB also durch eine schon vor dem Inkrafttreten des § 16 BetrAVG übliche Praxis, jedoch verpflichtet eine solche betriebliche Übung im Zweifel nicht zu einer über § 16 BetrAVG hinausgehenden Anpassung (BAG AP Nr 18 zu § 16 BetrAVG). Im übrigen hängt das Ausmaß der Anpassungspflichten in diesen Fällen von der bisherigen Anpassungspraxis ab (näher BAG AP Nr 20 zu § 16 BetrAVG).

b) **Wertsicherungsklauseln** machen das Ruhegeld vom Preis geldwerter Güter **D 149** abhängig. *Wertsicherungsklauseln aus der Zeit vor dem 1. 7. 1947* sind nach Art I des 1. Gesetzes zur Änderung des MRG 51 unwirksam (dazu vgl BGH AP Nr 120 zu § 242 Ruhegehalt; SCHAUB, Arbeitsrechts-Handbuch § 81 VII 2). *Neue Wertsicherungsklauseln*

---

rung von Betriebsrenten, ZfA 1978, 553; STEINMEYER, Betriebliche Altersversorgung und Arbeitsverhältnis (1991); STROHAUER, Die

wirtschaftliche Belastbarkeit durch den Kaufkraftausgleich von Betriebsrenten, RdA 1986, 95.

Karsten Schmidt

unterliegen dem § 3 WährG. Sie bedürfen damit der Genehmigung. Genehmigungsbehörde ist die DBB. Der Genehmigungsantrag wird bei den Landeszentralbanken
im Namen der DBB bearbeitet (SCHAUB, Arbeitsrechts-Handbuch § 81 VII 2; s auch Rn D
319).

D 150 c)   **Genehmigungsfrei** sind nach ständiger Praxis die sog Spannenklauseln oder
Spannungsklauseln (Rn D 245 ff). Spannungsklauseln nehmen nicht auf den Preis
beliebiger geldwerter Güter Bezug, sondern sie knüpfen an artgleiche Leistungen
an. Die Anpassung an Gehälter, Pensionen und Renten erfüllt diese Voraussetzung.
Die Genehmigungsfreiheit von Spannungsklauseln gilt auch im Recht der Ruhegeld-
zusagen (BGH BB 1952, 88 m Anm v DER GOLTZ = Betrieb 1952, 100 = DNotZ 1952, 120 m Anm
G und D REINICKE = NJW 1952, 377 [LS]; BB 1954, 688; BB 1957, 1119 = Betrieb 1957, 1102; LM
§ 133 BGB Nr 2; AP Nr 3 zu § 3 WährG = BB 1970, 638 = Betrieb 1970, 1266 = WM 1970, 752; LM
§ 3 WährG Nr 23 = BB 1974, 101 = NJW 1974, 273; BAG AP Nr 1 zu § 3 WährG; BB 1970, 1179 =
Betrieb 1970, 1445 = WM 1970, 1066; LG Heidelberg BB 1956, 574; dazu auch Rn D 276; DÜRKES,
Wertsicherungsklauseln [10. Aufl 1992] Rn D 5 ff, J 11 ff; HAHN § 8 Rn 25; SCHAUB, Arbeitsrechts-
Handbuch § 81 VII 2; BLOMEYER/OTTO Einl Rn 399). Zur *Auslegung von Spannungsklauseln*
(Berücksichtigung von Sonderleistungen?) vgl BAG AP Nr 1, 2, 4 zu § 242 Ruhege-
halt-Wertsicherung; AP Nr 3, 4 zu § 242 Ruhegehalt-Beamtenversorgung; näher
unten Rn D 174, D 182. Über die Praxis der sog *Gesamtversorgungsklauseln* vgl
SCHULIN ZfA 1979, 176 ff. Ebensowenig wie Spannungsklauseln bedürfen schuldrechtlich wirkende *Leistungsbestimmungsvorbehalte* der Genehmigung (Rn D 253 ff).
Hierher gehört die Verpflichtung, daß der Arbeitgeber bei Eintritt bestimmter Voraussetzungen zur Anpassung der Betriebsrente an die Teuerung oder an Einkom-
menssteigerungen verpflichtet ist (BGH NJW 1970, 2103; SCHAUB, Arbeitsrechts-Handbuch
§ 81 VII 3 mwNw; HÖFER § 16 Rn 3380, 3636).

3.   **Die Anpassung von Ruhegeldern**

D 151 a)   Das *Problem der Anpassung betrieblicher Versorgungsleistungen* an die Entwicklung des Geldwerts bei fehlender Vertragsregelung ist im Ausgangspunkt ein
Problem der Geschäftsgrundlage. Bis zur sondergesetzlichen Regelung stand deshalb
§ 242 im Vordergrund. Die **Sonderbeurteilung vertraglicher Geldschulden mit Versorgungscharakter** (Rn D 134) führte zunächst zu den berühmten Urteilen des BAG vom
30. 3. 1973, in denen das Gericht unter Aufgabe der älteren Rechtsprechung aussprach, daß der Arbeitgeber verpflichtet ist, mit dem Empfänger über eine angemessene Anpassung der Rente an die Lebenshaltungskosten zu verhandeln, wenn diese
um mindestens 40% gestiegen sind (BAG AP Nr 4 zu § 242 Ruhegehalt-Geldentwertung m
Anm MEDICUS = BB 1973, 522; AP Nr 5 zu § 242 Ruhegehalt-Geldentwertung m Anm FÖRSTER/
RÖSSLER/FÜRER = BB 1973, 705; dazu CHIOTELLIS 168 ff; MünchKommBGB/ROTH³ § 242 Rn 610;
HORN AcP 181 [1981] 269; vgl dazu auch bereits Rn D 134). BGHZ 61, 31 = NJW 1973, 1599
hat sich dieser neuen Praxis alsbald mit folgendem Leitsatz angeschlossen: „Eine
Aktiengesellschaft kann, auch ohne daß eine Wertsicherungsklausel vereinbart ist,
verpflichtet sein, die laufende Pension eines ehemaligen Vorstandsmitglieds nach
billigem Ermessen jedenfalls dann zu erhöhen, wenn seit dem für die Bemessung
zuletzt maßgeblichen Zeitpunkt eine Verteuerung über 40% eingetreten ist." Diese
Praxis führt nicht zu einer stufenlosen Dynamisierung, wohl aber zu Anpassungsrech-
ten, sobald die kritische Schwelle erreicht, die sog Opfer- oder Stillhaltegrenze also
überschritten ist. BAG und BGH haben sich dabei auf den Fall der unmittelbaren

Versorgungszusage durch den Arbeitgeber beschränkt, dh auf Fälle, in denen die gesetzliche Rentenversicherung und deren Dynamisierung keine Rolle spielt (näher HEUBECK/HÖHNE/PAULSDORFF/RAU/WEINERT § 16 Rn 10). Zur Diskussion in der Literatur vgl Rn D 134, D 139. **Bleibende Bedeutung hat diese Praxis außerhalb des persönlichen und sachlichen Geltungsbereichs des BetrAVG.** Diejenigen Versorgungsberechtigten, die weder Arbeitnehmer noch nach § 17 Abs 1 BetrAVG den Arbeitnehmern gleichgestellt sind (dazu Rn D 153), können Anpassung nach wie vor nur nach § 242 verlangen. Auch **Versorgungsanwartschaften** unterliegen – wenn überhaupt – allenfalls der Korrektur nach § 242 (vgl Rn D 154). Für die Zeit bis zum Inkrafttreten des BetrAVG unterlagen auch laufende Betriebsrenten nach wie vor diesen Grundsätzen, und zwar auch dann, wenn die Gerichtsentscheidung erst nach Inkrafttreten des BetrAVG gefällt wird (vgl BAG AP Nr 2 zu § 16 BetrAVG m Anm AHREND/FÖRSTER/RÖSSLER; AP Nr 4 zu § 16 BetrAVG m Anm RICHARDI = RdA 1977, 55; BGH BB 1977, 1151 = WM 1977, 53; BB 1977, 1101; näher STAUDINGER/KARSTEN SCHMIDT[12] Rn D 148). Auch der **Pensionssicherungsverein** als Träger der Insolvenzsicherung unterliegt nicht der Anpassung nach § 16 BetrAVG (BAG AP Nr 14, 20 und 28 zu § 16 BetrAVG), sondern nur einer Anpassung nach § 242 BGB, für die das BAG eine Entwertung der Rente um nahezu die Hälfte noch nicht hat ausreichen lassen (BAG Nr 18 und 28 zu § 16 BetrAVG).

b) Nach **§ 16 BetrAVG** hat der Arbeitgeber alle drei Jahre eine Anpassung der **D 152** laufenden Leistungen der betrieblichen Altersversorgung zu prüfen und hierüber nach billigem Ermessen zu entscheiden; dabei sind insbes die Belange des Versorgungsempfängers und die wirtschaftliche Lage des Arbeitgebers zu berücksichtigen. Zur Entstehungsgeschichte der Vorschrift vgl eingehend BLOMEYER/OTTO § 16 Rn 1 ff; HEUBECK/HÖHNE/PAULSDORFF/RAU/WEINERT § 16 Rn 7 ff; HÖFER/ABT § 16 Rn 8 ff; FENGE Betrieb 1975, 2371. Sinn der Regelung ist jedenfalls in erster Linie die Anpassung an die Kaufkraftentwicklung (hM; vgl etwa AHREND/FÖRSTER, in: MünchHandB ArbeitsR § 109 Rn 2; RICHARDI Betrieb 1976, 1726; krit SCHULIN ZfA 1979, 164 mwNw). Die methodischen Probleme der Anpassungspraxis sind durch diese neue Norm kaum verringert, da sie zwar Modifikationen gegenüber der Betriebsrentenrechtsprechung, aber keine wesentliche Konkretisierung der Rechtsfolgen mit sich bringt (eingehend SCHULIN ZfA 1979, 139 ff).

aa) **Nur für die betriebliche Altersversorgung** iS von § 1 BetrAVG (oben Rn D 145) gilt **D 153** § 16 BetrAVG. Nach § 17 Abs 1 S 1 BetrAVG sind **Arbeitnehmer** die Arbeiter und Angestellten einschließlich der zu ihrer Berufsausbildung Beschäftigten; ein Berufsausbildungsverhältnis steht einem Arbeitsverhältnis gleich (vgl zu diesem Arbeitnehmerbegriff eingehend HEUBECK/HÖHNE/PAULSDORFF/RAU/WEINERT § 17 Rn 13 ff; HÖFER/ABT § 17 Rn 5 ff; HÖFER § 17 Rn 3670 ff). Die §§ 1-16 BetrAVG – damit also auch die Regeln über die Ruhegeldanpassung – gelten aber nach § 17 Abs 1 S 2 BetrAVG entsprechend für Personen, die, ohne Arbeitnehmer zu sein, aus Anlaß ihrer Tätigkeit für ein Unternehmen eine Zusage von Leistungen der Alters-, Invaliditäts- oder Hinterbliebenenversorgung erhalten haben. Der *Personenkreis* steht trotzdem nicht außer Zweifel. Denn § 17 Abs 1 S 2 BetrAVG ist nach seinem Sinn und Zweck einschränkend auszulegen (BGHZ 77, 94 = AP Nr 1 zu § 17 BetrAVG m Anm BEITZKE = ZIP 1980, 453; BGH Betrieb 1981, 1454 = NJW 1981, 2059 = WM 1981, 676 = ZIP 1981, 757, 758). Die gebotene Einschränkung beruht auf dem Gedanken, daß nicht der Unternehmer selbst – dh zB der Alleingesellschafter – den Schutz des BetrAVG genießen soll, sondern nur derjenige, der sich als Pensionär in einer einem Arbeitnehmer jedenfalls vergleich-

Vorbem zu §§ 244 ff   2. Buch

D 154   1. Abschnitt. Inhalt der Schuldverhältnisse

baren Position befindet. Arbeitnehmerähnliche Personen fallen stets unter § 17 Abs 1 S 2 BetrAVG. Im übrigen kommt es auf die Würdigung des Einzelfalls an. Nach BGHZ 108, 330, 331 = NJW 1990, 49 sowie BGH Betrieb 1981, 1454 = NJW 1981, 2059 = WM 1981, 676 = ZIP 1981, 757, 758 stehen diejenigen Personen als Unternehmer außerhalb des § 17 Abs 1 S 2 BetrAVG, die sowohl (!) vermögens- als auch einflußmäßig mit dem Unternehmen, für das sie arbeiten, so sehr verbunden sind, daß sie es als ihr eigenes betrachten können. Der *Alleingesellschafter* dürfte niemals unter § 17 Abs 1 S 2 BetrAVG fallen (AHREND/FÖRSTER, BetrAVG § 17 Anm 1; einzig beim Treuhandgesellschafter scheint eine Ausnahme denkbar). Der *persönlich haftende Gesellschafter* genießt gleichfalls nicht den Schutz des BetrAVG (BGHZ 77, 233 = AP Nr 2 zu § 17 BetrAVG). Ist der *Geschäftsführer* einer Gesellschaft deren *Mehrheitsgesellschafter*, so steht er idR gleichfalls außerhalb des § 17 Abs 1 S 2 BetrAVG (BGH Betrieb 1981, 1454 = NJW 1981, 2059 = WM 1981, 676 = ZIP 1981, 757). Dagegen ist der geschäftsführende Gesellschafter einer (Komplementär-) GmbH, dessen Beteiligung unter 50% liegt, idR durch das Gesetz geschützt (BGHZ 77, 94 = AP Nr 1 zu § 17 BetrAVG; BGHZ 108, 330 = NJW 1990, 49). Zur Bedeutung von *Stimmbindungen* für die Unternehmereigenschaft eines Vorstandsmitglieds vgl BGH AP Nr 3 zu § 17 BetrAVG. Genießt ein geschäftsführender Gesellschafter nicht den Schutz des BetrAVG, so kann immer noch die bei Rn D 151 dargestellte Anwendung des § 242 zum Tragen kommen. Ändern sich die maßgeblichen Verhältnisse, so kommt es nicht auf den Zeitpunkt der Versorgungszusage an, sondern darauf, inwieweit das Ruhegeld durch eine unter § 17 BetrAVG fallende Tätigkeit verdient wurde und inwieweit nicht (BGH Betrieb 1981, 1454 = NJW 1981, 2059 = WM 1981, 676 = ZIP 1981, 757, 759). Zum *Begriff der „Tätigkeit"* für ein Unternehmen vgl HEUBECK/HÖHNE/PAULS-DORFF/RAU/WEINERT § 17 Rn 59 ff; HÖFER § 17 Rn 3713 ff.

D 154 **bb)** **Nur für die laufenden Leistungen der betrieblichen Altersversorgung** gilt § 16 BetrAVG. Ist eine einmalige Abfindungszahlung erfolgt (vgl auch § 3 BetrAVG), so bleibt eine Aufwertung wegen nachträglicher Geldentwertung außer Betracht (AHREND/FÖRSTER, in: MünchHandB ArbeitsR § 109 Rn 4; SCHAUB, Arbeitsrechts-Handbuch § 81 VII 3 c; vgl dagegen zur Anpassung einer fortlaufend gezahlten Barabgeltung BAG Betrieb 1981, 2331 f). Bloße *Versorgungsanwartschaften* auf eine Betriebsrente oder auf eine Kapitalabfindung fallen nicht unter die Vorschrift. Eine Pflicht zur Anpassung von Anwartschaften wird deshalb weitgehend verneint (BAG AP Nr 5 zu § 16 BetrAVG = NJW 1977, 2370 = WM 1978, 176; AHREND/FÖRSTER, in: MünchHandB ArbeitsR § 109 Rn 3; SCHAUB, Arbeitsrechts-Handbuch § 81 VII 3 c; HEUBECK/HÖHNE/PAULSDORFF/RAU/WEINERT § 16 Rn 82; HÖFER/ABT § 16 Rn 13 ff; BOLDT AG 1978, 147; **aM** ArbG Hannover BB 1974, 980). Aber das bezieht sich nur auf § 16 BetrAVG. Da ein in dieser Vorschrift überhaupt nicht geregelter Fall vorliegt, kann von Fall zu Fall eine Anwendung der allgemeinen, vor Inkrafttreten des BetrAVG auch für die Altersversorgung geltenden Grundsätze angezeigt, eine Anpassung also nach den §§ 157, 242 geboten sein (vgl auch BGH AP Nr 8 zu § 242 Ruhegehalt-Geldentwertung; BAG AP Nr 170 zu § 242 Ruhegehalt = BB 1976, 697; s dazu HEUBECK/HÖHNE/PAULSDORFF/RAU/WEINERT § 16 Rn 82 ff, 112 c, § 5 Rn 21; HÖFER/ABT § 16 Rn 17 ff, 79, § 5 Rn 36; gegen ein auf diese Rspr gestütztes „Anpassungsgebot" für Anwartschaften HÖFER § 16 Rn 3397). Das gilt namentlich dann, wenn die Fälligkeit der Versorgungsleistung bereits nahe bevorsteht. *Naturalleistungen* sind der Anpassung nicht bedürftig und deshalb von § 16 BetrAVG nicht erfaßt (AHREND/FÖRSTER, in: MünchHandB ArbeitsR § 109 Rn 4; eingehend HÖFER/ABT § 16 Rn 30). Zur Frage, inwieweit Versorgungsanwartschaften durch **Betriebsvereinbarungen** eingeschränkt werden können, hat das BAG in zwei Urteilen v 8. 12. 1981 auf der Grundlage des Vertrauensschutzgedankens Stellung genommen (BAG Betrieb 1982, 46 ff).

cc) Die **Pflicht zur Prüfung und Anpassung** trifft den *Arbeitgeber*, und zwar auch **D 155** dann, wenn Leistungsträger eine rechtlich verselbständigte Einrichtung ist (AHREND/FÖRSTER, BetrAVG § 16 Anm 3; HEUBECK/HÖHNE/PAULSDORFF/RAU/WEINERT § 16 Rn 60 ff). Bei den sog Versicherungsrenten nach § 18 BetrAVG besteht keine Anpassungspflicht (BAG AP Nr 1 zu § 18 BetrAVG; SCHAUB, Arbeitsrechts-Handbuch § 81 VII 3 e). Grundsätzlich ist nach hM auch der Pensionssicherungsverein nicht zur Anpassung verpflichtet (vgl Betrieb 1976, 2019; str; dazu SCHAUB aaO mwNw).

dd) **Inhalt der Pflicht** ist die *Prüfung* und ggf die *Erhöhung der Betriebsrente. Die* **D 156** *Entscheidung nach billigem Ermessen selbst ist ebensowenig wie im Fall des § 315 als geschuldete Leistung anzusehen. Sie ist Mittel der Leistungsbestimmung, aber nicht geschuldete Leistung* (aM LIEB/WESTHOFF Betrieb 1976, 1971). Wie schon das BAG (Rn D 151) ordnet auch der Gesetzgeber nicht eine Dynamisierung, sondern eine *stufenweise Prüfung* und Anpassung an. Damit ist eine automatische Dynamisierung wie bei der sozialen Rentenversicherung abgelehnt, nicht freilich der Dynamisierungsgedanke als solcher (SCHULIN ZfA 1979, 164; aM LIEB/WESTHOFF Betrieb 1976, 1961; s auch SCHWERDTNER ZfA 1978, 562). Weder tritt eine automatische Dynamisierung ein, noch kann der Versorgungsberechtigte die Einführung einer solchen Vertragsregelung verlangen (BGH AP Nr 6 zu § 16 BetrAVG unter 7). Auf das Ausmaß der Teuerung kommt es grundsätzlich nicht mehr an. Die für die Anwendung des § 242 noch charakteristische Stillhalte- oder Opfergrenze ist gefallen. Deshalb ist die *Prüfung im Dreijahresrhythmus* in jedem Fall geboten (BAG AP Nr 2 zu § 16 BetrAVG; Nr 4 zu § 16 BetrAVG m Anm RICHARDI = RdA 1977, 55, 56; RICHARDI Betrieb 1976, 1719; aM LIEB/WESTHOFF Betrieb 1976, 1958 ff). Zum *Beginn der erstmaligen Prüfung* vgl BAG AP Nr 1-4 zu § 16 BetrAVG; BGH AP Nr 6 zu § 16 BetrAVG = AG 1979, 198; SCHWERDTNER ZfA 1978, 557. Da es nicht Absicht des Gesetzgebers gewesen sein kann, die Praktizierung des § 16 BetrAVG nach dem Inkrafttreten um drei Jahre zu verschieben, geht die Gerichtspraxis mit Recht davon aus, daß erstmals am 1. 1. 1975 alle unter § 16 BetrAVG fallenden Leistungen zu überprüfen waren, sofern sie in diesem Zeitpunkt drei Jahre und länger liefen. Da der Dreijahreszeitraum und nicht mehr das Ausmaß der Geldentwertung den Anpassungsrhythmus bestimmt, braucht der Arbeitgeber die Angemessenheit der Leistung nach hM auch dann nicht vor Ablauf der Dreijahresfrist zu prüfen, wenn vor Ablauf von drei Jahren bereits eine Entwertung von über 40% eingetreten ist (HEUBECK/HÖHNE/PAULSDORFF/RAU/WEINERT § 16 Rn 71; HÖFER § 16 Rn 3445 ff). Doch wird dies nur für die vom Gesetzgeber in Betracht gezogene „schleichende" bzw „trabende" Inflation gelten, nicht für eine Hyperinflation wie 1923 (ebenso HÖFER/ABT § 16 Rn 55; HÖFER § 16 Rn 3447), denn die Hyperinflation unterliegt eigenen Regeln (Rn D 18, D 99). Zum Beginn der Dreijahresfrist vgl LAG Düsseldorf Betrieb 1976, 55. Der Dreijahreszeitraum kann im Interesse ökonomischer Sachbearbeitung nach Kalenderjahren oder -halbjahren geordnet werden, womit eine permanente Prüfungstätigkeit in größeren Unternehmen vermieden wird (BAG Betrieb 1992, 2401; LAG Frankfurt ArbR-Blattei D 17; LAG Hamm Betrieb 1991, 711; SCHAUB, Arbeitsrechts-Handbuch § 81 VII 3 f; AHREND/FÖRSTER, BetrAVG § 16 Anm 4; HEUBECK/HÖHNE/PAULSDORFF/RAU/WEINERT § 16 Rn 74; SCHAUB NJW 1978, 2078). Der Arbeitgeber kann den Prüfungszeitraum verkürzen (SCHAUB NJW 1978, 2078 mwNw). Völlig unzweifelhaft ist dies, wenn die Verkürzung dem Arbeitnehmer nützt (HÖFER/ABT § 16

Rn 57; SCHAUB, Arbeitsrechts-Handbuch § 81 VII 3 f). Schadet sie dem Arbeitnehmer, so ist die Rechtslage zweifelhaft. Bedenken, die gelegentlich im Hinblick auf mögliche Mißbräuche erhoben werden (Prüfung in einem aus betrieblichen Gründen „arbeitnehmerunfreundlichen" Zeitpunkt), sollten jedoch zurückgestellt werden. Solche angeblichen Mißbrauchsfälle können einer gerechten Risikoverteilung im Zuge einer Krisenüberbrückung dienen. Dann ist, was wie eine Manipulation aussieht, mit dem Gesetzeszweck vereinbar. Mißbilligenswerten echten Mißbräuchen kann mit den §§ 226, 242 BGB entgegengewirkt werden.

D 157 ee) Die **Entscheidung nach billigem Ermessen** erfolgt nach dem **Zeitpunkt**, in dem über die Anpassung entschieden wird (BAG AP Nr 1, 2 zu § 16 BetrAVG). Das Ausmaß der zu berücksichtigenden Teuerung hängt von der *Frage nach dem relevanten Zeitraum* ab. Diese Frage war zunächst bei der ersten Prüfung der laufenden Leistungen zweifelhaft, denn es fragte sich, ob der relevante Zeitraum erst mit dem *Beginn der Leistungen* oder mit dem *Leistungsversprechen* einsetzte. Der Arbeitgeber mußte nach BAG AP Nr 4 zu § 16 BetrAVG = RdA 1977, 55 die Anpassung solcher laufender Verpflichtungen der betrieblichen Altersversorgung prüfen, die am 1. 1. 1975 bereits drei Jahre oder länger liefen. Waren bereits vor Inkrafttreten des BetrAVG laufend Ruhegeldzahlungen erfolgt, so konnte auch dieser Zeitraum nach allgemeinen Grundsätzen berücksichtigt werden (str). Nach BGH AP Nr 7 zu § 242 Ruhegehalt-Geldentwertung kann diese Zeit in die Anhebung der Bezüge eingerechnet werden, wenn seit dem für die Bemessung maßgebenden Zeitpunkt eine Teuerung von mehr als 33% zu verzeichnen war. Inzwischen hat sich die Auffassung durchgesetzt, daß eine Anpassung, wenn sie nach § 16 BetrAVG zu erfolgen hat, nicht nur den Anpassungsbedarf der letzten drei Jahre, sondern den Anpassungsbedarf seit Rentenbeginn zu berücksichtigen hat, sofern nicht zwischenzeitlich ein voller Ausgleich des Kaufkraftverlusts erfolgt ist (BAG AP Nr 24, 25 und 26 zu § 16 BetrAVG). Die gesetzlichen Prüfungsintervalle geben also nicht die für die Anpassung maßgeblichen Intervalle vor.

D 158 ff) Die **Anpassungsentscheidung** erfolgt unter Beachtung aller nach § 16 BetrAVG einzubeziehenden Kriterien **nach billigem Ermessen**. Die Steigerung der Lebenshaltungskosten ist idR voll zu berücksichtigen (BAG AP Nr 5 zu § 16 BetrAVG = NJW 1977, 2370 = WM 1978, 176; eingehende Nachw bei SCHAUB, Arbeitsrechts-Handbuch § 81 VII 3 f, g). Der Arbeitgeber genügt der Anpassungspflicht, wenn er die Rente entsprechend den Reallöhnen der aktiven Arbeitnehmer anpaßt (BAG AP Nr 11 und 23 zu § 16 BetrAVG). Dagegen ist die Anpassung nicht von vornherein ausgeschlossen, wenn die Rente bereits ohne Erhöhung als Reallohn angemessen wäre. Auch wenn die Versorgungsbezüge bereits dem Netto-Einkommen eines vergleichbaren Arbeitnehmers entsprechen, kann die Anpassungsentscheidung nicht a limine abgelehnt werden (BAG AP Nr 8 zu § 16 BetrAVG m Anm AHREND/FÖRSTER/RÖSSLER und HEUBECK = BB 1980, 417; VersR 1982, 178 = WM 1982, 165). Solange der Betriebspensionär mit seiner Gesamtversorgung nicht das fortgeschriebene vergleichbare Aktiveinkommen in dem bei der Pensionierung erreichten Versorgungsprozentsatz überschreitet, spricht nach BAG BB 1980, 419 viel dafür, den Betriebspensionär an der durch § 16 BetrAVG vorgeschriebenen Anpassung der Betriebsrente teilhaben zu lassen. Die Billigkeitsentscheidung ist dann ein zweiter Schritt; sie kann das Korrektiv gegenüber schematischen Anpassungsmechanismen sein (eingehend HÖFER/ABT § 16 Rn 220 ff). Die absolute Opfergrenze der alten Rechtsprechung (40%) hat unter dem BetrAVG keine Gültigkeit (vgl näher Rn D 156), wohl aber wird eine relative Obergrenze der Anpassung anerkannt: Es kann billigem Ermessen entsprechen, die Teuerung nicht voll zu berücksichtigen, wenn der Betriebspensionär damit eine Gesamtversorgung erhielte, die, gemessen am Einkommen aktiver Arbeitnehmer, überhöht wäre (BAG AP Nr 5 zu § 16 BetrAVG = NJW 1977, 2370 = WM 1978, 176; einschränkend Nr 8 zu § 16 BetrAVG m Anm WESTHOFF = BB 1980, 417). Die wirtschaftliche Lage des Arbeitgebers ist zu berücksichtigen (vgl im einzelnen BAG AP Nr 154, 157 zu § 242 Ruhegehalt; AP Nr 8 zu § 16 BetrAVG = BB 1980, 417; AP Nr 11 zu § 16 BetrAVG = VersR 1982, 178 = WM 1982, 165; AP Nr 13 zu § 16 BetrAVG = VersR 1982, 278; AP Nr 17 zu § 16 BetrAVG; AP Nr 22 zu § 16 BetrAVG). Dabei kommt es auf die Ertragskraft des Unternehmens an (BAG AP Nr 22 zu § 16 BetrAVG), im Fall eines Vertragskonzerns oder qualifizierten faktischen Konzerns ggf allerdings auch auf die Ertragskraft der Muttergesellschaft (BAG AP Nr 25 und 27 zu § 16 BetrAVG). Eine übermäßige, zur gänzlichen oder teilweisen Anpassungsverweigerung berechtigende Belastung des Arbeitgebers ist anzunehmen, wenn es mit einiger Wahrscheinlichkeit unmöglich sein wird, den Teuerungsausgleich aus dem Wertzuwachs des Unternehmens und dessen Erträgen im Anpassungszeitraum zu erwirtschaften (BAG Nr 17 und 24 zu § 16 BetrAVG). § 16 BetrAVG bewirkt also keinen strikten Inflationsausgleich, sondern kann im Einzelfall, nämlich im Fall einer Notlage, sogar zur Kürzung von Ruhegeldern führen (MEILICKE BB 1983, 74; DOYE BB 1989, 155). Dies ist keine Ausnahme von § 279 (so SCHAUB NJW 1978, 2079), sondern integrierender Bestandteil der Billigkeitsprüfung. Eine pauschalierte Billigkeitsprüfung iS des sog Hälftelungsprinzips wurde vom BAG nur in der Anfangsphase des BetrAVG anerkannt (BAG AP Nr 5 zu § 16 BetrAVG = BB 1977, 1353 = NJW 1977, 2370 = WM 1978, 176). Bei der zweiten und weiteren Anpassungen genügt dagegen ein Ausgleich des halben Kaufkraftschwundes nicht mehr generell dem Maßstab des billigen Ermessens (BAG AP Nr 7 zu § 16 BetrAVG = BB 1980, 263). Außerordentlich umstritten ist, in welchem Umfang sonstige Versorgungsleistungen, insbes Sozialversicherungsrenten in eine Gesamtbetrachtung einbezogen werden können; die Einbeziehungsmöglichkeit ist grundsätzlich zu verneinen (vgl dazu BAG AP Nr 5 zu § 16 BetrAVG = NJW 1977, 2370 = WM 1978, 176; AP Nr 7 zu § 16 BetrAVG = BB 1980, 263; BAG VersR 1982, 178 = WM 1982, 165; LAG Hamm Betrieb 1976, 1972; FENGE Betrieb 1976, 1372; RICHARDI Betrieb 1976, 1718 ff; 1977, 207 ff; LIEB/WESTHOFF Betrieb 1976, 1958 ff; HÖFER Betrieb 1977, 1893; BODE/GRABNER Betrieb 1977, 1897; SCHWERDTNER ZfA 1978, 572 ff; BOLDT AG 1978, 144 f; HÖHNE Betrieb 1980, 945; vgl auch den Überblick bei SCHAUB, Arbeitsrechts-Handbuch § 81 VII 3 h). Kritiker sehen in der Rechtsprechung des BAG eine bedenkliche „Quasi-Dynamisierung" (vgl eingehend LIEB/WESTHOFF Betrieb 1976, 1958 ff; SCHWERDTNER ZfA 1978, 553 ff; SCHULIN ZfA 1979, 164 f mwNw).

gg) Die Billigkeitsprüfung unterliegt der **gerichtlichen Kontrolle**. Es liegt ein Fall **D 159** des § 315 vor (BAG AP Nr 4 zu § 16 BetrAVG = RdA 1977, 55; BGH Betrieb 1979, 256, 258; RICHARDI Betrieb 1976, 1723; ganz hM). Die Streichung einer entsprechenden Verweisung aus dem Gesetzesentwurf des BetrAVG steht der Anwendung des § 315 nicht engegen (eingehend BLOMEYER/OTTO § 16 Rn 281 ff; HEUBECK/HÖHNE/PAULSDORFF/RAU/WEINERT § 16 Rn 224; HÖFER/ABT § 16 Rn 220 ff, die den Rückgriff auf § 242 statt auf § 315 offen lassen). HÖFER (1. Aufl 1976) § 16 Rn 29 folgerte aus der Streichung der Sonderregelung immerhin, daß keine Erklärungspflicht gegenüber dem anderen Teil bestehe (ausdrücklich anders später HÖFER/ABT § 16 Rn 220 ff, die den Rückgriff auf § 242 statt auf § 315 offen lassen).

D 160 Praktisch führt die Anwendung des § 315 zu einer *Subsidiärzuständigkeit des Gerichts*, das vom Versorgungsberechtigten angerufen werden kann, wenn der Arbeitgeber die Anpassung verweigert oder eine unzureichende Anpassung anbietet. Die Rechtslage ähnelt hierin der allgemeinen Situation in Geschäftsgrundlagenfällen (Rn D 127). Die Substituierung des Arbeitgeberermessens durch das Gerichtsermessen wirft Probleme des Verhältnisses zwischen Richtermacht und Privatautonomie auf, die jedoch im Anwendungsbereich des § 315 nichts Ungewöhnliches sind. Das BAG hat jedenfalls die tatsächlichen Schwierigkeiten erkannt, aber wohl auch das Legitimationsproblem solcher Billigkeitskontrolle, bei der in Wahrheit die private Billigkeitsentscheidung nicht nur kontrolliert, sondern evtl auch ersetzt wird (vgl BAG AP Nr 1, 2 und 4 zu § 16 BetrAVG und dazu Boldt AG 1978, 146 f). Der Arbeitnehmer kann ggf unmittelbar auf Zahlung klagen (Schaub, Arbeitsrechts-Handbuch § 81 VII 3 j). Keine geeignete Abhilfe ist der von Lieb und Westhoff vorgeschlagene Weg, der Versorgungsberechtigte solle ggf Leistungsklage auf Anpassung nach billigem Ermessen erheben und diese Anpassung ggf durch Handlungsvollstreckung nach § 888 ZPO erzwingen (Betrieb 1976, 1971). Gegen diesen Lösungsweg hat sich mit Recht das BAG ausgesprochen (AP Nr 4 zu § 16 BetrAVG m Anm Richardi = RdA 1977, 55, 58; dazu auch Boldt AG 1978, 148 f). Wie bei Rn D 156 ausgeführt, ist die Entscheidung nach billigem Ermessen nur Mittel der Leistungsbestimmung, nicht aber eine klagbare Leistungspflicht des Arbeitgebers. Inhaltlich folgt die gerichtliche Entscheidung den auch für die Entscheidung des Arbeitgebers geltenden Grundsätzen.

D 161 c)   Eine **freiwillige Anpassung** von Betriebsrenten vor Ablauf der in § 16 BetrAVG angeordneten Frist und über den Grad der Geldentwertung hinaus ist selbstverständlich zulässig. Bleibt die zwischenzeitliche Erhöhung nicht hinter dem bei einer Prüfung nach § 16 BetrAVG gebotenen Maß zurück, so beginnt die Dreijahresfrist neu zu laufen (vgl Heubeck/Höhne/Paulsdorff/Rau/Weinert § 16 Rn 225 ff; Höfer/Abt § 16 Rn 57).

V.   Wertsicherungsvereinbarungen*

1.   Begriff, Funktion und Entwicklung

D 162 a)   Der **Begriff der Wertsicherungsvereinbarung** ist im Gesetz nicht geklärt und

---

* **Schrifttum** (älteres Material bei Staudinger/Weber[11] § 244 Rn 90; zur Kurswertsicherung vgl die Nachw bei § 244 Rn 57): Bartsch, Zu Preissteigerungsklauseln in AGB, insbesondere Tagespreisklauseln, Betrieb 1983, 214; Bauer, Geldwertsicherungsklauseln als Indikator von Inflationserwartungen, Gutachten im Auftrag des BMWi (1973); Baur, Vertragliche Anpassungsregelungen (1983); Berndt, Die Wertsicherung in der Unternehmung unter besonderer Beachtung der Währungsgesetzgebung (1960); Bettermann, Die Geldwertung als Rechtsproblem, ZRP 1974, 13; Bienert, Zum Problem der institutionalisierten Inflation, in: FS Schmölders (1968) 183; Bilda, Anpassungsklauseln in Verträgen (2. Aufl 1973); Bohndorf, Wertsicherungsklauseln, Theorie und Rechtsvergleichung (Diss Hamburg 1966); Bräutigam, Die währungsrechtliche Zulässigkeit von Wertsicherungsklauseln (Diss Hamburg 1984); Brümmerhoff, Zur Problematik wertgesicherter Anleihen (Diss Berlin 1970); vCaemmerer, Empfehlen sich unter Berücksichtigung der rechtlichen Regelung in anderen europäischen Staaten gesetzliche Bestimmungen über die Wertsicherung? Soll unter diesem

wird im Schrifttum unterschiedlich gebraucht. Diese unterschiedliche **Terminologie** ist unschädlich, wenn mit expliziten Begriffsbestimmungen operiert und dadurch die Zuordnung von Rechtsauffassungen erleichtert wird. So kann man Wertsicherungsklauseln *kaufmännisch-praktisch* definieren und demgemäß auf das Motiv der Inflationsbekämpfung abstellen (so zB Soergel/Teichmann[12] § 244 Rn 12), oder man kann sie

Gesichtspunkt § 3 des Währungsgesetzes aufgehoben oder geändert werden?, in: 40. DJT II (1954) D 5; ders, Wertsicherungs- und Valutaklauseln, in: Deutsche Landesreferate zum IV. Internationalen Kongreß für Rechtsvergleichung (1955); Duden, Empfehlen sich unter Berücksichtigung der rechtlichen Regelung in anderen europäischen Staaten gesetzliche Bestimmungen über die Wertsicherung? Soll unter diesem Gesichtspunkt § 3 des Währungsgesetzes aufgehoben oder geändert werden?, in: 40. DJT I (1954) 1; Dürkes, Wertsicherungsklauseln (10. Aufl 1992); ders, Zur Genehmigungsbedürftigkeit von Kostenelementeklauseln, BB 1979, 805; ders, Die Wertsicherung von Erbbauzinsen, BB 1980, 1609; ders, Wertsicherungsklauseln in den neuen Bundesländern und in Ost-Berlin, BB 1992, 1073; Eppig, Wertsicherung, NJW 1949, 531; ders, Die Zulässigkeit neuer Wertsicherungsklauseln, DNotZ 1951, 405; Ertl, Inflation, Privatrecht und Wertsicherung (1980); Euba, Der Einfluß von Geldwertrisiko und Wertsicherungsklauseln auf die Vermögensdisposition (1973); Feldsieper/ Müller, Inflation und Indexklauseln, WISU 1975, 13; Fögen, Bedeutung, Anwendungsbereich und Grundsätze für die Anwendung von § 3 S 2 des Währungsgesetzes, BB 1958, 1259; ders, Geld- und Währungsrecht (1969); ders, Genehmigungsbedürftige „Wertsicherungsklauseln" und nicht genehmigungsbedürftige „Leistungsvorbehalte", BB 1967, 1259; Frielingsdorf, Zur Problematik der Wertsicherungsklauseln, Betrieb 1982, 789; Gerke, Gleitklauseln mit Geld- und Kapitalverkehr (1980); Giersch, Indexklauseln und Inflationsbekämpfung, Kieler Diskussionsbeiträge Heft 32 (1973); Gorniak, Wertsicherungsklauseln (1967); Gozdz, Die Dynamisierung von Tariflöhnen (Diss Gießen 1977); Gramlich, Bundesbankgesetz, Währungsgesetz, Münzgesetz (1988); Günter, Zur volkswirtschaftlichen Problematik der Indexklauseln bei Inflation, in:

Horn/Tietz (Hrsg), Sozialwissenschaften im Studium des Rechts I (1977) 41; Gutzwiller, Vertragliche Abreden zur Sicherung des Geldwerts (1972); Hahn, Währungsrecht (1990) § 8; ders, Geldwertsicherung im Recht der internationalen Wirtschaft, in: FS Bärmann (1975) 395; Henn, Die rechtsgeschäftliche Zulässigkeit von Wertsicherungsklauseln, MDR 1958, 461; Eliyahu Hirschberg, The Impact of Inflation and Devaluation on Private Legal Obligations (Ramat-Gan, Israel 1976) 107 ff; Horn, Geldwertveränderungen, Privatrecht und Wirtschaftsordnung (1975); Immenga/Schwintowski, Wertsicherung durch Geldwertschulden, NJW 1983, 2841; Issing, Indexklauseln und Inflation (1973); Jahr, Implikationen des anhaltenden Geldwertschwundes in der Rechtsordnung der Bundesrepublik Deutschland, in: Jahresgutachten 1966/67 des Sachverständigenrates (1966) 199; Inzitari, Geldschulden im Inflationszeitalter, RabelsZ 45 (1981) 705; Köhne, Wertsicherungsklauseln unter Berücksichtigung der Betriebsmittelpreise, AgrarR 1983, 101; Kötz/ Reichert-Facilides (Hrsg), Inflationsbewältigung im Zivil- und Arbeitsrecht. Verhandlungen der Fachgruppe für Zivilrechtsvergleichung anläßlich der deutsch-österreichischen Tagung für Rechtsvergleichung 1975 in München (1976); Kollhosser, Wertsicherungsklauseln im Spannungsfeld zwischen Vertragsfreiheit, Sozialpolitik und Währungspolitik (1985); Kunz, Preisindices für die Lebenshaltung als Wertmaßstab in Wertsicherungsklauseln, NJW 1969, 827; Leuschner, Inflationistische Entwicklung, Kapitalmarktprobleme und Preisindexbindung, Kredit und Kapital IX (1976) 238; Lubasch, Die volkswirtschaftlichen Wirkungen von Wertsicherungsklauseln (1964); Lübke-Detring, Preisklauseln in Allgemeinen Geschäftsbedingungen (1989); F A Mann, Empfehlen sich unter Berücksichtigung der rechtlichen Regelung in anderen europäischen Staaten gesetzliche Bestimmungen über die Wertsi-

Karsten Schmidt

juristisch-teleologisch als **Rechtsbegriff** definieren, dh im Hinblick auf die Rechtsfrage der Genehmigungsbedürftigkeit nach § 3 WährG. Eine solche Begriffsbildung wird hier zugrundegelegt (zust HAHN § 8 Rn 2; anders aber zB GUTZWILLER 24; vMAYDELL Geldschuld 370 f). Eine terminologische Vorentscheidung ist bereits dadurch getroffen, daß nicht allgemein von *Anpassungsklauseln* die Rede sein soll, sondern von Wertsicherungsklauseln. Als Anpassungsklauseln lassen sich alle Vertragsklauseln bezeichnen, die eine Regelung der Vertragsanpassung für den Fall schaffen, daß sich vertragserhebliche Umstände nachträglich ändern (BILDA Rn 9; vgl auch zur Abgrenzung oben Rn D

---

cherung? Soll unter diesem Gesichtspunkt § 3 des Währungsgesetzes aufgehoben oder geändert werden?, in: 40. DJT II (1954) D 29; ders, The Legal Aspect of Money (5. Aufl 1992) 168 ff; MANNHEIM, Die Aushöhlung des Nominalprinzips durch Wertsicherungsklauseln und ihre Auswirkung auf die Geldillusion (Diss Köln 1968); MATHAR, Wertsicherungsverbot und Grundgesetz (Diss Würzburg 1988); MATTHÖFER, Probleme der Indexierung von Geldforderungen, ZRP 1980, 325; vMAYDELL, Geldschuld und Geldwert (1974) 369 ff; MES, Wertsicherung vollstreckbarer Urkunden, NJW 1973, 875; MEZGER, Entwicklung von Rechtsprechung und Gesetzgebung auf dem Gebiet der Indexklauseln in Frankreich seit 1958, in: KÖTZ/REICHERT-FACILIDES (Hrsg), Inflationsbewältigung im Zivil- und Arbeitsrecht (1976) 25; MITTELBACH, Wertsicherungsklauseln im Zivil- und Steuerrecht (4. Aufl 1980); NIES, Geldwertsicherungsklauseln (3. Aufl 1984); ders, Indexklauseln in Tarifverträgen, RdA 1970, 169; NÖLLING, Sind Geldwertsicherungsklauseln unvermeidbar? Kredit und Kapital, Beil 2/74, 105; NUSSBAUM, Vertraglicher Schutz gegen Schwankungen des Geldwerts (1928); OBERHAUSER, Indexklauseln als Sicherung gegen Inflationsverluste?, in: Enteignung durch Inflation? (1972); PAPIER, Rechtsprobleme der Inflation, JuS 1974, 477; PFLEIDERER ua, Das Inflationsproblem heute – Stabilisierung oder Anpassung? Zeitschrift Konjunkturpolitik, Beil 21/74; RASCH, Wertsicherungsklausel und Preisindex für die Lebenshaltung, DNotZ 1991, 646; REICHERT-FACILIDES, Geldwertschwankungen und Privatrecht, JZ 1969, 617; REITHMANN, Die Wertsicherungsklausel in der neueren Rechtsprechung, DNotZ 1960, 172; REUTER, Nominalprinzip und Geldentwertung, ZHR 137 (1974) 482; RINCK, Wirtschaftsrecht (5. Aufl 1975); ROBERTZ, Wertsicherungs- und Preisanpassungsklauseln im Außenwirtschaftsverkehr (1985); ROQUETTE, Gleitklauseln bei preisgebundenen Mietverhältnissen, NJW 1958, 1374; ders, Erhöhungsklauseln statt Wertsicherungsklauseln in Mietverträgen, NJW 1958, 1857; ders, Die Zulässigkeit von Erhöhungsklauseln in Mietverträgen, NJW 1959, 1612; SAMM/HAFKE, Grundbesitz und Wertsicherungsklauseln (2. Aufl 1988); vSCHAEWEN, Die Ökonomik der Indexklauseln (Diss Zürich 1968); SCHMALZ, Die Stabilität des Geldwertes als Problem des Privatrechts (1986); KARSTEN SCHMIDT, Grundfragen der vertraglichen Wertsicherung, ZIP 1983, 639; SCHOLZ, Das Recht der Wertsicherungsklauseln seit der Währungsreform (Diss Heidelberg 1962); SCHUBERT, Wertsicherungsklauseln, NJW 1950, 285; SCHUMANN, Indexbindung und Inflationsbekämpfung, ZfKrW 1968, 221; SIMITIS, Inflationsbewältigung im Zivil- und Arbeitsrecht, in: KÖTZ/REICHERT-FACILIDES (Hrsg), Inflationsbewältigung im Zivil- und Arbeitsrecht (1976) 49; STEINHERR, Probleme der Indexbindung, Kredit und Kapital 1975, 487; STERN, Die Sicherung langfristiger Anleihen gegen Geldwertschwankungen (1932); SZAGUNN, Fragen der rechtsgeschäftlichen Wertsicherung, BB 1955, 969; ders, Bedingungen und Bezugsgrößen in Wertsicherungsklauseln, BB 1959, 205; VOGEL, Der geschundene Sparer und der Bundesminister der Finanzen, ZRP 1981, 35; WILLMS/WAHLIG, Zur Genehmigungsbedürftigkeit von Wertsicherungsvereinbarungen nach § 3 WährG und zur Neufassung der Genehmigungsgrundsätze der DBB, BB 1978, 973; ZEHETNER, Geldwertklauseln im grenzüberschreitenden Wirtschaftsverkehr (1976); ZIEHM, Die Wertsicherungsklausel im deutschen Recht (Diss Hamburg 1966).

94). Dieser *Begriff der Anpassungsklausel* reicht über den Bereich der Geldschuld, von der allein hier die Rede ist, und im Rahmen der Geldschuld über den Bereich der Wertsicherung hinaus. Er ist insofern weiter als der der Wertsicherungsklausel. Gleichzeitig ist der Begriff der Anpassungsklausel enger insofern, als er das Element der nachträglichen Veränderung in sich birgt, während der hier gesuchte und verwendete Begriff der Wertsicherungsvereinbarung auch die erstmalige Bestimmung der Geldschuld erfaßt, wenn sie wertsichernden Charakter iS des § 3 WährG hat. Der zugrundezulegende *Begriff der Wertsicherungsklausel* stellt sich damit als ein **Rechtsbegriff** dar, der als *Zweckbegriff* dazu geschaffen ist, den potentiellen Geltungsbereich des § 3 WährG – also den Prüfungsbereich dieser Norm – zu verdeutlichen, ohne die Prüfung nach § 3 WährG vorwegzunehmen. Wertsicherungsklauseln sind also nicht nur diejenigen Vertragsabreden, die nach § 3 WährG genehmigungspflichtig sind. Mit Recht wird deshalb überwiegend ein weiter Begriff zugrundegelegt, und es werden in Anwendung des § 3 WährG genehmigungspflichtige und genehmigungsfreie Wertsicherungsvereinbarungen unterschieden (vgl besonders deutlich JAUERNIG/VOLLKOMMER[7] §§ 244, 245 Anm 5 und 6). Der weite Begriff der Wertsicherungsvereinbarung soll auf der anderen Seite als Rechtsbegriff eng genug sein, um als Filter bei der Normanalyse des § 3 WährG dienen zu können (auch vMAYDELL, Geldschuld 372 besinnt sich für § 3 WährG auf die „Wertsicherung ieS"). Ein praktikabler Begriff der Wertsicherungsvereinbarung muß als *Rechts-* und *Zweckbegriff* einerseits eng genug sein, um aus dem Sozialtatbestand wertsichernder Rechtsgeschäfte diejenigen herauszuhalten, die die spezifischen Rechtsprobleme der geldschuldrechtlichen Wertsicherung nicht aufwerfen; zugleich muß er weit genug sein, um Problementscheidungen bei der Anwendung des § 3 WährG offen zu lassen. Dem entspricht der folgende **Begriff**: *Wertsicherungsvereinbarungen sind diejenigen Vertragsabreden, durch die Geldschulden, ohne ihre Eigenschaft als Geldschulden einzubüßen, vom Nennwertprinzip gelöst werden und summenmäßig erst nachträglich aufgrund einer besonderen Bemessungsgrundlage bestimmbar sind.* Typisch, aber nicht begriffsnotwendig, ist, daß der Zweck der Abrede gerade und nur auf den Ausgleich von Geldwertverlusten zielt. Eine Wertsicherungsvereinbarung kann auch dazu dienen, Kalkulationsrisiken auf der Warenseite auszugleichen, wie etwa bei Preisklauseln in langfristigen Lieferverträgen. Sie kann auch, wie etwa bei der Anpassung dauernder Zahlungen an Gehälter und Renten (Rn D 182), der Teilnahme des Geldgläubigers an steigendem Lebensstandard dienen. Insoweit mag man die eingebürgerte Bezeichnung Wertsicherungsvereinbarung unpräzis nennen, aber sie trifft den Normalfall und gibt dem § 3 WährG Struktur: Jede Wertsicherungsvereinbarung im beschriebenen Sinne ist auf ihre Vereinbarkeit mit § 3 WährG zu prüfen, aber nicht jede dieser Vereinbarungen ist nach § 3 S 2 WährG untersagt. Umgekehrt kann nur eine Vertragsklausel, die die Merkmale der Wertsicherungsvereinbarung aufweist, unter § 3 S 2 WährG fallen. Vereinbarungen, die keine Wertsicherungsvereinbarungen im beschriebenen Sinn sind, können nur kraft ausdrücklicher gesetzlicher Anordnung den Wertsicherungsvereinbarungen gleichgestellt werden (so die Fremdwährungsschulden nach § 3 S 1 WährG) oder, wenn sie einen Wertsicherungszweck verfolgen, ausnahmsweise unter Umgehungsgesichtspunkten den Wertsicherungsvereinbarungen gleichgestellt werden (zum Umgehungsproblem vgl Rn D 203, D 207).

b)   **aa) Die Funktion der Wertsicherungsklauseln** besteht hiernach typischerweise,   **D 163** aber nicht ausschließlich, darin, dem Gläubiger das Inflationsrisiko abzunehmen. BOHNDORF (18) beschreibt den hierzu führenden Mechanismus dahingehend, daß

der Wertmesser Geld durch einen anderen Wertmesser ersetzt wird (vgl auch HAHN § 8
Rn 2: Preis oder Wert bestimmter Güter oder Leistungen). Diese Beschreibung ist ungenau.
Zum einen kann der Wertmesser seinerseits wieder in einer (ausländischen) Währung bestehen, denn auch die Valutawertschuld ist eine iS von § 3 WährG wertgesicherte Geldschuld (Rn D 224; § 244 Rn 5); zum anderen wird auch das inländische Geld
als Wertmesser nicht eigentlich ersetzt, sondern nur durch einen Denominierungsfaktor (zB Auslandswährung, Goldpreis, Waren oder Dienstleistungen) ergänzt.
Von dieser *technischen* Funktion ist die *wirtschaftliche Funktion* der Wertsicherungsklauseln zu unterscheiden. Wenn diese überwiegend in der Inflationssicherung von
Geldforderungen besteht, liegt zunächst eine *Wechselwirkung von Wertsicherung und
Geldwertstabilität* auf der Hand: Bei stabilen Währungsverhältnissen ist das Bedürfnis nach Wertsicherung gering; dieses Bedürfnis wächst jedoch mit inflationären
Entwicklungen (BVerwGE 41, 1, 8 = NJW 1973, 529, 531). Dies bedeutet keineswegs, daß
etwa Wertsicherungen in Zeiten der Währungsstabilität entbehrlich wären, denn
Wertsicherungsvereinbarungen haben einen vorsorgenden Zweck, so daß bloßes
Mißtrauen gegenüber der Beständigkeit der Währung als Vertragsmotiv genügt (vgl
BVerwG aaO). F A MANN hat bemerkt, daß die *aktuelle* Funktion der Wertsicherungsklauseln erst bei spürbarer Inflation erkennbar wird, während die *sozialpsychologischen* Probleme der Wertsicherung nach den Inflationserfahrungen des 20. Jahrhunderts allgegenwärtig sind (vgl 40. DJT II D 30). Er hat auf die Erscheinung hingewiesen,
daß in Ländern mit weiter Verbreitung von Wertsicherungsklauseln diese Klauseln
typischerweise gerade in dem Augenblick gesetzlich bekämpft werden, in dem sie
sich als nützlich erweisen sollen (Recht des Geldes 129 f). Die ganz andere Frage, ob
zwischen *Wertsicherungsabreden und Geldwertverfall* ein Kausalzusammenhang
besteht und ob es deshalb gerechtfertigt ist, Wertsicherungsklauseln präventiv zu
unterbinden, gehört in den Zusammenhang der rechtspolitischen Beurteilung des § 3
WährG (Rn D 197 ff).

D 164 bb) Über **Geldwertklauseln im grenzüberschreitenden Wirtschaftsverkehr** vgl ausführlich die gleichnamige Schrift von ZEHETNER (1976) sowie hier § 244 Rn 40 ff, 59;
neuere Literaturangaben bei DÜRKES Rn B 76; eingehend auch ROBERTZ passim.
Neben Kursklauseln (ZEHETNER 9 ff) kommen auch hier Wertsicherungsklauseln vor.
ZEHETNER (99 ff) nennt besonders: Indexklauseln, Preisgleitklauseln, Quotenklauseln und Mengenklauseln; vgl auch die bei ROBERTZ (54 ff) dargestellten Möglichkeiten. Die DBB trägt dem Bedürfnis nach Genehmigung von Valutawertschulden im
Export und Import durch Nr 3 d aa und bb ihrer Genehmigungsgrundsätze (Rn D 212)
Rechnung. Vgl zum Problemkreis noch WILFRIED BRAUN, Monetärrechtliche Probleme vertraglicher Geldwertsicherung im grenzüberschreitenden Wirtschaftsverkehr unter besonderer Darstellung der Wertsicherung der **Young-Anleihe** (Diss
Würzburg 1980).

D 165 c) Die **Geschichte der Wertsicherungsvereinbarungen** geht einher mit der Währungs- und Inflationsgeschichte (vgl zu dieser Rn A 52 ff). Die geschichtliche Entwicklung der Wertsicherungsklauseln **seit dem Ersten Weltkrieg** findet sich eingehend
geschildert bei STAUDINGER/WEBER[11] § 244 Rn 85 ff; BERNDT 12 ff; DUDEN 40. DJT
I 8 ff; DÜRKES Rn A 17 ff; GUTZWILLER 86 ff; ERTL 71 ff; FÖGEN 143 ff; HAHN § 8
Rn 2 ff; MATHAR 13 ff; SCHÖNHERR 27 ff. Etwa seit 1920 bis in die Mitte der 30er
Jahre waren vor allem *Fremdwährungsklauseln, Feingoldklauseln* und *Getreideklauseln* verbreitet (vgl namentlich NUSSBAUM, Vertraglicher Schutz gegen Schwankungen des Geld-

werts [1928]; ders, Das Geld [1925] 144 ff, 164 ff). Das Reichsgesetz über wertbeständige Hypotheken von 1923 (RGBl I 407) hatte die Reichsregierung in weitem Maß zur Zulassung von Wertsicherungen ermächtigt, und hiervon machte die Reichsregierung in mehreren Verordnungen Gebrauch. Auch hatte das Gesetz über die Ausgabe wertbeständiger Schuldverschreibungen von 1923 (RGBl I 407) die Wertsicherung auf dem Kapitalmarkt zugelassen. Im *NS-Staat* veränderte sich das rechtspolitische Klima zu Lasten der Wertsicherungsklauseln (vgl zur Diskussion JÜRGENSEN JW 1937, 2947; MEYER-COLLINGS JW 1937, 3281). Durch die *VO über wertbeständige Rechte* v 16. 11. 1940 (RGBl I 1521) wurden die Goldklauseln entkräftet (dazu VOGELS DJ 1940, 1309; WEITNAUER DR 1941, 14). Die Wertsicherungsfeindlichkeit der NS-Politik ging mit einem auf die Reichsmark als reine Binnenwährung zielenden, durch Devisensperren gesicherten Außenwirtschaftsrecht einher und wird heute gern als Indiz für die Bedenklichkeit von Wertsicherungsverboten gewertet (charakteristisch MATHAR 23 f). Indes waren vereinbarte Wertsicherungen in den 30er Jahren auch sonst funktionslos geworden. In der „gestauten Inflation" seit 1936 versagten die herkömmlichen Wertsicherungen, weil Geldforderungen im allgemeinen, auch wertgesicherte Forderungen, ihre Funktion nicht mehr ausüben konnten (näher DUDEN 40. DJT I 13 f). Einen weiteren Einschnitt erlebte das Recht der Wertsicherungsklauseln nach 1945 (eingehend DUDEN, 40. DJT I 15 ff). Das Erste Änderungsgesetz zum MRG 51, das sog *„Mark-gleich-Mark-Gesetz"*, ordnete dann an, daß alle Forderungen nur noch in Höhe ihres Nennbetrags zu begleichen seien (G v 1. 7. 1947, ABlAmMilReg 567; in der britischen Zone: MRVO Nr 92 v 1. 7. 1947, VOBl 111; in der französischen Zone: MRVO v 6. 11. 1947, Journal official 1211). Vgl dazu auch oben Rn D 36; BGH WM 1964, 248; STAUDINGER/WEBER[11] § 244 Rn 192 ff; BERNDT 28 f; HARMENING/ DUDEN, Währungsgesetze (1949) 190, 196, 214. Inwieweit das „Mark-gleich-Mark-Gesetz" als ein Verbot der Wertsicherung bezeichnet werden kann, ist umstritten (befürwortend F A MANN, Legal Aspect 177; ablehnend MATHAR 27 ff mwNw). Überwiegend wurde dieses Gesetz eng ausgelegt (vgl BGHZ 7, 143, 152 = NJW 1952, 1295, 1296; BGH NJW 1951, 841, 842; 1951, 708, 709; OLG Braunschweig JR 1950, 154, 155 = MDR 1950, 550, 551; OLG Neustadt NJW 1950, 827, 828; STAUDINGER-WEBER[11] § 244 Rn 196 mwNw). Namentlich Geldwertschulden (Rn D 42 ff) fielen nicht unter das „Mark-gleich-Mark-Gesetz" (BGHZ 9, 56, 62 = NJW 1953, 662, 663 =BB 1953, 246 m Anm DIETERS = JZ 1953, 338 m Anm DUDEN; BGH NJW 1951, 708, 709; 1951, 841, 842; 1957, 342, 343; BB 1961, 586, 587; OLG Braunschweig MDR 1950, 550, 551; OLG Neustadt NJW 1950, 827, 828; OLG Celle MDR 1951, 749, 750; OLG Düsseldorf NJW 1951, 362; SCHUBERT NJW 1950, 286 f; Schrifttumsnachw bei STAUDINGER/ WEBER[11] § 244 Rn 195). Nach der sog Währungsreform (Rn A 59) war das „Mark-gleich-Mark-Gesetz" nicht mehr anwendbar (vgl nur DUDEN JZ 1953, 340). Von diesem Zeitpunkt an bestand die Hauptbedeutung des „Mark-gleich-Mark-Gesetzes" darin, daß § 13 Abs 3 UmstG sinngemäß auf seine Regelung Bezug nahm. § 13 Abs 3 UmstG lautete:

„Reichsmarkverbindlichkeiten und Reichsmarkforderungen im Sinne dieses Gesetzes sind alle Verbindlichkeiten und Forderungen aus vor dem 21. Juni 1948 begründeten Schuldverhältnissen (Abs. 1), die auf Reichsmark, Rentenmark oder Goldmark lauten oder nach den vor dem Inkrafttreten des Währungsgesetzes in Geltung gewesenen Vorschriften in Reichsmark zu erfüllen gewesen wären. Auf Reichsmarkverbindlichkeiten, die bei Beginn des 21. Juni 1948 bereits erloschen waren, findet dieses Gesetz keine Anwendung."

Die Frage, ob *Geldwertschulden* als Reichsmarkverbindlichkeiten iS dieser Vor- **D 166** schrift anzusehen seien, war von Anfang an umstritten, wurde jedoch überwiegend verneint (BGHZ 7, 143, 149 = NJW 1952, 1295; 9, 56 = NJW 1953, 662 = BB 1953, 246 m Anm DIETERS = JZ 1953, 338 m Anm DUDEN; std Rspr; Nachw bei STAUDINGER/WEBER[11] § 244 Rn 199 ff). Nur die mit *Geldsummenschulden* verknüpften alten Wertsicherungsklauseln wurden mit dem UmstG endgültig gegenstandslos, denn die Altforderungen wurden von einem RM-Nennwert in einen DM-Nennwert umgerechnet. Die auf diese Weise beseitigten *Wertsicherungen für Alt-Verbindlichkeiten* sind nach der Umstellung nicht wieder aufgelebt (OLG Stuttgart NJW 1951, 106, 107; OLG Düsseldorf NJW 1951, 362; DÜRKES Rn A 23). *Leistungsvorbehalte* bei Rentenschulden wurden allerdings als beständig angesehen, blieben also unberührt (BGH BB 1968, 568 = NJW 1979, 91 = WM 1978, 470; Nachweise bei PIKART WM 1969, 1063). *Alte Geldwertschulden* blieben Wertschulden; daran konnte weder das „Mark-gleich-Mark-Gesetz" noch das UmstG etwas ändern (DUDEN 40. DJT I 23; PIKART WM 1969, 1063 mwNw). Zum Umstellungsrecht der Wertsicherungsschulden vgl im übrigen noch BGH NJW 1951, 708 und NJW 1951, 841 je m Anm RÖTELMANN; BGHZ 5, 173 = BB 1952, 304; BGH BB 1959, 1038 = NJW 1959, 2060 = WM 1959, 1243; BB 1965, 183 = NJW 1965, 531 = WM 1965, 169; BB 1968, 568 = NJW 1969, 91 = WM 1968, 470; OLG Neustadt NJW 1960, 827 m Anm SCHUBERT; KG BB 1958, 786; OLG Düsseldorf NJW 1951, 362. Zahlreiche Einzelfragen, die heute nur noch bei langfristigen Schuldverhältnissen eine Rolle spielen können, referiert STAUDINGER/WEBER[11] § 244 Rn 206 ff. Für das Verständnis der Praxis zum WährG sind aber heute noch die Hauptergebnisse der „engen Auslegung" des „Mark-gleich-Mark-Gesetzes" und des § 13 Abs 3 UmstG aufschlußreich. *Von der Umstellung unberührt* blieben im wesentlichen (vgl GUTZWILLER 93): Naturalschulden, auch als Wahlschulden, Geldschulden ohne bezifferten Nennbetrag, die als Gegenwert einer bestimmten Menge von Gütern oder Leistungen vereinbart waren, und Geldschulden, die auf einen noch festzusetzenden „angemessenen Preis" oder Schätzwert lauteten. Wesentliche Ergebnisse der „einschränkenden Auslegung" des neueren § 3 WährG finden sich bereits hierin angelegt. Für die jüngere Entwicklung mag es kennzeichnend sein, daß sich die Zahl der Genehmigungsanträge bei der DBB von 1960 bis 1973 etwa verfünffacht hatte und in den achtziger und frühen neunziger Jahren um 40.000 Anträge jährlich gegenüber rund 10.000 Anträgen im Jahr 1960 einpendelte (DÜRKES Rn B 1).

D 167 **d)** **Rechtsvergleichende Hinweise** sollen hier unterbleiben, obwohl sie für die rechtspolitische Beurteilung des § 3 WährG von hohem Interesse sind. Es wird verwiesen auf: DUDEN 40. DJT I 28 ff; vCAEMMERER 40. DJT II D 17 f; ders, Wertsicherungs- und Valutaklauseln, Deutsche Landesreferate zum 4. Internationalen Kongreß für Rechtsvergleichung (1955) 84; F A MANN, Legal Aspect 147 ff = Recht des Geldes 99 ff; BernerKomm/ROLF H WEBER Art 84 OR Rn 228 ff; BOHNDORF 26 ff; ERTL und GUTZWILLER passim; ZEHETNER 99 ff; MEZGER, in: KÖTZ/REICHERT-FACILIDES (Hrsg) (1976) 25 ff; NUSSBAUM, Money in The Law (1952); INZITARI RabelsZ 45 (1981), 715 ff; ROBERTZ 192 ff; speziell zu Problemen der Werterhaltung in Argentinien SCHÖNHERR 121 ff.

2. Allgemeine Rechtsgeschäftslehre

D 168 **a)** Die Hauptprobleme der Wertsicherungsvereinbarungen nach deutschem Recht sind solche des **§ 3 WährG**. Zwischen dieser Norm, die Verbotsgesetz iS von § 134 ist (Rn D 192) und den *allgemeinen Grundsätzen der Rechtsgeschäftslehre* besteht eine Wechselwirkung, die in Rn D 325 ff dargestellt ist (schwebende Unwirksamkeit, ex-tunc-Genehmigung oder Nichtigkeit, Fragen der Teilnichtigkeit, der Umdeutung und der Pflicht zur Vertragsänderung). Unabhängig von diesen Besonderheiten verdienen aber auch allgemeine Grundsätze der Rechtsgeschäftslehre und des Schuldrechts Aufmerksamkeit.

b) Wertsicherungsvereinbarungen sind Vertragsbestandteile. Ihre **Einbeziehung in** D 169 **den Vertrag** erfolgt durch *Einzelabrede* oder durch *Allgemeine Geschäftsbedingungen*. Eine Wertsicherungsabrede darf den Parteien nicht ex post unterstellt werden (vgl auch § 244 Rn 59). Die *Vertragspraxis* hat sich namentlich mit folgenden Fragen zu befassen: Als erstes muß die zu sichernde Geschäftsgrundlage geklärt werden; es muß also zB festgestellt werden, welcher Art die angestrebte Konstanz sein soll, denn Wertsicherungsklauseln dienen keineswegs stets nur dazu, den Kaufkraftschwund auszugleichen (zB auch Teilnahme am sozialen Wachstum). Der zweite Schritt ist die Ermittlung der für den konkreten Wertsicherungszweck geeigneten Bemessungsgrundlagen (Ahrens WM 1980, 751), denn es ist evident, daß etwa die Bezugnahme auf ein Beamtengehalt oder die Bezugnahme auf den Lebenshaltungsindex zu ganz unterschiedlichen Formen der Wertsicherung führt. Sodann hat die Frage der Genehmigungsfreiheit oder Genehmigungsfähigkeit wesentlichen Einfluß auf die zu wählende Vertragsgestaltung. Der *beurkundende Notar* muß die etwaige Genehmigungsbedürftigkeit einer vereinbarten Wertsicherungsklausel prüfen und die Parteien ggf darauf hinweisen, daß sie selbst die Genehmigung zu beschaffen haben, falls sie ihn nicht damit beauftragen; er kann allerdings die Genehmigung auch im stillschweigenden Einverständnis der Beteiligten selbst in deren Namen einholen (BGH BB 1959, 1079 = Betrieb 1959, 1028 = WM 1959, 112; vgl im übrigen zu den Sorgfaltspflichten des beurkundenden Notars Dürkes Rn H 33 ff mwNw zur Rspr).

aa) Die Vereinbarung durch **Einzelabrede** unterliegt den allgemeinen Grundsätzen D 170 der Rechtsgeschäftslehre. Die Individualabrede setzt hinreichende *Bestimmtheit* voraus (Bilda Rn 23). Die Bestimmtheit bezieht sich hierbei auf die Wertsicherung, nicht auf den Preis (zur Wertsicherung von Vertragsangeboten und zu § 1 PreisangabenVO 1985 vgl besonders Rn D 266). Es genügt, wenn die Anpassung nach den §§ 315 ff einem Schiedsgutachten und hilfsweise der Entscheidung durch Urteil überlassen wird (vgl etwa BGH NJW 1996, 1748). Bei einem Leistungsbestimmungsvorbehalt (Rn D 253 ff), der einen Anpassungsspielraum voraussetzt (Rn D 256), ist ein nach § 315 justitiabler Maßstab erforderlich und genügend. Der Preis muß nur aufgrund der Klausel bestimmbar, soll und muß dagegen noch nicht bestimmt sein. Insofern läßt das Institut der Wertsicherungsvereinbarung auch Rückschlüsse auf die *essentialia negotii* zu, ohne deren Regelung kein Vertrag geschlossen ist. Ist in einem *Kaufvertrag* der Preis oder ist in einem sonstigen Austauschvertrag das Entgelt *mit Hilfe einer Wertsicherungsklausel feststellbar*, so kann auch ohne summenmäßige Festlegung bereits ein wirksamer Vertrag vorliegen; auch die Beurkundung nach § 313 braucht sich dann nur auf die Kaufpreisbestimmung, nicht auf die Kaufpreissumme zu beziehen (BGHZ 71, 731, 732 = BB 1978, 731, 732 = NJW 1978, 1371, 1372 = WM 1978, 794, 795). *Irrtümer* über die Wertbemessungsgrundlage können nach allgemeinen Regeln zu einem versteckten Dissens, zu einer Anfechtbarkeit oder zum Fortfall der Geschäftsgrundlage führen. Kein Dissens und kein Fortfall der Geschäftsgrundlage, sondern eine unschädliche Fehlbezeichnung liegt vor, wenn die Parteien den Eck-Tariflohn einer bestimmten Berufsgruppe zugrundelegen und auch zugrundelegen wollen, den gegenwärtigen Betrag aber unrichtig angeben (OLG Hamm BB 1971, 1124). Zur *Auslegung* von Wertsicherungsvereinbarungen vgl alsbald Rn D 173 ff. Die *Wirksamkeit* der Vereinbarung hängt neben § 3 WährG von den allgemeinen Grundsätzen ab. Nichtigkeit kann sich im Einzelfall aus den §§ 125, 134, 138 ergeben. Zur Frage, unter welchen Voraussetzungen eine Wertsicherungsvereinbarung nach § 138 nichtig ist, vgl BILDA Rn 23; ERTL 61 ff. Eine Knebelung des Geldschuldners kommt bei Klauseln, die dem Gläubiger nur das Geldwertrisiko abnehmen, kaum in Betracht. Wohl aber kann sie sich aus der Kombination mit anderen Merkmalen ergeben (zB mit einer Zinshöhe, die nur durch das Währungsrisiko zu rechtfertigen wäre). Auch ist zu beachten, daß nicht jede Wertsicherung sich auf einen Ausgleich des Geldwertrisikos beschränkt.

D 171 **bb)** **Wertsicherungsklauseln in Allgemeinen Geschäftsbedingungen** unterliegen der allgemeinen Kontrolle nach **§ 9 AGBG** (BGH BB 1980, 1490, 1491 = NJW 1980, 2518, 2519; BGHZ 82, 21 = BB 1982, 146 = NJW 1982, 331; 93, 252, 255 = NJW 1985, 853; BGH NJW 1990, 115; OLG Frankfurt BB 1980, 1550; OLG Köln NJW-RR 1995, 758; LG Nürnberg-Fürth BB 1982, 456; ULMER/BRANDNER/HENSEN, AGBG [7. Aufl 1993] § 8 Rn 21; vgl auch LÖWE BB 1982, 152; zur Inhaltskontrolle vgl bereits OLG Hamm BB 1975, 489 f; BILDA Rn 26; eingehend vWESTPHALEN, Vertragsrecht und AGB-Klauselwerke [Stand September 1994] Vertragsrecht Preisklauseln Rn 13 ff; WIEDEMANN, Preisänderungsvorbehalte [1991] 35 ff). *In kurzfristig abzuwickelnden Verträgen kann eine durch AGB eingeführte Wertsicherung nach § 11 Nr 1 AGBG unwirksam sein* (zur Regelung der PreisangabenVO vgl Rn D 266); das gilt nicht nur für die nach § 3 WährG genehmigungspflichtigen Klauseln, sondern für jede Wertsicherungsklausel einschließlich des Leistungsbestimmungsvorbehalts und der Spannungsklausel (vgl DÜRKES Rn B 15 b; KOCH/STÜBING, AGBG [1977] § 11 Nr 1 Rn 6-11; SCHLOSSER/COESTER-WALTJEN/GRABA, AGBG [1977] § 11 Nr 1 Rn 32; STAUDINGER/SCHLOSSER[12] § 11 Nr 1 AGBG Rn 6; ULMER/BRANDNER/HENSEN § 11 Nr 1 Rn 5). Selbst eine auf den Fall einer bevorstehenden Gesetzänderung – zB Erhöhung der Mehrwertsteuer – bezogene Anpassungsklausel fällt unter § 11 Nr 1 AGBG (so mwNw BGHZ 77, 78 = BB 1980, 906 = WM 1980, 739 = NJW 1980, 2133; OLG Frankfurt NJW 1979, 985; ULMER/BRANDNER/HENSEN aaO; differenzierend OLG Düsseldorf NJW 1979, 1509; früher str). Für die Viermonatsfrist kommt es nach § 11 Nr 1 AGBG auf die vereinbarte Liefer- bzw Leistungszeit an (WOLF/HORN/LINDACHER, AGBG [3. Aufl 1994] § 11 Nr 1 Rn 16; BURCK Betrieb 1978, 1385). Fristbeginn ist der Vertragsschluß, nicht das vielleicht früher liegende Unterschriftsdatum (OLG Frankfurt DB 1981, 884; ULMER/BRANDNER/HENSEN aaO § 11 Nr 1 Rn 7). Da § 11 Nr 1 AGBG aber eben nur kurzfristig abzuwickelnde Verträge erfaßt, Wertsicherung jedoch nur bei Dauerschuldverhältnissen und langen Lieferfristen – jedenfalls in Zeiten nur geringer Inflation – erheblich wird, kommt § 11 Nr 1 AGBG nur geringe Bedeutung zu (DÜRKES Rn B 15 b). Nach § 24 Nr 1 AGBG findet § 11 AGBG überdies keine Anwendung auf *Allgemeine Geschäftsbedingungen, die gegenüber einem Kaufmann verwendet werden*, wenn der Vertrag zum Betrieb seines Handelsgewerbes gehört. Nur die Generalklausel des § 9 AGBG bleibt hier anwendbar (s auch BGHZ 92, 252, 256). Dasselbe gilt für alle Wertsicherungsklauseln in Verträgen, die vom Tatbestand des § 11 Nr 1 AGBG nicht erfaßt werden. Das sind einmal die Preiserhöhungsklauseln bei Dauerschuldverhältnissen (BGH BB 1980, 1491 = Betrieb 1980, 2125 = NJW 1980, 2518 = WM 1980, 1120) zum anderen die *Preiserhöhungsklauseln bei Lieferfristen über vier Monate* (BGHZ 82, 21 = BB 1982, 146 m Anm LÖWE = Betrieb 1982, 427 = NJW 1982, 331 = WM 1982, 9 = ZIP 1982, 71), schließlich auch für die in § 99 Abs 1 und Abs 2 Nr 1 GWB genannten *Beförderungsentgelte* (WOLF/HORN/LINDACHER § 11 Nr 1 Rn 26 f). Aus der

Befreiung dieser Preiserhöhungsklauseln von der strengen Regel des § 11 Nr 1 AGBG ist nicht zu folgern, daß solche Klauseln nicht nach dem AGBG unzulässig sein könnten (BGHZ 92, 252, 255). Prüfungsmaßstab ist § 9 AGBG, und bei der Prüfung dieser Bestimmung kann die in § 11 Nr 1 AGBG getroffene Wertung relevant bleiben (ULMER/BRANDNER/HENSEN § 11 Nr 1 Rn 10). Nach **§ 9 AGBG** können Preiserhöhungsklauseln *wegen unangemessener Benachteiligung des Abnehmers* unwirksam sein. Grundlage dieser Beurteilung ist die einseitige willkürliche Erhöhungsbefugnis. In **Dauerschuldverhältnissen** sind die zB bei Pachtverträgen unentbehrlichen Leistungsbestimmungsvorbehalte und Spannungsklauseln nicht generell unzulässig (eingehend m umfangr Nachw WOLF/HORN/LINDACHER § 11 Nr 1 Rn 25). Im übrigen kann aber die Befugnis zu einseitiger willkürlicher Preiserhöhung nach § 9 AGBG unwirksam sein. Leitentscheidung für *Preiserhöhungsklauseln beim Zeitschriftenabonnement* ist BGH BB 1980, 1490 = Betrieb 1980, 2125 = NJW 1980, 2518. Die Klausel ließ jede beliebige Erhöhung des Bezugspreises zu. Sie war nach der zutreffenden Auffassung des BGH mit dem wesentlichen Grundgedanken der Preisvereinbarung beim *Kaufvertrag* nicht zu vereinbaren, und das Gebot eines angemessenen Ausgleichs der beiderseitigen Interessen war nicht mehr gewahrt. Ebenso entschied der BGH über die **Tagespreisklausel bei langfristigen Kaufverträgen.** Das Urteil v 7. 10. 1981 erklärt die Tagespreisklausel im Kraftwagenhandel bei Verträgen mit Nichtkaufleuten für unwirksam, weil sie unter Abwägung der beiderseitig schutzwürdigen Interessen beim Neuwagenkauf den Käufer gegenüber dem Verkäufer unangemessen benachteiligt (BGHZ 82, 21 = BB 1982, 146 m Anm LÖWE = NJW 1982, 331; ebenso bereits OLG Frankfurt BB 1980, 1550; eingehend dazu noch in der Voraufl Rn D 168). Heute kann als geklärt gelten, daß eine solche Klausel nur wirksam ist, wenn sie eine über die Kostenprogression hinausgehende Anpassung ausschließt oder dem Kunden ein Lösungsrecht gibt (BGHZ 82, 21 = BB 1982, 146 m Anm LÖWE = NJW 1982, 331; 93, 252, 256 ff = NJW 1985, 853 ff; BGH NJW 1985, 621, 623; 1986, 3134, 3135; ULMER/BRANDNER/HENSEN Anh §§ 9-11 Rn 472; vgl auch BARTSCH Betrieb 1983, 215 f). **Tagespreisklauseln gegenüber Händlern** unterliegen nicht denselben strengen Maßstäben. Nach BGHZ 92, 200 = NJW 1986, 1808 kann ein Preisbestimmungsrecht des Anbieters, wenn die Preiserhöhung die Inflation nicht wesentlich übersteigt, mit dem AGBG vereinbar sein, wenn sich der Verwender an einem Marktpreis orientiert, den der Händler seinerseits weitergeben kann (ULMER/BRANDNER/HENSEN Anh §§ 9-11 Rn 472). Formprobleme aus § 34 GWB lassen sich durch Bezugnahme auf künftige Preislisten meistern (BGHZ 77, 1, 5 ff; BGH WuW/E BGH 1498 Püff = NJW 1978, 822; WuW/E BGH 1641 Tanzcafe = WM 1979, 493, 494; WuW/E BGH 1889 Brunnenhof; hM). Zur Begründung hat BGHZ 77, 1, 6 f ausgeführt, daß § 34 GWB zwar zur vollständigen Beurkundung des Vertrages zwingt, aber keine zusätzlichen Anforderungen an den Inhalt des Vertrages stellt. **Zinsanpassungsklauseln** in AGB fallen nicht unter § 11 Nr 1 AGBG (ULMER/BRANDNER/HENSEN Anh §§ 9-11 Rn 282). Nach § 9 Abs 1 AGBG dürfen sie aber den Kreditnehmer nicht unangemessen benachteiligen. Ferner kann § 11 Nr 5 AGBG zu beachten sein (vgl zu all dem § 246 Rn 152 ff). Auch von individuell vereinbarten Zinsanpassungsklauseln darf nur in einer mit den §§ 157, 242 vereinbaren Weise Gebrauch gemacht werden (LG Heidelberg WM 1975, 1271, 1272). Vgl eingehend § 246 Rn 145 ff, 152 ff.

cc) Der Geldgläubiger hat im allgemeinen **keinen allgemeinen Anspruch auf** (nach- **D 172** träglich) **Aufnahme von Wertsicherungsvereinbarungen in einen Vertrag.** Grundsätzlich besteht keine Pflicht des Geldschuldners, sich auf eine solche Vertragsregelung (Vertragsänderung) einzulassen. Gegenüber der Forderungsanpassung wegen Fort-

Vorbem zu §§ 244 ff   2. Buch

D 173, D 174   1. Abschnitt. Inhalt der Schuldverhältnisse

falls der Geschäftsgrundlage (Rn D 90 ff) ist die vereinbarte Wertsicherung in aller Regel das schärfere Mittel des Gläubigerschutzes (vgl allerdings zu den „deklaratorischen" Wertsicherungsklauseln Rn D 240). Das objektive Recht gewährt keinen über die Grundsätze zum Fortfall der Geschäftsgrundlage hinausreichenden gesetzlichen Schutz, und es kann diesen Schutz auch nicht mittelbar über einen Anspruch auf vertragliche Wertsicherung gewähren. Damit soll nicht für jeden Einzelfall ausgeschlossen sein, daß der Geldschuldner – etwa bei einem auf 99 Jahre geschlossenen Pachtvertrag – ausnahmsweise gehalten sein kann, künftige Anpassungen auf vertragliche Grundlage zu stellen. Grundsätzlich aber besteht eine solche Rechtspflicht nicht. Hiervon zu unterscheiden ist die *Pflicht der Parteien, die Genehmigung der einmal vereinbarten, aber genehmigungsbedürftigen Klausel herbeizuführen* (Rn D 319); gleichfalls hiervon zu unterscheiden ist der Fall, daß sich die Parteien bereits über eine Wertsicherung geeinigt haben, die jedoch wider Erwarten unwirksam, nichtig oder wegen Fortfalls der Geschäftsgrundlage gegenstandslos oder unbrauchbar ist. Dann haben sich die Parteien über das Ob der Wertsicherung geeinigt, und nur das Wie der Wertsicherung bedarf der Korrektur. In diesem Fall kommt ein *Anspruch auf Klauseländerung* in Betracht (vgl zum Fortfall der Geschäftsgrundlage Rn D 179 ff; zur Unwirksamkeit oder Nichtigkeit der Klausel vgl Rn D 332 f).

D 173 c)   **Zur Auslegung** von Wertsicherungsklauseln vgl zB BGH LM § 133 Nr 12 = BB 1970, 1323 = MDR 1971, 36 = NJW 1970, 2103; WM 1981, 1109; WM 1987, 19; OLG Köln BB 1987, 1420 m Anm HIRTE; BILDA Rn 42 c ff; DÜRKES Rn C 85, D 253 ff.

D 174 aa)   Die Auslegung einer Wertsicherungsklausel **folgt allgemeinen Grundsätzen** (vgl zB BGH WM 1964, 906, 907; BB 1968, 646 = WM 1968, 617; LM § 133 Nr 12 = BB 1970, 1323 = MDR 1971, 36 = NJW 1970, 2103; BB 1971, 147; Betrieb 1972, 1526; WM 1976, 154; BB 1979, 1631 = Betrieb 1979, 933; BB 1979, 1213 = Betrieb 1979, 2223 = WM 1979, 1097). Auszugehen ist vom Wortlaut der Klausel (BGH BB 1983, 215). Die Klausel *„stabile Währungsverhältnisse vorausgesetzt"* kann als Leistungsvorbehalt aufgefaßt werden (dazu BGH BB 1963, 497 = WM 1963, 568). Zur Auslegung eines Vertrags, der seinerseits auf einen *anderen Vertrag* Bezug nimmt, vgl BGH BB 1979, 1214 = WM 1979, 1389. Eine langjährige Übung der Vertragsparteien ist gewichtiges Indiz dafür, daß diese Übung dem Sinn einer von den Parteien gewählten Klausel entspricht (BGH WM 1987, 19, 21). Neben dem *Wortlaut* und dem *Wertsicherungszweck* verdient auch *§ 3 WährG* Berücksichtigung insofern, als eine Klausel im Zweifel in dem Sinne auszulegen ist, daß sie wirksam ist. Der *Parteiwille* hat Vorrang und schließt richterliche Gestaltung grundsätzlich aus. Der Richter ist, soweit die Klausel wirksam ist, durch den zum Vertragsgegenstand gewordenen Parteiwillen gebunden (BGH BB 1973, 723 = WM 1973, 461; OLG Köln BB 1987, 1420, 1421 m Anm HIRTE). Er kann deshalb, wenn etwa ein Beamtengehalt als Maßstab vereinbart ist, nicht einfach den Lebenshaltungskostenindex zugrundelegen (BGH BB 1965, 183 = NJW 1965, 531 = WM 1965, 169). Zur Auslegung der Klausel *„maßgebliche" oder „wesentliche Änderung"* vgl BGH BB 1951, 485; WM 1967, 1248, 1249; LM § 133 Nr 12 = BB 1970, 2068 = NJW 1970, 2103 m Anm BILDA NJW 1971, 372. Zum „angemessenen Mietzins" vgl BGH BB 1975, 898 = NJW 1975, 1557 = WM 1975, 772. Wertsicherungen, die auf *Mindestschwankungen des Lebenshaltungsindex* abstellen und eine Mindestschwankungsklausel enthalten, sind erst dann zum zweiten Mal anzuwenden, wenn die erforderliche prozentuale Steigerung des Index erneut eingetreten ist (BGH BB 1984, 303; OLG Saarbrücken WM 1968, 558;

DÜRKES Rn D 674 ff). Diese *erneute Anwendung* braucht im Vertrag nicht besonders klargestellt zu sein (LG Heidelberg BB 1981, 123 m zust Anm DÜRKES; vgl aber auch die Empfehlung bei DÜRKES Rn D 684 f zur Vermeidung von Meinungsverschiedenheiten). Mindestschwankungsklauseln regeln zunächst nur die Voraussetzungen der Anpassung, besagen also nicht ohne weiteres, daß dann der Umfang der Anpassung der eingetretenen Schwankung entsprechen muß; dies kann aber iS der §§ 315, 316 der Billigkeit entsprechen (OLG München BB 1982, 583). Bei **Lohn-, Gehalts- und Ruhegeldklauseln** kann die *Bemessungsgrundlage* zweifelhaft sein (DÜRKES Rn D 148 ff). Eine Wertsicherungsklausel, die auf ein Beamtengehalt Bezug nimmt, bezieht sich im Zweifel nicht nur auf diejenigen Gehaltserhöhungen, die dem Kaufkraftausgleich dienen, sondern auch auf solche, die für eine Beteiligung des Gehaltsempfängers am gestiegenen Bruttosozialprodukt sorgen sollen (BGH BB 1967, 735 = Betrieb 1967, 898 = WM 1967; 786; vgl auch BGH BB 1979, 1631 = Betrieb 1979, 933; insgesamt zu Beamtengehaltsklauseln DÜRKES Rn C 159 ff). Ähnlich kann die Bezugnahme auf die Rentenentwicklung bedeuten, daß nicht nur der **Kaufkraftschwundausgleich**, sondern auch die Verbesserung des Lebensstandards durch Rentenerhöhungen erfaßt sein soll; vor allem bei Geldleistungen mit Versorgungscharakter liegt dies nahe (OLG Celle WM 1980, 747, 748 m Anm AHRENS: Leibrente). Wird auf ein Beamtengehalt Bezug genommen, so erfaßt diese Bezugnahme im Zweifel auch die als „13. Monatsgehalt" – früher als Weihnachtsgeld – bezeichnete Sonderzuwendung (BGH WM 1968, 830; 1971, 507; BB 1979, 1631 = Betrieb 1979, 933; Betrieb 1980, 492 = WM 1980, 192; DÜRKES Rn C 170 ff). Doch kann sich aus dem Zweck der konkreten Wertsicherungsklausel etwas anderes ergeben (vgl den Mietzinsfall BGH LM § 3 WährG Nr 27 = BB 1974, 1608 = NJW 1975, 105). Zur Auslegung eines wertgesicherten Vermächtnisses vgl BGH BB 1971, 1175.

bb) **Lücken** in der Wertsicherungsregel sind durch *ergänzende Vertragsauslegung* zu **D 175** schließen (vgl OLG Düsseldorf Betrieb 1978, 2166; HIRTE BB 1987, 1421 zu OLG Köln BB 1987, 1420, das jedoch im konkreten Fall eine Lücke im Vertrag gerade verneint hatte). Ob eine Lücke vorliegt, ist in erster Linie durch Interpretation der Klausel festzustellen (BGH BB 1983, 215). Nachträglich können sich solche Lücken ergeben, wenn sich der Bewertungsmaßstab der Bezugsgröße seinerseits ändert (vgl zB zur Änderung der Beamtengehälter BGH LM § 157 Nr 26 = BB 1976, 1483 = NJW 1976, 2342 = WM 1976, 814; OLG Hamm BB 1970, 1194 = WM 1970, 1239; zur Einführung der Mehrwertsteuer BGH BB 1972, 334 = NJW 1972, 677 = WM 1972, 414; OLG Düsseldorf BB 1970, 1232 = WM 1970, 997; zur Roggenklausel BGH BB 1972, 1527 = Betrieb 1973, 59 = WM 1972, 1442; BB 1981, 1599 = WM 1981, 899; DÜRKES Rn F 34 ff). In diesen Fällen hat die korrigierende Auslegung *Vorrang vor einer Vertragskorrektur wegen Fortfalls der Geschäftsgrundlage* (vgl Rn D 180). Wichtig ist in diesen Fällen, daß auf den Wertsicherungszweck und auf den konkreten Vertragsinhalt abgestellt wird (vgl BGH LM § 157 Nr 26 = aaO). Eine Wortinterpretation, die an Begriffen festhält, obgleich diese ihren Sinn verändert haben, ist unzulässig (OLG Hamm aaO). Eine ergänzende Vertragsauslegung ist auch dann nicht ausgeschlossen, wenn die Klausel der Genehmigung nach § 3 WährG unterlegen hat (BGH LM § 157 Nr 26; BGH BB 1983, 215 = WM 1982, 1329, 1331). Allerdings muß das Ergebnis der ergänzenden Vertragsauslegung noch mit dem Gegenstand und Inhalt der bezweckten Wertsicherung und ihrer Genehmigung vereinbar sein (BGH LM § 157 Nr 26; OLG Köln BB 1987, 1420 m Anm HIRTE; DÜRKES Rn F 37 ff). Von der korrigierenden Auslegung der Klausel zu unterscheiden sind: die *„ergänzende Auslegung" des Vertrags, wenn die darin enthaltene Klausel unwirksam oder nichtig ist* (Rn D 330 ff); die *Umdeutung einer* *genehmigungsunfähigen Klausel* nach § 140 (Rn D 327); das *Problem der „geltungser-haltenden Reduktion"* bei Unwirksamkeit nach dem AGBG (Rn D 171).

D 176 cc)   Der **maßgebende Zeitpunkt** bedarf namentlich *bei Dauerschuldverhältnissen der Klärung.* Hier wirkt eine Erhöhung des Entgelts nur *ex nunc.* Was dies genau bedeutet, hängt von den vereinbarten Anpassungsvoraussetzungen ab und ist wiederum eine Auslegungsfrage. Dabei ist zunächst zu klären, ob eine automatisch wirkende *Gleitklausel*, ein *Leistungsbestimmungsvorbehalt* oder eine *Neuverhandlungsklausel* vorliegt. Insbes die Frage, ob die Anpassung durch Vereinbarung oder unter bestimmten Voraussetzungen automatisch erfolgt, muß nach dem Wortlaut oder dem Sinn der Klausel ermittelt werden (BGH DNotZ 1979, 19 = WM 1978, 1133). Ist in einer nicht durch § 10 MHG untersagten Anpassungsklausel bestimmt, daß der Vermieter (Verpächter) den Mieter (Pächter) zur erhöhten Mietzahlung (Pachtzahlung) auffordern muß, so ist diese Aufforderung regelmäßig nicht nur Fälligkeitsvoraussetzung, sondern Anspruchsvoraussetzung; sie kann also nur zur Erhöhung ex nunc führen (vgl BGH WM 1979, 784, 786). Dagegen kann eine automatisch wirkende Gleitklausel auch dann gewollt sein, wenn es in dem Vertrag – insofern irreführend – heißt, es könne eine Erhöhung des Miet- oder Pachtzinses „verlangt" werden (BGH WM 1979, 1308). Eine Klausel, wonach Veränderungen des zugrundegelegten Beamtengehalts unter 5% „außer Betracht" bleiben, kann rechtsfehlerfrei so ausgelegt werden, daß die Anpassung eine Veränderung von mindestens 5% voraussetzt, dann aber die gesamte Veränderung erfaßt (BGH Betrieb 1972, 1526 = WM 1972, 700). Eine *vertragliche Änderung der Wertsicherungsklausel* kann dahingehend zu verstehen sein, daß die Parteien einander so stellen wollen, als sei die neue Klausel von Anfang an vereinbart gewesen (OLG Nürnberg WM 1959, 1251 sieht dies sogar als den Regelfall an). Es kann aber auch eine ex-nunc-Änderung gewollt sein. Sofern der Vertragstext keinen Aufschluß gibt, wird es auf Anlaß und Zweck der Änderung ankommen.

D 177 d)   **Wertsicherung und Geschäftsgrundlage** stehen miteinander in Wechselbeziehung. Einerseits hat eine wirksam getroffene Wertsicherungsvereinbarung Vorrang vor der gesetzlichen Forderungsaufwertung (vgl sogleich Rn D 178), auf der anderen Seite aber liegt der Wertsicherungsregelung ihrerseits eine Geschäftsgrundlage zugrunde, deren Fortfall oder Störung Probleme der Vertragskorrektur aufwerfen kann (s auch DÜRKES Rn F 19 ff).

D 178 aa)   **Äquivalenzstörungen** – dh Störungen der *Geschäftsgrundlage des gesamten Vertrages* – können nur eingeschränkt geltend gemacht werden. Der *Vorrang der Wertsicherungsvereinbarung* schließt eine gesetzliche Vertragskorrektur wegen Geldwertschwundes unter dem Gesichtspunkt des Fortfalls der Geschäftsgrundlage regelmäßig aus, soweit die Veränderung der Geschäftsgrundlage von der Wertsicherungsvereinbarung positiv oder negativ erfaßt ist (Subsidiaritätsgrundsatz; vgl Rn D 112, D 118). Wenn der Vertrag eine Regelung des Geldwertproblems enthält, ist für einen Eingriff in den Vertrag wegen der eingetretenen Inflation idR kein Raum (RGZ 118, 346, 352; 124, 75, 78; RG WarnR 1926 Nr 63; BGH ZIP 1981, 283; vgl auch hierzu Rn D 112). Die vertragliche Wertsicherung kann grundsätzlich nicht nach den §§ 157, 242 durch eine andere, dem Wertsicherungszweck ex post gesehen besser dienende Regelung ersetzt werden (BGH WM 1973, 461). *Gegenüber der Vertragsregelung setzt sich das Institut des Fortfalls der Geschäftsgrundlage nur in zwei Fällen durch*: erstens wenn die eingetretene Geldwertänderung von den bei der Wertsicherung in Betracht gezogene Ereignissen so wesentlich abweicht, daß von einer speziellen Vertragsregelung für den in Frage stehenden Fall nicht gesprochen werden kann; zweitens wenn die Wertsicherungsklausel selbst der Korrektur wegen Fortfalls ihrer Geschäftsgrundlage unterliegt (dazu sogleich Rn D 179 ff).

bb) Beim **Fortfall der Klauselgrundlage** geht es nicht um die Äquivalenzstörung im **D 179** Vertrag selbst, sondern um ein Versagen der vereinbarten Wertsicherung (vgl zum folgenden eingehend DÜRKES Rn F 19 ff).

α) Der **Vorrang der Klauselauslegung** vor einer Vertragsumgestaltung wegen Fort- **D 180** falls der Geschäftsgrundlage (Rn D 175) kommt immer dann zum Tragen, wenn die vereinbarte Wertsicherungsklausel nicht unbrauchbar geworden ist, sondern wegen einer veränderten Kalkulation der Bezugsgröße im Sinne des Wertsicherungszwecks lediglich der Berichtigung bedarf (vgl zum umstrittenen Verhältnis zwischen Vertragsauslegung und Vertragsanpassung in Geschäftsgrundlagenfällen allerdings Rn D 96, D 123 ff). Unvorhergesehene Änderungen der für die Wertsicherungsklausel maßgebenden Posten sind in erster Linie durch Auslegung nach den §§ 133, 157 zu beheben. Vgl etwa BGH BB 1972, 334 f zur *Einführung der Mehrwertsteuer* und zu ihrer Auswirkung auf die Wertsicherung eines Pachtvertrags, bei dem die Höhe des Pachtzinses vom Brauereilieferpreis einer bestimmten Biersorte abhängig gemacht ist. Die Steigerung der umsatzsteuerlichen Belastung stellte nach Auffassung des BGH keine wirkliche Verteuerung des Bierpreises dar, weil sie kostenneutral war. Soweit dagegen gleichzeitig mit der Einführung der Mehrwertsteuer eine verdeckte Preiserhöhung vorgenommen worden war, handelte es sich um eine echte Verteuerung des Bieres, die sich nach der Wertsicherungsklausel im Pachtzins niederschlug (zur Einführung der Mehrwertsteuer vgl auch OLG Düsseldorf BB 1970, 1232 = WM 1970, 997). Charakteristische *Fälle der berichtigenden Auslegung* sind auch die Entscheidungen über die Neuberechnung der Beamtengehälter (vgl dazu BGH LM § 157 Nr 26 = BB 1976, 1483 = NJW 1976, 2342 = WM 1976, 814; OLG Hamm BB 1970, 1194 = WM 1970, 1239). Als Fall der berichtigenden Auslegung wird man auch BGH BB 1983, 215 = WM 1982, 1329 einzuordnen haben, wo eine „ergänzende" Auslegung abgelehnt und folgende „interessengerechte" Auslegung durchgeführt wird: „Haben die Parteien 1967 eine Wertsicherungsklausel vereinbart, wonach die Höhe des Mietzinses sich nach dem Endgrundgehalt eines Regierungsrats in Bundesdiensten mit zwei Kindern über 14 Jahren bestimmt, so ist bei der Bemessung der Miete ab 1. Januar 1975 an die Stelle des weggefallenen Kinderzuschlags das nunmehr nach dem Kindergeldgesetz zu zahlende Kindergeld zu setzen."

β) **Nichtbewährung der vereinbarten Wertsicherungsklausel** kann Anlaß zur berichti- **D 181** genden oder ergänzenden Vertragsauslegung geben (oben Rn 180; DÜRKES Rn F 34 ff), kann aber auch einen Fortfall der Klauselgrundlage darstellen. Auf der Rechtsfolgenseite gelten dann die allgemeinen Grundsätze über den Fortfall der Geschäftsgrundlage (zu ihnen vgl Rn D 123 ff). Im Vordergrund steht auch hier eine Anpassung des Vertrags (vgl BGH WM 1957, 401, 402). Für den Anpassungsmechanismus gelten sinngemäß die bei Rn D 124 ff dargestellten Regeln. Der *Tatbestand des Fortfalls der Geschäftsgrundlage* bereitet allerdings auch hier beträchtliche Abgrenzungsschwierigkeiten. In erster Linie ist zu bedenken, daß kein Wertmesser ideal ist (ERTL 101, 104). Das in der Wertsicherung zum Ausdruck gelangte Bedürfnis nach zuverlässiger und konstanter Sicherung kann dem Gläubiger nicht schlechthin das Risiko abnehmen, sich in der Wahl der Wertsicherungsklausel verkalkuliert zu haben. Die Wertsicherungsfunktion der Klausel steht zwar aus Gläubigersicht einseitig im Vordergrund, aber aus der Sicht der inneren Vertragsordnung hat die Wertsicherung auch eine befriedende Funktion. Nichtbewährung liegt also nicht schon dann vor, wenn die optimale Wertsicherung verfehlt wurde. Starke Schwankungen der Bezugsgröße, die mit dem Wertsicherungszweck unvereinbar sind und die Befriedungswirkung der Klausel aufheben, können ausnahmsweise einen Fortfall der Geschäftsgrundlage darstellen (ERTL 101 ff). *Gehaltsklauseln* und *Ruhegeldklauseln* sind in dieser Hinsicht besonders anfällig (eingehend ERTL 108 ff). Das beruht einmal darauf, daß hier die Veränderung der Bezugsgröße nicht nur Spiegelbild der Geldentwertung, sondern auch Ausdruck sozialer Statusverbesserung sein kann (dazu alsbald Rn D 182). Auch unterliegen die Berechnungsgrundlagen starken Schwankungen. Diese Eigenart von Gehältern und Ruhegeldern sollte nicht Anlaß zu besonders großzügiger Vertragskorrektur sein, denn sie werden, wenn eine solche Klausel gewählt wird, in Kauf genommen. Ob zB eine Arbeitszeitverkürzung zu berücksichtigen ist, hängt von der Formulierung der Klausel (Stundenlohn oder Monatslohn) ab und ist jedenfalls grundsätzlich kein Problem der Geschäftsgrundlage (vgl aber ERTL 110 ff). Stellt die Wertsicherungsklausel auf eine bestimmte Besoldung ab, deren Veränderungen die Geldschuld folgen soll, so liegt noch kein Fortfall der Geschäftsgrundlage vor, wenn statt der zu erwartenden Änderungen der betreffenden Besoldung eine vollständige Neuordnung dieser Besoldung eintritt; allerdings kann diese Neuordnung eine berichtigende Auslegung der Wertsicherungsklausel notwendig machen (OLG Hamm BB 1970, 1194 = WM 1970, 1239).

D 182 γ) Unangemessene Bevorzugung des Geldgläubigers durch **übermäßige Wertsicherung** kann eintreten, wenn durch Zufälligkeiten der Wertsicherung eine die Geldentwertung überschreitende Anpassung der Geldforderung eintritt. Das ist der Fall, wenn die gewählte Bezugsgröße eine die **Geldentwertung** weit übertreffende Dynamik entfaltet. Der Geldschuldner muß, um hier eine Zweckverfehlung geltend zu machen, nicht nur das objektive Übermaß an Wertsicherung darlegen. Voraussetzung eines Fortfalls der Geschäftsgrundlage ist auch, daß dieses Auseinanderklaffen von Inflation und Wertsicherung ungewollt ist. Das ist der Fall, wenn Inflationsausgleich ausschließlicher Zweck der Wertsicherung ist. Vor allem bei der *Anpassung an Gehälter und Renten* geht der Anpassungszweck hierüber vielfach hinaus (BGH WM 1973, 461: Kapitänsheuer; WM 1975, 445: Altersrente; vgl auch BGH BB 1967, 735 = Betrieb 1967, 898 = WM 1967, 786; OLG Düsseldorf Betrieb 1978, 2166; OLG Celle WM 1980, 747, 748 m Anm AHRENS). Die Bezugnahme auf eine Rente oder auf ein Gehalt kann neben der reinen Wertsicherung auch der Anpassung des Lebensstandards an eine bestimmte soziale Gruppe dienen. Die Anpassung kann dann bestimmungsgemäß von der Inflationsrate abweichen (BGH WM 1975, 445). In diesem Fall kann nur eine völlig unerwartete und unverhältnismäßige Abweichung einen Fortfall der Geschäftsgrundlage begründen (vgl auch hierzu BGH WM 1975, 445 und dazu HARTMANN NJW 1976, 428). Solange nicht feststeht, daß die Klausel keine andere Funktion als die des Inflationsausgleichs haben sollte, rechtfertigt eine die Inflationsrate übersteigende Anhebung der Bezugsgröße weder eine korrigierende Auslegung noch eine Umgestaltung der Klausel wegen Fortfalls der Geschäftsgrundlage (vgl BGH WM 1973, 461, 463; 1975, 445). Aber auch wenn es um bloßen Inflationsausgleich geht, nehmen die Vertragspartner Pauschalierungen und Abweichungen von der Entwicklung der Lebenshaltungskosten in Kauf (BGH WM 1979, 250, 251). Das bedeutet nicht, daß etwa

die Geltendmachung eines Fortfalls der Geschäftsgrundlage bei Gehalts- und Ruhegeldklauseln allgemein aussichtslos wäre. Es kommt vielmehr auf das beiderseits
übernommene Vertragsrisiko an (Dürkes Rn F 27). Mit einer Spannungsklausel in
einem Ruhegeldvertrag, die auf die Bezüge in einer anderen Berufsgruppe Bezug
nimmt, ist idR nicht beabsichtigt, dem Empfänger eine überdurchschnittliche, die
Einkommensentwicklung der eigenen Berufsgruppe unerwartet und weit übersteigende Anhebung des Lohnniveaus der fremden Berufsgruppe zugute kommen zu
lassen; erweist sich die Spannungsklausel infolge einer solchen unvorhergesehenen
Entwicklung als ungeeignet, so kann ihre Anpassung nach den Grundsätzen über
den Wegfall der Geschäftsgrundlage (Rn D 124 ff) geboten sein (BGH LM § 3 WährG
Nr 23 = BB 1974, 101, 102 = NJW 1974, 273, 274 f). Der Fall des BGH ist allerdings dadurch
gekennzeichnet, daß hier ein Festhalten an der vertraglichen Regelung die geschuldete Hinterbliebenenrente in eine Höhe getrieben hätte, die der verstorbene
Geschäftsführer, hätte er noch gelebt und im aktiven Berufsleben gestanden, voraussichtlich nicht erhalten hätte. Es geht also um einen Extremfall. Das wird auch
deutlich bei BGH WM 1979, 250, wo eine Steigerung der Bezugsgröße von 186,4%
bei nur 62,9% Kaufkraftschwund hingenommen wird. Eine allgemeine Regel, nach
der jede unerwartete Schwankung der Vergleichsgröße die Geschäftsgrundlage entfallen läßt, gibt es nicht. Die Parteien haben, wenn sie sich auch hiergegen absichern
wollen, die Möglichkeit, die Bandbreite zwischen der minimalen und der maximalen
Anpassung im Vertrag festzulegen (Ahrens WM 1980, 752). Im Einzelfall können sich
bei Betriebsrenten Anpassungspflichten aus nachwirkender Vertragspflicht zum
Schutz des Unternehmens ergeben (BGH WM 1979, 250, 251 mwNw). Einen Fortfall der
Geschäftsgrundlage bejaht BGH BB 1963, 247 = Betrieb 1963, 448 = WM 1963, 315
in einem Fall, in dem der Kreditnehmer zulässigerweise (Rn D 243) dem Kreditgeber
versprochen hatte, den Wert zur Wiederbeschaffung bestimmter Aktien zurückzuerstatten, deren Kurs dann aber in unvorhergesehenem Maße angezogen hatte.

δ)   Eine **unzureichende Wertsicherung** läßt ambivalente Schlüsse zu (vgl auch Münch- **D 183**
KommBGB/Roth[3] § 242 Rn 604): Unter dem Aspekt der Subsidiarität des Fortfalls der
Geschäftsgrundlage kann auf das Vorhandensein einer vertraglichen Spezialregelung
verwiesen werden (Einschränkung des Fortfalls der Geschäftsgrundlage); so hat
BGH ZIP 1981, 283 entschieden, daß eine Anpassungsklausel nicht schon dann
selbst angepaßt werden darf, wenn sie nicht auf jede Kostensteigerung reagiert. Auf
der anderen Seite kann zugunsten des Fortfalls der Geschäftsgrundlage darauf hingewiesen werden, daß die vereinbarte, jedoch ex post gesehen unzureichende
Wertsicherung den Willen der Parteien zur vertraglichen Wertsicherung demonstriert. Der scheinbare Widerspruch löst sich auf, wenn man zwischen der *Vertragsgrundlage* (Rn D 178) und der *Klauselgrundlage* (Rn D 179) unterscheidet. Das
Leistungsäquivalent als allgemeine Vertragsgrundlage ist durch die Wertsicherungsvereinbarung verdrängt. Der eigenen Klauselgrundlage, auf der die gewählte Wertsicherung beruht, muß aber Rechnung getragen werden. Wiederum muß darauf
hingewiesen werden, daß das Institut der Geschäftsgrundlage nicht dazu dienen darf,
dem Vertrag nachträglich die ideale Wertsicherungsklausel unterzuschieben. Besteht
der alleinige Zweck der Klausel im Inflationsausgleich, so müssen zunächst Kalkulationsirrtümer ausscheiden, die auf der Warenseite, nicht auf der Geldseite, liegen.
Haben die Parteien eines aufschiebend bedingten Grundstückskaufvertrags den
Lebenshaltungskostenindex als Maßstab gewählt, so ist die Geschäftsgrundlage nicht
deshalb entfallen, weil die Grundstückspreise stärker als die Lebenshaltungskosten

gestiegen sind (BGH WM 1973, 839; dazu Dürkes Rn F 23; aA die Vorinstanz OLG Hamburg WM 1971, 1062). Erweist sich dagegen die Wertsicherungsklausel als ungeeignet zur Erfüllung ihrer Aufgabe, so muß zunächst im Wege der korrigierenden Auslegung (§ 157) eine Lösung gesucht werden, die dem Parteiwillen gerecht wird. So vor allem die *Rechtsprechung zur „Roggenklausel"*, die sich aufgrund der eingefrorenen Roggenpreise als ungeeignet erwiesen hat (BGH LM § 157 Nr 27 b = BB 1972, 1527 = WM 1972, 1442; BB 1981, 1599 = WM 1981, 899; OLG Celle WM 1969, 1026; LG Lübeck NJW 1976, 427 m Anm Hartmann; Dürkes Rn F 34 ff). Namentlich die Herabsetzung eines wertgesicherten Pachtzinses aufgrund der gelenkten Roggenpreisreduzierung muß ausscheiden (OLG Celle aaO). Wo eine korrigierende Vertragsauslegung nicht gelingt, ergibt sich eine *Neuverhandlungspflicht* wegen Fortfalls der Geschäftsgrundlage. Auch die österreichische Praxis hat sich mit diesem Fragenkreis befaßt (eingehend Ertl 103). Auf ähnlichen Überlegungen basierte die *Rechtsprechung des RG zur Pfund- und Dollarentwertung*, soweit die Fremdwährungsschulden in diesen Fällen eigens im Hinblick auf die schließlich beseitigte Golddeckung dieser Währungen eingegangen waren (RGZ 147, 286, 290; 163, 324, 334 mwNw). Nicht von ungefähr erkannte das RG in diesen Fällen einen Fortfall der Geschäftsgrundlage schon bei Wertveränderungen um 13% an; es ging nicht um dasselbe Problem wie bei der Aufwertungsrechtsprechung, sondern um das Scheitern vertraglich vereinbarter Wertsicherung (insofern unberechtigt die Verwunderung von MünchKommBGB/Roth[3] § 242 Rn 597).

D 184 ε)   Schließlich bereitet der **Wegfall des Wertmaßstabs Schwierigkeiten** (Ertl 102). Er stellt ein eindeutiges Beispiel für den Fortfall der Geschäftsgrundlage dar. Die Parteien sind einander aufgrund der *Neuverhandlungspflicht* zur Vereinbarung eines dem Zweck möglichst nahekommenden Maßstabes verpflichtet (Prinzip des nächstverwandten Wertmaßstabes; vgl Ertl 106).

D 185 ζ)   Die **Wiederherstellung der Währungsstabilität** kann die Geschäftsgrundlage einer auf eine Ausnahmesituation zugeschnittenen Wertsicherung in Fortfall bringen. In Zeiten starken Währungsverfalls werden Wertsicherungsvereinbarungen bisweilen ausschließlich zur Behebung der momentanen Währungssituation abgeschlossen, eine Normalisierung der *Kaufkraftentwicklung* kann dann – muß aber nicht – einen Fortfall der Geschäftsgrundlage begründen (näher RGZ 115, 88). Die in Zeiten schleichender Inflation vereinbarten Klauseln sind dagegen idR vom aktuellen Grad der Inflation unabhängig. Sie können auch präventiv wirken.

D 186 e)   **Verzicht und Verwirkung** können die Rechte aus einer Wertsicherungsklausel hinfällig machen (eingehend Dürkes Rn E 70 ff, 95 ff; Ertl 119 f). Dabei ist zu unterscheiden:

D 187 aa)   **Nur** zu einem **Aufschub der Erhöhung** – nicht schon zum Verlust aller Rechte aus der Klausel – kann es führen, wenn der Berechtigte den Geldschuldner bei einer automatisch wirkenden Klausel über die Geltendmachung seiner Rechte vorerst im unklaren läßt und diese Rechte erst im Nachhinein geltend macht (BGH DNotZ 1979, 19, 20 f = WM 1978, 1133 f). Insbes im Hinblick auf die gelegentlich schwierige Abgrenzung zwischen Gleitklauseln, Leistungsbestimmungsvorbehalten und Neuverhandlungsklauseln (oben Rn D 180) ist dies von Bedeutung. Verfolgt ein Gläubiger ein Erhöhungsverlangen aufgrund einer Wertsicherungsklausel nicht weiter, so kann das als ein Verzicht auf das Verlangen ausgelegt werden (BGH Betrieb 1976, 671 = WM 1976,

296). Auch eine Berufung auf die Rückwirkung der Genehmigung kann wegen illoyaler Widersprüchlichkeit arglistig sein, etwa wenn die rückwirkende Genehmigung erst nach einer Änderung der Genehmigungsgrundsätze erteilt werden konnte und der Berechtigte in der Zwischenzeit eine aus damaliger Sicht gebotene Neuregelung verhindert hat (OLG Hamm WM 1966, 787, 788). Selbstverständlich kann ein Aufschub der Anpassung auch vereinbart, also einverständlich herbeigeführt werden. Dies erübrigt sich, wenn der vertragliche Anpassungstatbestand eine Mitwirkungshandlung des Gläubigers voraussetzt und diese Handlung unterbleibt.

bb) **Zum Verlust aller Rechte aus der Klausel** führt die *Verwirkung* bzw der *Verzicht* **D 188** auf die Wertsicherung. Auch hier muß freilich zwischen dem bloß einstweiligen und dem endgültigen Rechtsverlust unterschieden werden. Eine **Verwirkung** kommt in Betracht, wenn zurechenbares Verhalten des Geldgläubigers das Vertrauen des Geldschuldners rechtfertigt, die Klausel habe sich ein für allemal erledigt. Das wird nur sehr selten der Fall sein. Der **Verzicht** kann durch *Vertragsänderung* herbeigeführt werden (vgl auch DÜRKES Rn F 98). Ein *einseitiger „Verzicht" auf die Wertsicherungsklausel* durch den, der durch sie begünstigt wird, ist nach hM gleichfalls möglich (OLG München BB 1958, 786 = MDR 1959, 925 = Vorinstanz zu BGH BB 1959, 1006; DÜRKES Rn F 99; MITTELBACH Rn 286; REITHMANN DNotZ 1960, 195; vgl im Ergebnis auch LG Wuppertal DNotZ 1959, 237, 240). Die Rechtsnatur dieses „Verzichts" ist zweifelhaft. Nach Ansicht des OLG München ist die Verzichtserklärung selbst eine Gestaltungserklärung, gerichtet auf Beseitigung eines Gestaltungsrechts (so auch MITTELBACH Rn 286). Die Erklärung ist nach Auffassung des OLG einseitig und ohne Zugang an den Vertragsgegner wirksam, weil es sich um den einseitigen Verzicht auf ein Gestaltungsrecht handle. Richtig ist, daß die hM Gestaltungsrechte für einseitig verzichtbar hält (vgl nur RGZ 78, 130, 131 für die Einrede der Verjährung; ENNECCERUS/LEHMANN § 74 I). Aber darum wird es regelmäßig schon deshalb nicht gehen, weil die Klausel idR kein Gestaltungsrecht einräumt. Die Grundfragen sind folgende: „Verzichtet" der Gläubiger *im Einzelfall* auf die Geltendmachung von Rechten aus der Wertsicherungsklausel, so kann ihn dies nach § 242 binden, jedoch nicht ohne weiteres für die Zukunft. Eine *dauernde Beseitigung oder Änderung der Klausel* setzt – abgesehen vom Verwirkungsfall – eine Vertragsänderung voraus, die freilich nicht ausdrücklich erklärt zu werden braucht. „Verzichtet" ein Gläubiger deshalb auf die Anpassung, weil sich ein Festhalten an der Wertsicherungsklausel aus unvorhergesehenen Gründen als nachteilig erweist, so kann sich die Frage stellen, ob stillschweigend eine Mindestklausel vereinbart war (zu dieser vgl Rn D 263) oder ob die Geschäftsgrundlage gestört ist (dazu Rn D 123 ff). Bei einer *unwirksamen Wertsicherungsklausel* (uU auch bei unklarer Rechtslage) will der Gläubiger mit dem „Verzicht" auf das Recht idR nur den Eintritt der Vollnichtigkeit des Vertrages abwenden (so wohl im Fall OLG München BB 1958, 786 = MDR 1959, 925; vgl auch MEES NJW 1957, 1261 ff; LG Wuppertal DNotZ 1959, 237 ff; dazu näher DÜRKES Rn F 95 ff; das OLG München hatte freilich im Ergebnis nur Teilnichtigkeit angenommen; insofern bestätigt in BGH BB 1959, 1006). Dies kann auch schon vor dem Scheitern eines Genehmigungsverfahrens geschehen. Wiederum scheint die Problematik falsch eingeordnet, wenn es um einen Verzicht auf das Stammrecht gehen soll. Es ist auch hier zu unterscheiden zwischen denjenigen Fällen, die eine Ausübung des Wertsicherungsrechts durch den Geldgläubiger voraussetzen, und den Fällen mit einer Wertsicherungsautomatik. Gemeinsam ist diesen Fällen aber, daß der „Verzicht" des Geldgläubigers auf die Wertsicherungsklausel bzw auf ihre Ausübung als Angebot zur Vertragsänderung auszulegen ist (zum Anspruch auf Vertragsän-

derung vgl Rn D 332). Nach LG Wuppertal DNotZ 1959, 237, 240 verstößt dann der
Geldschuldner gegen Treu und Glauben, wenn er der ihn begünstigenden Vertrags-
änderung nicht zustimmt. Zur Frage, ob sich der Geldschuldner auf eine neue
Wertsicherungsklausel einlassen muß, vgl Rn D 189.

D 189 cc)   Die **Rechtsfolgen** eines „Verzichts" auf die Klausel sind hiernach uneinheitlich.
Sie reichen von der vorübergehenden bis zur endgültigen Nichtberücksichtigung der
Klausel. Die Rechtsfolgen bei Nichtberücksichtigung der Klausel hängen davon ab,
ob der Betrag der Forderung ohne die Wertsicherungsklausel noch feststellbar ist
(Reithmann DNotZ 1960, 196). Fehlt es daran, so kann der „Verzicht" auf die Wertsicherungsklausel die Klagbarkeit und Erfüllbarkeit des Vertrags in Frage stellen. Ist
ein Sockelbetrag vereinbart, so kann dieser fortbestehen; fehlt es daran, so bedarf es
– wie im Fall der Teilnichtigkeit – einer genehmigungsfreien oder genehmigungsfähigen Neufassung des Vertrages, zu der die Parteien ggf nach Treu und Glauben
verpflichtet sein können (Reithmann DNotZ 1960, 196). Aber auch wenn ein Festbetrag
feststellbar ist, kann die Einführung einer für den Schuldner minder gravierenden
genehmigungsfreien Klausel nach Treu und Glauben geboten sein.

D 190 f)   Ein **Übergang der Rechte aus einer Wertsicherungsklausel** setzt grundsätzlich
einen Übergang auch des Rechtsverhältnisses voraus. Die bloße Abtretung einzelner
Forderungen genügt nicht. Der BGH hat aber entschieden (BGH WM 1995, 1691):
„Hat der Träger der Sozialhilfe einen vertraglichen Leibrentenanspruch nach § 90
BSHG auf sich übergeleitet, dann steht ihm auch die dem Berechtigten im Leibren-
tenvertrag eingeräumte Befugnis zu, im Falle einer Steigerung des Lebenshaltungskostenindex eine Erhöhung der Rentenzahlungen zu verlangen."

3.   Grundsätzliches zu § 3 WährG

D 191 a)   Die **Norm** ist *Bestandteil des allgemeinen Währungsrechts* (Rn A 48 ff). Das
WährG ist als Erstes Gesetz zur Neuordnung des Geldwesens v 20. 6. 1948 in der
amerikanischen und britischen Besatzungszone als Gesetz Nr 61, in der französi-
schen Zone als Gesetz Nr 158 erlassen worden (Rn A 59). Das Gesetz ist nicht
Bundesrecht, sondern fortgeltendes Besatzungsrecht (BVerwGE 41, 1, 3 f = NJW 1973,
529, 530). In West-Berlin galt schon vor der Wiedervereinigung Nr 2 Buchstabe C der
Verordnung der Kommandanten des französischen, britischen und amerikanischen
Sektors von Groß-Berlin vom 24. 6. 1948 (VOBl für Groß-Berlin 1948 I 363; BerlWährV).
In Ost-Berlin und in den neuen Bundesländern gilt nach Art 3 Anl I des Vertrags
über die Wirtschafts- und Währungsunion („§ 3 WährG DDR") und gemäß Anlage I
Kapitel IV B Abschnitt III Nr 1 Einigungsvertrag inhaltsgleiches Recht. Der Eini-
gungsvertrag bestimmt die Fortgeltung des „§ 3 WährG DDR" für die neuen
Bundesländer (vgl über Wertsicherungsvereinbarungen in den neuen Bundesländern und in Ost-
berlin eingehend Dürkes Rn A 26 ff; ders BB 1992, 1073 ff). Die Bestimmung hat folgenden
Wortlaut (BGBl 1990 II 548):

„Das Eingehen von Verbindlichkeiten in einer anderen Währung als in Deutsche Mark durch Personen in der Deutschen Demokratischen Republik gegenüber Personen in der Bundesrepublik
Deutschland oder in der Deutschen Demokratischen Republik bedarf der Genehmigung. Das gleiche gilt für auf Deutsche Mark lautende Verbindlichkeiten, deren Betrag durch den Kurs einer

anderen Währung oder den Preis von Gold oder anderen Gütern oder Leistungen bestimmt werden soll. Über die Genehmigung entscheidet die Deutsche Bundesbank."

Der Sache nach läuft diese Bestimmung auf eine *Ausdehnung des § 3 WährG auf das gesamte Bundesgebiet* hinaus (nach DÜRKES Rn A 21 „gilt § 3 WährG für das Gebiet der gesamten Bundesrepublik"). **§ 3 WährG hat folgenden Wortlaut:**

„Geldschulden dürfen nur mit Genehmigung der für die Erteilung von Devisengenehmigungen zuständigen Stelle in einer anderen Währung als in Deutscher Mark eingegangen werden. Das gleiche gilt für Geldschulden, deren Betrag in Deutscher Mark durch den Kurs einer solchen anderen Währung oder durch den Preis oder eine Menge von Feingold oder von anderen Gütern und Leistungen bestimmt werden soll."

Seiner Normstruktur nach ist § 3 WährG ein *Verbot mit Erlaubnisvorbehalt* (vgl Rn D **D 192** 313). § 3 WährG ist ein *Verbotsgesetz iS von § 134* (BGH NJW 1953, 1912, 1913; BB 1964, 944; BOHNDORF 19; HAHN § 8 Rn 44; vMAYDELL, Geldschuld 383; GRAMLICH § 3 WährG Rn 66; zur Dogmatik der Verbotsgesetze vgl KARSTEN SCHMIDT, Kartellverfahrensrecht – Kartellverwaltungsrecht – Bürgerliches Recht [1977] 12 ff mwNw). Dem steht nicht entgegen, daß von dem Verbot Freistellungen erteilt werden können; Verbote mit Erlaubnisvorbehalt können durchaus unter § 134 fallen (vgl PALANDT/HEINRICHS[56] § 134 Rn 12; eingehend KIECKEBUSCH, VerwArch 57 [1966] 17, 162 und dazu KARSTEN SCHMIDT 13 f). Zur Unwirksamkeit und Nichtigkeit verbotener Wertsicherungsvereinbarungen vgl im einzelnen Rn D 327 ff. Dagegen ist § 3 WährG *kein „Schutzgesetz" iS von § 823 Abs 2*. Schadensersatzansprüche Dritter lassen sich aus der Verletzung der Bestimmung nicht herleiten.

b) Der **Normzweck** des § 3 WährG ist nicht aus Materialien zu dem Gesetz ablesbar (vgl vMAYDELL, Geldschuld 376). Die generalklauselhafte Präambel, wonach die **D 193** Folgen der durch den Nationalsozialismus herbeigeführten Zerrüttung beseitigt werden sollten, rechtfertigte nicht ohne weiteres ein Verbot der Wertsicherungsklauseln unter der neuen Währung (BOHNDORF 63). Der Verfall der Reichsmark seit den 30er Jahren hatte nicht auf Wertsicherungsklauseln beruht, deren Verbreitung vielmehr seit Mitte der 30er Jahre sogar stark zurückgegangen war (Rn D 165). Auch als bloße Starthilfe für die DM-Währung (vMAYDELL, Geldschuld 383) ist § 3 WährG gewiß nicht zu verstehen, denn es soll sich unzweifelhaft um einen dauerhaften Baustein im währungsrechtlichen Gefüge handeln. In Anbetracht dieser Unklarheit wird die ratio legis meist nur mit nebulösen Formeln beschrieben: § 3 WährG dient dem *Schutz der Währung* (BGHZ 14, 306, 309; BGH BB 1962, 815; BVerwGE 41, 1, 5 = NJW 1973, 529, 530; OVG Münster BB 1965, 16 = Betrieb 1964, 1847 = NJW 1965, 650; DÜRKES Rn B 5 ff; vMAYDELL, Geldschuld 376; BGB-RGRK/ALFF[12] § 245 Rn 18; SOERGEL/TEICHMANN[12] § 244 Rn 12 mit weiteren Angaben). Die Frage ist, wie sich sogleich zeigen wird, für die Auslegung und Handhabung des § 3 WährG von erheblicher Bedeutung. Es muß hierbei zwischen den beiden Sätzen des § 3 WährG unterschieden werden.

aa) **§ 3 S 2 WährG** als Grundnorm des Rechts der Wertsicherungsklauseln soll **D 194** zunächst die *Funktionstüchtigkeit des Geldes sicherstellen*. Es handelt sich insofern um einen **institutionellen Schutz des Geldes**. Die Bestimmung ist deshalb im Zusammenhang mit den Geldfunktionen zu sehen: Das Geld soll seine *nominalistische Funktion als abstrakter Wertmaßstab* behalten und zugleich auch seine konkreten Funktionen als *Werttransportmittel* und als *Wertaufbewahrungsmittel*. Der *Schutz des*

Karsten Schmidt

Nennwertprinzips ist ebenso vielschichtig und auch ebenso zweifelhaft wie das Nennwertprinzip selbst (dazu Rn D 19 ff). Es macht einen Unterschied, ob nur die technische Nennwertfunktion geschützt werden soll oder der Nominalismus als währungsrechtliches Konzept. Die hM, die § 3 WährG ausschließlich unter dem Aspekt der Inflationsbekämpfung beurteilt, greift über diese technische Aufgabe der Bestimmung hinweg. Neben dem Institutsschutz des Geldes steht dann allerdings die **währungspolitische Aufgabe** des § 3 WährG. Der Vorschrift liegt die umstrittene Vorstellung zugrunde, daß Wertsicherungsklauseln nicht nur die technische Nennwertfunktion des Geldes, sondern die Stabilität der Währung gefährden (vgl statt vieler BVerwGE 41, 1, 5 = NJW 1973, 529, 530; Dürkes Rn B 5; zur rechtspolitischen Diskussion vgl Rn D 199 f). § 3 S 2 WährG knüpft damit sowohl beim Nennwertprinzip als auch bei dem Gebot der Geldwertstabilität an. Dieser **doppelte Anknüpfungspunkt** bestimmt die Abgrenzung der Norm. *Die Bestimmung erfaßt nur diejenigen Vereinbarungen, die vom Nennwertprinzip abweichen und im Fall allgemeiner Verbreitung geeignet sind, die Teuerung von Waren und Leistungen und damit die Entwertung des Geldes zu fördern.* Beides muß zusammentreffen. Das Gesetz verbietet die willkürliche *und potentiell inflationsfördernde Vereinbarung von Geldwertschulden. Die ungeschriebenen Restriktionen des § 3 S 2 WährG* finden hier ihre Erklärung. Um die Vorschrift zur Anwendung zu bringen, ist eine Abweichung vom Nennwertprinzip zwar erforderlich, aber noch nicht ausreichend. Soweit den Verbindlichkeiten schon von Gesetzes wegen oder aus der Typik des Rechtsgrundes (Äquivalenzprinzip) Dynamisierungseffekte innewohnen, können Rechtsgeschäfte, die vom Nennwertprinzip abweichen, nach dem Maßstab des § 3 S 2 WährG unbedenklich sein. So erklären sich die *Ausnahmen bei den gesetzlichen Geldwertschulden* (Rn D 242) und bei den sog *Spannungsklauseln* (Rn D 245 ff). Umgekehrt ist die Eignung der Vereinbarung, inflationsfördernd zu wirken, für die Anwendung des § 3 S 2 WährG erforderlich, jedoch nicht allein ausreichend. Das Gesetz erfaßt nicht jede potentiell inflationsfördernde Vertragsabrede, sondern nur diejenigen, bei denen sich die Parteien des Mittels einer Abweichung vom Nennwertprinzip bedienen; denn die Erfassung aller potentiell inflationsfördernden Abreden ist vom Wortlaut nicht gedeckt und auch nicht mit hinreichender tatbestandlicher Bestimmtheit möglich. Hierauf beruht die *Nichterfassung der sog Sachschulden* (Rn D 227 ff), aber auch die von der hM als „enge Auslegung" gerechtfertigte *Nichterfassung der Leistungsbestimmungsvorbehalte* durch § 3 WährG (vgl Rn D 253 ff). Die Vorschrift ist nicht zum Schutz des Geldschuldners, sondern im öffentlichen Interesse erlassen (vgl insbes OVG Münster BB 1965, 16 = NJW 1965, 650). Dem Schutz des Geldschuldners gegen Knebelung dient nur § 138 BGB (Rn D 202), nicht § 3 WährG (vMaydell, Geldschuld 393 f).

D 195 **bb) § 3 S 1 WährG** (Genehmigungsbedürftigkeit von Fremdwährungsschulden) stellt einen Sonderfall dar. Darauf, ob eine Wertsicherungsvereinbarung iS von Rn D 162 vorliegt, kommt es hier nicht an. Entscheidend ist das Ausweichen von Vertragsparteien auf eine andere als die deutsche Währung. Der Schutzgedanke wird vielfach darin gesehen, daß die *Durchsetzung der Heimwährung gegenüber Fremdwährungen* gesichert werden soll (Reithmann DNotZ 1960, 174 f). Dürkes (Rn B 19) spricht von einem devisenrechtlichen Schutzzweck. Es geht dabei allerdings nicht um eine Bekämpfung der fremden Währungen, sondern wiederum nur um die Funktionssicherung der Heimwährung (vgl auch Reithmann DNotZ 1960, 175). Diese Funktionssicherung ist naturgemäß nur in dem Rahmen möglich, in dem das Devisenrecht ihre Durchführung zuläßt. Nach **§ 49 Abs 1 AWG** findet § 3 S 1 WährG auf Rechtsgeschäfte zwischen Gebietsansässigen und Gebietsfremden keine Anwendung. Im Lichte dieser Bestimmung ist die Bedeutung des § 3 S 1 WährG erheblich zurückgegangen (Dürkes Rn B 20; Hahn § 25 Rn 1), zumal die Deutsche Bundesbank als zuständige Genehmigungsbehörde (§ 49 Abs 2 AWG) für die als genehmigungsbedürftig verbleibenden Vereinbarungen Allgemeine Grundsätze betreffend die Eingehung von Verbindlichkeiten in fremder Währung erlassen hat (dazu § 244 Rn 41 sowie BGHZ 101, 298, 303). Die großzügige Ausnahme des § 49 Abs 1 AWG ist Teil eines liberalen Devisenrechts (Rn D 216; § 244 Rn 41). Richtig ist deshalb, daß § 3 S 1 WährG im Hinblick auf § 49 AWG und zuvor schon im Hinblick auf das MRG 53 von jeher in erster Linie Geschäfte unter Währungsinländern betraf (vgl schon Wilmanns BB 1951, 907 ff; Schulze AWD 1962, 89 ff). Der Normzweck des § 3 S 1 WährG lehnt sich indes doch an die Grundnorm des Satzes 2 an: Es geht um eine *Funktionssicherung der DM.*

c)   Die **Verfassungsmäßigkeit des § 3 WährG** wird vom BVerwG bejaht (BVerwGE 41, **D 196** 1 = NJW 1973, 529 = DVBl 1973, 408 m abl Anm Bettermann; eingehend Hahn § 8 Rn 15 ff; krit Bettermann ZRP 1974, 13, 14). Das BVerwG hat dabei deutsches Verfassungsrecht nur bei der inhaltlichen Konkretisierung des § 3 WährG herangezogen, nicht aber die Bestimmung selbst einer regelrechten verfassungsrechtlichen Kontrolle unterzogen. Leitend war der Gedanke, die Bestimmung sei fortgeltendes Besatzungsrecht (Rn D 191) und als solches nicht auf Vereinbarkeit mit dem GG zu prüfen (krit auch hierzu Bettermann DVBl 1973, 412; Kollhosser 28 f). Aber das BVerwG läßt doch erkennen, daß nach seiner Auffassung § 3 WährG die Prüfung an den Maßstäben des GG bestünde. Im Schrifttum werden erhebliche Bedenken erhoben (eingehender Überblick bei Gerke 47; Kollhosser 27 ff; vMaydell, Geldschuld 398 ff; s auch Soergel/Teichmann[12] § 244 Rn 12; krit bes vArnim ZRP 1980, 204 ff). Unter dem *Gesichtspunkt der Bestimmtheit* darf der Gesetzgeber Grundrechtseingriffe nicht dem Ermessen der Verwaltungsbehörde überlassen (BVerfGE 20, 150, 157 f; Papier JuS 1974, 481). Nach BVerwGE 41, 1, 8 = NJW 1973, 529, 531 genügt § 3 WährG diesen Anforderungen, weil sich Inhalt und Grenzen der Ermächtigung aus dem Normzweck ergeben (im Ergebnis zust vMaydell, Geldschuld 402; Hahn § 8 Rn 17; **aM** Mathar 95; Schmalz 251; Papier JuS 1974, 481; Bettermann DVBl 1973, 412; ders ZRP 1974, 14; s auch Gozdz 39 ff). Einen inhaltlichen Verstoß gegen Art 2 Abs 1 GG bejahen Bohndorf (77 ff) und Mathar (237 f). Indes steht seit dem Elfes-Urteil (BVerfGE 6, 32, 37 f) für die Praxis fest, daß der Vorbehalt der „verfassungsmäßigen Ordnung" jede formell und materiell der Verfassung entsprechende Norm umfaßt, wobei diese allerdings wieder im Lichte des Art 2 Abs 1 GG zu interpretieren ist (vgl grundlegend BVerfGE 20, 150, 154 ff; später zB BVerfGE 80, 137, 153 = NJW 1989, 2525 Reiten im Walde; std Rspr). Einer solchen inhaltlichen Kontrolle hält § 3 WährG stand (vMaydell, Geldschuld 400). Selbst wenn man unter dem Gesichtspunkt der rechts- und wirtschaftlichen Opportunität den Streit um § 3 WährG als offen bezeichnet, spricht doch die Einschätzungsprärogative des Gesetzgebers für eine Verfassungsmäßigkeit des § 3 WährG (Hahn § 8 Rn 21; in gleicher Richtung wohl Kollhosser 34 f): Die Vorschrift ist ein nach der Einschätzung des Gesetzgebers opportunes Instrument zur Erfüllung der Rechtspflicht des Staates zur Stabilitätspolitik (zu dieser vgl Rn A 68 sowie Karsten Schmidt, in: FS Berliner Jur Gesellschaft [1984] 665 ff).

d)   Die **rechtspolitische Beurteilung** des § 3 WährG – vor allem des S 2 – ist umstrit- **D 197** ten. Die Vorschrift hat *rechtspolitische Billigung* erfahren (vgl namentlich BVerwGE 41, 1, 5 = NJW 1973, 529, 530; F A Mann 40. DJT II D 29 ff; Dürkes Rn B 21; Fögen 149; AK-

Vorbem zu §§ 244 ff   2. Buch

D 198, D 199   1. Abschnitt. Inhalt der Schuldverhältnisse

BGB/BRÜGGEMEIER Vorbem 24 zu §§ 244, 245; REICHERT-FACILIDES JZ 1969, 621; REUTER ZHR 137 [1974] 482 ff; MATTHÖFER ZRP 1980, 325 f; KARSTEN SCHMIDT ZIP 1983, 641). Dem stehen Stimmen gegenüber, die eine *Streichung der Vorschrift* fordern (zB 40. DJT II D 75; Wissenschaftlicher Beirat beim BMWi, Bulletin der Bundesregierung [1975] 947; BOHNDORF 76 f; KOLLHOSSER 35 ff; vMAYDELL, Geldschuld 402 ff; MünchKommBGB/vMAYDELL³ § 244 Rn 21; GIERSCH, Indexklauseln und Inflationsbekämpfung [1973]; EUBA passim; LUBASCH 19 ff; SCHMALZ 253 ff; STÜTZEL 33 ff, 74; GERKE 177 ff; GOZDZ, Die Dynamisierung von Tariflöhnen [Diss Gießen 1977] 39 ff; BETTERMANN ZRP 1974, 13 ff; KOLLHOSSER JA 1983, 52 f; vARNIM ZRP 1980, 201 ff; wohl auch VOGEL ZRP 1981, 35; vgl auch ERTL 138 ff; AK-BGB/BRÜGGEMEIER Vorbem 23 zu §§ 244, 245). Die rechtspolitische Kontroverse erreichte einen Höhepunkt auf dem *40. Deutschen Juristentag* in Hamburg, wo sich die Mehrheit der wirtschaftsrechtlichen Abteilung für eine Aufhebung des § 3 WährG aussprach (40. DJT II D 75). DUDEN als Gutachter (40. DJT I 61) und vCAEMMERER als Referent (40. DJT II D 27) hatten diese Maßnahme empfohlen, F A MANN (40. DJT II D 43) hatte sie abgelehnt. Die ökonomische und juristische Literatur zu der Frage ist unübersehbar geworden, jedoch sind die Sachfragen nicht wesentlich über den Stand des 40. DJT hinaus gediehen. In der wirtschaftswissenschaftlichen Studie von GERKE (103–113) werden die durch § 3 WährG unterbundenen Wertsicherungsklauseln geradezu als „Vorbild eines neuen Geldsystems" gefeiert, denn die Verbreitung von Wertsicherungsklauseln sei „Ausdruck eines allgemeinen Verlangens nach einer Währung mit niedrigem Maßgutrisiko", dem das staatliche Geldwesen nicht entspreche (103). Nach GERKE (113) versuchen die Vertragspartner, „durch den Abschluß von Wertsicherungsklauseln ... sich ein ihren Bedürfnissen nicht entsprechendes staatliches Geldwesen privatrechtlich dennoch nutzbar zu machen". In der bei Rn D 21 f und D 33 gebrauchten Terminologie heißt das: Wer den strikten Nominalismus ablehnt und Wertsicherungsklauseln zuläßt, gestattet es den Parteien, das Prinzip der Geldsummenschuld zu verlassen und statt des währungsrechtlich bestimmten Zwangsgeldes ein „Geldsurrogat" (GERKE 113) zu vereinbaren. Damit ist aber die *entscheidende Frage* erst gestellt und noch nicht beantwortet: *ob der Gesetzgeber solche Vereinbarungen zulassen und die damit verbundene Aushöhlung des Nennwertprinzips hinnehmen soll.*

D 198   **aa)**   Als währungsrechtliche und währungspolitisch intendierte Norm ist § 3 WährG **Gegenstand des Nominalismusstreits** (vgl statt vieler HORN, Geldwertveränderungen, Privatrecht und Wirtschaftsordnung [1975] 19 ff; DÜRKES Rn A 3 ff). Es ist deshalb zunächst auf Rn D 19 ff zu verweisen. Daraus ergibt sich, daß § 3 WährG nicht mit dem Nominalismus schlechthin gleichgestellt werden kann. § 3 WährG ist Ausprägung eines strikten Nominalismus (Rn D 34 ff), allerdings nicht als eine bloße Maxime des Schuldrechts, sondern als ein Prinzip mit währungspolitischen Implikationen. *Schutzgegenstand* ist das Prinzip der Geldsummenschuld (zu diesem vgl Rn D 29). Nach dem bei Rn D 194 zum *Normzweck* des § 3 WährG Gesagten muß die rechtspolitische Diskussion unterscheiden zwischen dem *institutionellen Schutz der Nennwertfunktion des Geldes* und dem *Schutz der Währung* gegen inflationsbeschleunigende Maßnahmen. Der erste Gesichtspunkt tritt hinter dem zweiten an Bedeutung zurück, aber beide hängen eng miteinander zusammen.

D 199   **bb)**   **Die währungspolitischen Argumente** stehen hiernach im Vordergrund. Der Diskussionsstand ist durch tiefe Widersprüchlichkeiten gekennzeichnet (eingehend GERKE 115 ff). Einen Katalog der immer wiederkehrenden Argumente pro und contra hat LUBASCH aufgestellt (vgl auch KOLLHOSSER JA 1983, 52). Als *Argumente gegen die Zulas-*

sung von Wertsicherungsklauseln nennt LUBASCH (19 ff): die Beschleunigung der Inflation (Zerstörung des Vertrauens in die Währung, Verallgemeinerung und Beschleunigung von Preissteigerungen und Sinken des Tauschwertes des Geldes bei genügender Verbreitung von Wertsicherungsklauseln), Ungleichbehandlung (weil nicht alle Kreditnachfrager Wertsicherungsklauseln akzeptieren werden), Unerfüllbarkeit in Zeiten der Hyperinflation. – Als *Argumente für die Zulassung der Klauseln* nennt LUBASCH (23 ff): Erzwingung der produktiven Verwendung von Krediten, Fortfall des Interesses an einer Fortsetzung der Inflation, Sichtbarkeit des Realzinses und Sichtbarkeit der erwarteten Änderungen des Tauschwerts in Gestalt der Zinsdifferenz zwischen wertgesicherten und nichtwertgesicherten Krediten.

Im Schwerpunkt wird die *Diskussion um die inflationsfördernde Wirkung der Wertsi-* **D 200** *cherungsklauseln* und hier insbes um die Dynamisierung vertraglicher Geldschulden als einen sozialpsychologischen Faktor geführt. Es kann bis heute als ungeklärt angesehen werden, ob die allgemeine Zulassung von Wertsicherungsklauseln oder der Übergang vom Nennwertprinzip zum Valorismus schlechthin inflationsverstärkende oder inflationsbeschleunigende Wirkung hat (*bejahend* zB BGH NJW 1953, 1912; BB 1962, 815; BVerwGE 41, 1, 8 = NJW 1973, 529, 531; BFHE 89, 422, 436; DBB Monatsbericht 5/1971, 25 f; ESSER/EIKE SCHMIDT I/1 § 13 II 2 c; F A MANN, Legal Aspect 180 ff; ders, Recht des Geldes 109; ders 40. DJT II D 30 ff; DÜRKES Rn B 5; FÖGEN 137 ff; RINCK Rn 313; BIENERT, in: FS Schmölders [1968] 189; REUTER ZHR 137 [1974] 482 ff; *verneinend:* BOHNDORF 64 ff; GERKE 120 ff; KOLLHOSSER 35 f; MITTELBACH Rn 12 ff, 32; SCHMALZ 257 f; BETTERMANN ZRP 1974, 13 f; KOLLHOSSER JA 1983, 52 f; weitere Nachw, auch aus dem ökonomischen Schrifttum, bei PAPIER JuS 1974, 480; GÜNTER 42 ff). Im Mittelpunkt steht vor allem der Streit um die sog Ölflecktheorie, nach der das Mittel der Wertsicherung die gefährlichen Eigenschaft besitzt, sich als valoristischer Ölfleck auf der Fläche des Nominalismus unkontrollierbar auszudehnen (dazu HAHN § 8 Rn 19; krit GERKE 121). In sozialpsychologischer Hinsicht tragen Verteidiger des § 3 WährG vor, die Ausbreitung von Wertsicherungsklauseln gefährde das Vertrauen in die Währung (vgl statt vieler BVerwGE 41, 1, 8 = NJW 1973, 529, 531; BGH NJW 1953, 1912; im Ergebnis auch REITHMANN DNotZ 1960, 176). Umgekehrt wenden die Kritiker ein, die Vereinbarung von Wertsicherungsklauseln sei nicht Ursache, sondern Folge und Ausdruck des Mißtrauens, und § 3 WährG bekämpfe das Symptom, wo es darum gehe, die Krankheit zu bekämpfen; nicht die Wertsicherung, sondern ihr Verbot schüre das Mißtrauen gegenüber der Währung (vgl statt vieler DUDEN 40. DJT I 51; EPPIG DNotZ 1951, 405; insoweit auch SCHMALZ 259 f; REITHMANN DNotZ 1960, 175 f). JAHR (Jahresgutachten [1966] 209) hat die rechtspolitisch entscheidende Frage dahin gestellt, „ob ein Staat gut beraten ist, der seine Bürger zum Vertrauen in seine Währung zwingt, statt ihnen das Mißtrauen freizustellen und sich ihr Vertrauen durch eine funktionierende Währung verdienen und erhalten zu müssen". Eine Gefahr der Wertsicherungsklauseln wird auch darin erblickt, daß währungspolitische Maßnahmen ins Leere stoßen können, wenn Geldwertveränderungen durch Wertsicherungsklauseln neutralisiert werden (DUDEN 40. DJT I 47; REITHMANN DNotZ 1960, 176). Dieser Überlegung kann allerdings mit der Frage begegnet werden, ob ein Recht des Staates besteht, auf Kosten von Geldgläubigern mit Mitteln der Währungspolitik gesamtwirtschaftliche Ziele zu verfolgen.

cc)   Allgemein marktpolitische Argumente treten bisweilen neben die rein währungs- **D 201** politische Bewertung der Wertsicherungsklauseln. Ein gravierendes wirtschaftspolitisches Argument geht von Auswirkungen auf den Preismechanismus auf der

Karsten Schmidt

Warenseite aus. Der kalkulatorische Effekt von Wertsicherungsklauseln, die einem Unternehmen auferlegt werden, kann darin bestehen, daß die durch sie entstehenden Mehrkosten auf Abnehmer übergewälzt werden (FÖGEN BB 1958, 1259; REITHMANN DNotZ 1960, 176). Dem naheliegenden Einwand, ob nicht das Verbot der Wertsicherungsklauseln die Unternehmen von vornherein zu inflationssicherer, dh überhöhter, Preisbildung anhält und hierdurch seinerseits zur Teuerung beiträgt, ist wettbewerbsrechtlich zu begegnen: Vor überhöhten Preisen schützt unter Wettbewerbsbedingungen der Preiswettbewerb; wo dieser fehlt, ist Raum für die – freilich in ihrer Berechtigung und Wirksamkeit umstrittene – Preismißbrauchskontrolle durch die Kartellbehörden. Währungspolitische Instrumente sind für diesen Zweck weder geschaffen noch geeignet.

D 202 **dd)** **Individuelle Gerechtigkeitserwägungen** sind in dieser Diskussion schwer unterzubringen (eingehend SIMITIS, in: KÖTZ/REICHERT-FACILIDES [Hrsg] [1976] 69 ff). Das Ziel einer gerechten Verteilung von Inflationsrisiken führt leicht zu einer *Vermischung verteilungspolitischer Aspekte mit Aspekten der inneren Vertragsgerechtigkeit*. Als verteilungspolitisches Argument läßt sich dieses Ziel nicht zugunsten der Wertsicherungsklauseln und gegen § 3 WährG ins Feld führen (eingehend GÜNTER 45 ff). Eine verteilungspolitisch umfassende Wertsicherung ließe sich allenfalls durch gesetzliche Indexierung sämtlicher Geldschulden erreichen, also durch eine vollkommene Preisgabe des Nennwertprinzips, die nach den Ausführungen bei Rn D 197 ff rechtspolitisch außer Betracht bleiben muß. Wertsicherungsklauseln können allenfalls inter partes für gerechte Verteilung von Inflationsrisiken sorgen. Als währungspolitische Norm kann aber § 3 WährG nicht am Maßstab individueller Vertragsgerechtigkeit gemessen werden. Gesichtspunkte des Vertragspartnerschutzes können im Zusammenhang mit der dem öffentlichen Interesse dienenden Norm stets nur erwünschte oder unerwünschte Nebeneffekte darstellen. Über den Stellenwert des Individualschutzes besteht auch schon deshalb keine Einigkeit, weil der tatsächliche Schutzeffekt zweifelhaft ist. Bezeichnen die einen die Wertsicherung im Anschluß an VASSEUR als „arme des faibles" (vCAEMMERER 40. DJT II D 20; GUTZWILLER 42; ERTL 138 ff), so betonen andere, daß sie nur dem zu ihrer Durchsetzung bei den Vertragsverhandlungen befähigten mächtigeren Vertragspartner nütze (SIMITIS 106). Das ist – stellt man sich etwa die Kombination von hohen Zinsen mit einer Wertsicherung vor – durchaus plausibel, läßt allerdings die Frage offen, ob nicht der elastischere § 138 einen gerechteren Kompromiß zwischen Vertragsfreiheit und Inhaltskontrolle schafft als das präventive Verbot des § 3 WährG. Als überzogen ist jedenfalls das Argument anzusehen, eine Indexierung störe das Vertragsgleichgewicht auf Kosten des Schuldners (vgl REICHERT-FACILIDES JZ 1969, 621) und die als Mittel des Ausgleichs präsentierte Wertsicherung erweise sich leicht als willkommenes Mittel, um ein Höchstmaß an Inflationsgewinnen zu erzielen (SIMITIS 106). Diese Befunde sind schon in sich zweifelhaft und als Argumente für § 3 WährG jedenfalls unbrauchbar. Als präventives Verbot mit Erlaubnisvorbehalt muß § 3 WährG auf typische Gefahren abstellen und darf nicht als Verdachtstrafe gerechtfertigt werden. Typischerweise aber sollen Wertsicherungen dem Gläubiger das Risiko von Inflationsverlusten abnehmen, nicht aber ihm Inflationsgewinne ermöglichen. Einwände unter dem Gesichtspunkt der Vertragsgerechtigkeit sind deshalb als Rechtfertigung des § 3 WährG fragwürdig. Jedenfalls bedürfte der Gesichtspunkt eines Schutzes des Schwächeren der Präzisierung und Konkretisierung, bevor daraus greifbare Argumente für eine Rechtfertigung des § 3 WährG gewonnen werden könnten (vgl mwNw SIMITIS aaO 71 f).

ee) Ein beträchtlicher rechtspolitischer Einwand gegen § 3 WährG besteht in der **D 203** zweifelhaften **Effektivität der Bestimmung**: In den Augen von Kritikern führt § 3 WährG nur dazu, daß der Geschäftsverkehr auf zulässige Wertsicherungen ausweiche oder die langfristige Festlegung von Preisen meide (MITTELBACH Rn 21 ff; vMAYDELL, Geldschuld 396; MünchKommBGB/vMAYDELL[3] § 244 Rn 21). Auch das Ausweichen auf Substitutionsformen wird hervorgehoben (eingehend GERKE 44 ff), ebenso die großzügige Genehmigungspraxis der Deutschen Bundesbank (SCHMALZ 257). Aber die Effektivität von Rechtsnormen ist ein Beurteilungsmaßstab von sehr relativem Wert (vgl RÖHL, Rechtsgeltung und Rechtswirksamkeit, JZ 1971, 576). F A MANN, der herkömmlich als Verteidiger des Verbots in Erscheinung getreten ist, hat die Inkonsequenz und Lückenhaftigkeit solcher Verbote weltweit beobachtet (Legal Aspect 181) und ist zu einem relativistischen rechtspolitischen Urteil gelangt (Legal Aspect 182). Richtig ist, daß der vertragsgestaltende Jurist, wo es einer Wertsicherung bedarf, diese bei hinreichender Sachkenntnis auch genehmigungsfrei wird formulieren können. Bei Rn D 207 wird hervorgehoben, daß § 3 WährG nicht uneingeschränkt umgehungsfest ist. § 3 WährG ist aber nicht schon deshalb eine ineffektive Norm, weil er Surrogatsstrategien zuläßt, denn die Norm ist dann immer noch effektiv in dem Sinne, daß sie Surrogatsstrategien *erforderlich* macht, wenn die Parteien auf vertraglicher Wertsicherung bestehen wollen. *Der Beitrag des § 3 WährG zum Recht der Geldsummenschuld wird durch die geringe Umgehungsfestigkeit der Norm nur geschmälert, nicht beseitigt.* Schon die Verhinderung und fast vollständige Verdrängung der klassischen, mit dem Prinzip der Geldsummenschuld unvereinbaren Wertsicherungsformen – Goldklauseln, Weizenklauseln etc – stellt einen spürbaren Beitrag zur Sicherung der Währung und der nominalistischen Funktion des Geldes dar.

ff) Eine **Stellungnahme** muß von den unterschiedlichen *Funktionen des Nennwert-* **D 204** *prinzips* und seines Schutzes durch § 3 WährG ausgehen. Soweit die Bestimmung nur dem institutionellen Schutz des Geldes und seiner nominalistischen Funktion dient, kann von einer Ineffektivität dieses Schutzes und vom mangelnden Beweis seines Funktionierens nicht gesprochen werden. Die inflationshemmende Wirkung des § 3 WährG wird dagegen auf absehbare Zeit umstritten bleiben. Die damit *im engsten Sinne rechtspolitische Frage* ist nur, ob angesichts dieser offenen Diskussion dem Grundsatz „in dubio pro libertate" folgend die Abschaffung des § 3 WährG den Vorzug verdient, oder ob, da § 3 WährG einmal vorhanden ist, nach dem Grundsatz „quieta non movere" verfahren werden soll (so F A MANN 40. DJT II D 42; HAHN § 8 Rn 21; GÜNTER 50). Da die gegen eine vollständige Freigabe von Wertsicherungsvereinbarungen sprechenden Argumente gewichtig und währungspolitische Fehler schwer wieder gutzumachen sind, *sollte der Gesetzgeber von einer Abschaffung der Bestimmung absehen* (zustimmend DÜRKES Rn B 21 a; unklar KOLLHOSSER 36). Das gilt jedenfalls für S 2 des § 3 WährG. Die Bestimmung ist geschaffen und in Grenzen geeignet, einen valoristischen Dammbruch bei Vertrags-Geldschulden zu verhindern. Ein strikter Valorismus, der alle Geldschulden zu Geldwertschulden macht, ist ohnedies abzulehnen (Rn D 32). Wenn § 3 WährG Wertsicherungsvereinbarungen an bestimmte Voraussetzungen bindet, leistet die Bestimmung einen mutmaßlich nennenswerten Beitrag zur Stabilität des Währungssystems und einen unverkennbaren

Vorbem zu §§ 244 ff   2. Buch

D 205, D 206   1. Abschnitt. Inhalt der Schuldverhältnisse

Beitrag zur Ordnung des Geldschuldrechts. Der – zugegebenermaßen ambivalente – Befund reicht damit zur Rechtfertigung der Bestimmung aus.

D 205 **e)** Der **Geltungsbereich** des § 3 WährG geht aus der Bestimmung nicht hervor. Der **sachliche Anwendungsbereich** beschränkt sich auf *Geldschulden* (vgl nur MITTELBACH Rn 51; RÖTELMANN NJW 1950, 364). Sachschulden fallen auch dann nicht unter § 3 WährG, wenn sie Wertsicherungszwecken dienen (Rn D 227 ff; differenzierend DÜRKES Rn D 296 ff). Weiter beschränkt sich § 3 WährG auf *Vereinbarungen*. Urteile bedürfen nicht der Genehmigung (wie hier GRAMLICH § 3 WährG Rn 10). Die Genehmigung nach § 3 WährG ist nur eine Frage des materiellen Rechts. Eine Klage kann mangels Genehmigung als unbegründet, nicht dagegen als unzulässig abgewiesen werden. Auch § 32 AWG, wonach ein Genehmigungsvorbehalt in ein Zahlungsurteil aufzunehmen ist (Rn E 23), hat bei Fremdwährungsurteilen und bei Verurteilungen aus Valutawertschulden nichts mit § 3 WährG zu tun. Eine *territoriale Begrenzung* gibt es nicht. Auch kommt es nicht darauf an, ob das Schuldverhältnis deutschem oder ausländischem Recht folgt. Dem § 3 WährG kann also nicht durch Vereinbarung fremden Rechts ausgewichen werden. Der **persönliche Geltungsbereich** des § 3 WährG ist nicht ausdrücklich festgelegt. Nach hM betrifft § 3 WährG nur diejenigen Geldschulden, die von Inländern eingegangen sind (DÜRKES Rn B 18, 22, C 220; MITTELBACH Rn 47; SCHULZE AWD 1962, 92; SEFTZEN AWD 1969, 257). Diese Auffassung ist nach dem Sinn und Zweck des § 3 WährG **zweifelhaft** (vgl auch § 244 Rn 42 aE), aber in der Praxis vorherrschend. Der Schuldner muß danach *Währungsinländer* sein. Wer Währungsinländer und wer Währungsausländer ist, bestimmt sich dabei in analoger Anwendung des § 4 Abs 1 Nr 3 und 4 AWG (MITTELBACH Rn 50). Der Schuldner muß also Gebietsansässiger iS dieser Bestimmung sein (vgl auch DÜRKES Rn C 213 ff, 220). Verbindet man diese allgemeine Geltungsgrenze des § 3 WährG mit derjenigen des § 49 Abs 1 AWG, so ergibt sich: *Nur wenn der Schuldner Gebietsansässiger ist, kommt überhaupt eine Anwendung des § 3 WährG in Frage. § 3 S 1 WährG kommt überdies nur in Frage, wenn auch der Gläubiger Gebietsansässiger ist.* Darüber, daß dasselbe auch bei der Valutawertklausel gilt, vgl Rn D 224. Der **zeitliche Geltungsbereich** des § 3 WährG beschränkt sich auf Vereinbarungen, die nach der sog Währungsreform, also seit dem 21. 6. 1948 getroffen sind (BGHZ 9, 56, 63; BGH NJW 1951, 708, 709; OLG Celle MDR 1951, 749, 750; SCHUBERT NJW 1950, 755). Dabei kommt es auf den Zeitpunkt der Wertsicherungsvereinbarung, nicht des gesamten Vertrages an. Zur **Gegenstandslosigkeit des § 3 WährG mit Eintritt in die dritte Stufe der Währungsunion** vgl Rn F 88 sowie eingehend HAFKE WM 1997, 693 ff.

D 206 **f)** **Allgemeine Auslegungsmaßstäbe** hat eine ständige Praxis entwickelt. *Nach hM ist § 3 WährG eng auszulegen* (BGHZ 14, 306, 308 = NJW 1954, 1684 mwNw; BGH NJW 1962, 1568, 1569; Betrieb 1970, 1266 = WM 1970, 752, 753; OLG Celle DNotZ 1952, 479, 481; OLG Schleswig NJW 1955, 65; OLG Köln NJW 1972, 1052; BVerwGE 41, 1, 6 = NJW 1973, 529, 530 = WM 1973, 433, 435; BAG BB 1970, 1179 = Betrieb 1970, 1445 = WM 1970, 1066, 1068; DÜRKES Rn B 8; BGB-RGRK/ALFF[12] § 245 Rn 18; SOERGEL/TEICHMANN[12] § 244 Rn 13; RANNIGER DNotZ 1951, 398 f; RÖTELMANN NJW 1951, 709, 842; PIKART WM 1969, 1063; krit aber zB BRÄUTIGAM 95; KOLLHOSSER 36; unentschieden HAHN § 8 Rn 22 Fn 56). Das BVerwG sagt zugleich, § 3 WährG sei eine *strikt anzuwendende Verbotsnorm* (BVerwGE 41, 1, 5 f = NJW 1973, 529, 530 = WM 1973, 433, 435). Beides widerspricht sich nur scheinbar. Die „enge Auslegung" betrifft die Voraussetzungen, die „strikte Handhabung" die Rechtsfolgen der Verbotsnorm. Das Ergebnis dieser „engen Auslegung" besteht im wesentlichen darin, daß sog Leistungsvorbehalte (Rn D 253 ff) und sog Spannungsklauseln (Rn D 245 ff) von dem Verbot unberührt bleiben. Die hM läßt die genaue Berechtigung dieser „engen Auslegung" im Dunkeln. Richtig ist zwar – worauf immer wieder hingewiesen wird –, daß § 3 WährG die Vertragsfreiheit beschränkt und richtig ist sogar, daß eine Ausnahmevorschrift vorliegt. Das Prinzip der „engen" Auslegung des § 3 WährG ist aber weder ohne weiteres mit dem Grundsatz „in dubio pro libertate" noch mit gesicherten Grundsätzen der Auslegungslehre zu rechtfertigen (insofern zutr KOLLHOSSER 36). Es resultiert schlicht daraus, daß der *Gesetzestext* unzweifelhaft *zu weit gefaßt* (vCAEMMERER, 40. DJT II D 14) und einer schulmäßigen Auslegung weitgehend unzugänglich ist. Die „enge Auslegung" erscheint in ihren praktischen Ergebnissen und im Vergleich mit dem Gesetzeswortlaut teilweise als *rechtsfortbildende Entwicklung ungeschriebener Freistellungstatbestände* und kann mit den nebulösen Formulierungen der hM nicht überzeugend begründet werden (KARSTEN SCHMIDT ZIP 1983, 645). Der Begründungsfehler liegt im undifferenzierten Umgang mit dem Gesetzeszweck, denn in Anbetracht der mangelhaften Normformulierung gebührt der *teleologischen Auslegung* der Vorrang. Wenn es richtig ist, daß § 3 S 2 WährG potentiell inflationsfördernde Abweichungen vom Nennwertprinzip treffen soll (Rn D 194), dann zeigt sich zunächst, daß § 3 WährG keineswegs um jeden Preis „eng" ausgelegt werden muß. Vertragliche Geldwertschulden (Rn D 241) und Indexklauseln (Rn D 223) sind nach dem Gesetzeszweck typische Anwendungsfälle des § 3 S 2 WährG, obgleich der Wortlaut diese Fälle nicht eindeutig und ausnahmslos deckt. Umgekehrt sind Leistungsbestimmungsvorbehalte (Rn D 253 ff) und Spannungsklauseln (Rn D 245 ff) keine Anwendungsfälle des § 3 WährG, obwohl der Gesetzeswortlaut diese Fälle mit zu umfassen scheint. Der Rückgriff auf den Normzweck rechtfertigt dieses Ergebnis. Wie bei Rn D 194 bemerkt, setzt nämlich § 3 S 2 WährG ein Doppeltes voraus: die willkürliche Begründung einer Geldwertschuld (hieran fehlt es bei den Sachschulden und bei den Leistungsbestimmungsvorbehalten) und die potentielle Inflationsförderung (hieran fehlt es bei der Bestätigung gesetzlicher Geldwertschulden und bei den sog Spannungsklauseln). *Was von der hM viel zu unbestimmt als „enge Auslegung" des § 3 S 2 WährG bezeichnet wird, erweist sich damit als das Ergebnis teleologischer Reduktion.*

g) **Umgehungsprobleme** sind Normanwendungsprobleme (TEICHMANN, Die Gesetzes- **D 207** umgehung [1962] 67 ff; vgl allgemein zur Umgehung von Verbotsgesetzen SOERGEL/HEFERMEHL[12] § 134 Rn 37 ff). Die „enge Auslegung" des § 3 S 2 WährG kann aber nicht durch eine scharfe Umgehungsschutzpraxis konterkariert werden. Das Konzept der teleologischen Reduktion des § 3 S 2 WährG schlägt sich notwendig auch in der Umgehungsproblematik nieder. Aus der Einengung dieser Norm folgt, daß die Bestimmung *nur in geringem Maße umgehungsfest* ist (charakteristisch BGH NJW 1962, 1568, 1569; richtig auch der Diskussionsbeitrag von EPPIG 40. DJT II D 49; REITHMANN DNotZ 1960, 179; unrichtig zB OLG Köln NJW 1951, 363, 364; s auch BERNDT 38). Denn § 3 WährG will nicht die Wertsicherung von Forderungen schlechthin unterbinden, sondern nur bestimmte Formen der Wertsicherung (OLG Celle DNotZ 1952, 479, 481). Insbesondere Leistungsbestimmungsvorbehalte sowie diejenigen Rechtsgeschäfte, die zur Flucht aus der Geldschuld und zur Wertsicherung durch Sachschulden führen, fallen nur dann als unzulässige Umgehungsgeschäfte in den Verbotsbereich des § 3 WährG, wenn sie ihrem wirtschaftlichen Sinn nach *versteckte Geldwertschulden* darstellen (Rn D 237 f). Allein mit der Begründung, der in Frage stehende Vertrag könne der Inflation ebenso Vorschub leisten wie eine nach § 3 S 2 WährG verbotene Wertsicherungsvereinbarung, läßt sich eine unzulässige Umgehung nicht begründen. Zur Umgehung durch Sachschuldvereinbarungen vgl Rn D 236.

D 208 h)   **Zentralbankpraxis und Gerichtspraxis** bestimmen die praktische Handhabung des § 3 WährG.

D 209 aa)   **Divergenzen** zwischen Zentralbankpraxis und Gerichtspraxis führen dazu, daß die Effektivität der Norm *in erster Linie durch die Praxis der ordentlichen Gerichte und nur sekundär durch die DBB* als Genehmigungsbehörde bestimmt wird. Der Plan des Gesetzgebers, der DBB eine die Handhabung des § 3 WährG beherrschende Stellung einzuräumen, ist damit gescheitert (GUTZWILLER 108; dazu auch ERTL 142). Denn anders als vielfach im Recht der Wirtschaftsaufsicht (vgl zB die §§ 37 a, 38 GWB) gibt es keinen öffentlichrechtlichen Vollzug der Verbotsnorm. Die Sanktion besteht, ähnlich etwa dem § 1 GWB, nur in der Versagung von Rechtsschutz. Solange keine für die Zivilgerichte verbindliche Entscheidung der DBB ergangen ist (dazu Rn D 314 ff, D 327 ff, D 335 ff), sind die ordentlichen Gerichte berechtigt und verpflichtet, § 3 WährG selbständig und ohne Bindung an die Rechtsauffassung der DBB auszulegen (OLG Köln NJW 1972, 1052, 1053 m Anm KNICKENBERG NJW 1972, 1375 und BILDA NJW 1972, 1865; HAHN § 8 Rn 46). Sie können also Verträge auch entgegen der Auffassung der DBB für genehmigungsfrei erklären (Rn D 337) und könnten im Extremfall für weitgehenden Leerlauf des § 3 WährG sorgen (auch das devisenrechtliche Urteil BGHZ 127, 368 = NJW 1995, 318 ändert an diesem Primat der Zivilgerichte nichts). Das angebliche Auseinanderklaffen der Praxis der DBB und der ordentlichen Gerichte wird häufig überzeichnet. Demgegenüber verdient die bei Inkrafttreten des WährG noch ungeahnte, durch die Genehmigungspraxis der DBB mit vollzogene Einschränkung des Verbots hervorgehoben zu werden (vgl vMAYDELL, Geldschuld 384 mwNw). Wo Wertsicherungen nach einhelliger Meinung genehmigungsfrei sind, wirkt sich der **Primat der Zivilgerichtsbarkeit** nicht aus. Die Gegensätze haben sich damit im Laufe der Jahre entschärft (vgl DÜRKES Rn B 50). Die Befugnis der Zivilgerichte, frei über das Genehmigungsbedürfnis zu entscheiden, führt aber doch dazu, daß eine Wiederherstellung der Vertragsfreiheit durch Genehmigung nur dort erforderlich ist, wo die Gerichte dies für erforderlich halten. Der DBB bleibt gegenüber diesem Primat der Gerichtspraxis nur die Möglichkeit mahnender Hinweise. So im Monatsbericht 4/1971, wo es auf S 25 heißt, die unkontrollierte Verwendung der Klauseln werde stark zunehmen, wenn die rechtlichen Voraussetzungen der Genehmigungsfreiheit mehr und mehr herabgestuft würden. Dieser Hilferuf ist unverkennbar an die Zivilgerichte gerichtet (WOLF ZIP 1981, 236). Überraschen konnte diese Entwicklung schon nach dem bei Inkrafttreten des WährG herrschenden Stand der Meinungen nicht (vgl insoweit auch ERTL 142). Denn wie bei Rn D 166 bemerkt, ist die bei Rn D 206 beschriebene „enge Auslegung" des § 3 WährG in parallelen Entwicklungen unter dem „Mark-gleich-Mark-Gesetz" und dem UmstG bereits angelegt.

D 210 bb)   Die **Genehmigungspraxis der DBB** zu § 3 WährG beruht auf der Überlegung, daß eine massenhafte Verbreitung der Wertsicherungsklauseln verhindert werden muß, daß es aber im Einzelfall währungspolitisch unbedenklich und wirtschaftlich vernünftig sein kann, Wertsicherungsklauseln zu tolerieren (WILLMS/WAHLIG BB 1978, 976; vgl auch HAHN § 8 Rn 29 ff zu den Prinzipien der Genehmigungspraxis der DBB). Das BVerwG hat die Praxis der DBB durchweg bestätigt (WILLMS/WAHLIG aaO). Die Statistik der Genehmigungspraxis wird regelmäßig in deren Geschäftsberichten publiziert und findet sich nach dem Stand von 1990 wiedergegeben bei DÜRKES (Rn B 1 ff). Dieser Genehmigungspraxis liegen die **Genehmigungsgrundsätze** der DBB von 1958, dann von 1964, 1969 und schließlich von 1978 zugrunde (dazu auch DÜRKES Rn A 12 ff, C 5 ff, C 10 ff).

cc) Die **Genehmigungsgrundsätze der DBB** befinden sich zZ auf dem Stand der **D 211** Grundsätze bei der Entscheidung über Genehmigungsanträge nach § 3 des Währungsgesetzes (Nr 2 c der WährungsVO für Berlin) vom 9. 6. 1978, BAnz Nr 109 (zu dieser Neufassung vgl DÜRKES Rn C 34 ff, C 60 ff, C 242 ff; HAHN § 8 Rn 28 ff; WILLMS/WAHLIG BB 1978, 977). Diese Grundsätze enthalten im wesentlichen einen *Negativkatalog* derjenigen Klauseln, die nicht genehmigt werden, wobei dieser Katalog teils auf bestimmte Rechtsverhältnisse, teils auf bestimmte Klauseln abstellt (s auch WILLMS/ WAHLIG BB 1978, 976; Überblick bei HAHN § 8 Rn 32 ff). Soweit der Negativkatalog eine genehmigungsbedürftige Wertsicherungsvereinbarung nicht trifft, kann nach Nr 4 der Grundsätze „im allgemeinen" mit der Erteilung einer beantragten Genehmigung gerechnet werden.

„Mitteilung Nr 1015/78 betreffend Grundsätze bei der Entscheidung über Genehmigungsanträge nach § 3 **D 212** **des Währungsgesetzes (Nummer 2 c der Währungsverordnung für Berlin) vom 9. 6. 1978**

Die Deutsche Bundesbank weist zur Unterrichtung der Öffentlichkeit auf folgendes hin: 1. Klauseln, nach denen ein in Deutscher Mark geschuldeter Betrag durch den künftigen Kurs einer anderen Währung oder durch den künftigen Preis oder Wert von Gütern oder Leistungen bestimmt werden soll (§ 3 Satz 2 des Währungsgesetzes, Nummer 2 c Satz 2 der Währungsverordnung für Berlin) werden nicht genehmigt

a) bei Zahlungsverpflichtungen aus Darlehen, auch aus in Darlehen umgewandelten Schuldverhältnissen anderer Art, aus Schuldverschreibungen, Kapital- und Rentenversicherungen, Bankguthaben oder Abmachungen anderer Art, die die Rückzahlung eines Geldbetrages zum Gegenstand haben (Zahlungsverpflichtungen aus dem Geld- und Kapitalverkehr);

b) in Miet- und Pachtverträgen über Gebäude oder Räume*, es sei denn, daß der Vertrag

– für die Lebenszeit einer der Parteien,

– für die Dauer von mindestens 10 Jahren,

– mit dem Recht des Mieters oder des Pächters, die Vertragsdauer auf mindestens 10 Jahre zu verlängern oder

– in der Weise abgeschlossen ist, daß er vom Vermieter oder Verpächter durch Kündigung frühestens nach Ablauf von 10 Jahren beendet werden kann.

2. Unabhängig von der Art des Schuldverhältnisses werden solche Klauseln nicht genehmigt, wenn

a) einseitig ein Kurs-, Preis- oder Wertanstieg eine Erhöhung, nicht aber umgekehrt ein Kurs-, Preis- oder Wertrückgang eine entsprechende Ermäßigung des Zahlungsanspruchs bewirken oder nur der Gläubiger das Recht haben soll, eine Anpassung zu verlangen oder die Bezugsgröße zu bestimmen (Mindestklauseln, Einseitigkeitsklauseln);

b) der geschuldete Betrag an den künftigen Goldpreis gebunden sein soll;

c) der geschuldete Betrag allgemein von der künftigen „Kaufkraft" der Deutschen Mark oder einem anderen Maßstab abhängig sein soll, der nicht erkennen läßt, welche Preise oder Werte dafür bestimmend sein sollen;

---

* Klauseln in Mietverträgen über Wohnraum,   Anwendung findet, werden im Hinblick auf
auf die das Gesetz zur Regelung der Miethöhe   § 10 Abs 1 dieses Gesetzes nicht genehmigt.

                                                            Karsten Schmidt

d) der geschuldete Betrag sich gegenüber der Entwicklung der Bezugsgröße überproportional ändern kann (z. B. durch Gleichsetzung von Indexpunkten mit dem Prozentsatz der Änderung der Geldschuld).

3. Außerdem werden Klauseln nicht genehmigt, nach denen der geschuldete Betrag

a) von der künftigen Entwicklung der Lebenshaltungskosten (einem Preisindex für die Lebenshaltung) abhängig sein soll, es sei denn, daß es sich um

aa) wiederkehrende Zahlungen handelt, die
– auf Lebenszeit des Gläubigers oder des Schuldners,
– bis zum Erreichen der Erwerbsfähigkeit oder eines bestimmten Ausbildungszieles des Empfängers,
– bis zum Beginn der Altersversorgung des Empfängers,
– für die Dauer von mindestens 10 Jahre (gerechnet vom Vertragsschluß bis zur Fälligkeit der letzten Zahlung) oder
– auf Grund von Verträgen zu entrichten sind, die die Laufzeitvoraussetzungen von Nummer 1 Buchstabe b erfüllen,

oder

bb) Zahlungen handelt, die
– auf Grund einer Verbindlichkeit aus der Auseinandersetzung zwischen Miterben, Ehegatten, Eltern und Kindern,
– auf Grund einer letztwilligen Verfügung oder
– von dem Übernehmer eines Betriebes oder eines sonstigen Sachvermögens zur Abfindung eines Dritten zu entrichten sind,
– sofern zwischen dem Entstehen der Verbindlichkeit und der Endfälligkeit ein Zeitraum von mindestens 10 Jahren liegt oder die Zahlungen nach dem Tode eines Beteiligten zu erbringen sind,

b) von der künftigen Einzel- oder Durchschnittsentwicklung von Löhnen, Gehältern, Ruhegehältern oder Renten abhängig sein soll, es sei denn,

aa) daß es sich um regelmäßig wiederkehrende Zahlungen handelt, die
– für die Lebensdauer,
– bis zum Erreichen der Erwerbsfähigkeit oder eines bestimmten Ausbildungszieles

oder
– bis zum Beginn der Altersversorgung des Empfängers zu entrichten sind oder

bb) daß der jeweils noch geschuldete Betrag insoweit von der Entwicklung von Löhnen oder Gehältern abhängig gemacht wird, als diese die Selbstkosten des Gläubigers bei der Erbringung der Gegenleistung unmittelbar beeinflussen,

c) vom künftigen Preis oder Wert sonstiger verschiedenartiger Güter oder Leistungen (z. B. vom Baukostenindex oder einem anderen die Preis- oder Wertentwicklung von einer Anzahl von Gütern oder Leistungen bezeichnenden Index) abhängig sein soll, es sei denn, daß der jeweils noch geschuldete Betrag

aa) von der Entwicklung der Preise oder Werte für Güter oder Leistungen abhängig gemacht wird, die der Schuldner in seinem Betriebe erzeugt, veräußert oder erbringt, oder

bb) insoweit von der Entwicklung der Preise oder Werte für Güter oder Leistungen abhängig gemacht wird, als diese die Selbstkosten des Gläubigers bei der Erbringung der Gegenleistung unmittelbar beeinflussen,

d) durch den künftigen Kurs einer anderen Währung bestimmt werden soll, es sei denn, daß es sich handelt um

aa) Einfuhrverträge, Einfuhranschlußverträge zwischen Importeuren und Erstabnehmern, Ausfuhr-Zulieferungsverträge zwischen Exporteuren und ihren unmittelbaren Zulieferern oder Kaufverträge des „gebrochenen" Transithandels, sofern die Ware von den Importeuren, den Exporteuren oder den Transithändlern unverändert weiterveräußert wird oder bb) Passage- oder Frachtverträge im grenzüberschreitenden Verkehr,

e) von der künftigen Einzel- oder Durchschnittsentwicklung des Preises oder Wertes von Grundstücken abhängig sein soll, es sei denn, daß sich das Schuldverhältnis auf die land- oder forstwirtschaftliche Nutzung eines Grundstücks beschränkt.

4. Soweit nach den vorstehenden Grundsätzen eine nach § 3 Satz 2 des Währungsgesetzes (Nummer 2 c Satz 2 der Währungsverordnung für Berlin) erforderliche Genehmigung nicht ausgeschlossen ist, kann im allgemeinen mit ihrer Erteilung gerechnet werden.

5. Bei Verträgen der in Nummer 3 Buchstabe d bezeichneten Art kann auch mit der Genehmigung zur Eingehung von Verbindlichkeiten in fremder Währung (§ 3 Satz 1 des Währungsgesetzes, Nummer 2 c Satz 1 der Währungsverordnung für Berlin) gerechnet werden.

6. Diese Grundsätze treten an die Stelle der im Bundesanzeiger Nr 160 vom 29. August 1964 (durch die Mitteilung der Deutschen Bundesbank Nr 1018/64) bekanntgegebenen und durch die Mitteilung der Deutschen Bundesbank Nr 1006/69 (BAnz. Nr 169 vom 12. September 1969) geänderten Grundsätze. Soweit sie abweichend von den bisherigen Grundsätzen eine Genehmigung ausschließen, werden sie auf Vereinbarungen angewandt, die nach dem 30. September 1978 getroffen werden. Im übrigen werden diese Grundsätze bei allen Genehmigungsanträgen angewandt, über die nach der Bekanntgabe dieser Grundsätze entschieden wird.

7. Eine Änderung dieser Grundsätze bleibt vorbehalten.

8. Genehmigungsanträge nach § 3 des Währungsgesetzes (Nummer 2 c der Währungsverordnung für Berlin) sind bei der zuständigen Landeszentralbank einzureichen."

Ihrer **Rechtsnatur** nach sind die Genehmigungsgrundsätze der DBB *keine Rechts-* **D 213**
quelle, insbes also auch keine Rechtsverordnung (ebenso HAHN § 8 Rn 28 mwNw). Sie sind Verwaltungsvorschriften (ebd). Als solche haben sie verwaltungsrechtlich zunächst nur Innenwirkung (vgl allerdings zur Nichtigkeit eines genehmigungsunfähigen Vertrags Rn D 327). Rechtsgrundlage für die Genehmigungsbedürftigkeit und Genehmigungsfähigkeit von Wertsicherungsklauseln ist allein § 3 WährG. Die Genehmigungsgrundsätze dienen der allgemeinen Information und der *Typisierung* der Genehmigungssachverhalte. Auch für die *Ermessenskonkretisierung* spielen die Grundsätze eine Rolle. Sie stellen insofern mehr dar als eine unverbindliche Information, aber doch auch weniger als eine Rechtsquelle. Die Genehmigungsbehörde hat das Gesetz anzuwenden, nicht ihre Genehmigungsgrundsätze. Diese typisieren und dokumentieren nur die Gesetzesanwendung. Der HessVGH BB 1969, 652 hat demgegenüber eine abstrakte Betrachtung angestellt und ausgesprochen, daß die Genehmigung unter Berufung auf die Genehmigungsgrundsätze versagt werden kann, wenn der betreffende Passus der Genehmigungsgrundsätze geeignet ist, die deutsche Währung in irgendeiner Weise zu schützen. Demgegenüber stellt BVerwGE 41, 1, 7 f = NJW 1973, 529, 531 folgendes richtig: „Der Bundesbank ist nur die Befreiung vom Verbot im Einzelfall übertragen. Eine weitergehende Ermächtigung zu Ermessensentscheidungen wäre vom Sinn und Zweck der Vorschrift nicht gefordert und vom Grundsatz der Rechtsstaatlichkeit nicht gedeckt. Es wäre deshalb nicht zulässig, wenn die Beklagte durch Richtlinien generell festlegte, in welchem Umfang Wertsicherungsklauseln genehmigt werden können, etwa in der Weise, daß lediglich negativ die Voraussetzungen bestimmt werden, unter denen eine Genehmigung nicht erfolgen kann, und in allen anderen Fällen ein Anspruch auf Genehmigung bestünde. Eine solche Regelung würde auf eine Normsetzung, eine Ergänzung oder Änderung des Gesetzes durch die Beklagte hinauslaufen." Dem ist zuzustimmen. Die *Aufgabe der Verwaltungsgerichte* besteht nicht darin, zu kontrollieren, ob sich die Behörde an die Genehmigungsgrundsätze gehalten hat und

ob diese – abstrakt – gerechtfertigt sind; sie besteht darin, zu prüfen, ob die im konkreten Fall beantragte Genehmigung nach § 3 WährG zu Recht oder zu Unrecht versagt worden ist. Das schließt, wie das BVerwG richtig bemerkt, eine Typisierung, wie sie in den Genehmigungsrichtlinien enthalten ist, nicht aus. Das BVerwG hat die Befugnis der DBB zur Festlegung von Voraussetzungen, die eine Genehmigung ausschließen, grundsätzlich bejaht und betont, daß Klauseln, die sich zu verbreiteten Standardklauseln entwickeln oder deren Bezugsgröße häufigeren oder größeren Veränderungen unterliegt, generell als nicht genehmigungsfähig angesehen werden können (vgl auch Rn D 313). Es gibt keine normative Bindung der DBB an ihre Genehmigungsgrundsätze, wohl aber gehen diese – auch im Lichte des Art 3 GG – in die Ermessensausübung ein. *Zu Ungunsten des Antragstellers* darf die Genehmigungsbehörde von den Richtlinien nicht ohne weiteres abweichen; sie muß eine solche Abweichung und ihre Gesetzeskonformität begründen (Gutzwiller 102). Aus der Begründung muß zu ersehen sein, warum eine Genehmigung, mit der nach den Grundsätzen „im allgemeinen" zu rechnen war, nicht erteilt wird. *Zugunsten des Antragstellers* darf die Behörde abweichen, soweit der Sinn und Zweck des § 3 WährG dies zuläßt (insoweit zutreffend VG Frankfurt als Vorinstanz zu HessVGH BB 1969, 652). Wie sich aus dem Urteil BVerwGE 41, 1 = NJW 1973, 529 ergibt, kann sich hieraus eine Pflicht der DBB zur Anpassung ihrer Richtlinien ergeben. Die für die Rechtsanwendungspraxis allgemein wichtigen *Ausführungen des BVerwG* zu diesem Punkt lauten wörtlich:

D 214 „In den Grundsätzen ist zwar generell negativ festgelegt, unter welchen Voraussetzungen Wertsicherungsklauseln nicht genehmigt werden. Darin liegt jedoch keine unzulässige Ergänzung oder Änderung des Gesetzes; denn die Grundsätze bestimmen in ihrer Nr 7, daß ihre Änderung vorbehalten bleibe, und in Nr 4, daß bei Nichtvorliegen der im einzelnen bezeichneten Ausschließungsgründe lediglich „im allgemeinen" mit der Erteilung der Genehmigung gerechnet werden könne. Die Festlegung negativer Genehmigungsvoraussetzungen und ihre Veröffentlichung liegen im Interesse des Rechtsverkehrs, ohne daß schon damit weitergehende Ansprüche begründet würden. Wegen des in § 3 Satz 2 WährG enthaltenen repressiven Verbots von automatischen Wertsicherungsklauseln kann es im übrigen nur darauf ankommen, ob der jeweils einschlägige Ausschließungsgrund ein Merkmal darstellt, das jeden Vertrag dieser Art in einer Weise charakterisiert, daß alle anderen Umstände des Einzelfalles dahinter zurücktreten müssen.

Die Beklagte ist nicht nur berechtigt, sondern auch verpflichtet, ihre Grundsätze zu ändern, wenn dies nach Sinn und Zweck des Ausnahmevorbehaltes in § 3 Satz 2 WährG erforderlich wird. Es ist ein sachgerechter Grund, die Genehmigungsfähigkeit einer Klausel stärker einzuschränken oder von einem gesteigerten individuellen Bedürfnis abhängig zu machen, wenn sie sich zu einer verbreiteten Standardklausel entwickelt hat oder dahin tendiert. Entsprechendes gilt für eine Klausel, deren Bezugsgröße häufigere oder größere Veränderungen erfahren hat oder erwarten läßt. Daß sich der Rechtsverkehr auf die veröffentlichten Grundsätze der Beklagten eingestellt hat, kann deren Änderung für die Zukunft nicht hindern. Dazu bedürfte es nicht einmal des Änderungsvorbehaltes. Es kann unentschieden bleiben, ob und inwieweit die Veröffentlichung der Genehmigungsgrundsätze einen Vertrauensschutz des Rechtsverkehrs gegenüber einschränkenden Änderungen begründen kann, denn in Nr 6 der Grundsätze der Beklagten in der geänderten Fassung vom 26. August 1964 ist bestimmt, daß ihre Verschärfungen – erst – auf solche Vereinbarungen angewandt werden, die nach dem 31. Oktober 1964 getroffen wurden. Die neuen Grundsätze wurden im Bundesanzeiger vom 29. August 1964 veröffentlicht. Die Erschwerungen treffen danach nur solche Verträge, die nach ihrer öffentlichen Bekanntmachung abgeschlossen wurden; darüber hinaus blieben dem Rechtsverkehr zwei Monate Zeit sich umzustellen. Dieser Zeitraum war jedenfalls ausreichend.

b) Die durch Vertrag vom ... vereinbarte Klausel fällt unter Nr 3 Buchst. b der Grundsätze der Beklagten in der Fassung der Bekanntmachung vom 26. August 1964. Danach werden Klauseln nicht genehmigt, nach denen der geschuldete Betrag von der künftigen Einzel- oder Durchschnittsentwicklung von Löhnen, Gehältern, Ruhegehältern oder Renten abhängig sein soll. Die Beklagte war berechtigt, diese Bezugsgröße unter Änderung ihrer früheren Grundsätze als einen Genehmigungsausschließungsgrund anzusehen. Wegen der in der Vergangenheit festgestellten und für die Zukunft zu erwartenden Häufigkeit oder auch des Ausmaßes der Veränderung der Bezugsgröße konnte diese von der Beklagten ohne Ermessensverstoß als ein Merkmal angesehen werden, das jeden einzelnen Vertrag dieser Art maßgeblich charakterisiert. Insoweit bedarf es keiner gerichtlichen Feststellung darüber, wie groß das Ausmaß und die Häufigkeit jener Veränderungen vergleichsweise sind und welche Faktoren dafür in Betracht kommen. Es kann auch offenbleiben, ob die Vereinbarung einer Lohn- und Gehaltsklausel geeignet sein könnte, sämtliche sonstigen Umstände des jeweiligen Einzelfalles als unbeachtlich zurückzudrängen; denn die Beklagte hat in ihren Grundsätzen weitere Differenzierungen vorgenommen. ... Hierbei handelt es sich um sachgerechte Umstände, die den individuellen Interessen ein erhebliches, besonderes Gewicht verleihen."

4.   Der Tatbestand des § 3 S 1 WährG (Fremdwährungsschulden)

a)   Der **Tatbestand des § 3 S 1 WährG** ist bei jeder **Fremdwährungsschuld** erfüllt, bei **D 215** der einfachen ebenso wie bei der effektiven Fremdwährungsschuld (vgl zu diesen Begriffen § 244 Rn 7 f; irreführend REITHMANN DNotZ 1960, 173 f). Darauf, ob die Vereinbarung Wertsicherungszwecke verfolgt, kommt es für § 3 S 1 WährG nicht an. Keine Fremdwährungsschuld und damit kein Problem des § 3 S 1, sondern des § 3 S 2 WährG ist die Valutawertschuld (HAHN § 25 Rn 2; vgl auch § 244 Rn 42 f). Dagegen fällt die *alternative Währungsklausel* unter § 3 S 1 WährG (§ 244 Rn 9). Zur Behandlung von in ECU denominierten Geldschulden vgl Rn F 56; zu Sonderziehungsrechten und § 3 WährG vgl ROBERTZ 120 f. Nur *rechtsgeschäftlich bedungene Fremdwährungsschulden* fallen unter § 3 S 1 WährG. Die Frage, ob ein Fremdwährungsvermächtnis unter das Verbot fällt, sollte verneint werden. Ein solches Vermächtnis ist keine vom Erblasser in fremder Währung „eingegangene" Verbindlichkeit. Die *praktische Bedeutung von Fremdwährungsklauseln mit Wertsicherungsfunktion* ist beträchtlich zurückgegangen. Sie war erheblich, solange bedeutende ausländische Währungen noch dem Prinzip der Golddeckung folgten (zu den Folgen des Fortfalls der Golddeckung vgl RGZ 141, 212; 163, 324).

b)   *Genehmigungsfrei* ist nach § **49 Abs 1 AWG** die rechtsgeschäftliche Begründung **D 216** einer Fremdwährungsschuld zwischen einem Gebietsansässigen und einem Gebietsfremden (OLG Frankfurt WM 1984, 20, 21). Diese Begriffe sind erläutert in § 4 Abs 1 Nr 3 und 4 AWG (dazu § 244 Rn 41; vgl auch DÜRKES Rn C 212 ff; HOCKE/BERWALD/MAURER, Außenwirtschaftsrecht [Stand September 1993] § 4 AWG Anm 4 f). Danach kommt es bei natürlichen Personen auf den Wohnsitz oder gewöhnlichen Aufenthalt, bei juristischen Personen und Personengesellschaften auf deren Sitz an. Nicht ausdrücklich bestimmt ist, daß § 3 S 1 WährG auf die Rechtsgeschäfte zweier Gebietsfremder untereinander keine Anwendung findet. Dies ergibt sich indes aus dem persönlichen Geltungsbereich des § 3 WährG (dazu Rn D 205). Ist die Fremdwährungsschuld genehmigungsfrei, so bleibt sie es auch dann, wenn sie ihrerseits durch eine *Wertsicherungsklausel* gesichert ist; eine solche Wertsicherungsklausel fällt nicht unter § 3 S 2 WährG, denn diese Vorschrift erfaßt nur die Wertsicherung von DM-Forderungen (OLG Frankfurt WM 1984, 20, 21; vgl auch § 244 Rn 42, 59).

D 217 c)   Die **Genehmigungspraxis** unterliegt nach § 49 Abs 2 AWG der Zuständigkeit der DBB. Sie folgt den insoweit auszugsweise bei § 244 Rn 41 wiedergegebenen Richtlinien (Wortlaut auch oben Rn D 212). Das Verhältnis der „Devisengenehmigung" nach § 3 S 1 WährG zur Genehmigung nach § 3 S 2 WährG ist str. Nach DÜRKES ersetzt die Einzelfallgenehmigung nach § 3 S 1 WährG auch die Genehmigung nach § 3 S 2 WährG (DÜRKES Rn B 19; aA MEES BB 1967, 547). Anderes gilt nach DÜRKES (aaO) für Allgemeine Genehmigungen der DBB (auch zu ihnen vgl § 244 Rn 41), weil diese von gewöhnlichen, nicht wertgesicherten Geldschulden ausgehen. Die Fragestellung ist mißverständlich. Die Wertsicherung von Verbindlichkeiten, die nicht auf DM lauten, fällt nicht unter § 3 S 2 WährG (vgl § 244 Rn 42). Der Geltungsbereich der beiden Sätze von § 3 WährG schließt sich insoweit aus. Die Frage kann allenfalls sein, ob eine Genehmigung nach S 1 verweigert werden kann und durch eine Allgemeine Genehmigung der DBB nicht als erteilt gilt, wenn die Fremdwährungsschuld überdies wertgesichert ist. Dies ist offenbar das Anliegen von DÜRKES.

5.   Der Tatbestand des § 3 S 2 WährG (Wertsicherungsvereinbarungen)

D 218 a)   Eine **Geldschuld in DM** muß vorliegen, also keine Sachschuld (Rn C 4 ff) und keine Fremdwährungsschuld, denn diese wird von § 3 S 1 WährG erfaßt (§ 244 Rn 4). Die Valutawertschuld ist keine Fremdwährungsschuld (§ 244 Rn 5). Sie ist ein Anwendungsfall des § 3 S 2 WährG (Rn D 215 und D 224). Die alternative Währungsklausel (§ 244 Rn 9) begründet dagegen eine DM-Verbindlichkeit, wenn der Gläubiger Zahlung in DM verlangen kann. Nach hM muß außerdem der Schuldner Inländer sein (dazu Rn D 205).

D 219 b)   Nur gegen **Rechtsgeschäfte** richtet sich § 3 S 2 WährG.

D 220 aa)   Aus der Verweisung auf S 1 ergibt sich, daß nur eine durch Rechtsgeschäft „eingegangene" Verbindlichkeit unter § 3 S 2 WährG fallen kann. Indes kommt es, anders als bei S 1, genaugenommen nicht auf den rechtsgeschäftlichen Rechtsgrund der Geldschuld an, sondern auf den **rechtsgeschäftlichen Ursprung der Wertsicherung**; zB darf ein Vergleich, ein Schuldanerkenntnis oder eine vollstreckbare Urkunde über eine gesetzliche Geldsummenforderung nur unter Berücksichtigung des § 3 S 2 WährG mit einer Wertsicherung versehen werden. Darauf, ob eine Schuldersetzung (Novation) vorliegt, kommt es hierfür nicht an. Entscheidend ist das Vorliegen einer Wertsicherungsvereinbarung.

D 221 bb)   Auch die **Wertsicherung von letztwilligen Verfügungen** kann unter § 3 S 2 WährG fallen (mit einem *Geldwertvermächtnis*, aber nicht mit der Genehmigungspflicht, befaßt sich BGH BB 1971, 1175 = WM 1971, 1151). Im wesentlichen werden drei Auffassungen vertreten (Überblick bei DÜRKES Rn D 647 ff): Teils wird § 3 S 2 WährG auf Wertsicherungen in letztwilligen Verfügungen voll angewandt; teils wird die Vorschrift auf letztwillige Verfügungen überhaupt nicht angewandt; teils schließlich wird differenziert: Ein Geldwertvermächtnis ist als solches genehmigungsfrei; soll die Wertsicherung über den Anfall des Vermächtnisses hinaus wirken, so bedarf es der Genehmigung. Dieser Auffassung ist zu folgen (Rn D 305). Die Begründung einer Schuld durch letztwillige Verfügung kann diese Schuld nicht jeglicher Kontrolle nach § 3 S 2 WährG entziehen. Eine uneingeschränkte Anwendung wäre auf der anderen Seite mit dem Zweck des Vermächtnisses, den Bedachten am Nachlaßwert zu beteiligen, nicht zu vereinbaren.

c)   Das Merkmal der Wertsicherung ist das entscheidende und das schwierigste **D 222**
Merkmal des § 3 S 2 WährG. Die bereits bei Rn D 206 bemängelte Tatbestandsformulierung beweist hier ihre entscheidende Schwäche. In § 3 S 2 WährG sind statt der
maßgebenden Wertungskriterien die seinerzeit geläufigen Wertsicherungsformen
aneinandergereiht. Die Bestimmung der DM-Schuld nach dem Lebenshaltungskostenindex (nach heutigem Stand eine naheliegende, wirkungsvolle und einfach zu
handhabende Wertsicherungsklausel) ist nicht genannt, und die tatbestandlich
beschriebenen Klauseln sind viel zu pauschal der Genehmigungspflicht unterstellt.
Die bei Rn D 206 geforderte teleologische Auslegung soll gegenüber dem Wortlaut
Klarheit schaffen.

aa)   Indexklauseln sind Wertsicherungsklauseln, durch die Geldforderungen an **D 223**
bestimmte Geldwert- oder Inflationsindizes gebunden werden, sei es, daß sie sich
ihnen gleitend anpassen, sei es, daß sie sich bei der Überschreitung bestimmter
Schwellen anpassen (vgl sinngemäß ROBERTZ 54). Diese Klauseln fallen zwar nicht dem
Wortlaut, wohl aber dem Sinn und Zweck des § 3 S 2 WährG nach ausnahmslos unter
die Vorschrift (vgl BGHZ 63, 132, 134 = NJW 1975, 44, 45 = LM § 3 WährG [LS] m Anm
BRAXMAIER; BGH Betrieb 1959, 23; BB 1977, 718, 719 = NJW 1977, 1394 = WM 1977, 643, 645;
offengelassen von OLG Stuttgart NJW 1952, 106, 107; REITHMANN DNotZ 1960, 189; eingehend
DÜRKES Rn C 86 ff, D 346 ff, D 531 ff, D 555). Nach Nr 2 c der Genehmigungsgrundsätze
der DBB von 1978 (Rn D 212) werden Klauseln nicht genehmigt, nach denen ohne
nähere Bestimmung der maßgebenden Werte oder Preise die künftige „Kaufkraft"
der DM maßgebend sein soll (näher DÜRKES Rn C 84 f). Diesen Klauseln fehlt es bereits
an der erforderlichen *Bestimmtheit*. Eine schwebend unwirksame und damit genehmigungsfähige Vereinbarung liegt nicht vor. Regelrechte Indexklauseln, die auf
einen bestimmten Index abstellen, werden unter den Voraussetzungen der Nr 3 a, b,
c und e nur ausnahmsweise genehmigt. Zweckmäßigerweise werden Indexklauseln
als Leistungsbestimmungsvorbehalte vereinbart (Rn D 253 f; DÜRKES Rn D 548). In der
Vertragspraxis kommen *Indexklauseln* in unterschiedlicher Gestalt vor (eingehende
Analyse bei ERTL 93 ff; ROBERTZ 54 ff). Hervorzuheben ist die Bindung an den Lebenshaltungskostenindex (DÜRKES Rn C 86 ff), an den Baukostenindex (DÜRKES Rn C 134 ff)
sowie an den Index für Löhne und Gehälter (DÜRKES Rn C 148 ff). Dem Wertsicherungszweck entspricht die Ausrichtung auf den Lebenshaltungskostenindex am
besten. Auch unter dem Gesichtspunkt der Bestimmtheit ist dieser jederzeit greifbare Index zweckmäßig (eingehend DÜRKES Rn C 102 – C 133 a).

bb)   Valutawertschulden sind Heimwährungsschulden, als deren Wertmesser eine **D 224**
fremde Währung verwendet wird (§ 244 Rn 5). Sie fallen, da sie keine Fremdwährungsschulden sind, nicht unter § 3 S 1 WährG, wohl aber unter § 3 S 2 WährG (wie
hier HAHN § 25 Rn 2). Voraussetzung ist allerdings, daß die Bezugnahme auf die fremde
Währung *Wertsicherungscharakter* hat. Das ist nur der Fall, wenn der künftige Kurs
der fremden Währung den Nennbetrag der DM-Forderung bestimmen soll. Eine
Vereinbarung, gemäß der sich der DM-Schuldbetrag nach dem zur Zeit des Vertragsschlusses geltenden Kurs einer fremden Währung bestimmen soll, ist keine Wertsicherungsvereinbarung, sondern eine genehmigungsfreie Preisbestimmung (BGH
NJW 1953, 1912). Soweit nicht der Umrechnungskurs bei Vertragsschluß, sondern der

jeweilige Kurs maßgebend ist, ist der Wertsicherungscharakter zu bejahen. Dann fällt die Abrede unter § 3 S 2 WährG. Nach der hier vertretenen Auffassung ist aber § 3 S 2 WährG im Lichte des § 49 AWG *restriktiv zu handhaben*: Auf Valutawertschulden ist die Vorschrift nur anzuwenden, wenn sie entweder unter Gebietsangehörigen vereinbart oder im Inland zu erfüllen sind (§ 244 Rn 42). Soweit eine Valutawertschuld genehmigungsbedürftig ist, ist sie nur nach Maßgabe von Nr 3 d der Genehmigungsgrundsätze der DBB von 1978 (Rn D 212) genehmigungsfähig (vgl dazu auch DÜRKES Rn C 23).

D 225 cc) **Sachwertklauseln** und **Leistungswertklauseln** binden den Betrag der Geldforderung an den künftigen Preis von „anderen Gütern oder Leistungen" (Einzelheiten zu diesen „commodity clauses" bei ROBERTZ 65 ff). Ebenso wie bei der Valutawertschuld kommt es auch hier auf den *künftigen Preis* an. Eine Bezugnahme auf einen taxmäßigen Preis (zB auf den Wert einer Feinunze Gold, auf eine bestimmte Notargebühr etc) im Zeitpunkt des Vertragsschlusses stellt nur eine ungewöhnliche Form der Preisbestimmung, nicht eine Wertsicherung dar, und zwar auch dann, wenn der Preis den Vertragsparteien im Abschlußzeitpunkt unbekannt war oder sich während der Vertragsverhandlungen verändert hat. **Goldwertklauseln** gehören neben den Valutawertschulden zu den klassischen Wertsicherungen. Die Literatur aus der Zeit zwischen den Weltkriegen ist unübersehbar (eingehende Darstellung heute bei ERTL 73 ff). Solange sich für die Währungen feste Goldparitäten herstellen ließen, konnten Goldklauseln als vertragsmäßige Garanten einer Goldparität als „umgekehrte Rechnungseinheiten" bezeichnet werden (ROBERTZ 68 f). Heute sind sie gerade aufgrund dieser Funktion klassische Wertsicherungsklauseln. Die Klauseln fallen unter § 3 S 2 WährG (BGH DNotZ 1954, 530, 531; DÜRKES Rn C 83). Nach Nr 2 b der Genehmigungsgrundsätze der DBB von 1978 (Rn D 212) werden diese Klauseln nicht genehmigt. Die *Goldmünzklausel* fällt nach geltendem Währungsrecht nur noch unter § 3 S 1 WährG. Sie ist praktisch bedeutungslos geworden (§ 245 Rn 3). Auch Goldwertklauseln haben an praktischer Bedeutung stark eingebüßt, so daß die ihnen zugewendete Aufmerksamkeit als übertrieben bezeichnet wird (F A MANN, Recht des Geldes 100 Fn 5; GUTZWILLER 17). Sie könnten allerdings wieder an Bedeutung gewinnen, wenn § 3 S 2 WährG nicht umgehungsfest ausgelegt wird. *Effektive Goldschulden* sind Sachschulden und damit an sich nicht durch § 3 S 2 WährG verboten (Rn D 228). Eine Menge Feingold fällt nicht als Leistungsgegenstand, sondern nur als Wertmaßstab einer Geldschuld unter § 3 S 2 WährG. Nicht nur im Fall der Goldwertklausel, sondern auch wenn die zu zahlende Summe durch den Preis oder eine Menge von **anderen Gütern oder Leistungen** bestimmt ist, liegt nach § 3 S 2 WährG eine genehmigungsbedürftige Wertsicherungsklausel vor. Dieses recht undurchdacht angelegte Tatbestandsmerkmal gibt Anlaß zu großer Unsicherheit, und es ist zugleich Anknüpfungspunkt für die von der hM beschworene *„enge Auslegung" des § 3 WährG* (vgl dazu die Kritik oben Rn D 206): Der Begriff der „anderen Güter oder Leistungen" wird so ausgelegt, daß sog **Spannungsklauseln** von dem Wertsicherungsverbot ausgenommen bleiben, weil hier angeblich keine „anderen Güter oder Leistungen" iS von § 3 S 2 WährG zugrunde gelegt werden (BGHZ 14, 306, 310 f = LM § 3 WährG Nr 7 m zust Anm PRITSCH = NJW 1954, 1684, 1685; BGH LM § 3 WährG Nr 11; LM § 3 WährG Nr 29 = NJW 1976, 422 = BB 1976, 59, 60; NJW 1983, 1909, 1910; NJW-RR 1986, 877 = WM 1986, 912 = JuS 1986, 908 [EMMERICH]; OLG Düsseldorf BB 1973, 913; OLG München GmbHR 478, 479; DÜRKES Rn D 5 ff; eingehend vMAYDELL, Geldschuld 380 f). Dem Merkmal der „anderen" Güter oder Leistungen wird das Merkmal der Gleichartigkeit gegenübergestellt (vgl BGH LM § 3

WährG Nr 11; LM § 3 WährG Nr 23 = NJW 1974, 273 = BB 1974, 101; LM § 3 WährG Nr 29 = NJW 1976, 422 = BB 1976, 59, 60; LM § 3 WährG Nr 37 = NJW 1979, 1545, 1546 = BB 1979; 1260; LM § 3 WährG Nr 38 = NJW 1979, 1888, 1889 = BB 1979, 1259 f; OLG Düsseldorf BB 1973, 913; GRAMLICH § 3 WährG Rn 30; MünchKomm/vMAYDELL[3] § 244 Rn 25; SOERGEL/TEICHMANN[12] § 244 Rn 17; WOLF ZIP 1981, 236).

Die Methode dieser angeblichen „Auslegung" ist mit dem eindeutigen Gesetzeswort- **D 226** *laut unvereinbar* (vgl schon oben Rn D 206; Kritik auch bei KOLLHOSSER 22). Es liegt eine absichtsvolle Verdrehung des Wortsinns vor. Wenn § 3 S 2 WährG davon spricht, daß der DM-Betrag durch den Preis oder eine Menge von Feingold oder von **anderen Gütern oder Leistungen** bestimmt werden soll, dann bezieht sich das Wort „anderen" nach seiner grammatischen Stellung und seinem Sinn unmißverständlich auf Feingold. Die klassische Goldklausel ist nur die jahrzehntelang wichtigste Variante unter den Sachwert- und Leistungswertklauseln. Bei ihr knüpft der Gesetzeswortlaut an und stellt alle anderen Güter oder Leistungen dem Gold als Wertsicherungsmaßstab gleich. Der Sinn des Gesetzeswortlauts ist derselbe, als wenn § 3 S 2 WährG von DM-Schulden spräche, deren Betrag durch den Preis von Leistungen bestimmt werden soll. Die von der hM vertretene „enge Auslegung" des § 3 S 2 WährG bei Spannungsklauseln findet im Gesetzeswortlaut keine Stütze und bedarf anderer Rechtfertigung. Nach dem bei Rn D 206 Gesagten kann nicht eine wortgetreue oder „einschränkende", „enge" Auslegung des § 3 S 2 WährG, sondern nur eine *teleologische Reduktion* die Genehmigungsfreiheit von Spannungsklauseln rechtfertigen. So wird hier auch verfahren (Rn D 247).

6. Die Problemgruppen

a) **Reine Sachschuldvereinbarungen** fallen nicht unter § 3 WährG (eingehend DÜRKES **D 227** Rn D 296 ff). Mit Sachschulden sind hierbei (ähnlich etwa der gesellschaftsrechtlichen Terminologie bei den „Sacheinlagen") alle Nicht-Geldschulden gemeint. Gegenstand der Leistungen können auch Handlungen und Unterlassungen, insbes Dienstleistungen, sein. Nur für Geldschulden gilt § 3 S 2 WährG (Rn D 218). *Die Vorschrift erfaßt und verbietet nicht die Flucht in die Sachschuld.* Die Vereinbarungen von Sachschulden statt von Geldschulden wird vielfach unter die Rubrik der genehmigungsfreien Wertsicherungsklauseln eingestuft (besonders deutlich MITTELBACH Rn 28, 53 ff; in gleicher Richtung MünchKommBGB/vMAYDELL[3] § 244 Rn 27). Nach der hier verwendeten Terminologie liegt eine Wertsicherungsvereinbarung überhaupt nicht vor (wie hier wohl SOERGEL/TEICHMANN[12] § 244 Rn 23). Der bloße Wertsicherungszweck reicht hierfür nicht aus (Rn D 162). Erst in Kombination mit einer Mindestklausel wird aus der Sachschuld eine wertgesicherte Geldsummenschuld (Rn D 264).

aa) Zunächst scheidet die **einfache Sachschuld** aus dem Anwendungsbereich des § 3 **D 228** S 2 WährG aus. Sie fällt auch dann nicht unter § 3 WährG, wenn sie mit dem Ziel der Wertsicherung vereinbart ist (BGH NJW 1957, 342 m abl Anm SZAGUNN; BB 1962, 815 = Betrieb 1962, 1042 = NJW 1962, 1568 = WM 1962, 820; OLG Schleswig NJW 1955, 65; BB 1957, 903; DNotZ 1975, 720, 721; RINCK Rn 316; BERNDT 78 f; DÜRKES Rn D 298; BGB-RGRK/ALFF[12] § 245 Rn 19; SCHLEGELBERGER/HEFERMEHL[5] Anh § 361 HGB Rn 47; MünchKommBGB/vMAYDELL[3] § 244 Rn 27; PALANDT/HEINRICHS[56] §§ 244, 245 Rn 30; SOERGEL/TEICHMANN[12] § 244 Rn 23; RANNIGER DNotZ 1951, 396; FRIELINGSDORF Betrieb 1982, 792; Überblick über die Rechtsprechung: DÜRKES Rn D 296 ff; REITHMANN DNotZ 1960, 179; PIKART WM 1969, 1062 ff; **aM** OLG

Celle NJW 1951, 363; OLG Köln NJW 1951, 364 m abl Anm Rötelmann). Dies gilt zB für die teilweise *Begleichung eines Grundstückskaufpreises durch Naturalleistungen* (BGH NJW 1962, 1568, 1569; OLG Celle DNotZ 1952, 479; OLG Schleswig BB 1957, 903; Mittelbach Rn 69) sowie für die *Naturalreallast* (OLG Schleswig NJW 1955, 65; DNotZ 1975, 720, 721) und für den Natural-Erbbauzins (dazu unten Rn D 289).

D 229 Sachschulden und damit **keine Anwendungsfälle des § 3 S 2 WährG** sind auch *effektive Goldschulden* (Reithmann DNotZ 1960, 188; aM Goltz Betrieb 1959, 339). Gold ist auch keine „andere Währung" iS von § 3 S 1 WährG. Zur Frage, ob eine unzulässige Umgehung des § 3 S 2 WährG vorliegt, vgl Rn D 236. Vgl über *Goldklauseln* im übrigen § 245 Rn 21 ff. Der wirksamen Vereinbarung einer Sachschuld steht auch nicht entgegen, daß die Parteien diese Sachschuld an *die Stelle einer Geldschuld* (Kaufpreis, Abfindung eines ausgeschiedenen Teilhabers, eines weichenden Erben etc) gesetzt haben. ZB kann bei der Hofnachfolge statt der üblichen Geschwisterabfindung in bar eine Sachleistungsschuld (Getreidelieferung) vereinbart werden (OLG Schleswig NJW 1955, 65; Mittelbach Rn 65). Entsprechend kann gegenüber einem ausgeschiedenen Gesellschafter anstelle der Barabfindungsschuld eine Lieferverpflichtung übernommen werden (praktisch empfiehlt sich allerdings eher die Umwandlung des Abfindungsguthabens in ein partiarisches Darlehen oder in eine stille Einlage; zur Genehmigungsfreiheit vgl Rn D 239). In diesen Fällen wird eine unzulässige Umgehung des § 3 WährG auch nicht darin gesehen werden dürfen, daß der Gläubiger den Schuldner beauftragt und *ermächtigt, die dem Gläubiger zustehenden Lieferungen für dessen Rechnung zu veräußern* (OLG Braunschweig NJW 1950, 755 m Anm Schubert; Dürkes [9. Aufl 1982] D 223; Mittelbach Rn 67). Zur Frage, ob solche Vereinbarungen unter Umgehungsgesichtspunkten erfaßt werden vgl Rn D 236 ff. Auch *an Stelle eines in Geld zu entrichtenden Pachtzinses* kommen Sachleistungsvereinbarungen vor (Dürkes Rn D 296; Mittelbach Rn 54). Das *Sachdarlehen* – Hingabe von vertretbaren Sachen statt von Geld – ist gleichfalls eine genehmigungsfreie, wenngleich praktisch wenig bedeutsame Abrede (vgl dazu Mittelbach Rn 55 ff). Anzumerken bleibt, daß auch die darlehensweise *Überlassung von Wertpapieren* einschließlich des depositum irregulare (§§ 700 BGB, 419 Abs 3 HGB) als Sachdarlehen zu behandeln ist (Dürkes Rn D 307; Mittelbach Rn 58).

D 230 Nur eine **effektive Sachschuld** ist genehmigungsfrei (Reithmann DNotZ 1960, 179 f). Dient die in den Vertrag aufgenommene Sachschuld nur der Bemessung der in Wahrheit geschuldeten Geldleistung, so liegt keine Sachschuld vor, sondern eine genehmigungsbedürftige Wertsicherungsklausel (OLG Celle NJW 1951, 363; vgl auch die ursprüngliche Fassung des Vertrags bei OLG Celle DNotZ 1952, 479 f).

D 231 **bb) Wahlschulden** (§§ 262–265) können gleichfalls Wertsicherungsfunktion haben, wenn das Wahlrecht dem Gläubiger eingeräumt ist und dieser zwischen Geld und wertbeständiger Sachleistung wählen kann (zum Anpassungszweck der Wahlschuld vgl Erler, Wahlschuld mit Wahlrecht des Gläubigers und Schuld mit Ersetzungsbefugnis des Gläubigers [1964] 23 ff). Eine *Einheitsbetrachtung* könnte hier die Anwendung des § 3 WährG nahelegen, doch würde sich dies nicht in die sonstige Handhabung der Bestimmung einfügen. Der Normzweck des § 3 WährG wird nicht über den Wortlaut hinaus ausgeschöpft (vgl Rn D 203, D 207). Das gilt auch hier. Jede der zur Wahl stehenden Leistungen wird auf ihre Vereinbarkeit mit § 3 WährG geprüft. Wenn man das eingeschränkte Konzept des § 3 WährG hinnimmt, ist dieser hM zuzustimmen, denn die

Wertsicherung durch Vereinbarung einer Wahlschuld dient nicht der Dynamisierung der Geldschuld, sondern der *Flucht aus der Geldschuld*. Die Sachschuld fällt nicht unter § 3 WährG, und damit scheidet die Anwendung der Vorschrift hinsichtlich der ganzen Vereinbarung aus, wenn nicht die Geldschuld ihrerseits durch eine unter § 3 WährG fallende Klausel wertgesichert ist (OLG Schleswig MDR 1951, 679; OLG Celle DNotZ 1952, 126; 1955, 315, 316; BERNDT 83; DÜRKES Rn 284 f; MITTELBACH Rn 72 ff; Münch-KommBGB/vMAYDELL[3] § 244 Rn 28; BGB-RGRK/ALFF[12] § 245 Rn 19; SCHLEGELBERGER/HEFER-MEHL[5] Anh § 361 HGB Rn 47; SOERGEL/TEICHMANN[12] § 244 Rn 24; REITHMANN DNotZ 1960, 191 f; FRIELINGSDORF Betrieb 1982, 792; unentschieden noch BGH WM 1959, 206, 208 = BB 1959, 207 = Betrieb 1959, 199). *In aller Regel scheidet damit eine Anwendung des § 3 WährG auf Wahlschulden aus.* Auch eine Vereinbarung, wonach die Naturalleistung zugunsten eines Altenteilsberechtigten bei dessen Fortzug vom Grundstück automatisch in eine Geldleistung übergehen soll, sollte als genehmigungsfrei anerkannt werden (RÖTEL-MANN NJW 1951, 364 gegen OLG Celle NJW 1951, 363). Eine Exklave des § 3 WährG, die jede Wahlschuld umfaßte, ist damit jedoch nicht geschaffen. Ist die Geldschuld – oder ist eine von mehreren zur Wahl des Gläubigers gestellten Geldleistungen – durch eine genehmigungsbedürftige Wertsicherungsklausel gesichert, so bleibt es bei der Anwendbarkeit der Bestimmung (LG Braunschweig NJW 1954, 884, 885; DÜRKES Rn D 290; MünchKommBGB/vMAYDELL[3] § 244 Rn 28; SZAGUNN BB 1955, 969, 970; REITHMANN DNotZ 1960, 193). Das gilt insbes dann, wenn eine Sachleistung und eine nach dem jeweiligen Wert dieser Sachleistung bestimmte Geldschuld zur Wahl steht. § 3 S 1 WährG greift ein, wenn eine genehmigungsbedürftige Fremdwährungsschuld (§ 244 Rn 40 ff) neben der Heimwährungsschuld zur Wahl steht. Hiervon zu unterscheiden ist ein Wahl-schuldverhältnis mit freier Wahl zwischen zwei Geldleistungen verschiedenen Inhalts (dazu eingehend DÜRKES Rn D 290 ff; MITTELBACH Rn 81 f). In diesem Fall, der mit dem Problem der Sachschuld nichts zu tun hat, sind selbstverständlich die beiden zur Wahl stehenden Geldleistungen je für sich zu beurteilen. Steht etwa dem Gläubiger neben einem Fixbetrag in DM ein Fremdwährungsbetrag (§ 3 S 1 WährG) oder eine dynamisierte DM-Summe (§ 3 S 2 WährG) zur Wahl, so kann diese Wertsicherung genehmigungsbedürftig sein.

cc)   Eine **Ersetzungsbefugnis des Gläubigers** ist im praktischen Fall nach Vorausset- **D 232** zungen und Rechtsfolgen kaum von der Wahlschuld mit Wahlrecht des Gläubigers zu unterscheiden (eingehend ZIEGLER AcP 171 [1971] 193 ff). Die hM sieht einen rechtsdog-matischen Unterschied darin, daß hier nur eine, nämlich die primär vereinbarte Leistung geschuldet ist, daß aber der Gläubiger berechtigt ist, eine andere Leistung zu fordern. Sub specie § 3 WährG ist eine unterschiedliche Behandlung gegenüber der Wahlschuld jedenfalls nicht gerechtfertigt. Kann der Gläubiger an Stelle der geschuldeten Geldleistung eine Sachleistung verlangen, so dient dies nicht der Dyna-misierung der Geldschuld, sondern der *Flucht aus der Geldschuld*. Eine solche Ersetzungsbefugnis ist *genehmigungsfrei* (BGHZ 81, 135, 140; BGH LM § 3 WährG Nr 12 = BB 1962, 815 = Betrieb 1962, 1042 = WM 1962, 820 = NJW 1962, 1568 f; OLG Celle DNotZ 1955, 315, 316; DÜRKES Rn D 285; PALANDT/HEINRICHS[56] §§ 244, 245 Rn 30; PIKART WM 1969, 1065; **aM** OLG München BB 1958, 786). Anders beurteilt LG München I DNotZ 1952, 220 eine Vereinbarung des Inhalts, daß der Gläubiger befugt sein soll, an Selle der primär geschuldeten Sachleistung deren Marktpreis in Geld zu verlangen. Auch OLG Celle DNotZ 1955, 315, 316 würde hierin eine nach § 3 WährG genehmigungsbedürftige Wertsicherung sehen. Dem ist, sofern es sich nicht um eine bloße Spannungsklausel handelt, zuzustimmen (so auch DÜRKES Rn D 285).

D 233 **dd)** Zweifelhaft ist, wann eine *Sachleistungsvereinbarung* als **Scheingeschäft** *oder als* **Gesetzesumgehung** nichtig ist. Beide Tatbestände müssen unterschieden werden (SOERGEL/HEFERMEHL[12] § 117 Rn 1; FLUME, Rechtsgeschäft § 20/2 b cc; unbefriedigend insofern die hM im Wertsicherungsrecht; zB GUTZWILLER 112 f; DÜRKES Rn D 299, D 303; MITTELBACH Rn 61 ff).

D 234 **α)** Um ein **Scheingeschäft**, das nach § 117 Abs 1 nichtig ist, handelt es sich dann und nur dann, wenn die Parteien nicht die sich aus ihren Erklärungen ergebende Rechtsfolge, sondern nur deren Schein herbeiführen wollen (vgl etwa BGHZ 36, 84, 87 f; BGH NJW 1980, 1572, 1573; SOERGEL/TEICHMANN[12] § 244 Rn 23). Scheingeschäft wäre etwa eine Vereinbarung, durch die einverständlich eine Geldschuld mit genehmigungsbedürftiger Wertsicherungsklausel dissimuliert und eine Sachschuld simuliert würde, etwa indem das Unvermögen des Schuldners einkalkuliert und die primär gewollte Geldschuld als vorgebliche Schadensersatzverbindlichkeit nach den §§ 280, 325 dynamisiert würde. Immer dann, wenn *der Schuldner* nicht die wahlweise vereinbarte Sachleistung, sondern nur deren Geldwert aufbringen soll, liegt die Annahme eines Scheingeschäfts nahe (MITTELBACH Rn 78; DÜRKES Rn D 299; SOERGEL/TEICHMANN[12] § 244 Rn 23; REITHMANN DNotZ 1960, 180). Solche Scheingeschäfte spielen praktisch offenbar keine nennenswerte Rolle. Die Tatsache, daß dem *Gläubiger* im Ergebnis ein wertgesicherter Geldbetrag zufließen soll, macht aus der Flucht in die Sachschuld noch kein Scheingeschäft. Kein Scheingeschäft ist insbes die Vereinbarung, daß der Schuldner die geschuldeten Sachen unmittelbar an einen Dritten liefern soll (MITTELBACH Rn 62; insoweit überzeugend auch OLG Celle DNotZ 1952, 479; s auch DÜRKES Rn D 302). Ebensowenig kann darin, daß A von B Waren kauft und den B beauftragt, diese Waren kommissionsweise für ihn zu Tagespreisen zu verkaufen, ein Scheingeschäft gesehen werden (MITTELBACH Rn 62 ff mit Differenzierungen). B schuldet dem A in diesem Fall Herausgabe des aus dem Weiterverkauf Erlangten (§ 384 Abs 2 HGB), nicht einen dynamisierten Kaufpreis. Die Kommissionsabrede ist auch kein Umgehungsgeschäft (Rn D 237), wenn A das Weiterverkaufsrisiko trägt.

D 235 **β)** **Zwischen** den **Scheingeschäftsfällen und** den **Umgehungen** liegen Vereinbarungen, bei denen die Parteien in Wahrheit dem Gläubiger das Recht gewähren wollen, statt einer bestimmten Geldsumme am Tage der Fälligkeit den Betrag zu verlangen, der dem Preis einer bestimmten Warenmenge entspricht (vgl BGH BB 1959, 1006 = WM 1959, 1198; OLG München BB 1958, 786; und dazu BGH NJW 1962, 1568, 1569 sowie PIKART WM 1969, 1065). Man wird dies, wenn nicht als nichtiges Scheingeschäft, dann jedenfalls als unzulässige Umgehung des § 3 WährG anzusehen haben.

D 236 **γ)** Zur Frage der **Gesetzesumgehung** vgl zunächst Rn D 203, D 207. § 3 WährG ist, wie dort bemerkt wurde, nur in geringem Maße umgehungsfest. Eine präzise Abgrenzung ist nicht möglich. Die Tatsache allein, daß eine Sachschuldvereinbarung Wertsicherungszwecke erfüllt, macht sie noch nicht zu einer unzulässigen Umgehung. *Nicht die Flucht aus der Geldschuld, sondern nur die Wertschuldvereinbarung mittels eines Geldsurrogats kann eine unzulässige Umgehung des § 3 S 2 WährG sein.* Die *effektive Sachschuld* stellt deshalb in aller Regel keine solche Umgehung dar. Der vertragsgestaltenden Praxis ist allerdings zur Beschränkung auf „sachgerechte", dh geschäftstypische, Sachleistungen zu raten (vgl auch DÜRKES Rn D 303). Vereinbarungen dieses Inhalts sind dem Umgehungsvorwurf nur ausgesetzt, wenn zusätzliche Umstände hinzukommen, die auf eine versteckte Geldwertklausel hindeuten. Die forensische Praxis sollte bei Sachschulden, bei denen der Gläubiger die Sache oder sonstige Leistung effektiv erhalten soll, nur dann auf *Sachgerechtigkeit* abstellen, wenn die vereinbarte Sachschuld auf die Schaffung eines institutionellen Geldsurrogats hinausläuft. Bei der *effektiven Goldschuld* kommt dieser Einwand in Betracht (zB bei einem Tauschgeschäft „Grundstück gegen Gold" anstelle eines bezweckten wertgesicherten Grundstückskaufs).

Eine **unzulässige Umgehung** liegt vor, wenn die Sachschuldvereinbarung die *Funktion* **D 237** *einer* **verdeckten Geldwertschuld** erfüllt. Wie bei Rn D 241 ausgeführt, ist die Vereinbarung einer Geldwertschuld genehmigungsbedürftig. Dieses Verbot wird umgangen, wenn im Fall der *Wahlschuld* und der *Ersetzungsbefugnis* von vornherein feststeht, der Schuldner werde die Sachleistung nie erbringen, der Gläubiger sie niemals fordern, sondern es werde der Gegenwert einer bestimmten Ware oder Leistung geschuldet (vgl Rn D 231 aE; in der Einordnung zweifelhaft MITTELBACH Rn 78). Zweifelhaft sind diejenigen Fälle, in denen die Sachschuldvereinbarung mit einer anderen Abrede dergestalt verknüpft ist, daß der Schuldner im Ergebnis nicht Sachen zu leisten hat, sondern deren Ertrag in Geld. Bedenklich ist auch die vom OLG Celle DNotZ 1952, 479 f als genehmigungsfrei betrachtete Klausel, nach der der Käufer eines Grundstücks, auf dem kein Roggen gewonnen wird, dem Verkäufer eines Grundstücks, der selbst als Abnehmer von Roggen nicht in Frage kommt, Roggenlieferungen an eine Mühle für Rechnung des Verkäufers verspricht. Es kann aber nicht generell gesagt werden, die Vereinbarung einer Sachschuld sei ein von § 3 WährG erfaßter Umgehungsfall, wenn die Naturalleistungen nicht zum Eigengebrauch oder Eigenverbrauch des Gläubigers bestimmt sind, sondern nur für seine Rechnung verwertet werden (RÖTELMANN NJW 1951, 364 mwNw). Ein typisches Beispiel ist die Abrede, der Schuldner solle die dem Gläubiger geschuldeten Sachen in *Kommission* für den Gläubiger verkaufen (vgl zB OLG Braunschweig NdsRpfl 1950, 74 = NJW 1950, 755; OLG Celle DNotZ 1952, 479, 481; OLG Schleswig BB 1957, 903). Hier wird nicht Geld in Höhe des abstrakten Preises marktgängiger Sachen versprochen, sondern geschuldet ist die Herausgabe eines konkreten Verkaufserlöses (§ 384 Abs 2 HGB, §§ 667, 675 BGB; vgl Rn D 228). Selbst die sonderbare Vereinbarung, daß der Vermieter von Räumen, in denen ein Lichtspieltheater betrieben wird, an Stelle des Mietzinses 1067 Kinokarten des I. Parketts und den Verkauf dieser Kinokarten für seine Rechnung verlangen kann, ist als genehmigungsfrei anerkannt worden (BGH BB 1963, 610 = WM 1963, 92; Rn D 279). Der Ertrag konkreter Sachen kann also ebenso genehmigungsfrei versprochen werden wie eine Gewinnbeteiligung (zu dieser vgl Rn D 239).

Die *Abgrenzung zwischen erlaubten Sachschulden und verdeckten Geldwertschulden* **D 238** muß funktionell bestimmt werden. Überall da, wo die Sachleistungs- bzw Dienstleistungsvereinbarung in Wahrheit nur kalkulatorischen Charakter für die Bestimmung einer Geldschuld hat und überhaupt nicht den Anspruch des Gläubigers bestimmt, kann § 3 WährG unter Umgehungsgesichtspunkten eingreifen. Ein Indiz hierfür kann die Vereinbarung einer Mindestklausel sein (vgl Rn D 264). Nur geschäftstypische Sachleistungsvereinbarungen sind unangreifbar (vgl Rn D 236). Die bei Rn D 237 genannten Fälle der Kommission einschließlich des Falls „Kinokarten statt Geld" sind unangreifbar insoweit, als sie ihrem wirtschaftlichen Gehalt nach dem Kommittenten das Veräußerungsrisiko aufbürden oder auf partiarische Rechtsverhältnisse hinauslaufen (partiarisches Darlehen, partiarische Miete oder Pacht, partiarische

                                                                       Karsten Schmidt

Altenteilsregelung etc; vgl Rn D 239). Hier überall entspricht die Geldwertherausgabe dem Charakter des Geschäfts. Im übrigen unterliegen verdeckte Geldwertklauseln als Umgehungsfälle dem § 3 WährG. Unzulässig sind zB Verkaufsabreden über Gold oder börsengängige Waren, die der Schuldner selbst überhaupt nicht liefern kann und soll. Ein Umgehungsfall wäre etwa die Klausel, nach der der Schuldner im Zeitpunkt der Fälligkeit eine bestimmte Menge Goldes für Rechnung des Gläubigers veräußern soll, die er nicht für Rechnung des Gläubigers erworben hat.

D 239 **b)** **Gewinnbeteiligungsklauseln, Ertragsklauseln und Umsatzklauseln** sind auch dann *bedenkenfrei*, wenn ihr wirtschaftliches Ziel in der Neutralisierung des Geldwertschwundes liegt (Dürkes Rn D 334 ff; MünchKommBGB/vMaydell[3] § 244 Rn 29; Soergel/ Teichmann[12] § 244 Rn 25; Frielingsdorf Betrieb 1982, 792). § 3 S 2 WährG kommt auch nicht unter dem Gesichtspunkt der Gesetzesumgehung zur Anwendung. Die Höhe des Anspruchs hängt bei diesen Vereinbarungen vom Gewinn oder vom Umsatz des Schuldners ab. Hierher gehören namentlich *partiarische Rechtsverhältnisse* (partiarisches Darlehen, partiarisches Dienstleistungsverhältnis, partiarische Miete oder Pacht) sowie die *stille Beteiligung* nach den §§ 335 ff HGB. Bedenken unter dem Gesichtspunkt des § 3 WährG bestehen nicht (OLG Düsseldorf NJW 1951, 362; Dürkes Rn D 337 ff, D 629 ff, J 87 ff; Mittelbach Rn 204 ff). Bei der stillen Beteiligung (§§ 230 ff HGB), beim partiarischen Darlehen sowie bei *Provisionen* für Dienstleistungen ist dies völlig zweifelsfrei (Dürkes Rn D 334 ff; Mittelbach Rn 194 f). Hier handelt es sich um vertragstypische Wertsicherungen. Aber auch die partiarische Miete und Pacht sind unbedenklich. Ob die einem Unternehmen *gestundete Kaufpreisforderung* genehmigungsfrei mit einer Gewinnbeteiligungs- oder Umsatzklausel verbunden werden kann, ist str (zweifelnd Mittelbach Rn 197, 204 f, 225 ff; bejahend aber Rn 210 f für Mieterträge eines verkauften Grundstücks). Die Zulässigkeit ist zu bejahen. Auch wer sie verneinen wollte, könnte nicht verhindern, daß die gestundete Forderung nach § 607 Abs 2 in ein partiarisches Darlehen umgewandelt würde. Erst wenn etwa geprüft würde, ob die Gewinnbeteiligung wegen Schuldnerknebelung nach § 138 nichtig ist, könnte es auf die Atypizität dieser Stundungsregelung ankommen. Die Ertragsklausel kann mit einer *Mindest- oder Höchstbetragsklausel* verbunden werden (BGH BB 1956, 936; Dürkes Rn D 335; Mittelbach Rn 212 ff; Reithmann DNotZ 1960, 193). Erst diese Kombination vermeidet, daß der Wertsicherungszweck durch ein zusätzliches Risiko erkauft wird. Die Klausel kann etwa bei einer partiarischen Pacht lauten: „Der monatliche Pachtzins beträgt ... vH des Umsatzes, jedoch mindestens ... DM." Ist die Mindestklausel ihrerseits mit einer Wertsicherung verbunden, so ist auch die Genehmigungsbedürftigkeit dieser Wertsicherung zu prüfen. Handelt es sich um eine nach Rn D 245 ff zulässige Spannungsklausel, so bleibt die gesamte Wertsicherung genehmigungsfrei; anders dagegen, wenn etwa die Mindestklausel mit einer Indexklausel gekoppelt ist (vgl Rn D 263).

D 240 **c)** **Deklaratorische Wertsicherungsklauseln** können mit vMaydell von den „konstitutiven" Wertsicherungsklauseln unterschieden werden (Geldschuld 376 ff). vMaydells These ist, daß nur konstitutive Wertsicherungsklauseln, dh solche, die die Wertsicherung erst herbeiführen, unter § 3 WährG fallen. Als „deklaratorische" Klauseln will vMaydell diejenigen von der Genehmigungspflicht ausnehmen, die lediglich eine der Forderung bereits innewohnende Wertsicherung wiederholen oder konkretisieren. Der berechtigte Kern dieses Gedankens wird im folgenden verschiedentlich aufgegriffen. Als allgemeingültiger Grundsatz läßt sich die These indes nur für diejenigen Klauseln aufrechterhalten, die nur den Inhalt einer Geldwertschuld wiederholen (ebenso wohl Jauernig/Vollkommer[7] §§ 244, 245 Anm 6 d; vgl insoweit auch vMaydell, Geldschuld 378). Die bloße Wiederholung des Forderungsinhalts in einem Vertrag, zB das Anerkenntnis einer Schadensersatzschuld als Geldwertschuld, kann keine verbotene Wertsicherung sein. In den eigentlichen Problemfällen, mit denen sich vMaydell befaßt, ist das Gegensatzpaar „konstitutiv/deklaratorisch" in seiner Schärfe nicht nachweisbar und verleitet zu unzulässiger Vereinfachung. Eine Wertsicherungsklausel, die eine der Geldschuld – zB beim Pacht- oder Erbbauzins – schon nach den allgemeinen Grundsätzen über die Geschäftsgrundlage (Rn D 90 ff) innewohnende Wertsicherung iS vMaydells „konkretisiert", ist und bleibt doch eine konstitutive Klausel, die nicht generalklauselhaft dem Zugriff des § 3 WährG entzogen werden sollte. Der Begriff der deklaratorischen Klausel sollte so eng gehalten werden, daß er nur diejenigen Fälle erfaßt, die a limine nicht unter § 3 S 2 WährG fallen können. Nur so wird vermieden, daß § 3 S 2 WährG entgegen dem Normzweck ausgehöhlt und die Vereinbarung von Geldwertschulden allgemein kontrollfrei gestellt wird (dazu Rn D 241 ff).

d)   **Geldwertschulden** passen sich ipso iure dem Geldwert an (Rn D 42 ff). Nach einer   **D 241** lange Zeit herrschenden Auffassung kann durch **Vereinbarung einer Geldwertschuld** § 3 S 2 WährG ausgeschaltet werden, weil es dann einer unter diese Vorschrift fallenden Wertsicherung nicht mehr bedürfe (BGHZ 9, 56, 63 = BB 1953, 246 m Anm Dürkes = JZ 1953, 338 f m Anm Duden; BGH NJW 1957, 342 f m abl Anm Szagunn; BB 1961, 586 f; s auch WM 1965, 846, 848; BB 1971, 1175; wie der BGH vMaydell, Geldschuld 380; Berndt 42 ff; s auch Mittelbach Rn 90 f; BGB-RGRK/Alff[12] § 245 Rn 18; Schlegelberger/Hefermehl[5] Anh § 361 HGB Rn 47; früher auch Dürkes [8. Aufl 1982] Rn D 66 iVm D 62 ff). Zur Frage, wann eine Geldwertvereinbarung vorliegt, vgl differenzierend BGH NJW 1951, 708; WM 1958, 293, 295; 1959, 1243. Der Unterschied zwischen der vereinbarten Geldwertschuld und der Geldsummenschuld besteht nach BGH WM 1964, 248 darin, ob der Inhalt der Zahlungspflicht allein durch die Währungseinheit oder ob die Schuld nach dem Willen der Parteien erst später bestimmt werden und die Erwähnung einer (RM-)Geldsumme nur als Hilfswert oder Beispiel dienen sollte. Durchzusetzen beginnt sich die Gegenmeinung: Die Vereinbarung einer Geldwertschuld kann unter § 3 S 2 WährG fallen (OLG Düsseldorf NJW 1951, 362; Staudinger/Weber[11] § 244 Rn 244; Gutzwiller 111 Fn 45; vCaemmerer JZ 1951, 420; Ranniger DNotZ 1951, 397 f; Duden JZ 1953, 340; Fögen NJW 1953, 1324; Karsten Schmidt ZIP 1983, 644; Immenga/Schwintowski NJW 1983, 2841 ff; jetzt auch Dürkes Rn D 199, D 611). Nach dem bei Rn D 193 ff herausgearbeiteten Normzweck ist die Ausschaltung des Nennwertprinzips durch Vereinbarung einer Geldwertschuld geradezu ein klassischer Anwendungsfall des § 3 S 2 WährG. Die Vereinbarung von Geldwertschulden wäre, wenn sie ohne Rücksicht auf den Rechtsgrund zulässig sein sollte, auch kaum noch von Preisgleitklauseln zu unterscheiden (Mittelbach Rn 86 f). Jedenfalls die Kombination der Geldwertvereinbarung mit einer Mindestklausel kann nicht zugelassen werden, denn dann liegt in Wahrheit eine wertgesicherte Geldsummenschuld vor (Rn D 264). Aber auch sonst ist die angebliche Genehmigungsfreiheit von Geldwertvereinbarungen fragwürdig. Die weitgehende Anerkennung genehmigungsfreier Geldwertschulden ist ein Mißverständnis, das seinen Ursprung in der Umstellungsrechtsprechung findet. Diese Rechtsprechung war darum bemüht, Geldwertvereinbarungen von der Umstellung nach dem UmstG auszunehmen (zB BGHZ 7, 143; BGH NJW 1951, 708 m Anm Rötelmann; NJW 1951, 841 m Anm Rötelmann; vgl eingehend Staudinger/Weber[11] § 244 Rn 194 ff,

206 ff; s auch oben Rn D 166). Im Grundsatzurteil des BGH v 12. 2. 1953 (BGHZ 9, 56 =
NJW 1953, 662 = BB 1953, 246 m Anm Dürkes = JZ 1953, 338 m Anm Duden) ging es um
folgende Klausel: „Um eine Wertbeständigkeit des gegebenen Darlehens zu sichern,
wird festgestellt, daß die Darlehenssumme von 130 000 RM nach heutigem Stande
13 000 Ztr Weizen entspricht. Bei der Rückzahlung von Teilbeträgen oder der ganzen Summe und bei der Zinszahlung ist der Wert von den entsprechenden Zentnern
Weizen zugrunde zu legen und die daraus sich ergebende Summe in bar an die
Darlehensgeberin zu zahlen." Da es sich nicht um eine dem § 3 WährG unterliegende Neuverbindlichkeit handelte, ist die Entscheidung als Beleg für die Genehmigungsfreiheit untauglich. Dasselbe gilt für eine Reihe anderer Entscheidungen (BGH
NJW 1957, 342 f; BB 1961, 586 f = Betrieb 1961, 569; vgl auch Dürkes Rn D 614 ff; Immenga/
Schwintowski NJW 1983, 2844). Der Normzweck des § 3 WährG ist ein anderer als der
des UmstG. *Die Vereinbarung einer Geldwertschuld kann nur ausnahmsweise als
genehmigungsfrei anerkannt werden.* Dabei ist zu differenzieren:

D 242 **aa)** **Deklaratorische Geldwertklauseln** fallen nach Rn D 240 niemals unter § 3 S 2
WährG. Nur wenn die Schuld kraft Vertrags zur Geldwertschuld gemacht wird, kann
§ 3 S 2 WährG eingreifen (Hahn § 8 Rn 23). Keiner Genehmigung bedarf deshalb etwa
der Vertrag über eine Schadensersatzrente (vgl auch hierzu Rn D 240; Staudinger/Weber[11]
§ 244 Rn 244; Mittelbach Rn 92, 94; insofern übereinstimmend vMaydell, Geldschuld 376 ff)
oder das vertragsweise Versprechen „angemessenen" oder „standesgemäßen" Unterhalts (Hahn § 8 Rn 23; Mittelbach Rn 92 f; Reithmann DNotZ 1960, 185 f).

D 243 **bb)** Auch aus dem **Leistungszweck** kann sich die Zulässigkeit einer Geldwertschuld
ergeben. Das gilt zunächst für alle Abreden mit **Versorgungszweck**. Ein *Leibrentenversprechen* (§ 759) kann, wie eine gesetzliche Unterhaltsschuld, auf angemessenen
Unterhalt in Geld lauten (Rn D 268; Dürkes Rn D 44 ff). Die Tatsache allein, daß der
Gläubiger die Geldrente für Versorgungszwecke verwenden will, gibt aber noch
nicht den Weg zur genehmigungsfreien Dynamisierung frei. Das einseitige Versor-
gungsmotiv des Geldgläubigers genügt selbst dann nicht, wenn es dem Geldschuldner bekannt oder sogar im Vertrag festgehalten ist. Der Versorgungszweck
rechtfertigt die genehmigungsfreie Wertsicherung nicht schon dann, wenn die Geldleistungen als Unterhalt verwendet werden sollen, sondern nur dann, wenn sie auch
als Unterhalt geschuldet sein sollen; erforderlich ist, daß der Geldschuldner effektiv
den Unterhalt des Gläubigers übernimmt (ähnlich und ausführlich Dürkes Rn D 48 ff
mwNw: Der Unterhalt müsse „als solcher" geschuldet sein). Das gilt auch für sonstige dauernde Geldleistungen (verrentete Kaufpreise, Mietzins, Pachtzins etc). Der ziemlich
unscharfe Ausnahmetatbestand sollte eng gehandhabt werden: Regelmäßig liegt
eine Unterhaltsvereinbarung nur vor, wenn der Unterhalt des Gläubigers im wesentlichen aus den versprochenen Leistungen bestritten wird und wenn beide Parteien
hierüber einig sind (vgl auch Rn D 268). Liegt eine effektive Versorgungszusage vor, so
kann eine Geldwertschuld genehmigungsfrei vereinbart werden („angemessener",
„standesgemäßer" Unterhalt etc). Zulässig ist auch ein *Geldwertvermächtnis* (so wohl
auch BGH BB 1971, 1175; Dürkes Rn D 647 ff). Die Zulässigkeit folgt auch hier aus dem
Sinn und Zweck der Zuwendung sowie aus der Überlegung, daß bei Geldwertbe-
stimmung nach dem Zeitpunkt des Anfalls des Vermächtnisses von einer Ausschaltung des Nennwertprinzips nicht gesprochen werden kann. **Aufwendungsersatz** ist
zwar nicht von Gesetzes wegen eine Geldwertschuld (Rn D 63). Es kann aber genehmigungsfrei vereinbart werden, daß ein erst künftig zu leistender Aufwendungser-

satz den Geldwert der Aufwendung und nicht bloß den Nennwert umfassen soll. Die *Wiederbeschaffungsklausel bei einem Darlehen* – Rückzahlung des Kurswertes von Wertpapieren, des Marktwertes von Waren – ist dann zulässig, wenn der Darlehensgeber diese Art Wertpapiere oder Waren etc zum Zwecke der Darlehenshingabe veräußert hat (BGH BB 1963, 247 f = WM 1963, 315; dazu Rn D 275; DÜRKES Rn C 62; zweifelnd MITTELBACH Rn 156 f). Dasselbe sollte gelten, wenn der Darlehensgeber die Anschaffung bestimmter Papiere unterlassen hat, um die Darlehensvaluta aufzubringen (zweifelhaft; vgl Rn D 275). Wiederbeschaffungsklauseln dieser Art fallen nur dann unter § 3 S 2 WährG, wenn sie mit einer Mindestklausel versehen sind (Rückzahlung des Wiederbeschaffungswertes, mindestens aber des darlehensweise gezahlten Betrages).

Die Rechtfertigung der Wiederbeschaffungsklausel ist nicht im Gedanken der Spannungsklausel zu erblicken, sondern darin, daß nach dem Leistungszweck ausnahmsweise eine Geldwertschuld vereinbart werden kann (s auch Rn D 275). Wirtschaftlich liegt eine Variante des Aufwendungsersatzes vor. Im übrigen ist die Abgrenzung zwischen vereinbarten Geldwertschulden und den sog Spannungsklauseln (Rn D 245 ff) unscharf und zweifelhaft. Sobald eine Mindestklausel vereinbart ist, kann es auf den Unterschied ankommen (Rn D 264).   **D 244**

e)   **Spannungsklauseln** sind Vereinbarungen, nach denen die Höhe der Geldschuld **D 245**
an den künftigen Preis oder Wert gleichartiger Güter gebunden sein soll (vgl dazu DÜRKES Rn D 5 ff; BILDA Rn 40 ff; GUTZWILLER 113 ff; HAHN § 8 Rn 24; MITTELBACH Rn 154 ff; ROBERTZ 131; GRAMLICH § 3 WährG Rn 30; AK-BGB/BRÜGGEMEIER Vorbem 29 zu §§ 244, 245; BGB-RGRK/ALFF[12] § 245 Rn 18; JAUERNIG/VOLLKOMMER[7] § 245 Anm 6 b; MünchKommBGB/vMAYDELL[3] § 244 Rn 27; PALANDT/HEINRICHS[56] §§ 244, 245 Rn 24; PIKART WM 1969, 1065; WOLF ZIP 1981, 236; FRIELINGSDORF Betrieb 1982, 790; KARSTEN SCHMIDT ZIP 1983, 645; EMMERICH JuS 1986, 909). **Spannungsklauseln sind genehmigungsfrei.**

aa)   Mit dem **Begriff** der *„Spannungs"*-Klausel wird eine Beziehung festgehalten, **D 246**
die zwischen zwei Geldleistungen für die Zukunft bestehen bleiben soll (BGHZ 14, 306, 310 = NJW 1954, 1684, 1685 = WM 1955, 74, 75; BGH BB 1970, 638, 639 = WM 1970, 752, 753; BAG BB 1970, 1179 = WM 1970, 1066, 1068; NJW 1986, 1909, 1910; BB 1986, 1396, 1397 = NJW-RR 1986, 877, 879). Der II. ZS des BGH hat erstmals in LM § 133 BGB Nr 2 = BB 1952, 88 = DNotZ 1952, 120, 121 ausgesprochen, daß eine genehmigungsbedürftige Wertsicherungsklausel nicht vorliege, wenn die Versorgungsrente eines ausscheidenden Vorstandsmitglieds in einem bestimmten Abstand zum Gehalt eines Angestellten einer bestimmten Abstufung stehen soll (dazu DÜRKES Rn D 6; v DER GOLTZ BB 1952, 89; G und D REINICKE DNotZ 1952, 122). Die Bezeichnung „Spannungsklausel" darf nicht dahin mißverstanden werden, es müsse eine Spanne zwischen der Vergleichsgröße und der Geldschuld bestehen. Schon im Urteil BGHZ 14, 306 = NJW 1954, 1684 = WM 1955, 74 hat der BGH dies deutlich gemacht. Es besteht kein einleuchtender Unterschied zwischen der Vereinbarung, daß eine Geldschuld mit der Vergleichsgröße übereinstimmen soll, und der Vereinbarung, daß zwischen ihr und der Vergleichsgröße eine „Spannung" bestehen soll (DUDEN 40. DJT I 23; G und D REINICKE DNotZ 1952, 122 f; DIRS MDR 1953, 385, 390; REITHMANN DNotZ 1960, 186). Ausdrücklich heißt es denn auch bei BGH BB 1954, 976 und bei BGH LM § 3 WährG Nr 23 = BB 1974, 101 = NJW 1974, 273, es könne keinen Unterschied machen, ob sich die geschuldete Summe nach einem bestimmten Prozentsatz oder als ein Vielfaches der

Vergleichsgröße errechnet oder ob sie der Vergleichsgröße entsprechen soll. Diese Auffassung überzeugt (vgl auch DÜRKES Rn D 23). Der Begriff „Spannungsklausel" ist mithin mißverständlich. Erst recht gilt dies für den bisweilen an seine Stelle gesetzten Begriff der „Spannenklausel".

D 247 **bb)** Die **Rechtfertigung der Genehmigungsfreiheit** wird von der hM darin erblickt, daß die für Spannungsklauseln charakteristische *Bezugnahme auf gleichartige Güter oder Leistungen* keine Bezugnahme auf „andere Güter oder Leistung" iS von § 3 S 2 WährG ist (BGHZ 14, 306, 310 = NJW 1954, 1684, 1685; BGH NJW 1983, 1909, 1910; aus der Literatur vgl statt vieler DÜRKES Rn D 13; GRAMLICH § 3 WährG Rn 30; JAUERNIG/VOLLKOMMER[7] §§ 244, 245 Anm 6 b; SOERGEL/TEICHMANN[12] § 244 Rn 17). vMAYDELL (Geldschuld 381) bezeichnet diese Begründung als unvollständig. Nach dem bei Rn D 226 zur „engen Auslegung" des § 3 S 2 WährG Gesagten ist sie nicht bloß unvollständig, sondern *unhaltbar.* § 3 S 2 WährG meint nicht andersartige als die zu bezahlenden Güter oder Leistungen, vielmehr schließt das Wort „andere" nur an das Wort Feingold an. Eine Spannungsklausel fällt deshalb eindeutig unter den Wortlaut des § 3 S 2 WährG (einlenkend HAHN § 8 Fn 59). *Trotzdem ist der hM im Ergebnis zuzustimmen.* Die Nichtanwendung des § 3 S 2 WährG bedarf jedoch einer besonderen Rechtfertigung im Wege der teleologischen Reduktion (vgl bereits Rn D 206, D 226). § 3 S 2 WährG dient dem Schutz der Nennwertfunktion des Geldes (Rn D 194). *Wenn das Nennwertprinzip relativierbar ist* (Rn D 36), *kann auch der Schutz des Nennwertprinzips kein absoluter Schutz sein.* Die ungeschriebenen Ausnahmetatbestände zu § 3 WährG korrespondieren mit den inneren Grenzen des Nennwertprinzips. Die Aufwertung wegen Fortfalls der Geschäftsgrundlage (Rn D 90 ff) ist Ausdruck einer solchen inneren Grenze: Das Nennwertprinzip verbietet nicht die Besinnung auf die Äquivalenz von Leistung und Gegenleistung. Auch vertragliche Spannungsklauseln haben nun nicht den von § 3 S 2 WährG bekämpften allgemeinen Indexierungseffekt, sondern sie sollen die Äquivalenz von Leistung und Gegenleistung bei gestreckten Leistungen sicherstellen (überzeugend vMAYDELL aaO). Nicht der mißverstandene Wortlaut des § 3 S 2 WährG, sondern der **Äquivalenzgedanke** offenbart also die ratio exceptionis: *Die Spannungsklausel beugt einer Äquivalenzstörung, mithin einem Fortfall der Geschäftsgrundlage, vor* (ähnlich schon vMAYDELL, Geldschuld 382; aM WILLMS/WAHLIG BB 1978, 975). Freilich wäre die Zulassung jeder beliebigen Indexierung, die Störungen der „wirtschaftlichen" Äquivalenz (Rn D 100) vermeidet, mit § 3 S 2 WährG unvereinbar. Eine genehmigungsfreie Spannungsklausel darf deshalb nicht einfach auf die allgemeine Teuerung Bezug nehmen, sondern sie muß auf eine Bewertung der geldwerten Gegenleistung (Ware, Nutzung, Dienstleistung etc) zielen. Aus *diesem* Grund, nicht wegen des Wortes „anderen" im Gesetzeswortlaut, beschränkt sich das Privileg der Spannungsklausel auf diejenigen *Vereinbarungen, die auf den künftigen Wert der Vertragsleistung oder gleichartiger Leistungen Bezug nehmen.* Auch in dieser Hinsicht erweist sich der Begriff „Spannungsklausel" als mißverständlich. Die Bezeichnung als „Äquivalenzklausel" träfe die Sache besser, doch soll es um terminologische Verwirrung zu vermeiden, hier bei dem eingeführten Begriff bleiben. Neben dem Äquivalenzgedanken sollte im übrigen auch der *Versorgungszweck* privilegiert werden, denn auch bei der gesetzlichen Anpassung von Geldschulden wegen Fortfalls der Geschäftsgrundlage kommt den Schuldverhältnissen mit Versorgungszweck eine Sonderstellung zu (vgl schon Rn D 243).

D 248 **cc)** Die **Typen von Spannungsklauseln** sind außerordentlich vielfältig. Es fallen darunter *alle Klauseln, die um der Gleichartigkeit des Bewertungsmaßstabes willen genehmigungsfrei sind.* **Preisklauseln, Kostenelementsklauseln, Gehaltsklauseln** uam können unter den Oberbegriff der Spannungsklausel fallen, wenn sie durch Bezugnahme auf gleichartige Leistungen die Vertragsäquivalenz sichern (es handelt sich also nicht um Gegensätze zum Begriff der Spannungsklausel, sondern um eine andere Systematisierung).

dd)   Das **Merkmal der Gleichartigkeit** ist auf die bei Rn D 247 erarbeitete Rechtfer-   **D 249** tigung des Ausnahmetatbestandes zugeschnitten. *Die Gerichtspraxis neigt zu einer großzügigen Handhabung* (Überblick bei DÜRKES Rn D 11 ff, D 34 ff, D 44 ff, J 25 ff; FRIE-LINGSDORF Betrieb 1982, 790 f). Ihr ist zuzustimmen. Nach der bei Rn D 247 gegebenen Rechtfertigung der Praxis zu den Spannungsklauseln muß jeder Wertmesser als „gleichartig" angesehen werden, der geeignet ist, Äquivalenzstörungen im Schuldverhältnis durch Bewertung geldwerter Leistungen vorzubeugen und auf diese Weise das Gleichgewicht von Leistung und Gegenleistung zu erhalten. Von einer „formalen" extensiven Auslegung (so AK-BGB/BRÜGGEMEIER Vorbem 29 zu §§ 244, 245) kann deshalb schwerlich gesprochen werden. Gerade in Anbetracht der hier erarbeiteten Rechtfertigung der Genehmigungsfreiheit wird man dem Judiz der erkennenden Gerichte trotz der unhaltbaren Begründung dieser Rechtsprechung hohe Anerkennung zollen. *Die Genehmigungsfreiheit von Spannungsklauseln setzt künftig abzuwickelnde entgeltliche Leistungen voraus; sie beschränkt sich auf diejenigen Klauseln, die dazu geschaffen und geeignet sind, durch Bezugnahme auf den künftigen Preis dieser oder vergleichbarer Güter oder Leistungen das vereinbarte Äquivalenzverhältnis zu erhalten.* Bei **Lieferungen** darf deshalb auf die Herstellungskosten oder den Preis dieses Gutes, nicht zB auf die statistische Preisentwicklung, Bezug genommen werden. **Nutzungsentgelte** dürfen auf vergleichbare Nutzungsentgelte abstellen, **Arbeitsentgelte** und **Pensionen** auf vergleichbare Gehälter und Ruhegelder (dazu sogleich Rn D 250). Eine gewisse *Pauschalierung* ist hierbei unvermeidbar, zB im Vergleich zwischen Mietzins, Pachtzins und Erbbauzins. Der BGH erkennt grundsätzlich die Gleichartigkeit des einen Nutzungsentgelts mit dem anderen an (BGH LM § 3 WährG Nr 29 = NJW 1976, 422), **nicht** aber die Gleichartigkeit von Wohn- und Geschäftsraummiete (BGH BB 1986, 1396, 1397 = JuS 1986, 908 [EMMERICH] = NJW-RR 1986, 877) und erst recht nicht die Gleichartigkeit mit dem Substanzwert des Grundstücks (BGH LM § 3 WährG Nr 37 = BB 1979, 1260 = NJW 1979, 1545 = WM 1979, 728: Bodenwertklausel beim Erbbauzins). Es besteht auch **keine Gleichartigkeit** zwischen einem *Sachwert- oder Nutzungsentgelt* (Kaufpreis, Erbbauzins, Pachtzins etc) und einem *Arbeitsentgelt oder Ruhegehalt* (BGHZ 14, 306, 311 = NJW 1954, 1684, 1685; BGH BB 1954, 976; WM 1957, 401, 402; OLG Braunschweig BB 1954, 976; OLG Hamm BB 1975, 344 f).

ee)   Auch bei den **Gehaltsklauseln** und **Ruhegeldklauseln** kann es nur darauf ankom-   **D 250** men, ob die Vergleichsgröße als eine gleichartige oder als eine ungleichartige Leistung angesehen wird (BGHZ 14, 306, 310 f = NJW 1954, 1684, 1685 = WM 1955, 74, 75; BGH LM § 3 WährG Nr 29 = NJW 1976, 422; GmbHR 1987, 478, 479; FÖGEN NJW 1953, 1321, 1323; besonders eingehend zu den Gehaltsklauseln DÜRKES Rn D 23 ff; ERTL 98 ff; FRIELINGSDORF Betrieb 1982, 790). *Kaufpreis und Erbbaurecht* dürfen nach BGHZ 14, 306 *nicht* ohne Genehmigung an ein bestimmtes Gehalt gebunden werden, wohl aber kann ein Ruhegeld an ein Gehalt oder ein Gehalt an ein Ruhegeld gebunden werden. *Arbeitsentgelt* und *Ruhegehalt* sind stets und ohne Rücksicht auf die soziale oder wertmäßige Einstufung der zu erbringenden Arbeitsleistung vergleichbar (vgl BGHZ 14, 306, 311;

BGH LM § 3 WährG Nr 23 = BB 1974, 101 = NJW 1974, 273). Ein Ruhegehalt kann also nach einem (meist tariflichen) Arbeitsentgelt bemessen werden und umgekehrt. Dabei ist belanglos, ob die Höhe der Zahlungen einen bestimmten Prozentsatz oder ein Vielfaches des in Bezug genommenen Gehalts oder Ruhegeldes ausmacht oder ob sie diesem Gehalt oder Ruhegeld entsprechen soll (BGH BB 1954, 976; LM § 3 WährG Nr 23 = BB 1974, 101 = NJW 1974, 273; eingehend DÜRKES Rn D 23). *Bestimmend für die Gleichartigkeit* ist der *Vergütungs- und Versorgungszweck*, nicht der Rechtsgrund oder das Berufsbild. Ein öffentlich-rechtliches und ein privatrechtliches Dienstverhältnis sind in dieser Hinsicht vergleichbar (vgl BGH LM § 3 WährG Nr 23 = BB 1974, 101 = NJW 1974, 273 mit Hinweis auf BGH WM 1968, 830; GmbHR 1987, 478, 479). Ebensowenig kommt es auf die *Art der Tätigkeit* an. Demgegenüber stellte die DBB auf die Vergleichbarkeit der Dienstleistung ab; zB seien eine leitende Tätigkeit und eine untergeordnete Tätigkeit nicht gleichartig (DBB v 3. 12. 63, mitgeteilt bei DÜRKES Rn D 21; ebenso FÖGEN BB 1964, 1017; referierend MITTELBACH Rn 158 ff; WILLMS/WAHLIG BB 1978, 974). Diese Ansicht war abzulehnen und wurde mit Recht auch vom BGH nicht geteilt (BGH LM § 3 WährG Nr 23 = BB 1974, 101 = NJW 1974, 273; vgl auch die Nachweise bei DÜRKES [8. Aufl 1982] Rn D 7 ff, D 13 ff; zur älteren BGH-Praxis vgl aber noch REITHMANN DNotZ 1960, 186). Die DBB hat ihren engherzigen Standpunkt denn auch mit Recht aufgegeben (vgl DÜRKES Rn D 22 mit Hinweis auf WILLMS/WAHLIG aaO).

D 251 **ff) Preisänderungsklauseln** werfen erhebliche Probleme und Streitfragen auf (s dazu auch Rn D 171, 271 ff). Dabei ist auf die recht *unterschiedliche Terminologie* zu achten, die gelegentlich nicht vorhandene Meinungsdivergenzen vorspiegelt oder vorhandene Kontroversen verdeckt. *Preisänderungsklauseln* iwS sind alle Vertragsklauseln, die eine Anpassung vereinbarter Preise ermöglichen (nur teilweise übereinstimmend die Terminologie bei DÜRKES Rn D 62 ff). Die DBB sieht Preisänderungsklauseln in weitem Maße als genehmigungsbedürftig an (Überblick bei DÜRKES Rn D 72 ff; zur Rechtsprechung ebd D 157 ff; vgl auch MünchKommBGB/vMAYDELL[3] § 244 Rn 26). Das gilt allerdings nur, soweit sie „automatisch" wirken (Rn D 256) und nicht als „Spannungsklauseln" durch den Äquivalenzgedanken gerechtfertigt sind (Rn D 247). Die **Vereinbarung von Listenpreisen, Tagespreisen** *etc*, verstößt nicht gegen § 3 S 2 WährG (Rn D 271; zur Problematik der §§ 9, 11 Nr 1 AGBG vgl Rn D 171). Als *Kostenklauseln* oder **Kostenabwälzungsklauseln** sollten nur diejenigen Vertragsklauseln bezeichnet werden, die keine automatische Dynamisierung, wohl aber eine Erhöhung der Geldleistungen mit Ansteigen der Selbstkosten vorsehen (bei PALANDT/HEINRICHS[55] §§ 244, 245 Rn 29 als „Preisklauseln" bezeichnet). Solche Kostenklauseln sind völlig unbedenklich, solange sie sich darauf beschränken, dem Geldschuldner *effektiv entstandene Mehrkosten* aufzuerlegen (vgl auch BGH BB 1958, 1220; 1973, 998, 999 = NJW 1973, 1498, 1499; DÜRKES Rn D 184; HAHN § 8 Rn 27; BGB-RGRK/ALFF[12] § 245 Rn 19; SCHLEGELBERGER/HEFERMEHL[5] Anh § 361 HGB Rn 47; JAUERNIG/VOLLKOMMER[7] §§ 244, 245 Anm 6 c; WILLMS/WAHLIG BB 1978, 973, 975; DÜRKES BB 1979, 807, 812). Genehmigungsfrei sind auch nach der Auffassung der DBB diejenigen Klauseln, die als *offene Kostenabwälzungsklauseln* nur dafür sorgen, daß künftig effektiv entstehende Mehrkosten aufgeschlagen werden dürfen (FÖGEN BB 1958, 1260 f). Dies wird – rechtlich ungenau, aber wirtschaftlich treffend – mit dem Institut des Aufwendungsersatzes begründet (WILLMS/WAHLIG BB 1978, 975; s auch DÜRKES BB 1979, 805, 807 und 812). Die richtige Begründung besteht darin, daß diese Klauseln lediglich die Gewinnspanne sichern, also Äquivalenzstörungen entgegenwirken sollen. In der zivilistischen *Rechtsprechung* und *Literatur* überwiegt die Auffassung, daß Preisklauseln genehmigungsfrei sind, wenn die vereinbarte Preiserhöhung die

Selbstkostensteigerung nicht übersteigt (vgl – nicht immer zu den automatischen Klauseln – BGH BB 1953, 925 = JZ 1954, 356; 1956, 1089; 1958, 1220; NJW 1973, 1498; BB 1979, 1213, 1214 = WM 1979, 1097, 1099; OLG Schleswig NJW 1962, 113; vMaydell, Geldschuld 382; MünchKommBGB/vMaydell[3] § 244 Rn 26; AK-BGB/Brüggemeier Vorbem 30 zu §§ 244, 245; Jauernig/Vollkommer[7] §§ 244, 245 Anm 6 c; Dürkes BB 1979, 811; Reithmann DNotZ 1960, 183). Bei BGH BB 1979, 1213, 1214 = WM 1979, 1097, 1099 wird dies damit begründet, solche Vereinbarungen ließen das Nominalwertprinzip unberührt. Voraussetzung für diese Genehmigungsfreiheit ist aber, daß die Klausel lediglich dem Ausgleich der Mehrkosten dient. Die LZB Hessen BB 1983, 87 hat allerdings auch eine dort als Kostenelementeklausel bezeichnete Klausel in einem Wartungsvertrag als genehmigungsfrei angesehen, die alle Kostenbestandteile einbezieht und für eine prozentuale Änderung des gesamten Wartungsentgelts – offenbar einschließlich einer Gewinnspanne – ermöglicht. Problematisch sind Preisänderungsklauseln und Kostenklauseln, wenn sie nur auf einzelne **Kostenelemente** abstellen, sich aber auf den Gesamtpreis auswirken. Die Terminologie ist in diesem Bereich besonders uneinheitlich. Dies setzt bei jeder Sachaussage eine explizite Begriffsbestimmung voraus. Eingebürgert hat sich die *Unterscheidung von Kostenelementklauseln und Preisklauseln*. Beiden ist die Anknüpfung an ein vertragswesentliches Kostenelement oder an mehrere Elemente gemeinsam. Von **Kostenelementklauseln** sollte nur gesprochen werden, wenn die Verteuerung eines Kostenelements nicht proportional auf den gesamten Kaufpreis verrechnet, sondern dem Preis nur anteilig insoweit hinzugerechnet wird, wie dies dem Anteil des Kostenelements am Gesamtpreis entspricht. Eine solche Klausel unterscheidet sich von der Kostenabwälzungsklausel darin, daß sie die Mehrkosten proportional, wenn auch gleichfalls nur anteilig, dem Anteil an den gesamten Selbstkosten entsprechend, aufschlägt. Sie enthält ein Element der Pauschalierung (Dürkes BB 1979, 811), und sie bezieht die Gewinnspanne in die Erhöhung ein. Die praktische Bedeutung der Kostenelementklauseln liegt vor allem auf dem Gebiet der langfristigen Lieferverträge, Werkverträge und Werklieferungsverträge. *Die hM hält Kostenelementklauseln für genehmigungsfrei* (BGH BB 1979, 1213, 1214; OLG Hamm BB 1975, 489, 490; Mittelbach Rn 150 a; MünchKommBGB/vMaydell[3] § 244 Rn 26; Dürkes BB 1953, 953 ff; ders 1979, 805 ff mwNw; Frielingsdorf Betrieb 1982, 791). Auch die Zentralbankpraxis scheint dieser hM nunmehr zu folgen (Dürkes Rn D 107 ff; vgl aber noch Finger Betrieb 1970, 1865 ff; Willms/Wahlig BB 1978, 975 ff). Die Kostenelementklausel dient nur der Sicherung des Leistungsäquivalents. Sie stellt damit eine Spannungsklausel dar. Der Pauschalierungseffekt der Kostenelementklausel kann hingenommen werden, sofern nur im Einzelfall gesichert ist, daß der proportionale Anteil des Kostenelements am Gesamtpreis zu realistischen Ergebnissen führt (ähnlich Dürkes BB 1979, 811). Die Vertragspraxis begnügt sich meist nicht mit der Bezugnahme auf ein Kostenelement, sondern nimmt auf mehrere wesentliche Kostenelemente Bezug (vgl zB BGH BB 1979, 1214: Bindung der Gaspreise zu 70% an den Jahresdurchschnittpreis für schweres Heizöl, zu 10% an den Lohn). Eine vollständige Wertsicherung wird durch Kostenelementklauseln nur dann herbeigeführt, wenn die Summe der zu berücksichtigenden Kostenelemente entweder 100% des Preises oder, wenn eine Schmälerung der Gewinnspanne hingenommen wird, jedenfalls 100% der Selbstkosten ausmacht (sog mathematische Klauseln; eingehend Dürkes Rn D 194). Von den Kostenelementklauseln zu unterscheiden und in ihrer Beurteilung gleichfalls zweifelhaft sind **Preisklauseln** oder **Preisgleitklauseln**. Bei diesen geht es darum, daß der Gesamtpreis eines Wirtschaftsguts in gleichem Maße steigt, wie der Preis eines einzelnen Kostenelements dieses Gutes oder einzelner ausgewählter

Kostenelemente (BERNDT 54; MünchKommBGB/vMAYDELL[3] § 244 Rn 26; AK-BGB/BRÜGGE-MEIER Vorbem 30 zu §§ 244, 245; DÜRKES BB 1979, 813). Die DBB hält diese Klauseln für genehmigungsbedürftig, jedoch idR für genehmigungsunfähig (DÜRKES Rn D 80; eingehend FINGER Betrieb 1970, 1865 ff). Aus Nr 3 c der Genehmigungsrichtlinien (Rn D 212) ergeben sich die engen Voraussetzungen, unter denen eine Genehmigung in Betracht kommt. Die hM stimmt hierin der DBB zu (vgl nur DÜRKES Rn D 191; ders BB 1979, 813). Dem ist grundsätzlich zu folgen. Doch wird man in Anbetracht der unscharfen Abgrenzung zwischen Kostenelementklauseln und Preisgleitklauseln differenzieren müssen: Sofern ein Kostenelement – zB Dienstleistungen – alle Kalkulationsfaktoren in solchem Maße überragt, daß es als alleiniger Äquivalenzmaßstab gelten darf, wird man die Preisgleitklausel als zulässige Pauschalierung hinnehmen und sie als genehmigungsfreie Spannungsklausel akzeptieren können (aM WILLMS/WAHLIG BB 1978, 975). Es kann sich indes nur um Ausnahmefälle handeln. Sind Preisklauseln nicht als Preisgleitklauseln, sondern als **Leistungsbestimmungsvorbehalte** formuliert, so gelten die Ausführungen zu Rn D 253 ff.

D 252 **gg)** Die praktische **Durchführung der Erhöhung** bei Spannungsklauseln kann sehr unterschiedlich gestaltet sein. Spannungsklauseln können als **Gleitklauseln** formuliert sein und sorgen dann für automatische Anpassung. So heißt es bei BGH BB 1954, 688 von einer an einem Beamtengehalt orientierten Spannungsklausel, mit ihr werde eine Vertragsklausel vermieden, die dem in § 323 ZPO niedergelegten Gedanken einer Anpassung laufender Bezüge in anderer Weise Rechnung tragen müßte. Spannungsklauseln können aber auch als **Leistungsbestimmungsvorbehalte** formuliert sein. Für ihre praktische Handhabung gelten dann die Ausführungen von Rn D 253 ff. Spannungsklauseln und Leistungsbestimmungsvorbehalte sind nicht, wie den Darstellungen bisweilen entnommen werden könnte, verschiedene Arten von Wertsicherungsklauseln, sondern verschiedene Ausnahmetatbestände von § 3 S 2 WährG. Eine Spannungsklausel, die zugleich Leistungsbestimmungsvorbehalt ist, ist kein Widerspruch in sich, sondern eine Wertsicherungsklausel, die aus doppeltem Grund nicht unter § 3 S 2 WährG fällt.

D 253 **f)** **Leistungsbestimmungsvorbehalte** – üblicherweise als Leistungsvorbehalte bezeichnet – sind nach ganz hM **genehmigungsfrei** (BGH BB 1962, 737 = NJW 1962, 1393; DNotZ 1968, 408, 409; std Rspr; OLG Köln NJW 1972, 1052; DÜRKES Rn B 27 ff, D 148 ff, D 398 ff, H 46 ff; MITTELBACH Rn 165 ff; GRAMLICH § 3 WährG Rn 29; SOERGEL/TEICHMANN[12] § 244 Rn 14; MünchKommBGB/vMAYDELL[3] § 244 Rn 23; JAUERNIG/VOLLKOMMER[7] §§ 244, 245 Anm 6 a; PALANDT/HEINRICHS[56] §§ 244, 245 Rn 18, 26; PIKART WM 1969, 1064; WILLMS/WAHLIG BB 1978, 974; FRIELINGSDORF Betrieb 1982, 789).

D 254 **aa)** Der **Begriff des Leistungsbestimmungsvorbehalts** ist als Rechtsbegriff auf den Freistellungtatbestand zugeschnitten, soll also diejenigen Wertsicherungsklauseln benennen, die nach der bei Rn D 255 darzustellenden Rechtfertigung des Ausnahmetatbestandes nicht unter § 3 S 2 WährG fallen. *Leistungsbestimmungsvorbehalte sind Vereinbarungen, nach denen die Geldschuld nach Ablauf einer bestimmten Zeit oder mit Eintritt bestimmter Veränderungen (zB Erhöhungen des Lebenshaltungsindex oder einer sonstigen Bezugsgröße um einen bestimmten Wert) durch Vereinbarung der Parteien oder durch eine Partei oder einen Dritten den neuen Gegebenheiten angepaßt werden soll* (in gleicher Richtung zB MünchKommBGB/vMAYDELL[3] § 244 Rn 23; JAUERNIG/VOLLKOMMER[7] §§ 244, 245 Anm 6 a; SOERGEL/TEICHMANN[12] § 244 Rn 14).

bb) Die **Begründung des Ausnahmetatbestandes** wird darin gesehen, daß der Lei- **D 255** stungsbestimmungsvorbehalt nicht, wie eine genehmigungsbedürftige Anpassungsklausel, automatisch wirkt (vgl nur BGH NJW 1962, 1393; 1967, 830; DÜRKES Rn B 27 ff). Die weitere Frage, ob und warum § 3 S 2 WährG eine solche Automatik verlangt, wird dabei vernachlässigt (mit Recht kritisch auch GUTZWILLER 111 f). Ähnlich wie bei den Spannungsklauseln (Rn D 247) sucht die hM eine Begründung aus dem Gesetzeswortlaut herzuleiten. Diesem ist eine Einschränkung des Inhalts, nur automatisch wirkende Klauseln würden erfaßt, indes nicht zu entnehmen. Insbes versagt eine Wortinterpretation des Inhalts, nur in diesem Fall sei die Geldschuld durch die Wertsicherungsklausel „bestimmt" (so OLG Hamburg BB 1967, 735; DÜRKES Rn B 27 a; HAHN § 8 Rn 26; GRAMLICH § 3 WährG Rn 29; mit Recht kritisch FÖGEN BB 1967, 739). Eine Wortinterpretation spricht geradezu für die Genehmigungspflicht, denn nach dem Wortlaut des § 3 S 2 WährG genügt es, daß die Geldsumme durch die Wertsicherungsklausel „bestimmt werden *soll*". Gleichwohl ist der Ausnahmetatbestand berechtigt. Wie bei Rn D 194 entwickelt, *erfaßt der Schutz des § 3 S 2 WährG nicht jede potentiell inflationsfördernde Vereinbarung, sondern nur diejenigen Vereinbarungen, die mit der Nennwertfunktion des Geldes unvereinbar sind, insbes Indexierungen.* Vereinbarungen, die für künftige Leistungen eine Preisänderung möglich machen, sind aber mit dem Nennwertprinzip so wenig unvereinbar wie etwa Verträge, deren Preissetzung noch der Konkretisierung bedarf. Auch das OLG Hamburg BB 1967, 735 hat – insofern mit Recht – dargelegt, daß solchen Leistungsbestimmungsvorbehalten die für Wertsicherungsklauseln charakteristische Gefahr einer Unterhöhlung des Nennwertprinzips fehle (einschränkend und kritisch aber FÖGEN BB 1967, 740; dazu auch DÜRKES Rn B 53 f). Der Leistungsbestimmungsvorbehalt steht einer Indexierung insofern nicht gleich, denn sonst müßte das Wertsicherungsverbot jede Neuverhandlungsklausel (Rn D 259) erfassen. Mit der fehlenden Automatik verbindet sich eine fehlende Zwangsläufigkeit. Zwischen den Anpassungstatbestand und die Anpassungsfolge ist bei Leistungsbestimmungsvorbehalten noch ein *Willkürakt* dazwischengeschaltet, der einem Mindestmaß an Richtigkeitskontrolle unterliegt. Entweder nämlich müssen die Parteien sich einigen und dadurch für „Richtigkeitsgewähr" inter partes sorgen (zu diesem Konzept der Richtigkeitsgewähr vgl SCHMIDT-RIMPLER AcP 147 [1941] 130 und ders in: FS Raiser [1974] 5), oder es kommt zu einer nach den §§ 315 ff kontrollierbaren Billigkeitsentscheidung. Hinsichtlich der *materialen Rechtfertigung* trifft sich die ratio exemtionis mit der scheinbar ganz andersartigen Ausnahme bei den Spannungsklauseln: Das vom Nennwertprinzip unberührt gelassene Institut der Geschäftsgrundlage (Rn D 90 ff) wird charakterisiert durch einen objektiven Tatbestand (die Äquivalenzstörung) und einen dezisionistischen Akt (die Vertragsanpassung). Beide Merkmale sind charakteristisch auch für die Leistungsbestimmungsvorbehalte. Diese stellen sich somit als eine zulässige Verfeinerung des *Mechanismus der Vertragsanpassung wegen Äquivalenzstörung* dar (auf den Sachzusammenhang weist auch vMAYDELL, Geldschuld 375, hin). Was von Gesetzes wegen die Ausnahme ist (die Anpassung gestörter Verträge), wird durch Leistungsbestimmungsvorbehalte zum Prinzip erhoben. Anders gewendet: Während Spannungsklauseln der automatischen *Verhinderung* von Äquivalenzstörungen dienen, dienen Leistungsbestimmungsvorbehalte der vereinfachten *Bewältigung* von Äquivalenzstörungen. § 3 WährG steht solchen Wertsicherungsvereinbarungen nicht entgegen (Rn D 194 aE).

cc) Die **Abgrenzung des Ausnahmetatbestands** muß von dieser ratio exceptionis aus- **D 256** gehen. *Der Unterschied zwischen Gleitklauseln und Leistungsbestimmungsvorbehal-*

ten besteht in folgendem: Die Gleitklausel macht die zahlenmäßige Höhe der Geldschuld derart unmittelbar von der Bezugsgröße abhängig, daß deren Veränderung
sich der Geldschuld ohne weiteres mitteilt; beim Leistungsbestimmungsvorbehalt
bildet dagegen die Veränderung der Bezugsgröße nur eine Voraussetzung dafür, daß
eine Vertragspartei die Anpassung der Schuld durch eine Vertragsänderungsverein-
barung verlangen oder nach den §§ 315 ff durch einseitige Leistungsbestimmung eine
solche Änderung herbeiführen kann (BGH BB 1963, 497 = WM 1963, 568, 569; WM 1967,
1248, 1249; BB 1968, 568 = NJW 1969, 91 = WM 1968, 470; BB 1968, 930 = Betrieb 1968, 1617 =
WM 1968, 985, 986; BB 1968, 646 = WM 1968, 617; WM 1969, 564, 565; Betrieb 1972, 2206 f = WM
1972, 1279, 1280; Dürkes Rn B 27 ff; Mittelbach Rn 165 f; MünchKommBGB/vMaydell[3] § 244
Rn 23; Jauernig/Vollkommer[7] §§ 244, 245 Anm 6 a; Palandt/Heinrichs[56] §§ 244, 245 Rn 26;
Soergel/Teichmann[12] § 244 Rn 14; Pikart WM 1969, 1064 mwNw). Üblicherweise wird auf
das **Kriterium der „Automatik"** abgestellt: automatisch wirkende Wertsicherungsklauseln sind Gleitklauseln; Leistungsbestimmungsvorbehalte sind am Fehlen dieser
„Automatik" zu erkennen (vgl statt vieler Dürkes Rn B 27, B 68, D 213; Gramlich § 3 WährG
Rn 29; Hahn § 8 Rn 26). Dieses eingebürgerte Kriterium wird von der überwiegenden
Praxis und Literatur sachgerecht verwandt, hat aber auch zu Mißverständnissen
geführt (charakteristisch OLG Köln NJW 1972, 1052 m krit Anm Knickenberg NJW 1972, 1375
und Bilda NJW 1972, 1865). Es verleitet zu einer rein formalen Unterscheidung zwischen „automatisch" wirkenden Gleitklauseln und Leistungsbestimmungsvorbehalten (zu solchem Formalismus neigt wohl auch OLG Hamburg BB 1967, 735; dazu krit Fögen BB
1967, 739). Im Extremfall müßte es möglich sein, durch rein formale Zwischenschaltung eines Erklärungsakts (etwa einer nach § 894 ZPO erzwingbaren Erklärung) die
Geldschuld ohne Genehmigung unter tatbestandlich genau bestimmten Voraussetzungen anzupassen, was aber nur im Fall der Spannungsklausel gestattet ist. *Die rein
formale Zwischenschaltung einer Erklärung genügt aber nicht.* Vielmehr bedarf es
eines bestimmenden Rechtsakts (Jauernig/Vollkommer[7] §§ 244, 245 Anm 6 a; Überblick
über die Praxis bei Willms/Wahlig BB 1978, 974). Das wird unmißverständlich klargestellt
bei BGH LM § 3 WährG Nr 37 = NJW 1979, 1545, 1546 = WM 1979, 728, 729: Ein
genehmigungsfreier Leistungsbestimmungsvorbehalt liegt, sofern jegliches Ent-
scheidungsermessen fehlt, nicht schon dann vor, wenn noch ein Tätigwerden der
Parteien erforderlich ist. Auch eine Wertsicherung, die erst auf Verlangen einer
Partei aktuell wird und dann einer Einigung der Parteien oder der Tätigkeit eines
Schiedsgutachters bedarf, kann genehmigungsbedürftig sein, wenn kein Spielraum
besteht (vgl insoweit als Beispiel auch die Gleitklausel bei BGH LM § 308 ZPO Nr 11 = NJW 1979,
2250 = WM 1979, 252). Voraussetzung ist also ein – sei es auch begrenzter – **Billigkeits-
oder Ermessensspielraum** (BGH WM 1967, 1248, 1249; LM § 3 WährG Nr 18 = DNotZ 1969, 96,
98; BB 1971, 288, 289; BB 1971, 289 = LM § 157 BGB Nr 14; NJW 1975, 44, 45 [insoweit nicht in
BGHZ 63, 132]; BB 1978, 581; Dürkes Rn B 27 b; Gramlich § 3 WährG Rn 29; Münch-
KommBGB/vMaydell[3] § 244 Rn 24; Willms BB 1970, 197 f; Willms/Wahlig BB 1978, 974; zur
Praxis der DBB vgl eingehend Dürkes Rn B 37 ff; Willms BB 1970, 197 f). Zweckmäßigerweise wird dieser Ermessensspielraum im Vertrag deutlich gemacht. So zB im Fall
BGH BB 1964, 1452 = WM 1964, 1325. Hier sollte der Kaufpreis bei einer Steigerung der Lebenshaltungskosten um mehr als 15% nach billigem Ermessen neu
festgesetzt werden, und es hieß ausdrücklich, daß sich der neue Kaufpreis nicht – dh
nicht ausschließlich – nach der Änderung des Lebenshaltungskostenindex richten
solle. Notwendig ist eine solche Klarstellung nicht. Um einen *Leistungsvorbehalt*
handelt es sich auch, wenn die Parteien sich verpflichten, im Fall einer unzumutba-
ren Wertverschiebung in *Vertragsverhandlungen* über eine Anpassung zu treten

(BGHZ 62, 314 = NJW 1974, 1235 = JuS 1974, 797 [EMMERICH]; RINCK Rn 317; FÖGEN BB 1967, 738; zum Urteil des BGH vgl eingehend BULLA JuS 1976, 19). Ebenso, wenn die Parteien die Festsetzung durch einen *Schiedsgutachter* vorschreiben (eingehend BULLA JuS 1976, 19; ders BB 1976, 389). Hierzu und zum Verhältnis zwischen Schiedsgutachterklausel und Schiedsgerichtsklausel vgl Rn D 260.

Die **Praxis der ordentlichen Gerichte** verfährt außerordentlich großzügig (vgl DÜRKES **D 257**
Rn B 48 ff, D 253 ff; MITTELBACH Rn 168 ff; krit FÖGEN 151 Fn 240; WILLMS/WAHLIG BB 1978, 974). Wenn die Voraussetzungen der Anpassung auf eine bestimmte Entwertung und die Folgen der Anpassung auf die „Wirtschaftslage" zugeschnitten sind, wird ein ausreichender Ermessensspielraum schon bejaht (BGH BB 1969, 462 f). *Rechnerische Größen*, die zwar die Größenordnung des Geldbetrages, nicht aber den Betrag selbst festlegen, sollen zulässig sein, so zB die Klausel, der monatliche Rentenbetrag solle „tunlichst" dem Stundenlohn für 125 Arbeitsstunden eines gelernten Maurers entsprechen (BGH BB 1968, 568 = NJW 1969, 91); ähnlich die Klausel, daß „etwa die gleiche Relation zwischen Miete und Kaufkraft wie im Zeitpunkt des Vertragsschlusses" hergestellt werden solle (BGH BB 1968, 646). Auch eine Erhöhung des Erbbauzinses „entsprechend dem allgemeinen Steigen der Mietzinsen" deutet nicht auf eine „automatische" Erhöhung hin, sondern benennt *nur eine Richtlinie* für die im Einzelfall durchzuführende Erhöhung (BGH BB 1960, 344, 345 = Betrieb 1960, 383, 384 = WM 1960, 437, 440). Selbst *die Anknüpfung an den Lebenshaltungskostenindex* kann genehmigungsfrei sein, wenn sie nur die Voraussetzungen, aber nicht das Ausmaß der Erhöhung festlegt (OLG Hamburg BB 1967, 735; BGH WM 1967, 515, 516; Betrieb 1968, 1617; BB 1969, 1328, 1329; MITTELBACH Rn 179). Ist hinsichtlich des *Umfangs* der Anpassung dieses Mindestermessen gegeben, so ist nach Ansicht der Rechtsprechung ein Leistungsvorbehalt auch dann genehmigungsfrei, wenn vorbehaltlos ein *Anspruch auf Vertragsänderung* besteht; es genügt also, wenn die Anpassung *der Höhe nach* unbestimmt ist, mag sie auch *dem Grunde nach* bestimmt sein (BGH BB 1968, 568 = NJW 1969, 91, 92; 1968, 930; Betrieb 1977, 92, 93; BB 1978, 581; OLG Hamburg BB 1967, 735; DÜRKES Rn B 31, B 55 ff; aM FÖGEN BB 1967, 740; vgl auch zur Haltung der DBB DÜRKES Rn B 41). Die DBB hat sich dem inzwischen angeschlossen (DÜRKES Rn B 54, D 213). Daß die Klausel einseitig nur zugunsten des Geldgläubigers wirkt, ist unschädlich (BGH BB 1969, 462, 467). Die *Vereinbarung eines Grenzwerts* schadet nicht (BGH Betrieb 1977, 92, 93; BB 1978, 581 = WM 1978, 352; MünchKommBGB/VMAYDELL[3] § 244 Rn 23; PALANDT/HEINRICHS[56] §§ 244, 245 Rn 26; kritisch zB GUTZWILLER 112; WILLMS/WAHLIG BB 1978, 974). Ein solcher Grenzwert kann zB formuliert sein wie im Fall BGH BB 1978, 581 = WM 1978, 352: „Als Bemessungsgrundlage dient der jeweilige gemeine Grundstückswert. Der Erbbauzins darf nicht unter 8% dieses Wertes sinken." Obwohl sich hier bereits diese Grenzwertklausel in Anbetracht der steigenden Grundstückspreise allein schon zu einer zwingenden Bezugsgröße entwickelt hatte, ließ der BGH die Grenzwertvereinbarung gelten; er ließ es genügen, daß die Wertsicherungsklausel im Prinzip einen Beurteilungsspielraum bestehen lasse und meinte, die Beurteilung der Anpassungsregelung könne sich nicht aufgrund nachträglich eingetretener tatsächlicher Veränderungen ändern (dazu auch DÜRKES Rn D 251 f; WOLF ZIP 1981, 237). WILLMS/WAHLIG (BB 1978, 974) nehmen diese Entscheidung zum Anlaß für die Mahnung, die Rechtsprechung solle nicht schon jeden theoretischen, rein formalen Beurteilungsspielraum ausreichen lassen. Richtig ist jedenfalls, daß die Grenzwertklausel unter § 3 S 2 WährG fällt, wenn sich schon im Zeitpunkt des Vertragsschlusses abzeichnet, daß sie als eine zwingende Anpassungsregelung funktionieren wird. Dies allein entspricht

der bei Rn D 256 getroffenen Feststellung, daß die rein formale Zwischenschaltung einer Willenserklärung aus einer Gleitklausel noch keinen genehmigungsfreien Leistungsbestimmungsvorbehalt macht.

D 258 **dd)** Die **Durchführung der Erhöhung,** dh die praktische Handhabung von Leistungsbestimmungsvorbehalten, hängt in erster Linie von der Formulierung und vom Sinn der Vertragsklausel ab. Auslegungsfrage sind zunächst die genauen **Voraussetzungen** *des Anpassungsmechanismus* (vgl zur Auslegung von Wertsicherungsvereinbarungen eingehend Rn D 173 ff). Dabei hat sich die Rechtsprechung im Laufe der Jahre immer weiter vorgewagt. Nach dem Sinn der Klausel kann auch schon eine Änderung um mehr als 10% genügen (BGH LM § 9 ErbbauVO Nr 35 = NJW 1995, 1360). Setzt der Leistungsbestimmungsvorbehalt einen „wesentlichen" Kaufkraftschwund voraus, so ist dieses Erfordernis jedenfalls bei einem Kaufkraftschwund von annähernd 15% erfüllt (vgl BGH WM 1967, 1248, 1249). Für eine „nachhaltige", nicht mehr „zumutbare" Veränderung hat der BGH einen Wertverlust von über 20% ausreichen lassen (BGH LM § 9 ErbbauVO Nr 33 = BB 1992, 1238 = NJW 1992, 2088). Setzt der Vorbehalt eine „wesentliche Veränderung" und ein „grobes Mißverhältnis" voraus, so wird jedenfalls ein Kaufkraftschwund von 30% ausreichen (BGH LM § 133 Nr 12 = BB 1970, 1323 = Betrieb 1970, 2068 = NJW 1970, 2103 m Anm BILDA NJW 1971, 372 = WM 1970, 1417). Charakteristisch für den Leistungsbestimmungsvorbehalt ist aber die **Technik der Erhöhung.** Dabei ist zu unterscheiden:

D 259 **α)** Eine **Vertragsänderung** durch Vereinbarung der Parteien ist der rechtsdogmatisch glattere Weg, einen Leistungsbestimmungsvorbehalt durchzusetzen. Die Wertsicherungsklausel kann so zu verstehen sein, daß der Berechtigte dem Geldschuldner ein neues Angebot unterbreiten darf (vgl DÜRKES Rn D 545). Dann gebührt dem Einigungsversuch der Vorrang vor der einseitigen Leistungsbestimmung. Aus der Klausel ergibt sich eine *Neuverhandlungspflicht* (vgl zu diesem Rechtsinstitut NELLE, Neuverhandlungenspflichten [1993]; SALZMANN, Die Neuverhandlungsklausel [1986]; grundlegend HORN AcP 181 [1981] 255). Ausdrückliche Vereinbarungen dieser Art ergeben sich aus Neuverhandlungsklauseln, insbes den sog „Hardship-Klauseln" (vgl WILFRIED BRAUN, Monetäre Probleme vertraglicher Geldwertsicherung [Diss Würzburg 1979] 71 ff). Liegt ein beiderseitiges Handelsgeschäft vor, so obliegt es dem Geldschuldner, auf ein solches Angebot unverzüglich zu antworten, widrigenfalls sein Schweigen als Annahme des Vertragsänderungsangebots anzusehen ist (BGHZ 1, 353 = BB 1951, 486 = NJW 1951, 711). Eine einverständliche Vertragsänderung kann nicht – auch nicht zugunsten des Geldschuldners – unter Übergehung des Vertragspartners durch ein einseitiges Verlangen ersetzt werden (vgl OLG Hamm WM 1971, 1190). Ist dagegen der *Einigungsversuch gescheitert,* so wird die Wertsicherungsregelung idR gemäß den §§ 315, 316 so aufgefaßt, daß der Berechtigte selbst die geschuldete Leistung nach billigem Ermessen festsetzen darf (BGHZ 5, 173, 180 = BB 1952, 304; BGH LM § 308 ZPO Nr 11 = NJW 1979, 2250, 2251 = WM 1979, 252, 253). Eine *subsidiäre richterliche Leistungsbestimmung* folgt dann aus § 315 Abs 3. Sie ist also auch dann möglich, wenn der Leistungsbestimmungsvorbehalt auf eine Einigung der Parteien zielt (vgl Vorinstanz bei BGH WM 1969, 1281; EMMERICH JuS 1974, 798; PALANDT/HEINRICHS[56] §§ 244, 245 Rn 28). Der zunächst naheliegende Weg über eine Klage und Vollstreckung nach § 894 ZPO wäre unpraktisch (Bestimmtheit des Klagantrags!) und würde auch dem für den Leistungsbestimmungsvorbehalt charakteristischen Spielraum bei der Leistungsbestimmung nicht gerecht. Die Gerichtsentscheidung ist Ausübung einer subsidiären richterlichen

Gestaltungsbefugnis und findet – wie beim Fortfall der Geschäftsgrundlage (Rn D 127) – ihre Rechtfertigung in den §§ 315–319. Der Klagantrag kann dahin gestellt werden, daß die Leistungsbestimmung nach dem Ermessen des Gerichts erfolgen soll (BGH BB 1969, 977 = WM 1969, 22). Die Wertsicherungsklausel kann auch so formuliert sein, daß in erster Linie eine Einigung und hilfsweise eine Schiedsgutachterentscheidung herbeigeführt werden soll (BGH BB 1978, 580 = WM 1978, 228; Dürkes Rn D 550). Auch dann kann nach § 319 das Gericht angerufen werden, freilich grundsätzlich erst gegen die Schiedsgutachterentscheidung (vgl im einzelnen BGH BB 1975, 898 und 899; Bulla BB 1976, 389). Vgl aber zur alsbaldigen Leistungsbestimmung durch das Gericht auch Rn D 260. Die gerichtliche Billigkeitsentscheidung kann auch inzidenter gefällt werden, wenn der Inhalt des Vertrags nur Vorfrage eines Rechtsstreits ist. Eine Neuverhandlungsklausel kann durch ein *Kündigungsrecht des Geldgläubigers* verschärft werden (Dürkes Rn D 548): Der Gläubiger ist, wenn ein bestimmtes Maß an Geldentwertung erreicht ist, zur fristgemäßen Kündigung des langfristigen Vertrages berechtigt, jedoch zur Neuverhandlung verpflichtet (Änderungskündigung).

β) Soll die **Leistungsbestimmung durch eine Partei oder durch einen Dritten** erfolgen, **D 260** so gelten die §§ 315–319 (vgl nur BGH Betrieb 1969, 1328, 1329 = WM 1969, 1281, 1282; BB 1975, 899; 1975, 898 = NJW 1975, 1557 = WM 1975, 772). Die Befugnis zu einseitiger Leistungsbestimmung oder zur Anrufung eines Dritten kann primär, aber auch hilfsweise für den Fall, daß eine Vertragsänderung scheitert, vereinbart sein (Rn D 259). Die Klausel, die Geldleistung solle „neu festgesetzt" werden, schließt nicht die Auslegung aus, der Geldgläubiger solle eine einseitige Bestimmungsbefugnis haben. Häufig wird die Bestimmung durch einen **Schiedsgutachter** vereinbart (vgl etwa BGH BB 1964, 1452 = WM 1964, 1325; Betrieb 1967, 1258 = WM 1967, 1248; BB 1973, 723 = WM 1973, 461; BB 1975, 899 = NJW 1975, 1556; BB 1975, 898 = NJW 1975, 1557; Dürkes Rn D 224 ff; Reithmann DNotZ 1960, 184; Bulla JuS 1976, 19; ders BB 1976, 389; Wolf ZIP 1981, 242). Schiedsgutachtervertrag und Schieds(gerichts)vertrag sind wesensverschieden (Dürkes Rn D 226): Der Schiedsspruch ist ein die Billigkeitskontrolle einschließendes Gerichtsurteil, das nur noch in den Grenzen des § 1041 ZPO richterlich kontrolliert werden kann; das Schiedsgutachten ist nur eine Leistungsbestimmung durch Dritte iS von § 319 und unterliegt seinerseits der gerichtlichen Billigkeitskontrolle. Der Schiedsgutachtervertrag bedarf nicht der Form des § 1027 ZPO (BGH BB 1975, 899). Die Abgrenzungsfrage, ob die Parteien eine *Schiedsgutachterklausel oder* eine *Schiedsgerichtsklausel* vereinbaren wollten, ist Auslegungsfrage (BGH BB 1969, 462, 463 = WM 1968, 1143, 1144; Vollmer BB 1984, 1013). Der Vertragspraxis ist zu eindeutigen Formulierungen zu raten. Fehlt es daran, so ist im Zweifel nur eine Schiedsgutachterklausel gewollt (BGH BB 1972, 1527; Dürkes Rn D 227; Bulla BB 1976, 393). Die Verwendung der Worte „als Schiedsrichter" oä läßt nicht in jedem Fall einen gegenteiligen Schluß zu. Liegt eine Schiedsgutachterklausel vor, so können die *Schiedsgutachterkosten* nach dem Rechtsgedanken des § 92 ZPO aufgeteilt werden (BGH BB 1969, 462, 463 = WM 1968, 1143, 1144). Rechtsgrundlage ist der Vertrag; kann von einem Obsiegen und Unterliegen nicht gesprochen werden, so haben sich die Parteien im Zweifel in die Kosten zu teilen (AG Göppingen BB 1971, 107; Dürkes Rn D 232; Vollmer BB 1984, 1014). Zur Anhörung der Parteien und zur Nichtgewährung des rechtlichen Gehörs durch einen Schiedsgutachter vgl BGH BB 1968, 646 = Betrieb 1968, 752 = WM 1968, 617. Die Entscheidung des Schiedsgutachters wird durch eine solche des Gerichts ersetzt, wenn der Schiedsgutachter eine offenbar unbillige Entscheidung trifft (§ 319). Billig ist eine gemäß den §§ 315, 319 getroffene Leistungsbestimmung, wenn sie sich im Rahmen des in vergleichbaren Fällen Üblichen hält und nach Lage der besonderen Umstände des Falls als angemessen, als sachlich begründet und als persönlich zumutbar erscheint; die Interessen beider Parteien sind zu berücksichtigen (BGH BB 1969, 977 = WM 1969, 62). Ein offenbar unrichtiges Ergebnis ist auch offenbar unbillig (WOLF ZIP 1981, 242; im Ergebnis ebenso, aber Unbilligkeit und Unrichtigkeit trennend, DÜRKES Rn D 553). Dazu genügt es nicht, daß der Schiedsgutachter eine falsche Methode gewählt hat (BGH WM 1968, 617, 618; NJW 1991, 2761; WOLF ZIP 1981, 242). Offenbar unbillig ist eine Entscheidung, wenn die für die Anpassung gewählten Kriterien eine Partei einseitig bevorzugen. So im Fall BGHZ 62, 314 = NJW 1974, 1235 = JuS 1974, 797 (EMMERICH), wo der Schiedsgutachter statt einer bloßen Anpassung eine Neufestsetzung des Mietzinses unter Berücksichtigung der Preissteigerung für Grundstücke durchgeführt hatte (dazu eingehend BULLA JuS 1976, 19). Auch ist es nicht zulässig, eine Erhöhung der Bezugsgröße – zB Lebenshaltungskostenindex – zum Anlaß für eine Änderung der Schuldsumme in anderer Richtung – Herabsetzung – zu nehmen; dies müßte im Vertrag besonders zugelassen sein (OLG Frankfurt BB 1979, 1630). Es muß eine prüfbare Berechnungsgrundlage gegeben werden (BGH BB 1975, 899 f = NJW 1975, 1556 f; krit BULLA BB 1976, 389). Auch dürfen die Berechnungsgrundlagen nicht einseitig ausgerichtet oder rein theoretisch sein (BGH WM 1977, 413, 415; WOLF ZIP 1981, 242). Im übrigen kommt es nur darauf an, ob der vereinbarte Maßstab im Ergebnis eingehalten ist (BGH BB 1975, 898 = NJW 1975, 1557). Rufen die Parteien das Gericht an, ohne zuvor gemäß ihrer Vereinbarung ein Schiedsgutachten einzuholen, so hat das Gericht nicht seinerseits ein Schiedsgutachten einzuholen, vielmehr bestimmt es die Leistung selbst (BGH WM 1977, 413, 415; WM 1977, 418; WOLF ZIP 1981, 242). Hat die Erhöhung stattgefunden, so macht eine *nachträgliche „Umbasierung" der Bezugsgröße* die Erhöhung nicht nachträglich rechtswidrig oder gar gegenstandslos (vgl LG Mannheim BB 1971, 1259 f für eine Indexklausel). Es kann nur aufgrund der neuerlichen Veränderung ein Anspruch auf erneute Vertragskorrektur ex nunc bestehen (vgl zu dieser Entscheidung auch MITTELBACH Rn 304 ff). Zur Preisbestimmung durch Behörden vgl OLG Düsseldorf NJW 1952, 1139. Kein Fall des § 317 ist die Indexklausel. Das Statistische Bundesamt ist nicht ein den Vertragsinhalt bestimmender Dritter (LG Mannheim BB 1971, 1259).

D 261 γ)   Eine **„Halbautomatik"** kann mit dem Leistungsbestimmungsvorbehalt durch eine *aufschiebende oder auflösende Bedingung* verbunden werden: Das vereinbarte Entgelt soll seine Maßgeblichkeit automatisch verlieren, wenn ein bestimmtes Ereignis eingetreten (zB ein Zeitraum abgelaufen oder eine Bezugsgröße um einen bestimmten Wert verändert) ist (MITTELBACH Rn 167). Nach FÖGEN (BB 1967, 738) ist eine solche Klausel genehmigungsbedürftig. Dieser Standpunkt ist überholt. Die entsprechende Vertragslücke wird durch Neuvereinbarung oder nach den §§ 316, 315 gefüllt. Der erforderliche Ermessensspielraum ist also vorhanden (DÜRKES Rn D 205). Auch die Vereinbarung eines Kündigungsrechts dient der „Halbautomatik" (vgl Rn D 259 aE). Nur wenn aufgrund der Vertragsklausel bereits feststeht, auf welche Höhe die Geldschuld durch den Bedingungseintritt bzw durch die Gestaltungserklärung des Gläubigers gebracht wird, liegt eine genehmigungsbedürftige Klausel vor.

D 262 δ)   Der **Anpassungszeitpunkt** kann in Fällen des Leistungsbestimmungsvorbehalts bei Dauerschuldverhältnissen Probleme aufwerfen. Im Fall der *Vertragsänderung* ist es Sache beider Parteien, sich hierüber zu einigen. Mangels besonderer Anhaltspunkte wird bei Schweigen der Vereinbarung davon auszugehen sein, daß diese nur

ex nunc wirken soll. Allerdings braucht eine Rückwirkung nicht ausdrücklich vereinbart zu werden (§ 157). Zweifelhaft ist, ob dies auch für die Leistungsbestimmung
durch einen Schiedsgutachter gelten soll, wenn die vertragliche Einigung scheitert.
Nach Auffassung des V. ZS des BGH sollen hier die erhöhten Zahlungspflichten im
Zweifel nicht schon vom Zugang des Erhöhungsverlangens an gelten (BGH BB 1978,
580 = WM 1978, 228; Erbbauzins). Ganz im Gegensatz dazu heißt es in einer fast
gleichzeitig vom VIII. ZS des BGH erlassenen Entscheidung, die Vertragsklausel,
nach der bei Fehlschlagen der Einigung ein Schiedsgutachter zu entscheiden hat, sei
grundsätzlich dahin auszulegen, daß der vom Schiedsgutachter festgelegte Mietzins
von dem Zeitpunkt an gilt, in dem das Änderungsverlangen der Gegenseite zuge-
gangen ist (BGH NJW 1978, 154; s auch BGHZ 81, 135, 146 = BB 1981, 1599, 1602; JAUERNIG/
VOLLKOMMER[7] §§ 244, 245 Anm 6 a). Von der gerichtlichen Entscheidung heißt es dann
wieder bei BGH Betrieb 1979, 887 = NJW 1979, 811, diese wirke regelmäßig nur ex
nunc. Die Frage scheint generell kaum lösbar. Der Vertragswortlaut wird meist
keine Anhaltspunkte geben. Richtig ist einerseits, daß gestaltende Entscheidungen
auf Dauerschuldverhältnisse idR nur für die Zukunft wirken, aber richtig ist auf der
anderen Seite auch, daß der Sinn der Vertragsklausel eine Belohnung des Geldschuldners, der eine einverständliche Regelung vereitelt, nicht rechtfertigt. Im
Grundsatz sollte es dabei bleiben, daß jede Entscheidung nach den §§ 315−319 nur
ex nunc wirkt. Wird allerdings die einseitige Leistungsbestimmung bestätigt, so ist
ihr Zeitpunkt maßgebend. Darüber hinaus kann im Einzelfall dem Schuldner die
Berufung auf die ex-nunc-Wirkung der Leistungsbestimmung nach § 242 versagt
sein, wenn er die Leistungsbestimmung treuwidrig hinausgezögert hat; ausnahmsweise kann sogar die vertragswidrige Verhinderung der Anpassung eine positive
Vertragsverletzung darstellen.

g)   Mindestklauseln (Mindestbetragsklauseln; Einseitigkeitsklauseln) sind kein eigen-   **D 263**
ständiger Wertsicherungstypus, aber sie werden vielfach mit Wertsicherungen verbunden. Die *Mindest(betrags)klauseln* müssen von *Mindestschwankungsklauseln*
unterschieden werden (DÜRKES Rn D 670 ff; MITTELBACH Rn 212 ff). Mindestschwankungsklauseln legen eine Stillhaltegrenze fest. Mindestbetragsklauseln, von denen
allein hier die Rede ist, bestimmen einen Sockelbetrag. *Dabei ist zu unterscheiden*
zwischen Mindestklauseln (Einseitigkeitsklauseln) bei genehmigungsbedürftigen und
bei genehmigungsfreien Wertsicherungen. Die Mindestklausel bedarf nicht als solche
der Genehmigung nach § 3 WährG. Genehmigungsbedürftig kann aber die Wertsicherungsklausel sein, mit der die Mindestklausel verbunden ist. Das Vorhandensein
einer Mindestklausel kann dann die Erteilung einer Genehmigung hindern. Nur mit
Mindestklauseln bei genehmigungsbedürftigen Wertsicherungsklauseln befaßt sich **Nr 2 a**
der Genehmigungsgrundsätze der DBB (Wortlaut bei Rn D 212; vgl zum folgenden DÜRKES
Rn C 73 ff). Eine Wertsicherungsklausel, die nur eine Anpassung zugunsten des Geldgläubigers zuläßt, ist nach Nr 2 a der Genehmigungsgrundsätze der DBB *nicht*
genehmigungsfähig (vgl auch BGH LM § 3 WährG Nr 20/21 = BB 1973, 998, 999 = NJW 1973,
1498, 1499; FÖGEN BB 1964, 1017; **aM** OLG Köln NJW 1972, 1052 m krit Anm KNICKENBERG NJW
1972, 1375). Der HessVGH (BB 1970, 942) sieht diesen Passus der Genehmigungsgrundsätze als dem währungspolitischen Grundgedanken des § 3 WährG genau
entsprechend an: „Jede ungleiche – also einseitige – Verknüpfung einer künftigen
Leistung mit einer Erhöhung oder Ermäßigung der Preise für Güter und Leistungen
birgt die Gefahr in sich, daß der Aushöhlung der realen Kaufkraft der Deutschen
Mark Vorschub geleistet wird." Diese Begründung ist fragwürdig. Sie könnte nur

Karsten Schmidt

überzeugen, wenn Nr 2 a der Genehmigungsgrundsätze jede mit einer Mindestklausel versehene Wertsicherungklausel für genehmigungs*bedürftig* erklärte, nicht dagegen rechtfertigt sie die in Nr 2 a angeordnete Genehmigungs*unfähigkeit*. Die Regelung ist auch wenig praxisnah, weil die Vertragsverfasser im Wissen, daß diese Modifikation erfahrungsgemäß nicht zum Tragen kommen wird, die Klausel so formulieren können, daß sie auch eine Herabsetzung der Geldforderung trägt. In der Praxis entschärft sich das Problem der Nr 2 a, weil die Genehmigung unter der Bedingung entsprechender Vertragsänderung erteilt werden kann (vgl den Sachverhalt bei BGH BB 1960, 118 = NJW 1960, 523 = WM 1960, 104).

D 264 **Mindestklauseln bei genehmigungsfreien Wertsicherungen** bringen die Nr 2 a der Genehmigungsgrundsätze grundsätzlich nicht nur Anwendung, weil die Bestimmung gegenstandslos ist, soweit § 3 WährG keine Genehmigung vorschreibt. Im Grundsatz hat die Mindestklausel nur etwas mit der *Genehmigungsfähigkeit* einer Wertsicherungsklausel zu tun, nicht mit der *Genehmigungsbedürftigkeit* (zum Ausnahmefall der wirksamkeitsschädlichen Mindestklausel vgl aE dieser Rn). Ist die Klausel als *Spannungsklausel* – zB im Dienstvertrag oder Ruhegeldvertrag – genehmigungsfrei, so bleibt sie es auch dann, wenn dem Empfänger eine Mindestvergütung zugesagt ist (BGH WM 1968, 1143 unter II; LM § 3 WährG Nr 23 unter II = BB 1974, 101 = NJW 1974, 273, 274; NJW 1979, 1545, 1546; DÜRKES Rn D 31 ff; MITTELBACH Rn 217 ff; WOLF ZIP 1981, 237). Vor allem Gehaltsklauseln und Spannungsklauseln sind vielfach mit einer Mindestklausel verbunden (MITTELBACH Rn 220 ff). Auch Leistungsbestimmungsvorbehalte, insbes Preisklauseln, werden häufig mit Mindestklauseln gekoppelt (MITTELBACH Rn 216 ff). Die Mindestklausel besteht vielfach nur in dem Sockelbetrag, auf dem die Preisklausel aufbaut („Der Kaufpreis beträgt . . .; er erhöht sich . . ."). Zulässig ist aber auch die Vereinbarung einer reinen Preisklausel mit dem Zusatz „. . . mindestens jedoch . . .". Im Extremfall kann allerdings eine Mindestklausel faktisch eigenständigen Wertsicherungscharakter annehmen. So im Fall BGH WM 1978, 352, wo vereinbart war, der Erbbauzins dürfe nicht unter 8 vH des Grundstückswertes sinken (dazu auch WOLF ZIP 1981, 237). Der BGH hat diese Klausel aus einem doppelten Grund als genehmigungsfrei angesehen: Einmal stellt er für den Wertsicherungscharakter der Klausel auf den Zeitpunkt des Vertragsschlusses und nicht auf die spätere Entwicklung ab. Zum anderen war die vereinbarte Untergrenze nur im Rahmen eines Leistungsbestimmungsvorbehalts zu berücksichtigen und wirkte nicht automatisch. Da *Leistungsbestimmungsvorbehalte* genehmigungsfrei sind (Rn D 253), kann sich auch hieran nichts ändern, wenn sie mit einer einseitigen Mindestklausel verbunden sind. Genehmigungsfrei sind auch Mindestklauseln in Zusammenhang mit *Gewinnbeteiligungsklauseln, Ertragsbeteiligungsklauseln und Umsatzbeteiligungsklauseln*, insbes als Provisionsgarantien (Rn D 239). Ausnahmsweise können allerdings Mindestklauseln den Grund für die Genehmigungsfreiheit beseitigen. Dies ist der Fall bei der Vereinbarung von Sachschulden (Rn D 227 ff), insbes bei Sachschulden mit Kommissionsabrede (Rn D 234, D 237), außerdem in Fällen, bei denen Geldwertschulden vereinbart werden (Rn D 241 ff). Diese Abreden werden zwar durch Mindestklauseln (Einseitigkeitsklauseln) nicht schlechthin unzulässig. Aber das Vorhandensein einer Mindestklausel kann nach Rn D 238 ein Indiz für das Vorliegen einer verdeckten Geldwertklausel sein (s auch Rn D 275). Ist die Mindestklausel ihrerseits an einen Index geknüpft, so kann diese zusätzliche Abrede gleichfalls genehmigungsbedürftig sein.

7. Rechtsgeschäftsgruppen

Eine Übersicht, die sich nicht an den Problemgruppen des § 3 S 2 WährG (dazu Rn D **D 265** 227 ff), sondern an den Gestaltungsproblemen der Vertragspraxis orientiert, kann weder auf Vollständigkeit noch auf dogmatisch präzise Ordnung der Probleme, sondern nur auf die *Bestimmung typischer Problemlagen* zielen.

a) **Vertragsangebote** mit Wertsicherungsklauseln sind unproblematisch, weil der **D 266** die Geldschuld begründende Vertrag noch nicht besteht (Nies 10 f). Als Sicherung eines erst künftig entstehenden Anspruchs ist auch die *Wertsicherung eines langfristig bindenden Angebots* genehmigungsfrei (Dürkes Rn D 341). Von der Wertsicherung des Angebots muß das *Angebot zu einem Vertrag mit Wertsicherungsklausel* unterschieden werden (vgl OLG Hamm BB 1975, 489 f). Hierbei kann schon vor Vertragsschluß zwischen genehmigungsbedürftigen und genehmigungsfreien Wertsicherungsklauseln unterschieden werden. Eine etwa erforderliche Genehmigung oder ein Negativattest kann bereits vor der Annahme des Angebots beantragt werden (näher zum Antrag bei Rn D 319). Die Wertsicherungsklausel kann auch Auswirkungen auf die erforderliche *Bestimmtheit des Angebots* haben, denn sie verkürzt die essentialia negotii, ermöglicht also wirksamen Vertragsschluß schon vor der Fixierung der zu zahlenden Summe (Rn D 170). Die für ein Angebot erforderliche *Bestimmtheit* ist zu bejahen, wenn der Preis in dem Sinne bestimmbar ist, daß sich aus dem Angebot mit hinreichender Klarheit ergibt, wie er festgestellt und berechnet werden soll (vgl BGHZ 71, 276, 280 = BB 1978, 731, 732 = NJW 1978, 1371, 1372 = WM 1978, 794, 795). Ein Angebot, das einen *Preisvorbehalt* oder einen *Mindestpreis mit Wertsicherungsklausel* enthält, ist bindend und der Annahme fähig, wenn diesem Erfordernis der Bestimmbarkeit des Preises – auch unter Zuhilfenahme der §§ 315–319 – genügt ist. Gegenüber Letztverbrauchern ist die PreisangabenVO (Verordnung über Preisangaben v 14. 3. 1985, BGBl I 580) zu beachten, die grundsätzlich Preisänderungsklauseln nur bei Dauerschuldverhältnissen und bei Leistungs- und Lieferfristen über 4 Monaten zuläßt (§ 1 Abs 4 PreisangabenVO). Ein Verstoß berührt jedoch die Wirksamkeit des Angebots nicht (vgl BGH BB 1974, 386).

b) **Vorverträge** mit Wertsicherungsklauseln sind im gleichen Umfang möglich, **D 267** wobei es hier nicht auf die rechtsdogmatische Fixierung des Vorvertrags ankommen kann, bei dem es sich vielfach um nichts anderes als um einen noch unvollständigen, aber bereits bindend gewollten Hauptvertrag handelt (Flume, Rechtsgeschäft § 33/7). Die Bindungswirkung ist auch hier ein Problem der Bestimmtheit (BGH BB 1953, 97; WM 1961, 1052; NJW 1962, 1812, 1813; 1990, 1234; NJW-RR 1993, 140; MünchKommBGB/Kramer³ vor § 145 Rn 37; Palandt/Heinrichs⁵⁶ vor § 145 Rn 19 mwNw). Zwar ist bei einem gegenseitigen Vertrag im Zweifel noch keine vertragliche – auch keine vorvertragliche – Bindung gewollt, solange nicht das Entgelt feststeht (Mittelbach Rn 104). Erst recht gilt dies im Stadium des sog letter of intent (vgl Lutter, Der Letter of Intent [1982] 19 ff). Besteht aber bereits der Wille beiderseitiger Bindung, so genügt auch hier bloße Bestimmbarkeit des Preises. Unter dieser Voraussetzung kann eine vorvertragliche Bindung unter Preisvorbehalt oder mit einer Wertsicherungsklausel eingegangen werden, wenn der Preis mit Hilfe der Klausel bestimmbar ist (die Frage ist nicht mit dem rein theoretischen Problem zu verwechseln, ob Leistungsbestimmungsvorbehalte selbst als Vorverträge zu Vertragsänderungen eingeordnet werden sollten; dazu Bilda Rn 136, 141). Da nach hM die Wertsicherung künftig entstehender

Ansprüche nicht unter § 3 WährG fällt (Dürkes Rn D 340 ff), sind Wertsicherungen in Vorverträgen, soweit sie nur die Zeit bis zum Vertragsschluß betreffen, als genehmigungsfrei anzusehen. Ebenso wie bei den Angeboten ist auch hier zu unterscheiden zwischen dieser wertgesicherten vorvertraglichen Bindung und dem Vorvertrag zu einem Hauptvertrag mit Wertsicherungsklausel. Beides wird allerdings faktisch häufig zusammentreffen. Die Wertsicherung der Hauptvertragsleistungen ist unter den Voraussetzungen des § 3 WährG genehmigungspflichtig. Für die Einholung der Genehmigung oder des Negativattests gilt dasselbe wie beim Angebot (Rn D 266). Regelmäßig ergibt sich aus dem Vorvertrag die Verpflichtung, bei der Beschaffung einer etwa erforderlichen Genehmigung mitzuwirken.

D 268 c) **Leibrentenversprechen** können auf Sachleistungen lauten. Sie sind dann genehmigungsfrei (Rn D 228). Lauten sie auf Geldzahlung, so werden sie regelmäßig mit einer Wertsicherungsklausel versehen (zur allgemeinen Beratungspflicht vgl BGH VersR 1968, 450, 452; MünchKommBGB/Pecher[2] 759 Rn 21). Einen aktuellen Überblick gibt Dürkes Rn D 44 ff, D 346 ff. *Zwei Gesichtspunkte* können für die Genehmigungsfreiheit von Wertsicherungsklauseln als Gleitklauseln sprechen. Zum einen ist dies der **Versorgungscharakter**, der zweckmäßigerweise in der Vertragsurkunde hervorzuheben ist. Geldschulden mit Versorgungscharakter unterliegen bereits nach den Grundsätzen über den Fortfall der Geschäftsgrundlage unter geringeren Anforderungen als sonstige Geldsummenschulden der Anpassung (Rn D 134). Dementsprechend sollte eine den Versorgungszweck berücksichtigende Wertsicherungsklausel, insbes eine (Ruhe-)Gehaltsklausel hier generell als genehmigungsfrei zugelassen werden. Solche Regelungen sind in der Praxis häufig anzutreffen (vgl nur BGH BB 1971, 147 = Betrieb 1970, 2365; Betrieb 1972, 1526 = WM 1972, 700). Ihre Genehmigungsfreiheit wird mit Recht weitgehend anerkannt (vgl auch LZB Bayern, mitgeteilt bei Dürkes Rn D 45−47). Das sollte selbst für Indexklauseln gelten (Dürkes Rn D 346 ff; s auch BGH NJW 1965, 531 = WM 1965, 169 f; anders wohl BGH WM 1980, 593, 595). Es kommt hierfür nicht darauf an, ob die Voraussetzungen von Nr 3 b der Genehmigungsgrundsätze (Rn D 212) erfüllt sind. Die Genehmigungs*fähigkeit* besagt nichts über die Genehmigungs*bedürftigkeit*. Wie schon bei Rn D 243 bemerkt, macht aber der bloße einseitige Versorgungszweck Wertsicherungsvereinbarungen noch nicht genehmigungsfrei, und zwar auch dann nicht, wenn dieser Zweck im Vertrag festgehalten ist. Es genügt nicht, daß der Gläubiger seinen Unterhalt mit den Zahlungen bestreiten will, sondern erforderlich ist, daß der Geldschuldner die Unterhaltsverpflichtung *als solche* übernimmt (Dürkes Rn D 48, D 347). Er muß dazu nicht jedes Unterhaltsbedürfnis in unbegrenzter Höhe abdecken. Da mehr zu verlangen ist als die bloß verbale Bezugnahme auf den Unterhalt, ist auf objektive Kriterien abzustellen: Regelmäßig macht der Versorgungsgedanke nur diejenigen Leistungsversprechen genehmigungsfrei, aus denen objektiv und nach dem Willen der Parteien der Unterhalt des Gläubigers im wesentlichen bestritten wird (vgl Dürkes Rn D 347). Der gestaltenden Praxis ist in Grenzfällen zu vorsorglichen Genehmigungsanträgen zu raten. Im Fall OLG Celle WM 1980, 747 m Anm Ahrens wurde folgende Klausel genehmigt: „Für die Erhöhung der Rente soll die allgemeine Rentenbemessungsgrundlage nach §§ 1255 Abs 2, 1256, 1277 RVO ... entsprechend gelten“. Bei Renten, die auf Austauschverhältnissen beruhen, kommt als *zweiter Gesichtspunkt* der bei Rn D 247 besprochene **Äquivalenzgedanke** zum Tragen. Beim *Kauf auf Rentenbasis* kann zB auch eine *Spannungsklausel* des Inhalts zugelassen werden, daß die Rente der Entwicklung der Grundstückspreise folgt (immerhin zweifelhaft). Die *Vereinbarung*

eines *Leistungsbestimmungsvorbehalts*, der nach allgemeinen Regeln genehmigungsfrei ist, ist auch hier der sicherere Weg (Rn D 253 ff). Ein ausreichender Spielraum ist
beispielsweise darin zu sehen, daß eine „angemessene" Erhöhung der Rente vereinbart wird (BGH BB 1970, 1323; Dürkes Rn B 63). Genehmigungsbedürftig ist nach
Auffassung der DBB ein wertgesicherter „Leibrentenkauf", bei dem die Leibrente
nicht Gegenleistung für einen Kaufgegenstand, sondern selbst „Kaufgegenstand" ist
(Dürkes Rn C 64): der Gläubiger „kauft" hier gegen einmalige Zahlung ein Renten-
recht. Auch in diesem Falle sollte man sich auf den Versorgungscharakter der Rente
oder auf den Äquivalenzgedanken besinnen; die Vertragspraxis wird vorsorglich um
Negativatteste oder Genehmigungen nachsuchen. Über **Unterhaltsverträge** als Geldwertschulden vgl Rn D 36, D 243. Die Unterhaltsrente bleibt nach Dürkes (Rn D 49)
auch bei Vereinbarung einer Mindestklausel genehmigungsfrei (vgl aber Rn D 264).

d)   Übergabeverträge – vor allem Hofübergabeverträge – machen einen beträcht- **D 269**
lichen Teil der Gerichtspraxis über genehmigungsfreie Sachschulden und Wertsicherungsklauseln aus (Dürkes Rn D 44 ff; J 29 ff; vgl auch Nies 28). Die großzügig
verfahrende Praxis verdient Zustimmung, soweit die Wertsicherung durch den Versorgungszweck der Sach- oder Geldschuld oder durch den Äquivalenzgedanken
gerechtfertigt ist. Die Vereinbarung von Sachschulden ist genehmigungsfrei (OLG
Celle DNotZ 1951, 512 ff; OLG Schleswig NJW 1955, 65; hM; vgl Rn D 227 ff; aM noch OLG Köln
NJW 1951, 363 m abl Anm Rötelmann). Zur Leibrente vgl soeben Rn D 268.

e)   Der Grundstücks- und Unternehmenskauf kann unter den bei Rn D 249 ff **D 270**
geschilderten Voraussetzungen mit genehmigungsfreien Spannungsklauseln und Leistungsbestimmungsvorbehalten versehen sein (vgl zur Wertsicherung beim Kauf auch
MünchKommBGB/Westermann³ § 433 Rn 29). Soweit nur Äquivalenzstörungen vorge-
beugt werden soll, können auch automatisch wirkende Preisgleitklauseln genehmigungsfrei sein. Da allerdings kein allgemein anerkannter Marktpreis existiert,
kommt hier in erster Linie ein Leistungsbestimmungsvorbehalt in Betracht (Mittelbach Rn 193). Spannungsklauseln nehmen bisweilen auf den *Baukostenindex* Bezug.
Nr 3 c der Genehmigungsgrundsätze der DBB ist bei Annahme der Genehmigungsfreiheit irrelevant. Aber die zulässige Grenze der Pauschalierung (Rn D 249) scheint
hier überschritten. Eine strengere Auffassung, auf die sich die Vertragspraxis einrichten muß, verlangt deshalb eine Ausrichtung auf den *Preis des individuellen
Grundstücks* (Dürkes Rn D 357). Sieht man die Baukostenindexklausel als genehmigungsbedürftig an, so wird sie idR nichtig sein, weil eine Genehmigung nach Nr 3 c
der Genehmigungsgrundsätze nicht erteilt wird. Klauseln, nach denen der Kaufpreis
mit einer bestimmten *Gehaltsgruppe* steigt, sind grundsätzlich *unzulässig* (BGHZ 14,
306; BGH und OLG Braunschweig BB 1954, 976; Dürkes Rn D 359). Zulässig und gebräuchlich sind *Leistungsbestimmungsvorbehalte*, zB die Anpassung durch einen Sachverständigen (BGH Betrieb 1967, 2158 = WM 1967, 1248). Über das *Ertragswertverfahren und
Sachwertverfahren bei der Wertermittlung* vgl Mittelbach Rn 140 mit Hinweis auf
BGH Betrieb 1970, 1684; s auch BGH Betrieb 1980, 1685, 1686. Ratschläge für die
Vertragsgestaltung erteilt Mittelbach Rn 137 ff. Ein *Mietvertrag mit Ankaufsrecht*
kann ein aufschiebend bedingter Kauf sein. Ein Leistungsbestimmungsvorbehalt,
der die *Entwicklung der Grundstückspreise* berücksichtigt, ist hierbei zulässig (BGH
BB 1978, 731 = NJW 1978, 1371 = WM 1978, 794; dazu näher Dürkes Rn D 206 f). Besondere
Bedeutung hat bei diesen Geschäften der **Kauf auf Rentenbasis** (eingehend Bilda
Rn 234; Dürkes Rn D 513 ff, J 124 ff; Haegele, Geschäfts- und Grundstücksveräußerung auf

Rentenbasis [2. Aufl 1971]; STAUDINGER/KOEHLER[12] § 433 Rn 26). Die allgemeinen Grundsätze über die Genehmigungsbedürftigkeit gelten auch hier (BGH Betrieb 1972, 2206 f = WM 1972, 1279, 1280). Die Wertsicherung des Kaufpreises durch Spannungsklauseln muß nach hM am Grundstück ausgerichtet sein. Eine solche Wertsicherung der Rente ist genehmigungsfrei. Nach BGH LM § 3 WährG Nr 38 = BB 1979, 1259 = NJW 1979, 1888 = WM 1979, 894 liegt eine genehmigungsfreie „Spannungsklausel" vor, wenn der verrentete Kaufpreis am Ertragswert ausgerichtet ist (s auch DÜRKES Rn D 358). Wie sich aus Rn D 239 ergibt, sind auch Gewinnbeteiligungsklauseln, Ertragsklauseln und Umsatzklauseln genehmigungsfrei. Dient die Rente Unterhaltszwecken, so besteht ein praktisches Bedürfnis dafür, die Rente als solche – unabhängig vom Wert der Kaufsache – wertbeständig zu machen (vgl als Beispiele BGH BB 1971, 147 = Betrieb 1970, 2365; Betrieb 1972, 1526 = WM 1972, 700). Nach hM ist aber die *Dynamisierung der Kaufpreisrente etwa nach einem (Ruhe-) Gehalt oder dem Lebenshaltungsindex* genehmigungsbedürftig, allerdings nach näherer Maßgabe der bei Rn D 212 mitgeteilten Richtlinien auch genehmigungsfähig (vgl Nr 3 a, b der Genehmigungsgrundsätze; BGHZ 14, 306, 312 = NJW 1954, 1684, 1685; OLG Braunschweig BB 1954, 976; LG Wuppertal MDR 1955, 417; DÜRKES Rn D 59 ff, D 356 ff, J 124 ff). Die Genehmigungsbedürftigkeit soll sich daraus ergeben, daß die verrentete Kaufpreisforderung ihren Kaufpreischarakter behalte. Nach richtiger Auffassung kann der vereinbarte Versorgungszweck die Dynamisierung rechtfertigen, dies allerdings nur unter engen Voraussetzungen (Rn D 243; wenn eine Mindestklausel hinzutritt, Rn D 264). Die vertragsgestaltende Praxis weicht auf genehmigungsfreie Leistungsbestimmungsvorbehalte aus (vgl als Klauselbeispiel BGH Betrieb 1972, 1526 = WM 1972, 700). Immer seltener, aber nach Maßgabe von Rn D 227 ff zulässig, ist die Vereinbarung von Sachschulden anstelle des Kaufpreises. Nach hM ist die Vereinbarung, daß der Verkäufer statt Zahlung des Kaufpreises die Lieferung einer genau bestimmten Menge Roggen verlangen kann, genehmigungsfrei (BGH BB 1962, 815 = Betrieb 1962, 1042 = NJW 1962, 1568 = WM 1962, 820; OLG Schleswig BB 1957, 903). Es kann dann aber eine verdeckte Geldwertschuld vorliegen (Rn D 236, D 238). Neben diesen Regelungen kommen zahlreiche *Wertsicherungssurrogate* in Betracht, zB die ratenweise Auflassung von Bruchteilen oder Teilflächen, die Begründung von Miteigentum etc (DÜRKES Rn D 363 ff). Solche Wertsicherungssurrogate sind keine unzulässigen Umgehungen des § 3 S 2 WährG (Rn D 236 ff).

D 271 **f) Liefervertrag, Werklieferungsvertrag und Werkvertrag** werfen weitgehend einheitliche Probleme auf. Zur Anpassung des Preises bei langfristigen Lieferverträgen vgl zunächst den Überblick bei DÜRKES Rn D 86 ff; KUNTH BB 1978, 178 sowie oben Rn D 171, D 251. Eine zulässige Spannungsklausel ist die Bezugnahme auf den Marktpreis (im Ergebnis ebenso MITTELBACH Rn 133 ff; EICHLER BB 1971, 457 ff). Währungsrechtlich zulässig sind *Listenpreisklauseln* (vgl statt vieler DÜRKES Rn D 102; NIES 28). Es wird etwa in einem Bierlieferungsvertrag Lieferung zu Tagespreisen vereinbart oder es wird bei langen Lieferfristen der Verkauf eines Automobils oder eines technischen Geräts zu Listenpreisen vereinbart (MITTELBACH Rn 110, 113; zur Vereinbarkeit mit der Preisangabenverordnung vgl Rn D 266). Die *Problematik der Listenpreisklauseln, insbes Tagespreisklauseln in AGB* ist bei Rn D 171 dargestellt und von der hier erörterten Frage des § 3 S 2 WährG zu unterscheiden. Der *Äquivalenzgedanke* rechtfertigt auch hier genehmigungsfreie Wertsicherungsklauseln. *Produkte gleicher Art* können zum Maßstab einer genehmigungsfreien Spannungsklausel gemacht werden (BGH BB 1977, 1574, Fernwärme; einschränkend WILLMS/WAHLIG BB 1978, 974). Über *Kostenelement-*

klauseln bei langfristigen Lieferbeziehungen vgl Rn D 251. Bei langfristigen Kaufverträgen können sich *genehmigungsfreie Leistungsbestimmungsvorbehalte* empfehlen, zB für den Fall einer bestimmten Veränderung des Lebenshaltungskostenindex
(vgl BGH BB 1964, 1452 = Betrieb 1964, 1807 = WM 1964, 1325). Genehmigungsfrei ist nach
Rn D 260 auch die Kaufpreisbestimmung durch Schiedsgutachter (BGH Betrieb 1967,
2158 = WM 1967, 1248).

Preisvorbehalte, die auf die Gestehungskosten Bezug nehmen (Rn D 251), berechti- **D 272**
gen idR nur zur Preisanhebung bei steigenden, nicht auch zur Preisherabsetzung bei
sinkenden Gestehungskosten (BGH BB 1953, 925 f). Nach Rn D 239 sind bei gestundeten Kaufpreisforderungen Umsatz- und Ertragsklauseln zulässig. Eine *Gewinn-
klausel*, wonach der Käufer periodische Zahlungen aus dem Erlös der gekauften
Waren oder Wertpapiere, mindestens aber einen vereinbarten Festbetrag zu zahlen
hat, stellt keine versteckte Gleitklausel und keine Umgehung des § 3 WährG dar (vgl
in dieser Richtung BGH BB 1956, 936 = NJW 1957, 347 = WM 1956, 1330). Vgl auch Rn D
238.

Kostenklauseln und *Kostenelementklauseln* sind vor allem für langfristige Lieferver- **D 273**
hältnisse typisch (dazu Rn D 251; DÜRKES Rn J 42 ff; WOLF ZIP 1981, 240). Verbreitet sind
sie außerdem bei langfristigen Werkverträgen, insbes im Hoch- und Tiefbau (vgl OLG
Hamm BB 1975, 489, 490; MITTELBACH Rn 152). Zur **Wertsicherung im Energierecht** vgl
eingehend MALZER, Das Recht der Energielieferungsverträge (1976) 127 ff; SALIN-
GER/BROCKE, Preisänderungsklauseln in Erdgaslieferverträgen, Heft 35 der Veröf-
fentlichungen des Instituts für Energierecht an der Universität zu Köln (1974);
JÜRGEN F BAUR, Vertragliche Anpassungsregelungen – Dargestellt am Beispiel
langfristiger Energielieferungsverträge (1983); ders ZIP 1985, 905; EBEL Betrieb
1982, 2607; vgl auch DÜRKES Rn D 66 ff. Die Frage der Wertsicherung spielt bei der
Energielieferung nur im Bereich der Sonderabnahmeverträge eine Rolle; die Preise
für Tarifkunden unterliegen öffentlich-rechtlichen Sonderregungen (vgl etwa die
Bundestarifordnung Elektrizität vom 18. 12. 1989, BGBl I 2255). Zur Auslegung von
Wertsicherungsklauseln im Energierecht s BGH BB 1979, 1214 = WM 1979, 1389.
Bei der Energielieferung spielen Kostenklauseln und Kostenelementklauseln eine
besondere Rolle (Rn D 251). Üblich ist die Bindung an den Preis eines wichtigen
Rohstoffs (DÜRKES Rn D 66, D 107 a, D 133 ff; MITTELBACH Rn 132), wobei automatisch
wirkende Klauseln bevorzugt werden, da Leistungsbestimmungsvorbehalte eine
Vielzahl von Vertragsverhandlungen erforderlich machen würden. Genehmigungs-
frei ist bei *Gaspreisen* zB die Bindung an den Jahresdurchschnittspreis für schweres
Heizöl und an den Lohn (BGH BB 1979, 1214; dazu auch DÜRKES Rn D 143 ff; MITTELBACH
Rn 150 a), bei *Fernwärmeverträgen* die Bindung an den Preis der Kohle oder des
Heizöls etc (OLG Stuttgart, mitgeteilt bei DÜRKES BB 1979, 811; MITTELBACH Rn 131). *Fernwärme* kann nach Lieferpreisen berechnet werden, die sich mit den Kohlepreisen
und Löhnen verändern (vgl die bei MITTELBACH Rn 153 wiedergegebene Formel). In währungsrechtlicher Hinsicht ist auch die Anpassung der Fernwärmepreise an Preise
eines anderen Energieversorgungsunternehmens zulässig (BGH BB 1977, 1574; dazu
MITTELBACH Rn 164; krit WILLMS/WAHLIG BB 1978, 974; über § 24 AVB FernwärmeV vgl LÜBKE-
DETRING, Preisklauseln in AGB [1989] 109 ff). Bei allen in Frage kommenden Preisänderungsklauseln hängt nach Rn D 251 die Genehmigungsfreiheit wesentlich davon ab,
daß die Klausel im Rahmen zulässiger Pauschalierung lediglich Mehrkosten abwälzt.
Für *Stromversorgungspreise* galt bis 1982 die VO PR Nr 18/52 über Preise für elek-

trischen Strom, Gas und Wasser v 26. 3. 1952 (BAnz Nr 62 v 28. 3. 1952; vgl dazu auch BGH BB 1979, 1213 = WM 1979, 1097 und DÜRKES Rn D 81, D 101, D 158). Danach durften im Sonderabnehmerbereich Preisänderungsklauseln in Verträgen mit einer Laufzeit von mindestens sechs Monaten vereinbart und angewandt werden, sofern sie die Preise für elektrischen Strom von Änderungen der Kohlepreise (und der Löhne) abhängig machten und nicht nur zugunsten einer Vertragspartei wirkten. Diese Klauseln bedurften als Kostenelementklauseln nicht auch noch der Genehmigung nach § 3 S 2 WährG (BGH aaO; vgl auch Rn D 251). Die VO wurde aufgehoben durch die Zweite PreisfreigabeVO PR Nr 1/82 v 12. 5. 1982 (BGBl I 617). Die Maßstäbe für die Zulässigkeit der Klauseln ergeben sich nunmehr nur noch aus den §§ 3 WährG, 9 AGBG, 103, 104 GWB (eingehend EBEL Betrieb 1982, 2607). Für § 3 S 2 WährG bleibt es bei dem Standpunkt des BGH: Kostenelementklauseln in Sonderabnehmerverträgen sind genehmigungsfrei (eingehend EBEL Betrieb 1982, 2609). Für § 9 AGBG gilt, daß Preisänderungsklauseln in Allgemeinen Geschäftsbedingungen dann vor dem AGBG Bestand haben, wenn sie vom Gebot eines angemessenen Interessenausgleichs beherrscht sind und nach Zeitpunkt und Ausmaß der Preiserhöhung hinreichend bestimmt sind (eingehend ULMER/BRANDNER/HENSEN, AGBG [7. Aufl 1993] § 11 Nr 1 Rn 18; LÜBKE-DETRING, Preisklauseln in AGB [1989]; R M WIEDEMANN, Preisänderungsvorbehalte [1991]; EBEL Betrieb 1982, 2607 f). § 11 Nr 1 AGBG ist nach § 23 Abs 2 Nr 2 AGBG bei Sonderabnehmerverträgen nicht anwendbar. Zur kartellbehördlichen Aufsicht nach den §§ 103, 104 GWB vgl JÜRGEN F BAUR, in: Ordnungspolitische Überlegungen zur leitungsgebundenen Energieversorgung, RTW-Schriftenreihe 15 (1977) 75 ff; LUKES, Preisvergleich und Strukturvergleich bei der Mißbrauchsaufsicht nach §§ 103, 104 GWB (1977); IMMENGA/MESTMÄCKER/KLAUE, GWB (2. Aufl 1992) Vorbem 14 ff zu § 103 und § 103 Rn 47 ff; jüngst BGHZ 129, 37 = NJW 1995, 1894.

D 274 g)   **Kredite** sind der Wertsicherung nur beschränkt zugänglich. Die DBB bringt in Nr 1 a der Genehmigungsrichtlinien (Rn D 212) zum Ausdruck, daß Wertsicherungen des Geld- und Kapitalverkehrs *grundsätzlich nicht genehmigt* werden (eingehend DÜRKES Rn C 60 ff, D 629 ff; MITTELBACH Rn 233, 331 ff; WILLMS/WAHLIG BB 1978, 976). Das Hauptaugenmerk hat deshalb der Frage zu gelten, welche Vereinbarungen *genehmigungsfrei* sind. Vgl insofern zunächst Rn D 270 zum verrenteten Kaufpreis (er fällt nach DÜRKES Rn C 61 nicht in die Kategorie des Geld- und Kapitalverkehrs iS der Genehmigungsgrundsätze). Das in der Praxis seltene *Sachdarlehen* begründet nach § 607 Abs 1 eine Gattungsschuld und keine Geldschuld. Seine Vereinbarung ist genehmigungsfrei. Die *Vereinbarung einer Sachschuld* als Rückgewähranspruch wegen eines Gelddarlehens kann dagegen eine unzulässige Umgehung des § 3 S 2 WährG darstellen (vgl dazu auch Rn D 236 ff). Das ist insbes der Fall, wenn eine verdeckte Geldwertschuld vorliegt.

D 275 Die Abrede, daß der Gläubiger berechtigt sein soll, statt der hingegebenen Darlehenssumme die Zahlung eines dem *Preis oder Wert einer bestimmten Ware* entsprechenden Geldbetrages zu verlangen, stellt eine Wertsicherungsklausel dar und fällt unter § 3 S 2 WährG (BGH BB 1959, 1006 = Betrieb 1959, 1108 = WM 1959, 1198). Der *Wiederbeschaffungswert bestimmter Waren* kann nach BGH BB 1963, 247, 248 = Betrieb 1963, 448 = WM 1963, 315 den Rückzahlungsanspruch des Darlehensgebers bestimmen (zweifelnd MITTELBACH Rn 157). Der BGH und MITTELBACH (Rn 156) bezeichnen dies als eine Spannungsklausel (zweifelhaft; zur Einordnung als vereinbarte Geldwertschuld vgl Rn D 243). Die Besonderheit des BGH-Falls liegt darin, daß die Darlehensgeberin dem Darlehensnehmer den Erlös der Aktien zur Verfügung gestellt und sich Rückzahlung in Höhe des Wiederbeschaffungswerts ausbedungen hatte. Da der Darlehensgeber dem Darlehensnehmer auch die Wertpapiere genehmigungsfrei als Sachdarlehen hätte zur Verfügung stellen und ihn zur Verwertung instand setzen können und da die vereinbarte Forderung wirtschaftlich auf einen Aufwendungsersatz hinausläuft, ist in der Tat diese Geldwertschuld als genehmigungsfrei anzusehen. Dasselbe muß gelten, wenn der Darlehensgeber lediglich den Erwerb bestimmter Papiere oder Devisen unterlassen hat (Rn D 243). Umgehungen des § 3 S 2 WährG, die auf diese Weise möglich sind, können nach Rn D 203, D 207, D 236 ff hingenommen werden, sofern nicht eine Mindestklausel hinzutritt (vgl Rn D 238, D 243, D 264). Allerdings ist diese Folgerung nicht zweifelsfrei, denn auf diese Weise ließen sich auch genehmigungsfreie Goldklauseln begründen, obwohl Goldklauseln nach Nr 2 b der Genehmigungsgrundsätze der DBB nicht einmal genehmigungsfähig sind. Auch hier sind jedoch angesichts des schwankenden Goldpreises Mißbräuche nicht zu befürchten, denn die Klausel fällt unter § 3 S 2 WährG, sobald sie mit einer Mindestklausel verbunden ist. Für *Spannungsklauseln* ist beim Darlehen praktisch kein Raum. *Leistungsbestimmungsvorbehalte* sind bei einem nominell rückzahlbaren Darlehen naturgemäß ungebräuchlich; ihre Vereinbarung wäre auch unter dem Gesichtspunkt des § 138 bedenklich. Die Äquivalenzbeziehung sollte beim verzinslichen Darlehen über den Zins hergestellt werden. Über gleitende Zinssätze vgl § 246 Rn 146. DÜRKES (Rn J 176) empfiehlt die Verknüpfung der Darlehenszinsen mit einer wertgesicherten Leibrente, die allerdings genehmigungsbedürftig sei. *Partiarische Darlehensverhältnisse* sind bedenkenfrei (Rn D 239; DÜRKES Rn D 630; MITTELBACH Rn 331).

h)   **Gehalts- und Ruhegeldvereinbarungen** unterliegen in erster Linie arbeitsrecht- **D 276** lichen Regeln, die hier nicht darzustellen sind (eingehend MünchKommBGB/SÖLLNER[2] § 611 Rn 299 ff, 448 ff). Nach Maßgabe der in Rn D 245 ff dargestellten Regeln kann genehmigungsfrei eine *Spannungsklausel* vereinbart werden (Rn D 150). Dabei kann der *Wertmaßstab* für ein Gehalt einem Ruhegeld entnommen werden und umgekehrt (Rn D 250); ebensowenig schadet es, wenn der Wertmaßstab einer fremden Berufsgruppe entnommen wird (vgl BGH NJW 1997, 261) und wenn dem Empfänger ein Mindesteinkommen zugesichert ist (BGH LM § 3 WährG Nr 23; dort zahlreiche Nachw; die Entwicklung der Rechtsprechung ist eingehend dargestellt bei DÜRKES Rn D 5 ff, J 12 ff). Deshalb besteht für *Leistungsbestimmungsvorbehalte* nur ein geringeres Bedürfnis. Genehmigungsfrei sind auch Provisionen, die auf Umsatz- oder Gewinnbeteiligung zielen (Rn D 239). Zur Auslegung der Klausel vgl Rn D 174 sowie DÜRKES Rn C 148 ff. Über **Tarifverträge** vgl Rn D 116.

i)   **Dienstleistungsverträge** (Geschäftsbesorgungsverträge nach § 675) stehen zwar **D 277** nicht dem Vertragstypus nach, wohl aber hinsichtlich der Technik der Wertsicherung den Miet- und Pachtverhältnissen näher als den Gehaltsvereinbarungen. Da für *Spannungsklauseln* meist geeignete Maßstäbe fehlen, bietet sich für genehmigungsfreie Wertsicherung in erster Linie die Technik des Leistungsbestimmungsvorbehalts an. Im technischen Bereich sind Kostenelementklauseln gebräuchlich, zB Bezugnahme auf Lohnkosten; zur Genehmigungsfreiheit solcher Klauseln vgl Rn D 251.

k)   **Für Miete und Pacht** gelten im Ausgangspunkt keine Besonderheiten. Über **D 278** Wertsicherungsklauseln in Mietverträgen vgl eingehend DÜRKES Rn D 525 ff, J

158 ff; Nies 26 ff; Samm/Haffke 54 ff; Staudinger/Emmerich (1995) Vorbem 304 ff zu §§ 535, 536; Staudinger/Pikalo[12] Anh § 597 Rn 58–63. Allgemein über langfristige Nutzungsverträge Rasch BB 1971, 753. Zur Auslegung von Wertsicherungsklauseln in Miet- und Pachtverträgen vgl BGH LM § 133 Nr 12 = BB 1970, 1323 = MDR 1971, 36 = NJW 1970, 2103; WM 1979, 784, 786; 1979, 1308; KG NJW 1970, 951. Zur Genehmigungspraxis vgl eingehend Dürkes Rn C 65 ff. Da die bei Rn D 212 wiedergegebenen Genehmigungsgrundsätze unter Nr 1 b eine Genehmigung nur bei langfristigen Verträgen vorsehen, steht die Frage im Vordergrund, welche Klauseln genehmigungsfrei sind. Im wesentlichen geht es also um genehmigungsfreie Spannungsklauseln und Leistungsvorbehalte (MünchKommBGB/Voelskow[3] §§ 535, 536 Rn 85).

D 279 **aa)** **Klauselbeispiele** können nur ohne Anspruch auf Vollständigkeit wiedergegeben werden. Automatisch wirkende *Indexklauseln* sind genehmigungsbedürftig und grundsätzlich nicht genehmigungsfähig (BGHZ 63, 132, 134 = NJW 1975, 44, 45 m Anm Braxmaier LM § 3 WährG Nr 26; BGH BB 1977, 718, 719 = NJW 1977, 1394 = WM 1977, 643, 645). Das gilt nach Nr 3 c der Genehmigungsgrundsätze vor allem auch für den Baukostenindex (Dürkes Rn C 142, D 533). Notfalls bedarf es hier der ergänzenden Vertragsauslegung oder der Vertragsanpassung, zB in dem Sinne, daß ein Leistungsbestimmungsvorbehalt vereinbart ist. Keine währungsrechtlichen Bedenken bestehen im übrigen dagegen, daß eine bestimmte Erhöhung des Baukostenindex zu einem außerordentlichen Kündigungsgrund erklärt wird (Dürkes Rn D 548). Außer bei Wohnungsmietverträgen (Rn D 280) ist eine solche Kündigungsklausel mithin zulässig. Die Vereinbarung von *Naturalleistungen* als Miet- oder Pachtzins ist währungsrechtlich zulässig (vgl Rn D 228; Dürkes Rn D 296 ff; aM OLG Köln NJW 1951, 363 m abl Anm Rötelmann). Nicht selten wird deshalb die Teilhabe des Vermieters oder Verpächters am Ertrag in Gestalt einer Sachschuld vereinbart (vgl zB über Kinokarten statt Geld BGH BB 1963, 610 = WM 1963, 92; OLG Hamm WM 1971, 1190; dazu auch Rn D 237 f). Handelt es sich nicht um Leistungen aus dem Miet- oder Pachtgegenstand und soll der Vermieter oder Verpächter die Naturalleistungen nicht selbst verwenden, so kann ein Umgehungsfall vorliegen (Rn D 238). *Umsatzklauseln* und *Gewinnbeteiligungsklauseln* sind genehmigungsfrei (Dürkes Rn D 334 ff). Unproblematisch ist zunächst die partiarische Pacht (vgl Rn D 239). Ist die partiarische Pachtregelung mit einem Leistungsbestimmungsvorbehalt versehen, so ist auch dieser zulässig (vgl dazu OLG Hamm WM 1971, 1190). *Lasten des Vermieters* können durch *Spannungsklauseln* umgelegt werden (BGH BB 1958, 1220 = Betrieb 1958, 1391; s auch Staudinger/Emmerich [1995] Vorbem 316 zu §§ 535, 536). Als *Spannungsklauseln* (Rn D 245 ff) sind nach dem Äquivalenzgedanken Klauseln genehmigungsfrei, die – auch automatisch! – dafür sorgen, daß der Vermieter erhöhte *Belastungen*, die durch eine Anhebung des Zinssatzes der auf dem Mietgrundstück ruhenden Hypotheken oder Grundschulden oder durch Erhöhung der öffentlichen Abgaben eintreten, durch eine entsprechende Erhöhung des Mietzinses weitergeben darf (vgl BGH BB 1958, 1220 = Betrieb 1958, 1391; zur Abgrenzung vgl BGH LM § 3 WährG Nr 20/21 = BB 1973, 998 = MDR 1973, 927 = NJW 1973, 1498 = WM 1973, 905; enger wohl Staudinger/Emmerich [1995] Vorbem 317 zu §§ 535, 536). Anders, wenn die Bezugnahme auf den Hypothekenzins nicht der Anpassung des Preises an die konkreten Lasten dient, sondern als Wertmesser für einen gleitenden Mietzins gewählt ist (BGH LM § 3 WährG Nr 20/21). Eine solche Wertsicherungsklausel ist genehmigungsbedürftig und nach Nr 2 a der Genehmigungsgrundsätze der DBB von 1978 (Rn D 212) nicht genehmigungsfähig (vgl auch BGH LM § 3 WährG Nr 20/21 unter

II 4). Auch der Grundstückspreis oder der Baukostenindex ist regelmäßig kein geeigneter Vergleichsmaßstab (Staudinger/Emmerich [1995] Vorbem 317 zu §§ 535, 536). Eine genehmigungsfreie Spannungsklausel liegt bei Miet- und Pachtverträgen, ebenso wie bei Erbbauverträgen, immer dann vor, wenn Wertmesser für den Miet- oder Pachtzins die Höhe der *Einnahmen aus Untervermietung oder Unterverpachtung* ist (BGH LM § 3 WährG Nr 29 = BB 1976, 59 = NJW 1976, 422 = WM 1976, 33). Auch durch Bezugnahme auf den Mietpreis von Räumen gleicher Art, Lage und Ausstattung kann eine Spannungsklausel vereinbart werden. Dient der Miet- oder Pachtzins nach dem vereinbarten Vertragszweck *Unterhaltszwecken*, so sollte auch die Anpassung an ein vertraglich bestimmtes Gehalt oder Ruhegeld als genehmigungsfrei anerkannt werden (Dürkes Rn D 555; enger wohl Staudinger/Emmerich [1995] Vorbem 317 zu §§ 535, 536). Die Voraussetzungen ergeben sich sinngemäß aus Rn D 243 und D 268. Im Hinblick auf die unsichere Rechtslage empfiehlt sich allerdings eine besondere Leibrentenvereinbarung. In Mietverträgen und Wartungsverträgen über *EDV-Anlagen, Telefonanlagen uä* finden sich genehmigungsfreie *Kostenklauseln* (Wolf ZIP 1981, 240). Die reine Kostenüberwälzung ist genehmigungsfrei, gleich, ob sie automatisch oder kraft Leistungsbestimmungsvorbehalts erfolgt. *Leistungsbestimmungsvorbehalte* sind auch hier genehmigungsfrei (Rn D 253 ff). Ein Leistungsbestimmungsvorbehalt liegt zB vor, wenn der Vermieter (Verpächter) den Mietzins (Pachtzins) bei einem langfristigen Vertrag in bestimmten Abständen (zB jeweils am Jahresanfang) oder bei einer bestimmten Veränderung der Lebenshaltungskosten nach billigem Ermessen neu festsetzen soll (BGH BB 1962, 737 = NJW 1962, 1393 = WM 1962, 772; 1964, 944; 1967, 735 = WM 1967, 515; 1968, 646; Dürkes Rn B 55 f; Mittelbach Rn 110). Hier kommt auch eine Anknüpfung an Grundstückspreise oder an den Lebenshaltungs- oder Baukostenindex in Betracht, die als automatisch wirkende Spannungsklausel nicht möglich ist (vgl Dürkes Rn D 565). Über *Mietverträge mit Baukostenzuschuß* vgl BGH WM 1976, 154; 1978, 1356 = BB 1978, 1749. *„Angemessener Mietzins"* iS einer Wertsicherungsklausel ist idR der im Zeitpunkt der Neufestsetzung angemessene, dh regelmäßig der zu diesem Zeitpunkt orts- und marktübliche Mietzins (BGH BB 1975, 898 = NJW 1975, 1557 = WM 1975, 772).

bb) Ein **Sonderproblem** entsteht **bei Mietverhältnissen über Wohnraum**. Grundlage ist **D 280** das als Art 3 des Zweiten Wohnraumkündigungsschutzgesetzes erlassene Gesetz zur Regelung der Miethöhe (MHRG). Hier sind nach § **10 MHRG** Mietgleitklauseln und sonstige Wertsicherungsklauseln – auch wenn sie als Spannungsklauseln oder Leistungsbestimmungsvorbehalte nach § 3 WährG unbedenklich wären – unzulässig, soweit sie den Mieter zu Mieterhöhungen verpflichten, die dem Umfang oder dem Verfahren nach nicht dem MHRG entsprechen (Begr RegE zu Art 3 § 8 Abs 1 MHRG, BT-Drucks 7/2011 S 14; MünchKommBGB/Voelskow[3] § 10 MHRG Rn 3; Dürkes Rn D 526 ff). Das Gesetz zur Erhöhung des Angebots an Mietwohnungen v 20. 12. 1982 (BGBl I 1912) fügte in § 10 MHRG den folgenden Abs 2 über die sog Staffelmiete ein:

„(2) Abweichend von Absatz 1 kann der Mietzins für bestimmte Zeiträume in unterschiedlicher Höhe schriftlich vereinbart werden. Die Vereinbarung eines gestaffelten Mietzinses darf nur einen Zeitraum bis zu jeweils zehn Jahren umfassen. Während dieser Zeit ist eine Erhöhung des Mietzinses nach den §§ 2, 3 und 5 ausgeschlossen. Der Mietzins muß jeweils mindestens ein Jahr unverändert bleiben und betragsmäßig ausgewiesen sein. Eine Beschränkung des Kündigungsrechts des Mieters ist unwirksam, soweit sie sich auf einen Zeitraum von mehr als vier Jahren seit Abschluß der Vereinbarung erstreckt."

D 281 Seit dem 1. 9. 1993 gilt aber die neue Vorschrift des § **10 a MHRG** (dazu Bub NJW 1993, 2899). Nach ihr kann abweichend von § 10 MHRG vereinbart werden, daß die weitere Entwicklung des Mietzinses durch den Preis von anderen Gütern oder Leistungen bestimmt werden soll (Mietanpassungsvereinbarung nach § 10 a Abs 1 S 1 MHRG). Der Mietzins muß mindestens ein Jahr unverändert bleiben (§ 10 a Abs 2 MHRG). Die Änderung muß durch schriftliche Erklärung geltend gemacht werden, in der der neue Mietzins benannt ist. Die Mietanpassungsvereinbarung ist nur wirksam, wenn die Genehmigung nach § 3 WährG oder entsprechenden währungsrechtlichen Vorschriften (vgl zu den neuen Bundesländern Rn D 191) erteilt wird (§ 10 a Abs 1 S 2 MHRG). Aus dieser Bezugnahme auf § 3 WährG und auf die Genehmigungsgrundsätze der DBB (Wortlaut Rn D 212) wird im Einklang mit dem Gesetzgeberwillen gefolgert, daß alle unter § 10 a MHRG fallenden Mietanpassungsvereinbarungen der Genehmigung bedürfen, also auch solche, die als Spannungsklauseln, Kostenelementeklauseln oder Leistungsbestimmungsvorbehalten nach den allgemeinen Grundsätzen genehmigungsfrei sein müßten (vgl MünchKommBGB/Voelskow[3] § 10 a MHRG Rn 4; Palandt/Putzo[55] § 10 a MHRG Rn 4; Bub NJW 1993, 2900). Nur soweit die Genehmigungsgrundsätze der DBB die Genehmigung nach § 3 WährG zulassen (Rn D 213), soll also eine Mietanpassungsvereinbarung zulässig und durch Genehmigung wirksam sein. Da sich § 10 a MHRG nicht mit Leistungsbestimmungsvorbehalten befaßt (vgl Abs 3 der Bestimmung), ist die Frage hinsichtlich der Spannungsklauseln von praktischem Interesse. Ihre Nichtzulassung wird rechtspolitisch bedauert (MünchKommBGB/Voelskow[3] § 10 a MHRG Rn 5). Es ist zu erwägen, ob nicht für § 10 a MHRG ebenso wie für § 3 WährG eine teleologische Reduktion in dem Sinne vorgenommen werden kann, daß Spannungsklauseln einer währungsrechtlichen Genehmigung nicht bedürfen. Die hM führt im Einklang mit den Genehmigungsgrundsätzen der DBB dazu, daß nur in Verträgen mit mindestens zehnjähriger Laufzeit eine Wertsicherung wirksam vereinbart werden kann (Palandt/Putzo[56] § 10 a MHRG Rn 9; Bub NJW 1993, 2900). Soweit eine Vereinbarung nach § 10 a MHRG wirksam getroffen ist, ist eine Mieterhöhung nach den allgemeinen Regeln nur gemäß den §§ 3 und 4 MHRG, nicht auch nach den §§ 2 und 5 MHRG zulässig (§ 10 a Abs 2 MHRG).

D 282 Soweit aufgrund eines Leistungsbestimmungsvorbehalts bereits vor dem Gesetz über den Kündigungsschutz für Mietverhältnisse über Wohnraum v 18. 12. 1974 (BGBl I 3603) ein Mieterhöhungsanspruch entstanden war, stehen die Vorschriften dieses Gesetzes der Mieterhöhung nicht entgegen (BGH LM § 3 WährG Nr 32 = BB 1977, 315 und 619 = MDR 1977, 572 = WM 1977, 418; Dürkes Rn D 526 a). Neue Erhöhungsansprüche aus Verträgen von 1974 und davor können aber nicht mehr entstehen, denn mit dem 1. 1. 1975 haben alle mit dem MHRG unvereinbaren Wertsicherungsklauseln ihre Wirksamkeit verloren (Dürkes Rn D 526, 529; Löwe NJW 1975, 12). Für die Zeit zwischen dem Ersten Wohnraumkündigungsschutzgesetz v 25. 11. 1971 und dem 31. 12. 1974 war dies str (vgl Dürkes Rn D 529 Fn 283; eingehend Schmidt-Futterer ZRP 1974, 153). Soweit wirksam vereinbarte Gleitklauseln in Altmietverträgen seit 1975 unwirksam sind, sind sie auch durch die Neuregelung von 1993 (Rn D 281) nicht wieder aufgelebt (Bub NJW 1993, 2900).

D 283 l)   In **Zeitcharterverträgen** sind Klauseln üblich, die zB lauten: „It is mutually agreed that the monthly hire-money due under clause . . . is based upon the mean of the present . . . selling and buying rate of the US Dollar . . . Should this mean rate fluctuate it is understood and agreed that the sterling hire payments shall be adjusted upwards and downwards and that the amount actually payable ... shall be the hire calculated at the agreed rate ... multiplied by ... and divided by the new mean rate in force on the due date of payment." Dies ist eine Variante der Valutawertschuld. Ist am Vertrag ein Gebietsfremder beteiligt, so ist die Klausel nach der hier vertretenen Auffassung nicht nach § 3 S 2 WährG genehmigungsbedürftig. Üblich sind daneben Preisänderungsklauseln wie zB: „The rate of hire agreed in this charter is based upon the level of owner's monthly operating expenses at the date of this charter ... By the end of every year of the charter period the average monthly expenses for the preceding year shall be compared with the basic statement attached hereto. Any difference exceeding 5 per cent to be multiplied by 12 and regulated in connection with the next hire payment ..." Dies ist ein Leistungsbestimmungsvorbehalt (vgl zu diesen Fragen MOHAMED IDWAN GANIE, Zeitfrachtzahlung und Zurückziehungsrecht [Diss Hamburg 1983]).

m) Beim **Erbbauzins*** ist, wie auch die Rechtsprechung zur Geschäftsgrundlage **D 284** zeigt (Rn D 136), eine Wertsicherung besonders unentbehrlich. Die neuere Rechtsentwicklung hat zu einer *Komplizierung der Probleme* geführt (vgl im einzelnen DÜRKES Rn D 368 ff, J 65 f, J 139 ff; ders BB 1980, 1610): Bis 1969 unterlag das Erbbaurecht keinen Besonderheiten. Das unverhältnismäßige Ansteigen der Grundstückspreise führte zur Änderung der Genehmigungsrichtlinien v 9. 9. 1969 (Mitt der DBB Nr 1006/69, BAnz Nr 169 S 3 v 9. 9. 1969; vgl dazu DÜRKES Rn D 369, C 207; ders BB 1980, 1610). Die Koppelung an Grundstückspreise im Wege des Leistungsbestimmungsvorbehalts blieb zunächst zulässig. Heute gelten die bei Rn D 212 wiedergegebenen *Genehmigungsgrundsätze.* Eine wesentliche Verschärfung brachte die Einführung von § 9 a **ErbbauVO** durch Gesetz v 8. 1. 1974 (BGBl I 41) mit sich:

---

* **Schrifttum** (vgl zunächst Rn D 162): ALBERTY, Der Anspruch auf Neufestsetzung des Erbbauzinses und seine Sicherung, Rpfleger 1956, 330; BILDA, Zur Wirkung vertraglicher Anpassungsklauseln, MDR 1973, 537; BRUNNER, Die Anpassungsfähigkeit des Erbbauzinses (Diss Würzburg 1981); CZERLINSKY, Anpassung von Erbbauzinsen an die „wirtschaftlichen Verhältnisse", NJW 1977, 228; DÜRKES, Wertsicherungsklauseln (10. Aufl 1992) Rn D 368 ff; ders, Die Wertsicherung von Erbbauzinsen, BB 1980, 1609; FALK, Der Leidensweg eines Gesetzgebungsverfahrens – Zur Auslegung von § 9 a ErbbauVO, NJW 1992, 540; GIESE, Begrenzung der aufgrund von Anpassungsklauseln geforderten Erbbauzinserhöhungen, BB 1974, 583; GÖTZ, Die Beleihbarkeit von Erbbaurechten, DNotZ 1980, 3; HARTMANN, Die Begrenzung bestehender und künftiger Erhöhungsmöglichkeiten von Erbbauzinsen auf Grund von Vereinbarungen nebst Formulierungsvorschlägen, Betrieb-Beil 22/74; ders, Wertsicherung von Erbbauzinsen, NJW 1976, 403; INGEN-STAU, ErbbauVO (7. Aufl 1994); KNOTHE, Das Erbbaurecht (1987) § 13; NORDALM, Nochmals: Anpassung von Erbbauzinsen an die „wirtschaftlichen Verhältnisse", NJW 1977, 1956; ODENBREIT, Die Billigkeitsregelung des § 9 a ErbbauVO, NJW 1974, 2273; vOEFELE, Änderung der ErbbauVO, DNotZ 1995, 643; vOEFELE/WINKLER, Handbuch des Erbbaurechts (2. Aufl 1995); OSTERMEIER, Die Wertsicherung des Erbbauzinses (Diss München 1965); RIPFEL, Variabler Erbbauzins?, DNotZ 1958, 455; SAMM/HAFKE, Grundbesitz und Wertsicherungsklauseln (2. Aufl 1988); RÖLL, Zur Sicherung des Anspruchs auf Neufestsetzung des Erbbauzinses durch Eintragung einer Vormerkung, DNotZ 1962, 243; SCHROEDER, Das neue Gesetz zur Änderung der ErbbauVO, JurBüro 1974, 151; SPERLING, Maßstäbe für Erbbauzinserhöhungen, NJW 1979, 1433; WANGEMANN, Die Sicherung des steigenden Erbbauzinses, DNotZ 1959, 174; WEITNAUER, Wertsicherungsklauseln beim Erbbauzins, DNotZ 1957, 295.

D 285 „§ 9 a (1) Dient das auf Grund eines Erbbaurechts errichtete Bauwerk Wohnzwecken, so begründet eine Vereinbarung, daß eine Änderung des Erbbauzinses verlangt werden kann, einen Anspruch auf Erhöhung des Erbbauzinses nur, soweit diese unter Berücksichtigung aller Umstände des Einzelfalles nicht unbillig ist. Ein Erhöhungsanspruch ist regelmäßig als unbillig anzusehen, wenn und soweit die nach der vereinbarten Bemessungsgrundlage zu errechnende Erhöhung über die seit Vertragsabschluß eingetretene Änderung der allgemeinen wirtschaftlichen Verhältnisse hinausgeht. Änderungen der Grundstückswertverhältnisse bleiben außer den in Satz 4 genannten Fällen außer Betracht. Im Einzelfall kann bei Berücksichtigung aller Umstände, insbesondere

1. einer Änderung des Grundstückswertes infolge eigener zulässigerweise bewirkter Aufwendungen des Grundstückseigentümers oder

2. der Vorteile, welche eine Änderung des Grundstückswertes oder die ihr zugrunde liegenden Umstände für den Erbbauberechtigten mit sich bringen,

ein über diese Grenze hinausgehender Erhöhungsanspruch billig sein. Ein Anspruch auf Erhöhung des Erbbauzinses darf frühestens nach Ablauf von drei Jahren seit Vertragsabschluß und, wenn eine Erhöhung des Erbbauzinses bereits erfolgt ist, frühestens nach Ablauf von drei Jahren seit der jeweils letzten Erhöhung des Erbbauzinses geltend gemacht werden.

(2) Dient ein Teil des auf Grund des Erbbaurechts errichteten Bauwerks Wohnzwecken, so gilt Absatz 1 nur für den Anspruch auf Änderung eines angemessenen Teilbetrages des Erbbauzinses.

(3) Die Zulässigkeit einer Vormerkung zur Sicherung eines Anspruchs auf Erhöhung des Erbbauzinses wird durch die vorstehenden Vorschriften nicht berührt.“

Eine **Übergangsregelung** enthält Art 2 des Gesetzes v 8. 1. 1974 (BGBl I 41):

„Art 2. (1) Für nach dem Inkrafttreten dieses Gesetzes (23. 1. 1974) fällig werdenden Erbbauzinsen ist § 9 a der Verordnung über das Erbbaurecht in der Fassung des Artikels 1 Nr 1 dieses Gesetzes auch bei Vereinbarungen des dort bezeichneten Inhalts anzuwenden, die vor Inkrafttreten dieses Gesetzes geschlossen worden sind.

(2) Ist der Erbbauzins auf Grund einer solchen Vereinbarung vor dem Inkrafttreten dieses Gesetzes erhöht worden, so behält es hierbei sein Bewenden. Der Erbbauberechtigte kann jedoch für die Zukunft eine bei entsprechender Anwendung der in Absatz 1 genannten Vorschrift gerechtfertigte Herabsetzung dann verlangen, wenn das Bestehenbleiben der Erhöhung für ihn angesichts der Umstände des Einzelfalles eine besondere Härte wäre.“

Diese Übergangsregelung findet sich erläutert bei SOERGEL/STÜRNER[12] § 9 a ErbbauVO Rn 15 f; MünchKommBGB/vOEFELE[3] § 9 a ErbbauVO Rn 15 f; PALANDT/BASSENGE[55] § 9 a ErbbauVO Rn 13 f; BOKELMANN MDR 1974, 634; DÜRKES BB 1980, 1612 (vgl auch die Nachweise bei Rn D 136 aE; Hinweis auf die zwischenzeitlich eingetretene Bedeutungslosigkeit der Übergangsregelung bei STAUDINGER/RING [1994] § 9 a ErbbauVO Rn 12). Kann eine Erbbauzinserhöhung deshalb nicht in der in der Anpassungsklausel vorgesehenen Höhe, sondern nur nach Maßgabe des § 9 a ErbbauVO verlangt werden, weil infolge Verzugs des Erbbauberechtigten mit der vertraglich geschuldeten Mitwirkung bei der Erhöhung der Erbbauzins nicht schon vor dem Inkrafttreten des Gesetzes im Sinne des Art 2 Abs 2 S 1 dieses Gesetzes erhöht worden ist, so kann in Höhe des Unterschiedsbetrages ein Anspruch des Grundstückseigentümers wegen Verzugsschadens gegeben sein (BGH BB 1978, 581).

D 286 **aa)** Zu den **Grundlagen des Rechts des wertgesicherten Erbbauzinses** gehört die Differenzierung zwischen den verschiedenen rechtlichen Schranken der Wertsicherung und zwischen den verschiedenen für die Betrachtung in Frage kommenden Rechten.

α) **Drei rechtliche Schranken** müssen beim wertgesicherten Erbbauzins beachtet **D 287** werden, die nach Funktion und Rechtsfolgen sehr unterschiedlich sind (wie hier Dürkes Rn D 377 mit Hinweis auf Staudinger/Karsten Schmidt[12]; allerdings mit unrichtiger allgemeiner Einbeziehung des schuldrechtlichen Erbbauzinses): Die *währungsrechtliche Schranke des § 3 WährG* (Rn D 289) kann die Wertsicherung insgesamt, dh in schuldrechtlicher wie in sachenrechtlicher Hinsicht, zu Fall bringen. Die *sachenrechtliche Schranke des § 9 ErbbauVO* (Rn D 290 ff) betrifft nur den dinglich gesicherten Erbbauzins (die sog Erbbauzinsreallast) und hindert nicht eine Wertsicherung des „schuldrechtlichen Erbbauzinses", mag dieser schuldrechtliche Anspruch unmittelbar auf Zahlung oder als Leistungsbestimmungsvorbehalt auf Anpassung des Erbbauzinses gerichtet sein. Die *Schranke für den Erhöhungsanspruch nach § 9 a ErbbauVO* (Rn D 295 ff) betrifft schließlich nicht die Wirksamkeit der Vereinbarung, sondern nur die Ausübung des Rechts aus der Wertsicherungsklausel.

β) Drei verschiedene Rechte können von diesen Schranken betroffen sein: der **D 288** „dingliche Erbbauzins", der „schuldrechtliche Erbbauzins" und ein Anspruch auf Änderung des Erbbauzinses. Da diese Rechte im Einzelfall ineinandergreifen können, ist eine genaue Unterscheidung vonnöten. Rechtsprechung und Literatur lassen diese Genauigkeit vielfach vermissen. Der **„dingliche Erbbauzins"** ist eine reallastartige Verpflichtung (vgl § 9 Abs 1 ErbbauVO und dazu Erman/Hagen[9] § 9 ErbbauVO Rn 1, 3; Staudinger/Ring [1994] § 9 ErbbauVO Rn 2 ff). Es handelt sich um eine Sonderform der Reallast, die dem zwingenden Recht des § 9 ErbbauVO unterliegt und ausschließlichen Charakter hat (vgl sinngemäß MünchKommBGB/vOefele[3] § 9 ErbbauVO Rn 8). Es kann insbes der schuldrechtliche Erbbauzinsanspruch nicht durch eine normale Reallast nach § 1105 gesichert und § 9 Abs 2 ErbbauVO hierdurch umgangen werden (vgl Ostermeier 37: „Reallastverbot für den gleitenden Erbbauzins."). Im Zweifel gilt ein dinglicher Erbbauzins als vereinbart; eine Beschränkung auf den bloß schuldrechtlichen Anspruch ist im Zweifel nicht anzunehmen (MünchKommBGB/vOefele[3] § 9 ErbbauVO Rn 8; Staudinger/Ring [1994] § 9 ErbbauVO Rn 3; hM). Vom **„schuldrechtlichen Erbbauzins"** wird im Zusammenhang mit der Wertsicherung in unterschiedlichem Sinn gesprochen: teils iS eines dinglich nicht gesicherten Erbbauzinses, teils iS einer Wertsicherungsklausel. Dieser Zusammenhang ist nicht zufällig und auch in § 9 Abs 2 S 2 ErbbauVO angelegt; er darf aber nicht verwirren. Eine *klare Terminologie* verdient den Vorzug: Als *„schuldrechtlicher Erbbauzins"* sollte nur die auf Zinszahlung gerichtete *Geldschuld* bezeichnet werden. Da die Eintragung einer Erbbauzinsreallast nicht Voraussetzung des Erbbaurechts ist, können sich die Parteien damit begnügen, den Erbbauberechtigten schuldrechtlich zur Zinszahlung zu verpflichten (Staudinger/Ring [1994] § 9 ErbbauVO Rn 3; allgM). Dieser schuldrechtliche Erbbauzins ist für die Wertsicherung von erheblicher Bedeutung, denn er kann als schuldrechtlicher Zahlungsanspruch Gegenstand einer Wertsicherungsklausel sein, und zwar sogar einer automatisch wirkenden (Gleit-) Klausel, denn § 9 Abs 2 S 1 ErbbauVO gilt für ihn nicht (Rn D 290). Der schuldrechtliche Erbbauzins kann nicht nur an die Stelle des sog dinglichen Erbbauzinses (dh des dinglich gesicherten Erbbauzinsanspruchs) treten, sondern es kann auch neben den sog dinglichen Erbbauzins ein wertgesicherter schuldrechtlicher Erbbauzins treten (MünchKommBGB/vOefele[3] § 9 ErbbauVO Rn 8; Erman/Hagen[9] § 9 ErbbauVO Rn 6). So etwa im Fall BGH LM § 9 ErbbauVO Nr 6 = NJW 1970, 944, wo eine Umsatzbeteiligung neben dem eingetragenen Erbbauzins vereinbart war. Von diesem schuldrechtlichen Erbbauzins zu unterscheiden ist ein **Leistungsbestimmungsvorbehalt**, der auf vertragliche Anpassung des (*dinglichen oder schuldrechtlichen!*) Erbbauzinses gerichtet ist (dazu STAUDINGER/ RING [1994] § 9 ErbbauVO Rn 20 ff). Die Zulässigkeit einer solchen Wertsicherungsvereinbarung steht seit dem Urteil BGHZ 22, 220 = NJW 1957, 98 und spätestens seit Einführung des § 9 a ErbbauVO außer Frage. Festzuhalten bleibt der Unterschied zwischen dieser Vereinbarung und dem schuldrechtlichen Erbbauzins: Der Leistungsbestimmungsvorbehalt begründet zwar einen schuldrechtlichen Anspruch, aber keinen Zahlungsanspruch. Er ist selbst nicht auf Zahlung, sondern auf Vertragsänderung gerichtet: auf Änderung entweder des schuldrechtlichen oder des dinglichen Erbbauzinses (vgl auch BGH NJW 1992, 2088). Er ist nicht *Gegenstand* der Wertsicherung, sondern *Mittel* der Wertsicherung. Deshalb wird er nicht durch Hypothek oder Grundschuld, sondern durch Vormerkung gesichert (Rn D 294). Der wertgesicherte schuldrechtliche Erbbauzins kann dagegen als Zahlungsanspruch durch eine Höchstbetragshypothek oder Grundschuld gesichert werden (OSTERMEIER 47 ff; HUBER NJW 1952, 687; es ist ungenau, von einer Sicherung der Anpassungsverpflichtung durch diese Grundpfandrechte zu sprechen; so aber MünchKommBGB/vOEFELE[2] § 9 ErbbauVO Rn 44; RIPFEL DNotZ 1958, 460; wie hier jetzt INGENSTAU § 9 Rn 68). Im Einzelfall können die drei Rechte etwa in folgender **Kombination** zusammentreffen (vgl MünchKommBGB/ vOEFELE[2] § 9 ErbbauVO Rn 34): bestimmter dinglicher Erbbauzins; darüberhinaus ein variabler schuldrechtlicher Erbbauzins; daneben ein schuldrechtlicher Anspruch auf Anpassung des dinglichen Erbbauzinses an den schuldrechtlichen Erbbauzins. Bestellt der Grundstückseigentümer ein Erbbaurecht für sich selbst, so kann ein Erhöhungsanspruch vorerst nicht entstehen, weil niemand sein eigener Schuldner sein kann (BGH BB 1982, 641 = JZ 1982, 419 m Anm KOHLER JZ 1983, 13 = NJW 1982, 2381). Das *Eigentümer-Erbbaurecht* ist dann also nicht wertgesichert. Erwirbt aber später ein Dritter das Erbbaurecht unter Bezugnahme auf den Vertrag, so kann die zunächst gegenstandslose Wertsicherung als Bestandteil des neuen Vertrags wirksam werden (vgl DÜRKES Rn D 388).

D 289 **bb)** Die **Zulässigkeit der Wertsicherung nach § 3 WährG** folgt allgemeinen Regeln (DBB DNotZ 1982, 329; eingehend MünchKommBGB/vOEFELE[3] § 9 ErbbauVO Rn 53 ff; vOEFELE/WINKLER Rn 6.133 ff; OSTERMEIER 55 ff). Rechtsprechungsnachweise für typische Klauseln finden sich bei SOERGEL/STÜRNER[12] § 9 ErbbauVO Rn 6. Genehmigungsfrei sind Sachschuldvereinbarungen (Rn D 228 ff), Spannungsklauseln (Rn D 245 ff), Leistungsbestimmungsvorbehalte (Rn D 253 ff) und Ertragsklauseln (Rn D 239). Keiner Genehmigung bedarf damit die Vereinbarung von *Sachleistungen* – auch in Form der Wahlschuld – als Erbbauzins (OLG Celle DNotZ 1955, 315, 316; LG München DNotZ 1952, 220, 221 f m zust Anm G und D REINICKE; SOERGEL/STÜRNER[12] § 9 ErbbauVO Rn 18; PALANDT/BASSENGE[56] § 9 ErbbauVO Rn 3; DÜRKES Rn J 155 ff; ders BB 1980, 1610). Zulässig sind *Leistungsbestimmungsvorbehalte* des Inhalts, daß der Erbbauzins in bestimmten Abständen oder bei Eintritt bestimmter Ereignisse neu festgesetzt werden soll, sei es einseitig von einer Partei, sei es einverständlich (BGH BB 1960, 344 = Betrieb 1960, 383 = WM 1960, 437; 1968, 930; 1969, 977 = WM 1969, 62, 64; DNotZ 1987, 360 m Anm WUFKA; NJW 1991, 2761; 1992, 2088; WM 1995, 1149; OLG Hamburg BB 1967, 735; MünchKommBGB/vOEFELE[3] § 9 ErbbauVO Rn 55; SOERGEL/STÜRNER[12] § 9 ErbbauVO Rn 16; STAUDINGER/RING (1994) § 9 ErbbauVO Rn 20; DÜRKES Rn D 409; ders BB 1980, 1610; eingehend, auch zu Auslegungsfragen, SOERGEL/STÜRNER[12] § 9 ErbbauVO Rn 6 f mwNw). Der Leistungsbestimmungsvorbehalt kann auch – im Gegensatz zur Spannungsklausel – auf Grundstückspreise oder auf den Grundstückswert Bezug nehmen (vgl BGH ZMR 1971, 127; BB 1978, 580 f; 1978, 581 f). Eine solche nach § 3 WährG unbedenkliche Vereinbarung wird auch durch § 9 a Abs 1 S 3 und 4 ErbbauVO nicht verboten; nur die Ausübung des Erhöhungsrechts, dh der Anspruch im Einzelfall, unterliegt einer Billigkeitskontrolle nach § 9 a ErbbauVO (dazu vgl alsbald Rn D 296 ff). Genehmigungsfreie *Spannungsklauseln* setzen Gleichartigkeit des Wertmaßstabes voraus (näher SOERGEL/STÜRNER[12] § 9 ErbbauVO Rn 17; MünchKommBGB/vOEFELE[3] § 9 ErbbauVO Rn 54). Als Spannungsklauseln zulässig sind Vereinbarungen über die *Abhängigkeit des Erbbauzinses vom Ertrag* aus Vermietung, Verpachtung oder Untererbbaurecht (BGH BB 1970, 418; LM § 3 WährG Nr 29 = BB 1976, 59 = NJW 1979, 422 = WM 1979, 33; NJW 1983, 1909 [Untermietzins]; DÜRKES [9. Aufl 1982] D 291; MünchKommBGB/vOEFELE[3] § 9 ErbbauVO Rn 54; SOERGEL/STÜRNER[12] § 9 ErbbauVO Rn 17; STAUDINGER/RING [1994] § 9 Rn 20; DÜRKES BB 1980, 1609 f; WOLF ZIP 1981, 236). Aber es muß sich um den Ertrag des konkreten Gebäudes handeln, nicht um einen allgemeinen Mietenindex (DÜRKES Rn D 58). Eine Gehaltsklausel, die den Erbbauzins an ein bestimmtes Gehalt bindet, ist deshalb nicht genehmigungsfrei (BGHZ 14, 306 = NJW 1954, 1684 = WM 1955, 74); diese Klauseln sind auch nur in den engen Grenzen von Nr 3 b der Genehmigungsgrundsätze der DBB genehmigungsfähig (DÜRKES BB 1980, 1609). Genehmigungspflichtig, aber seit 1969 nicht mehr genehmigungsfähig, ist die automatische Bindung des Erbbauzinses an den künftigen Verkehrswert des mit dem Erbbaurecht belasteten Grundstücks (BGH LM § 3 WährG Nr 37 = BB 1979, 1260 = NJW 1979, 1545; vgl dazu auch MünchKommBGB/vOEFELE[3] § 9 ErbbauVO Rn 56; SOERGEL/STÜRNER[12] § 9 ErbbauVO Rn 17; DÜRKES Rn D 417 f; ders BB 1980, 1610; **aM** HARTMANN NJW 1976, 405). In Anbetracht der Genehmigungsunfähigkeit besteht hierbei regelmäßig eine Pflicht zur vertraglichen Änderung der Klausel, zB iS eines Leistungsbestimmungsvorbehalts (BGH LM § 3 WährG Nr 37 = BB 1979, 1260 = NJW 1979, 1545, 1546). Indexklauseln, die keine Spannungsklauseln darstellen, sind genehmigungsbedürftig (PALANDT/BASSENGE[56] § 9 ErbbauVO Rn 8; DÜRKES BB 1980, 1609). Zu ihrer Genehmigungsfähigkeit vgl Nr 3 a der Genehmigungsgrundsätze der DBB (Rn D 212). Eine Bezugnahme auf Löhne und Gehälter ist nur unter den engen Voraussetzungen von Nr 3 b bb der Genehmigungsgrundsätze zulässig (DBB DNotZ 1982, 329, 330). Zur *Auslegung* typischer Klauseln vgl Nachweise bei PALANDT/BASSENGE[56] § 9 ErbbauVO Rn 14. Die Erheblichkeitsschranke bei Leistungsbestimmungsvorbehalten ist von der Rechtsprechung zunehmend herabgesetzt worden. Eine Klausel, die auf Unzumutbarkeit wegen nachhaltiger Veränderung der wirtschaftlichen Verhältnisse abstellt, greift jedenfalls bei einer Änderung um mehr als 20% (BGH NJW 1992, 2088). Stellt die Klausel darauf ab, daß eine erhebliche oder wesentliche Veränderung vorliegt, die den Erbbauzins nicht mehr als angemessene Vergütung erscheinen läßt, so genügt eine Änderung um mehr als 10% (BGH WM 1995, 1149).

cc)   Die **sachenrechtliche Zulässigkeit** betrifft stets nur die einzutragende Erbbau-   **D 290**
zinsreallast, niemals die schuldrechtliche Vereinbarung. Deshalb steht insbes § 9 Abs 2 S 1 ErbbauVO weder einer schuldrechtlichen Regelung über die Anpassung des dinglichen Erbbauzinses entgegen (vgl § 9 a ErbbauVO; BGHZ 22, 220 = NJW 1957, 98; STAUDINGER/RING [1994] § 9 ErbbauVO Rn 20) noch einer Dynamisierung des schuldrechtlichen Erbbauzinses (eingehend OSTERMEIER 10 ff; MünchKommBGB/vOEFELE[2] § 9 ErbbauVO Rn 31 ff).

α)   Der **dingliche Erbbauzins** (die „Erbbauzinsreallast") kann in Geld- oder Sach-   **D 291**

leistungen bestehen (vgl OLG Schleswig MDR 1951, 679; OLG Celle DNotZ 1955, 315, 316; LG München DNotZ 1952, 220; Staudinger/Ring [1994] § 9 ErbbauVO Rn 1; Palandt/Bassenge[56] § 9 ErbbauVO Rn 3). Herkömmlich ist er gemäß § 9 Abs 2 S 1 ErbbauVO nach Zeit und Höhe für die ganze Erbbauzeit *im voraus bestimmt*. Bloße Bestimmbarkeit genügt hierfür nicht. Bis zum Sachenrechtsänderungsgesetz v 21. 9. 1994 (BGBl I 2457) konnte eine Gleitklausel den dinglichen Erbbauzins ebensowenig unmittelbar berühren wie ein Leistungsbestimmungsvorbehalt. Sie konnte unmittelbar nur einen **schuldrechtlichen Erhöhungsanspruch** begründen (vgl BGHZ 22, 220, 223 = NJW 1957, 98; 61, 209, 211 = NJW 1973, 1838 = WM 1973, 1071, 1073; BGH WM 1969, 64; NJW 1970, 944; WM 1971, 39, 40; BB 1982, 641, 642; NJW 1992, 2088; BayObLG DNotZ 1978, 239; OLG Düsseldorf DNotZ 1976, 539; Betrieb 1978, 2166; LG Aurich NJW 1953, 1027 m Anm Hoche; Staudinger/Ring [1994] § 9 ErbbauVO Rn 20). Seit dem **Sachenrechtsänderungsgesetz 1994** (noch nicht berücksichtigt bei Staudinger/Ring [1994] § 9 ErbbauVO) kann Inhalt des dinglichen Erbbaurechts auch eine Verpflichtung zu seiner Anpassung sein, wenn diese nach Zeit und Wertmaßstab bestimmbar ist (**§ 9 Abs 2 S 2 ErbbauVO nF**). Seitdem muß unterschieden werden zwischen dem dinglichen Anpassungsanspruch (dazu sogleich Rn D 292) und dem schuldrechtlichen Anpassungsanspruch und seiner Sicherung (dazu sodann Rn D 294). Da nach § 9 Abs 2 S 1 ErbbauVO der Erbbauzins nur noch für die gesamte Erbbauzeit im voraus bestimmt sein „kann" und nicht „muß", ist umstritten, ob nunmehr auch automatisch wirkende Gleitklauseln eintragungsfähig sind (Rn D 293).

D 292 β)   **Der neu eingeführte dingliche Anpassungsanspruch** nach § 9 Abs 2 S 2 ErbbauVO macht die Anpassungsregelung zum **Inhalt der Reallast**. Einer besonderen dinglichen Sicherung dieses Anspruchs bedarf es dann nicht mehr (BayObLG NJW 1997, 468, 469). Nach § 46 Sachenrechtsbereinigungsgesetz kann im Geltungsbereich des Gesetzes die Aufnahme einer solchen Klausel verlangt werden (vOefele/Winkler Rn 8.82). Der dingliche Anpassungsanspruch wird nach § 873 in das Grundbuch eingetragen. Er kann hinsichtlich noch nicht fälliger Leistungen nicht vom Grundstückseigentum getrennt werden (§ 9 Abs 2 S 4 ErbbauVO). In Anbetracht seiner dinglichen Wirkung richtet sich der dingliche Anpassungsanspruch gegen den jeweiligen Inhaber des Erbbaurechts. Er bleibt aber nach hM ein bloßer Anspruch und läßt die Erhöhung des Erbbauzinses nicht automatisch eintreten (str; unentschieden BayObLGZ 1996, 114, 117). Der Vollzug der Anpassung setzt nach § 9 Abs 2 S 3 ErbbauVO die Zustimmung derer voraus, denen dingliche Rechte am Erbbaurecht zustehen. Die Zustimmung ist unwiderruflich und wird gegenüber dem Grundbuchamt oder gegenüber den Beteiligten erklärt (§ 9 Abs 2 S 3 ErbbauVO iVm § 880 Abs 2 S 3 BGB). § 9 Abs 2 S 2 ErbbauVO verlangt für einen eintragbaren dinglichen Anpassungsanspruch **Bestimmbarkeit**. Wegen der zu stellenden Anforderungen kann auf die Praxis zur Vormerkbarkeit des schuldrechtlichen Erhöhungsanspruchs (Rn D 294) Bezug genommen werden. Die Ausübungsschranken des § 9 a ErbbauVO (Rn D 295 ff) gelten auch für den dinglichen Anpassungsanspruch nach § 9 Abs 2 S 2 ErbbauVO. **Der dingliche Vollzug der Erhöhung** kann in einer Änderung des dinglichen Erbbauzinses bestehen, die eine Neubestellung des Rechts im Umfang der Erhöhung darstellt und keine Rückwirkung hat (vgl OLG Frankfurt Rpfleger 1978, 312; Palandt/Bassenge[56] § 9 ErbbauVO Rn 8). Nach herkömmlicher Ansicht ist diese Änderung „ihrem Wesen nach" die Neubestellung einer Erbbauzinsreallast. Technisch vollzieht sich diese Änderung entweder durch Eintragung einer selbständigen Zusatz-Erbbauzinsreallast oder durch Erhöhung der bereits eingetragenen Erbbauzinsreallast (BayObLGZ

1959, 520, 534 = DNotZ 1960, 540, 548; OLG Frankfurt Rpfleger 1978, 312, 313 f; LG Hamburg DNotZ 1961, 93 = Rpfleger 1960, 170). Daß das Gesetz eine solche Erhöhung als möglich ansieht, zeigt § 9 a ErbbauVO mit Abs 3 (richtig STAUDINGER/RING [1994] § 9 ErbbauVO Rn 20).

γ)   Ob § 9 Abs 2 S 2 ErbbauVO eine **Automatikklausel** zuläßt, die bei Veränderung **D 293** der Bezugsgrößen eine unmittelbare Veränderung (Erhöhung oder Herabsetzung) des Erbbauzinses herbeiführt, ist **umstritten**. Unter Berufung auf die Gesetzesmaterialien (BT-Drucks 12/5992, 194) wird der Standpunkt vertreten, daß das Gesetz nunmehr die Eintragung einer den Erbbauzins unmittelbar anpassenden Gleitklausel zuläßt (vOEFELE/WINKLER Rn 6. 79; MünchKommBGB/vOEFELE[3] § 9 ErbbauVO Rn 41 ff; vOEFELE DNotZ 1965, 650 f; WILKE DNotZ 1995, 661 ff). Die herkömmliche, mehr am Wortlaut orientierte Gegenansicht sieht im neuen § 9 Abs 2 S 2 nur die Anerkennung eines dinglichen Anpassungsanspruchs (Rn D 292), der zwar die Vormerkung (Rn D 294), nicht aber die dingliche Änderung des Erbbauzinses durch Einigung und Eintragung entbehrlich macht (BayObLGZ 1996, 114; PALANDT/BASSENGE[56] § 9 ErbbauVO Rn 10; KLAWIKOWSKI Rpfleger 1995, 145; MOHRBUTTER/MOHRBUTTER ZIP 1995, 807). Nach dieser Auffassung bezieht sich insbesondere die Neufassung des § 9 Abs 2 S 1 („kann") nur auf den neuen S 2 und ändert nichts daran, daß der dingliche Erbbauzins als bestimmter Erbbauzins einzutragen ist (PALANDT/BASSENGE[54] § 9 ErbbauVO Rn 4). Die Diskussion hat sich indes verlagert: BayObLG NJW 1997, 469 läßt offen, ob § 9 Abs 2 S 2 ErbbauVO in dem einen oder dem anderen Sinn auszulegen ist und gelangt unabhängig hiervon zu dem Ergebnis, daß seit der Änderung des § 9 Abs 2 ErbbauVO eine echte, automatisch wirkende Gleitklausel, wie bei anderen Reallasten auch (dazu BGHZ 111, 324 = NJW 1990, 2380), zum Inhalt der Erbbauzins-Reallast gemacht werden kann (in gleicher Richtung jetzt PALANDT/BASSENGE[56] § 9 ErbbauVO Rn 4). Wenn sich diese Auffassung durchsetzt, sind **drei verschiedene Anpassungsregelungen beim Erbbauzins** möglich: der schuldrechtliche Anpassungsanspruch (Rn D 294), der dingliche Anpassungsanspruch als Bestandteil der Reallast (Rn D 292) und der Erbbauzins mit hinreichend bestimmter Automatik-Klausel.

δ)   **Der herkömmliche rein schuldrechtliche Anpassungsanspruch** ist neben dem ding- **D 294** lichen Anpassungsanspruch nach wie vor zulässig und wird bei alten, noch nicht iS des neuen Rechts geänderten Erbbaurechten nach wie vor eine Rolle spielen (PALANDT/BASSENGE[56] § 9 ErbbauVO Rn 13). Ein solcher Anspruch wirkt nur unter den Parteien des schuldrechtlichen Vertrages und ihren Gesamtrechtsnachfolgern, gegen Einzelnachfolger dagegen nur, wenn sie in diese Vertragspflicht eintreten (BGH BB 1972, 17, 18; NJW-RR 1987, 74; OLG Frankfurt Rpfleger 1979, 24, 25; PALANDT/BASSENGE[56] § 9 ErbbauVO Rn 13; DÜRKES Rn D 379; ders BB 1980, 1610). Auch gegenüber sonstigen Dritten ist deshalb eine **dingliche Sicherung** geboten (DÜRKES Rn D 379 ff). Hierbei ist zu differenzieren zwischen dem nicht vormerkungsfähigen Anspruch auf Neufestsetzung des Erbbauzinses, dh auf schuldrechtliche Vertragsänderung, und dem vormerkungsfähigen Anspruch auf Änderung der dinglichen Rechtslage (BGHZ 22, 220, 224 f; SOERGEL/STÜRNER[12] § 9 ErbbauVO Rn 10). Gegenstand des vorgemerkten Anspruchs ist regelmäßig die Begründung oder Erhöhung der Erbbauzinsreallast (vgl BGH BB 1980, 1182; BayObLGZ 1969, 97, 102; BayObLG DNotZ 1978, 239 f; LG Bonn NJW 1956, 1566; SOERGEL/STÜRNER[12] § 9 ErbbauVO Rn 10). Die *Vormerkungsfähigkeit* des Anspruchs steht außer Zweifel (BGHZ 22, 220, 224 f; 61, 209, 211; BGH NJW 1992, 2088; BayObLGZ 1969, 97, 102; BayObLG DNotZ 1978, 239 f; KG OLGZ 1976, 276 = Rpfleger 1976, 244; OLG Oldenburg

DNotZ 1962, 250 = NJW 1961, 2261; OLG Düsseldorf DNotZ 1976, 539, 540; OLG Celle DNotZ 1977, 548, 549; OLG Hamm NJW-RR 1996, 268; INGENSTAU § 9 Rn 67 ff; vOEFELE/WINKLER Rn 6.205 ff; OSTERMEIER 19 ff; STAUDINGER/RING [1994] § 9 ErbbauVO Rn 21). Das bedarf seit der Klarstellung durch § 9 a Abs 3 ErbbauVO keiner besonderen Begründung mehr. Auch die rangwahrende Wirkung der Vormerkung ist zu bejahen (hM; BGH NJW 1992, 2088; OLG Düsseldorf DNotZ 1976, 539; vgl eingehend vOEFELE/WINKLER Rn 6.223; OSTERMEIER 39 f; SOERGEL/STÜRNER[12] § 9 ErbbauVO Rn 13; JERSCHKE DNotZ 1976, 543; **am** noch ALBERTY Rpfleger 1956, 333; HOCHE NJW 1953, 1027). Für *wiederholte Anpassung* kann *eine* Vormerkungseintragung genügen (BayObLG DNotZ 1978, 239; INGENSTAU § 9 Rn 71). Die Vormerkung setzt nicht die für § 9 Abs 2 S 1 ErbbauVO verlangte Bestimmtheit, sondern nur **Bestimmbarkeit** des Anspruchs voraus (BGHZ 22, 220, 225 f; std Rspr; BGH NJW 1996, 1748; KG OLGZ 1976, 276, 280 = Rpfleger 1976, 244 f; OLG Hamm NJW 1967, 2362; NJW-RR 1996, 268; DÜRKES Rn D 394 ff; ERMAN/HAGEN[9] § 9 ErbbauVO Rn 15; SOERGEL/STÜRNER[12] § 9 ErbbauVO Rn 10 ff; STAUDINGER/RING [1994] § 9 ErbbauVO Rn 21; eingehend zum folgenden vOEFELE/WINKLER Rn 6.215 ff; OSTERMEIER 25 ff; MünchKommBGB/vOEFELE[3] § 9 ErbbauVO Rn 64 ff). Die Praxis zur Bestimmbarkeit wird künftig vor allem für die Eintragung dinglicher Anpassungsansprüche nach § 9 Abs 2 S 2 ErbbauVO eine Rolle spielen (Rn D 292). Für die Vormerkung ist nach BGHZ 22, 220, 225 f eine Anpassung nach Maßgabe des Grundstückswerts bestimmt genug (vgl auch OLG Düsseldorf DNotZ 1976, 539). Ausreichend sind auch folgende Maßstäbe: Mietkosten (ERMAN/HAGEN[9] § 9 ErbbauVO Rn 15); Preisindizes (BGHZ 61, 209; BayObLG DNotZ 1969, 492; weitere Nachw bei ERMAN/HAGEN[9] § 9 ErbbauVO Rn 15; INGENSTAU § 9 Rn 70). Insgesamt ist die Gerichtspraxis von bemerkenswerter Großzügigkeit (skeptisch OSTERMEIER 29 f). Nach KG OLGZ 1976, 276 = Rpfleger 1976, 244 genügt eine Billigkeitsklausel dem Bestimmtheitserfordernis. Das KG sieht die Erklärung für die strengere Auffassung des OLG Hamm in NJW 1967, 2362 lediglich darin, daß dieses Urteil vor Erlaß des § 9 a ErbbauVO erging. Im praktischen Ergebnis läuft die Auffassung des KG darauf hinaus, daß spätestens seit der Anerkennung der Vormerkungsfähigkeit durch § 9 a Abs 3 ErbbauVO jeder Anspruch, der dem schuldrechtlichen Bestimmtheitserfordernis von Rn D 170 genügt, auch vormerkbar ist. Diese Auffassung ist bestritten und im Ergebnis nicht unzweifelhaft (krit MünchKommBGB/vOEFELE[3] § 9 ErbbauVO Rn 64; vOEFELE/WINKLER Rn 6.219). Die Gerichte haben teilweise strenger entschieden. OLG Oldenburg DNotZ 1962, 250 = NJW 1961, 2261 hält eine Klausel, die den Zeitpunkt der Anpassung offen läßt, für zu unbestimmt (abl dazu OSTERMEIER 28). Nicht ausreichend ist nach OLG Hamm NJW 1967, 2362 eine Regelung über die Neufestsetzung, wenn sich der Verkehrswert von Grundstücken gleicher Art und Lage um mehr als 20% verändert. Nach LG Bochum NJW 1960, 153 genügt es nicht, wenn eine bestimmte Änderung der Lebenshaltungskosten als erhöhungsbegründender Tatbestand, nicht aber der Umfang der Erhöhung festgelegt ist (im Ergebnis zustimmend OSTERMEIER 31). Als unzureichend wird auch eine Generalklausel bezeichnet, die die jederzeitige Anpassung ohne geregelte Intervalle gestattet (ERMAN/HAGEN[9] § 9 ErbbauVO Rn 15 mit Hinweis auf OLG Schleswig SchlHAnz 1970, 60). Voraussetzung eines vormerkungsfähigen Erhöhungsanspruches ist, daß Gläubiger und Schuldner nicht identisch sind. Mit der *Bestellung eines Eigentümererbbaurechts* kann deshalb ein vormerkungsfähiger Erhöhungsanspruch nicht verbunden werden (BGH BB 1982, 641 = JZ 1982, 419 = NJW 1982, 2381; vgl bereits Rn D 288 aE).

D 295 dd) Eine **Begrenzung der Rechtsausübung aus Wertsicherungsklauseln** enthält **§ 9 a ErbbauVO**. Die Vorschrift ist, wie in Rn D 287 bemerkt, von der währungsrecht-

lichen (§ 3 WährG) und der sachenrechtlichen Schranke (§ 9 ErbbauVO) zu unter-
scheiden. § 9 a ErbbauVO regelt nicht die Voraussetzungen einer wirksamen
Anpassungsregelung, sondern beschränkt den Umfang der Rechtsausübung
(vOEFELE/WINKLER Rn 6.171). Deshalb macht die Prüfung nach § 9 a ErbbauVO die
Prüfung nach § 3 WährG nicht entbehrlich (PALANDT/BASSENGE⁵⁶ § 9 a ErbbauVO Rn 3;
HARTMANN NJW 1976, 403). Normzweck des § 9 a ErbbauVO ist die Verhinderung einer
Steigerung des Erbbauzinses nach Maßgabe der zT unvorhersehbar steigenden
Grundstückspreise (BGH NJW 1980, 588; MünchKommBGB/vOEFELE² § 9 a ErbbauVO
Rn 2).

α)   Der **Anwendungsbereich des § 9 a ErbbauVO** ist demgemäß weit. Insbes gilt § 9 a   **D 296**
ErbbauVO für den neuen dinglichen Anpassungsanspruch (Rn D 292) ebenso wie für
den bei Einführung des § 9 a allein zugelassenen schuldrechtlichen Anspruch. Das
Gesetz läßt im Unklaren, *welche Art Wertsicherungsklauseln* erfaßt sind. § 9 a Abs 1
S 1 ErbbauVO spricht nur vom Anspruch auf Erhöhung des Erbbauzinses, obwohl
für den schuldrechtlichen Erbbauzins auch eine Gleitklausel vereinbart werden
könnte. Dieser Wortlaut paßt nur auf Leistungsvorbehalte, aber seinem Sinn und
Zweck nach erfaßt § 9 a ErbbauVO auch automatisch wirkende Wertsicherungen des
schuldrechtlichen Erbbauzinses (ERMAN/HAGEN⁹ § 9 a ErbbauVO Rn 3; STAUDINGER/RING
[1994] § 9 a ErbbauVO Rn 2; PALANDT/BASSENGE⁵⁶ § 9 a ErbbauVO Rn 2; SOERGEL/STÜRNER¹² § 9
a ErbbauVO Rn 5; MünchKommBGB/vOEFELE³ § 9 a ErbbauVO Rn 5; DÜRKES BB 1980, 1611).
Selbst die Anwendung auf Wahlschulden wird zu bejahen sein (MünchKommBGB/
vOEFELE³ § 9 a ErbbauVO Rn 5; PALANDT/BASSENGE⁵⁶ § 9 ErbbauVO Rn 2; **aM** STAUDINGER/RING
[1994] § 9 a ErbbauVO Rn 2). Auf die Art der Vergleichsgröße kommt es nur in den
Fällen des Abs 1 S 3 und 4 an. Hiervon abgesehen ist der gewählte Wertmaßstab für
die Anwendung des § 9 a ErbbauVO ohne Bedeutung (MünchKommBGB/vOEFELE³ § 9 a
ErbbauVO Rn 5). Ob die Klausel der Genehmigung nach § 3 WährG bedarf, ist für
§ 9 a ErbbauVO belanglos (DÜRKES BB 1980, 1611). Kein Wertsicherungsproblem, also
auch kein Fall des § 9 a ErbbauVO, ist die einverständlich vollzogene Anpassung des
Erbbauzinses durch ex nunc wirkende *Vertragsänderung* (PALANDT/BASSENGE⁵⁶ § 9 a
ErbbauVO Rn 2; STAUDINGER/RING [1994] § 9 a ErbbauVO Rn 5).

β)   Ein **Wohnzwecken dienendes Bauwerk** wird vorausgesetzt. Gewerblich genutzter   **D 297**
Raum scheidet aus, und zwar auch dann, wenn das Beherbergungsgewerbe betrieben wird (SOERGEL/STÜRNER¹² § 9 a ErbbauVO Rn 3; SAGER-PETERS NJW 1976, 409; DÜRKES BB
1976, 1611). Bei *gemischter Verwendung* zu Wohnungs- und Gewerbezwecken unterliegt der Erbbauzins nach Abs 2 nur anteilig dem § 9 a ErbbauVO (dazu OLG
Düsseldorf Betrieb 1978, 2166, 2167; MünchKommBGB/vOEFELE³ § 9 a ErbbauVO Rn 7; ODEN-
BREIT NJW 1974, 2273, 2274; DÜRKES Rn D 427; ders BB 1980, 1611). Daß der Erbbauberechtigte selbst in dem Bauwerk wohnt, ist nicht erforderlich. Auch vermieteter
Wohnraum fällt unter § 9 a ErbbauVO (BGHZ 73, 225, 227 = NJW 1979, 1546, 1547 = WM
1979, 537; 75, 279, 282 = NJW 1980, 181; PALANDT/BASSENGE⁵⁶ § 9 a ErbbauVO Rn 10; SAGER-
PETERS NJW 1976, 409). Eine Begrenzung auf sozial oder steuerlich begünstigte Woh-
nungen ist nicht vorgesehen (PALANDT/BASSENGE⁵⁶ § 9 a ErbbauVO Rn 10).

γ)   Die **Rechtsfolge** einer Anwendbarkeit **von § 9 a ErbbauVO** besteht zunächst in   **D 298**
einer **Sperrfrist**. Zur Verfassungsmäßigkeit vgl OLG München OLGZ 1977, 337,
338. Abs 1 S 5 ist genau formuliert. Die Geltendmachung des Erhöhungsanspruchs
vor Ablauf von drei Jahren ist nicht ausgeschlossen. Ausgeschlossen ist die Geltend-

machung eines Erhöhungsanspruchs für die Zeit vor Ablauf der Sperrfrist; wer für diese Zeit die Erhöhung verlangt, macht nicht einen begründeten Anspruch verfrüht geltend, sondern er macht einen Anspruch geltend, der nicht besteht (vgl auch Soergel/Stürner[12] § 9 a ErbbauVO Rn 10; Palandt/Bassenge[56] § 9 a ErbbauVO Rn 9). Maßgebender Zeitpunkt ist nicht der Vertragsschluß, sondern der Zeitpunkt der Wertsicherungsabrede (BGHZ 68, 152, 155 = NJW 1977, 433; BGH BB 1980, 123 = Betrieb 1980, 155 = WM 1980, 106; 1980, 1182; 1982, 641, 643; Dürkes Rn D 433; ders BB 1980, 1611). Wird die Anpassungsklausel nachträglich grundlegend geändert, so ist der Änderungszeitpunkt maßgeblich (BGH BB 1980, 123 = Betrieb 1980, 155 = WM 1980, 106). Auch wenn durch Vereinbarung der Erbbauzins auf eine neue Basis gestellt und die ursprüngliche Anpassungsklausel geändert – wenn auch nicht notwendig grundlegend geändert – wird, entscheidet der Änderungszeitpunkt (BGH NJW 1981, 2568 = WM 1981, 1054). Ist eine längere Sperrfrist als die des Abs 1 S 5 bedungen, so bleibt diese maßgeblich (Erman/Hagen[9] § 9 a ErbbauVO Rn 9).

D 299 δ) Die **Funktion der Billigkeitskontrolle** nach § 9 a ErbbauVO besteht in einer reinen Ergebniskontrolle. Die Billigkeitskontrolle nach § 9 a ErbbauVO ist deshalb von einer Vertragsinhaltskontrolle zu unterscheiden. Gegenstand der Kontrolle ist nicht der Vertragsinhalt, sondern nur der im Einzelfall zu prüfende Umfang des aus dem Vertrag resultierenden Erhöhungsanspruchs (BGH Betrieb 1980, 86 = WM 1979, 1332 = NJW 1980, 183 [LS]). Es liegt also **kein Verbotsgesetz iS von § 134** vor (Staudinger/Ring [1994] § 9 a ErbbauVO Rn 5; Falk NJW 1992, 541). Hierauf beruht auch Abs 3, der die Vormerkungsfähigkeit ausdrücklich unberührt läßt. Haben sich die Parteien auf eine Erhöhung geeinigt und wird aufgrund dieser Erhöhung gezalt, so kann der Erbbauberechtigte nicht ohne weiteres die Zahlung für die Zukunft verweigern oder geleistete Zahlungen als ungerechtfertigte Bereicherung zurückverlangen (vgl Staudinger/Ring [1994] § 9 a ErbbauVO Rn 5; Dürkes BB 1980, 1617; Falk NJW 1992, 540 ff; anders Erman/Hagen[9] § 9 a ErbbauVO Rn 10; vOefele/Winkler Rn 6.177 mwNw). Die Frage ist außerordentlich umstritten. Bei BGH NJW 1983, 986, 987 wird sie grundsätzlich unentschieden gelassen, ein Rückforderungsanspruch jedoch bejaht, sofern vor dem nach § 9 a Abs 1 S 5 ErbbauVO zulässigen Zeitpunkt bereits die Erhöhung verlangt und gewährt wurde. In der Tat wird man S 5 wohl als ein gesetzliches Verbot ansehen dürfen (BGH LM § 9 a ErbbauVO Nr 20 = NJW-RR 1988, 138; Falk NJW 1992, 543). Sofern es an einem Einverständnis der Parteien über die Erhöhung des Erbbauzinses fehlt, wird man nur unter allgemeinen Gesichtspunkten (Fehlen der Geschäftsgrundlage, culpa in contrahendo, Täuschung) ein Rückforderungsrecht anerkennen dürfen.

D 300 ε) Das **Kriterium der Billigkeit** kann stets nur zur Aufrechterhaltung oder zur Ermäßigung des Anpassungsanspruchs führen, niemals zu seiner Erhöhung (MünchKommBGB/vOefele[3] § 9 a ErbbauVO Rn 8; Staudinger/Ring [1994] § 9 a ErbbauVO Rn 6). Die Billigkeitsprüfung ermöglicht gerechte Einzelfallentscheidungen. Deshalb sind regelmäßig *alle Umstände* zu berücksichtigen, die die Berechtigung und Belastung der Erbbauzinserhöhung ausmachen (vgl Wortlaut des Satzes 1). Dagegen sind nach BGHZ 73, 225, 228 = NJW 1979, 1546, 1547 m Anm vHoyningen-Huene = WM 1979, 537 *die persönlichen Verhältnisse* (Alter, Krankheit und schlechte Einkommensverhältnisse) bei der Beurteilung der Billigkeit der begehrten Anhebung außer Betracht zu lassen: Derartige Umstände fallen regelmäßig in den Risikobereich des davon Betroffenen. Gerade bei auf lange Dauer angelegten Rechtsverhältnissen wie Erbbaurechtsverträgen müssen die wechselseitigen Rechte und Pflichten von vornherein möglichst einkalkulierbar sein. Die Vorhersehbarkeit würde aber zu stark eingeschränkt, wenn die Höhe des Erbbauzinses von den möglicherweise wechselnden persönlichen Verhältnissen des Erbbauberechtigten oder seiner Rechtsnachfolger abhängig wäre. Der **BGH** bemüht sich deshalb um *generalisierbare Billigkeitsmaßstäbe*. Diese Auffassung ist im Schrifttum auf Kritik gestoßen (vgl als prinzipielle Kritik: MünchKommBGB/vOefele[3] § 9 a ErbbauVO Rn 12; vOefele/Winkler Rn 6.189; vHoyningen-Huene NJW 1979, 1547 f; Falk NJW 1992, 580; abl auch Palandt/Bassenge[56] § 9 a ErbbauVO Rn 6). Der BGH hat an ihr jedoch festgehalten (BGH Betrieb 1982, 1456 = NJW 1982, 2382, 2384). Aus § 9 a Abs 1 S 3 ErbbauVO ergibt sich ferner, daß *Änderungen der Grundstückswertverhältnisse* im Rahmen der Billigkeitsprüfungen außer Betracht zu lassen sind. Auch diese Auffassung wird bestritten (für die Berücksichtigung etwa OLG Köln OLGZ 1979, 104 = MDR 1979, 141; vHoyningen-Huene NJW 1979, 1548; nur für den Fall des Abs 1 S 4 aber Soergel/Stürner[12] § 9 a ErbbauVO Rn 9). Einigkeit besteht nur darüber, daß die ausschließliche Orientierung nur am Wert des *konkreten* Grundstücks unzulässig ist (OLG Köln aaO).

Stellungnahme: Der Versuch des BGH, dem Billigkeitsmaßstab generalisierende **D 301** Grenzen zu setzen, ist in seiner Allgemeinheit fragwürdig. Generalisierenden Charakter haben die Regelfälle der Sätze 2-4. Der Billigkeitsmaßstab als solcher ist individueller Natur, so daß jedes nach den Sätzen 2-4 gefundene Ergebnis noch der Einzelkontrolle zugänglich ist. Die Zuweisung individueller Risikobereiche des Gläubigers und des Schuldners kann innerhalb der Billigkeitsprüfung berücksichtigt werden, nicht dagegen kann sie bestimmte Fragen von der Billigkeitsprüfung a limine ausschließen. Eine Ausnahme gilt nach § 9 a Abs 1 S 3 ErbbauVO für die Grundstückswertverhältnisse. Sie sind als eigenständiger Posten nur im Rahmen des S 4 beachtlich. In die „allgemeinen Wirtschaftsverhältnisse" gehen sie nur im Rahmen der Lebenshaltungskosten ein.

Der allgemeine Billigkeitsmaßstab wird konkretisiert durch die **Regelfälle der Sätze** **D 302** **2–4:** Nach **§ 9 a Abs 1 S 2 ErbbauVO** ist ein Erhöhungsanspruch regelmäßig als unbillig anzusehen, wenn und soweit die Erhöhung über die seit Vertragsschluß eingetretene Änderung der *„allgemeinen wirtschaftlichen Verhältnisse"* hinausgeht. Damit verweist die Verordnung, wie der BGH in ständiger Rechtsprechung betont, auf generelle, vom Einzelfall unabhängige Kriterien. Als Maßstab für die Beurteilung der „Änderung der allgemeinen wirtschaftlichen Verhältnisse" kommt unter Berücksichtigung von Sinn und Zweck dieser Gesetzesbestimmung der aus den – im jeweiligen Bezugszeitraum eingetretenen – prozentualen Steigerungen einerseits der *Lebenshaltungskosten* und anderseits der *Einkommen* gebildete *Durchschnittswert* in Betracht. Dabei ist es angezeigt, hinsichtlich der Lebenshaltungskosten auf den vom Statistischen Bundesamt veröffentlichten Index für einen Vier-Personen-Arbeitnehmerhaushalt mit mittlerem Einkommen abzustellen, sowie hinsichtlich der Einkommensseite an die ebenfalls vom Statistischen Bundesamt veröffentlichten Daten über die Entwicklung der Bruttoverdienste der Arbeiter in der Industrie sowie der Bruttoverdienste der Angestellten in Industrie und Handel anzuknüpfen und hieraus einen Durchschnittswert zu bilden (BGHZ 75, 279, 285 ff = BB 1979, 1791, 1792; 77, 188, 190 = BB 1980, 1182, 1183; 87, 198 = NJW 1983, 2252; BGH BB 1980, 1491 = NJW 1980, 2243, 2244; NJW 1981, 2568 = WM 1981, 1054; Betrieb 1982, 1456 = NJW 1982, 2382; OLG Hamm NJW 1978, 1634; MünchKommBGB/vOefele[3] § 9 a ErbbauVO Rn 9; Palandt/Bassenge[56] § 9 a ErbbauVO Rn 7; Odenbreit NJW 1974, 2273; Sperling NJW 1979, 1434; Dürkes Rn D 445 ff; ders BB 1980, 1613;

vOEFELE/WINKLER Rn 6.190; aM SAGER-PETERS NJW 1974, 409). Erstes Datum sind hiernach die statistischen *Lebenshaltungskosten* (vgl zum Lebenshaltungskostenindex Rn D 14). Der V. ZS des BGH hat es dabei als vertretbar angesehen, daß die Einkommensentwicklung verschiedener Bevölkerungsgruppen, namentlich der Gruppe der Selbständigen, unberücksichtigt bleibt (BGHZ 77, 188, 192 = BB 1980, 1182, 1183 = NJW 1980, 2243, 2244 f; 87, 198 = NJW 1983, 2252; vOEFELE/WINKLER Rn 6.191; Rechenbeispiele bei DÜRKES BB 1980, 1613 f). Nach dem generalisierenden Ansatz des BGH sind schließlich die Lebenshaltungskosten auf der einen und die Einkommensentwicklung auf der anderen Seite in ein sachgerechtes Verhältnis zu setzen. Nach Auffassung des Senats kommt es auf den aus den prozentualen Steigerungen dieser beiden Maßstäbe gebildeten *Durchschnittswert* an (BGHZ 77, 188, 193 = BB 1980, 1182, 1183 = NJW 1980, 2243, 2245; BGH NJW 1981, 2568 f = WM 1981, 1054; STAUDINGER/RING [1994] § 9 a ErbbauVO Rn 7; DÜRKES BB 1980, 1163 f mit Rechenbeispielen). Eine stärkere Berücksichtigung der Einkommensveränderungen lehnt der BGH ab (BGH Betrieb 1982, 1456 = NJW 1982, 2382, 2383). Als Maßstab nicht geeignet sind volkswirtschaftliche Gesamtrechnungen, wie das Bruttosozialprodukt, das Nettosozialprodukt oder das Volkseinkommen (BGHZ 75, 279, 285 = BB 1979, 1791), die Kosten für Mieten, Reisen und Zweitwohnungen (BGHZ 77, 188, 191 = BB 1980, 1182, 1183). Nur „regelmäßig" kann nach § 9 a Abs 1 S 2 ErbbauVO eine über die Änderung der allgemeinen wirtschaftlichen Verhältnisse hinausgehende Erhöhung als unbillig angesehen werden. Der objektivierende Maßstab schließt also im Einzelfall nicht die Feststellung aus, daß die Erhöhung der Billigkeit ausnahmsweise doch entspricht (INGENSTAU § 9 a Rn 23). Für den Billigkeitsmaßstab gelten dann die Ausführungen von Rn D 300. Strenger ist der Regel-Ausnahme-Mechanismus in den Fällen der **Sätze 3 und 4**. *Änderungen der Grundstückswertverhältnisse* bleiben idR außer Betracht. Anders gewendet: Die Billigkeit einer Erhöhung kann idR nicht hierauf gestützt, eine die Veränderung der allgemeinen wirtschaftlichen Verhältnisse übersteigende Erhöhung also nicht mit Hinweis auf die gestiegenen Grundstückswerte gerechtfertigt werden. Ausnahmen enthält nur S 4 (str; vgl Rn D 300). Die *Beweislast* für die Billigkeit trägt der Grundstückseigentümer (STAUDINGER/RING [1994] § 9 a ErbbauVO Rn 10; MünchKommBGB/vOEFELE[3] § 9 a ErbbauVO Rn 8; SAGER-PETERS NJW 1974, 264).

D 303 ς) Der Billigkeitsmaßstab des § 9 a Abs 1 ErbbauVO kann auch für die **Vertragsauslegung** von Bedeutung sein, etwa wenn der Vertrag generalklauselhaft auf grundlegende Veränderungen der Währungs- oder Wirtschaftsverhältnisse abstellt (vgl BGH Betrieb 1980, 86 = WM 1979, 1332). Auch bei der *Aufwertung des Erbbauzinses wegen Fortfalls der Geschäftsgrundlage*, also bei der Anpassung ohne Wertsicherungsklausel legt der BGH den Maßstab des § 9 a ErbbauVO zugrunde (BGHZ 77, 194, 200 = BB 1980, 1183, 1185 = NJW 1980, 2241, 2242). Vgl zu dieser Auffassung näher Rn D 136.

D 304 n) **Gesellschaftsverträge** werfen nur geringe Wertsicherungsprobleme auf (ausführlich DÜRKES Rn D 589 ff). Gewinnanteile sind ipso iure wertgesichert. Auch wenn die *Gewinnanteile* oder die *Ausschüttungsansprüche* nach dem Wert von Gütern oder Leistungen berechnet werden, liegt kein Fall des § 3 S 2 WährG vor (vgl auch DÜRKES Rn D 602; NIES 35). Denn es geht hierbei nicht darum, entstandene Geldsummenansprüche zu dynamisieren. Dasselbe gilt für *wertgesicherte Abfindungsklauseln* (eingehend DÜRKES Rn D 589 ff). Sie sollen nur die Teilhabe eines ausscheidenden Gesellschafters an der Vermögenssubstanz sicherstellen und bedürfen nicht der

Genehmigung (Dürkes [8. Aufl 1972] Rn D 215; [9. Aufl 1982] Rn D 255 f; Nies 35; Sudhoff, Der Gesellschaftsvertrag der GmbH & Co [4. Aufl 1979] 459; ders, Der Gesellschaftsvertrag der GmbH [6. Aufl 1982] 588 ff). Dieser Abrede bedarf es, weil der Anspruch auf Buchwertabfindung kein Geldwertanspruch ist (vgl Rn D 70). Hiervon zu unterscheiden ist die *Wertsicherung von Gesellschafterdarlehen, von stehenbleibenden Gewinnen und von stehenbleibenden Abfindungsguthaben* (eingehend Dürkes Rn D 601 ff). Genehmigungsfrei sind zunächst Vereinbarungen, nach denen diese Forderungen einen Anteil am Bruttogewinn begründen (Rn D 70). Soweit jedoch nicht eine Gewinnbeteiligung, sondern eine Gleitklausel vereinbart ist, ist eine solche Abrede genehmigungsbedürftig, nach richtiger Auffassung aber auch genehmigungsfähig. Das Problem liegt bei Nr 3 a der Genehmigungsgrundsätze der DBB (Rn D 212). Danach können Indexklauseln für Verbindlichkeiten aus der Auseinandersetzung zwischen Miterben, Ehegatten, Eltern und Kindern genehmigt werden, wenn zwischen dem Entstehen der Verbindlichkeit (dh dem Stichtag des Ausscheidens) und der Endfälligkeit zehn Jahre liegen oder die Zahlungen erst nach dem Tode eines Beteiligten zu erbringen sind (zur Bedeutung dieser Genehmigungsfähigkeit für Familiengesellschaften vgl Sudhoff aaO). Läßt der Ausgeschiedene ein Abfindungsguthaben stehen, so stellt dies eine Stundungsabrede oder eine Abrede nach § 607 Abs 2 dar, die ein Vereinbarungsdarlehen entstehen läßt. Die von Dürkes (Rn D 605) referierte Bundesbankpraxis unterscheidet zwischen diesen beiden Formen der Abrede und erklärt die Wertsicherung nur für genehmigungsfähig, wenn die gestundete Auseinandersetzungsforderung nicht „noviert", dh nicht in ein Darlehen umgewandelt ist. Diese Unterscheidung ist ohne Sinn. Die Funktion eines gestundeten Abfindungsguthabens ist in beiden Fällen die eines Kredits. Entweder sollte also die Genehmigung unter Berufung auf Nr 1 a der Genehmigungsgrundsätze stets versagt werden oder die Wertsicherung sollte stets als genehmigungsfähig anerkannt werden, weil der Normalfall des wertgesicherten Kapitalverkehrs nicht vorliegt. Für die zweite Lösung sprechen die besseren Gründe. Nr 1 a der Genehmigungsgrundsätze ist nach Sinn und Zweck hier nicht anwendbar. Auch die Nr 3 a bb der Genehmigungsgrundsätze scheint für diesen Bereich zu eng formuliert. Selbst Preisindexklauseln sollten deshalb analog Nr 3 a bb der Genehmigungsgrundsätze als genehmigungsfähig anerkannt werden, wenn zwischen dem Zeitpunkt des Ausscheidens und der Endfälligkeit ein Zeitraum von mindestens zehn Jahren liegt oder die Zahlungen erst nach dem Tod der Berechtigten zu erbringen sind. In Anbetracht der bestehenden Schwierigkeiten ist allerdings der Vertragspraxis dazu zu raten, auf Gewinnbeteiligungsabreden oder auf einen Ausgleich des Entwertungsrisikos auf der Zinsseite auszuweichen.

o)   Letztwillige Verfügungen können als Rechtsgeschäfte dem § 3 WährG unterlie- **D 305** gen (Rn D 221). Fremdwährungsvermächtnisse sind nach der hier vertretenen Auffassung unbeschränkt zulässig (Rn D 215). Die *Höhe eines Erbteils* kann bedenkenlos an den Wert von Gold, Gütern oder Leistungen geknüpft werden, denn dabei geht es um die Bemessung eines dem Miterben kraft Universalsukzession zufallenden Gesamthandsanteils, nicht einer Geldforderung (vgl im Ergebnis auch Dürkes Rn D 649). Problematisch sind *wertgesicherte Vermächtnisse* und *Wertsicherungen des Anrechnungsbetrags bei Auseinandersetzungsanordnungen*. Nach richtiger Auffassung greift § 3 S 2 WährG nicht ein, solange nur Geldwertveränderungen zwischen der Errichtung der letztwilligen Verfügung und dem Erbfall erfaßt sein sollen. Denn insoweit geht es nur darum, die wertmäßige Teilhabe am Nachlaß sicherzustellen, nicht um die Dynamisierung einer bereits entstandenen Geldsummenschuld. Da ein Quotenvermächtnis (zB $^1/_{10}$ des Nachlaßwerts) unbedenklich ist, kann für ein wertgesichertes Vermächtnis nichts anderes gelten. Ein *Geldwertvermächtnis* des Inhalts, daß mit dem Erbfall etwa der Gegenwert eines Grundstücks oder einer bestimmten Menge Feingold aus dem Nachlaß zu zahlen ist, ist deshalb unbedenklich (vgl auch BGH BB 1971, +175; DÜRKES Rn D 653). Soweit das Vermächtnis geleistete Dienste entgelten soll, wird in der Formularliteratur eine Spannungsklausel mit Bindung an Gehälter vorgeschlagen (PRAUSNITZ/HARDRAHT, in: Formularkommentar Erbrecht VI Bürgerliches Recht III [21. Aufl 1977] 265 Formular 6.329). Nur soweit die Wertsicherung über den Anfall der Erbschaft oder des Vermächtnisses hinauswirken soll, bedarf sie der Genehmigung (vgl BERNDT 67 f; DÜRKES Rn D 654 ff). Der Erblasser kann die Genehmigung schon zu Lebzeiten erwirken (DÜRKES Rn D 664 f). Zur Genehmigung von *Indexklauseln* für Zahlungen auf Grund letztwilliger Verfügungen oder zum Zweck der Auseinandersetzung zwischen Miterben vgl Nr 3 a bb der Genehmigungsgrundsätze.

D 306 p) Wertsicherungsklauseln werfen schließlich besondere **Kreditsicherungsprobleme** auf (BERNDT 89 ff; DÜRKES Rn 314 ff).

D 307 aa) **Personalsicherheiten** können eine wertgesicherte Forderung, wenn dies dem Parteiwillen entspricht, problemlos erfassen (vgl namentlich § 767 für die Bürgschaft; STAUDINGER/HORN[12] Vorbem 47 zu §§ 765–778). Regelmäßig wird sich eine Höchstbürgschaft empfehlen. Ist die Wertsicherungsklausel genehmigungsfrei, so gilt das auch für die Bürgschaft. Ist die Wertsicherungsvereinbarung unwirksam, so kann sich nach § 767 auch der Bürge hierauf berufen.

D 308 bb) Die **dingliche Sicherung** durch *Hypothek* und *Grundschuld* bereitet Schwierigkeiten, weil diese nach § 1113 Abs 1 nur auf eine „bestimmte Geldsumme" bestellt und eingetragen werden dürfen. *Wertgesicherte Hypotheken* können deshalb *nicht* eingetragen werden (ERMAN/RÄFLE[9] § 1113 Rn 4; MünchKommBGB/EICKMANN[3] § 1113 Rn 42; SOERGEL/KONZEN[12] § 1115 Rn 10; über Fremdwährungsschulden vgl § 244 Rn 54). Eine *Höchstbetragshypothek* ist wenig sachgerecht, weil der Höchstbetrag sehr hoch festgesetzt werden müßte (DÜRKES Rn D 317). Die Zulässigkeit einer „verdeckten Höchstbetragshypothek" ist zweifelhaft (eingehend Rn D 132), die Eintragung einer Sicherungsgrundschuld „auf Zuwachs" bewältigt das Problem nicht mit Sicherheit, weil – wie bei der Höchsthypothek – das Erfordernis einer in das Grundbuch einzutragenden fest bestimmten Endsumme bleibt. Auch eine *Rentenschuld* kann mangels Bestimmtheit nicht zB unter Bezugnahme auf das Gehalt eines Beamten eingetragen werden (LG Braunschweig NJW 1954, 883 f; SOERGEL/KONZEN[12] § 1199 Rn 2; REITHMANN DNotZ 1960, 193). Es muß also nicht nur die nach § 1199 Abs 2 einzutragende Ablösesumme bestimmt sein (dazu ERMAN/RÄFLE[9] § 1199 Rn 2), sondern auch die als Rentenschuld zu zahlende Summe. Die *Vormerkung* nach § 883 kann nur den Anspruch auf Änderung der dinglichen Rechtslage, also zB auf Anpassung der Hypothek, Grundschuld oder Rentenschuld an die wertgesicherte Forderung, nicht dagegen die wertgesicherte Forderung selbst sichern. Die Vormerkung eignet sich vor allem für die *Sicherung von Leistungsbestimmungsvorbehalten*. Da die Vormerkung nicht Bestimmtheit, sondern nur Bestimmbarkeit der gesicherten Forderung voraussetzt, ist eine Vormerkung zur Sicherung des Anspruchs auf Ergänzung der dinglichen Sicherheit zulässig (vgl zum Erbbauzins Rn D 294). Die Grenzen hinreichender Bestimmbarkeit sind allerdings im Einzelfall zweifelhaft. Aus diesem Grund zieht DÜRKES (Rn D 319) eine Sicherung durch *Sicherungsnießbrauch* vor.

Der Inhalt einer **Reallast** kann auf Geld, auf persönliche Dienste oder Naturalleistun- **D 309** gen zielen. Wertgesicherte Reallasten spielen vor allem bei Altenteilsverträgen und bei sonstigen Unterhaltsverträgen eine Rolle (Dürkes Rn D 321). Nach heute über- wiegender, freilich bestrittener Auffassung kommt es auch nicht auf eine Beziehung des Leistungsgegenstands zum Grundstück an; die gesetzliche Formulierung – Lei- stungen „aus dem Grundstück" – wird also nicht wörtlich genommen (vgl nur OLG Schleswig DNotZ 1975, 720; LG München I DNotZ 1952, 220, 221; weitere Nachw bei Palandt/ Bassenge[56] § 1105 Rn 4; **aM** noch OLG Celle JZ 1979, 268; Meinungsüberblick bei Münch- KommBGB/Joost[3] § 1105 Rn 8). Nach herkömmlicher Auffassung müssen die Leistun- gen jedoch in irgendeiner Beziehung zum Grundstück stehen (RG JW 1921, 894; Erman/Baumert[9] § 1105 Rn 7 mwNw; **aA** MünchKommBGB/Joost[2] aaO; Palandt/Bassenge[56] § 1105 Rn 4). Für die Eintragung genügt *Bestimmbarkeit* der Leistungen (BGHZ 111, 324, 327; KG JFG 1, 434, 438; BayObLG DNotZ 1954, 98, 100 f; OLG Düsseldorf DNotZ 1968, 354; BGB-RGRK/Rothe[12] § 1105 Rn 16; Staudinger/Amann [1996] § 1105 Rn 11; Soergel/ Stürner[12] § 1105 Rn 11; MünchKommBGB/Joost[3] § 1105 Rn 17; Erman/Baumert[9] § 1105 Rn 6 a; Palandt/Bassenge[56] § 1105 Rn 6). Dies macht die Reallast **sachenrechtlich** zu einem idealen Instrument zur Sicherung wertgesicherter Ansprüche (vgl – nicht immer aus- drücklich – BGHZ 111, 324; BGH WM 1967, 1248; OLG Düsseldorf DNotZ 1968, 354; OLG Celle DNotZ 1977, 548, 549; JZ 1979, 268; Bilda Rn 216; Dürkes Rn D 320 ff; eingehend Staudinger/ Amann [1996] Vorbem 41 zu § 1105 und § 1105 Rn 13 ff). Dabei muß unterschieden werden zwischen dem wertgesicherten Zahlungsanspruch und einem etwa bei einem Lei- stungsbestimmungsvorbehalt bestehenden Anspruch auf Anpassung der Geld- schuld. Die Reallast sichert stets nur den Zahlungsanspruch; soll daneben auch noch der Anspruch auf Anpassung gesichert werden, so ist hierfür nur die *Vormerkung* – gerichtet auf Änderung der Reallast – geeignet (vgl OLG Celle DNotZ 1977, 548, 549; OLG Hamm OLGZ 1988, 260, 266; Palandt/Bassenge[56] § 1105 Rn 7).

Die **Eintragung wertgesicherter Reallasten** und der Verzicht auf das Erfordernis der **D 310** Bestimmtheit ist nicht unproblematisch. Daß man bloße Bestimmbarkeit ausreichen läßt, beruht auf der Funktion der Reallast, zB als Altenteilssicherung. Es folgt dar- aus kein allgemeiner Grundsatz, wonach etwa jedes Bedürfnis nach Wertsicherung den Bestimmtheitsgrundsatz ausschalten könnte. Für den dinglichen Erbbauzins gilt nach § 9 Abs 2 S 1 ErbbauVO der Grundsatz der Bestimmtheit. Dieses Erfordernis kann auch nicht dadurch umgangen werden, daß der Erbbauzins als Reallast nach § 1105 eingetragen wird (Rn D 288).

Von der sachenrechtlichen Zulässigkeit der wertgesicherten Reallast ist die **wäh-** **D 311** **rungsrechtliche Zulässigkeit** zu unterscheiden. Insofern gelten die allgemeinen Regeln der Rn D 218 ff. Reallasten können zB *genehmigungsfrei* auf wiederkehrende *Natu- ralleistungen* lauten (OLG Schleswig NJW 1955, 65; DNotZ 1957, 537 m Anm Eppig; OLG Celle DNotZ 1977, 548, 549; Staudinger/Amann [1996] § 1105 Rn 13; MünchKommBGB/Joost[3] § 1105 Rn 30). Nach dem bei Rn D 231 f Gesagten gilt dies auch für die *Wahlschuld* oder *Ersetzungsbefugnis*. Die Genehmigungsfreiheit hängt nach hM nicht davon ab, daß die Naturalleistungen in Beziehung zur konkreten Grundstücksnutzung stehen (OLG Celle DNotZ 1952, 479, 480 ff; OLG Schleswig DNotZ 1975, 720; MünchKommBGB/Joost[2] § 1105 Rn 8; immerhin zweifelhaft unter dem Aspekt der Umgehung). Ein Darlehen kann nach hM auf diese Weise durch Weizenreallast gesichert werden (OLG Schleswig DNotZ 1975, 720; vgl aber Rn D 238); ebenso ein Restkaufpreis (MünchKommBGB/Joost[2] aaO). Werden Reallasten als wertgesicherte Geldschulden eingetragen, so gelten die allgemeinen

Regeln des § 3 WährG. NIES (24) erklärt eine Rentenreallast, die für eine auf Lebenszeit des Verkäufers zu zahlende Restkaufgeldrente vereinbart und eingetragen werden soll, für genehmigungsbedürftig. Das trifft in dieser Allgemeinheit nicht zu (vgl zum verrenteten Kaufpreis Rn D 270). Ist die Kaufpreisrente schuldrechtlich genehmigungsfrei, dann ist auch die Sicherung als Reallast genehmigungsfrei. Auch ein Leistungsbestimmungsvorbehalt, durch den die Reallast dem Kaufkraftschwund angepaßt werden soll, bedarf nicht der Genehmigung (BGH Betrieb 1967, 2158 = WM 1967, 1248).

D 312 Ändert sich bei einer Reallast die Rentenhöhe nach Vertragsschluß zugunsten des Rentenberechtigten, so kann dieser vom Grundstückseigentümer verlangen, daß er der *Eintragung der Veränderung im Grundbuch* zustimmt (BGH Betrieb 1967, 2158 = WM 1967, 1248). Der Anspruch auf Eintragung einer von Zeit zu Zeit anzupassenden Reallast kann auch durch Vormerkung gesichert werden (DÜRKES Rn D 326 sowie oben Rn D 309 aE). Über wertgesicherte Reallasten nach österreichischem Recht vgl ERTL 136 ff.

8. Verwaltungs- und Verfahrensrecht

D 313 **a)**   Ein **Verbot mit Erlaubnisvorbehalt** ist in § 3 WährG ausgesprochen (BVerwGE 41, 1, 5 = NJW 1973, 529, 530 = WM 1973, 433, 435; OVG Münster BB 1965, 16 = Betrieb 1964, 1847 = NJW 1965, 650; HessVGH BB 1969, 652; MünchKommBGB/vMAYDELL[3] § 244 Rn 31; AK-BGB/ BRÜGGEMEIER Vorbem 24 zu §§ 244, 245; DÜRKES Rn B 8, H 5; GRAMLICH § 3 WährG Rn 20; HAHN § 8 Rn 15 m Nachw zur Gegenauffassung in Fn 34). Rechtsdogmatisch ungenau heißt es bei MITTELBACH Rn 279, das gesetzliche Verbot werde erst voll wirksam, wenn die Erteilung der Genehmigung abgelehnt werde. *Genehmigungsbehörde* ist gemäß § 49 Abs 2 AWG die Deutsche Bundesbank, die jedoch idR durch die Landeszentralbanken handelt (vgl auch zum Antrag bei der Landeszentralbank Rn D 319). Für den Rechtsschutz ist von großer Bedeutung, ob eine *freie oder* eine *gebundene Erlaubnis* vorliegt. Nach BVerwGE 41, 1, 5 = NJW 1973, 529, 530 = WM 1973, 433, 435 enthält § 3 S 2 WährG ein repressives Verbot automatischer Gleitklauseln, von dem die Deutsche Bundesbank im Einzelfall nach ihrem Ermessen Ausnahmen zulassen kann. Die ganz hM teilt die Auffassung, es handle sich um eine Ermessensentscheidung (MITTELBACH Rn 274; insoweit auch BETTERMANN ZRP 1974, 14; vARNIM ZRP 1980, 205; vorsichtig distanziert HAHN § 8 Rn 49). Die *Bedeutung der Genehmigungsgrundsätze der DBB* für die Genehmigungspraxis wurde bereits bei Rn D 213 angeschnitten. Nach Auffassung des HessVGH BB 1969, 652 ergibt sich schon aus dem Charakter des § 3 S 2 WährG als Verbot mit Erlaubnisvorbehalt, daß Genehmigungen grundsätzlich nur in engen, von der DBB zum Schutz der Währung bestimmten Grenzen erteilt werden müssen. In den Genehmigungsgrundsätzen sieht der VGH eine Generalisierung dieser Grenzen. Das BVerwG hat sich im Revisionsrechtszug diesem Standpunkt im Ergebnis angeschlossen (BVerwGE 41, 1, 9 f = NJW 1973, 529, 531 = WM 1973, 433, 435 f). Die Genehmigungsgrundsätze enthalten keine Selbstbindung in dem Sinn, daß Klauseln, deren Genehmigung nicht schon durch die Genehmigungsgrundsätze ausgeschlossen ist, stets genehmigt werden müssen. § 3 S 2 WährG ist nach der zutreffenden Auffassung des BVerwG eine strikt anzuwendende Norm. Ausnahmen kommen nur in Betracht, wenn das individuelle Interesse des Gläubigers an der Erhaltung des Wertes einer Geldschuld in besonderem Maße schutzwürdig ist und diesem Einzelinteresse ohne Gefährdung der Interessen der Allgemeinheit an der

Währungsstabilität entsprochen werden kann. Dies hat die Genehmigungsbehörde unter Berücksichtigung der währungspolitischen Situation, der allgemeinen Verbreitung und mutmaßlichen Gefährlichkeit der in Frage stehenden Klausel und der Besonderheiten des Einzelfalles zu prüfen. Im Fall der Versagung einer Genehmigung bedeutet dies im Hinblick auf § 114 VwGO praktisch, daß kaum mit einem Verpflichtungsurteil des Verwaltungsgerichts (§ 113 Abs 5 S 1 VwGO) gerechnet werden kann (ebenso HAHN § 8 Rn 49; vgl auch Rn D 323).

b)   Da § 3 WährG eine durchaus mangelhaft formulierte Ermächtigungsnorm dar- **D 314** stellt, sind die **Entscheidungsbefugnisse der DBB** im Gesetz nicht hinreichend geklärt.

aa)   Eine **Genehmigung** kann nach dem klaren Wortlaut des § 3 WährG erteilt wer- **D 315** den. IdR erfolgt die Genehmigung für einen bestimmten Vertrag. **Sammelgenehmigungen** können aufgrund von § 3 WährG erteilt werden, wenn der Antragsteller mit gleichen oder verschiedenen Partnern eine größere Anzahl von Verträgen mit gleichlautenden Wertsicherungsklauseln abschließt (DÜRKES Rn B 74, H 7; GRAMLICH § 3 WährG Rn 49). Handelt es sich lediglich um ein Paket von bereits vorliegenden Anträgen, so stellt die Sammelgenehmigung keine Besonderheit dar. Der Vorgang könnte ohne weiteres als Antragshäufung, die Sammelgenehmigung könnte als Zusammenfassung einer bestimmten Zahl von Genehmigungen aufgefaßt werden. Aber Sammelgenehmigungen können auch für künftige gleichartige Verträge beantragt und erteilt werden (vgl FÖGEN 153; DÜRKES Rn B 74 mit Bezugnahme auf ein Schreiben der LZB Baden-Württemberg v 4.6.1965). Solche Sammelgenehmigungen kommen namentlich bei industriellen Wartungsverträgen, bei Erbbaurechtsverträgen einer Gemeinde uä in Betracht (vgl ebd). Üblicherweise werden sie befristet. Ihre praktische Nützlichkeit steht außer Zweifel. Allerdings ist das Verfahren auf sie nicht zugeschnitten. Die Erteilung einer Sammelgenehmigung kann auch, soweit sie künftige, vielleicht nicht voll übereinstimmende, Vertragsschlüsse erfaßt, Abgrenzungsstreitigkeiten mit sich bringen. Diese werden ggf vor den Zivilgerichten auszutragen sein. FÖGEN (153) hält auch „allgemeine Genehmigungen" für zulässig, nämlich „Genehmigungen, die für Vereinbarungen bestimmter Art zugunsten von jedermann gelten". Über eine allgemeine Genehmigung auf dem Sektor der Fremdwährungsschuld vgl § 244 Rn 41; zur Genehmigung für in ECU denominierte Geldschulden vgl Rn F 56. Solche „Genehmigungen" sind aber verwaltungsrechtlich nur anzuerkennen, soweit sie als Allgemeinverfügungen (§ 35 S 2 VwVfG) Verwaltungsakte sind und nicht abstrakt regelnden Charakter haben. Unter dieser Voraussetzung bedarf es nach § 41 Abs 3 S 2 VwVfG nur der öffentlichen Bekanntgabe, nicht der förmlichen Mitteilung an einzelne Adressaten. Für „allgemeine Genehmigungen" mit Verordnungscharakter fehlt der DBB die erforderliche Ermächtigung (wie hier GRAMLICH § 3 WährG Rn 49). Im übrigen ist bei „allgemeinen Genehmigungen" darauf zu achten, ob überhaupt ein gestaltender Verwaltungsakt vorliegt. Keine Genehmigung, sondern nur eine deklaratorische Meinungskundgabe liegt vor, wenn die „allgemeine Genehmigung" in Wahrheit dahin zu verstehen ist, daß die DBB eine Klausel allgemein für genehmigungsfrei erklärt. Rechtsgestaltende Wirkung hat eine solche Erklärung nicht.

bb)   Neben der Genehmigung hat sich in der Praxis das **Negativattest** durchgesetzt **D 316** (vgl dazu auch DÜRKES Rn C 251 ff; HAHN § 8 Rn 45; SAMM/HAFKE 100 f; GRAMLICH § 3 WährG Rn 53 ff). Das Negativattest bescheinigt dem Antragsteller die Genehmigungsfreiheit. Es ist im Gesetz nirgends geregelt. Nach **hM** ist es nur *eine freiwillige Meinungs-äußerung* der DBB (Mittelbach Rn 264 mit ungenauem Hinweis auf BGH Betrieb 1969, 658; ähnlich Gramlich § 3 WährG Rn 55 f). Darin ist eine doppelte Aussage enthalten: Zum einen soll *kein Verwaltungsakt* vorliegen. Zum anderen wird aus der Freiwilligkeit gefolgert, daß das Negativattest weder durch Verpflichtungsklage nach § 42 VwGO noch durch allgemeine Leistungsklage (wenn man die Verwaltungsaktsnatur ablehnt) erzwingbar ist (Mittelbach Rn 264). *Ein subjektives öffentliches Recht auf Erteilung des Negativattests besteht nach dieser hM nicht.* Die Genehmigungsfreiheit eines Vertrags ist im Streitfall vor dem Zivilgericht, nicht durch Klage auf ein Nega-tivattest zu klären. Nach Gramlich (§ 3 WährG Rn 61) ist allerdings bei Nichterteilung des Negativattests die Feststellungsklage nach § 43 VwGO statthaft und zulässig. Beide Aussagen der hM müssen auf Zweifel stoßen. Die Frage, ob dem Negativat-test die *Verwaltungsaktsqualität* fehlt, ist in Anbetracht seiner Rechtsfolgen (Rn D 338) zweifelhaft. Das Negativattest hat konstitutive Rechtsfolgen und ist ein **Verwal-tungsakt** (ebenso jetzt Hahn § 9 Rn 45). Mit Recht scheint diese Auffassung auch in der Praxis der Landeszentralbanken vorzudringen. Viel zu pauschal ist aber auch die Auffassung, daß kein **Anspruch auf ein Negativattest** besteht. Vielmehr ist zu differen-zieren: Wer zum Zweck der Freistellung ein Negativattest, hilfsweise eine Genehmi-gung begehrt (Rn D 319), kann verbindliche Bescheidung dieses Antrags verlangen. Unsinnig und auch rechtlich unzulässig wäre es, wenn hier die Behörde die Erteilung des Negativattests ablehnte, weil darauf kein Anspruch bestehe, und die Genehmi-gung gleichfalls ablehnte, weil die Vereinbarung keiner Genehmigung bedürfe. Die künftig eintretenden Rechtswirkungen des – vermeintlich rein deklaratorischen – Negativattests und einer Genehmigung sind nämlich dieselben (Rn D 336 und 338), so daß die Antragshäufung auf ein *einheitliches sachliches Begehren* hinausläuft: auf rechtsverbindliche Freistellung schlechthin. Wer dagegen nur ein Negativattest begehrt (und dann im Ablehnungsfall keine ungünstigen Gestaltungsfolgen zu befürchten hätte), hat keinen Anspruch auf Bescheidung dieses Antrags, denn er besteht auf der Rechtsansicht, daß die Wertsicherungsklausel genehmigungsfrei, also ipso iure wirksam ist. Da dem Antragsteller Gelegenheit zur Nachreichung eines Hilfsantrags zu geben ist (Rn D 319), wird dieser Fall selten sein.

D 317 cc)   Die dritte Möglichkeit besteht in der **Versagung der Genehmigung** (Mittelbach Rn 270 ff; Dürkes Rn H 16). Die Versagung des beantragten begünstigenden Verwal-tungsakts ist nicht bloß schlichtes Nichthandeln, sondern selbst ein *Verwaltungsakt* (BVerwGE 4, 298, 299; 25, 357, 358; 38, 99 ff; OVG Münster OVGE 10, 12, 14 ff; OVG Lüneburg MDR 1956, 765; VGH Mannheim ESVGH 10 [1961] 12, 13 ff; hM). Sie bringt das Verwal-tungsverfahren zum Abschluß (vgl § 9 VwVfG). Die Genehmigungsbehörde ist aber gehalten, vor der Ablehnung eines Genehmigungsantrags den Parteien *Gelegenheit zur Änderung ihrer Wertsicherungsklausel* zu geben (Dürkes Rn H 11 f; Gramlich § 3 WährG Rn 51; Mittelbach Rn 270 ff). Dieses Verfahren entspricht dem der Zwischen-verfügung im Recht der freiwilligen Gerichtsbarkeit. Es handelt sich zunächst nicht um einen ablehnenden Verwaltungsakt, sondern um ein Verfahrensinternum. Die Parteien erhalten Gelegenheit, die beanstandete Klausel neu zu fassen. Ob sie dies voneinander verlangen können oder ob eine Partei auf der beanstandeten Klausel bestehen darf, hängt von der Lage des Einzelfalls, insbes von den Aussichten eines Verwaltungsrechtsstreits, ab (Rn D 332). Nach den bisherigen Erfahrungen mit dem Verwaltungsrechtsschutz gegenüber ablehnenden Bescheiden in Wertsicherungsfäl-len kann davon ausgegangen werden, daß die Beanstandung der DBB im Regelfall begründet, eine Vertragsänderung also geboten ist. Ist sie den Parteien zumutbar, so können sie voneinander die Korrektur der Klausel verlangen.

c) Das **Verwaltungsverfahren** ist ein *Antragsverfahren* (§ 22 Nr 1 VwVfG).   **D 318**

aa) **Der Genehmigungsantrag** ist nach Nr 8 der Genehmigungssätze der DBB (Rn D **D 319** 212) bei der zuständigen *Landeszentralbank* einzureichen (Einzelheiten bei Samm/Hafke 96 ff). Weder die Genehmigung noch der Negativbescheid ergehen ohne Antrag. Antragsteller kann jede Vertragspartei sein. Der Antrag setzt nicht voraus, daß das Vertragsangebot schon angenommen ist (Rn D 266). Die Antragstellung durch eine Partei genügt (Dürkes Rn H 2; Mittelbach Rn 266). Jede Partei ist der anderen verpflichtet, soweit erforderlich, an der Erteilung der Genehmigung mitzuwirken (OVG Münster Betrieb 1964, 1847, 1848; Dürkes Rn F 1 ff; Mittelbach Rn 267). Zweifelhaft ist das *Verhältnis zwischen dem Antrag auf Genehmigung und auf Erteilung des Negativattests*. Im Zweifelsfall – also immer dann, wenn die Genehmigungsbedürftigkeit zweifelhaft ist – sollte der Antragsteller in erster Linie ein Negativattest und hilfsweise eine Genehmigung beantragen (in gleicher Richtung Dürkes Rn C 251; Mittelbach Rn 268). Hat der Antragsteller nur ein Negativattest beantragt, so ist in diesem Antrag nicht auch der weitergehende Antrag auf Genehmigung der Klausel enthalten. Hält die Behörde die Klausel für genehmigungsbedürftig, so wird sie den Antragsteller auf das Erfordernis eines Erlaubnisantrags hinweisen und ihm ggf auch Gelegenheit zur Vertragsänderung geben müssen (vgl auch Mittelbach Rn 272). Dagegen ist im Antrag auf Genehmigung der Antrag auf Erteilung des Negativattestes als ein minus auch ohne ausdrückliche Antragshäufung mit enthalten. Ist die Genehmigungsbehörde der Auffassung, die Klausel sei nicht genehmigungsbedürftig, so darf sie dennoch den Genehmigungsantrag nicht ablehnen. Sie kann den Antragsteller auf die Rechtslage hinweisen und vorsorglich um Klarstellung bitten, ob er auch ein Negativattest begehrt. Dieses Verfahren ist zulässig. Es ist allerdings nach richtiger Auffassung überflüssig, denn das Negativattest kann auch ohne weiteres aufgrund des Erlaubnisantrags erteilt werden.

bb) Das **Verfahren** wird, wenn nur eine Vertragspartei den Antrag gestellt hat, *ohne* **D 320** *Anhörung des Vertragspartners* durchgeführt (Dürkes Rn H 2; Mittelbach Rn 266). Eine notwendige Hinzuziehung iS von § 13 Abs 2 VwVfG liegt nach hM also nicht vor, obgleich eine bestandkräftige Ablehnung des Antrags auch gegen den Vertragspartner wirkt (vgl Rn D 327). *Dieser Standpunkt der hM ist bedenklich.* Zwar kann die Genehmigung ohne Anhörung des Vertragspartners erteilt werden; ihre Versagung setzt jedoch voraus, daß der Vertragspartner hinzugezogen, mindestens aber gehört wird, sofern nicht der Antragsteller im Namen beider handelt (dazu Samm/Hafke 95: auch stillschweigende Vollmachtserteilung). Die Ablehnung ist nach § 41 VwVfG auch der nicht antragstellenden Partei bekanntzugeben.

d) **Gerichtlicher Verwaltungsrechtsschutz** ist nach Maßgabe des § 78 Abs 1 Nr 1 **D 321** VwGO durch Klage gegen den Bund als Rechtsträger der DBB gewährleistet. Dabei ist zu unterscheiden.

aa) Die **Genehmigung** ist ein begünstigender Verwaltungsakt und *für keine Partei* **D 322** *(übrigens auch nicht für Dritte) anfechtbar.* Auch diejenige Partei, die nicht um die Genehmigung nachgesucht hat und sich jetzt durch die Wirksamkeit der genehmigten Klausel beschwert fühlt, ist nicht iS von § 42 Abs 2 VwGO in ihren Rechten verletzt, also nicht zur Anfechtung befugt (BVerwG NJW 1996, 3223; OVG Münster BB 1965, 16 = Betrieb 1964, 1847 = NJW 1965, 650; Dürkes Rn C 255 f; ders BB 1964, 1016; Mittel-bach Rn 273). Das OVG Münster (aaO) hat dies allerdings zu Unrecht als ein Problem der Popularklage angesehen. Es hat dazu ausgeführt, der Staatsbürger könne nicht unter Berufung auf solche Normen Klage erheben, die seinen Rechtskreis nicht berühren und nicht zu seinem Schutz erlassen sind. § 3 S 2 WährG ziele auf Währungsstabilität und sei nicht nach privatrechtlichen Gesichtspunkten zu beurteilen. Diese Begründung verfehlt das Problem. Der Vertragspartner klagt nicht als quivis ex populo. Die Genehmigung berührt sehr wohl seinen Rechtskreis, aber es fehlt an der Beschwer, weil ein begünstigender Verwaltungsakt vorliegt; vgl als bemerkenswerten Parallelfall KG WuW/E OLG 1903 „Air-Conditioning-Anlagen"; BGH WuW/E BGH 1562 „Air-Conditioning-Anlagen" m Anm Bache; dazu näher Karsten Schmidt, Gerichtsschutz in Kartellverwaltungssachen (1980) 47 f; zur Beschwer als Klagevoraussetzung vgl die gleichnamige Schrift von Bettermann (1970). Aus demselben Grund ist auch die *Erteilung eines Negativattests* selbst dann unanfechtbar, wenn man sie als Verwaltungsakt ansieht (dazu Rn D 316).

D 323 **bb)** Die **Versagung der Genehmigung** ist nach herkömmlicher Auffassung mit der Anfechtungsklage *anfechtbar* (Dürkes Rn C 262; Mittelbach Rn 274; Nies 36). Streitgegenstand ist indessen nicht die Bekämpfung eines rechtswidrig die Rechte des Klägers beeinträchtigenden belastenden Verwaltungsakts, sondern der Anspruch auf Erteilung eines begünstigenden Verwaltungsakts, nämlich der Genehmigung. Insoweit liegt eine *Verpflichtungsklage*, nicht eine Anfechtungsklage vor (Eichler BB 1971, 460 Fn 37). Diese Lösung findet nunmehr auch Fürsprecher (Hahn § 8 Rn 49; Gramlich § 3 WährG Rn 59). Wenn demgegenüber nach der hier kritisierten hergebrachten Auffassung nicht die Genehmigung einzuklagen, sondern nur die Ablehnung des Antrags anzufechten ist, so beruht dies darauf, daß ein strikter Verleihungsanspruch nicht besteht (vgl hierzu Willms/Wahlig BB 1978, 976; Rn D 313). In Fällen dieser Art sieht die im Verwaltungsprozeßrecht hM nicht die Verpflichtungsklage, sondern die Anfechtungsklage als die geeignete Rechtsschutzform an. Begehrt der Kläger im Hinblick auf § 114 VwGO und auf § 113 Abs 5 S 2 VwGO nur eine neue Bescheidung seines rechtswidrig abgelehnten Antrags, so ist nach der Praxis des BVerwG eine sog *isolierte Anfechtungsklage* zulässig, die sich nur gegen die Ablehnung richtet (zur isolierten Anfechtungsklage vgl BVerwGE 24, 351 = NJW 1967, 1146 m krit Anm Asam; 38, 99 = JuS 1972, 162 [Bähr]; BVerwG NJW 1971, 2004 = DVBl 1973, 374 m abl Anm Bettermann). Diese Praxis ist zumindest dogmatisch wenig überzeugend (wie hier jetzt Gramlich § 3 WährG Rn 59; Hahn § 8 Rn 49). Der Kläger wird sich aber vorerst wohl noch auf sie einstellen und den Antrag, wie immer dieser dann prozeßrechtlich eingeordnet wird, zumindest als Anfechtungsklage formulieren. Gerade im Fall des § 3 WährG entspricht die isolierte Anfechtungsklage auch besonders gut den Interessen des Klägers, denn dieser Klage kann stattgegeben werden, wenn die Vertragsklausel entweder nicht genehmigungsbedürftig oder zwar genehmigungsbedürftig, aber auch genehmigungsfähig ist.

D 324 **cc)** Die **Klagebefugnis** beschränkt sich nicht auf den Antragsteller. Da die Versagung der Genehmigung auch in Rechte des Vertragspartners eingreift, ist auch dieser nach § 42 Abs 2 VwGO zur Klage befugt (ebenso Gramlich § 3 WährG Rn 60). Bei der Anfechtungsklage folgt sie daraus, daß die Nichtgenehmigung eines genehmigungsbedürftigen Rechtsgeschäfts in den Rechtskreis der Vertragsbeteiligten eingreift und sie nicht bloß reflexiv, sondern im Sinne der (möglichen) Verletzung eines subjektiven öffentlichen Rechts beschwert. Unrichtig ist die bei Rn D 322 ausführlicher kritisierte Auffassung des OVG Münster, wonach es am Eingriff in den privaten Rechtskreis fehlt, weil Einwendungen gegen die Nichterteilung oder Erteilung einer Erlaubnis nach § 3 WährG nur auf währungspolitische, im Allgemeininteresse liegende Überlegungen gestützt werden können. Von dieser Auffassung wird der objektive Maßstab der Rechtmäßigkeitsprüfung verwechselt mit dem für die Klagebefugnis ausschlaggebenden Maßstab der Verletzung des Klägers in seinen Rechten.

dd) Umstritten ist die Frage, ob bei Klagen gegen Genehmigungsversagungen **D 325** gemäß § 68 Abs 1 S 2 Nr 1 VwGO das **Vorverfahren entbehrlich** ist (bejahend Dürkes Rn H 44; verneinend Gramlich § 3 WährG Rn 60). Der Streit beruht auf der Funktion der Landeszentralbanken im Genehmigungsverfahren und auf § 29 Abs 1 S 2 BBankG, demzufolge die Landeszentralbanken nur Bundesbehörden, nicht aber – wie § 68 Abs 1 S 2 Nr 1 VwGO dies verlangt – oberste Bundesbehörden sind. Da aber der Umstand, daß die Landeszentralbanken die Bundesbank im Genehmigungsverfahren nur vertreten (Rn D 313), nichts daran ändert, daß § 49 Abs 2 AWG die Bundesbank als oberste Bundesbehörde (§ 29 Abs 1 S 1 BBankG) zur Genehmigungsbehörde erklärt, sollte das Vorverfahren als nach § 68 Abs 1 S 2 Nr 1 VwGO entbehrlich angesehen werden.

e) Wegen der **privatrechtlichen Wirkungen** ist zu unterscheiden: **D 326**

aa) **Genehmigungsfreie Wertsicherungen** können selbstverständlich aus anderen **D 327** Gründen unwirksam sein, aber § 3 WährG steht ihrer Wirksamkeit nicht entgegen. Das Prozeßgericht ist in der Beurteilung, ob eine genehmigungsfreie Klausel vorliegt, grundsätzlich frei, dh nicht an die Auffassung der DBB gebunden (vgl Rn D 208 ff). **Genehmigungsbedürftige Wertsicherungen** sind nach § 134 (Rn D 192) **schwebend unwirksam**, solange die Genehmigung nicht erteilt ist (BGHZ 14, 306, 313 = NJW 1954, 1684, 1685; BGH BB 1954, 579; 1959, 868 = WM 1959, 1160 = DNotZ 1959, 581; 1959, 1079; WM 1963, 763, 765; BB 1966, 559 = WM 1966, 590, 592; WM 1976, 671, 672; Dürkes Rn H 5; Mittelbach Rn 280; Palandt/Heinrichs[56] §§ 244, 245 Rn 20; Reithmann DNotZ 1960, 194). Grundsätzlich führt erst die rechtskräftige Versagung der Genehmigung zur Nichtigkeit des Vertrags (über Probleme der Teilnichtigkeit vgl Rn D 330). Die Parteien sind einander verpflichtet, die Genehmigung herbeizuführen und alles zu unterlassen, was die Erteilung der Genehmigung hindert (Dürkes Rn F 1 ff, F 16 ff, F 87 ff; allgM). Naturgemäß hängt das Ausmaß dieser Pflichten im konkreten Fall von den Aussichten eines Genehmigungsantrags ab. Werden, solange es bei der schwebenden Unwirksamkeit der Klausel geblieben ist, die Richtlinien der DBB zugunsten des in Frage stehenden Vertrages geändert, so ist keiner der Beteiligten gehindert, jetzt die – rückwirkende! – Genehmigung einzuholen (OLG Hamm BB 1966, 675 = WM 1966, 787). **Anfängliche Nichtigkeit** und nicht bloß schwebende Unwirksamkeit liegt allerdings nach dem devisenrechtlichen Urteil BGHZ 127, 368 = NJW 1995, 318 vor, wenn die Behörde förmlich bekanntgemacht hat, daß Genehmigungen der fraglichen Art nicht erteilt werden und an der Rechtmäßigkeit der Versagung keine Zweifel bestehen (dazu Karsten Schmidt NJW 1995, 2255). Anfängliche Nichtigkeit nimmt das LG Regensburg BB 1975, 346 an, wenn die Parteien um die Genehmigungsunfähigkeit der vereinbarten Klausel wissen und überhaupt nicht die Absicht haben, eine Genehmigung einzuholen. Das Urteil BGH LM § 308 ZPO Nr 11 = NJW 1979, 2250 hält eine *„ergänzende Vertragsauslegung"* (Rn D 333) für zulässig, wenn die Parteien wissentlich eine genehmigungsunfähige Wertsicherungsklausel vereinbaren, deren Erfüllung sie trotz ihrer Nichtigkeit wünschen. Die „ergänzende Auslegung", die in Wahrheit eine *Umdeutung* ist, macht aus einer genehmigungsunfähigen und nichtigen Gleitklausel einen genehmigungsfreien Leistungsbestimmungsvorbehalt (vgl auch BGH NJW 1986, 932, 933). Dem Urteil kann trotz methodischer Bedenken im Ergebnis zugestimmt werden: Wenn eine Wertsicherungsvereinbarung in der Erwartung, sie werde eingehalten, bewußt contra legem eingegangen wird und deshalb nichtig ist, bestehen nur folgende Möglichkeiten: Entweder läßt sich die Klausel nach § 140 in ein zulässiges minus umdeuten (Leistungsbestimmungsvorbehalt statt Gleitklausel), oder es besteht ein Anspruch auf Vereinbarung einer wirksamen Wertsicherung (Rn D 332 f), oder der unter der Voraussetzung der Wertsicherung geschlossene Vertrag ist insgesamt nach § 139 nichtig (Rn D 330 f). Unter diesen Lösungen gebührt der Umdeutung der Vorrang, denn sie kommt dem Parteiwillen so weit entgegen, wie es mit § 3 S 2 WährG zu vereinbaren ist. **Endgültig nichtig** ist eine genehmigungsbedürftige Wertsicherungsklausel, wenn ein Genehmigungsantrag formell rechtskräftig bzw bestandskräftig abgelehnt worden ist (vgl nur BGH BB 1963, 793; DÜRKES Rn F 8; STAUDINGER/ DILCHER[12] § 134 Rn 9 mwNw). Dasselbe gilt nach dem devisenrechtlichen Urteil BGHZ 127, 368 = NJW 1995, 318, wenn die Behörde den Vertrag durch Bekanntmachung für genehmigungsunfähig erklärt hat (dazu KARSTEN SCHMIDT NJW 1995, 2255). Dagegen sind die Zivilgerichte frei in der Beurteilung der Frage, ob die Klausel genehmigungsbedürftig oder genehmigungsfrei ist (Rn D 337). **Endgültige Wirksamkeit** tritt, sofern nicht der Vertrag an anderen Mängeln leidet, durch *Genehmigung* ein, und zwar mit rückwirkender Kraft (Rn D 329). Auch für die Wertsicherungsklausel bei einem *gekündigten Rechtsverhältnis* kann die Genehmigung noch erteilt werden, und zwar selbst dann, wenn das Rechtsverhältnis durch fristlose Kündigung bereits im Zeitpunkt der Genehmigung aufgehoben war; denn die Kündigung beendet den Vertrag nur mit Wirkung ex nunc und schließt eine rückwirkende Genehmigung nicht aus (BGH LM § 542 ZPO Nr 6 = BB 1979, 860 = Betrieb 1979, 1502 = MDR 1979, 930 = WM 1979, 784). *Gegenstand der Genehmigung* ist die Klausel und der Vertrag, wie er sich objektiv im Auslegungswege darstellt, auch wenn diese Auslegung nicht vollständig mit dem Wortlaut übereinstimmt und vielleicht auch von der Genehmigungsbehörde nicht ebenso wie später vom Zivilgericht verstanden wurde (BGH WM 1964, 906; OLG Hamm WM 1970, 1239, 1240). Ist die Genehmigung ohne zeitliche Beschränkung erteilt, so erfaßt sie die gesamte *Dauer* des Schuldverhältnisses. Ist dieses wirksam gekündigt, einigen sich aber die Parteien vor Ablauf der Kündigungsfrist über eine Fortsetzung des Vertrages, so bleibt auch die genehmigte Wertsicherungsklausel wirksam (BGH LM § 566 Nr 22 = BB 1974, 578 = NJW 1974, 1081).

D 328   bb) Die Genehmigung kann mit **Einschränkungen, Auflagen oder Bedingungen** versehen werden (vgl dazu § 36 VwVfG; vgl auch GRAMLICH § 3 WährG Rn 51). Hat die Landeszentralbank eine nur zugunsten des Gläubigers wirkende Wertsicherungsklausel für den Fall genehmigt, daß die Vertragspartner sie auch zugunsten des Schuldners vereinbaren, so tritt die Genehmigungswirkung an sich erst mit dieser Vereinbarung ein; der Schuldner ist aber nach Treu und Glauben verpflichtet, an dieser ihn begünstigenden Änderung mitzuwirken (BGH BB 1960, 118 = Betrieb 1960, 117 = NJW 1960, 523 = WM 1960, 104). Es handelt sich um eine klagbare und nach § 894

ZPO vollstreckbare Verpflichtung. Aber auch ohne Einigung der Parteien und auch ohne solche Klage und Vollstreckung – die zulässig bleibt, weil ein Rechtsschutzinteresse an eindeutiger Klärung besteht – muß sich der Schuldner in einem solchen Fall nach § 242 behandeln lassen, als sei die Vertragsänderung bereits zustandegekommen. Der Versuch des Schuldners, sich unter Berufung auf die Unwirksamkeit der vereinbarten Klausel aus einem unbequemen Vertragsverhältnis zu lösen, ist treuwidrig (BGH BB 1960, 118 = Betrieb 1960, 117 = NJW 1960, 523 = WM 1960, 104; vgl dazu auch Horn AcP 181 [1981] 255, 270 f).

cc) Die **genehmigte Wertsicherung** ist voll wirksam, soweit nicht andere Vorschriften **D 329** entgegenstehen. Die Genehmigung hat rückwirkende Kraft (BGH LM § 542 BGB Nr 1 = BB 1959, 868 = WM 1959, 1160; BB 1965, 183; WM 1976, 671, 672; LM § 542 ZPO Nr 6 = BB 1979, 860 = Betrieb 1979, 1502 = WM 1979, 784, 786; OLG Hamm BB 1966, 675 = WM 1966, 687; MünchKommBGB/vMaydell[3] § 244 Rn 32; Soergel/Teichmann[12] § 244 Rn 27; allgM). Sie kann auch nach Jahren noch rückwirkend erteilt werden (OLG Hamm BB 1966, 675 = WM 1966, 787; Reithmann DNotZ 1960, 195), und zwar auch dann, wenn das Vertragsverhältnis selbst bereits gekündigt (Rn D 327) oder sonst erloschen ist. Soweit nach der Klausel der Anpassungstatbestand bereits vor Erteilung der Genehmigung eingetreten war, kann allerdings in einem solchen Fall die Berufung auf die Rückwirkung der Genehmigung rechtsmißbräuchlich sein.

dd) **Teilunwirksamkeit und Teilnichtigkeit** folgen den allgemeinen Grundsätzen (vgl **D 330** BGH LM § 139 BGB Nr 4 und 5; WM 1964, 248, 249; 1980, 593, 595; OLG Bamberg NJW 1957, 268; Dürkes Rn F 100 ff, H 23 ff; MünchKommBGB/vMaydell[3] § 244 Rn 33; Palandt/Heinrichs[56] § 139 Rn 5 ff; Reithmann DNotZ 1960, 194). Einen Grundsatz, wonach der Vertrag stets mit dem vereinbarten, wegen der Nichtigkeit der Klausel unverändert beizubehaltenden Festbetrag fortgesetzt werden soll, gibt es nicht (vgl BGH BB 1963, 793; Mittelbach Rn 283). Es kommt auf den hypothetischen Parteiwillen an, also darauf, ob die Wertsicherungsklausel für die Parteien von so wesentlicher Bedeutung ist, daß der gesamte Vertrag mit ihr steht oder fällt (BGH NJW 1952, 299; BB 1959, 1006 = Betrieb 1959, 1108; 1974, 1414 = NJW 1974, 2233, 2235; OLG München BB 1958, 786 = MDR 1959, 925; Dürkes Rn F 25; Mittelbach Rn 284; s auch OLG Oldenburg NdsRpfl 1952, 152). Das gilt ebenso für die schwebende Unwirksamkeit (BGH LM § 542 BGB Nr 6 = BB 1974, 1414 = NJW 1974, 2233, 2234 f). Ein Vertrag, der ohne Wertsicherung nicht aufrechterhalten werden kann, ist allerdings dann nicht nichtig, wenn die unwirksame Wertsicherungsklausel im Wege der berichtigenden („ergänzenden") Auslegung, der Umdeutung oder der Vertragsänderung in eine wirksame oder genehmigungsfähige Klausel verwandelt werden kann (Rn D 332 f).

Der *Regel-Ausnahme-Mechanismus des* § 139 (Totalnichtigkeit, sofern nicht der **D 331** hypothetische Parteiwille zur bloßen Teilnichtigkeit führt) ist allerdings für eine Reihe von Fallgruppen, darunter auch der Fall der nichtigen Wertsicherungsklausel, umgekehrt worden: *Typischerweise ist anzunehmen, daß die getroffene Vereinbarung auch ohne die Wertsicherungsklausel zustandegekommen wäre, so daß idR der Vertrag mit Ausnahme der nichtigen Klausel wirksam bleibt* (BGH BB 1974, 1414 = NJW 1974, 2233, 2235; Pierer vEsch, Teilnichtige Rechtsgeschäfte [1968] 91 ff; MünchKommBGB/vMaydell[3] § 244 Rn 33). Läßt sich dann ein vereinbarter Preis – zB der vereinbarte Grundpreis – auch ohne die Wertsicherungsklausel ermitteln, so gilt, wenn nicht der Parteiwille für Gesamtnichtigkeit des Vertrages spricht, dieser Preis. Es ist zB der vereinbarte Miet- oder Pachtzins weiterzuzahlen (MITTELBACH Rn 281). Entspricht dieser Preis nicht dem Parteiwillen, so folgt noch nicht aus § 139 die Nichtigkeit des ganzen Vertrags, sondern die bei Rn D 333 geschilderte Vertragsänderungspflicht (BGHZ 63, 132, 135 = NJW 1975, 44, 45; BGH NJW 1983, 1909, 1910). Der Vertragspraxis wird zu Regelungen für den Fall, daß die Wertsicherungsklausel nichtig ist, geraten (MITTELBACH Rn 281). Formulierungshilfen gibt DÜRKES Rn F 100 ff. Auch eine Neuverhandlungspflicht (Rn D 332) kann für diesen Fall ausdrücklich vorgesehen werden (DÜRKES Rn F 102). Möglich ist auch eine Umdeutungsklausel (Rn D 333). Auch eine Vertragsklausel, nach der die Wertsicherung „integrierender Bestandteil" eines Darlehensvertrags ist, zwingt noch nicht zu der Folgerung, daß mit der Rechtsbeständigkeit der Klausel der ganze Vertrag steht und fällt (BGH BB 1959, 1006 = Betrieb 1959, 1108 = WM 1959, 1198).

D 332 ee) Die Unwirksamkeit oder Nichtigkeit des Vertrags kann zum **Anspruch auf Vertragsänderung** führen. Die Unwirksamkeitsfolge schließt eine Verbindlichkeit des vereinbarten Vertragsinhalts aus, nicht notwendig auch eine Pflicht zur Heilung des Mangels (PIERER VESCH, Teilnichtige Rechtsgeschäfte [1968] 93; über rechtsgeschäftliche Folgen nichtiger Willenserklärungen vgl allgemein die gleichnamige Schrift von PAWLOWSKI [1966]). Dabei muß unterschieden werden zwischen den Fällen, in denen nur die Wertsicherungsklausel unwirksam und korrekturbedürftig ist (zur Anpassung unwirksamer Wertsicherungsklauseln vgl NELLE, Neuverhandlungspflichten [1994] 77), und den Fällen, bei denen die Korrektur die Totalnichtigkeit des Vertrages beheben soll (Rn D 333 f). In erster Linie sind die Parteien nach § 242 verpflichtet, die unwirksame Klausel durch eine andere zu ersetzen, die der nichtigen Klausel möglichst nahe kommt, aber entweder nicht genehmigungsbedürftig oder zwar genehmigungsbedürftig aber auch genehmigungsfähig ist (BGHZ 63, 132, 135 = NJW 1975, 44, 45 = LM § 3 WährG Nr 26 m Anm BRAXMEIER; BGH LM § 3 WährG Nr 14; DNotZ 1960, 144; BB 1967, 228 = NJW 1967, 830 = WM 1967, 257; NJW 1973, 1498, 1499; Betrieb 1976, 669; LM § 3 WährG Nr 37 = NJW 1979, 1545; NJW 1983, 1909, 1910; 1986, 932, 933; DÜRKES Rn F 1 ff; PIERER VESCH 93; SAMM/HAFKE 102; Münch-KommBGB/VMAYDELL[3] § 244 Rn 32; REITHMANN DNotZ 1960, 196; zur dogmatischen Begründung vgl HORN AcP 181 [1981] 270 f).

D 333 Ein Anspruch auf Vertragsänderung kann sich nach Lage des Falls aus § 242 ergeben, wenn die Wertsicherungsklausel schwebend unwirksam oder nichtig, der Vertrag aber im übrigen wirksam ist (BGH BB 1966, 559 = WM 1966, 590; LM § 3 WährG Nr 17 = Betrieb 1967, 374 = NJW 1967, 830, 831 = WM 1967, 257; LM § 3 WährG Nr 20/21 = MDR 1973, 927 = NJW 1973, 1498; LM § 3 WährG Nr 37 = BB 1979, 1260 = NJW 1979, 1545, 1546; WM 1980, 593, 595; enger noch BGH BB 1960, 919). Ein solcher Anspruch auf Vertragsänderung kommt insbes dann in Betracht, wenn neben der unwirksamen Klausel kein Festpreis vereinbart ist oder wenn ein Festpreis zwar vereinbart, ein Festhalten am Festpreis aber für den Geldgläubiger nicht zumutbar ist. Ist der gesamte Vertrag mit der rechtskräftigen Versagung der Genehmigung nichtig (Rn D 330 f), so besteht idR zwar keine Pflicht zum Neuabschluß, aber im Einzelfall kann doch ein Anspruch auf wirksamen Neuabschluß bestehen, wenn die andere Partei die Nichtigkeit durch culpa in contrahendo herbeigeführt hat (BGH BB 1963, 793 = Betrieb 1963, 991 = WM 1963, 763; MITTELBACH Rn 300; vgl auch Rn D 334). Im übrigen erkennt die hM ganz weitreichende Vertragsänderungspflichten an. Die Aufnahme einer genehmigungsfreien oder genehmigungsfähigen Wertsicherungsklausel in den Vertrag kann grundsätzlich dann schon verlangt werden, wenn die Parteien durch Vereinbarung einer genehmigungsunfähigen Wertsicherungsklausel übereinstimmend den Willen kundgetan haben, die Geldforderung wertbeständig zu machen, und diese Vertragsklausel für sie wesentlich war (vgl BGH LM § 3 WährG Nr 20/21 unter III 1 b = NJW 1973, 1498, 1499). Zweifelsfrei kann ein Vertragspartner dann von dem anderen die Änderung verlangen, wenn sie für diesen anderen günstig ist (BGH BB 1960, 919). Der andere Vertragspartner kann sich dann nicht etwa unter Berufung auf die Nichtigkeit der Klausel von dem Vertrag lossagen. Eine schwierige Frage ist die der **Vertragsanpassungstechnik**. Kommt es unter den Parteien zu keiner Einigung, so wäre der einfachste Weg der einer rückwirkenden richterlichen Vertragsanpassung, der dogmatisch sauberste, aber rechtspraktisch kaum annehmbare Weg der eines klagbaren Vertragsänderungsanspruchs (Vollstreckung: § 894 ZPO). *Einzig praktikabel ist der Weg einer primären Vertragsänderungspflicht der Parteien und einer subsidiären Gestaltungsbefugnis des Gerichts analog § 315 Abs 3* (vgl auch zum Fortfall der Geschäftsgrundlage Rn D 127). So – mit primärer Leistungsbestimmung durch den Geldgläubiger – auch BGH LM § 3 WährG Nr 20/21 unter III 2 c = BB 1973, 998, 999 = NJW 1973, 1498, 1500. *Vorrang vor diesem Verfahren hat die* **ergänzende Vertragsauslegung** (DÜRKES Rn E 58 ff; WOLF ZIP 1981, 237 mwNw). Im praktischen Ergebnis dient sie der Rechtsprechung dazu, eine viel weitergehende Vertragsänderung zu rechtfertigen, nämlich die *Vertragskorrektur ex tunc*. Die Praxis behandelt in solchen Fällen die Parteien so, als hätten sie von Anfang an eine genehmigungsfreie Klausel vereinbart, was im Ergebnis einem fingierten Vertragsinhalt gleichkommt (vgl BGHZ 63, 132, 136 = NJW 1975, 44, 45 = LM § 3 WährG Nr 26 m Anm BRAXMEIER; BGH LM § 3 WährG Nr 10 = NJW 1960, 523; LM § 139 BGB Nr 51 = Betrieb 1976, 669; LM § 3 WährG Nr 37 = NJW 1979, 1545, 1546; LM § 308 ZPO Nr 11 = NJW 1979, 2250; NJW 1996, 3001, 3002 = WM 1996, 2125, 2126; OLG Karlsruhe BB 1981, 2097; vgl auch zur Tagespreisklausel BGHZ 90, 69, 73 = NJW 1984, 1177, 1178). Obwohl diese Praxis auf eine Umdeutung hinausläuft, ist sie im Ergebnis zu billigen (vgl auch DÜRKES Rn E 59 ff). Nach BGHZ 63, 132 = NJW 1975, 44 = LM § 3 WährG Nr 26 m Anm BRAXMEIER kann im Wege der ergänzenden Auslegung eine genehmigungsfreie Wertsicherungsklausel als von Anfang an vereinbart gelten, wenn in einem Vertrag eine genehmigungsunfähige Wertsicherungsklausel enthalten ist, aber feststeht, daß der Vertrag ohne Wertsicherung nicht abgeschlossen worden wäre und daß die Parteien bei Kenntnis der Rechtslage eine bestimmte genehmigungsfreie Klausel vereinbart hätten. Wird Anpassung der Geldleistungen aufgrund einer solchen ergänzenden Vertragsauslegung verlangt, so ist allerdings im Einzelfall noch zu prüfen, ob das Ergebnis der Wertsicherung auch der Billigkeit entspricht (BGH LM § 139 Nr 51 = MDR 1976, 571 = Betrieb 1976, 669, 670). Ist das der Fall, so sind nach BGH (aaO) die Parteien verpflichtet, einander so zu stellen, als ob eine genehmigungsfreie Klausel – in casu ein Leistungsbestimmungsvorbehalt – von vornherein vereinbart gewesen wäre. Nach BGH LM § 308 ZPO Nr 11 = NJW 1979, 2250 = WM 1979, 252 ist eine ergänzende Vertragsauslegung nicht einmal dann ausgeschlossen, wenn die Parteien wußten, daß die Klausel nicht genehmigt werden kann. Wenn nämlich die Vertragsparteien die Erfüllung der Wertsicherungsklausel trotz Kenntnis der Rechtslage wünschten, ist die Lage nach Auffassung des BGH eine andere, als wenn die Parteien den Punkt wegen der Unwirksamkeit der beabsichtigten Klausel ungeregelt gelassen haben (dazu Rn D 327). Die Legitimation solcher angeblich nur ergänzenden Vertragsauslegung ist nicht unzweifelhaft. Sie kann sich aus dem Vertrag ergeben, wenn dieser eine salvatorische Klausel enthält, wonach eine unwirksame Vertragsbestimmung zweckgerecht umgedeutet werden soll (WOLF ZIP 1981, 237 mwNw). Fehlt es daran, so liegt in Wahrheit eine Umdeutung oder Vertragsänderung vor. Nur wenn sich mit hinreichender Sicherheit absehen läßt, welche genehmigungsfreie Wertsicherung die Parteien bei Kenntnis der Rechtslage vereinbart hätten, kann diese Wertsicherung – es wird sich meist um ein minus gegenüber der vereinbarten Klausel handeln – ex tunc als Vertragsbestandteil gelten.

D 334 Fehlen für diese Art Vertragskorrektur („ergänzende Auslegung") die tatsächlichen Grundlagen oder kann den bei Vertragsschluß als berechtigt angesehenen Interessen des Geldgläubigers auf diese Weise nicht genügend Rechnung getragen werden, so kommt nur die Vertragsänderung durch Einigung der Parteien oder durch billige Rechtsgestaltung ex nunc in Betracht. Eine Rückwirkung kann dann allenfalls in dem Sinne bestehen, daß die Parteien einander schuldrechtlich stellen müssen, als hätten sie alsbald eine den beiderseitigen Interessen entsprechende Klausel vereinbart (BGH LM § 139 Nr 51 = Betrieb 1976, 669). Die Pflicht zur Heilung des Mangels durch Vertragsänderung entfällt nach BGH BB 1963, 793 = WM 1963, 763, wenn durch bestandskräftige Versagung der Genehmigung die Wertsicherungsklausel und mit ihr der gesamte Vertrag (§ 139) endgültig nichtig ist (grundsätzlich ebenso DÜRKES Rn F 12 f). Diese Auffassung ist zweifelhaft. Selbst wenn die Wertsicherungsklausel endgültig nichtig ist, kann bei Berücksichtigung des hypothetischen Parteiwillens und des Grundsatzes von Treu und Glauben eine Pflicht zur Vertragsänderung, dh zur Vereinbarung einer den hypothetischen Parteiwillen treffenden Klausel bleiben (ähnlich MITTELBACH Rn 298 f). Nur wenn es für diese Pflicht keine Grundlage gibt, kann dem BGH zugestimmt werden, aber dann versteht sich das Ergebnis von selbst (Umkehrung der Argumentationsrichtung). Zur Frage, ob ausnahmsweise eine Neuverhandlungspflicht besteht, vgl Rn D 333.

D 335 f)   Die **Bindung der Zivilgerichte** an den Ausgang eines Verwaltungsverfahrens folgt allgemeinen Verfahrensregeln.

D 336 aa)   Die **Genehmigung** als privatrechtsgestaltender Verwaltungsakt führt dazu, daß die Vertragswirksamkeit nicht mehr unter dem Gesichtspunkt des § 3 WährG in Zweifel gezogen werden kann (BGHZ 1, 294, 302; FÖGEN 153 f; DÜRKES Rn H 15; HAHN § 8 Rn 46; GRAMLICH § 3 WährG Rn 64; MITTELBACH Rn 269). Da die Genehmigung den Vertrag nur vom Verbot des § 3 WährG freistellt, kann sie selbstverständlich weder eine nach anderen Vorschriften erforderliche Genehmigung ersetzen noch ein sonstiges Wirksamkeitshindernis beheben (FÖGEN 154).

D 337 bb)   Die **Ablehnung der Genehmigung** ist kein privatrechtsgestaltender Verwaltungsakt. *Die Zivilgerichte sind in diesem Fall nicht an die Auffassung der DBB gebunden* (DÜRKES Rn H 16; MITTELBACH Rn 276; aA HAHN § 8 Rn 46; GRAMLICH § 3 WährG Rn 65). Sie können die Klausel immer noch als genehmigungsfrei einordnen. Sieht allerdings ein Zivilgericht die Klausel als genehmigungsbedürftig an, so kann es sie *nach rechtskräftiger Versagung der Genehmigung* nicht mehr als genehmigungsfähig ansehen (Rn D 209). Die genehmigungsbedürftige und damit zunächst schwebend unwirksame Klausel wird mit der endgültigen Versagung der Genehmigung nichtig (Rn D 327). Die Genehmigung kann dann auch nicht mehr nachträglich erteilt werden (vgl REITHMANN DNotZ 1960, 194). Nach herrschender, wenngleich bestrittener, Auffassung bedeutet dies, daß auch eine entgegen diesen Grundsätzen nachträglich erteilte Genehmigung das Rechtsgeschäft nicht mehr zu heilen vermag; es ist ein Neuabschluß erforderlich (REITHMANN DNotZ 1960, 194). Diese hM ist nicht unzweifelhaft.

Soweit aus ihr die Vorstellung spricht, ein nichtiges Rechtsgeschäft sei einem Nicht-geschäft gleich zu achten, ist sie überholt. Es liegt aber wohl der Gedanke zugrunde, daß nur schwebend unwirksame Geschäfte Gegenstand der Genehmigung sein sollen. Von der rechtskräftigen Ablehnung eines Genehmigungsantrags muß eine ablehnende Rechtsauskunft der Landeszentralbank unterschieden werden. Sie ist der Bestandkraft unfähig und vermag die ordentlichen Gerichte schon aus diesem Grunde nicht zu binden (BGH LM § 3 WährG Nr 20/21 unter III 1 b = NJW 1973, 1498, 1499).

cc)　Das **Negativattest** – nach hM ein rein deklaratorischer Staatsakt – hat *Genehmi-　**D 338**gungswirkung*. Es ist dies nicht, wie DÜRKES (Rn C 252, H 19) meint, eine Frage des Rechtsschutzinteresses (mit Recht krit GUTZWILLER Rn 182, der deshalb eine rein pragmati-sche Begründung gibt), sondern eine Frage des Inhalts und der Rechtsnatur eines Negativattests. Die Frage, ob der Vertrag nach § 3 WährG genehmigungsbedürftig ist, darf von den Zivilgerichten nur geprüft werden, solange weder eine Genehmi-gung noch ein Negativattest erteilt ist. Ist dagegen ein Negativattest erteilt, so haben die Zivilgerichte die Frage, ob eine Wertsicherungsklausel nach § 3 WährG genehmigungsbedürftig oder auch nur genehmigungsfähig ist, nicht mehr zu prüfen (BGHZ 1, 294, 301 ff; BGH BB 1955, 876; DÜRKES Rn C 252 und H 17 ff; MITTELBACH Rn 261; SAMM/HAFKE 101; REITHMANN DNotZ 1960, 194). Dagegen hat die *Ablehnung eines Negativat-tests* ebensowenig wie die einer Erlaubnis gestaltende Wirkung. Das Zivilgericht ist also, wenn es die Vereinbarung für genehmigungsfrei hält, nicht an die Auffassung der DBB gebunden (MITTELBACH Rn 263). Ebensowenig bindet eine *Rechtsauskunft*, nach der die in Frage stehende Klausel genehmigungsbedürftig oder sogar genehmigungsunfähig ist (BGH LM § 3 WährG Nr 20/21 = NJW 1973, 1498, 1499).

9.　Bilanz- und Steuerrecht

Wegen der *Auswirkungen von Wertsicherungsvereinbarungen auf bilanz- und steuer-　**D 339**rechtliche Fragen* ist zu verweisen auf die eingehende Darstellung bei DÜRKES Rn G 1 ff; MITTELBACH Rn 349-546. Bei der Berechnung des Kapitalwerts einer betrieb-lichen Kaufpreisrente ist die Berücksichtigung eines höheren Rechnungszinsfußes als 5,5% besonders dann nicht gerechtfertigt, wenn eine Wertsicherung vereinbart ist.

VI.　Geldentwertung und Irrtumsanfechtung

1.　Der Irrtum über den Tauschwert

Ein **Irrtum über den Tauschwert** des Geldes berechtigt bei einem gegenseitigen Ver-　**D 340**trag weder nach § 119 Abs 1 noch nach § 119 Abs 2 zur Anfechtung. Die Kaufkraft des Geldes ist *keine Eigenschaft* einer Sache iS von § 119 Abs 2 (RGZ 111, 257, 259; BGB-RGRK/KRÜGER-NIELAND[12] § 119 Rn 41; PALANDT/HEINRICHS[56] § 119 Rn 27; STAUDINGER/DILCHER[12] § 119 Rn 59). Zwar könnte man bezüglich einzelner Geldzeichen von einem wertbildenden Merkmal sprechen, aber die Kaufkraft wohnt nicht den individuellen Geldzeichen inne (Rn A 19), sondern der Institution Geld (Rn A 18). Auch ein *Irrtum über den Inhalt der Willenserklärung* iS von § 119 Abs 1 liegt *nicht* vor (RGZ 111, 257, 260; s auch RG LZ 1926, 742, 743 f). Wie jeder Irrtum über die Angemessenheit von Leistung und Gegenleistung (RG JW 1917, 214) ist dieses nur ein **Irrtum im Beweg-**

grund. Erst recht gilt dies für den Irrtum über die künftige Kaufkraftentwicklung;
auch er stellt keinen Anfechtungsgrund iS von § 119, sondern einen unbeachtlichen
Motivirrtum dar (RGZ 111, 257, 259; OLG Düsseldorf JW 1924, 1186 m Anm von der Trenck;
Erman/Brox[9] § 119 Rn 51). Abhilfe schafft nur das Institut des Fortfalls der Geschäftsgrundlage (Rn D 90 ff; John JuS 1983, 179 f). Hier nicht darzustellen ist die Problematik
des Irrtums über den Geldwert eines Vertragsgegenstandes (nach hM kein zur Anfechtung berechtigender Eigenschaftsirrtum; BGHZ 16, 54, 57; BGH LM § 779 BGB Nr 2; str; vgl
Flume, Rechtsgeschäft § 24/2 d) oder über den Nennbetrag einer Forderung (nach hM
gleichfalls kein Eigenschaftsirrtum; BGH LM § 779 BGB Nr 2; WM 1963, 252, 253; aM Dunz NJW
1964, 1214 f).

2.   Der Kurswertirrtum als Kalkulationsirrtum

D 341 Der **Irrtum über den Kurswert einer Währung als Kalkulationsirrtum** kann Sonderprobleme aufwerfen. Grundsätzlich ist auch er als bloßer Motivirrtum unbeachtlich,
wenn die betreffende Währung den Tauschwert eines Gutes bestimmen soll, denn
dann steht der Fall dem bei Rn D 340 dargestellten Irrtum über den Tauschwert
gleich (RG DRiZ-Beil 1926 Nr 2). Schwieriger sind diejenigen Fälle, bei denen die
Umrechnung Gegenstand der vertraglichen Einigung ist. Hierher gehört zunächst der
Devisenkauf. Die Problematik entspricht den umstrittenen Fällen des Kalkulations-
irrtums beim Wertpapierkauf (vgl auch RG DRiZ-Beil 1926 Nr 2; Palandt/Heinrichs[56] § 119
Rn 18 ff). Wie bei den Börsenkursfällen ist hier zu fragen, ob der Tageskurs Eigenschaft iS von § 119 Abs 2 sein kann (vgl Soergel/Hefermehl[12] § 119 Rn 31) oder ob die
erkennbar gemachte *Kalkulation Teil der Erklärung*, der Kalkulationsirrtum dann
also Inhaltsirrtum ist (RGZ 64, 266, 268; 94, 65, 67 f; 97, 138, 139 f; 101, 51, 53; 116, 15, 17; 162,
198, 201; unentschieden BGH LM § 119 BGB Nr 21; JR 1971, 415; dagegen die heute ganz hM; vgl
nur Larenz AT § 20 II a; Flume, Rechtsgeschäft § 23/4 e; Erman/Brox[9] § 119 Rn 38; Münch-
KommBGB/Kramer[3] § 119 Rn 72 f; Palandt/Heinrichs[56] § 119 Rn 19 ff; Soergel/Hefermehl[12]
§ 119 Rn 29; Giesen JR 1971, 405; John JuS 1983, 178). Im Einzelfall kann der Gedanke der
falsa demonstratio helfen (Enneccerus/Nipperdey § 167 Fn 27; Erman/Brox[9] § 119 Rn 38;
MünchKommBGB/Kramer[3] § 119 Rn 75; Soergel/Hefermehl[12] § 119 Rn 29; Wieser NJW 1971,
709; für ergänzende Vertragsauslegung bei gleichem Ergebnis Brox, Einschränkung der Irrtumsanfechtung [1960] 182). Ob ein beiderseitiger Irrtum über den Kurswert einer Währung
eine *falsa demonstratio* darstellt, hängt davon ab, was gewollt und erklärt ist. Der
Kalkulationsirrtum kann als falsa demonstratio richtiggestellt werden, wenn nach
dem Parteiwillen der objektiv richtige Umrechnungsbetrag den Ausschlag geben
sollte. Der errechnete Betrag ist dann nur die (vermeintliche) Konsequenz, nicht
aber der Gegenstand der Willenseinigung. Dieser Fall liegt vor allem dann vor, wenn
die vereinbarte Geldleistung nicht dazu bestimmt ist, den Tauschwert einer Sachleistung zu bestimmen. So im Fall RGZ 105, 406, wo Geber und Nehmer eines
Rubeldarlehens von einem falschen Kurswert ausgingen und für die Rückzahlung
den falschen Markbetrag errechneten. Das RG sieht hierin einen zur Anfechtung
berechtigenden Inhaltsirrtum iS von § 119 Abs 1, obwohl es zugleich ausführt,
Gegenstand der ausgetauschten Erklärungen sei „der Wille, zu dem als richtig angenommenen Kurswert umzurechnen". Aus diesem letzten Grund liegt nach richtiger
Auffassung kein Anfechtungsfall, sondern eine falsa demonstratio vor: Die Parteien
hatten sich über die Rückzahlung in Mark zum richtigen Kurswert geeinigt und
diesen nur falsch berechnet (Goltz, Motivirrtum und Geschäftsgrundlage im Schuldvertrag

[1973] 238 ff; Enneccerus/Nipperdey aaO; Flume, Rechtsgeschäft § 26/4 a; MünchKommBGB/Kramer[3] § 119 Fn 173; Soergel/Hefermehl[12] § 119 Rn 30; im Ergebnis ebenso Brox aaO).

VII. Geldentwertung als Vermögensschaden*

Eine durch **Geldentwertung** oder **Kursverfall** eingetretene Vermögenseinbuße kann **D 342** ein Schaden sein (allgM; vgl nur RGZ 130, 23, 33 f; RG JW 1922, 159; 1923, 457; BGH MDR 1976, 661 = RIW 1976, 229; OLG München NJW 1979, 2480 = RIW 1979, 277; OLG Frankfurt MDR 1981, 1016; OLG Köln NJW-RR 1988, 30; LG Braunschweig NJW 1985, 3169; MünchKommBGB/Grunsky[3] Vorbem 125 zu § 249; Alberts NJW 1989, 614 f; Honsell, in: FS Lange [1992] 513 ff; Ungewitter [150 ff] sieht demgegenüber die Geldentwertung als solche als Schaden an). Die Frage spielt beim Verzugsschadensersatz nach § 288 eine Rolle. Auch ohne besondere Vereinbarung kann also im Rahmen von Schadensersatzansprüchen Ausgleich für Geldentwertung verlangt werden. Der geldschuldrechtliche Nominalismus (Rn D 28 ff) verbietet es nicht, schuldrechtliche Folgerungen aus einem Sinken des Geldwerts zu ziehen (RG JW 1922, 159; vMaydell, Geldschuld 138 ff; Staudinger/Löwisch [1995] § 286 Rn 28; MünchKommBGB/Grunsky[3] Vorbem 126 zu § 249; Medicus Betrieb 1974, 763), denn er beruht nicht auf der Fiktion eines konstanten Geldwerts. Bei Geldwertschulden – also auch bei der **Schadensersatzpflicht als Geldwertschuld** (Rn D 343) – ergibt sich die Berücksichtigung von Geldwertveränderungen von selbst. Bei Geldsummenschulden (Rn D 344 ff) kann ein Entwertungs- oder Kursverlust als Schadensposten, vor allem im Rahmen des Verzugsschadensersatzes, zu berücksichtigen sein. Hier kann der Schadensersatz noch *Gegenstand eines nachfolgenden Prozesses* sein (§ 244 Rn 111). Wird der Schadensersatz gleichzeitig mit der Forderung geltend gemacht, so kann er im Zinsausspruch des Urteils aufgehen (§ 246 Rn 196).

1. Geldentwertung und Geldwertschuld

Im Rahmen einer auf Schadensersatz zielenden **Geldwertschuld** (Rn D 54 ff) stellen **D 343** sich keine wesentlichen Probleme (vgl Grunsky, in: GedSchr Bruns [1980] 19): Es wird der zur Herstellung erforderliche Betrag (§ 249 S 2) oder Schadensersatz in Geld (§§ 250 f) oder das positive oder negative Interesse geschuldet. Die Höhe des zu leistenden Ersatzes bestimmt sich nach dem Zeitpunkt der Ersatzleistung. Steigt der Preis eines zu beschaffenden oder wiederherzustellenden Guts, so steigt damit auch die geschuldete Schadensersatzleistung. Darauf, ob dieser Preisanstieg inflationsbedingt ist oder seinen Grund auf der Warenseite hat, kommt es nicht an. Das ist im Ergebnis unstr (vgl nur RG HansRZ 1921, 461 = Recht 1921 Nr 1125 = WarnR 1921 Nr 70; JW 1923, 457 m Anm Henle; vMaydell, Geldschuld 319 ff; MünchKommBGB/Grunsky[3] Vorbem 125 zu § 249; ders in: GedSchr Bruns [1980] 19). Das gilt allerdings nicht für eine nach § 249 S 2 oder durch ein Deckungsgeschäft bereits fixierte Summe (*Geldsummenanspruch*;

---

* **Schrifttum**: Alberts, Schadensersatz und Fremdwährungsrisiko, NJW 1989, 609; Grunsky, Verzugsschaden und Geldentwertung, in: GedSchr Bruns (1980) 19; Honsell, Der Verzugsschaden bei der Geldschuld, in: FS Hermann Lange (1992) 509; vMaydell, Geldschuld und Geldwert (1974) 134 ff, 318 ff; Nussbaum, Das Geld in der Theorie und Praxis des deutschen und internationalen Rechts (1925) 136, 149 ff; Inzitari, Geldschulden im Inflationszeitalter, RabelsZ 45 (1981) 705, 723 ff; Ungewitter, Schadensrechtliche Probleme der verzögerlichen Erfüllung von Geldsummenforderungen in Zeiten der Geldentwertung (1993).

Karsten Schmidt

vgl Rn D 55 f). RGZ 111, 342, 345 stellt in diesem Fall – wie beim Verzugsschaden (Rn D 344 ff) – darauf ab, was aus dem verauslagten Betrag geworden wäre, wenn er im Vermögen des Geschädigten geblieben wäre. Der Entwertungsschaden ist dann also nur Schadensposten. Er ist nicht automatisch durch die Schadensersatzforderung ausgeglichen. Das gilt auch, wenn der summenmäßig fixierte Schaden in fremder Währung zu ersetzen ist (OLG Hamburg VersR 1979, 833 f). *Entwertungsschadensersatz für den Sachgläubiger* beim Verzug des Sachschuldners wurde in der Zeit der Währungsumstellung 1948 gewährt: Befand sich der Sachschuldner (zB Verkäufer) am Währungsstichtag in Verzug, so konnte der Geldschuldner (zB Käufer) gegenüber der 1:1 umgestellten DM-Forderung geltend machen, er hätte bei rechtzeitiger Lieferung in RM zahlen können; im Ergebnis wurden deshalb diese Geldschulden nur 10:1 umgestellt (BGH NJW 1951, 109; OGHZ 3, 352, 360). Die Problematik darf mit derjenigen des Entwertungs-Verzugsschadens beim Verzug mit der Geldschuld (Rn D 344 ff) nicht verwechselt werden.

2. Entwertungsschaden als Verzugsschaden

D 344 **a)** Der **Entwertungsschaden** kann ein Verzugsschaden sein. Das entspricht ständiger höchstrichterlicher Praxis (RGZ 130, 23, 33 f; std Rspr; OLG München NJW 1979, 2480 = RIW 1979, 277 f; LG Berlin JW 1923, 132 m Anm Schubart; zum Umstellungsschaden nach der Währungsreform 1948 vgl OGHZ 4, 177, 179). Auch in der Literatur ist der Ersatz des Entwertungs-Verzugsschadens nahezu allgemein anerkannt (vgl Grunsky, in: GedSchr Bruns [1980] 19; Famann, Recht des Geldes 84; Jahr, Jahresgutachten [1966] 201 f; vMaydell, Geldschuld 138 ff; Harmening/Duden, Währungsgesetze [1949] § 16 Rn 5 a; Staudinger/ Löwisch [1995] § 286 Rn 28 ff; MünchKommBGB/Thode[3] § 286 Rn 6 b; Erman/Battes[9] § 286 Rn 8; einschränkend Esser/Eike Schmidt I/2 § 28 I 2 a: nur sofern der Geldwertverfall außergewöhnlich ist, mithin die normalen Inflationsverluste erheblich übersteigt). Der *Entwertungsschaden bei einer Fremdwährungsschuld* (§ 244 Rn 58) ist nicht notwendig identisch mit dem Kursverlust. Nach OLG München NJW 1979, 2480 = RIW 1979, 277 f, wo eine Lira-Verbindlichkeit gegenüber einem italienischen Gläubiger verspätet beglichen worden war, kann zwar der innere Wertverlust der Lira „auch am Kursverfall gegenüber der DM zutreffend abgelesen werden", jedoch war die Schadenshöhe in casu unstreitig; die Schadensbemessung nach dem Kurswert kann in einem solchen Fall nur Schadensschätzung nach § 287 ZPO sein. Ein Verzugsschaden, dh ein durch die Verspätung verursachter Schaden, liegt allerdings nur dann vor, wenn der Gläubiger den Betrag bei rechtzeitiger Zahlung der Entwertung entzogen hätte (RGZ 120, 193, 198; 130, 23, 34; RG JW 1926, 1323; 1938, 946, 947; std Rspr; Larenz I § 23 II a; Staudinger/ Löwisch [1995] § 286 Rn 28 f; MünchKommBGB/Thode[3] § 286 Rn 6 c; eingehend vMaydell, Geldschuld 139 ff, 334; Grunsky 27 ff). Es gibt im Verzug keinen allgemeinen „Entwertungszuschlag" zu den Verzugszinsen (Jahr, Jahresgutachten [1966] 202; aA offenbar Honsell, in: FS Lange [1992] 515). Ein Verzugsschadensersatz kommt nur insoweit in Betracht, als sich die Geldentwertung im Gläubigervermögen niedergeschlagen hat und auch nicht durch sonstige Schadensposten (Zinsschaden, Zinsausfall etc) oder durch den Verzugszins ausgeglichen ist (LG Braunschweig NJW 1985, 1169, 1170; vMaydell, Geldschuld 141 f; aA Ungewitter 213 ff). In Zeiten der sog schleichenden Inflation wird der Entwertungsschaden regelmäßig durch den Verzugszins ausgeglichen (vMaydell, Geldschuld 142). Das ist wohl auch gemeint, wenn Esser/Eike Schmidt (I/2 § 28 I 2 a) den Verzugsschadensersatz auf „außergewöhnlichen" Geldwertverfall beschränken wollen.

b) Nicht mit dem Entwertungsschaden identisch ist der **Kursverlustschaden**. Ein **D 345**
solcher Schadensposten kann in Betracht kommen, wenn der geschuldete Betrag in
fremde Währung umgetauscht wird. Das gilt insbes für gebietsfremde Gläubiger,
also für ausländische und deutsche Gläubiger mit Sitz im Ausland, aber nicht nur für
sie (vgl aus der umfangreichen Praxis RGZ 98, 160, 164; 147, 377, 381; RG JW 1920, 704 m Anm
Nussbaum; 1922, 159 m Anm Nussbaum; 1938, 946 f; WarnR 1922 Nr 3, 4, 80; LAG Hamburg
Betrieb 1972, 1587). Auch bei der Fremdwährungsschuld kommt ein Kursverlust in
Betracht, insbes dann, wenn die Fremdwährung in Inlandswährung oder in eine
Drittwährung umgetauscht worden wäre (vgl § 244 Rn 58; RG JW 1923, 924 m Anm Henle;
BGH MDR 1976, 661 = RIW 1976, 229). Im Rahmen des Schadensersatzes nach Art 82
EKG verlangt LG Heidelberg RIW 1982, 285, daß der Schaden auch für den Schuld-
ner vorhersehbar ist. Ein Kursverlust der Zahlungswährung ist ebenso wie ein
Verlust ihres inneren Wertes (Rn D 344) nur dann ein Schaden, wenn er sich auch im
Gläubigervermögen niedergeschlagen hat (vgl nur OLG Frankfurt MDR 1981, 1016). An
einem Verzugsschaden durch Entwertung kann es beispielsweise dann fehlen, wenn
der Erlös aus einem Deckungsgeschäft zur Tilgung von Verbindlichkeiten verwendet
wurde (BGH MDR 1976, 661 = RIW 1976, 229; nur teilweise übereinstimmend OLG München
NJW 1979, 2480 = RIW 1979, 277). Bei Zahlung in DM kann der Kursverlustschaden
nach Lage des Falls durch die evtl höhere Verzinsung neutralisiert werden (LG Braunschweig NJW 1985, 1169).

3. Das Beweisproblem

Da weder der innere Geldwertschwund der Zahlungswährung noch ein Kursverlust **D 346**
für sich allein einen ersatzfähigen Schaden darstellt, stellt sich das Verzugsschadens-
problem in der Praxis als *Beweis- und Beweislastproblem* dar (MünchKommBGB/
Thode[3] § 286 Rn 6 c, 17; Staudinger/Löwisch [1995] § 286 Rn 29; Grunsky, in: GedSchr Bruns
[1980] 29 ff).

a) Der **Nachweis des reinen Entwertungsschadens** wird idR außerordentlich schwie- **D 347**
rig sein (vgl nur vMaydell, Geldschuld 142; Schubart JW 1923, 133: probatio diabolica). Nach
allgemeinen Regeln muß der Gläubiger darlegen und im Streitfall beweisen, daß er
das Geld bei rechtzeitiger Zahlung wertbeständig angelegt oder umgesetzt hätte
(MünchKommBGB/Thode[3] § 286 Rn 6 c). Die praktische Verwirklichung des Entwer-
tungs-Schadensersatzes hängt daher von der Frage ab, inwieweit eine Beweislastumkehr (dazu BGH MDR 1976, 661 = RIW 1976, 229) oder jedenfalls ein Beweis des ersten
Anscheins in Betracht kommt. Grundlage einer sachgerechten Beweislastverteilung
und Beweisführung ist das Institut des prima-facie-Beweises (ablehnend Ungewitter
63). Eine allgemeine Erfahrungsregel, wonach bei rechtzeitiger Zahlung der Entwertungsschaden vermieden worden wäre, ist für den *Fall der Hyperinflation* (Rn D 18)
anzuerkennen (F A Mann, Recht des Geldes 84; vMaydell, Geldschuld 142 f; Nussbaum, Das
Geld 150; Staudinger/Löwisch [1995] § 286 Rn 30). In der Hyperinflation kann also ein
allgemeiner „Inflationszuschlag" zum Verzugszins zuerkannt werden, sofern nicht
aufgrund der Umstände des Einzelfalls der für den Entwertungsschaden sprechende
Anschein ausgeräumt ist. *Bei schleichender Inflation* gilt dies nicht, weil diejenigen,
auf die eine solche Erfahrungsregel zutreffen würde, durch die Geltendmachung von
Zinsschäden wegen Inanspruchnahme von Bankkredit oder wegen entgangenen Zinses in aller Regel ausreichend entschädigt sind (vgl im Ergebnis auch Nussbaum und
vMaydell aaO; MünchKommBGB/Thode[3] § 286 Rn 6 c; Staudinger/Löwisch [1995] § 286

Karsten Schmidt

Rn 29). In einzelnen Fallgruppen ist aber auch hier der **Anscheinsbeweis** anzuerkennen (eingehend GRUNSKY, in: GedSchr Bruns [1980] 29 ff): Bei *Unternehmensforderungen*, insbes also Forderungen von Kaufleuten, kann prima facie davon ausgegangen werden, daß die Geldsumme bei rechtzeitigem Eingang der Entwertung entzogen worden wäre (OLG Karlsruhe JW 1922, 1730; GRUNSKY 31). Darüber hinaus hat GRUNSKY (31 ff) zwei weitere Fälle herausgearbeitet: Auch bei *Unterhalts- und bei Lohn- bzw Gehaltsforderungen* ist davon auszugehen, daß die Geldentwertung zu einem Verzugsschaden im Gläubigervermögen führt (aM MünchKommBGB/THODE[3] § 286 Rn 6 c). Dem ist zuzustimmen. Die Sonderbehandlung von Verbindlichkeiten mit Versorgungscharakter (Rn D 134) schlägt sich hier in der Beweisführung nieder. Dagegen ist eine rein sozial begründete Beweiserleichterung für Verbraucher, Lohnempfänger etc nicht angezeigt (insofern wie hier MünchKommBGB/THODE[3] § 286 Rn 6 c).

D 348 b) Der **Nachweis eines Kursverlustschadens** ist leichter zu erbringen als der eines reinen Entwertungsschadens. Wird inländische Währung an einen Ausländer mit Sitz im Ausland gezahlt, so nimmt die Rechtsprechung typischerweise an, daß das Geld alsbald in die Gläubigerwährung umgetauscht worden wäre (RGZ 98, 160, 164; RG JW 1920, 704 m Anm NUSSBAUM; 1921, 1311 m Anm NUSSBAUM; WarnR 1922 Nr 4 und 80; JW 1923, 498; NUSSBAUM, Das Geld 149 f). Grundsätzlich wird dasselbe für einen im Währungsausland ansässigen Deutschen gelten, sofern auf ein beim Sitz des Gläubigers befindliches Konto gezahlt wird (ein Sonderfall ist RG JW 1922, 159 m Anm NUSSBAUM). Beim Kursverlust einer Fremdwährung, die nach Verzugseintritt an einen Inländer gezahlt wird, sollte vice versa die gleiche Beweiserleichterung anerkannt werden (LAG Hamburg Betrieb 1972, 1587; im Ergebnis auch RGZ 147, 377, 378; KG JW 1935, 2291 m Anm ZEILER; ebenso ALBERTS NJW 1989, 615; MünchKommBGB/THODE[3] § 286 Rn 6 d; zu eng RG WarnR 1923/24 Nr 37 = JW 1923, 924 m Anm HENLE). In all diesen Fällen geht es nicht an, den Gläubiger hinsichtlich aller hypothetischen Abläufe mit vollem Beweisrisiko zu belasten. Ein Teil der Praxis kehrt hier die Beweislast zum Vorteil des Gläubigers um (BGH MDR 1976, 661 = RIW 1976, 229; OLG München NJW 1979, 2480, 2481 = RIW 1979, 277, 278). Macht etwa der im Verzug befindliche Schuldner geltend, der Gläubiger hätte die eingegangenen Beträge bei rechtzeitiger Zahlung nicht eingetauscht, sondern zur vorzeitigen Tilgung von Verbindlichkeiten in der Zahlungswährung verwendet und deshalb keinen Schaden erlitten, so trägt der Schuldner hierfür die Beweislast (BGH MDR 1976, 661 = RIW 1976, 229). Einen regelrechten Gegenbeweis sollte man aber dem Schuldner nicht aufbürden (ebenso OLG Hamburg HansRGZ 1936 B 308, 310). Es muß genügen, daß er die prima-facie-Darlegung des Gläubigers durch Darlegung einer atypischen Konstellation erschüttert. Die Beweiserleichterung (oder Beweislastumkehr) gilt nicht, wenn Inlandswährung an einen inländischen Gläubiger gezahlt wird (RGZ 102, 60, 63; RG JW 1920, 704; LG Braunschweig NJW 1985, 1169, 1170), ebensowenig wenn Auslandswährung an einen im Währungs(in)land ansässigen Gläubiger gezahlt wird (RGZ 107, 132, 136; RG WarnR 1923/24 Nr 38; JW 1926, 1323; 1938, 946; STAUDINGER/LÖWISCH [1995] § 286 Rn 33). In diesen Fällen reicht es auch nicht ohne weiteres aus, daß der Gläubiger Im- und Export betreibt (RG JW 1926, 1323). Kann nicht davon ausgegangen werden, daß das Geld umgewechselt worden wäre, so ist zwar die Geltendmachung eines Entwertungsschadens nicht ausgeschlossen; dieser Schaden kann aber nur nach den bei Rn D 347 geschilderten allgemeinen Grundsätzen geltend gemacht werden, also nur dann, wenn davon ausgegangen werden kann, daß der Gläubiger das Geld bei rechtzeitiger Zahlung dem inneren Währungsverfall entzogen hätte (vgl RG JW 1926, 1323). Diesen Beweis wird man als erbracht ansehen können, wenn der Gläubiger, um rasch umzuwechseln, auf eilige Zahlung gedrängt hatte (STAUDINGER/LÖWISCH [1995] § 286 Rn 33 mit Hinweis auf RGZ 147, 377).

VIII. Rechnungslegung, Steuerrecht und Geldentwertung*

1. Geldwert und Rechnungslegung

a) Die **bilanziellen Probleme** der Geldentwertung sind solche der *Substanzerhal-* **D 349** *tung* und der *Eliminierung von Scheingewinnen* (GROSSFELD Rn 372 ff; MOXTER 64 ff, 82 ff, 184 ff). Beides sind unterschiedliche Aspekte eines einheitlichen Problems. Das Anschaffungswertprinzip bzw das Herstellungswertprinzip (vgl die §§ 253, 255 HGB) läßt den Anschaffungs- oder Herstellungswert eines Gegenstandes im Zuge der Geldentwertung zunehmend vom Wiederbeschaffungspreis abweichen. Art 33 (1) a der 4. EG-Richtlinie (ABlEG 1978 L 222, 11) hat es den EU-Mitgliedstaaten überlassen, im Rahmen der „Bewertung auf der Grundlage inflationsberücksichtigender

* **Schrifttum:** BERNDT, Die Wertsicherung im Unternehmen (1960) 95 ff; BIERICH, Geldwertschwankungen und Rechnungslegung der Unternehmung (1974); BOECKEN, Nominalwertprinzip und Substanzerhaltung, Betrieb 1974, 881; BRINKMANN, Auswirkungen von inflationären Preissteigerungen auf den Jahresabschluß, Betrieb 1976, 1589; BUCHER, Zur globalen Berechnung von Scheingewinn und inflationsbedingter Kapitalbildung beim Vorratsvermögen, Betrieb 1973, 1513; BUSSE vCOLBE, Eliminierung von Preis- und Geldwertschwankungen, in: Handwörterbuch der Betriebswirtschaft II (3. Aufl 1960) 4423; COENENBERG, Inflationsbereinigte Rechnungslegung, AG 1973, 113; FEUERBAUM, Aktuelle Fragen der Eliminierung von Scheingewinnen in der Bilanz, Betrieb 1973, 737, 795; FORSTER, Bewertungsstetigkeit und Rechnungslegung nach dem AktG 1965, Wpg 1966, 555; GEMPER, Probleme der Nominalwertrechnung bei inflatorischer Geldentwertung (1972); GROSSFELD, Bilanzrecht (2. Aufl 1990) 214 ff; GÜNTSCH, Nominalwertprinzip und Scheingewinne, Betrieb 1981, 2568; HAVERMANN, Zur Berücksichtigung von Preissteigerungen in der Rechnungslegung von Unternehmen, Wpg 1974, 423, 445; HAX, Die Substanzerhaltung der Betriebe (1957); HÜBENER, Rechnungslegung bei sinkendem Geldwert (1978); JACOBS, Die Bedeutung von Schuldnergewinnen bei Geldentwertung im handels- und steuerrechtlichen Jahresabschluß, in: FS Leff-

son (1976) 235; KLOOS, Die Transformation der 4. EG-Richtlinie (Bilanzrichtlinie) in den Mitgliedstaaten der Europäischen Gemeinschaft (1993); KNOBBE-KEUK, Bilanz- und Unternehmenssteuerrecht (9. Aufl 1993); KÜTING/WEBER (Hrsg), Handbuch der Rechnungslegung (3. Aufl 1990); MAHLBERG, Bilanztechnik und Bewertung bei schwankender Währung (1921); vMAYDELL, Geldschuld und Geldwert (1974) 49 f; MILLER, Die Berücksichtigung von Geldwertschwankungen in Buchhaltung und Bilanz (1932); MOXTER, Betriebswirtschaftliche Gewinnermittlung (1982); NIEHUS, Zur Berücksichtigung von Geldwertschwankungen in ausländischen Jahresabschlüssen, Wpg 1975, 153; SIEBEN, Geldentwertung und Bilanz, in: Bericht über die Fachtagung des IdW (1971) 57 (s auch BB-Beil 5/71); ders, Zur Problematik einer auf Bilanzgewinnen basierenden Unternehmensbewertung in Zeiten der Geldentwertung, in: FS Leffson [1976] 255; SPRÖGEL, Bilanzrecht und Geldentwertung (Diss Göttingen 1974); STROBEL, Zur Reformbedürftigkeit des Jahresabschlusses unter dem Inflationsaspekt, in: FS Leffson (1976) 217; vWYSOCKI/SCHULZE-OSTERLOH (Hrsg), Handbuch des Jahresabschlusses in Einzeldarstellungen (Stand 1995); WENGER, Unternehmenserhaltung und Gewinnbegriff (1981); WÖHE, Die Handels- und Steuerbilanz (2. Aufl 1990); WOLTMANN/RIESTERER, Zur Bilanzierung unter Inflationsbedingungen, BB 1976, 541.

Methoden" auch die Bilanzierung zu Wiederbeschaffungskosten zuzulassen (vgl eingehend KLOOS 376 ff). Deutschland ist das einzige Land, das strikt am Anschaffungswertprinzip festgehalten und sich der Berücksichtigung kontinuierlicher Geldentwertung verschlossen hat (KLOOS 383 ff; NIEHUS ZGR 1985, 554). Die einzigen Ausnahmen (Abweichen vom Anschaffungswertprinzip) galten für die DM-Eröffnungsbilanzen 1948 und 1990 (KLOOS 77 Fn 99). Nach deutschem Recht geht die Aktivenbewertung vom Prinzip des Anschaffungs- bzw Herstellungswerts aus, und zwar auch beim *Umlaufvermögen* und bei Sachanlagen von zeitlich begrenzter Nutzung (vgl nur GROSSFELD Rn 166 ff; KNOBBE-KEUK § 5 IV 1; WÖHE 137 ff; zur historischen Herleitung aus Art 31, 185 a ADHGB vgl HÜBENER 36 f; vgl auch LEFFSON/A SCHMIDT, in: vWYSOCKI/SCHULZE-OSTERLOH I/7 Rn 112 Fn 75: „Das Anschaffungspreisprinzip ist der älteste Grundsatz ordnungsgemäßer Buchführung"). Die Wiederbeschaffungskosten spielen in der Bilanz nur aufgrund des Niederstwertprinzips eine Rolle (vgl § 253 Abs 3 HGB und dazu etwa BAUMBACH/HOPT, HGB [29. Aufl 1995] § 253 Rn 13 ff; KNOBBE-KEUK § 5 V 3 a aa; WOHLGEMUT, in: vWYSOCKI/SCHULZE-OSTERLOH I/11 Rn 32 ff). Die Ausscheidung von inflationsbedingten Scheingewinnen durch Abschreibung zu Wiederbeschaffungswerten und durch entsprechende Neubewertungsrücklagen ist steuerrechtlich unzulässig und bilanzrechtlich nicht vorgeschrieben. Verboten sind wertaufholende Bilanzansätze wegen inflationsbedingter Preisentwicklung, wenn diese eine Wertsteigerung eines Vermögensgegenstandes zur Folge haben (KÜTING/WEBER § 280 Rn 13 mwNw). Das Bilanzrecht geht damit von der nicht mehr zutreffenden Vorstellung eines konstanten Geldwerts aus (eingehend HÜBENER 16 ff, 19 ff, 38 f mwNw). Das Faktum der Geldwertänderungen beeinträchtigt die Funktionsfähigkeit der Rechnungslegungsvorschriften des Aktien- und Steuerrechts (HÜBENER 23 ff). Umgekehrt kann aber auch eine inflationsbereinigte Rechnungslegung, von Steuerfolgen abgesehen, die Vergleichbarkeit und Aussagefähigkeit von Bilanzen gefährden.

D 350 **b)**   Erwägenswert wäre eine *Übertragung* der bei Rn D 72 und D 75 ff besprochenen *Zugewinn- und Pflichtteilsrechtsprechung* (BGHZ 61, 385; 65, 75) auf das Gebiet des Bilanzrechts, denn die Ausschaltung inflationsbedingter Schein-Zugewinne durch Korrektur der Wertrelation ist eine Aufgabe, die der inflationsbereinigten Rechnungslegung entspricht. HÜBENER (55 ff) lehnt jedoch die Übertragung dieser Methode zwingender Inflationsbereinigung ab. Dem wird deshalb zugestimmt werden müssen, weil sich die an die Rechnungslegung anknüpfenden Rechtsfolgen nicht auf einen Korrekturposten im Zweipersonenverhältnis beschränken, sondern sowohl personell als auch und vor allem sachlich, dh in den Rechtsfolgen, mehrdimensional sind. Es kommen deshalb wohl nur speziell bilanzrechtliche oder gesellschaftsrechtliche Remeduren in Frage.

D 351 **c)**   Die **Kapitalerhaltungsbestimmungen** im Recht der Kapitalgesellschaften (§§ 57 ff AktG, 30 f GmbHG) beruhen auf dem Prinzip der nominellen Kapitalerhaltung (WÖHE 131). Dieses Prinzip der nominellen Kapitalerhaltung beruht seinerseits auf dem Grundsatz „Mark gleich Mark" (KÜTING/WEBER § 255 Rn 2; vgl ferner LEFFSON/A SCHMIDT, in: vWYSOCKI/SCHULZE-OSTERLOH I/7 Rn 157 f). Demgegenüber will das Prinzip der realen Kapitalerhaltung auf Erhaltung der Kaufkraft abstellen (HAX 17; eingehende Darstellung bei HÜBENER 108 ff; WENGER 176 ff, 363 ff). Diesem Prinzip wird wiederum das Prinzip der Substanzerhaltung gegenübergestellt (HAX 18; eingehende Darstellung bei HÜBENER 99 ff); tatsächlich greift beides ineinander, denn die auf FRITZ SCHMIDTS „Organische Bilanz" zurückgehende Substanzerhaltungskonzeption zielt auf gütermäßige Erhaltung der Unternehmenssubstanz, wozu ein Wertberichtigungskonto die Differenz zwischen Anschaffungswert und Wiederbeschaffungswert ausgleicht (vgl die Darstellung bei HÜBENER 99 f). Eine Kombination von Geldkapitalrechnung und Substanzrechnung stellt auch das Modell einer „Polaren Bilanz" von FEUERBAUM dar (Die Polare Bilanz [1966]; dazu HÜBENER 31, 112). Durch Kumulation der Geldkapitalrechnung und der Substanzrechnung wird dafür gesorgt, daß bereits die eine *oder* die andere genügt, um einen Verlust auszuweisen, während ein ausschüttungsfähiger Gewinn nur vorliegt, wenn er durch Geldkapitalrechnung *und* Substanzrechnung nachgewiesen ist. Indes: § 57 AktG stellt auf den Bilanzgewinn ab, § 30 GmbHG auf die Deckung des nominalistisch definierten Stammkapitals.

d) **Die bilanzrechtspolitische Kontroverse** muß hiernach die Realisierbarkeit und die **D 352** gesamtwirtschaftliche Beurteilung einer inflationsbereinigten Rechnungslegung berücksichtigen. Die Haupteinwände gegen inflationsberücksichtigende Bewertungsmethoden (zusammengestellt etwa bei SÖFFING, 4. EG-Richtlinie. Mögliche steuerliche Auswirkungen [1979] 43 ff) laufen neben steuerlichen Bedenken auf zwei Gesichtspunkte hinaus: auf das Postulat der Objektivität, Zuverlässigkeit und Prüfbarkeit der Rechnungslegung und auf stabilitäts- und ordnungspolitische Bedenken gegen eine bilanzrechtliche Institutionalisierung des Phänomens Inflation. Die deutsche Delegation bei der Verabschiedung der EG-Bilanzrichtlinie, die Bundesregierung und die einschlägig befaßten Ausschüsse des Bundestages haben sich eindeutig gegen inflationsberücksichtigende Bewertungsmethoden ausgesprochen (Nachw bei SÖFFING 42), und die Bundesregierung hatte dies auf parlamentarische Anfrage (BT StenBer VIII/84 v 14. 4. 78 S 6667) sowie in der Begründung zum RegE eines Bilanzrichtlinien-Gesetzes neuerlich unterstrichen (BR-Drucks 61/82 S 87). Die Berücksichtigung der Geldentwertung bei Bilanzansätzen ist zwar nicht mit dem technischen (Rn D 23 ff) und auch nicht mit dem geldschuldrechtlichen Nominalismus (Rn D 28 ff) unvereinbar, wohl aber steht sie in Widerspruch mit dem Nominalismus als währungspolitischem Postulat (Rn D 38 ff). Die rechtspolitische Beurteilung fällt deshalb ähnlich aus wie bei § 3 WährG (Rn D 197-D 204): Der Gesetzgeber scheut mit Recht eine Institutionalisierung des Inflationsgeschehens.

e) Für das **geltende Bilanzrecht** bleibt es bei dem **Anschaffungskostenprinzip** **D 353** (Bewertung nach Anschaffungs- oder Herstellungskosten). Auch die Vierte Richtlinie des Rates der EG v 25. 7. 1978 (ABl Nr L 222, 11 v 14. 8. 1978 = LUTTER, Europäisches Unternehmensrecht [4. Aufl 1995] 125 ff = Betrieb-Beil 17/78 = SÖFFING, 4. EG-Richtlinie. Mögliche steuerliche Auswirkungen [1979] 65 ff) geht in Art 32 hiervon aus. Allerdings läßt es ihr Art 33 zu, daß in Abweichung von den Anschaffungs- und Herstellungskosten (Art 32) folgende Bewertungen zugelassen oder vorgeschrieben werden: „(a) die Bewertung auf der Grundlage des Wiederbeschaffungswertes für Sachanlagen, deren Nutzung zeitlich begrenzt ist, und für Vorräte; (b) die Bewertung der Posten im Jahresabschluß einschließlich des Eigenkapitals, auf der Grundlage anderer Methoden als der unter Buchstabe (a) bezeichneten Methoden, die der Inflation Rechnung tragen sollen; (c) die Neubewertung der Sachanlagen sowie der Finanzanlagen." (krit KÜTING/WEBER I Rn 23). Das Bilanzrichtliniengesetz vom 19. 12. 1985 (BGBl I 2355) hat von der Möglichkeit der Bilanzierung zu Wiederbeschaffungswerten keinen Gebrauch gemacht. Für Vorräte ermöglicht aber das gemäß § 256 HGB zulässige **Lifo**-Verfahren die Ausschaltung des Ausweises von Scheingewinnen (KNOBBE-KEUK § 5 III 2 d bb).

D 354 f)   Eine **gesellschaftsrechtliche Pflicht zur Feststellung und Offenlegung inflationsbedingter Scheingewinne** ist durch das bilanzrechtliche Prinzip der nominellen Anschaffungs- und Herstellungswerte nicht ausgeschlossen. Nicht vom Recht des Geldes, sondern allenfalls vom Unternehmens- und Gesellschaftsrecht her kann aber eine solche Pflicht der zuständigen Organe begründet werden. HÜBENER (65 ff) leitete solche Pflichten aus dem AktG her: die Feststellungspflicht aus den §§ 76, 93 AktG, die Offenlegungspflicht aus § 160 Abs 2 S 1 und Abs 4 S 1 AktG aF. Seit dem Bilanzrichtliniengesetz ist der *Lagebericht* der richtige Sitz für Zusatzrechnungen, also auch für die Substanzerhaltungsrechnung (vgl CLEMM/EUROTT, in: Beck'scher Bilanzkommentar [3. Aufl 1995] § 289 Rn 47; ähnliche Anregung bei LEFFSON/A SCHMIDT, in: vWYSOCKI/SCHULZE-OSTERLOH I/7 Rn 158).

D 355 g)   Der Sicherung der realen Kapitalerhaltung kann de lege lata eine **Substanzerhaltungsrücklage** dienen. Entsprechende Vorschriften gibt es zZ nicht. Ein für das AktG 1965 vorgeschlagener § 152 Abs 6 a (vgl KROPFF, AktG [1965] 241) wurde nicht Gesetz. Die Zulässigkeit als freie Rücklage wird befürwortet (GROSSFELD Rn 380, 384 ff), jedoch kann es sich nur um einen Informationsposten außerhalb der Bilanz, nicht um eine den Jahresüberschuß mindernde Rücklage handeln (vgl BFH Betrieb 1980, 1522; zu diesen Fragen auch WÖHE 132 ff; KLEIN WM 1985, 1191 f).

D 356 h)   **Bilanzprobleme in Zeiten der Hyperinflation** (Rn D 18) scheinen kaum lösbar, denn das Bilanzrecht steht und fällt insgesamt mit der Wertmaßfunktion des Geldes, und diese bricht in der Hyperinflation zusammen (vgl auch KLOOS 76 f). Das RG hat – soweit ersichtlich – in der Zeit nach 1922 kein durchgehendes Lösungskonzept entwickelt. Allerdings hat es bei der Errechnung von Abfindungs- und Auseinandersetzungsguthaben die Bilanzen der Geldentwertungszeit auf Festmarkgrundlage umgewertet, um Zufallseinflüsse des Währungsverfalls auf die Höhe der Forderungen nach Möglichkeit auszuschalten (vgl RGZ 117, 238, 242; 126, 386, 396; 127, 141, 145 mit Einschränkungen; RG WarnR 1925 Nr 184; 1928 Nr 65). Mit der Aufwertungsgesetzgebung wurden Forderungen wieder bewertbar. Das Aufwertungsgesetz v 16. 7. 1925 (RGBl I 117, ber 160) sah in § 13 vor, daß Forderungen unter Zugrundelegung des normalen Höchstsatzes in die Bilanz einzustellen waren. Die Tragweite dieser Bestimmung war zweifelhaft, weil die §§ 10-12 im Einzelfall auch Abweichungen vom normalen Höchstsatz der Aufwertung zuließen.

2.   Steuerrecht und Geldentwertung*

D 357 a)   Die **Probleme** der Geldentwertung im Steuerrecht konzentrieren sich auf folgende Schwerpunkte:

---

* **Schrifttum**: vARNIM, Steuerrecht bei Geldentwertung, BB 1973, 621; ders, Die Besteuerung von Zinsen bei Geldentwertung (1978); vARNIM/BORELL/SCHELLE, Geldentwertung und SteuerR, Schriftreihe des Karl Bräuer Instituts des Bundes der Steuerzahler, Heft 24 (1973) 519; BÄCHLI, Nominalwertprinzip und Inflation in der Einkommensbesteuerung (Diss Zürich 1978); BIERLE, Inflation und Steuer (2. Aufl 1974); FRIAUF, Eigentumsgarantie, Geldentwertung und Steuerrecht, Steuerberater-Jahrbuch 1971/72, 425; GEMPER, Geldentwertung, Nominalwertprinzip und Besteuerung, BB 1972, 761; GROTHERR, Die Scheingewinnbesteuerung im internationalen Vergleich (1987); GÜNTSCH, Nominalwertprinzip und Scheingewinne, Betrieb 1981, 2568; GURTNER, Nominalwertprinzip und Einkommensteuer-

aa)   Rechtspolitisch zweifelhaft ist die **lautlose Erhöhung der Steuerlast** aufgrund der   **D 358**
progressiven Steuertarife (vgl statt vieler vArnim BB 1973, 622; Papier JuS 1974, 483). Verfassungsrechtliche Bedenken haben sich jedoch in der Rechtsprechung nicht durchgesetzt (vgl BFHE 118, 221 = Betrieb 1976, 993 = JuS 1976, 545 f [Selmer]; dazu auch Klein WM
1985, 1191 mwNw). Ein vergleichbares Problem ergibt sich aus dem Bedeutungsverlust
von Pauschalbeträgen (Hartz Betrieb 1973, 1521). Sie können und müssen vom Gesetzgeber dem sich ändernden Geldwert angepaßt werden (Kirchhoff F 38).

bb)   Die **Besteuerung von Scheingewinnen** im Unternehmensbereich resultiert dar-   **D 359**
aus, daß Bilanz und Erfolgsrechnung auf den Anschaffungswerten beruhen (Rn D
353). Das kann zur Ausweisung von Scheingewinnen führen, die der Besteuerung
unterliegen (vgl zu diesem Problem Knobbe-Keuk § 6 II 1; Tipke § 10 Anm 2.3422; Schildbach
BB 1974, 49, 53; Papier JuS 1974, 483; Gemper BB 1972, 763; Wendt DÖV 1988, 719; eingehend
Wenger 202 f, 356 f). Nicht zuletzt angesichts der Tatsache, daß reale Gewinne, die
Geldschuldnern im Wege der Geldentwertung zufließen, steuerfrei sind (dazu Papier
JuS 1974, 483), ist diese Besteuerung in steuerpolitischer Hinsicht problematisch (ein-
gehende Kritik bei Gurtner). Verfassungsrechtliche Einwände haben sich auch insoweit
nicht durchgesetzt (Kirchhoff F 38).

cc)   **Zinsen** unterliegen nach den §§ 2 Abs 1 Nr 5, 20 Abs 1 Nr 5-8 EStG als Ein-   **D 360**
künfte aus Kapitalvermögen der Einkommensteuer. Der nominelle Zinsertrag
unterliegt damit als Vermögensertrag der Besteuerung, obgleich er wertmäßig durch
die Inflationsrate geschmälert ist (vgl statt vieler Papier JuS 1974, 483; zur Praxis des BFH
und zur Bestätigung durch das BVerfG vgl Rn D 361). In der Literatur wird zwar vertreten,
daß der Zins nur teilweise einen Vermögensertrag, im übrigen dagegen einen Ersatz
für den Wertverlust darstellt (zB vArnim BB 1973, 623; Friauf Steuerberater-Jahrbuch
1971/72, 442; Gemper BB 1972, 763; Hartz Betrieb 1973, 1525). In der Praxis hat sich diese
Auffassung aber nicht durchgesetzt (BFH BStBl 1974 II 572 und 582 = Betrieb 1974, 1845 und
1847 = JuS 1974, 807 [Selmer]; krit Wenger 296 ff). Der Begriff der Einkünfte wird also
nominalistisch verstanden (vgl auch BFH Betrieb 1976, 993 = JuS 1976, 545, 546 [Sel-
mer]).

---

recht (1980); Inzitari, Geldschulden im Inflationszeitalter, RabelsZ 45 (1981) 705, 731 ff;
Kirchhoff, Empfiehlt es sich, das Einkom-
mensteuerrecht zur Beseitigung von Ungleich-
behandlungen und zur Vereinfachung neu zu
ordnen, Gutachten F für den 57. Deutschen Juristentag (1988); Klein, Geld und Währung in
der Rechtsprechung des Bundesfinanzhofs, in:
Hahn (Hrsg), Das Geld im Recht (1986) 87 =
WM 1985, 1189; Knobbe-Keuk, Bilanz- und
Unternehmenssteuerrecht (9. Aufl 1993); Kröger, Sparzinsbesteuerung und Geldentwertung,
NJW 1973, 1017; Möllhoff, Die Besteuerung
nomineller Erträge bei Geldentwertung, Betrieb 1974, 2219; Noll, Besteuerung bei sinkendem Geldwert, WiSt 1974, 515; Papier,

Rechtsprobleme der Inflation, JuS 1974, 477;
Pohmer, Vermögenssicherung, Inflation und
Einkommensbesteuerung, in: FS Brandt (1983)
383; Rose, Substanzbesteuerung und Substanzerhaltung, in: Die Unternehmung in ihrer gesellschaftlichen Umwelt (1975) 301; Schildbach, Zur Verwendbarkeit der Substanzerhaltungskonzeption in Handels- und Steuerbilanz,
BB 1974, 49; Tipke, Die Steuerrechtsordnung
(1993) § 10 Anm 2.3422; Wagner, Kapitalerhaltung, Geldentwertung und Gewinnbesteue-
rung (1978); ders, Einkommensbesteuerung
und Inflation – Ein betriebswirtschaftlicher Beitrag zum steuerlichen Einkommensbegriff,
StuW 1976, 228; Wenger, Unternehmenserhaltung und Gewinnbegriff (1981).

D 361 **b)** Der **Standort der Praxis** steht im Zeichen eines strengen Nominalismus (dazu KIRCHHOF F 37 ff; KLEIN WM 1985, 1189 ff). Die Rechtssprechung des BFH nimmt die dargestellten Folgen des Nennwertprinzips hin (BFHE 89, 422, 433; 90, 396; 91, 261; 92, 561; 102, 383; BFH BStBl 1968 II 302; 1974 II 572 und 582 = Betrieb 1974, 1845 und 1847 = JuS 1974, 807 [SELMER]; Betrieb 1976, 993 = JuS 1976, 545 f [SELMER] 1980, 1552). Die DBB hat in einem ausführlichen Gutachten für das BVerfG die Befunde aufgearbeitet, sich aber im Grundsatz gleichfalls für eine Beibehaltung des Nennwertprinzips ausgesprochen (Monatsbericht 8/79, 20 ff). Durch den ausführlich begründeten Beschluß BVerfGE 50, 57 = NJW 1979, 1115 m krit Anm VOGEL wurde die Nominalzinsbesteuerung auch verfassungsrechtlich bestätigt (dazu BENDA, Geld und Währung in der Rechtsprechung des Bundesverfassungsgerichts, in: HAHN [Hrsg], Das Geld im Recht [1986] 12 ff). In der Literatur werden hiergegen beträchtliche, auch verfassungsrechtliche, Bedenken erhoben (vgl nur RÜFNER, in: SCHEUNER [Hrsg], Die staatliche Einwirkung auf die Wirtschaft [1971] 653 ff; KAISER, in: FS E R Huber [1973] 246 ff; SELMER, Steuerinterventionismus und Verfassungsrecht [1972] 324 ff; WENGER 331 ff; KLEIN StuW 1966, 486 ff; FRIAUF Steuerberater-Jahrbuch 1971/72, 443 ff; vArnim BB 1973, 629; KRÖGER NJW 1973, 1020; HARTZ Betrieb 1973, 1526; s auch PAPIER JuS 1974, 484; KOLLHOSSER JA 1983, 55 ff). Aber es wird auch betont, daß eine „Indexierung" auf dem Gebiet des Steuerrechts erhebliche praktische Probleme mit sich brächte (DÜRKES, Wertsicherungsklauseln [10. Aufl 1992] Rn A 9). Die Praxis erblickt weder in Art 109 Abs 2 GG noch sonst in einer Verfassungsnorm (Art 3, 14, 20 GG ua) den verbindlichen Auftrag an den Gesetzgeber, wegen der Geldentwertung steuerliche Anpassungsregeln zu erlassen; auch eine Verletzung des Art 14 GG wird verneint (eingehende Nachw zum Streitstand bei WAGNER StuW 1976, 228; SELMER JuS 1974, 808; vArnim BB 1973, 625; GÜNTSCH Betrieb 1981, 2569). Diese Praxis, die sich nur vor dem Hintergrund einer schleichenden Inflation versteht und in Zeiten der Hyperinflation neu überdacht werden müßte, ist hier nicht zu diskutieren. Es wird auf das Spezialschrifttum verwiesen. KIRCHHOF (F 38) plädiert auch in rechtspolitischer Hinsicht für ein Festhalten am Nominalwertprinzip, da nicht der Steuergesetzgeber, sondern die Währungspolitik berufen sei, das Geldentwertungsproblem zu lösen. Teilweise mag das Problem durch die ab dem Jahr 1993 eingeführte Anhebung des sog Sparerfreibetrags auf DM 6.000 (Einzelveranlagung) bzw DM 12.000 (Zusammenveranlagung) in seinen praktischen Auswirkungen entschärft sein, auch wenn die damit angesprochene Änderung des § 20 Abs 4 EStG nicht nur Zinsen erfaßt (LUDWIG SCHMIDT/HEINICKE, EStG [15. Aufl 1996] Rn 218) und der von der Entscheidung BVerfGE 84, 239 = NJW 1991, 2129 ausgehende gesetzgeberische Antrieb (gleichmäßige Erfassung der Einkünfte aus Kapitalvermögen) nichts mit dem Nominalismus zu tun hatte. Rechtspolitische Vorschläge aus schweizerischer Sicht bei BÄCHLI 168 ff. Über Strukturprobleme der Wertsicherungsklauseln vgl die Hinweise in Rn D 339.

E.   Devisenrecht*

I.   Grundlagen

1.   Standort des Devisenrechts

Devisenrecht kann definiert werden als Inbegriff der rechtlichen Regelungen des **E 1**

---

* **Schrifttum:** STAUDINGER/WEBER (11. Aufl 1967) Vorbem 51–478 zu § 244; STAUDINGER/ FIRSCHING (10./11. Aufl 1978) Vorbem 415 zu Art 12 EGBGB; BLAÜ, Devisenrecht und Privatrecht, JherJb 83 (1933) 201; BYDLINSKI, Devisenvorschriften und IPR, JurBl 1956, 380; ders, Die kollisionsrechtliche Behandlung devisenrechtlicher Leistungsbeschränkungen, JurBl 1959, 526; CARREAU, Les zones monétaires en droit international, in: FS F A Mann (1977) 673; COING, Inländische Werte und ausländisches Devisenrecht. Zur Auslegung von Art VIII 2 (b) des Abkommens von Bretton Woods, WM 1972, 838; DROBNIG, Die Anwendung des Devisenrechts der Sowjetzone durch westdeutsche Gerichte, NJW 1960, 1088; EBENROTH/ MÜLLER, Der Einfluß ausländischen Devisenrechts auf zivilrechtliche Leistungspflichten, RIW 1994, 269; EBKE, Internationales Devisenrecht (1991); ERNST, Die Bedeutung des Gesetzeszwecks im internationalen Währungs- und Devisenrecht (1962); FÖRGER, Probleme des Art VIII Abschn 2 (b) des Abkommens über den internationalen Währungsfonds, NJW 1971, 309; vFÜRSTENWERTH, Ermessensentscheidungen im Außenwirtschaftsrecht (1985); GARCKE, Der Anwendungsbereich des öffentlichen Außenwirtschaftsrechts (1973); GRAMLICH, Außenwirtschaftsrecht (1991); GURSKI, Deutsches Devisenrecht (1950); GUTZWILLER, Der Geltungsbereich der Währungsvorschriften (1940); HAHN, Währungsrecht (1990) §§ 21 ff; HARTENSTEIN, Devisennotrecht (1935); HEIZ, Das fremde öffentliche Recht im internationalen Kollisionsnormenrecht (1959); HERDEGEN, Internationales Wirtschaftsrecht (2. Aufl 1995); HIRSCHBERG, Das internationale Währungs- und Devisenrecht der Unterhaltsverbindlichkeiten (1968); HOCKE/BERWALD/MAURER, Außenwirtschaftsrecht (Stand 1995); HOCKE/ SCHMIDT, AWG (1961); JOERGES/KÜHNE, Außenwirtschaft und Interzonenverkehr (1954 ff); KÄGI, Der Einfluß des Devisenrechts auf internationale schuldrechtliche Verträge (1961); KEGEL, Probleme des internationalen Enteignungsrechts und Währungsrechts (1956); KERN, Der Internationale Währungsfonds und die Berücksichtigung ausländischen Devisenrechts (1968); KOEPPEL, Die deutsche Devisengesetzgebung im IPR (1938); LANGEN, Kommentar zum Devisengesetz (3. Aufl 1958); ders, AWG (Stand 1968); LIPFERT, Internationaler Devisen- und Geldhandel (1967); MALLMANN, Devisenrecht und IPR (Diss Bonn 1972); F A MANN, The Legal Aspect of Money (5. Aufl 1992); ders, Das Recht des Geldes (1960); ders, Der Internationale Währungsfonds und das IPR, JZ 1953, 442; 1970, 709; 1981, 327; MEILICKE, Die devisenrechtlichen Genehmigungspflichten des Kapitalverkehrs, BB 1973, 716; FRITZ W MEYER, Devisenbewirtschaftung, HDSW II (1959); MÜLLER/HAGEN, Der Zahlungsverkehr mit dem Ausland nach Einführung der DM-Konvertibilität, AWD 1959, 1; NEUMANN, Devisennotrecht und IPR (1938); NEUMEYER, Internationales Verwaltungsrecht IV (1936); NUSSBAUM, Money in the Law (1950); PELTZER, Die Nichtigkeit im Devisengesetz, ZAkDR 1938, 57; ders, Aktuelle Fragen zum Bardepot und zur devisenrechtlichen Genehmigungspflicht, BB 1973, 963; vPREUSCHEN, Anwendung fremder Devisenkontrollbestimmungen im Geltungsbereich des Abkommens von Bretton Woods, AWD 1969, 56; REINHUBER, Grundbegriffe und internationaler Anwendungsbereich von Währungsrecht (1995); REITHMANN/MARTINY, Internationales Vertragsrecht (5. Aufl 1996); ALEXANDER REUTER, Außenwirtschafts- und Exportkontrollrecht Deutschland/Europäische Union (1995); SCHOENLE, Bank- und Börsenrecht (2. Aufl 1976) § 35; SCHOLTZ, Einwirkungen der Devi-

Verkehrs mit ausländischen Zahlungsmitteln und anderen Wirtschaftsgütern (insbes Forderungen und Wertpapieren in fremder Währung) sowie des Verkehrs mit Zahlungsmitteln und anderen Wirtschaftsgütern, an dem Währungsausländer beteiligt sind (wie hier jetzt vWESTPHALEN 142; krit REINHUBER 53). Dieser Begriffsbestimmung entspricht es, wenn das geltende Devisenrecht nicht mehr isoliert als Recht des Geldes, sondern als *Teil des allgemeinen Außenwirtschaftsrechts* erscheint. Mit dem *Währungsrecht* (Rn A 48 ff) teilt sich das *Devisenrecht* in die Aufgabe, die Währung und die Zahlungsbilanz zu schützen, und zwar jeweils die des normgebenden Staates. *Regelungsgegenstand des Währungsrechts* ist aber die eigene Währung, *Regelungsgegenstand des Devisenrechts* dagegen der Verkehr mit Devisen. Das Devisenrecht ist rechtssystematisch *Teil des öffentlichen Rechts*, und zwar des Wirtschaftsverwaltungsrechts (vgl nur E R HUBER, Wirtschaftsverwaltungsrecht II [2. Aufl 1954] 244 ff). Im Gegensatz zum internationalen Währungsrecht ist das Devisenrecht im Ausgangspunkt *nationales* Außenwirtschaftsrecht (vgl Rn F 12), auch wenn als Rechtsquellen nicht nur nationale Gesetze in Betracht kommen. Die Regelungsgegenstände des Devisenrechts gehen damit in doppelter Weise – einmal als Bestandteile des allgemeinen Außenwirtschaftsrechts und zum anderen wegen ihrer Zugehörigkeit zum öffentlichen Recht – über eine Darstellung des Schuldrechts des Geldes hinaus. Die folgende Darstellung beschränkt sich deshalb auf diejenigen Grundzüge des Devisenrechts, die für die privatrechtlichen Schuldverhältnisse und hier für die Geldschuld von Bedeutung sind (anders noch STAUDINGER/WEBER[11] Vorbem 51-478 zu § 244).

2. Entwicklung des Devisenrechts

E 2 Die **historische Entwicklung** von der *Devisenbewirtschaftung* über das durch die Devisengesetzgebung geschaffene *Devisenrecht* zum *Außenwirtschaftsrecht des AWG* ist geschildert bei STAUDINGER/WEBER[11] Vorbem 51-142 zu § 244 (vgl auch HAHN §§ 21 ff; SIEBELT, in: HAHN [Hrsg] [1989] 228 ff). Auf diese ausführliche Darstellung der Entwicklungsgeschichte des deutschen Devisenrechts und auf das dort angeführte Material, das für weiterführende Untersuchungen bedeutungsvoll bleibt, kann verwiesen wer-

---

sengesetzgebung auf das Privatrecht, JW 1934, 1621; SCHROTH, Handbuch zum Außenwirtschaftsverkehr (1994), SCHULZ, Außenwirtschaftsrecht (1965/66); ders, Außenwirtschaftsgesetz (AWG) (6. Aufl 1981); ders, Die Änderung des deutschen Außenwirtschaftsrechts seit Einführung der Konvertierbarkeit der DM, AWD 1959, 29; SIEBELT, Deutsches Devisenrecht 1914, 1958, 1989 – Von der Zwangswirtschaft zur ordnungspolitischen Rahmenregelung, in: HAHN (Hrsg), Geldverfassung und Ordnungspolitik (1989) 225; SIEG/FAHNING/KÖLLING, AWG (1963); SIMON, Devisenrecht und Bürgerliches Recht, BankArch 1934, 430, 519; STEDTFELD, Die Ein- und Ausfuhr von inländischen Geldsorten, JW 1936, 1810; UNGNADE, Rechtliche Aspekte der DM-Auslandsanleihen, BB 1975, 300; WABNITZ, Der zwi-

schenstaatliche Zahlungsverkehr auf der Grundlage internationaler Zahlungsabkommen (1955); WAPENHENSCH, Das neue Außenwirtschaftsrecht (Stand Oktober 1996); WARNEYER, Devisenrecht und Bürgerliches Recht, BankArch 1934, 427; WEISS, Zwangsversteigerung und Zwangsverwaltung unter dem Einfluß des Devisenrechts, JW 1938, 273; WENGLER, Die Anknüpfung des zwingenden Schuldrechts im IPR, ZVglRW 54 (1949) 168; WESENBERG, Devisenrecht und ordre public, JZ 1951, 433; ders, Das Börsenrecht in der zivilistischen Praxis, BB 1952, 363; vWESTPHALEN, Rechtsprobleme der Exportfinanzierung (3. Aufl 1987); WÖRNER, Wertpapierverkehr mit dem Ausland, WM-Sonderbeil 10/56; ZWEIGERT, Nichterfüllung aufgrund ausländischer Leistungsverbote, RabelsZ 14 (1942) 283.

den, weil das Verständnis des geltenden Rechts und seiner schuldrechtlichen Konsequenzen nur eine *entwicklungsgeschichtliche Skizze* erfordert. Wie weite Teile des Wirtschaftsverwaltungsrechts erhielt auch die Devisenbewirtschaftung ihren entscheidenden Impuls in den Jahren des Ersten Weltkrieges und danach (STAUDINGER/WEBER[11] Vorbem 58 zu § 244; HAHN § 21 Rn 2 ff). Das hing mit dem Zusammenbruch des Goldstandards und mit inneren wirtschaftspolitischen Spannungen zusammen, die zur Verhinderung des Kapitalabflusses zwangen. Die Devisenzwangswirtschaft (insbes DevisenVO v 8. 11. 1924, RGBl I 729) wurde durch VO v 22. 2. 1927 (RGBl I 68) zwar wieder beseitigt, aber die Bankenkrise von 1931 führte wieder zu der VO über den Verkehr mit ausländischen Zahlungsmitteln v 15. 7. 1931 (RGBl I 366) mit DVOen und zur DevisenVO v 1. 8. 1931 (RGBl I 421). Die DevisenVO v 23. 5. 1932 (RGBl I 231) brachte weitere Verschärfungen, das mehrfach geänderte DevisenG vom 4. 2. 1935 (RGBl I 105) eine Neuordnung des Devisenrechts (STAUDINGER/WEBER[11] Vorbem 62 zu § 244). Das DevisenG v 12. 12. 1938 (RGBl I 1733) stellte dann das Devisenrecht auf eine neue, in sich geschlossene Grundlage, die der damals nahezu globalen Devisenbewirtschaftungspraxis entsprach (eingehende Würdigung bei STAUDINGER/WEBER[11] Vorbem 64 ff zu § 244). Nach dem Zweiten Weltkrieg wurde in den drei westlichen Besatzungszonen das **MRG Nr 53** der amerikanischen und der britischen Militärregierung = VO Nr 235 des Hohen Kommissars der Französischen Republik (Neufassung 1949) erlassen (BAnz Nr 2 = SaBl 1950, 660 = HOCKE/BERWALD/MAURER Hauptteil III; dazu HAHN § 21 Rn 24 ff; HOCKE, Devisenrecht [1954]; LANGEN, Devisengesetze [3. Aufl 1958]; eingehende Darstellung mwNw STAUDINGER/WEBER[11] Vorbem 72 ff zu § 244). Die alliierten Devisengesetze wurden abgelöst durch das **Außenwirtschaftsgesetz (AWG)** v 1961 (dazu sogleich Rn E 5 ff). Dieses Gesetz ist aus zwei Gründen *kein Devisengesetz im hergebrachten Sinne* mehr: Einmal ist es ein *umfassendes Gesetz für den Außenwirtschaftsverkehr*, beschränkt sich also nicht mehr auf das Devisenrecht. Zum anderen ist das AWG Ausdruck der *Liberalisierung des Wirtschafts- und Zahlungsverkehrs* seit Einführung der freien Konvertierbarkeit der DM am 29. 12. 1958. Vgl eingehend STAUDINGER/WEBER[11] Vorbem 111 ff zu § 244. Zu den durch die freie Konvertierbarkeit der DM eingetretenen Änderungen im Zahlungsverkehr vgl eingehend HAHN § 22 sowie MÜLLER/HAGEN AWD 1959, 1; SCHULZ AWD 1959, 29.

3. Verfassungsmäßigkeit devisenrechtlicher Vorschriften und Vereinbarkeit mit dem Gemeinschaftsrecht

a) Die **Verfassungsmäßigkeit** devisenrechtlicher Vorschriften wirft immer wieder E 3 grundsätzliche Probleme auf. Vgl zum MRG Nr 53: BVerfGE 18, 353 = BB 1965, 309 = JZ 1965, 247 (betr Interzonenhandel); BVerwG NJW 1979, 1840 (betr nichtkommerziellen Interzonenverkehr; die dagegen gerichtete Verfassungsbeschwerde hatte Erfolg, vgl BVerfGE 62, 169 = NJW 1984, 2309 [dazu sogleich]); BVerwG Urt v 6. 5. 1982 (3 C 55.8) (betr Transfer vom Sperrkonto); VG Frankfurt WM 1982, 932 (betr Refinanzierungsgeschäfte); BGHSt 13, 190; EHLERS NJW 1959, 511; DITGES/BRODESSER NJW 1959, 1153; zum AWG: OLG Hamburg RIW 1976, 175. Für den innerdeutschen nichtkommerziellen Zahlungsverkehr entschied BVerfGE 62, 169 = NJW 1984, 2309: „Es verstößt gegen Art 14 Abs. 1 GG iVm dem Rechtsstaatsprinzip, wenn in der Bundesrepublik Deutschland belegene Guthaben von Bewohnern der DDR einer Sperre unterworfen werden, um dadurch die Behörden der DDR zu weiteren Abkommen im innerdeutschen nichtkommerziellen Zahlungsverkehr zu veranlassen." Die Entscheidung wurde in der Voraufl noch eingehend referiert (vgl dazu auch Rn E 13).

E 4 b)   Umstritten ist auch die **Vereinbarkeit devisenrechtlicher Beschränkungen mit dem Gemeinschaftsrecht**. Der EuGH hat bereits im Jahr 1984 die Transferfreiheit der nationalen Währungen in der EU aufgrund von Art 106 EGV unterstrichen (EuGH Slg I 1984, 377 = WM 1985, 313 = WuB I H 4 1.85 m Anm HAFKE). Im Jahr 1995 entschied der EuGH (Slg I 1995, 361 = WM 1995, 1176 = WuB I H 4 1.95 m Anm HAFKE): „Eine Regelung, die die Ausfuhr von Hartgeld, Banknoten oder Inhaberschecks von einer vorherigen Genehmigung durch die Verwaltung oder von einer vorherigen Anmeldung abhängig macht, fällt nicht in den Anwendungsbereich der Art 30 und 59 des Vertrages. Die Kapitalverkehrsrichtlinie 88/361 zur Durchführung des Art 67 EGV verbietet es, die Ausfuhr von Hartgeld, Banknoten oder Inhaberschecks von einer vorherigen Genehmigung, nicht aber sie von einer vorherigen Anmeldung abhängig zu machen." Nicht die vorherige Genehmigung, wohl aber die vorherige Anmeldung kann nämlich nach Ansicht des EuGH eine unerläßliche Maßnahme darstellen, mit der Zuwiderhandlungen auf steuerlichem oder bankaufsichtsrechtlichem Gebiet sowie rechtswidrige Tätigkeiten wie Geldwäsche, Drogenhandel, Terrorismus etc verhindert werden sollen. Der EuGH hat diese Rechtsprechung jüngst in einer Entscheidung zu den neuen Art 73 b-g EGV (dazu Rn F 14) noch einmal bestätigt (EuGH WM 1996, 1170 = WuB I H 4 1.96 m Anm EBKE).

II.   Das Devisenrecht des AWG

1.   Rechtsgrundlagen

E 5 **Außenwirtschaftsgesetz (AWG)** v 28. 4. 1961 (BGBl I 481) mit folgenden Änderungen: G v 26. 7. 1962 (BGBl I 455); 3. G zur Änderung des ZollG v 25. 3. 1964 (BGBl I 245); G v 28. 10. 1964 (BGBl I 821); G v 18. 8. 1965 (BGBl I 892); DurchfG EWG Fette v 12. 6. 1967 (BGBl I 393); DurchfG EWG Zucker v 30. 6. 1967 (BGBl I 610); DurchfG EWG Getreide, Reis etc v 30. 6. 1967 (BGBl I 617); G v 24. 5. 1968 (BGBl I 503); G v 30. 7. 1968 (BGBl I 874); ÄndG v 23. 12. 1971 (BGBl I 2141); MOG v 31. 8. 1972 (BGBl I 1617); WaffG v 19. 9. 1972 (BGBl I 1797); 2. ÄndG v 23. 2. 1973 (BGBl I 109); EGStGB v 2. 3. 1974 (BGBl I 469, 591); ZuständigkeitsanpassungsG v 18. 3. 1975 (BGBl I 705); 3. ÄndG v 29. 3. 1976 (BGBl I 869); G über die Neuorganisation der Marktordnungsstellen v 23. 6. 1976 (BGBl I 160 B); 4. ÄndG v 6. 10. 1980 (BGBl I 1905); 1. G zur Bereinigung des VerwVerfrechts v 18. 2. 1986 (BGBl I 265); 1. RechtsbereinigG v 24. 4. 1986 (BGBl I 60); 5. ÄndG v 20. 7. 1990 (BGBl I 1457); 6. ÄndG v 20. 7. 1990 (BGBl I 1460); Einigungsvertrag v 23. 9. 1990 (BGBl II 885); G zur Änd des AWG, des StGB und anderer G v 28. 2. 1992 (BGBl I 372); G über die Errichtung eines Bundesausfuhramtes v 28. 2. 1992 (BGBl I 376); G zur Änd des FinVerwG und anderer G v 7. 7. 1992 (BGBl I 1222); Verbrauchsteuer-BinnenmarktG v 21. 12. 1992 (BGBl I 2150, 2208); G über die Errichtung einer Bundesanstalt für Landwirtschaft und Ernährung v 2. 8. 1994 (BGBl I 2018); 8. ÄndG v 9. 8. 1994 (BGBl I 2068); PostneuordnungsG v 14. 9. 1994 (BGBl I 2325, 2391); VerbrechensbekämpfungsG v 28. 10. 1994 (BGBl I 3186); G zur Änderung von Vorschriften über parlamentarische Grenzen v 28. 4. 1995 (BGBl I 582).

E 6 **Verordnung zur Durchführung des Außenwirtschaftsgesetzes (AWVO)** v 18. 12. 1986

(BGBl I 2671) idF der Bekanntmachung v 22. 11. 1993 (BGBl I 1934, 2493; III 7400-1-6) mit folgenden Änderungen: 31. ÄndVO v 14. 12. 1993 (BAnz 10937); 32. ÄndVO v 25. 3. 1994 (BAnz 3593); 33. ÄndVO v 27. 4. 1994 (BAnz 4593); 34. ÄndVO v 25. 8. 1994 (BAnz 9441); 35. ÄndVO v 27. 10. 1994 (BAnz 11161); 36. ÄndVO v 17. 2. 1995 (BAnz 6165); 37. ÄndVO v 1. 12. 1995 (BAnz 12253); 38. ÄndVO v 12. 11. 1995 (BAnz 12797).

2.   AWG und AußenwirtschaftsVO

Das geltende Devisenrecht der Bundesrepublik Deutschland ist gekennzeichnet **E 7** durch die **Freiheit von Devisenbewirtschaftung**, durch die **freie Konvertierbarkeit** der **DM und die Freiheit des Außenwirtschaftsverkehrs**. Die Bedeutung für die Währungspolitik der Bundesbank und für die währungspolitischen Mittel ist hier nicht darzustellen (vgl allgemein zur Währungspolitik Rn A 77). Die Liberalisierung des Zahlungsverkehrs hat aber beträchtliche Auswirkungen auf die Praxis der Fremdwährungsschulden. Die sog Devisengesetze der Militärregierungen (MRG Nr 53 = VO Nr 235, Neufassung 1949; erläutert von LANGEN, Devisengesetze) und ihre DurchführungsVOen sind nach § 47 Abs 1 Nr 1, 2 AWG auf den Außenwirtschaftsverkehr nicht mehr anzuwenden. **Nach § 1 Abs 1 S 1 AWG ist der Außenwirtschaftsverkehr**, insbes also der Geld- und Kapitalverkehr mit dem Ausland, **grundsätzlich frei**. Er unterliegt jedoch einzelnen Einschränkungen, die sich aus dem AWG und aus der AWVO ergeben. Bestimmte Arten von Rechtsgeschäften unterliegen danach Verboten mit Erlaubnisvorbehalt. Außerdem bestehen Meldepflichten. Die wichtigsten einschlägigen Bestimmungen sollen genannt, aber nicht kommentiert werden (Überblick bei HAHN § 23 Rn 9 ff; REITHMANN/MARTINY Rn 870 ff; 1011 ff):

a)   **Beschränkungen für Rechtsgeschäfte** (Verbote mit Erlaubnisvorbehalt) sind in **E 8** folgenden Bestimmungen vorgesehen:

§ 5 AWG
Erfüllung zwischenstaatlicher Vereinbarungen
Zur Erfüllung zwischenstaatlicher Vereinbarungen, denen die gesetzgebenden Körperschaften in der Form eines Bundesgesetzes zugestimmt haben, können Rechtsgeschäfte und Handlungen im Außenwirtschaftsverkehr beschränkt und bestehende Beschränkungen aufgehoben werden.

§ 6 AWG
Abwehr schädigender Einwirkungen aus fremden Wirtschaftsgebieten
(1) Rechtsgeschäfte und Handlungen im Außenwirtschaftsverkehr können beschränkt werden, um schädlichen Folgen für die Wirtschaft oder einzelne Wirtschaftszweige im Wirtschaftsgebiet vorzubeugen oder entgegenzuwirken, wenn solche Folgen durch Maßnahmen in fremden Wirtschaftsgebieten drohen oder entstehen, die
1. den Wettbewerb einschränken, verfälschen oder verhindern oder
2. zu Beschränkungen des Wirtschaftsverkehrs mit dem Wirtschaftsgebiet führen.
(2) Rechtsgeschäfte und Handlungen im Außenwirtschaftsverkehr können ferner beschränkt werden, um Auswirkungen von in fremden Wirtschaftsgebieten herrschenden, mit der freiheitlichen Ordnung der Bundesrepublik Deutschland nicht übereinstimmenden Verhältnissen auf das Wirtschaftsgebiet vorzubeugen oder entgegenzuwirken.

§ 6 a AWG

Abwehr schädigender Geld- und Kapitalzuflüsse aus fremden Wirtschaftsgebieten

(1) Wird die Wirksamkeit der Währungs- und Konjunkturpolitik durch Geld- und Kapitalzuflüsse aus fremden Wirtschaftsgebieten derart beeinträchtigt, daß das gesamtwirtschaftliche Gleichgewicht gefährdet ist, so kann durch Rechtsverordnung vorgeschrieben werden, daß Gebietsansässige einen bestimmten Vom-Hundert-Satz der Verbindlichkeiten aus den von ihnen unmittelbar oder mittelbar bei Gebietsfremden aufgenommenen Darlehen oder sonstigen Krediten während eines bestimmten Zeitraums zinslos auf einem Konto bei der Deutschen Bundesbank in Deutscher Mark zu halten haben (Depotpflicht). Als Kredite im Sinne des Satzes 1 gelten alle Rechtsgeschäfte und Handlungen, die wirtschaftlich eine Kreditaufnahme darstellen. Geht ein Gebietsansässiger gegenüber einem Gebietsfremden eine Verbindlichkeit durch Ausstellung, Annahme oder Indossierung eines Wechsels ein, so gilt eine im Zusammenhang hiermit von dem Gebietsfremden erbrachte Geldleistung für die Dauer der Laufzeit des Wechsels als Kredit.

(2) Absatz 1 Satz 1 gilt nicht für Verbindlichkeiten, für die Mindestreserven bei der Deutschen Bundesbank unterhalten werden müssen.

(3) Durch Rechtsverordnung wird bestimmt, welche Arten von Verbindlichkeiten, die in unmittelbarem Zusammenhang mit der handelsüblichen Abwicklung von Waren- und Dienstleistungsgeschäften zwischen Gebietsansässigen und Gebietsfremden stehen, von der Depotpflicht ausgenommen werden. Weitere Verbindlichkeiten können durch Rechtsverordnung von der Depotpflicht ausgenommen werden, soweit hierdurch eine Gefährdung der nach Absatz 1 Satz 1 zu wahrenden Belange nicht zu erwarten ist.

(4) Die Höhe des in Absatz 1 Satz 1 genannten Vom-Hundert-Satzes (Depotsatz) wird jeweils durch Rechtsverordnung festgelegt. Der Depotsatz darf hundert nicht überschreiten.

(5) Der Depotpflichtige kann die zur Erfüllung seiner Depotpflicht bei der Deutschen Bundesbank eingezahlten Beträge nicht zurückverlangen, solange seine Depotpflicht besteht.

§ 7 AWG

Schutz der Sicherheit und der auswärtigen Interessen

(1) Rechtsgeschäfte und Handlungen im Außenwirtschaftsverkehr können beschränkt werden, um

1. die Sicherheit der Bundesrepublik Deutschland zu gewährleisten,

2. eine Störung des friedlichen Zusammenlebens der Völker zu verhüten oder

3. zu verhüten, daß die auswärtigen Beziehungen der Bundesrepublik Deutschland erheblich gestört werden.

(2) Nach Absatz 1 können insbesondere beschränkt werden

1. im Rahmen der auf die Durchführung einer gemeinsamen Ausfuhrkontrolle gerichteten internationalen Zusammenarbeit die Ausfuhr oder Durchfuhr von

a) Waffen, Munition und Kriegsgerät,

b) Gegenständen, die bei der Entwicklung, Erzeugung oder dem Einsatz von Waffen, Munition und Kriegsgerät nützlich sind, oder

c) Konstruktionszeichnungen und sonstigen Fertigungsunterlagen für die in Buchstabe a und b bezeichneten Gegenstände;

2. die Ausfuhr von Gegenständen, die zur Durchführung militärischer Aktionen bestimmt sind;

3. die Einfuhr von Waffen, Munition und Kriegsgerät;

4. Rechtsgeschäfte über gewerbliche Schutzrechte, Erfindungen, Herstellungsverfahren und Erfahrungen in bezug auf die in Nummer 1 bezeichneten Waren und sonstigen Gegenstände.

(3) Zu den in Absatz 1 genannten Zwecken können auch Rechtsgeschäfte und Handlungen Deutscher in fremden Wirtschaftsgebieten beschränkt werden, die sich auf Waren und sonstige Gegenstände nach Absatz 2 Nr 1 einschließlich ihrer Entwicklung und Herstellung beziehen, wenn der

Deutsche

1. Inhaber eines Personaldokumentes der Bundesrepublik Deutschland ist oder
2. verpflichtet wäre, einen Personalausweis zu besitzen, falls er eine Wohnung im Geltungsbereich dieses Gesetzes hätte.

Dies gilt vor allem, wenn die Beschränkung der in internationaler Zusammenarbeit vereinbarten Verhinderung der Verbreitung von Waren und sonstigen Gegenständen nach Absatz 2 Nr 1 dient.

§ 22 AWG

Kapitalausfuhr

(1) Rechtsgeschäfte zwischen Gebietsansässigen und Gebietsfremden können beschränkt werden, wenn sie

1. den entgeltlichen Erwerb von Grundstücken in fremden Wirtschaftsgebieten und von Rechten an solchen Grundstücken,
2. den entgeltlichen Erwerb ausländischer Wertpapiere durch Gebietsansässige,
3. den entgeltlichen Erwerb von Wechseln, die ein Gebietsfremder ausgestellt oder angenommen hat, durch Gebietsansässige,
4. die Unterhaltung von Guthaben bei Geldinstituten in fremden Wirtschaftsgebieten durch Gebietsansässige oder
5. die Gewährung von Darlehen und sonstigen Krediten sowie die Gewährung von Zahlungsfristen an Gebietsfremde
zum Gegenstand haben.

(2) Ferner kann für Inhaber- und Orderschuldverschreibungen, die ein Gebietsfremder ausgestellt hat und in denen die Zahlung einer bestimmten Geldsumme versprochen wird, das öffentliche Anbieten zum Verkauf im Wirtschaftsgebiet beschränkt werden.

(3) Beschränkungen nach Absatz 1 sind zulässig, um das Gleichgewicht der Zahlungsbilanz sicherzustellen. Beschränkungen nach Absatz 2 sind zulässig, wenn sie erforderlich sind, um erheblichen nachteiligen Auswirkungen auf den Kapitalmarkt vorzubeugen oder entgegenzuwirken.

§ 23 AWG

Kapital- und Geldanlagen Gebietsfremder

(1) Rechtsgeschäfte zwischen Gebietsansässigen und Gebietsfremden können beschränkt werden, wenn sie

1. den entgeltlichen Erwerb von Grundstücken im Wirtschaftsgebiet und von Rechten an solchen Grundstücken durch Gebietsfremde,
2. den entgeltlichen Erwerb von Schiffen, die im Schiffsregister eines Gerichts im Wirtschaftsgebiet eingetragen sind, und von Rechten an solchen Schiffen durch Gebietsfremde,
3. den entgeltlichen Erwerb von Unternehmen mit Sitz im Wirtschaftsgebiet und Beteiligungen an solchen Unternehmen durch Gebietsfremde,
4. den entgeltlichen Erwerb inländischer Wertpapiere durch Gebietsfremde,
5. den entgeltlichen Erwerb von Wechseln, die ein Gebietsansässiger ausgestellt oder angenommen hat, durch Gebietsfremde,
6. die unmittelbare oder mittelbare Aufnahme von Darlehen und sonstigen Krediten durch Gebietsansässige sowie den entgeltlichen Erwerb von Forderungen gegenüber Gebietsansässigen durch Gebietsfremde oder
7. die Führung und Verzinsung von Konten Gebietsfremder bei Geldinstituten im Wirtschaftsgebiet
zum Gegenstand haben. Als Kredite im Sinne des Satzes 1 Nr 6 gelten alle Rechtsgeschäfte und Handlungen, die wirtschaftlich eine Kreditaufnahme darstellen.

(2) Ferner können beschränkt werden

1. die Gründung von Unternehmen mit Sitz im Wirtschaftsgebiet durch Gebietsfremde oder unter Beteiligung von Gebietsfremden an der Gründung oder

2. die Ausstattung von Unternehmen, Zweigniederlassungen und Betriebsstätten im Wirtschaftsgebiet mit Vermögenswerten (Betriebsmittel und Anlagewerte) durch Gebietsfremde.

(3) Beschränkungen nach Absatz 1 und 2 sind zulässig, um einer Beeinträchtigung der Kaufkraft der Deutschen Mark entgegenzuwirken oder das Gleichgewicht der Zahlungsbilanz sicherzustellen.

§ 51 AWVO
Beschränkung nach § 5 AWG zur Erfüllung des Abkommens über deutsche Auslandsschulden

(1) Einem Schuldner ist die Bewirkung von Zahlungen und sonstigen Leistungen verboten, wenn sie

1. die Erfüllung einer Schuld im Sinne des Abkommens vom 27. Februar 1952 über deutsche Auslandsschulden (Bundesgesetzblatt II S. 331) zum Gegenstand haben, die Schuld aber nicht geregelt ist;

2. die Erfüllung einer geregelten Schuld im Sinne des Abkommens zum Gegenstand haben, sich aber nicht innerhalb der Grenzen der festgesetzten Zahlungs- und sonstigen Bedingungen halten;

3. die Erfüllung von Verbindlichkeiten zum Gegenstand haben, die in nichtdeutscher Währung zahlbar sind oder waren und die zwar den Voraussetzungen des Artikels 4 Absatz 1 und 2 des Abkommens entsprechen, aber die Voraussetzungen des Artikels 4 Abs. 3 Buchstabe a oder b des Abkommens hinsichtlich der Person des Gläubigers nicht erfüllen, es sei denn, daß es sich um Verbindlichkeiten aus marktfähigen Wertpapieren handelt, die in einem Gläubigerland zahlbar sind.

(2) Die in Artikel 3 des Abkommens enthaltenen Begriffsbestimmungen gelten auch für Absatz 1.

§ 52 AWVO
Beschränkung nach § 7 Abs. 1 Nr 2 und AWG

Gebietsansässige Kreditinstitute bedürfen der Genehmigung für die Ausführung von Verfügungen über Konten, Depots oder sonstige in Verwahrung oder Verwaltung befindliche Vermögenswerte Iraks oder Kuwaits, amtlicher Stellen in Irak oder Kuwait oder deren Beauftragter. Der Genehmigung bedürfen auch Verfügungen Iraks oder Kuwaits, amtlicher Stellen in Irak oder Kuwait oder deren Beauftragter über Vermögenswerte, die nicht bei gebietsansässigen Kreditinstituten gehalten werden.

E 9 b)   Wichtige **Meldepflichten** ergeben sich aus den folgenden Bestimmungen:

§ 26 AWG
Verfahrens- und Meldevorschriften

(1) Durch Rechtsverordnung können Vorschriften über das Verfahren bei der Vornahme von Rechtsgeschäften oder Handlungen im Außenwirtschaftsverkehr erlassen werden, soweit solche Vorschriften zur Durchführung dieses Gesetzes oder von Regelungen der in Satz 2 genannten Art oder zur Überprüfung der Rechtsgeschäfte oder Handlungen auf ihre Rechtmäßigkeit im Sinne dieses Gesetzes oder solcher Regelungen erforderlich sind. Regelungen im Sinne des Satzes 1 sind

1. die Bestimmungen der Verträge zur Gründung der Europäischen Gemeinschaften,

2. die Bestimmungen in Verträgen, einschließlich der zu ihnen gehörenden Akte mit Protokollen, die auf Grund der in Nummer 1 genannten Verträge zustande gekommen sind oder zu deren Erweiterung, Ergänzung oder Durchführung oder zur Begründung einer Assoziation, Präferenz oder Freihandelszone abgeschlossen und im Bundesgesetzblatt, im Bundesanzeiger oder im Amtsblatt der Europäischen Gemeinschaften veröffentlicht und als in Kraft getreten bekanntgegeben sind.

3. Rechtsakte des Rates oder der Kommission der Europäischen Gemeinschaften auf Grund oder im Rahmen der in den Nummern 1 und 2 genannten Verträge.

Durch Rechtsverordnung können ferner Aufzeichnungs- und Aufbewahrungspflichten vorgeschrieben werden, soweit sie zur Überwachung der Rechtsgeschäfte oder Handlungen auf ihre Rechtmäßigkeit im Sinne dieses Gesetzes oder von Regelungen der in Satz 2 genannten Art oder der Erfüllung von Meldepflichten nach den Absätzen 2 und 3 erforderlich sind und soweit sie nicht bereits nach handels- oder steuerrechtlichen Vorschriften bestehen.

(2) Durch Rechtsverordnung kann angeordnet werden, daß Rechtsgeschäfte und Handlungen im Außenwirtschaftsverkehr, insbesondere aus ihnen erwachsende Forderungen und Verbindlichkeiten sowie Vermögensanlagen und die Leistung oder Entgegennahme von Zahlungen, unter Angabe des Rechtsgrundes zu melden sind, wenn dies erforderlich ist, um

1. festzustellen, ob die Voraussetzungen für die Aufhebung, Erleichterung oder Anordnung von Beschränkungen vorliegen,

2. laufend die Zahlungsbilanz der Bundesrepublik Deutschland erstellen zu können,

3. die Wahrnehmung der außenwirtschaftspolitischen Interessen zu gewährleisten,

4. Verpflichtungen aus zwischenstaatlichen Vereinbarungen erfüllen zu können oder

5. die Durchführung und Einhaltung einer auf Grund des § 6 a Abs. 1 Satz 1 vorgeschriebenen Depotpflicht zu gewährleisten.

(3) Durch Rechtsverordnung kann ferner angeordnet werden, daß der Stand und ausgewählte Positionen der Zusammensetzung des Vermögens Gebietsansässiger in fremden Wirtschaftsgebieten und Gebietsfremder im Wirtschaftsgebiet zu melden sind, soweit dies zur Verfolgung der in Absatz 2 Nr 1 bis 4 angegebenen Zwecke erforderlich ist. Vermögen im Sinne des Satzes 1 ist auch die mittelbare Beteiligung an einem Unternehmen. Gehört zu dem meldepflichtigen Vermögen eine unmittelbare oder mittelbare Beteiligung an einem Unternehmen, so kann angeordnet werden, daß auch der Stand und ausgewählte Positionen der Zusammensetzung des Vermögens des Unternehmens zu melden sind, an dem die Beteiligung besteht.

(4) Art und Umfang der Meldepflichten sind auf das Maß zu begrenzen, das notwendig ist, um den in den Absätzen 2 und 3 angegebenen, jeweils verfolgten Zweck zu erreichen. Die §§ 7, 10 und 11 des Bundesstatistikgesetzes sind in den Fällen des Absatzes 2 Nr 1 bis 4 und des Absatzes 3 entsprechend anzuwenden.

§ 55 AWVO

Vermögensanlagen Gebietsansässiger in fremden Wirtschaftsgebieten

(1) Gebietsansässige haben Leistungen, die sie

1. an Gebietsfremde oder für deren Rechnung an Gebietsansässige erbringen oder welche die Anlage von Vermögen in fremden Wirtschaftsgebieten zur Schaffung dauerhafter Wirtschaftsverbindungen (Direktinvestitionen) bezwecken, oder

2. von Gebietsfremden oder für deren Rechnung von Gebietsansässigen entgegennehmen und welche die Auflösung von Vermögen im Sinne von Nummer 1 zur Folgen haben,

nach § 56 zu melden, wenn sie in folgenden Formen vollzogen werden:

a) Gründung oder Erwerb sowie Auflösung oder Veräußerung von Unternehmen,

b) Erwerb oder Veräußerung von Beteiligungen an Unternehmen,

c) Errichtung oder Erwerb sowie Aufhebung oder Veräußerung von Zweigniederlassungen oder Betriebsstätten,

d) Zuführung von Kapital zu Unternehmen, Zweigniederlassungen oder Betriebsstätten, die dem gebietsansässigen Kapitalgeber gehören oder an denen er beteiligt ist, sowie Rückführung von solchem Kapital,

e) Gewährung von Krediten an Unternehmen, Zweigniederlassungen oder Betriebsstätten, die dem gebietsansässigen Kreditgeber oder einem von ihm abhängigen Unternehmen gehören oder an deren der gebietsansässige Kreditgeber oder ein von ihm abhängiges Unternehmen beteiligt ist, sowie Rückführung solcher Kredite

(2) Absatz 1 findet keine Anwendung auf

1. Leistungen, die im Einzelfall den Wert von einhunderttausend Deutsche Mark oder den Gegenwert in ausländischer Währung nicht übersteigen,

2. Leistungen, die sich auf die Anlage oder Auflösung von Vermögen in Unternehmen beziehen, an denen der Gebietsansässige oder ein von ihm abhängiges Unternehmen mit nicht mehr als 20 von Hundert der Anteile beteiligt ist; das gilt auch für den Erwerb einer Beteiligung, sofern der Gebietsansässige nach dem Erwerb mit nicht mehr als 20 vom Hundert der Anteile an dem Unternehmen beteiligt ist, und für die Veräußerung einer Beteiligung, sofern der Gebietsansässige vor der Veräußerung mit nicht mehr als 20 vom Hundert der Anteile an dem Unternehmen beteiligt war,

3. Leistungen, die die Gewährung oder Rückführung von Krediten mit einer ursprünglich vereinbarten Laufzeit oder Kündigungsfrist von nicht mehr als zwölf Monaten zum Gegenstand haben,

4. Leistungen von Geldinstituten oder an Geldinstitute in der Form der Kreditgewährung oder Kreditrückführung (einschließlich der Begründung oder Rückführung von Guthaben).

(3) Die Meldevorschriften der §§ 59 bis 69 bleiben unberührt.

§ 56 AWVO

Abgabe der Meldungen nach § 55

(1) Meldepflichtig ist der Gebietsansässige, der die Leistung in den Fällen des § 55 Abs. 1 erbringt oder entgegennimmt.

(2) Die Meldungen sind bis zum fünften Tage des auf den meldepflichtigen Vorgang folgenden Monats der Deutschen Bundesbank mit dem Vordruck „Vermögensanlagen Gebietsansässiger in fremden Wirtschaftsgebieten" (Anlage K 1) in vierfacher Ausfertigung zu erstatten. Sie sind bei der Landeszentralbank abzugeben, in deren Bereich der Meldepflichtige ansässig ist. Die Deutsche Bundesbank übersendet je eine Ausfertigung der Meldungen dem Bundesminister für Wirtschaft, dem Auswärtigen Amt und der örtlich zuständigen obersten Landesbehörde für Wirtschaft.

§ 56 a AWVO

Vermögen Gebietsansässiger in fremden Wirtschaftsgebieten

(1) Der Stand und ausgewählte Positionen der Zusammensetzung folgenden Vermögens in fremden Wirtschaftsgebieten sind nach § 56 b zu melden:

1. des Vermögens eines gebietsfremden Unternehmens, wenn dem Gebietsansässigen mehr als zwanzig vom Hundert der Anteile oder der Stimmrechte an dem Unternehmen zuzurechnen sind;

2. des Vermögens eines gebietsfremden Unternehmens, wenn mehr als zwanzig vom Hundert der Anteile oder Stimmrechte an diesem Unternehmen einem von einem Gebietsansässigen abhängigen gebietsfremden Unternehmen zuzurechnen sind;

3. des Vermögens Gebietsansässiger in ihren gebietsfremden Zweigniederlassungen und auf Dauer angelegten Betriebsstätten.

(2) Ein gebietsfremdes Unternehmen gilt im Sinne des Absatzes 1 Nr 2 als von einem Gebietsansässigen abhängig, wenn dem Gebietsansässigen mehr als fünfzig vom Hundert der Anteile oder Stimmrechte an dem gebietsfremden Unternehmen zuzurechnen sind. Wenn einem von einem Gebietsansässigen abhängigen gebietsfremden Unternehmen sämtliche Anteile oder Stimmrechte an einem anderen gebietsfremden Unternehmen zuzurechnen sind, so ist auch das andere gebietsfremde Unternehmen und unter denselben Voraussetzungen jedes weitere Unternehmen im Sinne des Absatzes 1 Nr 2 als von einem Gebietsansässigen abhängig anzusehen.

(3) Absatz 1 findet keine Anwendung, wenn die Bilanzsumme des gebietsfremden Unternehmens, an dem der Gebietsansässige oder ein anders von ihm abhängiges gebietsfremdes Unternehmen beteiligt ist, oder das Betriebsvermögen der gebietsfremden Zweigniederlassung oder Betriebsstätte

des Gebietsansässigen eine Million Deutsche Mark nicht überschreitet. Absatz 1 findet ferner insoweit keine Anwendung, als dem Gebietsansässigen Unterlagen, die er zur Erfüllung seiner Meldepflicht benötigt, aus tatsächlichen oder rechtlichen Gründen nicht zugänglich sind.

§ 56 b AWVO

Abgabe der Meldungen nach § 56 a

(1) Die Meldungen sind einmal jährlich nach dem Stand des Bilanzstichtages des Meldepflichtigen oder, soweit der Meldepflichtige nicht bilanziert, nach dem Stand des 31. Dezember der Deutschen Bundesbank mit dem Vordruck „Vermögen Gebietsansässiger in fremden Wirtschaftsgebieten" (Anlage K 3) in doppelter Ausfertigung zu erstatten. Die Deutsche Bundesbank übersendet eine Ausfertigung der Meldungen dem Bundesminister für Wirtschaft.

(2) Stimmt der Bilanzstichtag eines gebietsfremden Unternehmens, an dem der Meldepflicht oder ein anderes von ihm abhängiges gebietsfremdes Unternehmen beteiligt ist, nicht mit dem Bilanzstichtag des Meldepflichtigen oder, soweit der Meldepflichtige nicht bilanziert, nicht mit dem 31. Dezember überein, so kann bei der Berechnung des Vermögens von dem diesem Zeitpunkt unmittelbar vorangegangenen Bilanzstichtag des gebietsfremden Unternehmens ausgegangen werden.

(3) Die Meldungen sind jeweils spätestens bis zum letzten Werktag des sechsten auf den Bilanzstichtag des Meldepflichtigen oder, soweit der Meldepflichtige nicht bilanziert, des sechsten auf den 31. Dezember folgenden Kalendermonats bei der Landeszentralbank abzugeben, in deren Bereich der Meldepflichtige ansässig ist.

(4) Meldepflichtig ist der Gebietsansässige, dem das Vermögen unmittelbar oder über ein abhängiges gebietsfremdes Unternehmen am Bilanzstichtag des Gebietsansässigen oder, soweit er nicht bilanziert, am 31. Dezember jeweils zuzurechnen ist.

§ 57 AWVO

Vermögensanlagen Gebietsfremder im Wirtschaftsgebiet

(1) Gebietsansässige haben Leistungen, die sie
1. von Gebietsfremden oder für deren Rechnung von Gebietsansässigen entgegennehmen und welche die Anlage von Vermögen im Wirtschaftsgebiet zur Schaffung dauerhafter Wirtschaftsverbindungen (Direktinvestitionen) bezwecken oder
2. an Gebietsfremde oder für deren Rechnung an Gebietsansässige erbringen und welche die Auflösung von Vermögen im Sinne der Nummer 1 zur Folge haben,
nach § 58 zu melden, wenn sie in folgenden Formen vollzogen werden:
a) Gründung oder Erwerb sowie Auflösung oder Veräußerung von Unternehmen,
b) Erwerb oder Veräußerung von Beteiligungen an Unternehmen,
c) Errichtung oder Erwerb sowie Aufhebung oder Veräußerung von Zweigniederlassungen oder Betriebsstätten,
d) Zuführung von Kapital zu Unternehmen, Zweigniederlassungen oder Betriebsstätten, die dem gebietsfremden Kapitalgeber gehören oder an denen er beteiligt ist, sowie Rückführung von solchem Kapital,
e) Gewährung von Krediten an Unternehmen, Zweigniederlassungen oder Betriebsstätten, die dem gebietsfremden Kreditgeber oder einem von ihm abhängigen Unternehmen gehören oder an denen der gebietsfremde Kreditgeber oder ein von ihm abhängiges Unternehmen beteiligt ist, sowie Rückführung solcher Kredite.

(2) Absatz 1 findet keine Anwendung auf
1. Leistungen, die im Einzelfall den Wert von einhunderttausend Deutsche Mark oder den Gegenwert in ausländischer Währung nicht übersteigen,
2. Leistungen, die sich auf die Anlage oder Auflösung von Vermögen in Unternehmen beziehen, an denen der Gebietsfremde oder ein von ihm abhängiges Unternehmen mit nicht mehr als 20 vom

Hundert der Anteile beteiligt ist; das gilt auch für den Erwerb einer Beteiligung, sofern der Gebietsfremde nach dem Erwerb mit nicht mehr als 20 vom Hundert der Anteile an dem Unternehmen beteiligt ist, und für die Veräußerung einer Beteiligung, sofern der Gebietsfremde vor der Veräußerung mit nicht mehr als 20 vom Hundert der Anteile an dem Unternehmen beteiligt war,

3. Leistungen, die die Gewährung oder Rückführung von Krediten mit einer ursprünglich vereinbarten Laufzeit oder Kündigungsfrist von nicht mehr als zwölf Monaten zum Gegenstand haben.

4. Leistungen von Geldinstituten oder an Geldinstitute in der Form der Kreditgewährung oder Kreditrückführung (einschließlich der Begründung oder Rückführung von Guthaben).

(3) Die Meldevorschriften der §§ 59 bis 69 bleiben unberührt.

§ 58 AWVO

Abgabe der Meldungen nach § 57

(1) Meldepflichtig ist der Gebietsansässige, der die Leistung in den Fällen des § 57 Abs. 1 entgegennimmt oder erbringt.

(2) Die Meldungen sind bis zum fünften Tage des auf den meldepflichten Vorgang folgenden Monats der Deutschen Bundesbank auf dem Vordruck „Vermögensanlagen Gebietsfremder im Wirtschaftsgebiet" (Anlage K 2) in vierfacher Ausfertigung zu erstatten. Im übrigen gilt § 56 Abs. 2 entsprechend.

§ 58 a AWVO

Vermögen Gebietsfremder im Wirtschaftsgebiet

(1) Der Stand und ausgewählte Positionen der Zusammensetzung folgenden Vermögens im Wirtschaftsgebiet sind nach § 58 b zu melden:

1. des Vermögens eines gebietsansässigen Unternehmens, wenn dem Gebietsfremden oder einer Gruppe wirtschaftlich verbundener Gebietsfremder zusammen mehr als zwanzig vom Hundert der Anteile oder Stimmrechte an dem gebietsansässigen Unternehmen zuzurechnen sind;

2. des Vermögens eines gebietsansässigen Unternehmens, wenn mehr als zwanzig vom Hundert der Anteile oder Stimmrechte an diesem Unternehmen einem von einem Gebietsfremden oder einem von mehreren wirtschaftlich verbundenen Gebietsfremden abhängigen gebietsansässigen Unternehmen zuzurechnen sind;

3. des Vermögens Gebietsfremder in ihren gebietsansässigen Zweigniederlassungen und auf Dauer angelegten Betriebsstätten.

(2) Gebietsfremde sind als wirtschaftlich verbunden im Sinne des Absatzes 1 Nr 1 und 2 anzusehen, wenn sie gemeinsam wirtschaftliche Interessen verfolgen; dies gilt auch, wenn sie gemeinsam wirtschaftliche Interessen mit Gebietsansässigen verfolgen. Als solche wirtschaftlich verbundene Gebietsfremde gelten insbesondere:

1. natürliche und juristische gebietsfremde Personen, die sich zum Zweck der Gründung oder des Erwerbs eines gebietsansässigen Unternehmens, des Erwerbs von Beteiligungen an einem solchen Unternehmen oder zur gemeinsamen Ausübung ihrer Anteilsrechte an einem solchen Unternehmen zusammengeschlossen haben; ferner natürliche und juristische gebietsfremde Personen, die gemeinsam wirtschaftliche Interessen verfolgen, indem sie an einem oder mehreren Unternehmen Beteiligungen halten;

2. natürliche gebietsfremde Personen, die miteinander verheiratet oder in gerader Linie verwandt, verschwägert oder durch Adoption verbunden oder in der Seitenlinie bis zum dritten Grade verwandt oder bis zum zweiten Grade verschwägert sind, oder

3. juristische gebietsfremde Personen, die im Sinne des § 15 des Aktiengesetzes miteinander verbunden sind.

(3) Ein gebietsansässiges Unternehmen gilt im Sinne des Absatzes 1 Nr 2 als von einem Gebietsfremden oder von mehreren wirtschaftlich verbundenen Gebietsfremden abhängig, wenn dem

Gebietsfremden oder den wirtschaftlich verbundenen Gebietsfremden zusammen mehr als fünfzig vom Hundert der Anteile oder Stimmrechte an dem gebietsansässigen Unternehmen zuzurechnen sind.

(4) Absatz 1 findet keine Anwendung, wenn die Bilanzsumme des gebietsansässigen Unternehmens, an dem der Gebietsfremde, die Gruppe wirtschaftlich verbundener Gebietsfremder oder ein anderes von dem Gebietsfremden oder der Gruppe wirtschaftlich verbundener Gebietsfremder abhängiges gebietsansässiges Unternehmen beteiligt ist, oder das Betriebsvermögen der gebietsansässigen Zweigniederlassung oder Betriebsstätte des Gebietsfremden eine Million Deutsche Mark nicht überschreitet. Absatz 1 findet ferner insoweit keine Anwendung, als dem Gebietsansässigen Unterlagen, die er zur Erfüllung seiner Meldepflicht benötigt, aus tatsächlichen oder rechtlichen Gründen nicht zugänglich sind. Absatz 1 Nr 1 und 2 findet keine Anwendung, wenn das gebietsansässige oder das abhängige gebietsansässige Unternehmen, an dem wirtschaftlich verbundene Gebietsfremde beteiligt sind, nicht erkennen kann, daß es sich bei den Gebietsfremden im Sinne des Absatzes 2 um wirtschaftlich verbundene Gebietsfremde handelt.

§ 58 b AWVO

Abgabe der Meldungen nach § 58 a

(1) Die Meldungen sind einmal jährlich nach dem Stand des Bilanzstichtages des Meldepflichtigen oder, soweit es sich bei dem Meldepflichtigen um eine nicht bilanzierende gebietsansässige Zweigniederlassung oder Betriebsstätte eines gebietsfremden Unternehmens handelt, nach dem Stand des Bilanzstichtages des gebietsfremden Unternehmens der Deutschen Bundesbank mit dem Vordruck „Vermögen Gebietsfremder im Wirtschaftsgebiet" (Anlage K 4) in doppelter Ausfertigung zu erstatten. Die Deutsche Bundesbank übersendet eine Ausfertigung der Meldungen dem Bundesminister für Wirtschaft.

(2) Die Meldungen sind spätestens bis zum letzten Werktag des sechsten auf den Bilanzstichtag des Meldepflichtigen oder, soweit es sich bei dem Meldepflichtigen um eine nicht bilanzierende gebietsansässige Zweigniederlassung oder Betriebsstätte eines gebietsfremden Unternehmens handelt, des sechsten auf den Bilanzstichtag des gebietsfremden Unternehmens folgenden Monats bei der Landeszentralbank abzugeben, in deren Bereich der Meldepflichtige ansässig ist.

(3) Meldepflichtig ist

1. in den Fällen des § 58 a Abs. 1 Nr 1 das gebietsansässige Unternehmen,

2. in den Fällen des § 58 a Abs. 1 Nr 2 das abhängige gebietsansässige Unternehmen,

3. in den Fällen des § 58 a Abs. 1 Nr 3 die gebietsansässige Zweigniederlassung oder Betriebsstätte.

§ 58 c AWVO

Ausnahmen

Die Deutsche Bundesbank kann für einzelne Meldepflichtige oder für Gruppen von Meldepflichtigen vereinfachte Meldungen oder Abweichungen von Meldefristen oder Vordrucken zulassen oder einzelne Meldepflichtige oder Gruppen von Meldepflichtigen befristet oder widerruflich von einer Meldepflicht freistellen, soweit dafür besondere Gründe vorliegen oder der Zweck der Meldevorschriften nicht beeinträchtigt wird.

§ 59 AWVO

Meldung von Zahlungen

(1) Gebietsansässige haben Zahlungen, die sie

1. von Gebietsfremden oder für deren Rechnung von Gebietsansässigen entgegennehmen (eingehende Zahlungen) oder

2. an Gebietsfremde oder für deren Rechnung an Gebietsansässige leisten (ausgehende Zahlungen),

zu melden.

(2) Absatz 1 findet keine Anwendung auf

1. Zahlungen, die den Betrag von fünftausend Deutsche Mark oder den Gegenwert in ausländischer Währung nicht übersteigen,

2. Ausfuhrerlöse,

3. Zahlungen, die die Gewährung, Aufnahme oder Rückzahlung von Krediten (einschließlich der Begründung und Rückzahlung von Guthaben bei Geldinstituten) mit einer ursprünglich vereinbarten Laufzeit oder Kündigungsfrist von nicht mehr als zwölf Monaten zum Gegenstand haben.

4. (weggefallen)

(3) Zahlung im Sinne dieses Kapitels ist auch die Aufrechnung und die Verrechnung. Als Zahlung gilt ferner das Einbringen von Sachen und Rechten in Unternehmen, Zweigniederlassungen und Betriebsstätten.

§ 60 AWVO

Form der Meldung

(1) Ausgehende Zahlungen, die über ein gebietsansässiges Geldinstitut oder eine Postanstalt im Wirtschaftsgebiet geleistet werden, sind mit dem Vordruck „Zahlungsauftrag im Außenwirtschaftsverkehr" (Anlage Z 1) zu melden.

(2) Eingehende und ausgehende Zahlungen außerhalb des Warenverkehrs, die durch Gebietsansässige, ausgenommen Geldinstitute, über ein Konto bei einem gebietsfremden Geldinstitut entgegengenommen oder geleistet werden, sind in doppelter Ausfertigung zu melden, und zwar

1. eingehende Zahlungen mit dem Vordruck „Auslandskontenmeldung (Eingänge)" (Anlage Z 2),

2. ausgehende Zahlungen mit dem Vordruck „Auslandskontenmeldung (Ausgänge)" (Anlage Z 3).

(3) Eingehende und ausgehende Zahlungen, die nicht nach den Absätzen 1 und 2 gemeldet werden müssen, sind mit dem Vordruck „Zahlungen im Außenwirtschaftsverkehr" (Anlage Z 4) in doppelter Ausfertigung zu melden. Für den Warenverkehr und für den übrigen Außenwirtschaftsverkehr sind getrennte Meldungen einzureichen.

(4) In den Meldungen sind die Kennzahlen des Leistungsverzeichnisses (Anlage LV) anzugeben.

(5) Bei abgabenbegünstigten Lieferungen und Leistungen an im Wirtschaftsgebiet stationierte ausländische Truppen sowie an das zivile Gefolge kann abweichend von Absatz 3 Satz 1 die Meldung auch durch Abgabe einer Durchschrift der Empfangsbestätigung der Truppen oder des zivilen Gefolges nach dem auf Grund der Abgabenvorschriften vorgeschriebenen Muster gemeldet werden.

§ 61 AWVO

Meldefrist

Die Meldungen sind abzugeben

1. bei Zahlungen nach § 60 Abs. 1 mit der Erteilung des Auftrages an das Geldinstitut oder die Postanstalt; der Auftraggeber kann die für die Deutsche Bundesbank bestimmte Ausfertigung des Zahlungsauftrages bei der Erteilung des Auftrages auch in verschlossenem Umschlag, auf dem sein Name und seine Anschrift als Absender angegeben sind, zur Weiterleitung an die Deutsche Bundesbank abgeben; in diesem Falle brauchen in der für das Geldinstitut oder die Postanstalt bestimmten Ausfertigung die statistischen Angaben und in der für die Deutsche Bundesbank bestimmten Ausfertigung die zahlungsverkehrstechnischen Angaben nicht ausgefüllt zu werden;

2. bei Zahlungen nach § 60 Abs. 2

a) von Kontoinhabern, die im Handels- oder Genossenschaftsregister eingetragen sind, monatlich bis zum siebenten Tage des auf die Leistung oder Entgegennahme der Zahlungen folgenden Monats,

b) in den übrigen Fällen halbjährlich bis zum zehnten Tage des auf den Ablauf des Kalenderhalbjahres folgenden Monats;

3. bei Zahlungen nach § 60 Abs. 3 bis zum siebenten Tage des auf die Leistung oder Entgegennahme der Zahlungen folgenden Monats; Sammelmeldungen sind zulässig.

§ 62 AWVO
Meldung von Forderungen und Verbindlichkeiten

(1) Gebietsansässige, ausgenommen Geldinstitute, haben ihre Forderungen und Verbindlichkeiten gegenüber Gebietsfremden zu melden, wenn diese Forderungen oder Verbindlichkeiten bei Ablauf eines Monats jeweils zusammengerechnet mehr als fünfhunderttausend Deutsche Mark betragen.

(2) Die Forderungen und Verbindlichkeiten sind jeweils monatlich bis zum zehnten Tage des folgenden Monats nach dem Stand des letzten Werktages des Vormonats mit dem Vordruck „Forderungen und Verbindlichkeiten aus Finanzbeziehungen mit Gebietsfremden" (Anlage Z 5 Blatt 1 und Blatt 2) in doppelter Ausfertigung zu melden, sofern nicht Absatz 3 etwas anderes vorschreibt.

(3) Forderungen und Verbindlichkeiten aus dem Waren- und Dienstleistungsverkehr mit Gebietsfremden einschließlich der geleisteten und entgegengenommenen Anzahlungen sind jeweils monatlich bis zum zwanzigsten Tage des folgenden Monats nach dem Stand des letzten Werktages des Vormonats mit dem Vordruck „Forderungen und Verbindlichkeiten gegenüber Gebietsfremden aus dem Waren- und Dienstleistungsverkehr" (Anlage Z 5 a) in doppelter Ausfertigung zu melden.

(4) Entfällt für einen Gebietsansässigen, der für einen vorangegangenen Meldestichtag meldepflichtig war, wegen Unterschreitens der in Absatz 1 genannten Betragsgrenze die Meldepflicht, so hat er dies bis zum zwanzigsten Tage des darauf folgenden Monats der Meldestelle schriftlich anzuzeigen.

§ 63 AWVO
Meldestellen

(1) Die nach den §§ 59 und 62 vorgeschriebenen Meldungen sind der Deutschen Bundesbank zu erstatten. Sie sind bei der Landeszentralbank, Hauptstelle oder Zweigstelle, abzugeben, in deren Bereich der Meldepflichtige ansässig ist.

(2) In den Fällen des § 60 Abs. 1 ist die Meldung bei dem beauftragten Geldinstitut oder der beauftragten Postanstalt zur Weiterleitung an die Deutsche Bundesbank einzureichen.

§ 64 AWVO
Ausnahmen

§ 58 c gilt entsprechend.

§ 65 AWVO
Zahlungen bei Ausfuhren

(weggefallen)

§ 66 AWVO
Zahlungen im Transithandel

(1) Für Zahlungen im Transithandel gelten die §§ 59 bis 61, 63 und 64. Ist die Ware bei Abgabe der Meldung bereits an einen Gebietsfremden weiter veräußert, so ist der Zahlungseingang zusammen mit dem Zahlungsausgang zu melden. Ist die Zahlung des gebietsfremden Erwerbers im Zeitpunkt des Zahlungsausgangs noch nicht eingegangen, so ist der vereinbarte Betrag der Zahlung zu melden.

(2) Wer eine ausgehende Zahlung im Transithandel gemeldet hat und die Transithandelsware danach einfuhrrechtlich abfertigen läßt, hat dies formlos bis zum zehnten Tage des auf die Einfuhr-

abfertigung folgenden Monats unter Angabe des gemeldeten Betrages und des Zeitpunktes der Zahlung mit dem Zusatz „Umstellung von Transithandel auf Wareneinfuhr" zu melden.

(3) Wer eine ausgehende Zahlung für eine Wareneinfuhr gemeldet hat und die Ware danach an einen Gebietsfremden veräußert, ohne daß diese einfuhrrechtlich abgefertigt worden ist, hat dies formlos bis zum zehnten Tage des auf die Veräußerung folgenden Monats unter Angabe des gemeldeten Betrages mit dem Zusatz „Umstellung von Wareneinfuhr auf Transithandel" zu melden.

(4) In den Fällen der Absätze 2 und 3 sind ferner die Benennung der Ware, die Nummer des Warenverzeichnisses für die Außenhandelsstatistik, das Einkaufsland und die Währung, in der die Zahlung geleistet worden ist, anzugeben.

(5) Die Meldungen sind der Deutschen Bundesbank zu erstatten. Sie sind bei der Landeszentralbank, Hauptstelle oder Zweigstelle, abzugeben, in deren Bereich der Meldepflichtige ansässig ist.

§ 67 AWVO
Zahlungen der Seeschiffahrtsunternehmen

Gebietsansässige, die ein Seeschiffahrtsunternehmen betreiben, haben abweichend von den §§ 59 bis 61 Zahlungen, die sie im Zusammenhang mit dem Betrieb der Seeschiffahrt entgegennehmen oder leisten, mit dem Vordruck „Einnahmen und Ausgaben der Seeschiffahrt" (Anlage Z 8) monatlich bis zum siebenten Tage des auf die Zahlung folgenden Monats der zuständigen Landeszentralbank in vierfacher Ausfertigung zu melden. Die Landeszentralbank übersendet je eine Ausfertigung dem Bundesminister für Verkehr und der zuständigen obersten Landesbehörde für Wirtschaft oder der von dieser bestimmten Stelle.

§ 68 AWVO
Meldungen der Reisebüros über Ankauf und Verkauf von Zahlungsmitteln

(weggefallen)

§ 69 AWVO
Meldungen der Geldinstitute

(1) Soweit Zahlungen nach Absatz 2 zu melden sind, finden die §§ 59 bis 63 keine Anwendung.

(2) Gebietsansässige Geldinstitute haben zu melden

1. eingehende und ausgehende Zahlungen für die Veräußerung oder den Erwerb von Wertpapieren, die das Geldinstitut für eigene oder fremde Rechnung an Gebietsfremde verkauft oder von Gebietsfremden kauft, sowie ausgehende Zahlungen, die das Geldinstitut im Zusammenhang mit der Einlösung inländischer Wertpapiere leistet, mit dem Vordruck „Wertpapiergeschäfte im Außenwirtschaftsverkehr" (Anlage Z 10) in doppelter Ausfertigung; statt dieses Vordrucks kann eine Durchschrift der Wertpapierabrechnung des Geldinstituts eingereicht werden, wenn sie die im Vordruck vorgesehenen Angaben enthält;

2. Zins- und Dividendenzahlungen an Gebietsfremde auf inländische Wertpapiere, die sie im Auftrag eines Gebietsfremden einziehen, mit dem Vordruck „Wertpapier-Erträge im Außenwirtschaftsverkehr" (Anlage Z 11);

3. eingehende und ausgehende Zahlungen für Zinsen und zinsähnliche Erträge und Aufwendungen (ausgenommen Wertpapierzinsen), die sie für eigene Rechnung von Gebietsfremden entgegennehmen oder an Gebietsfremde leisten, mit den Vordrucken „Zinseinnahmen und zinsähnliche Erträge im Außenwirtschaftsverkehr (ohne Wertpapierzinsen)" (Anlage Z 14) und „Zinsausgaben und zinsähnliche Aufwendungen im Außenwirtschaftsverkehr (ohne Wertpapierzinsen)" (Anlage Z 15);

4. im Zusammenhang mit dem Reiseverkehr und der Personenbeförderung

a) eingehende Zahlungen einschließlich des Gegenwerts der in fremde Wirtschaftsgebiete versandten auf Deutsche Mark lautenden Noten und Münzen mit dem Vordruck „Zahlungseingänge im aktiven Reiseverkehr" (Anlage Z 12),

b) ausgehende Zahlungen einschließlich des Gegenwerts der aus fremden Wirtschaftsgebieten eingegangenen auf Deutsche Mark lautenden Noten und Münzen mit dem Vordruck „Zahlungseingänge im passiven Reiseverkehr" (Anlage Z 13).

(3) Absatz 2 Nr 1 und 3 findet keine Anwendung auf Zahlungen, die den Betrag von fünftausend
Deutsche Mark oder den Gegenwert in ausländischer Währung nicht übersteigen.

(4) Bei Meldungen nach Absatz 2 Nr 1 sind die Kennzahlen des Leistungsverzeichnisses (Anlage
LV) anzugeben.

(5) Es sind zu erstatten

1. Meldungen nach Absatz 2 Nr 1, 2 und 4 monatlich bis zum fünften Tage des auf den meldepflichtigen Vorgang folgenden Monats,

2. Meldungen nach Absatz 2 Nr 3 halbjährlich bis zum dreißigsten Tage nach Ablauf eines Kalenderhalbjahres.

(6) Die Meldungen sind der Deutschen Bundesbank zu erstatten. Sie sind bei der Landeszentralbank, Hauptstelle oder Zweigstelle, abzugeben, in deren Bereich der Meldepflichtige ansässig ist.

Zu diesen **Meldepflichten** vgl Mitt der DBB Nr 8002/67 betr Erl der DBB für den **E 10**
Zahlungsverkehr nach §§ 56 bis 69 der AWVO v 13. 11. 1967 (BAnz Nr 219), neu
gefaßt durch die Bundesbank-Mitt Nr 8001/71 v 16. 6. 1971 (BAnz Nr 112),
Nr 8001/74 v 13. 3. 1974 (BAnzNr 52) und Nr 8002/80 v 18. 8. 1980 (BAnz Nr 154). Zur
Auskunftspflicht nach § 44 AWG vgl BVerwG BB 1979, 1583.

c)   Eine **Bardepotpflicht** für Auslandsverbindlichkeiten kann aufgrund § 6 a AWG **E 11**
angeordnet werden (eingehend DEMMLER, Das Bardepot [Diss München 1975]; FLACHMANN,
Bardepot [1972]; ders, Kritische Anmerkungen zum Bardepot, ZfKrW 1973, 462; GRAMLICH 135 ff;
HAHN § 23 Rn 31 ff; SIEBELT, in: HAHN [Hrsg] [1989] 264 ff). Die Bardepotpflicht gehört zu
den Techniken außenwirtschaftspolitischer Differenzierung (DEMMLER 26). Ihre
Anordnung setzt eine Gefährdung des gesamtwirtschaftlichen Gleichgewichts durch
Geld- und Kapitalzuflüsse aus fremden Wirtschaftsgebieten voraus (BVerwGE 58, 189
= NJW 1980, 467 = RIW 1980, 288). Sinn und Zweck der Bardepotpflicht ist es, die
Nachfrage von Gebietsansässigen nach Kreditnahme bei Gebietsfremden zu
erschweren und auf diese Weise währungspolitisch unerwünschte Kapitalzuflüsse aus
dem Ausland abzuwehren (s auch HAHN § 23 Rn 32; HERDEGEN § 2 Rn 43). Das Bardepot
begründet ein verwaltungsrechtliches Rechtsverhältnis eigener Art (DEMMLER 14).
Die Heranziehung zur Depotpflicht und die Vollstreckung ist in § 28 a AWG geregelt. Die Bundesregierung hat von dem Instrument des Bardepots in der Zeit v
1. 3. 1972 bis 30. 9. 1974 Gebrauch gemacht (vgl näher SCHÖNLE, Bank- und Börsenrecht
§ 35 V 3; HAHN § 23 Rn 32; zu älteren Nachw vgl STAUDINGER/KARSTEN SCHMIDT[12] Rn E 11). Für
Altverbindlichkeiten wurde die Bardepotpflicht bei ihrer Abschaffung aufrechter-
halten (§ 3 der 32. VO zur Änderung der AWVO; krit mwNw SCHÖNLE aaO). Säumige
Depotpflichtige, die ihre Depotpflicht für zurückliegende Monate noch nicht erfüllt
hatten, blieben damit zunächst zur Nachhaltung von Depotbeträgen verpflichtet.
Nach Auffassung des BVerwG war diese Regelung rechtsungültig (BVerwGE 58, 189 =
NJW 1980, 467 = RIW 1980, 288 = WM 1981, 22; vgl bereits PELTZER BB 1975, 1457; HELLWIG
Betrieb 1976, 709; WERNICKE WM 1975, 1198; aM OVG Bremen RIW 1975, 60; OVG Hamburg
RIW 1976, 173; VGH Mannheim BB 1976, 1577 = Betrieb 1976, 1525 m Anm BARTELS). Durch
§ 1 derVO über die Beseitigung der Depotpflicht v 23. 9. 1977 (BGBl I 1857) wurde
auch diese Nachhaltepflicht beseitigt. Vgl dazu Mitt der DBB Nr 7005/77 v
27. 9. 1977 (BAnz Nr 183). Im einzelnen findet sich die Rechtsentwicklung nachge-
zeichnet in zwei Urteilen des BGH v 11. 3. 1982 (WM 1982, 663 und 788). Der BGH hat

in diesen Urteilen *Entschädigungsansprüche* wegen einer aufgrund der Auffassung des BVerwG als rechtswidrig anzusehenden Heranziehung zur Bardepotpflicht abgelehnt. Das nachzuhaltende Bardepot habe keine erdrosselnde Wirkung gehabt und damit keinen enteignungsgleichen Eingriff dargestellt, denn Art 14 GG schütze das Vermögen als solches nicht gegen die Auferlegung von Geldleistungspflichten; für eine Haftung wegen Amtspflichtverletzung (§ 839 BGB iVm Art 34 GG) habe es bis zur letztinstanzlichen Entscheidung des BVerwG am Verschulden gefehlt; schließlich gebe es auch keinen verschuldensunabhängigen Schadensersatzanspruch analog § 717 Abs 2 ZPO. Das BVerwG hat sodann auch Folgenbeseitigungsansprüche wegen der sich aus der Heranziehung zur Bardepotpflicht ergebenden Zinslasten abgelehnt, weil die Kreditaufnahme durch die eigene Entschließung des Betroffenen (mit-)verursacht sei (BVerwGE 69, 366 = NJW 1985, 817).

E 12 Folgende Fragen und Entscheidungen sind mit der Abschaffung der Bardepotpflicht *vorerst bedeutungslos* geworden. Sie bleiben aber für den Fall ihrer Wiedereinführung von Belang: Verfassungsmäßigkeit der Bardepotpflicht (VGH Mannheim NJW 1974, 2252); Rechtswidrigkeit und Verschulden bei amtspflichtwidriger Heranziehung zur Bardepotpflicht (BGH Betrieb 1979, 1454 = MDR 1979, 825 = NJW 1979, 2097 = VersR 1979, 574; WM 1982, 663; 1982, 788); aufschiebende Wirkung beim Verwaltungsrechtsstreit um die Bardepotpflicht (OVG Münster Betrieb 1972, 1386, 2350; VGH Mannheim NJW 1974, 2252; OVG Bremen RIW 1975, 50); materiellrechtlich wird die Nichtausübung eines Kündigungsrechts bei einem Alt-Darlehen nicht als Kreditgewährung angesehen (OVG Koblenz BB 1972, 1293); Einzahlungen auf übernommene Gesellschaftereinlagen sind keine Kredite (BVerwGE 54, 11 = BB 1977, 1011 m Anm KROHN = Betrieb 1977, 1250 = NJW 1977, 1700 = VerwRspr 29, 500; OVG Hamburg RIW 1976, 173; OLG Schleswig BB 1975, 13 [LS] = RIW 1975, 52); Umgehungen durch Umwandlung beschlossener Kapitalerhöhungen in Kredite werden dagegen von der Bardepotpflicht erfaßt (OVG Berlin Betrieb 1974, 1110); bleiben ausgeschüttete Gewinne bei der Gesellschaft stehen, so handelt es sich um Kredite (BayVGH VGHE 27, 83 = BayVBl 1975, 171; eingehend Loos Betrieb 1974, 1009); wird eine zur Auszahlung fällige Dividende an gebietsfremde Aktionäre nicht ausgeschüttet, weil damit eine Kapitalerhöhung durchgeführt werden soll, so ist dies vorerst eine Kreditaufnahme, deren Depotpflichtigkeit erst endet, wenn die Kapitalerhöhung aktienrechtlich wirksam durchgeführt ist (VGH Mannheim BB 1974, 197). Ein Strohmanngeschäft, das eine Umgehung der Bardepotpflicht verdecken soll, ist kein Scheingeschäft, sofern der zwischengeschaltete Strohmann selbst als Vertragspartner haften soll (BGH NJW 1982, 569 = WM 1981, 1132 = JuS 1982, 380 [KARSTEN SCHMIDT]).

III. Vom Interzonenverkehr zur deutschen Einheit*

1. Das Devisenrecht der Militärregierungen

E 13 Für den sog Interzonenverkehr galten bis 1990 die Vorschriften des **MRG Nr 53 =**

---

* **Schrifttum:** STAUDINGER/WEBER (11. Aufl 1967) Vorbem 87-102 zu § 244; BUDDE/FLÜH, Transferrubelgeschäfte und DM-Forderungen, ZIP 1992, 369; BUCHHOLZ, Währungs- und devisenrechtliche Probleme in interzonalen Unterhaltsstreitigkeiten, DRiZ 1952, 71; DROB-

NIG, Die Anwendung des Devisenrechts der Sowjetzone durch westdeutsche Gerichte, NJW 1960, 1088; EHLERMANN/KUPPER/LAMBRECHT/OLLIG, Handelspartner DDR (1975); ERDMANN, Das neue Devisengesetz der Sowjetzone, NJW 1956, 929; GENTZMANN, Devisen-

VO Nr 235 (Neufassung; dazu oben Rn E 2). Die Durchführung des MRG 53 im Bereich des Zahlungs- und Kapitalverkehrs wurde der Bank Deutscher Länder übertragen; deren Befugnisse gingen sodann auf die Deutsche Bundesbank über. Das Gesetz (die VO) wurde durch § 47 Abs 1 Nr 1 und 2 AWG nicht aufgehoben, sondern nur für unanwendbar auf den Außenwirtschaftsverkehr erklärt (eingehend LANGEN, AWG § 47 Rn 1 ff; HOCKE/BERWALD/MAURER Anm zu § 47). Nur für den Außenwirtschaftsverkehr wurde deshalb das Devisenbewirtschaftungsrecht der Besatzungsmächte durch das AWG abgelöst. Im Wirtschaftsverkehr mit der DDR galten die Bestimmungen weiter. Für den Berlinverkehr mit der DDR und Ostberlin galt weiterhin die weitgehend mit dem MRG Nr 53 übereinstimmende VO Nr 500 der Kommandanten des amerikanischen, britischen und französischen Sektors über Devisenbewirtschaftung und Kontrolle des Güterverkehrs v 15. 7. 1950 (VOBl für Groß-Berlin I 304; vgl STAUDIN-GER/KARSTEN SCHMIDT[12] E 14; BVerfGE 18, 353, 355 = NJW 1965, 741; BVerwG NJW 1979, 1840; VG Frankfurt WM 1982, 932, 935; EHLERMANN/KUPPER/LAMBRECHT/OLLIG 147 ff). Das MRG Nr 53 = VO Nr 235 und die VO Nr 500 stellten Devisengeschäfte unter Verbot mit Erlaubnisvorbehalt (Art I). Die **Verfassungsmäßigkeit** der Devisenbewirtschaftungsgesetze war str, wurde aber überwiegend bejaht (vgl STAUDINGER/WEBER[11] Vorbem 105 ff zu § 244; BVerfGE 12, 281, 289 ff = NJW 1961, 723; 18, 353, 361 ff = NJW 1965, 741, 742 f; BVerwG bei BARBEY JR 1979, 147 = NJW 1979, 1840; BVerwG v 6. 5. 1982 [3 C 55.8]; VG Frankfurt WM 1982, 932, 939 f; BGHSt 13, 190, 193 ff = NJW 1959, 1692 ff m Anm DITGES; Überblick bei HAHN § 24 Rn 3). Nur soweit die Sperrung von Guthaben zu Lasten von DDR-Bewohnern der Ausübung politischen Druckes auf die DDR-Behörden diente, erklärte das BVerfG das Interzonen-Devisenrecht und die vom Prinzip der Gegenseitigkeit beherrschte Genehmigungspraxis der DBB für unvereinbar mit Art 14 GG (BVerfGE 62, 169 = NJW 1983, 2309; dazu eingehend KRINGE NJW 1983, 2292 ff). Nach VG Frankfurt WM 1982, 932 unterlagen auch Refinanzierungsgeschäfte deutscher Kreditinstitute für Kredite ausländischer Banken an DDR-Institutionen der Genehmigungspflicht. Die **allgemeinen Genehmigungen des BMWi zur Interzonenhandels**VO stellten von diesen Beschränkungen frei (näher 12. Aufl Rn E 14). Sie hatten den Charakter von Allgemeinverfügungen iS von § 35 S 2 VwVfG. Soweit ein Vertrag durch Mitteilung der DBB für genehmigungsunfähig erklärt worden war, hat BGHZ 127, 368 = NJW 1995, 318 entschieden, daß der Vertrag nichtig – nicht bloß schwebend unwirksam – ist, wenn die oberste Genehmigungsbehörde förmlich bekanntmacht, daß Genehmigungen der betreffenden Art generell versagt werden, deswegen sicher feststeht, daß die Genehmigung nicht erteilt wird, und an der Rechtmäßigkeit der Versagung keine Zweifel bestehen (dazu KARSTEN SCHMIDT NJW 1995, 2255 ff).

---

rechtliche Fragen im Interzonenverkehr, ROW 1958, 110; HAHN, Währungsrecht (1990) § 24; HIRSCHBERG, Das interzonale Währungs- und Devisenrecht der Unterhaltsverbindlichkeiten (1968); JAHN, Handbuch des Interzonenzahlungsverkehrs (1956); JOERGES/KÜHNE, Außenwirtschaft und Interzonenverkehr (1954 ff); SIEBEN, Abkommen und Vorschriften zum Interzonenhandel (1961); SPILLER, Aufgaben, Rechtsstellung, Finanz- und Währungssystem des RGW, Vorträge, Reden und Berichte aus dem Europa-Institut der Universität des Saarlandes Nr 101 (1987); STEHLE, Bezahlung einer DM-Ost-Unterhaltsschuld in westdeutscher Währung, NJW 1959, 1714; WAPENHENSCH, Das neue Außenwirtschaftsrecht, Stichwort: Interzonenhandel (Stand Oktober 1996); ZIEGLER, Das neue Devisengesetz der DDR, RIW 1975, 1.

2. Zahlungsverkehr im Interzonenhandel und Transferzahlungen aufgrund der Vereinbarung von 1974

E 14 a) Der *Zahlungsverkehr im Interzonenhandel* war geregelt in § 10 der **Interzonen-handelsVO** (VO über den Warenverkehr mit den Währungsgebieten der Deutschen Mark und der Deutschen Notenbank [DM-Ost] v 18. 7. 1951, BGBl I 463, geändert durch VO v 22. 5. 1968, BAnz Nr 97). Regelungen fanden sich auch in *Art IV-X des Berliner Abkommens* (Abkommen v 20. 9. 1951 über den Handel zwischen den Währungsgebieten der Deutschen Mark [DM-West] und den Währungsgebieten der Deutschen Mark der Deutschen Notenbank [DM-Ost]). Das Abkommen galt in der Fassung der Vereinbarung v 16. 8. 1960 (BAnz Nr 32 v 15. 2. 1961). Hinzu kamen DVOen zur InterzonenhandelsVO sowie Vereinbarungen und Protokolle zum Berliner Abkommen (Dokumentation: WAPENHENSCH, Das neue Außenwirtschaftsrecht, Stichwort: Interzonenhandel; ferner: Mitt der DBB Nr 6005/75 v 4. 12. 1975, BAnz Nr 224; Nr 6002/79 v 5. 2. 1979, BAnz Nr 28 = WAPENHENSCH I 710).

E 15 b) **Transferzahlungen** (Überweisungen) aus Guthaben im anderen Staat waren möglich unter den Voraussetzungen der Vereinbarungen v 25. 4. 1974 zwischen dem BM der Finanzen und dem Minister der Finanzen der DDR über den Transfer von Unterhaltszahlungen und über den Transfer aus Guthaben in bestimmten Fällen v 25. 4. 1974 (BGBl II 621 = BAnz Nr 90; dazu die Mitt Nr 6003/79 der DBB v 9. 2. 1979 [BAnz Nr 30] und das Merkblatt des BMF v Mai 1974, Neufassung Februar 1979 [DA Vorm 1979, 487]). Der Transfer erfolgt im Verrechnungswege über die DBB und die Staatsbank der DDR. Als **Unterhaltsvereinbarungen** waren umfaßt gesetzliche familienrechtliche Unterhaltsverpflichtungen und gesetzliche Schadensersatzansprüche. Lag eine gerichtliche Entscheidung oder ein gerichtlicher Vergleich vor, so war der Transfer in Höhe des ausgewiesenen Betrages zulässig (OLG Frankfurt FamRZ 1978, 934, 935). Zugelassen waren auch **Schadensersatzzahlungen**, die aufgrund gesetzlicher Haftpflichtbestimmungen an Verletzte bzw deren Hinterbliebene zu zahlen waren, zB *Kfz-Haftpflichtversicherungsfälle*. Diese wurden nach der HUK-Vereinbarung v 10. 5. 1973 (BAnz Nr 124) abgewickelt (vgl dazu OLG Stuttgart VersR 1981, 763; OLG Frankfurt VersR 1982, 706). Die **Sperrguthabenvereinbarung** ging davon aus, daß sich die wechselseitigen Überweisungen ausgleichen müssen (vgl 12. Aufl Rn E 16).

3. Das Devisenrecht der DDR

E 16 Nach dem **DevisenG der DDR v 19. 12. 1973** (GBl I 574) waren im wesentlichen nur Personen mit Wohnsitz oder ständigem Aufenthalt in der DDR Deviseninländer (§ 2 Nr 1), Personen mit Wohnsitz oder ständigem Aufenthalt in anderen Staaten dagegen Devisenausländer (§ 3). Als Devisenwerte verstand das Gesetz Geldzeichen, Schecks, Wechsel, Akkreditive etc, die nicht auf Mark der DDR lauten, außerdem zB auch auf Mark der DDR lautende Geldzeichen, Schecks, Akkreditive, sobald sie zwischen Deviseninländern und Devisenausländern in Umlauf gegeben wurden oder zur Aus- oder Einfuhr über die Zoll- und Staatsgrenzen der DDR vorgesehen waren. Die Währungs- und Devisenbeziehungen der DDR unterlagen zentraler Leitung, Planung und Kontrolle (§§ 7 ff). Der Umlauf von Devisenwerten war genehmigungspflichtig (§ 11), die Aus- und Einfuhr von Mark der DDR verboten (§ 12). Zahlungen in das Devisenausland bzw aus dem Devisenausland durften nur über die Staatsbank der DDR geleistet bzw empfangen werden (§ 13). Der Präsident der

Staatsbank legte die Umrechnungssätze für den Devisen- und Zahlungsverkehr fest (§ 15). Devisenausländer durften nur über solche Konten in der DDR verfügen, die als Devisenauslandskonten geführt wurden (OLG Celle FamRZ 1981, 200, 202). Durch das DevisenG wurde die VO zur Regelung des Geldverkehrs zwischen der DDR und Westdeutschland v 20. 9. 1961 (GBl II 461) außer Kraft gesetzt. Eingehende Darstellung bei ZIEGLER, RIW 1975, 1. Zur Geschichte des Devisenrechts der DDR vgl noch STAUDINGER/WEBER[11] Vorbem 87 ff zu § 244. Die Devisenbestimmungen der DDR standen nach westdeutscher Praxis nicht in Widerspruch zum ordre public (OLG Celle FamRZ 1981, 200). Die DDR war Mitglied des Rats für Gegenseitige Wirtschaftshilfe (**RGW**), einer supranationalen Institution zur Vereinigung und Koordinierung der Bemühungen der Mitgliedsländer zur weiteren Vertiefung und Vervollkommnung der Zusammenarbeit und Entwicklung der sozialistischen ökonomischen Integration (dazu SPILLER passim). Der RGW und die Internationale Bank für Wirtschaftliche Zusammenarbeit (**IWZ**) waren **Träger des Transferrubelsystems**, einer im Außenwirtschaftsverkehr der sozialistischen Länder eingebürgerten Buchgeldform (dazu Rn F 43 sowie SPILLER 17 ff). Dieses Zahlungssystem kompensierte zugleich die Nicht-Konvertibilität der Währungen (HAUSSNER DEZ 1993, 80). Das RGW-Abkommen wurde von der DDR zum 31. 1. 1991 gekündigt (BUDDE/FLÜH ZIP 1992, 372). Zur Weiterführung des Transferrubelverkehrs und zu Formen ihres Mißbrauchs vgl Rn F 43.

4. Die Beseitigung des innerdeutschen Devisenrechts

Bereits durch Bekanntmachung des Bundesministers für Wirtschaft vom 14. 2. 1990 **E 17** (BAnz Nr 33 v 16. 2. 1990) und durch Neufassung der Allgemeinen Genehmigungen der DBB vom 7. 3. 1990 (Mitteilung Nr 6001/90) wurden die innerdeutschen Beschränkungen beseitigt. Seit dem Vertrag über die Wirtschafts- und Währungsunion (Rn A 62) gilt die DM als das alleinige gesetzliche Zahlungsmittel (näher HAHN § 24 Rn 27 ff). Verträge aus der DDR-Zeit, die genehmigungsunfähig und deshalb nichtig waren, wurden durch diese Vorgänge nicht wirksam (BGHZ 127, 368 = NJW 1995, 318).

IV. Privatrechtliche Auswirkungen des Devisenrechts

Die **privatrechtlichen Folgen von Devisenvorschriften** werden regelmäßig nur in der **E 18** Nichtigkeit oder Unwirksamkeit von Rechtsgeschäften erblickt, die mit devisenrechtlichen Vorschriften unvereinbar sind. Es kommen aber vielfältige Rechtsfolgen in Betracht.

1. Devisenrechtswidrige Rechtsgeschäfte

Rechtsgeschäfte, insbes *Verpflichtungsgeschäfte, die gegen zwingende inländische* **E 19** *Devisenvorschriften verstoßen*, können nichtig oder schwebend unwirksam sein (vgl auch BGHZ 127, 368 = NJW 1995, 318). Das ergibt sich teils aus Sondervorschriften (zB § 31 AWG; Art VII MRG Nr 53 = VO Nr 235), gilt aber, entgegen dem Wortlaut von § 31 AWG allgemein: *Zwingende Devisenvorschriften, die nicht bloß Ordnungsvorschriften sind* (vgl BGH MDR 1961, 138, 139; 1969, 659, 660), *stellen Verbotsgesetze iS von § 134 dar* (BGHZ 127, 368 = NJW 1995, 318). Der Verstoß gegen ein Verbotsgesetz führt nach § 134 grundsätzlich zur Nichtigkeit des Rechtsgeschäfts, kann aber, wenn das Verbotsgesetz ein Verbot mit Erlaubnisvorbehalt darstellt, auch *zur schweben-*

den Unwirksamkeit führen (Soergel/Hefermehl[12] § 134 Rn 42 ff; Staudinger/Sack [1996] § 134 Rn 168 ff; RGZ 103, 104, 106; 106, 142, 145; 106, 320, 323; 108, 91, 94; BGHZ 37, 233, 235 = NJW 1962, 1715, 1716; 101, 296, 303 = NJW 1987, 3181, 3183 = RIW 1987, 870; 127, 368 = NJW 1995, 318; BGH NJW 1953, 1587; BB 1955, 876 = WM 1955, 1385, 1386; NJW 1968, 1928; Otto Lange AcP 152 [1952/53] 253 ff; Karsten Schmidt NJW 1995, 2225 ff). Ein aus diesem Grunde schwebend unwirksamer Vertrag löst zwar keine Erfüllungsansprüche aus, *bindet aber die Parteien* (vgl RGZ 106, 320, 323; 108, 91, 94; 114, 155, 159; 168, 261, 267). Er verpflichtet sie, zur Erteilung der erforderlichen Genehmigung beizutragen (vgl RGZ 115, 35, 38; 129, 357, 376; BGHZ 67, 34, 35; BGH BB 1956, 869; NJW 1960, 523; BB 1960, 919; NJW 1967, 830 f; 1973, 1498, 1499; Staudinger/Sack [1996] § 134 Rn 169). IdR gilt dies auch dann, wenn das Genehmigungserfordernis bei Vertragsschluß unbekannt war (aM Kieckebusch VerwArch 57 [1966] 37). Die **Sonderregelung des § 31 AWG** hat folgenden Wortlaut: „Ein Rechtsgeschäft, das ohne die erforderliche Genehmigung vorgenommen wird, ist unwirksam. Es wird durch nachträgliche Genehmigung vom Zeitpunkt seiner Vornahme an wirksam. Durch die Rückwirkung werden Rechte Dritter, die vor der Genehmigung an dem Gegenstand des Rechtsgeschäfts begründet worden sind, nicht berührt." **Im einzelnen gelten folgende Grundsätze:**

E 20 **a)**   Schuldrechtliche Verträge, die iS von § 2 Abs 1 Nr 2 AWG **verboten** sind, sind **nichtig** nach § 134 (Hocke/Berwald/Maurer Anm zu § 31; Sieg/Fahning/Kölling § 31 Anm II a, III 4).

E 21 **b)**   **Schuldrechtliche** Verträge, die **genehmigungsbedürftig, aber** nicht genehmigt und eindeutig **genehmigungsunfähig** sind, sind gleichfalls **nichtig** (BGHZ 127, 368 = NJW 1995, 318; dazu Karsten Schmidt NJW 1995, 2255 ff; **aM** Staudinger/Sack [1996] § 134 Rn 168). Das kann jedoch nur für zweifelsfreie Fälle gelten, denn über die Genehmigungsfähigkeit hat grundsätzlich nur die Behörde zu befinden. Ob ein Vertrag der Genehmigung *bedarf* oder genehmigungsfrei ist, kann grundsätzlich in jedem Verfahren, also auch vom Zivilrichter, geprüft werden. Über die Genehmigungs*fähigkeit* hat dagegen, solange Zweifel möglich sind, die Genehmigungsbehörde zu entscheiden, nicht der Zivilrichter. Im Fall rechtskräftiger Ablehnung der Genehmigung, sie mag zu Recht oder zu Unrecht erfolgt sein, ist der Vertrag nicht mehr genehmigungsfähig. Das entspricht allgemeinen, nicht auf das Devisenrecht beschränkten Grundsätzen (Soergel/Hefermehl[12] § 134 Rn 45; Staudinger/Sack [1996] § 134 Rn 173). Ein mangels Genehmigung schwebend unwirksamer Vertrag wird aber nicht nur im Fall bestandskräftiger Genehmigungsverweigerung nichtig, sondern auch schon dann, wenn die oberste Genehmigungsbehörde förmlich bekanntmacht, daß Genehmigungen der betreffenden Art nicht erteilt werden, deswegen feststeht, daß die Genehmigung nicht erteilt wird, und an der Rechtmäßigkeit der Versagung keine Zweifel bestehen (BGHZ 127, 368 = NJW 1995, 318; dazu Staudinger/Sack [1996] § 134 Rn 173; Karsten Schmidt NJW 1995, 2255). Auch wenn die Genehmigungsbedürftigkeit vor Eintritt der Nichtigkeit entfällt, wird der schwebend unwirksame Vertrag wirksam (Staudinger/Sack [1996] § 134 Rn 173). Zur Frage der nachträglichen Genehmigung nach rechtskräftiger Versagung vgl BGH NJW 1956, 1918; 1968, 1928; WM 1964, 1195; Janicki NJW 1963, 838; Staudinger/Sack (1996) § 134 Rn 173.

E 22 **c)**   **Nichtig** sind auch schuldrechtliche **Verträge, die** *in Kenntnis oder Inkaufnahme der Genehmigungsbedürftigkeit abgeschlossen werden, aber* **nach dem Willen der Parteien nicht genehmigt werden sollen** (allgM; vgl auch BGHZ 101, 296, 303 = NJW 1987, 3181, 3183 =

RIW 1987, 870; BGH NJW 1968, 1928; MANSSEN, Privatrechtsgestaltung durch Hoheitsakt [1994] 287 f; vgl auch die Nachweise bei Rn D 327). Dasselbe gilt, wenn die Parteien einverständlich von einer Genehmigung Abstand nehmen, deren Erforderlichkeit sich nachträglich herausgestellt hat. Dagegen gibt es keinen allgemeinen Grundsatz, wonach jedes in Kenntnis der Genehmigungsbedürftigkeit ohne Genehmigung geschlossene Geschäft ausnahmslos unheilbar nichtig ist (SIEG/FAHNING/KÖLLING § 31 Anm III 5; vgl aber HOCKE/BERWALD/MAURER Anm zu § 31; vgl zum früheren Devisenrecht bereits THIELE JW 1935, 3130).

d) Schuldrechtliche Verträge, die **genehmigungsbedürftig und genehmigungsfähig** E 23 sind, sind **schwebend unwirksam** (Begr mitget bei LANGEN, AWG § 31 Rn 1; KÄGI 142 f; SIEG/ FAHNING/KÖLLING § 31 Anm III 3; STAUDINGER/SACK [1996] § 134 Rn 169). Sie *binden die Parteien* in dem bei Rn E 19 geschilderten Sinn: Die Parteien haben das ihnen Zumutbare beizutragen, um die Genehmigung herbeizuführen (vgl speziell zu § 31 AWG SIEG/FAHNING/KÖLLING § 31 Anm III 3). Die schwebende Unwirksamkeit endet mit **Erteilung der Genehmigung.** Die nachträgliche Genehmigung wird idR nur erteilt werden, wenn das Geschäft auch bei rechtzeitiger Antragstellung genehmigt worden wäre (Mitt der BdL Nr 6018/55 v 4. 4. 1955 [BAnz Nr 69]; HOCKE/BERWALD/MAURER Anm zu § 31). Ihre Rückwirkung (SIEG/FAHNING/KÖLLING § 31 Rn 6 c) ergibt sich aus § 31 S 2 und 3 AWG. Die Praxis hat rückwirkende Genehmigungen auch bei solchen Geschäften erteilt, die zwischenzeitlich genehmigungsfrei geworden waren (die Frage wurde praktisch bei der Aufhebung der Iran-Sanktionen; vgl Rn E 8 aE). Eine prozeßrechtliche Besonderheit gilt für die **Klage, Verurteilung und Vollstreckung aus schwebend unwirksamen Verträgen** im Geltungsbereich des AWG. § 32 AWG bestimmt folgendes:

„(1) Ist zur Leistung des Schuldners eine Genehmigung erforderlich, so kann das Urteil vor Erteilung der Genehmigung ergehen, wenn in die Urteilsformel ein Vorbehalt aufgenommen wird, daß die Leistung oder Zwangsvollstreckung erst erfolgen darf, wenn die Genehmigung erteilt ist. Entsprechendes gilt für andere Vollstreckungstitel, wenn die Vollstreckung nur auf Grund einer vollstreckbaren Ausfertigung des Titels durchgeführt werden kann. Arreste und einstweilige Verfügungen, die lediglich der Sicherung des zugrunde liegenden Anspruchs dienen, können ohne Vorbehalt ergehen.

(2) Ist zur Leistung des Schuldners eine Genehmigung erforderlich, so ist die Zwangsvollstreckung nur zulässig, wenn und soweit die Genehmigung erteilt ist. Soweit Vermögenswerte nur mit Genehmigung erworben oder veräußert werden dürfen, gilt dies auch für den Erwerb und die Veräußerung im Wege der Zwangsvollstreckung."

Nach dieser Bestimmung kann allerdings das Gericht nur verfahren, wenn feststeht, daß der Vertrag schwebend unwirksam, also nicht etwa voll wirksam ist (BGHZ 101, 296, 304 = NJW 1997, 3181, 3183 = RIW 1987, 870).

e) Eine **im voraus erteilte devisenrechtliche Genehmigung** behebt das Verbot mit E 24 Erlaubnisvorbehalt. Das Rechtsgeschäft ist von vornherein *voll wirksam*, sofern ihm nicht sonstige Mängel anhaften.

f) **Folgeverträge**, dh Verträge, die nicht gegen Devisenvorschriften verstoßen, E 25 sondern nur auf dem unwirksamen oder nichtigen Geschäft aufbauen, sind nicht ohne weiteres von der Nichtigkeit oder Unwirksamkeit erfaßt (eingehend LANGEN, AWG § 31 Rn 11 ff; s auch STAUDINGER/SACK [1996] § 134 Rn 179). Einzelfälle sind mit den §§ 134, 138 oder mit § 242 (Geschäftsgrundlage) zu lösen. Bedarf eine Geschäftsübernahme der devisenrechtlichen Genehmigung, so berührt das Fehlen dieser Genehmigung nicht die Haftung des Übernehmers nach § 25 HGB (BGHZ 18, 248 = JZ 1956, 58 m Anm LANGEN = LM Nr 4 § 25 HGB m Anm DELBRÜCK; str; zur Problematik vgl KARSTEN SCHMIDT, Handelsrecht [4. Aufl 1994] § 8 II 1 b).

E 26 g)   Über die **Nichtigkeit von Umgehungsgeschäften** vgl LANGEN, AWG § 31 Rn 14.

2.   Deutsches und ausländisches Devisenrecht

E 27 Die **kollisionsrechtliche Frage** der Anwendung deutschen und ausländischen, dh währungs-ausländischen Devisenrechts wirft zwei Hauptfragen auf (dazu auch EBKE 134 ff; HAHN § 26 Rn 20 ff):

E 28 a)   **Inländisches Devisenrecht** beschränkt sich nicht notwendig auf Rechtsgeschäfte und Verbindlichkeiten, die deutschem Recht unterliegen und in Inlandswährung zu erfüllen sind. Eine solche Beschränkung widerspräche dem Sinn und Zweck des Devisenrechts, das notwendig *Rechtsgeschäfte mit Auslandsberührung* erfaßt. Namentlich das privatautonomer Bestimmung zugängliche Schuldstatut kann nicht darüber bestimmen, ob deutsches Devisenrecht als öffentliches Recht anwendbar ist. Das Devisenrecht unterliegt einer Sonderanknüpfung (RGZ 156, 158, 160; EBKE 135). Schon für die DevisenVO 1917 entschied das RG, daß weder ein ausländischer Zahlungsort noch die Anwendbarkeit ausländischen Schuldrechts die Anwendbarkeit deutschen Devisenrechts auf Geschäfte von Währungsinländern hindert (RG IPRspr 1926/27, 18; JW 1924, 1516; eingehend ERNST 82 ff). *Der inländische Richter hat inländisches Devisenrecht anzuwenden, vorausgesetzt selbstverständlich, daß dieses den konkreten Sachverhalt erfassen will.* Dies ist der richtige Kern der mißverständlichen Lehre vom „Vorrang des AWG vor dem Internationalen Privatrecht" (vgl dazu SIEG/ FAHNING/KÖLLING § 31 Anm II c). Die Anwendung deutschen Devisenrechts durch ausländische Gerichte ist damit freilich nicht gesichert (SIEG/FAHNING/KÖLLING § 31 Anm II c).

E 29 b)   Die Nichtigkeit oder Unwirksamkeit von Rechtsgeschäften wegen der **Verletzung ausländischer Devisenvorschriften** nach § 134 hängt von der Frage ab, inwieweit die deutschen Gerichte aufgerufen sind, diese Vorschriften zu sanktionieren. Darüber bestimmt nach hM grundsätzlich nicht das internationale Schuldrecht (zur älteren Gegenauffassung vgl EBKE 145), sondern das internationale Verwaltungsrecht und damit das Territorialitätsprinzip (RG JW 1926, 2002; BGHZ 31, 367, 372; 55, 334, 339; OLG Karlsruhe WM 1966, 1312; SOERGEL/HEFERMEHL[12] § 134 Rn 9; THODE, in: REITHMANN/MARTINY Rn 516; aM RGZ 108, 241, 243 f; 126, 196, 205; STAUDINGER/SACK [1996] § 134 Rn 48; KÄGI 58 ff; 90 ff; MALLMANN 23 ff, 43). Nach BGHZ 31, 367, 373 hinderte deshalb die Verletzung von Devisenvorschriften der DDR nicht die Durchsetzbarkeit der Forderung, soweit nicht auch Devisenvorschriften aus dem Bereich der DM verletzt waren. Soweit Devisenrecht des Währungsauslands nicht sanktioniert wird, kann dies auch nicht unter dem Aspekt der Gesetzesumgehung geschehen (str; vgl rechtsvergleichend KÄGI 182 f), denn Umgehungsprobleme sind Normanwendungsprobleme (TEICHMANN, Die

Gesetzesumgehung [1962] 15 ff), hier also Normdurchsetzungsprobleme. Wo aber der Norm die Durchsetzung versagt wird, muß auch ein Umgehungsschutz der Norm ausscheiden.

c)   Anders verhält es sich mit den **Devisenvorschriften von Mitgliedsländern des** **E 30** **Abkommens über den Internationalen Währungsfonds (IWF)** von 1944 (dazu Rn F 20). Durch G v 28. 7. 1952 (BGBl II 637) hat der Dt BT dem Beitritt der Bundesrepublik zum *Abkommen von Bretton Woods* über den Internationalen Währungsfonds zugestimmt (Wortlaut des Abkommens: BGBl 1952 II 638 [vgl dazu Rn F 24]). Gegenwärtig gilt aufgrund des IWF-Gesetzes von 1978 das **IWF-Übereinkommen idF von 1976 mit der** **Dritten Änderung vom 28. Juni 1990.** *Art VIII 2 (b)* dieses Übereinkommens lautet:

„Exchange contracts which involve the currency of any member and which are contrary to the exchange control regulations of that member maintained or imposed consistently with this agreement shall be unenforceable in the territories of any member. In addition, members may, by mutual accord, co-operate in measures for the purpose of making the exchange control regulations of either member more effective, provided that such measures and regulations are consistent with this agreement.“

„Aus Devisenkontrakten, welche die Währung eines Mitglieds berühren und den von diesem Mitglied in Übereinstimmung mit diesem Übereinkommen aufrechterhaltenen oder eingeführten Devisenkontrollbestimmungen zuwiderlaufen, kann in den Hoheitsgebieten der Mitglieder nicht geklagt werden. Außerdem können Mitglieder in gegenseitigem Einverständnis bei der Durchführung von Maßnahmen zusammenarbeiten, um die Devisenkontrollbestimmungen der beteiligten Mitglieder wirksamer zu gestalten, vorausgesetzt, daß diese Maßnahmen und Bestimmungen mit diesem Übereinkommen vereinbar sind.“

Die **Auslegung von Art VIII 2 (b) des Übereinkommens** hat zu erheblichen Streitfragen **E 31** und Meinungsunterschieden geführt. Das gilt für die Tatbestandsvoraussetzungen ebenso wie für die Rechtsfolge der „Unklagbarkeit“. In Anbetracht der in den letzten zehn Jahren erheblich angewachsenen Diskussion und eines Umschwungs der Rechtsprechung wird Art VIII 2 (b) nunmehr ausführlich in Rn E 36 ff dargestellt. Hier ist nur noch festzuhalten, daß Art VIII 2 (b) die nationalen Rechtsordnungen und Gerichte zur Beachtung abkommenskonformer ausländischer Devisenbestimmungen anhält (Rn E 55 f), dies aber nur in dem Sinne, daß Forderungen „unklagbar“ werden (Rn E 60 ff).

3.   Anfechtung von Rechtsgeschäften

Die Anfechtung wegen Irrtums über devisenrechtliche Bestimmungen (Kägi 149 ff) **E 32** kommt kaum in Betracht. Es bedarf ihrer auch nicht, wenn Devisenbestimmungen bereits der Wirksamkeit des Geschäfts entgegenstehen. Irrt eine Partei nur über die Erfüllbarkeit des Geschäfts – etwa über die Verwertbarkeit eines Sperrkontos –, so ist dies lediglich ein Motivirrtum (im Fall der Täuschung ein Anfechtungsgrund nach § 123; vgl Ebke 309). Ein etwa vorhandener gemeinsamer Motivirrtum beider Parteien kann im Einzelfall die Rechtsfolgen eines Fehlens oder Fortfalls der Geschäftsgrundlage haben (Staudinger/Dilcher[12] § 119 Rn 70, 93).

4.   Nichterfüllung aufgrund devisenrechtlicher Verbote

E 33 Die Nichterfüllung von Geldschulden aufgrund devisenrechtlicher Verbote legt die Frage nahe, ob sich die geschuldete Währung aufgrund des Verbots ändert, insbes ob aus einer Fremdwährungsschuld automatisch eine Heimwährungsschuld wird (vgl dazu § 244 Rn 61 ff). Die Möglichkeit oder Unmöglichkeit einer Leistung aufgrund einer deutschen oder ausländischen Devisenbeschränkung oder die Änderung der Geschäftsgrundlage kann zur Berücksichtigung ausländischer Devisenbestimmungen auch da zwingen, wo eine inländische Sanktion dieser Bestimmungen nach Rn E 29 nicht stattfindet (vgl BGH BB 1965, 399 = Betrieb 1965, 512; HAHN § 26 Rn 24; MALLMANN 120; im Ergebnis auch ZWEIGERT RabelsZ 14 [1942] 298 ff; DROBNIG NJW 1960, 1093; aM KÄGI 172 ff). Es liegt darin kein Widerspruch zu Rn E 28, denn die Feststellung der Unmöglichkeit oder des Fortfalls der Geschäftsgrundlage ist kein kollisionsrechtliches Problem (treffend RGZ 93, 182, 184). Der BGH hat in BB 1965, 399 = Betrieb 1965, 512 für das frühere DDR-Recht ausgesprochen: „Ist der in der Sowjetzone ansässige Schuldner eines in der Bundesrepublik ansässigen Gläubigers durch öffentlich-rechtliche Vorschriften der Sowjetzone gehindert, die geschuldete Geldleistung an den Gläubiger zu erbringen oder zu transferieren, so kann der Gläubiger unter Umständen die im Fall der nicht zu vertretenden Unmöglichkeit der Leistung bestimmten Rechtsfolgen auch dann geltend machen, wenn ihm andererseits in der Bundesrepublik der Weg einer Einklagung und Zwangsbeitreibung des Forderungsbetrages nicht aus Rechtsgründen verschlossen gewesen wäre." Die Nichtanwendung ausländischen Devisenrechts aufgrund internationalen öffentlichen Rechts und seine Nicht-Anerkennung im Rahmen des international-privatrechtlichen ordre public hindert indessen, wie der BGH ausdrücklich anmerkt, nicht daran, die gebotenen zivilrechtliche Konsequenzen zu ziehen. Zinsen, die der Schuldner einer Geldforderung in der Zeit vorübergehender Leistungsunmöglichkeit infolge Transferschwierigkeiten tatsächlich gezogen hat, muß er in entsprechender Anwendung des Grundgedankens des § 302 an den Gläubiger herausgeben. Eine Verpflichtung des Schuldners, die geschuldete Hauptsumme während der Leistungsunmöglichkeit im Interesse des Gläubigers zinsbringend anzulegen, besteht jedoch nicht ohne weiteres. Sie kann sich aber nach Treu und Glauben aus dem zwischen dem Gläubiger und dem Schuldner bestehenden konkreten Rechtsverhältnis ergeben (BGHZ 26, 7 = NJW 1958, 137). Die Berufung auf ein die Unmöglichkeit begründendes ausländisches Devisengesetz kann gegen § 242 verstoßen und unzulässig sein, wenn dem Schuldner die Erfüllung an einem anderen Ort (RG JW 1924, 1357, 1358 m Anm HAASE) oder in einer anderen Währung zuzumuten ist (vgl § 244 Rn 63).

5.   Culpa in contrahendo und Vertragsverletzung

E 34 Culpa in contrahendo oder Verletzung einer laufenden Geschäftsverbindung kann nach Lage des Einzelfalls darin liegen, daß der sachkundige Vertragspartner den anderen auf devisenrechtliche Vorschriften nicht hinweist (BGH LM § 307 BGB Nr 1; KÄGI 164 f; MünchKommBGB/EMMERICH[3] Vorbem 87 zu § 275; vgl OLG Stuttgart NJW 1953, 670). So muß die Bank im Rahmen eines Kontokorrentverhältnisses auch devisenrechtliche Vorschriften beachten (BGHZ 23, 226 = NJW 1957, 586).

6. Devisenrechtsverstoß als unerlaubte Handlung?

Schadensersatz wegen unerlaubter Handlung kann nicht auf § 823 Abs 2 iVm einer **E 35** verletzten Devisenbestimmung gestützt werden. Ein Schutzgesetzverstoß, der einem betroffenen einzelnen einen Anspruch auf Unterlassung oder Schadensersatz gäbe, liegt nicht vor (BGH BB 1956, 252; vgl allgemein zur Schutzzweckermittlung bei § 823 Abs 2: SCHMIEDEL, Deliktsobligationen nach dt Kartellrecht I [1974] 138 ff; DÖRNER JuS 1987, 524). Zu § 330 DDR-ZGB hat allerdings der BGH zugunsten einer geschädigten Bank entschieden: „Wer ohne staatliche Zulassung am sog. Transferrubel-Abrechnungsverfahren teilnahm, handelte rechtswidrig iS von § 330 DDR-ZGB." (BGHZ 131, 149 = LM § 330 DDR-ZGR Nr 6 = DtZ 1996, 315 = WM 1996, 12 = ZIP 1996, 53). Möglicherweise wird diese Entscheidung auch die Diskussion, ob Devisenvorschriften Kreditinstitute iS von § 323 Abs 2 schützen können, beleben.

V. „Unklagbarkeit" von Devisenkontrakten nach Art VIII Abschn 2 (b) Satz 1 des IWF-Übereinkommens*

1. Grundlagen

a)	Grundsätzlich richtet sich die **Maßgeblichkeit ausländischen Devisenrechts** nach **E 36**

---

* **Schrifttum:** ANDEREGG, Ausländische Eingriffsnormen im internationalen Privatrecht (1989); BÜLCK, Anerkennung ausländischen Devisenrechts, JbIntR 5 (1955) 115; CARREAU, Souveraineté et coopération monetaire internationale (Paris 1970); COING, Zur Auslegung des Art VIII 2 (b) des Abkommens von Bretton Woods, WM 1972, 838; 1981, 810; CRAWFORD LICHTENSTEIN, The new Financial World of Cross Border Capital Movements: The International Monetary Fund Agreement in the light of the 1994 Mexican Peso Crisis, in: FS Hahn (1997) 191; EBENROTH, Banking on the Act of State (1985); EBENROTH/NEISS, Internationale Kreditverträge unter Anwendung von Art VIII 2 (b), RIW 1991, 617; EBENROTH/MÜLLER, Der Einfluß ausländischen Devisenrechts auf zivilrechtliche Leistungspflichten unter besonderer Berücksichtigung des IWF-Abkommens, RIW 1994, 269; EBENROTH/WOGGON, Einlageforderungen gegen ausländische Gesellschafter und Art VIII 2 (b) IWF-Abkommen, IPRrax 1993, 151; EBKE, Internationales Devisenrecht (1991); ders, Art VIII Sec 2 (b), International Monetary Cooperation, and the Courts, in: FS Sir Joseph Gold (1990) 63; ders, Internationale Kreditverträge und das internationale Devisenrecht, JZ 1991, 335 und 784; ders, Die Recht-

sprechung zur „Unklagbarkeit" gemäß Art VIII 2 (b) Satz 1 IWF-Übereinkommen im Zeichen des Wandels, WM 1993, 1169; ders, Devisenrecht als Kapitalaufbringungssperre, RIW 1993, 613; ders, Kapitalverkehrskontrollen und das Internationale Privatrecht, WM 1994, 1359; EHLERS-MUNZ, Die Beachtung ausländischen Devisenrechts (Diss Hamburg 1991); EHRICKE, Die Funktion des Art VIII 2 (b) des IWF-Vertrages in der internationalen Schuldenkrise, RIW 1991, 365; ERNE, Vertragsgültigkeit und drittstaatliche Eingriffsnormen (Zürich 1985); FÖRGER, Probleme des Art VIII 2 (b) des Abkommens über den internationalen Währungsfonds im Realkreditgeschäft, NJW 1971, 309; GEHRLEIN, Ausschluß der Klagbarkeit einer Forderung kraft IWF-Übereinkommen, Betrieb 1995, 129; GEIMER, Internationales Zivilprozeßrecht (2. Aufl 1993); GOLD, The Fund Agreement in the Courts I (Washington 1962), II (Washington 1982), III (Washington 1989); ders, Das Währungsabkommen von Bretton Woods in der Rechtsprechung, RabelsZ 1954, 601; GRÄNICHER, Die kollisionsrechtliche Anknüpfung ausländischer Devisenmaßnahmen (1984); HAHN, Währungsrecht (1990) § 26; HERDEGEN, Internationales Wirtschaftsrecht (2. Aufl 1995); International Monetary Fund,

dem Territorialitätsprinzip (Rn E 29). Darüber hinaus kann sich aus deutschem Recht selbst, nämlich aus **Art VIII 2 (b) des Übereinkommens über den Internationalen Währungsfonds (IWF-Übereinkommen)** die „Unklagbarkeit" von Devisenkontrakten ergeben. Die Bestimmung lautet im allein verbindlichen Originaltext (vgl dazu nur BGHZ 116, 77, 83 = LM EGÜbk Nr 33 = EuZW 1992, 123, 125; BGH LM IWFA Nr 9 m Anm GEIMER = NJW 1994, 1868 = RIW 1994, 327, 328 = WM 1994, 581 = ZIP 1994, 524, 525):

Avoidance of restrictions on current payments

(a) Subject to the provisions of Article VII, Section 3 (b) and Article XIV, Section 2, no member shall, without the approval of the Fund, impose restrictions on the making of payments and transfers for current international transactions.

(b) Exchange contracts which involve the currency of any member and which are contrary to the exchange control regulations of that member maintained or imposed consistently with this Agreement shall be unenforceable in the territories of any member. In addition, members may, by mutual accord, co-operate in measures for the purpose of making the exchange control regulations of either member more effective, provided that such measures and regulations are consistent with this Agreement.

In der amtlichen, aber unverbindlichen Übersetzung lautet die Bestimmung:

Vermeidung von Beschränkungen laufender Zahlungen

a) Vorbehaltlich des Artikels VII Abschnitt 3 Buchstabe b und des Artikels XIV Abschnitt 2 darf ein Mitglied nicht ohne Zustimmung des Fonds Zahlungen und Übertragungen für laufende internationale Geschäfte Beschränkungen unterwerfen.

b) Aus Devisenkontrakten, welche die Währung eines Mitglieds berühren und den von diesem Mitglied in Übereinstimmung mit diesem Übereinkommen aufrechterhaltenen oder eingeführten

Annual Reports; KERN, Der Internationale Währungsfonds und die Berücksichtigung ausländischen Devisenrechts (1968); KLEINER, Internationales Devisenschuldrecht (Zürich 1985); F A MANN, The Legal Aspect of Money (5. Aufl 1992) 364 ff; ders, Der Internationale Währungsfonds und das Internationale Privatrecht, JZ 1953, 442; 1970, 709; 1981, 327; ders, Kreditverträge und das internationale Devisenrecht, JZ 1991, 614; vPREUSCHEN, Anwendung fremder Devisenkontrollbestimmungen im Geltungsbereich des Abkommens von Bretton Woods?, AWD 1969, 56; RAUSCHER, Internationales Bereicherungsrecht bei Unklagbarkeit gemäß Art VIII Abs 2 (b) IWF-Abkommen (Bretton Woods), in: FS Lorenz (1991), 471; REINHUBER, Grundbegriffe und internationaler Anwendungsbereich von Währungsrecht (1995); REITHMANN/MARTINY, Internationales Vertragsrecht (5. Aufl 1996); SANDROCK, Are

Disputes over the Application of Art VIII Sec 2 (b) of the IMF Treaty Arbitrable?, in: FS Sir Joseph Gold (1990) 373; ders, Internationale Kredite und die Internationale Schiedsgerichtsbarkeit, WM 1994, 405 und 445; KARSTEN SCHMIDT, Devisenrecht, Kapitalaufbringung und Aufrechnungsverbot, ZGR 1994, 665; SEIDL-HOHENFELDERN, Art VIII Sec 2 (b) of the IMF Articles of Agreement and Public Policy, in: FS Sir Joseph Gold (1990) 351; SEUSS, Exterritoriale Geltung von Devisenkontrollen (1990); UNTEREGGE, Ausländisches Devisenrecht und internationale Kreditverträge (1990); ALBRECHT/WEBER, Die zweite Satzungsnovelle des IWF und das Völkerrecht, in: FS F A Mann (1977) 807; ROLF H WEBER, Vertragserfüllung und fremdes Devisenrecht, IPRrax 1985, 56; vWESTPHALEN, Rechtsprobleme der Exportfinanzierung (3. Aufl 1987).

Devisenkontrollbestimmungen zuwiderlaufen, kann in den Hoheitsgebieten der Mitglieder nicht geklagt werden. Außerdem können Mitglieder in gegenseitigem Einverständnis bei der Durchführung von Maßnahmen zusammenarbeiten, um die Devisenkontrollbestimmungen der beteiligten Mitglieder wirksamer zu gestalten, vorausgesetzt, daß diese Maßnahmen und Bestimmungen mit diesem Übereinkommen vereinbar sind.

Grundlage der Bestimmungen ist das Übereinkommen über den Internationalen Währungsfonds (IWF), auf den bei Rn F 20 ff eingegangen wird. Dem Abkommen wurde durch die jeweiligen IWF-Gesetze in seinen 1968, 1976 und 1990 geänderten Fassungen zugestimmt (BGBl 1952 II 638; 1968 II 1227; 1978 II 13; 1991 II 814). Die Regelungen des Übereinkommens sind von deutschen Gerichten als geltendes Recht anzuwenden, und zwar auch im Verhältnis zu denjenigen Mitgliedsstaaten, die ihrer Transformationsverpflichtung nicht nachgekommen sind (EBKE 162 f). Die Handhabung im einzelnen ist außerordentlich umstritten (vgl nur GOLD, Fund Agreement III 745 ff; EBKE 170 f). Das wird nicht zuletzt dem unklaren Text zugeschrieben (F A MANN, Legal Aspect 377).

b)   Schon die **Rechtsnatur** der Bestimmung ist umstritten (EBKE 177 ff). Nach ver- **E 37**
breiteter Auffassung ist Art VIII 2 (b) sowohl *Kollisionsnorm* als auch *Sachnorm*, weil die Bestimmung einerseits die Beachtung ausländischen Devisenrechts vorschreibt und anderseits die Rechtsfolge der „Unenforceability" anordnet (EBKE 179; EHLERS-MUNZ 31; MünchKommBGB/MARTINY[2] nach Art 34 EGBGB Anh II Rn 11; THODE, in: REITHMANN/MARTINY Rn 479). Entscheidend ist aber der Sachnormcharakter des Art VIII 2 (b), denn die Rechtsfolge der „Unenforceability" resultiert aus dieser Bestimmung selbst, nicht aus der ausländischen Devisenrechtsnorm (F A MANN, Legal Aspect 366 f). Insoweit verdrängt Art VIII 2 (b) den § 138 (KG IPRspr 1966/67, 618, 620; EBKE 179). Ob auch § 134 verdrängt ist, ist eine praktisch belanglose Frage (dafür KG IPRspr 1974, 364, 366; SOERGEL/HEFERMEHL[12] § 134 Rn 9; nach EBKE 179 Fn 135 kann § 134 von vornherein nur inländisches Devisenrecht umfassen). Im Ergebnis stellt Art VIII 2 (b) ausländische Devisenvorschriften den Verbotsgesetzten des § 134 gleich. Allerdings ist umstritten, ob es sich um eine die materiellrechtliche Wirksamkeit des Geschäfts betreffende Vorschrift oder um ein sog Prozeßhindernis, also um eine Regel des Verfahrensrechts handelt (Rn 60 ff). Die Frage wird hier im ersteren Sinn beantwortet (Rn 62). Als Sachnorm ist Art VIII 2 (b) unmittelbar anzuwendendes Privatrecht (EBKE 180). Die Annahme, es handle sich gleichzeitig um internationales öffentliches Recht, weil die Vorschrift die Geltung ausländischen Devisenrechts anordne (EBKE 180), ist für die Handhabug von Art VIII 2 (b) irrelevant, weil sich die Rechtsfolge der „Unenforceability" aus dieser Bestimmung selbst und nicht aus der extraterritorialen Geltung ausländischen Devisenrechts ergibt. Der international-öffentlichrechtliche Charakter des Art VIII 2 (b) spielt für die privatrechtliche Handhabung nur insoweit eine Rolle, als die Bestimmung im Einklang mit den Bindungen der am Abkommen beteiligten Staaten zu handhaben ist.

c)   Der **Normzweck** von Art VIII 2 (b) ist unstreitig nur insoweit, als gewährleistet **E 38**
werden soll, daß Devisenvorschriften, die die Mitgliedstaaten in Übereinstimmung mit dem Abkommen erlassen haben, auch von den übrigen Mitgliedstaaten beachtet werden (EBKE 180 f; SANDROCK WM 1994, 409; GEHRLEIN Betrieb 1995, 129 f). Doch kann Art VIII 2 (b) den eigenen Normzweck nicht einfach von der jeweils geschützten Norm ableiten, sondern er muß sich auch aus dem Abkommen selbst ergeben. Insofern

prüft EBKE (WM 1994, 1362 ff) (1) den Schutz des ursprünglich in Bretton Woods ausgehandelten Systems der festen Wechselkurse, (2) den Schutz des Welthandelswachstums, (3) die Sicherung eines multilateralen Zahlungssystems, (4) den Schutz der Währungsreserven bzw der Devisenbestände der Fondsmitglieder, (5) den Schutz der Zahlungsbilanz der Mitglieder, (6) den Schutz des Zahlungsbilanzgleichgewichts der Mitglieder. Das Grundlagenurteil BGH LM IWFA Nr 8 = NJW 1994, 390 = WM 1994, 54 = WuB VII B 2 – 1.94 (THODE) = ZIP 1994, 132 wird von EBKE im Sinne der drittgenannten Auffassung eingeordnet. In dem Urteil heißt es: „Das mit dem Abschluß des Bretton Wood-Übereinkommens angestrebte Ziel ist die Erleichterung eines ausgewogenen Wachstums des Welthandels und die Mitwirkung bei der Errichtung eines multilateralen Zahlungssystems sowie die Beseitigung wachstumshemmender Devisenverkehrsbeschränkungen (Art I [ii] u. [iv]; siehe dazu auch Art VI Abschn. 1 IWF-Ü). Beschränkungen des laufenden Zahlungsverkehrs durch Devisenkontrollen sollen mithin unter der Geltung dieses Abkommens Ausnahmecharakter haben." Sodann heißt es bei BGH LM IWFA Nr 9 m Anm GEIMER = NJW 1994, 1868, 1869 = RIW 1994, 327, 329 = WM 1994, 581, 582 = ZIP 1994, 524, 526: „Nach Art I (iv) und Art IV Abschn. 1 dient das IWF-Übereinkommen u.a. dem Ziel, wachstumshemmende Devisenverkehrsbeschränkungen zu beseitigen und den Kapitalverkehr zu erleichtern." Mit diesen Begründungen hat der Bundesgerichtshof eine restriktive Handhabung des Art VIII 2 (b) eingeleitet: Die Bestimmung schützt nach dieser neuen Rechtsprechung nicht schlechthin die von den IWF-Mitgliedern verfolgten devisenrechtlichen Restriktionsinteressen, sondern nur noch die in Übereinstimmung mit dem Abkommen stehenden Beschränkungen des laufenden Zahlungsverkehrs (vgl auch EBKE WM 1994, 1362). Es scheint zweifelhaft, ob dies dem historischen Abkommenszweck, insbes den Intentionen der Unterzeichnerstaaten entspricht, denn diese zielten wohl auf die Zusage der Mitgliedsstaaten untereinander, keinem devisenrechtswidrigen Vertrag zur Durchsetzung zu verhelfen (GOLD RabelsZ 1954, 623). Vielmehr versteht sich die neue Rechtsprechung wohl nicht zuletzt vor dem Hintergrund einer sich öffnenden Weltwirtschaft und des Vorwurfs einer Verkehrs- und Gläubigerfeindlichkeit der bisherigen BGH-Praxis (vgl zu diesem Vorwurf F A MANN JZ 1991, 614; s auch EBENROTH/WOGGON IPRax 1993, 154). Die Bedeutung der neuen Rechtsprechung wird bei Rn E 45 sowie Rn E 56 geschildert (dazu auch EBENROTH/MÜLLER RIW 1994, 269 ff; EBKE WM 1994, 1357 ff).

E 39 **d)** Ob im konkreten Fall die Voraussetzungen des Art VIII 2 (b) vorliegen, ist vom Gericht **von Amts wegen** zu beachten (BGH NJW 1970, 1507, 1508; LM EGÜbk Nr 31 = NJW 1991, 3095 = WM 1991, 1009; LM IWFA Nr 8 = NJW 1994, 390 = WM 1994, 54 = WuB VII B 2–1.94 [THODE] = ZIP 1994, 132; OLG München JZ 1991, 370 = WM 1989, 1282, 1283). Die Rspr hat dies bislang auf der Grundlage der prozessualen Auffassung zu dem Merkmal „unenforceable" (unten Rn E 60) ausgesprochen. Die prozessuale oder materiellrechtliche Einordnung der Bestimmung spielt indes für die Prüfung von Amts wegen keine besondere Rolle (richtig KERN 85 ff). Bei der Beibringung des zur Prüfung nötigen Tatsachenstoffes durch die Parteien bleibt es auch bei der Behandlung als Prozeßhindernis (EBKE 283). Ist der Tatsachenstoff beigebracht, so ist die „Unenforceability" als Rechtsfrage auch nach der materiellrechtlichen Deutung von Amts wegen zu prüfen, und zwar auch dann, wenn man von einer unvollkommenen Verbindlichkeit ausgeht (KERN 85 ff; **aM** THODE, in: REITHMANN/MARTINY Rn 509). Das gilt richtigerweise auch für ein Schiedsgericht (zum Streitstand EBKE 165 f).

e) Art VIII 2 (b) ist **zwingend** (KG IPRspr 1974, 364, 366; Ebke 165; Ehlers-Munz 32). **E 40** Auch durch Verzichts- oder Vergleichsvertrag kann dem Schuldner der Einwand der „Unklagbarkeit" nicht genommen werden (Ebke 307), während ein Rechtsmittelverzicht nicht deshalb unwirksam ist, weil das zugrundeliegende Urteil in Verkennung von Art VIII 2 (b) gesprochen wurde. Zweifelhaft ist, ob Art VIII 2 (b) abschließende Regelungen trifft (in dieser Richtung LG Hamburg IPRspr 1978, 304, 306 f) oder ob im Einzelfall der ordre public eine abweichende Entscheidung rechtfertigen kann (vgl Ebke 181 ff; Kleiner 159; F A Mann, Legal Aspect 370; ders JZ 1981, 327, 329). Richtig scheint: Art 6 EGBGB gestattet es nicht, die durch Art VIII 2 (b) geschützten Devisenvorschriften als mit dem ordre public unvereinbar beiseitezuschieben (Münch-KommBGB/Sonnenberger[2] Art 6 EGBGB Rn 25; teilweise aM F A Mann JZ 1981, 329). Die insbes von F A Mann berufene Anwendung des ordre public läuft der Sache nach auf eine teleologische Restriktion des Art VIII 2 (b) in Fällen unzulässiger Rechtsausübung hinaus (dazu Rn E 55).

f) Die **Schiedsfähigkeit** von Devisenkontrakten nach Art VIII 2 (b) wird zu **E 41** Unrecht bezweifelt (so von Ebke 166 f). Die Diskussion beruht auf § 1025 Abs 1 ZPO, wonach die Schiedsgerichtsvereinbarung nur insoweit rechtliche Wirkung hat, als die Parteien berechtigt sind, über den Gegenstand des Streites einen Vergleich zu schließen. Ebke (166 f) folgert daraus, daß der Streit aus einem Devisenkontrakt von einem Schiedsgericht entschieden werden kann, soweit es zB darum geht, ob mehrere Schuldner als Gesamtschuldner haften oder ob eine Devisenkontraktbestimmung verjährt sei; nicht dagegen dürfe ein Streit über die Anwendung des Art VIII 2 (b) vor einem Schiedsgericht ausgetragen werden. Der Streitgegenstand läßt sich indes nicht in dieser Weise zerlegen, und § 1025 Abs 1 ZPO bedeutet auch nicht, daß zwingendes Recht der Schiedsgerichtszuständigkeit entzogen wäre. Streitigkeiten über Forderungen sind schiedsfähig, nur muß das Schiedsgericht den zwingenden Art VIII 2 (b) beachten. Hat es dies nicht getan, so kann der Schiedsspruch aufhebbar und vollstreckungsunfähig sein (§§ 1041 Abs 1 Nr 2, 1044 Abs 2 Nr 2 ZPO). Über Internationale Schiedsgerichtsbarkeit unterrichtet Sandrock WM 1994, 409.

2. Das Tatbestandsmerkmal „exchange contracts" (Devisenkontrakte)

a) Das **Tatbestandsmerkmal Devisenkontrakt** ist **umstritten** (umfassender Überblick bei **E 42** Seuss 5 ff).

aa) Eine auf Nussbaum (Money in the Law [1950] 542) zurückgehende, vor allem im **E 43** angloamerikanischen Rechtskreis verbreitete Auslegung beschränkt den Tatbestand auf **Abreden über den Austausch von Währungen** (Nachw bei Ebke 206 ff; Ebenroth/Müller RIW 1994, 270 f; Ehlers-Munz 41; Gold, Fund Agreement III 744; Gränicher 100 ff; F A Mann, Legal Aspect 379 f). Dieses enge Verständnis hat sich jedenfalls in der dt Praxis nicht durchgesetzt. Das Tatbestandsmerkmal wird teleologisch ausgelegt, wobei die unklare Normstruktur des Art VIII 2 (b) Schwierigkeiten bereitet. Auf F A Mann (JZ 1953, 444; Legal Aspect 381) geht die Auffassung zurück, daß die **Beeinträchtigung des Devisenbestands eines Mitgliedstaates** entscheide, was allerdings eine Vereinheitlichung der Merkmale „exchange" und „involve the currency" voraussetzt (zu diesem Einwand Gold, Fund Agreement III 750, 753). Nach dieser Auslegung sind jedenfalls Verträge erfaßt, die den Devisenbestand eines Landes verschlechtern (OLG Schleswig [bei

GOLD] RabelsZ 1957, 630, 632; LG Hamburg IPRspr 1978, 304, 305). Doch soll es hierauf nicht ankommen. Betont wird vielmehr, daß auch Vorgänge erfaßt sind, welche die Zahlungsbilanz eines Mitglieds positiv berühren, also verbessern (KG IPRspr 1974, 364, 366 f; EBKE 247). Dazu vgl Rn E 53.

E 44 bb) Die **herkömmliche Praxis und hL** vertritt eine weite Auslegung. Nach ihr sind alle Verträge erfaßt, die sich auf die Zahlungsbilanz irgendwie auswirken können (BGHZ 55, 334, 337 = NJW 1971, 983, 984; 116, 77, 83 = LM EGÜbk Nr 33 = EuZW 1992, 123, 125; BGH NJW 1970, 1002; LM IWFA Nr 3 = NJW 1970, 1507, 1508 = WM 1970, 785, 786; LM IWFA Nr 8 = NJW 1994, 390 = WM 1994, 54 = WuB VII B 2 – 1.94 [THODE] = ZIP 1994, 132; LM IWFA Nr 9 m Anm GEIMER = NJW 1994, 1868 = WM 1994, 580, 581 = RIW 1994, 327, 328 = ZIP 1994, 524, 525; OLG München WM 1989, 1282, 1283; EBKE 207 ff; EHLERS-MUNZ 47 ff; GRÄNICHER 98 f; HAHN § 26 Rn 28, 30; KLEINER 155 ff; LIMMER, in: REITHMANN/MARTINY Rn 481, 484; SEUSS 7 ff; UNTEREGGE 32 ff; vWESTPHALEN 151 f). Dazu gehören alle schuldrechtlichen Verträge über Waren und Leistungen (BGH WM 1977, 332, 333; EBKE 240 f; HAHN § 26 Rn 28; THODE, in: REITHMANN/MARTINY Rn 489; MünchKommBGB/MARTINY² nach Art 34 Anh II Rn 14), insbes Darlehen (BGH LM IWFA Nr 9 m Anm GEIMER = NJW 1994, 1868 = WM 1994, 581 = RIW 1994, 327 = ZIP 1994, 524; OLG München WM 1989, 1282, 1283; EBKE 230 f; ders JZ 1991, 335 ff), sowie auch Wechsel- und Scheckverpflichtungen (BGH WM 1977, 332, 333; LM IWFA Nr 9 m Anm GEIMER = NJW 1994, 1868 = WM 1994, 580, 581 = RIW 1994, 327, 328 = ZIP 1994, 524, 525; OLG Düsseldorf RIW 1989, 987 = WM 1989, 1842). Teilweise wird nur noch auf den Austausch von Leistungen geblickt (EBKE 240 ff; ders RIW 1993, 616 f; krit EBENROTH/WOGGON IPRax 1994, 277), womit dann allerdings der Begriff des Devisengeschäfts überhaupt nicht mehr währungsrechtlich abgegrenzt wird und die Tatbestandsabgrenzung ganz auf das Merkmal des Berührens einer Währung verlegt wird (EBKE RIW 1993, 617). Im einzelnen bestimmt dann die ausländische Devisenrechtsnorm, welche Verträge unter Art VIII 2 (b) fallen und welche nicht (OLG Frankfurt AWD 1969, 509, 510 = WM 1969, 508, 509). Wer den möglichen Geltungsbereich des Art VIII 2 (b) voll ausschöpfen will, muß alle sich nicht in bloßen Sachleistungen erschöpfenden Verträge unter Gebietsansässigen und Gebietsfremden sowie alle Verträge zwischen Personen desselben Währungsgebiets über Leistungen in fremder Währung unter den Begriff des Devisenkontrakts fallen lassen (SEUSS 46). Auch Verträge über den Erwerb von Gesellschaftsanteilen oder über die Erhöhung von Einlagen können Devisenkontrakte iS von Art VIII 2 (b) sein (BGH LM IWFA Nr 8 = NJW 1994, 390 = WM 1994, 54 = WuB VII B 2 – 1.94 [THODE] = ZIP 1994, 132). Diese herkömmliche Praxis ist im internationalen Vergleich immer wieder als ausgesprochen gläubigerfeindlich bezeichnet worden (vgl nur EBENROTH/NEISS RIW 1991, 617 ff, insbes 625). Sie ist im Ergebnis in der neueren, durch das soeben angeführte Urteil BGH LM IWFA Nr 8 = NJW 1994, 390 = WM 1994, 54 = WuB VII B 2 – 1.94 (THODE) = ZIP 1994, 132 in eine neue Richtung gelenkt worden (eingehend EBENROTH/MÜLLER RIW 1994, 269 ff; krit EBKE WM 1994, 1360 f). Diese einschränkende Praxis hat nicht nur die Normstruktur des Art VIII 2 (b) in ein neues Licht gerückt (vgl Rn E 38), sondern sie ist auch die Antwort auf die vor allem von F A MANN bemerkte Verkehrsfeindlichkeit der herkömmlichen Handhabung (F A MANN JZ 1991, 615). Nur soweit die Durchsetzung ausländischen Devisenrechts nach dem Abkommen zwingend geboten ist, entscheidet der BGH noch gegen den Gläubiger.

E 45 cc) Nach neuerer deutscher Gerichtspraxis und Literatur fallen **nur Geschäfte des laufenden Zahlungsverkehrs** (current transactions) und nicht Geschäfte des internatio-

nalen Kapitalverkehrs unter Art VIII 2 (b) (BGH LM IWFA Nr 8 = NJW 1994, 390 = WM
1994, 54 = WuB VII B 2 – 1.94 [Thode] = ZIP 1994, 132; LM IWFA Nr 9 m Anm Geimer = NJW
1994, 1868 = WM 1994, 580 = RIW 1994, 327 = ZIP 1994, 524; OLG Hamburg Betrieb 1992, 2339
= WM 1992, 1941 = WuB VII B 2 – 1.93 [Reithmann]; Kern 77 f; Coing WM 1972, 841; Eben-
roth/Woggon IPRax 1993, 152 f; eingehend Ebke WM 1994, 1360 f; vgl auch schon BGH WM
1977, 332, 333 f; dazu Unteregge 36; aM Ebke 232 f, 244 ff, 256 ff; ders RIW 1993, 621; F A
Mann, Legal Aspect 376). Grundlage ist die Terminologie und Systematik des Abkommens (vgl Art VI 3 und XXX [d]) sowie die nur von der „Avoidance of restrictions on
current payments" lautende Überschrift des Art VIII 2. Art VIII 2 (b) erfaßt vorbehaltlich der Ausnahmebestimmung des Art VII 3 (b) und der Übergangsregelung des
Art XIV 2 nur Devisenkontrollbestimmungen, die mit Zustimmung des IWF eingeführt worden sind, nicht aber Beschränkungen des internationalen Kapitalverkehrs,
die keiner Zustimmung des Fonds bedürfen (BGH LM IWFA Nr 9 m Anm Geimer = NJW
1994, 1868 = WM 1994, 580 = RIW 1994, 327 = ZIP 1994, 132). Diese einschränkende Praxis
wird bei Anhängern wie Kritikern als Triumph der systematischen über die teleologische Auslegung des Art VIII 2 (b) eingeordnet (Ebenroth/Woggon IPRax 1993, 152;
Ebke RIW 1993, 621). Der BGH hat indes neben der Systematik ausdrücklich auch auf
den Sinn und Zweck des Übereinkommens abgestellt (Geimer LM IWFA Nr 9; Karsten
Schmidt ZGR 1994, 671). In dem Urteil BGH LM IWFA Nr 9 m Anm Geimer = NJW
1994, 1868 = WM 1994, 580 = RIW 1994, 327 = ZIP 1994, 524 wird dies neuerlich
klargestellt und deutlich gemacht, daß es sich hierbei nicht um den Begriff des Devisenkontrakts handelt (so aber das bisherige Verständnis; vgl BGH LM IWFA Nr 8 = NJW 1994,
390 = WM 1994, 54 = WuB VII B 2 – 1.94 [Thode] = ZIP 1994, 132; OLG Hamburg Betrieb 1992,
2339 = WM 1994, 1941; Ebke 244; Unteregge 35; Karsten Schmidt ZGR 1994, 671 f). Gegen
diese Einengung des Begriffs waren Bedenken zu erheben. Richtig ist zwar, daß die
weite Auslegung des Begriffs und die daran anknüpfende Rechtsprechung hierdurch
im Ergebnis konterkariert wird (Geimer LM IWFA Nr 9). Doch bleibt die herkömmliche Begriffsbildung noch unverändert. Sedes materiae ist vielmehr die Unvereinbarkeit eines Vertrages mit Devisenkontrollbestimmungen, die in Übereinstimmung
mit dem IWF-Übereinkommen eingeführt oder aufrechterhalten sind (Rn E 56).
Hieran – nicht am Begriff des Devisenkontrakts – fehlt es bei Verträgen des Kapitalverkehrs, so daß es nicht eigentlich um die Abgrenzung von Devisengeschäften
und Kapitalverkehrsgeschäften, sondern um die Abgrenzung der durch Art VIII 2
geschützten Devisenkontrollbestimmungen geht (dazu Rn E 55). Damit entfallen die
noch gegen das Urteil BGH LM IWFA Nr 8 = NJW 1994, 390 = WM 1994, 54 =
WuB VII B 2 – 1.94 (Thode) = ZIP 1994, 132 erhobenen methodischen Bedenken
(zu diesen Karsten Schmidt ZGR 1994, 671 f; vgl nunmehr auch Ebenroth/Müller RIW 1994,
270 f).

dd) Als **Zahlungen für laufende Transaktionen** (payments for current transactions), **E 46**
die nach der neueren Rechtsprechung noch von Art VIII 2 (b) erfaßt sind, bezeichnet Art XXX (d) Zahlungen, die nicht der Übertragung von Kapital dienen. Als
einschränkungslos unter den Begriff der laufenden Zahlungen fallend zählt die
Bestimmung beispielhaft auf: (1) alle Zahlungen, die im Zusammenhang mit dem
Außenhandel, anderen laufenden Geschäften einschließlich Dienstleistungen sowie
normalen kurzfristigen Bank- und Kreditgeschäften geschuldet werden; (2) Zahlungen von Beträgen, die als Kreditzinsen sowie als Nettoerträge aus anderen Anlagen
geschuldet werden; (3) Zahlungen in mäßiger Höhe für die Tilgung von Krediten
oder für die Abschreibung von Direktinvestitionen; (4) Überweisungen in mäßiger

Höhe zur Bestreitung des Familienunterhalts. Nach Konsultationen mit den betreffenden Mitgliedern kann der Fonds bestimmen, ob gewisse besondere Transaktionen als laufende Transaktionen oder als Kapitaltransaktionen anzusehen sind.

E 47 **b)** **Stellungnahme**: Maßgeblich für den Begriff des Devisenkontrakts ist zum einen der Normzweck des Art VIII 2 (b), zum anderen die Systematik der einzelnen Tatbestandsmerkmale. In diesem Licht überzeugt die Formel der hM, weil sie einerseits dem Schutzweck der Norm (Rn E 38) gerecht wird und auf der anderen Seite dem Merkmal „die Währung eines Mitglieds berühren" seinen rechten Platz einräumt: Weder geht es an, diesem Merkmal die materielle Abgrenzung der Devisenkontrakte gegen Nicht-Devisenkontrakte voll zu überlassen, noch kann es richtig sein, dieses Merkmal leer laufen zu lassen. Deshalb gilt: Erfaßt sind alle auf Geldleistungen zielenden Rechtsgeschäfte, deren Erfüllung sich auf die Zahlungsbilanz eines Mitglieds auswirken kann (oben Rn E 43). Die konkrete Beeinträchtigung ist nicht Begriffsvoraussetzung (zum Berühren der Währung eines Mitglieds vgl Rn E 53). Auch die Kollision des Vertrags mit Devisenkontrollbestimmungen ist ein besonderes, vom Begriff des Devisenkontrakts zu trennendes Tatbestandsmerkmal (Rn E 51). Im einzelnen ist zu den Merkmalen des Devisenkontrakts zu bemerken:

E 48 **aa)** **Nur Rechtsgeschäfte** fallen unter den Begriff der Devisenkontrakte (HAHN § 26 Rn 28; F A MANN, Legal Aspect 373; UNTEREGGE 32). Nicht entscheidend ist, ob es sich um Verträge iS des BGB oder um einseitige Rechtsgeschäfte (zB testamentarisches Vermächtnis) oder um Beschlüsse (zB Kapitalerhöhung) handelt. Die von Art VIII 2 (b) betroffenen Forderungen müssen nicht Erfüllungsansprüche sein (HAHN § 26 Rn 28). Die Diskussion, ob Art VIII 2 (b) auch gesetzliche Schuldverhältnisse, zB Bereicherungsansprüche (KG IPRspr 1974, 364, 366; LG Hamburg IPRspr 1978, 304, 307; MünchKommBGB/MARTINY² nach Art 34 Anh II Rn 18; EHLERS-MUNZ 50 ff; aM F A MANN JZ 1981, 328) oder Ansprüche aus unerlaubter Handlung aus Anlaß der Nichterfüllung eines verbotenen Geschäfts (LG Hamburg IPRspr 1978, 304, 307 f; MünchKommBGB/MARTINY² nach Art 34 EGBGB Anh II Rn 17; vWESTPHALEN 152; aM F A MANN JZ 1970, 711; 1981, 328) umfaßt, betrifft nicht den Begriff des Devisenkontrakts, sondern die Rechtsfolge des Art VIII 2 (b). Soweit hieraus gefolgert wird, der Begriff des Kontrakts selbst sei untechnisch und nicht nur auf Rechtsgeschäfte bezogen gemeint (vWESTPHALEN 152), ist diese Feststellung mißverständlich und beruht auf der ungenauen Formulierung des Art VIII 2 (b), der im Tatbestand von Devisenkontrakten, in der Rechtsfolge aber von der „Unklagbarkeit" bestimmter Forderungen spricht.

E 49 **bb)** Dem Wortlaut nach paßt Art VIII 2 (b) auf **Verpflichtungsgeschäfte**, denn nur von solchen Geschäften läßt sich sagen, daß sie „unenforceable" sind (REITHMANN/ MARTINY Rn 369). Ob es sich um *kausale* oder um *abstrakte Verpflichtungsgeschäfte* handelt, ist bedeutungslos. Als Devisenkontrakt kommt zB auch ein Schuldversprechen, Schuldanerkenntnis (Saldoanerkenntnis) oder Wechselakzept (vgl zur Wechselverpflichtung BGH NJW 1970, 1507, 1508; zum Wechselakzept vgl IPG [= Gutachten zum int und ausl Privatrecht] 1984 Nr 45 auf Vorlage des LG Dortmund; MünchKommBGB/MARTINY² nach Art 34 Anh II Rn 15). Darüber hinaus werden auch **Verfügungsgeschäfte** erfaßt, soweit ihre Durchführung sich auf die Zahlungsbilanz auswirken kann (vWESTPHALEN 151; F A MANN JZ 1970, 712) und soweit die bei Rn E 60 ff besprochenen Rechtsfolgen der „Unklagbarkeit" auf das Geschäft passen. Das gilt insbes bei Sicherungsgeschäften und Geschäften des unbaren Zahlungsverkehrs, insbes bei der Exportfinanzierung (vgl BGH WM 1977, 332, 333; MünchKommBGB/MARTINY² nach Art 34 EGBGB Anh II Rn 15; vWESTPHALEN 152). Die zu stark auf die deutsche Rechtsdogmatik bezogene Diskussion, ob „dingliche" Verträge als Devisenkontrakte „unklagbar" sein können, darf nicht davon ablenken, daß die entscheidende Frage die der „Unklagbarkeit" ist. Deshalb geht es nicht so sehr um die begriffliche Frage, ob es sich bei Schecks, Wechselakzepten, Garantien, Sicherheitsverträgen selbst um Devisenkontrakte handelt, als vielmehr darum, ob Schecks, Wechsel, Sicherheiten etc, die zur Herstellung, Erfüllung oder Besicherung einer unter Art VIII 2 (b) fallenden Verbindlichkeit dienen, ihrerseits „unklagbar" sind (dazu Rn E 64).

cc)   Der **devisenrechtliche Bezug** darf nicht nur mittelbare Folge des Geschäfts sein, **E 50** sondern muß Gegenstand der vertraglichen Vereinbarung sein (in dieser Richtung wohl LG Hamburg WM 1992, 1600 = WuB VII B 2–2.92 [ADEN]; **aM** wohl LG Hamburg IPRspr 1954/55, 467, 469; EBKE 248 f). ZB genügt nicht, daß sich die Folgen eines Geschäfts im Refinanzierungswege in einer ausländischen Zahlungsbilanz niederschlagen können (KARSTEN SCHMIDT ZGR 1994, 670). Das bedeutet nicht, daß die Inlandszahlung in Inlandswährung in jedem Fall von Art VIII 2 (b) frei ist (diese Einengung wird dem Urteil BGH WM 1986, 600, 601 zugeschrieben; vgl EBENROTH/WOGGON IPRax 1993, 154; differenzierender EBENROTH/MÜLLER RIW 1994, 271 f). Eine grenzüberschreitende Zahlung im Clearing-Verfahren kann ausreichen (LG Hamburg IPRspr 1954/55, 467, 469; EBKE 248). Auch muß die devisenrechtlich betroffene Währung nicht in jedem Fall mit der Zahlungswährung identisch sein (Rn E 52). Aber Zahlungen innerhalb eines und desselben Staates in inländischer Währung – zB von einem DM-Konto auf das andere – sind keine Devisenkontrakte (BGH LM IWFA Nr 5 = NJW 1980, 520; OLG Hamm WM 1986, 599, 601 = WuB VII B 2 – IntAbk 1.86 [HAFKE]; HAHN § 26 Rn 29; KERN 66 ff; MünchKommBGB/ MARTINY² nach Art 34 EGBGB Anh II Rn 19; THODE, in: REITHMANN/MARTINY Rn 492; EBENROTH/WOGGON IPRax 1993, 154; F A MANN JZ 1991, 615; KARSTEN SCHMIDT ZGR 1994, 670; **aM** EBKE JZ 1992, 785). Art VIII 2 (b) greift auch nicht schon ohne weiteres deshalb ein, weil an dem Zahlungsvorgang ein Devisenausländer beteiligt ist, für den die Zahlungswährung Fremdwährung ist (so aber SEUSS 72). Zur Verneinung des devisenrechtlichen Bezugs ist nicht erforderlich, daß eine Erfüllung aus dem Verbotsland nach dem Inhalt der Zahlungspflicht ausgeschlossen sein muß (so aber EBKE JZ 1992, 785). Vielmehr genügt, daß die Verpflichtung nach ihrem Inhalt auch durch Inlandszahlung ohne Auslandsberührung beglichen werden kann (so offenbar LG Hamburg WM 1992, 1600 = WuB VII B 2–2.92 [ADEN]; EBENROTH/WOGGON IPRax 1993, 154). So hat das LG Hamburg die Verpflichtung einer bulgarischen Staatsbank als Gesellschafterin einer deutschen Gesellschaft, die beschlossene und in DM übernommene *Zahlung einer erhöhten Kommanditeinlage* als nicht gegen Art VIII 2 (b) verstoßend bejaht (WM 1992, 1600 = WuB VII B 2–2.92 [ADEN]; zust KARSTEN SCHMIDT ZGR 1994, 670, 672; zur abweichenden Begründung des BGH vgl Rn E 56). Der Gedanke läßt sich verallgemeinern: Die in DM einzubringenden Einlagen in Gesellschaften mit Sitz in Deutschland sind keine Devisengeschäfte, sofern nicht die Zahlung von Auslandskonten besonders vereinbart oder beschlossen wurde. Daß nach der höchstrichterlichen Rechtsprechung eine solche Verbindlichkeit deshalb von Art VIII 2 (b) ausgenommen ist, weil sie als angeblicher Vertrag des Kapitalverkehrs nicht Gegenstand der Bestimmung ist, wird bei Rn E 56 ausgeführt. Nach der hier vertretenen Auffassung kam es in dem zu entscheidenden Fall hierauf nicht an.

3. Das Tatbestandsmerkmal „which involve the currency of any member" (Berührung einer Mitgliedswährung)

E 51 a)   Die **Bedeutung des Merkmals** hängt von der Auslegung des Begriffs „Devisenkontrakt" ab (GOLD, Fund Agreement III 753 f; vgl auch SEUSS 50 f). Im Lichte des weiten Devisenkontraktbegriffs der hM, der auch hier vertreten wird (Rn E 47), hat das Tatbestandsmerkmal eingrenzende Funktionen (REITHMANN/MARTINY⁴ [1988] Rn 366). Da jedenfalls die Möglichkeit der Währungsberührung schon in den Begriff des Devisengeschäfts eingegangen ist, hat allerdings das Merkmal der Währungsberührung in der praktischen Anwendung wenig eigenständige Bedeutung. Diese besteht im wesentlichen nur darin, daß die Währung eines IWF-Mitglieds berührt sein muß.

E 52 b)   Der **Begriff Währung** ist als Funktionsbegriff zu verstehen (EBKE 246). Er umfaßt das auf einer gesetzlich bestimmten Rechnungseinheit für ein Währungsgebiet aufgebaute staatliche Geldsystem (Rn A 41 und im Anschluß hieran EBKE 246). Eine Gegenauffassung plädiert für ein weiteres, wirtschaftliches Verständnis, wonach die Finanzkraft eines IWF-Mitglieds als solche den Ausschlag geben soll (F A MANN, Legal Aspect 386 f; ders JZ 1953, 444; 1970, 712; zust HAHN § 26 Rn 30). Diese weite Begriffsbildung ist indes schwer mit dem Wortlaut („currency") in Einklang zu bringen. Soweit lediglich dargetan werden soll, daß es nicht auf die Zahlungswährung ankommen muß (Cour d'Appel Paris [bei F A MANN] JZ 1970, 712 und dazu HAHN § 26 Rn 30: Berührung der niederländischen Währung durch einen in franc zu bezahlenden Anteilsverkauf eines Holländers an einen Deutschen an einer französischen Gesellschaft), bedarf es einer solchen Ausdehnung nicht: Ein Devisenkontrakt kann auch eine andere Währung berühren (HAHN § 26 Rn 29), sofern sich dies aus dem Gegenstand des Vertrages ergibt (Rn E 50).

E 53 c)   **Berührt** wird die Währung, wenn sich die in Rede stehende Leistung auf die Zahlungsbilanz des betreffenden IWF-Mitglieds auswirkt (BGH IPRspr 1979, 473, 474; BGH LM IWFA Nr 8 = NJW 1994, 390 = WM 1994, 54 = WuB VII B 2–1.94 [THODE] = ZIP 1994, 132; OLG München WM 1989, 1282, 1283; EBKE 248; GOLD, Fund Agreement III 755; SEUSS 62 ff; THODE, in: REITHMANN/MARTINY Rn 491; vWESTPHALEN 152 f). Das Merkmal ist weitgehend durch dasjenige des Devisenkontrakts vorgegeben. Der Unterschied besteht im wesentlichen nur darin, daß für den Begriff des Devisenkontrakts die Möglichkeit genügt, während nun konkret festzustellen ist, daß die Währung berührt ist (SEUSS 72). Darauf, ob diese Wirkung eine positive oder negative ist, kommt es nach Art VIII 2 (b) nicht an (KG IPRspr 1974, 364, 366 f; EBKE 247; SEUSS 72). Die Frage, ob Inlandszahlungen in DM Auslandswährungen berühren, ist im Regelfall zu verneinen (vgl im Ergebnis auch BGH LM IWFA Nr 5 = NJW 1980, 520; OLG Hamm WM 1986, 599, 601 = WuB VII B 2 – IntAbk 1.86 [HAFKE]; GRÄNICHER 109; F A MANN JZ 1991, 615; EBENROTH/ WOGGON IPRax 1993, 154; EBENROTH/MÜLLER RIW 1994, 272).

E 54 d)   Um die **Währung eines IWF-Mitglieds** muß es sich handeln (GOLD, Fund Agreement III 163; F A MANN, Legal Aspect 387; THODE, in: REITHMANN/MARTINY Rn 493; UNTEREGGE 40). Zur Mitgliedschaft im IWF vgl Rn F 28 ff. Darauf, ob der betroffene Staat seinerseits das zur Transformation des Abkommens in sein nationales Recht Erforderliche getan hat, kommt es nicht an (EBKE 272). Eine im Fall der Bundesrepublik Deutschland unproblematische Voraussetzung besteht darin, daß im Fall eines Prozesses auch der Staat des angerufenen Gerichts Fondsmitglied sein muß (EBKE 259).

4. Das Tatbestandsmerkmal „contrary to the exchange control regulations" (Verstoß gegen Devisenkontrollbestimmungen)

a)   **Devisenkontrollbestimmungen** sind die Vorschriften zur Erhaltung der Wäh- **E 55** rungsreserven durch Überwachung von Währungsgeschäften sowie von Vermögenstransaktionen (HAHN § 26 Rn 31; UNTEREGGE 41; eingehend EBKE 252 ff; EHLERS-MUNZ 69 ff; GOLD, Fund Agreement III 764 ff; SEUSS 77 ff; THODE, in: REITHMAN/MARTINY Rn 494). Objektiv muß es sich um Regelungen handeln, die die Verfügbarkeit oder Verwendung von Devisen betreffen (EBKE 253). Nicht richtig ist die Annahme, daß Kapitalverkehrsbeschränkungen schon aus dem Begriff der Devisenkontrollen herausfallen (KERN 78). Ihre Sonderbehandlung wird bei Rn E 56 besprochen. Der weite Begriff der Devisenkontrollen entspricht auch der Auslegung durch den Fonds selbst (Executive Board Decision 1034 – [60/27] v 1. 6. 1960, in: IWF Selected Decisions 1987, 298 ff). Handelsbeschränkungen anderer Art werden nicht erfaßt (EBKE 233; HAHN § 26 Rn 31; F A MANN, Legal Aspect 388; MünchKommBGB/MARTINY² nach Art 34 EGBGB Anh II Rn 29). Umstritten, aber praktisch wenig bedeutsam ist die Frage, ob neben dem objektiven Norminhalt auch die devisenrechtliche Intention des Gesetzgebers zu prüfen ist (UNTEREGGE 42 f). Nach F A MANN (Legal Aspect 388; JZ 1981, 327, 331 im Anschluß an NUSSBAUM) sind Devisenkontrollbestimmungen nur Vorschriften, die „die Bewegung von Geld, Vermögen oder Dienstleistungen zum Schutze der finanziellen Reserven eines Landes zwingend regeln" (ebenso MünchKommBGB/MARTINY² nach Art 34 EGBGB Anh II Rn 24; KLEINER 157). Allein Bestimmungen mit dieser Zielrichtung wären danach beachtlich. Die Gegenauffassung, nach der der Zweck einer Maßnahme unberücksichtigt bleibt (EBKE 253 ff; GOLD, Fund Agreement III 485; GRÄNICHER 91) stützt sich auf eine Entscheidung des Fonds zu Art VIII 2 (a), in der es heißt, daß „Art VIII, Abschn 2 (a) auf alle Beschränkungen laufender Zahlungen und Übertragungen anwendbar ist, ungeachtet ihrer Motivation und ungeachtet der Umstände, unter denen sie erlassen worden sind" (Executive Board Decision 144 – [42/51] v 14. 8. 1952, in: IMF Selected Decisions 1987, 292). Als kritisches Beispiel gilt die im Jahr 1979 durch die US-amerikanische Regierung erlassene Sperrung iranischer Guthaben bei US-amerikanischen Banken (dazu EBKE 84, 256; GRÄNICHER 91; MünchKommBGB/ MARTINY² nach Art 34 EGBGB Anh II Rn 28). Dem Sinn und Zweck des Art VIII 2 (b) entspricht die engere Auffassung.

b)   Nur die in **Übereinstimmung mit dem IWF-Übereinkommen** eingeführten oder **E 56** erlassenen Devisenvorschriften fallen unter Art VIII 2 (b). Die konkret einschlägige Bestimmung muß abkommenskonform sein; auf das Regelungswerk, das diese Bestimmung enthält, kommt es nicht an (GOLD, Fund Agreement III 772; GRÄNICHER 95; aA F A MANN, Legal Aspect 390). **Beschränkungen des laufenden Zahlungsverkehrs**, die mit Zustimmung des Fonds nach Art VIII 2 (a) eingeführt wurden, sind jedenfalls abkommenskonform (EBKE 270; SEUSS 96). Sie fallen also unter Art VIII 2 (b). Umstritten ist die Abkommenskonformität bei **Kapitalverkehrsbeschränkungen** (EBKE 270) und bei von der Übergangsregelung des Art XIV erfaßten Beschränkungen des laufenden Zahlungsverkehrs. Diese Auslegungsfrage steht seit der jüngsten BGH-Rechtsprechung (Rn E 38) unter der Herrschaft eines teleologisch-systematischen Verständnisses des Art VIII 2 (b): Nach Art VI 3 dürfen Kontrollen internationale

Kapitalbewegungen nicht in der Weise handhaben, daß Zahlungen für laufende Geschäfte eingeschränkt oder Übertragungen von Mitteln zur Erfüllung von Verbindlichkeiten ungebührlich verzögert werden. Unter der gemeinsamen Überschrift „Vermeidung von Beschränkungen laufender Zahlungen" (= „Avoidance of restrictions on current payments") wird in Art VIII 2 (a) eine Beschränkung des laufenden Zahlungsverkehrs unter den Vorbehalt einer Zustimmung des Fonds gestellt: Vorbehaltlich der Ausnahmebestimmungen in Art VII 3 (b) und XIV 2 darf ein Mitglied nicht ohne Zustimmung des Fonds Zahlungen und Übertragungen für laufende internationale Geschäfte devisenrechtlichen Beschränkungen unterwerfen (Art VIII 2 [a]). Hieran knüpft Art VIII 2 (b) an, woraus der BGH folgert: Art VIII 2 (b) erfaßt vorbehaltlich der angeführten Ausnahmebestimmungen nur Devisenkontrollbestimmungen, die mit Zustimmung des Internationalen Währungsfonds eingeführt worden sind, nicht dagegen **Beschränkungen des internationalen Kapitalverkehrs**, die ausnahmslos einer Zustimmung des Fonds nicht bedürfen (BGH LM IWFA Nr 9 m Anm GEIMER = NJW 1994, 1868 = RIW 1994, 327 = WM 1994, 580 = ZIP 1994, 524; ebenso EBENROTH/ WOGGON IPRax 1993, 152 f; s auch REINHUBER 65; aM EBKE 245 f; ders RIW 1993, 621 f; GEIMER EWiR 1991, 486; RÜSSMANN WM 1985, 1127). Im Ergebnis stellt diese neuere Praxis, wie bei Rn E 38 erläutert, einen Bruch mit der herkömmlich weiten Auslegung des Art VIII 2 (b) dar. Hinter ihr verbirgt sich ein nicht so sehr rechtssystematisch wie rechtspolitisch neues Verständnis der Bestimmung: Die Vorschrift sei ein Ausgleich dafür, daß die Mitgliedsländer für laufende Geschäfte auf ihr Recht, Devisenbeschränkungen nach eigenem freiem Ermessen zu verhängen, verzichtet haben; es bestehe kein Anlaß, auch denjenigen, oft willkürlichen, Devisenbestimmungen auf der Basis des Art VIII 2 (b) international bindende Geltung zu verschaffen, die in bezug auf den allgemeinen Kapitaltransfer außerhalb des Abkommens möglich bleiben und die nach allgemeinen Regeln für andere Staaten nicht bindend sind (BGH LM IWFA Nr 8 = NJW 1994, 390, 391 = WM 1994, 54, 55 = WuB VII B 2 – 1.94 [THODE] = ZIP 1994, 132, 134). Dem Abkommen liege nicht der gemeinsame Wille der Mitgliedsstaaten zugrunde, einander wechselseitig bei der Durchsetzung von Kapitalverkehrskontrollen beliebiger Art zu unterstützen (BGH aaO mit Hinweis auf EBENROTH/WOGGON IPRax 1993, 152 f). Durch das Urteil LM IWFA Nr 9 m Anm GEIMER = NJW 1994, 1864 = RIW 1994, 327 = WM 1994, 580 = ZIP 1994, 524 wurde diese Deutung des Art VIII 2 (b) bestätigt. Sie entspricht freilich nicht dem vor allem von GOLD (Fund Agreement III 769) dargestellten historischen Verständnis. In Deutschland steht dem neuen Verständnis des BGH eine Gegenansicht entgegen, die auch Kapitalverkehrsbeschränkungen dem Art VIII 2 (b) unterwirft (so namentlich EBKE 245 f; ders RIW 1993, 621 ff, 626; GEIMER EWiR 1991, 486; RÜSSMANN WM 1983, 1127), wobei aus der Nichtanwendung des Art VIII 2 (a) sogar teilweise gefolgert wird, daß diese Beschränkungen per se abkommenskonform sind (SEUSS 109; dagegen EBKE 270 f). Die vom BGH vorgetragenen Gründe überzeugen indes. Sie werden für die künftige Praxis leitende Bedeutung haben (vgl auch eingehend EBKE WM 1994, 1357 ff). Soweit konfiskatorische Devisenvorschriften gegen Völkerrecht verstoßen, tragen sie schon wegen Art 25 GG eine Anwendung des Art VIII 2 (b) nicht (EBKE WM 1994, 1366).

E 57   c)   Die **Abgrenzungsfrage** ist im Hinblick auf Rn E 47 neu zu stellen: Es geht nicht darum, Devisenkontrakte und Verträge des Kapitalverkehrs *als Rechtsgeschäfte* voneinander zu unterscheiden, sondern die Frage geht dahin, wie devisenrechtliche Beschränkungen und Beschränkungen des internationalen Kapitalverkehrs *als Außenwirtschaftsnormen* gegeneinander abgegrenzt werden. Das Abkommen trennt strikt zwischen beiden (Ebke 89; Kern 79 f), nennt aber nur Beispiele für „**payments on current transactions**" (Art XXX [d]), nämlich (1) all payments due in connection with foreign trade, or current business, (2) payments due as interest on loans and as net income from other investments, (3) payments of moderate amount for amortization of loans for the depreciation of direct investments, (4) moderate remittances for familiy living expenses. Im wesentlichen geht es um die Abgrenzung zwischen bloßem Leistungsaustausch und Investition. Kapitalverkehrsbeschränkungen sind zB Regelungen über: die Aufnahme langfristiger Kredite im Ausland, Investitionen und Transfers von Bankguthaben im Ausland zu Investitionszwecken (Ebke 89 f). Die Zinszahlungen auf solche Investitionen sind wiederum „current payments". Investitionen in Gesellschaften sind Gegenstände des Kapitalverkehrs (BGH LM IWFA Nr 8 = NJW 1994, 390 = WM 1994, 54 = WuB VII B 2–1.94 [Thode] = ZIP 1994, 132), ebenso zB Kredite an Ausländer und Kreditsicherheiten für Forderungen von Ausländern (BGH LM IWFA Nr 9 m Anm Geimer = NJW 1994, 1868 = RIW 1994, 327 = WM 1994, 580 = ZIP 1994, 524). Devisenrechtliche Vorschriften, die solche Geschäfte unterbinden, sind zwar durch das Abkommen nicht verboten, gehören aber auch nicht zu den durch Art VIII 2 (b) geschützten Bestimmungen (aM noch OLG München JZ 1991, 370 = WM 1989, 1282, 1283; zustimmend Ebke JZ 1991, 335; dazu kontrovers F A Mann JZ 1991, 614; Ebke JZ 1992, 784). Die Subsumtion von Lebensversicherungen unter den Begriff des Kapitalverkehrs (Ebke 89) scheint dagegen nicht zweifelsfrei.

d) Die **Prüfung der Abkommenskonformität** obliegt den Gerichten (Hahn § 26 Rn 33; **E 58** F A Mann, Legal Aspect 391; ders JZ 1970, 713). Es gibt kein Prüfungsmonopol des Fonds (aM Ehlers-Munz 74; mißverständlich LG Hamburg IPRspr 1978, 304, 307; dazu auch Ebke 265 ff; MünchKommBGB/Martiny² nach Art 34 EGBGB Anh II Rn 30). Selbstverständlich sind die Gerichte befugt, Auskünfte des Fonds und der DBB (vgl OLG Karlsruhe IPRspr 1964/65, 583, 586) oder auch nur einer Landeszentralbank einzuholen (so im konkreten Fall LG Hamburg IPRspr 1978, 304, 307). Diese Stellungnahmen binden nicht (Hahn § 26 Rn 33; F A Mann, Legal Aspect 390). Soweit es um den Inhalt und die Abkommenskonformität ausländischer Devisenvorschriften geht, ergibt sich dies aus § 293 ZPO: Ausländisches Recht ist Gegenstand des Beweises, ein etwa verwendetes Beweismittel ist also nach § 286 ZPO frei zu würdigen. Was die Rechtsfrage der Abkommenskonformität anlangt, so bindet eine Stellungnahme des Fonds oder einer Zentralbank deshalb nicht, weil es sich nur um ein Rechtsgutachten (eine Auskunft) und nicht um einen Verwaltungsakt mit regelndem Charakter nach § 35 VwVfG handelt (auf das Argument fehlender richterlicher Unabhängigkeit stützt sich Hahn § 26 Rn 33). Soweit die Stellungnahmen des Fonds de facto befolgt werden, beruht dies auf seiner fachlichen, nicht auf seiner rechtstechnischen Kompetenz (insofern wie hier Hahn § 26 Rn 33 und vor allem F A Mann, Legal Aspect 390). Eine andere Frage ist die Erteilung etwa erforderlicher Genehmigungen durch den Fonds. Diese können die Gerichte, wenn sie sie für erforderlich halten, nicht durch eigene Einschätzung ersetzen (so wohl auch Ehlers-Munz 73 f).

e) Der **maßgebliche Zeitpunkt** ist umstritten (Überblick bei Ebke 280 ff; ders WM 1993, **E 59** 1170). Der Meinungsstreit hängt mit der gleichfalls umstrittenen Frage zusammen, was unter der „Unklagbarkeit" zu verstehen ist (Rn E 60 ff). Solange die deutsche Rechtsprechung dieses Merkmal rein prozessual verstand, was nunmehr offen ist, galt der Grundsatz, daß Sachurteilsvoraussetzungen bis zur letzten mündlichen Verhandlung geprüft werden (dazu kritisch Karsten Schmidt ZGR 1994, 667 f). Konsequenterweise entschied der BGH, daß Art VIII 2 (b) einer Klage nicht mehr entgegenstehen könne, wenn die in Frage stehende Devisenkontrollbestimmung im Zeitpunkt der gerichtlichen Entscheidung aufgehoben ist (BGHZ 55, 334 = LM IWFA Nr 4 m Anm MORMANN = NJW 1971, 983). Umgekehrt kam nach dieser Auffassung einer nachträglich eingeführten Devisenkontrollbestimmung „rückwirkende" Kraft in dem Sinne zu, daß sie auch in Prozessen über Altverträge berücksichtigt werden mußte (FÖRGER NJW 1971, 310; GEHRLEIN Betrieb 1995, 132; eingehende Kritik bei EBKE WM 1993, 1170 f). Dieser Standpunkt wird mehr und mehr abgelehnt und wurde inzwischen auch vom BGH mehrfach unentschieden gelassen (BGHZ 116, 77, 84 = LM EGÜbk Nr 33 = EuZW 1992, 123, 126 = WM 1992, 87, 90 = WuB VII A – § 38 ZPO – 2.92 [THODE]; BGH LM IWFA Nr 8 = NJW 1994, 390 = WM 1994, 54 f = WuB VII B 2 -1.94 [THODE] = ZIP 1994, 132, 133). Nach OLG Hamburg Betrieb 1992, 2339 = WM 1992, 1941 mutet es bedenklich an, die Regelung dahin auszulegen, daß sie mit Wirkung für das Inland gestatte, dem Vertragspartner eines Devisenkontrakts nachträglich das bereits entstandene Recht zur Verfolgung seines Anspruchs im Klagewege noch zu nehmen. Setzt sich die materielle Deutung des Begriffs der „Unklagbarkeit" endgültig durch (Rn E 62), so erscheint die Frage in einem neuen Licht: Das materielle Recht und nur das materielle Recht entscheidet darüber, ob eine Devisenbestimmung bzw ihre Aufhebung auch Altverträge erfaßt. Das bedeutet: Neue Devisenbestimmungen können Altverträge grundsätzlich nicht für unwirksam erklären. Die Aufhebung alter Devisenbestimmungen kann genehmigungsbedürftige und deshalb schwebend unwirksame Verträge, nicht allerdings nichtige Verträge, wirksam werden lassen. Soweit Art VIII 2 (b) darauf abstellt, daß Vorschriften in Übereinstimmung mit dem Übereinkommen „aufrechterhalten (maintained)" sind, ist nicht auf den Zeitpunkt des Übereinkommens, sondern auf den Zeitpunkt des Beitritts des betreffenden Mitglieds zum IWF abzustellen (GOLD, Fund Agreement III 770).

5.   Die Rechtsfolge der „Unenforceability" („Unklagbarkeit")

E 60 a)   aa) Die **herkömmliche Rechtsprechung** vertrat eine **prozessuale Auffassung** des Begriffs der Unklagbarkeit: Art VIII 2 (b) führte nach dieser Rechtsprechung zur Unzulässigkeit der Klage aus einem Devisenkontrakt (BGHZ 55, 334, 337 f = LM IWFA Nr 4 = NJW 1971, 983; BGH AWD 1971, 291 = DB 1971, 717; LM IWFA Nr 5 = NJW 1980, 520; std Rspr; OLG Düsseldorf IPRspr 1983, 307, 308; RIW 1989, 987; KG IPRspr 1974, 364, 365 f; OLG Köln RIW 1993, 938; OLG München JZ 1991, 370 = WM 1989, 1282, 1283; zust zB Münch-KommBGB/MARTINY[2] nach Art 34 EGBGB Anh II Rn 32; UNTEREGGE 52 f; THODE, in: REITH-MANN/MARTINY Rn 501; vWESTPHALEN 154; EHRICKE RIW 1991, 370 f; GEHRLEIN Betrieb 1995, 129 ff; GEIMER Rn 237). Dem steht eine mehr und mehr **ablehnende Literatur** gegenüber (EBKE 276 ff, 293 ff; ders JZ 1991, 342; ders RIW 1993, 624 f; ders WM 1993, 1172 ff; HAHN § 26 Rn 32 ff; F A MANN, Legal Aspect 393; ders JZ 1970, 714; ältere Nachweise s STAUDINGER/KARSTEN SCHMIDT[12] Rn E 32). International steht diese Rechtsprechung isoliert da (KLEINER 158). Sie wird nicht zuletzt auf die eine rechtstechnische Festlegung simulierende deutsche Übersetzung zurückgeführt (GOLD, Fund Agreement III 776: „influenced by the German translation"). Der **Bundesgerichtshof** hat inzwischen ausdrücklich offen gelassen, ob er an ihr festhalten wird (BGHZ 116, 77, 84 = LM EGÜbk Nr 33 = WM 1992, 87, 90 = WuB VII A – § 38 ZPO – 2.92 [THODE]; BGH LM IWFA Nr 8 = NJW 1994, 390 = WM 1994, 54 = WuB VII B 2–1.94 [THODE] = ZIP 1994, 132; NJW 1994, 1868). Das OLG Hamburg ist sogar ganz deutlich auf Distanz gegangen (OLG Hamburg Betrieb 1992, 2339 = WM 1992, 1941 =

WuB VII B 2 -1.93 [REITHMANN]). Praktisch bedeutsam ist die Frage nicht zuletzt wegen der bei Rn E 59 besprochenen Frage des maßgeblichen Zeitpunkts.

bb) Vorgeschlagen worden ist eine **Unvollstreckbarkeit** der von Art VIII 2 (b) erfaß- **E 61** ten Forderungen in Anlehnung an § 32 Abs 1 AWG (SEUSS 125 ff; s auch EHLERS-MUNZ 114). Man wird dies als einen Versuch zu betrachten haben, das auch hier verfolgte Anliegen – Erfüllbarkeit ohne Erzwingbarkeit – mit einem prozessualen Ansatz zu versöhnen. Indes müßte die Folge sein, daß eine Klage auf Erfüllung der „unklagbaren" Forderung nicht nur zulässig, sondern auch begründet und das Urteil lediglich nicht vollstreckbar ist. Damit würde dem Anliegen des Art VIII 2 (b), der Forderung nicht von Staats wegen zur Durchsetzung zu verhelfen, erst auf der Vollstreckungsebene und damit zu spät entsprochen.

b) Die **Grundsatzentscheidung für eine materiellrechtliche Handhabung** des Art VIII **E 62** 2 (b) entspricht allein dem Sinn und Zweck der Bestimmung. Der in der deutschen Übersetzung enthaltene Terminus der „Unklagbarkeit" verfehlt diesen Sinn und Zweck. Mit Recht ist auch darauf hingewiesen worden, daß die österreichische Übersetzung viel genauer die „Erzwingbarkeit" verneint (EBKE 297). Die Maßgeblichkeit ausländischen Devisenrechts kann sinnvollerweise nicht durch Prozeßhindernisse gewährleistet werden. Dies zeigt schon die Überlegung, daß sich die Rechtsfolge des Art VIII 2 (b) nicht auf die Klage des Vertragsgläubigers beschränken kann, sondern auch die Klage des Schuldners (negative Feststellungsklage, Rückforderungsklage) sowie den Fall mitumfassen muß, daß eine unter Art VIII 2 (b) fallende Forderung für die Aufrechnung verwendet wird. In all diesen Fällen – aber auch in dem herkömmlich bedachten Fall, daß die devisenvertragliche Forderung eingeklagt wird – muß es darum gehen, daß materiellrechtlich darüber entschieden wird, welche Rechtsfolge der Verstoß gegen Devisenvorschriften hat. Damit entfällt auch der in der Voraufl Rn E 34 noch für die prozessuale Deutung herangezogene Gesichtspunkt der Praktikabilität, denn der Einwand des Art VIII 2 (b) betrifft nicht in allen Fällen den ganzen Streitgegenstand eines Prozesses, so daß mit der Rechtsfigur der Unzulässigkeit vielfach gar nichts gewonnen ist. Hinzu kommt, daß einem Gericht auch Gelegenheit gegeben werden muß, über die sich etwa aus § 134 sonst ergebende Nichtigkeit eines Devisenkontrakts sachlich zu entscheiden (EBKE 285 f). Schließlich ist zu bedenken, daß Art VIII 2 (b) überhaupt keinen Prozeß voraussetzt. Der Schuldner einer unter Art VIII 2 (b) fallenden Leistung braucht sich nicht verklagen zu lassen, um sich auf die Vorschrift berufen zu können. Diese Erwägungen sprechen zwingend für eine materiellrechtliche Deutung.

c) Der **Inhalt der materiellrechtlichen Wirkung** ist umstritten. Überwiegend wird er **E 63** im Sinne von Nichtigkeit verstanden (OLG Frankfurt AWD 1969, 509 = WM 1969, 508; HAHN § 26 Rn 35; F A MANN, Legal Aspect 393; ders JZ 1970, 714; ders JZ 1981, 328). Art VIII 2 (b) wäre hiernach ein gesetzliches Verbot iS von § 134 (dafür ausdrücklich OLG Frankfurt AWD 1969, 509, 510 = WM 1969, 508). Ob der ganze Vertrag oder nur die Devisenabrede nichtig ist, bestimmt sich konsequenterweise nach § 139 (aM F A MANN, Legal Aspect 395 gegen den Standpunkt des House of Lords). Vertreten wird auch, die Erfüllungsklage sei lediglich als zur Zeit unbegründet abzuweisen (EHLERS-MUNZ 115). Demgegenüber sprechen sich KERN (84 f) und EBKE dafür aus, daß es sich um eine unvollkommene Verbindlichkeit handelt (EBKE 296 ff; ders JZ 1991, 342; ders RIW 1993, 624 f): Ansprüche aus den unter Art VIII 2 (b) fallenden Devisengeschäften sind in dem Sinne vorhan-

den, daß sie zwar nicht durchgesetzt, aber erfüllt werden können (zust STAUDINGER/
SACK [1996] § 134 Rn 254; THODE, in: REITHMANN/MARTINY Rn 507 ff). Diese Lösung unterscheidet sich von der herrschenden nicht nur in praktischer Hinsicht, sondern auch
im dogmatischen Ansatz: Die Nichtigkeit setzt beim Vertrag an, die Rechtsfigur der
unvollkommenen Verbindlichkeit dagegen bei der aus dem Rechtsgeschäft resultierenden Forderung. Im Ergebnis spielt die Frage vor allem für die Rückforderung des
Geleisteten eine Rolle: Die hier abgelehnte prozessuale Deutung führt zu dem
Ergebnis, daß das entgegen Art VIII 2 (b) Geleistete nicht nach § 812 zurückgefor-
dert werden kann (BGH IPRspr 1976, 342, 343 = WM 1977, 332, 333; KG IPRspr 1974, 364, 366;
THODE, in: REITHMANN/MARTINY Rn 486). Dem wird hier im Ergebnis gefolgt (Rn E 64).
Die für Nichtigkeit streitende Lehre führt zu einem Rückforderungsanspruch aus
§ 812 (HAHN § 26 Rn 35; F A MANN, Legal Aspect 393 f; ders JZ 1981, 327 f); sofern man nicht
§ 817 mit seinem S 2 anwendet, ist dieser Anspruch nur ausgeschlossen, wenn der
Leistende gewußt hat, daß er zu der Leistung nicht verpflichtet war (§ 814). Für die
Zuerkennung eines Bereicherungsanspruchs wird vor allem geltend gemacht, daß
anderenfalls das entgegen den devisenrechtlichen Bestimmungen Geleistete da
bleibt, wo es nach Ansicht des devisenbewirtschaftenden Staates nicht bleiben soll
(HAHN § 26 Rn 35). Die Frage ist indes, ob Art VIII 2 (b) die Mitgliedstaaten zu dieser
nachträglichen Berichtigung anhält. Hiergegen spricht nicht nur der Wortlaut
(„unenforceable"), sondern auch der Sinn des Abkommens. Die Mitglieder haben
sich zwar verpflichtet, nicht ihre Hand für die Durchsetzung devisenrechtswidriger
Forderungen zu reichen. Nicht aber ergibt sich aus Art VIII 2 (b) ihre Verpflichtung,
einen dem Devisenrecht anderer Mitgliedsstaaten entsprechenden Zustand nachträglich wiederherzustellen. Ein solcher Anspruch kann sich, wenn die Devisenrechtswidrigkeit eines bereits vollzogenen Geschäfts erkannt wird, aus dem Verhältnis der Parteien untereinander ergeben, insbes wenn ein Festhalten an dem Vollzug
dem Devisenvertragsschuldner nicht zumutbar ist (Fortfall der Geschäftsgrundlage).
Die Mitgliedsstaaten untereinander sind dagegen nicht die Verpflichtung eingegangen, einander wechselseitig von Gesetzes wegen bei der Rückgängigmachung devisenrechtlich unerlaubter Leistungen zu unterstützen.

E 64   **d)   Im einzelnen** folgt aus Art VIII 2 (b): Der Anspruch ist nicht erzwingbar, aber
erfüllbar (EBKE 306 f; KERN 85; STAUDINGER/SACK [1996] § 134 Rn 254; THODE, in: REITHMANN/
MARTINY Rn 507). Eine zur Durchsetzung des Anspruchs erhobene Klage ist entgegen
der herkömmlichen Rechtsprechung zulässig, jedoch unbegründet. Auch kann
weder Schadensersatz wegen Nichterfüllung noch etwa Schadensersatz auf einer
gesetzlichen, zB deliktsrechtlichen Ebene verlangt werden (LG Hamburg IPRspr 1378,
304, 307; MünchKommBGB/MARTINY² nach Art 34 EGBGB Anh II Rn 17; vWESTPHALEN 152).
Auch ein Vertragsstrafeversprechen ist „unklagbar" (EBKE 307). Eine Mahnung setzt
den Schuldner nicht in Verzug (EBKE 307). Zinsen können nicht verlangt werden.
Sicherungsgeber können sich gleichfalls auf die „Unklagbarkeit" der Forderung
berufen, sei es kraft Akzessorietät (§§ 767, 1137, 1211), sei es im Wege der Einrede
(vgl im Ergebnis auch OLG Düsseldorf IPRspr 1983, 307 = WM 1983, 1366 m Anm RUTKE und dazu
EBKE 289 f, 306; SEUSS 130 f). Ein Zurückbehaltungsrecht kann nicht auf eine „unklagbare" Forderung gestützt werden (EBKE 307). Der Gläubiger einer unter Art VIII 2
(b) fallenden Forderung kann diese nicht für die Aufrechnung verwenden (so im
Ergebnis auch LG Karlsruhe IPRspr 1984, 278, 279; EBKE 307; EHLERS-MUNZ 55; SEUSS 142),
wohl aber kann der Schuldner sie durch Aufrechnung tilgen (so wohl auch EHLERS-
MUNZ 54). Auch eine gegenseitige Verrechnung durch Vertrag ist möglich. Durch

Einstellung in ein Kontokorrent nach § 355 HGB wird eine „unklagbare" Forderung nicht „klagbar" (vgl Ebke 306 Fn 830 mit Hinweis auf das ein Börsentermingeschäft betreffende Urteil BGHZ 93, 307, 311). Auch der Schlußsaldo ist dann in dieser Höhe „unklagbar", bedarf also der Korrektur. Die Folgen des Art VIII 2 (b) gelten nicht nur für Primäransprüche auf die vertraglich bedungene Leistung, sondern auch für Nebenansprüche, etwa aus den §§ 667, 670, wenn die Tatbestandsvoraussetzungen erfüllt sind, ebenso für Leistungsversprechen, die erfüllungshalber oder an Erfüllungs Statt gegeben werden wie Wechselakzepte, Schuldanerkenntnisse etc (Ebke 306). Die Frage, ob die „Unklagbarkeit" einer Forderung den gesamten Vertrag unwirksam macht, ist in Art VIII 2 (b) nicht geregelt. Der Wortlaut ist insofern widersprüchlich, denn nicht der Vertrag („contract"), sondern nur die einzelne dem Art VIII 2 (b) unterfallende Forderung kann „unklagbar" („unenforceable") sein. Das kann für alle, kann aber auch nur für einzelne Ansprüche aus dem Vertragsverhältnis gelten (zu der Frage, inwieweit der ganze Vertrag in Mitleidenschaft gezogen wird, vgl Rn E 66). Schadensersatzansprüche des Gläubigers sind durch Art VIII 2 (b) nicht definitiv ausgeschlossen, sondern sie sind dies nur insoweit, als deren Zubilligung mit der „Unklagbarkeit" in Widerspruch stünde (Ebke 309). Das gilt, wie bemerkt, vor allem für Ansprüche, die in Erfüllungsrichtung gehen (zB Schadensersatz wegen Nichterfüllung), während ein Ersatz des negativen Interesses zB wegen Täuschung über die devisenrechtliche Rechtslage im betroffenen Währungsland aus culpa in contrahendo oder § 823 Abs 2 iVm § 263 StGB möglich bleibt (Ebke 309; für analoge Anwendung des § 307 OLG Frankfurt AWD 1969, 509 = WM 1969, 508). Das auf eine „unklagbare" Forderung Geleistete kann nicht ohne weiteres nach § 812 zurückgefordert werden (im Ergebnis zutreffend BGH IPRspr 1976, 342, 343 = WM 1977, 332, 333; KG IPRspr 1974, 364, 366; OLG Bamberg IPRspr 1978, 309, 312; Geimer Rn 239; wie hier Ebke 307; Ehlers-Munz 55; differenzierend Rauscher, in: FS Lorenz [1991] 475 ff; **aM** Hahn § 26 Rn 35; F A Mann, Legal Aspect 393 f; ders JZ 1981, 327 f). Dagegen kann ein abstraktes Schuldanerkenntnis (§ 781) nach § 812 Abs 2 zurückgefordert und mit der Bereicherungseinrede angegriffen werden, ebenso ein erfüllungshalber begebener Wechsel oder Scheck (Ebke 306).

e)   **Im Prozeß** hat die hier vertretene Auffassung zur Folge, daß der Beibringungs-   **E 65** grundsatz Geltung behält (Ebke 283). Die Darlegungs- und Beweislast für die maßgeblichen Tatsachen trägt der Schuldner (Ebke 283 f; ders WM 1993, 1171). Eine Berücksichtigung des Art VIII 2 (b) von Amts wegen erfolgt nur in dem Sinne, daß keine Einrede vorliegt und daß der Einwand der „Unklagbarkeit" wie jede Rechtsfrage auf der Basis der vorgetragenen Tatsachen in allen Instanzen geprüft wird (Rn E 39; auch hiergegen wohl Thode, in: Reithmann/Martiny Rn 509: verzichtbare Einrede). Art VIII 2 (b) steht insofern auch einem Versäumnisurteil entgegen (§ 331 Abs 2 ZPO). Dasselbe sollte für ein Klaganerkenntnis nach § 307 ZPO gelten, denn auch durch ein Anerkenntnisurteil kann aus der nicht beitreibbaren eine beitreibbare Forderung gemacht werden. Gegenüber einem rechtskräftigen Urteil kann der Einwand aus Art VIII 2 (b) grundsätzlich nicht mehr geltend gemacht werden (§ 767 Abs 2 ZPO). Auch Schiedsgerichte müssen Art VIII 2 (b) von Amts wegen beachten (Ebke 165 f; Sandrock WM 1994, 409). Wurde dies versäumt, so ist die Vollstreckbarerklärung nach § 1042 Abs 2 ZPO abzulehnen, der Schiedsspruch auf Antrag nach § 1041 Abs 1 Nr 2 ZPO aufzuheben (vgl Rn E 39). Ausländischen Urteilen ist nach § 328 Abs 1 Nr 4 ZPO die Anerkennung nicht schon dann zu versagen, wenn diese Urteile nach der in Deutschland praktizierten Auslegung des Art VIII 2 (b) nicht hätten ergehen dürfen, wohl aber dann, wenn die Verkennung oder Auslegung des Art VIII 2 (b) durch den ausländischen Richter mit den Zielvorgaben des IWF-Abkommens unvereinbar ist (EBKE 214; SEUSS 159 ff). Auf ein entgegen Art VIII 2 (b) gegebenes Prozeßanerkenntnis kann ein Anerkenntnisurteil nach § 307 ZPO nicht ergehen (EBKE 307), denn dem Richter darf die materielle Prüfung der „Unklagbarkeit" nicht genommen werden. Nicht unwirksam ist dagegen der Rechtsmittelverzicht nach einem in Verkennung des Art VIII 2 (b) ergangenen Urteils (anders EBKE 307).

6. Auswirkung auf den Devisenkontrakt und weitere Verträge

E 66 **a)** Die Auswirkungen des Art VIII 2 (b) auf den **Fortbestand von Verträgen** ist in der Bestimmung nicht geregelt. Anders muß es die für eine Nichtigkeitsfolge streitende Ansicht sehen, nach der es sich um ein einfaches Problem des **§ 139** handeln muß: Erschöpft sich der Vertragsinhalt in der nichtigen Devisenvereinbarung, so ist der Vertrag in toto nichtig; enthält der Vertrag – was die Regel ist – weitere Vereinbarungen, so ist er insgesamt nichtig, wenn nicht anzunehmen ist, daß er auch ohne den nichtigen Teil vorgenommen sein würde (§ 139; aM F A MANN, Legal Aspect 395).

E 67 **b)** Auf die **§§ 307, 308** verweist OLG Frankfurt AWD 1969, 509 = WM 1969, 508, weil diese Bestimmungen nicht bloß für § 306 gelten, sondern zugleich die Nichtigkeitsfolge des § 134 modifizieren. Die Anwendung der §§ 307, 308 sei zulässig, weil sie das Rechtsgut des Art VIII 2 (b) nicht verletze. Richtig ist: Wenn man von der Nichtigkeit des Devisenkontrakts nach § 134 ausgeht, ergibt sich die entsprechende Anwendbarkeit der §§ 307, 308 schon aus § 309. Aber aus § 307 ergibt sich nur die Schadensersatzhaftung dessen, der die Devisenrechtswidrigkeit des Vertrags kennt, aus § 308 nur die Wirksamkeit eines Vertrags, der für den Fall geschlossen worden ist, daß das Devisenrecht nicht oder nicht mehr entgegensteht. Beides ergibt sich auch unabhängig von §§ 307, 308 aus allgemeinen Grundsätzen (Rn E 64 aE und E 68). Eine Lösung des Vertragsproblems ist das nicht.

E 68 **c)** Die **hier vertretene Auffassung** (unvollkommene Verbindlichkeit) weist in eine andere, der herkömmlichen prozessualen Lehre (Rn E 60) nähere Richtung: Die „Unenforceability" trifft nicht das Rechtsgeschäft als solches, sondern die unter Art VIII 2 (b) fallende einzelne Forderung (Rn E 64). Das kann bedeuten, daß alle Ansprüche aus einem Vertrag erfaßt sind, wird aber vielfach nur einzelne Vertragsansprüche – zB nur die Kreditzinsen als laufende Zahlungen – betreffen. In diesem Fall richtigen sich die Rechtsfolgen nach allgemeinem Vertragsrecht: Da Art VIII 2 (b) keine Teilnichtigkeit bewirkt, bewirkt er auch keine Vollnichtigkeit. Die Nichterfüllung der unter Art VIII 2 (b) fallenden Vertragspflichten löst keine Verzugsfolgen aus (Rn E 64). Wohl aber können bei Nichterbringung der unter Art VIII 2 (b) fallenden Vertragsleistung die §§ 320 ff eingreifen. Die „Unenforceability" kann auch ein zum Rücktritt oder zur Kündigung berechtigender wichtiger Grund sein bzw einen Anspruch auf Vertragsanpassung wegen Fortfalls der Geschäftsgrundlage begründen. Haben die Parteien die devisenrechtliche Wirksamkeit des Vertrages zur Bedingung gemacht, so ist das Geschäft mit diesem Inhalt wirksam (vgl insoweit auch OLG Frankfurt AWD 1969, 509 = WM 1969, 508).

F. Internationales Geldrecht und Währungswesen*

I. Grundbegriffe der Außenwirtschaftstheorie

Die dem internationalen Währungsrecht zugrundeliegende **ökonomische Theorie F 1**

---

* **Schrifttum:** ADEBAHR, Währungstheorie und Währungspolitik I (1978); ALBRECHT, Sonderziehungsrechte und internationale Liquidität (Diss Basel 1973); ANDERSEN, Das internationale Währungssystem zwischen nationaler Souveränität und supranationaler Integration. Entwicklungstendenzen seit Bretton Woods im Spannungsfeld der Interessen (1977); ASCHINGER, Das Währungssystem des Westens (1971); ders, Das neue Währungssystem. Von Bretton Woods bis zur Dollarkrise 1977 (1978); AUFRICHT, The IMF (London 1964); BASEDOW, Wirtschaftskollisionsrecht, RabelsZ 1992, 53; BECHLER, Geld und Währung II, Zahlungsbilanz und Währungspolitik (1981); BIENERT, Die internationale Liquidität der Volkswirtschaften (1967); BOCHUD, Zahlungsbilanz und Währungsreserven (1970); BORCHERT, Außenwirtschaftslehre. Theorie und Politik (1977); F BRAUN, Die Zehner-Gruppe (1970); CARREAU, Le fonds monétaire international (1970); CASSEL, Money and foreign exchange after 1914 (New York 1923); COHEN, International Monetary Reform 1964–1969 (London 1970); CRUMP, The ABC of Foreign Exchange (13. ed London 1963); DAVIDSON, Internationales Währungssystem und europäische Währungsunion, Europaarchiv 27 (1972) 609; DUEVER, Gold und Sonderziehungsrechte. Eine währungstheoretische und währungspolitische Untersuchung (1975); EBKE, Internationales Devisenrecht (1991); EDWARDS, International Monetary Collaboration (New York 1985); EHRLICHER/RICHTER (Hrsg), Geld- und Währungsordnung (1983); EINZIG, The History of Foreign Exchange (London 1964); ELSHOLZ, Währungspolitik in der westlichen Welt (1977); EMMINGER, Der Internationale Währungsfonds, in: Enzyklopädisches Lexikon für das Geld-, Bank- und Börsenwesen I (3. Aufl 1968); ders, Auf dem Wege zu einer neuen Weltwährungsordnung, in: HAHN (Hrsg), Währungsordnung und Konjunkturpolitik (1977) 53; FLASSBECK, Freihandel, GATT und das internationale Währungssystem (1985); GOLD, The Fund Agreement in the Courts I (Washington 1962); GRAMLICH, Außenwirtschaftsrecht (1991); GROSCHE/FINSTER, Weltwährungssystem und Weltwirtschaft (1977); GRÜBEL, The International Monetary System (Hannodsworth 1969, Nachdruck 1970); HAHN, Währungsrecht (1990) §§ 25 ff; ders, Über monetäre Integration (1961); ders, Das Geld im Recht der parlamentarischen Diplomatie. Von der Europäischen Zahlungsunion zur Reform des Internationalen Währungsfonds (1970); ders, Elemente einer neuen Weltwährungsordnung, in: KEWENIG (Hrsg), Völkerrecht und internationale wirtschaftliche Zusammenarbeit (1978) 218; ders, Geldwertsicherung und internationales Währungsrecht, in: Liber Amicorum A F Schnitzer (1979) 199; ders, Währungsrecht und Gestaltwandel des Geldes, in: FS Zweigert (1981) 625; HALL, Rechtsprobleme der Währungsparitätsfestsetzung unter besonderer Berücksichtigung des Eigentumsschutzes bei staatlichen Maßnahmen der Währungslenkung (Diss Kiel 1968); HANKEL, Europäische Wirtschaftsintegration und Reform des IWF, Europaarchiv 27 (1972) 37; HASSE/WERNER/WILLGERODT, Außenwirtschaftliche Absicherung zwischen Markt und Interventionismus (1975); HELFFERICH, Das Geld (6. Aufl 1928) 467 ff; HELLMANN, Dollar, Gold und Schlange. Die letzten Jahre von Bretton Woods (1976); HERI, Bestimmungsgründe kurzfristiger Wechselkursfluktuationen (1982); HERDEGEN, Internationales Wirtschaftsrecht (2. Aufl 1995); HEXNER, Das Verfassungs- und Rechtssystem des Internationalen Währungsfonds (1960); HOFFMANN, Rechtsfragen der Währungsparität (1969); HORIE, The International Monetary Fund (London 1964); HORN (Hrsg), Monetäre Probleme im internationalen Handel und Kapitalverkehr. Rechtliche und wirtschaftliche Risikokontrollen (1976); HUDECZEK, Das Internationale Währungssystem.

Karsten Schmidt

bezieht sich auf die Analyse des grenzüberschreitenden Austauschs von Gütern und Dienstleistungen auf der einen Seite, Geldtransfers auf der anderen Seite. In dem hier zu behandelnden Zusammenhang interessieren ua die währungstheoretischen Fragen des Außenhandels (vgl hierzu aus dem ökonomischen Schrifttum ua BALOCH, Internationale Wirtschaftsbeziehungen [1973]; GLASSTETTER Außenwirtschaftspolitik [2. Aufl 1979]; ROSE/

Mängel und Reformen (1969); ISSING, Einführung in die Geldpolitik (5. Aufl 1993) 130 ff; ders, Währungspolitik, internationale, in: Handwörterbuch der Wirtschaftswissenschaft VIII (1980) 522; ders, Die Bundesrepublik im System der internationalen Währungspolitik, in: HALLER/RECKTENWALD (Hrsg), Finanz- und Geldtheorie im Umbruch (1969) 421; ITH, Die Sonderziehungsrechte und die internationale Währungsreform (1975); JANDER/ZOBERBIER, 50 Jahre Bretton Woods – Internationaler Währungsfonds und Weltbank heute, WiB 1994, 717; JOERGES/SCHLEIMINGER, Internationaler Währungsfonds. Weltbank – IDA – IFC (1965); KERN, Der Internationale Währungsfonds und die Berücksichtigung des ausländischen Devisenrechts (1968); KNIEPER, Weltmarkt, Wirtschaftsrecht und Nationalstaat (1976); KÖHLER, Geldwirtschaft II, Zahlungsbilanz und Wechselkurs (1979); KRAEGENAU, Die Reform des internationalen Währungssystems (1974); KRAMER, Die Rechtsnatur der Geschäfte des Internationalen Währungsfonds (1967); KRONSTEIN, Internationale Währungspolitik in den Grenzen gegebener Marktstruktur, BB 1972, 141; KRUSE, Außenwirtschaft. Die internationalen Wirtschaftsbeziehungen (3. Aufl 1972); KUELP, Außenwirtschaftspolitik (1978); KUENG, Weltwirtschaftspolitik (1978); LEHMENT, Devisenmarktinterventionen bei flexiblen Wechselkursen. Die Politik des Managed Floating (1980); LEVICH, The International Money Market (Greenwich 1979); LUCKENBACH (Hrsg), Theorie der Außenwirtschaftspolitik (1979); MACKINNON, Private and official international money: The case for the Dollar (Princeton 1969); ders, Money in international exchange (New York 1979); MACHLUP, International Monetary Economics (London 1966); F A MANN, The Legal Aspect of Money (5. Aufl 1992) 463 ff; ders, Das Recht des Geldes – Eine rechtsvergleichende Untersuchung

auf der Grundlage des englischen Rechts (1960) 399 ff; ders, Der Internationale Währungsfonds und das Internationale Privatrecht, JZ 1953, 442; 1970, 709; 1981, 327; FRITZ W MEYER, Sonderziehungsrechte für Sonderinteressen, ORDO 21 (1970) 93; MUNDELL, Geld- und Währungstheorie (1976); MURPHY, The International Monetary System (1979); NELDNER, Die Kursbildung auf dem Devisenmarkt und die Devisenterminpolitik der Zentralbanken (1970); REINHUBER, Grundbegriffe und internationaler Anwendungsbereich von Währungsrecht (1995); REITHMANN/MARTINY, Internationales Vertragsrecht (5. Aufl 1996); RIEDEL, Ökonomische Wirkungen von Wechselkursänderungen (1981); SAMMLER, Eigentum und Währungsparität (1975); SCHÄFER, Währungen und Wechselkurse (1981); SCHLAEGER, Die internationale Buchgeldschöpfung (1971); SCHLEIMINGER, Das Europäische Währungsabkommen von 1955 und einige neuere währungspolitische Entwicklungen (1956); ERICH SCHNEIDER, Zahlungsbilanz und Wechselkurs (1968); SCHWILLING, Die kursbildenden Faktoren am Devisenmarkt (Diss Köln 1962); SOHMEN, Wechselkurs und Währungsordnung (1973); STRATMANN, Der internationale Währungsfonds (1972); THEILE, Die Koppelung der Sonderziehungsrechte mit der Entwicklungsfinanzierung (1981); TOMUSCHAT, Die Aufwertung der Deutschen Mark (1970); TRÉSOR, Kompendium der Geld- und Währungspolitik für die Praxis (1981); UMLAUFF, Zur Theorie vom Zusammenhang zwischen Zahlungsbilanzsalden und Änderungen von Devisenkursen (1964); VEELKEN, Interessenabwägung im Wirtschaftskollisionsrecht (1988); WALTER, Die Sonderziehungsrechte (1974); WILLGE/RODT, Die Krisenempfindlichkeit des internationalen Währungssystems (1981); WILLMS, Währung, in: Vahlens Kompendium der Wirtschaftstheorie und Wirtschaftspolitik I (1980) 191; WIRTH,

SAUERNHEIMER, Theorie der Außenwirtschaft [11. Aufl 1992]; WOLL, Allgemeine Volkswirtschaftslehre [11. Aufl 1993] 563 ff mit vielen weiterführenden Nachw 590 ff).

1. Außenwert, Wechselkurs und Parität

a) Der **Außenwert** von Währungen (Rn D 11) kann nur ein relativer, dh ein durch **F 2**
das Wertverhältnis der Währungen zueinander zu bestimmender Wert sein. Das im
einzelnen komplexe Verhältnis zwischen Außenwert, Wechsel- bzw Devisenkurs und
Währungsparität läßt sich folgendermaßen zusammenfassen: Der Wechselkurs (bzw
Devisenkurs, s zum Begriff Rn F 3) bestimmt den tatsächlichen Außenwert einer Währung. Auch die Währungsparität bestimmt diesen Außenwert. Der Unterschied
zwischen dem Wechselkurs und der Währungsparität besteht darin, daß der Wechselkurs eine Ist-Größe, die Währungsparität dagegen eine im System fester Wechselkurse vorgegebene Soll-Größe darstellt. Dasselbe meint eine verbreitete Formulierung, wonach der Wechselkurs die „tatsächliche", die Währungsparität dagegen die
„abstrakte" Wertrelation bestimmt (vgl zB SAMMLER 18 f mwNw).

b) **Devisenkurs und Wechselkurs** stellen den Preis für eine ausländische Währung **F 3**
dar, zu dem sich Angebot und Nachfrage im Hinblick auf Währungseinheiten dieser
Währung (Devisen) auf einem Devisenmarkt ausgleichen (vgl mwNw HOFFMANN 4).
Dabei versteht man unter *Devisenkurs* den in Inlandswährung ausgedrückten Preis
für die Einheit der ausländischen Währung (sog Preisnotierung), unter dem *Wechselkurs* dagegen den in ausländischer Währung ausgedrückten Preis für die Einheit
der Inlandswährung (sog Mengennotierung), s dazu STOBBE, Volkswirtschaftliches
Rechnungswesen (7. Aufl 1989) 228 f. Einfacher ausgedrückt: Devisen- und Wechselkurs drücken das Verhältnis aus, in dem verschiedene Währungen gegeneinander
austauschbar sind (TRÉSOR 194). Der Devisenkurs bildet sich an den **Devisenbörsen**. Zu
unterscheiden sind die amtlich notierte *Devisenkassakurs* und der *Devisenterminkurs* (HOFFMANN 5). Abschlüsse, die sofort oder kurzfristig erfüllt werden müssen,
folgen dem Devisenkassakurs. Der Devisenterminkurs gilt für Termingeschäfte. Der
ökonomische Wechselkursmechanismus ist Gegenstand wirtschaftswissenschaftlicher Untersuchungen (eingehend WOLL, Allgemeine Volkswirtschaftslehre [11. Aufl 1993]
570 ff; FLASSBECK 43 ff; HOFFMANN 8 ff).

aa) Die **Ursachen von Wechselkursänderungen** sind im ökonomischen Schrifttum **F 4**
namentlich zwischen der „Zahlungsbilanztheorie" und der „Kaufkraftparitätentheo-
rie" umstritten. Sie sind nach wohl richtiger ökonomischer Auffassung selbst nicht
monetärer Art, wenn auch durch reine Devisenspekulationen erheblich beeinflußt
(FLASSBECK 48), und sie sind jedenfalls nicht Gegenstand der hier vorgelegten Darstellung. Der Wechselkursmechanismus selbst beruht auf dem Verhältnis von Angebot und Nachfrage.

bb) Die **Kursfestsetzung** kann nach dem *System fester Wechselkurse* oder nach dem **F 5**
System flexibler Wechselkurse erfolgen. Der Hauptvorteil der festen Wechselkurse
besteht in der für Kapitalverkehr und Integration, uU auch für die Preisstabilität,

Zwischen Währungspolitik und Entwicklungs-   Berlin 1981); ZOTTMANN, Theorie und Politik
hilfe-Finanzierung. Veränderte Aufgabenstel-   der Außenwirtschaft (1967).
lung des Internationalen Währungsfonds (Diss

wichtigen Kurssicherheit. Die Hauptvorteile der flexiblen Wechselkurse bestehen darin, daß sie die Marktverhältnisse adäquat widerspiegeln, interventionistische Maßnahmen entbehrlich machen und Spekulationswellen bei veränderungsverdächtigen Währungen vermeiden. Das *System der Kursfestsetzung* beruhte bis in die 70er Jahre auf dem Grundsatz fester Wechselkurse (vgl etwa HALL 95 ff; WALTER 30 f; zur Aufhebung des festen US-Dollar-Kurses am 19. 3. 1973 vgl STOBBE, Volkswirtschaftliches Rechnungswesen [7. Aufl 1989] 229). Ende der 70er Jahre zeichnete sich ein zunehmender Übergang zum System der flexiblen Wechselkurse ab. Nach Art IV Abschn 1 des Abkommens über den Internationalen Währungsfonds von 1944 wurde der Paritätswert jeder Währung in Gold als gemeinsamer Maßstab oder in US-Dollar ausgedrückt. Die Ausrichtung auf den US-Dollar als internationale Interventions- und Reservewährung war für das Währungssystem von Bretton Woods (Rn F 20 ff) charakteristisch (dazu auch HAHN § 13 Rn 2). Mittelbar war damit auch die deutsche Währung noch an die Goldparität gebunden (HAHN § 13 Rn 4). Eine generelle Freigabe der Wechselkurse wurde vom Fonds abgelehnt. Gebilligt wurde dagegen die Praxis des sog „floatens", also die Praxis fluktuierender Wechselkurse für einen bestimmten Zeitraum, vor allem zur Überwindung temporärer Zahlungsbilanzprobleme (ADEBAHR 425 ff; Nachw bei WALTER 33). Der Zusammenbruch des Golddollarsystems und des Systems der festen Wechselkurse zeichnete sich damit bereits in der Praxis ab (vgl HAHN § 13 Rn 5). Versuche, das Bretton-Woods-System der festen Wechselkurse wieder zu beleben, schlugen fehl (näher HAHN § 13 Rn 6). Spätestens seit 1973, als die Mehrzahl der europäischen Staaten zum Blockfloating gegenüber dem US-Dollar bei untereinander stabilen Wechselkursen übergegangen war, darf man von einem Zusammenbruch des Weltwährungssystems sprechen (HAHN § 13 Rn 7). Die **Neufassung des IWF-Übereinkommens von 1976** (Rn F 24) trug sodann diesem Trend vom System fester Wechselkurse zu einem „Mischsystem" Rechnung, indem sie folgende Wechselkursregelungen zuließ (Art IV Abschn 2 [b]): „(i) Aufrechterhaltung des Wertes einer Währung durch das betreffende Mitglied in Sonderziehungsrechten oder in einem anderen, vom Mitglied gewählten Maßstab außer Gold, (ii) Gemeinschaftsregelungen, nach denen Mitglieder den Wert ihrer Währungen im Verhältnis zum Wert der Währung oder Währungen anderer Mitglieder aufrechterhalten oder (iii) andere Wechselkursregelungen nach Wahl des Mitglieds". Zwei Vorgänge verbergen sich hinter dieser Formulierung: einmal die *Abkehr vom strengen System der festen Wechselkurse* hin zu größerem nationalem Spielraum; zum anderen die *Abkehr vom gemeinsamen Nenner Gold*. Die sich in dieser Neufassung von 1976 abzeichnenden desintegrativen Tendenzen sind nur die Konsequenz aus dem Scheitern des Systems von Bretton Woods (vgl ADEBAHR 426 ff). Die endgültige Aufgabe der Goldparität, verbunden mit einem Maximum an Wechselkursfreiheit, kennzeichnet diese Ablösung des Weltwährungssystems (HAHN § 13 Rn 9 f). Auch die unter dem IWF-Übereinkommen zunächst verbliebene mittelbare Goldpreisbindung der Deutschen Mark war damit entfallen (HAHN § 13 Rn 11).

F 6   c)   Die **Währungsparität** ist vom Devisenkurs (dazu Rn F 2) zu unterscheiden (HOFFMANN 6). Der Devisenkurs als der Marktpreis von Devisen stellt eine sich aus Angebot und Nachfrage ergebende reale Größe dar, die Währungsparität ist *nur eine nominelle Größe*: das rechtlich festgelegte Wertverhältnis der Recheneinheit einer Währung zu der Gewichtseinheit eines Währungsmetalls, zB des Goldes, oder zu der Recheneinheit einer anderen Währung, zB des US-Dollars (so HOFFMANN 6). Änderungen der Parität stellen zunächst nur nominelle Änderungen dar und binden die beteiligten Staaten als Völkerrechtssubjekte, nicht dagegen den Privatrechtsverkehr. Sie zielen zwar idR auf eine Änderung des Devisenkurses, führen diese aber nicht unmittelbar herbei (HOFFMANN 6 f). Die Paritäten werden völkerrechtlich festgelegt, während die Voraussetzungen der Kursentwicklung durch die staatlich zuständigen Währungsinstanzen, in der Bundesrepublik Deutschland also durch Bundesregierung und Bundesbank, gesteuert werden (vgl auch HAHN § 13 Rn 2; ISSING, Geldpolitik 6). Erst den Vollzug der Paritätsänderung sollte man Auf- und Abwertung nennen (vgl HOFFMANN 7). Nach Art IV Abschn 4 des Übereinkommens über den Internationalen Währungsfonds kann der Fonds mit einer Mehrheit von 85% aller Stimmen feststellen, daß die internationale Wirtschaftslage die Einführung eines weitverbreiteten Systems von Wechselkursregelungen auf der Grundlage stabiler, aber anpassungsfähiger Paritäten zuläßt.

2. Konvertibilität

Die **Konvertibilität einer Währung** bedeutet, daß jeder Inhaber ausländischer bzw **F 7** einheimischer Zahlungsmittel das Recht hat, diese unbeschränkt zum jeweiligen Wechselkurs gegen inländische bzw ausländische Zahlungsmittel einzutauschen (vgl nur EBKE 39 ff; FÖGEN 40; eingehende Nachw aus der Zeit vor 1958 bei STAUDINGER/WEBER[11] Vorbem 17 zu §§ 244, 245). Als „konvertierbar" oder „konvertibel" wird deshalb eine Währung bezeichnet, wenn das für sie geltende Währungsrecht keine rechtlichen Hindernisse für den Umtausch von Heimwährungsbeträgen in Fremdwährungsbeträge aufrichtet (FÖGEN 40). EBKE (42) korrigiert diese Abgrenzung dahin, daß auch die faktische Umtauschmöglichkeit gewährleistet sein muß: Nicht voll konvertibel sei eine Währung zB auch dann, wenn der betreffende Staat die Bereitstellung der notwendigen Devisen ungebührlich verzögere oder den An- oder Verkauf von Zahlungsmitteln mit einer prohibitiven Abgabe belege. Die Konvertibilität ist eine währungs- und rechtspolitische Grundfrage des internationalen Währungsrechts (vgl etwa ADEBAHR 406 f; EBKE 39; ELSHOLZ 22 ff). Die Konvertibilität von Währungen ist in Wahrheit eine relative Eigenschaft, die unter mehr oder weniger engen Voraussetzungen vorhanden oder nicht vorhanden sein kann (ausdrücklich zustimmend EBKE 47). So verpflichtet Art VIII des Abkommens (1944) und des Übereinkommens (1976) über den Internationalen Währungsfonds (Rn F 24) die Mitglieder nur zur Herstellung sog Ausländerkonvertibilität (Rn F 13), während die Deutsche Mark neben einer Reihe von anderen Währungen eine Vollkonvertibilität, dh auch eine Inländerkonvertibilität, aufweist (ADEBAHR 407; vgl allgemein EBKE 42). Das Europäische Währungsabkommen v 5. 8. 1955, in Kraft gesetzt durch G v 26. 3. 1959 (BGBl II 293), zielte auf die Rückkehr zur Konvertierbarkeit der Währungen der Mitgliedsstaaten ab. Die Bundesrepublik Deutschland war schon am 31. 12. 1958 zur freien Ausländerkonvertibilität übergegangen. Mit Inkraftsetzung des Europäischen Währungsabkommens trat automatisch die 1950 gegründete Europäische Zahlungsunion (EZU) in Liquidation (STAUDINGER/WEBER[11] Vorbem 17 zu §§ 244, 245). Die Konvertierbarkeit im Rahmen der Europäischen Währungsgemeinschaft ergibt sich aus Art 73 b-g EGV (dazu Rn F 14).

3. Aufwertung und Abwertung

Die Begriffe der **Aufwertung und Abwertung** (Revaluation und Devaluation) werden **F 8** uneinheitlich gebraucht. Sie sind zunächst nicht mit den binnenwirtschaftsbezogenen

Begriffen der Geldentwertung und der Forderungsaufwertung zu verwechseln (HOFF-
MANN 7). Als Aufwertung sind nur Vorgänge zu bezeichnen, die den Außenwert einer
Währung gegenüber anderen Währungen verändern (REINHUBER 44). Insbes die Vorgänge um das Aufwertungsgesetz von 1925 (dazu REINHUBER 134 ff) stellen im Lichte
des internationalen Geldrechts keine Aufwertungsvorgänge dar. Teilweise werden
die Begriffe der Aufwertung und Abwertung einfach mit Schwankungen des Wechselkurses gleichgesetzt (so zB STOBBE, Volkswirtschaftliches Rechnungswesen [7. Aufl 1989]
229; WOLL, Allgemeine Volkswirtschaftslehre [11. Aufl 1993] 571). *Für den juristischen Sprachgebrauch* ist mit HOFFMANN (7) eine Begriffsbildung vorzuziehen, in der Auf- und
Abwertung als Oberbegriffe vollzogener Paritätsänderungen erscheinen. In einem
System nationaler Währungen handelt es sich dabei um staatliche Eingriffe (REINHU-
BER 44). Zur Rechtsnatur und zur verfassungsmäßigen Beurteilung dieser Maßnahmen vgl HALL 118 ff.

II. Begriff des internationalen Währungsrechts

1. Gegenstand des internationalen Währungsrechts

F 9 Gegenstand des internationalen Währungsrechts ist die **internationale Ordnung des
Geldwesens**. Internationales Währungsrecht harmonisiert mit völkerrechtlichen Mit-
teln die unterschiedlichen nationalen Währungs- und Devisenrechte. Darin liegt der
Beitrag des modernen internationalen Währungsrechts zu einer Weltwirtschaftsord-
nung. Es leistet diesen Beitrag durch Einflußnahmen sowohl auf das innerstaatliche
Devisenrecht als auch auf das innerstaatliche Währungsrecht.

2. Aufgaben des internationalen Währungsrechts

F 10 Demgemäß bestehen die Aufgaben des internationalen Währungsrechts darin, **internationale Rahmenbedingungen für den grenzüberschreitenden Waren-, Dienstleistungs-
und Kapitalverkehr** zu schaffen. Insbes soll internationales Währungsrecht verhindern, daß einzelne Staaten einander durch ihre Währungs- und Devisenpolitik in
volkswirtschaftliche Bedrängnis bringen. So kann etwa die von einem Land manipulierte Unterbewertung der eigenen Währung gegenüber Fremdwährungen konkurrierende Auslandsunternehmen künstlich benachteiligen. Der ungehemmte Währungsverfall in einem Land kann dazu führen, daß Gläubigerländer benachteiligt
werden oder er kann einen Währungsverfall in Partnerländern begünstigen. In
Zusammenhang hiermit stehen die Probleme des Ausgleichs der Zahlungsbilanzen
(vgl WOLL, Allgemeine Volkswirtschaftslehre [11. Aufl 1993] 566 ff; RIEDEL, Ökonomische Wirkungen von Wechselkursänderungen [1981] 82 ff, 151 ff; UMLAUFF, Zur Theorie vom Zusammenhang
zwischen Zahlungsbilanzsalden und Ordnungen von Devisenkursen [1964] 85 ff; STOBBE, Volkswirtschaftliches Rechnungswesen [7. Aufl 1989] 232 ff; ROSE/SAUERNHEIMER, Theorie der Außenwirtschaft [11. Aufl 1992] 39 ff).

3. Instrumentarien des internationalen Währungsrechts

F 11 Das internationale Währungsrecht ist im wesentlichen **Gegenstand internationaler
Abkommen**, die völkerrechtlich bestimmte Wirkungsrichtungen der nationalen Wäh-
rungs- und Devisenpolitik der Mitgliedsländer vorschreiben. Zu nennen sind in
diesem Zusammenhang insbes das Übereinkommen über den Internationalen Wäh-

rungsfonds (IWF) idF von 1976 (BGBl 1978 II 15 ff), zuletzt geändert 1990 (BGBl 1991 II 814 ff), und das Londoner Schuldenabkommen vom 27. 2. 1953 (BGBl II 556), dazu näher Rn F 15. Das Europäische Währungssystem (Rn F 46) wird man als **supranationales**, nicht internationales **Währungsrecht** zu bezeichnen haben, obwohl es wie ein Abkommen wirkt, solange die Währungshoheit bei den EU-Mitgliedsstaaten liegt.

III.   Verhältnis des internationalen Währungsrechts zu anderen Bereichen des Geldrechts

1.   Verhältnis zum (nationalen) Devisenrecht

Devisenrecht ist nationales Außenwirtschaftsrecht (Rn E 1). Es liegt in der Natur des **F 12** internationalen Währungsrechts, hierauf Einfluß zu nehmen. Insbesondere gilt dies für das Übereinkommen über den Internationalen Währungsfonds (dazu Rn F 20 ff), für die Regelungen über das Europäische Währungssystem (dazu Rn F 46) und für das Londoner Schuldenabkommen (dazu Rn F 15 ff). Als völkerrechtliche Verträge sind aber diese Abkommen nicht selbst Bestandteile des nationalen Devisenrechts. Beispielsweise legen diese Abkommen völkerrechtlich verbindlich Währungsparitäten mit gewissen Bandbreiten fest und verpflichten die Mitgliedsstaaten, durch geeignete währungs- und wirtschaftspolitische Maßnahmen die Wechselkurse mit den festgesetzten Paritäten in Einklang zu bringen (vgl Art IV des Übereinkommens über den Internationalen Währungsfonds; Art 107 EGV; Art 1-4 des Zentralbankabkommens vom 13. 3. 1979). Die Umsetzung in nationales Recht ist Sache der einzelstaatlichen Gesetzgeber.

a)   Regelungen über die Konvertibilität (Rn F 7) enthält **Art VIII des IWF-Überein-** **F 13** **kommens:**

Abschnitt 2

Vermeidung von Beschränkungen laufender Zahlungen

a) Vorbehaltlich des Artikels VII Abschnitt 3 Buchstabe b und des Artikels XIV Abschnitt 2 darf ein Mitglied nicht ohne Zustimmung des Fonds Zahlungen und Übertragungen für laufende internationale Geschäfte Beschränkungen unterwerfen.

b) Aus Devisenkontrakten, welche die Währung eines Mitglieds berühren und den von diesem Mitglied in Übereinstimmung mit diesem Übereinkommen aufrechterhaltenen oder eingeführten Devisenkontrollbestimmungen zuwiderlaufen, kann in den Hoheitsgebieten der Mitglieder nicht geklagt werden. Außerdem können Mitglieder in gegenseitigem Einverständnis bei der Durchführung von Maßnahmen zusammenarbeiten, um die Devisenkontrollbestimmungen der beteiligten Mitglieder wirksamer zu gestalten, vorausgesetzt, daß diese Maßnahmen und Bestimmungen mit diesem Übereinkommen vereinbar sind.

Abschnitt 4

Konvertibilität von Guthaben des Auslands

a) Jedes Mitglied hat auf seine Währung lautende Guthaben eines anderen Mitglieds zu kaufen, wenn das Mitglied darum ersucht und dabei geltend macht,
i) daß die zu kaufenden Guthaben kürzlich aus laufenden Geschäften angefallen sind oder
ii) daß ihr Umtausch zwecks Zahlungen für laufende Geschäfte erforderlich ist.
Das kaufende Land hat die Wahl, entweder in Sonderziehungsrechten nach Maßgabe des Artikels XIX Abschnitt 4 oder in der Währung des ersuchenden Landes zu zahlen.

b) Die Verpflichtung nach Buchstabe a entfällt
i) wenn die Konvertibilität der Guthaben in Einklang mit Abschnitt 2 dieses Artikels oder Artikel VI Abschnitt 3 beschränkt worden ist;
ii) wenn die Guthaben aus Geschäften aufgelaufen sind, die vor dem Zeitpunkt geschlossen wurden, zu dem ein Mitglied die nach Artikel XIV Abschnitt 2 aufrechterhaltenen oder eingeführten Beschränkungen aufgehoben hat;
iii) wenn die Guthaben entgegen den Devisenvorschriften des Mitglieds erworben worden sind, das zum Kauf aufgefordert wird;
iv) wenn die Währung des um Ankauf ersuchenden Mitglieds nach Artikel VII Abschnitt 3 Buchstabe a für knapp erklärt worden ist oder
v) wenn das um Ankauf ersuchte Mitglied aus irgendeinem Grund nicht berechtigt ist, vom Fonds Währungen anderer Mitglieder gegen seine eigene Währung zu kaufen.

F 14 b)   Auf europäischer Ebene treten seit dem 1. 1. 1994 die **Art 73 b-g EGV** an die Stelle der in den Art 67 ff EGV enthaltenen Regelungen über den Kapital- und Zahlungsverkehr (Art 73 a EGV). Kernstück ist Art **73 b EGV**:

Freier Kapital- und Zahlungsverkehr

(1) Im Rahmen der Bestimmungen dieses Kapitels sind alle Beschränkungen des Kapitalverkehrs zwischen den Mitgliedstaaten sowie zwischen den Mitgliedstaaten und dritten Ländern verboten.

(2) Im Rahmen der Bestimmungen dieses Kapitels sind alle Beschränkungen des Zahlungsverkehrs zwischen den Mitgliedstaaten sowie zwischen den Mitgliedstaaten und dritten Ländern verboten.

Die Art 73 c-f EGV enthalten Ausnahmen für den Verkehr mit Drittländern, für die Durchsetzung nationaler Regeln vor allem des Steuerrechts, für die Fortgeltung von Devisenvorschriften, die bis 1993 mit dem Gemeinschaftsrecht harmonierten, und für kurzfristige Schutzmaßnahmen. Insbes gilt in Deutschland das AWG ungeachtet der in Art 73 b EGV angeordneten Kapitalverkehrsfreiheit fort.

F 15 c)   Das **Abkommen über deutsche Auslandsschulden** v 27. 2. 1953 (Londoner Schuldenabkommen) findet sich mit umfassenden Nachweisen kommentiert bei STAUDINGER/WEBER[11] Vorbem 479–549 zu §§ 244, 245. Das Abkommen hat durch das Gesetz v 24. 8. 1953 betreffend das Abkommen vom 27. 2. 1953 (sog Zustimmungsgesetz; BGBl II 331) in der Bundesrepublik Deutschland Gesetzeskraft erlangt. Es enthält die multilaterale Regelung deutscher Vorkriegsschulden und wirkt zT auch unmittelbar auf die Rechtsverhältnisse von Staatsbürgern ein. Das gilt insbesondere für Art 5 des

Abkommens, der ein Zahlungsverbot mit privatrechtlicher Wirkung ausspricht (vgl STAUDINGER/WEBER[11] Vorbem 514 ff zu §§ 244, 245).

2. Verhältnis zum (nationalen) Währungsrecht

a) Charakteristisch für die völkerrechtliche Verbindlichkeit international-wäh- **F 16** rungsrechtlicher Verträge ist auch ihr **Einfluß auf das nationale Währungsrecht**. Beispielsweise muß nach Art IV Abschn 1 des Übereinkommens über den Internationalen Währungsfonds jedes Mitglied „i) bestrebt sein, seine Wirtschafts- und Währungspolitik unter angemessener Berücksichtigung seiner Situation auf das Ziel eines geordneten Wirtschaftswachstums bei angemessener Preisstabilität auszurichten;

ii) um Stabilität bemüht sein, indem es geordnete Wirtschafts- und Währungsverhältnisse und ein Währungssystem anstrebt, das nicht dazu neigt, erratische Störungen auszulösen." Das internationale Währungsrecht wirkt grundsätzlich nur mittelbar auf das nationale Währungsrecht ein, weil seine Umsetzung in nationales Recht gesetzgeberischer Akte der vertragsgebundenen Staaten bedarf.

b) **Europarechtlich** gelten trotz der in Art 73 b EGV angeordneten Kapitalver- **F 17** kehrsfreiheit das AWG und die AWVO auch für grenzüberschreitende Zahlungen eines Gebietsansässigen in ein anderes EG-Mitgliedsland. Praktisch bedeutet dies, daß – zum Zwecke der Aufstellung und Kontrolle der Zahlungsbilanz – Zahlungen in andere EG-Mitgliedstaaten zwar der Meldepflicht unterliegen, daß jedoch ein Zahlungsverbot für solche Zahlungen nicht ausgesprochen werden kann. Dabei ist Art 73 b EGV (Verbot von Kapitalverkehrsbeschränkungen) von inländischen Gerichten ohne weiteres zu beachten (ROLF H WEBER, in: LENZ [Hrsg], EG-Vertrag [1994] Art 73 b Rn 18), so daß ein inländisches Gericht wegen des Vorrangs des Gemeinschaftsrechts (dazu zB GEIGER, EG-Vertrag [2. Aufl 1995] Art 5 Rn 17 ff; grundlegend EuGH, Slg 1964, 1251 „Costa/ENEL") ein inländisches Zahlungsverbot nicht beachten dürfte. In Zweifelsfällen kann freilich eine Vorlage zum EuGH nach Art 177 EGV in Frage kommen (ROLF H WEBER, in: LENZ [Hrsg], EG-Vertrag [1994] Art 73 b Rn 18).

3. Verhältnis zum Internationalen Privatrecht des Geldes

a) Bisweilen werden auch die **kollisonsrechtlichen Regeln über Geldschulden** dem **F 18** Internationalen Währungsrecht zugerechnet (so REINHUBER 71 ff; SCHLEGELBERGER/ HEFERMEHL[5] Anh § 361 HGB Rn 21 ff). Es sollte dabei besser vom Internationalen Privatrecht des Geldes, insbesondere der Geldschulden, gesprochen werden. Der Fragenkreis gehört damit in die Darstellung des Internationalen Privatrechts. Im vorliegenden Zusammenhang unterscheidet die hM zwischen *Schuldstatut und Währungsstatut* (vgl dazu etwa STAUDINGER/FIRSCHING[10/11] Vorbem 402 zu Art 12 EGBGB; SCHLEGELBERGER/ HEFERMEHL[5] Anh § 361 HGB Rn 22, 23; HAHN § 26 Rn 3 f). Das Schuldstatut gibt den Ausschlag für die *schuldrechtlichen* Normen, die auf ein Schuldverhältnis anwendbar sind. Das Währungsstatut gibt den Ausschlag für die auf die Zahlungsverpflichtung anzuwendenden *währungsrechtlichen* Normen. Das Währungsstatut folgt der lex causae, also dem Schuldstatut (§ 244 Rn 15; str). Damit ist noch nicht gesagt, daß bei inländischem Schuld- und Währungsstatut auch in jedem Fall inländisches Geld geschuldet ist, sondern nur, daß bei inländischem Währungsstatut deutsches Recht über die Schuldwährung entscheidet (§ 244 Rn 15). Zur Abgrenzung zwischen Heimwährungsschulden, einfachen Fremdwährungsschulden und effektiven Fremdwährungsschulden vgl § 244 Rn 13–36. Vgl dazu das **Schrifttum** bei § 244 Rn 1.

F 19 b)   Als Teil des **interlokalen**, nicht des internationalen, **Geldschuldrechts** wurde herkömmlicherweise das Geldschuldrecht zwischen der Bundesrepublik und der DDR eingeordnet. Eine eingehende Darstellung nach dem Stand von 1967 findet sich bei STAUDINGER/WEBER[11] Vorbem 550–829 zu §§ 244, 245 („Interzonale Geldverbindlichkeit"). Sie gehört in Darstellungen des Internationalen Privatrechts. Für das Schuldrecht des Geldes ist hervorzuheben, daß die DDR Währungsausland, eine in Mark der DDR zu begleichende Verbindlichkeit also eine Fremdwährungsschuld war (eingehend § 244 Rn 4, 79 ff). Mit dem Vertrag über die Schaffung einer Währungs-, Wirtschafts- und Sozialunion von 1990 und spätestens mit dem Einigungsvertrag hat sich das Problem erledigt (vgl auch oben Rn E 17).

IV.   Der Internationale Währungsfonds

F 20 Der **Internationale Währungsfonds (International Monetary Fund = IWF)** wird als das monetäre Gegenstück zu den Vereinten Nationen bezeichnet. Zugleich läßt sich das Abkommen von Bretton Woods als „zweite, und zwar monetäre Säule multilateraler Regelungen des internationalen Handels" neben dem GATT begreifen (vFÜRSTENWERTH, Ermessensentscheidungen im Außenwirtschaftsrecht [1985] 104; vgl auch JANDER/ZOBERBIER WiB 1994, 717). Er bildet die Grundlage des internationalen Währungssystems und arbeitet nach Art X des Übereinkommens über den Internationalen Währungsfonds (Rn F 24) mit den anderen internationalen Organisationen zusammen. 1980 zählte er 141 Mitgliedsländer (TRÉSOR 171 mit näheren Angaben). Nach dem Stand von 1984 waren es 179 (SCHRAEPLER, Taschenbuch der Internationalen Organisationen [1994] 42).

1.   Aufgaben

F 21 Aufgabe des Internationalen Währungsfonds ist es einerseits, die **Währungsstabilität** in der Welt zu sichern; auf der anderen Seite soll dem *internationalen Währungssystem* eine gewisse **Elastizität** erhalten bleiben. Nach Art IV Abschn 1 des Übereinkommens (Rn F 24) ist „der eigentliche Zweck des internationalen Währungssystems die Schaffung von Rahmenbedingungen zur Erleichterung des Waren-, Dienstleistungs- und Kapitalverkehrs zwischen den Ländern und zur Aufrechterhaltung eines gesunden Wirtschaftswachstums". Ein Hauptziel wird darin gesehen, „die geordneten Grundbedingungen ständig weiterzuentwickeln, welche für die Währungs- und Wirtschaftsstabilität notwendig sind". Ziele des Internationalen Währungsfonds sind nach Art I des Abkommens von 1944 bzw des eine Neufassung darstellenden Übereinkommens idF von 1976:

(i) die internationale Zusammenarbeit auf dem Gebiet der Währungspolitik durch eine ständige Einrichtung zu fördern, die als Apparat für Beratungen und die Zusammenarbeit bei internationalen Währungsproblemen zur Verfügung steht;
(ii) die Ausweitung und das in sich ausgeglichene Wachsen des Welthandels zu erleichtern und dadurch zur Förderung und Aufrechterhaltung eines hohen Beschäftigungsgrades und Realeinkommens sowie zur Entwicklung der Produktionskraft aller Mitglieder als oberste Ziele aller Wirtschaftspolitik beizutragen;

(iii) die Stabilität der Währungen zu fördern, geordnete Währungsbeziehungen zwischen den Mitgliedern aufrechtzuerhalten und Währungsabwertungen aus Wettbewerbsgründen zu verhindern.

(iv) bei der Einrichtung eines multilateralen Zahlungssystems für die laufenden Geschäftsbeziehungen zwischen den Mitgliedern und bei der Beseitigung von Devisenverkehrsbeschränkungen, die das Wachsen des Welthandels hemmen, mitzuwirken;

(v) das Vertrauen der Mitglieder dadurch zu stärken, daß ihnen unter angemessenen Sicherungen Mittel des Fonds zur Verfügung gestellt werden und ihnen so die Gelegenheit gegeben wird, Unausgeglichenheiten in ihren Zahlungsbilanzen zu bereinigen, ohne zu Maßnahmen Zuflucht nehmen zu müssen, die dem nationalen und internationalen Wohlstand abträglich sind;

(vi) in Übereinstimmung mit Vorstehendem die Dauer der Unausgeglichenheit der internationalen Zahlungsbilanzen der Mitglieder abzukürzen und den Grad der Unausgeglichenheit zu vermindern.

Die **Zielsetzungen des Fonds** sind häufig analysiert worden (statt vieler HAHN § 13 Rn 2 ff; **F 22** HERDEGEN § 22; GRÄNICHER, Die kollisionsrechtliche Anknüpfung ausländischer Devisenmaßnahmen [1984] 80 ff; EGGERSTEDT ZfKrW 1995, 491). Vor allem nach der weitgehenden Freigabe der Wechselkurse fungiert der Fonds nicht mehr als Garant einer durch Gold und US-Dollar definierten Parität, sondern mehr und mehr als internationales Kreditinstitut neben der Weltbank (HAHN § 13 Rn 10). Er hilft vor allem bei kurzfristigen Zahlungsbilanzkrisen. Spezialliteratur: EDWARDS, International Monetary Collaboration (1985); FERBER/WINKELMANN, Internationaler Währungsfonds, Weltbank, IFC, IDA (3. Aufl 1985); GOLD, International Monetary Fund, EPIL 5 (1983) 108; EGGERSTEDT ZfKrW 1995, 491.

2.   Entstehungsgeschichte

Die *Entstehungsgeschichte des Internationalen Währungsfonds* ist mit dem Namen **F 23** **Bretton Woods** verbunden. Das Abkommen von 1944 wurde auf der von 45 Nationen beschickten „Währungs- und Finanzkonferenz der Vereinten Nationen" in Bretton Woods/USA erarbeitet. Vorausgegangen waren Expertenvorschläge (insbes der *Keynes-Plan* und der *White-Plan)* und Verhandlungen zwischen den USA und England (WALTER 21). In der Entwicklung des Weltwährungssystems ist das Abkommen von Bretton Woods Markstein der Abkehr von der Devisenbewirtschaftung. Es setzte zunächst auf feste, durch den goldgebundenen US-Dollar definierte Wechselkurse. Dieses System mußte aber nach der Abkehr der USA von der Golddeckung aufgegeben werden (Rn F 5).

3.   Rechtsgrundlagen

a)   *Rechtsgrundlage* des Internationalen Währungsfonds war ursprünglich das **F 24** **Abkommen über den Internationalen Währungsfonds** (Articles of Agreement of the International Monetary Fund; zweisprachiger Abdruck BGBl 1952 II 638). Im BGBl 1978 II 15 findet sich die **Neufassung aufgrund der Zweiten Änderung des Übereinkommens über den Internationalen Währungsfonds von 1976** (Second Amendment to the Articles of Argreement of the International Monetary Fund). Zustimmungsgesetz ist das *Gesetz zu dem Übereinkommen über den Internationalen Währungsfonds in der*

Fassung von 1976 (**IWF-Gesetz**) v 9. 1. 1978 (BGBl II 13). Die **Dritte Änderung des Abkommens von 1990** trat für die Bundesrepublik aufgrund des Zustimmungsgesetzes hierzu vom 22. 7. 1991 (BGBl II 814) in Kraft. Die Bundesrepublik trat dem Internationalen Währungsfonds 1952 bei. Zustimmungsgesetz war das Gesetz über den Beitritt der Bundesrepublik Deutschland zu den Abkommen über den Internationalen Währungsfonds (International Monetary Fund) und über die Internationale Bank für Wiederaufbau und Entwicklung (International Bank for Reconstruction and Development) v 28. 7. 1952 (BGBl II 637).

F 25 b) **Auslegungsfragen**, die sich zwischen einem Mitglied und dem Fonds oder zwischen Mitgliedern ergeben, werden dem Exekutivdirektorium zur Entscheidung unterbreitet; das einzuschlagende Verfahren ist in Art XXIX geregelt. Art XXX enthält die Erläuterung von Begriffen.

4. Rechtsstellung

F 26 Der Fonds besitzt volle **Rechtspersönlichkeit**, dh Rechtsfähigkeit und Parteifähigkeit (Art IX Abschn 2; näher WALTER 27 mwNw). Er genießt *Immunität von jeder Gerichtsbarkeit*, soweit er nicht im Einzelfall oder auf Grund vertraglicher Bestimmungen ausdrücklich darauf verzichtet (Art IX Abschn 3). Der Fonds, seine Vermögenswerte, Einkünfte und Transaktionen sind *von jeder Besteuerung und von allen Zollabgaben befreit* (Art IX Abschn 9).

5. Organisation

F 27 Die **Organisation und Geschäftsführung** des Fonds ist in Art XII des Übereinkommens geregelt (vgl dazu HAHN § 15 Rn 5 ff). Der Fonds hat einen *Gouverneursrat* (Abschn 2), ein *Exekutivdirektorium* (Abschn 3), einen *geschäftsführenden Direktor* und *Personal* (Abschn 4), sowie einen *Rat auf Ministerebene* (Anhang D). Der aus Vertretern der Mitgliedsländer gebildete Gouverneursrat gilt als das oberste Leitungsgremium. Der Gouverneur und der stellvertretende Gouverneur für die Bundesrepublik Deutschland werden von der Bundesregierung im Benehmen mit der DBB bestellt (Art 5 Abs 1 IWF-Gesetz v 9. 1. 1978, BGBl II 13). Das Exekutivdirektorium ist für die täglichen Geschäfte des Fonds verantwortlich und nimmt die ihm vom Gouverneursrat delegierten Zuständigkeiten wahr. Es wählt den Geschäftsführenden Direktor. Das Recht zur Besetzung der Stelle eines Exekutivdirektors im Internationalen Währungsfonds wird für die Bundesrepublik Deutschland vom Bundesminister der Finanzen im Benehmen mit der DBB ausgeübt (Art 5 Abs 3 IWF-Gesetz).

6. Mitgliedschaft

F 28 a) **Beginn und Ende der Mitgliedschaft** sind folgendermaßen geregelt: Die Mitgliedschaft entstand für *die ursprünglichen Mitglieder* durch Erwerb vor dem 31. 12. 1945 (Art II Abschn 1), für *die anderen Länder* durch Beitritt nach Art II Abschn 2. Die Bundesrepublik Deutschland ist Mitglied seit 1952. Die Mitgliedschaft wird beendet durch Austritt oder Ausschluß nach Art XXVI. Nach der Änderung des Art XXVI Abschn 2 im Jahr 1990 (BGBl 1991 II 815) geht dem Ausschluß nunmehr die Aussetzung der Stimmrechte voraus. Regelungen über die Liquidation und über die zeitweilige Außerkraftsetzung von Bestimmungen im Notstand enthält Art XXVII.

b) **Mitgliederrechte** sind vor allem das *Stimmrecht* im Gouverneursrat und im Exe- **F 29** kutivrat (Art XII Abschn 5) und das *Recht zu Kreditaufnahmen*. Die Gewährung von Finanzierungshilfen an Mitglieder mit Zahlungsbilanzschwierigkeiten gehört zu den Hauptaufgaben des Internationalen Währungsfonds. Diese Kredite werden oftmals mit einschneidenden wirtschaftspolitischen Bedingungen oder Auflagen verbunden (sog „Konditionalität", vgl HERDEGEN § 22 Rn 5; krit hierzu KNIEPER, KJ 1979, 270 ff; Nachdruck in: ders, Zwang, Vernunft, Freiheit. Studien zur juristischen Konstruktion der bürgerlichen Gesellschaft [1981] 84 ff). Sie werden in der Rechtsform von Kaufgeschäften gewährt (TRÉSOR 174 f). Dieses als „Ziehung" bezeichnete Geschäft besteht darin, daß das kreditnehmende Mitglied Fremdwährung gegen Heimwährung kauft. Nach Maßgabe von Art V Abschn 3 besteht ein Recht auf *Inanspruchnahme der allgemeinen Fondsmittel*. Diese geschieht durch den Kauf von Währungen anderer Mitglieder. Voraussetzung ist ua, daß der Kauf wegen der Zahlungsbilanz- oder Reservesituation oder wegen der Entwicklung der Reserven des Mitglieds erforderlich ist. Der Fonds kann dem Mitglied die Befugnis zur Inanspruchnahme der allgemeinen Fondsmittel entziehen, wenn die Verwendung der Mittel den Zielen des Fonds zuwiderläuft (Art V Abschn 5) oder es eine seiner Pflichten aus dem Übereinkommen nicht erfüllt (Art XXVI Abschn 2 [a]). Grundsätzlich darf ein Mitglied die allgemeinen Fondsmittel nicht dazu verwenden, einen beträchtlichen oder anhaltenden Kapitalabfluß zu decken (Art VI Abschn 1).

c) Hinsichtlich der **Mitgliedspflichten** unterscheidet das Übereinkommen zwischen **F 30** den Verpflichtungen auf dem Gebiet der Wechselkursregelungen (Art IV) und den allgemeinen Mitgliederpflichten (Art VIII). Pflichten auf dem Gebiet der Wechselkursregelungen ergeben sich zunächst aus Art IV Abschn 1. Danach wird jedes Mitglied

i) bestrebt sein, seine Wirtschafts- und Währungspolitik unter angemessener Berücksichtigung seiner Situation auf das Ziel eines geordneten Wirtschaftswachstums bei angemessener Preisstabilität auszurichten;

ii) um Stabilität bemüht sein, indem es geordnete Wirtschafts- und Währungsverhältnisse und ein Währungssystem anstrebt, das nicht dazu neigt, erratische Störungen auszulösen;

iii) Manipulationen der Wechselkurse oder des internationalen Währungssystems mit dem Ziel, eine wirksame Zahlungsbilanzanpassung zu verhindern oder einen unfairen Wettbewerbsvorteil gegenüber anderen Mitgliedern zu erlangen, vermeiden und

iv) eine Wechselkurspolitik verfolgen, die mit den Verpflichtungen aus diesem Abschnitt vereinbar ist.

d) Die **Zulässigkeit allgemeiner Wechselkursregelungen** ist in Art IV Abschn 2 gere- **F 31** gelt. Der Fonds überwacht die Einhaltung dieser Verpflichtungen (Art IV Abschn 3). Weitere allgemeine Verpflichtungen betreffen die *Vermeidung von Beschränkungen laufender Zahlungen* (Art VIII Abschn 2), die *Vermeidung diskriminierender Währungspraktiken* (Art VIII Abschn 3), die *Konvertibilität* von Guthaben des Auslands (Art VIII Abschn 4), die *Erteilung von Informationen* (Art VIII Abschn 5), die *Konsultation über bestehende internationale Übereinkünfte* (Art VIII Abschn 6). Jedem Mitglied wird eine in Sonderziehungsrechten (Rn F 33) ausgedrückte *Quote* zugeteilt (Art III Abschn 1). Die *Subskription jedes Mitglieds* entspricht seiner Quote und ist in voller Höhe bei der zuständigen Hinterlegungsstelle an den Fonds zu zahlen (Art III Abschn 1). Bei Quotenänderungen (Art III Abschn 2) hat jedes Mitglied 25% der Erhöhung in Sonderziehungsrechten (nach der Fassung von 1944 in Gold) zu zahlen, falls nicht der Gouverneursrat eine andere Bestimmung nach Maßgabe von Art III Abschn 3 (a) trifft. Den Rest zahlt das Mitglied in seiner eigenen Währung. Unter der Voraussetzung von Art III Abschn 4 kann die Bareinzahlung durch Schuldurkunden ersetzt werden. Zur Wiederauffüllung seiner Bestände, die er im Zusammenhang mit seinen Transaktionen braucht, kann der Fonds Kredite bei Mitgliedern aufnehmen oder von Mitgliedern verlangen, seine Währung gegen Sonderziehungsrechte zu verkaufen (Art VII Abschn 1).

7. Transaktionen des Fonds

F 32 Die **Transaktionen**, die für Rechnung des Fonds durchgeführt werden, beschränken sich prinzipiell darauf, *Mitgliedern gegen Zahlung in ihrer Währung Sonderziehungsrechte oder die Währungen anderer Mitglieder zur Verfügung zu stellen* (Art V Abschn 2 [a]). Nach Art XV Abschn 1 ist der Fonds befugt, den Mitgliedern, die Teilnehmer der Sonderziehungs-Abteilung sind, Sonderziehungsrechte zuzuteilen, um im Bedarfsfall die bestehenden Währungsreserven ergänzen zu können. Der *Sonderziehungsrechtsverkehr* besteht darin, daß die Teilnehmer die ihnen zugeteilten Sonderziehungsrechte auf das Konto eines anderen Teilnehmers transferieren und als Gegenleistung konvertible Nationalwährung erhalten, um Zahlungsbilanzerfordernissen Rechnung zu tragen (eingehend WALTER 64 ff). Der Fonds kann allerdings auch beschließen, finanzielle und technische Dienstleistungen – zB in Gestalt der Verwaltung von Mitteln – zu erbringen, die mit seinen Zielen vereinbar sind (Art V Abschn 2 [b]). Die *Operationen und Transaktionen zwischen den Mitgliedern und dem Fonds* werden über das Schatzamt, die Zentralbank, den Stabilisierungsfonds oder eine ähnliche Währungsbehörde des Fonds abgewickelt (Art V Abschn 1). In der Bundesrepublik Deutschland ist dies die **DBB** (Art 3, 4 IWF-Gesetz v 9. 1. 1978, BGBl II 13). Ihre Zusammenarbeit mit der Bundesregierung ist Gegenstand einer Verwaltungsvereinbarung (Art 7 IWF-Gesetz). Aufgrund von Art V Abschn 3 beschließt der Fonds *Geschäftsgrundsätze für die Inanspruchnahme* seiner allgemeinen Mittel. Sonstige Käufe und Verkäufe von Sonderziehungsrechten durch den Fonds und der Rückkauf eigener Währung durch ein Mitglied aus den Beständen des Fonds sind in Art V Abschn 6 und 7 geregelt, sonstige Operationen und Transaktionen in Art V Abschn 12.

8. Sonderziehungsrechte

F 33 **a)**   **aa)** Die **Sonderziehungsrechte** des Internationalen Währungsfonds (abgekürzt „SZR", englisch „special drawing rights") beruhen auf Art XV ff des IWF-Abkommens. Der **Begriff** der Sonderziehungsrechte läßt sich nicht der Bezeichnung selbst entnehmen (eingehend ITH 53 ff; WALTER 57 ff), sondern nur der Funktion. Je nach dem Verwendungszusammenhang meint man mit Sonderziehungsrechten entweder internationales Buchgeld oder eine Währungseinheit.

F 34 **bb)** Die Sonderziehungsrechte haben sich aus einer goldbezogenen Rechnungseinheit zu einer **Währungskorb-Rechnungseinheit** entwickelt. Sie stellten zunächst eine

Art Buchgold in Parität zum sog Golddollar dar und entsprachen 0,888671 Gramm Feingold (Urfassung des IWF-Abkommens Art IV Abschn 1; dazu HAHN § 3 Rn 10; F A MANN, Legal Aspect 499; WALTER 62). Seit 1974 handelt es sich um eine Währungskorb-Rechnungseinheit, deren Zusammensetzung vom IWF beschlossen wird (Art XV Abschn 2 IWF-Übereinkommen in der Neufassung von 1976). Die Gesamtheit der nach einer Quotelung zu berücksichtigenden maßgeblichen Währungen repräsentiert den Wert eines Sonderziehungsrechts (näher ADEBAHR, 446 ff; JANDER/ZOBERBIER WiB 1994, 719). Der IWF errechnet täglich den Wert eines Sonderziehungsrechts, ausgedrückt in den jeweiligen Standardkorb-Währungen. Der Kurs der Sonderziehungsrechte gegenüber der DM wird im BAnz veröffentlicht. Sonderziehungsrechte entstehen durch Zuteilung. Nach Art XV Abschn 1 ist der IWF befugt, den Teilnehmern seiner Sonderziehungs-Abteilung Sonderziehungsrechte zuzuteilen, um im Bedarfsfall die bei ihm bestehenden Währungsreserven ergänzen zu können (vgl zum Zuteilungsbeschluß auch Art XVIII Abschn 2 IWF-Übereinkommen). Nach Art VIII Abschn 7 IWF-Übereinkommen verpflichtet sich jedes Mitglied des IWF zur Zusammenarbeit mit dem Fonds und mit anderen Mitgliedern, um zu gewährleisten, daß die Politik des Mitglieds in bezug auf die Reservemedien mit den Zielen vereinbar ist, eine bessere internationale Kontrolle der internationalen Liquidität zu fördern und das Sonderziehungsrecht zum Hauptreservemedium des internationalen Währungssystems zu machen (vgl speziell für die Teilnehmer der Sonderziehungs-Abteilung auch Art XXII IWF-Abkommen).

b) Die **Rechtsnatur der Sonderziehungsrechte** ist zweifelhaft. Ihre **Eigenschaften** sind **F 35**
folgende (WALTER 135): Sie sind *Recheneinheit* und *Wertmaßstab*; sie sind in beschränktem Umfang mit *Annahmezwang* ausgestattet; sie können als Mittel zur Begleichung von Schulden dienen. WALTER (140) bezeichnet sie als internationales Geld, F A MANN (Legal Aspect 23) nur als Rechnungseinheit. Der Dissens ist teilweise sachlicher Art (vgl zur Einordnung des sog Buchgelds Rn A 28), teilweise beruht er darauf, daß unter Sonderziehungsrechten je nach dem Verwendungszusammenhang unterschiedliche Dinge verstanden werden. Nach dem hier (Rn A 14 ff) entwickelten Geldbegriff ist zu unterscheiden: Die Sonderziehungsrechte werden teilweise lediglich als *Einheit zur Berechnung von Geldschulden* verwendet. Insoweit stehen sie mit dem Funktionsbegriff Geld in Zusammenhang, sind aber selbst ebensowenig Geld wie eine Währungseinheit Geld ist. Im Internationalen Währungsfonds funktionieren die Sonderziehungsrechte zugleich als *internationales Buchgeld* (SCHLAEGER 71 ff; WALTER 141, 145). Auch insoweit ist der Zusammenhang mit dem funktionellen Geldbegriff gewahrt. Geld iS des gegenständlichen Geldbegriffs sind die Sonderziehungsrechte ebensowenig, wie das allgemeine Buchgeld Geld ist (Rn A 28). Es ist deshalb zu unterscheiden:

aa) **Sonderziehungsrechte als Buchgeld** sind Zahlungsmittel (vgl HAHN § 3 Rn 13; eingehend **F 36**
hend WALTER 135 ff), aber – wie jedes Buchgeld (Rn A 28) – nicht gegenständliches Geld iS der hier verwandten Terminologie. Sonderziehungsrechte als Buchgeld entstehen durch *Zuteilungsbeschluß des Fonds* auf der Grundlage von Art XV ff des IWF-Übereinkommens: Die Gläubigerländer kaufen Sonderziehungsrechte nach Maßgabe der für sie aufgestellten Quote gegen eigene Währung. Der Fonds schreibt ihnen dafür auf ihrem von der Sonderziehungsrechts-Abteilung geführten Sonderziehungsrechtskonto Sonderziehungsrechte gut. Die betroffenen Notenbanken weisen die Sonderziehungsrechte als Währungsreserven aus. Den Schuldnerländern

stellt der Fonds Sonderziehungsrechte bzw deren Gegenwert in ausländischer Währung zur Verfügung (vgl zusammenfassend ADEBAHR, 444 ff; WALTER 57 ff). Der IWF vergibt Darlehen in Sonderziehungsrechten. Diese sind verzinslich (Art XX Abschn 1 IWF-Übereinkommen). Innerhalb des Währungsfonds wird durch ein reglementiertes Wechselkurssystem dafür gesorgt, daß bei der Verwendung von Sonderziehungsrechten ein stabiler Gegenwert zugrundeliegt (Art XIX Abschn 7 IWF-Übereinkommen). Sonderziehungsrechte können bei Operationen und Transaktionen verwendet werden, die im IWF-Übereinkommen oder auf Grund dieses Abkommens für zulässig erklärt sind (Art XIX Abschn 1 IWF-Übereinkommen). Unter Transaktionen in SZR sind Tauschvorgänge zwischen Sonderziehungsrechten und anderen monetären Vermögenswerten zu verstehen, unter Operationen in Sonderziehungsrechten alle anderen Arten ihrer Verwendung. Insofern funktionieren die offiziellen Sonderziehungsrechte als Buchgeld. Dies gilt aber nur für die offiziellen Sonderziehungsrechte beim Internationalen Währungsfonds: Sie stellen selbst Buchgeldpositionen dar.

F 37　bb)　Sonderziehungsrechte als Rechnungseinheit *verdrängen zunehmend den Goldfranken in internationalen einheitsrechtlichen Haftungsübereinkommen* (vgl eingehend F A MANN, Legal Aspect 163, 166 ff; KLINGSPORN WM 1978, 918; speziell für das Seehandelsrecht W RICHTER, Tendenzen der Entwicklung des int Seehandelsrechts, in: FS Dünnebier [1982] 740 ff). Die einheitsrechtlichen Übereinkommen setzten die Haftungssumme zunächst in sog Goldfranken fest, nämlich entweder in Germinal-Franken (10/31 Gramm Gold von 900/1000 Feingehalt) oder in Poincaré Franken (65$^{1}/_{2}$ Milligramm Gold von 900/1000 Feingehalt). Für die meisten Währungen gab es keine direkte Goldparität, was zu weltweiter Rechtsunsicherheit führte. Es war nicht ohne weiteres vorhersehbar, ob die Gerichte eines ausländischen Staates nun den Marktwert des Goldes zugrundelegen, eine Parität konstruieren oder aber die Bestimmung gar nicht anwenden würden (instruktiv der Fall der „Blue Hawk": Arrondissementsrechtsbank te Rotterdam EuTR 1981, 369 und Hoge Raad 1981 AirLaw 1981, 191 m Anm DU PERRON; über die Rechtsunsicherheit der Goldfrankengrenze im Warschauer Abkommen vgl MÜLLER-ROSTIN transpR 1982, 91 ff). Eine aus Goldwert und Sonderziehungsrecht kombinierte Parität ließ sich konstruieren, solange diese mit einer Goldwertgarantie ausgestattet waren (vgl KLINGSPORN WM 1978, 919). Man konnte die Goldfranken über ihren Goldgehalt in Sonderziehungsrechte umrechnen, daraufhin einen Betrag in US-Dollar und schließlich in Heimwährung ermitteln. Dieser Ausweg ist in dieser Form nicht mehr gangbar, weil die Sonderziehungsrechte nicht mehr durch eine Goldparität definiert sind. Seitdem zeichnet sich ein weltweiter Trend ab, die Haftungssummen unmittelbar in Sonderziehungsrechten auszudrücken (KLINGSPORN WM 1978, 920; vgl dazu auch BGH RIW 1981, 792 = VersR 1981, 1030). Hingewiesen sei nur auf § 486 Abs 1 HGB iVm Art 8 Abs 1 S 1 des Londoner Haftungsbeschränkungsübereinkommens von 1976 (BGBl 1986 II 787), § 486 Abs 2 HGB iVm Art V Abs 9 Buchst a des Haftungsübereinkommens von 1992 (BGBl II 1152), § 660 Abs 1 Satz 2 HGB sowie auf Art 23 Abs 7 S 1 CMR. Im innerstaatlichen Bereich hat der Gesetzgeber für eine Ersetzung der Goldfranken durch die Sonderziehungsrechte gesorgt durch das sog **Goldfrankenumrechnungsgesetz** vom 9. 6. 1980 (BGBl II 721; s dazu auch W RICHTER 742 f).

F 38　cc)　Die private Verwendung von Sonderziehungsrechten im Rechtsverkehr beschränkt sich auf den *Bereich des sog Buchgelds* sowie der *Denominierung von Geldsummen und Geldsummenschulden* (eingehend BÜRGER, Überlegungen zur Verwendung von Rechnungseinheiten nach deutschem Geld- und Währungsrecht, in: FS Werner [1984] 67 ff). Eine

Barauszahlung kann selbstverständlich nur in Geldzeichen einer aus den Sonderziehungsrechten errechneten Währung erfolgen. Die Eingehung von Geldschulden in Sonderziehungsrechten unter Inländern bedarf nach wohl richtiger Auffassung der Genehmigung nach § 3 WährG, weil Sonderziehungsrechte hierbei als „eine andere Währung als Deutsche Mark" verwendet werden (str; vgl BÜRGER 74). Im übrigen gelten für die Verwendung von Sonderziehungsrechten dieselben Restriktionen wie für die Verwendung des „privaten ECU" (dazu Rn F 55 ff): Überall da, wo das Gesetz die Verwendung von Deutscher Mark vorschreibt – Aktiennennwerte, Bilanzen, Grundpfandrechte etc – scheidet die private Verwendung von Sonderziehungsrechten aus. Nicht ausgeschlossen ist die Ausstellung von Schecks und Wechseln in Sonderziehungsrechten (vgl sinngemäß KARSTEN SCHMIDT ZHR 159 [1995] 96 ff).

V.   Die sog Xeno-Devisen*

1.   Zum Begriff

a)   Als Xeno-Devisen bezeichnet man **Guthaben in einer Fremdwährung**. Der Begriff entzieht sich einer präzisen Definition, weil nicht jede Fremdwährungsforderung (§ 244 Rn 1, 6 ff) auch als Xeno-Devise bezeichnet wird. Im wesentlichen ist mit Xeno-Devisen Fremdwährungs-Giralgeld gemeint: Sie entstehen durch die Anlage von Geld bei Banken außerhalb des Emissionsstaates der für das Konto genutzten Währung (vgl HAHN § 4 Rn 7). Xeno-Devisen sind nicht Geld iS der bei Rn A 14 ff entwickelten Begrifflichkeit (HAHN § 4 Rn 1; ders, Euro-Devisen 9 ff; ders, in: FS Zweigert [1981] 636 f). Als Giralgeld können sie aber, wie alles Giralgeld, Geldfunktionen erfüllen.   **F 39**

b)   Die **Hauptprobleme der Xeno-Devisen** liegen, wie fast immer bei Fremdwährungsforderungen, in der international-privatrechtlichen Anknüpfung, in der Feststellung der Zahlungswährung und im Devisenrecht.   **F 40**

2.   Die sog Euro-Devisen, insbes der Euro-Dollar

a)   Klassische Xeno-Devisen sind die sog Euro-Devisen, insbes der **sog Euro-Dollar** (eingehend HAHN § 4; ders, Euro-Devisen 15 ff; FUCHS ZVglRWiss 95 [1996] 284 f). Die Entstehung und Bezeichnung der sog Euro-Devisen war zunächst eine Folge von devisen-   **F 41**

---

* **Schrifttum** (vgl zunächst auch die Angaben bei Rn F 1): ADEN, Grundzüge des Eurokreditvertrages, RIW 1992, 309; BELL, The Euro-Dollar Market and the international financial System (London 1974); BRANDES, Der Eurodollarmarkt (1967); BUDDE/FLÜH, Transferrubelgeschäfte und DM-Forderungen, ZIP 1992, 369; CROCHAT, Le marché des eurodevises (Paris 1970); EINZIG-QUINN, The Euro-Dollar System (6. ed London 1977); F G FISCHER, The Eurodollar Bond Market (London 1979); FUCHS, Zur rechtlichen Behandlung der Eurodevisen, ZVglRWiss 95 (1996) 283; HAHN, Das Währungsrecht der Euro-Devisen (1973); LAM-

FALUSSY, The Euro-Dollar Market, JWTL 1971, 377; LIEPMANN, Geldtheoretische und geldpolitische Probleme des Eurodollarmarktes (1971); F A MANN, The Legal Aspect of Money (5. Aufl 1992) 63 ff, 199 ff; NATERMANN, Der Eurodollarmarkt in rechtlicher Sicht. Institutioneller Rahmen und Regelungsmöglichkeiten (1977); ROSENAU, Das Eurodollar-Darlehen und sein anwendbares Recht, RIW 1992, 879; SCHÄFER, Der Euro-Dollarmarkt (1971); SPILLER, Aufgaben, Rechtsstellung, Finanz- und Währungssystem des RGW. Vorträge und Berichte aus dem Europa-Institut der Universität des Saarlandes Nr 101 (1987).

rechtlichen Eingriffen in den Geld- und Kapitalmarkt zu Zeiten des sog kalten
Krieges (HAHN § 4 Rn 4), dann auch von Zahlungsbilanzproblemen der USA (HAHN § 4
Rn 5; weitere Entstehungsmomente bei FUCHS ZVglRWiss 95 [1996] 285). Die sog Euromärkte
behaupteten sich vor diesem Geschehen als in weitem Maße den Gesetzen von
Angebot und Nachfrage folgende Devisenmärkte (HAHN § 4 Rn 6). Über das Wäh-
rungs- und Bankaufsichtsrecht auf dem Gebiet der sog Euromärkte berichtet HAHN
§ 4 Rn 12 ff.

F 42 **b)**   Bei dem Euro-Dollar handelt es sich um **Dollarguthaben**, die bei Abschlüssen
am internationalen Finanzmarkt durch Umbuchung im amerikanischen Bankensy-
stem unter Beteiligung mindestens einer europäischen Bank bewegt werden (NATER-
MANN 32 f; ROSENAU RIW 1992, 879). Dementsprechend ist der Euro-Dollar *weder eine
besondere Währung, noch auch nur eine eigene Rechnungseinheit* (NATERMANN 64).
Von den Sonderziehungsrechten wie von dem ECU unterscheidet sich der Euro-
Dollar daher vor allem durch seine Verfügbarkeit auch für private Wirtschaftssub-
jekte als allgemein gültige Währung. Es handelt sich um *Buchgeld in US-Dollarwäh-
rung, das Gegenstand des europäischen Geldhandels* ist. Vgl eingehend zum rechtlichen Rahmen des Eurodollarmarktes, über einzelstaatliche Steuerungsmöglichkei-
ten, insbes nach dem Recht des Internationalen Währungsfonds und der Bank für
Internationalen Zahlungsausgleich NATERMANN passim. Inzwischen sind andere
Fremdwährungen in den sog Euro-Dollarmarkt einbezogen worden, so daß mehr
und mehr von einem allgemeinen Euromarkt gesprochen wird (FUCHS ZVglRWiss 95
[1996] 287). Für Eurogeldmarktgeschäfte gelten international einheitliche Usancen
(FUCHS ZVglRWiss 95 [1996] 289), so daß man von einer geldrechtlichen Lex Mercatoria
sprechen mag. Zur geldrechtlichen Einordnung der sog *Xeno-Devisen* im allgemeinen vgl Rn A 20. Daß es sich überhaupt um Geldschulden handelt, hatte F A MANN
(Legal Aspect [4. Aufl 1982] 194) in Frage gestellt. Er plädierte für die Einordnung des
Euromarkts als eines bloßen „Kontenmarkts", nicht eines Geldmarkts: "In the case
of dollars it seems to be the rule (and therefore possibly a term of the contract) that
such credit should be effected through the Clearing House Interbank Payments
System (Chips) in New York. Accordingly, the creditor will probably be entitled, not
to payment, but to specific performance by way of a credit, which can only be effected in New York, so that the obligation is not a monetary one ... In short, as
economists have said, the Eurodollar market is a mere account market rather than a
money market." Nachdem indes die englische Rechtsprechung (Libyan Arab Foreign
Bank v Bankers Trust Company) entgegen diesem Konzept die Barauszahlungspflicht aus
einem Euro-Dollarkonto bejaht hatte (dazu HAHN § 4 Rn 11), hat indes auch F A
MANN von seiner Deutung des Euro-Dollar murrend Abstand genommen (Legal
Aspect 201). Wegen der Zahlungswährung ist auf die Erläuterungen zu § 244 hinzuweisen (nach FUCHS ZVglRWiss 95 [1996] 300 ist diese Vorschrift unanwendbar, weil es sich um
effektive Fremdwährungsschulden handle).

3.   Transferrubel und sonstige Rechnungseinheiten

F 43 **a)**   Keine bloßen Xeno-Devisen, aber auch kein Geld, sondern Verrechnungsein-
heiten sind auch die sog **Transferrubel** (KG WM 1994, 286; BUDDE/FLÜH ZIP 1992, 369 ff).
Im sozialistischen Rechtssystem – aber nicht im Einklang mit der hier verwendeten
Terminologie – wurde der Transferrubel sogar als eine „internationale kollektive
Währung" begriffen (vgl LG Berlin DtZ 1994, 40 f mit Hinweis auf SPILLER 29 ff; wie hier

HAUSSNER DtZ 1993, 80). Die Mitgliedstaaten des Rates für gegenseitige Wirtschaftshilfe (RGW), darunter die DDR, hatten im Jahr 1963 zur Abwicklung ihrer
Außenhandelsbeziehungen ein Abkommen über die mehrseitigen Verrechnungen in
transferablen Rubeln und die Gründung der Internationalen Bank für wirtschaftliche Zusammenarbeit geschlossen (BUDDE/FLÜH ZIP 1992, 370). Die Transferrubelge-
schäfte unterstanden dem Außenhandelsmonopol der DDR (KG WM 1994, 286).
Diese zahlte den in Transferrubeln vereinbarten und auf DDR-Mark umgerechneten
Preis an den Lieferanten aus (KG ebd). Seit 1990 stand aber die Teilnahme am
Außenwirtschaftsverkehr jedermann frei (BUDDE/FLÜH ZIP 1992, 371 f, 377). Das RGW-
Abkommen wurde von der DDR zum 31. 1. 1991 gekündigt (BUDDE/FLÜH ZIP 1992,
372). Altgeschäfte konnten weiterhin auf Transferrubelbasis abgewickelt werden
(BUDDE/FLÜH ZIP 1992, 373). Insoweit bleiben auch die den Allgemeinen Bedingungen
für die Warenlieferungen zwischen den Organisationen der Mitgliedsländer des
RGW maßgeblich für die Zulässigkeit des Zahlungsverfahrens (KG WM 1994, 286).
Diese Weiterführung des Transferrubel-Verrechnungsverkehrs hatte Subventions-
charakter (HAUSSNER DtZ 1991, 80). Sie blieb aber auf Liefergeschäfte aus dem
RGW-Bereich, insbes auch der DDR, beschränkt. Die Weiterführung des Transferrubelverkehrs wurde nicht selten in krimineller Weise durch mißbräuchliche Verwendung ausgenutzt (DIRK FISCHER, Systemtransformation und Wirtschaftskriminalität. Rechtsfragen der Vereinigungskriminalität am Beispiel der mißbräuchlichen Inanspruchnahme des 1990
fortgeführten Transferrubel-Verrechnungsverkehrs [1996]). Nach BGHZ 131, 149 = LM § 330
DDR-ZGB Nr 6 = DtZ 1996, 315 = WM 1996, 12 = ZIP 1996, 53 handelte rechtswidrig iS von § 330 ZGB (DDR), wer das Transferrubel-Abrechnungsverfahren
unberechtigterweise in Anspruch nahm (vgl auch bereits KG WM 1994, 286). Der
Umrechnungskurs Transferrubel/DDR-Mark betrug 1:4,68 (KG WM 1994, 286), der
Umrechnungskurs zur Deutschen Mark demnach 1:2,34 (BUDDE/FLÜH ZIP 1992, 375;
s auch LG Berlin DtZ 1994, 40, 41). Für Klagen einer Bank der früheren DDR auf Rück-
zahlung von Beträgen, die im Transferrubel-Zahlungsverkehr gutgeschrieben und in
Deutsche Mark umgestellt worden sind, ist der Rechtsweg zu den ordentlichen
Gerichten gegeben.

b) Auch andere **Bankkonten in Rechnungseinheiten** (zum Begriff vgl Rn A 37) sind **F 44**
keine Xeno-Devisen. Das gilt insbesondere für die **in Sonderziehungsrechten** (Rn F
33 ff) **oder „privaten" ECU** (Rn F 51 ff) denominierten Konten.

VI. Europäisches Währungsrecht*

1. Vom Währungsverbund zum Währungssystem

a) Der Vertrag zur Gründung der Europäischen Wirtschaftsgemeinschaft von **F 45**
1957 (EWGV) enthielt zunächst keine umfassenden Währungsregelungen (HAHN § 13

---

* **Schrifttum** (Auswahl; vgl zunächst auch die
Angaben bei Rn F 1): ASWWU (Arbeitsstab
Europäische Wirtschafts- und Währungsunion)
beim Bundesministerium der Finanzen, Zwischenbericht „Die Einführung des Euro in Gesetzgebung und öffentlicher Verwaltung" vom
28. 4. 1997; BECKER-NEETZ, Rechtliche Probleme im Zusammenhang mit der Europäischen
Währungsunion, EWS 1996, 369; BERTHOLD,
Das europäische Währungssystem (EWS). Konzeption und bisherige Erfahrungen (1981);
vBORRIES/REPPLINGER-HACH, Auf dem Wege
zur „Euro-Verordnung", NJW 1996, 3111; dies,
Rechtsfragen der Einführung der Europawäh-

Rn 12), was durch die fehlende Bereitschaft zur Abgabe währungspolitischer Kompetenzen an die Gemeinschaft erklärt wurde (EVERLING EuR 1984, 362). Stattdessen beschränkten sich die Mitgliedstaaten zunächst auf den **Europäischen Währungsverbund (Wechselkursverbund)**, die sog „Schlange". Dieser Verbund beruhte auf dem Versuch, innerhalb der Europäischen Gemeinschaft das System der festen Wechsel-

---

rung, EuZW 1996, 492; BREUER, Portfolio-Management und Europäische Währungsunion, ZBB 1996, 123; BURGHARD, Währungsrecht und Währungspolitik in der EG, in: HAHN (Hrsg), Integration und Kooperation im Europäischen Währungswesen (1980) 41; DEDERT, Die private ECU. Ihre Entwicklung und Aspekte einer parallelen Verwendung (Diss Münster 1988); DICKEN, Wechselkurse im europäischen Währungswesen, in: HAHN (Hrsg), Integration und Kooperation im Europäischen Währungswesen (1980) 11; DUNNETT, Some Legal Principles Applicable to the Transition to the Single Currency, CMLRev 1996, 1133; EVERLING, Geld und Währung in der Rechtsprechung des EuGH, EuR 1984, 361; FISCHER/ KLANTEN, Langfristige Bankverträge und die Euro-Währung, ZBB 1996, 1; dies, Die Euro-Verordnungen – gesetzlicher Rahmen für die einheitliche Währung, Sparkasse 1997, 35; GEIGER, EG-Vertrag (2. Aufl 1995); GLESKE, Institutionelle Fragen des Europäischen Währungssystems, in: GRAMLICH/WEBER/ZEHETNER (Hrsg), Auf dem Weg zur Europäischen Währungsunion (1992) 99; ders, Organisation, Status und Aufgaben der zweistufigen Zentralbanksysteme in den Vereinigten Staaten von Amerika, in der Bundesrepublik Deutschland, in der künftigen Europäischen Währungsunion, in: FS Hahn (1997) 123; GRUSON, Altwährungsforderungen vor US-Gerichten nach Einführung des Euro, WM 1997, 699; GUTOWSKI/ SCHARRER, Das Europäische Währungssystem – ein Erfolg?, in: BRUNNER ua (Hrsg), Geld- und Währungsordnung, Schriften des Vereins für Socialpolitik NF 138 (1983) 147; HABELER, The International Monetary System, the European Monetary System, and a Single European Currency in a „Single European Market", in: FS Schlesinger (1989) 293; HABLITZEL, Integration und Kooperation im europäischen Währungswesen, BayVBl 1979, 300; HÄDE, Die europäische Wirtschafts- und Währungsunion, EuZW

1992, 171; ders, Währungsintegration mit abgestufter Geschwindigkeit, in: FS Hahn (1997) 141; ders, Ein Stabilitätspakt für Europa?, EuZW 1996, 138; HAFKE, Rechtliche Fragen von Wertsicherungsvereinbarungen vor und nach Eintritt in die Währungsunion, WM 1997, 693; HAHN, Vom EWS zur Europäischen Währungsunion (1990); ders, Zum Geltungsbereich der Europäischen Währungsunion, JZ 1993, 481; ders, Das Entstehen der Europawährung, JZ 1996, 321; HALLER, Die zweite Stufe der Europäischen Wirtschafts- und Währungsunion, WM 1994, 622; HARTMANN, Die Europäische Währungsunion unter dem Gesichtspunkt der Theorie des optimalen Währungsgebiets (1975); HELLMANN, Europäische Wirtschafts- und Währungsunion. Eine Dokumentation (1972); ders, Das Europäische Währungssystem (1979); HERDEGEN, Internationales Wirtschaftsrecht (2. Aufl 1995) § 21; KESS, Die Rechnungseinheit als Finanzinstrument der Europäischen Gemeinschaften, EuR 1978, 122; KLOTEN, Das Europäische Währungssystem. Eine europapolitische Grundsatzentscheidung im Rückblick, Europaarchiv 35 (1980) 111; ders, Zur „Endphase" des Europäischen Währungssystems, Europaarchiv 36 (1981) 21; ders, Maximen einer Europäischen Währungspolitik, in: FS Schlesinger (1989) 317; KÖNIG, Aktie und Euro, EWS 1996, 156; KOKOTT, Deutschland im Rahmen der europäischen Union – zum Vertrag von Maastricht, AöR 1994 (119), 207; KORTZ, Die Entscheidung über den Übergang in die Endstufe der Wirtschafts- und Währungsunion (1996); ders, Der Termin des 1. Januar 1999 – Zielvorgabe oder Automatismus für den Beginn der Endstufe der Europäischen Wirtschafts- und Währungsunion, EuR 1996, 80; ders, Europäische Wirtschafts- und Währungsunion und der Europäische Rat von Florenz, EWS 1996, 305; LOUIS, The Institutional Framework of the EMU, in: WYMEERSCH (Hrsg), Further Perspectives in Financial Integration in Europe

---

kurse zu verteidigen. Der Währungsverbund ging auf einen Beschluß des EG-Ministerrats aus dem Jahr 1971 zurück, der auf die stufenweise Einführung einer Wirtschafts- und Währungsunion zielte und vorerst ein eigenständiges Wechselkurssystem vorsah, ferner auf das sog Basler Abkommen von 1972, das einen Wechselkursverbund errichtete. Die „Währungsschlange" ließ die Wechselkurse der Mitgliedsländer untereinander nur innerhalb schmaler Bandbreiten schwanken. Gegenüber dem US-Dollar ermöglichte der Europäische Währungsverbund das sog Blockfloating, dh das freie Schwanken bei festen Wechselkursen innerhalb des

(1994) 15; ders, Union monétaire et le Fonds monétaire international, in: FS Hahn (1997) 201; Lutz, Nachruf auf die europäische Währungsschlange, Europaarchiv 29 (1974) 285; Mackenzie, The Economics of the Eurocurrency System (London 1976); Mackinnon, The Eurocurrency Market (Princeton 1977); Magnifico, Eine Währung für Europa. Ein Weg zur Europäischen Währungsvereinigung (1977), Monatsberichte der DBB 3/79, 11; Gert Meier, Die Europäische Währungsunion als Stabilitätsgemeinschaft und das Grundgesetz, NJW 1996, 1027; Nicolaysen, Wirtschafts- und Währungsunion, in: Handwörterbuch des Agrarrechts II (1982); ders, Rechtsfragen der Währungsunion (1993); Plewka/Schlösser, Ausgewählte handelsbilanzielle Probleme bei der Einführung des EURO, Betrieb 1997, 337; Potthoff/Hirschmann (Hrsg), Die Europäische Währungsunion – ein Testfall für die Europäische Integration? (1997); Rey, The european monetary System, CMLRev 1980, 7; ders, Towards the EMU – The Present Status of the Preparations, in: Wymeersch (Hrsg), Further Perspectives in Financial Integration in Europe (1994) 3; Schefold, Die Europäischen Verordnungen über die Einführung des Euro, WM-Sonderbeil 4/96; Reiner Schmidt, Öffentliches Wirtschaftsrecht AT (1990) § 6 III 5; U H Schneider, Die Vereinbarung und die Erfüllung von Geldschulden in Euro, Betrieb 1996, 2477; ders/Sünner, Die Anpassung des Aktienrechts bei Einführung der Europäischen Währungsunion, Betrieb 1996, 817; Schröer, Zur Einführung der unechten nennwertlosen Aktie aus Anlass der Europäischen Währungsunion, ZIP 1997, 221; Seidel, Das Europäische Währungssystem S25T-S16T Rechtliche Grundlage und Ausgestaltung, EuR 1979, 13; ders, Probleme der Währungsordnung der Europäi-

schen Union, in: FS Vieregge (1995) 793; Siebelt, Die ECU, JuS 1996, 6; Strohmeier, Das Europäische Währungssystem (Diss Würzburg 1980); Studt, Rechtsfragen einer europäischen Zentralbank (1993); Tettinger, Weg frei für die europäische Währungsunion?, RIW-Beil 3/92; Thomasberger, Europäische Währungsintegration und globale Währungskonkurrenz (1993); Timmermann, Zur Beurteilung des Europäischen Währungssystems, in: Brunner ua (Hrsg), Geld- und Währungsordnung, Schriften des Vereins für Socialpolitik NF 138 (1983) 181; Timmann, Die europäischen Rechnungseinheiten: Von der Rechnungseinheit zum ECU (1979); Tremer, Der Euromarkt, in: Hahn (Hrsg), Integration und Kooperation im Europäischen Währungswesen (1980) 25; Trezise, The European Monetary System (Washington 1979); Troberg, Auf dem Weg zum Europäischen Währungsrecht, ÖBA 1997, 85; Ungerer, Das Europäische Währungssystem und das internationale Wechselkurssystem, in: Seidel (Hrsg), Geldwertstabilität und Wirtschaftswachstum (1984) 97; Wahlig, Die Unabhängigkeit der nationalen Zentralbanken als institutionelles Kriterium für den Eintritt in die dritte Stufe der Währungsunion, in: FS Hahn (1997) 265; Waigel, Die Europäische Währungsunion – ein Prüfstein für Europa, Sparkasse 1997, 5; Weber, Die Währungsunion – Modell für ein Europa mehrerer Geschwindigkeiten?, in: FS Hahn (1997) 273; Wegner, Das europäische Währungssystem und die Folgen, Europaarchiv 34 (1979) 189; Welteke, Auf dem Weg zur Europäischen Währungsunion: Aspekte der Umsetzung, Sparkasse 1997, 53; Widmer, Euromarkt. Eurogeld- und Eurokapitalmarkt (1977); Wölker, The Continuity of Contracts in the Transition to the Third Stage of Economic and Monetary Union, CMLRev 1996, 1117.

Blocks. Rechnungseinheit des Währungsverbundes war die Europäische Rechnungseinheit.

F 46 b)   Aufgrund einer Entschließung des Europäischen Rates vom 5. 12. 1978 wurde
der Europäische Währungsverbund abgelöst durch das **Europäische Währungssystem**
(EWS). Die Vorgeschichte und Entwicklung ist verschiedentlich geschildert worden
(HAHN, EWS 7 ff; GLESKE, in: GRAMLICH/WEBER/ZEHETNER [1992] 103 ff). Das Europäische
Währungssystem war nicht im EWGV verankert, sondern beruhte auf einem Vertrag
der Notenbanken der teilnehmenden Länder. In diesem Vertrag waren die gegenseitigen Rechte und Pflichten geregelt (GLESKE 105). Daher ist die Teilnahme am
Wechselkursmechanismus nicht zwingend (HAHN, EWS 6; POTACS EuR 1989, 24 zu den
wechselnden Teilnahmen am Wechselkursmechanismus). Das EWS wurde konzipiert ohne
die Ambition zur Fortentwicklung zu einer Währungsunion. Ziel war lediglich, feste
Wechselkursrelationen aufrechtzuerhalten, einerseits innerhalb der EU, andererseits im Verhältnis zu Drittstaaten (GLESKE 103 f). Dennoch war das EWS ein
wichtiger Schritt hinsichtlich der weiteren Integration, nicht zuletzt, weil die mit dem
System eingeführte Europäische Währungseinheit trotz ihrer begrenzten materiellen
Bedeutung für das Funktionieren des EWS (dazu unten Rn F 51) rasch Symbolkraft für
die Währungsintegration in Europa gewann. **Organ** des EWS, wie auch zuvor des
Europäischen Währungsverbundes, war der Europäische Fonds für währungspolitische Zusammenarbeit (**EFWZ**). Das Europäische Währungssystem hat die **Aufgaben**
des alten Währungsverbundes, der sog„Währungsschlange", übernommen, stellt
also insofern ein System fester Wechselkurse mit geringen Bandbreiten dar. Seine
wesentlichen **Merkmale** sind neben dem *ECU* (dazu Rn F 49) die *Wechselkursmecha-*
nismen und die *Kreditmechanismen* (vgl zu diesen HAHN § 13 Rn 21 ff; ENSTHALER JuS 1994,
27 f). Obwohl die Grenzen für zulässige Schwankungen der Währungen mehrfach
verändert wurden, ist das System der einzige Zusammenschluß von Ländern geblieben, der über einen langen Zeitraum relativ feste Wechselkurse aufrechterhalten
konnte (ENSTHALER JuS 1994, 28). Dieser Erfolg beruht nach dem„Delors-Bericht"
(abgedruckt in EuR 1989, 275) neben dem Stabilitätsstreben der Mitgliedsländer auch
auf der Rolle der Deutschen Mark als „Ankerwährung".

F 47 c)   Die **Entwicklung** zu einer Europäischen Wirtschafts- und Währungsunion fand
sodann einen vorläufigen Abschluß in der Einführung von Art 102 a EWGV und in
der Einheitlichen Europäischen Akte von 1986 (ABIEG Nr L 169/1, BGBl II 1102). Erst
hierdurch wurde das **EWS** in das Primärrecht des EWG-Vertrages aufgenommen
(SIEBELT JuS 1994, 448; eingehend HAHN § 13 Rn 24 ff). Mit Vertrag über die Europäische
Union vom 7. 2. 1992 (Maastricht-Vertrag, BGBl II 1251) und den entsprechenden
Änderungen im EWGV, nunmehr EG-Vertrag (EGV), wurde die Verwirklichung
der Wirtschafts- und Währungsunion in drei Stufen beschlossen (dazu unten Rn F 67).
Bis zum Beginn der dritten Stufe am 1. 1. 1999 **bleibt das Europäische Währungssystem**
in Kraft. Für die Zeit danach ist ein neuer Wechselkursmechanismus geplant (siehe
unten Rn F 94).

F 48 d)   Eine **Schlüsselrolle** im Spannungsfeld zwischen der Union und den Mitgliedstaaten kommt dem Europäischen Gerichtshof zu (EVERLING EuR 1984, 361 ff). Der
Gerichtshof hat in der Strafsache„Thompson" (EuGH Slg 1978, 2247) zwischen dem
Geld- und dem Warenverkehr unterschieden, womit zulässige Devisenrechtsbestim-
mungen nicht am Verbot von Beschränkungen der Warenverkehrsfreiheit gemäß den

Art 30 ff EGV scheitern (dazu EVERLING EuR 1984, 365). Diese Auffassung wurde in der Strafsache „Aldo Bordessa" (EuGH WM 1995, 1176) bestätigt. Der Gerichtshof hat ferner in der Sache „Luisi und Carbone" (EuGH Slg 1984, 377, 406) aus der Dienstleistungsfreiheit abgeleitet, daß Zahlungsbeschränkungen durch Zuteilung von Reisedevisen im gemeinsamen Markt unzulässig sind (dazu EVERLING EuR 1984, 368). Eine generelle Unzulässigkeit alter Devisenbestimmungen unter den EU-Mitgliedsländern läßt sich jedoch aus der Rechtsprechung nicht ablesen (EuGH Slg 1981, 2595, 2615 „Casati"; EVERLING EuR 1984, 369). Die Frage ist für die Fortgeltung des AWG innerhalb des Europäischen Währungssystems von Bedeutung (vgl dazu Rn E 4).

2.   Der ECU im Europäischen Währungssystem

a)   Der ECU (**European Currency Unit**, Europäische Währungseinheit) steht im **F 49** Mittelpunkt des EWS (HAHN § 13 Rn 18 unter Hinweis auf Ziffer 2. 1. der Ratsentscheidung vom 5. 12. 1978; HÄDE/ECKERT EuZW 1993, 628; STAUDINGER/KARSTEN SCHMIDT[12] Rn F 39; Vorgeschichte bei DEDERT 10 ff). Die Abkürzung nimmt zugleich Bezug auf eine französische Goldmünze, die seit LUDWIG I V in Frankreich galt (NICOLAYSEN § 6 III), weshalb sie im französischen Sprachraum und auch von der Kommission maskulin verwendet wird (dazu KARSTEN SCHMIDT ZHR 159 [1995] 97). Durch Verordnung (EWG) Nr 3180/78 v 18. 12. 1978 (ABlEG Nr L 379/1) wurde der ECU als neue Europäische Währungseinheit definiert (SIEBELT JuS 1994, 448). Der ECU ist, wie die Bezeichnung als „Currency Unit" erkennen läßt, **kein Geld** iS des bei Rn A 14 ff entwickelten Geldbegriffs (HAHN § 3 Rn 1, 3; F A MANN, Legal Aspect 8, 23, 505; MünchKommBGB/vMAYDELL[3] § 244 Rn 6; STUDT 33 ff; HÄDE/ECKERT EuZW 1993, 629; KARSTEN SCHMIDT ZHR 159 [1995] 100). Soweit die von der belgischen Staatskasse ausgegebenen ECU-Münzen als Geld im Rechtssinn anzusehen sind, handelt es sich um in ECU denominiertes belgisches, nicht um europäisches Geld, da die Ausgabe allein auf Kompetenzen des Belgischen Staates beruhte (SIEBELT/HÄDE NJW 1992, 10, 11; zu weiteren Münzen mit ECU-Bezug in den Mitgliedsstaaten HÄDE/ECKERT EuZW 1993, 629). Auch Währung iS von Rn A 41 ist der ECU mangels staatlicher Währungshoheit der Europäischen Gemeinschaft nicht (HÄDE/ECKERT EuZW 1993, 629 unter Berufung auf die Währungsdefinition gemäß STAUDINGER/KARSTEN SCHMIDT[12] Rn A 21; BÜRGER, in: FS Werner [1984] 71 f). Der ECU ist eine **Rechnungseinheit** iS von Rn A 37, also eine abstrakte Werteinheit (STAUDINGER/KARSTEN SCHMIDT[12] Rn F 39; HAHN § 3 Rn 3; F A MANN, Legal Aspect 505; BÜRGER 71 f; HÄDE/ECKERT EuZW 1993, 629; KARSTEN SCHMIDT ZHR 159 [1995] 100). Er ist als Währungskorb definiert, der aus festen Beträgen der Mitgliedswährungen besteht (NICOLAYSEN § 6 III; ENSTHALER JuS 1994, 27). Bemerkenswert ist, daß auch die Währungen von Mitgliedsländern, die am Wechselkurssystem des Europäischen Währungssystems nicht teilnehmen, in dem Währungskorb vertreten sind (GLESKE, Währungspolitische Rolle 6). Die **Zusammensetzung** des Korbes wird ermittelt aus den relativen Anteilen der Mitglieder am Bruttosozialprodukt der Gemeinschaft und am gesamten innergemeinschaftlichen Handel im Verhältnis zum relativen Anteil am kurzfristigen Währungsbestand. Die regelmäßige Überprüfung der Zusammensetzung (ENSTHALER JuS 1994, 27) findet nicht mehr statt, Art 109 g Abs 1 EGV. Die Europäische Währungseinheit hat verschiedene **Funktionen** im Europäischen Währungssystem (Rn F 50). Die Verordnung (EWG) Nr 3181/78 v 18. 12. 1978 (ABlEG L 379/2) ermächtigte den Europäischen Fonds für währungspolitische Zusammenarbeit, ECU als Gegenwert für die Einlagen der Währungsbehörden der Mitgliedstaaten auszugeben. Nur insoweit wird der ECU schon als Zahlungsmittel verwendet. Ursprünglich sollte der ECU – nach Vorstellungen der

Staats- und Regierungschefs – die Funktion als Recheneinheit im EWS haben und somit Kern des Systems sein (GLESKE, in: GRAMLICH/WEBER/ZEHETNER [1992] 103 ff). Dieses
Konzept wurde von den nationalen Notenbanken nicht übernommen; sie entschieden
sich als Bezugspunkt für Interventionen für ein Paritätengitter, in dem die Paritäten
der EWS-Währungen in ihrem jeweiligen Verhältnis zueinander festgelegt sind
(Rn F 50). So ist die Bedeutung des ECU im EWS selber, in seinem offiziellen Gebrauch also (zum „offiziellen" ECU vgl Rn F 50), gering geblieben, im Gegensatz zu seiner
Entwicklung an den Märkten als sog „privater" ECU (dazu Rn F 51 ff).

F 50 **b)**   Der ECU als Bestandteil des Europäischen Währungssystems wird als der
„offizielle" ECU bezeichnet (HAHN § 13 Rn 19; SIEBELT/HÄDE NJW 1992, 10; HÄDE/ECKERT
EuZW 1993, 628 f; SIEBELT JuS 1994, 448). Obwohl bloße Rechnungseinheit (Rn F 49)
erfüllt er innerhalb des Währungssystems bereits eine Reihe von Geldfunktionen
(HAHN § 13 Rn 18 f). Aber nur die Zentralbanken und der Europäische Fonds für währungspolitische Zusammenarbeit (EFWZ) sowie andere Zentralbanken oder internationale Währungsinstitutionen nach Verleihung des Halterstatus durch den EFWZ
können „offizielle" ECU halten (HAHN § 13 Rn 19); nur zwischen diesen Beteiligten
dient der ECU als Zahlungsmittel (WAHLIG WM 1985, 1053; SIEBELT JuS 1994, 448; eingehend DEDERT 38). Er erfüllt im EWS **Funktionen** als Bezugsgröße für Wechselkurse,
Indikator für Kursabweichungen und Rechengröße für Buchgeld im Interventions-
und Kreditmechanismus des Europäischen Währungssystems sowie bei den zugehö-
rigen Notenbanken. Indikator für Kursabweichungen ist der ECU insofern, als jede
am europäischen Wechselkurssystem teilnehmende Währung einen ECU-Leitkurs
hat, woraus sich ein Geflecht in ECU definierter bilateraler Wechselkurse mit Inter-
ventionspflichten der beteiligten Staaten ergibt (HAHN § 13 Rn 21). Gleichzeitig ist der
ECU als Währungsreserve gedacht (HAHN § 13 Rn 18; SIEBELT/HÄDE NJW 1992, 10) und
wird als solche verwendet (GLESKE, Währungspolitische Rolle 7). Die Rolle des „offiziellen" ECU im Rahmen der beiden letztgenannten Mechanismen ist allerdings
begrenzt geblieben ("Delors-Bericht" EuR 1989, 275; HASSE 93). Eine **Funktionserweite-**
rung erfährt der ECU durch die EU-Haushaltsordnung, nach welcher der Haushalts-
plan der EU in ECU aufgestellt wird (HÄDE/ECKERT EuZW 1993, 629; HAHN § 25 Rn 5;
SIEBELT JuS 1994, 448). Nach HÄDE/ECKERT (EuZW 1993, 629) gehört dies noch zum
Bereich des „offiziellen" ECU (aA SIEBELT JuS 1994, 448; differenzierend auch DEDERT 41).
Nahezu alle finanziellen Transaktionen der EU werden heute in ECU durchgeführt
(SIEBELT JuS 1994, 448).

3.   **Der sog „private" ECU: Verwendung der Rechnungseinheit für die**
      Denominierung von Geldsummen, Geldschulden, Geldkonten und Geld-
      transaktionen

F 51 **a)**   **aa)** Vom „offiziellen" ECU als einem Institut des Europäischen Währungssystems wird der **„private"** ECU unterschieden (DEDERT 41; HAHN § 13 Rn 20, § 25 Rn 6 ff mit
umfassenden Nachw; seither noch HÄDE/ECKERT EuZW 1993, 628 f; HÄDE WM 1993, 2035; SIE-
BELT/HÄDE NJW 1992, 10). Die Terminologie ist mißverständlich insofern, als der ECU
als Rechnungseinheit unteilbar, die Definition des ECU in der „privaten" Praxis
deshalb mit Recht dieselbe wie im Europäischen Währungssystem ist (HÄDE WM 1993,
2035). Währung ist der „private" ECU ebensowenig wie der „offizielle" (BORN ZVglRW
88 [1989] 436 f). Es geht beim „privaten" ECU um die Verwendung der Europäischen
Rechnungseinheit für die Denominierung von Geldsummen, Geldschulden und

Geldtransaktionen im Rechtsverkehr unter Privatrechtssubjekten (HAHN § 25 Rn 6; HAHN/SIEBELT, in: Hdb des EG-Wirtschaftsrechts F I Rn 33; HÄDE/ECKERT EuZW 1993, 629; HÄDE WM 1993, 2035; SIEBELT/HÄDE NJW 1992, 10). Um die Verwandlung des ECU in Geld im Rechtssinne geht es nicht, weshalb auch die Frage, inwieweit die ECU-Verwendung im Privatrechtsverkehr zulässig ist, nicht mit der nach der Geldeigenschaft des ECU belastet werden sollte (KARSTEN SCHMIDT ZHR 159 [1995] 103), jedenfalls nicht, solange nicht der gesellschaftlichen Theorie des Geldes gefolgt wird (dazu Rn A 3; krit MÜNCH 65). Die Rede ist deshalb auch von „reinem Giralgeld" (HASSE 96).

bb) Die Verwendung des „privaten" ECU als eines „Geschöpfes privatrechtlicher **F 52** Verträge" (HÄDE/ECKERT EuZW 1993, 629) oder „Geschöpfes der Rechtsordnung" (WAHLIG WM 1985, 1053) hat sich allein aufgrund der **Initiative des Marktes** entwickelt (WAHLIG aaO; zur Entstehung des ECU-Marktes vgl HAHN § 25 Rn 7 ff). Am 1. 3. 1981 legte Italien die erste ECU-Anleihe auf (HASSE 94); im April 1981 wurde eine ECU-Anleihe in Belgien emittiert (DEDERT 62, der diese als erste ECU-Anleihe bezeichnet). Wegen seines Ursprungs in privatrechtlicher Initiative bestimmt die jeweilige Parteivereinbarung die Zusammensetzung des „privaten" ECU (HAHN/SIEBELT, in: Hdb des EG-Wirtschaftsrechts F I Rn 39; SIEBELT/HÄDE NJW 1992, 11). Bei einem Hinzutreten oder Ausscheiden von Mitgliedswährungen stellt sich deshalb das Problem, ob nun die alte oder die neue Zusammensetzung des Währungskorbes maßgeblich sein soll (BÜRGER, in: FS Werner [1984] 75). Das ist eine Auslegungsfrage, richtet sich also nach Verkehrssitte (§ 157) und Handelsbrauch (§ 346 HGB). In der Praxis vollzieht der „private" ECU die Änderungen in der Zusammensetzung des „offiziellen" ECU regelmäßig nach (HAHN/SIEBELT aaO; HÄDE/ECKERT ZIP 1993, 629; beide wohl die Höhe der in der Anzahl gleichen Anteile der Mitgliedswährungen meinend). Nach HAHN (§ 25 Rn 14) entspricht es ständiger Übung, daß der ECU jeweils in seiner aktuellen offiziellen Zusammensetzung verwendet wird. Diese Übung hat sich auch aufgrund entsprechender Initiative der EG-Kommission entwickelt (BORN ZVglRW 88 [1989] 436).

cc) Die **Verwendung des „privaten" ECU** wurde 1986 durch die Schaffung eines **F 53** Clearing-Systems zwischen der Bank für Internationalen Zahlungsausgleich, der Society for Worldwide Interbank Financial Telecommunication und dem ECU-Bankenverband erleichtert. Zweck des Clearing-Systems ist die Vermeidung der sonst erforderlichen Zerlegung des ECU in seine Währungsbestandteile, um dann diese Bestandteile zu transferieren (eingehend HAHN/SIEBELT, in: Hdb des EG-Wirtschaftsrechts F I Rn 34 ff; s auch SIEBELT/HÄDE NJW 1992, 10 f). Auf den Kapitalmärkten hat sich der „private" ECU etablieren können, bei internationalen Schuldverschreibungen betrug der Marktanteil Ende der achtziger Jahre 6% („Delors-Bericht" EuR 1989, 274, 275 f). Als „Substitut" für Geld und als Liquiditätsaufbewahrungsmittel ist der „private" ECU unattraktiv geblieben; im kommerziellen Bereich machten Transaktionen in ECU nur 1% des Außenhandels der EG-Länder aus (ebd). Der „private" ECU ist stark konzentriert auf Belgien, Luxemburg, Frankreich, Großbritannien und Italien: im Juni 1988 waren 86,5% der gesamten ECU-Forderungen der Banken auf diese Länder verteilt (HASSE 96 f; zum Einfluß der nationalen Währungen auf diese Konzentration vgl GLESKE ZfKrW 1984, 1080). Die praktische Verwendung des „privaten" ECU als Giralgeld zeigt sich an der Möglichkeit, Reiseschecks in ECU zu benutzen, oder auch an einer schon 1983 in Luxemburg ausgegebenen Kreditkarte, bei der eine Umrechnung der Ausgaben in ECU dem Karteninhaber zur Wahl gegenüber Luxemburger Francs angeboten wird (DEDERT 56).

F 54 **dd)** Um dem „privaten" ECU insgesamt mehr **Akzeptanz** zu verschaffen, hat die
EG-Kommission empfohlen, dem ECU in den Mitgliedstaaten gesetzlich mindestens
den Rang einer Fremdwährung einzuräumen (Empfehlung der Kommission vom 19. 4. 1994
ABlEG Nr L 121/43 = WM 1994, 1352). Die Gleichstellung des ECU mit einer Fremdwährung ist indes solange nicht unproblematisch, als in den jeweiligen Staaten Devisenbeschränkungen bestehen (Bürger, in: FS Werner [1984] 77). Soweit ähnliche Gesetze
wie in Italien oder Frankreich bereits existieren, waren diese gerade durch den
Schutz der jeweils eigenen Währung motiviert (Wahlig WM 1985, 1053; deutlich Hasse
95; vgl auch Gleske, Währungspolitische Rolle 4); die Empfehlung der Kommission aber
zielt auf die „Beseitigung der rechtlichen Hindernisse für die Verwendung der ECU"
(eingehend das gleichnamige Weißbuch der Kommission, SEK-Dokument 92–2472).

F 55 **b)** Die Verwendung des „privaten" ECU stößt **nach deutschem Recht** auf Grenzen.

F 56 **aa)** Da der ECU keine Währung ist und bei Begleichung einer ECU-Verbindlichkeit eine Zerlegung in die Einzelwährungen aus praktischen Gründen regelmäßig
ausscheidet, lassen sich solche Verbindlichkeiten grundsätzlich nur in DM oder in
einer anderen Währung erfüllen (Häde/Eckert EuZW 1993, 629). Je nach vereinbarter
Zahlungswährung unterfallen ECU-Verbindlichkeiten damit dem § 3 WährG (zu diesem Rn D 37, D 191 ff). Bei einer Fremdwährung greift § 3 S 1 WährG ein (§ 244 Rn 40 ff).
Ist DM als Zahlungswährung vereinbart, so liegt eine von Fremdwährungen abhängige Geldschuld iS des § 3 S 2 WährG vor (Hahn/Siebelt, in: Hdb des EG-Wirtschaftsrechts
F I Rn 43; Wahlig WM 1985, 1055; Siebelt/Häde NJW 1992, 12). Diese Indexierungswir-
kung von ECU-Verbindlichkeiten steht im Vordergrund der Problematik (Gleske,
Währungspolitische Rolle 4; krit dazu Bofinger ZfKrW 1984, 10). Die Eingehung von ECU-
Verbindlichkeiten durch Gebietsansässige gegenüber Gebietsansässigen ist folglich
ohne Genehmigung der Deutschen Bundesbank gemäß § 49 Abs 2 AWG schwebend
unwirksam und bei Genehmigungsverweigerung nichtig (Siebelt/Häde NJW 1992, 12;
Bürger, in: FS Werner [1984] 74; zum Anwendungsbereich des § 3 WährG auf Rechtsgeschäfte
zwischen Gebietsansässigen vgl in diesem Zusammenhang Wahlig WM 1985, 1054; allgemein vgl
§ 244 Rn 40 ff). Durch eine allgemeine Genehmigung der Deutschen Bundesbank vom
24. 8. 1961 (Nr 1009/61, BAnz 167/61; dazu auch § 244 Rn 41) wurden die Möglichkeiten
der Eingehung von Fremdwährungsverbindlichkeiten zwischen Gebietsansässigen
erweitert und insbes den Kreditinstituten gestattet, Fremdwährungskonten zu führen und Fremdwährungskredite zu vergeben. Mangels Währungseigenschaft des
ECU war dieser von der Genehmigung nicht erfaßt (Wahlig WM 1985, 1054 mwNw auch
zu Gegenstimmen; nach Bofinger ZfKrW 1984, 9 hätte der „private" ECU durch die Bundesbank
ohne rechtliche Bedenken als „andere Währung" gem § 3 S 2 WährG anerkannt werden können). In
der Vergangenheit hatte die Bundesbank die danach erforderlichen Genehmigungen
für die Eingehung von ECU-Verbindlichkeiten regelmäßig verweigert (Wahlig WM
1985, 1056; Siebelt/Häde NJW 1992, 12; Dedert 91). Durch die allgemeinen, aber unter
Änderungsvorbehalt stehenden Genehmigungen der Deutschen Bundesbank vom
16. 6. 1987 (Nr 1010/87, BAnz 112/87) und vom 5. 1. 1990 (Nr 1002/90, BAnz 3/90) ist
dieser Zustand behoben. Anlaß war eine angestrebte Gleichbehandlung des ECU
gegenüber den übrigen Mitgliedstaaten der EG, die den ECU weitgehend einer
Fremdwährung gleichgestellt haben (Hahn § 25 Rn 18). Inhaltlich entsprechen diese
Genehmigungen derjenigen von 1961; die Genehmigung vom 5. 1. 1990 erlaubte
zusätzlich die Ausgabe auf ECU lautender Inhaberschuldverschreibungen (zum Gan-

zen HAHN/SIEBELT, in: Hdb des EG-Wirtschaftsrechts F I Rn 45 ff; HAHN § 25 Rn 18 ff; zur rechtlichen Einordnung der allgemeinen Genehmigungen der Deutschen Bundesbank und zu Bedenken
ihnen gegenüber s eingehend HAHN § 25 Rn 22 ff). Da die Erstreckung der allgemeinen
Genehmigung auch auf Inhaberschuldverschreibungen währungsrechtlich motiviert
war, ist sie nicht durch die mit dem Gesetz zur Vereinfachung der Ausgabe von
Schuldverschreibungen vom 17. 12. 1990 (BGBl I 2839) erfolgte Streichung des § 795,
der eine staatliche Genehmigung für alle auf Geldzahlung lautenden Inhaberschuldverschreibungen zum Wirksamkeitserfordernis machte, hinfällig geworden. In der
Bundesrepublik kann nach allem der „private" ECU jedenfalls in tatsächlicher Hinsicht als einer Fremdwährung gleichgestellt angesehen werden (HAHN/SIEBELT, in: Hdb
des EG-Wirtschaftsrechts F I Rn 46; MünchKommBGB/vMAYDELL[3] § 244 Rn 38; BORN ZVglRW 88
[1989] 435: „wie eine Währung zugelassen"). Sachlich erfaßt die Genehmigung den „privaten" ECU nur, soweit sie Veränderungen in der offiziellen Korbzusammensetzung
nachvollzieht, sog „offener ECU-Korb" (BORN ZVglRW 88 [1989] 436). Zu Fällen, in
denen weiterhin eine Genehmigung der Deutschen Bundesbank nach § 3 WährG
erforderlich bleibt, die allerdings wohl regelmäßig erteilt wird, vgl HAHN/SIEBELT,
in: Hdb des EG-Wirtschaftsrechts F I Rn 47; SIEBELT/HÄDE NJW 1992, 13. Insbesondere durch die nun gegebene Möglichkeit des Führens von Bankkonten in ECU
(vgl HÄDE/ECKERT EuZW 1993, 631 zur ebenfalls zu bejahenden Zulässigkeit von Spareinlagen und
Bausparverträgen in ECU) wird bei Vereinbarung einer ECU-Verbindlichkeit eine Erfüllung der Geldschuld durch Überweisung eines ECU-Betrages in Betracht kommen
(SIEBELT/HÄDE NJW 1992, 13; BORN ZVglRW 88 [1989] 444; HÄDE/ECKERT EuZW 1993, 631, die
aber betonen, daß der ECU damit noch nicht zur Zahlungswährung wird).

**bb)	Grundschulden und Hypotheken** können wegen **§ 28 S 2 GBO** nicht mit ECU-	**F 57**
Beträgen im Grundbuch eingetragen werden (SIEBELT/HÄDE NJW 1992, 15 zugleich zu
Bedenken wegen des Erfordernisses der „bestimmten Geldsumme" in § 1113 BGB; s aber auch
HAHN § 25 Rn 26 Fn 136; BORN ZVglRW 88 [1989] 447 mwNw, beide zum Charakter des § 28 S 2
GBO als reiner Ordnungsvorschrift). Die durch das Registerverfahrensbeschleunigungs-
gesetz vom 20. 12. 1993 (BGBl I 2182) neu geschaffene Möglichkeit, durch Rechtsverordnung des Bundesministeriums für Justiz die Eintragung auch „in einer einheitlichen europäischen Währung" oder einer Mitgliedswährung der Europäischen
Union oder des Europäischen Wirtschaftsraums zuzulassen, erfaßt den ECU in seiner derzeitigen Struktur als privatrechtlich geschaffene Rechnungseinheit nicht (vgl
HÄDE/ECKERT EuZW 1993, 632 zum damals erst vorliegenden, aber insoweit wortgleichen Regierungsentwurf BR-Dr 360/93). Die amtliche Begründung (BR-Dr 360/93 S 196) nimmt denn
auch hinsichtlich der „einheitlichen europäischen Währung" ausdrücklich allein auf
die dritte Stufe der Europäischen Währungsunion (oben Rn F 47; unten Rn F 72 f)
Bezug.

**cc)	Im Gesellschaftsrecht** schreiben die **§§ 5 GmbHG, 6 ff AktG** die Deutsche Mark	**F 58**
für Kapital und Anteil vor, so daß eine Kapitalaufbringung in ECU derzeit nur als
Sacheinlage möglich ist (HÄDE/ECKERT EuZW 1993, 632; SIEBELT/HÄDE NJW 1992, 16).
Davon zu unterscheiden ist die Begleichung der in DM ausgedrückten Einlageschuld
durch Überweisung von ECU: Sie stellt keine Erfüllung der Bar-Einlageverpflich-
tung dar.

**dd)	Wegen § 244 HGB** (Aufstellung des Jahresabschlusses in Deutscher Mark) ist	**F 59**
eine **Bilanzierung in ECU nicht zulässig** (SIEBELT/HÄDE NJW 1992, 16); gemäß Art 8 der

Richtlinie des Rats vom 8. 11. 1990 (ABlEG Nr L 317/57 ff) sind aber die nationalen Gesetzgeber verpflichtet, eine Offenlegung der Jahresabschlüsse in ECU zuzulassen. Nach Art 10 der Richtlinie waren die Mitgliedsstaaten zur Umsetzung bis zum 1. 1. 1993 verpflichtet. Hierauf beruht der mit Gesetz vom 25. 7. 1994 (BGBl I 1682, 1686) neu geschaffene § 328 Abs 4 HGB, der wie folgt lautet: „Werden die Angaben im Jahresabschluß oder im Konzernabschluß außer in Deutscher Mark auch in Europäischer Währungseinheit gemacht, ist der am Bilanzstichtag gültige Umrechnungskurs zugrunde zu legen. Dieser Kurs ist im Anhang anzugeben."

F 60 **ee)** **Schecks und Wechsel** müssen gemäß Art 1 Nr 2 ScheckG bzw WG auf eine bestimmte Geldsumme lauten. Diesen Begriff bezieht die hM auf Währungen, nicht aber auf Rechnungseinheiten (SIEBELT/HÄDE NJW 1992, 13 mwNw), so daß aufgrund der Formstrenge auf ECU lautende Wechsel oder Schecks unwirksam sein sollen (BÜRGER, in: FS Werner [1984] 78; BAUMBACH/HEFERMEHL, Wechselgesetz und Scheckgesetz [18. Aufl 1993] Art 1 WG Rn 5 mwNw; ähnlich HAFKE WM 1987, 1415, demzufolge aber Usancen des Geschäftslebens zukünftig dem ECU zur Geldeigenschaft iS von ScheckG und WG sollen verhelfen können). SIEBELT/HÄDE (NJW 1992, 14) sehen demgegenüber schon nach geltendem Recht die Möglichkeit der Begebung solcher Schecks bzw Wechsel. In anderen Mitgliedsländern wird bereits entsprechend verfahren (SIEBELT/HÄDE aaO; vgl weiter HAHN § 25 Rn 27 zu Zweifeln an der hM). Richtigerweise ist aufgrund des wechsel- und scheckrechtlich, nicht währungsrechtlich auszulegenden Bestimmtheitsbegriffs die Zulässigkeit von ECU-Wechseln und -Schecks zu bejahen; dies gilt selbst für die Angabe der „bestimmten Geldsumme" in Sonderziehungsrechten des IWF (eingehend KARSTEN SCHMIDT ZHR 159 [1995] 96 ff).

F 61 **ff)** Im **Prozeßrecht** hindert § 253 Abs 2 Nr 2 ZPO nicht die Erhebung einer Klage auf einen in ECU bezifferten Betrag, da sich ein **bestimmter Antrag** auch in ECU formulieren läßt (SIEBELT/HÄDE NJW 1992, 15). Die Vollstreckung erfolgt gemäß den § 803 ff ZPO, was der Situation auch bei effektiven Fremdwährungsverbindlichkeiten entspricht (SIEBELT/HÄDE NJW 1992, 15 mit Hinweis auf KARSTEN SCHMIDT ZZP 98 [1985] 46). Regelmäßig, aber nicht zwingend, führt dies zur Befriedigung in DM (vgl § 244 Rn 113). Bei entsprechendem Antrag kann jedoch auch bei effektiven Fremdwährungsverbindlichkeiten eine Verurteilung zur Vornahme einer bestimmten Handlung, nämlich zur Zahlung durch Überweisung eines Betrages in einer Fremdwährung erfolgen; die Vollstreckung richtet sich nach den §§ 883 ff ZPO. Dies muß auch für die Klage auf Leistung *in* ECU gelten (SIEBELT/HÄDE NJW 1992, 15).

F 62 **gg)** Im **Mahnverfahren** ist demgegenüber gemäß § 688 Abs 1 ZPO die Bezifferung des Antrags in Inlandswährung zwingend, was grundsätzlich nicht auf Bedenken aus dem Gemeinschaftsrecht stößt (EUGH Slg 1980, 3427, 3437 = NJW 1981, 513 [LS]). Die Rechtsprechung zur Verjährungsunterbrechung durch solche Mahnverfahrensanträge, die nur für dieses Verfahren in DM umgerechnet sind (BGHZ 104, 268; dazu KARSTEN SCHMIDT NJW 1989, 65 ff), wird dabei auch für ECU-Forderungen gelten müssen (SIEBELT/HÄDE NJW 1992, 16). ECU-Forderungen sind in diesem Sinne also auch im Mahnverfahren beitreibbar.

F 63 **hh)** Ein **Urkunden- oder Wechselprozeß** mit einem auf Leistung in ECU lautenden Antrag soll hingegen auf dem Boden der hM unstatthaft sein, da keine „bestimmte Geldsumme" iS der §§ 592 S 1, 688 Abs 1 ZPO verlangt werde (SIEBELT/HÄDE NJW

1992, 16). Stellt man allerdings den Charakter der ECU-Verbindlichkeit als Geld-schuld in den Vordergrund, so ist sie wie eine Fremdwährungsschuld den Heimwäh-rungsschulden gleichgestellt (dazu grds Karsten Schmidt ZZP 98 [1985] 40) und den genannten Prozeßarten zugänglich. Dabei darf allerdings nicht Leistung gerade in ECU verlangt werden.

ii) Ein **Arrest** gemäß § 916 Abs 1 ZPO wegen einer ECU-Forderung ist statthaft **F 64** (Siebelt/Häde NJW 1992, 16; Häde/Eckert EuZW 1993, 631). Die Vollstreckung erfolgt für das bewegliche Vermögen durch Pfändung (§§ 930 Abs 1, 803 ff ZPO); die Ein-tragung einer Arresthypothek gemäß § 932 Abs 1 ZPO stößt auf die bereits genann-ten Schwierigkeiten nach § 28 S 2 GBO (Siebelt/Häde NJW 1992, 15; Häde/Eckert EuZW 1993, 633). Das Problem dürfte sich in der Praxis von selbst dadurch lösen, daß die Arresthypothek als Höchstbetragshypothek einzutragen ist (§ 932 Abs 1 ZPO), wobei der Höchstbetrag mit der Höhe der Abwendungsbefugnis gemäß § 923 ZPO zu bemessen ist, die im Hinblick auf § 28 S 2 GBO in DM beziffert wird.

kk) In der **Insolvenz** sind nach § 69 KO (§ 45 InsO) Fremdwährungsforderungen **F 65** zum Kurs am Tage der Konkurseröffnung in Inlandswährung umzurechnen. Für ECU-Forderungen gilt dasselbe, da auch sie nicht in DM (§ 69 KO iVm § 1 Abs 1 WährG) ausgedrückt sind (Siebelt/Häde NJW 1992, 16). § 45 S 2 InsO stellt dies durch die ausdrückliche Umrechnungsanordnung für in Rechnungseinheiten ausgedrückte Forderungen klar. § 69 KO (§ 45 InsO) bezweckt nur die Feststellung der gesamten Konkursforderungen mit einem einheitlichen Nenner (Karsten Schmidt, in: FS Merz [1992] 537 f). Für ECU-Verbindlichkeiten, die vom Konkursverwalter zu erfüllen sind, ergeben sich Besonderheiten nicht (Karsten Schmidt 539 zur Behandlung der herkömm-lichen Fremdwährungsschuld). Im Vergleich gilt gemäß § 34 VglO (§ 45 InsO) das-selbe.

ll) Zu weiteren Fragen der **Verwendung des „privaten" ECU im Finanzmarktrecht F 66 und Steuer- und Zollrecht** s Siebelt/Häde NJW 1992, 17; Häde/Eckert EuZW 1993, 631.

4. Die Einführung der Wirtschafts- und Währungsunion in drei Stufen

a) Die Verwirklichung der Wirtschafts- und Währungsunion, wie sie auf der **F 67** Grundlage der Maastrichter Beschlüsse im **Vertrag über die Europäische Union** vom 7. 2. 1992 (BGBl II 1251) vorgezeichnet ist, bringt zahlreiche Veränderungen für das Europäische Währungsrecht. Neben die unmittelbaren Bestimmungen des EG-Ver-trages treten die Protokolle, die gemäß Art 239 EGV als Vertragsbestandteil gelten. Programmatisch legt Art 3 a Abs 2 EGV ua die Schaffung einer einheitlichen Wäh-rung als Ziel der unwiderruflichen Festlegung der Wechselkurse fest; Art 4 a EGV sieht eher deklaratorisch die **Schaffung der Europäischen Zentralbank (EZB) und des Europäischen Systems der Zentralbanken (ESZB)** vor. Einzelheiten enthalten die Art 105 ff EGV mit den wichtigen Übergangsvorschriften der Art 109 ff EGV (dazu Nicolaysen, Währungsunion 19 ff; Seidel, in: FS Vieregge [1995] 795 ff). Die zukünftige **Ein-heitswährung** sollte nach den den Maastrichter Beschlüssen und dem Vertrag über die Europäische Union zugrundeliegenden Vorstellungen – mit deutlicher Anspielung auf die frühere französische Goldmünze – **ECU** heißen, wenn auch der ECU als Währung etwas von dem jeztigen ECU Grundverschiedenes gewesen wäre. Auf dem

EU-Ratstreffen in Madrid (15. /16. 12. 1995) wurde allerdings „im Wege der über-einstimmenden und definitiven Interpretation der einschlägigen Vertragsbestimmungen" entschieden, daß die europäische Währung statt des im Vertrag allgemein gebrauchten Begriffs „ECU" den Namen „**Euro**" haben solle (Schlußfolgerungen des Rates von Madrid, ABlEG v 26. 1. 96 Nr C 22/2). Den rechtlichen Rahmen für die Einführung des Euro sollen nach Willen des Europäischen Rates zunächst zwei Verordnungen abstecken, mit deren Verabschiedung im Sommer 1997 zu rechnen ist (Rn F 75 ff).

F 68   Die **Dreistufigkeit** der Europäischen Wirtschafts- und Währungsunion ist in Art 3 a Abs 2 EGV bereits grundsätzlich angelegt. Das Prinzip der Dreistufigkeit im Rahmen eines einheitlichen Prozesses (HAHN/SIEBELT, in: Hdb des EG-Wirtschaftsrechts F I Rn 52) geht zurück auf den Bericht eines Ausschusses zur Konkretisierung der Etappen auf dem Weg zur Wirtschafts- und Währungsunion, dem am 19. 4. 1989 vorgelegten, nach dem Ausschußvorsitzenden benannten „Delors-Bericht" (abgedruckt in EuR 1989, 274; vgl demgegenüber zur sog „Parallelwährungsstrategie" nach dem „Major-Plan" 1990 STUDT 64 ff).

F 69   **b)**   Die **erste Stufe** (sog „Konvergenzstufe") dauerte vom 1. 7. 1990 (Beschluß des Europäischen Rates vom 26. und 27. 6. 1989, abgedruckt in EuR 1989, 291) bis zum 31. 12. 1993 (Art 109 e Abs 1 EGV). Sie war gekennzeichnet durch die vollständige Liberalisierung des Kapitalverkehrs (HALLER WM 1994, 622) und den Abbau der Kapitalverkehrsbeschränkungen (GEIGER Art 3 a Rn 9).

F 70   **c)**   **aa) Die zweite Stufe** (sog „Koordinierungsstufe") dient der Schaffung der institutionellen Bedingungen für die Union. Gemäß Art 73 a EGV gelten ab 1. 1. 1994 für den Kapitalverkehr die Art 73 b-g EGV. Als Grundsatznorm verbietet Art 73 b EGV jegliche Zahlungsverkehrsbeschränkungen zwischen den Mitgliedstaaten und auch gegenüber Drittländern; Ausnahmen regeln die Art 73 c ff EGV, wobei Art 73 f EGV Schutzmaßnahmen gegenüber Drittländern ermöglicht. Institutionell ist die zweite Stufe der Europäischen Wirtschafts- und Währungsunion gekennzeichnet durch die Schaffung des mit eigener Rechtspersönlichkeit ausgestatteten Europäischen Währungsinstituts (**EWI**) gemäß Art 109 f EGV (vgl dazu Rn F 71). Die jeweilige nationale Währungshoheit bleibt während der zweiten Stufe bei den Mitgliedstaaten erhalten (GEIGER Art 3 a Rn 10; HÄDE EuZW 1992, 171; HALLER WM 1994, 622 ff). Da aber in der zweiten Stufe nach dem „Delors-Bericht" (EuR 1989, 274) die Übertragung von Kompetenzen auf die Gemeinschaftsebene vorbereitet werden soll, kommt es bereits zu Einschränkungen der nationalen währungspolitischen Spielräume (POTACS EuR 1993, 28 ff). Im Hinblick darauf, daß Art 104 Abs 1 EGV den Zentralbanken ebenso wie der EZB ab Beginn der zweiten Stufe jegliche Kreditvergaben an die öffentliche Hand untersagt, wurde durch Gesetz vom 8. 7. 1994 (BGBl I 1465) § 20 Abs 1 BBankG geändert, wenngleich das Verbot nach Art 104 Abs 1 EGV seit dem 1. 1. 1994 ohnehin unmittelbare Geltung hatte (zum ganzen HÄDE NJW 1994, 3214 f). Art 104 Abs 2 EGV stellt durch seinen 2. HS klar, daß im „Besitz" der öffentlichen Hand befindliche Kreditinstitute bei der Bereitstellung von Zentralbankgeld wie private Kreditinstitute behandelt werden. Dies betrifft die Refinanzierungsgeschäfte der Zentralbanken (GEIGER Art 104 Rn 3). Da nach Art 104 Abs 2, 1. HS EGV aber diese Kreditinstitute insgesamt vom Verbot des Abs 1 ausgenommen sind, dürfte einer Kreditvergabe dieser Institute an die öffentliche Hand insgesamt nichts entgegenstehen. Zum Übergang in die zweite Stufe und den danach anzuwendenden Normen des EGV vgl im übrigen Art 109 e EGV (Überblick bei GEIGER Art 109 e Rn 1 ff; HARTENFELS WM 1994, 532). Zu Kompetenzüberschneidungen zwischen EWI, Rat und Kommission in dieser Phase vgl HÄDE EuZW 1994, 685 ff.

bb) Durch die zweite Stufe der Europäischen Wirtschafts- und Währungsunion **F 71** **ändert sich am Europäischen Währungssystem nichts.** Entscheidendes Merkmal dieser zweiten Stufe ist gemäß Art 109 f EGV (in der Fassung gemäß Vertrag vom 7. 2. 1992 über die Europäische Union; BGBl II 1251) die Errichtung des Europäischen Währungsinstituts (EWI) (NICOLAYSEN, Währungsunion 20; HALLER WM 1994, 622; HÄDE EuZW 1992, 171). Es übernimmt die Aufgaben des schon unter dem Währungsverbund im Jahr 1973 errichteten Europäischen Fonds für währungspolitische Zusammenarbeit (EFZW) (Art 109 f Abs 2, 5. Spiegelstrich EGV), überwacht das Europäische Währungssystem und soll die Verwendung des ECU erleichtern (Art 109 f Abs 2, 3. und 6. Spiegelstrich EGV; vgl zusammenfassend HAHN/SIEBELT, in: Hdb des EG-Wirtschaftsrecht F I Rn 78 ff; eingehend LOUIS, in: WYMEERSCH [1994] 15). Nähere Bestimmungen enthält das Protokoll über die Satzung des Europäischen Währungsinstituts (BGBl 1992 II 1305), das dem Vertrag über die Europäische Union beigefügt ist. Art 14 des Protokolls gewährleistet, daß das EWI in den Mitgliedsstaaten wie andere juristische Personen Rechtsfähigkeit besitzt. Sitz des EWI ist Frankfurt/Main (Beschluß v 29. 10. 1993, ABlEG Nr C 323).

d)   **aa)** Die **dritte Stufe** dient der Vollendung der Europäischen Wirtschafts- und **F 72** Währungsunion durch die Einführung einer einheitlichen Währung (NICOLAYSEN, Währungsunion 21 ff; HARTENFELS WM 1994, 531). Nach Art 109 j Abs 3 EGV beschließt der Rat, ob und wann in die dritte Stufe eingetreten wird. Entscheidend dabei ist die Erfüllung der Konvergenzkriterien, Art 109 j Abs 1 EGV. Nach Feststellung des Rates hatte bis Ende 1996 kein Mitgliedsstaat die Konvergenzkriterien erfüllt, und der Beginn der dritten Stufe wurde auf den 1. 1. 1999 festgelegt (Europäischer Rat von Florenz 21./22. 6. 1996, Schlußfolgerungen des Vorsitzes, Bull EU 6/1996, 12). Der Eintritt in die dritte Stufe zum 1. 1. 1999 ist vertraglich festgeschrieben (HÄDE EuZW 1992, 173; KORTZ EuR 1996, 80 ff). Gemäß BVerfGE 89, 155, 201 = NJW 1993, 3047, 3055„Maastricht" ist dies aber„eher als Zielvorgabe denn als rechtlich durchsetzbares Datum zu verstehen" (hiergegen eingehend WEBER JZ 1994, 57; HARTENFELS WM 1994, 534; KORTZ EuR 1996, 83 ff; EMMERICH-FRITSCHE EWS 1996, 77, 78). Nach HAHN (Revue Générale de Droit International Public 1994, 116) ist das Datum gemäß dem Vertrag irreversibel; eine andere Frage sei nur, ob sich dies politisch halten lasse (ebenso HÄDE WM 1993, 2034; mißverständlich Mitteilung der Kommission der Europäischen Gemeinschaften ABlEG Nr C 153/3 = EWS 1994, 262, 263: „noch nicht endgültig festliegender Termin"). Nach dem Vertragstext wird man mit HÄDE (WM 1993, 2033) davon ausgehen müssen, daß der Eintritt in die dritte Stufe nur dann vermieden werden kann, wenn kein bzw nur ein Mitgliedstaat die Konvergenzkriterien erfüllt. Die Bundesregierung bedarf zwar aufgrund von Vorbehalten zu ihrem Stimmverhalten nach Art 109 j Abs 3 und 4 EGV (Abstimmung über Eintritt in die dritte Stufe oder über die Frage, welche Mitgliedstaaten die Konvergenzkriterien erfüllen) der Zustimmung von Bundesrat und Bundestag, doch schließt dies die Möglichkeit nicht aus, daß die Bundesrepublik überstimmt wird und die dritte Stufe auch für sie gegen ihren Willen beginnt (ENNUSCHAT JuS 1995, 29). Über die gemäß Art 109 h Abs 1 EGV vorgesehenen Ausnahmeregelungen wird erreicht, daß die dritte Stufe nur für die Mitglieder gilt, die die materiellen Voraussetzungen

(Konvergenzkriterien) gemäß Art 109 j Abs 1 EGV und dem Protokoll über die Konvergenzkriterien erfüllen (vgl zB GEIGER Art 109 j Rn 13 ff, Art 109 k Rn 1 ff; zu den Konvergenzkriterien zB GEIGER Art 109 j Rn 17 ff; HARTENFELS WM 1994, 533; HÄDE EuZW 1992, 173). Dänemark und Großbritannien sind aufgrund entsprechender Protokolle auch bei Erfüllung der Voraussetzungen zur Teilnahme nicht verpflichtet (GEIGER Art 109 k Rn 2). Wegen der Einzelheiten muß auf den Vertragstext, die Protokolle und die Spezialliteratur verwiesen werden (Überblick zB bei HÄDE EuZW 1992, 172 ff).

F 73 **bb)** Mit der dritten Stufe der Wirtschafts- und Währungsunion vollzieht sich der Übergang der währungshoheitlichen Befugnisse der an der Währungsunion teilnehmenden Staaten auf die EU (HERDEGEN § 21 Rn 8). Die **Wechselkurse** der Teilnehmerwährungen werden unwiderruflich festgelegt und es kommt damit gemäß Art 109 l Abs 4 EGV zur Einführung des Euro als gemeinsamer Währung (näher unten Rn F 75). Institutionelles Kennzeichen der dritten Stufe ist die Aufnahme der Tätigkeit durch die **Europäische Zentralbank (EZB)** und das **System der Europäischen Zentralbanken (ESZB)** gemäß Art 4 a EGV iV mit den in Art 109 e Abs 3 S 2 EGV genannten Bestimmungen (dazu NICOLAYSEN, Währungsunion 25 ff). Das ESZB besteht aus den nationalen Zentralbanken und der EZB (Art 106 Abs 1 EGV). Die EZB ist den nationalen Zentralbanken gegenüber weisungsbefugt (Art 14. 3. der Satzung des ESZB, Protokoll über die Satzung des ESZB und der EZB, BGBl 1990 II 1297). Art 107 EGV gewährleistet die umfassende Weisungsunabhängigkeit des ESZB. Nach Art 105 a Abs 1 EGV erhält die EZB das ausschließliche Recht zur Ausgabe von Banknoten in der Gemeinschaft. Gemäß Art 34 und 35 der Satzung sind die Handlungsformen der EZB vollen Umfangs dem gemeinschaftlichen Rechtsschutz, soweit dieser reicht, unterworfen (vgl WEBER JZ 1994, 57). Das ESZB ist allein zuständig für die Geldpolitik in der Gemeinschaft (Art 105 Abs 2 EGV) und erhält die üblichen Notenbankinstrumente (Art 17–20 der Satzung; GEIGER Art 105 Rn 6). Mit dem Eintritt in die dritte Stufe der Wirtschafts- und Währungsunion wird auf diese Weise die EZB die Rolle als alleinige und unabhängige Hüterin der Währung in den Mitgliedstaaten der Gemeinschaft erhalten, soweit diese an der dritten Stufe teilnehmen. Die nationalen Zentralbanken werden nur noch Verwaltungsstellen nach Art der Landeszentralbanken in Deutschland sein (HÄDE EuZW 1992, 174). Die Organisation der Deutschen Bundesbank hatte, wie sich daran zeigt, Vorbildwirkung für die Schaffung der EZB (OPPERMANN/CLASSEN NJW 1993, 9). Der insgesamt schon durch den EU-Vertrag vorgezeichnete Funktionsverlust der Deutschen Bundesbank (WEIKART NVwZ 1993, 836) ist verfassungsrechtlich abgesichert durch den mit Gesetz vom 21. 12. 1992 (BGBl I 2086) exakt eine Woche vor dem Zustimmungsgesetz zum EU-Vertrag neu geschaffenen Art 88 S 2 GG (dessen es nach WEIKART NVwZ 1993, 838 nicht bedurft hätte; ähnlich OPPERMANN/CLASSEN NJW 1993, 11; HAHN Revue Générale de Droit International Public 1994, 121; vgl weiter ders § 14 Rn 36 ff; ders, Währungssystem 16 ff zur Rechtslage vor Schaffung des Art 88 S 2 GG; aA BEISSE BB 1992, 649 ff). Die neue Bestimmung ermächtigt zur Übertragung der Aufgaben und Befugnisse der Deutschen Bundesbank auf eine Europäische Zentralbank (s auch BVerfGE 89, 155, 174 = NJW 1993, 3047, 3049 „Maastricht"). Eine Hauptschwierigkeit der Währungsunion wird darin bestehen, daß nicht die Wirtschafts- und Stabilitätspolitik im allgemeinen, sondern nur die Geld- und Währungspolitik auf die EU übergeht (NICOLAYSEN, Währungsunion 31 ff), obwohl die Stabilitätspolitik wesentliche Legitimationsvoraussetzungen des geldrechtlichen Nominalismus ist (Rn A 48, A 68, D 41).

cc) Die **Einführung** einer einheitlichen Währung vollzieht sich in drei Phasen (vgl **F 74**
Zeitplan zum Übergang zur einheitlichen Währung, Anlage zum Anhang 1 der Schlußfolgerungen
des Europäischen Rates von Madrid vom 15. / 16. 12. 1995, ABlEG v 26. 1. 96 Nr C 22/2): Die erste
Phase (Vorbereitungsphase) beginnt mit der Entscheidung des Rates über den Kreis
der Teilnehmerstaaten gem Art 109 j Abs 4 EGV; diese Entscheidung soll zu einem
möglichst frühen Zeitpunkt 1998 getroffen werden. ESZB und EZB sollen in dieser
Phase errichtet werden. Die zweite Phase (Übergangsphase) beginnt mit der unwiderruflichen Festlegung der Umrechnungskurse der teilnehmenden Währungen gem
Art 109 l Abs 4 EGV am 1. 1. 1999 und dauert längstens drei Jahre bis zum
31. 12. 2001. Bis zu diesem Zeitpunkt soll ein reibungsloser Übergang der Gesamt-
wirtschaft gewährleistet werden. In dieser Zeit findet der Umtausch von Banknoten
der Teilnehmerstaaten entsprechend den festgesetzten Paritäten statt. Die dritte
Phase ist die Endphase der Umstellung auf den Euro (Umstellungsphase). Sie dauert
sechs Monate. Spätestens am 1. 1. 2002 soll mit der Ausgabe von Euro-Banknoten
und -Münzen begonnen werden. Gleichzeitig soll die Einziehung nationaler Geldzeichen stattfinden. Beides soll bis spätestens 1. 7. 2002 abgeschlossen sein und die
nationalen Banknoten und Münzen dann ihre Gültigkeit verlieren. Damit wäre die
Einführung der einheitlichen Währung vollzogen.

5. Der Euro als künftige Einheitswährung

a) Mit der unwiderruflichen Annahme der festgelegten Umrechnungskurse durch **F 75**
den Rat, der in Zusammensetzung der Staats- und Regierungschefs tagt, kommt es
zur Schaffung einer „eigenständigen Währung" in den teilnehmenden Staaten,
Art 109 l Abs 4 S 1 EGV. Diese Währung wird Euro heißen (Rn F 67). Ein auf diesen
Artikel des EGV gestütztes **neues europäisches Währungsrecht** bilden **zwei Verordnungen der EU** (Kommission der EG, KOM [96] 499 endg, Dokumente 96/0249 [CNS] und 96/0250
[CNS]), die noch im Entwurfsstadium sind (letzte und wahrscheinlich endgültige Fassungen
vom 20. bzw 27. 1. 1997); weitere Rechtsakte sind zu erwarten (dazu Torberg ÖBA 1997, 85,
88). Aus den beiden Euro-Verordnungen (im einzelnen unten Rn F 77 ff) leitet sich die
währungsrechtliche Qualität des Euro ab. Die erste Verordnung basiert auf Art 235
EGV (**EuroVO-235**) und betrifft im wesentlichen privatrechtliche Regelungen. Im
Interesse einer baldigen Verabschiedung zur Beruhigung der Märkte wird diese Verordnung auf der allgemeinen Rechtsgrundlage des Art 235 EGV und nicht auf die
speziellere des Art 109 l Abs 4 S 3 gestützt, der erst ab 1. 1. 1999 zur Verfügung steht
(dazu unten Rn F 76). Die zweite Verordnung (**EuroVO-109 l**) tritt dagegen gem
Art 109 l Abs 4 S 3 erst mit Einführung der Währung am 1. 1. 1999 in Kraft und
enthält die wichtigsten Vorschriften zum Währungsrecht. Sie macht die juristisch
zentrale Aussage der Währungsunion: die Ersetzung der nationalen Währungen
durch den Euro ab 1. 1. 1999 (Rn F 80). Darüberhinaus finden sich weitere Regelungen zur währungsrechtlichen Stellung des Euro, insbes sein Verhältnis zum ECU (Rn
F 79), zu rechtlichen Problemen im Zusammenhang mit der Einführung des Euro im
Privatrecht (Rn F 80 ff) und zu praktischen Fragen des Übergangs (Rn F 91 ff).

b) Anstoß zu den beiden **Euro-Verordnungen** gaben insbesondere die im Grünbuch **F 76**
der Europäischen Kommission über „die praktischen Fragen des Übergangs zur einheitlichen Währung" vom 31. 5. 1995 (Dok KOM [95] 333; auszugsw Abdruck in ZBB 1995,
401 ff; vgl auch Stellungnahme des Wirtschafts- und Sozialausschusses [WSA ABlEG Nr C
18/112 ff]) aufgeworfenen Fragen (Fischer/Klanten Sparkasse 1997, 35). Inhaltlich knüp-

fen die Verordnungen an das Szenario für die Einführung der einheitlichen Währung an, das auf dem Gipfel der Staats- und Regierungschefs in Madrid vom 15. /16. 12. 1995 ausgearbeitet wurde (ABlEG Nr C 22/4 f). Am 16. 10. 1996 übermittelte die Kommission ihren Vorschlag für die beiden Euro-Verordnungen dem Rat. Auf dem Gipfel von Dublin am 13. /14. 12. 1996 (dazu Bull EU 12–1996, 9; WAIGEL Sparkasse 97, 5 ff) wurden die Verordnungen von den Rats- und Regierungschefs der EU-Staaten in einer Art „politischer Beschlußfassung" (FISCHER/KLANTEN Sparkasse 1997, 36; vgl auch WAIGEL Sparkasse 1997, 6) gutgeheißen. Die **EuroVO-235** wird voraussichtlich bis zum Sommeranfang 1997 unterzeichnet und dann in allen EU-Staaten in Kraft treten; auch der Entw der EuroVO-109 l dürfte sich von der endgültigen Verordnung nicht mehr wesentlich unterscheiden; eine Verabschiedung kommt aber erst nach der Festlegung der Teilnehmerstaaten im ersten Halbjahr 1998 in Betracht; die **EuroVO-109 l** wird am 1. 1. 1999 in den an der Währungsunion teilnehmenden Länder in Kraft treten.

F 77 **aa)** Der **Entwurf der Euro-Verordnung-235** („Verordnung über bestimmte Vorschriften im Zusammenhang mit der Einführung des Euro") enthält im wesentlichen das Privatrecht betreffende Regelungen, insbes die Bestätigung der Vertragskontinuität, sowie den Übergang von ECU zu Euro im Verhältnis 1 : 1 und Umrechnungs- und Rundungsregeln (zur Rechtsgrundlage siehe oben Rn F 75). Das vornehmliche Ziel der EuroVO-235 besteht darin, Rechtssicherheit im Hinblick auf das Fortbestehen von „Rechtsinstrumenten", dh Rechtsvorschriften, Verwaltungsakten, Rechtsgeschäften und Zahlungsmitteln außer Sachgeld (vgl Art 1 1. Spiegelstrich Entw EuroVO-235), zu schaffen und der (Kredit)Wirtschaft zu ermöglichen, Maßnahmen für die Umstellung auf den Euro insbes im Rahmen der Datenverarbeitung frühzeitig vorzunehmen bzw zu veranlassen (vgl Erwägungsgrund Nr 5 Entw EuroVO-235; FISCHER/KLANTEN Sparkasse 1997, 36). Im Vordergrund steht hinsichtlich der „Rechtsinstrumente" die Fortgeltung von Verträgen. Diese Frage, die in Deutschland unter dem Blickwinkel des Wegfalls der Geschäftsgrundlage diskutiert wird, regelt Art 3 S 1 Entw EuroVo-235 im Sinne des Stabilitätskonzepts („Kontinuitätsgrundsatz"; dazu unten Rn F 84). Das **Verhältnis des Euro zum ECU** regeln Art 109 g Abs 2, 109 l Abs 4 S 3 EGV iV mit Art 1 5. Spiegelstrich Entw EuroVO-235. Danach tritt der Euro im Verhältnis 1 : 1 an die Stelle des ECU als Rechnungseinheit. Wegen der unterschiedlichen Rechtsqualität des ECU-Währungskorbs und des Euro kann allerdings nicht von einem „Ersetzen" die Rede sein. Vielmehr werden die in ECU denominierten Verbindlichkeiten in Euro fortgeführt (SCHEFOLD WM-Sonderbeil 4/96, 10). Diese Vorschriften betreffen ausschließlich den **„offiziellen" ECU**, Art 207, 209 EGV; auf den privaten ECU findet sie dagegen keine Anwendung. Bereits 1994 hat die Europäische Kommission eine Empfehlung veröffentlicht, die für **privatrechtliche ECU-Verträge** die Festschreibung der Umstellung ebenfalls im Verhältnis 1 : 1 vorsieht (ABlEG Nr L 121/44). Wichtige ECU-Emittenten wie die Europäische Investitionsbank (EIB) und die Weltbank sind dem gefolgt (FISCHER/KLANTEN Sparkasse 1997, 38). Art 2 Abs 1 Entw EuroVO-235 enthält nun eine widerlegbare Vermutung für die Umstellung privatrechtlicher ECU-Verträge in Euro im Verhältnis 1 : 1. FISCHER/KLANTEN (Sparkasse 1997, 38) kritisieren die Vorschrift unter rechtlichen und ökonomischen Aspekten, da der Euro gegenüber dem ECU durch die einfließenden Konvergenzkriterien die „härtere" Währung darstelle, was zu einer Benachteiligung des Schuldners führe. Aus stabilitätspolitischen Gesichtspunkten ist die Regelung aber gerechtfertigt (so auch FISCHER/KLANTEN aaO; **aA** HERDEGEN Handelsblatt v 3./4. 1. 1997 S 2, der in Härtefällen einen Ausgleich im Wege ergänzender Vertragsauslegung vorschlägt). Ob die Vermutung des Art 2 Abs 1 widerlegt ist, ist im Wege der Auslegung zu ermitteln. Dabei ist ein Verweis auf den „offenen Währungskorb" oder die Abrechnung im Rahmen des ECU-Clearing-Systems ausreichend (FISCHER/KLANTEN Sparkasse 1997, 39; SCHEFOLD WM-Sonderbeil 4/96, 10). Die Art 4 u 5 Entw EuroVO-235 enthalten Vorschriften für die Umrechnung und Rundung von Euro in nationale Währungen und umgekehrt. Keine Aussage enthält der Entw EuroVO-235 zum Verhältnis der teilnehmenden Staaten zu Drittstaaten (Nicht-EU-Staaten).

bb) Gegenstand des **Entwurfs der Euro-Verordnung-109 l** („Verordnung über die **F 78** Einführung des Euro") sind im wesentlichen die währungsrechtlichen Regelungen für den Übergang, so die Substitution der nationalen Teilnehmerwährungen, Vorschriften der Übergangsphase, Regelungen über Euro-Banknoten und -Münzen und Schlußvorschriften für die Zeit nach dem Ende der Übergangsphase ab dem 1. 1. 2002. Art 2 und 3 Entw EuroVO-109 l enthalten die zentrale Aussage der Währungsunion: die Ersetzung der nationalen Währungen durch den Euro, der seinerseits in 100 Cent unterteilt ist, Art 2 Entw EuroVO-109 l.

c) Das **Verhältnis des Euro zu den nationalen Währungen** ist während der Übergang- **F 79** sphase, also vom 1. 1. 1999 bis 31. 12. 2001, durch das in Art 6 Abs 1 des Entw EuroVO-109 l festgelegte **Substitutionsprinzip** bestimmt. Dann ist gem Art 3 Entw EuroVO-109 l der Euro die alleinige Währung, auch wenn nach dem Wortlaut des Art 109 l EGV ein „Nebeneinander" der Währungen nicht ausgeschlossen wäre (SCHEFOLD WM-Sonderbeil 4/96, 11; U H SCHNEIDER Betrieb 1996, 2478; zur verfassungsrechtlichen Zulässigkeit vgl HERDEGEN EWU-Monitor [1996] Nr 19, 8). Die nationalen Zahlungsmittel stellen währungsrechtlich ebenso wie der Cent Untereinheiten des Euro dar mit dem Unterschied, daß die Quotelung bei ihnen nicht nach dezimalen Berechnungsgrundsätzen erfolgen kann (WAIGEL Sparkasse 1997, 6; U H SCHNEIDER Betrieb 1996, 2479 spricht von Umwidmung). Aus den nationalen Währungen werden bloße Rechnungseinheiten für die unterschiedliche Bezeichnung (Denomination) von Euro-Schulden und Euro-Leistungen. Es können also, wie vor 1999, Deutsche Mark versprochen und geleistet werden. Wirtschaftlich und währungsrechtlich gilt im Bereich der Währungsunion nur noch eine und dieselbe Währung (SCHEFOLD WM-Sonderbeil 4/96, 3). Nicht die nationalen Währungen, sondern nur währungsrechtliche Bestimmungen gelten nach Art 6 Abs 1 S 2 Entw EuroVO-109 l fort, soweit sie den Bestimmungen der Verordnung nicht widersprechen (zur Fortgeltung des § 3 WährG siehe Rn F 83). Voraussetzung der Substitution der nationalen Währungen durch den Euro ist das Bestehen einer erzwingbaren Äquivalenz zwischen Euro und nationalen Währungseinheiten (SCHEFOLD WM-Sonderbeil 4/96, 3, 11 f), die auf der Grundlage der unwiderruflichen Festsetzung der Umrechnungskurse durch den Rat zu Beginn der dritten Stufe verwirklicht wird. Bis zur Ausgabe von Euro-Banknoten und -Münzen (Rn F 93) existiert der Euro nur als Buchgeld. Als Bargeld bleiben die nationalen Zahlungsmittel erhalten und stehen, was die Verwendung ihrer Bezeichnung angeht, zum Euro im Verhältnis der Alternativität, Art 6 Abs 2 Entw EuroVO-109 l (Rn F 80). Für die Umrechnung von nationalen Währungseinheiten in Euro und umgekehrt enthalten die Art 4 u 5 Entw EuroVO-235 besondere Regeln. Dabei sieht Art 4 Abs 1 Entw EuroVO-235 für die Umrechnung eine Genauigkeit von sechs signifikanten Stellen vor, wie dies auch dem derzeitigen Verfahren bei der Bestimmung der ECU entspricht. Für die Deutsche Mark bedeutet dies eine Genauigkeit von fünf

Stellen hinter dem Komma (FISCHER/KLANTEN Sparkasse 1997, 39). Art 4 Abs 4 Entw
EuroVO-235 enthält eine besondere Bestimmung für die Umrechnung von einer
nationalen Währung in eine andere. Danach hat zunächst eine Umrechnung in einen
Euro-Betrag zu erfolgen, der maximal auf drei Dezimalstellen gerundet werden darf.
Aus Praktikabilitätsgründen sieht Art 5 Entw EuroVO-235 ansonsten bei der
Umrechnung auf Euro-Beträge eine Rundung auf ganze Cent vor. Treten dabei in
der Praxis Rundungsdifferenzen auf, so ist es zulässig, sie als Folge dieser Bestimmung dem Verbraucher aufzuerlegen, soweit dieser die Umrechnung veranlaßt hat
und diese für ihn erkennbar ist. Dies ist nicht der Fall, wenn es infolge betriebsinterner Vorgänge zu mehrfachen Umrechnungen von Beträgen kommt (FISCHER/
KLANTEN Sparkasse 1997, 39).

6.   Die rechtlichen Folgen der Einführung des Euro

F 80 a)   Nach Art 2 und 3 Entw der EuroVO-235 werden die Teilnehmerwährungen
währungsrechtlich durch den Euro ersetzt; der Euro wird damit ab 1.1.1999 alleinige Währung in den an der Währungsunion teilnehmenden Ländern (Rn F 75).
Allerdings ist die sofortige **Umstellung von Verbindlichkeiten** zunächst nur theoretisch.
Es muß darauf Rücksicht genommen werden, daß die jeweilige Bezeichnung der
Teilnehmerwährungen in einer Vielzahl von Verträgen verwendet wird. Eine sofortige nominelle **Umstellung in Alt-Verträgen** (solche, die vor dem Stichtag 1.1.1999
geschlossen werden) ist nicht sinnvoll und auch nicht erforderlich: Wegen der Regelung in Art 6 Abs 1 Entw EuroVO-235 ist die Deutsche Mark Untereinheit des Euro
(Rn F 79). Demgemäß bestehen alle DM-Verbindlichkeiten **ipso iure** ab 1.1.1999 als
Euro-Verbindlichkeiten weiter. Hinsichtlich der Denominierung von Geldforderungen in Euro oder in DM besteht **Wahlfreiheit** über den 1.1.1999 hinaus (ASSWU-
Zwischenbericht Rn 8-10). Auch für **in der Übergangszeit begründete Verbindlichkeiten** ist
die Verwendung der **Bezeichnung Deutsche Mark** ebenso gültig wie die Bezugnahme
auf den **Euro**. Dies ergibt sich aus Art 6 Abs 2 Entw EuroVO-109 l (dazu U H SCHNEI-
DER Betrieb 1996, 2480) und ist Ausfluß des in Madrid beschlossenen Grundsatzes,
wonach die Benutzung des Euro während der Übergangszeit jedermann freisteht,
aber niemandem aufgezwungen werden soll („no compulsion, no prohibition")
(Schlußfolgerungen des Vorsitzes, Anhang 1 Nr 9 Bull EU 12–1995, 28). Auch nach der Übergangsphase ist die Bezeichnung Deutsche Mark unschädlich: Sie gilt ab 1.1.2002 –
gerechnet zum Umrechnungskurs – als Verwendung des Euro (Fiktion), Art 14 Entw
Euro-VO-109 l. Für Verträge, in denen keine ausdrückliche Denominierung vorgenommen wird, gilt bei Fehlen sonstiger Anhaltspunkte die am Erfüllungsort
gebräuchliche nationale Währungseinheit als vereinbart (U H SCHNEIDER Betrieb 1996,
2481). Entsprechendes gilt für **gesetzliche Zahlungsverpflichtungen**: Auch hier gilt eine
Denominierung in der am Zahlungsort bestehende Währungseinheit. So sind beispielsweise Schadensersatzforderungen, die in Deutschland zur erfüllen sind, in DM
denominiert. Dies gilt allerdings nur bis zum Eintritt in die Endphase der 3. Stufe am
1.1.2002. Von diesem Zeitpunkt an findet die erwähnte Fiktionsregelung des Art 14
Entw EuroVO-109 l Anwendung.

F 81 b)   Die **Fortgeltung von Verträgen** ist im Entw der EuroVO-235 festgeschrieben (Rn
F 77). Vorbehaltlich etwaiger Vereinbarungen der Parteien berechtigt die Einführung
des Euro weder zu einer Vertragsanpassung unter dem Gesichtspunkt geänderter
Geschäftsgrundlage, noch dazu, den Vertrag wegen Zweckfortfalls zu beenden

(KOCH ÖBA 1996, 17; vBORRIES/REPPLINGER-HACH NJW 1996, 3111; ausführlich FISCHER/KLAN-TEN ZBB 1996, 4 ff; dies Sparkasse 1997, 35 ff; U H SCHNEIDER Betrieb 1996, 2480). **Art 3 des Entw EuroVO-235** bekräftigt diesen **Grundsatz der Kontinuität von Verträgen**. Nach der Begründung des Entw kann die Wirtschafts- und Währungsunion weder als unvorhersehbares Ereignis bezeichnet werden, noch stellt sie eine schwerwiegende Veränderung der Umstände dar. Daher rechtfertige die Einführung des Euro nicht, sich auf den Wegfall der Geschäftsgrundlage oder auf Rechtsinstitute mit ähnlicher Wirkung zu berufen (Begründung des Vorschlags einer Verordnung des Rates über einige Bestimmungen der Einführung des Euro, abgedruckt als BR-Drucksache 826/96 v 13. 11. 1996). Die Bedeutung des Art 3 S 1 Entw EuroVO-235 ist indes umstritten. Es wird vertreten, diese Vorschrift schließe jede Vertragsanpassung definitiv aus, unabhängig von der Frage, ob die tatbestandlichen Voraussetzungen für den Wegfall der Geschäftsgrundlage (bzw der doctrine of frustration [England] oder der théorie de l'imprévision [Frankreich]) im nationalen Vertragsrecht erfüllt seien (TORBERG ÖBA 1997, 90). Richtigerweise handelt es sich bei Art 3 S 1 Entw EuroVO-235 nur um die Bekräftigung eines sich aus der Natur der Sache ergebenden Grundsatzes: Die Währungsunion als solche beseitigt nicht die Geschäftsgrundlage von Geldschuldvereinbarungen. Nicht ausgeschlossen ist aber die Berücksichtigung des hypothetischen Parteiwillens im Rahmen ergänzender Vertragsauslegung, und im Zusammenhang mit sonstigen Veränderungen, die über den bloßen Währungswechsel hinausgehen, ist auch die Mitberücksichtigung der Währungseinheit auf der Grundlage der Grundsätze über den Fortfall der Geschäftsgrundlage möglich; selbst wenn Art 3 S 1 Entw EuroVO-235 anders intendiert wäre, könnte er diese Rechtsfolgen nicht ausschließen. Der Bereich des Schuldrechts fällt unter die Zuständigkeit der Mitgliedsstaaten (so auch vBORRIES/REPPLINGER-HAUCH NJW 1996, 3113; DUNNETT CMLRev 1996, 1148 ff). Eine gemeinschaftsrechtliche Kompetenz zum Erlaß einer die nationalen schuldrechtlichen Regeln derogierenden Vorschrift ergibt sich auch nicht aus Art 235 EGV.

c)   Für **langfristige Kreditverträge** ergeben sich hinsichtlich der Umstellung keine **F 82** Besonderheiten (FISCHER/KLANTEN ZBB 1996, 4). Entsprechendes gilt auch für die Abänderungen von **Festzinsvereinbarungen**. Sie können zwar nicht generell verlangt werden, doch ist ein Anspruch auf Anpassung auch nicht ausgeschlossen (aA FISCHER/KLANTEN Sparkasse 1997, 37). Sonderprobleme werfen langfristige **Verträge mit Geschäftspartnern in Drittländern** auf, die in einer Teilnehmerwährung denominiert sind, zB langfristige Zahlungsverbindlichkeiten, insbes Schuldanleihen, die in New York begeben werden, aber auf Deutsche Mark lauten (siehe dazu GRUSON WM 1997, 699 ff). Fraglich ist, wie solche Verträge behandelt werden, die nach den Prinzipien des internationalen Privatrechts unter das Vertragsrecht des Nicht-EU-Staates fallen. Nach dem Grundsatz der „lex monetae" wird auch hier der Euro zur Zahlungswährung (FISCHER/KLANTEN Sparkasse 1997, 39). In diesem Zusammenhang auftretende Probleme für die Fortgeltung von Verträgen werden zweckmäßigerweise durch privatrechtliche Fortgeltungsklauseln ausgeräumt (FISCHER/KLANTEN Sparkasse 1997, 39; SCHEFOLD WM-Sonderbeil 4/96, 15).

d)   Die **Verwendung von Wertsicherungsklauseln** (oben Rn D 162 ff) wird in Zukunft **F 83** möglich sein, ohne daß es der Genehmigung durch die Bundesbank bedarf; das in § 3 WährG enthaltene währungsrechtlich bedingte Verbot mit Erlaubnisvorbehalt (dazu oben Rn D 191 ff) entfällt mit Eintritt in die 3. Stufe am 1. 1. 1999. Der Genehmigungsvorbehalt wird damit auch für sog Altklauseln entfallen (im einzelnen dazu HAFKE WM 1997, 695 ff).

F 84 **e)** **Anleihen** der öffentlichen Hand sollen ab 1. 1. 1999 in Euro begeben werden (so die Beschlüsse von Madrid, vgl Schlußfolgerungen des Vorsitzes, Anhang 1 Nr 11 Bull EU 12—1995, 28). Hinsichtlich der Umstellung der Altschulden liegt noch keine Regelung vor. Den Teilnehmerländern an der Währungsunion steht es frei, zu welchem Zeitpunkt sie ihre ausstehenden Schuldtitel auf die neue Währung umstellen. Es gilt als sicher, daß der Bund als der wichtigste Daueremittent am deutschen Kapitalmarkt zumindest die börsennotierten Bundeswertpapiere ab Beginn der 3. Stufe auf Euro umstellen wird (WELTEKE, Sparkasse 1997, 58). Dafür wird es eines Gesetzes bedürfen (ASWWU-Zwischenbericht Rn 14). Im übrigen gelten für Anleihen die zu den langfristigen Kreditverträge entwickelten Grundsätze (Rn F 87). Für private Emittenten gelten die bei Rn F 81 f dargestellten allgemeinen Grundsätze.

F 85 **f)** **Für Zahlung und Aufrechnung** gelten folgende Grundsätze: Eine Forderung, die in einer nationalen Währungseinheit denominiert ist, kann in der Übergangsphase nur unter Verwendung der betreffenden nationalen Banknoten und Münzen bar bezahlt werden, da diese ihre Eigenschaft als gesetzliche Zahlungsmittel behalten (allerdings nicht mehr als gesetzliche Zahlungsmittel der jeweiligen nationalen Währung, sondern des Euro). Ihre Geltung bleibt auf das bisherige Währungsgebiet beschränkt und dauert längstens bis zum 30. 6. 2002, Art 15 Abs 1 Entw EuroVO-109 l. In der Umstellungsphase (ab 1. 1. 2002) treten Euro-Noten und -Münzen als gesetzliche Zahlungsmittel neben die nationalen Währungseinheiten, Art 10 Entw EuroVO-109 l. Euro-Verbindlichkeiten können auch bar bezahlt werden, wobei die am Erfüllungsort maßgeblichen gesetzlichen Zahlungsmittel zur Zahlung verwendet werden können (U H SCHNEIDER Betrieb 1996, 2481). Bei unbaren Zahlungen hat der Schuldner das Recht, zu wählen, ob er in Euro oder in der betreffenden Währungseinheit zahlen möchte, unabhängig davon, wie die Verbindlichkeit denominiert ist (siehe im einzelnen dazu U H SCHNEIDER Betrieb 1996, 2481 f).

Die **Aufrechnung** nach § 387 kann ab 1. 1. 1999 mit Forderungen in Euro und in einer Teilnehmerwährung, aber auch mit Forderungen in zwei Teilnehmerwährungen erfolgen. Die Währungen der teilnehmenden Länder sind ab diesem Zeitpunkt keine Fremdwährungen mehr; sie gehen im Euro auf, so daß sich gleichartige Forderungen gegenüberstehen. Dies stellt Art 8 Abs 6 Entw Euro-VO-109 l ausdrücklich klar.

F 86 **g)** **Grundschulden und Hypotheken** werden wie Verbindlichkeiten ab 1. 1. 1999 ipso iure umgestellt; eine nominelle Umstellung in den Grundbüchern ist daher nicht erforderlich, wenn auch zweckmäßig. Das Registerverfahrensbeschleunigungsgesetz vom 20. 12. 1993 hat die Möglichkeit geschaffen, durch Rechtsverordnung des Bundesministeriums für Justiz die Eintragung auch „in einer einheitlichen europäischen Währung" zuzulassen.

F 87 **h)** **Schecks und Wechsel** müssen gemäß Art 1 Nr 2 ScheckG bzw WG auf eine bestimmte Geldsumme lauten; dieser Begriff bezieht sich nach hM auf Währungen. Da der Euro im Falle der Einführung ab 1. 1. 1999 Währung im währungsrechtlichen Sinne ist, können ab diesem Zeitpunkt auf Euro lautende Schecks und Wechsel begeben werden (zur Zulässigkeit von ECU-Wechseln und -Schecks vgl Rn F 60).

i)   Bei der **Kapitalumstellung im Gesellschaftsrecht** stellen sich vor allem die Fragen **F 88**
nach der Änderung der gesetzlichen Vorschriften zum Kapital sowie nach der
Umstellung der Aktien. Hinsichtlich der – rechtlich nicht zwingend erforderlichen –
Gesetzesänderungen wird empfohlen, die im Aktien- und GmbH-Gesetz enthaltenen runden DM-Beträge (Grundkapital, Stammkapital, Stückelung usw) durch
ebenso runde Euro-Beträge zu ersetzen (KÖNIG EWS 1996, 156, 160; U H SCHNEIDER/
SÜNNER Betrieb, 820 ff; SCHRÖER ZIP 1997, 222 f). Vorschriften wie die, daß der Betrag
jeder GmbH-Stammeinlage durch hundert Deutsche Mark teilbar sein muß (§ 5
Abs 3 S 2 GmbHG), sollten fortfallen. Für die Umstellung der Aktien wird die Einführung der unechten nennwertlosen Aktie vor allem von der Wirtschaft favorisiert
(vgl Umfrage im Informationsdienst des Bundesverbandes deutscher Banken, Nr 1 [Januar] 1997, 8;
EBERSTADT WM 1995, 1797). Der gesetzgeberische Aufwand ist im Gegensatz zum Fall
der Einführung einer echten nennwertlosen Aktie gering (SCHRÖER ZIP 1997, 223), das
Verfahren preiswert (vgl AG Report 1/97, R 8) und weder Aktien noch Grundkapital
müßten arrondiert werden. Der Gesetzgeber wird auch Fürsorge treffen, um schon
vor 2002 die Plazierung von Euro-Anteilen zu ermöglichen (ASWWU-Zwischenbericht
Rn 17). Zum Ganzen vgl Referentenentwurf eines Gesetzes zur Umstellung des
Gesellschaftsrechts auf den Euro (EuroGuG) v 20. 5. 1997.

k)   Die **externe Rechnungslegung** hat in Deutscher Mark zu erfolgen, wobei Anga- **F 89**
ben zusätzlich in ECU (ab 1. 1. 1999 Euro) möglich sind (Rn F 59). Diese Vorschriften
bleiben über den 1. 1. 1999 hinaus in Kraft (vgl Art 8 Abs 1 Entw EuroVO-109 I). Somit
wird zwar die Verwendung des Euro im Zahlungsverkehr (dazu Rn F 91) und damit
auch im internen Rechnungswesen möglich, aber die Aufstellung der Handelsbilanz
allein in Euro bleibt nach derzeitiger Gesetzeslage (Stand Juni 1997) verboten. Dieses Auseinanderfallen von Buch"währung" und Berichtswährung ist wirtschaflich
unvernünftig. Daher muß der Gesetzgeber den Übergang der Rechnungslegung auf
den Euro regeln (ASWWU-Zwischenbericht Rn 18). Dabei sollte die Umrechnung von
Deutsche Mark in Euro zu Beginn eines Geschäftsjahres in der Übergangsphase
genügen (sog lineare Transformation). Stille Reserven würden erst mit der Realsie-
rung der Fremdwährungsforderungen bzw -verbindlichkeiten zur Auflösung kommen. Die Notwendigkeit der Aufstellung von Eröffnungsbilanzen in Euro (mit der
Folge der sofortigen Gewinnrealisierung) läßt sich nicht rechtfertigen (so zutreffend
PLEWKA/SCHLÖSSER Betrieb 1997, 338). Zu weiteren bilanziellen Auswirkungen vgl
Arbeitskreis „Externe Unternehmensrechnung" der Schmalenbach-Gesellschaft
Betrieb 1997, 237 ff sowie PLEWKA/SCHLÖSSER Betrieb 1997, 337 ff.

l)   Für das **Prozeßrecht** bedeutet die unwiderrufliche Festlegung der Wechselkurse **F 90**
zum 1. 1. 1999, daß eine in DM denominierte Forderung dann auch in Euro und
umgekehrt die Euro-Forderung in Euro oder DM eingeklagt werden kann. Ein
Übergang von DM auf Euro während eines Rechtsstreits stellt keine Klageänderung
dar, da nicht von einer Währung auf eine andere übergegangen wird. Die Vollstrek-
kung entsprechender Urteile kann in Werten erfolgen, die in Euro oder DM
denominiert sind, solange der offizielle Umrechnungskurs zugrunde gelegt wird
(SCHEFOLD WM Sonderbeilage 4/96, 12). Die Zulassung eines Euro-Mahnverfahrens ab
1999 wird auch im Bundesministerium der Justiz geprüft und vorbereitet (ASWWU-
Zwischenbericht Rn 21).

Karsten Schmidt

7. Praktische Fragen des Übergangs

F 91 **a)**   Mit der Einführung des Euro stellt sich eine Reihe von **praktischen Fragen des Übergangs**. Erwogen wird, für den **Handel** während der Übergangszeit eine gesetzliche Pflicht zur doppelten Auszeichnung einzuführen (vgl Erwägungsgrund Nr 5 Entw EuroVO-235, die aber selbst noch keine gesetzliche Verpflichtung begründet [FISCHER/KLANTEN Sparkasse 1997, 39]). Problematisch ist eine solche Verpflichtung nicht zuletzt, weil zu befürchten ist, daß die durch die doppelte Auszeichnung entstehenden Mehrkosten letzten Endes auf den Verbraucher abgewälzt werden (ASWWU-Zwischenbericht Rn 26; WAIGEL Sparkasse 1997, 7). Aus diesem Grund stellt der Wirtschafts- und Sozialausschuß der EU zur Debatte, die Auszeichnung in nationaler Währung und in Euro auf den Endbetrag zu beschränken (Tz 11.3.5 ABlEG Nr C 18/129). Nach Abschluß der dritten Stufe stellt sich ein Problem auch in der Bereitstellung doppelter Kasseneinrichtungen zur Aufnahme und Sicherung der parallel im Umlauf befindlichen Währungen. Der **Kreditwirtschaft** stellt sich die Aufgabe, die in Art 8 Abs 3 Entw EuroVO-109 l für den Schuldner festgelegte Erfüllungsmöglichkeit in Euro-Buchgeld während der Übergangsphase zu ermöglichen. Die Anforderungen an die technische Durchführung dieser Wahlmöglichkeit des Schuldners ergeben sich auf Grundlage der „Rahmenbedingungen über die Abwicklung des zwischenbetrieblichen Inlandzahlungsverkehrs zur Einführung der Euro-Währung" (abgedruckt in WM 1996, 1752). Danach sind die Beträge sowohl in Euro als auch in Deutsche Mark auszuweisen, was auch Voraussetzung für grenzüberschreitende Zahlungen des Schuldners ist (auch hier besteht ein Wahlrecht; vgl Erwägungsgrund Nr 13 Entw EuroVO-109 l). Bezüglich größerer Transaktionen ist die Einrichtung eines Zahlungsverkehrssystems für Großbeträge unter dem beziehungsreichen Namen TARGET (Trans European automated real time gross settlement) geplant (Tz 62 f Grünbuch Dok KOM [95] 333). Diese Vernetzung der nationalen Zentralbanksysteme hat zur Folge, daß durch die Konzentration eine Abwicklung europaweiter Zahlungsvorgänge durch Banken autonom nicht mehr rentabel vorgenommen werden kann, zumal die Umstellung auf TARGET oder ähnliche Großzahlungsverkehrssysteme einen hohen Investitionsaufwand erfordert (ENDRES WM 1996, 1720).

F 92 **b)**   Im **öffentlich-rechtlichen Sektor** ist die Umstellung der Transaktionen auf Euro in der Bundesrepublik und den meisten anderen Mitgliedstaaten zum Ende der Übergangszeit zu erwarten (WAIGEL Sparkasse 1997, 6). Im Rahmen der **Gesetzgebung** stellt sich das Problem, ob die Ersetzung der Währungsbeträge auf Euro in jedem einzelnen Gesetz vollzogen werden muß (zu rechnen ist mit etwa 4000 Bundesgesetzen [SCHEFOLD WM-Sonderbeil 4/96, 4]). Angesichts der Fiktion des Art 14 Entw EuroVO-109 l hätte eine ausdrückliche Änderung aber nur deklaratorischen Charakter (ASWWU-Zwischenbericht Rn 24; WAIGEL Sparkasse 1997, 7; krit zu dieser Möglichkeit U H SCHNEIDER Betrieb 1996, 2478). Als unpraktisch erweist sich dann aber der Umgang mit den krummen Beträgen bei Steuerfreibeträgen, Ordnungsstrafen etc, für die sich dann eine „Glättung" anbietet (ASWWU-Zwischenbericht Rn 24; WAIGEL aaO; vgl schon Rn F 88 für das Gesellschaftsrecht). Einen Überblick über die sich in Deutschland ergebenden Fragen der Einführung des Euro in öffentlicher Verwaltung und Gesetzgebung gibt der ASWWU-Zwischenbericht. Danach wird vor allem die nationale Verwaltung bis zum 31.12.2001 Erklärungen und Bescheide voraussichtlich in DM abfassen und diese Praxis ab 2002 umstellen. Vor allem die **Steuergesetzgebung** muß für einen stichtagsbezogenen Übergang der Steuererklärungspraxis und der Steuerbescheidpraxis für Besteuerungszeiträume vor und ab 2002 sorgen (ASWWU-Zwischenbericht Rn 19).

c) Nach der **Ausgabe von Euro-Banknoten und -Münzen** gem Art 10 u 11 Entw **F 93** EuroVO-109 l sieht Art 15 Abs 1 des Verordnungsentwurfs die Fortgeltung nationaler Banknoten für maximal sechs Monate vor. Diese Phase des doppelten Bargeldumlaufs endet mit der Demonetisierung der nationalen Geldzeichen (Rn B 3 ff), durch die diese Geldzeichen ihre Umlauffähigkeit verlieren, was fortdauernde Umtauschrechte nicht ausschließt (vgl Rn B 4). Für die Bestimmung dieses Zeitraums wird maßgeblich sein, wie schnell eine Umstellung der technischen Ausrüstungen, zB der Geldautomaten, möglich ist. Dabei ist es von besonderer Bedeutung, die Charakeristika der Euro-Banknoten und -Münzen frühzeitig verbindlich bekanntzugeben, um die Entwicklung entsprechender Soft- und Hardware zu ermöglichen (Tz 106 ff Grünbuch Dok KOM [95] 333). Einer vom Handel teilweise favorisierten „Big-Bang-Lösung", nach der alle DM-Noten und -Münzen mit dem Stichtag des 1. 1. 2002 ihre Geldqualität verlören, stehen praktische Schwierigkeiten, zB im Automatenaufstellergewerbe, gegenüber (ASWWU-Zwischenbericht Rn 27; WAIGEL Sparkasse 1997, 7; U H SCHNEIDER Betrieb 1996, 2478). Schließlich stellt sich nicht zuletzt die Frage, wieviel Zeit die Bereitstellung der Euro-Banknoten und -Münzen erfordern wird (WAIGEL aaO). Geplant ist eine maximale Stückelung der Münzen bis 2 Euro; zudem sollen sieben Banknoten von 5 bis 500 Euro in Umlauf gebracht werden. Auch nach Ablauf der Geltung der nationalen Währungen werden Münzen und Noten, zumindest bei den nationalen Zentralbanken, umgetauscht werden können, Art 16 Entw EuroVO-109 l. Da während der Übergangszeit gem Art 9 Entw EuroVO-109 l die nationalen Währungszeichen als alleiniges Zahlungsmittel auf das jeweilige Geltungsgebiet begrenzt bleibt, kann in der Bundesrepublik weiterhin nur mit Deutscher Mark, in Frankreich nur mit Franc erfüllt werden. Beim Umtausch der Währungen können dabei Gebühren anfallen, sofern sie nicht aus dem Kursrisiko resultieren (vgl auch Tz 121 Grünbuch Dok KOM [95] 333; U H SCHNEIDER Betrieb 1996, 2479, der auf das verbleibende Vorrats-, Fälschungs- und „handlings"-Risiko verweist).

8. Der neue Wechselkursmechanismus (WKM 2)

Der Wegfall des EWS zum 1. 1. 1999 (Rn F 47) bedeutet nicht den endgültigen Ver- **F 94** zicht auf ein Wechselkurssystem: Ein neuer Wechselkursmechanismus (WKM 2) soll an die Stelle des zur Zeit bestehenden Wechselkursmechanismus des EWS (WKM 1) treten (Entschluß des Europäischen Rates von Dublin Bull EU 12−1996, 23 f; zum bisherigen WKM 1 vgl. Rn F 46). Zwar entfällt die Notwendigkeit eines Kurssystems zwischen den an der Währungsunion teilnehmenden Staaten, doch besteht Regelungsbedarf für die Wechselkurse zwischen Euro und den Währungen der Nichtteilnehmerstaaten innerhalb der EU. Ziel des WKM 2 ist es, das Funktionieren des Binnenmarktes zu sichern und die EU-Mitgliedstaaten vor unerwünschtem Druck auf die Devisenmärkte zu schützen (so der Bericht des Rates „Wirtschaft und Finanzen" an den Europäischen Rat von Dublin Bull EU 12−1996, 23). Der WKM 2 beruht auf den gegenüber dem Euro festgelegten Leitkursen der übrigen EU-Währungen. Die Leitkurse und das Standardschwankungsband werden zwischen den Ministern der Mitgliedstaaten des Euro-Währungsgebietes, der EZB und den Ministern und Zentralbankpräsidenten der Nichtteilnehmerstaaten in einem bestimmten Verfahren festgelegt. Die an den Interventionspunkten erforderlichen Eingriffe der Zentralbanken und der EZB erfolgen grundsätzlich automatisch und unbegrenzt. Zum Verfahren im einzelnen vgl Bericht des Rates „Wirtschaft und Finanzen" Bull EU 12–1996, 23 f, 34 ff.

§ 244

[1] **Ist eine in ausländischer Währung ausgedrückte Geldschuld im Inlande zu zahlen, so kann die Zahlung in Reichswährung erfolgen, es sei denn, daß Zahlung in ausländischer Währung ausdrücklich bedungen ist.**

[2] **Die Umrechnung erfolgt nach dem Kurswerte, der zur Zeit der Zahlung für den Zahlungsort maßgebend ist.**

Materialien: E I § 215; II § 208; III § 238; Mot II 12; Prot I 289.

Schrifttum

Vgl zunächst das allg Schrifttum zu Vorbem zu §§ 244 ff. Zu Fragen der Fremdwährungsschuld vgl besonders:

ALBERTS, Der Einfluß von Währungsschwankungen auf Zahlungsansprüche nach deutschem und englischem Recht (1986)

ders, Schadensersatz und Fremdwährungsrisiko, NJW 1989, 609

AREND, Zahlungsverbindlichkeiten fremder Währung (1989)

ALSBERG, Ein Valutavertrag aus dem Mittelalter, JW 1922, 1673

BACHMANN, Fremdwährungsschulden in der Zwangsvollstreckung (1994)

BAMBERGER, Die Valutaschuld und ihre rechtliche Behandlung unter dem Einfluß der Geldentwertung (1924)

BELLINGER, Fremdwährungspfandbrief, WM 1991, 1908

BERNER, Die Unzulässigkeit der „Umstellung" eines Schuldtitels der Sowjetzone über eine Ostmarkforderung auf den Nennbetrag in DM-West im Vollstreckungsverfahren, Rpfleger 1962, 86

ders, Probleme um die Vollstreckung von DM-Ost-Forderungen, insbesondere um die Unterhaltsvollstreckung, Rpfleger 1967, 193

BIRK, Schadenseratz und sonstige Restitutionsformen im internationalen Privatrecht (1969)

ders, Aufrechnung bei Fremdwährungsforderungen und internationales Privatrecht, AWD 1969, 12

ders, Die Umrechnungsbefugnis bei Fremdwährungsforderungen im internationalen Privatrecht, AWD 1973, 425

BLAU, Devisenrecht und Privatrecht, JherJb 83 (1933) 201

WILFRIED BRAUN, Monetärrechtliche Probleme vertraglicher Geldwertsicherung im grenzüberschreitenden Wirtschaftsverkehr (Diss Würzburg 1979)

BRODMANN, Zu § 244 BGB, JW 1921, 441

BRUCK, Das Währungsproblem in der Lebensversicherung, VersPrax 1934, 58

BULTMANN, Wirksamkeit einer Umstellungsvereinbarung für Alt-Darlehen im Verhältnis 1:1, DB 1993, 669

ders, Umstellung von Alt-Grundpfandrechten auf DM in den neuen Bundesländern, AgrarR 1993, 140

COHN, Fragen aus dem Valutarecht, LZ 1922, 16

ders, Spezifisch ausländischer Charakter einer Forderung nach dem Londoner Schuldenabkommen, NJW 1957, 329

COLLIN, L'Aspect monétaire du crédit international, in: FS F A Mann (1977) 689

CZAPSKI, Zur Frage des Verzugsschadens bei

Abänderung einer Währung im internationalen Geschäftsverkehr, AWD 1974, 49

Dölle, Die Kompensation im internationalen Privatrecht, RheinZ 1924, 32

Drobnig, American-German Private International Law (1972)

Durst, Fremdwährungs-Lebensversicherung, NWB 21/153

Eckstein, Geldschuld und Geldwert im materiellen und internationalen Privatrecht (1932)

Ernst, Die Bedeutung des Gesetzeszweckes im internationalen Währungs- und Devisenrecht (1963)

Fuchs, Zur rechtlichen Behandlung der Eurodevisen, ZVglRW 95 (1996) 283

Fülbier, Zur Fremdwährung als bewegliche Sache und Ware und zur Geldschuld als Sachschuld, NJW 1990, 2797

Geiler/Pfefferle, Die schweizerischen Goldhypotheken in Deutschland (1924)

Göppinger/Wax, Unterhaltsrecht (6. Aufl 1994)

Graupner, Rechtsannäherung durch Rechtsprechung englischer Gerichte, RIW 1976, 258

Grothe, Bindung an die Parteianträge und „Forderungsverrechnung" bei Fremdwährungsklagen, IPRax 1994, 346

Grua/Lévy, Monnaie de paiement, Jurisclasseur, Droit civil, App art 1895 A-G (1990/1991)

Gruber, Die Aufrechnung von Fremdwährungsforderungen, MDR 1992, 121

Grundmann, Nationales Währungsrecht und EG-Kapitalverkehrsfreiheit, EWS 1990, 214

Haase, Wer trägt das Repartierungsrisiko?, JW 1924, 664

Hahnenfeld, Ost-West-Unterhaltsansprüche, NJW 1955, 528

Hammer, Pfundforderungen und deutsches Aufwertungsrecht, BankArch 31 (1931/32) 280

Hanisch, Umrechnung von Fremdwährungsforderungen in Vollstreckung und Insolvenz, ZIP 1988, 341

Hartenstein, Die amerikanische Gerichtspraxis gegenüber deutschen Golddollarverpflichtungen, JW 1935, 2873

Hartmann, Über den rechtlichen Begriff des Geldes und den Inhalt von Geldschulden (1868)

ders, Internationale Geldschulden (1882)

Haussmann, Die rechtliche Tragweite der Pfund- und Dollar-Entwertung im In- und Ausland, BankArch 33 (1933/34) 26, 43

Henn, Aufrechnung gegen Fremdwährungsforderungen, MDR 1956, 584

ders, Kursumrechnung bei der Erfüllung von Fremdwährungsforderungen, RIW 1957, 153

ders, Zur interzonalen Anwendung des § 244 BGB, NJW 1958, 733

Hirsch, Valutaschulden, ZHR 85 (1921) 210

Hirschberg, Das interzonale Währungs- und Devisenrecht der Unterhaltsverbindlichkeiten (1968)

Hoffmann, Nochmals: Die Goldklausel, BankArch 33 (1933/34) 141

vHoffmann, Aufrechnung und Zurückbehaltungsrecht bei Fremdwährungsforderungen, IPRax 1981, 155

ders, Deliktischer Schadensersatz im internationalen Währungsrecht, in: FS Firsching (1985) 125

Hoffmann/Pauli, Kollisions- und währungsrechtliches zur Diskontierung von DM-Wechseln durch eine ausländische Bank, IPRax 1985, 13

Hohlbeck, Ist der deutsche Gläubiger aufgrund der Devisenbewirtschaftung verpflichtet, für seine Forderung in effektiver Devise Markzahlungen von seinem Schuldner entgegenzunehmen?, BankArch 35 (1935/36) 214

Horn, Das Recht der internationalen Anleihen (1972)

Kahn, Pfundaufwertung und englisches Recht, BankArch 31 (1931/32) 217

Kaufmann, Ein Beitrag zur Auslegung des § 244 Abs 2 BGB, LZ 1921, 99

Kleiner, Vertragsklauseln bei Bank-Fremdwährungsschulden, EWS 1991, 54

Koenigs, Gültigkeit von Kaufpreisabreden in fremder Währung zwischen Inländern, Betrieb 1952, 160

Kraemer, Aufwertung inländischer Forderungen in ausländischer Währung?, JW 1933, 2558

Kühne, Die Durchsetzung von Ostmarkforderungen im westdeutschen Bundesgebiet, NJW 1950, 729

Küng, Zahlung und Zahlungsort im Internationalen Privatrecht (1970)

Kundler, Wer trägt das Repartierungsrisiko? (1924) 155

LEWALD, Zum Problem der interzonalen Geld-schulden, in: FS Hans Lewald (1953) 515

LEWIS/MOUNTFORD, Foreign Currency Obligations in English Law, ZHR 140 (1976) 120

LÜDERS, Das Währungsstatut interzonaler Währungsverbindlichkeiten, MDR 1948, 384

MAGNUS, Währungsfragen im einheitlichen Kaufrecht, RabelsZ 53 (1989) 116

MAIER-REIMER, Fremdwährungsverbindlichkeiten, NJW 1985, 2049

F A MANN, Das Recht des Geldes (1960) 133 ff

ders, The Legal Aspect of Money (5. Aufl 1992) 185 ff

ders, Zahlungsprobleme bei Fremdwährungs-schulden, JbSchweizR 1980, 98

MARQUORDT, Unterhaltsansprüche und Währungstrennung, MDR 1950, 8

WOLFGANG MAYER, Die Valutaschuld nach deutschem Recht (1934)

MEDER, Führt die Kreditkartennutzung im Ausland zu einer Fremdwährungsschuld gemäß § 244 BGB?, WM 1996, 2085

MEILICKE, Gestaltung und Umgestaltung der Schuldverhältnisse durch das Devisenrecht, BankArch 35 (1935/36) 407

MELCHIOR, Die Grundlagen des deutschen internationalen Privatrechts (1932) 272 ff

ders, Internationales Privatrecht und Währungsrecht bei der Aufwertung?, JW 1926, 2345

ders, Aufwertung und internationales Privatrecht, ZOstR 1928, 501

MEYER-COLLINGS, Alternative Valutaklausel oder Ersetzungsbefugnis?, ZAkDR 1937, 240

MEYER-COLLINGS/SACK, Gold- und Valuta-klausel in deutscher und niederländischer Gerichtspraxis (1937)

MEZGER, Umrechnung einer Verurteilung in ausländischer Währung, IPRax 1986, 146

ders, Nochmals: Zur Umrechnung bei Vollstreckung eines auf ausländische Währung lautenden Urteils, IPRax 1987, 171

MÖSSLE, Internationale Forderungspfändung (1991)

MOSHEIM, Währungsklauseln und Risiko von Währungsschwankungen, Betrieb 1951, 953

MÜGEL, Die Behandlung von Währungsklauseln nach deutschem Recht, JW 1934, 516

MUELLER, Das amerikanische Gesetz über die Aufwertung der Goldklauseln vom 5. Juni 1933, RabelsZ 1933, 489

MÜNCH, Ausländische Tenorierungsgrundeinheiten contra inländische Bestimmtheitsanforderungen, RIW 1989, 18

NAGEL, Der Umrechnungszeitpunkt bei Vollstreckung eines französischen Urteils, IPRax 1985, 83

NEUKIRCH, Pfund = Pfund?, JW 1931, 3253

NEUMANN, Neue Aspekte der Vollstreckung von DDR-Titeln in DM, Rpfleger 1976, 117

NEUMEYER, Internationales Verwaltungsrecht III/2 (1930 = Nachdruck 1980); IV (1936 = Nachdruck 1980)

ders, Die Aufwertung im internationalen Privatrecht, JW 1928, 147

NUSSBAUM, Das Geld in Theorie und Praxis des deutschen und ausländischen Rechts (1925) 187 ff

ders, Juristische Valutafragen, JW 1920, 13

ders, Einwand der Unerschwinglichkeit gegenüber Valutaforderungen, DJZ 1923, 20

OBERMAIR, Der räumliche Geltungsbereich des Aufwertungsgesetzes, LZ 1925, 1205

Rapport explicatif sur la convention Européenne relative aux obligations en monnaie étrangère, Conseil de l'Europe (Strasbourg 1968)

REICHEL, Internationale Geldschulden (Valuta-schulden), mitgeteilt von LEO HansRZ 1920, 34

ders, Schulden in Auslandswährung, SchwJZ 1920/21, 213

ders, Rückwirkung der Aufrechnung gegen Fremdgeldforderungen, AcP 126 (1926) 313

ders, Aufwertung auslandsrechtlicher Mark-Forderungen, in: FG hanseatischer Juristen für den 24. deutschen Anwaltstag (1929)

REITHMANN/MARTINY, Internationales Vertragsrecht (5. Aufl 1996)

REUPKE, Valutaforderungen. Rechtsprechung und Wirtschaftsverkehr, Wirtschaft und Recht 1928, 355

REMIEN, Die Währung von Schaden und Schadenersatz, RabelsZ 53 (1989) 245

REUTER, Fremdwährung und Rechnungseinheiten im Grundbuch (1992)

ROEGER, Die Behandlung ausländischer Valuta-forderungen im Geschäftsaufsichtsverfahren, LZ 1923, 329

ROTH, Aufwertung und Abwertung im internationalen Privatrecht, in: Fragen des Rechtes der Auf- und Abwertung (1979) 87

ders, Währungsprobleme im internationalen Seerecht, Schriften des Deutschen Vereins für internationales Seerecht A 42, 1980

SANDROCK, Handbuch der internationalen Vertragsgestaltung (1980)

SCHLEGELBERGER, Die Aufwertung im internationalen Privatrecht, RabelsZ 1929, 869

SCHMALZ, Die Behandlung von Währungsklauseln nach deutschem Recht, JW 1934, 513

KARSTEN SCHMIDT, Fremdwährungsschuld und Fremdwährungsklage, ZZP 98 (1985) 32

ders, Mahnverfahren für Fremdwährungsschulden?, NJW 1989, 65

ders, Fremdwährungsforderungen im Konkurs, in: FS Merz (1992) 533

SCHNITZER, Internationales Handels-, Wechsel- und Checkrecht (1938)

SCHOLZ, Zur Problematik der Altkreditschulden in den neuen Bundesländern, BB 1993, 1953

SCHWENCKENDIECK, Unterhaltsansprüche unehelicher „Ost"-Kinder gegen „West"-Väter, JR 1952, 463

SEETZEN, Zur innerstaatlichen und internationalen Zulässigkeit von Fremdwährungsschulden und -klauseln, AWD 1969, 253

SEYDEL, Ost-West-Unterhalt, NJW 1958, 736

SIEBEL, Kursverluste bei Fremdwährungsdarlehen, BB 1986, 244

SMOSCHEWER, Aufrechnung von Valutaforderungen, JW 1921, 1446

STEHLE, Bezahlung einer DM-Ost-Unterhaltsschuld in westdeutscher Währung, NJW 1959, 1714

STEPHANI, Erfüllung und Beitreibung von Fremdwährungsschulden in Spanien, Bank 1982, 572

STROBER, Valutaforderungen zur Erfüllung von Stammeinlageverbindlichkeiten bei der GmbH zu Zeiten von Währungsschwankungen, DNotZ 1975, 15

vTUHR, Umrechnung von Mark-Schulden in Franken-Währung, SchwJZ 1922, 17

VORPEIL, Aufrechnung bei währungsverschiedenen Forderungen, RIW 1993, 529

ROLF H WEBER, Fremdwährungsschulden in der Praxis, BaslerJurMitt 1983, 105

WIESNER, Aufwertung inländischer Forderungen in ausländischer Währung?, JW 1934, 142

WINDEN, Die Einwirkung der Devisenbewirtschaftung auf die Erfüllung von Stillhalteschulden, Betrieb 1953, 548

MARTIN WOLFF, Das Geld, in: Ehrenbergs Handbuch des gesamten Handelsrechts IV/1 (1917) 563

ZEHETNER, Geldwertklauseln im grenzüberschreitenden Wirtschaftsverkehr (1976)

ZEILER, Zahlung nach Gold-Pfund oder Aufwertung?, BankArch 31 (1931/32) 200

ders, Rechtsgeschäft in Pfund-Währung, DRiZ 1932, 49

ZWEIGERT, Nichterfüllung aufgrund ausländischer Leistungsverbote, RabelsZ 14 (1942) 283.

Systematische Übersicht

Karsten Schmidt

Alphabetische Übersicht

I. Problemfeld und Normzweck

1. Grundfragen der Fremdwährungsschuld

Ist eine **Geldschuld in einer anderen als der inländischen Währung** ausgedrückt, so stel- **1** len sich hinsichtlich des Inhalts der geschuldeten Leistung, der Erfüllung, der richtigen Klage, Verurteilung und Vollstreckung unterschiedliche Fragen. Denn daraus, daß die Schuld *in fremder Währung ausgedrückt* ist, muß sich nicht in jedem Fall ergeben, daß sie in dieser Währung und nur in dieser Währung erfüllt werden muß und kann. Hinter den Fragen verbergen sich nicht nur Probleme der technischen Abwicklung von Geldschulden, sondern vor allem die für § 293 bedeutsamen Fragen des Annahmezwanges (WOLFGANG MAYER 47) sowie schwierige Fragen des Kurs- und Entwertungsrisikos (vgl dazu etwa RGZ 102, 60, 61; 112, 37; 120, 76 = JW 1928, 1204 m Anm KLAUSING; F A MANN, Recht des Geldes 267 ff; ders, Legal Aspect 327 ff). Grundlage des § 244 ist der Unterschied zwischen Schuldwährung und Zahlungswährung (dazu SOERGEL/vHOFFMANN[12] Art 34 EGBGB Rn 108 ff).

2.   Zweck des § 244

2 Der **Normzweck** des § 244 besteht darin, dem Währungsinländer die Begleichung von Fremdwährungsschulden in Inlandswährung zu gestatten. E I § 215 sprach noch davon, daß die Geldschuld „in Reichswährung zu bewirken" sei, erklärte also die Fremdwährungsschuld zur Heimwährungsschuld und ließ den Ort und die Zeit der Zahlung über die Umrechnung entscheiden (dazu Mot in: MUGDAN II 7). Die Gesetzesfassung beruht auf E II § 208 (Prot in: MUGDAN II 507 f). Die Bestimmung ist Teil des materiellen Schuldrechts, steht aber mit dem Währungssystem (Vorbem A 48 zu §§ 244 ff) in engem Zusammenhang (deutlich Mot in: MUGDAN II 7). Sie ist keine auf rechtsgeschäftliche Erfüllungsansprüche beschränkte Auslegungsregel (in dieser Richtung aber RGZ 109, 61, 62; dazu Rn 75). Vielmehr beruht sie auf dem Gedanken, daß die inländischen gesetzlichen Zahlungsmittel als Zwangsgeld im Zweifel jedem Geldgläubiger angeboten und von ihm im Zweifel nicht abgelehnt werden können (MELCHIOR 287 f). Damit versteht sich § 244, weit über das Vertragsrecht hinaus, als eine *gesetzliche Regelordnung für das Verhältnis zwischen Schuld- und Zahlungswährung* (dazu allgemein F A MANN, Recht des Geldes 155; ders, Legal Aspect 205, 226 ff). § 244 hat sich insofern von seinem historischen Vorgänger, dem Art 336 Abs 2 ADHGB in einem wesentlichen Punkt gelöst. Diese Vorschrift hatte gelautet: „Ist die im Vertrage bestimmte Münzsorte am Zahlungsorte nicht im Umlauf oder nur eine Rechnungswährung, so kann der Betrag nach dem Werthe zur Verfallzeit in der Landesmünze gezahlt werden, sofern nicht durch den Gebrauch des Wortes ‚effektiv' oder eines ähnlichen Zusatzes die Zahlung in der im Vertrage benannten Münzsorte ausdrücklich bedungen ist." Der Grund für Art 336 Abs 2 ADHGB wurde teils in den „Verkehrsverhältnissen", teils im mutmaßlichen Parteiwillen gesehen (Mot prE HGB 1857 S 129 zu Art 249). Noch der geltende § 244 trägt in Abs 1 Spuren einer Auslegungsregel, darf aber nicht mehr als eine bloße Auslegungsregel verstanden werden (aM WOLFGANG MAYER 81; zur Auslegungsregel des § 361 HGB, die aus Art 336 Abs 1 ADHGB hervorgegangen ist, vgl Rn 16). Dem § 244 wohnt eine *doppelte Privilegierungsfunktion* inne: der Schutz des inländischen Schuldners und der Primat der inländischen Währung (ebenso jetzt ERMAN/WERNER[9] Rn 15; MünchKomm/vMAYDELL[3] Rn 40). Im modernen Währungsrecht tritt indes immer stärker der Zweck, den inländischen Zahlungsverkehr zu erleichtern, in den Vordergrund. Die Annahme, daß auch der Schutz der inländischen Zahlungsbilanz ein eigener Schutzzweck des § 244 sei, scheint dagegen überholt (SOERGEL/vHOFFMANN[12] Art 34 EGBGB Rn 113).

II. Terminologie

Dem Gesetz liegt weder eine eindeutige Terminologie zugrunde noch gibt es Aus- **3**
kunft über den Begriff der Fremdwährungs- oder Valutaschuld. Das *Fehlen einer
präzisen Terminologie* ist im Ergebnis ohne Bedeutung, erschwert aber bisweilen die
Verständigung unter den streitenden Auffassungen.

1. Heimwährungsschuld und Fremdwährungsschuld

a) **Heimwährungsschulden** sind die in Inlandswährung ausgedrückten Geld- **4**
schulden (näher NUSSBAUM, Das Geld 187). Inlandswährung ist aus der Sicht des § 244
die im Geltungsbereich des BGB, also im Deutschen Reich bzw in der Bundesrepublik Deutschland geltende staatliche Währung. Aus der Sicht des Währungsbereichs
der DM sind also DM-Schulden einschließlich der umgestellten RM-Schulden Heimwährungsschulden. Alle in anderen Währungen ausgedrückten Schulden sind **Fremdwährungsschulden (Valutaschulden)**. Fremdwährungsschuld war damit auch eine in
DDR-Währung ausgedrückte Geldschuld (Rn 79). Soweit die Tendenz, § 244 auf
Geldschulden in DDR-Währung nur analog anzuwenden (Rn 79) auf der Vorstellung
beruhte, die DDR sei nicht Ausland, war diese Rücksichtnahme auf ein staatspoli-
tisches und völkerrechtliches Vorverständnis im Rahmen der Lehre von der Geldschuld verfehlt und mit dem Sinn und Zweck des § 244 nicht vereinbar. Zur
Behandlung von Altkrediten in den neuen Bundesländern vgl BULTMANN Betrieb
1993, 669 ff; SCHOLZ BB 1993, 1953 ff.

b) Heimwährungsschuld und *keine* echte oder unechte Fremdwährungsschuld **5**
(Valutaschuld) ist die **Valutawertschuld**. Die Valutawertschuld ist eine Geldschuld, als
deren Wertmesser eine ausländische Währung verwendet wird (Vorbem D 224 zu
§§ 244 ff). Das Hauptaugenmerk gebührt bei der Valutawertschuld nicht den Fragen
der Schuld- und Zahlungswährung, sondern dem Problem der Wertsicherung. Allerdings neigt die Rspr dazu, Geldwertschulden zu gesetzlichen Valutawertschulden zu
erklären (dazu krit Rn 13). Weder als Fremdwährungsschuld noch als Valutawertschuld
vereinbart ist der Aufwendungsersatz eines Kreditkartenunternehmens bei Aus-
landsverwendung der Kreditkarte, wenn der Aufwendungsersatz in DM vereinbart
ist und ggf über ein DM-Konto läuft (MEDER WM 1996, 2085 ff).

2. Arten der Fremdwährungsschuld

a) Die Fremdwährungsschulden (Valutaschulden) werden herkömmlich in **echte 6
und unechte Fremdwährungsschulden** eingeteilt, jedoch ist damit nicht immer dasselbe
gemeint. STAUDINGER/WEBER[11] Rn 31, 152 und STAUDINGER/FIRSCHING[10/11] Vorbem
391, 394 zu Art 12 EGBGB bezeichnen als „echte" Valutaschuld jede Geldschuld,
bei der der Gegenstand der Schuld in Auslandswährung bezeichnet ist, als „unechte"
Valutaschuld dagegen die *Valutawertschuld*, die nichts über die zu zahlende Währung
besagt, sondern nur als Wertmesser für die Höhe der in Inlandswährung zu beglei-
chenden Geldschulden dient (ebenso zB WOLFGANG MAYER 74). Für diese Terminologie
sprechen sachliche Gesichtspunkte, denn die unter § 244 fallende Fremdwährungsschuld ist ebensowenig etwas „Unechtes" oder „Uneigentliches", wie die unter § 245
fallende „unechte" oder „uneigentliche" Geldsortenschuld (Rn 10). Überwiegend
wird mit dem Gegensatz etwas anderes gemeint (vgl zur hergebrachten Terminologie etwa

Fögen 122 f; BGB-RGRK/Alff[12] Rn 13; Erman/Werner[9] Rn 14; Soergel/Teichmann[12] Rn 28; Palandt/Heinrichs[56] Rn 13, 17; MünchKommBGB/vMaydell[3] Rn 41): Als **echte Fremdwährungsschuld** (echte Valutaschuld) bezeichnet die bisherige Terminologie eine Fremdwährungsschuld, wenn und solange sie in der bezeichneten Währung und nur in dieser Währung erfüllt werden kann. **Unechte Fremdwährungsschuld** (unechte Valutaschuld) ist nach dieser vorherrschenden Terminologie eine Fremdwährungsschuld, die in der fremden Währung erfüllt werden kann, aber nach § 244 nicht in fremder Währung erfüllt werden muß. Die Bedeutung des § 244 Abs 1 besteht in der Sprache dieser vorherrschenden Terminologie darin, daß das Gesetz im Zweifel von einer unechten Fremdwährungsschuld ausgeht, die echte Fremdwährungsschuld aber zuläßt. Für die Beibehaltung dieser Terminologie spricht die Erwägung, daß eine einheitliche Sprachregelung, und sei sie auch nicht die beste, Verständigungsschwierigkeiten vermeidet. Die ganz unterschiedliche Verwendung der Begriffe „echt/unecht" bzw „eigentlich/uneigentlich" ist indes nicht mehr aus der Welt zu schaffen. *Um neue Verständigungsschwierigkeiten zu vermeiden, werden hier beide Begriffe gemieden.* Im Anschluß an die Vorauflage beginnt sich folgende Terminologie durchzusetzen (ebenso jetzt Bachmann 8; MünchKommBGB/Martiny[2] Anh I nach Art 34 EGBGB Rn 17; Soergel/vHoffmann[12] Art 34 EGBGB Rn 119; Maier-Reimer NJW 1985, 2049; vermittelnd Jauernig/Vollkommer[7] Anm 3; vgl auch bereits Schlegelberger/Hefermehl[5] Anh § 361 HGB Rn 27). **Fremdwährungsschuld** (Rn 4) ist jede nicht bloß nach fremder Währung berechnete, sondern in fremder Währung geschuldete Geldschuld. Für die Unterteilung wird folgende unmißverständliche Terminologie zugrundegelegt:

7 b) Die **einfache Fremdwährungsschuld** („unechte" Fremdwährungsschuld iS der herkömmlichen Terminologie) lautet zwar, wie jede Fremdwährungsschuld, auf Zahlung in fremder Währung, kann aber unter den Voraussetzungen des § 244 in Inlandswährung erfüllt werden (Ersetzungsbefugnis des Schuldners; Rn 72 ff). Dieser Begriff findet sich nunmehr zB auch bei BGHZ 101, 296, 302; 104, 268, 274.

8 c) Die **effektive Fremdwährungsschuld** („echte" Fremdwährungsschuld iS der herkömmlichen Terminologie) lautet gleichfalls auf Zahlung in fremder Währung, kann aber nicht nach § 244 in Inlandswährung erfüllt werden. Befreiende Leistung in Inlandswährung ist nur im Wege der Annahme an Erfüllungs Statt (§ 364) oder im Wege der Umwandlung der Geldschuld in eine Heimwährungsschuld möglich.

9 d) Die **Geldschuld mit alternativer Währungsklausel** steht als Sonderfall neben der einfachen und der effektiven Fremdwährungsschuld (eingehend Nussbaum, Das Geld 203 ff; F A Mann, Recht des Geldes 162 ff; Zehetner 31 ff; Wilfried Braun 56 ff; BGB-RGRK/Alff[12] Rn 16). Sie ist von der alternativen Zahlstellenklausel zu unterscheiden (RG JW 1927, 2289; vgl Springer BankArch 25 [1925/26] 291, 293). Die Geldschuld mit alternativer Währungsklausel ist in verschiedenen Währungen ausgedrückt (RGZ 152, 213, 218; 168, 240, 247; RG JW 1926, 2275). Die alternative Währungsklausel wird das **Wahlrecht** idR dem Gläubiger, nicht dem Schuldner einräumen (Rn 91; RGZ 152, 213, 218; 168, 240, 247; RG SeuffA 82 Nr 45; BankArch 27 [1927/28] 162; eingehend Nussbaum, Das Geld 203 f; Neumeyer III/2 178) und kann als **Ersetzungsbefugnis** oder als **Wahlschuld** (§§ 262 ff) vereinbart sein (zur Abgrenzung RGZ 136, 127, 129). Die Abgrenzung ist vor allem im Hinblick auf § 263 Abs 2 von Bedeutung, der für die Ersetzungsbefugnis nicht gilt (RGZ 136, 127, 130; s auch RGZ 132, 9, 14; vgl allerdings BGH NJW 1970, 992 f, wo die Ausübung der Ersetzungsbefugnis als Gestaltungsrecht betrachtet wird). Ist der Gläubiger ersetzungsberechtigt, so muß er sich allerdings idR an seiner Erklärung festhalten lassen (so MünchKommBGB/Keller[3] § 263 Rn 10 unter Berufung auf OLG Celle NJW 1949, 223 [zu § 251]; s aber RGZ 132, 9, 14; für Einzelfallentscheidung BGB-RGRK/Alff[12] § 263 Rn 7; Palandt/ Heinrichs[56] § 263 Rn 1). Liegt, was als gesetzlicher Regelfall gelten sollte, eine Wahlschuld vor, so ist entgegen § 262 auch ohne zusätzliche Anhaltspunkte davon auszugehen, daß dem Gläubiger das Wahlrecht zustehen soll (RGZ 168, 240, 247). Hat der Wahlberechtigte sein Wahlrecht ausgeübt (§ 263) und hat er sich für die Zahlung in fremder Währung entschieden, so liegt eine effektive Fremdwährungsschuld vor (widersprüchlich Staudinger/Weber[11] Rn 5 und 46). Das Wahlrecht des Berechtigten ist grundsätzlich frei; er kann also, gerade weil die alternative Währungsklausel auch Wertsicherungsfunktion haben kann, bei einem Verfall einer der Währungen die für ihn günstigere wählen (RG JW 1926, 2675 m Anm Nussbaum; WarnR 1921 Nr 134; Wilfried Braun 57; Springer BankArch 25 [1925/26] 291; aM RG JW 1926, 1320 m krit Anm Nussbaum). Nur in Extremsituationen kann dem Gläubiger unter Berufung auf § 242 die Ausübung des Wahlrechts versagt werden (RGZ 100, 79, 82; RG JW 1921, 231; BankArch 22 [1922/23] 69). Wie die Fremdwährungsklauseln unterliegt die alternative Währungsklausel allerdings der Genehmigung nach § 3 WährG (Vorbem D 215 zu §§ 244 ff). Damit hat die alternative Währungsklausel an Bedeutung verloren. Ihre Bedeutung lag vor allem bei Inhaberschuldverschreibungen. Wegen ausführlicherer Darstellung und weiterer Nachw vgl Staudinger/Weber[11] Rn 43 ff. Selten ist ein *Wahlrecht des Schuldners* (Beispiel OLG Düsseldorf NJW-RR 1992, 439). Auch hier ist zu unterscheiden, ob eine Wahlschuld oder eine Ersetzungsbefugnis vereinbart ist. Diese wird dann mit der Zahlung ausgeübt. Ankündigungen des Schuldners über die beabsichtigte Zahlung binden diesen nur ausnahmsweise (§ 242).

3.   Fremdwährungsschuld und Geldsortenschuld

Von der **Geldsortenschuld** (§ 245 Rn 6 ff) unterscheidet sich die Fremdwährungsschuld **10** dadurch, daß nicht eine bestimmte Geldsorte („Münzsorte" iS von § 245) bedungen ist (OLG Düsseldorf WM 1988, 558, 559 m Anm Kleiner WM 1988, 1459 und Messer WuB VI E § 803 ZPO 1.88). Bei der Fremdwährungsschuld ist nur die Währung bestimmt. Die echte Geldsortenschuld (dazu § 245 Rn 3) kann auf Geldzeichen inländischer oder ausländischer Währung gerichtet sein. Sie ist aber Sachschuld (idR Gattungsschuld) und keine Geldschuld, also auch niemals Fremdwährungsschuld. *Die unechte Geldsortenschuld kann dagegen zugleich Fremdwährungsschuld sein,* denn sie ist Geldschuld, und die bedungene Geldsorte kann einer fremden Währung zugehören (§ 245 Rn 8). Eine Fremdwährungsschuld, die zugleich Geldsortenschuld ist, ist *im Zweifel eine effektive Fremdwährungsschuld,* denn aus der Bestimmung der Geldsorte ergibt sich, daß Zahlung in ausländischer Währung „ausdrücklich" iS von Abs 1 bedungen ist (Rn 38). Es hat dann zwar der Gläubiger die Ersetzungsbefugnis des § 245, nicht aber steht dem Schuldner die Ersetzungsbefugnis des § 244 zu.

III.   Rechtsnatur der Fremdwährungsschuld

1.   Die Fremdwährungsschuld als Geldschuld

Jede Fremdwährungsschuld – die einfache wie die effektive Fremdwährungsschuld – **11** *ist Geldschuld, nicht Sachschuld* (RGZ 101, 312, 313; 106, 74, 77; RG JW 1921, 22, 23; 1921, 1328; 1923, 188; OLG Düsseldorf WM 1988, 558 = WuB VI E § 803 ZPO 1.88 m Anm Messer;

heute ganz allgM; NEUMEYER III/2 132; NUSSBAUM, Das Geld 188; F A MANN, Recht des Geldes 144; WOLFGANG MAYER 4; SCHLEGELBERGER/HEFERMEHL[5] Anh § 361 HGB Rn 25; MAIER-REIMER NJW 1985, 2049 f; **aM** noch RG JW 1920, 704, 705; GERBER, Geld und Staat [1926] 75 ff; FÜLBIER NJW 1990, 2797; einschränkend KLEINER WM 1988, 1459). Der zB noch bei RGZ 96, 262, 266 und bei RG JW 1927, 980 anklingende und bis heute mehrfach vertretene Gedanke, wonach inländisches Geld im Ausland und ausländisches Geld im Inland eine Ware darstellt, ist überholt (WOLFGANG MAYER 4, 6 f). Vielmehr liegt eine Wert-verschaffungsschuld iS von Vorbem C 7 zu §§ 244 ff vor. Die Geldschuldeigenschaft hat eine Reihe grundsätzlicher Rechtsfolgen, nicht zuletzt in prozessualer Hinsicht (Rn 103 ff).

2. Der Valutakauf

12 Keine Geldschuld, also auch keine Fremdwährungsschuld, begründet der **reine Valu-takauf**. Dieses Geschäft ist nach dem Standpunkt der Parteien als Sachkauf anzuse-hen, so daß keine Fremdwährungsschuld, sondern eine Gattungsschuld begründet wird (RG JW 1925, 1986 m Anm NUSSBAUM; LG Regensburg WM 1993, 62; NUSSBAUM, Das Geld 201 f; F A MANN, Recht des Geldes 145; STAUDINGER/KÖHLER [1995] § 433 Rn 37; NEUMEYER JW 1928, 137; MAIER-REIMER NJW 1985, 2050; krit WOLFGANG MAYER 4 f, 11). Die Frage hat kaum praktische Bedeutung (evtl einmal wegen der Aufrechnung oder der gesetzlichen Verzinsung). Der Auftrag eines Bankkunden, einen bestimmten Betrag in Auslands-währung dem Devisenkonto des Auftraggebers gutzubringen, ist regelmäßig kein Valutakauf (so aber RG JW 1925, 1986), sondern nur eine auf Auszahlung in fremder Währung lautende Weisung im Rahmen eines Geschäftsbesorgungsvertrags (WOLF-GANG MAYER 12). Eine theoretische Schwierigkeit liegt beim Valutakauf in der Frage, welches die Ware und welches der Preis ist. Für Inlandsfälle darf regelmäßig davon ausgegangen werden, daß die Leistung in Inlandswährung den Preis und die Leistung in Auslandswährung die Sachleistung darstellt (vgl RG JW 1925, 1986; vgl auch KG JW 1926, 2002; krit WOLFGANG MAYER 11 ff). Das gilt für den Kauf ebenso wie für den Verkauf ausländischer Sorten. Auch der Ausländer, der sich durch Umtausch ausländischen Geldes im Inland Inlandswährung verschafft, kauft nicht inländisches Geld, sondern er verkauft ausländisches Geld (aM WOLFGANG MAYER 12 im Anschluß an CHARLOTTE BÉQUIGNON, La Dette de Monnaie étrangère [1925]). Der *Valutakauf* (Kauf und Verkauf ausländischer Geldsorten) ist Sachkauf, der sog *Devisenkauf* (Kauf und Verkauf von Fremdwährungsforderungen) dagegen Rechtskauf (STAUDINGER/KÖHLER [1995] § 433 Rn 37). Wird wegen einer beiden Beteiligten unbekannten Abwertung des ausländi-schen Geldes ein zu hoher DM-Betrag gezahlt, so kann die Differenz zurückgefor-dert werden (OLG Köln NJW-RR 1991, 1266).

IV. Die Abgrenzungsfrage: Heimwährungsschuld, einfache Fremdwährungsschuld oder effektive Fremdwährungsschuld?

1. Grundsätzliches

13 a) Von der terminologischen Unterscheidung (Rn 3 ff) muß die **Abgrenzung im Ein-zelfall** unterschieden werden. Fremdwährungsschulden unterliegen anderen Regeln als Heimwährungsschulden, effektive Fremdwährungsschulden anderen Regeln als einfache Fremdwährungsschulden. Namentlich im *Prozeß* (Rn 103 ff), bei der *Erfül-lung* (Rn 46) und bei der *Aufrechnung* (Rn 47 ff) muß deshalb für jeden Einzelfall feststehen, um welche Art Schuld es sich handelt. Dabei erweist sich das Abgrenzungsproblem als wenig geklärt (vgl eingehend Nussbaum, Das Geld 228 ff, 243 ff; Neumeyer III/2 168 ff; Wolfgang Mayer 29 ff). *Es fehlt an geschlossenen theoretischen Ansätzen*, und eine Analyse der Rspr fördert gleichfalls kein einheitliches Konzept zutage. Ursache hierfür ist nicht nur die objektive Schwierigkeit der Materie, sondern auch das Verhalten der Parteien. Kläger neigen vor dt Gerichten dazu, selbst Fremdwährungsschulden in DM umgerechnet einzuklagen, und offenbar wird dies selten gerügt, solange nicht Kursrisiken zum Tragen kommen. Bei Wertsummenschulden neigt überdies die Rspr dazu, Fremdwährungsschulden zu gesetzlichen Valutawertschulden zu erklären. Das dt Recht enthält aber nicht den von Melchior (290 ff) postulierten Satz, daß im Zweifel Inlandswährung geschuldet und im Zweifel zur Zahlung von Inlandswährung zu verurteilen ist. Weil das so ist, darf diesem Satz auch nicht stillschweigend und uneingestanden zu rechtlicher Geltung verholfen werden. Der in der forensischen Praxis erkennbare **Zug zur Heimwährungsklage und zum Heimwährungsurteil** ist aus praktischen Gründen begreiflich (Nussbaum, Das Geld 198, 243 f), geht aber über das objektivrechtlich zu rechtfertigende Maß hinaus (näher Karsten Schmidt ZZP 98 [1985] 42 f). Die Zurückdrängung der Fremdwährungsschuld wäre belanglos und unschädlich (vgl auch RGZ 120, 76, 81), verschöbe sie nicht den Umrechnungszeitpunkt (zutr Nussbaum, Das Geld 246). Der Kläger rechnet idR nach dem Zeitpunkt der Klageerhebung oder rückwirkend (Zeitpunkt des Schadenseintritts etc) um. Auch eine Umrechnung nach dem Stichtag des Urteils oder der letzten mündlichen Verhandlung wird mit Recht als prozeßbedingte Zufälligkeit kritisiert (Nussbaum, Das Geld 219) und ist, wenn in Wahrheit eine Fremdwährungsschuld vorliegt, mit § 244 nicht zu vereinbaren (Karsten Schmidt ZZP 98 [1985] 43).

b) **Im Prozeß** müssen Kläger und Gericht sich festlegen. Heimwährungsklagen **14** und Fremdwährungsklagen sind Klagen mit unterschiedlichem Streitgegenstand (Rn 106). Aus einer Heimwährungsforderung muß in DM geklagt und verurteilt werden, aus einer Fremdwährungsforderung in fremder Währung. Das Gericht ist an den Antrag des Klägers gebunden (BGH IPRax 1994, 366 = WM 1993, 2011 m Anm Grothe IPRax 1994, 346; Karsten Schmidt ZZP 98 [1985] 44). In Zweifelsfällen wird der Kläger sogleich einen Haupt- und Hilfsantrag stellen, wobei der Hilfsantrag im Kosteninteresse regelmäßig als eventuelle Klagänderung (§ 263 ZPO) aufzufassen ist (Rn 106). Dem *praktischen Bedürfnis nach Heimwährungsklagen und Heimwährungsurteilen* kann nicht das Gesetzesrecht entsprechen, wohl aber die **Bindung des Gerichts an Dispositionen der Parteien** (vgl jetzt auch BGHZ 101, 296, 307; zuvor bereits Neumeyer III/2 171; Karsten Schmidt ZZP 98 [1985] 43): Die Parteien können eine Fremdwährungsschuld in eine Heimwährungsschuld umstellen (Rn 67). Sie können auch dadurch, daß sie den Rechtsstreit als Heimwährungsstreit führen, die Klagforderung als Heimwährungsforderung fixieren (Rn 69). Für die Praxis bedeutet dies, daß sich in solchen Fällen die schwierige Unterscheidung erledigt: Entweder war die Klagforderung von vornherein Heimwährungsforderung, oder sie ist jedenfalls nach dem Vorverhalten der Parteien als eine Heimwährungsforderung zu behandeln. Dadurch entschärft sich die Abgrenzungsproblematik in der Prozeßpraxis. Grundsätzlich darf aber die geschuldete Währung nicht unentschieden bleiben und auch nicht iS von Melchiors Vermutungsregel (Rn 13) entschieden werden. Besonders klar zeigt sich dies im *Versäumnisverfahren*: Bei Säumnis des Beklagten kann einer DM-Klage nur stattgegeben werden, wenn entweder die Schlüssigkeitsprüfung ergibt, daß von vornherein Zahlung in Heimwährung geschuldet wurde oder wenn Umwandlung in eine

Heimwährungsschuld – zB bei den Vorverhandlungen – behauptet wird. Ist weder das eine noch das andere der Fall, so kann ein Versäumnisurteil nur ergehen, wenn neben dem auf DM lautenden Hauptantrag ein Hilfsantrag (hilfsweise Klagänderung) angekündigt und gestellt wurde.

15 **c)** **Die kollisionsrechtliche Frage nach dem Währungsstatut** wird herkömmlich iS der lex causae beantwortet (BGHZ 17, 89, 93 f; OLG Bamberg RIW 1989, 221, 224; SOERGEL/ vHOFFMANN[12] Art 34 EGBGB Rn 106 f; STAUDINGER/GAMILLSCHEG[10/11] Vorbem 403 ff zu Art 13 EGBGB; STAUDINGER/vHOFFMANN[12] Art 38 EGBGB nF Rn 238 ff; MELCHIOR 277; NEUMEYER III/2 159; SOERGEL/KEGEL[11] Vorbem 893 zu Art 7 EGBGB; PALANDT/HELDRICH[56] Art 32 EGBGB Rn 10; GÖPPINGER/LINKE Rn 3095; WANDT IPRax 1990, 168; str; **aM** WOLFGANG MAYER 19): Das Recht, das bestimmt, ob und in welcher Höhe Geld geschuldet ist, bestimmt im Zweifel auch die geschuldete Währung; damit ist keineswegs gesagt, daß bei ausländischem Währungsstatut unbedingt in ausländischer, bei inländischem Währungsstatut unbedingt in inländischer Währung geschuldet wird (vgl nur NUSSBAUM, Das Geld 245; HIRSCHBERG 27; SOERGEL/KEGEL[11] Vorbem 894 zu Art 7 EGBGB; STAUDINGER/vHOFFMANN[12] Art 38 EGBGB nF Rn 241 b). Das wird häufig übersehen (vgl nur OLG Hamburg JW 1922, 1143; Rechtsprechungsbelege bei HIRSCHBERG 25; charakteristisch auch WOLFGANG MAYER 19, dessen Kritik an der hM wohl auf diesem Mißverständnis beruht). Der *Begriff Währungsstatut* hat in diesem Punkt zu Mißverständnissen geführt (HIRSCHBERG 27 Fn 55 rät deshalb im Anschluß an HANS STOLL von seiner Verwendung ab). Versteht man unter dem *Währungsstatut* die Gesamtheit der für ein Schuldverhältnis maßgeblichen geldrechtlichen Normen (MünchKommBGB/MARTINY[2] Anh I nach Art 34 EGBGB Rn 3), so ist genauer zu unterscheiden: Die lex causae bestimmt im Zweifel die *Schuldwährung* (Münch-KommBGB/MARTINY[2] Anh I nach Art 34 EGBGB Rn 9) und nach dieser richtet sich das Währungsstatut (vgl RGZ 131, 41, 46; MünchKommBGB/MARTINY[2] Anh I nach Art 34 EGBGB Rn 5 mwNw). Dagegen richtet sich das Schuldstatut nicht ohne weiteres nach dem Währungsstatut (BGHZ 17, 89, 92). Die in Rn 16 ff dargestellten Unterscheidungskriterien betreffen die Feststellung der Schuldwährung. Sie sind nur dann unmittelbar verbindlich, wenn der eingeklagte Anspruch dt Recht unterliegt. Ist dies nicht der Fall, so bedarf besonderer Prüfung, ob die ausländische lex causae ebenso entscheidet; in vielen Grundsatzfragen entscheidet aber ausländisches Recht über die geschuldete Währung ebenso wie das deutsche Recht.

2. **Die Schuldwährung bei Vertragsschuldverhältnissen**

16 **a)** Die in Geld zu erbringende **Hauptleistung aus einem Rechtsgeschäft (Vertrag)** ist in der bedungenen Währung geschuldet (vgl BGHZ 101, 296, 302 = NJW 1987, 3181, 3183; eingehend NUSSBAUM, Das Geld 228 ff; F A MANN, Recht des Geldes 211; DROBNIG 254). Die bedungene Währung ist ggf durch *Auslegung* (§§ 133, 157) zu ermitteln (NEUMEYER III/2 171 ff; SCHLEGELBERGER/HEFERMEHL[5] Anh § 361 HGB Rn 20). Häufig ergibt sie sich bereits aus dem *Vertragswortlaut*. Das gilt jedenfalls für die in Geld geschuldete Hauptleistung (Kaufpreis, Werklohn, Arbeitslohn, Vergütung beim Geschäftsbesorgungsvertrag und beim allgemeinen Dienstvertrag etc). Auch ein im Währungsinland unter Währungsinländern abgeschlossener Vertrag kann auf Zahlung in ausländischer Währung gerichtet sein (RGZ 108, 191, 193; BGH WM 1965, 843; zur Abgrenzung RGZ 112, 27, 31 f). Nennt der Vertrag eine ausländische Währung, so ist idR eine *einfache Fremdwährungsschuld* (Rn 7) bedungen (vgl BGHZ 101, 296, 302 = NJW 1987, 3181, 3183; RG LZ 1932, 1478), nur ausnahmsweise aber eine *effektive Fremdwährungsschuld*

(Rn 8). Das ist der rechte Sinn des Wortes „ausdrücklich" in Abs 1 (Rn 38). Eine Ausnahme ist auch die *Valutawertschuld* (Rn 5), die zwar in Auslandswährung ausgedrückt, aber in Inlandswährung zahlbar ist (zu solchen Vereinbarungen RG JW 1922, 711 = WarnR 1922 Nr 34; Koenigs Betrieb 1952, 160). Der Umrechnungszeitpunkt ist im Zweifel derselbe wie im Fall des Abs 2 (RG LZ 1921, 748 = WarnR 1922 Nr 5 = Recht 1922 Nr 22). Die *alternative Währungsklausel* (Rn 9) gibt bei *Anleihen* im Zweifel dem Gläubiger das Wahlrecht. Über die Abgrenzung entscheidet im Einzelfall der erklärte Parteiwille nach Maßgabe der §§ 133, 157. Eine Provision kann die Währung der Hauptsumme teilen (Nussbaum, Das Geld 232). Eine im Währungsausland hypothekarisch gesicherte Anleihe wird der Währung der Hypothek unterstehen (BGHZ 17, 89; Nussbaum, Das Geld 233; Schlegelberger/Hefermehl[5] Anh § 361 HGB Rn 23). Nachträgliche Rückschlüsse auf den Parteiwillen kann auch das Verhalten der Parteien nach Vertragsschluß zulassen (Nussbaum, Das Geld 229; zur ganz anderen Frage der nachträglichen Umwandlung vgl Rn 67 ff). Ein Gläubiger, der gleichförmig *Massenverträge* abschließt und vom Ausland her erfüllt, wird stillschweigend von der Zahlung in seiner Währung ausgehen (Neumeyer III/2 175). Fehlen Anhaltspunkte, so spricht nach hM eine Vermutung dafür, daß die **Währung des Zahlungsortes** bedungen sein soll. In diese Richtung weisen für den Fall gleichnamiger Währungseinheiten die *Auslegungsregeln* in § 361 HGB, Art 41 Abs 4 WG, Art 36 Abs 4 ScheckG (vgl auch zu diesen wechsel- und scheckrechtlichen Regeln Rn 97 ff). Nach **§ 361 HGB** ist im Zweifel die Währung des Erfüllungsortes (§ 269) als die vertragsmäßig bedungene anzusehen (dazu Schlegelberger/Hefermehl[5] Anh § 361 HGB Rn 23). Die Vertragsschuld bei einem Zahlungsort im Währungsinland ist also im Zweifel Heimwährungsschuld (dies ergibt sich nicht, wie man RGZ 106, 99, 100 entnehmen könnte, aus § 244). Es liegt nahe, die nur für den Handelskauf geltende Vorschrift als Erfahrungsregel auch bei der Auslegung von Nicht-Handelsgeschäften und von Nicht-Kaufverträgen heranzuziehen (Nachweise bei Nussbaum, Das Geld 230; in gleicher Richtung wohl auch Wolfgang Mayer 19; distanziert Nussbaum aaO; Neumeyer III/2 174). Gegenseitige Verträge können für Leistung und Gegenleistung verschiedene Erfüllungsorte haben (vgl etwa RGZ 106, 99, 100). Möglich ist allerdings, daß die Parteien einen gemeinsamen Erfüllungsort vereinbaren (RG WarnR 1922 Nr 60). Ob in diesem Fall wirklich die Währung dem Erfüllungsort folgt, ist Frage des Einzelfalls. Gute Gründe sprechen dafür, daß nach dem regelmäßigen Parteiwillen gar nicht der Erfüllungsort, sondern der – mit dem Erfüllungsort nur typischerweise, aber nicht notwendig identische - *Wohnsitz bzw die Niederlassung des Geldschuldners* mangels abweichender Vereinbarungen die geschuldete Währung bestimmt (Nussbaum, Das Geld 242 f; ähnlich Neumeyer III/2 175: Währung des Schuldnervermögens). Ein solcher *Vorrang der Schuldnerwährung* paßt auch zur gesetzlichen Wertung des § 244. Das **UN-Kaufrecht** enthält keine Sonderregelung. Die Schuldwährung wird von den Parteien bestimmt (LG Braunschweig NJW 1985, 1169). Art 28 Abs 2 EGBGB und die Maßgeblichkeit des Schuldstatus für die Schuldwährung (Rn 15) sprechen im Zweifel für die Verkäuferwährung (vCaemmerer/Schlechtriem/Hager, Kommentar zum Einheitlichen UN-Kaufrecht [2. Aufl 1995] Art 54 Rn 9; Magnus RabelsZ 53 [1989] 133), doch kann der Verkäufer nach Treu und Glauben (Art 7 I CISG) im Unmöglichkeitsfall Zahlung in der Käuferwährung verlangen (vCaemmerer/Schlechtriem/Hager Art 54 Rn 11). Daß eine effektive Fremdwährungsschuld als vereinbart gilt, ergibt sich aus dem UN-Kaufrecht nicht (vgl LG Braunschweig NJW 1985, 1169; anders wohl Soergel/vHoffmann[12] Art 34 EGBGB Rn 119).

b)   **Schadensersatzansprüche aus Vertrag** unterliegen nicht begriffsnotwendig (Geld- **17**

wertschuld, vgl Rn 28!), wohl aber nach dem regelmäßigen Parteiwillen der Vertrags-währung (vgl im Ergebnis RG HansGZ 1924 H Nr 36; JW 1924, 1593 m Anm NUSSBAUM; OLG Karlsruhe SoergRspr 1917 Nr 1; House of Lords RIW 1979, 347; Queen's Bench Division RIW 1978, 415; näher NUSSBAUM, Das Geld 246; s auch MünchKommBGB/MARTINY[2] Anh I nach Art 34 EGBGB Rn 13; aM ALBERTS NJW 1989, 613; nur für Deckungskäufe zustimmend REMIEN RabelsZ 53 [1989] 276 ff, 284 ff). Bei Vertragsstrafen- und Schadenspauschalierungsvereinbarun-gen ergibt sich die Schuldwährung idR aus der Vereinbarung selbst (REMIEN RabelsZ 53 [1989] 282 f). Im übrigen gibt es keine schematischen Lösungen (Rn 28). Auch dehnt die Praxis § 361 HGB über Erfüllungsansprüche hinaus auf Ansprüche aus *Lei-stungsstörungen* und auf *konkurrierende gesetzliche Ansprüche* aus (RGZ 120, 76, 81 = JW 1928, 1204 m zust Anm KLAUSING; CANARIS, in: GroßkommHGB[3] § 361 Rn 4; aM WOLFGANG MAYER 20 Fn 7; krit auch REMIEN RabelsZ 53 [1989] 281). Beim gegenseitigen Vertrag richtet sich deshalb die Zahlungspflicht dessen, der primär Sachschuldner ist, nicht notwen-dig nach der für das Entgelt vereinbarten Währung. Ist beim Warenkauf Zahlung des Kaufpreises in Auslandswährung bedungen, so kann doch bei inländischem Erfül-lungsort der Verkäuferpflichten ein Schadensersatz wegen Nichterfüllung in Inlands-währung geschuldet sein (RGZ 102, 60, 61; SCHLEGELBERGER/HEFERMEHL[5] § 361 HGB Rn 5). Gleiches gilt für die **Geldschuld aus ungerechtfertigter Bereicherung** im Rahmen einer vertraglichen Leistungsbeziehung (RGZ 120, 76, 81). Auch der vertragliche Anspruch auf **Aufwendungsersatz** kann an die Vertragswährung gebunden sein, und zwar nach RGZ 120, 76, 81 f sogar dann, wenn die Aufwendungen selbst in Fremdwährung erbracht wurden (ebenso SCHLEGELBERGER/HEFERMEHL[5] § 361 HGB Rn 5; KLAUSING JW 1928, 1205; SOERGEL/MÜHL[11] § 670 Rn 5 mit unrichtiger Berufung auf RGZ 109, 85; zu dieser Entsch vgl DROBNIG 256). So idR beim Aufwendungsersatz für Auslandsreisen oder bei einer ausländischen Geschäftsbesorgung. Der inländische Schuldner zahlt hier idR von vornherein nur den umgerechneten DM-Betrag (Umrechnung auf den Aufwen-dungsstichtag, weil keine Geldwertschuld; vgl Vorbem D 63 zu §§ 244 ff; aber nicht unzweifelhaft). Nicht selten sind überhaupt in diesen Fällen die Aufwendungen des zum Aufwendungsersatz Berechtigten nur scheinbar in Fremdwährung angefallen; so, wenn Fremdwährungsbeträge in DM erworben oder mit der Bank des Berech-tigten in DM abgerechnet sind. Dann wird Erstattung dieses DM-Betrages dem regelmäßigen Parteiwillen entsprechen. Im Einzelfall entscheidet das von den Par-teien Gewollte. Der Parteiwille wird zwar nach dem Gesagten nicht regelmäßig auf Zahlung in fremder Währung zielen, aber er kann auf Zahlung in fremder Währung, insbes in der Gläubigerwährung, zielen. Aufwendungsersatz in Geschäftsbesor-gungsverhältnissen (§§ 675, 670 BGB, 396 Abs 2 HGB) kann nach dem Parteiwillen auch vom inländischen Schuldner in der Währung geschuldet sein, in der die Auf-wendungen vertragsgemäß erbracht wurden (RG LZ 1922, 512; NUSSBAUM, Das Geld 251; SOERGEL/MÜHL[11] § 670 Rn 5). Das kann vor allem der Fall sein, wenn der zum Aufwen-dungsersatz berechtigte Gläubiger selbst seinen Sitz im betreffenden Währungsaus-land hat. Auch *bei mittelbarer Stellvertretung* wird häufig im Innenverhältnis so abgerechnet, als hätte der Auftraggeber selbst das Ausführungsgeschäft in Fremd-währung zu erfüllen. So bei einer auf Kauf im Ausland zielenden Einkaufskommis-sion (RGZ 101, 122) oder bei einer auf ein Transportgeschäft im Ausland zielenden Spedition (RGZ 109, 85, 88). Die praktischen Ergebnisse liegen im Hinblick auf § 244 nicht weit auseinander. Wesentlich ist, daß nicht der Gläubiger, sondern der inlän-dische Schuldner des Aufwendungsersatzanspruchs das *Risiko einer Entwertung* der Heimwährung trägt (vgl auch RG JW 1924, 1590, 1593 je m Anm NUSSBAUM; SCHLEGELBERGER/ HEFERMEHL[5] § 396 HGB Rn 42). **Herausgabe des Erlangten** – zB nach den §§ 675, 667

BGB, 384 Abs 2 HGB – ist im Zweifel in der Währung zu leisten, in der ein Betrag erlangt ist (vgl RGZ 110, 47, 48 f; RG WarnR 1922 Nr 81; BGH WM 1969, 26; OLG Hamburg HansGZ 1927 H Nr 8; LG Hamburg IPRax 1981, 174; Wolfgang Mayer 83; Soergel/Teichmann[12] Rn 29; vgl auch RGZ 116, 330, 332). Aber die Ersetzungsbefugnis des § 244 ist damit noch nicht ausgeschlossen (aM Nussbaum, Das Geld 249). Hat ein *Verkaufskommissionär* das Erlangte in Fremdwährung herauszugeben, weil als Ausführungsgeschäft ein Verkauf in Fremdwährung vereinbart ist (zB Verkauf ausländischer Wertpapiere an ausländischer Börse), so ist im Zweifel anzunehmen, daß auch der *Selbsteintritt des Kommissionärs* eine Fremdwährungsschuld begründet (RGZ 108, 191; aM in der Vorinstanz OLG Hamburg HansGZ 1922 H Nr 75 = HansRZ 1922 Nr 150, 151 = Recht 1922 Nr 1543). Die **Abfindung** eines ausscheidenden Gesellschafters ist, sofern nicht der Gesellschaftsvertrag eine andere Bestimmung trifft, in der Währung zu zahlen, in der bilanziert wurde. Da der Jahresabschluß in DM aufgestellt wird (§ 244 HGB) und demnach auch die Gesellschafterkonten bei Inlandsgesellschaften auf DM zu lauten pflegen, führt dies bei inländischen Gesellschaften idR zur Abfindung in Inlandswährung.

c)   **Rückzahlung eines Darlehens** (§ 607 Abs 1) ist im Zweifel in der *Darlehenswäh-* **18** *rung* geschuldet (RGZ 153, 384 = JW 1937, 1401 m Anm Hartenstein; vgl auch BGH LM § 275 BGB Nr 5 = BB 1954, 209; OLG Hamburg HansGZ 1922 B Nr 136 zur unregelmäßigen Verwahrung; OLG Hamburg HansGZ 1921 H Nr 17 = Recht 1921 Nr 1300 zum Rembourskredit). Ist dies eine Fremdwährung, so ist auch der Anspruch aus § 607 eine Fremdwährungsschuld, allerdings nicht notwendig eine effektive Fremdwährungsschuld. Im Regelfall schuldet deshalb der Darlehensnehmer Rückzahlung in der Währung des Darlehens, kann allerdings unter den Voraussetzungen des § 244 das Darlehen auch in DM zurückzahlen (BGH WM 1993, 2011 = WuB IV A § 244 BGB 1.94 m Anm Teichmann). Eine Effektivklausel (Rn 38) enthielt in der bis 1993 maßgeblichen Fassung *Nr 3 Abs 1 AGB-Banken*: „Währungskredite sind in der Währung zurückzuzahlen, in der die Bank sie gegeben hat. Zahlungen in anderer Währung gelten als Sicherheitsleistung. Die Bank ist jedoch berechtigt, den Währungskredit in deutsche Währung umzuwandeln, wenn dessen ordnungsgemäße Abwicklung aus Gründen, die von der Bank nicht zu vertreten sind, nicht gewährleistet erscheint." Vgl dazu eingehend BGH NJW 1980, 2017 = RIW 1980, 586 = WM 1980, 793; OLG Hamm WM 1991, 1371 = WuB I A Nr 3 AGB-Banken 1.91 m Anm Bosch; Canaris, Bankvertragsrecht (2. Aufl 1981) Rn 2558 ff; Kümpel WM-Sonderbeil 1/76, 17; vWestphalen WM 1984, 3 f. Die in der Rechtsprechung restriktiv gehandhabte Regelung ist noch in Nr 14 AGB-Sparkassen 1993, aber nicht mehr in Nr 10 AGB-Banken 1993 enthalten, bedarf also ggf der besonderen Vereinbarung. Zur alternativen Währungsklausel im Darlehensvertrag und zu ihrer Abgrenzung gegenüber der unechten Fremdwährungsschuld vgl Rn 9 sowie RGZ 136, 127.

d)   Für **Fremdwährungskonten bei Banken und Sparkassen** gelten die Regeln von **19** **Nr 10 AGB-Banken 1993** (bzw Nrn 12, 13 AGB-Sparkassen 1993). Nr 10 AGB-Banken 1993 hat folgenden Wortlaut:

„(I) Auftragsausführung bei Fremdwährungskonten

Fremdwährungskonten des Kunden dienen dazu, Zahlungen an den Kunden und Verfügungen des Kunden in fremder Währung bargeldlos abzuwickeln. Verfügungen über Guthaben auf Fremdwährungskonten (zum Beispiel durch Überweisungsaufträge zu Lasten des Fremdwährungsguthabens) werden unter Einschaltung von Banken im Heimatland der Währung abgewickelt, wenn sie die Bank nicht vollständig innerhalb des eigenen Hauses ausführt.

(II) Gutschriften bei Fremdwährungsgeschäften mit dem Kunden

Schließt die Bank mit dem Kunden ein Geschäft (zum Beispiel ein Devisentermingeschäft) ab, aus dem sie die Verschaffung eines Betrages in fremder Währung schuldet, wird sie ihre Fremdwährungsverbindlichkeit durch Gutschrift auf dem Konto des Kunden in dieser Währung erfüllen, sofern nicht etwas anderes vereinbart ist.

(III) Vorübergehende Beschränkung der Leistung durch die Bank

Die Verpflichtung der Bank zur Ausführung einer Verfügung zu Lasten eines Fremdwährungsguthabens (Absatz 1) oder zur Erfüllung einer Fremdwährungsverbindlichkeit (Absatz 2) ist in dem Umfang und solange ausgesetzt, wie die Bank in der Währung, auf die das Fremdwährungsguthaben oder die Verbindlichkeit lautet, wegen politisch bedingter Maßnahmen oder Ereignisse im Lande dieser Währung nicht oder nur eingeschränkt verfügen kann. In dem Umfang und solange diese Maßnahmen oder Ereignisse andauern, ist die Bank auch nicht zu einer Erfüllung an einem anderen Ort außerhalb des Landes einer Währung, in einer anderen Währung (auch nicht in Deutscher Mark) oder durch Anschaffung von Bargeld verpflichtet. Die Verpflichtung der Bank zur Ausführung einer Verfügung zu Lasten eines Fremdwährungsguthabens ist dagegen nicht ausgesetzt, wenn sie die Bank vollständig im eigenen Haus ausführen kann. Das Recht des Kunden und der Bank, fällige gegenseitige Forderungen in derselben Währung miteinander zu verrechnen, bleibt von den vorstehenden Regelungen unberührt."

Abs 1 regelt die Abwicklung von Überweisungsaufträgen über Fremdwährungsguthaben, Abs 2 die Erfüllung einer Fremdwährungsverbindlichkeit durch Gutschrift auf dem Konto. Daraus wird offenbar gefolgert, diese Geldschuld sei eine effektive, nicht nach § 244 in DM erfüllbare Fremdwährungsschuld (Baumbach/Hopt[29] Nr 10 AGB-Banken Rn 4). Nr 3 AGB-Banken aF hatte der Bank eine weitergehende Umwandlungsmöglichkeit für Währungskredite gegeben (Rn 18). Diese war jedoch durch die Rechtsprechung eingeschränkt worden (BGH NJW 1980, 2017 = RIW 1980, 586 = WM 1980, 793; OLG Hamm WM 1991, 1371 = WuB I A Nr 3 AGB-Banken 1.91 m Anm Bosch; zu Nr 3 AGB-Banken aF auch vWestphalen WM 1984, 3 f). **Nr 13 S 1 AGB-Sparkassen 1993** lautet demgegenüber:

„Geldeingang in ausländischer Währung

Geldbeträge in ausländischer Währung darf die Sparkasse mangels ausdrücklicher gegenteiliger Weisung des Kunden in Deutscher Mark gutschreiben, sofern sie nicht für den Kunden ein Konto in der betreffenden Währung führt."

Nr 10 Abs 3 AGB-Banken 1993 regelt die Tragung des sog politischen Fremdwährungsrisikos: Die Erfüllungspflicht der Bank kann nach einer Bestimmung durch politische oder devisenrechtliche Beschränkungen suspendiert sein. Die Regelung steht allerdings unter dem Vorbehalt des § 242 (Baumbach/Hopt[29] Nr 10 AGB-Banken Rn 7 unter Berufung auf die das schweizerische Recht betreffenden Ausführungen von Weber IPRax 1985, 58): Sofern die Bank den Gegenwert erlangt hat, ist sie zwar nicht ohne weiteres nach § 244 berechtigt, aber ggf auf Verlangen des Kunden verpflichtet, die Verfügung oder Auszahlung in DM vorzunehmen. Soweit die Verfügungs- oder Auszahlungspflicht der Bank nur teilweise im Verhältnis zu mehreren Kunden behindert ist, entsteht zwischen ihnen eine Gefahrengemeinschaft, so daß die Bank nur zur Repartierung und nicht zur Leistungsverweigerung gegenüber einzelnen Kunden berechtigt ist (BAUMBACH/HOPT[29] Nr 10 AGB-Banken Rn 5). **Nr 12 AGB-Sparkassen 1993** lautet ausdrücklich:

„Guthaben in ausländischer Währung

Die Inhaber von Guthaben in ausländischer Währung tragen anteilig bis zur Höhe ihres Guthabens alle wirtschaftlichen und rechtlichen Nachteile und Schäden, die das im In- und Ausland unterhaltene Gesamtguthaben der Sparkasse in der entsprechenden Währung durch Maßnahmen oder Ereignisse im Land der Währung trifft, z.B. als mittelbare oder unmittelbare Folge von höherer Gewalt, Krieg, Aufruhr oder ähnlichen Ereignissen oder durch von der Sparkasse nicht zu vertretene Zugriffe Dritter oder im Zusammenhang mit Verfügungen von hoher Hand des In- oder Auslandes."

Stornobuchungen erfolgen in derselben Währung wie die zu korregierende Buchung (NUSSBAUM, Das Geld 254). Bankguthaben in Eurodevisen stellen im Zweifel effektive Fremdwährungsschulden dar (SOERGEL/vHOFFMANN[12] Art 34 EGBGB Rn 131).

e)   Zur **Fremdwährungsschuld im Versicherungsrecht** vgl RGZ 107, 111; KG OLGE **20** 41, 95; LG Berlin KGBl 1921, 52; JW 1935, 1948 m Anm RENTROP; LG Halle SoergRspr 1922 Nr 8; OLG Hamburg HansRGZ 1935 B Nr 164; OLG Schleswig VersR 1951, 256; OLG Nürnberg VersR 1952, 121 m Anm WEBER; LG München VersR 1952, 33; NUSSBAUM, Das Geld 235 ff; J vGIERKE ZHR 86 (1923) 336 ff; GRUNER ZfVers 1923, 289. Über selbständige Abteilungen im Deckungsstock für die in ausländischer Währung abgeschlossenen Lebensversicherungen vgl § 66 Abs 7 VAG, Rdschr R 4/77 Nr 1. 5. 2. 2. und dazu GOLDBERG/MÜLLER, VAG (1980) § 66 Rn 21; PRÖLSS/SCHMIDT/FREY, VAG (10. Aufl 1989) § 66 Rn 4. Zum Internationalen Privatrecht der Privatversicherungen vgl MünchKommBGB/MARTINY[2] Art 37 EGBGB Rn 44 ff; SOERGEL/KEGEL[11] Vorbem 357 Fn 8 zu Art 7 EGBGB; BASEDOW, Le droit international privé des assurances (1939); BESSON, La loi applicable au contrat d'assurance dans le cadre du Marché Commun, in: FS Prölss (1967) 83; BRUCK, Zwischenstaatliches Versicherungsrecht (1930); ROTH, Internationales Versicherungsvertragsrecht (1985); ROTHE, Über deutsches internationales Privatversicherungsrecht (1934); RYSER, Der Versicherungsvertrag im Internationalen Privatrecht (Diss Bern 1957). Außenwirtschaftsrechtlich ist hinzuweisen auf § 49 AWG, § 59 AWVO (vgl zum Außenwirtschaftsrecht Vorbem 5 ff zu §§ 244 ff). Zur Behandlung von Altfällen im Verhältnis zur früheren DDR vgl BULTMANN NJ 1994, 154 ff mwNw.

3.   Gesetzliche Geldsummenansprüche

a)   **Anlehnung an ein Rechtsgeschäft** (Rn 17) ergibt sich im Zuge der (Rück-)Abwick- **21** lung von Verträgen. In diesem Fall kann die Vertragsauslegung unter Berücksichtigung von § 361 HGB Aufschluß auch darüber geben, ob *Zahlung aus gesetzlicher Anspruchsgrundlage* in fremder Währung oder in DM geschuldet ist (Rn 17). Auch ein nichtiger Vertrag ist kein rechtliches nullum, kann also Auskunft über den *Inhalt eines Bereicherungsanspruchs* geben (vgl zu diesem allgemeinen Phänomen etwa BGH NJW 1981, 877 = JuS 1981, 375, 376 m Anm KARSTEN SCHMIDT; Pawlowski, Rechtsgeschäftliche Folgen nichtiger Willenserklärungen [1966] passim). Der Bereicherungsanspruch begründet eine Geldsummenschuld (BGHZ 101, 296, 306 f = NJW 1987, 3181, 3183; MünchKommBGB/MARTINY[2] Anh I nach Art 34 EGBGB Rn 15). Ergibt sich ein Fremdwährungsanspruch, so liegt eine einfache Fremdwährungsschuld (Rn 7) vor. § 244 ist einschlägig. Die Vorschrift beschränkt sich entgegen RGZ 109, 61, 62 nicht auf solche Ansprüche, die im Vertrag besonders benannt sind. Eine solche Deutung des Wortes „ausgedrückt" verkennt die ratio legis (Rn 22). Allerdings bedarf von Fall zu Fall sorgfältiger Prüfung, ob ein im Fall von Kursschwankungen auftretendes Risiko im Ergebnis vertragsgerecht verteilt ist (NUSSBAUM, Das Geld 252). *Stornobuchungen* erfolgen in derselben Währung wie die zu korrigierende Buchung (NUSSBAUM, Das Geld 254).

22 b) Auch **sonstige gesetzliche Geldsummenansprüche**, die nicht an ein Vertragsverhältnis angelehnt sind, können einfache Fremdwährungsschulden begründen. Die von WOLFGANG MAYER (80 ff) eingehend begründete Auffassung, nach der sich § 244 auf Vertragsschuldverhältnisse beschränkt, wird noch heute vertreten (STAUDINGER/vHOFFMANN[12] Art 38 EGBGB nF Rn 242 b; vHOFFMANN, in: FS Firsching [1985] 141). Aber sie steht mit dem Normzweck (Rn 2) nicht in Einklang (wie hier jetzt SOERGEL/TEICHMANN[12] Rn 29; MAIER/REIMER NJW 1985, 2054 f; ALBERTS NJW 1989, 613; vgl auch Rn 25, 75). Darüber, ob eine Heimwährungsschuld oder eine Fremdwährungsschuld vorliegt, ist im Einzelfall nach Sinn und Zweck der die Anspruchsgrundlage bildenden Norm zu entscheiden. Ansprüche auf *Herausgabe des Erlangten* (zB nach den §§ 812, 816 oder nach den §§ 681, 667) gehen grundsätzlich auf die erlangte Summe nach Währung und Betrag (vgl Rn 17; zur Abgrenzung zwischen Geldsummenschuld und Geldwertschuld in diesem Fall vgl Vorbem D 51 zu §§ 244 ff). Für *Pflichtteilsansprüche* gilt das Erbstatut (BGHZ 24, 352; BayObLGZ 1961, 4, 16 ff). Aus den Art 24, 25 EGBGB darf aber nicht ohne weiteres gefolgert werden, daß für den Pflichtteilsanspruch nach einem Deutschen stets in deutscher, für den Pflichtteilsanspruch nach einem Ausländer stets in ausländischer Währung zu zahlen ist, denn das Währungsstatut ist noch nicht die Währung (Rn 15). Gleichwohl überwiegt wohl die Auffassung, daß der Pflichtteil nach dt Recht stets in Inlandswährung geschuldet wird (LANGE/KUCHINKE, Erbrecht [3. Aufl 1989] § 39 VII 1). Gleiches dürfte für den *Erbersatzanspruch* nach § 1934 a und den *Anspruch auf Zugewinnausgleich* gelten. Zweifelsfrei ist diese Auffassung nicht. Die ratio legis spricht für die Währung der Belegenheit des Nachlasses, im Fall des § 1371 für die Währung des Ausgleichsschuldners. Die hM hat allerdings den Vorzug der Praktikabilität für sich.

4. Gesetzliche Geldwertansprüche

23 a) Die **Tendenz der forensischen Praxis zur Heimwährungsklage und zum Heimwährungsurteil** ist besonders ausgeprägt bei den Geldwertansprüchen (vgl dazu bereits NUSSBAUM, Das Geld 243 f; zu den Geldwertansprüchen und Geldwertschulden allgemein vgl Vorbem D 42 ff zu §§ 244 ff). NUSSBAUM hat nachgewiesen, daß der Trend zur moneta fori nicht auf das dt Recht und auf dt Gerichte beschränkt ist. Geht man entgegen RGZ 109, 61, 62 und entgegen WOLFGANG MAYER (80 ff) von der Anwendbarkeit des § 244 auch auf gesetzliche Schuldverhältnisse aus (hM; vgl auch Rn 21 und 22), so ist durchaus Raum für Fremdwährungsklagen, und es kann dann dem Schuldner überlassen bleiben, sich unter den Voraussetzungen des § 244 durch DM-Zahlung zu befreien. In stärkerem Maße als durch das objektive Recht gerechtfertigt wird demgegenüber in der Praxis dem Gläubiger das Recht eingeräumt, Zahlung in DM zu verlangen (Rn 13).

aa) Theoretische Grundlage dieser *Flucht in die Heimwährung* ist die **Lehre von der** 24 **Wertschuld** (vgl auch STAUDINGER/FIRSCHING[10/11] Vorbem 396 ff zu Art 12 EGBGB mwNw): Echte Geldwertansprüche (vgl zu ihnen Vorbem D 42 zu §§ 244 ff) sind nach dieser Lehre **währungsrechtlich neutral**; sie lauten, im Gegensatz zu Geldsummenansprüchen, nicht von vornherein auf eine bestimmte Währung (RGZ 96, 121; 120, 76 = JW 1928, 1204 m Anm KLAUSING; RG WarnR 1923/24 Nr 148; HRR 1928 Nr 610; BGHZ 3, 321, 327; 5, 138, 142; 14, 212 = JZ 1955, 161 m Anm KEGEL = NJW 1954, 1441 m Anm WERNER; BGH WM 1977, 478, 479; HIRSCHBERG 34, 436; AK-BGB/BRÜGGEMEIER Rn 7; MünchKommBGB/vMAYDELL[3] Rn 44). Die Rspr neigt sogar zur eindeutigen Fixierung der Geldschuld auf die Heimwährung und erklärt eine im Einzelfall maßgebliche fremde Währung zum bloßen Rechnungsfaktor (zB RGZ 96, 121, 123; 120, 76, 82; RG WarnR 1923/24, Nr 148; HansGZ 1924 H Nr 36; JW 1924, 672 Nr 5 m Anm NUSSBAUM; 1924, 1593 m Anm NUSSBAUM; 1926, 360 m Anm NUSSBAUM; BGHZ 14, 212; BGH WM 1977, 487; OLG Köln AWD 1971, 485 = NJW 1971, 2128; NJW-RR 1988, 30; zust zB AK-BGB/BRÜGGEMEIER Rn 7; ERMAN/WERNER[9] Rn 9 f; BGB-RGRK/ALFF[12] Rn 17). Folgerichtig wird § 244 von dieser tradierten Rechtsprechung und Lehre *auf Geldwertschulden überhaupt nicht angewandt* (RGZ 96, 121, 123; 109, 61, 62; BGHZ 14, 212, 218; BGH WM 1977, 478, 479; SOERGEL/KEGEL[11] Vorbem 903, 934 f zu Art 7 EGBGB; STAUDINGER/WEBER[11] Vorbem 623 zu § 244). Angeblich liegt überhaupt keine Fremdwährungsschuld vor, sondern eine Geldschuld, die man als gesetzliche Valutawertschuld bezeichnen könnte.

bb) **Diese herkömmliche Praxis und Lehre überzeugt nicht.** Sie wurde hier bereits in 25 der Voraufl abgelehnt (ebenso STAUDINGER/vHOFFMANN[12] Art 38 EGBGB nF Rn 241 ff; jetzt auch mit unterschiedlichen Ergebnissen ALBERTS NJW 1989, 613; vHOFFMANN, in: FS Firsching [1985] 130 ff). BGH WM 1977, 478, 479 meint zB, für den Schadensersatz gelte § 249, nicht § 244. Aber damit wird die ganz unterschiedliche Regelungsaufgabe dieser Normen verkannt. RGZ 109, 61, 62 sagt, der eingeklagte Schadensersatz sei „selbstverständlich niemals vertragsmäßig (!) in Auslandswährung,ausgedrückt' gewesen". Die Prämisse, begrifflich (!) könne eine Geldschuld nur dann iS von Abs 1 in einer bestimmten Währung „ausgedrückt" sein, „wenn der Inhalt des Vertrags die Geldleistung in ausländischer Währung bezeichnet", ist abzulehnen. § 244 spricht nicht nur von Vertragsschuldverhältnissen (Rn 2, 22) und erfaßt keineswegs nur vertraglich bedungene Fremdwährungsschulden (richtig zB OLG Hamburg VersR 1979, 833; NUSSBAUM, Das Geld 245; **aM** WOLFGANG MAYER 80 ff; dazu Rn 22). Der angebliche Gegensatz zu § 244 ist also überzeichnet (vgl insoweit auch GÖPPINGER/LINKE Rn 3095 ff). Mißverständlich ist auch die *These von der währungsrechtlichen Neutralität des Anspruchs* (insofern wie hier vHOFFMANN, in: FS Firsching [1985] 130 ff). Sie kann weder den Zug zur Heimwährung rechtfertigen, denn dies wäre ein Widerspruch in sich, noch kann sie die Anwendung des § 244 ausschließen (insofern wie hier STAUDINGER/vHOFFMANN[12] Art 38 EGBGB nF Rn 241; MAIER-REIMER NJW 1985, 2055; ALBERTS NJW 1989, 613; **aM** vHOFFMANN, in: FS Firsching [1985] 141). Daß von währungsrechtlicher Neutralität nicht gesprochen werden sollte, zeigt schon die Überlegung, daß eine Geldwertschuld keineswegs in jeder beliebigen, sondern nur in einer von mehreren konkreten Währungen zu erfüllen ist (HIRSCHBERG 35 f). Die sog währungsrechtliche Neutralität der Geldwertschuld bedeutet in Wahrheit nur, daß die geschuldete Währung im Einzelfall offen, also nicht für alle Eventualitäten bestimmbar, und damit *konkretisierungsbedürftig* ist. Die Geldwertschuld kann für den Fall der Erfüllung, Aufrechnung, Klage usw überhaupt nicht währungsrechtlich neutral sein. Namentlich im Prozeß wird sie währungs- und summenmäßig konkretisiert (BGHZ 36, 11, 15; HIRSCHBERG 36). Nach hM verliert sie dann den Charakter einer Wertschuld und wird zur Summenschuld (dazu aber Vorbem D 83 f zu §§ 244 ff). Nach der hier vertretenen Auffassung stellt diese vermeintliche Umwandlung in eine Summenschuld im Prozeß keine materiellrechtliche Umwandlung dar, aber das Phänomen einer Konkretisierung nach Währung und Betrag ist doch unleugbar. Auch im Zeitpunkt der Erfüllung muß feststehen, ob die Verbindlichkeit in dieser Währung und Höhe getilgt werden kann. Daß diese währungsmäßige Festlegung der Geldwertschuld nichts mit dem materiellen Forderungsrecht zu tun haben soll (so HIRSCHBERG 36), kann nicht zugegeben werden. Erweist sich die Wertschuld im Einzelfall als Heimwährungsschuld, so kann sich doch ihre Höhe nach einer fremden Währung richten; erweist sie sich als Fremdwährungsschuld, so gestattet § 244 dem Schuldner, sich durch Zahlung in Inlandswährung zu befreien. Abweichungen – etwa gegenüber Ostgläubigern – können sich aus devisenrechtlichen Beschränkungen des Transfers ergeben (Rn 35). Mit einer Unanwendbarkeit des § 244 hat das nichts zu tun.

26 cc) Folgerung: Geldwertansprüche können Fremdwährungsforderungen sein, jedenfalls durch summenmäßige Konkretisierung zu Fremdwährungsforderungen werden; § 244 kann in diesen Fällen zur Anwendung kommen. Im wirtschaftlichen Ergebnis ist der Unterschied gegenüber der zur Heimwährungsklage tendierenden hM dann nicht groß, wenn die Verurteilung in DM zum Umrechnungskurs am Zahlungstag erfolgt (so ein Großteil der Rspr; zB RG HansGZ 1924 H Nr 36; WarnR 1923/24 Nr 148). Es zeigt sich dann aber nur um so mehr, daß der Weg über § 244 (Verurteilung in Fremdwährung mit Ersetzungsbefugnis des Schuldners) besser überzeugt.

27 b) Einzelfälle gesetzlicher Geldwertansprüche können nur exemplarisch dargestellt, die Einzelergebnisse also nur mit Vorsicht verallgemeinert werden. Die als „währungsrechtliche Neutralität" bezeichnete Konkretisierungsbedürftigkeit der Geldwertschuld in jedem Einzelfall (Rn 24) setzt der abstrakten Bestimmung der geschuldeten Währung Grenzen.

28 aa) Schadensersatzansprüche folgen dem Restitutionsgedanken (RG WarnR 1923/24 Nr 148). Sie folgen demgemäß der **Schadenswährung** (RG JW 1925, 1477; OLG Hamburg VersR 1979, 833; LG Düsseldorf MDR 1954, 358, 359; WOLFGANG MAYER 19 f, 82; MAIER-REIMER NJW 1985, 2054 f; ALBERTS NJW 1989, 613; REMIEN RabelsZ 53 [1989] 260 ff; ROTH, in: Fragen des Rechtes der Auf- und Abwertung [1979] 100; BIRK, Schadensersatz 114; nur teilweise übereinstimmend NEUMEYER III/2 166 f; **aM** RGZ 96, 121, 123; RG WarnR 1923/24 Nr 148; vgl auch RGZ 111, 183, 184; WOLFGANG MAYER 82 f; BRODMANN JW 1921, 442). **Im praktischen Regelfall ist deshalb Schadensersatz in der Gläubigerwährung geschuldet** (Vorinstanz bei BGHZ 5, 138, 139; ähnlich STAUDINGER/vHOFFMANN[12] Art 38 EGBGB nF Rn 241 i; BIRK, Schadensersatz 124; MAIER-REIMER NJW 1985, 2055; REMIEN RabelsZ 53 [1989] 266 f; **aM** BGHZ 14, 212, 217: im Regelfall Heimwährungsschuld; NEUMEYER III/2 159: Währung des Tatorts). Die **traditionelle Auffassung** betrachtet demgegenüber die Schadensersatzschuld als gesetzliche Valutawertschuld: Die fremde Währung ist nach ihr nur Berechnungsfaktor (RGZ 96, 121, 123; RG WarnR 1923/24 Nr 60, Nr 148; BGHZ 14, 212, 217; BGH WM 1977, 478, 479; BGB-RGRK/ALFF[12]

Rn 17; MünchKommBGB/vMaydell[3] Rn 44). Dem ist, wie bei Rn 25 f ausgeführt, nicht zu folgen. Die Schuldwährung bei Schadensersatzansprüchen muß von der Funktion der Schadens-Wiedergutmachung bestimmt sein. Demgemäß muß zwischen einem **Heimwährungsschaden** und einem **Fremdwährungsschaden** unterschieden werden (ebenso jetzt MünchKommBGB/Martiny[2] Anh I nach Art 34 EGBGB Rn 13; Maier-Reimer NJW 1985, 2054 f; Alberts NJW 1989, 613). Ist der Schaden nur scheinbar in Auslandswährung entstanden, hat sich aber im Vermögen des Geschädigten nur als DM-Schaden ausgewirkt, so liegt eine in DM zu begleichende Heimwährungsschuld vor. So verhält es sich regelmäßig, wenn Schadensersatz nicht nach den Ersatzbeschaffungs- oder Reparaturkosten im Ausland, sondern nach der bloßen Wertminderung im Inland zu leisten ist (Remien RabelsZ 53 [1989] 272), zB weil ein im Inland entgangener Gewinn aus Auslandsgeschäften zu ersetzen ist (Staudinger/Weber[11] Rn 35) oder weil ein Auslandsschaden bereits auf einem DM-Konto zu einem bestimmten Kurs verrechnet ist (str; vgl zu diesen Fragen Neumeyer III/2 166; Wolfgang Mayer 82; Roth, in: Fragen des Rechtes der Auf- und Abwertung [1979] 100 f). Die vom DM-Bankkonto eines Inländers beglichene ausländische Arztkosten- oder Reparaturrechnung begründet einen in DM einklagbaren Schaden, dessen Höhe nach einem in der Vergangenheit liegenden Kurswert, nicht nach dem Kurswert bei Zahlung bemessen wird. Die Forderung ist damit schon bei Klageerhebung als Heimwährungsforderung konkretisierbar. Liegt dagegen ein Fremdwährungsschaden vor, so ist die Schadensersatzforderung einfache Fremdwährungsforderung (wie hier jetzt Maier-Reimer NJW 1985, 2055). Auch ein inländischer Gläubiger kann dann nur Schadensersatz in fremder Währung verlangen, es sei denn, die Fremdwährungsforderung wäre nach den bei Rn 61 ff geschilderten Grundsätzen in eine Heimwährungsforderung umgewandelt. Beim Entzug von Sachen richtet sich die Schadenswährung grundsätzlich nach dem Ort, an den der Gläubiger die Sachen ohne die schädigende Handlung verbracht hätte (BGHZ 5, 138, 143). Anders, wenn (zB nach den §§ 430, 658 HGB, 85 EVO) der gemeine Handelswert des Gutes an einem bestimmten Ort zu ersetzen ist; dann entscheidet regelmäßig die Währung dieses Ortes jedenfalls über die Höhe, aber wohl auch über die zu zahlende Währung (RGZ 105, 312; 107, 212, 214; RG LZ 1924, 333, 334; Wolfgang Mayer 20 f). Wird entgangener Gewinn geltend gemacht, so bestimmt die Währung der entgangenen Geschäfte auch die Schadenswährung. Ergibt sich eine Fremdwährungsforderung, so ist § 244 anwendbar. Soweit aus der Schadensberechnung in fremder Währung ein zusätzlicher *Entwertungsschaden* entsteht, kann dies im Einzelfall ein besonderer Schadensposten sein (vgl Vorbem D 343 ff zu §§ 244 ff; zur Abgrenzung des Entwertungsschadens vgl auch Rn 58). Bei der Schadensersatzforderung als einer Geldwertforderung bedarf es regelmäßig nicht der besonderen Geltendmachung eines Entwertungsschadens.

bb) *Keine Fremdwährungsschuld* ist der **Entschädigungsanspruch nach dem BEG** **29** **1956** (zust MünchKommBGB/vMaydell[3] Rn 44). Aus § 11 Abs 1 BEG 1956 wird gefolgert, daß Geldansprüche nach dem BEG auf Zahlung in DM gerichtet, also keine Anwendungsfälle des § 244 sind (BGH LM § 116 BEG 1956 Nr 18; LM § 30 BEG 1956 Nr 21 = MDR 1975, 927). Der Erstattungsanspruch nach § 30 BEG 1956 wegen Aufwendungen für Heilbehandlungen ist gleichfalls eine Heimwährungsschuld, jedoch nicht einmal eine Valutawertschuld. Er entsteht auch dann in DM, wenn die Heilverfahrenskosten in ausländischer Währung angefallen sind (BGH LM § 116 BEG 1956 Nr 18; LM § 30 BEG 1956 Nr 20 = MDR 1975, 49 = WM 1974, 1078; LM § 30 BEG 1956 Nr 21 = MDR 1975, 927; MünchKommBGB/vMaydell[3] Rn 44). Der Anspruch entsteht nach BGH LM § 30 BEG

1956 Nr 21 = MDR 1975, 927 nicht als valoristische Wertschuld, sondern er ist von Anfang an auf den Umrechnungsbetrag der Aufwendungen am Aufwendungsstichtag fixiert. BEG-Renten an im Ausland lebende Berechtigte werden unter Berücksichtigung ausländischer Versorgungsbezüge nach Maßgabe von Devisenkursen oder Kaufkraftrichtzahl berechnet. Fehlt wegen inflationärer Entwicklung im Ausland sowohl ein amtlicher Devisenkurs als auch eine Kaufkraftrichtzahl, so ist das in der Auslandswährung erzielte Einkommen in Deutsche Mark nach dem durchschnittlichen Markt- oder Handelskurs eines Kalenderjahres auf die BEG-Rente in DM anzurechnen (BGH LM § 206 BEG 1956 Nr 45).

30 cc) Der **Anspruch auf Wertersatz nach § 818 Abs 2** begründet eine Geldwertschuld (Vorbem D 52 zu §§ 244 ff). Die Währungsbestimmung wird ähnlich den für den Schadensersatz geltenden Grundsätzen erfolgen müssen, denn Wertersatz zielt auf wertmäßig begrenzten Ersatz, nicht auf Herausgabe des Erlangten (unklar WOLFGANG MAYER 31 f; ebd 84 wird analog § 244 dem Schuldner ein Wahlrecht eingeräumt). Wird Wertersatz in Inlandswährung geschuldet, so kann der Schuldner Entreicherung nach § 818 Abs 3 einwenden, wenn ein Gegenwert des herauszugebenden Gegenstandes nur noch in entwerteter Fremdwährung vorhanden ist. Besteht die ungerechtfertigte Bereicherung darin, daß Aufwendungen in Auslandswährung erspart wurden, so ist nach OLG Düsseldorf BB 1958, 322 auch Herausgabe der Bereicherung in Auslandswährung geschuldet (zw, weil ersparte Aufwendungen idR nur Rechnungsposten, aber nicht Gegenstand der Bereicherung sind; vgl dazu STAUDINGER/LORENZ (1996) § 812 Rn 72 mwNw).

31 dd) **Aufwendungsersatz** aus *Geschäftsführung ohne Auftrag* (§§ 683, 670) kann in fremder Währung geschuldet sein, wenn die Aufwendungen in Fremdwährung erbracht wurden (RG JW 1924, 1590 m krit Anm NUSSBAUM). Die Rechtslage ist nicht dieselbe wie beim Aufwendungsersatz innerhalb von Vertragsverhältnissen (Rn 17). Ähnlich wie beim Schadensersatz bedarf die Frage, ob wirklich eine Aufwendung in fremder Währung vorliegt, im Einzelfall genauer Prüfung. Dasselbe wird für den **Verwendungsersatz**, zB nach den §§ 994 ff, 2022, gelten müssen (zw). Ergibt sich, daß eine Fremdwährungsschuld vorliegt, so gilt auch hier § 244.

32 ee) Umstritten ist die **Währung des gesetzlichen Berge- und Hilfslohns** nach den §§ 740 ff HGB. Zunächst gilt auch hier, daß sich die Beteiligten einigen können. Der Normzweck (BGHZ 67, 368 hat die §§ 740 ff HGB sogar durch die Regeln der Geschäftsführung ohne Auftrag ergänzt) spricht für ein Abstellen auf die Währung des rettenden Schiffs (so im Ergebnis SCHAPS/ABRAHAM, Das Seerecht [4. Aufl 1978] § 744 Rn 31). Das OLG Hamburg HansRZ 1920 Nr 60 Sp 320 entscheidet zugunsten der Währung des geretteten Schiffs. Noch anders PRÜSSMANN/RABE (Seehandelsrecht [3. Aufl 1992] § 744 Anm D 1), dem aber die in Rn 15 kritisierte Verwechselung von Währungsstatut und geschuldeter Währung unterläuft: Es entscheide (richtig!) das Schuldstatut, mithin sei (falsch!) dt Währung zu zahlen, wenn sich der Lohnanspruch nach dt Recht bestimme. Um eine elastische Lösung bemüht sich NUSSBAUM (Das Geld 254), der die Billigkeitsregel aus Art 6 des Brüsseler Übereinkommens über Hilfeleistung und Bergung in Seenot v 10. 9. 1910 auch auf die Bestimmung der Währung anwenden will.

33 ff) Auch **Unterhaltsschulden** sind Geldwertschulden (Vorbem D 64 ff zu §§ 244 ff). *Unterhaltsansprüche* dienen der Bedarfsdeckung und *entstehen grundsätzlich in der*

Währung, in der das Bedürfnis des Unterhaltsberechtigten dauerhaft zu befriedigen ist
(LG Hannover DAVorm 1974, 481; AG Lübeck DAVorm 1978, 692; GÖPPINGER/LINKE Rn 3095;
HAHNENFELD NJW 1955, 529; SEYDEL NJW 1958, 737; MAIER-REIMER NJW 1985, 2054; eingehend
HIRSCHBERG 28 ff).

α)   Im einzelnen bereitet die Frage nach der **Unterhaltswährung** Schwierigkeiten.   **34**
Wie von allen Geldwertschulden sagt die hM auch von den Unterhaltsverbindlichkeiten, daß sie währungsrechtlich neutral sind (vgl namentlich HIRSCHBERG 34 ff). Diese
Lehre von der Neutralität des Geldwertanspruchs darf nicht zu Mißverständnissen
führen (Rn 25 f). Unterhaltsklage und Unterhaltsurteil müssen die geschuldete Währung benennen. Entsprechend dem Zweck der Unterhaltspflicht muß *regelmäßig* die
Gläubigerwährung – dh die Währung des Wohnsitzes (dauernder Aufenthaltsort) –
den Ausschlag geben (LG Bremen MDR 1955, 547; LG Bochum NJW 1952, 471; GÖPPINGER/
LINKE Rn 3095; MünchKommBGB/MARTINY[2] Anh I nach Art 34 EGBGB Rn 11; SEYDEL NJW
1958, 737; HENN NJW 1958, 735). Dieser Grundsatz gilt uneingeschränkt zwar nur,
solange nicht devisenrechtliche Beschränkungen eine Korrektur des Ergebnisses
erforderlich machen (Rn 35), aber das sollte kein Grund sein, das Prinzip selbst zu
verfälschen. Der Wohnsitz oder dauernde Aufenthalt des Unterhaltsgläubigers
bestimmt jedenfalls die *Bemessung des Lebensbedarfs* in Geld (vgl mwNw GÖPPINGER/
LINKE Rn 3091 ff). Aber der Unterhalt wird auch in dieser Währung geschuldet. Eine
Berücksichtigung der inneren Kaufkraft der Schuldnerwährung (Warenkorbvergleich; eingehend STAUDINGER/WEBER[11] Vorbem 764 f zu § 244; HIRSCHBERG 32 mwNw) ist mit
dieser am Zweck der Unterhaltspflicht orientierten Betrachtung unvereinbar, denn
es kommt darauf an, daß dem Unterhaltsberechtigten die seinem Bedarf entsprechende Kaufkraftmenge zufließt (GÖPPINGER/LINKE Rn 3092; aM HAHNENFELD NJW 1955,
530 unter Berufung auf BGHZ 14, 212, wo es nicht um Unterhalt geht). Hat der Unterhaltsgläubiger seinen Wohnsitz oder dauernden Aufenthalt im dt Währungsgebiet, so
liegt eine in DM zu erfüllende Heimwährungsschuld vor (OLG Schleswig SchlHAnz 1979,
125; im Ergebnis auch LG Bamberg NJW 1957, 676 m krit Anm HEINEMANN NJW 1957, 1112).
Befindet sich sein Wohnsitz oder dauernder Aufenthalt im Währungsausland, so
handelt es sich um eine Fremdwährungsschuld (LG Hannover DAVorm 1974, 481; AG
Lübeck DAVorm 1978, 692; aM Staatsgerichtshof Prag DAVorm 1974, 688). Die *Wahl des Auf-
enthaltsortes* ist entweder Sache des Berechtigten oder Sache derer, denen die
Personensorge zusteht. Zur Frage, wann im Einzelfall der Unterhaltsschuldner Einwendungen gegen die Wahl eines ausländischen Unterhaltsortes erheben kann, vgl
GÖPPINGER, Unterhaltsrecht (5. Aufl 1987) Rn 635 aE. *Die Lehre von der währungsrechtlichen „Neutralität"* der Wertschulden (Rn 24) müßte konsequenterweise davon
ausgehen, daß die Unterhaltsschuld eines Inlandsschuldners nur in der Gläubigerwährung zu *berechnen*, aber in Inlandswährung zu zahlen ist (BGH FamRZ 1961, 261,
262; LG Oldenburg NJW 1953, 1183; LG Aachen NJW 1952, 471; LG Dortmund MDR 1950, 552;
LG Nürnberg DGVZ 1983, 188, 189; AG Friedberg IPRax 1987, 124; vgl auch BGHZ 14, 212, 217
[Schadensersatz]; differenzierend HIRSCHBERG 36). Einer solchen Auffassung könnte indes
aus den bei Rn 25 dargelegten Gründen nicht gefolgt werden. Eine im Vordringen
befindliche *dritte Auffassung* gibt dem Unterhaltsberechtigten die Wahl zwischen
seiner Heimwährung und der Schuldwährung (STAUDINGER/FIRSCHING[11] Vorbem 396 zu
Art 12 EGBGB; LG Bochum NJW 1952, 471; LG Berlin NJW 1952, 1379; DAVorm 1968, 214, 216;
FamRZ 1970, 100, 102; KÖHLER/LUTHIN, HandB des Unterhaltsrechts [8. Aufl 1993] Rn 1036; vorsichtig in dieser Richtung auch HAHNENFELD NJW 1955, 530; vgl auch OLG Düsseldorf BB 1958,
322; OLG München DAVorm 1985, 164 [ausländische Verurteilung]; LG Aurich DAVorm 1974,

630). Diese Auffassung trägt dem bei Rn 13 f konstatierten Zug zur Heimwährungsklage Rechnung, legitimiert also die zahlreichen Heimwährungsklagen von Währungsausländern. Eine Begründung für diese gläubigerfreundliche und zugegebenermaßen praktikable Lösung ist aber im geltenden Recht nicht erkennbar. Der im Ausland lebende Unterhaltsgläubiger kann Befriedigung seines Lebensbedarfs in Auslandswährung und nur in dieser Währung verlangen. Es liegt dann eine Fremdwährungsschuld vor. Der Beklagte kann ohne seine Zustimmung (Rn 69) nicht in seiner Heimwährung verurteilt werden. Die ganz andere Frage, ob der inländische Schuldner zur Erfüllung des Fremdwährungsanspruchs DM aufwenden muß oder ob er sich nach § 244 durch Leistung in DM befreien kann, muß hiervon unterschieden werden. Klage und Urteil lauten bei der Fremdwährungsschuld auf die fremde Währung. § 244 findet dann Anwendung.

35 β) Die eigentlichen **Problemfälle (Unterhaltsberechtigte in den vormals sozialistischen Ländern)** rühren nicht von der Rechtsnatur und dem Inhalt von Unterhaltsverbindlichkeiten, sondern vom **Devisenrecht** her (Vorbem E 13 ff zu §§ 244 ff, über den Einfluß des Devisenrechts auf den Inhalt der Geldschuld vgl auch Rn 66). *Die Bedeutung des Devisenrechts für den Inhalt der Unterhaltsschuld* liegt für die Lehre von der Währungsneutralität der Geldwertschulden (Rn 24) besonders klar auf der Hand: die angeblich neutrale Geldschuld wird devisenrechtlich konkretisiert (vgl besonders BGH NJW-RR 1987, 1474, 1476; Hirschberg 38 ff, 52 f; MünchKommBGB/Martiny[2] Anh I nach Art 34 EGBGB Rn 12; Bytomski FamRZ 1991, 783). Der Unterhaltsschuldner schuldet Leistung in Inlandswährung, wenn das Devisenrecht des Gläubigerstaats dies verlangt. Auch die hier vertretene, auf die Gläubigerwährung abstellende Auffassung gelangt zu diesem Ergebnis (vgl auch Rn 65). Der Unterhaltsanspruch des Währungsausländers zielt auch hier auf Gewährung von Unterhalt in der Gläubigerwährung; nur die Erfüllung dieses Anspruchs, dh die Zahlungsweise, bestimmt sich unter Berücksichtigung der devisenrechtlichen Möglichkeiten und Hindernisse (Göppinger/Linke Rn 3094). Geben Devisenvorschriften dem Schuldner nur die Möglichkeit der Zahlung von DM auf ein Transferkonto und versagen sie ihm eine andere Möglichkeit, dem Gläubiger den geschuldeten Betrag in seiner Währung zu verschaffen, so ist der Schuldner *verpflichtet, den Fremdwährungsanspruch des ausländischen Unterhaltsgläubigers durch Zahlung in DM zu begleichen.* Damit tritt *keine Umwandlung der Fremdwährungsschuld in eine Heimwährungsschuld* ein, denn der Unterhaltsanspruch soll nach wie vor in Fremdwährung befriedigt werden. Die Problematik und ihre prozessualen Konsequenzen wurden hier in der Voraufl eingehend behandelt (vgl jetzt zusammenfassend MünchKommBGB/Martiny[2] Anh I nach Art 34 EGBGB Rn 12; Gralla/Leonhardt, Das Unterhaltsrecht in Osteuropa [1989]).

36 γ) Heftig umstritten war die Frage, ob sich Devisenausländer auf **Unterhaltszahlungen durch Dritte** in ihrem eigenen Land **in ihrer eigenen Währung** einlassen müssen. Grundsätzlich wurde dies im Verhältnis zu den Staaten des früheren Ostblocks verneint (BGH NJW 1987, 1146; OLG Nürnberg IPRax 1985, 353; OLG Frankfurt IPRspr 1986 Nr 119; OLG Karlsruhe FamRZ 1991, 600, 601 f; MünchKommBGB/Martiny[2] Anh I nach Art 34 Rn 12; Passauer FamRZ 1990, 20). Im Jahr 1990 entschied allerdings das Oberste Gericht in Polen, daß die Zahlung von Unterhalt durch einen Ausländer in Zloty und auch die Zahlung durch Dritte nach neuem Devisenrecht zulässig sei (Bytomski/ Bytomsky FamRZ 1991, 783).

5. Die effektive Fremdwährungsschuld

a) Die **effektive Fremdwährungsschuld** (zum Begriff vgl Rn 8) stellt nach Wortlaut und 37
Zweck des § 244 die **Ausnahme** dar (Rn 16). Eine solche Schuld kann nicht gegen den
Willen des Gläubigers in DM getilgt werden. Die Vermutung spricht stets gegen das
Vorliegen einer effektiven Fremdwährungsschuld, und zwar auch dann, wenn die
Geldschuld ausländischem Recht oder dem EKG unterliegt (vgl zum EKG OLG Karls-
ruhe OLGZ 1978, 338, 340 = Betrieb 1978, 2017).

b) Eine **effektive Fremdwährungsschuld aus Rechtsgeschäft** liegt nach Abs 1 nur vor, 38
wenn „Zahlung in ausländischer Währung ausdrücklich bedungen ist". Die Formulierung des Gesetzes ist irreführend. Auf der einen Seite nämlich reicht die ausdrückliche Vereinbarung einer Fremdwährung gerade nicht aus (dies ist vielmehr der
typische Fall der einfachen Fremdwährungsschuld, Rn 16). Es kommt darauf an, daß
nach dem erklärten Willen in fremder Währung und nur in fremder Währung gezahlt
werden soll. Auf der anderen Seite muß dies nicht expressis verbis, also nicht im
Wortsinne ausdrücklich, bedungen sein. **Ausdrücklich** *bedeutet in Abs 1 nach hM so viel
wie „eindeutig" oder „deutlich"* (RGZ 107, 110, 111; 111, 316; 138, 52, 54; 153, 384, 385; BGH
LM § 275 BGB Nr 5 = BB 1954, 209; OLG Stuttgart SoergRspr 1925 Nr 1; SOERGEL/TEICHMANN[12]
Rn 30). Die Erklärung muß deutlichen Ausdruck gefunden haben, sei es durch die
Sprache, sei es durch sonstige Handlungen (BGH LM § 275 BGB Nr 5 = BB 1954, 209).
Aber selbst dies ist mißverständlich, denn Abs 1 meint mit „ausdrücklich" noch
weniger. Es genügt, daß der erklärte Wille – sei er auch undeutlich und auslegungs-
bedürftig – **eindeutig feststellbar** ist. Nicht der Wille und seine Erklärung müssen also
eindeutig sein, sondern es genügt, daß die Auslegung (§§ 133, 157) zu dem eindeutigen Ergebnis führt, es sei effektive Zahlung in fremder Währung bedungen. Die
unglückliche Formulierung des Gesetzes zieht nur die Folgerung daraus, daß die
Vermutung gegen eine effektive Fremdwährungsschuld spricht. Eine solche muß
eigens vereinbart sein. Das Unklarheitsrisiko und die Beweislast trägt derjenige, der
das Vorliegen einer effektiven Fremdwährungsschuld geltend macht (SOERGEL/TEICH-
MANN[12] Rn 30). *Konkludente Vereinbarungen* sind nicht ausgeschlossen (sehr großzügig
OLG Karlsruhe Recht 1921 Nr 1298). Die Vereinbarung einer effektiven Fremdwährungsschuld kann sich auch aus laufender Geschäftsverbindung ergeben (OLG Hamburg
HansGZ 1924 H Nr 129), auch daraus, daß bei den Vertragsverhandlungen von Effek-
tivzahlung die Rede war (RG HansRGZ 1932 B Nr 270 = LZ 1932, 1478). Üblich und
eindeutig ausreichend ist die *Effektivklausel* (MünchKommBGB/vMAYDELL[3] Rn 45): der
Zusatz „effektiv" schließt die Zahlung in inländischer Währung unmißverständlich
aus (RGZ 151, 35, 36). Auch die Wendung „zahlbar in" genügt (RG JW 1926, 2838 = Recht
1927 Nr 6). Als ausreichend wurde ferner angesehen: der Ausdruck „leihweise Über-
lassung" bei einer Fremdwährungssumme (RGZ 153, 384, 385 f = JW 1937, 1401 m Anm
HARTENSTEIN; RG JR 1925 Nr 761; zur Abgrenzung vgl OLG Kiel SchlHAnz 1937, 173; OLG
Hamburg HansGZ 1922 B Nr 136), die Weisung, einen Dollarbetrag „rein netto Kasse" in
Dollar auf das Devisenkonto zu überweisen (RG Recht 1924 Nr 451). Auch wenn die
Fremdwährungsschuld als Geldsortenschuld vereinbart ist, ist Zahlung in ausländi-
scher Währung „ausdrücklich" bedungen (Rn 10). *Nicht ausreichend* sind zB: die
Festsetzung einer Schuld in fremder Währung (RGZ 107, 110; 111, 316, 317; RG JW 1926,
2838; OLG Kiel SchlHAnz 1937, 173), insbes die Preisvereinbarung in fremder Währung
(RG JW 1928, 233, 234). Sie begründet eine einfache Fremdwährungsschuld (Rn 16).
Für *Währungskredite* enthält Nr 14 AGB-Sparkassen 1993 eine Effektivklausel, hier

allerdings verbunden mit einer besonderen Ersetzungsbefugnis; die Regelung beruht auf der nicht in die Neufassung aufgenommenen Nr 3 Abs 1 S 3 AGB-Banken aF (Wortlaut Rn 18). Im Geltungsbereich der AGB-Banken bedarf deshalb die Effektivklausel der besonderen Vereinbarung (Rn 18 f). Über *Effektivklauseln bei Anleihen* vgl HORN, Das Recht der internationalen Anleihen (1972) 265 (zur alternativen Währungsklausel vgl Rn 16). Über Wechsel und Scheck vgl Rn 100 f. Auch die sog *Eurodevisenschulden* (Vorbem F 41 f zu §§ 244 ff) werden, da nicht in deutscher Währung begleichbar, als effektive Fremdwährungsschulden angesehen (FUCHS ZVgl RW 95 [1996] 300 f).

39 c)   Es gibt **grundsätzlich keine effektiven Fremdwährungsschulden aus Gesetz**. Nur wenn die Zahlung in ausländischer Währung und nur in dieser Währung „bedungen", dh vom Schuldner versprochen ist, liegt eine effektive Fremdwährungsschuld vor. Gesetzliche Schuldverhältnisse begründen demnach grundsätzlich entweder Heimwährungsschulden oder einfache Fremdwährungsschulden. Selbst Schadensersatz und Unterhalt sind keine Fälle effektiver Fremdwährungsschulden, sofern nicht das Devisenrecht zu Abweichungen zwingt. Freilich sind damit effektive Fremdwährungsschulden auf gesetzlicher Grundlage nicht schlechthin ausgeschlossen. Die *Anlehnung des gesetzlichen Anspruchs an ein Rechtsgeschäft*, etwa bei konkurrierenden Vertragsansprüchen oder der Rückabwicklung von Erfüllungsleistungen, kann dazu führen, daß eine Abrede über die Schuldwährung auch den gesetzlichen Anspruch erfaßt (Rn 21). Allerdings ist im Einzelfall durch Auslegung sorgsam zu prüfen, ob eine Effektivklausel über Erfüllungsansprüche hinaus auch diese gesetzlichen Schuldverhältnisse erfassen soll.

V.   Das Genehmigungserfordernis nach § 3 WährG*

1.   Grundsatz

40 Beruht die *Fremdwährungsschuld* auf einem dem inländischen Schuldrecht unterstehenden Vertrag, so kann sie **Elemente der Spekulation** enthalten (F A MANN, Recht des Geldes 229) oder **Elemente der Wertsicherung** (F A MANN, Recht des Geldes 248). Wertsicherungscharakter hat auch die *Valutawertschuld* (Rn 5). *Jede vertraglich eingegangene Fremdwährungsschuld* und *jede vertragliche Valutawertschuld* kann daher nach **§ 3 WährG** genehmigungsbedürftig sein, soweit nicht § 49 AWG den Vertrag von der Genehmigungspflicht freistellt. Auf den Ort des Vertragsschlusses, die Staatsangehörigkeit der Beteiligten, das Schuldstatut oder den Erfüllungsort kommt es hierfür nicht an (SCHULZE AWD 1962, 90 ff). Solange die erforderliche Genehmigung fehlt, kann der Geldschuldner nicht in Verzug kommen (OLG Koblenz NJW 1988, 3099).

---

*   **Schrifttum:** WILFRIED BRAUN, Monetärrechtliche Probleme vertraglicher Geldwertsicherung im grenzüberschreitenden Wirtschaftsverkehr (Diss Würzburg 1979); DÜRKES, Wertsicherungsklauseln (10. Aufl 1992); GRUNDMANN, Nationales Währungsrecht und EG-Kapitalverkehrsfreiheit, EWS 1990, 219; IMMENGA/ SCHWINTOWSKI, Wertsicherung durch Geldwertschulden, NJW 1983, 2841; SCHULZE, Genehmigungsbedürftigkeit von Wertsicherungsklauseln und Fremdwährungsvereinbarungen bei Sachverhalten mit Auslandsbeziehungen, AWD 1962, 89; SEETZEN, Zur innerstaatlichen und internationalen Zulässigkeit von Fremdwährungsschulden und -klauseln, AWD 1969, 253; ZEHETNER, Geldwertklauseln im grenzüberschreitenden Wirtschaftsverkehr (1976).

2.   § 3 WährG

a)   Nach § 3 S 1 WährG (Wortlaut Vorbem D 191 zu §§ 244 ff) dürfen Geldschulden nur   **41**
mit Genehmigung der für die Erteilung von Devisengenehmigungen zuständigen
Stelle in einer anderen Währung als in Deutscher Mark eingegangen werden. Unter
die Bestimmung fallen einfache und effektive Fremdwährungsschulden, nicht auch
Valutawertschulden (vgl näher Vorbem D 215 zu §§ 244 ff). Wird die Genehmigung erteilt,
so gibt dies dem Vertragsgegner eine Anfechtungsbefugnis nach § 42 Abs 2 VwGO
(BVerwG NJW 1996, 3223). Wird sie verweigert, so kann der ganze Vertrag oder die
ungenehmigte Klausel nichtig werden (Vorbem D 331 zu §§ 244 ff). Es kann aber auch
ergänzende Vertragsauslegung zur Füllung der entstehenden Regelungslücke in
Betracht kommen (BGH NJW 1996, 3001 = WM 1996, 2125). Der mit dem **Außenwirtschaftsgesetz** (AWG) v 28. 4. 1961 (Vorbem E 5 ff zu §§ 244 ff) erstrebte Liberalisierungs-
effekt (vgl § 1 AWG) wäre durch uneingeschränkte Geltung des § 3 WährG
beeinträchtigt worden. Deshalb ordnet **§ 49 AWG** an, daß das Genehmigungserfordernis nach § 3 S 1 WährG auf Rechtsgeschäfte zwischen Gebietsansässigen und
Gebietsfremden keine Anwendung findet (zur europarechtlichen Handhabung GRUND-
MANN EWS 1990, 219 f). Die Begriffe der Gebietsansässigen und Gebietsfremden sind
in § 4 Abs 1 Nr 3 und 4 AWG abgegrenzt. Über den Vertrag unter zwei Gebietsfremden vgl Vorbem D 216 zu §§ 244 ff. Von einem sich aus *§ 3 S 2 WährG* ergebenden
Genehmigungserfordernis für Wertsicherungsvereinbarungen (dazu Vorbem D 218 ff zu
§§ 244 ff) befreit § 49 Abs 1 AWG nach seinem klaren Wortlaut nicht (SCHULZ, AWG
[1965/66] § 49 Rn 4; HOCKE/BERWALD/MAURER, Außenwirtschaftsrecht [Stand 1995] Anm zu § 49
AWG; krit DÜRKES Rn C 213 a, 220). Das ist für Fremdwährungsschulden ohne Bedeutung, denn diese fallen nicht unter § 3 S 2 WährG (Rn 42), brauchen also auch nicht
durch § 49 AWG freigestellt zu werden (zur Rechtslage, wenn die Fremdwährungsschuld
ihrerseits wertgesichert ist, vgl Rn 59). Anders verhält es sich bei Heimwährungsschulden,
nach wohl herrschender, aber zweifelhafter Ansicht auch bei Valutawertschulden
(Rn 42). Soweit es nach den §§ 3 S 1 WährG, 49 Abs 1 AWG oder nach § 3 S 2 WährG
einer Genehmigung bedarf, ist nach § 49 Abs 2 AWG die Deutsche Bundesbank
zuständig. Zu den Genehmigungsgrundsätzen der DBB vgl Vorbem D 212 zu
§§ 244 ff. Nach Nr 3 d der Mitt Nr 1015/78 der DBB betr die Grundsätze bei der
Entscheidung über Genehmigungsanträge nach § 3 WährG v 9. 7. 1978 (BAnz Nr 109)
werden Valutawertschulden (Rn 42) nur genehmigt, wenn es sich um folgende Verträge handelt:

„aa) Einfuhrverträge, Einfuhranschlußverträge zwischen Importeuren und Erstabnehmern, Ausfuhr-Zulieferungsverträgen zwischen Exporteuren und ihren unmittelbaren Zulieferern oder Kaufverträge des „gebrochenen" Transithandels, sofern
die Ware von den Importeuren, den Exporteuren oder den Transithändlern unverändert weiterveräußert wird oder

bb) Passage- oder Frachtverträge im grenzüberschreitenden Verkehr."

Eine **Allgemeine Genehmigung**, die allerdings bereits hart an der Grenze zwischen
Allgemeinverfügungen und mangels Ermächtigung unzulässigen Verordnungen der
DBB liegt (dazu Vorbem D 315 zu §§ 244 ff), enthält die Mitt Nr 1009/61 der DBB betr
Eingehung von Verbindlichkeiten in fremder Währung v 24. 8. 1961 (BAnz Nr 167),
geändert durch die Mitt Nr 1001/90 v 5. 1. 1990 (BAnz Nr 3):

„1. Vom 1. September 1961 an findet § 3 Satz 1 des Währungsgesetzes (Nummer 2 c Satz 1 der Berliner Währungsverordnung) auf Rechtsgeschäfte zwischen Gebietsansässigen und Gebietsfremden keine Anwendung mehr (§ 49 Abs. 1 des Außenwirtschaftsgesetzes).

2. Es bleibt jedoch nach dieser Vorschrift die Eingehung von Geldschulden in fremder Währung zwischen Gebietsansässigen im Sinne des Außenwirtschaftsgesetzes genehmigungsbedürftig. Soweit hierfür schon bisher Allgemeine Genehmigungen erteilt waren, soll sich daran grundsätzlich nichts ändern; demgemäß wird hiermit erlaubt die Eingehung von Geldschulden in fremder Währung zwischen Gebietsansässigen

a) durch Führung von Fremdwährungskonten bei Kreditinstituten,

b) durch Aufnahme von Fremdwährungskrediten bei Kreditinstituten,

c) zum Erwerb von Edelmetallen (Gold, Silber, Platin), Gold- und Silbermünzen,

d) zum Erwerb von Fremdwährungsforderungen und von ausländischen oder auf fremde Währung lautenden inländischen Wertpapieren,

e) durch Transithandelsgeschäfte, an denen mehrere Transithändler beteiligt sind (gebrochener Transithandel),

f) durch Übernahme von Garantien und Bürgschaften im Auftrag von Gebietsfremden oder für Verbindlichkeiten in fremder Währung,

g) durch Abschluß von Lebensversicherungsverträgen (Kapital- und Rentenversicherungen) und Rückversicherungsverträgen dafür, ferner durch die Beleihung solcher Versicherungsverträge, sofern den Versicherungsunternehmen nur das Recht zusteht, den Anspruch aus der Beleihung bei Eintritt des Versicherungsfalles oder bei einem Versicherungsrückkauf zu verrechnen,

h) durch Abschluß von Versicherungsverträgen (einschließlich Rückversicherungsverträgen dafür) wegen Gefahren im Zusammenhang mit dem Außenwirtschaftsverkehr, dem grenzüberschreitenden Transport von Umzugsgut, Reisegepäck und Ausstellungsgütern und in fremden Wirtschaftsgebieten befindlichem Vermögen,

i) durch Begebung von auf fremde Währung lautenden Schuldverschreibungen.

3. Die Erlaubnis nach Nummer 2 umfaßt nicht die Eingehung von Geldschulden in fremder Währung zwischen Gebietsansässigen, wenn ihre Höhe durch den künftigen Kurs einer anderen als der Vertragswährung, durch den künftigen Goldpreis oder durch den künftigen Preis oder Wert von anderen Gütern oder Leistungen bestimmt werden soll. Dazu bedarf es – wie in allen anderen Fällen der Eingehung von Geldschulden in fremder Währung zwischen Gebietsansässigen, die nicht in Nummer 2 aufgeführt sind – einer besonderen, bei der zuständigen Landeszentralbank zu beantragenden Genehmigung nach § 3 Satz 1 des Währungsgesetzes (Nummer 2 c Satz 1 der Berliner Währungsverordnung)."

4. Eine Änderung dieser Mitteilung bleibt vorbehalten."

Für Verbindlichkeiten in Rechnungseinheiten der Europäischen Währungseinheit (bisher: ECU) oder in **Sonderziehungsrechten des Internationalen Währungsfonds** (SZR) enthält die Mitt Nr 1002/90 v 5. 1. 1990 (BAnz Nr 3) ähnliche Regelungen, ergänzt durch eine Ermessensbindung bei Einzelerlaubnissen:

„1. Entsprechend der Regelung für die Eingehung von Geldschulden in fremder Währung zwischen Gebietsansässigen (Mitteilung Nr 1009/61 – BAnz. Nr 167 vom 31. August 1961 – geändert durch Mitteilung Nr 1001/90 – BAnz. S. 54 –), wird hiermit gemäß § 3 des Währungsgesetzes (Nr 2 c der Währungsverordnung für Berlin) erlaubt die Eingehung von in der Europäischen Währungseinheit ECU oder in dem Sonderziehungsrecht des Internationalen Währungsfonds (SZR) ausgedrückten Verbindlichkeiten durch Gebietsansässige

a) durch Führung von ECU- und SZR-Konten bei Kreditinstituten,

b) durch Aufnahme ECU- und SZR-Krediten bei Kreditinstituten,

c) zum Erwerb von Edelmetallen (Gold, Silber, Platin), Gold- und Silbermünzen,

d) zum Erwerb von ECU- und SZR-Forderungen und von auf ECU oder SZR lautenden Wertpapieren,

e) durch Übernahme von Garantien und Bürgschaften im Auftrag von Gebietsfremden oder für in ECU oder SZR ausgedrückte Verbindlichkeiten,

f) durch Abschluß von Lebensversicherungsverträgen (Kapital- und Rentenversicherungen) und Rückversicherungsverträgen dafür, ferner durch die Beleihung solcher Versicherungsverträge, sofern den Versicherungsunternehmen nur das Recht zusteht, den Anspruch aus der Beleihung bei Eintritt des Versicherungsfalles oder bei einem Versicherungsrückkauf zu verrechnen,

g) durch Abschluß von Versicherungsverträgen (einschließlich Rückversicherungsverträgen dafür) wegen Gefahren im Zusammenhang mit dem Außenwirtschaftsverkehr, dem grenzüberschreitenden Transport von Umzugsgut, Reisegepäck und Ausstellungsgütern und in fremden Wirtschaftsgebieten befindlichen Vermögen,

h) durch Begebung von auf ECU und auf SZR lautenden Schuldverschreibungen,

Nummer 1 a der Grundsätze bei der Entscheidung über Genehmigungsanträge nach § 3 des Währungsgesetzes (Nr 2 c der Währungsverordnung für Berlin) – Mitteilung der Deutschen Bundesbank Nr 1015/78 (BAnz. Nr 109 vom 15. Juni 1978) – bleibt im übrigen unberührt.

2. Darüber hinaus kann bei

a) Verträgen des grenzüberschreitenden Waren- oder Dienstleistungsverkehrs,

b) Einfuhranschlußverträgen zwischen Importeuren und Erstabnehmern, Ausfuhr-Zulieferungsverträgen zwischen Exporteuren und ihren unmittelbaren Zulieferern oder Kaufverträgen des „gebrochenen" Transithandels, sofern die Ware von den Importeuren, den Exporteuren oder den Transithändlern unverändert weiterveräußert wird,

künftig im allgemeinen mit der Erteilung der Genehmigung gemäß § 3 des Währungsgesetzes (Nr 2 c der Währungsverordnung für Berlin) für die Eingehung von Verbindlichkeiten gerechnet werden, die in der Europäischen Währungseinheit ECU oder dem Sonderziehungsrecht des Internationalen Währungsfonds ausgedrückt sind."

b) **§ 3 S 2 WährG** unterwirft diejenigen Geldschulden der Genehmigung, deren **42** Betrag in Deutscher Mark durch den Kurs einer anderen Währung oder durch den Preis oder eine Menge von Feingold oder von anderen Gütern oder Leistungen bestimmt werden soll. Diese Bestimmung wirft im internationalen Rechtsverkehr scheinbar keine Probleme auf. Die *Wertsicherung genehmigungsfreier Fremdwährungsschulden* (Rn 41) fällt auch nicht unter § 3 S 2 WährG, denn Wertsicherungen für Forderungen, die nicht auf DM lauten, werden von § 3 S 2 WährG nicht erfaßt (ROTH, in: Fragen des Rechtes der Auf- und Abwertung [1979] 117). Der Gläubiger einer Fremdwährungsschuld kann deshalb nach dt Währungsrecht die Fremdwährungsschuld durch eine Wertsicherungsklausel sichern, ohne gegen § 3 S 2 WährG zu verstoßen (ROTH, in: Fragen des Rechtes der Auf- und Abwertung [1979] 117). Das muß sogar für die einfache Fremdwährungsschuld gelten, obgleich sie nach § 244 in DM beglichen werden kann (zur Kurssicherung vgl die Angaben bei Rn 59). Nicht unter § 3 S 2 WährG fällt auch der wertgesicherte Ankauf einer DM-Forderung, zB eines Wechsels, gegen ausländisches Geld unter Wertsicherung des Kaufpreises (OLG Frankfurt, IPRax 1985, 34 = RIW 1983, 954 = ZIP 1983, 1140 m Anm HOFFMANN/PAULI IPRax 1985, 13). Anderes gilt für die **Valutawertschuld**, denn sie ist eine wertgesicherte Heimwährungsschuld (Rn 5) und in Satz 2 ausdrücklich genannt. Die *Bedeutung des § 49 AWG für Valutawertschulden* ist nach dem Gesetzeswortlaut klar (keine Befreiung), bei systemgerechter Auslegung aber zweifelhaft, denn es ist nicht einzusehen, warum die Eingehung einer Fremdwährungsschuld mit Ersetzungsbefugnis statthaft, die

Eingehung einer Valutawertschuld dagegen unstatthaft sein soll (SEETZEN AWD 1969, 254, für Geldwertschulden 255). Die richtige Lösung verspricht eine *restriktive Auslegung des § 3 S 2 WährG im Lichte des § 49 AWG*: Auf Valutawertschulden (Rn 5) trifft § 3 S 2 WährG sinnvollerweise nur zu, wenn sie entweder unter Gebietsangehörigen vereinbart oder im Inland zu erfüllen sind (vgl SEETZEN AWD 1969, 254). Die *Praxis der Landeszentralbanken* folgt dieser Auffassung, soweit ersichtlich, nicht; da Genehmigungsanträgen problemlos stattgegeben wird, ist der *Vertragspraxis* anzuraten, vorsorglich Genehmigungen einzuholen. Auf **wertgesicherte Verbindlichkeiten Gebietsfremder** wird § 3 S 2 WährG nach wohl überwiegender Auffassung nicht angewandt (Vorbem D 205 zu §§ 244 ff). Da auch solche Geschäfte die von § 3 WährG geschützten Belange berühren können, ist diese Auffassung nicht unzweifelhaft. Zum internationalen Anwendungsbereich währungsrechtlicher Wertsicherungsverbote vgl eingehend WILFRIED BRAUN (91—140), der sich selbst für ein „negatives Auswirkungsprinzip" entscheidet (140): Geldwertklauselverbote seien im Ausland dann anzuwenden, wenn sie nach ihrem eigenen Geltungskreis angewendet werden wollen und wenn sich die konkrete Vertragsklausel auf die Wirtschaftsordnung des normgebenden Staates auswirken kann.

VI. Die rechtliche Behandlung der Fremdwährungsschuld

1. Anwendung des allgemeinen Rechts der Geldschuld

43 a)   Die **allgemeinen Grundsätze über die Geldschuld** sind auch auf die Fremdwährungsschuld anwendbar, soweit keine Sonderregeln eingreifen. Dies folgt aus der Rechtsnatur der Fremdwährungsschuld (Rn 11). Über die **Anwendbarkeit deutschen Rechts** entscheiden die Grundsätze des Internationalen Schuldrechts.

44 b)   Folgende **Geldschuldregeln des allgemeinen Schuldrechts** sind hervorzuheben: Die Fremdwährungsschuld unterliegt als Geldschuld nicht nur einer vertraglichen, sondern auch der gesetzlichen *Verzinsung*. Kraft Akzessorietät (§ 246 Rn 37 ff) sind Zinsen im Zweifel in derselben Währung zu zahlen wie die Kapitalschuld selbst. Der *Erfüllungsort* ergibt sich bei Anwendung deutschen Schuldrechts aus den §§ 269, 270 Abs 4. Der internationalen Vertragspraxis ist – nicht nur, aber auch im Hinblick auf § 244 – eine ausdrückliche Festlegung des Erfüllungsortes zu empfehlen (HENN MDR 1956, 586). Auch die Gefahrtragungsregel des § 270 Abs 1 (vgl Vorbem C 25 zu §§ 244 ff) findet Anwendung (BGH WM 1982, 291, 293). Befreiende *Unmöglichkeit der Leistung* (§ 275) ist ausgeschlossen (Rn 61). Beruft sich der Schuldner auf Unmöglichkeit, so hindert dies nicht die Verurteilung zur Zahlung in fremder Währung (vgl auch FÖGEN 126). Anders, wenn der Kläger den Antrag umstellt. *Schuldnerverzug* kann auch durch Mahnung in der falschen Währung eintreten (RGZ 109, 61, 63; NEUMEYER III/2 134). Anders, wenn der Gläubiger zu Unrecht auf Zahlung in dieser Währung besteht und gerade die geschuldete Währung zwischen Gläubiger und Schuldner str ist. *Gläubigerverzug* kann nur durch Angebot der geschuldeten Leistung herbeigeführt werden (§§ 293 f). Unter den Voraussetzungen des Abs 1 genügt es, wenn der Fremdwährungsschuldner Zahlung in DM anbietet.

45 c)   Die **Aufwertung von Fremdwährungsschulden wegen Währungsverfalls** wirft Rechtsprobleme auf (eingehend STAUDINGER/FIRSCHING[10/11] Vorbem 406 ff zu Art 12 EGBGB; WILFRIED BRAUN 207 ff, 217 ff; ERNST 11 ff). Im Hinblick auf die Rechtsprechung des

BGH zur Aufwertung (Vorbem D 133 ff zu §§ 244 ff) haben die hiermit verbundenen Streitfragen auch aktuelle Bedeutung. Die Aufwertungsrechtsprechung des RG (Vorbem D 96 ff zu §§ 244 ff) wurde nach der sog **schuldrechtlichen Theorie** auch auf von tiefgreifendem Währungsverfall betroffene Fremdwährungsschulden angewandt (RGZ 120, 70, 76; 141, 212, 218; 145, 51, 55; 147, 377, 380; RG SeuffA 85, 97, 100; JW 1932, 1048, 1049; 1933, 1657, 1658; F A MANN, Recht des Geldes 230 ff; ders, Legal Aspect 280 ff; WOLFGANG MAYER 58 f, 62; MELCHIOR 300; ders JW 1926, 2345; REICHEL JW 1930, 2209; ausführlich STAUDINGER/FIRSCHING[10/11] Vorbem 408 f zu Art 12 EGBGB; ERNST 13 ff). Soweit die Fremdwährungsschuld dem dt Schuldstatut untersteht, *unterliegt sie damit denselben Aufwertungsgrundsätzen wie eine Heimwährungsschuld* (dazu sowie zu dem bisweilen fehlgedeuteten Urteil RGZ 147, 286 vgl Vorbem D 109 zu §§ 244 ff). Auch der BGH hat sich der schuldrechtlichen Theorie angeschlossen (vgl BGHZ 43, 162, 168). Die schuldrechtliche Theorie verdient den Vorzug gegenüber der sog **Währungstheorie**. Diese sah die Aufwertung ungeachtet ihres schuldrechtlichen Ausgangspunkts (§ 242) als einen währungsrechtlichen Eingriff an und trug Bedenken gegen die Aufwertung von Fremdwährungsschulden nach deutschem Recht vor (in dieser Richtung RG JW 1926, 1323; WarnR 1925 Nr 105; ECKSTEIN, Geldschuld und Geldwert [1932] 120 f; NUSSBAUM, Das Geld 143 f; ders JW 1925, 1986, 1987; 1928, 327 und 1197; OBERMAIR LZ 1925, 1205, 1215; NEUMEYER JW 1928, 137; POMPLITZ JW 1928, 1199; SCHMALZ JW 1934, 513, 514; vgl auch ERNST 16 ff, 42 f). Die gegen die schuldrechtliche Theorie vorgetragenen Argumente vermögen nicht zu überzeugen. § 244 Abs 2 steht einer Aufwertung nicht entgegen, weil sich die Vorschrift mit dem Entwertungsproblem überhaupt nicht befaßt (RGZ 141, 212, 216; WOLFGANG MAYER 72). Die währungsrechtliche Deutung der Aufwertungsrechtsprechung ist in ihrem Grundgedanken angreifbar. Mit F A MANN (Recht des Geldes 238) ist festzuhalten, daß das Währungsrecht die Rechnungseinheit, das Schuldrecht dagegen die Veränderungen der Fremdwährungsschuld bestimmt. Die in der Aufwertung liegende Durchbrechung des nominalistischen Prinzips wirkt sich zwar reflexiv auf die Schuldwährung aus, bewirkt aber als schuldrechtliches Korrektiv nicht Veränderung der öffentlichrechtlichen Wertbestimmung des Geldes, sondern Befreiung der Verbindlichkeit aus dieser Wertbestimmung (ähnlich WOLFGANG MAYER 58 f). Über die Aufwertbarkeit einer Fremdwährungsforderung entscheidet das auf sie anwendbare Recht, und über das anwendbare Recht entscheidet das Schuldstatut (STAUDINGER/FIRSCHING[10/11] Vorbem 411 zu Art 12 EGBGB; WOLFGANG MAYER 62 f). *Ist deutsches Schuldrecht anzuwenden, so richtet sich auch die Aufwertung von Geldforderungen bei Währungsverfall nach den Grundsätzen des deutschen Schuldrechts* (dazu Vorbem D 90 ff zu §§ 244 ff). Ist *ausländisches Recht* anzuwenden, das eine Aufwertung ausnahmslos ausschließt, so will WOLFGANG MAYER (64) die Anwendung der ausländischen Sachnorm nach Art 30 EGBGB unterbinden (vgl auch REICHEL JW 1930, 2209; zweifelhaft; **aM** RGZ 119, 259, 264; OLG Kiel JW 1931, 156; MELCHIOR 307). RGZ 114, 171 hat einem ausländischen Urteil, das eine Forderungsaufwertung nach § 242 abgelehnt hatte, die Anerkennung nach § 328 ZPO versagt. Eine Aufwertung der Forderung nach § 242 wegen Währungsverfalls kommt aber nur unter den in Vorbem D 104 ff zu §§ 244 ff geschilderten strengen Voraussetzungen in Betracht, nicht schon bei jeder Entwertung (näher Vorbem D 109 zu §§ 244 ff). Fremdwährungsschulden unterlagen *nicht* der *Umstellung* nach dem UmstG (BGHZ 43, 162, 168; BGH NJW 1958, 1390; OLG Hamburg NJW 1954, 233; BGB-RGRK/ALFF[12] Rn 21).

2. Erfüllung und Aufrechnung

46 a) Die **Erfüllung der Fremdwährungsschuld** richtet sich grundsätzlich nach den für die Erfüllung von Geldschulden allgemein geltenden Regeln (Vorbem C 37 ff zu §§ 244 ff). Zur Erfüllung und Aufrechnung in DM vgl Rn 81 ff. Die technische Durchführung der Erfüllung in fremder Währung kann auf devisenrechtliche Schwierigkeiten stoßen. Vgl dazu Rn 65 f. Zur Frage der Anwendung deutschen Rechtes auf die Erfüllung vgl Art 32 Abs 1 Nr 2 EGBGB und dazu MünchKommBGB/MARTINY[2] Art 32 EGBGB Rn 15.

47 b) Hinsichtlich der **Aufrechnung** muß zwischen der vertraglichen und der einseitigen unterschieden werden. Ohne weiteres möglich ist ein **Aufrechnungsvertrag**, und da die Parteien eine Fremdwährungsforderung auch willkürlich in eine Heimwährungsforderung umwandeln können (Rn 67), können sie auch im Rahmen einer einseitigen Aufrechnungserklärung die Umrechnung in DM und damit die Gleichartigkeit unstreitig stellen (Rn 70; TEICHMANN WuB IV A § 244 1.94): Das Erfordernis der **Gleichartigkeit** ist **dispositiv**. Problematisch ist die **einseitige Aufrechnung zwischen Forderungen unterschiedlicher Währung**. Das Merkmal der *Gleichartigkeit* (§ 387) ist nach der bisher hM nicht schon dann gegeben, wenn beide einander gegenüberstehenden Forderungen Geldforderungen sind (vgl RGZ 106, 99, 100; BGHZ 8, 339, 343 = NJW 1953, 739; 23, 395, 400; BGH LM § 395 Nr 2; FÖGEN 126; NUSSBAUM, Das Geld 225; SMOSCHEWER JW 1921, 1447; GRUBER MDR 1992, 122; eingehende Nachw bei vHOFFMANN IPRax 1981, 156; aM OLG Düsseldorf Recht 1924 Nr 524; NEUMEYER III/2 139; BIRK AWD 1969, 15). Forderungen, die in verschiedenen Währungen zu begleichen sind, sind nach dem Geldschuldkonzept des BGB ungleichartig (OLG Frankfurt OLGZ 1967, 13, 16 f = NJW 1967, 501, 503; KG NJW 1988, 2181 = RIW 1989, 815; MünchKommBGB/vFELDMANN[3] § 387 Rn 16; NUSSBAUM, Das Geld 225; WOLFGANG MAYER 92; SMOSCHEWER JW 1921, 1447). Die geschuldete Währung bestimmt nach diesem Konzept den Leistungsgegenstand (vgl auch Rn 73 aE). Das hätte auch nach der Währungsreform von 1948 gelten müssen, soweit sich *umgestellte und nicht umgestellte RM-Forderungen* gegenüberstanden. BGHZ 2, 300 hat jedoch für diesen Ausnahmefall die alte, durch Umstellung einer der Forderungen an sich beseitigte RM-Aufrechnungslage als ausschlaggebend anerkannt (vgl zur Fortführung dieser Praxis BGHZ 8, 339 = NJW 1953, 739; 23, 395, 400; 35, 248, 253; eine allgemeine „Sphärentheorie" für die Aufrechnungslage läßt sich aus dieser Ausnahmesituation schwerlich herleiten; so aber DIETRICH AcP 170 [1970] 534, 542). Auf der anderen Seite wird mit Recht dazu aufgerufen, die Aufrechnungsproblematik nicht von einer rein *formalen Gleichartigkeit* der Forderungen abhängig zu machen, sondern auf eine *Interessenanalyse* abzustellen (grundlegend DROBNIG 259): Die Voraussetzungen der Aufrechnungslage sollen dafür sorgen, daß dem Aufrechnungsgegner durch die Aufrechnung kein Nachteil entsteht (vHOFFMANN IPRax 1981, 156). vHOFFMANN stellt deshalb im Anschluß an DROBNIG (aaO) entscheidend auf die Konvertibilität ab (zust MAIER-REIMER NJW 1985, 2051): Bestehe am Erfüllungsort volle Konvertibilität und lasse auch das Devisenrecht des Erfüllungsorts der Hauptforderung die Deviseneinfuhr zu, so bedeute es für den Aufrechnungsgegner keinen Unterschied, an welchem Ort und in welcher Währung er Zahlung erhalte. Nur wenn es an einer dieser Voraussetzungen fehle, sei die Aufrechnung mangels Gleichartigkeit unzulässig. Richtig scheint es, die Aufrechnungsbefugnis gegenüber der hM funktionell zu erweitern (KARSTEN SCHMIDT, in: FS Odersky [1996] 700), dabei jedoch zwischen effektiven und einfachen Fremdwährungsschulden zu unterscheiden (hM; krit MAIER-REIMER NJW 1985, 2051).

aa) **Bei der effektiven Fremdwährungsschuld** liegt Gleichartigkeit vor, wenn der Auf- **48**
rechnende seinerseits Zahlung in der betreffenden Fremdwährung schuldet (BGB-
RGRK/WEBER[12] § 387 Rn 35) oder wenn er seinerseits jedenfalls befugt ist, die Geldforderung des Aufrechnungsgegners in der betreffenden Währung zu tilgen (FÖGEN
126 f; MünchKommBGB/vFELDMANN[3] § 387 Rn 14; vgl auch STAUDINGER/GURSKY [1995] § 387
Rn 67). *Unzulässig ist die Aufrechnung eines DM-Gläubigers gegen eine effektive
Fremdwährungsschuld* (FÖGEN 127; BGB-RGRK/WEBER[12] § 387 Rn 35; REICHEL AcP 126
[1926] 322; Nachw aus der österreichischen Praxis bei STAUDINGER/WEBER[11] Rn 74). Für die hM
ist dies eine Selbstverständlichkeit. Aber auch dann, wenn man im Anschluß an die
bei Rn 47 dargestellte Auffassung die Aufrechnungsmöglichkeit erweitert, muß es
bei diesem Ergebnis bleiben, denn die Vereinbarung einer effektiven Fremdwährungsschuld enthält das Verbot einseitiger Aufrechnung des Fremdwährungsschuld-
ners mit einer Heimwährungs-Gegenforderung. Nur wenn der Fremdwährungsgläubiger dem zustimmt (vgl Rn 47), ist die Aufrechnung zulässig (vgl BGH WM 1993, 2011 =
WuB IV A § 244 BGB 1.94 m Anm TEICHMANN). Zweifelhaft ist, ob umgekehrt *der Gläubiger einer (effektiven) Fremdwährungsschuld* gegenüber einer DM-Forderung seines Schuldners aufrechnen kann (bejahend offenbar FÖGEN 127; im Ergebnis auch BIRK
AWD 1969, 15; verneinend die hM; zB LG Hamburg IPRax 1981, 174 und dazu vHOFFMANN IPRax
1981, 155; s bereits REICHEL AcP 126 [1926] 321 f). Da das Gleichartigkeitsproblem unleugbar ist (aM BIRK aaO), hängt die Entscheidung von der *Funktion des Gleichartigkeits-
erfordernisses* ab. Über diese entscheidet zunächst die *Funktion der Aufrechnung.*
Betrachtet man mit der traditionellen Auffassung die Aufrechnung nur als ein *Erfül-
lungssurrogat* und als Mittel zur Vermeidung umständlicher Hin- und Herzahlung (so
namentlich KG NJW 1988, 2181 = RIW 1989, 815; ebenso FÖGEN 126, der deshalb eine Aufrechnungslage leugnen müßte), so sprechen gewichtige Gründe für die hM, denn die
Erfüllung der gegenseitigen Forderungen ist in diesem Fall kein bloßes Hin und Her
derselben Zahlung. Der Blick auf die *Vollstreckungsfunktion der Aufrechnung* (BÖT-
TICHER, in: FS Schima [1969] 95; zust etwa MünchKommBGB/vFELDMANN[3] § 387 Rn 1; MAIER-
REIMER NJW 1985, 2051) verdeutlicht indes, daß der Fremdwährungsgläubiger gar nicht
eine Leistung erzwingt, die ihm nicht zusteht, sondern daß er durch privaten Zugriff
auf die Gegenforderung eine „Privatvollstreckung" wegen seiner Forderung
betreibt. Dies darf er nach § 387 tun, sofern nach dem Inhalt der gegenseitigen
Forderungen kein dem Aufrechnungsgegner unzumutbarer Nachteil entsteht (insofern übereinstimmend vHOFFMANN IPRax 1981, 156). Unter den aE von Rn 47 genannten
Voraussetzungen sollte deshalb die Aufrechnung zugelassen werden. Die Umrechnung erfolgt analog Abs 2.

bb) **Bei der einfachen Fremdwährungsschuld** stellt die **hM** auf § 244 ab: Der *Gläubi-* **49**
ger einer DM-Forderung kann gegen eine einfache Fremdwährungsschuld aufrech-
nen, wenn diese im Inland zu zahlen ist; das ergibt sich aus § 244 Abs 1 (RGZ 106, 99,
100; zust 167, 60, 62 f; OLG Hamburg HansGZ 1924 H Nr 114; KG NJW 1988, 2181 = RIW 1989,
815; ERMAN/WERNER[9] Rn 17; HENN MDR 1956, 585; GRUBER MDR 1992, 122; **aM** NEUMEYER III/2
138, weil Abs 1 nur die Zahlung betreffe; insoweit ähnlich BIRK AWD 1969, 15). Die Gleichartigkeit tritt mit dem Augenblick der Aufrechnungserklärung ein (vgl RGZ 167, 60, 63 m
zust Anm MEYER-COLLINGS ZAkDR 1942, 235; BGH WM 1993, 2011 = WuB IV A § 244 BGB
1.94 m Anm TEICHMANN; WOLFGANG MAYER 93; MünchKommBGB/vFELDMANN[3] § 387 Rn 16;
PALANDT/HEINRICHS[56] Rn 15; SMOSCHEWER JW 1921, 1447; dagegen eingehend REICHEL AcP 126
[1926] 325). Auf diesen Zeitpunkt kommt es für § 389 an (vgl auch zum Fall der Aufrechnung zwischen Geldwertschuld und Geldsummenschuld Vorbem C 59 zu §§ 244 ff). Noch besser

befriedigt im praktischen Ergebnis die Auffassung von BIRK (AWD 1969, 15), der überhaupt nicht auf § 244 abstellt und die Aufrechnung auch dann zuläßt, wenn die Fremdwährungsschuld im Ausland zu zahlen ist. Dagegen kann, wer DM schuldet und Zahlung in fremder Währung verlangen kann, nach hM nicht aufrechnen, weil es keine facultas alternativa des Fremdwährungsgläubigers gibt (vgl die Nachweise bei Rn 48; eingehend bereits REICHEL AcP 126 [1926] 323). RGZ 167, 60 m Anm MEYER-COL-LINGS ZAkDR 1942, 235 leitet die Aufrechnungsbefugnis für den Einzelfall im Wege ergänzender Vertragsauslegung aus dem Parteiwillen her. Richtig ist, daß der Fremdwährungsgläubiger vom Schuldner nicht Zahlung in DM verlangen kann. Auch hier − wie bei der effektiven Fremdwährungsschuld − sprechen aber die Überlegungen von Rn 48 dafür, die *Aufrechnung durch den Fremdwährungsgläubiger* zuzulassen. Vorauszusetzen ist aber freie Konvertibilität am Erfüllungsort (vgl Rn 47).

50 **cc)** **Umrechnungszeitpunkt im Fall der Aufrechnung** ist der *Zeitpunkt der Aufrechnungserklärung* (RGZ 106, 99, 100; 167, 60, 63; DÜRKES Rn C 239; BGB-RGRK/ALFF[12] Rn 15; ERMAN/WERNER[9] Rn 17; MünchKommBGB/vMAYDELL[3] Rn 49; PALANDT/HEINRICHS[56] Rn 15; HENN MDR 1956, 587; ders RIW 1957, 153; MAIER-REIMER NJW 1985, 2051; VORPEIL RIW 1993, 534; LG Stuttgart MDR 1951, 559, 560). Die Gegenauffassung von REICHEL (AcP 126 [1926] 313, 324 ff) stützt sich zu Unrecht auf § 389; es kommt auf den Zeitpunkt der Leistungsbewirkung, hier also der Aufrechnungsbewirkung, an. Nach hM entsteht überdies auch die Aufrechnungslage idR erst mit Ausübung der Ersetzungsbefugnis, dh mit der Aufrechnung (vgl DÜRKES aaO). Dieser Begründung bedarf es indes nicht. Die Maßgeblichkeit des Zeitpunkts der Aufrechnungserklärung folgt einfach daraus, daß § 389 den Umrechnungszeitpunkt gar nicht betrifft (KARSTEN SCHMIDT, in: FS Odersky [1996] 700 f).

3. Kreditsicherheiten

51 Kreditsicherheiten für Fremdwährungsschulden können, soweit deutsches Recht Anwendung findet (zur Anwendung deutschen Rechts auf Mobiliarsicherheiten vgl MünchKommBGB/KREUZER[2] Anh I nach Art 38 EGBGB Rn 82 ff; DROBNIG RabelsZ 38 [1974] 468, 478 ff; auf Bürgschaften vgl MünchKommBGB/MARTINY[2] Art 28 EGBGB Rn 220 ff; auf Bankgarantien NIELSEN, Bankgarantien bei Außenhandelsgeschäften [1986/87]), nach allgemeinen Regeln bestellt werden.

52 **a)** **Personalsicherheiten** sind ohne weiteres zulässig. Die *Bürgschaft* setzt überhaupt keine Geldschuld als Hauptschuld voraus (vgl etwa RGZ 140, 216, 218 f), also auch keine DM-Schuld. Kraft Akzessorietät (§ 767) begründet die Bürgschaft im Zweifel eine effektive Fremdwährungsschuld, wenn die Hauptverbindlichkeit eine effektive Fremdwährungsschuld ist, dagegen eine einfache Fremdwährungsschuld mit Ersatzbefugnis des Bürgen, wenn und solange die Hauptverbindlichkeit eine einfache Fremdwährungsschuld darstellt. Aber Auslegung wird auch ergeben können, daß die Verbindlichkeit des (inländischen!) Bürgen in jedem Fall einfache Fremdwährungsschuld sein soll. Beruht die Nichtleistung des Hauptschuldners auf einer Devisensperre, so kann sich nach dem Gedanken des § 768 auch der Bürge hierauf berufen (OGH Wien mitgeteilt bei GADOW DGWR 1936, 465; PALANDT/THOMAS[56] § 765 Rn 9; eingehend STAUDINGER/HORN[12] Vorbem 71 ff zu §§ 765−778; aM Denkschr Int Law Association mitgeteilt bei SIMON ZAkDR 1938, 651, 653).

b) Sicherungsgut bei der Sicherungsübereignung kann nach Maßgabe der Siche- **53** rungsabrede unter der Geltung deutschen Rechts für die Erfüllung effektiver wie einfacher Fremdwährungsschulden haften. **Pfandrechte an beweglichen Sachen** (§§ 1204 ff) können für jede Forderung bestellt werden, die Geldforderung ist oder in eine solche übergehen kann (arg § 1228 Abs 2 S 2). Darunter fallen auch alle Fremdwährungsschulden. Die Befriedigung aus dem Pfanderlös (§ 1247) erfolgt in beiden Fällen in DM (Umrechnung analog § 244 Abs 2).

c) Auch **Grundpfandrechte** (Hypotheken und Sicherungsgrundschulden) können **54** für Fremdwährungsschulden eingetragen werden (OLG Kiel SchlHAnz 1937, 173; LG Traunstein Rpfl 1988, 499 m Anm SIEVERS). Das gilt auch für die Zwangs-Sicherungshypothek nach § 867 Abs 2 ZPO (RGZ 106, 74, 79; BGH EWiR 1991, 517 m Anm HINTZEN = WM 1991, 723 = ZIP 1991, 468). Das BGB würde sogar die Grundbucheintragung in fremder Währung zulassen (STAUDINGER/WOLFSTEINER [1996] Einl 31 zu §§ 1113 ff; aM noch STAUDINGER/SCHERÜBL[12] § 1115 Rn 18). Aber nach **§ 28 S 2 HS 1 GBO** sind einzutragende Geldbeträge in „inländischer Währung" anzugeben, und das bedeutet: seit 21. 6. 1948 in DM (KG NJW 1954, 1686; KUNTZE/ERTL/HERRMANN/EICKMANN, GBO [4. Aufl 1991] § 28 Rn 18). Eintragung in Auslandswährung ist unzulässig (OLG Köln RIW 1977, 291; Verfassungsbeschwerde nicht angenommen; vgl RIW 1977, 778), soll aber de lege ferenda zugelassen werden (vgl STAUDINGER/WOLFSTEINER [1996] Einl 32 zu §§ 1113 ff). Einen *Vorbehalt für die künftige Euro-Währung* enthält der zweite Halbsatz des § 28 S 2 GBO (zur Einführung dieser Bestimmung vgl WENZEL WM 1994, 1271; zum Problem des ECU vgl Vorbem F 57). Zur Sonderregelung für *Schweizer Goldhypotheken* aufgrund der Vereinbarung v 23. 2. 1953 und des G v 15. 5. 1954 (BGBl II 538, 740) vgl BGH WM 1966, 324; PALANDT/BASSENGE[55] Vorbem 7 zu § 1113. *Unzulässig ist auch die Eintragung in RM* (LG Hamburg DNotZ 1950, 433, 434; str nur für den Fall der Grundbuchberichtigung, wenn ein RM-Recht zu Unrecht gelöscht wurde; Nachweise bei KUNTZE/ERTL/HERRMANN/EICKMANN, GBO [4. Aufl 1991] § 28 Rn 19). Die Eintragung des Grundpfandrechts in DM betrifft nur das dingliche Recht. Die Fremdwährungsschuld wird durch Eintragung eines Grundpfandrechts in inländischer Währung nicht in eine Heimwährungsschuld umgewandelt (RG WarnR 1923/24 Nr 2; NUSSBAUM, Das Geld 234). Gesichert ist die Fremdwährungsschuld, und die Eintragung des Grundpfandrechts in DM hat lediglich Bedeutung für die Höhe der dinglichen Grundstücksbelastung (RGZ 106, 74, 79; vgl auch RG ZAkDR 1942, 285 und dazu MICHAELIS ZAkDR 1942, 278; in gleicher Richtung RGZ 152, 213, 219). § 28 S 2 GBO ist bloße Ordnungsvorschrift (KG OLGE 1, 48, 49; NJW 1954, 1686; KUNTZE/ERTL/HERRMANN/EICKMANN, GBO [4. Aufl 1991] § 28 Rn 21). Nichtbeachtung der Bestimmung macht als solche die Eintragung nicht unrichtig. Verletzung des § 3 WährG (Rn 41 sowie Vorbem D 191 ff zu §§ 244 ff) könnte das Grundbuch unrichtig machen und einen Amtswiderspruch nach § 53 Abs 1 S 1 GBO begründen. Aber regelmäßig betrifft sie nur den schuldrechtlichen Anspruch (s aber für Grundschulden STAUDINGER/WOLFSTEINER [1996] Einl 31 zu §§ 1113 ff). Ist die Hypothek ordnungsgemäß eingetragen, der Schuldvertrag aber nach § 3 S 1 WährG schwebend unwirksam, so ist dies ein Anwendungsfall von § 1163 Abs 1 S 1. Anders, wenn eine *Sicherungsgrundschuld* bestellt ist. Von der Eintragung der Grundpfandrechte zu unterscheiden ist die **Ausreichung von Fremdwährungspfandbriefen durch Hypothekenbanken.** Sie betrifft nur das Refinanzierungsgeschäft und das Deckungsprinzip. Spätestens seit der Novelle des Hypothekenbankgesetzes von 1990 (BGBl I 2898) sind Fremdwährungspfandbriefe zulässig (BELLINGER WM 1991, 1908).

55 d) Schiffshypotheken in fremder Währung sind zulässig. Nach den §§ 8, 24 SchiffsRG genügt jede Geldforderung. Für die Eintragung heißt es in § 36 Schiffs-RegO: „In Eintragungsbewilligungen und Eintragungsanträgen sind einzutragende Geldbeträge in der im Geltungsbereich des Grundgesetzes geltenden Währung anzugeben, soweit nicht die Eintragung in anderer Währung gesetzlich zugelassen ist." Die *Zulässigkeit von Valuta-Schiffshypotheken* ergibt sich aus Art III Abs 1 G zur Änderung und Ergänzung des SchiffsbankG v 8. 5. 1963 (BGBl I 293): „Wird für eine Forderung, die in ausländischer Währung zu zahlen ist, eine Schiffshypothek in das Schiffsregister eingetragen, so kann der Geldbetrag der Forderung und etwaiger Nebenleistungen oder der Höchstbetrag, bis zu dem das Schiff haften soll, in ausländischer Währung angegeben werden. Dasselbe gilt für die Eintragung einer Schiffshypothek in das Schiffsbauregister." Das Erfordernis einer Genehmigung nach § 3 WährG (Vorbem D 315 zu §§ 244 ff) bleibt von dieser rein registerrechtlichen Bestimmung unberührt (vgl PRAUSE, Das Recht des Schiffskredits [3. Aufl 1979] § 36 SchiffsRegO Anm c). **Luftfahrzeuge** können nach § 87 LuftfzRG mit einem *Registerpfandrecht* in ausländischer Währung belastet werden. Auch hier bleibt § 3 WährG zu beachten. Für die Zwangsversteigerung wegen einer Schiffshypothek bzw eines Registerpfandrechts in Fremdwährung gelten die §§ 168 c, 171 e ZVG.

56 e) Ablösungsrechte nach den §§ 268, 1142, 1150, 1223 Abs 2, 1224, 1249 können stets auch in DM ausgeübt werden (auch bei der effektiven Fremdwährungsschuld), weil auch der Zugriff des Gläubigers auf die dingliche Haftung nur zur Befriedigung in DM führt.

4. Das Fremdwährungsrisiko*

57 a) Das **Fremdwährungsrisiko** ist ein *Zentralproblem der Fremdwährungsschuld*.

---

* **Schrifttum:** ALBERTS, Schadensersatz und Fremdwährungsrisiko, NJW 1989, 609; AL-BRECHT, Die Möglichkeiten der Wechselkurssicherung und ihre Eignung für Bank- und Nichtbankunternehmen (Diss rer pol Hamburg 1976); BACKES, Kurssicherungsgeschäfte (1977); BÄLTZER, Wertsicherungstechniken des Euro-Kapitalmarktes, in: HORN (Hrsg), Monetäre Probleme im internationalen Handel und Kapitalverkehr (1976) 143; WILFRIED BRAUN, Monetärrechtliche Probleme vertraglicher Geldwertsicherung im grenzüberschreitenden Wirtschaftsverkehr (Diss Würzburg 1979); DÜRKES, Wertsicherungsklauseln (10. Aufl 1992); EUBA, Der Einfluß von Geldwertrisiko und Wertsicherungsklauseln auf die Vermögensdispositionen (1973); GRAUPNER, Rechtliche Folgen der britischen Abwertung für den deutsch-britischen Wirtschaftsverkehr, AWD 1968, 99; HAHN, Geldwertsicherung und internationales Währungsrecht, in: Liber amicorum

A F Schnitzer (1979) 199; ders, Geldwertsicherung im Recht der internationalen Wirtschaft, in: FS Bärmann (1975) 195; HOFFMANN, Rechtsfragen der Währungsparität (1969); HOLTZMANN, Der Einfluß monetärer Risiken auf den internationalen Handel und Kapitalverkehr und die Möglichkeit rechtlicher Risikokontrollen, in: HORN (Hrsg), Monetäre Probleme im internationalen Handel und Kapitalverkehr (1976) 13; LEWIS-MOUNTFORD, Foreign Currency Obligations in English Law, ZHR 140 (1976) 120; MORAWITZ, Die Auswirkungen von Wechselkursänderungen auf die Zahlungsverpflichtungen im Rahmen der EWG, AWD 1973, 658; MOSER, Wechselkursrisiko. Theorie und Praxis der Kurssicherungstechniken (2. Aufl 1978); MOSHEIM, Währungsklauseln und Risiko von Währungsschwankungen, Betrieb 1951, 953; ROTH, Aufwertung und Abwertung im internationalen Privatrecht, in: Fragen des Rechtes der Auf- und Abwertung (1979)

Hier liegt der Grund dafür, daß die Fragen um § 244 die Praxis, von devisenrechtlich bedingten Ausnahmen abgesehen, nur in Zeiten währungsrechtlicher Unruhe bewegen. Zur *Geldwertschuld* (Schadensersatz) vgl zunächst Rn 28. Bei *Geldsummen-schulden* trägt im Grundsatz der Gläubiger das Fremdwährungsrisiko (RGZ 145, 51; RG JW 1926, 1323; 1938, 94; BGHZ 101, 296, 307; BGH WM 1965, 843, 845; OLG Hamburg OLGE 41, 100 = HansRZ 1921 Nr 49; 45, 120 = HansRZ 1924 Nr 109 = Recht 1924 Nr 1219; OLG Stuttgart SoergRspr 1933 Nr 2 zu § 244; OLG Kiel BankArch 33 [1933/34] 192 = SchlHAnz 1934, 73; OLG Köln VersR 1971, 1166; OLG Hamburg HansRGZ 1936 B Nr 98; VersR 1979, 833; LG Heidelberg RIW 1982, 285; LG Braunschweig WM 1985, 394; zur Abgrenzung vgl OLG Hamburg HansRZ 1921 Nr 3). Er trägt es bis zur Erfüllung (vgl zum Verspätungsrisiko Vorbem C 25 zu §§ 244 ff sowie OLG Hamburg OLGE 45, 120, 121 = HansRZ 1924 Nr 109 = Recht 1924 Nr 1219). Dieses Fremdwährungsrisiko umfaßt sowohl die Gefahr einer inneren Entwertung als auch die eines Kursverlustes der Zahlungswährung (zur Ausnahme bei Geldwert-schulden vgl Vorbem D 343 zu §§ 244 ff; RGZ 102, 60, 62 f; RG HansRZ 1921 Nr 133 = Recht 1921 Nr 1125 = WarnR 1921 Nr 70).

b) Im **Verzug des Schuldners** verschiebt sich das Fremdwährungsrisiko: Nach Vor- 58 bem D 345 ff zu §§ 244 ff kann der Gläubiger Ersatz seines Verzugsschadens sowohl dann verlangen, wenn dieser auf dem inneren Währungsverfall der Zahlungswährung beruht, als auch dann, wenn der Schaden auf einem Kursverfall beruht. Das ist auch speziell für den Fall des § 244 anerkannt (vgl nur RGZ 96, 262, 266; RG Recht 1920 Nr 1153; JW 1923, 924; WarnR 1922 Nr 80; 1923/24 Nr 38; BGH MDR 1976, 661 = RIW 1976, 229; OLG Hamburg OLGE 41, 100 = Recht 1921 Nr 1297 = HansGZ 1921 H Nr 24 = HansRZ 1921 Nr 48; OLG Frankfurt JW 1925, 1658, 1659; KG JW 1935, 2291; OLG Hamburg HansRGZ 1936 B Nr 98; LG Wiesbaden JW 1932, 3832; ALBERTS NJW 1989, 615; rechtsvergleichend BernerKomm/ ROLF H WEBER [1983] Art 84 OR Rn 360 ff). Solange noch die Rechtsprechung den Fällig-keitstag als Umrechnungszeitpunkt nach Abs 2 ansah, diente der Verzugsschadens-ersatz vor allem dazu, die Unrichtigkeit dieses Ergebnisses zu korrigieren und dem säumigen Schuldner einen Verzugsgewinn wieder zu nehmen (RGZ 96, 262, 266; RG Recht 1920 Nr 1153; OLG Hamburg HansGZ 1920 Nr 22 = Recht 1920 Nr 1150). Seit der Zah-lungstag als Umrechnungszeitpunkt anerkannt ist (Rn 86), braucht ein Kursverlust bei Zahlung in dt Währung nicht mehr ausgeglichen zu werden (STAUDINGER/LÖWISCH [1995] § 286 Rn 32). Anders, wenn in Fremdwährung gezahlt wird (dazu Vorbem D 345 ff zu §§ 244 ff). Anders auch, soweit ein Verzugsschaden nicht durch Kursverlust, son-dern durch Kaufkraftverlust eintritt (vgl Vorbem D 344 zu §§ 244 ff). In diesen Fällen ist der Verzugsschaden nach den bei Vorbem D 345 ff zu §§ 244 ff behandelten Grund-sätzen zu ersetzen. Auch hier gilt, daß ein Kaufkraftverlust oder ein Kursverlust nicht per se, sondern nur dann einen Schaden begründet, wenn er sich im Vermögen des Gläubigers niedergeschlagen hat (so jetzt auch SOERGEL/TEICHMANN[12] Rn 34). Das OLG Frankfurt (ZIP 1981, 1104) verlangt hierfür bei einer effektiven Fremdwährungs-forderung, daß diese bereits beglichen, der Schaden also endgültig feststellbar ist. Zur Beweislast und zur Beweisführung vgl BGH MDR 1976, 661 = RIW 1976, 229;

---

87 ff; ders, Währungsprobleme im internatio-nalen Seerecht, Schriften des Deutschen Vereins für internationales Seerecht A 42 (1980); SCHARRER/GEHRMANN/WETTER, Währungsrisi-ko und Währungsverhalten deutschen Unter-nehmer im Außenhandel (1978); WENTZ, Un-

ternehmerische Devisenkurssicherung (1979); WITTGEN, Währungsrisiko und Devisenkurssi-cherung (1975); ZEHETNER, Geldwertklauseln im grenzüberschreitenden Wirtschaftsverkehr (1976).

OLG München NJW 1979, 2480 = RIW 1979, 277; dagegen LG Braunschweig NJW 1985, 1169, 1170 = WM 1985, 395, 396; eingehend Vorbem D 348 zu §§ 244 ff). Gelegentlich ist der Entwertungsschaden ein nur scheinbarer. So, wenn der Kursverlust der Schadenswährung nur auf einem einseitigen Kursgewinn der Schädigungswährung beruht oder wenn sich der Geschädigte seinerseits aus einem währungsschwachen Land eindeckt (RG JW 1926, 1323; OLG Düsseldorf JW 1933, 857; WOLFGANG MAYER 30). Ein Kursgewinn des Gläubigers einer effektiven Fremdwährungsschuld bleibt durch den Verzugseintritt unberührt. Eine Vorteilsausgleichung bleibt grundsätzlich außer Betracht (anders wohl STAUDINGER/LÖWISCH [1995] § 286 Rn 34 aE). Sonderregeln, die F A MANN (Recht des Geldes 268) als vorbildlich einschätzt, enthalten für den Verzugsfall die Art 41 Abs 1 WG, 36 Abs 1 ScheckG (vgl Rn 101).

59 **b)**   **Wertsicherungsklauseln**, die das Risiko verlagern sollen, begegnen in unterschiedlicher Form (ZEHETNER 23 ff, 98 ff; ROTH, in: Fragen des Rechtes der Auf- und Abwertung [1979] 113 ff; WILFRIED BRAUN 42 ff; HAHN, in: FS Bärmann [1975] 395 ff). Die Fremdwährungsschuld kann zunächst wie eine Heimwährungs-Valutawertschuld (Rn 5) der Höhe nach an den Betrag oder Kurs einer Drittwährung oder an den Wechselkurs im Verhältnis zur Deutschen Mark geknüpft sein (DÜRKES Rn C 224 ff). Die Wertsicherung der Fremdwährungsschuld bedarf nach deutschem Währungsrecht einer Genehmigung (Vorbem D 218 zu §§ 244 ff; DÜRKES Rn C 225). Wie bei der Wahlschuld (Rn 9) kann das Fremdwährungsrisiko iS einer Meistbegünstigung der wahlberechtigten Partei verlagert werden. Zahlreiche andere Wertsicherungen sind gebräuchlich (ZEHETNER 100 ff), zB eine Klausel, die das Risiko durch einen Mittelwert auf beide Parteien verteilt. Die Vereinbarung einer Wertsicherungsklausel geschieht idR ausdrücklich. Sie darf den Parteien nicht ohne nähere Anhaltspunkte unterstellt werden (aM ZEILER JW 1935, 248). Nach RGZ 145, 51 kann dem Darlehensgeber, der zur Vermeidung von Währungsrisiken auf einer vermeintlich stabilen Fremdwährung bestanden hat, das Fremdwährungsrisiko auch nicht im Wege der ergänzenden Vertragsauslegung abgenommen werden. Zur Frage der Genehmigung nach § 3 WährG, insbes zur Frage der Wertsicherungsklausel bei genehmigungsfreien Fremdwährungsschulden vgl Rn 40 ff. Eine Sondersituation besteht in den internationalen Linienschiffahrtskonferenzen. Hier haben sich Währungsanpassungsfaktoren in Gestalt von Währungsaufschlägen und Währungsabschlägen herausgebildet: die currency adjustment factors (CAFs). Eingehend zu den Problemen dieser CAFs vgl ROTH, Währungsprobleme im int Seerecht 23 ff.

60 **c)**   Vom Fremdwährungsrisiko muß das **Repartierungsrisiko** unterschieden werden. Das Repartierungsrisiko ist von Bedeutung, wenn die Fremdwährungsschuld nach Abs 2 in Heimwährung beglichen wird. § 244 beruht auf der Annahme, daß der Gläubiger imstande ist, diese Zahlung in die geschuldete Fremdwährung umzutauschen. Daran kann es vor allem in Zeiten währungsrechtlicher Unruhe fehlen. Das Repartierungsrisiko, also die Gefahr, daß am Zahlungstag Devisen im Umrechnungsbetrag am Zahlungsort überhaupt nicht bzw nicht in ausreichendem Umfang zur Verfügung stehen, weil die zur Verfügung stehenden Devisen auf die Käufer nach dem Verhältnis ihrer Kaufanträge verteilt (repartiert) werden müssen, trägt grundsätzlich der Gläubiger (RGZ 111, 316; RG JW 1926, 249, 250; 1927, 177, 178; KG JW 1926, 1029; OLG Augsburg BayZ 1924, 294; OLG Kiel SchlHAnz 1924, 139; JW 1925, 278, 279 m zust Anm KLAUSING; aM KUNDLER JW 1924, 155, freilich unter Verwechslung von Valutawertschuld und Fremdwährungsschuld; vgl HAASE JW 1924, 664). Der Schuldner wird nach Abs 2 so gestellt, als tausche der Gläubiger die in inländischer Währung gezahlte Summe in die Fremdwährung um, gleichgültig, ob der Gläubiger dies in voller Höhe tut oder auch nur beabsichtigt. Durch die sog *Repartierungsklausel* kann das Repartierungsrisiko auf den Schuldner verlagert werden (RG JW 1926, 249 = Recht 1926 Nr 401; Recht 1926 Nr 229; KG JW 1924, 1177 m krit Anm ALSBERG; 1925, 274 m krit Anm KLAUSING JW 1925, 646; OLG Stuttgart SoergRspr 1925 Nr 5). Soweit die Repartierungsklausel und der in den 20er Jahren um sie geführte Streit nur die Valutawertschulden unter Inländern betraf, ist die Problematik durch § 3 S 1 und 2 WährG überholt.

VII. Umwandlung in eine Heimwährungsschuld und Ersetzungsbefugnis

1. Gesetzliche Umwandlung?

a) Jede Fremdwährungsschuld, die einfache wie die effektive, ist Geldschuld **61** (Rn 11). *Das Institut der befreienden* **Unmöglichkeit** *(§ 275) paßt grundsätzlich nicht auf die Geldschuld* (Vorbem C 30 zu §§ 244 ff; MünchKommBGB/vMAYDELL[3] Rn 45; NUSSBAUM DJZ 1923, 20; KARSTEN SCHMIDT ZZP 98 [1985] 41; anders im Ausgangspunkt wohl RGZ 145, 51, 53; 151, 35, 38; 153, 384, 387; WOLFGANG MAYER 96 f; F A MANN JZ 1965, 451 f). Jedenfalls wird die Unmöglichkeit nur als eine vorübergehende betrachtet (RGZ 151, 35, 38; BGH LM § 275 Nr 5 = BB 1954, 209; SOERGEL/WIEDEMANN[12] § 275 Rn 10; BGB-RGRK/ALFF[12] Rn 23; HOLBECK BankArch 35 [1935/36] 214, 215; WINDEN Betrieb 1953, 549). **Nach einer verbreiteten Auffassung wandelt sich die Fremdwährungsschuld im Fall der Unmöglichkeit in eine Heimwährungsschuld um** (RG HansGZ 1923 H 242, 244 Nr 135; OLG Kiel SchlHAnz 1934, 73 = BankArch 33 [1933/34] 192; RILK, Das Wechselgesetz [1933] Art 41 Anm II 3; QUASSOWSKI/ALBRECHT, ScheckG [1934] Art 36 Rn 3; WINDEN Betrieb 1953, 549). Dies, obwohl § 245 weder unmittelbar noch analog anwendbar ist (RGZ 151, 35, 37; ERMAN/WERNER[9] Rn 19). Ähnlich wird vertreten, die Ersetzungsbefugnis des § 244 verwandle sich im Unmöglichkeitsfall in eine Ersetzungspflicht (vgl RG WarnR 1935 Nr 32; LG Würzburg IzRspr 1949–53 Nr 261 = MDR 1951, 490, 491; BEITZKE NJW 1950, 928, 929; ders JR 1952, 419, 422; WINDEN Betrieb 1953, 548; eingehend STAUDINGER/WEBER[11] Vorbem 748 zu § 244). Diese zweite Auffassung kommt dem Sachproblem näher. Es geht in diesen Fällen regelmäßig um die *Zahlungswährung* und um die *Zahlungsmodalität,* dagegen nicht um eine regelrechte Umwandlung der Fremdwährungsschuld in eine Heimwährungsschuld. Die Fremdwährung bestimmt nach wie vor den Schuldinhalt. Liegt zB eine alternative Währungsklausel mit Wahlrecht des Gläubigers vor, so kann sich der Schuldner nicht wegen devisenrechtlicher Unmöglichkeit zum Nennwert in der verfallenen Heimwährung befreien (RG JW 1920, 373 m Anm NUSSBAUM; KG JW 1920, 57; vgl auch WILFRIED BRAUN 205 f).

b) **Differenzierte Lösungen** unter Einbeziehung von § 242, nicht starre Unmöglich- **62** keitsregeln müssen den Weg weisen. Mit der bloßen Feststellung, daß die Unmöglichkeit der Zahlung in Fremdwährung den Schuldner nicht befreit, sind die einschlägigen Fälle idR nicht gelöst. Es lassen sich im wesentlichen **drei** – miteinander freilich verflochtene – **Fallgruppen** herausarbeiten: *erstens* die Fälle, in denen die Verschaffung der Fremdwährung an den Gläubiger unmöglich oder überobligationsmäßig erschwert ist (Rn 63), *zweitens* die Fälle, in denen die Verschaffung dieser Währung an den Gläubiger dem Erfüllungszweck nicht mehr zu dienen vermag (Rn 64), *drittens* schließlich die Fälle, bei denen Transferprobleme zwar nicht die

Verschaffung der Fremdwährung an den Gläubiger, wohl aber die Zahlung in Fremdwährung durch den Schuldner erschweren (Rn 65).

63 aa) Der erste Fall (**Unmöglichkeit**) ist aus heutiger Sicht eher theoretisch. Es kommt kaum vor, daß die geschuldete Währung ersatzlos untergeht, denn regelmäßig wird durch rekurrenten Anschluß die Verbindung von der alten zu einer neuen Währung geschaffen (vgl Vorbem A 50 zu §§ 244 ff). Befindet sich der Gläubiger im Währungsland, so hält auch das Devisenrecht von Staaten mit Devisenbewirtschaftung dem Schuldner in aller Regel Wege offen, dem Gläubiger den Betrag in der geschuldeten Währung zu verschaffen. Devisenrechtliche Schwierigkeiten sowie wirtschaftliche Schwierigkeiten allgemeiner Art entbinden den Schuldner grundsätzlich nicht von der Pflicht, in der bedungenen Währung zu zahlen (RG WarnR 1923/24 Nr 62; vgl auch OLG Hamburg HansGZ 1922 H Nr 83; BGB-RGRK/ALFF[12] Rn 23 mwNw; NUSSBAUM DJZ 1923, 19 f). Nur im Einzelfall kann sich über § 244 hinaus aus § 242 ausnahmsweise die Verpflichtung des Gläubigers ergeben, Zahlung in Inlandswährung auf ein Sperrkonto oä an Erfüllungs Statt entgegenzunehmen (RGZ 151, 35, 37 ff; 153, 384, 386 ff; BGHZ 13, 324, 332; BGH LM § 275 Nr 5 = BB 1954, 209; vgl auch den Überblick bei BGB-RGRK/ALFF[12] Rn 23). Wird noch ein devisenrechtliches Genehmigungsverfahren betrieben, so führen Nichtleistung und Nichtannahme einer Heimwährungszahlung grundsätzlich noch nicht zum Schuldner- oder zum Gläubigerverzug (näher BGB-RGRK/ALFF[12] Rn 23 mwNw). Bei Undurchführbarkeit der geschuldeten Zahlung ist nach § 242 zu verfahren. Obligationsgerechte Zahlung unter geänderten Zahlungsmodalitäten kann dann bei billiger Berücksichtigung der beiderseitigen Interessen verlangt und angeboten werden (vgl nur RGZ 147, 17, 19 f; 151, 35, 37 ff; RG HansRZ 1923, 242, 244; SOERGEL/TEICHMANN[12] Rn 31 f). Aus § 242 kann sich eine *Pflicht zur Zahlung in Inlandswährung* für den Schuldner auch bereits dann ergeben, wenn die geschuldete Währung für den Gläubiger schwer verwertbar und für den Schuldner schwer zu beschaffen ist (BGH WM 1969, 26 betr ghanaische Cedi). Im Einzelfall geht es um *sachgerechte Anpassung der Fremdwährungsschuld.* Nicht immer führt diese zur Änderung der Zahlungswährung. Ist am Erfüllungsort die Leistung in der geschuldeten Währung nicht möglich, so kann aus § 242 auch die Verpflichtung folgen, diese Leistung an einem anderen Ort zu erbringen (RG JW 1924, 1357, 1358 m Anm HAASE).

64 bb) Eine **Verlagerung des Schuldverhältnisses** in seinem Schwerpunkt kann zu einer Änderung der Zahlungswährung – bei entsprechendem Geschäftswillen der Beteiligten sogar zu einer Änderung der Schuldwährung – führen, wenn an ihr beide Parteien beteiligt sind. Ein einseitiges Überwechseln des Schuldners – erst recht des Gläubigers – von einem Währungsgebiet in das andere ändert dagegen noch nicht die geschuldete Währung (vgl für das Verhältnis DDR/Bundesrepublik KG Rpfleger 1962, 172, 173 m Anm BREMER; LG Berlin Rpfleger 1967, 222, 223). Aber auch eine beiderseitige Schwerpunktverlagerung sollte nicht unbedenklich schon deshalb angenommen werden, weil etwa Gläubiger und Schuldner in ein anderes Währungsgebiet übergewechselt sind. Bedenklich verallgemeinernd will BGHZ 43, 162 = JZ 1965, 448 m Anm F A MANN eine 1935–1939 in Zloty begründete Forderung in DM neu bestimmen, weil die Parteien jede Beziehung zum Währungsland verloren haben und sich der Inhalt der Zloty-Forderung aufgrund zwischenzeitlicher Währungseingriffe grundlegend ändern müßte. F A MANN (aaO) weist mit Recht darauf hin, daß eine allgemeine Regel dieses Inhalts nicht existiert (vgl die in allen Instanzen erfolglose Klage im Fall RG WarnR 1930 Nr 43). Sie würde das gesetzliche oder vertraglich bedungene

Fremdwährungsrisiko beiseiteschieben. Die BGH-Entscheidung sollte deshalb nur in dem Sinne fortentwickelt werden, daß von Fall zu Fall eine Anpassung des Schuldverhältnisses an die neuen Gegebenheiten aufgrund § 242 gestattet ist (so wohl auch – dem BGH zustimmend – ROTH, in: Fragen des Rechtes der Auf- und Abwertung [1979] 101; BGB-RGRK/WENGLER[12] VI/2 870 f).

cc) Um bloße **Transferprobleme** handelt es sich, wenn dem Fremdwährungsgläubi- 65
ger zwar der Fremdwährungsbetrag verschafft werden kann, dies aber nur durch Zahlung in Heimwährung. Die Frage spielte vor allem bei Unterhaltsforderungen aus den vormals sozialistischen Ländern eine erhebliche Rolle (Rn 35). Unmöglichkeit der Fremdwährungszahlung liegt hier nicht vor. Schuldwährung und Zahlungswährung können dann auseinanderfallen. Das Problem besteht in Wahrheit in der Festlegung des Umrechnungskurses (Rn 35 und 88). Eine Umwandlung der Fremdwährungsschuld in eine Heimwährungsschuld tritt nicht ein.

c) Dem **Einfluß des Devisenrechts auf die Fremdwährungsschuld** sind völkerrecht- 66
liche, mindestens aber faktische Grenzen gesetzt. Vgl zu den Auswirkungen ausländischen Devisenrechts auf Schuldverhältnisse mit dt Schuldstatut zunächst Vorbem E 29 zu §§ 244 ff. Nach BGB-RGRK/WENGLER[12] VI/2 1296 f darf kein Staat unter Berufung auf seine Eigenschaft als Aussteller von Zahlungsmitteln den Umgang mit diesen Zahlungsmitteln durch Ausländer im Ausland regeln. Er kann zwar die Ausfuhr solcher Devisen in das Währungsausland oder ihre Rückverbringung in das Währungsinland verbieten, nicht aber die Begründung und Erfüllung von Geldschulden in seiner Währung im Ausland verhindern.

2. Gewillkürte Umwandlung

a) Jede Fremdwährungsschuld kann durch **schuldrechtliche Vereinbarung** in eine 67
Heimwährungsschuld umgewandelt werden. Sofern keine Geldschuld mit alternativer Währungsklausel vereinbart ist (Rn 9), besteht von Rechts wegen **kein Wahlrecht des Gläubigers** (BGH WM 1993, 2011 = WuB IV A § 244 BGB 1.94 m Anm TEICHMANN; OLG Koblenz NJW 1988, 3099; LG Braunschweig NJW 1985, 1169; MünchKommBGB/vMAYDELL[3] Rn 47; SOERGEL/TEICHMANN[12] Rn 31). Aber im **Konsens mit dem Schuldner** kann der Gläubiger die Forderung umwandeln (BGHZ 101, 296, 307; BGH WM 1993, 2011 = WuB IV A § 244 BGB 1.94). Wie bei der Begründung der Forderung (Rn 16) steht auch während ihres Bestehens die geschuldete Währung zur Disposition der Parteien, soweit nicht § 3 WährG (Rn 40 ff) oder ein gesetzliches Verbot entgegensteht. Stehen die Parteien in *laufender Rechnung*, so kann ein Saldoanerkenntnis in DM zur Umwandlung führen (vgl auch RGZ 101, 122, 125). Haben sich Kläger und Beklagter für den Fall, daß der geltend gemachte Anspruch besteht, *über die Zahlung in DM geeinigt*, so ist auch in DM zu zahlen und ggf auf Zahlung in DM zu verurteilen (vgl sinngemäß NUSSBAUM JW 1926, 360 zu RG ebd). Auch durch *Aufrechnungsvertrag*, evtl selbst durch widerspruchslose Hinnahme einseitiger Aufrechnung zwischen einer Fremdwährungsschuld und einer Heimwährungsschuld können die Forderungen gleichartig werden bzw kann den Beteiligten die Berufung auf Ungleichartigkeit versagt werden (Rn 46, 70). Es kann also durch *vorprozessuale oder prozessuale* Erklärungen die Klagforderung auf Inlandswährung fixiert werden (Rn 69). Die bei Rn 13 f, 23 ff kritisierte **Tendenz zur Heimwährungsklage und zum Heimwährungsurteil** findet damit ihre Rechtfertigung zwar nicht im objektiven Recht, wohl aber im Verhalten der Parteien im

Einzelfall. Für die *Prozeßpraxis* ist dieser Grundsatz schwer zu entbehren, denn er nimmt dem Gericht die oft schwierige Prüfung ab, ob eine Forderung zu Recht als DM-Forderung eingeklagt ist. Allerdings sollte den Parteien ein solcher Vertrag nicht unterstellt werden. Größere Bedeutung als der vertraglichen Umwandlung kommt deshalb dem Gedanken des venire contra factum proprium (§ 242) zu.

68 b) Das **Verbot widersprüchlichen Verhaltens** (Verbot des „venire contra factum proprium"; dazu STAUDINGER/JÜRGEN SCHMIDT [1995] § 242 Rn 622 ff; MünchKommBGB/ROTH³ § 242 Rn 322 ff) kann es den Beteiligten versagen, sich auf den Fremdwährungscharakter einer Forderung zu berufen, nachdem sie die Forderung einhellig als Heimwährungsschuld behandelt haben. Eine verbindliche Umwandlung durch Vertrag (Rn 67) ist in solchem Einverständnis nicht ohne weiteres zu erblicken. Die Rechtsfolgen des § 242 sind differenzierter und kommen der Einzelfallgerechtigkeit besser entgegen als diejenigen einer vertraglichen Umwandlung der Schuld. Nur wo dies billig scheint, nicht wo ein schutzwürdiges Interesse die Prüfung der „wahren Rechtslage" rechtfertigt, werden Gläubiger und Schuldner an ihrer Einschätzung der Schuldwährung festgehalten.

69 aa) Eine **Klage in dt Währung** macht aus der Fremdwährungsschuld noch keine Heimwährungsschuld (BGHZ 101, 296, 307; OLG Hamburg HansGZ 1923 H Nr 61). Wie schon in Rn 14 f angemerkt, kann aber *verbindliches Parteiverhalten* den in der Praxis über Gebühr verbreiteten Heimwährungsklagen doch zum Erfolg verhelfen (dazu Rn 105). MELCHIOR (290 f) leitet aus § 244 den Grundsatz ab, daß deutsche Gerichte zur Zahlung in Inlandswährung aus Fremdwährungsschulden verurteilen dürfen, wenn der Kläger dies beantragt und der Beklagte gegen die Maßgeblichkeit deutscher Währung keine Einwendungen erhebt (dagegen namentlich WOLFGANG MAYER 18; vgl auch OLG Hamburg HansGZ 1923 H Nr 10, 61). Grundlage kann aber nur § 242 sein. Namentlich bei der währungsmäßigen *Konkretisierung von Wertschulden*, darüberhinaus aber auch in sonstigen Fällen, *haben die Parteien zur Festlegung der oft zweifelhaften Schuldwährung beizutragen.* Ihr vorprozessuales oder prozessuales Verhalten kann für sie rechtsverbindlich in dem Sinne werden, daß sie sich daran festhalten lassen müssen, soweit nicht ein schutzwürdiges Interesse eine Ausnahme rechtfertigt. Wird etwa ein in Auslandswährung entstandener Schaden in Inlandswährung eingeklagt und erhebt der Schuldner hiergegen keine Einwendungen, so kann der Heimwährungsklage stattgegeben werden (BGHZ 101, 296, 307; BGH WM 1977, 478, 479; LG Hamburg RIW 1980, 64; KARSTEN SCHMIDT ZZP 98 [1985] 43; s auch BGHZ 14, 212, 217). Nach Auffassung des LG Hamburg muß sich der Kläger, wenn er die Fremdwährungsschuld in DM umgerechnet und eingeklagt hat, hieran definitiv festhalten lassen. Er kann dann auch im Fall einer Kursänderung nicht mehr geltend machen, daß eine Fremdwährungsschuld vorliegt, deren Umrechnungskurs sich bis zur Zahlung verändern kann (LG Hamburg MDR 1978, 930; RIW 1980, 64). Solange aber die Schuld nicht in eine Heimwährungsschuld umgewandelt, sondern nach Treu und Glauben nur wie eine solche zu behandeln ist, kann der Gläubiger nicht unter allen Umständen an seiner Entscheidung festgehalten werden. Ein unvorhersehbarer und unverhältnismäßiger Vorteil des Schuldners kann nicht mit § 242 gerechtfertigt werden. Im Fall eines dramatischen Verfalls der Heimwährung kann ihm der Rückgriff auf die geschuldete Fremdwährung nicht versagt werden (OLG Hamburg HansRZ 1920, 317, 320). Hierfür müssen die strengen Voraussetzungen einer Aufwertung (Rn 45 sowie Vorbem D 104 ff zu §§ 244 ff) nicht erfüllt sein.

bb) Auch **Aufrechnungserklärungen** können im vorbezeichneten Sinne verbindlich **70** sein. Die von den komplizierten Fragen um die Aufrechnungslage bei Fremdwährungsschulden (Rn 47 ff) drohende Schwebelage der Rechtsungewißheit läßt sich nur vermeiden, wenn jeder, der die Aufrechnung erklärt hat – beim Aufrechnungsvertrag sind dies beide Parteien – an seiner Einschätzung der Schuld festgehalten wird. Wenn beide Parteien – auch bei im übrigen fortbestehendem Streit – die Gleichartigkeit der gegenseitigen Geldforderungen als gegeben ansehen wollten, scheitert die Aufrechnung nicht mehr an fehlender Gleichartigkeit (vgl Rn 46; OLG Hamburg HansGZ 1923 H Nr 61; Teichmann WuB IV A § 244 BGB 1.94 zu BGH WM 1993, 2011). Eines Umwandlungsvertrags (Rn 67) bedarf es hierfür nicht.

cc) Die **Umwandlung einer Heimwährungsschuld in eine Fremdwährungsschuld** wird **71** von den dt Gerichten als *seltene Ausnahme* angesehen. So sehr man der Festlegung der Parteien auf die moneta fori grundsätzlich verbindliche Kraft beimißt, so wenig kehrt man diesen Grundsatz um, wenn die Parteien sich durch Klage und Klagerwiderung auf eine Fremdwährung festgelegt haben (charakteristisch RGZ 109, 61, 62). Theoretisch scheint dies widersinnig. Ein Verhalten, dem rechtsverbindliche Kraft beigemessen wird, wenn es zur Heimwährung hinführt, wird nur als unverbindliche Rechtsansicht angesehen, wenn es von der Heimwährung wegführt. Zuzugeben ist aber, daß der Festlegung auf Klage und Zahlung in DM bei der Rechtsverfolgung im Inland eine andere Verkehrsbedeutung zukommt als der Fremdwährungsklage. In schwierigen Abgrenzungsfällen – Auslandsschaden eines Inländers etc – sollte indes auch hier das *Verbot des venire contra factum proprium* in Betracht gezogen werden. Es ist deshalb nicht ausgeschlossen, daß Kläger und Beklagter im Einzelfall an ihrer Einschätzung festgehalten werden, wenn sie sich bei einer konkretisierungsbedürftigen Klagforderung auf eine Fremdwährungsklage festgelegt haben. Die *vertragliche Umwandlung* einer Heimwährungsschuld in eine Fremdwährungsschuld ist unter den bei Rn 67 genannten Voraussetzungen möglich und rechtsverbindlich, sofern keine gesetzlichen Hindernisse entgegenstellen (zB § 3 WährG; dazu Rn 40 ff).

3. Die Ersetzungsbefugnis nach § 244

a) **aa)** Eine **Ersetzungsbefugnis des Schuldners** (facultas alternativa) ordnet Abs 1 **72** an: Die Zahlung kann auch in Inlandswährung erfolgen. Die **Funktion** dieser Befugnis ergibt sich aus Rn 2. Geschuldet ist Zahlung in fremder Währung, nicht wahlweise Zahlung in inländischer oder fremder Währung; aber der Schuldner kann statt der geschuldeten Valutazahlung auch Zahlung in „Reichswährung", dh seit dem WährG in DM, leisten (RGZ 101, 312, 313; 126, 196, 215; OLG Hamburg Recht 1921 Nr 1296; KG NJW 1957, 104, 106; Enneccerus/Lehmann § 10 I; Kress, SchuldR I 266; Reichel, AcP 126 [1926] 313, 324; Schlegelberger/Hefermehl[5] Anh § 361 HGB Rn 27; Düringer/Hachenburg/ Breit[3] Anh § 361 HGB Anm 17). Historisch beruht die Substitutionsbefugnis des Schuldners auf der Überlegung, daß die Verschaffung von Auslandswährung prinzipiell schwierig ist (Nussbaum, Das Geld 209 f; s auch Fögen 123). Als Grundlage des § 244 ist aber heute weniger diese Überlegung als der institutionelle Primat der Inlandswährung anzusehen (Rn 2).

bb) Die **dogmatische Einordnung** als Ersetzungsbefugnis entspricht der **hM** (zB OLG **73** Köln NJW-RR 1992, 237 = WM 1992, 1364; Staudinger/vHoffmann[12] Art 38 EGBGB nF Rn 242; Nussbaum, Das Geld 210; Enneccerus/Lehmann § 10 I Fn 2; Larenz I § 12 IV; Windscheid/

Kipp II § 256 Anh 1; BGB-RGRK/Alff[12] Rn 14; Jauernig/Vollkommer[7] Anm 3 c; Münch-KommBGB/vMaydell[3] Rn 47; Soergel/Teichmann[12] Rn 31; Birk AWD 1973, 426; Maier-Reimer NJW 1985, 2050). Die Einordnung als Wahlschuld (so OLG Köln JW 1920, 910, 911 m Anm Nussbaum; Hirsch ZHR 85 [1921] 210, 219; vgl auch Neumeyer III/2 182 ff, 194 ff) hat sich mit Recht nicht durchgesetzt. Eine erwägenswerte Auffassung nimmt an, es handle sich nicht um eine facultas alternativa, sondern nur um eine Zahlungsmodalität (BGH NJW 1995, 1893; Planck/Siber[4] Anm 1; ähnlich Martin Wolff, in: EhrenbHandB IV/1 640; Wolfgang Mayer 79; Brodmann JW 1921, 441; Esser/Eike Schmidt I/1 § 13 II 2 d: „kein Surrogat, sondern exakte Erfüllung"; ähnlich Erman/Werner[9] Rn 17). Ein solches Verhältnis wird hier für die Zahlung in Bargeld oder in Buchgeld angenommen (Vorbem C 43 ff zu §§ 244 ff). Für § 244 gilt nicht dasselbe, denn die geschuldete Währung ist von bestimmender Bedeutung für den Inhalt der „geschuldeten Leistung" (§ 362 Abs 1). Der ungegenständliche Charakter der Geldschuld rechtfertigt es nicht, sie ganz von der Währung zu abstrahieren (Neumeyer III/2 133). Die Geldfunktionen (Vorbem A 10 ff zu §§ 244 ff) sorgen zwar dafür, daß Geldschulden verschiedener Währungen der Art nach gleichartig sind. Aber sie sind nicht auch dem Leistungsgegenstand nach identisch (vgl auch Rn 47).

74 **b)** **aa)** Voraussetzung der Ersetzungsbefugnis ist, daß eine **einfache Fremdwährungsschuld** vorliegt. Bei der effektiven Fremdwährungsschuld besteht die Ersetzungsbefugnis nicht. Der Gläubiger (Bank) kann aber aus Gründen des Einzelfalls nach § 242 verpflichtet sein, Zahlung in inländischer Währung entgegenzunehmen (BGH LM § 275 Nr 5 = BB 1954, 209; RGZ 153, 384, 386 ff).

75 **bb)** **Gesetzliche ebenso wie vertragliche Ansprüche** unterliegen der Ersetzungsbefugnis. In fremder Währung „ausgedrückt" sein kann eine Forderung auch dann, wenn sie auf dem Gesetz beruht. Die schon in Rn 22 und 25 kritisierte Gegenansicht (RGZ 109, 61, 62; Wolfgang Mayer 80 ff; Staudinger/vHoffmann[12] Art 38 EGBGB nF Rn 242 b) orientiert sich an dem auf Vertragsverhältnisse hindeutenden und auf Art 336 ADHGB zurückgehenden Wortlaut des Abs 1. Sie wird dem Sinn des § 244 (Rn 2) nicht gerecht und sieht sich auch zu Inkonsequenzen und Konzessionen gezwungen (vgl nur Wolfgang Mayer 84: analoge Anwendung im Fall des § 818 Abs 2).

76 **cc)** Nur die **im Inland zu zahlende Fremdwährungsschuld** unterliegt den Regeln des § 244 (RGZ 96, 270, 272; RG JW 1922, 1324; OLG Dresden JW 1918, 275; KG JW 1923, 189; vgl Urteil des Deutschen Seeschiedsgerichts VersR 1977, 447, 448). Mit „Inland" und „Ausland" meint § 244 *Währungsinland und Währungsausland*; die DDR war insofern als Ausland anzusehen (Rn 79). Maßgeblich ist der *Erfüllungsort* iS der §§ 269, 270 Abs 4 (RGZ 96, 262, 270; 106, 99; OLG Dresden JW 1918, 275; Deutsches Seeschiedsgericht VersR 1977, 447, 448; KG JW 1923, 189; Melchior 282; Wolfgang Mayer 87; Fögen 120; Erman/Werner[9] Rn 15; MünchKommBGB/vMaydell[3] Rn 46; Palandt/Heinrichs[56] Rn 14; AK-BGB/Brügge-meier Rn 6). Eine Unterscheidung zwischen dem Erfüllungsort und einem für § 244 maßgeblichen „wirklichen Zahlungsort" (Nussbaum, Das Geld 215) ist vom Gesetz nicht gewollt und auch in praktischer Hinsicht nicht gerechtfertigt (Wolfgang Mayer 84 ff). Der Erfüllungsort kann sich, dem Schuldstatut folgend, nach ausländischem Recht bestimmen (vgl zur Anwendung von § 244 auf ausländischem Recht unterliegende Schuldverhältnisse Rn 77). § 244 ist dann unanwendbar, wenn das ausländische Recht einen ausländischen Erfüllungsort bestimmt (AK-BGB/Brüggemeier Rn 6). Diese Schwierigkeit tritt indes idR nicht auf. Ist bei Vertragsschuldverhältnissen ein erklärter oder hypothetischer Parteiwille über das anwendbare Recht nicht zu ermitteln, so entscheidet hilfsweise der Erfüllungsort über das anwendbare Recht (RG JW 1922, 1324; BGHZ 57, 72, 75; BGH NJW 1960, 1720, 1721; str, aber hM). Liegt der Erfüllungsort in Deutschland und unterliegt das Schuldverhältnis deutschem Recht, so bestehen nicht die bei Rn 77 besprochenen Zweifel an der Anwendbarkeit des § 244. Ist eine Forderung am Wohnsitz des Gläubigers zu zahlen und tritt der ausländische Gläubiger die Forderung an einen Inländer ab, so kann die Fremdwährungsschuld nachträglich unter § 244 fallen (vgl OLG Hamburg NJW 1954, 233, 234 = DNotZ 1954, 497).

dd) Keine Voraussetzung der Ersetzungsbefugnis ist das deutsche Schuldstatut. Die **77** Frage ist außerordentlich umstritten (Meinungsüberblick bei BernerKomm/ROLF H WEBER [1983] Art 84 OR Rn 304 ff). **Für dieses Erfordernis** zB: OLG Frankfurt OLGZ 1967, 13, 17 = NJW 1967, 501, 503; BIRK, Schadensersatz 135; ders AWD 1973, 425, 434; WOLFGANG MAYER 102; KÜNG, Zahlung und Zahlungsort im IPR (1970) 100 ff; MünchKommBGB/vMAYDELL[3] Rn 47; SOERGEL/vHOFFMANN[12] Art 34 EGBGB Rn 113; STAUDINGER/WEBER[11] Rn 13; MAIER-REIMER NJW 1985, 2050 f. **Gegen das Erfordernis**: LG Braunschweig WM 1985, 394, 395; STAUDINGER/FIRSCHING[10/11] Vorbem 393 zu Art 12 EGBGB; NUSSBAUM, Das Geld 216; MELCHIOR 285 ff; MARTIN WOLFF, in: EhrenbHandB IV/1 641; ders, Das IPR Deutschlands (3. Aufl 1954) § 30 I 2; RAAPE, Internationales Privatrecht (5. Aufl 1961) 531 f; SOERGEL/KEGEL[11] Vorbem 833 f zu Art 7 EGBGB; SOERGEL/TEICHMANN[12] Rn 31; PLANCK/SIBER[4] Anm 6; AK-BGB/BRÜGGEMEIER Rn 6; SCHLEGELBERGER/HEFERMEHL[5] Anh § 361 HGB Rn 28; ERMAN/WERNER[9] Rn 15; MünchKommBGB/MARTINY[2] Anh I zu Art 34 EGBGB Rn 22. *Diese Auffassung verdient den Vorzug.* Die rechtstechnische **Begründung** wird darin gesucht, daß § 244 insoweit als einseitige Kollisionsnorm funktioniert (STAUDINGER/FIRSCHING[10/11] Vorbem 393 zu Art 12 EGBGB; RAAPE/STURM, Internationales Privatrecht [6. Aufl 1977] 47, 95; ERMAN/WERNER[9] Rn 15; MARTIN WOLFF, Das IPR Deutschlands [3. Aufl 1954] § 30 I 2; MünchKommBGB/MARTINY[2] Anh I nach Art 34 EGBGB Rn 22; AK-BGB/BRÜGGEMEIER Rn 6; s auch KÜNG, Zahlung und Zahlungsort im IPR [1970] 100; RAAPE, Internationales Privatrecht [5. Aufl 1961] 531), teils auch darin, daß § 244 materiellrechtlicher Satz des deutschen materiellen Schuldrechts oder des deutschen internationalen Geldschuldrechts ist (Überblick bei SOERGEL/KEGEL[11] Vorbem 893 ff zu Art 7 EGBGB). Beide Deutungen zielen auf die Dogmatik des § 244, nicht aber auf das Sachproblem. Auch ist die Einordnung des § 244 als Kollisionsnorm zu bestreiten: Es handelt sich um eine Sachnorm (SOERGEL/vHOFFMANN[12] Art 34 EGBGB Rn 113). Trotzdem ist das deutsche Schuldstatut nicht Voraussetzung der Anwendung des § 244. Es handelt sich um eine für die Erfüllung von Geldschulden geltende Sonderbestimmung, nicht um eine Regelung über deutschem Recht unterliegende Geldschulden. Der Gesetzgeber wollte „dieses für den Verkehr äußerst wichtige Prinzip" (Mot in: MUGDAN II 7) auf jede im Inland zu zahlende, in ausländischer Währung angegebene Geldschuld angewandt wissen, so daß diese stets in nationaler Währung beglichen werden kann (Begründung aus der Entstehungsgeschichte bei MELCHIOR 286). Die *materielle Rechtfertigung* wird man in der doppelten Privilegierungsfunktion des § 244 zu erblicken haben (AK-BGB/BRÜGGEMEIER Rn 6; ERMAN/WERNER[9] Rn 15; RAAPE, Internationales Privatrecht [5. Aufl 1961] 494): im Schutz des inländischen Schuldners und im Primat der inländischen Währung (Rn 2). Die Motive geben zu erkennen, daß jede im Inland zahlbare Geldschuld erfaßt sein soll (Mot in: MUGDAN II 7). Im praktischen Ergebnis bedeutet dies, *daß es keinen Unterschied macht, ob über die Forderung ein inländi-*

scher oder ausländischer Titel vorliegt und ob diesem die Anwendung inländischen oder ausländischen Schuldrechts zugrundeliegt.

78 ee) Da der Erfüllungsort den Ausschlag gibt, ist die **Nationalität** des Gläubigers und des Schuldners **ohne Belang**, sofern sie nicht Einfluß auf den Erfüllungsort hat. Auch Ausländer können sich auf § 244 berufen, und zwar, sofern nur der Erfüllungsort (§§ 269, 270 Abs 4) hiervon unberührt bleibt, selbst bei ausländischem Wohnsitz oder ausländischer Niederlassung. Unwesentlich ist es auch, ob ein ausländischer Schuldner nachträglich die deutsche Staatsangehörigkeit erworben hat (RG JW 1920, 42).

79 ff) Die **Anwendung von § 244 auf das Verhältnis zwischen DM und Mark der DDR** war im Grundsatz zu bejahen (Rn 4). Die DDR war – unabhängig von ihrer staatsrechtlichen Beurteilung – Währungsausland (eingehende Nachweise noch in der Voraufl). Bei *Altverbindlichkeiten aus der Zeit vor der Währungsspaltung* kam es auf die Verhältnisse an, denen das Schuldverhältnis am Stichtag des 20. 6. 1948 unterlag (BGHZ 29, 320, 324). Im Regelfall ließ die hM den Wohnsitz (die Niederlassung) des Schuldners im Zeitpunkt der Währungsspaltung entscheiden (BGHZ 1, 109, 113; 5, 302, 311; 9, 151, 152; 14, 212, 216; BGH BB 1952, 237 = NJW 1952, 871 [LS]; LG Passau MDR 1952, 169; eingehende Nachweise bei STAUDINGER/WEBER[11] Vorbem 560 ff zu § 244). Die Hauptprobleme des § 244 bei Verbindlichkeiten in Mark der DDR waren devisenrechtlichen Ursprungs (Rn 35, 88). Zur Behandlung von Altkrediten in den neuen Bundesländern vgl BULTMANN Betrieb 1993, 669 ff; SCHOLZ BB 1993, 1953 ff.

80 gg) Durch § 102 des **Gesetzes zur Ausführung des Abkommens v 27. 2. 1953 über deutsche Auslandsschulden** v 24. 8. 1953 (BGBl I 1003) aufgehoben ist die früher in **§ 15 Abs 5 UmstG** enthaltene Ausnahme von § 244. Nach dieser Vorschrift konnte eine in ausländischer Währung eingegangene Altverbindlichkeit gegenüber einem Angehörigen der Vereinten Nationen nur mit Zustimmung des Gläubigers in DM erfüllt werden (dazu STAUDINGER/KARSTEN SCHMIDT[12]).

81 c) aa) Die **Ausübung der Ersetzungsbefugnis** erfolgt nicht durch schlichte Erklärung, sondern durch Leistung oder durch ein den §§ 294, 295 entsprechendes **Leistungsangebot** (so wohl auch KRESS, SchuldR I 268). Zur Ausübung der Ersetzungsbefugnis durch **Aufrechnung** vgl Rn 49. Über Prozeß und Vollstreckung vgl Rn 110, 115.

82 bb) Die Ausübung der Ersetzungsbefugnis steht *grundsätzlich* in der **freien Entscheidung** des Schuldners (extrem weit DÜRINGER/HACHENBURG/BREIT[3] Anh § 361 HGB Anm 17). Der Schuldner darf zu eigenem Vorteil handeln. Er muß namentlich im Fall der Verschlechterung einer der Währungen nicht die für ihn ungünstigere wählen, denn mit der Ersetzungsbefugnis verbindet sich die Entwertungsgefahr für den Gläubiger (RG Recht 1925 Nr 2194; BGH WM 1965, 843, 845; SCHLEGELBERGER/HEFERMEHL[5] Anh § 361 HGB Rn 29). Aber der Schuldner ist bei der Ausübung seines Rechts an § 242 gebunden (vgl OLG Hamburg HansRGZ 1935 B 587, 588; aM DÜRINGER/HACHENBURG/BREIT[3] Anh § 361 HGB Anm 17). Ausnahmsweise kann der Schuldner sogar zur Zahlung in DM verpflichtet sein. So, wenn Devisenbestimmungen der Leistung in der geschuldeten Fremdwährung entgegenstehen (vgl Rn 61 ff). Die *Ersetzungsbefugnis ist teilbar.* Der Schuldner darf bis zur Grenze der §§ 242, 226 von seiner Ersetzungsbefugnis teilweise Gebrauch machen (aA DÜRINGER/HACHENBURG/BREIT[3] Anh § 361 HGB Anm 17). Das gilt namentlich bei einzelnen Raten. Auch muß der Schuldner Kapital und Zins nicht in gleicher Währung zahlen. All dies beruht darauf, daß keine Vertragsänderung vorliegt (Rn 83).

d) Rechtsfolge der Ersetzungsbefugnis: Die Ausübung der Ersetzungsbefugnis **83** **gestaltet das Schuldverhältnis nicht um.** *Sie macht aus der Fremdwährungsschuld keine Heimwährungsschuld* (RG JW 1924, 1537; BGH NJW 1958, 1390, 1391; OLG Hamburg NJW 1954, 233). *Aber Zahlung bzw Aufrechnung in DM befreit den Schuldner* (Rn 49, 73). *Die Kernfrage dieser Befreiung besteht im Umrechnungsbetrag.*

aa) Maßgebend ist der **Kurswert,** dh das Wertverhältnis, nach dem das ausländi- **84** sche Geld im inländischen Verkehr gegen DM eingetauscht wird (RGZ 101, 312, 313; 106, 74, 79). Es kommt hierbei auf den *Briefkurs* an, denn der Gläubiger soll instand gesetzt werden, sich den primär geschuldeten ausländischen Betrag zu verschaffen (RGZ 101, 312, 315; OLG Hamburg SeuffA 73 Nr 216; OLG Karlsruhe OLGZ 1978, 338, 341 = Betrieb 1978, 2017; LG Stuttgart MDR 1951, 559, 560; MünchKommBGB/vMAYDELL[3] Rn 48; aM wohl MARTIN WOLFF, in: EhrenbHandB IV/1 641). Grundsätzlich entscheidet die *amtliche Börsennotiz* (RAG SeuffA 89 Nr 154). Existiert eine solche nicht, so greift die hM auf den „Wechselstubenkurs" zurück, dh auf den Kurs, zu dem die ausländischen Geldzeichen im Inland gehandelt werden (OLG Hamburg HansGZ 1917 B Nr 56; kritisch FÖGEN 127; vgl OLG Hamburg HansGZ 1923 H Nr 106). Dieser „Wechselstubenkurs" kann vor allem durch Devisenbeschränkungen beträchtlich verzerrt sein, so daß unbefriedigende Ergebnisse, die dem Normzweck des § 244 zuwiderlaufen, nicht auszuschließen sind (eingehend FÖGEN 127). Theoretisch befriedigender, aber in der praktischen Durchführung fragwürdig, ist eine Umrechnung nach dem Kaufkraftverhältnis beider Währungen (FÖGEN 127 f), zB anhand des Goldpreises (LG München I JZ 1985, 141; LG Frankfurt VersR 1986, 1021). Jedenfalls ist ein dem wirtschaftlichen Werteverhältnis entsprechendes Ergebnis anzustreben, so daß der „Wechselstubenkurs", wo er diesem Verhältnis nicht entspricht, im Einzelfall korrigiert werden sollte. Die Korrektur kann sich etwa aus dem Kursverhältnis beider Währungen zu einer dritten ergeben (vgl auch hierzu FÖGEN 127; s auch RGZ 110, 295, 296; zu der Frage des Verfalls beider Vergleichswährungen vgl Rn 87). Über das *Verhältnis zur DDR* vgl noch Rn 88. *Die Parteien* können den Umrechnungskurs auch einvernehmlich bestimmen (vgl RG LZ 1907, 221, 222; OLG Hamburg HansRZ 1921, 37; LG Offenburg MDR 1953, 482; F A MANN, Recht des Geldes 262; SCHLEGELBERGER/HEFERMEHL[5] Anh § 361 HGB Rn 29). Ob eine Kursangabe im Vertrag den Umrechnungskurs verbindlich festlegen soll, ist Auslegungsfrage (LG Offenburg MDR 1953, 482). Die Klausel „payable at current exchange" erklärt den Wechselkurs für maßgebend (LG Oldenburg ZHR 38 [1891] 195; MARTIN WOLFF, in: EhrenbHandB IV/1 641 Fn 21).

bb) Der **Kurswert am Zahlungsort** gibt den Ausschlag. Zahlungsort ist der Ort, an **85** dem tatsächlich gezahlt wird (RGZ 101, 312, 316; OLG Hamburg Recht 1921 Nr 1301; OLG Hamburg OLGE 45, 120, 121; OLG Köln NJW-RR 1992, 237, 239 = VersR 1992, 708 = WM 1992, 1364; MELCHIOR 289; MünchKommBGB/vMAYDELL[3] Rn 48; PALANDT/HEINRICHS[56] Rn 15; vCAEMMERER, in: FS F A Mann [1977] 7). Im Gegensatz zur Frage der Zahlung im Inland (Rn 76) kommt es nicht notwendig auf den *Erfüllungsort* an, sondern auf den *Ort der tatsächlichen Leistungsbewirkung* (**Erfolgsort**), denn der Gläubiger soll in der Lage sein, die erhaltene inländische Währung an Ort und Stelle in den Valutabetrag einzutauschen (RGZ 101, 312, 316; KÜNG 102; BGB-RGRK/ALFF[12] Rn 20; MünchKommBGB/vMAYDELL[3] Rn 48; SOERGEL/TEICHMANN[12] Rn 32; aM ERMAN/WERNER[12] Rn 16; BIRK AWD 1973, 430, 437). Zahlungsort ist regelmäßig der Wohnsitz, der dauernde Aufenthalt oder die Niederlassung des Gläubigers, evtl auch die von ihm angegebene Zahlstelle (vgl MünchKommBGB/vMAYDELL[3] Rn 49).

86 cc) **Maßgebender Umrechnungszeitpunkt** ist nach hM der Zeitpunkt der Zahlung, nicht der Zeitpunkt der Fälligkeit (RGZ 101, 312 ff [vereinigte Zivilsenate]; zuvor schon RGZ 98, 160, 161; seither std Rspr; RGZ 106, 74, 79; 111, 316, 318 f; 112, 61, 62; 149, 1, 4; 167, 60, 63; RG Recht 1920 Nr 1152; LZ 1924, 544; JW 1924, 1593; Recht 1924 Nr 967; BGH NJW 1958, 1390, 1391; BayObLG BayZ 1922, 263; OLG Hamburg Recht 1921 Nr 1301, 1835; SeuffA 73 Nr 216; OLG Köln AWD 1971, 485 = MDR 1971, 925 = VersR 1971, 1166; NJW-RR 1992, 237, 239 = VersR 1992, 708 = WM 1992, 1364; OLG Karlsruhe OLGZ 1978, 338, 341; LG Stuttgart MDR 1951, 559, 560; LG Offenburg MDR 1953, 482; NUSSBAUM, Das Geld 246; ENNECCERUS/LEHMANN § 11 II 2; LARENZ I § 12 IV; PLANCK/SIBER[4] Anm 2; MünchKommBGB/vMAYDELL[3] Rn 49; SOERGEL/TEICHMANN[12] Rn 32; SOERGEL/vHOFFMANN[12] Art 34 EGBGB Rn 114; STAUDINGER/vHOFFMANN[12] Art 38 EGBGB nF Rn 2443; BRODMANN JW 1921, 441; aM noch RGZ 96, 121, 123; 96, 262, 264; OLG Hamburg HansGZ 1917 B Nr 56; Recht 1920 Nr 1151; OLGE 45, 120, 121; OLG Dresden Sächs-Arch 1918, 113; differenzierend NUSSBAUM JW 1920, 13; Nachweise zur ausländischen Praxis bei STAUDINGER/WEBER[11] Rn 73; ganz anders REICHEL SchwJZ 1920/21, 213; ders HansRZ 1920, 733; ders AcP 126 [1926] 324: der für den Gläubiger günstigste Zeitpunkt zwischen Fälligkeit und Zahlung). Über den Fall der *Aufrechnung* vgl Rn 50. Existiert am Stichtag keine Börsennotierung, so entscheidet der letztnotierte Kurs (OLG Hamburg HansGZ 1923 H Nr 106). Bei der Zahlung nach Verzugseintritt wird ein Verzugsschaden ausgeglichen (Rn 59). Ein anderer Zeitpunkt als der gesetzliche kann vereinbart werden (STAUDINGER/WEBER[11] Rn 73; HENN RIW 1957, 155; zur Abgrenzung RG Recht 1922 Nr 22 = WarnR 1922 Nr 4, 5). Für die *Einbringung von Fremdwährungsforderungen als Sacheinlagen in Kapitalgesellschaften* oder für die Aufbringung von Bareinlagen im Aufrechnungswege bedeutet der uU schwankende DM-Wert, daß der Registerrichter die Vollwertigkeit der Forderung auf den Stichtag zu prüfen hat (näher STROBER DNotZ 1975, 17 ff).

87 dd) Die Umrechnung nach § 244 BGB bzw § 661 HGB, Art 41 WG, 36 ScheckG hat **keine Aufwertungswirkung**. Sie betrifft nur das Verhältnis der Fremdwährung zur Heimwährung. Deshalb deckt sie nicht den Fall einer *Entwertung beider Währungen* im Verhältnis zu einer stabilen Vergleichswährung. Seit RGZ 108, 337, 339; 110, 295, 296 wird hier uU die stabile Drittwährung zur Umrechnungsgrundlage gemacht (zust zB QUASSOWSKI/ALBRECHT, WG [1934] Art 41 Rn 5). Das RG hat dies als dem Sinn der Umrechnung entsprechend ausgegeben. Dem ist nicht zuzustimmen. Es liegt eine Aufwertungsfrage vor, die nach Maßgabe von Rn 45 zu beantworten ist. Von der gesetzlich vorgeschriebenen schematischen Umrechnung muß dieses Problem streng getrennt werden.

88 ee) **Fremdwährungsforderungen in Mark der DDR** warfen Sonderprobleme auf, die auf dem Zwangskurs der Mark der DDR und auf der devisenrechtlichen Handhabung des Transfers beruht (vgl bereits Rn 35 f zu den Unterhaltsansprüchen). Zur grundsätzlichen Anwendbarkeit des § 244 auf Forderungen in Mark der DDR vgl zunächst Rn 4, 79. Bei *sozialistischen Staaten mit ähnlichen Devisenregelungen* traten sinngemäß dieselben Probleme auf. Im wesentlichen ging es um die Maßgeblichkeit der regulierten Umrechungskurse (eingehend noch in der 12. Aufl). Für die unter die **Transferabkommen von 1974** fallenden Unterhalts- und Schadensersatzverbindlichkeiten galt das Verhältnis 1:1 (vgl Rn 36; LG Berlin Rpfleger 1976, 144; THOMAS/PUTZO, ZPO [19. Aufl 1995] Anh § 723 Rn 15 f; NEUMANN Rpfleger 1976, 119; VULTEIUS DGVZ 1991, 72). Für Schadensersatzpflichten hatte bereits BGHZ 14, 212, 219 f die Umrechnung zum Wechselstubenkurs abgelehnt, aber noch einen Kaufkraftvergleich angestellt. Das *Clearing von Kfz-Haftpflichtversicherungsfällen* erfolgt nicht aufgrund dieses Abkommens (Merkblatt des BMF, Abdruck AnwBl 1978, 349), sondern nach einer *HUK-Vereinbarung* (auch dazu eingehend 12. Aufl). *Wo Sonderregeln fehlten*, ließ die wohl hM eine Umrechnung zum Wechselstubenkurs zu (nicht unbedenklich; vgl 12. Aufl). Zum Stand nach der Wirtschafts- und Währungsunion vgl STEIN/JONAS/MÜNZBERG, ZPO (21. Aufl 1995) Vorbem 148 zu § 704.

4. Keine gesetzliche Ersetzungsbefugnis des Gläubigers

Das Gesetz sieht *keine Ersetzungsbefugnis des Gläubigers* vor (BGH WM 1958, 822; **89** 1969, 26; NJW 1980, 2017; WM 1993, 2011 = WuB IV A § 244 BGB 1.94 m Anm TEICHMANN; OLG Koblenz NJW 1988, 3099; LG Braunschweig NJW 1985, 1169 = WM 1985, 395 f; AG Lahnstein IPRax 1988, 39; MünchKommBGB/vMAYDELL[3] Rn 47; PALANDT/HEINRICHS[56] Rn 13; SOERGEL/TEICHMANN[12] Rn 31; krit REICHEL AcP 126 [1926] 323). Der Schutzgedanke des § 244 (Rn 2) kommt nur dem Schuldner zugute. In der Praxis kann allerdings der Gläubiger sein Interesse an der Wahl einer Zahlungswährung im – auch stillschweigenden – Konsens mit dem Schuldner durchsetzen (vgl Rn 67; BGHZ 101, 296, 307; BGH WM 1993, 2011 = WuB IV A § 244 BGB 1.94). Zum Wahlrecht bei Fremdwährungswechseln und Fremdwährungsschecks vgl Rn 101. Zum vereinbarten Wahlrecht Rn 91.

5. Vertragliches Wahlrecht und vertragliche Ersetzungsbefugnis

a) Eine **vertragliche Ersetzungsbefugnis des Schuldners**, dem Wortlaut nach sogar **90** eine Befugnis zur Umgestaltung der Schuld, ist in Nr 13 AGB-Sparkassen 1993 enthalten. Danach ist die Sparkasse berechtigt, dem Kunden eingehende Fremdwährungsbeträge in DM gutzuschreiben, sofern sie nicht für den Kunden ein Konto in der betr Währung führt. Die AGB-Banken 1993 enthalten diese Klausel nicht mehr (Rn 19).

b) Auch **zugunsten des Gläubigers** kann eine Wahlschuld (Rn 9), nach hM auch eine **91** Ersetzungsbefugnis vereinbart werden (RGZ 136, 127, 129; 168, 240, 247; RG WarnR 1923/24 Nr 63; KG NJW 1957, 105, 106; OLG Karlsruhe OLGZ 1978, 338, 340; vgl LG Offenburg MDR 1953, 482; ENNECCERUS/LEHMANN § 10 II). Soll nach Wahl des Gläubigers in einer bestimmten ausländischen oder in inländischer Währung gezahlt werden, so ist durch Auslegung zu ermitteln, ob eine Wahlschuld oder eine facultas alternativa des Gläubigers vereinbart ist (RGZ 136, 127, 129 f) und ob im Fall einer Wahlschuld § 263 wegbedungen ist (RGZ 136, 127, 130; RG WarnR 1923/24 Nr 63; KG NJW 1957, 105, 106). Die praktische Bedeutsamkeit dieses Unterschiedes ist allerdings beim Wahlrecht des Gläubigers zweifelhaft. *Bei Währungskrediten* verbindet Nr 13 AGB-Sparkassen 1993 (nicht mehr in Nr 10 Abs 1 AGB-Banken 1993) mit der Effektivklausel (Rn 18, 38) ein *Umwandlungsrecht* des kreditgewährenden Kreditinstituts (Wortlaut Rn 19). Im übrigen kommen Individualvereinbarungen dieses Inhalts in Frage. Dieses Recht des Kreditinstituts, seine effektive Fremdwährungsforderung in eine DM-Forderung ·

umzuwandeln, trägt dem Umstand Rechnung, daß das Kreditinstitut unter Umständen Refinanzierungsverbindlichkeiten erfüllen muß, obwohl es vom Kreditnehmer die Fremdwährungsmittel aus Gründen, die sie nicht zu vertreten hat, nicht rechtzeitig zurückerhält. Da Kreditinstitute verpflichtet sind, für einen Ausgleich ihrer Währungspositionen zu sorgen, muß sich ein Kreditinstitut in diesem Falle zur Erfüllung seiner Verbindlichkeit anderweit eindecken. Es benötigt dann die Valuta seines Kreditschuldners nicht mehr (BGH NJW 1980, 2017 = RIW 1980, 586 = WM 1980, 793). Die AGB-Regelung wird deshalb als wirksam angesehen (vgl zu Nr 3 AGB-Banken aF vWESTPHALEN WM 1984, 3 f). Nach dem Grundgedanken des § 315 darf das Kreditinstitut sein Recht nicht willkürlich – etwa nur zur Erlangung eines Kursvorteils – ausüben (CANARIS, Bankvertragsrecht [2. Aufl 1981] Rn 2560; KÜMPEL WM-Sonderbeil 1/76, 17). Das Wahlrecht berechtigt das Kreditinstitut nicht, die Forderung aus einem Fremdwährungswechsel einseitig umzuwandeln, wenn der Fremdwährungswechsel nur der Sicherung eines DM-Kredits dient (BGH und CANARIS aaO; BUNDSCHUH WM 1981, 1254). Ist die Fremdwährungsschuld *gleichzeitig Geldsortenschuld* (Rn 10), so ist im Regelfall davon auszugehen, daß dem Gläubiger eine Ersetzungsbefugnis in dem Sinne zusteht, daß er nicht auf der vereinbarten Geldsorte bestehen muß (§ 245 Rn 12).

92 c) Ein Wahlrecht bzw eine Ersetzungsbefugnis des Gläubigers kann auch in dem Sinne bestehen, daß der Gläubiger statt Zahlung in deutscher Währung **Zahlung in fremder Währung** verlangen kann (RG WarnR 1923/24 Nr 63; KG NJW 1957, 105: keine Befreiung von der Umstellung). Übt der Gläubiger dieses Wahlrecht aus, so entsteht im Zweifel eine effektive, nicht bloß eine einfache Fremdwährungsschuld; § 244 ist damit wegbedungen. Zu den Rechtsfolgen einer Heimwährungsklage des Fremdwährungsgläubigers vgl Rn 105. Aus § 242 kann sich ergeben, daß der Gläubiger selbst im Fall der einfachen Fremdwährungsforderung Inlandswährung in DM, also in Heimwährung, verlangen kann, wenn die geschuldete Währung für den Schuldner schwer zu beschaffen und für den Gläubiger schwer zu verwerten ist (BGH WM 1969, 26; Rn 63).

VIII. Sonderregeln

1. § 661 HGB*

93 a) § 661 HGB hat folgenden **Wortlaut**:

„§ 244 des Bürgerlichen Gesetzbuchs findet Anwendung; jedoch erfolgt die Umrechnung nach dem Kurswert, der zur Zeit der Ankunft des Schiffes am Bestimmungsort maßgebend ist. § 658 Abs. 2 gilt sinngemäß."

94 b) Die Bestimmung gilt für **Forderungen aus Frachtverträgen** (§ 556 HGB) **und aus Konnossementen** (§ 643 HGB). Sie räumt dem haftenden Verfrachter die an sich schon durch § 244 gewährleistete Möglichkeit ein, sich durch Zahlung in Heimwährung zu befreien. § 661 HGB gilt nur für die Verfrachterhaftung, nicht also auch für die vom Befrachter bzw Empfänger zu leistenden Zahlungen (insofern bleibt es bei

---

* **Schrifttum:** PRÜSSMANN/RABE, Seehandelsrecht (3. Aufl 1992); SCHAPS/ABRAHAM, Das Seerecht (4. Aufl 1978).

§ 244; vgl Prüssmann/Rabe § 661 Anm A). § 661 HGB gilt nicht für die Forderungen aus einer Zeitcharter. Gesetzliche Schadensersatzansprüche fallen nicht unter § 661 HGB (OLG Hamburg VersR 1979, 833, 834). § 661 HGB schließt ebensowenig wie § 244 die Vereinbarung von effektiven Fremdwährungsschulden oder von Fremdwährungsschulden mit alternativer Währungsklausel aus (vgl Prüssmann/Rabe § 661 Anm B 2 mit allerdings ungenauer Terminologie).

c) **§ 244 findet Anwendung**, dies freilich mit den aus § 661 HGB ersichtlichen Modi- **95** fikationen. Sofern nicht eine echte Fremdwährungsschuld bedungen ist, kann deshalb der Schuldner nach seiner Wahl in Inlandswährung zahlen. Da keine bloße Rechtsfolgenverweisung vorliegt, gilt dies nach § 244 Abs 1 nur, sofern die Geldschuld im Inland zu zahlen ist (Prüssmann/Rabe § 661 Anm C 3). Jedoch besteht Vertragsfreiheit.

d) **Maßgeblicher Kurswert** ist, abweichend von § 244 Abs 2, der Kurswert am **96** Bestimmungsort des Schiffes. Wird der Bestimmungshafen nicht erreicht, so ist nach den §§ 661 S 2, 658 Abs 2 HGB der Kurswert des Ortes, an dem die Reise endet oder an den die geretteten Güter in Sicherheit gebracht sind, maßgebend. Auch der Stichtag der Umrechnung richtet sich nach § 661 HGB, nicht nach § 244 Abs 2. Der Kurswert des § 661 HGB gilt analog, wenn die Haftungshöchstsumme in ausländischer Währung bestimmt ist (Prüssmann/Rabe § 661 Anm C 1; Schaps/Abraham § 661 Rn 3).

2. Art 41 WG, Art 36 ScheckG*

a) **Art 41 WG** hat folgenden **Wortlaut:** **97**

„(1) Lautet der Wechsel auf eine Währung, die am Zahlungsort nicht gilt, so kann die Wechselsumme in der Landeswährung nach dem Wert gezahlt werden, den sie am Verfalltag besitzt. Wenn der Schuldner die Zahlung verzögert, so kann der Inhaber wählen, ob die Wechselsumme nach dem Kurs des Verfalltages oder nach dem Kurs des Zahlungstages in die Landeswährung umgerechnet werden soll.

(2) Der Wert der fremden Währung bestimmt sich nach den Handelsgebräuchen des Zahlungsortes. Der Aussteller kann jedoch im Wechsel für die zu zahlende Summe einen Umrechnungskurs bestimmen.

(3) Die Vorschriften der beiden ersten Absätze finden keine Anwendung, wenn der Aussteller die Zahlung in einer bestimmten Währung vorgeschrieben hat (Effektivvermerk).

(4) Lautet der Wechsel auf eine Geldsorte, die im Lande der Ausstellung dieselbe

---

* **Schrifttum:** Baumbach/Hefermehl, WG und ScheckG (19. Aufl 1995); Kessler, Kommentar zum WG (1933); ders, Kommentar zum ScheckG (1934); Knur/Hammerschlag, Kommentar zum WG (1949); Quassowski/Albrecht, WG (1934); dies, ScheckG (1934); Karsten Schmidt, ECU-Schecks und ECU-Wechsel, ZHR 159 (1995) 96; Schnitzer, Handbuch des internationalen Handels-, Wechsel- und Scheckrechts (1938); Stranz, WG (1952); Staub/Stranz, Kommentar zum WG (13. Aufl 1934); Warneyer, WG (1934).

Bezeichnung, aber einen anderen Wert hat als in dem der Zahlung, so wird vermutet, daß die Geldsorte des Zahlungsortes gemeint ist."

98　b)　　Art 36 ScheckG lautet:

„(1) Lautet der Scheck auf eine Währung, die am Zahlungsorte nicht gilt, so kann die Schecksumme in der Landeswährung nach dem Werte gezahlt werden, den sie am Tage der Vorlegung besitzt. Wenn die Zahlung bei Vorlegung nicht erfolgt ist, so kann der Inhaber wählen, ob die Schecksumme nach dem Kurs des Vorlegungstages oder nach dem Kurs des Zahlungstages in die Landeswährung umgerechnet werden soll.

(2) Der Wert der fremden Währung bestimmt sich nach den Handelsgebräuchen des Zahlungsortes. Der Aussteller kann jedoch im Scheck für die zu zahlende Summe einen Umrechnungskurs bestimmen.

(3) Die Vorschriften der beiden ersten Absätze finden keine Anwendung, wenn der Aussteller die Zahlung in einer bestimmten Währung vorgeschrieben hat (Effektivvermerk).

(4) Lautet der Scheck auf eine Geldsorte, die im Lande der Ausstellung dieselbe Bezeichnung, aber einen anderen Wert hat als in dem der Zahlung, so wird vermutet, daß die Geldsorte des Zahlungsortes gemeint ist."

99　c)　　Für Fremdwährungswechsel und **Fremdwährungsschecks** gelten die Bestimmungen. Der Grundbegriff der Fremdwährungsschuld (Rn 4) gilt auch hier. Ob eine Fremdwährungsschuld vorliegt, kann sich nur aus der Währungseinheit auf dem Papier ergeben. Dabei muß zwischen der für die Denominierung verwendeten Währungseinheit und der Schuldwährung unterschieden werden (vgl besonders für Wechsel und Schecks in Eurowährung KARSTEN SCHMIDT ZHR 159 [1995] 96 ff). Auslegungsregeln bei mehrdeutiger Währungsbezeichnung enthalten die Art 41 Abs 4 WG, 36 Abs 4 ScheckG. Die Vermutung spricht in diesem Fall regelmäßig für eine Heimwährungsschuld (vgl auch im Verhältnis von DM-West und DM der DDR BGHZ 30, 315, 320 f). Soll entgegen der Vermutung ein Fremdwährungswechsel oder Fremdwährungsscheck vorliegen, so muß sich dieser Wille aus der Urkunde ergeben (STAUB/STRANZ Art 41 Anm 14; BAUMBACH/HEFERMEHL Art 41 WG Rn 4). Ist auf dem Wechsel oder Scheck die Währung des Ausstellungslandes oder des Zahlungslandes genannt und gibt es eine Währung gleicher Bezeichnung in einem Drittland, so sind die Auslegungsregeln der Art 41 Abs 4 WG, 36 Abs 4 ScheckG nicht anwendbar. Es ist dann mangels besonderer Bezeichnung davon auszugehen, daß die Währung des Ausstellungslandes bzw des Zahlungslandes gewählt ist (STAUB/STRANZ Art 41 Anm 15). Ausstellungsland iS der Art 41 Abs 4 WG, 36 Abs 4 ScheckG ist das aus der Wechselurkunde ersichtliche Land der Ausstellung. Ein auf devisenrechtliche Voraussetzungen hinweisender Vermerk auf dem Wechsel beseitigt nicht die für die Wirksamkeit des Wechsels erforderliche unbedingte Zahlungsanweisung nach Art 1 Nr 2 WG (vgl BGHZ 30, 315, 318).

100　d)　　Die Art 41 WG, 36 ScheckG unterscheiden ebenso wie § 244 zwischen **einfachen und effektiven Fremdwährungsschulden** (zur Terminologie vgl Rn 6 ff). Eine effektive Fremdwährungsschuld muß durch sog Effektivvermerk nach Abs 3 der Bestimmungen auf dem Wechsel bestimmt sein (vgl RGZ 105, 141, 142 f). Der *Fremdwährungs-wechsel oder Fremdwährungsscheck mit Effektivklausel* (Art 41 Abs 3 WG, 36 Abs 3 ScheckG) ist in der Fremdwährung und nur in der Fremdwährung zu begleichen. Die Verwendung des Wortes „effektiv" ist auch hier nicht erforderlich; es genügen For-mulierungen wie „in natura", „wirklich" oder „allein in dieser Währung" (QUAS-SOWSKI/ALBRECHT, WG Art 41 Rn 14; STAUB/STRANZ Art 41 Anm 10). Zur Frage, ob bei Unmöglichkeit dieser Leistung automatisch Umrechnung in die Heimwährung erfolgt, vgl Rn 61.

e) Der **Fremdwährungswechsel (Fremdwährungsscheck) ohne Effektivklausel 101** begründet eine *einfache Fremdwährungsschuld* aus Wechsel oder Scheck. Dann besteht, wie nach § 244, nach den Art 41 Abs 1 S 1 WG, 36 Abs 1 S 1 ScheckG eine *Ersetzungsbefugnis des Schuldners* (Rn 72 ff). Die Sonderregeln gehen dem § 244 vor (vgl RGZ 110, 295, 296). Sie gelten, obwohl dies nicht besonders betont ist, nur für im Inland zu zahlende Wechsel und Schecks (BGH NJW 1980, 2017 = RIW 1980, 586 = WM 1980, 793; BAUMBACH/HEFERMEHL Art 41 WG Rn 1; BUNDSCHUH WM 1981, 1254; HÜBNER JZ 1985, 1083). Die hM begründet dies mit Art 93 Abs 1 WG, aber dasselbe wird trotz Art 63 ScheckG auch für den Fremdwährungsscheck gelten müssen. Im Gegensatz zu § 244 Abs 2 bestimmt sich der **Umrechnungskurs** nach den Handelsgebräuchen des Zahlungsortes (Art 41 Abs 2 S 1 WG, 36 Abs 2 S 1 ScheckG). Ein gesetzlicher Devi-senkurs geht aber dem Handelsbrauch vor (BAUMBACH/HEFERMEHL Art 41 WG Rn 3). Der Aussteller kann auf dem Wechsel oder Scheck für die zu zahlende Summe einen Umrechnungskurs bestimmen (Art 41 Abs 2 S 2 WG, 36 Abs 2 S 2 ScheckG). *Stich-tag* ist nach den Art 41 Abs 1 S 1 WG, 36 Abs 1 S 1 ScheckG der Verfalltag. Der Gläubiger trägt damit das Währungsrisiko bis zum Verfalltag. Nimmt er Zahlung vor Verfall entgegen, so wird der Tag der Zahlung entscheiden (näher STAUB/STRANZ Art 41 Anm 6). **Verzögert der Schuldner die Zahlung** (zu diesem Begriff vgl STAUB/STRANZ Art 41 Anm 7), so hat der Inhaber die Wahl, ob die Wechselsumme nach dem Kurs am Verfalltag oder nach dem Kurs am Zahlungstag umgerechnet werden soll (Art 41 Abs 1 S 2 WG, 36 Abs 1 S 2 ScheckG). Er muß also nicht etwa den Zeitpunkt der Vollstreckung abwarten, sondern kann sogleich Klage in Inlandswährung nach dem Kurs des Verfalltages erheben (OGH Wien ZfRV 1994, 211). Das Wahlrecht soll das Kursrisiko vom Verfalltag an verändern (OLG Frankfurt AWD 1971, 409 f = NJW 1970, 2172) und Spekulationen des Schuldners mit schwankendem Geldwert verhindern (vgl vor Inkrafttreten des WG noch RGZ 108, 337). Es erlischt erst, wenn der Gläubiger entwe-der in der geschuldeten Fremdwährung oder in Heimwährung nach dem Umrech-nungszeitpunkt seiner Wahl Zahlung vom Schuldner erhalten hat (STAUB/STRANZ Art 41 Anm 8). Grenzen des Wahlrechts können sich nur ausnahmsweise aus § 242 ergeben (venire contra factum proprium). Das Wahlrecht gibt dem Gläubiger nicht das Recht, die Zahlung in Fremdwährung zurückzuweisen. Es handelt sich nach wie vor um eine Fremdwährungsschuld mit Ersetzungsbefugnis des Schuldners; nur wenn dieser in Heimwährung leisten will, kann der Gläubiger den Umrechnungs-stichtag bestimmen (OLG Frankfurt AWD 1971, 409 f = NJW 1970, 2172; STAUB/STRANZ Art 41 Anm 9; LIESECKE WM 1973, 1163; vgl jetzt auch BAUMBACH/HEFERMEHL Art 41 WG Rn 2; aM QUASSOWSKI/ALBRECHT, WG Art 41 Rn 5; dies, ScheckG Art 36 Rn 6). Bei dem Umrech-nungszeitpunkt nach Art 41 Abs 1 WG, Art 36 Abs 1 ScheckG geht es nur um das Kursverlustrisiko, das sich aus dem Verhältnis von Währungen untereinander ergibt. Von dem **Risiko eines Verfalls beider Währungen** ist ebensowenig die Rede wie bei § 244. In Zeiten erheblichen Währungsverfalls kann nach RGZ 108, 337 und 110,

295, 296 auch der Vergleich mit einer stabilen Drittwährung geboten sein. Zur Problematik dieser Rechtsprechung vgl Rn 87.

3. § 340 h HGB*

102 Der **Jahresabschluß bei der Rechnungslegung** ist in DM aufzustellen (§ 244 HGB). Auch **Fremdwährungsforderungen und Fremdwährungsschulden** sind deshalb in der Rechnungslegung in DM umzurechnen. Die hierfür maßgebliche Methode ist umstritten und keineswegs in § 340 h HGB umfassend geregelt. Nach der wohl herrschenden, allerdings umstrittenen Auffassung sind *Fremdwährungsforderungen* nach dem Verkaufskurs (Geldkurs) im Zeitpunkt der Erstverbuchung, *Fremdwährungsverbindlichkeiten* nach dem Ankaufskurs (Briefkurs) gemäß dem Zeitpunkt der Erstverbuchung umzurechnen (BAUMBACH/HOPT[29], § 253 HGB Rn 2, 22). Das deutsche Rechnungslegungsrecht unterliegt dem Stichtagsprinzip. Der Ausweis als Verbindlichkeit oder als Rückstellung richtet sich nach dem Wechselkursrisiko (HARTUNG BB 1990, 1665 ff; str). Die unbeschränkte Geltung des Höchst- und Niederstwertprinzips ist umstritten (eingehend GEBHARDT/BREKER Betrieb 1991, 1532 ff mwNw). Für Kreditinstitute gilt aufgrund des Bankbilanzrichtlinie-Gesetzes § 340 h HGB (dazu GEBHARDT/BREUER Betrieb 1991, 1529 ff; HARTUNG RIW 1991, 755 ff; NORTMANN NJW 1991, 2399). § 340 h Abs 1 HGB hat folgenden Wortlaut:

"Auf ausländische Währung lautende Vermögensgegenstände, die wie Anlagevermögen behandelt werden, sind, soweit sie weder durch Verbindlichkeiten noch durch Termingeschäfte in derselben Währung besonders gedeckt sind, mit ihrem Anschaffungskurs in Deutsche Mark umzurechnen. Andere auf ausländische Währung lautende Vermögensgegenstände und Schulden sowie am Bilanzstichtag nicht abgewickelte Kassageschäfte sind mit dem Kassakurs am Bilanzstichtag in Deutsche Mark umzurechnen. Nicht abgewickelte Termingeschäfte sind zum Terminkurs am Bilanzstichtag umzurechnen."

IX. Die Fremdwährungsschuld in Prozeß und Vollstreckung

1. Behandlung als Geldschuld

103 Die Fremdwährungsschuld als Geldschuld (Rn 11) ist in prozessualer Hinsicht den Heimwährungsschulden grundsätzlich gleichgestellt (NUSSBAUM, Das Geld 194). Sie wird **als Geldschuld eingeklagt** (Rn 104) **und vollstreckt** (Rn 113). Sie ist **als Geldforderung**

---

* **Schrifttum:** BAUER, Die EG-Bilanzrichtlinie und ihre Auswirkungen auf die Bilanzierungsvorschriften der deutschen Kreditinstitute, WM 1987, 861; BENNE, Bewertung bei geschlossenen Positionen, BB 1992, 1172; GEBHARDT/BREKER, Bilanzierung von Fremdwährungstransaktionen im handelsrechtlichen Einzelabschluß unter Berücksichtigung von § 340 h HGB, Betrieb 1991, 1529; HARTUNG, Zum Ausweis von Fremdwährungsverpflichtungen, BB 1990, 1665; ders, Zur Währungsumrech- nung in Bankbilanzen, RIW 1991, 755; HINZ, Währungsumrechnung im Rahmen der Konzernabschlußerstellung, RIW 1994, 33; MOXTER, Rückstellungen für ungewisse Verbindlichkeiten und Höchstwertprinzip, BB 1989, 945; NAUMANN, Fremdwährungsumrechnung in Bankbilanzen nach neuem Recht, (1992); VORTMANN, Neues Recht der Bankbilanzierung durch das Bankbilanzrichtlinie-Gesetz, NJW 1991, 2355.

nach § 829 ZPO pfändbar (NUSSBAUM, Das Geld 197; STÖBER, Forderungspfändung [11. Aufl
1993] Rn 9). Sie unterliegt dem *Urkunden- und Wechselprozeß* nach den §§ 592, 602
ZPO sowie dem *Mahnverfahren* nach § 688 ZPO (NUSSBAUM, Das Geld 194; KARSTEN
SCHMIDT NJW 1989, 65). Für den **Urkunden- und Wechselprozeß** genügt nach § 592 ZPO,
daß es sich um einen Zahlungsanspruch handelt, während es auf die Währung nicht
ankommt (KARSTEN SCHMIDT ZZP 98 [1985] 40). Für das **Mahnverfahren** stand hier die
Voraufl noch allein. Das beruhte auf § 688 Abs 1 ZPO, der einen auf Zahlung in
Inlandswährung lautenden Anspruch voraussetzt. Richtig ist, daß ein Fremdwäh-
rungsantrag im Mahnverfahren nur unter den Voraussetzungen des § 688 Abs 3 ZPO
in Betracht kommt (STEIN/JONAS/SCHLOSSER, ZPO [21. Aufl 1993] § 688 Rn 11; zur Vereinbarkeit mit Art 7 EuGV vgl EGH Slg 1980, 3427 = RIW 1981, 486). Aber der Gläubiger einer
Fremdwährungsforderung kann nach § 688 ZPO einen Mahnbescheid in DM bean-
tragen, und erst im Streitverfahren nach Einlegung eines Widerspruchs muß dann
geklärt werden, ob der Schuldner in DM oder in fremder Währung zu verurteilen ist
(KARSTEN SCHMIDT NJW 1989, 65 ff). Demgemäß hält jetzt eine zunehmende Auffassung
das Mahnverfahren für zulässig (STEIN/JONAS/SCHLOSSER, ZPO [21. Aufl 1993] § 688 Rn 2;
ZÖLLER/VOLLKOMMER, ZPO [20. Aufl 1997] § 688 Rn 2; KARSTEN SCHMIDT NJW 1989, 65;
HANISCH IPRax 1989, 276). Der BGH hat bereits entschieden, daß ein in DM erwirkter
Mahnbescheid, dem eine Fremdwährungsforderung zugrundeliegt, zur Verjährungs-
unterbrechung geeignet ist (BGHZ 104, 268 = NJW 1988, 1965; HANISCH IPRax 1989, 276 ff).
Der *einstweilige Rechtsschutz* erfolgt nach § 916 ZPO durch den Arrest (STEIN/JONAS/
MÜNZBERG, ZPO [21. Aufl 1995] Vorbem 1 zu § 803 iVm § 916 Rn 2). Über *Probleme der
vorläufigen Vollstreckbarkeit*, insbes des Schadensersatzes nach § 717 ZPO, vgl PRO-
CHOWNICK HansRZ 1922, 366.

2. Klagantrag, Streitgegenstand und Urteil

a)   Im Gegensatz zu anderen Rechtsordnungen läßt das deutsche Zivilprozeßrecht **104**
Klagen und Urteile, die auf Zahlung in fremder Währung lauten, zu (BGH NJW 1996, 741;
KARSTEN SCHMIDT ZZP 98 [1985] 41; zur Entwicklung des englischen Rechts vgl Court of Appeal
RIW 1975, 164 m Anm GRAUPNER; 1975, 296; 1978, 416; Queens Bench Division RIW 1978, 415;
F A MANN, Recht des Geldes 296 ff; ders, Legal Aspect 344 ff, 351; NUSSBAUM, Das Geld 123;
GRAUPNER RIW 1976, 258; LEWIS/MOUNTFORD ZHR 140 [1976] 120; über New York KUNER RIW
1992, 473 ff; über Australien PRYLES IPRax 1986, 59 ff). Der Kläger braucht sich grundsätzlich nicht um den Unterschied zwischen einfacher und effektiver Fremdwährungsschuld zu kümmern. Es wird auf Leistung in der bedungenen ausländischen Währung
geklagt und zu dieser Leistung verurteilt (RG HansGZ 1923 H Nr 135; BGH WM 1982, 291,
294; AG Lübeck DAVorm 1978, 691; NUSSBAUM, Das Geld 193 f; FÖGEN 123 f; MARTIN WOLFF, in:
EhrenbHandB IV/1 640 Fn 18; AK-BGB/BRÜGGEMEIER Rn 12). Das galt auch für Klagen auf
Mark der DDR, obwohl der Schuldner idR gar nicht imstande war, in devisenrechtlich zulässiger Weise Mark der DDR zu bezahlen (BGHZ 7, 231, 233 = NJW 1953, 339 mit
zust Anm HARMENING; BGHZ 7, 397 f; std Rspr; HAHNENFELD NJW 1955, 529; KARSTEN SCHMIDT
ZZP 98 [1985] 41; weitere Nachweise noch in der 12. Aufl). Das hängt damit zusammen, daß
„Unmöglichkeit" der Fremdwährungszahlung die Fremdwährungsschuld nicht zur
Heimwährungsschuld macht, wenngleich der Schuldner letztlich Heimwährung aufbringen muß (Rn 35 f, 61 ff). *Kommt allerdings als Zahlungswährung des Schuldners
aus devisenrechtlichen Gründen nur DM in Betracht, so kann die Fremdwährungsschuld auch in DM eingeklagt werden* (vgl zu den DDR-Fällen bereits Rn 35; in gleicher
Richtung bereits die ältere Rspr; zB RG JW 1938, 946: Zahlung in RM auf Sperrkonto). Bei RGZ

145, 51, 52 wurde folgendermaßen erkannt: „Die Beklagte wird verurteilt, an den Kläger 60 englische Pfund nebst 6 vH Zinsen seit dem 1. 2. 1933 und 1300 englische Pfund nebst 6 vH Zinsen seit dem 1. 4. 1933 zu zahlen, und zwar beide Beträge in deutscher Währung zum Kurse von . . ." Mit einem solchen Antrag wird die inländische *Zahlungswährung* bereits zum Gegenstand des Prozesses gemacht. Das ist zulässig (Rn 105, 110 f; **aM** wohl Fögen 124), allerdings nicht notwendig (Rn 108). Die Frage, ob die Fremdwährungsschuld auch in Heimwährung erfüllt werden kann oder muß, kann auch in das Vollstreckungsverfahren verlagert werden (vgl dazu Rn 115; BGHZ 36, 11; MünchKommBGB/vMaydell³ Rn 52; **aM** Berner Rpfleger 1962, 87). Ähnlich kann der Kläger bei der einfachen Fremdwährungsklage die Ersetzungsbefugnis des Schuldners berücksichtigen, muß dies aber nicht tun (Rn 110). *Materiellrechtliche Voraussetzung* für eine erfolgreiche Fremdwährungsklage ist allerdings, daß eine Fremdwährungsschuld vorliegt (zur Abgrenzung vgl Rn 13 ff). Ist dies der Fall, so kann nach Auffassung des RG sogar dann auf Zahlung in fremder Währung geklagt werden, wenn der Kläger hinsichtlich eines anderen Teilbetrages bereits auf Zahlung in inländischer Währung geklagt hatte (vgl RG JW 1920, 704). Liegt dagegen eine Heimwährungsschuld vor, so sind die Parteien auch nach § 242 nicht ohne weiteres an die unrichtige Einschätzung als Fremdwährungsschuld gebunden (näher Rn 71). Zum Antrag auf Verurteilung in fremder Währung, hilfsweise in DM, vgl Rn 106. Der *Streitwert einer Fremdwährungsklage* steht nach hM für die jeweilige Instanz fest und folgt nicht den Währungsschwankungen (aM LG Frankfurt RIW 1991, 675).

105 **b)** Die **Klage auf Zahlung in Heimwährung** ist ohne weiteres begründet, wenn eine Heimwährungsschuld vorliegt. Wie bei Rn 13 f bemerkt wurde, sind *Heimwährungsklagen und Heimwährungsurteile* häufiger, als es der Einordnung in Heimwährungsschulden und Fremdwährungsschulden entspräche. Die Legitimation dieses Zugs zur Heimwährungsklage und zum Heimwährungsurteil ergibt sich aus dem bei Rn 68 f Gesagten: Zielen Klage und Einlassung des Beklagten auf einen Heimwährungsprozeß, so kann der Beklagte zur Zahlung in DM verurteilt werden, ohne daß die uU schwierige Frage, ob die Klagforderung in fremder Währung hätte geltend gemacht werden müssen, im Einzelfall noch geprüft werden müßte (so jetzt auch BGHZ 101, 296, 307; Karsten Schmidt ZZP 98 [1985] 43). Liegt eine *Valutawertschuld* vor – die in Rn 24 f, 28 kritisierte Rspr behandelt auch Fremdwährungs-Schadensersatzforderungen als Valutawertschulden in DM –, so lauten Antrag und Urteil auf den sich am Zahlungstag ergebenden Umrechnungsbetrag in DM; es wird also unter Angabe der Fremdwährungssumme auf Zahlung von DM geklagt (vgl nur RGZ 145, 51, 52; RG JW 1924, 1590, 1591). Fallen Schuldwährung und Zahlungswährung aus devisenrechtlichen Gründen auseinander, so ist eine *Verurteilung in der Zahlungswährung* möglich (vgl bereits Rn 35, 104 zu den Ost-West-Unterhaltsschulden), denn der Vollstreckungstitel hat sich an der erzwingbaren Schuldnerleistung zu orientieren. Notwendig ist ein solcher Antrag und ein solches Urteil nicht (Rn 104). Da der Erfolg eines Heimwährungsantrags im Einzelfall zweifelhaft sein kann, kann sich – wie schon bei Rn 104 im umgekehrten Fall – die Stellung eines auf Fremdwährung lautenden Hilfsantrags empfehlen; zu seiner Behandlung vgl Rn 106. Zum Heimwährungsantrag im Mahnverfahren vgl Rn 103.

106 **c)** Die eingeklagte Währung bestimmt den **Streitgegenstand** (Karsten Schmidt ZZP 98 [1985] 44). Die Identität der Währung ist *bindender Inhalt des Klagantrags*. Das Gericht kann auf eine DM-Klage nicht auf Zahlung in Auslandswährung erkennen und umgekehrt (RG JW 1924, 1518 m Anm Nussbaum; BGH IPRax 1994, 366 = WM 1993, 2011; Grothe IPRax 1994, 346; s auch BGH NJW 1980, 2017; aM Neumeyer III/2 135, jedoch mit der Begründung, es sei von einem stillschweigend gestellten Hilfsantrag auszugehen). *Anders verhält es sich, wenn dem Vorbringen des Klägers entnommen werden kann, es solle (hilfsweise) auch auf Zahlung in der anderen Währung erkannt werden* (Karsten Schmidt ZZP 98 [1985] 44 f). Die nicht ganz einheitliche Praxis verfährt mit Recht großzügig (vgl RGZ 96, 270; RG JW 1924, 1518; s auch RGZ 111, 183; im Ergebnis auch Neumeyer III/2 135). Lautet der Antrag auf Fremdwährung „effektiv", so ist die Annahme eines stillschweigenden Hilfsantrags eindeutig ausgeschlossen (Neumeyer III/2 135). Aber es darf dem Kläger noch nicht ein Hilfsantrag unterstellt werden, wenn dieser Zusatz fehlt (vgl RG JW 1924, 1518 m Anm Nussbaum; zu weitgehend Neumeyer III/2 135). Übergang des Klagantrags von der einen auf die andere Währung ist *Klagänderung* (Neumeyer III/2 134; BGH NJW 1980, 2017, 2018; aM OLG Hamburg HansRZ 1921, 818; KG JW 1923, 189, 190). Es kommt nicht darauf an, ob eine einfache oder eine effektive Fremdwährungsforderung eingeklagt wird; der Übergang von der Fremdwährungsklage zur Heimwährungsklage ist in jedem Fall eine Klagänderung (aM OLG Hamburg HansGZ 1924 H Nr 127). Entspricht der neue Antrag der Auffassung des Gerichts über die einzuklagende Währung, so wird aber die Klagänderung sachdienlich sein (Nussbaum, Das Geld 194). Das gilt insbes, wenn der Rechtsstreit aus dem in DM betriebenen Mahnverfahren (Rn 103) in das Streitverfahren überführt werden soll (Karsten Schmidt NJW 1989, 67 f). Auch können die Wirkungen der Rechtshängigkeit – ne bis in idem, Verjährungsunterbrechung, Verzinsung etc – ungeachtet der noch notwendigen Antragsänderung für den materiellrechtlichen Anspruch sogleich eintreten (BGHZ 104, 268, 270 ff; Karsten Schmidt NJW 1989, 67). Wird auf Zahlung in der einen, hilfsweise in der anderen Währung geklagt, so kann dies eine *Eventualklage* sein (vgl RGZ 108, 298, 303). Aber der Hilfsantrag wird auf *Klagänderung* (§ 263 ZPO) zielen, so daß ggf nicht der Hauptantrag abzuweisen, sondern nur die Klagänderung für sachdienlich zu erklären ist (Kostenvorteil: keine Anwendung des § 92 ZPO). Eine Auslegung des Antrags kann aber auch ergeben, daß eine einfache Fremdwährungsschuld eingeklagt ist und der „Hilfsantrag" nur zum Ausdruck bringt, das Gericht solle dem Schuldner Zahlung in Inlandswährung nachlassen (zur Bedeutung dieses Antrags vgl Rn 110).

d)   Klage und Urteil bei der effektiven Fremdwährungsschuld können nur auf Zah-   **107**
lung in Auslandswährung lauten. Der Zusatz „effektiv" in Klage und Urteil dient dazu, die Ersetzungsbefugnis auszuschließen. Er zwingt dazu, ausnahmsweise schon im Erkenntnisverfahren zu klären, daß eine effektive Fremdwährungsschuld vorliegt (Wolfgang Mayer 80; Karsten Schmidt ZZP 98 [1985] 44; aM Fögen 124). Der Zusatz „effektiv" gehört nur bei entsprechendem Klagantrag in das Urteil. Notwendig ist er nicht (Rn 108). Die Beweislast für das Vorliegen einer effektiven Fremdwährungsschuld trägt der Gläubiger (Rn 37; Baumgärtel, HandB der Beweislast I [2. Aufl 1991] § 244 Rn 1). Zur Vollstreckung vgl Rn 114.

e)   Klage und Urteil bei der einfachen Fremdwährungsschuld können ebenso auf Zah-   **108**
lung in Fremdwährung lauten wie bei der echten Fremdwährungsschuld. Es besteht also kein Zwang, die Frage der Ersetzungsbefugnis im Erkenntnisverfahren zu prüfen (Fögen 124 f; Wolfgang Mayer 80; Karsten Schmidt ZZP 98 [1985] 45; aM Nussbaum, Das Geld 211). Entgegen der von Nussbaum (aaO) vertretenen Auffassung kann sich der Schuldner auch dann noch durch Zahlung in inländischer Währung befreien, wenn

über die Ersetzungsbefugnis nicht gestritten wurde und der Schuldner rechtskräftig
zur Zahlung in ausländischer Währung verurteilt ist (RGZ 136, 127, 132). Anders, wenn
sein Antrag, ihm Zahlung in DM nachzulassen, bereits in den Gründen des Urteils
ablehnend beschieden ist oder wenn der Schuldner verurteilt ist, den Fremdwährungsbetrag „effektiv" zu zahlen (Rn 110).

109　**f)**　　Die **materielle Rechtskraft** des Urteils erstreckt sich, soweit einer Klage stattgegeben wird, auf die zu leistende Währung (NEUMEYER III/2 136). Auf die Ersetzungsbefugnis bzw auf ihr Fehlen erstreckt sich die Rechtskraft nur, wenn über diese Frage
auf Antrag der Parteien entschieden und verhandelt worden ist. Wird die Klage
abgewiesen, so ist zu unterscheiden: In dem eher theoretischen Fall, daß die Klage
als in der falschen Währung erhoben abgewiesen wird, ist neue Klagerhebung in
anderer Währung möglich. Hat das Gericht dagegen das Bestehen der Klagforderung verneint, so ist die erneute Klage in anderer Währung unzulässig (Streitgegenstand und Rechtskraftgrenzen fallen dann auseinander).

110　**g)**　　Eine **Klärung der Ersetzungsbefugnis im Erkenntnisverfahren** ist hiernach, sofern
sie nicht von den Parteien beantragt ist, grundsätzlich überflüssig. Ein Ausschluß der
Ersetzungsbefugnis durch den Zusatz „effektiv" in Klage und Urteil ist zulässig
(Rn 107). Eine positive Klärung, daß die Ersetzungsbefugnis besteht, ist nach überwiegender, aber bestrittener Auffassung zulässig; dem Schuldner kann nach dieser
hM nachgelassen werden, die Klagforderung in Heimwährung zu dem in Abs 2
genannten Kurs zu begleichen (RGZ 107, 111, 117; 109, 83, 89; NUSSBAUM, Das Geld 211; vgl
auch zum Urteilstenor RAG SeuffA 89 Nr 154; zust BACHMANN 26 f; **aM** FÖGEN 124 f; BRODMANN
JW 1921, 442). Der Einwand FÖGENS (aaO), daß die Vollstreckung ohnedies nur in DM
erfolge, verkennt, daß das Urteil nicht nur als Vollstreckungstitel dient, also auch die
Möglichkeit befreiender Zahlung klären kann. Der **Kläger** kann mit der Fremdwährungsklage von vornherein den *Antrag* verbinden, *daß dem Beklagten die Zahlung in
DM statt in der Klagwährung nachgelassen wird* (KARSTEN SCHMIDT ZZP 98 [1985] 45;
s auch OLG Köln NJW-RR 1992, 237 = WM 1992, 1364). Der Hauptvorteil eines solchen
Antrags besteht darin, daß im Vollstreckungsverfahren der Gerichtsvollzieher zur
Entgegennahme von DM befugt ist (vgl Rn 114); der **Beklagte** ist durch einen solchen
Antrag nicht beschwert (RGZ 136, 127, 132). Im übrigen ist es Sache des beklagten
Geldschuldners, für eine Klärung seiner Ersetzungsbefugnis im Erkenntnisverfahren
zu sorgen, etwa indem er hilfsweise neben einem Klagabweisungsantrag beantragt,
das Gericht möge ihm DM-Zahlung nach § 244 Abs 2 nachlassen (insoweit übereinstimmend NUSSBAUM, Das Geld 211). Wird hierüber streitig verhandelt und läßt das Gericht
dem Schuldner die Zahlung in Inlandswährung nach, so wird dies nicht als Teilunterliegen des Gläubigers nach § 92 ZPO anzusehen sein (anders in dem wohl
theoretischen Fall eines eigens über diese Frage geführten Feststellungsstreits bei
sonst unstreitiger Fremdwährungsforderung). Auch ob der Schuldner aus devisenrechtlichen Gründen auf die Fremdwährungsforderung eine Leistung in DM erbringen muß, kann auf Antrag des Klägers bereits im Erkenntnisverfahren geprüft
werden (Rn 35, 104). In DDR-Sachen neigte die Praxis dazu, von vornherein in DM
zu klagen und zu verurteilen (vgl Rn 35 sowie BGHZ 14, 212, 219).

111　**h)**　　Ersatz eines **Entwertungsschadens** bei der Einklagung von *Fremdwährungs-
Schadensersatzansprüchen* oder bei *Schuldnerverzug* (Rn 58) kann noch in einem
nachfolgenden Prozeß eingeklagt werden (OLG Hamburg OLGE 41, 100; F A MANN,

Recht des Geldes 267 f). Er ist ein vom Hauptanspruch zu trennender Streitgegenstand und kann häufig erst nach der Zahlung beziffert werden. Dann ist ein Zweitprozeß schwer zu vermeiden. Im Erstprozeß kann ausnahmsweise eine Korrektur der Klagforderung (RG WarnR 1921 Nr 70 = Recht 1921 Nr 1125), häufig aber nur ein Feststellungsantrag helfen. Anders, wenn der Schadensposten nach Vorbem D 348 zu §§ 244 ff prima facie in Gestalt der Kursdifferenz dargelegt und berechnet wird. Antrag und Urteil können dann etwa lauten: „Der Beklagte wird verurteilt, an den Kläger ... US-Dollar, mindestens aber den Gegenwert von ... DM (oder Drittwährungsbetrag) zu zahlen." Ähnlich RGZ 145, 51, 52: „... 950 englische Pfund nebst 6 vH Zinsen seit 1. 2. 1933 in deutscher Währung zum Kurse vom 1. 2. 1933, jedoch zum Kurse des Zahlungstages, falls dieser Kurs ein höherer ist". Die Zusammenfassung der Primärforderung mit dem Schadensersatz in einem Antrag ändert nichts daran, daß auch prozessual zwei Ansprüche vorliegen. Ein Teilurteil nach § 301 ZPO nur über den Primäranspruch bleibt zulässig. Hat der Kläger den Entwertungsschaden bereits im Erstprozeß geltend gemacht, so erfaßt die objektive Rechtskraft des Urteils auch die Frage, ob dieser Schadensersatz dem Gläubiger zugesprochen oder abgesprochen wird (zur Abgrenzung vgl OLG Hamburg OLGE 41, 100).

i)   Der **Streitwert** im Prozeß ist selbst keine Geldschuld, sondern ein Geldbetrag. **112** Er bestimmt die Höhe der Gebühren- und Kostenansprüche. Darüber, in welcher Währung der Streitwert festzusetzen ist, entscheidet die *lex fori* (Soergel/Kegel[11] Vorbem 896, 937 zu Art 7 EGBGB; Hartmann, Kostengesetze [26. Aufl 1995] Einl III Rn 6). Das gilt für die im Inland anfallenden Gebühren ebenso wie für die aus den §§ 91 ff ZPO folgende Kostenerstattungspflicht. Die Höhe des Streitwerts kann allerdings bei einer Fremdwährungsklage von deren Wert nicht unabhängig sein (LG Berlin JR 1950, 58). Auch wird die Einschaltung eines in fremdem Währungsgebiet ansässigen Verkehrsanwalts Einfluß auf den Kostenerstattungsanspruch aus den §§ 91 ff ZPO haben (BGH NJW 1954, 1200; OLG Braunschweig NdsRpfl 1952, 27; LG Göttingen JR 1954, 424 m abl Anm Tschischgale; Hartmann Einl III Rn 12). *Eine Streitwertfestsetzung in Fremdwährung ist nicht zulässig* (BAG NJW 1955, 927, 928; Stein/Jonas/Schumann, ZPO [20. Aufl 1984] § 2 Rn 96; **aM** Soergel/Kegel[11] Vorbem 905 Fn 7 zu Art 7 EGBGB). Zweifelhaft ist dies nur bei den Ost-Berliner Sachen vor Berliner Gerichten (vgl einerseits KG JR 1949, 477, 478; NJW 1954, 38; Hartmann Einl III Rn 6; Tschischgale JR 1954, 135; andererseits KG NJW 1955, 348). Über *Devisenprobleme bei der Beitreibung von Gerichtskostenforderungen* aus fremdem Währungsgebiet vgl eingehend Hartmann Einl III Rn 14 ff mwNw.

3.   Die Zwangsvollstreckung

a)   Eine **Fremdwährungsschuld**, um die es sich im Zweifel handelt, ist nach den **113** §§ 803 ff ZPO als Geldschuld beitreibbar (RGZ 106, 74, 77 f; KG JW 1920, 657, 658; 1923, 188; BGH NJW 1962, 109; OLG Köln JW 1920, 910, 911; OLG Frankfurt JW 1921, 1328, 1329; OLG Düsseldorf NJW 1988, 2185 = WM 1988, 588 m Anm Kleiner WM 1988, 1459 = IPRax 1989, 295 m Anm Hanisch IPRax 1989, 276; LG Frankfurt NJW 1956, 65; LG Nürnberg-Fürth DGVZ 1983, 188; LG Köln FamRZ 1968, 479; Bachmann 68 ff; Nussbaum, Das Geld 195; Fögen 124; AK-BGB/Brüggemeier Rn 12; Maier-Reimer NJW 1985, 2053). Das gilt für die **effektive** wie für die **einfache** Fremdwährungsschuld (OLG Düsseldorf aaO; Bachmann 69; Karsten Schmidt ZZP 98 [1985] 46; Fögen 125; **aM** Nussbaum, Das Geld 196 mwNw). Die von Nussbaum (Das Geld 196) erwogene Anwendung des § 887 ZPO hat sich mit Recht nicht durchgesetzt. Die Vollstreckung der Fremdwährungsschuld erfolgt, wo dies möglich ist, durch *Pfändung von Geld der geschuldeten Währung* und Ablieferung dieses Geldes an den Gläubiger (KG JW 1921, 1328, 1329; 1923, 188; NUSSBAUM, Das Geld 196; NEUMEYER III/2 187; s auch BACHMANN 78 f; aM WIECZOREK, ZPO [2. Aufl 1981] § 815 Anm A I a unter Berufung auf RGZ 85, 185; aM wohl auch FÖGEN 125 f). Doch ist dieser Fall weitgehend theoretisch. Im übrigen erfolgt die Vollstreckung nach den allgemein für die Geldschuld geltenden Grundsätzen. *Das gesamte Schuldnervermögen steht als Vollstreckungssubstrat zur Verfügung* (RGZ 106, 74, 77). Bewegliche Sachen und Forderungen werden nach den §§ 808 ff, 829 ff ZPO gepfändet und in DM verwertet (BACHMANN 74 ff). Auch die Eintragung einer *Zwangshypothek* kommt in Betracht (RGZ 106, 74, 78; NUSSBAUM, Das Geld 196), dies aber nach hM nur als Höchstbetragshypothek mit einem Höchstbetrag in deutscher Währung (LG Osnabrück Rpfleger 1968, 122 in Anlehnung an RGZ 106, 74; MünchKommBGB/vMAYDELL[3] Rn 53). Zulässig ist auch ein Antrag auf *Zwangsversteigerung oder Zwangsverwaltung* (BACHMANN 146 ff, 154 ff, 162 ff; NUSSBAUM, Das Geld 196; DASSLER/MUTH, ZVG [12. Aufl 1991] § 16 Rn 6). Für das geringste Gebot und für den Teilungsplan bei der Zwangsversteigerung (vgl dagegen zur Zwangsverwaltung DASSLER/MUTH § 156 Rn 14; ZELLER/STÖBER, ZVG [14. Aufl 1993] § 155 Anm 6.9) muß die Forderung in DM umgerechnet werden (Dassler/Schiffhauer § 44 Rn 26, § 114 Rn 36; ZELLER/STÖBER § 114 Anm 5.4). Sondervorschriften für die *Zwangsversteigerung von Schiffen und Luftfahrzeugen*, die mit Schiffshypotheken bzw Registerpfandrechten in ausländischer Währung belastet sind, enthalten die §§ 168 c, 171 e ZVG. Im Ergebnis führt damit die Vollstreckung wegen einer effektiven wie einer einfachen Fremdwährungsforderung idR zur **Befriedigung in DM** (vgl auch MAIER-REIMER NJW 1985, 2053; HANISCH ZIP 1988, 346; differenzierend BACHMANN 79 f). Dies beruht nicht auf § 244, sondern ist eine Konsequenz des Vollstreckungsrechts (NEUMEYER III/2 187 mit Hinweis auf § 884 ZPO auf S 186). Kaum praktikabel scheint der Vorschlag von BACHMANN (79 f), wonach der Gerichtsvollzieher bei der Vollstreckung einer effektiven Fremdwährungsforderung analog § 821 ZPO den Erlös in die geschuldete Fremdwährung umzutauschen und fremdes Geld auszukehren hat. Die *Umrechnung* folgt denselben Grundsätzen, die auch für § 244 Abs 2 gelten (STEIN/JONAS/MÜNZBERG, ZPO [21. Aufl 1995] Vorbem 162 zu § 704). Sie ergibt sich also aus Rn 83 ff. Eine Rückrechnung auf einen für den Gläubiger günstigeren Kurs kommt selbst dann nicht in Betracht, wenn der Gläubiger nach § 286 Schadensersatz verlangen kann (Rn 58). Dieser Schadensersatz bedarf der besonderen Geltendmachung im Erkenntnisverfahren (Rn 111).

114 **b)** Die **Unterscheidung zwischen einfacher und effektiver Fremdwährungsschuld** verliert in der Vollstreckung weitgehend an Bedeutung (KARSTEN SCHMIDT ZZP 98 [1985] 48). Nach FÖGEN (125) ist sie sogar völlig bedeutungslos (vgl auch zum schweizerischen Recht BernerKomm/ROLF H WEBER [1983] Art 84 OR Rn 370 ff). Der Schuldner könne bei der einfachen wie bei der effektiven Fremdwährungsschuld dem Gerichtsvollzieher Zahlung in DM anbieten und dadurch die Vollstreckung abwenden. Die **hM** teilt diese Auffassung nicht. *Die effektive Valutaschuld* (erst recht die Geldsortenschuld, LG Frankfurt NJW 1956, 65) *verwandelt sich in der Vollstreckung nicht in eine Heimwährungsschuld* (RG JR 1925 Nr 529; NUSSBAUM, Das Geld 211). Soweit nur die Zahlung in ausländischer Währung befreiend wirkt, ist der **Gerichtsvollzieher** nach hM auch nicht nach den §§ 754 f ZPO zur Entgegennahme des Betrags in DM befugt, denn diese Vorschrift gibt ihm keine Vertretungsmacht für die Annahme einer nicht geschuldeten Leistung an Erfüllungs Statt (RG JR 1925 Nr 529; SCHACK, Internationales Zivilverfahrensrecht [1991] Rn 964; KARSTEN SCHMIDT ZZP 98 [1985] 48; eingehend STEIN/JONAS/MÜNZBERG, ZPO [20. Aufl 1995] § 754 Rn 9 f). *Zwei Punkte machen den Kern des Problems aus.* Da die Vollstreckung idR ohnedies auf Befriedigung in DM geht (Rn 113), stellt sich die Frage, ob nicht der Schuldner jede Fremdwährungsvollstreckung durch Zahlung in DM soll abwenden können (in dieser Richtung FÖGEN 125). Aber es geht eben bei den §§ 754 f ZPO nicht bloß um eine Abwendung der bevorstehenden Vollstreckung, sondern um die Bewirkung der geschuldeten Leistung. Damit stellt sich die schwierige Frage, wie einfache und effektive Fremdwährungsschulden vom Gerichtsvollzieher unterschieden werden sollen (NUSSBAUM, Das Geld 211). Nur wenn dem Schuldner im Titel Zahlung in Heimwährung nachgelassen ist, wird sich der Gerichtsvollzieher ohne besondere Bevollmächtigung auf eine solche Zahlung einlassen dürfen. Ist dies der Fall, so dürfte die Vertretungsmacht des Gerichtsvollziehers auch den Empfang einer Heimwährungszahlung umfassen. Zu dieser Empfangnahme verpflichtet und zur Aushändigung des Titels an den Schuldner berechtigt ist er aber nur, wenn der zugrundegelegte Kurswert offensichtlich unbedenklich ist.

c) **Ob sich der Fremdwährungsschuldner nach § 244 durch Zahlung in DM befreien** 115 **kann** oder aus devisenrechtlichen Gründen sogar in DM zahlen muß (Rn 35 f) und zu welchem Kurs er dies kann, kann nicht nur im Erkenntnisverfahren (Rn 110), sondern **auch im Vollstreckungsverfahren** geprüft werden (BGHZ 36, 11; MünchKommBGB/vMAY-DELL[3] Rn 54; **aM** BERNER Rpfleger 1962, 87), sofern nicht bereits im Erkenntnisverfahren rechtskräftig über diese Frage entschieden ist (Rn 109). Die Frage wird im Rahmen der Rechtsbehelfe des Vollstreckungsrechts geprüft; für eine besondere Feststellungsklage besteht idR kein Rechtsschutzinteresse (BGHZ 36, 11; dagegen BERNER Rpfleger 1962, 87). Das gilt auch für Zahlungen zur Abwendung der Vollstreckung (OLG Köln NJW-RR 1992, 237 = WM 1992, 1364).

d) Von Fremdwährungstiteln deutscher Gerichte sind **ausländische Titel** zu unter- 116 scheiden. Ihre Behandlung ist **Gegenstand des internationalen Prozeßrechts.** Über die Vollstreckung aus ausländischen Titeln vgl §§ 328, 722 ZPO und Art 31 EuGVÜ sowie bilaterale Abkommen, ergänzt durch das AVAG (Gesetz zur Ausführung zwischenstaatlicher Anerkennungs- und Vollstreckungsaufträge v 30. 5. 1988, BGBl I 662). Dokumentation der einschlägigen Staatsverträge: MünchKommZPO/GOTT-WALD Anh IZPR; SCHACK, Internationales Zivilprozeßrecht (1991) Rn 798 ff; WIECZOREK/SCHÜTZE, ZPO (2. Aufl 1980) IntZPR.* *Zur Anerkennung ausländischer Unterhaltstitel* vgl BASEDOW, Die Anerkennung von Auslandsentscheidungen

---

* **Schrifttum:** BÖCKSTIEGEL (Hrsg), Studien zum Recht der internationalen Schiedsgerichtsbarkeit (1979); BÜLOW/BÖCKSTIEGEL/GEIMER/SCHÜTZE, Internationaler Rechtsverkehr in Zivil- und Handelssachen (Stand 1995); ERNEMANN, Zur Anerkennung und Vollstreckung ausländischer Schiedssprüche nach § 1044 ZPO (1979); GEIMER, Prüfung der Gerichtsbarkeit und der internationalen Zuständigkeit bei der Anerkennung ausländischer Urteile (1966); GRAUPNER, Zur Entstehungsgeschichte des

§ 328 ZPO, in: FS Ferid (1978) 183; KROPHOLLER, Europäisches Zivilprozeßrecht (5. Aufl 1996); NAGEL, Internationales Zivilprozeßrecht (3. Aufl 1991); RIEZLER, Internationales Zivilprozeßrecht (1949); ROTH, Vorbehalt des ordre public gegenüber gerichtlichen Entscheidungen (1967); SCHACK, Internationales Zivilprozeßrecht (1991); SCHRÖDER, Internationale Zuständigkeit (1971); SCHLOSSER, Das Recht der privaten internationalen Schiedsgerichtsbarkeit (1975).

(1980); SIEHR, Ausländische Unterhaltsentscheidungen und ihre Abänderung im Inland wegen veränderter Verhältnisse, in: FS Bosch (1976) 927; zur Vollstreckung von DDR-Unterhaltstiteln vor 1989 vgl HIRSCHBERG 65 – 109.

Zur **Vollstreckung aus deutschen Titeln im Ausland** vgl SCHÜTZE, Anerkennung und Vollstreckung deutscher Urteile im Ausland (1973); für Unterhaltstitel GALSTER IPRax 1990, 146 ff. Älteres Material bei HAEGER, Die Vollstreckung von Urteilen und Schiedssprüchen im internationalen Rechtsverkehr (1910). Über ausländische Forderungen als Gegenstand der Zwangsvollstreckung vgl ROSENBAUM, Die Zwangsvollstreckung in Forderungen im internationalen Rechtsverkehr (1930).

4. Insolvenzverfahren

117 Im Konkurs wird die unechte wie die echte Fremdwährungsschuld nach § 69 KO (künftig § 45 S 2 InsO) in DM umgerechnet (NUSSBAUM, Das Geld 197; eingehend KARSTEN SCHMIDT, Fremdwährungsforderungen im Konkurs, in: FS Merz [1992] 533 ff). Maßgebender Zeitpunkt ist hier der Zeitpunkt der Konkurseröffnung (vgl BGHZ 108, 123, 128; OLG Köln WM 1988, 1648; LG Köln WM 1988, 802 = WuB VI B § 69 KO 1.88 m Anm WELTER; HAHN, Materialien zur KO [1881] 268). Als Umrechnungssatz gilt damit der für den Ort der Konkursverwaltung maßgebliche Kurs am Eröffnungstag (BGHZ 108, 123, 128; OLG und LG Köln aaO; KUHN/UHLENBRUCK, KO [11. Aufl 1994] § 69 Rn 4). Diese Umrechnung auf den Tag der Verfahrenseröffnung ist als mit § 244 Abs 2 unvereinbar, die Nichtberücksichtigung von Kursentwicklungen nach der Verfahrenseröffnung als ungerechtfertigt bezeichnet worden (AREND ZIP 1988, 74). Die Festlegung des Umrechnungskurses auf den Stichtag der Verfahrenseröffnung entspricht aber allein dem Verfahrenskonzept des § 69 KO (KARSTEN SCHMIDT 540). § 45 S 2 InsO schreibt dieses künftig fest: „Forderungen, die in ausländischer Währung oder in einer Rechnungseinheit ausgedrückt sind, sind nach dem Kurswert, der zur Zeit der Verfahrenseröffnung für den Zahlungsort maßgeblich ist, in inländische Währung umzurechnen." Nur für betagte Verbindlichkeiten ist die Möglichkeit einer nachträglichen Korrektur zu erwägen (KARSTEN SCHMIDT 541). Die Umrechnung ist Sache des Gläubigers (LG Mönchengladbach KTS 1976, 67; AREND ZIP 1988, 74). Die Feststellung der Forderung zur Tabelle in Deutscher Mark hat nach hM schuldändernde Wirkung und wirkt über die Dauer des Insolvenzverfahrens hinaus (RGZ 93, 209, 213; 112, 297, 300; BGHZ 108, 123, 129). Dagegen tritt weder durch die Forderungsanmeldung (BGHZ 108, 123, 129) noch durch die Bestätigung eines Zwangsvergleichs oder künftig eines Insolvenzplans (OLG Köln WM 1987, 1648 = ZIP 1988, 112 = EWiR 1988, 87 m Anm ARENS) eine ex-lege-Umwandlung der Fremdwährungsforderung in eine Heimwährungsforderung ein. Richtig scheint, daß auch die Feststellung zur Tabelle diese Wirkung nicht hat. Die rechtskräftig zur Tabelle festgestellte Forderung ist nur eine in DM titulierte Fremdwährungsforderung (KARSTEN SCHMIDT 544 ff; ähnlich bereits AREND ZIP 1988, 72 f).

X. Sonderfragen

1. Internationales Privatrecht

118 § 244 sagt nichts über das **Schuldstatut** einer Fremdwährungsschuld (Rn 15). Es gelten die allgemeinen kollisionsrechtlichen Regeln sowie das Einheitsrecht der einschlägigen Abkommen, zB das Haager Übereinkommen über die Anerkennung und Vollstreckung von Unterhaltsentscheidungen sowie das auf Unterhaltspflichten anwendbare Recht v 2. 10. 1973 (BGBl 1986 II 825; in der Bundesrepublik mit dem Vorbehalt des Art 15 in Kraft seit dem 1. 4. 1987, im Beitrittsgebiet gemäß Art 11 EinigungsV seit dem 3. 10. 1990; ausführlich WENDL/STAUDIGL, Das Unterhaltsrecht in der familienrechtlichen Praxis [3. Aufl 1995] § 7 Rn 1 f).

2. Rechtsvereinheitlichung

Das **Bemühen um Rechtsvereinheitlichung** auf dem Gebiete der Fremdwährungsschul- **119** den zielt auf *allgemeine Geltung des in § 244 enthaltenen Gedankens*, also der Umrechnungsbefugnis in die moneta loci solutionis. Vgl dazu eingehend KÜNG passim. Dort Anh I S 123: Projet de Convention sur le paiement des obligations libellées en monnaie étrangère = Draft Convention on the Payment of Foreign Money Liabilities der International Law Association; Anh II S 126: Convention européenne relative aux obligations en monnaie étrangère = European Convention on Foreign Money Liabilities des Europarates. Fundstelle: Conseil de l'Europe, Rapport explicatif sur la Convention européenne relative aux obligations en monnaie étrangère (Strassbourg 1968). Dazu auch GRAUPNER AWD 1968, 221. Die Bundesrepublik hat das Abkommen am 11. 12. 1967 unterzeichnet. Die nach Art 8 Abs 2 der Konvention für das Inkrafttreten erforderlichen Ratifikationen liegen jedoch noch nicht vor. Zur Arbeit der International Law Association auf dem Gebiet des Geldrechts vgl GUISAN, Le comité de droit monétaire de l'International Law Association, in: FS F A Mann (1977) 719.

3. § 244 im öffentlichen Recht

Die **Anwendung des § 244 im öffentlichen Recht** wird von FRIEDRICHS (ArchBürgR 42 **120** [1916] 32 f) mit Recht, freilich ohne Begründung, bejaht. Der Schutzgedanke der Norm (Rn 2) paßt auch hier. Öffentlichrechtliche Fremdwährungsschulden können vom Schuldner in DM getilgt werden, wenn sich der Zahlungsort im Währungsinland befindet (vgl Rn 76), keine effektive Fremdwährungsschuld vorliegt und keine devisenrechtlichen Hindernisse bestehen. Eine *effektive* Fremdwährungsschuld entsteht nur, wenn dies in einem öffentlichrechtlichen Vertrag besonders bedungen ist (§§ 62 VwVfG, 244 BGB). In aller Regel werden grenzüberschreitende öffentlichrechtliche Verträge die Zahlungswährung und die Zahlungsmodalität bestimmen. § 244 dürfte deshalb im öffentlichen Recht nur von geringer Bedeutung sein.

§ 245

Ist eine Geldschuld in einer bestimmten Münzsorte zu zahlen, die sich zur Zeit der Zahlung nicht mehr im Umlaufe befindet, so ist die Zahlung so zu leisten, wie wenn die Münzsorte nicht bestimmt wäre.

Materialien: E I § 216; II § 209; III § 239; Mot II 15; Prot I 290.

Schrifttum

DÜRKES, Wertsicherungsklauseln (10. Aufl 1992)
FÖGEN, Geld- und Währungsrecht (1969) 111
HAHN, Währungsrecht (1990) § 3 I
F A MANN, Das Recht des Geldes – Eine rechtsvergleichende Untersuchung auf der Grundlage des englischen Rechts (1960) 56

NUSSBAUM, Das Geld in Theorie und Praxis des deutschen und ausländischen Rechts (1925) 80
MARTIN WOLFF, Das Geld, in: Ehrenbergs Handbuch des gesamten Handelsrechts IV/1 (1917) 645.

Systematische Übersicht

Alphabetische Übersicht

I.   Grundlagen

1.   Bedeutung der Geldsortenschuld

a)   Die **Geldsortenschuld** unterscheidet sich von der Geldstückschuld (Vorbem C 5 zu **1**
§§ 244 ff) dadurch, daß nur Geldsumme und Geldsorte bestimmt sind. Die Besonderheiten der Geldsortenschuld sind bei STAUDINGER/WEBER[11] (Rn 1 ff) sehr ausführlich
besprochen. Die Geldsortenschuld war ein Produkt der Metallgeldzeit (vgl auch Rn 5).
Praktische Bedeutung hatte die Geldsortenschuld, solange noch der Substanzwert

der Geldzeichen ihrer Kaufkraft und ihrem Zahlungswert entsprach (FÖGEN 111 f; HAHN § 3 Rn 5, § 8 Rn 2; MünchKommBGB/vMAYDELL[3] Rn 1). Hierauf beruhten namentlich die *Goldmünzklauseln*. Durch VO v 28. 9. 1914 (RGBl 417) wurden Goldmünzklauseln aus der Zeit vor dem 31. 7. 1914 bis auf weiteres für unverbindlich erklärt. Die auf Goldmünzen lautende Geldsortenschuld wurde damit zu einer Geldsummenschuld (Rn 13; RGZ 101, 141, 145; 131, 78, 84; eingehend NUSSBAUM, Das Geld 182). Nach dem Ersten Weltkrieg ergab sich dieselbe Rechtsfolge auch für die seit 1914 vereinbarten Goldklauseln unmittelbar aus § 245, weil sich die Goldmark nicht mehr im Verkehr befand (RGZ 107, 370, 371; stRspr); vgl auch Vorbem A 54, D 165 zu §§ 244 ff.

2 b) **Heute** kommt dem Institut der Geldsortenschuld **mehr rechtssystematische als rechtspraktische Bedeutung** zu (auf jede Kommentierung verzichtet AK-BGB/BRÜGGEMEIER). Eine gewisse Bedeutung kommt ihm noch auf dem Gebiet der effektiven Valutaverbindlichkeiten (§ 244 Rn 10) zu (zust MünchKommBGB/vMAYDELL[3] Rn 1). Wichtig ist schließlich die richtige Abgrenzung des Instituts der Geldsortenschuld gegen das bei Vorbem D 162 ff zu §§ 244 ff besprochene Institut der Wertsicherung. § 245 ist ein, insoweit heute zu wenig gewürdigter, *Baustein im nominalistischen Recht der Geldschuld* (Rn 4 f).

2.   Echte und unechte Geldsortenschuld

3 Echte (eigentliche) und unechte (uneigentliche) Geldsortenschuld werden traditionellerweise unterschieden: Die „echte" Geldsortenschuld ist Gattungsschuld (Vorbem C 6 zu §§ 244 ff), die „unechte" ist Geldschuld (Mot in: MUGDAN II 8; LARENZ I § 12 III; ERMAN/WERNER[9] Rn 1; BGB-RGRK/ALFF[12] Rn 3; MünchKommBGB/vMAYDELL[3] Rn 2). Zur Abgrenzung vgl Rn 9. Nur von der „unechten" Geldsortenschuld, also von einer Geldschuld, spricht § 245. Die Geldsortenschuld des § 245 ist damit auch als Hypothekenforderung eintragbar (RGZ 50, 145, 148; 108, 176, 182; KGJ 48 A 218; OLG Hamburg OLGE 40, 279; krit NUSSBAUM, Das Geld 180 ff), vorausgesetzt, es handelt sich wirklich um eine reine Geldsortenschuld und nicht zugleich um eine Wertsicherungsklausel (vgl zu den Goldklauseln Rn 20 ff). *Die unechte Geldsortenschuld ist eine Geldschuld mit der Zusatzvereinbarung, daß die Schuld in bestimmten Geldsorten beglichen werden soll* (Mot in: MUGDAN II 8; LEONHARD I 110). Die hergebrachte Terminologie ist in einem modernen Geldrecht angreifbar („echt" soll ausgerechnet diejenige Geldsortenschuld sein, die keine Geldschuld ist!). Sie wird hier aber beibehalten, weil die Bedeutung der Sache den Aufwand terminologischer Neuorientierung mit den hieraus resultierenden Verständigungsschwierigkeiten nicht lohnt.

3.   Normzweck des § 245

4 a) Die *Bestimmung ist* nicht dazu geschaffen, Geldwertprobleme zu bewältigen. Sie ist **nominalistisch gedacht** (so der Sache nach NUSSBAUM, Das Geld 85) und zieht nur die Konsequenzen daraus, daß die unechte Geldsortenschuld eine Geldschuld ist und nicht, wie die echte Geldsortenschuld, sämtlichen Regeln über die Gattungsschuld unterworfen werden kann. Deshalb sieht das Gesetz die Bestimmung der Geldsorte nur als „Nebenbestimmung" und als „nebensächlichen Theil" eines Vertrags an (Mot in: MUGDAN II 8). Wie die einschlägige Rechtsprechung in Zeiten der Währungskrise gezeigt hat (charakteristisch RGZ 103, 384, 387; 121, 110, 111; RG JW 1925, 1483; dazu auch Rn 17, 21), ließ sich § 245 nicht für Wertsicherungszwecke mobilisieren. Auf der anderen Seite bestand aber das Ziel des Gesetzgebers auch nicht darin, versteckte Wertsicherungsklauseln zu bekämpfen, denn unter dem Eindruck eines lebhaften Goldumlaufs verkannte er einfach die Wertsicherungsfunktion von Goldklauseln (krit NUSSBAUM, Das Geld 180). Der Wertsicherungsaspekt blieb außerhalb der gesetzgeberischen Überlegungen (vgl auch Rn 17). Das ist zwischen den Weltkriegen heftig diskutiert worden. Heute genügt die Feststellung, daß § 245 im Verein mit der Abschaffung der Goldwährung zur Bedeutungslosigkeit der Geldsortenschuld mit beigetragen hat (vgl auch Rn 1).

b)   Der **Grundgedanke** des § 245 besteht darin, daß im Fall der unechten Geld- 5
sortenschuld hilfsweise Geld schlechthin geschuldet ist. Insofern zieht § 245 die Konsequenz daraus, daß die unechte Geldsortenschuld trotz gewisser Züge einer Gattungsschuld doch Geldschuld ist (Mot in: MUGDAN II 8; ENNECCERUS/LEHMANN § 11 I 4). Das Nichtvorhandensein der vertraglich bestimmten Münzsorte soll nicht zu den Regeln über die Unmöglichkeit der Leistung führen (SOERGEL/TEICHMANN[12] Rn 3): Weder tritt Befreiung ein, noch wird etwa Schadensersatz wegen Nichterfüllung geschuldet. Die währungstechnischen Grundlagen des § 245 sind veraltet insofern, als § 245 noch Rudiment eines metallistischen Geldverkehrs ist (vgl auch MünchKommBGB/vMAYDELL[3] Rn 1). Weil es diesen Geldverkehr nicht mehr gibt, hat sich das *Regelungsbedürfnis* der Bestimmung weitgehend erledigt. Was bleibt, ist die institutionelle Einbindung in das Konzept des Nominalismus (Rn 2).

II.   Das materielle Recht der unechten Geldsortenschuld

1.   Die Merkmale der unechten Geldsortenschuld

a)   Es muß eine **Geldschuld** vereinbart sein, denn die unechte Geldsortenschuld ist 6
eine Geldschuld mit der besonderen Maßgabe, daß in einer bestimmten inländischen oder ausländischen Geldsorte gezahlt werden soll (Rn 3).

b)   Im Zusammenhang mit der Geldsortenschuld hat der **Begriff „Sorte"** eine 7
andere Bedeutung als im banktechnischen Bereich. Gemeint ist nicht (jedenfalls nicht notwendig) Geld fremder Währung, sondern eine bestimmte Gattung von Münzen oder sonstigen Geldzeichen (NUSSBAUM, Das Geld 80).

c)   Die Geldsorte kann eine **inländische oder** eine **ausländische** sein (Mot in: MUGDAN 8
II 8; ERMAN/WERNER[9] Rn 4; MünchKommBGB/vMAYDELL[3] Rn 3; SOERGEL/TEICHMANN[12] Rn 2; vgl insoweit auch RGZ 151, 35, 37). Sie muß aber, jedenfalls nach Auffassung beider Parteien, als Zahlungsmittel im Umlauf sein. Ist sie es entgegen der Annahme der Parteien nicht, so tritt, entgegen dem zu engen Wortlaut („nicht mehr") die Rechtsfolge des § 245 ein (Rn 15). Wo diese Rechtsfolge nicht paßt, vielmehr nur die Regeln der anfänglichen Unmöglichkeit den Parteiinteressen genügen können, wird es sich um eine echte, nicht um eine unechte Geldsortenschuld handeln. Dann liegt eine Gattungsschuld vor (Rn 3).

d)   Die **Vereinbarung** einer unechten Geldsortenschuld geht dahin, eine „Geld- 9
summe tatsächlich (effektiv) in einer bestimmten Geldsorte" zu leisten (vgl Teilentwurf Obligationenrecht in: JAKOBS/SCHUBERT, Die Beratung des BGB, SchuldR I [1978] 245). Diese Vereinbarung wird regelmäßig, muß aber nicht in jedem Fall eine ausdrückliche sein

(Mot in: MUGDAN II 7; Prot in: JAKOBS/SCHUBERT, Die Beratung des BGB, SchuldR I [1978] 66). Ein klärender Zusatz wie „effektiv" ist zwar bei der Auslegung des erklärten Willens hilfreich, aber nicht erforderlich. Ob eine echte oder eine unechte Geldsortenschuld vereinbart ist, muß dem Sinn und Zweck des Vertrags entnommen werden. Den Ausschlag gibt die Frage, ob die Geldsorten als Sachen geschuldet sind (echte Geldsortenschuld = Gattungsschuld) oder ob eine in den vereinbarten Sorten zu begleichende Geldschuld vorliegt (vgl Vorbem C 4 ff zu §§ 244 ff).

2. Allgemeine Rechtsfolgen

10 **a)** **Elemente der Geld- und der Gattungsschuld** treffen im Fall der unechten Geldsortenschuld aufeinander (vgl auch NUSSBAUM, Das Geld 82 ff). Aber das Gesetz beläßt es bei den Regeln der Geldschuld (Rn 2). § 275 ist unanwendbar (RGZ 107, 370, 371; 108, 176, 181; BGB-RGRK/ALFF[12] Rn 4). Unanwendbar ist aber auch § 279 (RGZ 103, 384, 388). Diese Bestimmung ist im Recht der Geldschuld entbehrlich (Vorbem C 30 zu §§ 244 ff). Zahlungsort und Gefahr richten sich nach den §§ 269, 270 (NUSSBAUM, Das Geld 82 f; MARTIN WOLFF, in: EhrenbHandB IV/1 647). Die unechte Geldsortenschuld unterliegt nicht nur der vertraglichen, sondern auch der gesetzlichen Verzinsung (NUSSBAUM, Das Geld 83; MARTIN WOLFF, in: EhrenbHandB IV/1 647). Die gesetzlichen Zinsen sind, soweit nichts besonderes vereinbart ist, in Geld schlechthin zu zahlen, nicht notwendig in der bedungenen Sorte (NUSSBAUM, Das Geld 83).

11 **b)** **Erfüllung** durch Erbringung der geschuldeten Leistung (§ 362 Abs 1) erfolgt in der vertraglich bedungenen Geldsorte. Daher gerät der Gläubiger nicht in *Annahmeverzug*, wenn ihm eine Geldleistung in anderen Sorten angeboten wird und er diese Leistung nicht als Erfüllung annimmt (ENNECCERUS/LEHMANN § 11 I 4; LARENZ I § 12 III). Aber der Gläubiger kann eine Leistung in anderen Sorten mit Erfüllungswirkung annehmen (zumindest nach § 364 Abs 1; nach MARTIN WOLFF, in: EhrenbHandB IV/1 647 liegt Erfüllung vor, nicht Leistung an Erfüllungs Statt). Er kann, wenn ihm eine Ersetzungsbefugnis zusteht (Rn 12), sogar die Erfüllung durch Zahlung schlechthin verlangen, aber er braucht sie, solange die Schuld nicht zur regelmäßigen Geldschuld geworden ist, nicht als Erfüllung gelten zu lassen. Ist die unechte Geldsortenschuld gleichzeitig **Fremdwährungsschuld** (Rn 8), so wird sie nach § 244 Rn 10 und 38 regelmäßig effektive Fremdwährungsschuld sein. Dem Schuldner steht dann die Ersetzungsbefugnis des § 244 nicht zu. Die **Aufrechnung** ist ein Problem der Gleichartigkeit. Folgt man nicht dem Grundsatz, alle Geldschulden seien gleichartig (dazu § 244 Rn 47), so muß als Regel gelten: Dem Geldsummengläubiger ist die Aufrechnung gegen die Geldsortenforderung versagt, dagegen kann der Geldsortengläubiger gegen die Geldsummenschuld aufrechnen (NUSSBAUM, Das Geld 83), wenn er auch Zahlung schlechthin verlangen kann (dazu Rn 12).

III. Umwandlung in eine regelmäßige Geldschuld

1. Ersetzungsbefugnis des Gläubigers

12 Die Vereinbarung einer unechten Geldsortenschuld dient idR einseitig den Interessen des Gläubigers (NUSSBAUM, Das Geld 82). Um eine Wahlschuld, bei der entgegen der Vermutung des § 262 das Wahlrecht dem Gläubiger zustünde, wird es sich nach dem Parteiwillen nicht handeln, wohl aber kommt eine **Ersetzungsbefugnis (facultas**

alternativa) des Gläubigers in Betracht. Der *Schuldner* soll vorbehaltlich des § 245 die bedungene Summe in der bedungenen Währung leisten. Statt auf der bedungenen Sorte zu bestehen, darf der *Gläubiger* den Schuldner auch dann auf die allgemeine Wertsummenschuld verweisen und Zahlung in der bedungenen Währung schlechthin verlangen, wenn die Voraussetzungen des § 245 nicht erfüllt sind.

2. Spezialgesetzliche Umwandlung

Eine Umwandlung kraft Gesetzes stellte die **Außerkraftsetzung der Goldmünzklauseln** 13 durch **VO v 28. 9. 1914** (RGBl 417) dar. Danach waren die vor dem 31. 7. 1914 getroffenen Vereinbarungen „bis auf weiteres nicht verbindlich". Diese unklare Formulierung bedeutete, daß der Anspruch des Geldsortengläubigers auf diejenige Leistung beschränkt wurde, die er in Ermangelung der Goldklausel von vornherein hätte beanspruchen können (RGZ 101, 141, 146). Das galt auch für die *sog schweizerischen Goldfrankenhypotheken*, die auf deutschen Grundstücken lasteten (RGZ 101, 141). Vgl dazu dann aber die Abkommen v 6. 12. 1920 und 25. 3. 1923 sowie die Gesetze v 9. 12. 1920 (RGBl 2023) und v 23. 6. 1923 (RGBl II 284) und dazu BGB-RGRK/ALFF[12] Rn 8 mwNw. Für die schweizerischen Goldhypotheken in der Bundesrepublik Deutschland wurde eine Sonderregelung getroffen durch die Vereinbarung über die Regelung der Schweizerfranken-Grundschulden vom 23. 2. 1953 (BGBl 1954 II 539), die aufgrund des Gesetzes vom 15. 5. 1954 (BGBl II 538, ber 740) mit Gesetzeskraft veröffentlicht wurde. Die alten Goldmünzenschulden wandelten sich, soweit sich dies nicht schon aus der VO von 1914 ergab, nach § 245 in reguläre Geldsummenschulden um (RGZ 103, 384, 387 f; 107, 370, 371).

3. Umwandlung kraft Gesetzes nach § 245

a) Eine Umwandlung kraft Gesetzes tritt im **Fall des § 245** ein (RGZ 103, 384, 388; 14 allgM). Die Bestimmung wird bisweilen als eine der Ausdehnung unfähige Ausnahmeregel, nämlich als Ausnahme von den §§ 275, 279, bezeichnet (RGZ 151, 35, 37; BGB-RGRK/ALFF[12] Rn 3, 5; s auch RGZ 107, 370, 371; 108, 176, 181). Diese Einordnung ist mit Recht als irreführend kritisiert worden (F A MANN, Recht des Geldes 58 Fn 13). Denn die Regel des § 245 versteht sich nicht als Ausnahme von einem an sich auch hier gültigen Prinzip. Sie ist die Konsequenz daraus, daß die Verbindlichkeit (im Gegensatz zur echten Geldsortenschuld) eine Wertsummenschuld ist und den Charakter einer regulären Geldschuld zurückgewinnt, sobald eine Erfüllung in den vereinbarten Sorten nicht möglich ist (besonders klar ENNECCERUS/LEHMANN § 11 I 4; MARTIN WOLFF, in: EhrenbHandB IV/1 647). In diesem Licht erscheint die Geldsortenvereinbarung bei der unechten Geldsortenschuld als „nebensächlich" und die Unmöglichkeit einer Erfüllung in den vereinbarten Sorten als ein Ereignis, durch das „der Bestand und das Wesen des Schuldverhältnisses selbst nicht geändert" wird (Mot in: MUGDAN II 8).

b) Der **Anwendungsfall des § 245** tritt nach dem Gesetzeswortlaut ein, wenn sich 15 die Münzsorte zur Zeit der Zahlung nicht mehr im Umlaufe befindet. Entgegen dieser zu engen Formulierung erfaßt § 245 jede *objektive rechtliche oder tatsächliche (wirtschaftliche) Unmöglichkeit einer Leistung in der vereinbarten Geldsorte* (RGZ 107, 370, 371; MARTIN WOLFF, in: EhrenbHandB IV/1 647; SOERGEL/TEICHMANN[12] Rn 2; ERMAN/ WERNER[9] Rn 2). *Hauptbeispiel ist die Außerkurssetzung* (Mot in: MUGDAN II 8); so bei den

Reichsgoldmünzen (VO v 16. 7. 1938, RGBl I 901), bei dem alten Vereinstaler durch Bek v 27. 6. 1907 (RGBl 401; vgl auch OLG Kiel SchlHAnz 1921, 31) oder bei der deutschostafrikanischen Rupie (vgl RGZ 108, 298). Das Prinzip der Demonetisierung von Geldsorten ist geschildert in Vorbem B 5 zu §§ 244 ff. *Es genügt aber auch jede andere objektive Unmöglichkeit.* Sobald die Verschaffung der geschuldeten Sorten objektiv unmöglich ist, kann und muß der Schuldner die Leistung auch in anderen Sorten erbringen (RGZ 107, 370, 371 f; BGB-RGRK/ALFF[12] Rn 3; vgl auch Prot in: JAKOBS/ SCHUBERT, Die Beratung des BGB, SchuldR I [1978] 67). Es genügt, wenn die bedungenen Sorten – auch ohne formell demonetisiert zu sein (dazu Vorbem B 3 zu §§ 244 ff) – tatsächlich *nicht mehr als Zahlungsmittel im Umlauf* sind und sich nur noch aufgrund ihres Metallwertes im Handel befinden (RGZ 107, 370, 371 f; ERMAN/WERNER[9] Rn 2; MünchKommBGB/vMAYDELL[3] Rn 4; SOERGEL/TEICHMANN[12] Rn 2). Bloße Schwierigkeiten der Beschaffung stehen der Unmöglichkeit grundsätzlich noch nicht gleich (Mot in: MUGDAN II 8; BGB-RGRK/ALFF[12] Rn 4). Das Gesetz stellt auf die Unmöglichkeit überhaupt, nicht auf die Unmöglichkeit am Zahlungsort ab (Mot in: MUGDAN II 8). Einen allgemeinen Grundsatz, wonach devisenrechtliche Hindernisse die Anwendung des § 245 rechtfertigen, gibt es also nicht. Der Gläubiger kann sich ggf mit der Ersetzungsbefugnis helfen, dem Schuldner mag ausnahmsweise unter dem Gesichtspunkt des § 242 zu helfen sein. Die entsprechende Anwendung des § 245 auf Fremdwährungsschulden nur deshalb, weil der Begleichung der Fremdwährungsschuld devisengesetzliche Hindernisse im Wege stehen, wurde dagegen von RGZ 151, 35, 36 f abgelehnt (zust MünchKommBGB/vMAYDELL[3] Rn 7; dazu § 244 Rn 63). Erst recht stellt die Abwertung einer fremden Währung kein Verschwinden der vereinbarten Geldsorten dar (OLG Hamm DJZ 1935, 128; zur Frage der Geschäftsgrundlage in diesem Fall vgl OLG Köln NJW-RR 1991, 1266). Die Unmöglichkeit, in den vereinbarten Sorten zu zahlen, kann eine anfängliche oder eine nachträgliche sein. Der Gesetzeswortlaut („nicht mehr") schließt die anfängliche Unmöglichkeit nur scheinbar aus (Rn 8). Vorauszusetzen ist allerdings, daß die Parteien von der Zahlbarkeit in der vereinbarten Sorte ausgingen. Anderenfalls liegt keine unechte Geldsortenschuld vor.

16 c)   Maßgebender Zeitpunkt ist nach § 245 die „Zeit der Zahlung", nicht die Zeit der Fälligkeit (RGZ 101, 312, 316; ERMAN/WERNER[3] Rn 3; BGB-RGRK/ALFF[12] Rn 6; MünchKommBGB/vMAYDELL[3] Rn 4). Auch nach Fälligkeit und selbst noch nach Eintritt des Verzugs kann sich die Geldsortenschuld in eine normale Wertsummenschuld verwandeln (unklar RGZ 103, 384, 388). Ein hierdurch eintretender Verlust kann ggf als Verzugsschaden geltend gemacht werden (Rn 10). Solange allerdings der Kurs der geschuldeten Münzsorte dem ihr beigegebenen Wert entspricht, fehlt es an einem ersetzbaren Schaden (RG Recht 1927 Nr 1737).

17 d)   Es findet nach § 245 **keine Umrechnung** statt. Das Gesetz sieht eine solche Umrechnung nicht vor. STAUDINGER/WEBER[11] (Rn 107) geht davon aus, daß „eine der Lage am besten entsprechende Umrechnung" erfolgen müsse. Diese Auffassung läßt sich auf WINDSCHEID/KIPP (§ 256 Anm 2) und PLANCK/SIBER[4] (Anm 2) zurückführen, die eine Umrechnung dergestalt vorschlugen, daß der letzte Kurswert der außer Verkehr getretenen Geldsorte in den zum gleichen Zeitpunkt bestehenden Kurswert der an ihre Stelle getretenen Münze umgerechnet werde (für Umrechnung auch LEONHARD I 111; HECK, SchuldR § 19/5 b). Die Ungereimtheit dieser Lehre und ihre Unvereinbarkeit mit der Regelung des § 245 ist bereits 1925 von NUSSBAUM nachgewiesen worden (Das Geld 86). Das Schweigen des Gesetzes erklärt sich nicht aus einer Lükkenhaftigkeit des § 245, sondern geradezu aus dem Prinzip dieser Norm. § 245 ist nominalistisch, nicht valoristisch angelegt (Rn 4). Die Motive gingen noch davon aus, „Bestand und Wesen" des Schuldverhältnisses würden nicht berührt, wenn sich die bedungene Münzsorte nicht mehr im Umlauf befinde (Mot in: MUGDAN II 8). Die Möglichkeit, daß Goldmünzklauseln faktisch Wertsicherungsfunktion hätten gewinnen können (NUSSBAUM, Das Geld 181), wurde in konsequenter Fortführung des nominalistischen Prinzips geleugnet (Rn 4, 21). Für den *Fall einer ausländischen Geldsortenschuld* (Rn 11) sieht § 245 gleichfalls keine Umrechnung vor (Prot in: JAKOBS/ SCHUBERT, Die Beratung des BGB, SchuldR I [1978] 67). Eine Ausnahmeregelung des Inhalts, die Geldschuld soll, „wenn die Münzsorte eine ausländische war, nach dem Kurse der Münzen des betreffenden Staats" erfolgen (Antrag Kurlbaum, in: JAKOBS/ SCHUBERT, Die Beratung des BGB, SchuldR I [1978] 65), fand nicht die Zustimmung der 1. Kommission.

e)   Nach hM ist § 245 **dispositives Recht**, kann also wegbedungen werden (Münch- **18** KommBGB/vMAYDELL³ Rn 6). Gerade hieraus hat NUSSBAUM (Das Geld 85) gefolgert, die in § 245 vorgesehene 1:1-Umwandlung einer Geldsortenschuld in eine regelmäßige Geldschuld komme nach dem vorrangigen Parteiwillen nicht in Betracht. Richtig ist aber nur, daß § 245 eine Geldsortenschuld mit Wertsicherung nicht verbietet. Diese ist dann aber an § 3 WährG zu messen (Rn 19, 24; zu § 3 WährG vgl im übrigen Vorbem D 191 ff zu §§ 244 ff).

IV.   Geldsortenschuld, Wertsicherung und Gattungsschuld

1.   Grundlagen

Heute noch ist das **Verhältnis zu den Wertsicherungsvereinbarungen** (Vorbem D 162 ff zu **19** §§ 244 ff) von Interesse. In der unechten Geldsortenschuld kann sich ein Wertsicherungszweck verbergen (nachdrücklich NUSSBAUM, Das Geld 85, 180 f). Die Anwendung von § 245 auf Fälle der Entwertung der Währungsgrundeinheit stünde zwar unter dieser Voraussetzung in offenbarem Widerspruch zum Parteiwillen (NUSSBAUM, Das Geld 85), zu einem Parteiwillen indessen, dem im Hinblick auf § 3 WährG nicht zum Siege verholfen werden kann. Die von NUSSBAUM (Das Geld 85) gerügte Disharmonie zwischen § 245 und dem Parteiwillen entspricht dem Nennwertprinzip des geltenden Rechts (Vorbem D 19 ff zu §§ 244 ff). Ist eine unechte Geldsortenschuld mit einer besonderen Wertsicherungsklausel verbunden (RGZ 100, 79) oder ist sie Fremdwährungsschuld (§ 244 Rn 10, 38), so ist § 3 WährG zu beachten (Rn 18, 24). Nicht dasselbe gilt für die echte Geldsortenschuld. Als Sachschuld ist sie genehmigungsfrei, auch wenn sie Wertsicherungszwecken dient (Vorbem D 227 ff zu §§ 244 ff). In Betracht kommt nur der Umgehungseinwand (Vorbem D 236 zu §§ 244 ff).

2.   Goldmünzklausel, Goldwertklausel und Goldleistungsklausel

Die Abgrenzung der unechten Geldsortenschuld gegenüber Wertsicherungsklauseln **20** und gegenüber der echten Geldsortenschuld läßt sich heute noch exemplarisch am Beispiel der Goldklauseln aufzeigen:

Die **Goldmünzklausel** begründet eine *unechte Geldsortenschuld* (vgl zB RGZ 50, 145, 148; **21** 103, 384, 386; HAHN § 3 Rn 5 f). Die Goldmünzklausel wurde im System der Goldumlaufwährung nicht als Wertsicherungsklausel anerkannt. Sie *berührte den Nennwert der Forderung nicht* (hM; KG JW 1923, 21; abl Nussbaum, Das Geld 182). Sie stellte insbesondere keine verschärfte Goldwertklausel dar, die Goldwertklausel also auch kein in jeder Goldmünzklausel notwendig enthaltenes minus (RGZ 121, 110, 111). Deshalb wurde eine schematische Umdeutung jeder Goldmünzklausel in eine Goldwertklausel abgelehnt (RGZ 103, 384, 387; 121, 110, 111 mwNw; RG JW 1925, 1483; aM Nussbaum, Das Geld 85, 168; ders JW 1925, 1483; Kohler JW 1926, 2625). In Zeiten des Währungsverfalls hat das RG nicht mit schematischer Umrechnung der Geldschuld nach Maßgabe einer (nicht vereinbarten) Goldwertklausel, sondern mit § 242 geholfen (RGZ 108, 176, 181).

22 Eine Wertsicherungsklausel, die von der Goldmünzklausel unterschieden werden muß, stellt die **Goldwertklausel** dar (RGZ 50, 145; 101, 141, 144; 103, 384, 385; 104, 352, 354; 107, 400, 401; 121, 110, 111; OLG Köln JW 1923, 1048 = LZ 1924, 45; Hahn § 3 Rn 6, § 8 Rn 35; MünchKommBGB/vMaydell[3] Rn 2; Soergel/Teichmann[12] Rn 1; BGB-RGRK/Alff[12] Rn 10). Die Goldwertklausel legt nicht die geschuldeten Geldsorten fest, sondern die Höhe der Forderung. Sie ist nicht, wie die Goldmünzklausel, zum Nennwert in Goldmünzen zu erfüllen, sondern sie ist zum Goldwert in der vereinbarten Währung zu erfüllen. Es liegt damit eine reine Geldschuld, nicht eine Geldsortenschuld, vor, freilich *eine Geldschuld mit Kursgarantieklausel* (vgl RG JW 1928, 1810). Ob eine Goldmünzklausel oder eine Goldwertklausel vereinbart ist, ist ggf durch Auslegung zu ermitteln (RGZ 103, 384, 387; 107, 400, 402; 121, 110, 111; 131, 78; 136, 169). Die ältere Rechtsprechung neigte vielfach deshalb zur Annahme einer Goldmünzklausel, weil eine solche Klausel in das Grundbuch eingetragen wurde, während die Goldwertklausel nicht als eintragungsfähig anerkannt war (RGZ 101, 141, 145; 103, 384, 387; 107, 400, 402; RG JW 1925, 1483; vgl aber RGZ 121, 110, 112). Dem Parteiwillen kann auch die Kombination von unechter Geldsortenklausel und Wertsicherungsklausel entsprechen (RGZ 100, 79). Die Goldwertklausel wurde im Gegensatz zur Goldmünzklausel (Rn 13) nicht durch die BundesratsVO v 28. 9. 1914 berührt (RGZ 103, 384, 386; vgl auch RGZ 107, 78, 92; KG OLGE 43, 11). Aber sie unterliegt als Wertsicherungsklausel dem § 3 WährG (vgl näher Vorbem D 225 zu §§ 244 ff; Dürkes Rn C 16, J 120).

23 Die **Goldleistungsklausel** betrifft im Gegensatz zur Goldmünzklausel und zur Goldwertklausel überhaupt *keine Geldschuld*. Die Klausel zielt auf Lieferung von Gold. Die Goldleistung kann auch in Goldmünzen bestehen, die nicht demonetisiert, wegen ihres Metallwertes aber nur als Waren im Handel sind. Vgl dazu Vorbem A 23 f zu §§ 244 ff; Einicke, Die geld- und währungspolitische Bedeutung des Goldes nach dem Zweiten Weltkrieg (Diss Marburg 1959); Heichen ZfKrW 1965, 212; Cortney ZfKrW 1966, 804; Stanislaus, Der manipulierte Goldpreis. Demonetisierung gegen Mut und Ausdauer, in: Inf der Int Treuhand 53 (1977) 9; Wittgen BB 1959, 1181. § 3 S 2 WährG steht nicht entgegen (vgl Vorbem D 228 zu §§ 244 ff). Zur steuerlichen Behandlung vgl Vorbem C 4 zu §§ 244 ff. Strafrechtlich BGHSt 27, 255 = NJW 1977, 2364 m krit Anm Geissler NJW 1978, 708 = LM §§ 146, 147 StGB Nr 1 m Anm Pelchen; 32, 198 = NJW 1984, 1311; Vorbem A 24 und A 81 zu §§ 244 ff.

24 Die **Freiheit der Parteivereinbarung** läßt vorbehaltlich § 3 WährG (dazu vgl Vorbem D 191 ff zu §§ 244 ff; § 244 Rn 40 ff) **Klauselkombinationen** zu. So findet sich in der älteren Praxis die Kombination der Goldmünzklausel mit Valuta- und Goldwertklauseln

(OLG Hamburg OLGE 40, 279) oder die Mischung von eigentlicher Geldsortenklausel, Goldmünzklausel und Goldleistungsklausel. So im Fall der „unbeschränkten Goldleistungsklausel". Sie verpflichtet den Schuldner, den Geldbetrag in erster Linie in Goldmünzen der Vertragswährung, bei Änderung der Ausprägung hilfsweise in den dann geltenden Goldmünzen und bei Abschaffung der vereinbarten Goldmünzen in anderen Goldmünzen oder in reinem Gold zu leisten (STAUDINGER/WEBER[11] Rn 13; KG OLGE 2, 364). Die „unbeschränkte Goldleistungsklausel" war im 19. Jahrhundert außerordentlich verbreitet. Nach geltendem Recht ist sie überholt, weil sie Elemente der Goldleistungsklausel aufweist, ohne doch von § 3 WährG frei zu sein.

V. Prozeß, Vollstreckung, Insolvenzverfahren

1. Erkenntnisverfahren und Zwangsvollstreckung

Im **Prozeß** kann die Geldsortenschuld nur unter Beachtung ihrer Eigenart als Geld- **25** schuld behandelt werden (NUSSBAUM, Das Geld 82).

a)   Der **Klagantrag** ist auf Zahlung in einer bestimmten Münzsorte gerichtet. § 283 **26** findet keine Anwendung. Eine auf Leistung der bedungenen Geldsorte, nach Ablauf einer zu bestimmenden Frist auf Zahlung schlechthin lautende „unechte Eventualklage" (STAUDINGER/LÖWISCH [1995] § 283 Rn 34) kann dem Gläubiger allerdings zugebilligt werden, wenn ihm eine facultas alternativa zusteht. Die Befugnis des Gläubigers, dem Schuldner eine Frist zu setzen und nach deren fruchtlosem Ablauf Zahlung schlechthin zu verlangen, beruht dann nicht auf Gesetz (§ 283), sondern auf Vertrag. Klagt der Geldsortengläubiger auf Zahlung schlechthin, so ist davon auszugehen, daß er von dieser Ersetzungsbefugnis (Rn 12) Gebrauch gemacht hat.

b)   Das **Mahnverfahren** nach § 688 Abs 1 ZPO paßt nur auf Geldsummenschulden, **27** nicht auf Geldsortenschulden. Steht dem Gläubiger eine Ersetzungsbefugnis dergestalt zu, daß statt der vereinbarten Sorte auch Zahlung in DM schlechthin verlangt werden kann (Rn 12), so kann das Gericht auf Antrag den Mahnbescheid erlassen (vgl auch NUSSBAUM, Das Geld 82). Davon ist im Regelfall auszugehen. Der *Urkundenprozeß* (§ 592 ZPO) ist ohne weiteres auch bei der Geldsortenschuld zulässig, ebenso die Aufnahme der Geldsortenschuld in eine *vollstreckbare Urkunde* nach § 794 Abs 1 Nr 5 ZPO (NUSSBAUM, Das Geld 82). Der **einstweilige Rechtsschutz** erfolgt durch Arrest (§ 916 ZPO).

c)   Die **Zwangsvollstreckung** aus einem auf Zahlung in einer bestimmten Münz- **28** sorte lautenden Titel ist nach hM Vollstreckung wegen einer Geldforderung (ROSENBERG/GAUL/SCHILKEN, Zwangsvollstreckungsrecht [10. Aufl 1987] § 48 II 1; MünchKommZPO/ SCHILKEN [1992] § 803 Rn 4; WIECZOREK, ZPO [2. Aufl 1981] § 803 Anm B III a). Dieser heute wohl vorherrschenden Auffassung hat NUSSBAUM (Das Geld 82) widersprochen. Eine Geldsortenschuld wird nach ihm gemäß den §§ 883, 894 ZPO vollstreckt (für die §§ 884, 894 ZPO wohl auch STEIN/JONAS/MÜNZBERG, ZPO [21. Aufl 1994] Vorbem 2 zu § 803). Die Frage hängt davon ab, welche Bedeutung man dem Gattungsschuldelement bei der Geldsortenschuld beimißt (Rn 10). Dem Grundgedanken des § 245 (Rn 4 f) entspricht die hM: Nur die echte, in § 245 nicht geregelte Geldsortenschuld wird als Gattungsschuld nach den §§ 883, 894 ZPO vollstreckt (vgl OLG Düsseldorf NJW-RR 1988, 2185). NUSSBAUMS Lösung kommt dem Gläubigerinteresse stärker entgegen und entspricht der Interessenlage: Der Gläubiger *kann* nach den §§ 803 ff ZPO vollstrecken, wenn er Zahlung schlechthin verlangen kann (Rn 12, 14), er muß aber erst nach den §§ 803 ff ZPO vollstrecken, wenn die Forderung nach Rn 14 ff umgewandelt ist. Nennenswerte praktische Bedeutung kommt der Frage nicht zu.

2.   Insolvenzverfahren

29 Im **Insolvenzverfahren** tritt eine entsprechende Frage auf. Nussbaum (Das Geld 82) sieht die Geldsortenschuld auch hier, sofern sie nicht nach § 245 in eine reguläre Geldschuld umgewandelt ist, als eine Verbindlichkeit an, die iS von § 69 KO (künftig: § 45 S 1 InsO) nicht auf einen Geldbetrag gerichtet ist. Die unechte Geldsortenschuld müßte dann nach ihrem Schätzwert als Konkursforderung geltend gemacht werden. In Konsequenz des § 245 ist dieser Auffassung zu widersprechen: Die unechte Geldsortenschuld ist Geldschuld (Rn 3). Nur für die echte Geldsortenschuld paßt, sofern sie überhaupt Konkursforderung wird, die Umrechnung nach § 69 KO (künftig: § 45 S 1 InsO).

§ 246*

Ist eine Schuld nach Gesetz oder Rechtsgeschäft zu verzinsen, so sind vier vom Hundert für das Jahr zu entrichten, sofern nicht ein anderes bestimmt ist.

Materialien: E I § 217; E II § 210; Mot II 15 ff; Prot I 290 D 41.

Schrifttum

Aden, Die neuen AGB-Sparkassen 1993, NJW 1993, 832
Adomeit, Die gestörte Vertragsparität – ein Trugbild, NJW 1994, 2467
Aleth, Die Geltendmachung und Beitreibung von Verzugszinsen aus Verbraucherkrediten (Diss Bayreuth 1994)
App, Zur Handhabung der Vollverzinsung nach § 233 a AO durch die Finanzverwaltung zum BMF-Schreiben vom 3. 8. 1994, NJW 1995, 1529
Asam/Kindler, Ersatz des Zins- und Geldentwertungsschadens nach dem Wiener Kaufrechtsübereinkommen vom 11. 4. 1980 bei deutsch-italienischen Kaufverträgen, RIW 1989, 841
Austrup, Zinsbesteuerung (1994)

Bachmann, Die Restforderung der Teilzahlungsbank gegen den säumigen Schuldner, NJW 1978, 865
ders, Die Nichtigkeit von Teilzahlungskrediten nach der neueren Rechtsprechung und ihre Folgen, NJW 1979, 2082
Bader, Nichtige Tilgungsregelungen in Bank-Formular-Kreditverträgen und ihre Behandlung, BB 1986, 543
Bandisch, Anwendung des VerbrKrG auf anwaltliche Vergleichsgebühren?, AnwBl 1992, 317
Bartsch, Zum Effektivzins, NJW 1983, 1651
Baums, Zinsberechnungsklauseln in Darlehensverträgen, WM SonderBeil 2/1987, 1
ders, Zur Transparenz der Berechnung von Darlehenszinsen – Zugleich eine Anmerkung

---

* Neukommentierung unter teilweiser Verwendung der Vorauflage.

zum Urteil des BGH v 24. 11. 1988 – III ZR 188/87 (ZIP 1988, 1530), ZIP 1989, 7

BAUSCHKE, Zur Bedeutung des Streits über die Verjährung des Bereicherungsanspruchs bei sittenwidrigem Kreditvertrag, BB 1985, 1701

BAYER, Zinsen für die Eigentümergrundschuld?, AcP 189 (1989) 470

BECKER-EBERHARD, Zur Möglichkeit der Anpassung rechtskräftig titulierter Verzugsschadenszinsen aus § 286 Abs 1 BGB an ein verändertes Zinsniveau, DZWir 1993, 183

BECKERS, Die Berechnung der Nichtabnahmeentschädigung – Anmerkung zu BGH WM 1991, 760 –, WM 1991, 2049

BEINING, Keine unterschiedliche Verjährung von Tilgungs- und Zinsanteilen bei Teilzahlungskrediten, NJW 1990, 1464

ders, Verzugszinsen von Verzugszinsen?, NJ 1993, 544

BELKE, Die Strafzinsen im Kreditgewerbe – ihre Begrenzung aus dem Zinseszinsverbot und ihr Verhältnis zu den gesetzlichen Verzugsfolgen, BB 1968, 1219

BENDER, Probleme des Konsumentenkredits, NJW 1980, 1129

BENZ, Die Verzinsung von rückständigen Geldleistungen nach § 44 SGB I, BerGen 1991, 323

BERKENHOFF, Neuregelung des Preisangabenrechts, NWB 1992, Fach 22, 147

BERNREUTHER, Zum Maßstab der Auslegung von AGB und dem Transparenzgebot, BB 1993, 1823

BILDA, Zinsrecht in Spanien und Deutschland (1994)

BIRK/BARTH, Die sog Vollverzinsung im Steuerrecht, Jura 1989, 286

BIRKENFELD-PFEIFFER, Schadensersatzpauschalen zwischen legitimer Rationalisierung des Geschäftsverkehrs und einseitiger Selbstbevorzugung des Verwenders (Diss Bochum 1991)

BOCHOLT, Bedeutung des Zinsverrechnungstermins für die Ermittlung des Erstattungsanspruchs, BB 1989, 940

BODENSTAFF, Die Tilgungsstreckung, BB 1967, 356

BOEST, Die neue Preisangabenverordnung, NJW 1985, 1440

ders, Die Neuregelung der Preisangaben für Kredite, NJW 1993, 40

BRANDMÜLLER, Grundschulddarlehen. Die Gestaltung der Darlehensverträge im Hypothekarkredit unter Berücksichtigung der Anforderungen des VerbrKrG (1993)

BRANDTS, Das Recht zur vorzeitigen Darlehenskündigung gemäß § 609a BGB unter besonderer Berücksichtigung der auslandsbezogenen Kreditgeschäfte (1996)

BRAUN, Prozessuale Schwierigkeiten im Umgang mit § 11 Abs 3 VerbrKrG, WM 1991, 165

ders, Die Titulierung von Verzugszinsen nach dem Verbraucherkreditgesetz, WM 1991, 1325

ders, Zinstitel und Abänderungsklage, ZZP 108 (1995) 319

BRINGEZU, Erbbauzins und Zinseszinsverbot, NJW 1971, 1168

BRINKMANN, Bewirkt § 6 Abs 4 VerbrKrG, daß Kreditgeber an einer zu niedrigen Effektivzinsangabe festgehalten werden?, BB 1991, 1947

BROSCH, Das Disagio im Bewertungsrecht, DB 1984, 1696

BRUCHNER, Zinsberechnungsmethode bei Annuitätendarlehen im Lichte der BGH-Urteile v. 24. 11. 1988, WM 1988, 1873

ders, Die abstrakte Berechnung des Verzugsschadens auf der Basis marktüblicher Brutto-Sollzinsen, ZHR 153 (1989) 101

ders, Zur Berechnung des Verzugsschadens bei Realkrediten i.S.v. § 3 Abs 2 Nr 2 VerbrKrG, WM 1992, 973

ders, Angabe des Gesamtbetrages nach § 4 Abs 1 Satz 2 Nr 1 b VerbrKrG, WM 1993, 317

BRUTSCHKE, Vorfälligkeitsentschädigung bei vorzeitiger Tilgung eines Hypothekendarlehens, ZAP 1994, 667

ders, „Ewiger Streit" um das Disagio – wer darf es nun behalten?, VuR 1996, 43

BÜHLER/KÖNDGEN/SCHMIDT, Schutz und Diskriminierung durch § 609 a BGB – Ökonomische und rechtliche Analyse des gesetzlichen Schuldnerkündigungsrechts, ZBB 1990, 49

BÜLOW, Sittenwidriger Konsumentenkredit (2. Aufl 1992)

ders, Das neue Verbraucherkreditgesetz, NJW 1991, 129

ders, Sittenwidriger Konsumentenkredit im Verzug, NJW 1992, 2049

ders, Zum aktuellen Stand der Schuldturm-

Andreas Blaschczok

problematik, insbesondere zur Anwendung von § 11 Abs 3 VerbrKrG, WM 1992, 1009

ders, Änderungen des VerbrKrG durch das Bauhandwerkersicherungsgesetz, NJW 1993, 1617

ders, Verzugsschadensberechnung mit 5% über dem jeweiligen Diskontsatz, ZIP 1996, 8

BÜSCHGEN, Die Eignung des in der Zinsstatistik „Ratenkredite" der Deutschen Bundesbank veröffentlichten Durchschnittszinses als repräsentativer Preis, BB Beil 9/1984

BULTMANN, „Marktübliche" Zinsanpassung bei DDR-Wirtschaftskreditverträgen, WirtR 1993, 415

ders, Die Zinsanpassung bei Altkrediten in marktüblicher Höhe, ZAP-Ost 1994, 107

BUNTE, Probleme der Ratenkreditverträge, WM Sonderbeil Nr 1/1984, 1

ders, Rechtsanwendungsprobleme im Bereich des Konsumentenkredits, NJW 1985, 705

ders, Rechtsfindungsprobleme im Bereich des Konsumentenkredits, ZIP 1985, 1

BURHOFF, Die rechtliche Beurteilung von Ratenkreditverträgen, Effektivzins, Sittenwidrigkeit, Rückabwicklung, Durchbrechung der Rechtskraft, NWB 1992 Fach 21, 1033

vCAMPENHAUSEN, Das Transparenzgebot als Pflicht zur Aufklärung vor Vertragsschluß (1994)

CANARIS, Der Zinsbegriff und seine rechtliche Bedeutung, NJW 1978, 1891

ders, Schranken der Privatautonomie zum Schutze des Kreditnehmers, ZIP 1980, 709

ders, Der Bereicherungsausgleich bei sittenwidrigen Teilzahlungskrediten, WM 1981, 978

ders, Die Verjährung des Rückzahlungsanspruchs des Kreditnehmers bei sittenwidrigen Ratenkrediten, ZIP 1986, 273

ders, Die Auswirkungen der Sittenwidrigkeit von Ratenkreditverträgen auf Folgekreditverträge, WM 1986, 1453

ders, Die Aufrechnung mit verjährten Rückzahlungsansprüchen aus nichtigen Ratenkreditverträgen – Zugleich eine Besprechung des Urteils des BGH vom 2. 10. 86 (III ZR 163/85), ZIP 1987, 1

ders, Noch einmal: Zinsberechnungsklauseln beim Annuitätendarlehen, NJW 1987, 2407

ders, Zinsberechnungs- und Tilgungsverrechnungsklauseln beim Annuitätendarlehen – Zugleich ein Beitrag zur Abgrenzung von § 8 und § 9 AGBG, NJW 1987, 609

ders, Interessenlage, Grundprinzipien und Rechtsnatur des Finanzierungsleasing, AcP 190 (1990) 410

ders, Grundprobleme des Finanzierungsleasing im Lichte des VerbrKrG, ZIP 1993, 401

CZYBULKA, Verzugs- und Prozeßzinsen im Verwaltungsprozeß, NVwZ 1983, 125

DEICHFUSS, Die sogenannten Zukunftszinsen, MDR 1992, 334

DENKERT, Zinsen und Steuern (1995)

DERLEDER, Der Marktvergleich beim Konsumentenratenkredit als Mittel der Sittenwidrigkeitsprüfung, NJW 1982, 2401

ders, Schadensersatzansprüche der Banken bei Nichtabnahme der Darlehensvaluta, JZ 1989, 165

DERLEDER/METZ, Die Nebenentgelte der Banken – Rechtsgrundlagen und rechtliche Grenzen, ZIP 1996, 573

dies, Die Nebenentgelte der Banken – zur Zulässigkeit der einzelnen Gebühren, ZIP 1996, 621

DOEPNER, Unlauterer Wettbewerb durch Verletzung von der Verbraucherinformation dienenden Gesetzesvorschriften, WRP 1980, 473

DRESCHER, Die „technische Novelle" des VerbrKrG, WM 1993, 1445

ders, Verbraucherkredit und Bankenpraxis (1994)

DYLLA-KREBS, Pflicht zur Angabe eines Barzahlungspreises und eines effektiven Jahreszinses bei Leasingangeboten, DB 1989, 1173

dies, Schranken der Inhaltskontrolle von allgemeinen Geschäftsbedingungen (1990)

ECKERT, Leistungsstörungen, DVBl 1962, 11

EHRENFORTH, Das Zinsurteil des BVerfG vom 27. 6. 1991. Verfassungskonforme Reformvorschläge und Steuergerechtigkeit, BB 1991, 2125

EMMERICH, Zum Verzug bei Ratenkreditverträgen, WM 1984, 949

ders, Der Verzug bei Ratenkrediten und kein Ende, WM 1986, 541

ders, Rechtsfragen des Ratenkredits, JuS 1988, 925

ders, Die Verzugsschadensproblematik bei Ratenkrediten, in: FS Giger (1989) 173

EMMERICH/MÜNSTERMANN, Aktuelle Probleme des Ratenkredits (1989)

FALTER, Die Praxis des Kreditgeschäfts bei Sparkassen und anderen Kreditinstituten (5. Aufl 1962)

FERGEN, Der Nachweis des weitergehenden Zinsschadens gemäß § 288 Abs 2 BGB (1994)

ULF FISCHER, Die öffentlich-rechtliche Geldforderung – unter besonderer Berücksichtigung ihrer Verzinsung (Diss Bonn 1968)

ders, Die Verzinsung öffentlich-rechtlicher Geldforderungen, NJW 1969, 1883

FISCHER, Vertragsstrafe und vertragliche Schadensersatzpauschalierung (1981)

FRANK, Sittenwidrigkeit als Folge „strukturell ungleicher Verhandlungsstärke" – BVerfG NJW 1994, 2749, JuS 1996, 389

GEBHARDT/GERKE/STEINER (Hrsg), Handbuch des Finanzmanagements (1993)

GELBERG, Kommentar zur PreisangabenVO (1975)

ders, Die Verordnung über Preisangaben in der Verwaltungspraxis und Rechtsprechung, GewA 1981, 1, 46; GewA 1982, 281 u 319; GewA 1986, 281; GewA 1987, 313 u 353; GewA 1989, 145 u 177; GewA 1991, 1 u 41; GewA 1992, 161 u 217; GewA 1994, 1 u 54; GewA 1995, 393

GERNHUBER, Ruinöse Bürgschaften als Folge familiärer Verbundenheit, JZ 1995, 1086

GILGER-SCHLUEP (Hrsg), Entwicklungstendenzen im schweizerischen Konsumentenkreditrecht (1979)

GIMBEL, Die neue Preisangabenverordnung, GewA 1985, 155

GÖSSMANN/WAGNER-WIEDUWILT/WEBER, AGB Banken 1993 (1993)

GÖTZ, Verzinsung öffentlich-rechtlicher Geldfordcrungcn, DVBl 1961, 433

GOTTHARDT, Zur Bemessung des nach dem gewöhnlichen Verlauf der Dinge zu erwartenden Schadens einer Bank bei Verzug eines Kreditschuldners, WM 1987, 1381

GOUNALAKIS/WALTERMANN, Zinsberechnungsklauseln bei Hypothekendarlehen – Eine Übersicht zum Stand der Rechtsprechung, NWB 1992 Fach 21, 1019

GRÖNER/KÖHLER, Verbraucherschutz in der Marktwirtschaft (1987)

GROESCHKE, Die Haftung einkommensschwacher und vermögensloser Bürgen – Schein oder Sein einer Kreditsicherheit ?, BB 1994, 725

GRUBER, Der Zinsanspruch beim gekündigten Geschäftsdarlehen, NJW 1992, 2274

GRÜN, Die Zwangsvollstreckung aus Vollstreckungsbescheiden über sittenwidrige Ratenkreditforderungen (1990)

dies, Das Ende der strengen BGH-Haftungsrechtsprechung bei Bürgschaften leistungsfähiger junger Erwachsener, NJW 1994, 2935

dies, Die Generalklauseln als Schutzinstrumente der Privatautonomie am Beispiel der Kreditmithaftung von vermögenslosen nahen Angehörigen, WM 1994, 713

GRÜTZBACH, Disagio in wirtschaftlicher und rechtlicher Sicht, BB 1964, 1367

GRUBE, Verzugszinsen in Spanien, RIW 1992, 634

GRUBER, Der Zinsanspruch beim gekündigten Geschäftsdarlehen, NJW 1992, 2274

ders, Die kollisionsrechtliche Anknüpfung der Verzugszinsen, MDR 1994, 759

ders, Die kollisionsrechtliche Anknüpfung der Prozeßzinsen, DZWir 1996, 169

GRUNWALD, Sittenwidriger Ratenkreditvertrag: Kurze Verjährung und vertragsgemäße Verrechnung der Zahlungen, MDR 1995, 125

GRUNSKY, Anwendbares Recht und gesetzlicher Zinssatz, in: FS Franz Merz (1992) 147

HACKL, Äquivalenzstörung und Sittenwidrigkeit, BB 1977, 1412

ders, Die guten Sitten als Kontrollinstrument für Kreditgeschäfte, DB 1985, 1327

HADDING, Welche Maßnahmen empfehlen sich zum Schutz des Verbrauchers auf dem Gebiet des Konsumentenkredits? Gutachten zum 53. DJT 1980

HADDING/WELTER, Das gesetzliche Kündigungsrecht gemäß § 247 BGB bei zweistufiger Darlehensvergabe, ZIP 1982, 405

HADDING/HÄUSER, Zum Anspruch des Bürgen gegen den Darlehensgläubiger auf Auskehrung des nicht verbrauchten Teils eines Zinsvoraus, in: WM-Festgabe Theodor Heinsius (1991) 4

HAHN, Zins- und Tilgungsvereinbarungen im Darlehensvertrag – Zugleich Besprechung des Urteils des OLG Frankfurt/M vom 24. 6. 1993, BB 1994, 1236

HAMMEN, Der Maßstab des Doppelten bei der

Sittenwidrigkeit von Zinsvereinbarungen, ZBB 1991, 87

ders, Vorzeitige Darlehnstilgung und Zinspflicht, DB 1991, 953

ders, Zum Verzicht auf die Rückgewährung des nicht verbrauchten Teils eines Disagios, WM 1994, 1101

ders, Zinsobergrenzen im letzten „Reservat" des Faustpfands, WM 1995, 185

HARENBERG, Sittenwidrige Höhe von Darlehenszinsen, NJW 1981, 99

HAUN, Die Unwirksamkeit der Bürgschaftsübernahme wegen Sittenwidrigkeit (1995)

HECKMANN, Verpflichtung des Kreditvermittlers zur Angabe des effektiven Jahreszinses, DB 1980, 1683

ders, Zur Verpflichtung des Kreditvermittlers zur Angabe des effektiven Jahreszinses bei Kreditangeboten, DB 1981, 1221

vHEINEGG, Verzugszinsen für öffentlich-rechtliche Geldforderungen, NVwZ 1992, 522

HEINRICHS, Umsetzung der EG-Richtlinie über mißbräuchliche Klauseln in Verbraucherverträgen durch Auslegung – Erweiterung des Anwendungsbereichs der Inhaltskontrolle, NJW 1995, 153

ders, Die Entwicklung des Rechts der Allgemeinen Geschäftsbedingungen im Jahre 1994, NJW 1995, 1395

HEINRICHSMEIER, Die Einbeziehung einkommens- und vermögensloser Familienangehöriger in die Haftung für Baukredite: eine unendliche Geschichte? – Anmerkung zu BGH, FamRZ 1993, 407 und BVerfG, FamRZ 1994, 151, FamRZ 1994, 129

HEISE, Das Verbraucherkreditgesetz – Versuch einer ersten Bilanz, JA 1993, 65

HEMMERDE/vROTTENBURG, Die Angabe von Kosten einer Versicherung im Kreditvertrag nach § 4 Abs 1 Satz 2 Nr 1 des VerbrKrG, WM 1993, 181

HERR, Das Ende der Zukunftszinsen?, NJW 1988, 3137

ders, Zur Höhe der Verzugszinsen nach der mündlichen Verhandlung, MDR 1989, 778

HIEBLER, Die Praxis der Kreditgewährung (3. Aufl 1972)

HILLACH/ROHS, Handbuch des Streitwerts in Zivilsachen (9. Aufl 1995)

EIKE vHIPPEL, Verbraucherschutz (2. Aufl 1979)

HOEREN, Die neuen AGB-Banken, NJW 1992, 3263

ders, Zur Verjährung von Ansprüchen auf anteilige Rückerstattung des Disagio, NJW 1994, 26

HOHENDORF, Die Bestimmung des auffälligen Mißverhältnisses zwischen Vermögensvorteilen und Leistung beim Ratenkreditwucher, BB 1982, 1205

HOLZSCHECK/HÖRMANN/DAVITER, Die Praxis des Konsumentenkredits in der Bundesrepublik Deutschland (1982)

HONSELL, Der Verzugsschaden bei der Geldschuld, in: FS Hermann Lange (1992) 509

ders, Bürgschaft und Mithaftung einkommens- und vermögensloser Familienmitglieder, NJW 1994, 565

HORLEMANN, Umschuldung von Annuitätendarlehen unter Verwendung von Lebensversicherungen zur Darlehensabsicherung oder Darlehenstilgung, BB 1994, 2321

HORN, Zinsforderung und Zinsverbot im kanonischen, islamischen und deutschen Recht, in: FS Hermann Lange (1992), 99

HORN (Hrsg), Die AGB-Banken 1993 (1994)

HÖRTER, Der finanzierte Abzahlungskauf (1969)

HUNECKE, Zinsberechnungs- und Tilgungsverrechnungsklauseln im Lichte der BGH-Urteile vom 24. 11. 1988, WM 1989, 553

IHMELS, Zur Zinsberechnung bei Teilzahlungskrediten, BB 1975, 1510

INGENSTAU/KORBION, Kommentar zur VOB/B (12. Aufl 1993)

JACOBUS, Der Rechtsbegriff der Zinsen (Diss Breslau 1908)

JOERGES, Verbraucherschutz als Rechtsproblem (1981) 75 ff

KAHLERT, Nochmals: Ende der Zukunftszinsen?, NJW 1990, 1715

KAMPS, Der Anspruch auf Zinsen bei Rückforderungen durch Leistungsbescheid, DVBl 1982, 777

KAROLLUS, Grundfälle zum VerbrKrG, JuS 1993, 651, 820

KAU, Werbung ohne Effektivzinsangabe, ZfKrW 1980, 554

KESSLER, Der Zinsabschlag, BB 1993, 183
KIETHE/GROESCHKE, Vertragsdisparität und strukturelle Unterlegenheit als Wirksamkeits- und Haftungsfalle – Zugleich Besprechung des Bürgschaftsbeschlusses des BVerfG vom 5. 8. 1994 (BB 1994, 2296), BB 1994, 2291
KILIMANN, Der Schaden des Ratenkreditgebers beim Zahlungsverzug im Konsumentenkredit, NJW 1987, 618
ders, Der Anspruch der Bank auf Überziehungsentgelte bei gekündigtem und ungekündigten Girovertrag, NJW 1990, 1154
KINDLER, Zur Anhebung des gesetzlichen Zinssatzes in Italien, RIW 1991, 304
ders, Gesetzliche Zinsansprüche im Zivil- und Handelsrecht (1996)
KLEIN, Verzug mit Ratenkreditzahlungen – Schadensersatzansprüche gegen den Ratenkreditschuldner unter Einbeziehung des VerbrKrG (1995)
KNEPPER, Zur Rechtsnatur von Steuerzinsen, BB 1985, 1657
KOCHENDÖRFER, Sittenwidrige Höhe von Darlehenszinsen, NJW 1980, 215
KÖHLER, Zur Realisierbarkeit von Vertragsstrafen aus Unterlassungsverpflichtungserklärungen aufgrund von Verstößen gegen die im Jahre 1983 vom BVerfG für verfassungswidrig erklärte Preisangabenverordnung, WRP 1990, 460
KÖNDGEN, Zur Praxis der sog nachträglichen Tilgungsverrechnung beim Hypothekenkredit, NJW 1987, 160
ders, Grund und Grenzen des Transparenzgebots im AGB-Recht – Bemerkungen zum „Hypothekenzins-“ und zum „Wertstellungs-Urteil“ des BGH, NJW 1989, 943
ders, Die Entwicklung des Bankkreditrechts in den Jahren 1991–93, NJW 1994, 1508
KÖNDGEN/BUSSE, Rechtsprechungsänderung zum Disagio: Zivil- und steuerrechtliche Fragen zur Entgeltgestaltung beim Darlehn – Besprechung der Entscheidung des BGH vom 29. 5. 1990 – XI ZR 231/89 (ZBB 1990, 211), ZBB 1990, 214
KÖNDGEN/KÖNIG, Grenzen zulässiger Konditionenanpassung beim Hypothekenkredit, ZIP 1984, 129
KÖNIG, Konsumentenkredit (1971)

KOHLMANN/SANDERMANN, Zur Abgrenzung der Begriffe „anbieten“ und „werben“ im Sinne der Verordnung über Preisangaben (PrAngVO), GRUR 1975, 120
KOHTE, Rezension von Vortmann, VerbrKrG (1991), JZ 1992, 524
KOLLER, Die Erstattung des Disagios bei vorzeitiger Rückzahlung subventionierter Kredite, DB 1992, 1125
KOLLHOSSER, Zur Tilgungsverrechnung bei Amortisationsdarlehn, ZIP 1986, 1429
KOHTE, Die Verjährung des Bereicherungsanspruchs des Kreditnehmers bei unwirksamen Kreditvertrag, NJW 1984, 2316
ders, Rechtsschutz gegen die Vollstreckung des wucherähnlichen Rechtsgeschäfts nach § 826 BGB, NJW 1985, 2217
ders, Rückforderung im Konsumentenkredit – Eine exemplarische Debatte zum Verjährungsrecht, NJW 1986, 1591
ders, Schlüsselrolle der Aufklärungspflicht – neue Rechtsprechung zur Kombination von Verbraucherkredit und Kapitallebensversicherung – Besprechung der Entscheidung des BGH vom 9. 3. 1989 – III ZR 269/87, ZIP 1989, 558, ZBB 1989, 130
ders, Marktzinsvergleich und Marktzinsüberschreitung im Verbraucherkredit – Besprechung der Entscheidung des BGH vom 11. 12. 1990 – XI ZR 69/90, JZ 1991, 814
KOZIOL, Sonderprivatrecht für Konsumentenkredite?, AcP 188 (1988) 183
KRABBE, Vollverzinsung im Steuerrecht (2. Aufl 1992)
KRINGS, Die Neufassung der AGB-Banken, ZBB 1992, 326
KRUG, Die vorzeitige Rückzahlung von Konsumentenkrediten durch den Kreditnehmer, BB 1979, 24
KRUSE, Der Zinsanspruch des Wechselinhabers gegen den Akzeptanten bei verspäteter Vorlage, ZIP 1993, 1143
KÜMPEL, Bank- und Kapitalmarktrecht (1995)
LAMMEL, Probleme des Ratenbarkredits, BB Beil Nr 8/1980 zu Heft 24, 1
LELLEK, Das Gesetz über die Anpassung von Kreditverträgen an Marktbedingungen sowie über Ausgleichsleistungen an Kreditnehmer, DtZ 1991, 368

Andreas Blaschczok

LIEB, § 9 VerbrKrG und Finanzierungsleasing, WM 1991, 1583

LÖWE, Neuerungen im Abzahlungsrecht, NJW 1974, 2257

ders, Keine Inhaltskontrolle von Tilgungsverrechnungsklauseln beim Annuitätendarlehen?, NJW 1987, 937

ders, Nachträgliche Tilgungsverrechnung bei Annuitätendarlehn – Anmerkung zum Schreiben des Finanzministeriums Baden-Württemberg vom 18. 2. 1987 – U 4300 – 28/87, BB 1987, 571

LÖWISCH, Die Zins- und Schadenersatzansprüche des Ratenkreditgebers bei Säumnis des Kreditnehmers, BB 1985, 959

LÜBKE-DETRING, Preisklauseln in AGB (1989)

MACK, Der Zinsanspruch der Bank im Zahlungsverzug des Darlehensnehmers – zugleich Stellungnahme zu dem Urteil des BGH vom 7. 11. 1985, WM 1986, 1337

MAILÄNDER, Kreditangebot ohne Preisangabe?, WM 1980, 456

MAIWALD, Das Zinsvebot des Islam und die islamischen Banken, RIW 1984, 521

MARSCHALL vBIEBERSTEIN, Gutachten zur Reform des finanzierten Abzahlungskaufs (1979)

ders, Der finanzierte Abzahlungskauf, Juristische Studiengesellschaft Karlsruhe, Heft 144 (1980)

MAYER-MALY, Renaissance der laesio enormis?, in: FS Karl Larenz (1983), 395

MEDICUS, Vorschläge zur Überarbeitung des Schuldrechts: Das allgemeine Recht der Leistungsstörungen, NJW 1992, 2384

ders, Über die Rückwirkung von Rechtssprechung, NJW 1995, 2577

MEIWES, Probleme des Ratenkreditvertrags (3. Aufl)

MELCHIOR, Neueste Rechtslage zur Vollverzinsung gem. § 233a AO, DStR 1995, 82

MELZER, Vorfälligkeitsentschädigung als Gegenanspruch der Bank bei anteiliger Rückzahlung des Disagios?, BB 1995, 321

METZ, Tilgungsverrechnung: Transparenz durch AGB-Recht und Preisangabenverordnung, NJW 1991, 668

ders, Die Vorfälligkeitsentschädigung: Entgelt für die Vertragslösung, Schadensersatz oder kontrollfreier Raum?, ZBB 1994, 205

METZ/WENZEL, Vorfälligkeitsentschädigung, RWS-Skript 282 (1996)

MEYER-CORDING, Nochmals: Der Zinsanspruch beim gekündigten Geschäftsdarlehen, NJW 1993, 114

MÜLBERT, Das verzinsliche Darlehen – Konsensualvertrag statt Realkontrakt – oder: synallagmatisches Entgelt statt akzessorischer Zinsen, AcP 192 (1992) 447

ders, Das Darlehen in der höchstrichterlichen Rechtsprechung 1988–1991 (Teil 3), JZ 1992, 445

MÜLLER, AGB-rechtliche Zulässigkeit von Diskontsatz-Verzugszinsklauseln, NJW 1996, 1520

MÜLLER-LAUBE, Teilzahlungskredit und Umsatzgeschäft (1973)

MÜMMLER, Anwendung des VerbrKrG auf einen Ratenzahlungsvergleich eines Rechtsanwalts, JurBüro 1992, 299

MÜNSTERMANN, Die Unbrauchbarkeit des sog. „Schwerpunktzinses" als Vergleichsmaßstab für § 138 Abs 1 BGB bei Ratenkrediten, WM 1986, 929

MÜNZBERG, Rechtsbehelfe nach Absinken rechtskräftig titulierter Verzugszinssätze – BGHZ 100, 211, JuS 1988, 345

ders, Fehler in § 11 Verbraucherkreditgesetz?, WM 1991, 170

NASALL, Vertraglicher Zins und Verzugsschaden, WM 1989, 705

NEUMAYER, Offene Fragen zur Anwendung des Abkommens der Vereinten Nationen über den internationalen Warenkauf, RIW 1994, 99

NIEBLING, Die Inhaltskontrolle von Preisen und Leistungen nach dem AGBG, WM 1992, 845

NIERWERTBERG, Privatrechtliche Regeln im öffentlichen Recht: Zinsen bei Erstattung vertraglicher Vorauszahlung auf die Erschließungskosten?, NVwZ 1989, 535

NÜSSGENS, Zum Verhältnis zwischen § 138 Abs 1 BGB und den Regelungen des AGBG im Bereich des sog Konsumentenkredits (finanzierter Abzahlungskauf), in: FS Winfried Werner (1984) 591

OEHMEN, Die Harmonisierung der Rechtsvorschriften über Verbraucherkredit in den Mitgliedstaaten der EG (Diss Köln 1979)

OESTERREICH, Zur Rechtsnatur des Damnums

(Auszahlungsdisagios) – Abgrenzung zum schlichten Zinsbegriff-, WM 1979, 822

VOLSHAUSEN, Die Rechtsprechung des BGH zur Sittenwidrigkeit bei vermittelten Ratenkrediten mit Restschuldversicherung, NJW 1982, 909

ders, Zivil- und wirtschaftsrechtliche Instrumente gegen überhöhte Preise – Versuch einer Systematik, ZHR 146 (1982) 259

ders, Der schrittweise Abschied vom Gesamtkostenvergleich bei der Wucherüberprüfung von Ratenkrediten mit Restschuldversicherung – Stellungnahme zu den Urteilen des BGH vom 8. 7. 1982 – III ZR 35/81 und III ZR 60/81 (ZIP 1982, 1044 und 1047) und vom 2. 12. 1982 – III ZR 90/81 (ZIP 1983, 282), ZIP 1983, 539

ders, Noch einmal: Der vermittelte Ratenkredit mit Restschuldversicherung – BGHZ 80, 153, JuS 1983, 928

OSENBRÜCK, Die zweite Verordnung zur Änderung der Makler- und Bauträgerverordnung, NJW 1995, 3371

OTT, Zur Sittenwidrigkeit von Konsumentenkreditverträgen, BB 1981, 937

OTTO, Neue Tendenzen in der Interpretation der Tatbestandsmerkmale des Wuchers beim Kreditwucher, NJW 1982, 2745

PEETZ, Konsumentenkredit und Restschuldversicherung in der Rechtsprechung des Bundesgerichtshofs, ZIP 1980, 605

PETERS, Die „novellierte" Gesamtbetragsangabepflicht nach dem Verbraucherkreditgesetz, WM 1994, 1405

PFLUG, Allgemeine Geschäftsbedingungen und „Transparenzgebot", AG 1992, 1

PILTZ, Neuere Entwicklungen im UN-Kaufrecht, NJW 1994, 1101

PLÜCKEBAUM/MALITZKY, Kommentar zum UStG (Stand 1995)

PRASS, Zeitanteilige Rückzahlung des Disagios (Agios) bei vorzeitiger Kündigung eines langfristigen Darlehns, BB 1981, 1058

PRÖLLS/MARTIN, Kommentar zum VVG (25. Aufl 1992)

RAU/KÖHLER, Zur Realisierung von Vertragsstrafen aus Unterlassungspflichterklärungen aufgrund von Verstößen gegen die im Jahre 1983 vom Bundesverfassungsgericht für verfas-

sungswidrig erklärte Preisangabenverordnung, WPR 1990, 460

REHBEIN, Zur Mithaftung vermögensloser Angehöriger – Zugleich Anmerkung zum Beschluß des BVerfG vom 19. 10. 1993 – 1 BvR 567/89 und 1 BvR 1044/89, JR 1995, 45

REICH, Verbraucherkredit (1979)

ders, Abzahlungsrecht und Verbraucherschutz, JZ 1975, 550

ders, Reform des Rechts des Konsumentenkredits, JZ 1980, 329

ders, Kreditbürgschaft und Transparenz, NJW 1995, 1857

REICH/TONNER/WEGENER, Verbraucher und Recht (1976)

REIFNER, Abzahlungsgesetz und Verbraucherschutz – die gesellschaftliche Problematik des Konsumentenkredits und ihre zivilrechtliche Bewertung, DuR 1975, 133

ders, Alternatives Wirtschaftsrecht am Beispiel der Verbraucherverschuldung: Realitätsverleugnung oder soziale Auslegung im Zivilrecht (1979)

ders, Die Sittenwidrigkeit von Konsumratenkrediten nach höchstrichterlicher Rechtsprechung, DB 1984, 2178

ders, Kurze Verjährung für die Rückforderungsansprüche bei sittenwidrigen Ratenkrediten, DRiZ 1985, 54

ders, Verzugszinsenpauschalen bei der Abwicklung gekündigter Konsumentenkredite, BB 1985, 87

ders, Rechtsprobleme des Lebensversicherungskredits, ZIP 1988, 817

ders, Zinsfiktionen und AGB-Gesetz, NJW 1989, 952

ders, Handbuch des Kreditrechts (1991)

ders, Das Zinseszinsverbot im Verbraucherkredit, NJW 1992, 337

ders, Rechtliche Grundlagen der Vorfälligkeitsentschädigung beim Hypothekenkredit, NJW 1995, 86

ders, Schadensbegriff und Berechnung der Vorfälligkeitsentschädigung beim Hypothekenkredit, NJW 1995, 2945

ders, Die Anpassung variabler Zinssätze im Kreditverhältnis, JZ 1995, 866

REIFNER/WEITZ/MESSELER, Tatsachen zum

Verbraucherschutz im Konsumentenkredit (1978)

REINICKE/TIEDTKE, Zweifelsfragen bei der Anwendung des VerbrKrG, ZIP 1992, 217

REINKING/NIESSEN, Das Verbraucherkreditgesetz, ZIP 1991, 79

RIEBLE, Ansprüche des Darlehensgebers bei Verzug des Darlehensnehmers, ZIP 1988, 1027

RITTNER, Der Beitrag zur Restschuld-Lebensversicherung und der Darlehensvertrag – § 138 BGB, Synallagma und Preisangabenverordnung, DB-Beil Nr 16/1980, 1

ders, Zur Sittenwidrigkeit von Teilzahlungskreditverträgen, Betrieb 1981, 1381

ROLL, Die Höhe der Verzugszinsen, DRiZ 1973, 339

RÜHLE, Das Wucherverbot – effektiver Schutz des Verbrauchers vor überhöhten Preisen? (1978)

RÜSSMANN, Ungereimtes bei den Rechtsfolgen fehlender und falscher Effektivzinsangaben nach dem VerbrKrG, in: FS Günther Jahr (1993) 367

RUDOLPH, Verzugsschaden nach § 11 I VerbrKrG und gerichtliches Mahnverfahren, MDR 1996, 1

SANDROCK, Verzugszinsen vor internationalen Schiedsgerichten; insbesondere Konflikte zwischen Schuld- und Währungsstatut, JbSchiedsgerichtb 3 (1989) 64

SCHAARSCHMIDT, Die Sparkassenkredite (4. Aufl 1960)

SCHEBESTA/VORTMANN, Die neuen AGB-Banken (1992)

SCHLACHTER, Kreditmithaftung einkommensloser Angehöriger, BB 1993, 802

SCHMELZ, Der Verbraucherkredit (1989)

SCHMELZ/KLUTE, Konsumentenkredit und Kapitallebensversicherung, NJW 1988, 3113

SCHMIDT-SALZER, Das textliche Zusatz-Instrumentarium des AGB-Gesetzes gegenüber der EG-Richtlinie über mißbräuchliche Klauseln in Verbraucherverträgen, NJW 1995, 1641

ders, Recht der AGB und der mißbräuchlichen Klauseln: Grundfragen, JZ 1995, 223

SCHMITZ, Zinsrecht. Zum Recht der Zinsen in Deutschland und in der Europäischen Union (1994)

SCHMUCK, Auswirkungen des AGBG auf Dar-

lehensverträge und Anleihebedingungen der Kreditinstitute, Der langfristige Kredit (1977)

SCHNEIDER, Die Korrektur eines gegen § 308 Abs ZPO verstoßenden Urteils, NJW 1967, 23

SCHOLTEN, Die Kreditgebühren der Teilzahlungsbanken und das Zinseszinsverbot, NJW 1968, 385

FRANZ JOSEF SCHOLZ, Sind Restschuldversicherungsprämien Kreditkosten?, MDR 1976, 281

ders, Zur Zinsberechnung bei Teilzahlungskrediten, BB 1977, 1425

ders, Die vorzeitige Rückzahlung von Konsumentenkrediten durch den Kreditnehmer, BB 1979, 188

ders, Ein Schritt zum „richtigen" Effektivzins?, WM 1980, 322

ders, Bedeutung und Umfang des persönlichen Regelungsbereiches für Verbraucherkreditbestimmungen, ZIP 1981, 1051

ders, Recht und Praxis des Konsumentenkredits (2. Aufl 1985)

ders, Die Verzugsschadenproblematik bei Ratenkrediten aus der Sicht der Bankpraxis, ZIP 1986, 545

ders, Neue PreisangabenVO in der Kreditwirtschaft, GRUR 1986, 585

ders, Anm zu BGHZ 110, 336, BB 1990, 1658

ders, Anmerkungen zum neuen Verbraucherkreditgesetz, MDR 1991, 191

ders, Geändertes Mahnverfahren für Verbraucherkredite, DB 1992, 127

ders, Nochmals zu den Konsequenzen aus § 6 Abs 4 VerbrKrG, BB 1992, 222

ders, Grenzen der Anwendung des VerbrKrG auf Existenzgründungskredite, DB 1993, 261

ders, Erste Novellierung des VerbrKrG, BB 1993, 1161

ders, Zur Problematik der Altkreditschulden in den neuen Bundesländern, BB 1993, 1953

ders, Fünf Jahre Verbraucherkreditgesetz – eine Rechtsprechungsübersicht, WM 1996, 1425

SCHÖN, Verzugszinsen der öffentlichen Hand, NJW 1993, 961

ders, Bereicherungszinsen der öffentlichen Hand, NJW 1993, 3289

SCHOPP, Verzugszinsen, Verzugsschaden, MDR 1989, 1

ders, Verzugszinsen und Verzugsschaden bei Zession, MDR 1990, 11

SCHRICKER, Reformen im Rechts des unlauteren Wettbewerbs, ZRP 1994, 430

SCHUBERT, Gesetz über die Anpassung von Kreditverträgen an Marktzinsbedingungen sowie über Ausgleichsleistungen an Kreditnehmer, WM 1992, 45

SCHULTE-MATTLER/TRABER, Marktrisiko und Eigenkapital (1995)

SCHULTZ, Die Vollverzinsung im bundesdeutschen Steuersystem (1992)

SCHULZE, Zur Höhe der Verzugszinsen nach der mündlichen Verhandlung, MDR 1989, 510

SCHWACHHEIM, Verjährung von Ratenforderungen bei Teilzahlungskrediten, NJW 1989, 2026

SCHWANCKHART, Verzugs- und Prozeßzinsen im Sozialrecht, NJW 1970, 1301

SCHWARZ, Bestimmtheitsgrundsatz und variabler Zins in vorformulierten Kreditverträgen, NJW 1987, 626

ders, Der variable Zins (1989)

SCHWEIZER, Bürgenhaftung für Darlehnszinsen, MDR 1994, 752

SCHWETZLER, Zinsänderungen und Unternehmensabwertung: Zum Problem der angemessenen Barabfindung nach § 305 AktG, DB 1996, 1961

SCHWINTOWSKI, Das Verbraucherkreditgesetz – sozialpolitische Instrumentierung des Privatrechts?, JA 1992, 33

SECKELMANN, Der effektive Jahreszinssatz bei Ratenkrediten, ZfKrW 1979, 96

ders, Kreditkosten, ZfKrW 1979, Beil H 12 vom 15. 6.1979, 12

ders, Effektivzinsrechnung mit dem B/F-Finanzrechner der DGZ, ZfKrW 1980, Beil H 6 vom 15. 3. 1980, 18

ders, Kreditkostenangabe – Ordnung oder Chaos?, DB 1981, 2313

ders, Zinsen in Wirtschaft und Recht (1989)

ders, Zinsrecht (1992)

ders, „Damnum-Rückzahlung nach BGH-Urteilen“, VuR 1994, 67

ders, „Pacta sunt servanda“ – Nicht bei Zinssätzen?, BB 1996, 965

SEIBERT, Das Verbraucherkreditgesetz, insbe-

sondere die erfaßten Geschäfte aus dem Blickwinkel der Gesetzgebung, WM 1991, 1445

ders, Handbuch zum VerbrKrG (1991)

SEYFERT, Zins und wirtschaftliche Entwicklung (1985)

SIMON, Die Kreditumschuldung (1990)

SIMONS, Leistungsstörungen verwaltungsrechtlicher Schuldverhältnisse (1967) 145

STAUDER, Vom Abzahlungskauf zum Konsumentenkredit, ZRP 1980, 217

CLAUS STEINER, Ratenkredite: Neues vom BGH zur „Wuchergrenze“, ZfKrW 1991, 197

JÜRGEN STEINER, Verzugsschaden bei Ratenkrediten. Aktuelle Probleme und Lösungsansätze aus betriebswirtschaftlicher Sicht, DB 1986, 895

ders, Betriebswirtschaftlich orientierte Bemessung des Verzugsschadens bei Krediten (1987)

ders, Zum Spannungsverhältnis zwischen Geld und Recht: Eine Analyse am Beispiel des Verzugszinses, in: FS Hans Giger (1989) 655

ders, Dürfen Banken Überziehungszinsen verlangen? – Freiheiten zur Gestaltung von Produkten und zur Festlegung von Preisen, WM 1992, 425

STEINMETZ, Sittenwidrige Ratenkreditverträge in der Rechtspraxis (1985)

ders, Sittenwidrige Ratenkreditverträge in der Rechtspraxis auf der Grundlage der BGH-Rechtsprechung, NJW 1991, 881

STEPPELER, Effektivzinsen nach der Preisangabenverordnung (1985)

ders, Verbraucherschutz per Rechtsformel? – Zur geplanten Festlegung einer EG-einheitlichen Effektivzins-Berechnungsmethode, ZIP 1988, 1615

STEPPELER/ASTFALK, Preisrecht und Preisangaben in der Kreditwirtschaft (1986)

STEPPELER/KÜNZLE, Die neuen AGB der Sparkassen (1993)

STOLL, Internationalprivatrechliche Fragen bei der landesrechtlichen Ergänzung des Einheitlichen Kaufrechts, in: FS Murad Ferid (1988) 509

STRÖMER/LE FÉVRE, Gesetzliche Zinsen in Frankreich, EuZW 1992, 210

STROHMEIER, Zinskontrolle als Vertragskontrolle für Ratenkredite (1992)

TAUPITZ, Unwirksamkeit der sogenannten

Andreas Blaschczok

nachtäglichen Tilgungsverrechnung bei Annuitäten-Darlehen – BGH NJW 1989, 530 und
NJW 1989, 222, JuS 1989, 520
ders, Zinsberechnungsklauseln – dritter Akt,
NJW 1989, 2242
TERPITZ, Kündigungsklauseln in den Hypothe-
kenkreditverträgen der Kreditinstitute, in:
FS Bärmann (1975) 953
THELON, Die Erstattung des Disagios bei
vorzeitiger Beendigung des Kreditvertrages –
Anmerkung zu der Entscheidung des BGH
vom 29. 5. 1990 – XI ZR 231/89, DB 1990,
1805
TIEDTKE, Die Rechtsprechung des Bundesge-
richtshofs zum Bürgschaftsrecht seit 1990, ZIP
1995, 521
TILMANN, Das UWG und seine Generalklau-
sel, GRUR 1991, 796
ders, Die UWG-Novelle 1994, BB 1994, 1793
TINTELNOT, Schuldnerverzug und Konkurs,
ZIP 1989, 144
TONNER, Verbraucherschutz im UWG und die
UWG-Reform von 1986, NJW 1987, 1917
TRINKNER/WOLFER, Nachträgliche Tilgungsver-
rechnung bei Annuitäten-Darlehen, BB 1987,
425
TSCHISCHGALE, Die Verzinsung des Kostener-
stattungsanspruchs, NJW 1969, 221
UNGEWITTER, § 11 I VerbrKrG als Vorschrift
über den objektiven Schaden, JZ 1994, 701
UNGNADE, Ausgewählte Einzelfragen aus dem
Wettbewerbsrecht der Kreditinstitute, WM
1975, 1078
VALCARCEL, Verjährung des Anspruchs auf
Verzugsschaden, NJW 1995, 640
VOGEL/REINISCH/HOFFMANN/SCHWARZ, Kom-
mentar zum UStG (Stand 1996)
VÖLKER, Preisangabenrecht (1996)
VOLLKOMMER (Hrsg), Der Zins in Recht,
Wirtschaft und Ethik (1989)
VORTMANN, Existenzgründungsdarlehen im
neuen Verbraucherkreditrecht, ZIP 1992, 229
ECKARD WEBER, Der Erstattungsanspruch
(1970)
KARL-HEINZ WEBER, Die Nichtigkeit von Teil-
zahlungskreditverträgen, NJW 1980, 2062
WALTER WEBER, Das Vorfälligkeitsentgelt bei
vorzeitiger Rückzahlung eines Hypothekendar-
lehns, NJW 1995, 2951

WEICK, Vertragsform und Vertragsinhalt in der
Reform des Abzahlungsrechts, BB 1971, 317
WENZEL, Rechtliche Grundlagen der Vereinbarung eines Vorfälligkeitsentgelts mit Ver-
brauchern, WM 1995, 1433
WESSELS, Zinsrecht in Deutschland und England (1992)
WESTERMANN, Praktische Folgerungen aus der
Rechtsprechung zur „nachschüssigen Tilgungsverrechnung", ZBB 1989, 36
vWESTPHAHLEN, Der Leasingvertrag (4. Aufl
1992)
ders, Die neuen Sparkassen-AGB unter der
Lupe des AGB-Gesetzes, BB 1993, 8
ders, Finanzierungsleasing – Der richtlinien-
widrige Ausnahmetatbestand von § 3 II Nr 1
VerbrKrG, NJW 1993, 3225
ders, VerbrKrG und Gemeinschaftsrecht, ZIP
1993, 93
ders (Hrsg), Vertragsrecht und AGB-Klauselwerke (1995)
JOCHEN WILHELM, Der effektive Jahreszins.
Begriff, Bedeutung und Rechentechnik, TZW
1976, I/12
WILHELM, Ersatz von Bearbeitungskosten im
Schadensfalle, WM 1988, 281
WILK, Zinsfortzahlungsklausel und vorzeitige
Darlehenstilgung DB 1991, 1207
WIMMER, Die aktuelle und zukünftige Effek-
tivzinsangabeverpflichtung von Kreditinstitu-
ten – Eine vergleichende Analyse, BB 1993,
950
WISSEL, Die Werbung für die Vermittlung von
Krediten, WRP 1980, 525
WOLF, Störungen des Binnenmarktes durch
das VerbrKrG, in: FS Heinsius (1991) 967
ZAHN, Neues Recht des Leasingvertrages
durch das VerbrKrG, DB 1991, 81
ders, Leasingpraxis nach Inkrafttreten des
VerbrKrG, DB 1991, 2171
ders, Die Stellung des Finanzierungsleasing im
VerbrKrG – ein Verstoß gegen EG-Recht?,
DB 1994, 617
REINHARD ZIMMERMANN, Richterliches Mode-
rationsrecht oder Totalnichtigkeit? Die rechtliche Behandlung anstößig-übermäßiger Verträge (1979)
ders, Konturen eines europäischen Vertragsrechts, JZ 1995, 477

WALTER ZIMMERMANN, Der Zins im Zivilprozeß, JuS 1991, 229, 583, 674, 758

ZWANZIG, Sondermarkt für Teilzahlungsban-ken im Konsumentenkredit?, BB 1980, 1282.

Systematische Übersicht

Andreas Blaschczok

Alphabetische Übersicht

Andreas Blaschczok

I. Bedeutung und Inhalt des Zinsbegriffs

1. Grundsätzliches

a)   Zins und Zinsrecht stehen in einem normativen Bedeutungszusammenhang. **1**
Der Rechtsbegriff Zins ist durch das BGB nicht festgelegt. Dies erlaubt eine *offene
Zinsdefinition*, die Kritikern als inversiv erscheinen mag, die aber klarstellt, daß der
Zinsbegriff ein normatives Tatbestandsmerkmal von Rechtsnormen, kein diesen
Normen vorgegebener Begriff ist: *Zinsen im Rechtssinne sind diejenigen Kosten, die
dem Zinsrecht unterliegen.* Zinsrecht in diesem Sinn ist das *Recht der Zinsschuld.*
Wirtschaftswissenschaftliche Aussagen können nützliche, aber nicht letztverbind-
liche Aussagen über die Abgrenzung des Zinsbegriffs geben. Anders als aus finanz-
wissenschaftlicher Perspektive (WILHELM TZW 1976, 1/14) können nicht alle Kostenbestandteile, die nach dem VerbrKrG oder nach der PAngV in die Berechnung des
„Effektivzinses" einbezogen werden, auch in den Rechtsbegriff „Zins" einbezogen
werden, denn beim „Effektivzins" geht es nicht um die Anwendung von Zinsrecht
auf Kreditkosten, sondern um die Errechnung eines effektiven *Zinssatzes.* Auf der
anderen Seite erlaubt es der offene Zinsbegriff, diesen Begriff dem *Normzweck der
Zinsvorschriften* anzupassen (vgl auch zum „verschleierten Zins" Rn 7).

b)   Die Normengruppen des Zinsrechts lassen sich unter den hiernach entscheiden- **2**
den zwei Aspekten – Normzweck und Rechtsfolge – wie folgt ordnen: Eine *erste
Regelungsgruppe* ordnet eine Verzinsung an (zB §§ 256, 288, 290, 291, 452, 641, 668,

698, 849, 1146, 1382, 1806, 1834 BGB, 11 Abs 1 VerbrKrG, 110 Abs 2, 111 Abs 1, 353, 354 Abs 2 HGB, 63 Abs 2 S 1, 305 Abs 3 S 3, 320b Abs 1 S 6 AktG, 20 GmbHG, 15 Abs 2 UmwG, Artt 48, 49 WG, 45, 46 ScheckG, § 94 Abs 1 VVG, §§ 104 ZPO, 8 HinterlO; im öffentlichen Recht etwa §§ 49a Abs 3 VwVfG; 44 Abs 1 SGB I, 27 Abs 1, 28r SGB IV, 50 Abs 2a SGB X; 44 Abs 3, 64 Abs 2, 99 Abs 3, 133 Abs 3, 135 Abs 3 BauGB). Eine *zweite Gruppe* verneint eine Pflicht zur Zinszahlung (§§ 248, 289, 301, 522 BGB, 57, 93 AktG, 21 GenG). Eine *dritte Gruppe* (setzt eine Zinsschuld voraus und) regelt die Höhe des Zinssatzes (§§ 246, 288 BGB, 11 Abs 1 VerbrKrG, 352 HGB, 63 Abs 2 S 1, 305 Abs 3 S 3, 320b Abs 1 S 6 AktG, 15 Abs 2 UmwG, Artt 48, 49 WG, 45, 46 ScheckG). Eine *vierte Gruppe* regelt das Nebeneinander von Zins- und Hauptschuld (§§ 101, 224, 367, 609, 1047, 1076, 1088, 1107, 1115, 1118, 1119, 1145, 1158, 1159, 1171, 1177, 1178, 1190, 1191, 1192, 1194, 1197, 1210, 1214, 1289, 2379 BGB, 11 Abs 3 VerbrKrG, 355 HGB, 29, 30, 52 SchiffsRG, 48, 62, 63, 65 KO, 29, 30, 83 VerglO, 10 ZVG, 4, 308 ZPO, 12 GKG, 18 KostO). Eine *fünfte Gruppe* schließlich regelt Fälligkeit und Verjährung der Zinsschuld (§§ 197, 224, 609 BGB). Neben diese fünf Gruppen des Zinsschuldrechts treten noch Regelungen des Gewerbe-, Wettbewerbs- und Verbraucherschutzrechts, die etwa die Angabe von Effektivzinssätzen vorschreiben. Obwohl keine dieser Normengruppen Klarheit über den Zinsbegriff schafft, lassen sich ihnen doch Anhaltspunkte entnehmen. Die Normen, die eine Verzinsung anordnen, deuten darauf hin, daß eine Zinspflicht besteht, weil der Gläubiger etwas entbehrt. Die Normengruppe, die das Nebeneinander von Zins- und Hauptschuld regelt, zeigt, daß die Zinsschuld Nebenschuldcharakter hat und deshalb weitgehend den Regelungen über die Hauptschuld folgt. Den übrigen Gruppen ist für den Zinsbegriff nichts Allgemeingültiges zu entnehmen.

3 **c)**   Positivrechtliche **Bedeutungszusammenhänge des Zinsbegriffs** führen zu einer strengen Unterscheidung zwischen Normen des Zinsrechts und anderen Vorschriften, die zwar auf den Zins anwendbar sind, aber nicht auf den Zinsbegriff abstellen.

4 **aa)**   **Die Bedeutung im Recht der Zinsschuld** besteht darin, den Anwendungsbereich der einschlägigen Rechtsnormen zu bestimmen. Bei den wenigen gesetzlichen Regeln des Zinsschuldrechts ist die Notwendigkeit, Zinsen von sonstigen Kreditkosten zu unterscheiden, nahezu unbestritten (vgl aber für den Konsumentenkredit AK-BGB/BRÜGGEMEIER Rn 9 ff). So zwingt § 367 zur Unterscheidung von Zinsen und Kosten. §§ 248, 289, 291 legen fest, daß von Zinsen keine Zinsen erhoben werden. Hier muß der Zinsbegriff anzeigen, welche Kreditkosten von einer weiteren Verzinsung freizustellen sind (vgl BELKE BB 1968, 1219; SCHOLTEN NJW 1968, 385). Schließlich sind bei der Abwicklung eines Kreditvertrages nach erfolgter Kündigung (Rn 311) im voraus gezahlte Kreditkosten zeitanteilig zurückzuerstatten, soweit sie Zinsen sind (vgl Rn 258 ff).

5 **bb)**   **Bedeutungsgrenzen des Zinsbegriffs** zeigen sich, wo der Normzweck nicht zu einer Unterscheidung zwischen Zinsen und sonstigen Kreditkosten zwingt. Keine entscheidende Rolle spielt der Zinsbegriff bei der Überprüfung von Kreditkonditionen im Rahmen des § 138 (vgl eingehend Rn 110 ff). Ähnliches gilt für die *preisordnungsrechtlichen Vorschriften* der §§ 4 VerbrKrG, 4 PAngV (vgl dazu Rn 41 ff, Rn 85 ff). Der dort verwendete Begriff *„Effektivzins"* benennt keinen Zins, sondern einen

Zinssatz. Der Wortlaut der Vorschriften „. . . und sonstige Kosten . . ." macht deutlich, daß in diese Effektivzinssatzberechnung auch Kosten einbezogen werden, die
nicht Zinsen im Rechtssinne sind. Auch der Schutzzweck (Rn 45) weist diese Bestimmungen nicht dem Zinsrecht im technischen Sinne zu.

2. Der Zinsbegriff

a)   Die ältere Praxis bezeichnet als Zins die *fortlaufend zu entrichtende Vergütung* **6**
für den Gebrauch eines in Geld oder anderen vertretbaren Sachen bestehenden Kapi-
tals, die nach Bruchteilen dieses Kapitals berechnet und im voraus dem Betrage nach
bestimmt ist (RGZ 86, 399, 400 f; 118, 152, 155 f; 144, 1, 7; 160, 71, 78, 80; 168, 284, 285, RG DR
1940, 795; vgl auch WarnR 1910 Nr 417 sowie 1936 Nr 119, dem RG folgend BGH LM Nr 1 zu § 247
BGB = DB 1953, 485 = BB 1953, 339; die bisherige Rspr referierend BGH LM Nr 2 zu § 247 BGB
= WM 1963, 318 = MDR 1963, 486; ausdrücklich im Sinne der oben gegebenen Definition BGH LM
Nr 2 zu § 248 BGB = MDR 1971, 203 = BB 1971, 107; vgl auch LM Nr 36 zu Art 14 [Eb] GG;
Jacobus, Der Rechtsbegriff der Zinsen [Diss Breslau 1908] bes 26 ff; MünchKomm/vMaydell
Rn 3; BGB-RGRK/Alff Rn 1; BGB-RGRK/Ballhaus § 608 Rn 1). **In neuerer Zeit** hat der
Bundesgerichtshof im Anschluß an Canaris (NJW 1978, 1892) das Kriterium der fort-
laufenden Zahlung sowie das Erfordernis der vorherigen betragsmäßigen Bestim-
mung der Zinsschuld nach Bruchteilen des Kapitals fallengelassen. Danach ist Zins
im Rechtssinne eine *laufzeitabhängige – aber gewinn- und umsatzunabhängige – in*
Geld zu entrichtende Vergütung für den Kapitalgebrauch (BGH NJW 1979, 805, 806 = BB
1979, 343 = DB 1979, 979 = WM 1979, 225; NJW 1979, 540 = BB 1979, 73 = DB 1979, 1128 = WM
1979, 52; NJW 1979, 2089, 2090 = WM 1979, 966 mAnm Scholz WM 1979, 1247 = BB 1979, 1469;
Soergel/Lippisch-Häuser § 608 Rn 1; MünchKomm/H P Westermann § 608 Rn 1; Heymann/
Horn § 352 HGB Rn 1). Die Definition grenzt den Zins gegen die Vergütung für die
Verschaffung, Überlassung oder Hingabe des Kapitals ab (so schon RGZ 168, 284, 285;
vgl ferner auch BGH LM Nr 1 zu § 247 BGB = BB 1953, 339 = DB 1953, 485; NJW 1979, 805, 806 =
BB 1979, 343 = DB 1979, 979 = WM 1979, 225; NJW 1979, 808 = WM 1979, 270 = BB 1979, 444;
NJW 1979, 2089, 2090 = WM 1979, 966 mAnm Scholz WM 1979, 1247; OLG Nürnberg WM 1981,
1399; Larenz, SchuldR AT/1 § 12 VIII; MünchKomm/v Maydell Rn 10; Canaris NJW 1978,
1892 ff; krit aber für den Konsumentenkredit AK-BGB/Brüggemeier Rn 9 ff; für die in der Praxis
nicht immer hinlänglich klar als Zins deklarierte „Einmalzinsen" begründete Bedenken gegenüber
dem Kriterium der Laufzeitabhängigkeit bei Seckelmann, Zinsen in Wirtschaft und Recht 229 f).
Gleichzeitig wird der Zins von der Gewinnbeteiligung unterschieden (dazu RGZ 86,
399, 401; 168, 284 f; näheres Rn 21).

b)   Stellungnahme: Der im folgenden verwendete Zinsbegriff lehnt sich an die **7**
Erträge der jüngeren Rechtsprechung an, *modifiziert aber den Zinsbegriff der hM in*
der Akzentsetzung. Die wichtigste Modifikation besteht darin, daß der Akzent vom
Kapitalgebrauch des Zinsschuldners auf die *Kapitalentbehrung des Zinsgläubigers*
verlagert wird, denn sie ist das abzugeltende Vermögensopfer. Ihr Spiegelbild ist
nicht der Kapitalgebrauch des Zinsschuldners, sondern nur die *Möglichkeit* des
Kapitalgebrauchs (vgl Canaris NJW 1978, 1892; Soergel/Wiedemann Rn 5; Reifner, Kreditrecht § 12 Rn 28; Mülbert AcP 192 [1992] 447, 495 f; Heymann/Horn § 352 HGB Rn 1; in diese
Richtung auch Kindler, Zinsansprüche 6). Die **Zinsdefinition** lautet dann: *Zins im Rechts-*
sinne ist das dem Gläubiger einer auf Geld oder vertretbare Sachen gerichteten
Forderung für Kapitalentbehrung zu zahlende Entgelt, das laufzeitabhängig und
gewinn- und umsatzunabhängig ist. Die **Zinsforderung** (Zinsschuld) ist eine auf Zins-

leistung gerichtete, an die verzinsliche Hauptforderung (Hauptschuld) angelehnte Forderung (Verbindlichkeit). Ob neben dem Zinsbegriff bei vertraglich vereinbarten Zinsen noch ein **Begriff des „verschleierten" oder „verdeckten" Zinses** anzuerkennen ist (so mit unterschiedlichen Formulierungen die hM; vgl insbes CANARIS, Bankvertragsrecht Rn 1326; ders NJW 1978, 1892), hängt von der Bedeutung ab, die man dem Parteiwillen bei der Abgrenzung des Zinsbegriffs beimißt. Entscheidet die objektive Laufzeitabhängigkeit über den Zinscharakter und ist ein Entgelt, das weder umsatz- noch gewinnabhängig noch als Entgelt für individualisierbare Kosten vereinbart ist, ohne weiteres als Zins anzusehen (in dieser Richtung BELKE BB 1968, 1222 ff), so wird es dieses Korrektivs nicht oder nur ganz ausnahmsweise bedürfen. Denn die Divergenz zwischen der Vereinbarung (hiernach laufzeitunabhängig) und der tatsächlichen Kalkulation (hiernach laufzeitabhängig) ändert dann an der Zinsnatur des vereinbarten Entgelts nichts. Wird dagegen mit der hM auf die Vereinbarung abgestellt (Rn 15), so kann sich ein Korrektiv als unentbehrlich erweisen. Die Berechtigung eines Einheitsinstituts des „verschleierten Zinses" ist gleichwohl zweifelhaft. Soweit über Zinsfolgen zu entscheiden ist, die der Parteivereinbarung unterliegen – zB über die Rechtsfolgen der vorzeitigen Kreditabwicklung (Rn 311 ff) –, wird man die Frage bei §§ 157, 242 ansiedeln können (vgl auch Rn 15). Soweit dagegen die Anwendung zwingender Zinsnormen, zB des § 248 in Frage steht, geht es um die Anpassung des Zinsbegriffs an den individuellen Schutzzweck der einzelnen Normen (vgl Voraufl § 248 Rn 8 ff). Im Ergebnis deckt sich dies mit der Anwendung des Umgehungsverbots (dazu CANARIS aaO). Der Begriff des „verschleierten Zinses" bezeichnet nach all dem ein *Korrektiv des Zinsbegriffs*: Der „verdeckte" oder „verschleierte" Zins ist Zins im Rechtssinne.

8 c) Folgende **einzelne Merkmale** sind hervorzuheben:

9 aa) **Die verzinsliche Forderung** muß auf *Geld oder vertretbare Sachen* gerichtet sein (LEONHARD, SchuldR I 106; LARENZ, SchuldR AT/1 § 12 VIII; ERNST WOLF, SchuldR I 168; ESSER/EIKE SCHMIDT I/1 § 13 II 4; CANARIS NJW 1978, 1892; KINDLER, Zinsrecht 6; HEYMANN/HORN § 352 HGB Rn 1). Sie muß eine *Kapitalschuld* sein. *Regelmäßig, aber nicht notwendig, wird Zins in Geld auf Geldschulden geleistet.* Geldwertschulden sind ebenso verzinslich wie Geldsummenschulden (Vorbem C 18 zu §§ 244 ff). Die Zinsschuld ist dann ihrerseits Geldschuld, nach dem bei Vorbem C 4, 7 zu §§ 244 ff Gesagten also keine Gattungsschuld (aM folgerichtig ERNST WOLF, SchuldR I 168). Für die Praxis sind nur diese Fälle von Interesse. Es können aber nicht nur Geldschulden verzinslich gestellt werden (aM AK-BGB/BRÜGGEMEIER Rn 2; WESSELS, Zinsrecht 75). Die §§ 246 ff passen auch auf Gattungsschulden, die auf vertretbare Sachen gerichtet sind. Nur die Verzugszinsen nach § 288 sind ausdrücklich auf Geldschulden beschränkt. Die Artt 48, 49 WG beschränken sich naturgemäß auf Geldschulden (Art 1 WG). Dagegen kann das Sachdarlehen ebenso wie ein Gelddarlehen verzinslich gestellt sein. Forderungen, die auf andere als vertretbare Sachen gerichtet sind, können dagegen nicht einer Verzinsung unterliegen (hM; anders nur ENNECCERUS-LEHMANN § 12 I 3).

10 bb) Die Zinsschuld läßt sich als eine **Nebenschuld** neben der zu verzinsenden Verbindlichkeit (BGHZ 15, 87, 89; OLG Naumburg DR 1940, 976, 977; ENNECCERUS/LEHMANN § 12 II; LEONHARD, SchuldR I 105; krit SOERGEL/LIPPISCH-HÄUSER § 608 Rn 1) ansehen. Zinsen werden nämlich als Vergütung für entbehrte Kapitalnutzung *neben* der zur Erfüllung der auf Geld oder vertretbare Sachen gerichteten Forderung zu erbringenden Leistungen gezahlt. Die Bezeichnung als Nebenschuld provoziert freilich unnötige Mißverständnisse (krit daher auch SOERGEL/TEICHMANN Rn 7). Die Zinsschuld kann sehr wohl die eigentliche, im Synallagma stehende Schuld sein. Dies ist freilich kein Widerspruch zur Einordnung als Nebenschuld. Ihre inhaltliche Anlehnung an die zu verzinsende (nichtsynallagmatische) Schuld wird hierdurch ja nicht in Frage gestellt, und nur diese Anlehnung meint der Hinweis auf den Nebenschuldcharakter. Eine Zinsschuld kann eben nicht als alleiniger Schuldinhalt entstehen (Mot in MUGDAN II 9; RGZ 74, 78, 81; BGHZ 15, 87, 89; BGH DB 1976, 2010, 2011 = WM 1976, 974, 975; ENNECCERUS/ LEHMANN § 12 II; FIKENTSCHER § 29 II 1; BGB-RGRK/ALFF Rn 1; PALANDT/HEINRICHS Rn 5; SOERGEL/TEICHMANN Rn 8; MünchKomm/vMAYDELL Rn 4, 17). Werden „Zinsen" als Hauptschuld, also nicht neben einer verzinslichen Kapitalschuld, versprochen (RG WarnR 1917 Nr 58), so kann dies nur eine *Rente* sein, nicht ein Zins im Rechtssinne (BGH DB 1976, 2010, 2011 = WM 1976, 974, 975). Wird eine verzinsliche Kapitalschuld erlassen, sollen aber für die Zukunft weiterhin „Zinsen" gezahlt werden (RGZ 53, 294, 297), so wird aus der Zinsverbindlichkeit wiederum eine bloße Rente (BGH DB 1976, 2010, 2011 = WM 1976, 974, 975). Auch ein verrenteter Kaufpreis stellt keinen Zins dar, wenn er als Hauptverbindlichkeit geschuldet ist und nicht als Zins auf einen Kaufpreiskredit (RGZ 141, 1, 7; BGH LM Nr 2 zu § 248). Vgl hierzu auch Rn 23.

Die Zinsverbindlichkeit weist trotz ihrer Abhängigkeit von der Hauptverbindlichkeit **11** dieser gegenüber auch Selbständigkeit auf (Mot in MUGDAN II 9; WINDSCHEID-KIPP II § 259; ESSER/EIKE SCHMIDT I/1 § 12 II 4.1; PLANCK/SIBER Anm 1; MünchKomm/vMAYDELL Rn 18). Diese doppelte Eigenschaft der Zinsschuld – Selbstständigkeit und Abhängigkeit – macht einen wesentlichen Teil ihrer Besonderheiten erklärlich.

Die **Selbständigkeit der Zinsschuld** kommt darin zum Ausdruck, daß die Zinsforde- **12** rung *selbständig eingeklagt*, selbständig *abgetreten*, selbständig *verpfändet* und selbständig *gepfändet* werden kann (RGZ 74, 78, 80 f; 94, 137, 138; BGB-RGRK/ALFF Rn 2; MünchKomm/vMAYDELL Rn 6). Die Kapitalforderung kann umgekehrt auch ohne die Zinsschuld übertragen, verpfändet oder gepfändet werden (PLANCK/SIBER Anm 1; allgM). Schließlich kann sogar von vornherein einem anderen als dem Kapitalgeber die Zinszahlung versprochen werden, sei es durch Vertrag zugunsten dieses Dritten (§ 328), sei es auch durch Schuldversprechen nach § 780 diesem Dritten gegenüber (RGZ 94, 137, 138; MünchKomm/vMAYDELL Rn 6). *Rechtshängigkeit und Rechtskraft* können zur Trennung von Hauptverbindlichkeit und Zinsschuld führen, wenn nur die eine eingeklagt oder nur über die eine rechtskräftig entschieden ist.

Die **Abhängigkeit der Zinsschuld** besteht im wesentlichen darin, daß das Entstehen **13** von Zinsverbindlichkeiten den Bestand der verzinslichen Kapitalschuld voraussetzt. Das bedeutet im einzelnen: Als Nebenschuld setzt die Zinsschuld zu ihrer Entstehung eine Hauptschuld voraus, die verzinsliche Kapitalschuld. Nicht folgen sollte man der These von MÜLBERT, es sei allein auf die Inanspruchnahme fremden Kapitals abzustellen (AcP 192 [1992] 447, 498), so daß auch ein Entgelt für bloße Bereithaltung des nach wie vor beim Gläubiger befindlichen Kapitals als Zins anzusehen sei (AcP 192 [1992] 447, 507). Sicher ist die Vereinbarung solcher „Bereitstellungszinsen" oder „Nichtabnahmeentschädigungen" zulässig (näher Rn 37 f). Vor dem Hintergrund der spezifischen Aufgaben des Zinsbegriffs (Rn 6 f) macht es aber keinen Sinn, derlei Entgelte als Zins einzuordnen und zu diesem Zweck das überlieferte Erfordernis des Bestehens einer Kapitalschuld zu verleugnen. Werden „Zinsen" ohne eine zugrundeliegende Kapitalschuld vereinbart oder wird beim Erlaß der Kapitalschuld die „Zinsschuld" aufrechterhalten, so kann es sich nicht um Zins handeln, sondern nur um eine Rente (Rn 10). Bürgerlichrechtlich wirksam kann zwar die „Rückdatierung" der Zinspflicht auf die Zeit vor der Kapitalhingabe sein (FinG Hannover VersR 1972, 749 f), doch ist in diesem Fall zweifelhaft, inwiefern eine Zinsschuld im technischen Sinne vorliegt (näher Rn 141). Um einen Zins handelt es sich nur dann, wenn sich hinter der Vereinbarung ein Entgelt für die später beginnende Laufzeit verbirgt.

14 Die **Aufhebung der Hauptverbindlichkeit** beseitigt auch die Zinsschuld in dem Sinne, daß **keine neuen Zinsen mehr** verfallen (BGHZ 15, 87, 89; KG OLGE 12, 286; PLANCK/SIBER Anm 1; BGB-RGRK/ALFF Rn 2; MünchKomm/vMAYDELL Rn 15; allgM). Sollen weiterhin dauerhaft „Zinsen" gezahlt werden, so wird aus der Zinsschuld eine obligatorische Rentenschuld (Rn 10). Soll die Entstehung neuer Zinsansprüche zwar im Prinzip enden, nur eben noch nicht mit dem Zeitpunkt der Tilgung des Hauptanspruchs, sondern später (näher hierzu Rn 210), handelt es sich bei den noch entstehenden Ansprüchen in der Regel nicht um Zinsansprüche. Es müßte sich dann schon um ein nachträgliches Entgelt für die bereits verstrichene Laufzeit handeln und auch einen Bezug zu dieser Laufzeit aufweisen. Solche Fälle lassen sich erdenken, sind aber noch nicht begegnet. Eine wertpapierrechtlich begründete Ausnahme von dem Grundsatz, daß nach Aufhebung der Hauptverbindlichkeit keine weiteren Zinsen verfallen, ist § 803: Zinsscheine bleiben, sofern sie nicht eine gegenteilige Bestimmung enthalten, in Kraft, auch wenn die Hauptforderung erlischt. Bereits verfallene Zinsverbindlichkeiten erlöschen nicht mit dem Fortfall der Hauptschuld; sie bleiben also unberührt (WINDSCHEID/KIPP II § 259 mit Fn 8; BGB-RGRK/ALFF Rn 2; allgM). Diese entstandenen Zinsverbindlichkeiten erlöschen auch nicht mit vorbehaltloser Annahme der auf die Hauptsumme zu leistenden Zahlung (PLANCK/SIBER Anm 1). Anders verhält es sich nur, wenn in der vorbehaltlosen Entgegennahme des Betrags ein konkludenter Erlaß der Zinssumme erblickt werden kann; dies ist eine Auslegungsfrage, die nur im Einzelfall beantwortet werden kann (RG JW 1902 Beilage 280 Nr 228). Regelmäßig werden nach § 367 Zahlungen, die nicht zur vollen Tilgung ausreichen, zuerst auf die Zinsen und erst dann auf die Hauptforderung angerechnet. Eine hiervon abweichende Reihenfolge der Tilgungsverrechnung ist nunmehr freilich in § 11 Abs 3 S 1 VerbrKrG vorgesehen (hierzu Rn 168. Zur Verjährung der Zinsforderung vgl Rn 230 ff).

15 cc) Für die vom Gläubiger entbehrte, dem Schuldner zur Verfügung stehende **Kapitalnutzung** werden Zinsen gezahlt. Auch die hM grenzt Zinsen als *das Entgelt für den Gebrauch* von sonstigen Kreditkosten ab (BGH WM 1963, 318 = MDR 1963, 486; NJW 1979, 806; NJW 1979, 808 = WM 1979, 270 = BB 1979, 444; NJW 1979, 2089 = WM 1979, 966 mAnm SCHOLZ WM 1979, 1247; MünchKomm/vMAYDELL Rn 7; CANARIS NJW 1978, 1891, 1892). Es ist nur eine Akzentverlagerung, wenn hier auf die vom Gläubiger entbehrte, nicht auf die vom Schuldner in Anspruch genommene Kapitalnutzung abgestellt wird. Abgrenzungskriterium ist nach hM die **Laufzeitabhängigkeit** (vgl BGH NJW 1979, 2089 = WM 1979, 966 mAnm SCHOLZ WM 1979, 1247; NJW 1979, 805 = WM 1979, 225; BB 1979, 444 = NJW 1979, 808 = WM 1979, 270; DB 1981, 2023 = NJW 1981, 2180 = WM 1981, 839 = ZIP 1981, 841; BFH BB 1971, 1226; ENNECCERUS/LEHMANN § 12 1 5; FIKENTSCHER § 29 II 1; LEONHARD, SchuldR I 106; ERMAN/WERNER § 608 Rn 1; SOERGEL/TEICHMANN Rn 9; SOERGEL/LIPPISCH-HÄUSER § 608 Rn 1; MünchKomm/vMAYDELL Rn 10, 13; PALANDT/HEINRICHS Rn 3). Das *Merkmal der Laufzeitabhängigkeit* ergibt sich aus der auch hier zugrundegelegten, durch das

Merkmal der Kapitalentbehrung besonders unterstrichenen Funktion des Zinses. Entscheidend für die Abgrenzung des Zinses gegen andere Kosten ist, ob dem Gläubiger gerade die fehlende Gebrauchsmöglichkeit, also die Kapitalentbehrung entgolten wird (vgl CANARIS NJW 1978, 1892). Dies bestimmt sich *nicht allein nach dem Vertragswortlaut.* Die Abgrenzung muß an objektiven, funktionalen Maßstäben überprüfbar sein (MünchKomm/vMAYDELL Rn 8). Wie oft im Grenzgebiet zwischen privatautonomer Formenwahl und zwingendem Recht kommt allerdings die Praxis ohne inversive Schlüsse nicht aus. Ob beispielsweise Kreditkosten *bei vorzeitiger Kreditbeendigung zeitanteilig verrechnet* werden, ist eine Frage, deren Beantwortung davon abhängt, ob Zins vorliegt oder nicht. Gleichzeitig vertritt der BGH die Auffassung, daß es sich nicht um laufzeitabhängige Kosten und damit nicht um Zinsen handele, wenn die Vertragsauslegung ergebe, daß Kosten bei vorzeitiger Kreditbeendigung nicht zeitanteilig verrechnet werden sollen (BGH NJW 1981, 2181 = WM 1981, 838 = ZIP 1981, 839; vgl dazu auch PRASS BB 1981, 1058). Solche inversiven Schlüsse bei der Vertragsauslegung sind zwar nicht notwendigerweise Verstöße gegen die Denkgesetze, aber nur eingeschränkt zulässig: Bestimmt sich die Frage, ob ein Zins vorliegt, nicht nach der Wortwahl, aber doch nach dem Parteiwillen, so muß es darauf ankommen, ob Zinsfolgen gewollt sind oder nicht. Diese Rechtsfolgenwahl steht dem Gläubiger allerdings dann nicht mehr frei, wenn die Voraussetzungen des Zinses bereits positiv feststellbar sind. Hieraus ergibt sich auch der – geringe – Bedeutungsgehalt derjenigen Fälle, in denen die hM von einem *„verschleierten Zins"* spricht (Rn 7): Folgt aus der Vereinbarung, daß der Kreditgeber eine Vergütung nicht als Zins, sondern als Entgelt für eine Dienstleistung berechnet wissen will, obwohl es an dieser Dienstleistung objektiv fehlt, so ergibt eine Vertragsauslegung nach Treu und Glauben (§ 157), daß diese Vergütung in Wahrheit Teil der laufzeitabhängigen Leistung ist, also Zins. Die Vereinbarung, eine Leistung, deren Laufzeitabhängigkeit derart festgestellt ist, bei Kreditbeendigung gleichwohl nicht zeitanteilig zu verrechnen, ist in den Grenzen der Privatautonomie freilich zulässig, wobei vor allem §§ 138, 609 a Abs 4 BGB, 3, 9 AGBG zu beachten sind. Der Zinscharakter einer solchen Leistung ist aber auch bei einer entsprechenden, vom Vertrag hinlänglich klar gestellten Verfallregelung nicht ausgeschlossen.

dd) Gegenstand der Zinsleistung ist das Entgelt für die Kapitalentbehrung. Dieses **16** wird üblicherweise in *Bruchteilen des Kapitals* ausgedrückt; begriffsnotwendig ist dies entgegen einer verbreiteten Auffassung jedoch nicht (so aber ESSER/EIKE SCHMIDT I/1, § 12 II 4.1; LARENZ I § 12 VIII; BGB-RGRK/ALFF Rn 1; MünchKomm/vMAYDELL Rn 5). Vielmehr kann der Zins auch als Festsumme vereinbart sein (RG JW 1936, 921; MünchKomm/H P WESTERMANN § 608 Rn 1; SOERGEL/LIPPISCH-HÄUSER § 608 Rn 1). Auch braucht der Zins *nicht mit dem Kapital gleichartig zu* sein (ENNECCERUS-LEHMANN § 12 I 4; ERNST WOLF SchuldR I 169; SOERGEL/TEICHMANN Rn 12; aA MünchKomm/vMAYDELL Rn 5; MünchKomm/H P WESTERMANN § 608 Rn 1; BELKE BB 1968, 1221). Weder die Entgeltfunktion des Zinses noch der Nebenschuldcharakter der Zinsschuld (aM insoweit MünchKomm/vMAYDELL Rn 5) bedingen dies. Bei einem Sachdarlehen kann der Zins sehr wohl in Geld ausbedungen werden. Umgekehrt kann bei einem Gelddarlehen unter Wertsicherungsgesichtspunkten ein Interesse daran bestehen, den Zins in Form einer Sachleistung zu vereinbaren (vgl dazu Vorbem D 227 ff zu §§ 244 ff).

ee) Zinshöhe und Zinsbegriff stehen miteinander in engem Zusammenhang. Insbe- **17** sondere die Zinsdefinition der älteren Praxis (Rn 6) machte dies deutlich. Die

Zinshöhe – sie mag sich aus Vertrag oder aus dem Gesetz ergeben – bestimmt sich nach dem *Wert der Kapitalentbehrung*. Ist dies nicht der Fall, so handelt es sich nicht um Zinsen. Allerdings muß sich diese Zinskalkulation nicht im Wortlaut des Vertrags niederschlagen (Rn 15). Den Wert der Kapitalentbehrung bestimmen in erster Linie die Parteien, hilfsweise das Gesetz (Rn 203). Die Höhe oder der Wert des entbehrten Kapitals und die zeitliche Dauer der Kapitalentbehrung sind die für die Parteivereinbarungen vorgegebenen Kalkulationsgrundlagen (LEONHARD, SchuldR 1106). Welchen Nutzen die Kapitalschuld für den Schuldner mit sich bringt, ist für die Zinsnatur einer Vergütung ohne Belang (RGZ 168, 284 f; BGB-RGRK/ALFF Rn 1; MünchKomm/vMAYDELL Rn 8; ERMAN/WERNER Rn 2; PALANDT/HEINRICHS Rn 2). Umsatz- oder Gewinnbeteiligungen stellen keinen Zins dar (BGB-RGRK/ALFF Rn 1; ERMAN/WERNER Rn 2; vgl dazu auch Rn 21).

18 d) Die Abgrenzung zu verwandten Erscheinungen läßt sich folgendermaßen zusammenfassen:

19 aa) Mietzins und Pachtzins sind keine Zinsen im Rechtssinne (allgM). Sie sind nicht Entgelt für Kapitalentbehrung, sondern für Gebrauchs- und Nutzungsüberlassung und unterliegen nicht dem Zinsrecht (vgl mit im einzelnen unterschiedlichen Begründungen LEONHARD, SchuldR I § 42 unter 1; MünchKomm/vMAYDELL Rn 5; PALANDT/HEINRICHS Rn 4). Über **Leasingraten** läßt sich sagen, daß jedenfalls nicht die Leasingrate insgesamt ein Zins ist. Wer Leasingverträge ausnahmslos als reine Gebrauchsüberlassungsverträge ansieht (Übersicht zum Streit um die dogmatische Einordnung bei STAUDINGER/EMMERICH [1995] Vorbem 85 ff zu §§ 535, 536 sowie bei MünchKomm/HABERSACK, Leasing [3. Aufl 1995] Rn 21 ff), wird darüberhinaus sagen wollen, daß Leasingraten auch niemals Zinsanteile enthielten. Nimmt man hingegen an, jedenfalls der Finanzierungsleasingvertrag sei ein Kredit- bzw Geschäftsbesorgungsvertrag, der auf Amortisation der Anschaffungs- oder Herstellungskosten gerichtet sei (so vor allem LARENZ/CANARIS, SchR II 2 [13. Aufl 1994] § 66; CANARIS AcP 190 [1990] 410 ff), wird man kaum an dem Befund vorbeikommen, daß jede Leasingrate, ganz ähnlich wie eine Annuität (hierzu Rn 22), echte Zinsen im Rechtssinne enthält, nicht nur Kostenbestandteile, die irgendwie in die preisordnungsrechtliche Effektivzinsangabe einfließen müssen (hierzu noch Rn 57, 80 ff).

20 bb) Entsprechendes wie für Mietzins und Pachtzins gilt aber jedenfalls für die **Einzelleistung aus einer Reallast** und den **Erbbauzins** (MünchKomm/vMAYDELL Rn 6; BGH NJW-RR 1992, 591). Allerdings wollte die hM den § 289 – und somit wohl auch den § 248 – angewendet wissen, obwohl es sich nicht um Zinsen handele (BGB NJW 1970, 243; WM 1973, 42; NJW 1978, 1261; MünchKomm/vMAYDELL Rn 14). Die Begründung wird in § 1107 erblickt, der iVm § 9 ErbbauVO auf die für die Zinsen einer Hypothekenforderung geltenden Vorschriften und damit auf das gesamte Zinsrecht verweise (vgl STAUDINGER/AMANN § 1107 Rn 15; MünchKomm/JOOST § 1107 Rn 6). Das überzeugt nicht (vgl § 248 Rn 17). Hinsichtlich des schuldrechtlichen Erbbauzinses hat sich der BGH mittlerweile für eine Unanwendbarkeit des Zinseszinsverbotes ausgesprochen (BGH NJW-RR 1992, 591).

21 cc) Gewinnbeteiligungen und Dividenden sind keine Zinsen im Rechtssinne, auch wenn die Wirtschaftspraxis dabei von „Eigenkapitalverzinsung" sprechen mag. In der Regel scheitert die Zinsnatur schon daran, daß neben dem Gewinnanspruch kein

Kapitalanspruch besteht, insbesondere wenn er aus Gesellschaftsanteilen fließt. Aber auch wenn daneben eine Kapitalschuld besteht (partiarisches Darlehn, stille Beteiligung), handelt es sich nicht um einen Zins. *Gewinnabhängigkeit und Zinsnatur sind miteinander unvereinbar* (RGZ 86, 399, 401; 168, 285; BGH NJW-RR 1992, 592; SOERGEL/REIMER SCHMIDT [10. Aufl] Rn 3; BGB-RGRK/ALFF Rn 1; MünchKomm/vMAYDELL Rn 3; ERMAN/WERNER Rn 2; CANARIS NJW 1978, 1892). Mit einem Zins kann nur die Kapitalentbehrung des Gläubigers, nicht können die Kapitalnutzung des Schuldners und die sich daraus ergebenden Umsätze und Gewinne abgegolten werden (Rn 15). Ist die Vergütung für die Kapitalschuld teilweise laufzeitabhängig und teilweise gewinnabhängig, so kann der laufzeitabhängige Teil Zins sein. Das für Gewinnbeteiligungen Gesagte gilt sinngemäß auch für die **Umsatzbeteiligung**. Weder das eine noch das andere ist Zins (BGHZ 85, 61, 63 = NJW 1983, 111; MünchKomm/H P WESTERMANN § 608 Rn 1).

dd) **Tilgungsquoten** (ENNECCERUS/LEHMANN § 12 I 2; LARENZ, SchuldR AT/1 § 12 VIII) oder **22** **Amortisationsquoten** sind keine Zinsen (RGZ 91, 297, 299; BGB-RGRK/ALFF Rn 1; Münch-Komm/vMAYDELL Rn 4; ERNST WOLF, SchuldR I 168). Sie sind Teilleistungen der Kapitalschuld. Anders verhält es sich mit **Annuitäten**. Annuitäten sind in ihrer Höhe über die ganze Laufzeit eines Darlehns konstante Gesamtraten, mit denen das Kapital zugleich getilgt und verzinst werden soll (vgl BGH BB 1975, 1129, 1130). Die Annuität *als solche* ist somit *kein Zins*, weil sie die Höhe der Kapitalschuld beeinflußt; sie enthält aber einen echten *Zinsanteil*, der über die Laufzeit immer kleiner wird.

ee) **Renten** sind keine Zinsen, weil die Rentenschuld nicht neben einer Kapital- **23** schuld entsteht (BGH BB 1971, 107; DB 1976, 2010, 2011 = WM 1976, 974, 975; LEONHARD, SchuldR I § 42 unter 1), sondern einziger Schuldinhalt ist (RGZ 141, 1, 7; ERMAN/WERNER Rn 2; BGB-RGRK/ALFF Rn 1; MünchKomm/vMAYDELL Rn 4; ENNECCERUS/LEHMANN § 12 I 1). Auf rückständige Rentenleistungen dürfen daher Zinsen verlangt werden (BGH LM Nr 2 zu § 248 BGB). Vgl in diesem Zusammenhang auch Rn 10 ff.

3. **Einzelfragen**

a) **Die Rechtsnatur des Disagio** ist str, allerdings nur für das Darlehnsdisagio (dazu **24** Rn 26 f).

aa) Die Begriffe **Disagio** – bei Darlehen gelegentlich **Damnum** genannt – und **Agio** **25** begegnen im Emissionsgeschäft (dazu CANARIS, Bankvertragsrecht [2. Aufl] Rn 2236 ff) und im (langfristigen) Darlehnsgeschäft. Sie bezeichnen einen Aufschlag (Agio) auf den Nennwert oder einen Abschlag (Disagio) von dem Nennwert eines Wertpapiers (Emissionsgeschäft) oder eines Darlehns. Bei der Aktienemission ist das Disagio untersagt (§ 9 AktG), während umgekehrt beim *Darlehen* das Agio in diesem Sinne nicht vorkommt. Bei der *Emission von Schuldverschreibungen* trifft man sowohl (idR) das Disagio, als auch (gelegentlich bei Übergang von einer Hochzinsperiode in eine Niedrigzinsperiode) das Agio an. Die Rechtsnatur des Disagios kann unter Umständen zweifelhaft sein. Das Agio bei der Emission von Aktien ist jedenfalls *kein Zins*, weil durch den Erwerb der Aktie kein Kapitalanspruch begründet wird. Das **Disagio bei der Emission von Schuldverschreibungen** kann als Zins qualifiziert werden (anscheinend aA, aber nichtssagend, OLG Köln WM 1973, 156: „Anreiz für Geldanlage"; offen gelassen bei GRÜTZBACH BB 1964, 1367). Der Gläubiger der verbrieften Forderung, der Erwerber der Schuldverschreibung, erhält in Höhe des Disagios eine zusätzliche Vergütung für die Kapitalentbehrung. Laufzeit und Nominalzins werden bei Anleihen ohne Beteiligung des Erwerbers festgelegt. Der Emissionskurs erlaubt es den Parteien, den Wert der Kapitalentbehrung des Gläubigers noch zu bestimmen. Bedenken wegen angeblicher Laufzeitunabhängigkeit bestehen in Wahrheit nicht, weil sich aus Laufzeit, Nominalzins und Disagio ein Zinssatz errechnen läßt und weil die hier beteiligten Parteien bei ihren Verhandlungen ohnehin auf den so errechneten Zinssatz abstellen. Auch eine Verlosung der zur Rückzahlung fälligen Stücke sollte daran nichts ändern. Das im Zusammenhang mit dem Darlehensdisagio (unten Rn 26) geäußerte Argument, mit dem Disagio sollten uU echte Aufwendungen für die Geldbeschaffung ausgeglichen werden (vgl nur GRÜTZBACH BB 1964, 1367; BODENSTAFF BB 1967, 356), trifft jedenfalls für das Disagio bei der Emission von Anleihen nicht zu.

26 **bb)** **Die Rechtsnatur des Darlehensdisagio** kann im Einzelfall zweifelhaft sein. Nach verbreiteter, jedoch umstrittener Auffassung liegt *in der Regel ein Zins* vor (BODENSTAFF BB 1967, 356; BELKE BB 1968, 1222; PRASS BB 1981, 1058; **aA** OLG Köln WM 1973, 156; LG Hamburg WM 1979, 323). Im Grundsatz besteht zwar Einigkeit darüber, daß das Disagio sowohl ein Kostenfaktor ohne Zinscharakter zur Abwälzung von **Verwaltungsaufwand** als auch ein **Zins** bzw – im hier bei Rn 7 so nicht aufgegriffenen Sprachgebrauch der hM – ein „verschleierter" Zins sein kann (BGHZ 81, 124, 126; 111, 287, 289; BGH WM 1963, 378, 380 = MDR 1963, 486; NJW 1979, 2089 = WM 1979, 966 mAnm SCHOLZ WM 1979, 1247; DB 1981, 2023 = NJW 1981, 2180 = WM 1981, 839 = ZIP 1981, 841; NJW 1981, 2181 = WM 1981, 838 = ZIP 1981, 839; NJW 1992, 2285; NJW 1993, 3257, 3258; NJW 1994, 47; OLG Köln WM 1973, 156; OLG Hamm ZIP 1980, 652; OLG Frankfurt/M ZIP 1981, 379; LG Hamburg WM 1979, 323; BELKE BB 1968, 1222; BODENSTAFF BB 1967, 356; CANARIS NJW 1978, 1893; GRÜTZBACH BB 1964, 1367; PRASS BB 1981, 1058); aber die **Abgrenzung im einzelnen** bereitet Schwierigkeiten. Im Vordergrund steht der im Einzelfall durch Auslegung der Vertragsgestaltung zu ermittelnde **Parteiwille** (BGHZ 81, 124, 126 f; 111, 287, 288; BGH WM 1963, 378 = MDR 1963, 486; NJW 1981, 2181 = WM 1981, 838 = ZIP 1981, 839; ZIP 1989, 903, 904 f = NJW-RR 1989, 947, 948 = WM 1989, 1011, 1013; NJW 1992, 2285, 2286; NJW 1993, 3257; NJW 1994, 47; OLG Schleswig WM 1996, 442, 443; LG Siegen WM 1993, 458, 459; SOERGEL/TEICHMANN Rn 15). *Die Frage ist dahin zu stellen, ob dem Gläubiger mit dem Disagio die Kapitalentbehrung abgegolten werden oder ob sonstige Leistungen vergütet oder besondere Aufwendungen ersetzt werden sollen.* Da ein Nachweis der mit der Darlehnshingabe verbundenen Kosten für den Kreditgeber regelmäßig schwierig ist, bereitet auch die Feststellung eines verbindlichen Parteiwillens Schwierigkeiten. Weil das so ist, besteht das Hauptproblem darin, ob sich eine *Auslegungsregel* begründen läßt. Banken lassen dem Kunden nicht selten die Wahl, ob er ein Darlehen mit geringem oder sogar ganz ohne Disagio, aber höherem laufendem Zins, oder ein Darlehen mit höherem Disagio, aber niedrigerem laufendem Zins aufnehmen will (BGH DB 1981, 2023 = NJW 1981, 2180 = WM 1981, 839 = ZIP 1981, 841; PRASS BB 1981, 1058 ff). Wo dies der Fall ist, ist das Disagio als laufzeitabhängiges Entgelt für die Kapitalentbehrung und damit als Zins anzusehen, sofern nicht überwiegende Gesichtspunkte des Einzelfalls gegen eine Laufzeitabhängigkeit sprechen (ebenso SOERGEL/LÖWISCH [1995] § 289 Rn 11; REIFNER, Kreditrecht § 13 Rn 12; ERMAN/KLINGSPORN-REBMANN § 13 VerbrKrG Rn 38; PALANDT/HEINRICHS Rn 3; vWESTPHALEN, Vertragsrecht u AGB-Klauselwerke, Darlehensvertrag Rn 72 ff mwN). In den übrigen Fällen gehört nach früher hM das Disagio regelmäßig zu den Darlehnsnebenkosten und nur ausnahmsweise zu

den Zinsen (OLG Frankfurt/M ZIP 1981, 379; OLG Köln WM 1973, 156; OLG Nürnberg WM 1981, 1399; LG Hamburg WM 1979, 323; BGB-RGRK/BALLHAUS § 608 Rn 2; SOERGEL/LIPPISCH-HÄUSER § 608 Rn 11; ERMAN/WERNER § 608 Rn 8; GRÜTZBACH BB 1964, 1367; CANARIS, Bankvertragsrecht Rn 1324; ders NJW 1978, 1896; OESTERREICH WM 1979, 824; differenzierend Münch-Komm/H P WESTERMANN § 608 Rn 3). Es wurde von dieser hM streng unterschieden zwischen dem Disagio und der Kreditkostenpauschale, die als Zins angesehen wird (CANARIS, Bankvertragsrecht Rn 1324). Eine Gegenansicht sah das Disagio grundsätzlich als vorweg zu zahlenden Zins an (BELKE BB 1968, 1223; LONGIN-SCHLEHE DStR 1979, 8 ff; PRASS BB 1981, 1061).

Die finanzgerichtliche Rechtsprechung hat schon länger den „zinsähnlichen Charak- 27 ter" des Disagio hervorgehoben und diesen Posten als Entgelt für eine Kapitalnutzung qualifiziert (zB BFHE 129, 344 = BStBl 1980 II 353; 133, 37 = BStBl 1981 II 466; dazu LUDWIG SCHMIDT, EStG [1996] § 20 Anm 55). Der Bundesgerichtshof hatte in seinen Urteilen vom 2. 7. 1981 (BGHZ 81, 124; BGH NJW 1981, 2181 = WM 1981, 838 = ZIP 1981, 839) im Anschluß an OLG Frankfurt/M ZIP 1981, 379 ebenfalls Fragen der steuerlichen Gestaltung als maßgeblichen Aspekt herausgestellt und betont, daß auch der Schuldner im Hinblick auf steuerliche Abzugsmöglichkeiten daran interessiert sein könne, daß das Disagio nicht den Zinsen, sondern den Vertragsnebenkosten zugeschlagen werde. Hieraus hat der Bundesgerichtshof, im Gegensatz zum Bundesfinanzhof, gefolgert, daß normalerweise der Parteiwille auf eine laufzeitunabhängige Gestaltung gerichtet sei. Allerdings hatte der Bundesgerichtshof bereits früher die Auffassung vertreten, jedenfalls ein das Übliche übersteigendes Disagio (zB 40%; vgl BGH LM Nr 2 zu § 247 = WM 1963, 378) indiziere einen „verdeckten Zins" (s auch CANARIS, Bankvertragsrecht Rn 1326). Bei dieser Ausgangslage würde die individuelle Vertragsinterpretation im praktischen Regelfall dazu führen, daß ein Disagio nicht als Zins qualifiziert würde mit der Folge, daß der Kreditnehmer bei vorzeitiger Beendigung des Kreditverhältnisses das Disagio in voller Höhe, also nicht nur in Höhe des auf die verkürzte Laufzeit entfallenden Anteils tragen müßte. Der BGH hat seine Rechtsprechung allerdings mittlerweile geändert (BGHZ 111, 287; BGHZ 117, 287; BGH NJW 1992, 2285; NJW 1993, 3257, 3258; NJW 1994, 47 = BB 1994, 28; WM 1994, 13; ZIP 1994, 116; NJW 1995, 2778; ebenso OLG Hamburg WM 1993, 1877, 1878; OLG Düsseldorf WM 1995, 569, 572; OLG Frankfurt/M WM 1996, 440, 441 = NJW-RR 1996, 301, 302; OLG Schleswig WM 1996, 442, 443 = NJW-RR 1996, 494; LG Zweibrücken WM 1992, 1564; LG Dortmund WM 1993, 457, 458; LG Tübingen WM 1996, 626, 627; offen gelassen noch in BGH ZIP 1989, 903 = NJW-RR 1989, 947, 948 = WM 1989, 1011, 1013) und sich den Ausführungen von PRASS BB 1981, 1058 ff angeschlossen. PRASS legt dar, daß das Disagio einen Funktionswandel von der pauschalen Abgeltung der Kreditbeschaffungs- und Kreditgewährungskosten hin zur Feinsteuerung des Zinses und zur Drosselung der laufenden Zinsbelastung gemacht hat (so auch BROSCH DB 1984, 1696; zust auch HADDING/HÄUSER, in: WM-Festausgabe für Heinsius [1991] 4, 9). Auch ein nicht überhöhtes Disagio wird nach diesem Befund im Rechtsverkehr regelmäßig als laufzeitabhängige Leistung kalkuliert und auch von den Parteien (§§ 133, 157) als solche verstanden. Diese neuere, von der Literatur teilweise zurückhaltend aufgenommene (vgl MünchKomm/vMAYDELL Rn 12) Rechtsprechung sorgt dafür, daß Gemeinkosten des Gläubigers, die dem einzelnen Schuldner gar nicht speziell zugeordnet, ihm auch nicht vorgerechnet werden und daher nur Kalkulationsgrundlage, aber keine eigenständig zu vergütende Leistung des Gläubigers sein können, in den Zins einbezogen werden. Es handelt sich hierbei freilich nur um eine Auslegungsregel. Die ihr immanente Vermutung für

einen Zins ist insbesondere bei zinsverbilligten Krediten aus öffentlichen Förder-
programmen oftmals widerlegt (BGH NJW 1992, 2285, 2286 = WM 1992, 1056; NJW 1994, 47
= BB 1994, 28), jedenfalls dann, wenn dieses Disagio erkennbar zur Abführung an die
ausgebende öffentliche Stelle bestimmt war.

28 b) **Kreditgebühren** sind die gewöhnlichen *Zinsen* des Teilzahlungskreditgeschäftes
(BGH NJW 1979, 2090 = WM 1979, 966 mAnm SCHOLZ WM 1979, 1247; OLG Köln NJW 1966,
2217; OLG Hamm NJW 1973, 1003; 1974, 1951; BB 1978, 1540; OLG Frankfurt/M BB 1979, 446;
KG BB 1979, 447; BGB-RGRK/BALLHAUS § 608 Rn 3; IHMELS BB 1975, 1511; CANARIS, Bankver-
tragsrecht Rn 1324; ders NJW 1978, 1893; SOERGEL/TEICHMANN Rn 14; MünchKomm/vMAYDELL
Rn 11; PALANDT/HEINRICHS Rn 6; ERMAN/WERNER Rn 7; REIFNER, Kreditrecht § 13 Rn 3). Die
Gegenauffassung von SCHOLTEN NJW 1968, 385 f, der diese Gebühren den hohen
Verwaltungskosten beim Teilzahlungskredit zuschrieb, ist vereinzelt geblieben. Sie
beruhte auf einer Verkennung des Unterschiedes zwischen Zinsertrag und Reinge-
winn. Kreditgebühren weisen die Besonderheit auf, daß die periodisch fälligen
Zinsbeträge trotz sich vermindernder Restschuld über die gesamte Laufzeit konstant
sind und als Bruchteil des Ursprungskapitals ausgedrückt werden (s auch noch Rn 265).
Das ändert an ihrem Zinscharakter nichts. Es ist auch – ganz unabhängig von den
allgemeinen Bedenken gegen diese Begriffsbildung (Rn 7) – im allgemeinen nicht
sachgemäß, hier von „verschleierten Zinsvereinbarungen" zu sprechen (so aber KG BB
1974, 1505 mAnm SCHOLZ BB 1974, 1605; LG Berlin BB 1978, 15). Mit der Bezeichnung
Kreditgebühr wird hinlänglich offenbart, daß die Kapitalentbehrung abgegolten
werden soll. Eine Verschleierung liegt nur vor, wenn zwar Kreditgebühren oder eine
einmalige *Kreditkostenpauschale* (dazu CANARIS, Bankvertragsrecht Rn 1324; ders NJW
1978, 1893) verlangt werden, aber der Kredit als „unverzinslich" bezeichnet wird.
Rechtliche Bedeutung hat diese Verschleierung für das Zinsrecht nicht.

29 c) Die Einordnung der **Antragsgebühren** (einmalig im voraus zahlbare **Bearbeitungsgebühren** im Teilzahlungskreditgeschäft) ist umstritten. Nach einer früher verbreiteten Ansicht handelt es sich um *Zinsen* (BELKE BB 1968, 1222; SCHOLZ BB 1974, 1605;
BACHMANN NJW 1978, 865). Diese Auffassung hat auch heute noch ihre Anhänger
(STAUDINGER/LÖWISCH [1995] § 289 Rn 10; REIFNER, Kreditrecht § 13 Rn 4 ff mwN), hat sich
aber insgesamt nicht recht durchgesetzt. Nach ganz hM sind es – schon der Wortlaut
der Parteienvereinbarung weist hin auf eine Abgeltung von Verwaltungsaufwand,
nicht der Kapitalentbehrung – keine Zinsen (BGHZ 80, 153; BGH NJW 1979, 807; NJW
1979, 808 = WM 1979, 270 = BB 1979, 444; NJW 1979, 2089 = WM 1979, 966 mAnm SCHOLZ WM
1979, 1247; WM 1980, 860; WM 1986, 8; OLG Düsseldorf ZIP 1981, 725; OLG Nürnberg WM 1981,
1399; KG WM 1984, 430; CANARIS, Bankvertragsrecht Rn 1324; ders NJW 1978, 1891; SOERGEL/
TEICHMANN Rn 16). Unzweifelhaft ist dies nicht. Wenn dem individuellen Kreditnehmer konkret vorgerechnet würde, welche Kosten gerade auf seinen Kredit entfallen,
und er eine diesem Kostenanteil entsprechende Antragsgebühr als Dienstleistungs-
entgelt zu entrichten hätte, wäre diesem Betrag der Zinscharakter eindeutig abzusprechen (BELKE BB 1968, 1222; CANARIS NJW 1978, 1892). Üblich ist aber eine pauschale
Belastung des Kreditnehmers, die keinerlei Rücksicht darauf nimmt, ob die Kosten
im Einzelfall überhaupt angefallen sind. Die Frage liegt dann ähnlich wie beim Disagio (dazu Rn 24 ff). Im Gegensatz zum Disagio sind aber die Begriffe „Antragsgebühr" und „Bearbeitungsgebühr" ihrer Verkehrsbedeutung nach regelmäßig so
aufzufassen, daß der Betrag einmalig und endgültig geschuldet ist, dh bei vorzeitiger

Kreditbeendigung auch nicht teilweise erstattet wird. Für den Regelfall mag es daher bei der hM bleiben.

d) **Die Vermittlungsgebühr oder -provision** ist jedenfalls dann *kein Zins*, wenn echte **30** Akquisitionskosten, zB für Kreditmakler, ersetzt werden sollen (BGHZ 80, 153, 166; BGH NJW 1979, 805; NJW 1979, 2089 = WM 1979, 966 mAnm SCHOLZ WM 1979, 1247; WM 1980, 892; OLG München NJW 1977, 152 mAnm FREUND und REICH NJW 1977, 636; vgl auch SCHOLZ BB 1974, 1605; ders WM 1979, 1247; CANARIS NJW 1978, 1894; REIFNER, Kreditrecht § 13 Rn 19; STAUDINGER/LÖWISCH [1995] § 289 Rn 7). Dann nämlich geht es nicht um eine Vergütung für die Kapitalentbehrung, folglich auch nicht um „laufzeitabhängige" Zahlungen. Zins, nämlich ein sog „verschleierter" Zins iS des üblichen Sprachgebrauchs, liegt allerdings vor, wenn dieser Gebühr keine konkreten Vermittlungsleistungen gegenüberstehen (vgl CANARIS, Bankvertragsrecht Rn 1326; ders NJW 1978, 1894; so auch SOERGEL/ TEICHMANN Rn 17; ERMAN/WERNER Rn 7).

e) Die Kosten der **Restschuldversicherung** sind dann und nur dann („verschlei- **31** erte") Zinsen, wenn der Kreditgeber diese Kosten in Wirklichkeit selbst vereinnahmen will, ohne daß eine Versicherung genommen wird. Im Normalfall sind sie, ähnlich wie die Vermittlungsgebühr (vgl Rn 30), *kein Zins* (OLG Frankfurt/M BB 1979, 446; BGH NJW 1979, 808, 808; WM 1979, 270 = BB 1979, 444 = NJW 1979, 1209; NJW 1979, 2089 = WM 1979, 966 mAnm SCHOLZ WM 1979, 1247; SCHOLZ MDR 1976, 281; HACKL BB 1977, 1412; SCHULZ BB 1978, 15; CANARIS NJW 1978, 1894; RITTNER DB 1980 Beil 16 H 35, 3; SOERGEL/ TEICHMANN Rn 20; ERMAN/WERNER Rn 7; STAUDINGER/LÖWISCH [1995] § 289 Rn 10). Sie erlegen dem Kreditnehmer lediglich ausscheidbare Kosten der Kreditbesicherung auf.

f) **Verlängerungsgebühren, Verzugsgebühren, Überziehungsgebühren oder Überzie- 32 hungszinsen** werden verlangt bei Überziehung von Kontokorrentkonten, dh bei Verfügungen, die nicht durch Guthaben gedeckt sind oder den vereinbarten Kreditrahmen umfänglich überschreiten, oder wenn ein Kredit nicht in der vereinbarten Frist zurückgeführt wird. Sie werden entweder nach Umfang und Dauer der Überziehung berechnet oder pauschaliert belastet (BELKE BB 1968, 1219; CANARIS NJW 1978, 1894). Im ersten Fall wird der Kredit entweder schlicht höher als sonst verzinst oder es werden neben den gewöhnlichen Zinsen Sonderbeträge in Rechnung gestellt (BELKE BB 1968, 1219). Es handelt sich sodann um einen aufschiebend bedingten *Sonderzins*, der einzig die Besonderheit aufweist, *daneben Vertragsstrafe zu* sein (BELKE BB 1968, 1220; CANARIS NJW 1978, 1894). Pauschalierte Überziehungs"gebühren" und dergl sind in aller Regel als („verschleierte") *Zinspauschale* anzusehen (vgl CANARIS NJW 1978, 1894; OLG Düsseldorf NJW 1991, 2429, 2430). Anders, wenn zusätzlich zu den Zinsen eine objektiv angemessene einmalige Bearbeitungsgebühr erhoben wird (CANARIS, Bankvertragsrecht Rn 1325).

g) **Vorfälligkeitsentschädigungen** oder **Ablösegebühren** lassen sich Kreditgeber gele- **33** gentlich im Falle der Darlehnskündigung oder der vorzeitigen Darlehnsrückzahlung gewähren. Sind diese Leistungen für den Fall der Kündigung durch den Kreditgeber vereinbart (vgl BGH WM 1979, 270 = BB 1979, 444 = NJW 1979, 808; WM 1979, 1209), so können sie theoretisch unter Umständen, wie die „Verzugsgebühren" (vgl Rn 32), ein *Sonderzins* sein. Im allgemeinen versteht man unter Vorfälligkeitsentschädigungen und Ablösegebühren jedoch solche Zusatzkosten, die im Fall der Kündigung durch den Kreditnehmer – oder im Rahmen eines Aufhebungsvertrages (BGH NJW-RR 1989,

41 = ZIP 1988, 1450, 1451 = WM 1988, 1401; OLG Köln NJW-RR 1992, 681; OLG Hamburg WM 1993, 1877, 1879; OLG Hamm WM 1995, 836; OLG München WM 1996, 1132, 1134; LG Dortmund WM 1996, 444; LG Braunschweig WM 1996, 1134, 1135; Weber NJW 1995, 2951, 2953) – erhoben werden. Diese Kosten sind *keine* Zinsen (Canaris NJW 1978, 1896: „Provision"; Krug BB 1979, 24: „Vertragsstrafe"; ebenso Brutschke ZAP 1994, 667, 671; Scholz BB 1979, 188: „Vereinnahmung von Verwaltungskosten"; Metz ZBB 1994, 205, 209 f; Reifner NJW 1995, 86, 90; Brutschke ZAP 1994, Fach 8, 179, 183; ders ZAP 1994, 667, 671; wohl auch Melzer BB 1995, 321, 322; OLG Hamburg WM 1993, 1877, 1879; LG Braunschweig WM 1996, 1134, 1135: „Pauschalierung von Schadensersatz"), denn sie werden gerade nicht für die auf die Laufzeit entfallene Kapitalentbehrung gezahlt. Die Zulässigkeit dieser Praxis kann im Einzelfall im Hinblick auf § 609 a Abs 4 (Brutschke ZAP 1994, 667, 669; Hopt/Mülbert WM-Sonderbeil 3/1990, 18; Metz ZBB 1994, 205, 210; Melzer BB 1995, 321, 322; vgl BGH WM 1988, 1401, 1402 = NJW-RR 1989, 41, 42 = ZIP 1988, 1450; WM 1990, 138, 139 = NJW-RR 1990, 431; WM 1990, 1244 = NJW 1990, 2379; OLG Köln WM 1987, 1548, 1550; LG Zweibrücken WM 1992, 1564 jew zu § 247 Abs 1 S 2 aF; hierzu auch Praxl WM 1984, 117), vor allem aber auch im Hinblick auf § 11 Nrn 5, 6 AGBG (Reifner NJW 1995, 86, 90 f mwN; vWestphalen, Vertragsrecht u AGB-Klauselwerke, Darlehensvertrag Rn 165 ff; Melzer BB 1995, 321, 323; keine Bedenken äußert freilich BGH NJW 1992, 432; vgl auch BGHZ 95, 362, 371 f mwN) zweifelhaft sein.

34 In der Literatur sind detaillierte Vorschläge zur Berechnung der Vorfälligkeitsentschädigung beim Hypothekenkredit unterbreitet worden (Reifner NJW 1995, 2945; Weber NJW 1995, 2951, 2953 ff jew mwN), zu denen die Rechtsprechung bereits mehrfach Stellung zu beziehen hatte (BGH NJW 1991, 1817 f = WM 1991, 760 f; WM 1994, 1632 = NJW 1994, 2478; WM 1995, 339; OLG München WM 1996, 1132, 1134; LG Lübeck ZIP 1995, 1581; LG Braunschweig WM 1996, 1134, 1135; s hierzu auch Rn 184).

35 h)   Nach § 22 Abs 3 KWG aF war eine ohne Einhaltung der Kündigungsfrist zurückgezahlte Spareinlage als Vorschuß zu verzinsen. Die die Kreditinstitute hierzu verpflichtende gesetzliche Grundlage ist mittlerweile weggefallen. Die Praxis verfährt auch ohne gesetzliche Verpflichtung weiterhin so. Dieser **Vorschußzins** wird bei der regelmäßig am Jahresende erfolgenden Zinsabrechnung vom Habenzins abgezogen. Er stellt ein Entgelt für die vorzeitige Überlassung nicht fälligen Kapitals dar und ist somit auch zivilrechtlich als *Zins* einzustufen.

36 i)   **Teilzahlungszuschläge** beim Ratenkauf sind im allgemeinen echte *Zinsen* iSd §§ 246 ff, soweit nicht konkreter andersartiger Mehraufwand des Verkäufers abgegolten werden soll (BGH NJW 1979, 805, 806; NJW 1980, 445, 446; Soergel/Teichmann Rn 15). Das Argument, es handele sich um einen einheitlichen Kaufpreis, der naturgemäß dem Vertrage nach auf allmähliche Tilgung zugeschnitten und deshalb höher als ein Barverkaufspreis ist (OLG München NJW 1969, 53 mwN), besagt nichts für das Gegenteil. Es handelt sich um einen Kauf auf Kredit, bei dem der Schuldner für die zwischenzeitliche Kapitalentbehrung des Gläubigers ein zusätzliches Entgelt zu zahlen hat.

37 k)   **Bereitstellungszinsen** oder **Bereitstellungsprovisionen** pflegen Banken für die Zeit zwischen getroffener Darlehnsvereinbarung und der vollen Auszahlung der Darlehensvaluta zu berechnen. Sie sind, obwohl „laufzeitabhängig" (dazu Rn 15), *keine Zinsen* im Rechtssinne (BGH WM 1978, 422, 423; WM 1986, 156, 157; OLG Koblenz WM 1983,

802, 803; OLG Hamm WM 1987, 105, 106; CANARIS, Bankvertragsrecht Rn 1226; ders NJW 1978, 1894; MünchKomm/vMAYDELL Rn 6; SOERGEL/TEICHMANN Rn 18; REIFNER, Kreditrecht § 13 Rn 13; vWESTPHALEN, Vertragsrecht u AGB-Klauselwerke, Darlehensvertrag Rn 59; aA MÜLBERT AcP 192 [1992] 447, 507), weil es vor Auszahlung der Valuta an einer gesonderten Kapitalschuld fehlt. Es handelt sich um eine Provision, nicht um ein Entgelt für Kapitalentbehrung. MÜLBERT (AcP 192 [1992] 447, 507) kommt zu einem abweichenden Ergebnis, indem er das Erfordernis einer gesonderten Kapitalschuld in Abrede stellt. Zur Preisgabe dieses Merkmals besteht kein Anlaß (Rn 13).

Aus demselben Grunde ist auch die **Nichtabnahmeentschädigung**, die sich Banken **38** oftmals – neben oder im zeitlichen Anschluß an die Bereitstellungsprovision – für den Fall versprechen lassen, daß das Darlehen endgültig nicht abgenommen wird (zu ihrer dogmatischen Einordnung als pauschalierter Schadensersatz oder als Vertragsstrafe und zu ihrer Vereinbarkeit mit dem AGBG s BGH NJW 1986, 1807, 1809 = WM 1986, 577, 579 f mwN; NJW-RR 1986, 467 = WM 1986, 156 f; ZIP 1989, 903; WM 1990, 8, 9 = NJW 1990, 981; NJW 1991, 1817; DERLEDER JZ 1989, 165; KÖNDGEN NJW 1994, 1508; ders, Die Gewährung und Abwicklung grundpfandrechtlich gesicherter Kredite [3. Aufl 1994]), kein Zins. Sie weist funktionale Ähnlichkeiten zur Vorfälligkeitsentschädigung (Rn 33 f) auf (BECKERS WM 1991, 2049; KÖNDGEN, Gewährung und Abwicklung grundpfandrechtlich gesicherter Kredite [3. Aufl 1994] 147; METZ ZBB 1994, 205, 212; BRUTSCHKE ZAP 1994, Fach 9, 179, 183; REIFNER NJW 1995, 86, 90 mwN).

II. Der Effektivzinssatz

1. Bedeutung des Effektivzinssatzes

a) Der oftmals sogenannte „Effektivzins" (vgl zB SCHOLZ WM 1980, 322; HECKMANN **39** DB 1981, 1221) ist kein Zins im Rechtssinne, sondern ein bloßer Zinssatz (zu seiner Berechnung vgl Rn 259 f). § 4 Abs 2 S 1 VerbrKrG „definiert" für seinen Anwendungsbereich den effektiven Jahreszins als „die in einem Vomhundertsatz des Nettokreditbetrages oder des Barzahlungspreises anzugebende Gesamtbelastung pro Jahr". Der sog **Effektivzins** ist das **Ergebnis der rechnerischen Auswertung** eines in seinen Konditionen bereits bekannten Vertrages. Notwendig sein kann diese Auswertung unter Aspekten des Preisordnungsrechts, bei der Vertragsinhaltskontrolle nach § 138 BGB und im Falle der vorzeitigen Kreditabwicklung. Diese ganz unterschiedlichen Aufgaben des Effektivzinssatzes bringen es mit sich, daß nicht allenthalben dieselben Kostenbestandteile in den Zinssatz einzurechnen sind. Bereits hieraus ergibt sich, daß es „den" Effektivzinssatz nicht gibt.

b) **Die rechtlichen Funktionen des Effektivzinssatzes** unterscheiden sich erheblich **40** voneinander, und mit diesen Funktionen variieren auch die *Ziele der Effektivzinsrechnung*.

aa) Im **Preisordnungsrecht** findet sich der Effektivzinssatzbegriff in § 4 Abs 1 **41** PAngV und in § 4 VerbrKrG (dazu Rn 86). Normzweck in einem sehr weiten Sinne ist der Kreditnehmerschutz (Rn 45, 85). Die Angabe des Effektivzinssatzes soll hierzu, – genauer gesagt – zur Markttransparenz beitragen (LAMMEL BB 1980 Beil 8, 4 f). Die Vorbedingungen jeder privatautonomen Konsumentenentscheidung sollen sichergestellt werden.

42 bb) Jede **Bewertung der Zinshöhe** setzt eine Ermittlung des Effektivzinssatzes voraus. Das gilt zunächst für den **Maßstab der Sittenwidrigkeit** nach § 138. Bei der Frage, ob zwischen Leistung und Gegenleistung ein auffälliges Mißverhältnis besteht, bedient sich die Praxis eines Effektivzinsvergleichs (Rn 110 ff). Gleiches muß aber in allen anderen Fällen gelten, in denen die Angemessenheit der Verzinsung geprüft werden muß. So sind zB im Problembereich der verdeckten Gewinnausschüttung im Steuerrecht gemäß Abschnitt 31 Abs 3 KStR 1995 (BStBl 1996, Sondernummer 1/1996, 30 ff) ua die Gewährung eines zinslosen oder außergewöhnlich niedrig verzinsten Darlehens an einen Gesellschafter durch die Gesellschaft (hierzu BFHE 160, 192, 194 f; BFH BStBl II 1988, 348; FG Baden-Württemberg EFG 1992, 686; Hess FG EFG 1993, 600; 1995, 393, 394) bzw eine Darlehensgewährung an die Gesellschaft durch einen Gesellschafter zu einem außergewöhnlich hohen Zinssatz als Fälle verdeckter Gewinnausschüttung anerkannt (vgl hierzu KNOBBE-KEUK, Bilanz- und Unternehmenssteuerrecht [9. Aufl 1993] § 19 I 2 a; TIPKE/LANG, Steuerrecht [14. Aufl 1994] § 11 III 2.2 Rn 61; FROTSCHER/MAAS, KStG, Anh vGA zu § 8 Rn 114, 187 f; LADEMANN/HAUSWIRTH-STAIGER, KStG, § 8 Rn 154 ff). Für die Frage der außergewöhnlichen Höhe bzw der außergewöhnlichen Niedrigkeit kommt es auf einen *Fremdvergleich* an. Dabei wird auf der Grundlage einer Fiktion ermittelt, welche Konditionen mit einem fremden Vertragspartner vereinbart worden wären (so bereits RFH RStBl 1932, 713, 714). Ist der Gesellschafter Darlehensnehmer, so werden die Konditionen vergleichbarer Kredite als Vergleichsmaßstab herangezogen (allerdings hat der RFH in einem Fall die Refinanzierungskosten einer Gesellschaft als angemessene Vergleichsgröße für ein Darlehen an einen Gesellschafter angesehen; RFH RStBl 1932, 441; vgl dazu BREZING, Verrechnungsentgelte und Umlagen zwischen Kapitalgesellschaften und ihren Gesellschaftern im Steuerrecht [1975] 20, 56). Gewährt eine deutsche Gesellschaft ihren ausländischen Gesellschaftern ein Darlehen, so ist die Zinshöhe im Inland maßgeblich (BFH BStBl III 1965, 176; vgl auch BFHE 165, 279). Ist der Gesellschafter Kreditgeber, so soll es darauf ankommen, ob der Kredit in erster Linie im Gesellschaftsinteresse lag (Vergleichsmaßstab sollen dann die Kreditbedingungen dritter Kreditgeber sein) oder ob ein Anlagedarlehen im Interesse des Gesellschafters vorliegt (dann soll derjenige Zinssatz zugrunde zu legen sein, den die Gesellschafter für die Anlage bei einem Dritten erhalten hätten; vgl RFH RStBl 1932, 1026; BREZING 24 f). Auch die Bewertung von Zinsleistungen in Anwendung der handels- und gesellschaftsrechtlichen Vorschriften über die (verdeckte) Eigenkapitalentnahme – §§ 172 Abs 4 HGB, 30 f GmbHG, 57 ff AktG – folgt diesen Grundsätzen (hierzu BGHZ 39, 319, 332; STAUB/SCHILLING, HGB § 172 Rn 14; SCHOLZ/H P WESTERMANN, GmbHG § 30 Rn 21; BAUMBACH/HUECK, GmbHG § 29 Rn 69 f, § 30 Rn 15; HACHENBURG/GOEDELER-MÜLLER, GmbHG § 29 Rn 123 ff, § 30 Rn 11; GESSLER-HEFERMEHL/HEFERMEHL-BUNGEROTH, AktG § 57 Rn 13 ff; HÜFFER, AktG § 57 Rn 8; KölnKomm/LUTTER, AktG § 57 Rn 21 jew mwN). Die Angemessenheitsprüfung hat in diesen Fällen unter Zugrundelegung der Effektivverzinsung, ggf also auf der Grundlage einer Zinsrechnung zu erfolgen.

43 cc) Im Fall **vorzeitiger Kreditabwicklung** (Rn 310) ergibt sich die Aufgabe der sog Effektivzinsberechnung vor allem daraus, daß im voraus berechnete Zinsen rückvergütet bzw verfallene, aber noch nicht gezahlte Zinsen nachgezahlt werden müssen. Es muß dann ein für die gesamte Laufzeit einheitlicher Zinssatz ermittelt werden, aus dem sich ergibt, welcher Zinsanteil dem Gläubiger für die Teillaufzeit zustehen soll. Voraussetzung ist hier allerdings, daß Zinsen im Rechtssinne, also laufzeitabhängige Gegenleistungen für die Kapitalentbehrung (Rn 7) vorliegen. Nebenkosten, die keine Zinsen im Rechtssinne sind, verbleiben bei vorzeitiger Kreditbeendigung dem Kreditgeber (Rn 4, 261).

2. Angabe des Effektivzinssatzes nach der PAngV

a) Nach § 1 Abs 1 PAngV muß, wer Letztverbrauchern gewerbs- oder geschäfts- **44** mäßig oder regelmäßig in sonstiger Weise Waren oder Leistungen anbietet oder als Anbieter von Waren oder Leistungen gegenüber Letztverbrauchern unter Angabe von Preisen wirbt, die Preise angeben, die einschließlich der Umsatzsteuer und sonstiger Preisbestandteile unabhängig von einer Rabattgewährung zu zahlen sind (zu Verwaltungspraxis und Rspr zur PAngV insgesamt vgl. GELBERG GewA 1986, 281 ff; 1987, 313 ff, 353 ff; 1989, 145 ff, 177 ff; 1991, 1 ff, 41 ff; 1992, 161 ff, 217 ff; 1994, 1 ff, 54 ff; 1995, 393 ff). Speziell auf Kredite und Zinsen bezieht sich § 4 PAngV. Gem § 4 Abs 1 PAngV ist bei Krediten als Preis die Gesamtbelastung pro Jahr in einem Vomhundertsatz des Kredits anzugeben und als „effektiver Jahreszins" zu bezeichnen. Ist eine Änderung des Zinssatzes oder anderer preisbestimmender Faktoren vorbehalten, ist der „anfängliche effektive Jahreszins" anzugeben. In die Berechnung des anzugebenden Vomhundertsatzes sind die Gesamtkosten des Kredits für den Kreditnehmer einschließlich etwaiger Vermittlungskosten einzubeziehen (§ 4 Abs 3 PAngV). Ferner enthält Abs 3 einen Negativ-Katalog derjenigen Kosten, die bei der Berechnung des (anfänglichen) effektiven Jahreszinses nicht zu berücksichtigen sind.

Normzweck der PAngV ist es, die Position des Verbrauchers durch Gewährleistung **45** eines Preisvergleichs zu stärken. Preisvergleichsmöglichkeiten sind eine entscheidende Voraussetzung für das Funktionieren der marktwirtschaftlichen Ordnung. Nur der informierte Verbraucher ist in der Lage, beim Kauf von Waren oder bei der Inanspruchnahme von Dienstleistungen dem günstigsten Angebot den Vorzug zu geben und damit zugleich einen Beitrag zur Dämpfung des Preisauftriebs zu leisten (Amtl Begründung zur PAngV 1985 BAnz Nr 70 v 13. 4. 1985 Abschnitt A; Amtl Begründung zur PAngV 1973 BAnz Nr 97 v 24. 5. 1973 Abschnitt I; s auch BGH DB 1980, 874 = GRUR 1980, 304 = NJW 1980,1388; OLG Hamm NJW 1979, 173 mAnm H P WESTERMANN = WM 1980, 30; OLG Düsseldorf WRP 1980, 264; HADDING, Gutachten 145; GELBERG Vorbem 2; REIFNER 392 f; ORR NJW 1978, 1269). Sie dient damit der *Markttransparenz.*

Die derzeit geltende PAngV hat eine längere **Entstehungsgeschichte** (vgl dazu die Zusam- **46** menfassung von BOEST NJW 1985, 1440; vgl ferner SCHOLZ GRUR 1986, 585 ff; GIMBEL GewA 1985, 155 ff). Sie wurde auf Grund des Art 1 § 1 des Gesetzes zur Regelung der Preisangaben vom 3. 12. 1984 (BGBl I 1429) als Bestandteil (Art 1) der VO zur Regelung von Preisangaben vom 14. 3. 1985 (BGBl I 580) erlassen. Geändert wurde die PAngV 1985 zunächst durch die erste Änderungsverordnung vom 3. 4. 1992 (BGBl I 846) und später durch die zweite Änderungsverordnung vom 14. 10. 1992 (BGBl I 1765). Die PAngV 1985 hatte einen Vorläufer in der PAngV vom 10. 5. 1973 (BGBl I 461). Diese Rechtsverordnung war seinerzeit auf die Ermächtigungsnorm des sog Preisgesetzes vom 10. 4. 1948 (WiGBl 27) gestützt worden. Das Bundesverfassungsgericht hat aber in seinem Beschluß vom 8. 11. 1983 (BVerfGE 65, 248) die in der PAngV 1973 begründete Pflicht zur Preisauszeichnung im Handel für mit Art 12 Abs 1 GG nicht vereinbar erklärt, da sie durch § 2 des Preisgesetzes nicht gedeckt sei. Die Begründung des Beschlusses zwang zu dem Schluß, daß die PAngV 1973 als ganze wegen fehlender gesetzlicher Ermächtigung verfassungswidrig war (vgl GELBERG GewA 1986,

281; ferner BGH NJW 1985, 1032, 1033). Mit dem Art 1 § 1 des Gesetzes zur Regelung der Preisangaben vom 3. 12. 1984 wurde eine neue gesetzliche Grundlage für die PAngV erlassen.

47 Die PAngV 1985 ist mit ihren überwiegenden Teilen am 1. 5. 1985 in Kraft getreten, in der Kreditwirtschaft freilich erst zum 1. 9. 1985 (Art 4 Abs 2 der Verordnung zur Regelung der Preisangaben). Das fand seinen Grund darin, daß gerade auf dem Kreditsektor die wichtigsten und weitestreichenden Neuerungen zu finden sind. Unverändert auch für die Anwendung der PAngV in der Kreditwirtschaft sind die allgemeinen Rahmenbestimmungen geblieben (vgl SCHOLZ GRUR 1986, 585; ERBS/KOHLHAAS/FUHRMANN § 1 PAngV Rn 1).

48 Die Änderung der PAngV durch die ÄnderungsVO vom 3. 4. 1992 (BGBl I 846) hat ihren Grund im **Europäischen Gemeinschaftsrecht**. Es mußte nämlich die Änderungsrichtlinie 90/88/EWG vom 22. 2. 1990 (ABl Nr L 61/14 vom 10. 3. 1990) zur Verbraucherkreditrichtlinie 87/102/EWG vom 22. 12. 1986 (ABl Nr L 42/48 vom 12. 2. 1987) in nationales Recht umgesetzt werden. Die Umsetzungsfrist endete im wesentlichen am 31. 12. 1992. Ein besonderer Umsetzungsbedarf ergab sich daraus, daß die Verbraucherkreditrichtlinie vom 22. 12. 1986 sich noch darauf beschränkt hatte, die Angabe des effektiven Jahreszinses anzuordnen, ohne aber zugleich eine allgemeine Berechnungsmethode vorzuschreiben. Dies zu tun, war den Mitgliedstaaten überlassen. Die Änderungsrichtlinie vom 22. 2. 1990 hingegen nahm sich der Frage der Berechnung an. Es galt, die relevanten Rechenfaktoren festzulegen und die Methode zu klären, mit deren Hilfe man von den Faktoren rechnerisch zum anzugebenden Zinssatz gelangt. Die Richtlinie hat den Weg gewählt, zunächst alle Kosten des Verbrauchers, die dieser für den Kredit zu zahlen hat, zu für die Ermittlung des Zinssatzes relevanten Kosten zu erklären, hiervon aber bei einigen in Art 1 a Abs 2 enumerativ aufgezählten Kostenarten Ausnahmen zu machen. Dieser Negativkatalog wurde nahezu wörtlich durch die erste Änderungsverordnung zur PAngV in der Regelung des § 4 Abs 3 PAngV übernommen. Bisher nicht in deutsches Recht übernommen wurde aber die in Art 1 a Abs 1 Lit a der Richtlinie vorgesehene und im Anhang II zur Richtlinie mathematisch-formal dargestellte Berechnungsmethode (WIMMER BB 1993, 950). Speziell hierfür hatte Art 1 a Abs 5 Lit a der Richtlinie eine von der allgemeinen Umsetzungsfrist abweichende Frist bis zum 31. 12. 1995 vorgesehen. Art 1 a Abs 1 Lit a der Richtlinie redet von demjenigen Zinssatz, der auf Jahresbasis die Gleichheit zwischen den Gegenwartswerten der gesamten gegenwärtigen oder künftigen Verpflichtungen des Darlehensgebers und des Verbrauchers herstellt, während § 4 Abs 2 PAngV sagt, es sei derjenige Zinssatz, mit dem sich der Kredit bei regelmäßigem Kreditverlauf, ausgehend von den tatsächlichen Zahlungen des Kreditgebers und des Kreditnehmers, auf der Grundlage taggenauer Verrechnung aller Leistungen und nachschüssiger Zinsbelastung gemäß § 608 BGB staffelmäßig abrechnen lasse (näher zu den Rechenmethoden unten Rn 267 ff).

49 Die PAngV 1985 ist durch die zweite Verordnung zur Änderung der Preisangabenverordnung vom 14. 10. 1992 (BGBl I 1765) abermals geändert worden. Bei dieser Gelegenheit wurden aber lediglich § 4 PAngV redaktionell überarbeitet und die Ordnungswidrigkeitsnorm des § 8 Abs 2 PAngV berichtigt.

50 b) Die PAngV 1985 enthält in ihrem § 4 detaillierte Bestimmungen über die Preisangabe bei Krediten. Die neue Vorschrift greift auf die seinerzeit vom Bund-Länder-Ausschuß „Preisauszeichnung" erarbeiteten „Grundsätze zur Berechnung des effektiven Jahreszins" (abgedruckt zB im GABl [Ba-Wü] 1983, 508, 778; vgl ferner die Nachweise bei Gelberg GewA 1986, 281, 282 Fn 10) zurück und macht sie zur Grundlage der neuen Regelung (vgl amtl Begr BAnz Nr 70 v 13. 4. 1985 Abschnitt B zu § 4 Abs 1). Nach Erlaß der PAngV hat der Bund-Länder-Ausschuß „Preisangaben" mehrfach „Ausführungshinweise" mit ausführlichen Berechnungsbeispielen verabschiedet, die in entsprechende Verwaltungsvorschriften der Länder eingeflossen sind (vgl zB GABl [Ba-Wü] 1986, 48; 1987, 17; zuletzt 1993, 27). Eine der **wesentlichen Neuerungen der PAngV 1985** besteht darin, daß § 4 Abs 3 PAngV genau festlegt, welche Faktoren in die Effektivzinsberechnung einzubeziehen sind und welche unberücksichtigt bleiben.

Eine weitere wesentliche Neuerung besteht in der Angabe des „anfänglichen effek- **51** tiven Jahreszinses" für den bis dahin in seiner rechtlichen Behandlung umstrittenen Fall, daß eine Änderung des Zinssatzes oder anderer preisbestimmender Faktoren vorbehalten ist. Zusammen mit dem anfänglichen effektiven Jahreszins ist auch anzugeben, wann preisbestimmende Faktoren geändert werden können und auf welchen Zeitraum bestimmte einmalige Belastungen, wie zB Disagio und Bearbeitungsgebühr zum Zweck der Preisangabe verrechnet worden sind (vgl § 4 Abs 1 S 2 PAngV).

Neuigkeitswert hat ferner § 4 Abs 5 PAngV idF der ersten Änderungsverordnung **52** vom 3. 4. 1992. Er zielt auf Kreditformen, bei denen nicht (nur) die eigentlichen Kreditkonditionen, sondern der Kreditbetrag selbst und die Rückzahlungsmodalitäten variabel gestaltet werden können. Für diesen Fall legt er fiktive Berechnungsgrößen fest, die mangels abweichender Vereinbarungen zum Zwecke der Effektivzinsberechnung zugrunde zu legen sind (Boest NJW 1993, 40, 41).

Ferner legt die PAngV sich in ihrem § 4 Abs 2 S 1 PAngV hinsichtlich der anzuwen- **53** denden Rechenmethode fest. Der Sache nach umschreibt sie die – nicht den Vorgaben des Europäischen Verbraucherrechts entsprechende – sog „360-Tage-Methode", die deswegen gelegentlich auch „PAngV-Methode" genannt wird (näher hierzu Rn 285 ff). Diese Rechenmethode wurde bereits seit 1981 dem Vollzug des früheren § 1 Abs 4 PAngV zugrunde gelegt (vgl Boest NJW 1985, 1440, 1441; Erbs/Kohlhaas/Fuhrmann § 4 PAngV Rn 13).

c)   **Normadressat** des § 4 PAngV ist – in Umsetzung der Grundvorschrift des § 1 **54** Abs 1 S 1 PAngV – jeder, der gewerbs- oder geschäftsmäßig oder sonst regelmäßig Kredite anbietet oder mit Krediten wirbt. Es macht keinen Unterschied, ob dies im eigenen oder in fremdem Namen geschieht. Erfaßt sind neben Kreditinstituten alle, die selbständig im Kreditgewerbe tätig sind (Gelberg § 1 Abs 4 aF Anm 4.1–4. 1. 3). Preisangabepflichtig ist auch nicht nur der Kreditgeber selbst (vgl zur PAngV 1973 Amtl Begr BAnz Nr 97 v 24. 5. 1973; Gelberg § 1 Abs 4 aF Anm 4). § 4 PAngV gilt vielmehr ferner für Kreditvermittler (BGH DB 1980, 874 = GRUR 1980, 304 = NJW 1980, 1388; Gelberg § 1 Abs 4 aF Anm 4.2; Köhler/Piper, UWG [1995] § 4 PAngV Rn 4). Für den Einzelhändler oder sonstigen Gewerbetreibenden, der zu Teilzahlungszwecken Kredite vermittelt, gilt § 4 PAngV gleichfalls (Gelberg § 1 Abs 4 aF Anm 4.3). Auch kreditgewährende Versicherungsunternehmen gehören zum Adressatenkreis des § 4 PAngV (Gelberg § 1 Abs 4 aF Anm 4.4). § 4 Abs 7 PAngV stellt dies klar. Ebenfalls beantwortet ist die bis zum Erlaß der PAngV 1985 umstrittene Frage, ob auch die Leistungen der Bausparkassen aus Bausparverträgen einer Angabepflicht unterliegen (vgl hierzu GELBERG § 1 Abs 4 aF Anm 4.5; bejahend KG WRP 1980, 698, 700). § 4 Abs 8 PAngV bejaht diese Frage (zur Effektivzinsberechnung vgl LAUX, Die effektiven Jahreszinsen bei Bauspardarlehen, VersW 1982, 509 ff, 572 ff).

55 **d)**   Was **Kredit** iSd PAngV ist, stellt die PAngV nicht recht klar. Geklärt ist aber, daß es keine privilegierten Kredite gibt, sondern die Preisangabepflicht für alle Arten von Krediten gilt. Die früher herrschende Meinung, nach der § 1 Abs 4 PAngV aF für Realkredite nicht gelten soll (OLG Hamm NJW 1979, 1713 mAnm H P WESTERMANN = WM 1979, 30, 31 = WRP 1979, 146, 147; KG WRP 1979, 303, 305; 1980, 263; OLG Stuttgart WM 1981, 534; VGH Stuttgart WM 1981, 460; VG Stuttgart WM 1980, 344, 348; SOERGEL/ LIPPISCH-HÄUSER § 608 Rn 5; BAUMBACH/HEFERMEHL, Wettbewerbsrecht [13. Aufl 1981] Anh V zu § 3 UWG; REICHSTEIN ZfKrW 1981, 18 ff; SCHOLZ WM 1980, 322, 323; s auch PRAXL WM 1979, 7; weitere Nachweise bei GELBERG GewArch 1982, 287 f; **aM** ROLFES ZfKrW Beil zu Nr 20/1979 S 14; GELBERG GewArch 1981, 6; relativierend aber ders GewArch 1982, 287 m Fn 62), ist damit durch die Neufassung der PAngV überholt. Die Problematik der typischerweise sehr lang laufenden Realkredite wurde seinerzeit darin gesehen, daß die Konditionen üblicherweise nicht von vornherein für die Gesamtlaufzeit festgelegt waren. Eigens für den Fall, daß sich die Konditionen während der Laufzeit ändern können, sieht nunmehr aber § 4 Abs 1 S 1 PAngV eine Verpflichtung zur Angabe des „anfänglichen effektiven Jahreszinses" vor.

56 In der Frage, ob § 4 Abs 1 S 1 PAngV auf Stundungsvereinbarungen anzuwenden ist, ist sich die Rechtsprechung möglicherweise nicht einig. Nach Auffassung des BGH bezieht sich die genannte Vorschrift allgemein auf Geldkreditgeschäfte, ohne daß es auf die Art der Kreditgewährung (-auszahlung), deren Höhe oder die Modalitäten der Rückzahlungsverpflichtung ankäme. Erfaßt sind dann nicht nur Ratenkredite, sondern auch solche Kredite, bei denen die kreditierte Schuld auf einmal zu zahlen ist (BGH NJW 1989, 3016). Da es auch auf die Art der Kreditgewährung nicht ankommen soll, liegt ein Kredit iSd § 4 Abs 1 PAngV – mit der Folge einer Effektivzinsangabepflicht – auch dann vor, wenn ein Kaufpreis gegen eine als Prozentsatz des Kaufpreises ausgedrückte Bearbeitungsgebühr gestundet wird. Kredit kann auch in Form eines Zahlungsaufschubes gegen Entgelt gewährt werden (vgl BGHZ 70, 378, 383). Demgegenüber hatte das OLG Hamm (GewA 1986, 388) die Pflicht zur Angabe eines effektiven Jahreszinses gem § 4 Abs 1 PAngV 1985 für den Fall verneint, daß ein Einzelhändler unter Angabe der Barzahlungspreise mit dem Hinweis wirbt, daß der (gesamte) Preis auch erst nach 6 Monaten mit einem Aufschlag von 2% beglichen werden könne. Selbst wenn darin insoweit eine entsprechende Kreditgewährung der Hausbank des Händlers zu sehen sei, sei der Anwendungsbereich des § 4 PAngV hier nicht berührt.

57 Die Anwendung des § 4 PAngV auf Leasingverträge ist umstritten. Hierin spiegelt sich der zivilrechtsdogmatische Streit um die Einordnung des Leasingvertrages als atypischer Mietvertrag oder aber als Kredit- bzw Geschäftsbesorgungsvertrag (vgl hierzu die Übersichten bei STAUDINGER/EMMERICH [1995] Vorbem 86 ff zu §§ 535, 536 sowie bei MünchKomm/HABERSACK, Leasing [3. Aufl 1995] Rn 21 ff; vWESTPHALEN, Leasingvertrag [4. Aufl 1992] Rn 38 ff; ders, VertragsR und AGB-Klauselwerke, Leasing, Rn 1 ff; LARENZ/CANARIS, SchR II 2 [13. Aufl 1994] § 66; CANARIS AcP 190 [1990] 410 ff) und die bilanz- und steuerrechtlich motivierte Fragestellung, ob es sich „eher" um Gebrauchsüberlassung oder um die Grundlage eines Erwerbs des „wirtschaftlichen Eigentums" („Kaufähnlichkeit") handelt (vgl hierzu BFHE 97, 466 = NJW 1970, 1148; BFH 100, 516, 520; WÖHE, Bilanzierung und Bilanzpolitik [8. Aufl 1992] 250 ff; KNOBBE-KEUK, Bilanz- und Unternehmenssteuerrecht [9. Aufl 1993] § 4 III 3; MünchKomm/HABERSACK, Leasing Rn 14 ff; vWESTPHALEN, Leasingvertrag Rn 22 ff; HÜBSCHMANN/HEPP/SPITALER-FISCHER AO § 39 Rn 110 ff jew mwN). In Entsprechung zur bilanz- und steuerrechtlichen Terminologie hat der Bund-Länder-Ausschuß „Preisangaben" der Wirtschaftsminister (-senatoren) des Bundes und der Länder die Preisangabepflicht nach § 4 Abs 1 PAngV bejaht, falls der Leasing-Vertrag als ein Abzahlungskauf einzuordnen sei (vgl GELBERG GewA 1991, 41, 48; vgl auch OLG Frankfurt/M NJW-RR 1987, 1523). Es komme darauf an, ob im Einzelfall die Miet- oder die Kaufelemente überwögen. Nicht zum Zuge kommen solle die Preisangabepflicht gem § 4 Abs 1 PAngV beim „Miet-Leasing" (vgl GELBERG GewA 1991, 41, 48). Die Rechtsprechung verfährt ähnlich und bezeichnet dann einen Leasingvertrag, falls sie dessen Einbeziehung in den Anwendungsbereich des § 4 PAngV wünscht, als „Mietkauf" oder als „verdecktes Abzahlungsgeschäft" (zur Einordnung als verdecktes Abzahlungsgeschäft vgl auch BGHZ 94, 155; BGH NJW-RR 1986, 472). Teils geschieht dies ohne weiteres, wenn dem Leasingnehmer eine Kaufoption eingeräumt worden ist (OLG Frankfurt/M NJW-RR 1987, 1523); teils wird gesagt, es komme darauf an, ob die erbrachten Raten in voller Höhe angerechnet werden oder ob wegen nicht vollständiger Anrechnung ein Zuschlag zu zahlen sei. Im letzteren Falle, der ja, bei Nähe besehen, der Normalfall ist, sei nämlich der dem Leasingvertrag immanente Zahlungsaufschub ein entgeltlicher, so daß eine die Angabepflicht auslösende entgeltliche Stundung vorliege (BGH GewA 1990, 420). In der Literatur wird die Anwendung des § 4 PAngV auf Leasingverträge zum Teil abgelehnt (DYLLA-KREBS DB 1989, 1173). Wer sie als Gebrauchsüberlassungsverträge einordnet, muß dies für zwingend halten und kann bestenfalls Vorbehalte anbringen für Einzelfälle, in denen seines Erachtens in Wahrheit (wirtschaftliche) Erwerbsvorgänge verschleiert werden sollen. Das vom BGH eingeführte Kriterium der nicht vollständigen Anrechnung der bisherigen Raten wäre dann allerdings – nach den bilanz- und steuerrechtlichen Grundsätzen (vgl MünchKomm/HABERSACK, Leasing Rn 14 ff; vWESTPHALEN, Leasingvertrag Rn 22 ff; WÖHE 250 ff jew mwN) – gerade ein Indiz, das für eine Einordnung als Gebrauchsüberlassung und nicht als Erwerbsvorgang spricht (zur preisordnungsrechtlichen Behandlung des Leasings – im Zusammenhang des VerbrKrG – auch noch Rn 80 ff).

e) Hinsichtlich der **Auslösung der Angabepflicht** kennt die PAngV zwei Tatbe- **58** stände, das Anbieten an Letztverbraucher und das Werben gegenüber Letztverbrauchern. Beide Tatbestände müssen unterschieden werden, denn das Anbieten des Kredits verpflichtet in jedem Fall zur Angabe des effektiven Jahreszinses, während die Werbung diese Verpflichtung nach § 1 Abs 1 S 4 PAngV nur auslöst, wenn unter Angabe von Preisen geworben wird. Die Begriffe „Anbieten" und „Werben" wurden aus der PAngV 1973 übernommen, so daß die dazu ergangene Rechtsprechung auch zur Auslegung des § 1 Abs 1 PAngV 1985 herangezogen werden kann (vgl ERBS/ KOHLHAAS/FUHRMANN § 1 PAngV Rn 2 mwN).

aa) Der **Begriff des „Anbietens"** nach § 1 Abs 1 S 1 PAnGV ist, dem Konsumenten- **59** schutzzweck der Norm entsprechend, nicht auf Angebote iS von § 145 beschränkt (zur PAngV 1973 Amtl Begr BAnz Nr 97 v 24. 5. 1973 Abschnitt II zu § 1 Nr 7; BGH DB 1980, 874 = GRUR 1980, 304 = NJW 1980, 1388 = WRP 1980, 328; DB 1982, 1396 = NJW 1982, 1877;

BayObLG BB 1977, 312; KG JR 1973, 431 mAnm Seeber; OLG Saarbrücken DB 1971, 230; OLG Stuttgart BB 1978, 573, 574; Hadding, Gutachten 146; Gelberg § 1 Abs 4 aF Anm 1.1; Köhler/ Piper, UWG [1995] § 1 PAngV Rn 12; Ungnade WM 1975, 1078; Orr NJW 1978, 1269; Heck- mann DB 1980, 1683; aM OLG Düsseldorf WRP 1980, 264, 265). Erfaßt ist jede Erklärung eines Gewerbetreibenden oder sonst geschäftsmäßig Handelnden, die der Verkehr üblicherweise als Erklärung einer Bereitschaft zur Verschaffung der Leistung auffaßt (BGH DB 1980, 874 = GRUR 1980, 304 = NJW 1980, 1388 = WRP 1980, 328; ebenso BB 1982, 2004, 2005 = DB 1982, 1396 f = NJW 1982, 1877; Hadding, Gutachten 147; Baumbach/Hefer- mehl, Wettbewerbsrecht [18. Aufl 1995] Anh V zu § 3 UWG Rn 5). Der engere Begriff des Angebots iS von § 145 BGB deckt stets auch den Begriff des Anbietens. Aber es genügt jede invitatio ad offerendum, der der Kreditkunde entnehmen kann, daß er sich bereits durch seine Antwort (zB auf vorgedrucktem Formular) bindet (ähnlich Kohlmann/Sandermann GRUR 1975, 120; Wissel WRP 1980, 525, 528; strenger KG GRUR 1975, 148,149; unrichtig OLG Düsseldorf WRP 1980, 264, 265). Ein Bindungswille auch des Kreditgebers oder der Schein eines solchen Bindungswillens ist demgegenüber nicht erforderlich (unrichtig OLG Düsseldorf WRP 1980, 264, 265). Auch muß das Angebot, wenn es nur die vorgenannten Voraussetzungen erfüllt, nicht an eine Einzelperson gerichtet sein. Ein Allgemeinangebot genügt (Hadding Gutachten 147; Heckmann DB 1980, 1683; Köhler/Piper, UWG [1995] § 1 PAngV Rn 13; Erbs/Kohlhaas/Fuhrmann § 1 PAngV Rn 7). Kreditangebote müssen auch dann den (anfänglichen) effektiven Jah- reszins ausweisen, wenn der Kredit durch Kreditvermittler angeboten wird und das Angebot in einer überregionalen Zeitschrift mit Massenauflage erscheint (BGH DB 1980, 874 = GRUR 1980, 304 = NJW 1980, 1388). Auch ein in fremdem Namen erklärtes Angebot begründet die Pflicht zur Preisangabe (Gelberg § 1 Abs 4 aF Anm 1.2). Ein mündliches Angebot kann genügen. In der Rechtspraxis wird aber ein solches nicht vorliegen, solange nicht bei dem mündlichen Angebot bereits Preise angegeben wer- den (Gelberg § 1 Abs 4 aF Anm 1.2). Werden aber Preise angegeben, so folgt die Pflicht zur Effektivzinsangabe auch schon aus Rn 60. Nicht ausreichend ist dagegen eine allgemein gehaltene Werbung, der Einzelheiten über die abzuschließenden Geschäfte noch nicht entnommen werden können (BGH BB 1982, 2004, 2005 = DB 1982, 1396, 1397 = NJW 1982, 1877).

60 bb) Der weite Begriff des „Anbietens" erschwert die Abgrenzung gegen den **Begriff des Werbens** (Baumbach/Hefermehl, Wettbewerbsrecht [18. Aufl 1995] Anh V zu § 3 UWG Rn 5). Werbung im Sinne der PAngV ist ein Minus zum Angebot, eine Vorstufe zu diesem (Köhler/Piper, UWG [1995] § 1 PAngV Rn 11). Sie liegt vor, wenn es noch am Angebot iS von Rn 59 fehlt, der Konsumentenkreis aber bereits zum Informations- austausch aufgefordert wird (Wissel WRP 1980, 527). Werbung für Kreditvergabe oder -vermittlung führt nur dann zur Preisangabepflicht, wenn unter Angabe von Preisen geworben wird. Solange aus der Werbung kein Angebot iS von Rn 59 wird, läßt es das Gesetz dem Werbenden offen, ob er auf jede Preisangabe und dann auch auf die Angabe des Effektivzinses verzichten will (OLG Stuttgart BB 1978, 573, 574; Erbs/Kohl- haas/Fuhrmann § 1 PAngV Rn 8). Das praktisch ausschlaggebende Kriterium liegt demgemäß bei der Preisangabe: Wer bei der Werbung für Kredite Preise angibt, muß auch den (anfänglichen) effektiven Jahreszins angeben. Werbung unter Angabe von Preisen liegt zweifellos vor, wenn Zinsen, zB Monatszinsen, angegeben werden (vgl Gelberg § 1 Abs 4 aF Anm 3). Allgemeine Anpreisungen sind keine Preisangaben, son- dern schlichte Reklame. So stellt die Werbung für „günstige" Kredite „zu reellen Bedingungen" „für jede Geldbörse" oä noch keine Werbung unter Angabe von Preisen dar (ähnlich OLG Düsseldorf WRP 1980, 264, 265; Gelberg § 1 Abs 1 aF Anm 6. 1. 1). Aber es ist nicht erforderlich, daß ein bestimmter Nominalzins genannt wird. Die Inzidentangabe von Preisen genügt (Gelberg § 1 Abs 4 aF Anm 2), so etwa die Angabe des Auszahlungsbetrags oder der Auszahlungsgebühr (Gelberg § 1 Abs 4 aF Anm 2.5) oder die Angabe von Monatsraten, wobei es nicht darauf ankommen kann, ob nur die Tilgungsrate oder die einschließlich Zinsen, Gebühren etc zu zahlende Rate angegeben wird (Gelberg § 1 Abs 4 aF Anm 2.3, 2.4).

Wirbt ein Kraftfahrzeughändler für fremdfinanzierte Kraftfahrzeuge, reicht die **61** Angabe des effektiven Jahreszinses nach § 4 PAngV aus, wenn die Finanzierung durch ein konzernverbundenes Unternehmen (Bank, Kreditinstitut) erfolgt (BGH NJW 1994, 584). Weiterer Endpreisangaben (zB gem § 1 Abs 1 S 1 PAngV) bedarf es nicht, da § 1 PAngV einem werbenden Unternehmen die Angabe von Endpreisen, die nicht seinem wirklichen Angebot entsprechen und von ihm selber dem Verbraucher auch nicht in Rechnung gestellt werden, nicht vorschreibt (BGH NJW 1994, 584, 585; WM 1992, 1748, 1750 = MDR 1993, 333).

Selbst wenn die Effektivzinsberechnungen verschiedener Kreditinstitute, für die **62** gleichzeitig geworben wird, trotz gleicher Bedingungen geringfügig voneinander abweichen, entfällt die Verpflichtung des Werbenden zur Angabe des „anfänglichen effektiven Jahreszinses" nicht. Hier liegt es im Ermessen des Werbenden, ob er nur für die Vermittlung des Kredits mit dem günstigsten Zinssatz wirbt, ob er diesen Zinssatz als Untergrenze angibt oder ob er insoweit eine Marge des Zinssatzes nennt („anfänglicher effektiver Jahreszins von x % bis y %"; dazu KG NJW-RR 1987, 1128 f).

f) **Die gebotene Angabe** muß unter der Bezeichnung „effektiver Jahreszins" bzw **63** „anfänglicher effektiver Jahreszins" den sich unter Zugrundelegung der nach Maßgabe des § 4 Abs 3 PAngV relevanten Preisfaktoren und bei Anwendung der von § 4 Abs 1 PAngV vorgeschriebenen Berechnungsmethode ergebenden Preis des Kredits enthalten. Zu berücksichtigen sind – vorbehaltlich des im § 4 Abs 3 PAngV enthaltenen, abschließenden Negativkatalogs – sämtliche Faktoren, die die Gesamtbelastung bestimmen. Hierzu gehören insbesondere Nominalzins, Disagio, Bearbeitungsgebühren und Verwaltungskostenbeiträge, Kreditvermittlungskosten, Kontoführungsgebühren, Kosten eines Zusatzdarlehens zur Finanzierung eines Disagio oder zur Tilgungsstreckung, wenn es mit dem Kredit zusammen abgeschlossen wird. Die früher umstrittene Frage, ob auch die Kosten einer Restschuldversicherung einzubeziehen sind, wird nunmehr von § 4 Abs 3 Nr 5 Hs 2 PAngV beantwortet. Wird die Versicherung vom Darlehensgeber zwingend als Bedingung für die Gewährung des Kredits vorgeschrieben, so sind die Kosten der Restschuldversicherungen in die Berechnung des effektiven Jahreszinses einzubeziehen. Nicht einzubeziehen sind die im Negativkatalog des § 4 Abs 3 PAngV enthaltenen Faktoren, wie zB Kosten des Nichterfüllungsfalles, Überweisungskosten und Kontoführungsgebühren (zu Ausnahmen vgl § 4 Abs 3 Nr 3 PAngV), Kosten für (vom Darlehensgeber nicht vorgeschriebene) Versicherungen oder Sicherheiten, wie zB Notar-, Schätzungsgebühren, Grundbuchkosten und sonstige Kosten, die sich nur mittelbar auf den Kredit beziehen oder bei einem regelmäßigen Kreditverlauf noch nicht anfallen und sich nur im Einzelfall ergeben (vgl Amtl Begr BAnz Nr 70 v 13. 4. 1985 Abschnitt B zu § 4 Abs 2 PAngV; Erbs-Kohlhaas-Fuhrmann § 4 PAngV Rn 12). Dieser Negativkatalog wurde nahezu wörtlich aus Art 1 a der Änderungsrichtlinie zur Verbraucherkreditrichtlinie v 22. 2. 1990 (90/88/EWG) entnommen. Die Ausführungshinweise des Bund-Länder-Ausschusses „Preisangaben" vom 18. 12. 1992 (GABl Ba-Wü 1993, 27) führen eine Reihe von Kostenfaktoren an, die nach den gebräuchlichen Konditionen bei der Berechnung des effektiven oder anfänglichen effektiven Jahreszinses nicht einzubeziehen sind. Ist die Zinsbindungsfrist kürzer als die gesamte Laufzeit des Kredits, so ist eine nur einmalig anfallende Bearbeitungsgebühr bei der Berechnung des anfänglichen effektiven Jahreszinses gem § 4 Abs 1 PAngV nur bei dem auf die Zinsbindungsfrist entfallenden Anteil der Bearbeitungsgebühr zu berücksichtigen (vgl KG GewA 1990, 299).

64 **g)**   **aa)** Ein **Verstoß gegen die Angabepflicht** liegt vor, wenn die Angabe unterbleibt, aber auch, wenn sie unrichtig ist (vgl KG WRP 1980, 698, 700). Die PAngV ist verletzt, wenn durch unrichtige oder unvollständige Angaben der Eindruck eines niedrigeren Preises erweckt wird (vgl OLG Hamm GRUR 1989, 362). Grundsätzlich kann aus § 4 Abs 1 S 1 PAngV ein generelles Verbot des **Gebrauchs von Abkürzungen** der Bezeichnung „effektiver Jahreszins" und „anfänglicher effektiver Jahreszins" nicht abgeleitet werden (vgl BGH NJW-RR 1989, 233; LG Berlin ZIP 1988, 539; aA KG GewA 1987, 208 und NJW-RR 1987, 1128). Die Angaben des „effektiven Jahreszinses" und des „anfänglichen effektiven Jahreszinses" sollen dem Verbraucher Auskunft über die Gesamtbelastung einer möglichen Kreditaufnahme geben. Aus diesen Gründen sind Abkürzungen der genannten Bezeichnungen nur dann unstatthaft, wenn die Gefahr besteht, daß der Verbraucher diese nicht als Bezeichnung für die von der PAngV gebrauchten Begriffe versteht, daß er sie verwechselt oder daß die Gefahr des Übersehen- oder Falschverstandenwerdens besteht (BGH NJW-RR 1989, 233; WM 1996, 838, 839 = DB 1996, 1517 mwN). Ob eine verwendete Bezeichnung unzulässig ist, kann nur anhand der Umstände des jeweiligen Einzelfalls entschieden werden. Als zulässig angesehen wurden die Abkürzungen „effekt. Jahreszins" (BGH ZIP 1988, 539; LG Berlin ZIP 1988, 539) und „anfängl. effekt. Jahreszins(satz)" (BGH NJW-RR 1989, 233); auch das Wort „Jahreszinssatz" drückt nichts anderes aus als das Wort „Jahreszins" (LG München WM 1987, 1294). Das OLG Hamburg (GRUR 1990, 631) hielt auch die Abkürzung „eff." für zulässig (ebenso OLG Köln WRP 1989, 677), selbst wenn sie als „effizient" genommen werden könnte. Selbst bei dieser Deutung werde der potentielle Kreditnehmer darunter dasjenige verstehen, was er letztlich unter dem Strich zu tragen hat (aA OLG Düsseldorf WRP 1988, 613). Abwegig erschien dem OLG Hamburg dagegen die (angebliche) Befürwortung, daß der Verbraucher in der Abkürzung „eff." das aus dem Lebensmittelhandel bekannte und für „sehr fein" stehende Kürzel „ff." sehen könnte. Das Kammergericht (WM 1993, 501) hält dagegen die zur Effektivzinsangabe verwendeten Kürzel „anf. eff. Jahreszins" für preisangabenrechtlich unzureichend, weil sie allgemein nicht wie die vorgeschriebenen Bezeichnungen verstanden würden. Die Abkürzungen „Eff. Z." und „eff. JZ" genügen den Anforderungen des § 4 Abs 1 S 1 PAngV ebenfalls nicht (OLG Saarbrücken NJW-RR 1991, 162, 163), da sie für einen nicht unerheblichen Teil der angesprochenen Verkehrskreise nicht eindeutig sind. Der BGH hat auch die Angabe „Effektivzins" als unter Umständen unzureichend erachtet, wenn sie nämlich ohne zeitlichen Bezug erfolge. Vom Verbraucher könnte dies dahin verstanden werden, daß der angegebene Effektivzinssatz auf die volle vertragliche Laufzeit zu beziehen sei, was in concreto aber nicht der Fall war (BGH WM 1996, 838, 839 f = DB 1996, 1517).

bb) Die Rechtsfolgen eines Verstoßes sind in vielen Details umstritten. **65**

α)   Nach § 8 Abs 2 PAngV stellt der vorsätzliche oder fahrlässige Verstoß gegen § 4 **66**
PAngV eine **Ordnungswidrigkeit** iSd § 3 Abs 1 Nr 2 WiStG 1954 dar (näher KÖHLER/
PIPER, UWG [1995] § 8 PAngV Rn 1 ff; ERBS/KOHLHAAS/FUHRMANN § 8 PAngV Rn 1).

β)   Die **Wirksamkeit des Vertrages** wird durch den Verstoß nach hM nicht berührt. **67**
Zwar wird in der Masse der Fälle zugleich ein Verstoß gegen § 4 Abs 1 VerbrKrG
vorliegen, was nach § 6 Abs 1 VerbrKrG zur Vertragsnichtigkeit führt; bei § 8
PAngV handelt es sich aber nicht um ein gesetzliches Verbot iS von § 134, das schon
für sich zur Nichtigkeit des Kreditvertrags führen würde (BGH NJW 1974, 859; WM 1979,
50, 52; NJW 1980, 2301, 2302; NJW 1982, 2436, 2437 = WM 1982, 919, 921; OLG Frankfurt/M
MDR 1978, 930 = WM 1978, 1218; KÖHLER/PIPER, UWG [1995] § 8 PAngV Rn 7; PALANDT/
HEINRICHS § 134 Rn 26; aM CANARIS, Bankvertragsrecht Rn 1303 a; LAMMEL BB-Beil 8/1980, 5).
Auch die Voraussetzungen des § 123 werden idR nicht vorliegen (BGH WM 1979, 50,
52; vgl aber CANARIS, Bankvertragsrecht Rn 1303 b). Hieran ändert auch das von der Rechtsprechung an § 3 AGBG oder – vorwiegend – an § 9 AGBG festgemachte Gebot
einer transparenten Entgeltgestaltung (hierzu ie Rn 214 ff) nichts. Eventuelle Verstöße
gegen das Transparenzgebot führen nicht zur Vertragsnichtigkeit. Neben anderen
Gesichtspunkten, vor allem neben einer bedenklichen Höhe des Effektivzinses,
kann allerdings die unzureichende Aufklärung des Kreditnehmers bzw die Unübersichtlichkeit der Vertragsgestaltung bei der Nichtigkeitsprüfung nach § 138 ins
Gewicht fallen (BGH NJW 1980, 2301, 2302; SOERGEL/HEFERMEHL § 138 Rn 100; BACHMANN
NJW 1978, 865; CANARIS ZIP 1980, 713; vgl Rn 133). Der Verstoß gegen die PAngV als
solcher bedeutet freilich nicht, daß der Vertrag unübersichtlich gestaltet oder daß
eine erforderliche Aufklärung unterblieben wäre. Es handelt sich dabei vielmehr um
eigenständige Gesichtspunkte.

γ)   Die – vor Erlaß der PAngV 1985 und des VerbrKrG entwickelte – Idee des **68**
OLG Stuttgart (NJW 1979, 2409, 2413, insoweit nicht in BB 1979, 1168), das Unterlassen
einer Effektivzinsangabe stelle eine Verletzung vorvertraglicher Aufklärungspflich-
ten dar, aus der im Verschuldensfalle ein **Schadensersatzanspruch des Kreditnehmers**
resultiere, sofern nicht der Kreditgeber glaubhaft mache, daß der Kreditnehmer den
Kredit auch bei ordnungsgemäßer Angabe des Effektivzinses in Anspruch genom-
men hätte, dürfte durch die Entwicklung des Verbraucherschutzrechts überholt sein.
Die zivilrechtlichen Folgen einer fehlenden Effektivzinsangabe ergeben sich aus § 6
Abs 1 VerbrKrG, diejenigen einer unzutreffenden Effektivzinsangabe aus § 6 Abs 4
VerbrKrG. Dafür müssen aber in jedem Falle die Voraussetzungen des § 6
VerbrKrG, insbesondere das Tatbestandsmerkmal des Vertragsschlusses auf der
Grundlage einer unzulänglichen Vertragsurkunde, und nicht nur die Voraussetzun-
gen der PAngV (Anbieten und Werben) vorliegen.

δ)   **Klagen Dritter** – namentlich Unterlassungsklagen – können nicht auf § 823 **69**
Abs 2 gestützt werden. Die PAngV ist kein Schutzgesetz iS dieser Bestimmung (OLG
Düsseldorf BB 1965, 60; GELBERG Vor § 1 aF Anm 2; BAUMBACH/HEFERMEHL, Wettbewerbsrecht
[18. Aufl 1995] Anh V zu § 3 UWG Rn 17). Klagen Dritter, auch Verbandsklagen nach § 13
UWG, setzen voraus, daß die Tatbestände der §§ 1 oder 3 UWG erfüllt sind.

Die Nichtbeachtung der PAngV begründet nicht in jedem Fall den Tatbestand der **70** irreführenden Werbung nach § 3 UWG (OLG Hamm BB 1979, 187, 188; näher HADDING, Gutachten 150 f). Der Tatbestand des § 3 UWG ist freilich erfüllt, wenn die Angabe nicht etwa ganz unterblieben, sondern unrichtig ist (vgl KG WRP 1980, 698, 700) oder wenn sie zwar nicht erfolgt ist, aber andere Angaben, insbesondere Prozentsatzangaben den Eindruck erwecken, als handele es sich bei diesen um die Angabe des effektiven Jahreszinses (BGH GRUR 1990, 609, 610). Nicht folgen sollte man hingegen der Auffassung des OLG Frankfurt/M (GRUR 1990, 58), die unzulässige (oben Rn 64) Abkürzung „J. eff." beinhalte ohne weiteres eine Irreführung.

71 Ein Verstoß gegen § 1 UWG (vgl allgemein zum Verbraucherschutz im UWG und zur UWG-Reform von 1986 TONNER NJW 1987, 1917) wegen der Verletzung von Verbotsnormen kommt nach hM aber nur in Betracht, wenn die mißachteten Vorschriften entweder wertbezogen sind (vgl zB BAUMBACH/HEFERMEHL, Wettbewerbsrecht [18. Aufl 1995] § 1 UWG Rn 614; eingehend und kritisch SCHRICKER, Gesetzesverletzung und Sittenverstoß [1970] 239 ff) oder wenn die verletzte Norm zwar wertneutral, der Verstoß aber deshalb wettbewerbswidrig ist, weil sich der Wettbewerber bewußt und planmäßig über die Vorschrift hinwegsetzt, um sich einen sachlich nicht gerechtfertigten Vorsprung gegenüber gesetzestreuen Mitbewerbern zu verschaffen (hM; vgl BGH NJW 1988, 2471, 2472; BGHZ 108, 39, 44 – Stundungsangebote; BGH NJW 1991, 2706, 2707; LG Mainz WRP 1988, 570, 572 – „Möbel-Miete"; OLG Düsseldorf WRP 1989, 662, 665; OLG Stuttgart GewA 1989, 32, 33; TONNER NJW 1987, 1917, 1920 f mwN; SCHRICKER JurA 1970, 69; speziell zum Fragenkreis der PreisangabenVO DOEPNER WRP 1980, 473). Die Preisangabepflicht wird – wie bereits nach der früheren PAngV – als wertneutral eingestuft (BGHZ 108, 39; BGH GRUR 1973, 655 = NJW 1973, 1371; GRUR 1974, 281 = NJW 1974, 140; DB 1980, 874 = GRUR 1980, 304 = NJW 1980, 1388; GRUR 1988, 699 = NJW 1988, 2471; GRUR 1989, 363; NJW 1991, 2706; WM 1994, 399, 401; KG NJW-RR 1987, 1129; OLG Düsseldorf WRP 1988, 613, 614; WRP 1989, 662, 665; OLG Stuttgart GewA 1989, 32; OLG Frankfurt/M NJW-RR 1990, 177; s ferner HADDING, Gutachten 151; KÖHLER/PIPER, UWG [1995] § 8 PAngV Rn 7; BAUMBACH/HEFERMEHL, Wettbewerbsrecht [18. Aufl 1995] Anh V zu § 3 UWG Rn 17; **aM** OLG Hamburg BB 1972, 978; REICH/TONNER/WEGENER 101; SCHNEIDER NJW 1974, 559; LAMMEL BB-Beil 8/1980, 5). Die von einigen Instanzgerichten nach Erlaß der PAngV 1985 zunächst vertretene Auffassung, die PAngV habe einen unmittelbar wettbewerbsregelnden Schutzzweck, so daß ein Verstoß gegen §§ 1, 4 PAngV ohne weiteres einen Wettbewerbsverstoß iSd § 1 UWG bedeute (OLG Frankfurt/M NJW-RR 1987, 1523, 1524; 1988, 555; KG GRUR 1989, 675, 676; OLG Hamm GRUR 1989, 362; OLG Koblenz NJW-RR 1989, 104; WRP 1989, 121, 123; vgl ferner JACOBS, in: Hdb d WettbewerbsR § 46 Nachtrag 1989 unter I 2), dürfte nach den Entscheidungen des BGH vom 30. 3. 1988 (GRUR 1988, 699 = NJW 1988, 2471), vom 26. 1. 1989 (GRUR 1989, 363) und vom 15. 6. 1989 (BGHZ 108, 39), nach denen die neue PAngV 1985 wettbewerbsrechtlich ebenso zu behandeln sei wie ihre Vorgängerin, aufgegeben worden sein (vgl OLG Frankfurt/M NJW-RR 1990, 177). Ein Verstoß gegen § 4 PAngV kann dann nur unter dem Gesichtspunkt des Vorsprunggedankens unlauterer Wettbewerb sein. Spricht der Wettbewerber den Kunden mit einem Angebot ohne Nennung des effektiven Jahreszinses an, so kann er sich die Tatsache zunutze machen, daß der Kunde den Preis des Kredits erst erfragen muß. Er läßt dann den Kunden zunächst im Ungewissen und kann, wenn sich der Kunde vergewissern will, sein Angebot zusätzlich anpreisen (vgl BGH DB 1980, 874, 875 = GRUR 1980, 304, 306 = NJW 1980, 1388, 1389; KG WRP 1980, 698, 700; enger OLG Hamm BB 1979, 187, 188; UNGNADE WM 1975, 1082). Unter diesem Gesichtspunkt erkennt der BGH den nach § 13 UWG Klagebefugten Unterlassungsansprüche zu (BGH aaO; vgl insoweit auch H P WESTERMANN

NJW 1979, 1714). Der Vorwurf der Sittenwidrigkeit setzt freilich nach hM des weiteren voraus, daß ein bewußter und planmäßiger Verstoß gegen die Preisangabepflicht vorliegt (s hierzu für den – heute so nicht mehr denkbaren – Fall, daß dem für Kredite Werbenden die Geltung des § 4 PAngV für den angebotenen Kredit unbekannt ist und sich ihm im Hinblick auf eine entgegenstehende Gerichtspraxis auch nicht aufzudrängen braucht, BGH DB 1982, 690 = NJW 1982, 825 = WM 1982, 183).

3. Angabe des effektiven Jahreszinses nach dem VerbrKrG

a) Marksteine der **Entstehungsgeschichte** des zum 1. 1. 1991 in Kraft getretenen **72** VerbrKrG vom 17. 12. 1990 (BGBl I 2840) sind zum einen das durch das VerbrKrG abgelöste AbzG einerseits und die für die derzeitige Version des Gesetzes prägend gewordene Richtlinie des Rates zur Angleichung der Rechts- und Verwaltungsvorschriften der Mitgliedstaaten über den Verbraucherkredit 87/102/EWG vom 22. 12. 1986 (EG-VerbrKrRil; ABl Nr L 42/48 v 12. 2. 1987) in der Fassung der Änderungsrichtlinie 90/88/EWG vom 22. 2. 1990 (ABl Nr L 61/14 v 10. 3. 1990) andererseits (ausführlich zur Entstehungsgeschichte des VerbrKrG vWestphalen/Emmerich/Kessler, VerbrKrG, Einl Rn 9 ff; MünchKomm/Ulmer Vor § 1 VerbrKrG Rn 9 ff). Der Abstammung des VerbrKrG von der europarechtlichen Richtlinie entspricht das Gebot der europarechtsfreundlichen Auslegung des Gesetzes (vWestphalen/Emmerich/Kessler, VerbrKrG, Einl Rn 12; zur Richtlinienkonformität des VerbrKrG ausführl MünchKomm/Ulmer Vor § 1 VerbrKrG Rn 17; Wolf, in: FS Heinsius 966, 972 ff).

Nach Art 9 Abs 1 des VerbKr/ZPOuaÄndG vom 17. 12. 1990 (BGBl I 2840) gilt das **73** VerbrKrG nur für nach dem 31. 12. 1990 abgeschlossene sog Neuverträge, während es für Altverträge bei der Anwendbarkeit der Regelungen des AbzG – mit Ausnahme der §§ 6 a und 6 b AbzG – bleibt (BGH MDR 1992, 1123 f; MünchKomm/Ulmer Vor § 1 VerbrKrG Rn 35 ff). Auf vor dem Inkrafttreten des VerbrKrG abgeschlossene, wegen Mißachtung der Form des § 1 Abs 2 S 3 AbzG schwebend unwirksame Verträge finden die Bestimmungen des AbzG in entsprechender Anwendung des Art 9 Abs 1 VerbrKr/ZPOuaÄndG weiterhin uneingeschränkt Anwendung (vgl BGHZ 119, 283, 294 f; 126, 56, 59; BGH WM 1993, 114; ZIP 1995, 996, 997). Dies gilt freilich nicht für eine nach dem 1. 1. 1991 vereinbarte Vertragsübernahme eines unter der Geltung des AbzG geschlossenen Altvertrages. Auf diese finden nicht die §§ 1 b, 1 c Nr 3 AbzG, sondern die §§ 2 Nrn 3, 7 VerbrKrG Anwendung (BGH ZIP 1995, 996, 998 f).

Durch Art 2 des Gesetzes vom 27. 4. 1993 (BGBl I 509) wurde auch das VerbrKrG **74** geändert. Insbesondere wurde – neben der Aufnahme weiterer Ausnahmetatbestände in § 3 VerbrKrG – die Vorschrift über die Angabepflicht des Gesamtbetrages in § 4 Abs 1 Nr 1 Lit b VerbrKrG umfassender geregelt (vgl dazu ausführlich Bülow NJW 1993, 1617; Scholz BB 1993, 1161; Peters WM 1994, 1405).

b) In sachlicher Hinsicht werden vom **Anwendungsbereich des VerbrKrG** gemäß § 1 **75** Abs 1 VerbrKrG Kreditverträge und Kreditvermittlungsverträge umfaßt. Entsprechend der Legaldefinition in § 1 Abs 2 VerbrKrG ist der Kreditvertrag iSd VerbrKrG „ein Vertrag, durch den ein Kreditgeber einem Verbraucher einen entgeltlichen Kredit in Form eines Darlehens, eines Zahlungsaufschubs oder einer sonstigen Finanzierungshilfe gewährt oder zu gewähren verspricht". Die Kreditvergabe muß hierbei „in Ausübung der gewerblichen oder beruflichen Tätigkeit" des Kreditgebers erfol-

gen (Einzelheiten hierzu bei MünchKomm/ULMER § 1 VerbrKrG Rn 10 ff; vWESTPHALEN/EMME-
RICH/KESSLER § 1 VerbrKrG Rn 10 ff, insbes Rn 60 ff). Ist die Kreditgewährung Teil eines
Umsatzgeschäfts, das nicht zum gewöhnlichen Betrieb des Kreditgebers gehört, ist
das VerbrKrG nicht anwendbar (OLG Düsseldorf WM 1995, 1142, 1143). Dies gilt erst
recht auch für private Geschäfte des Kreditgebers. Der Kreditnehmer muß „Verbraucher" sein. Jede natürliche Person, die für private Zwecke einen Kredit auf-
nimmt, erfüllt diese Voraussetzung (PALANDT/PUTZO § 1 VerbrKrG Rn 1; MünchKomm/
ULMER § 1 VerbrKrG Rn 18, 21 ff). Dasselbe gilt, wenn die Kreditaufnahme einer unselb-
ständigen beruflichen Tätigkeit dient (vWESTPHALEN/EMMERICH/KESSLER § 1 VerbrKrG
Rn 14). Im Gegensatz zum früheren § 8 AbzG ist das VerbrKrG damit auf Minderkaufleute und Kleingewerbetreibende als Kreditnehmer grundsätzlich unanwendbar
(LIEB WM 1991, 1539), was von Teilen der Literatur unter Hinweis auf den auch vom
Bundesrat vorgeschlagenen (BT-Drucks 11/5462, S 34), weitergehenden Schutzbereich
als rechtspolitisch verfehlt angesehen wird (vgl REINICKE/TIEDTKE ZIP 1992, 217, 228).
Die in § 1 Abs 1 VerbrKrG gewählte Formulierung „bereits ausgeübte Tätigkeit" als
Abgrenzungskriterium zum eigentlichen Verbraucherbegriff führt dazu, daß soge-
nannte Existenzgründungskredite grundsätzlich vom VerbrKrG erfaßt sind (VORT-
MANN ZIP 1992, 229). Sie sind nach § 3 Abs 1 Nr 2 VerbrKrG nur dann vom
Anwendungsbereich des VerbrKrG ausgeschlossen, wenn der Nettokreditbetrag
oder der Barzahlungspreis 100.000 DM übersteigt (rechtspolitische Kritik an dieser Limi-
tierung bei REINKING/NIESSEN ZIP 1991 79, 80). Die Aufnahme eines weiteren Gewerbes
oder einer weiteren freiberuflichen Tätigkeit steht einer Anwendbarkeit des
VerbrKrG nicht entgegen, wenn das bisher betriebene Gewerbe oder die freiberuf-
liche Tätigkeit damit nicht im Zusammenhang steht (BGH NJW 1995, 722, 723; OLG
Hamm NJW 1992, 3179, 3180 = ZIP 1992, 229, 231; OLG Celle WM 1996, 343, 344; vWESTPHALEN/
EMMERICH/KESSLER § 1 VerbrKrG Rn 43; MünchKomm/ULMER § 3 VerbrKrG Rn 9 mwN; aA BÖH-
NER NJW 1992, 3135, 3136; VORTMANN § 1 VerbrKrG Rn 6 ; BÜLOW § 1 VerbrKrG Rn 26 mwN;
SCHOLZ DB 1993, 261, 262 f ; differenzierend BRUCHNER/OTT/WAGNER-WIEDUWILT § 3 VerbrKrG
Rn 14; zu den in diesem Zusammenhang auftauchenden, zahlreichen Abgrenzungsproblemen VORT-
MANN ZIP 1992, 229 ff).

76　aa)　Daß § 1 Abs 2 VerbrKrG auch den **Zahlungsaufschub** erfaßt, stellt eine Neuerung gegenüber dem – auf ratenweise Kreditgewährung beschränkten – AbzG dar.
Wesentliches Kriterium des Zahlungsaufschubs ist die vertragliche Abweichung
zugunsten des Verbrauchers von der Leistungszeit, wie sie sich aus dispositivem
Recht (vgl OLG Stuttgart ZIP 1993, 1466, 1467) oder aus der Verkehrssitte ergibt (vgl zur
näheren begriffl Definition MünchKomm/ULMER § 1 VerbrKrG Rn 67 f; KÜMPEL, Bank- u Kapitalmarktrecht Rn 5.36 ff). Vom Anwendungsbereich des VerbrKrG sind freilich nach § 3
Abs 1 Nr 3 VerbrKrG Stundungsvereinbarungen ausgenommen, die einen Zeitraum
von drei Monaten nicht überschreiten (vgl hierzu MünchKomm/ULMER § 3 VerbrKrG
Rn 12 f). Überhaupt ist nur der entgeltliche Zahlungsaufschub von § 1 Abs 2
VerbrKrG erfaßt. Ob die in einem gerichtlichen oder außergerichtlichen Ratenzahlungsvergleich liegende Stundungsabrede dadurch zu einer entgeltlichen wird, daß
der Verbraucher einen Kostenersatz für die Einschaltung eines Rechtsanwalts oder
eines Inkassobüros übernimmt, ist umstritten. Während LG Rottweil NJW 1994,
265 f dies bejaht und zur Begründung auf die den Verbraucher treffende zusätzliche
Belastung für die Erlangung der Ratenzahlung verweist, wird von der Gegenseite
argumentiert, der Kostenersatz komme nicht dem Kreditgeber zugute, sondern
einem Dritten (MÜMMLER JurBüro 1992, 299 f; BANDISCH AnwBl 1992, 317, 318). Eine dritte

Ansicht stellt darauf ab, ob der Verbraucher zusätzlich zu denjenigen Kosten, die er ohnehin als Verzugsschaden gemäß § 286 Abs 1 zu tragen hat, weitere Kosten übernimmt (MünchKomm/ULMER § 1 VerbrKrG Rn 71 mwN), was bei der Übernahme gegnerischer Anwalts- und Inkassokosten zumindest dann anzunehmen sei, wenn der Gläubiger die Einschaltung des Anwalts bzw des Inkassobüros nicht für erforderlich halten durfte (MünchKomm/ULMER § 1 VerbrKrG Rn 71. Zu den Erscheinungsformen des Zahlungsaufschubs im einzelnen vgl MünchKomm/ULMER § 1 VerbrKrG Rn 73 ff; vWESTPHALEN/EMMERICH/KESSLER § 1 VerbrKrG Rn 115 ff; BRUCHNER/OTT/WAGNER-WIEDUWILT § 1 VerbrKrG Rn 43 ff; zu Ausprägungsformen der „sonstigen Finanzierungshilfe" iSd § 1 Abs 2 VerbrKrG vWESTPHALEN/EMMERICH/KESSLER § 1 VerbrKrG Rn 134 ff; BRUCHNER/OTT/WAGNER-WIEDUWILT § 1 Rn 62 ff).

bb) Gemäß § 4 Abs 1 S 4 Nr 1 Lit b S 2 VerbrKrG ist bei **variablen Krediten** lediglich **77** ein – fiktiver – Gesamtbetrag auf der Grundlage der bei Abschluß des Vertrags maßgeblichen Kreditbedingungen anzugeben. Die Gesamtbetragsangabe ist hierbei durch den Hinweis zu ergänzen, daß es sich um einen hypothetischen Wert handelt, der sich bei Konditionenanpassung ändern wird (BT-Drucks 12/4526, S 14; PETERS WM 1994, 1405, 1406 f). Diese Vorschrift findet allerdings gemäß § 3 Abs 2 Nr 2 VerbrKrG auf langfristige Hypothekarkredite keine Anwendung (näher hierzu MünchKomm/ULMER § 4 VerbrKrG Rn 35, 35 a; BRUCHNER/OTT/WAGNER-WIEDUWILT § 3 VerbrKrG Rn 76 ff; s auch noch Rn 78, 85).

cc) Die Verbraucherkredit-Richtlinie 87/102/EWG vom 22. 12. 1986 (ABl Nr L 42/48 **78** vom 12. 2. 1987) findet kraft ausdrücklicher Anordnung ihres Art 2 Abs 1 Lit a keine Anwendung auf Kredite oder Kreditversprechen, die hauptsächlich zum Erwerb oder zur Beibehaltung von Eigentumsrechten an einem Grundstück oder einem vorhandenen oder noch zu errichtenden Gebäude und zur Renovierung oder Verbesserung eines Gebäudes bestimmt sind. Der RegE zum VerbrKrG war darüber noch hinausgegangen – bzw dahinter noch zurückgeblieben – und hatte grundpfandrechtlich gesicherte Kredite gänzlich vom VerbrKrG ausgenommen (SEIBERT WM 1991, 1445, 1447). Demgegenüber hielt der Bundesrat in seiner Stellungnahme zum Entwurf der Bundesregierung die Einbeziehung der **Realkredite** für gerade besonders wichtig (BT-Drucks 11/5462, S 35). Daraufhin wurde der Realkredit in den Anwendungsbereich des Gesetzes grundsätzlich einbezogen. Nur §§ 4 Abs 1 S 4 Nr 1 Lit b und die §§ 7, 9 und 11 bis 13 VerbrKrG werden von § 3 Abs 2 Nr 2 VerbrKrG wegen der Besonderheiten des Realkredits nicht für anwendbar erklärt (SCHOLZ MDR 1991, 191, 193; SEIBERT WM 1991, 1445, 1447; zur Entstehungsgeschichte sowie zum Begriff des Realkredites im VerbrKrG eingehend BRUCHNER/OTT/WAGNER-WIEDUWILT § 3 VerbrKrG Rn 70 ff; BRUCHNER WM 1992, 973 ff). Jedenfalls in seiner durch das Bauhandwerkersicherungsgesetz vom 27. 4. 1993 modifizierten Fassung (nach der vereinzelt gebliebenen Auffassung von BRUCHNER/OTT/WAGNER-WIEDUWILT § 3 VerbrKrG Rn 97 bereits in der alten Fassung; aA aber MünchKomm/ULMER § 3 VerbrKrG Rn 27; vWESTPHALEN/EMMERICH/KESSLER § 3 VerbrKrG Rn 139) wird der Ausnahmetatbestand des § 3 Abs 2 Nr 2 VerbrKrG auch auf die Zwischenfinanzierung für Realkredite erstreckt.

Bei grundpfandrechtlich abgesicherten Krediten, die zu den für solche Kredite üb- **79** lichen Bedingungen gewährt werden (vgl § 3 Abs 2 Nr 2 VerbrKrG), ist die Verzugszinsregelung des § 11 Abs 1 VerbrKrG unanwendbar. Sie schien dem Gesetzgeber für die meisten Fälle des Realkredits den Kreditgeber unangemessen zu begünstigen

(Begr zum RegE BT-Drucks 11/5462, S 18). Grundsätzlich unangetastet blieben demgegenüber die Angabepflichten nach § 4 VerbrKrG. Nur entfällt für Realkredite das Erfordernis der Gesamtbetragsangabe.

80 **dd)** Was das **Operating-Leasing** (zur Begriffsbildung vgl etwa STAUDINGER/EMMERICH [1995] Vorbem 71 zu §§ 535, 536) anlangt, ist man sich weitgehend einig, daß es als reine Miete nicht in den Anwendungsbereich des VerbrKrG fällt (SEIBERT WM 1991, 1445, 1447; REINICKE/TIEDTKE ZIP 1992, 217, 225; BÜLOW § 1 VerbrKrG Rn 45 mwN; MARTINEK/OECHSLER ZIP 1993, 81, 90 f; ZAHN DB 1991, 687; MünchKomm/ULMER § 1 VerbrKrG Rn 87 mwN in Fn 196). Die Gegenauffassung (vWESTPHALEN ZIP 1991, 639, 641; ders, in: vWESTPHALEN/ EMMERICH/KESSLER § 1 VerbrKrG Rn 154 ff) zieht aus dem Umstand, daß § 3 Abs 2 VerbrKrG das Operating-Leasing im Gegensatz zum **Finanzierungsleasing** nicht erwähnt, den unzutreffenden Schluß, daß das VerbrKrG auf das Operating-Leasing im Gegensatz zur rechtlichen Behandlung des Finanzierungsleasing sogar ohne jede Einschränkung anzuwenden sei (dagegen BRUCHNER/OTT/WAGNER-WIEDUWILT § 1 VerbrKrG Rn 80, 128 ff). Beim Operating-Leasing fehlt es demgegenüber typischerweise an der zur Gebrauchsüberlassung hinzutretenden Investitionsvorfinanzierung durch den Leasinggeber zugunsten des Verbrauchers, so daß gar kein Kredit iSd § 1 VerbrKrG vorliegt (MünchKomm/ULMER § 1 VerbrKrG Rn 87).

81 Falls das VerbrKrG auf einen Finanzierungsleasingvertrag, was in den genauen Voraussetzungen umstritten ist, überhaupt anzuwenden ist, so sind nach § 3 Abs 2 Nr 1 VerbrKrG jedenfalls zentrale Normen von der Anwendung ausgeschlossen, insbesondere die Vorschriften der §§ 4, 6 VerbrKrG über die Kostenaufschlüsselung und die Effektivzinsangabe. Teile der Literatur halten die Einschränkung für nicht richtlinienkonform und damit europarechtswidrig und nicht anwendbar (vWESTPHALEN NJW 1993, 3225 ff). Nach Auffassung von KÖNDGEN (NJW 1994, 1508, 1516; iE auch ZAHN DB 1994, 617, 618 ff) ist die Regelung des § 3 Abs 2 Nr 1 VerbrKrG im wesentlichen sehr wohl richtlinienkonform. Der Richtliniengeber hat die (zweifelhafte) mietrechtliche Einordnung des Finanzierungsleasing durch die Judikatur (vgl hierzu die Nachw bei STAUDINGER/EMMERICH [1995] Vorbem 86 zu §§ 535, 536) vorgefunden, die entsprechende mietrechtliche Terminologie übernommen und „Mietverträge" in Art 2 Abs 1 Lit b VerbrKrRil nur für den Fall in den Anwendungsbreich der Richtlinie einbezogen, daß „das Eigentum letzten Endes auf den Mieter übergeht". Der Normalfall des Finanzierungsleasing ist dies nicht. § 3 Abs 2 Nr 1 VerbrKrG greift das Unterscheidungskriterium des „letzten Endes übergehenden Eigentums" nicht auf, spiegelt also nach seinem Wortlaut die im Europarecht angelegte Sonderbehandlung dieser Fälle nicht wider. Über den nicht auf „letztendlichen Eigentumsübergang" ausgerichteten Normalfall des Finanzierungsleasing wird man daher sagen können, daß seine Einbeziehung bereits eine – nach Art 15 VerbrKrRl zulässige – Übererfüllung der Richtlinie ist (KÖNDGEN NJW 1994, 1508, 1516), so daß die Restriktionen des § 3 Abs 2 Nr 1 VerbrKrG insoweit europarechtlich unbedenklich sind. Für den Sonderfall des auf „letztendlichen Eigentumsübergang" ausgerichteten Finanzierungsleasing kommt man freilich schlecht an dem Befund vorbei, daß das Europarecht erstens seine Einbeziehung in die Verbraucherkreditgesetzgebung verlangt und sich zweitens gegen eine Privilegung gegenüber anderen Formen des Verbraucherkredits sperrt. Die Restriktionen des § 3 Abs 2 Nr 1 VerbrKrG wären hiermit nicht vereinbar. Eine europarechtskonforme Auslegung dieser Vorschrift würde es nahelegen, diese Sondergestaltung des Finanzierungsleasing als vom dort verwendeten Begriff

des Finanzierungsleasing nicht gemeint anzusehen. Die Folge wäre eine uneingeschränkte Anwendung des VerbrKrG unter Einschluß insbesondere der Vorschriften
über die Effektivzinsangabe (so auch ZAHN DB 1991, 2171, 2172; ders DB 1994, 617, 621 ff;
MünchKomm/ULMER § 3 VerbrKrG Rn 25 mwNachw; anders REINICKE/TIEDTKE ZIP 1992, 217,
226). Die fehlende Anwendbarkeit dieser Vorschriften auf den Normalfall des Finanzierungsleasing mag man rechtspolitisch bedauern (so auch KÖNDGEN NJW 1994, 1508,
1516). Sie ist indes geltendes Recht.

Für die Frage, ob eine Finanzierungsleasinggestaltung überhaupt dem VerbrKrG **82**
unterfällt, kommt es damit – entgegen der ursprünglichen, an der Rechtsprechung
des BGH zur Anwendbarkeit des AbzG auf Leasingverträge (BGH WM 1986, 228, 229;
BGHZ 94, 195; BGH ZIP 1987, 172, 173; DB 1990, 2116 mwN) orientierten Entwurfsfassung
des § 1 Abs 2 S 2 VerbrKrG (BT-Drucks 11/5462, S 4) – nicht entscheidend darauf an, ob
die Leasingsache ihrer Substanz nach endgültig auf den Verbraucher übertragen
werden soll. Dies ist freilich eine stets zur Anwendbarkeit des VerbrKrG führende
Sondergestaltung. Für eine – den Restriktionen des § 3 Abs 2 Nr 1 VerbrKrG ausge-
setzte – Anwendbarkeit genügt es aber, daß eine Amortisation der Beschaffungs-
und Finanzierungskosten angestrebt ist, was auch beim sog Teil-Amortisationsver-
trag regelmäßig der Fall ist (SEIBERT WM 1991, 1445, 1447; BÜLOW § 3 VerbrKrG Rn 35;
vWESTPHALEN/EMMERICH/KESSLER § 1 VerbrKrG Rn 137 ff). Zur Vermeidung von Abgrenzungsschwierigkeiten sollte man es in diesem Zusammenhang genügen lassen, daß
die Anschaffungsaufwendungen und die Kosten des Leasinggebers „im wesentlichen" bzw „ganz überwiegend" amortisiert werden (CANARIS ZIP 1993, 401; BGHZ 97,
65, 72; BGH DB 1996, 1465 = WM 1996, 1146, 1148 = ZIP 1996, 1170, 1171; ZIP 1996, 1336,
1337).

ee) Obwohl der **Schuldbeitritt** eines weiteren Schuldners als solcher weder als Kre- **83**
ditvertrag noch als sonstige Finanzierungshilfe iSv § 1 Abs 2 VerbrKrG anzusehen ist
(so aber BÜLOW, § 1 VerbrKrG Rn 43a; ZAHN DB 1992, 1029, 1031), wird man das VerbrKrG
auf derartige Beteiligungen Dritter auf Seiten des Kreditnehmers entsprechend
anwenden können (BGH ZIP 1996, 1209, 1210; ULMER/TIMMANN, in: FS Rowedder [1995] 503,
511).

ff) Im Rahmen von Kreditverträgen, die in ein nach den Vorschriften der ZPO **84**
errichtetes **gerichtliches Protokoll** aufgenommen oder **notariell beurkundet** sind, finden
nach § 3 Abs 2 Nr 3 VerbrKrG die Regelungen der §§ 4 bis 7 sowie 9 Abs 2
VerbrKrG keine Anwendung. Der hierin ua ausgesprochene Verzicht auf die
Angabe des effektiven Jahreszinses dient vor allem dazu, gerichtliche Stundungs-
vergleiche nicht an den im Zuge der Effektivzinsermittlung auftretenden Berech-
nungsschwierigkeiten scheitern zu lassen. Durch die in § 3 Abs 2 Nr 3 VerbrKrG
aufgeführten, alternativen Informationspflichten – anzugeben sind der Jahreszins,
die in Rechnung gestellten Kreditkosten sowie die Voraussetzungen, unter denen
Jahreszins bzw Kreditkosten geändert werden können – dürfte aber eine im wesentlichen adäquate Unterrichtung des Verbrauchers gewährleistet sein (MünchKomm/
ULMER § 3 VerbrKrG Rn 31, 35; BRUCHNER/OTT/WAGNER-WIEDUWILT § 3 VerbrKrG Rn 113).

c) Die in § 4 Abs 1 S 4 VerbrKrG enthaltenen Vorschriften über die **erforderlichen** **85**
Angaben stellen einen zentralen Regelungsbereich des novellierten Verbraucherkre-
ditrechts dar. Sie dienen der Transparenz der Preise und Konditionen des Kreditge-

bers, um insbesondere während der Widerrufsfrist des § 7 VerbrKrG einen sachgerechten Vergleich zu ermöglichen (Begr zum RegE BT-Drucks 11/5462, 19; Münch-Komm/ULMER § 4 VerbrKrG Rn 1 mwN; BRUCHNER/OTT/WAGNER-WIEDUWILT § 4 VerbrKrG Rn 1 ff). Bei Kreditverträgen im allgemeinen sind gemäß § 4 Abs 1 S 4 Nr 1 VerbrKrG anzugeben: der – auszuzahlende – Nettokreditbetrag bzw die Höchstgrenze des Kredits (hierzu BRUCHNER/OTT/WAGNER-WIEDUWILT § 4 VerbrKrG Rn 24 ff), der Gesamtbetrag aller vom Verbraucher zu entrichtenden Teilzahlungen (Ausnahme hiervon in § 4 Abs 1 S 4 Nr 1 Lit b S 3 VerbrKrG für sog Rahmenkredite, insbesondere also für Kontokorrent- und Dispositions-Variokredite sowie in § 3 Abs 2 Nr 2 VerbrKrG für Realkredite, dazu oben Rn 78); die Art und Weise der Rückzahlung des Kredits bzw die Modalitäten der Vertragsbeendigung; der Zinssatz und alle sonstigen Kosten des Kredits; der (anfängliche) effektive Jahreszins; die Kosten einer Restschuld- oder sonstigen im Zusammenhang mit der Kreditgewährung abzuschließenden Versicherung; die zu bestellenden Sicherheiten. Was als Zinsen iSd § 4 Abs 1 S 4 Lit d VerbrKrG anzusehen ist, bestimmt sich nach dem allgemeinen Zinsbegriff. Als „sonstige Kosten des Kredits" sind sämtliche Aufwendungen anzusehen, die der Kreditnehmer neben den Zinsen zu tragen hat, um den Kredit zu erhalten (BRUCHNER/OTT/WAGNER-WIEDUWILT § 4 VerbrKrG Rn 93 ff, insbes zur Berücksichtigung von Kreditvermittlungskosten).

86 Einer der wichtigsten Bestandteile der Verbraucheraufklärung ist das Erfordernis einer zureichenden Effektivzinsangabe (Begr zum RegE BT-Drucks 11/5462, S 19; zur rechtspolitischen Kritik an der Praktikabilität einer Orientierung am Effektivzins vgl freilich die Nachw bei MünchKomm/ULMER § 4 VerbrKrG Rn 42). Für die Methode der Berechnung des Effektivzinses verweist § 4 Abs 2 VerbrKrG auf § 4 PAngV (dazu oben Rn 53; zu den Details der Berechnung unten Rn 285 ff). Bei Kreditverträgen mit variablen Konditionen ist der anfängliche effektive Jahreszins anzugeben (zur Begriffsbildung s bereits Rn 44). Wie nach § 4 Abs 1 PAngV (dazu Rn 50) sind auch nach § 4 Abs 1 S 4 Nr 1 Lit e HS 2 VerbrKrG die Voraussetzungen anzugeben, unter denen die preisbestimmenden Faktoren, zB der Nominalzinssatz, geändert werden können. Schließlich ist – auch dies entspricht der Regelung des § 4 Abs 1 PAngV – nach § 4 Abs 1 S 4 Nr 1 Lit e VerbrKrG bei variablen Zinssätzen anzugeben, auf welchen Verrechnungszeitraum einmalige Belastungen des Verbrauchers aus nicht vollständiger Auszahlung (Disagio) oder aus einem Zuschlag (Agio) zum Nennbetrag des Kredits bei der Berechnung des effektiven Jahreszinses bezogen worden sind. Enthält die Vertragsurkunde keinen Hinweis auf einen bestimmten Verrechnungszeitraum, so entspricht der anzugebende Zeitraum der vertraglich vereinbarten Gesamtlaufzeit (MünchKomm/ULMER § 4 VerbrKrG Rn 45; diesbezügl Zweifel bei vWESTPHALEN/EMMERICH/KESSLER § 4 VerbrKrG Rn 110). Die Regelungen des § 4 Abs 1 S 4 Nr 1 Lit e VerbrKrG zur Effektivzinsangabe sind auf Vereinbarungen, durch die vor dem Inkrafttreten des VerbrKrG bereits abgeschlossene Kreditverträge geändert werden, nur anzuwenden, wenn ein neues Kapitalnutzungsrecht eingeräumt wird (BGH ZIP 1995, 275, 276).

87 Bei Kreditverträgen über Teilzahlungsgeschäfte sind nach § 4 Abs 1 S 4 Nr 2 Lit a bis f VerbrKrG der Barzahlungspreis, der Teilzahlungspreis, Betrag, Zahl und Fälligkeit der einzelnen Teilzahlungen, der effektive Jahreszins, die Kosten einer im Zusammenhang mit dem Kreditvertrag abgeschlossenen Versicherung sowie die Vereinbarung eines Eigentumsvorbehalts oder einer anderen zu bestellenden Sicherheit

anzugeben. Die prinzipiell erforderliche Angabe des effektiven Jahreszinses ist –
ebenso wie die Angabe eines Barzahlungspreises – nach § 4 Abs 1 S 5 VerbrKrG aber
entbehrlich, wenn der Kreditgeber nur gegen Teilzahlungen Sachen liefert oder Leistungen erbringt. Diese Ausnahmeregelung bezieht sich auf Kreditgeber, die die
jeweils in Frage stehende Ware oder Leistung nur gegen Teilzahlungen anbieten. Ob
sie daneben andere Waren oder Leistungen eventuell doch gegen Barzahlung erbringen, ist demgegenüber ohne Belang (vWESTPHALEN/EMMERICH/KESSLER § 4 VerbrKrG
Rn 160; MünchKomm/ULMER § 4 VerbrKrG Rn 69; anders wohl PALANDT/PUTZO § 4 VerbrKrG
Rn 16). Im Rahmen derartiger Teilzahlungsgeschäfte fehlt es an Vergleichsgrößen.
Der in § 6 Abs 3 S 3 VerbrKrG bei fehlender Angabe des Barzahlungspreises zugelassene Rekurs auf den Marktpreis erschien dem Gesetzgeber in diesen Fällen nicht
hinreichend praktikabel (Begr zum RegE BT-Drucks 11/5462, S 20; ERMAN/KLINGSPORN/REB
MANN § 4 VerbrKrG Rn 24).

Im Zusammenhang mit der nach § 4 VerbrKrG erforderlichen Effektivzinsangabe **88**
sind wesentliche Modifikationen des gerichtlichen Mahnverfahrens hervorzuheben.
Nach § 690 Abs 1 Nr 3 ZPO hat der formularmäßige Mahnbescheidsantrag bei der
Geltendmachung von Ansprüchen aus Verträgen, die dem VerbrKrG unterfallen, ua
den nach dem VerbrKrG anzugebenden (anfänglichen) effektiven Jahreszins aufzuführen. Weiter ordnet § 688 Abs 2 Nr 1 ZPO an, daß dem Kreditgeber das Mahnverfahren nicht zur Verfügung steht, wenn der nach §§ 4 Abs 1 S 4 Nr 1 Lit e, Nr 2
Lit d, 8 Abs 1 VerbrKrG anzugebende (anfängliche) Effektivzinssatz den bei Vertragsschluß geltenden Diskontsatz der Deutschen Bundesbank um mehr als 12%
übersteigt. Diese in Art 6 Nr 1 VerbrKrG/ZPOuaÄndG geregelte Einschränkung
des gerichtlichen Mahnverfahrens soll der Titulierung von Forderungen aus sittenwidrigen Kreditverträgen entgegenwirken (Begr zum RegE BT-Drucks 11/5462, S 15 f) und
damit die von der Rechtsprechung (vgl BGHZ 101, 380; BGH NJW-RR 1989, 622, 623;
BGHZ 112, 58; BGH WM 1993, 1324; weitere Nachw bei THOMAS/PUTZO § 322 ZPO Rn 50 ff;
ZÖLLER/VOLLKOMMER vor § 322 ZPO Rn 72 ff, § 700 Rn 15 ff; MünchKommZPO/GOTTWALD § 322
Rn 213 ff; MünchKommZPO/HOLCH, § 700 ZPO Rn 9 f) entwickelte, auf § 826 gestützte
Durchbrechung der Rechtskraft des Vollstreckungsbescheides für Ansprüche aus
Verbraucherkrediten weitgehend überflüssig machen (MünchKomm/ULMER Vor § 1
VerbrKrG Rn 31; diesbezügl Zweifel bei ZÖLLER/VOLLKOMMER Vor § 688 ZPO Rn 6 b, § 700 ZPO
Rn 17).

d)   Auf der **Rechtsfolgenseite** ist zwischen Fällen fehlender und Fällen unrichtiger, **89**
nämlich zu niedriger Effektivzinsangaben zu unterscheiden.

aa)   Das völlige Fehlen einer der in § 4 Abs 1 S 4 Nr 1 Lit a bis f sowie Nr 2 Lit a bis **90**
e VerbrKrG geforderten Angaben, insbesondere also das **Fehlen einer Effektivzinsangabe**, führt nach § 6 Abs 1 VerbrKrG zur Nichtigkeit des Kreditvertrages. § 6 Abs 1
VerbrKrG wird freilich als reine Schutzvorschrift zugunsten des Verbrauchers verstanden. Der Kreditgeber wäre demnach daran gehindert, sich seinerseits auf die
Formnichtigkeit zu berufen, wenn der Verbraucher auf Vertragserfüllung besteht
(BÜLOW § 6 VerbrKrG Rn 6a ff, 10a mwN). Der Verbraucher könnte also insbesondere
eine Darlehensauszahlung verlangen, die (näher hierzu Rn 91 ff) nach § 6 Abs 2 S 1
VerbrKrG zur Heilung der Nichtigkeit und nach § 6 Abs 2 S 2 VerbrKrG zur Reduzierung des zugrunde zu legenden Zinssatzes auf den gesetzlichen Zinssatz führen
würde. Dem Kreditgeber ist freilich bei der zur Heilung führenden Darlehensaus

zahlung ein Leistungsverweigerungsrecht zuzubilligen, wenn sich der Verbraucher nicht mit der Ergänzung des Vertrages um die fehlende Angabe einverstanden erklärt (KAROLLUS JuS 1993, 651, 654; MünchKomm/ULMER § 4 VerbrKrG Rn 25, § 6 Rn 13 f).

91 bb) Für **allgemeine**, unter § 4 Abs 1 S 4 Nr 1 VerbrKrG fallende **Kreditverträge** stellt § 6 Abs 2 VerbrKrG ein Instrumentarium zur **Heilung** der Formnichtigkeit bereit. Soweit – aber auch nur soweit – der Verbraucher das Darlehen empfängt oder den Kredit in anderer Weise (Beispiele bei vWESTPHALEN/EMMERICH/KESSLER § 6 VerbrKrG Rn 13 ff) in Anspruch nimmt, wird der Makel der Formnichtigkeit beseitigt. Der Vertrag bleibt freilich bis zum Ablauf der Widerrufsfrist des § 7 Abs 1 VerbrKrG zunächst schwebend unwirksam (MünchKomm/ULMER § 6 VerbrKrG Rn 6, 11; BÜLOW § 6 VerbrKrG Rn 6). Der Umfang der Heilung orientiert sich am Umfang der tatsächlichen Inanspruchnahme des Kredits (BÜLOW § 6 VerbrKrG Rn 12; vWESTPHALEN/EMMERICH/KESSLER § 6 VerbrKrG Rn 18). Er wird des weiteren mit einem anderen als dem vom Vertragstext vorgesehenen Inhalt geheilt. Zum einen ermäßigt sich gemäß § 6 Abs 2 S 2 VerbrKrG der dem Kreditvertrag zugrunde gelegte Zinssatz – gemeint ist nicht der Effektivzinssatz, sondern der sich aus den Zinsabreden ohne Rücksicht auf alle weiteren Kosten ergebende Zinssatz – auf den gesetzlichen Zinssatz, wenn seine Angabe, die Angabe des (anfänglichen) effektiven Jahreszinses oder die des Gesamtbetrages nach § 4 Abs 1 S 4 Nr 1 Lit b VerbrKrG fehlt. Hierbei dürfte in dem theoretisch denkbaren Fall, daß ein niedrigerer als der gesetzliche Zinssatz vereinbart worden ist, eine Anhebung auf den gesetzlichen Zinssatz schon nach dem Wortlaut des § 6 Abs 2 S 2 VerbrKrG („ermäßigt sich") auszuscheiden haben (so im Ergebnis auch vWESTPHALEN/EMMERICH/KESSLER § 6 VerbrKrG Rn 21; MÜNSTERMANN/HANNES VerbrKrG Rn 300; BÜLOW § 6 VerbrKrG Rn 13). Des weiteren werden in der Urkunde nicht angegebene Kosten vom Konsumenten gemäß § 6 Abs 2 S 3 VerbrKrG nicht geschuldet. Falls der Vertrag – wie im Regelfall – Teilzahlungen des Kreditnehmers vorsah, sind diese nach § 6 Abs 2 S 4 VerbrKrG unter Berücksichtigung der eventuell verminderten Zinsen und/oder Kosten neu zu berechnen. Teile des Schrifttums wollen dem Verbraucher in Anlehnung an die alte, das Teilzahlungsgeschäft betreffende Regelung des § 1 a Abs 3 S 2 AbzG das Recht einräumen, es stattdessen bei der vom bisherigen Vertragstext vorgesehenen Höhe der einzelnen Teilleistungen zu belassen, dafür aber die Laufzeit entsprechend zu verkürzen (BÜLOW § 6 VerbrKrG Rn 16, 28; MünchKomm/ULMER § 6 VerbrKrG Rn 26). Daß dieser Vorschlag größere Verbraucherschutzeffekte mit sich bringt, ist klar. Es sollte aber bei dem Interessenausgleich bewenden, der im Gesetzeswortlaut seinen Ausdruck findet. Nun auch noch das Interesse des Kreditgebers zur Disposition zu stellen, sein Geld nicht nur zu einem bestimmten Zinssatz, sondern auch für einen bestimmten Zeitraum anzulegen, besteht kein Anlaß (so im Ergebnis auch MÜNSTERMANN/HANNES, VerbrKrG Rn 316; vWESTPHALEN/EMMERICH/KESSLER § 6 VerbrKrG Rn 41). § 1 a Abs 3 S 2 AbzG tat dies im übrigen auch nicht, sondern hatte mit ohnehin zinslosen Krediten zu tun.

92 Sind entgegen § 4 Abs 1 S 4 Lit e VerbrKrG die Änderungsmodalitäten für preisbestimmende Faktoren bei der Angabe des anfänglichen effektiven Jahreszinses nicht mitgeteilt worden, so entfällt nach § 6 Abs 2 S 5 VerbrKrG die Möglichkeit, diese Konditionen zum Nachteil des Verbrauchers zu ändern. Zugunsten des Verbrauchers ausschlagende Faktorenänderungen, insbes Nominalzinssenkungen im Rahmen von Zinsanpassungsklauseln sind freilich so vorzunehmen, wie sie vorgesehen waren

(MünchKomm/ULMER § 6 VerbrKrG Rn 27 mwN; BÜLOW § 6 VerbrKrG Rn 17; **aA** insoweit vWEST-
PHALEN/EMMERICH/KESSLER § 6 VerbrKrG Rn 29).

Schließlich wird dem Kreditgeber gem § 6 Abs 2 S 6 VerbrKrG der Anspruch auf **93**
Sicherheitenbestellung verwehrt, sofern die diesbezüglichen Angaben bei Vertrags-
abschluß nicht erfolgt sind. Der Anspruch besteht allerdings trotz des Formversto-
ßes, wenn der Nettokreditbetrag 100000 DM übersteigt (rechtspolitische Kritik an dieser
Ausnahmeregelung insbes bei BÜLOW § 6 VerbrKrG Rn 18 a; zum Regelungshintergrund Münch-
Komm/ULMER § 6 VerbrKrG Rn 29).

cc)   Bei **Teilzahlungsgeschäften** iSd § 4 Abs 1 S 4 Nr 2 VerbrKrG führt die (vollstän- **94**
dige) Sachübergabe bzw Leistungserbringung nach § 6 Abs 3 S 1 VerbrKrG gleichfalls zur **Heilung** der Formnichtigkeit. Auch in diesen Fällen erfährt der Vertragsinhalt Modifikationen: Nach § 6 Abs 3 S 2 VerbrKrG ist der Barzahlungspreis
höchstens mit dem gesetzlichen Zinssatz zu verzinsen, wenn die Angabe des Teilzahlungspreises oder des (anfänglichen) effektiven Jahreszinses fehlt. Ist ein Barzahlungspreis nicht genannt, gilt nach § 6 Abs 3 S 3 VerbrKrG im Zweifel der
Marktpreis als Barzahlungspreis. Diese Auslegungsregelung gilt auch dann, wenn
der Kreditgeber nachträglich, auf den Zeitpunkt des Vertragsabschlusses bezogen,
einen Barzahlungspreis errechnet (BGH NJW 1979, 758, 759 für § 1 a AbzG; BÜLOW § 6
VerbrKrG Rn 29). Ist – insbesondere in den Fällen des § 4 Abs 1 S 5 VerbrKrG – kein
entsprechender Barzahlungspreis ermittelbar, ist gleichfalls auf den Marktpreis
abzustellen (PALANDT/PUTZO § 6 VerbrKrG Rn 10; MünchKomm/ULMER § 6 VerbrKrG
Rn 38 a).

dd)   Eine **unrichtige Effektivzinsangabe** bleibt – weil für den Verbraucher ohne Nach- **95**
teil – sanktionslos, falls der effektive Jahreszinssatz zu hoch angegeben ist. Die
Angabe eines zu niedrigen (Abweichungen bis 0,05% sind noch tolerabel, vgl LG
Stuttgart NJW 1993, 208, 209 unter Hinweis auf die in § 4 Abs 2 S 3 PAngV genannten Kriterien)
effektiven oder anfänglichen effektiven Jahreszinssatzes stellt keinen Formmangel
iSd § 6 Abs 1 VerbrKrG dar (PALANDT/PUTZO § 6 VerbrKrG Rn 12; BRINKMANN BB 1991,
1947, 1950). Jedenfalls führt sie nicht zur Nichtigkeit des Kreditvertrages, sondern
zieht – bei beiderseitiger Bindung an den Vertrag (Bedenken hiergegen bei BRINKMANN
BB 1991, 1947, 1950) – nach § 6 Abs 4 VerbrKrG eigene **Rechtsfolgen** nach sich. Bei
allgemeinen Kreditverträgen führt sie zu einer **Minderung des „zugrunde gelegten Zinssatzes"** um den Vomhundertsatz, um den der Effektivzins zu niedrig angegeben ist.
Diese Regelung kann nur als verunglückt bezeichnet werden. Wäre sie nicht aufgestellt worden, so hätte der Kreditgeber den Kreditnehmer nach allgemeinen Grundsätzen so zu stellen gehabt, wie er gestanden hätte, wenn der angegebene
Effektivzinssatz zutreffend gewesen wäre, zumindest für den Fall, daß gerade die
Effektivzinsangabe und nicht etwa die hiermit inkonsistenten einzelnen Kostenanga-
ben als Vertragsinhalt anzusehen wären. Dieses Ergebnis sollte auch durch § 6
VerbrKrG erreicht werden (vgl Begr zu § 5 VerbrKrG-E BT-Drucks 11/5462). Die in § 6
Abs 4 VerbrKrG angeordnete Absenkung des Nominalzinses führt indes nicht zu
diesem Ergebnis, und zwar weder wenn der Zinssatz absolut um die Differenz zwi-
schen angegebenem und wirklichem Effektivzinssatz gekürzt wird, noch wenn man
den Zinssatz in dem Verhältnis kürzt, in dem der angegebene hinter dem wahren
Effektivzinssatz zurückbleibt (zur umstr Minderungsberechnung als absolute oder prozentuale
Differenz vgl die Nachw bei MünchKomm/ULMER § 6 VerbrKrG Rn 43, Fn 72 sowie BRUCHNER/

OTT/WAGNER-WIEDUWILT § 6 VerbrKrG Rn 50). Angesichts dieses Dilemmas sollte man § 6 Abs 4 VerbrKrG beim Wort nehmen und den Zinssatz absolut um die Differenz zwischen angegebenem und wahrem Effektivzinssatz kürzen. Einerseits ist keine „ratio" in Sicht, die es überhaupt erst ermöglichen würde, vom Wortlaut abzuweichen. Andererseits würde eine nur verhältnismäßige Absenkung dem Kreditgeber den unverdienten Vorteil verschaffen, im Ergebnis einen Effektivzins zu vereinnahmen, der noch stärker von dem angegebenen abweicht als im Falle einer absoluten Absenkung, obwohl doch die Annäherung an den angegebenen Effektivzins das Ziel war. Bei dieser Reduzierung des Zinses ist auch nicht einzusehen, warum – wie es die wohl herrschende Lehre will (MünchKomm/ULMER § 6 VerbrKrG Rn 44 f; PALANDT/PUTZO § 6 VerbrKrG Rn 14; BRUCHNER/OTT/WAGNER-WIEDUWILT § 6 VerbrKrG Rn 51; aA BRINKMANN BB 1991, 1947, 1949; BÜLOW § 6 VerbrKrG Rn 35) – dem Kreditgeber zumindest der gesetzliche Zinssatz belassen werden sollte. Es geht in § 6 Abs 4 VerbrKrG darum, einer an und für sich perplexen vertraglichen Regelung – die Einigung über die Kostenbestandteile und die Einigung über den Effektivzinssatz passen nicht zueinander und können daher nicht gleichzeitig verbindlich getroffen worden sein – einen greifbaren Inhalt zu geben. § 6 Abs 4 VerbrKrG tastet damit die Parteiautonomie nicht an, sondern will ihr gerade zum Durchbruch verhelfen. Gegen die vertragliche Vereinbarung eines unter dem gesetzlichen Zinssatz liegenden Zinses bestehen aber gar keine Bedenken.

96 Bedeutsam scheint demgegenüber das Bedenken, daß eine wortgetreue Anwendung des § 6 Abs 4 VerbrKrG im Einzelfall sogar zu einer weit über die Falschangabe hinausreichenden Verminderung des effektiven Jahreszinses führen könnte (Berechnungsbeispiele hierzu bei BRINKMANN BB 1991, 1947, 1948; Bedenken gegenüber der Berechnungsweise von BRINKMANN bei SCHOLZ BB 1992, 222 ff). Folge wäre dann, daß der Kreditgeber weder den vertraglich vereinbarten Zins noch auch nur den vom Vertrag ausgewiesenen Effektivzins vereinnahmen kann. In der Literatur wird dieses Ergebnis teilweise als vom Gesetzgeber offenbar bewußt in Kauf genommene Konsequenz einer pauschalen Vertragsanpassung angesehen (BRINKMANN BB 1991, 1947, 1949, BÜLOW § 6 VerbrKrG Rn 34 ff; krit MÜNSTERMANN/HANNES VerbrKrG Rn 325; RÜSSMANN, in: FS Günter Jahr 367, 394; vWESTPHALEN/EMMERICH/KESSLER § 6 VerbrKrG Rn 45). Die Grenzen einer Vertrags-"Anpassung" wären damit allerdings doch wohl überschritten. Es würde dann nicht lediglich die geschilderte Perplexität der vertraglichen Regelung aufgelöst, sondern eine echte Bestrafung des Kreditgebers vorgenommen. Es ist allerdings ohnehin zu bezweifeln, daß dieses Ergebnis wirklich das Resultat einer wortgetreuen Anwendung des § 6 Abs 4 VerbrKrG ist. Zu diesem Ergebnis kann nämlich nur gelangen, wer einen „Nominalzinssatz", also – in der rechtlich unverbindlichen Terminologie der Ratenkreditgeber – einen auf den Ursprungskredit berechneten Zinssatz, der auf zwischenzeitliche Tilgungen keine Rücksicht nimmt, entsprechend reduziert. Von einer Reduzierung solcher „Normalzinssätze", die eigentlich eher die Bezeichnung „Phantomzinssätze" verdienen würden, redet der Wortlaut des § 6 Abs 4 VerbrKrG indes gar nicht (zutreffende Kritik insoweit bereits bei SCHOLZ BB 1992, 222 ff). Er redet von einer Verminderung des „zugrunde gelegten Zinssatzes". Dem ist zu entnehmen, daß nicht die übrigen Kostenvereinbarungen, sondern ausschließlich die Zinsgestaltungen zu korrigieren sind. Eine monatliche „Verzinsung" von teilweise (nie zur Auszahlung gelangten und teilweise) bereits getilgten Krediten ist aber nicht vertraglich zugrunde gelegt, auch wenn die „Nominalzins"-Gestaltungen der Ratenkreditpraxis dies suggerieren. Man hat vielmehr alle nicht als Zins zu qualifizierenden Kostenbestandteile auszublenden, aus den Zinsbestandteilen einen – mit demjenigen nach der PAngV und nach § 4 VerbrKrG nicht identischen – eigenständigen Effektivzins zu ermitteln und diesen als den „zugrunde gelegten Zinssatz" iSd § 6 Abs 4 VerbrKrG zu behandeln. Die Situation, daß der Kreditgeber infolge einer Vertragsanpassung weder den vertraglich vereinbarten Zins noch auch nur den vom Vertrag ausgewiesenen Effektivzins vereinnahmen kann, ist dann undenkbar.

Bei **Teilzahlungsgeschäften** führt die Angabe eines zu niedrigen effektiven Jahreszins- **97** ses nach § 6 Abs 4 VerbrKrG zu einer Verminderung des Teilzahlungspreises (vgl dazu RÜSSMANN, in: FS Günther Jahr 367 ff) um den Vomhundertsatz, um den der effektive Jahreszins zu niedrig angegeben worden ist. Auch diese Regelung muß – wie bereits die Regelung zu den allgemeinen Kreditverträgen – als verunglückt angesehen werden. Der Effektivzins steht zum Teilzahlungspreis nur in einem mittelbaren Sachzusammenhang. Unmittelbar errechnet er sich aus der Differenz zwischen Teilzahlungspreis und Barzahlungspreis, also aus einem Teilzahlungszuschlag, der im Sinne der Effektivzinsberechnung als „Zins" auf den Barzahlungspreis zu verstehen ist. Eine entsprechende Verminderung des Teilzahlungszuschlags könnte zu dem Ergebnis führen, daß der Kreditgeber in der Tat genau den Effektivzins vereinnahmt, den der Vertrag auch ausgewiesen hat. Eine Verminderung des gesamten Teilzahlungspreises bedeutet indes, daß auch der Barzahlungspreis, der ja Bestandteil des Teilzahlungspreises ist, rechnerisch mit vermindert wird. Mit Vertrags-"Anpassung" hat dies nichts mehr zu tun. Die herrschende Lehre will den Kreditgeber dadurch schützen, daß sie ihm insgesamt mindestens den Barzahlungspreis beläßt (MünchKomm/ULMER § 6 VerbrKrG Rn 44 f; PALANDT/PUTZO § 6 VerbrKrG Rn 14; BRUCHNER/OTT/WAGNER-WIEDUWILT § 6 VerbrKrG Rn 51). Vielleicht liegt es aber doch näher, den Wortlaut der Vorschrift korrigierend zu lesen und nicht den Teilzahlungspreis, sondern nur die Teilzahlungszuschläge entsprechend zu vermindern.

ee) Unrichtige Effektivzinsangaben können auch **weitere Rechtsfolgen** nach sich zie- **98** hen. Im Falle eines Verschuldens des Kreditgebers führen falsche Angaben über den Effektivzins zu **Schadensersatzansprüchen** des Verbrauchers; Arglist des Kreditgebers wird den Verbraucher zur **Vertragsanfechtung** nach § 123 berechtigen (PALANDT/PUTZO § 6 VerbrKrG Rn 12; vgl auch MünchKomm/ULMER § 6 VerbrKrG Rn 40). Im Rahmen der Sittenwidrigkeitsprüfung von Ratenkrediten (siehe Rn 102 ff) kann eine Verschleierung der tatsächlichen Belastungen durch eine unzutreffende Effektivzinsangabe als besonderer Umstand gewertet werden, der die **Sittenwidrigkeit** auch dann begründen kann, wenn die Zinsgestaltung als solche das Sittenwidrigkeitsuawrteil noch nicht tragen würde (BGH WM 1979, 225, 228; WM 1979, 966, 968). Weiter sollte es dem Kreditgeber in derartigen Fällen nicht gestattet werden, sich auf die gemäß § 6 Abs 4 VerbrKrG ohnehin verminderte und deswegen eventuell doch wieder im zulässigen Bereich bewegende Zinshöhe zu berufen (BRINKMANN BB 1991, 1947, 1949).

e) Im Rahmen einer Vermittlung von – der Ablösung anderer Kredite dienenden **99** – Umschuldungskrediten (zum Begriff ie BRUCHNER/OTT/WAGNER-WIEDUWILT § 16 VerbrKrG Rn 6; vWESTPHALEN/EMMERICH/KESSLER § 16 Rn 19; MÜNSTERMANN/HANNES VerbrKrG Rn 847; MünchKomm/HABERSACK § 16 VerbrKrG Rn 18 ff; ERMAN/KLINGSPORN/REBMANN § 16 VerbrKrG Rn 4; SIMON, Kreditumschuldung [1990] 27 ff) knüpft § 16 S 2 VerbrKrG die Entstehung eines Vergütungsanspruchs des um den Umschuldungszweck wissenden Kreditvermittlers an die weitere Voraussetzung, daß sich der effektive bzw anfängliche

Andreas Blaschczok

effektive Jahreszins des Umschuldungskredits im Verhältnis zu den Zinskonditionen des Altkredits nicht erhöht. Bei der **Effektivzinsberechnung** für den abzulösenden Altkredit ist nicht auf den gem § 4 Abs 1 S 4 Nr 1 Lit e VerbrKrG anzugebenden Effektivzinssatz abzustellen. Vielmehr bleiben nach § 16 S 2 HS 2 VerbrKrG etwaige beim Altkredit angefallenen Vermittlungskosten außer Betracht. Die Vermittlungskosten für den Neukredit sind hingegen sehr wohl, wie es den allgemeinen Grundsätzen entspricht, in die Effektivzinsberechnung einzubeziehen. Bei Umschuldung mehrerer bestehender Altkredite ist der Effektivzins des Neukredits jeweils isoliert mit dem einzelnen abzulösenden Kredit zu vergleichen (Begr zum RegE BT-Drucks 11/5462 S 29; ERMAN/KLINGSPORN/REBMANN § 16 VerbrKrG Rn 8; BÜLOW § 16 VerbrKrG Rn 15; PALANDT/PUTZO § 16 VerbrKrG Rn 5). Bei Umschuldung eines mit variablen Konditionen ausgestatteten Altkredits ist für die Effektivzinsberechnung auf den Zeitpunkt der Umschuldung bzw Ablösung abzustellen (Begr RegE BR-Drucks 11/5462 S 29; vWESTPHALEN/EMMERICH/KESSLER § 16 VerbrKrG Rn 23; ERMAN/KLINGSPORN/REBMANN § 16 VerbrKrG Rn 8; BÜLOW § 16 VerbrKrG Rn 20; MÜNSTERMANN/HANNES, VerbrKrG Rn 851).

4. Angabe des effektiven Jahreszinses nach der Makler- und BauträgerVO

100 Eine Verpflichtung zur Angabe des Effektivzinssatzes ergibt sich aus § 11 Nr 2 iVm § 10 Abs 3 Nr 4 der **Verordnung über die Pflichten der Makler, Darlehens- und Anlagenvermittler, Bauträger und Baubetreuer** (Makler- und Bauträgerverordnung – MaBV –) idF der Bekanntmachung v 7. 11. 1990 (BGBl I 2479), zuletzt geändert durch die zweite VO zur Änderung der MaBV v 6. 9. 1995 BGBl I 1134 (vgl dazu den Kurzbeitrag von OSENBRÜCK NJW 1995, 3371 f). Die einschlägigen Bestimmungen (zu ihnen HADDING, Gutachten 152) lauten:

§ 10 Abs 3 MaBVO

(3) Aus den Aufzeichnungen und Unterlagen von Gewerbetreibenden im Sinne des § 34c Abs. 1 Satz 1 Nr 1 der Gewerbeordnung müssen ferner folgende Angaben ersichtlich sein, soweit sie im Einzelfall in Betracht kommen,

1. . . .

2. . . .

3. . . .

4. bei der Vermittlung oder dem Nachweis der Gelegenheit zum Abschluß von Verträgen über Darlehen: Höhe, Laufzeit, Zins- und Tilgungsleistungen unter Bezeichnung des Zahlungszeitraumes, Auszahlungskurs, Dauer der Zinsbindung und Nebenkosten des Darlehens sowie dessen effektiver Jahreszins oder anfänglicher effektiver Jahreszins gemäß § 4 der Preisangabenverordnung, bei nicht durch Grundpfandrechte gesicherten Darlehen mit Ausnahme von solchen zur Finanzierung von Grundstücksgeschäften auch der vom Auftraggeber zu entrichtende Gesamtbetrag, Name, Vorname und Anschrift des Darlehensgebers; der Angabe des effektiven Jahreszinses oder anfänglichen effektiven Jahreszinses bedarf es nicht, wenn das Darlehen dem Auftraggeber zur Verwendung in seiner selbständigen beruflichen oder gewerblichen oder in seiner behördlichen oder dienstlichen Tätigkeit gewährt werden soll;

§ 11 MaBVO

Informationspflicht

Der Gewerbetreibende hat dem Auftraggeber schriftlich und in deutscher Sprache folgende Angaben mitzuteilen, soweit sie im Einzelfall in Betracht kommen:

1. ...

2. in den übrigen Fällen des § 34c Abs. 1 Satz 1 Nr 1 der Gewerbeordnung vor der Annahme des Auftrages die in § 10 Abs. 2 Nr 2 und Abs. 3 Nr 4 bis 7 erwähnten Angaben.

Ein Verstoß gegen die Angabenerfordernisse des § 11 Nr 2 MaBV erfüllt allein den   **101** Tatbestand einer Ordnungswidrigkeit nach § 18 Nr 8 MaBV, führt daher nicht zur zivilrechtlichen Unwirksamkeit des zugrundeliegenden Vertrages (MünchKomm/ HABERSACK § 15 VerbrKrG Rn 6 mwN für den Kreditvermittlungsvertrag).

III. Der sittenwidrige Zins

1. Tatbestandsbildung

a) Wucherische Kreditgeschäfte sind nach § 138 nichtig. Sie können auch durch   **102** Neuabschluß nach § 141 nur bestätigt werden, wenn die Gründe der Sittenwidrigkeit entfallen (BGH DB 1982, 1558). Die zivilrechtsdogmatischen Grundlagen der Tatbestandsbildung sind im Verhältnis der beiden Absätze von § 138 zueinander angelegt. Kreditverträge können insbesondere wegen ihrer Zinsgestaltung (Rn 142) **sittenwidrig iS von § 138** sein. Voraussetzung dafür ist zunächst ein **auffälliges Mißverhältnis** zwischen der Gläubigerleistung und den vom Schuldner versprochenen oder gewährten Vermögensvorteilen. Tritt zum auffälligen Mißverhältnis eine Ausbeutung der Zwangslage, der Unerfahrenheit, des Mangels an Urteilsvermögen oder der erheblichen Willensschwäche des Schuldners hinzu (dazu STAUDINGER/SACK [1996] § 138 Rn 194), so ist der Vertrag wegen Wuchers nach **§ 138 Abs 2** nichtig (eingehend mwN RÜHLE 29 ff, 41 ff; STAUDINGER/SACK [1996] § 138 Rn 89 ff, 220 ff). Fehlt es an den besonderen gesetzlichen Merkmalen des Wuchers, so kann sich die Nichtigkeit einer unverhältnismäßigen Zinsabrede aus § 138 Abs 1 ergeben. Da die vorherrschende Terminologie vom positivrechtlichen Wuchertatbestand des § 138 Abs 2 bestimmt ist, spricht man dann vom Tatbestand der Schuldnerausbeutung (STAUDINGER/DIL-CHER[12] § 138 Rn 41) oder – in Abgrenzung zum Wuchertatbestand des § 138 Abs 2 – von einem *wucherähnlichen Geschäft* (BGH NJW 1979, 805 = WM 1979, 225; WM 1979, 270; BGHZ 80, 153; WM 1982, 740; 1982, 1021, 1022; WM 1982, 1023; NJW 1991, 1810; OLG Celle NJW-RR 1989, 1134; KOHTE NJW 1985, 2217, 2220, PALANDT/HEINRICHS [55. Aufl 1996] § 138 Rn 24; STAUDINGER/SACK [1996] § 138 Rn 227). Dabei ist zu beachten, daß § 138 Abs 2 der Konkretisierung, nicht der Einengung des § 138 Abs 1 dient (BGH WM 1981, 404; MünchKomm/MAYER-MALY [3. Aufl 1993] § 138 Rn 116; SOERGEL/HEFERMEHL [12. Aufl 1987] § 138 Rn 86). Die Praxis läßt zwar beim Fehlen von Wuchermerkmalen nicht *ohne weiteres* den Rückgriff auf § 138 Abs 1 zu. Sie stützt aber typischerweise die Sittenwidrigkeit und Nichtigkeit einer Zinsregelung auf § 138 Abs 1 und läßt dann offen, ob auch die Voraussetzungen des Abs 2 vorliegen (vgl etwa BGH WM 1979, 270 = BB 1979, 444 = NJW 1979, 808 = MDR 1979, 476 = DB 1979, 980; WM 1980, 860 = NJW 1980, 2076 mAnm LÖWE = BB 1980, 1292 = MDR 1980, 827; vgl aber ohne Prüfung der besonderen Ausbeutungsmerkmale OLG Karlsruhe BB 1958, 319; AG Frankfurt/M MDR 1969, 47; AG Hamburg MDR 1975, 662). Weitaus seltener sind Fälle wie BGH NJW 1982, 2767 = WM 1982, 1050, bei denen der gesamte Wuchertatbestand geprüft und bejaht wird (vgl auch OLG Düsseldorf WM 1985, 17 und OLG Hamm BB 1983, 404, wo § 138 Abs 1 und Abs 2 geprüft, im Ergebnis aber verneint werden). Die bisweilen scharf kritisierte *Ineffizienz des Wuchertatbestandes* (eingehend RÜHLE 20 ff, 51 ff, 60; s auch REIFNER 389) darf nicht darüber hinwegsehen lassen, daß § 138 Abs 2 den Abs 1 hermeneutisch entlastet. Angesichts der generalklauselhaften Gestaltung des § 138 Abs 1 hilft § 138 Abs 2 bei der konkretisierenden Ausprägung eines gemeinsamen Typus des Wuchers und des wucherähnlichen Geschäfts: Charakteristisches objektives Merkmal ist das auffällige Mißverhältnis von Leistung und Gegenleistung. Insofern erweist sich § 138 Abs 2, obwohl regelmäßig nicht unmittelbar entscheidungstragend, doch als nicht überflüssig.

103 An diesem Ausgangsbefund hat auch die im zivilrechtlichen Schrifttum anscheinend als spektakulär empfundene Rechtsprechung des BVerfG zur „strukturell ungleichen Verhandlungsstärke" nichts geändert (s hierzu BVerfGE 89, 214 = NJW 1994, 36; BVerfG NJW 1994, 2749 = FamRZ 1995, 23; BVerfG NJW 1996, 2021 = ZIP 1996, 956 = WM 1996, 519; sowie die Stellungnahmen von ZÖLLNER AcP 196 [1996] 1; WIEDEMANN JZ 1994, 411; HONSELL NJW 1994, 565; GERNHUBER JZ 1995, 1086; ADOMEIT NJW 1994, 2467, 2468; BECKER DZWIR 1994, 397; GROESCHKE BB 1994, 725; GRÜN WM 1994, 713; HEINRICHSMEIER FamRZ 1994, 129; PAPE ZIP 1994, 515; REHBEIN JR 1995, 45; KIETHE/GROESCHKE BB 1994, 2291; GRÜN NJW 1994, 2935). Das BVerfG stützt sich auf die durch Art 2 Abs 1 GG gewährleistete Privatautonomie und erklärt die Zivilgerichte für verpflichtet, diese mit Hilfe auch des Instrumentariums des § 138 BGB zu verteidigen, wenn der Inhalt des Vertrages für eine Seite ungewöhnlich belastend und als Interessenausgleich offensichtlich unangemessen ist. Aufgabe der Zivilgerichte sei es alsdann, zu klären, ob die Regelung eine Folge „strukturell ungleicher Verhandlungsstärke" sei, wofür § 138 Abs 2 Beispiele benenne. Der Ausgangsbefund wird hierdurch nur bestätigt.

104 **b)** In welcher Art und Weise **objektive und subjektive Merkmale** der Sittenwidrigkeit beim wucherähnlichen Geschäft zusammentreffen müssen, war schon immer zweifelhaft. Durch die Rechtsprechung des BVerfG zur „strukturell ungleichen Verhandlungsstärke" (BVerfGE 89, 214 = NJW 1994, 36; BVerfG NJW 1994, 2749 = FamRZ 1995, 23; NJW 1996, 2021 = ZIP 1996, 956 = WM 1996, 519) haben die Zweifelsfragen Akzentsetzungen erhalten, sind aber nicht vollständig beantwortet. Nach **hM** ergibt sich aus § 138 Abs 2, daß ein noch so großes Mißverhältnis von Leistung und Gegenleistung allein nicht die Sittenwidrigkeit des Rechtsgeschäfts begründet. Es müssen – ähnlich wie im gesetzlichen Spezialfall des Wuchers – weitere Merkmale der Sittenwidrigkeit hinzukommen (vgl nur RGZ 64, 181; 93, 27, 28 f; std Rspr; BGH NJW 1951, 397; BGHZ 80, 153 = NJW 1981, 1206 = WM 1981, 353 mAnm SCHOLZ 538 = ZIP 1981, 369; BGH WM 1981, 1050, 1051; WM 1982, 849; OLG Hamburg BB 1982, 698 mAnm KESSLER; STAUDINGER/SACK [1996] § 138 Rn 230; ERMAN/BROX [9. Aufl 1993] § 138 Rn 35 u 72 f; JAUERNIG [7. Aufl 1994] § 138 Anm 3 d ee; eingehend LARENZ JurJb VII [1966] 98 ff; so auch BVerfGE 89, 214, 233 = NJW 1994, 36, 38; BVerfG NJW 1994, 2749, 2750 = FamRZ 1995, 23, 24). Begründet wird diese hM nicht nur mit dem Gesetzeswortlaut, sondern auch mit der *Beseitigung des Tatbestandes der laesio enormis* durch den BGB-Gesetzgeber (vgl dazu Mot in MUGDAN II 178; WINDSCHEID/KIPP II § 396; zu den Wurzeln der Anfechtung wegen laesio enormis vgl HACKL SZRA 98 [1981] 147 ff; zur Frage einer „Renaissance" der laesio enormis im österr ABGB MAYER-MALY, in:

FS Karl Larenz [1983] 395). Die hM befürchtet von einer Objektivierung des Sittenwidrigkeitsmaßstabs einen Rückfall in dieses Prinzip der laesio enormis; sie will vermeiden, daß das materielle Unwerturteil des § 138 schon durch ein objektives Ungleichgewicht der Leistungen ausgefüllt oder durch dieses ersetzt werden kann (RGZ 64, 181, 182; BGHZ 80, 153, 156 = WM 1981, 353 mAnm Scholz 538 = BB 1981, 927 mAnm Kessler = DB 1981, 1080 = NJW 1981, 1206 = JZ 1981, 344 = ZIP 1981, 369; in gleicher Richtung Staudinger/Sack [1996] § 138 Rn 230; Canaris ZIP 1980, 709, 716 f; Rittner DB 1980 Beil 16, 11 f; Weber NJW 1980, 2062, 2063; Ott BB 1981, 937, 939; zur rechtspolitischen Beurteilung von Höchstgrenzen für Zinsen vgl Hadding, Gutachten 228 ff). Das nach hM neben dem Mißverhältnis erforderliche Sittenwidrigkeitsmerkmal kann in der *Ausnutzung einer von § 138 Abs 2 nicht erfaßten Notlage* bestehen (vgl zB BGH WM 1976, 289, 290; OLG Stuttgart JZ 1975, 572 mAnm Krampe). Vor allem aber hat man, zumindest bis zur Rechtsprechung des BVerfG zur „strukturell ungleichen Verhandlungsstärke", mit dem Tatbestandsmerkmal einer *„verwerflichen Gesinnung des Gläubigers"* operiert (BGH BB 1962, 156; WM 1971, 857; 1976, 1158, 1160; BGHZ 80, 153 = WM 1981, 353 mAnm Scholz WM 1981, 538 = ZIP 1981, 369 = NJW 1981, 1206 = DB 1981, 1080 = JZ 1981, 344 = BB 1981, 927 mAnm Kessler; KG WM 1979, 589, 590 = BB 1979, 447; OLG Karlsruhe DB 1967, 1454; OLG Hamburg BB 1982, 698 mAnm Kessler; WM 1984, 1423; LG Frankfurt/M NJW 1978, 1925, 1926; LG Bielefeld BB 1980, 14; LG Freiburg BB 1979, 1003, 1004; Staudinger/Sack [1996] § 138 Rn 234; MünchKomm/Mayer-Maly [3. Aufl 1993] § 138 Rn 98 mwN; vgl auch Soergel/Hefermehl [12. Aufl 1987] § 138 Rn 86, 99). Eine solche sollte vorliegen, wenn der Darlehensgeber die wirtschaftlich schwächere Lage des Darlehensnehmers und dessen Unterlegenheit bei der Festlegung der Darlehensbedingungen bewußt zu seinem Vorteil ausgenutzt oder sich zumindest leichtfertig der Einsicht verschlossen hat, daß sich der Darlehensnehmer nur aufgrund seiner wirtschaftlich schwächeren Lage auf die ihn beschwerenden Darlehensbedingungen einläßt (vgl BGH NJW 1980, 445, 446; WM 1982, 849; NJW 1983, 2692; NJW 1984, 2292, 2294; NJW 1986, 2564, 2565 = BGHZ 98, 174; OLG Celle WM 1985, 995; OLG Düsseldorf WM 1985, 1195, 1196; OLG Hamburg WM 1984, 1423 f; vgl auch BAG NJW 1985, 2661, 2662 mwN).

Die Rechtsprechung des BVerfG zur *„strukturell ungleichen Verhandlungsstärke"* **105** ändert an diesem materiellen Ansatz nichts, hat aber Konsequenzen für das vom Zivilrichter insoweit zum Zwecke der Rechtsanwendung zugrunde zu legende Regel-Ausnahme-Verhältnis, also für die Darlegungs- und Beweislast und für die eventuell erforderliche Fallgruppenbildung (vgl insoweit auch Pape ZIP 1994, 515, 517; Grün WM 1994, 713, 723). Nach der Rechtsprechung des BVerfG kommt es zunächst darauf an, ob das Verhandlungsgleichgewicht gestört ist (BVerfGE 89, 214, 232, 234 = NJW 1994, 36, 38), was in den geschilderten Ausbeutungsfällen sicher der Fall ist. Es müsse sich des weiteren aber um eine typisierbare Fallgestaltung handeln, die eine „strukturelle Unterlegenheit" eines Vertragsteils erkennen lasse, was in den geschilderten Fällen ebenfalls zumindest dann zu bejahen sein dürfte, wenn sich ein gewerblicher Kreditgeber und ein Privatkunde gegenüberstehen. Dies trifft sich mit der Zivilrechtsprechung zum Teilzahlungskredit, nach der in diesem Bereich das Vorliegen der subjektiven Voraussetzungen vermutet werden kann, falls ein auffälliges Mißverhältnis zwischen Leistung und Gegenleistung vorliegt (st Rspr, vgl BGHZ 98, 174, 178; 104, 102, 107; NJW 1984, 2292, 2294; NJW 1987, 183; ZIP 1987, 22, 24; NJW 1988, 818, 819; WM 1990, 421, 422; OLG Bremen WM 1986, 1077, 1078; OLG Düsseldorf WM 1989, 294, 296; OLG Hamburg NJW-RR 1986, 47, 48; anders wohl OLG Hamburg WM 1984, 1423; zur gerade entgegengesetzten Unterstellung für den Fall einer gewerblichen Kreditaufnahme vgl BGH NJW 1980, 445, 446; WM

1989, 1461; ZIP 1990, 1048, 1049; NJW 1995, 1019; OLG Hamm BB 1983, 404, 405; zur Einzelfall-
prüfung von Darlehen an Minderkaufleute vgl die vor der Novellierung des Verbraucherkredit-
rechts, nach der die Figur des Minderkaufmanns keine Bedeutung mehr hat, ergangenen
Entscheidungen BGH NJW 1983, 1420, 1421; WM 1989, 1461 = NJW-RR 1989, 1068; NJW 1991,
1810, 1811; vgl auch OLG Stuttgart WM 1985, 349, 355).

106 Ein weiteres Erfordernis eines subjektiven Merkmals, insbesondere einer – und sei
es auch nur vermuteten oder fingierten – „verwerflichen Gesinnung des Gläubigers"
stellt das BVerfG im Gegensatz zur älteren Zivilrechtsprechung alsdann freilich nicht
mehr auf, falls eine typisierbare Fallgruppe der „strukturell ungleichen Verhandlungsstärke" vorliegt und der Vertragsinhalt für die unterlegene Seite ungewöhnlich
belastend und als Interessenausgleich offensichtlich unangemessen ist. Es sagt aber
nicht, daß in solchen Fällen der Vertrag zum Zwecke einer Effektivierung des
Grundrechtsschutzes auf der Grundlage des § 138 BGB für nichtig zu erklären sei,
sondern gibt den Zivilgerichten nur auf, mit Hilfe irgendwelcher, nicht näher präzi-
sierter, den Zivilgerichten anheim gestellter Mittel der Frage nachzugehen, ob der
Vertragsinhalt Folge des Verhandlungsungleichgewichts sei. Damit ist zunächst nur
gesagt, daß eine Kausalitätsfrage im Raume steht, die sich als Frage nach einer –
nicht notwendigerweise vorsätzlichen – „Ausnutzung" des Verhandlungsungleichgewichts beschreiben ließe, und daß dann natürlich einer der Beteiligten die Darle-
gungs-, Beweisführungs- und auch die Feststellungslast hinsichtlich der Kausalität
tragen muß. Zu der damit angesprochenen Lastenverteilung enthalten die Entscheidungen des BVerfG zwar gerade keine abschließende Stellungnahme – dies sollte ja
von den Zivilgerichten nach den Regeln der zivilrechtswissenschaftlichen Kunst aufgearbeitet werden –, wohl aber Hinweise. So scheint die Senatsentscheidung vom
19. 10. 1993 davon auszugehen, daß den Kreditgeber aufgrund des Verhandlungsungleichgewichts und des „als Interessenausgleich offensichtlich unangemessenen"
Vertragsinhalts die Pflicht getroffen hätte, den Vertragspartner – es ging im konkreten Fall um das Wuchermerkmal der Unerfahrenheit – zu warnen und zu informieren
(BVerfGE 89, 214, 235 = NJW 1994, 36, 39), sich also zunächst einmal selbst zu vergewissern, daß der Vertragsinhalt nicht Folge ausschließlich des Verhandlungsungleichgewichts ist. Man wird folgern dürfen, daß es dann auch seine Aufgabe ist, für sich
selbst eventuell günstige Ermittlungsergebnisse vorzutragen, sich also zu rechtfertigen.

107 Dies scheint sich mit der auch bisher von der Rechtsprechung bezogenen Position zu
decken, daß – jedenfalls im Teilzahlungskreditgeschäft – im Falle eines auffälligen
Mißverhältnisses von Leistung und Gegenleistung die „verwerfliche Gesinnung des
Gläubigers" vermutet werden könne (Nachw s o Rn 104), daß aber der Gläubiger die
Möglichkeit habe, den Gegenbeweis anzutreten (BGHZ 98, 174, 178; BGH NJW 1984,
2292; NJW 1987, 183; KG MDR 1985, 582, 583; OLG Stuttgart WM 1985, 349, 354), wofür der
Nachweis, daß die vereinbarten Raten für den Schuldner aufgrund seiner Einkünfte
noch tragbar gewesen seien und daß er früher bereits andere Ratenkreditverträge
abgeschlossen habe, freilich nicht ausreiche (BGHZ 104, 102, 108; BGH ZIP 1983, 282, 285;
NJW 1987, 183). In den Fällen der „strukturell ungleichen Verhandlungsstärke" wird
man bei Zugrundelegung der vom BVerfG genannten Kriterien künftig nicht mehr
sagen können, das Sittenwidrigkeitsurteil setze auf der subjektiven Seite voraus, daß
der Gläubiger sich in Kenntnis des auffälligen Mißverhältnisses die Zwangslage des
Schuldners bewußt und in verwerflicher Weise zunutze gemacht habe (so aber bisher

BGH NJW 1985, 3006, 3007; ZIP 1990, 1048, 1049 mwN = NJW-RR 1990, 1199). Wenn die „strukturell ungleiche Verhandlungsstärke" in Verbindung mit einem „als Interessenausgleich offensichtlich unangemessenen" Vertragsinhalt eine Pflicht zur Warnung, zur Information und zur Zurückhaltung begründet und eine entsprechende Pflichtverletzung einen Sittenverstoß iSd § 138 nach sich zieht, dann muß bloße Erkennbarkeit genügen. Die Ausnutzung muß jedenfalls nicht „in verwerflicher Weise" erfolgen (in diesem Sinne bereits OLG Stuttgart WM 1985, 349, 345).

In den Fällen der „strukturell ungleichen Verhandlungsstärke" gibt es alsdann, wenn **108** man die vom BVerfG entwickelten Kriterien zugrunde legt, keinen Anlaß mehr, Fallgruppen, in denen das Mißverhältnis derart gravierend ist, daß keine weiteren Umstände mehr hinzutreten müssen, um das Sittenwidrigkeitsurteil fällen zu können, von anderen Fallgruppen zu unterscheiden, in denen das Mißverhältnis zwischen Leistung und Gegenleistung zwar ebenfalls auffallend ist, aber nur im Zusammenwirken mit weiteren, positiv festzustellenden belastenden Umständen als Sittenverstoß zu bewerten ist. Die frühere Rechtsprechung hatte sich um solche Unterscheidungen zunächst bemüht (s hierzu die eingehende Analyse bei STAUDINGER/KARSTEN SCHMIDT[12] Rn 113 ff, 127 ff mit umfangreichen Nachw), dieses Bemühen aber in den 80er und frühen 90er Jahren offenbar ohnehin eingestellt (näher zum Umgang mit Krediten, bei denen ein auffälliges Mißverhältnis zwischen Leistung und Gegenleistung festgestellt ist, unten Rn 119 ff). Liegen die Tatbestandsmerkmale „strukturell ungleiche Verhandlungsstärke" und „als Interessenausgleich offensichtlich unangemessener Vertragsinhalt" vor, hat sich der Gläubiger zu entlasten. Der Feststellung weiterer ihn belastender Umstände bedarf es nicht, solange er keine entlastenden Umstände dargelegt hat.

2. Der Effektivzinsvergleich

Die Frage, ob ein auffälliges Mißverhältnis von Leistung und Gegenleistung vorliegt, **109** entscheidet sich *in erster Linie* nach einem **Effektivzinsvergleich** (BGHZ 110, 336, 338; BGH NJW 1982, 2436; NJW-RR 1987, 679, 680 = WM 1987, 463; WM 1990, 421).

a) Gegenstand der Effektivzinsvergleichung sind die Kreditkosten. Ob die einzelnen **110** Kreditkosten Zinsen im Rechtssinne sind, ist nicht entscheidend (BGHZ 80, 153, 166; BGH WM 1979, 225 = NJW 1979, 805 = MDR 1979, 476 = BB 1979, 343 = DB 1979, 979; WM 1979, 270 = NJW 1979, 808 = MDR 1979, 476 = BB 1979, 444 = DB 1979, 980; WM 1979, 1209; NJW 1979, 2089 = WM 1979, 966 mAnm SCHOLZ WM 1979, 1247 = BB 1979, 1469; WM 1980, 860 = NJW 1980, 2076 mAnm LÖWE = BB 1980, 1292 = MDR 1980, 827; WM 1980, 1111 = NJW 1980, 2301 = DB 1980, 2031; WM 1981, 353 mAnm SCHOLZ WM 1981, 538 = ZIP 1981, 369 = JZ 1981, 344 = BB 1981, 927 mAnm KESSLER = DB 1981, 1080 = NJW 1981, 1206; WM 1982, 1023, 1024; NJW 1982, 2436, 2437; WM 1986, 1519 = ZIP 1987, 22 = NJW 1987, 181 = LM § 138 [Be] BGB Nr 42; NJW 1988, 1318; NJW-RR 1989, 303; OLG Frankfurt/M BB 1979, 446 = VersR 1979, 651 [Ls]; WM 1985, 116; MDR 1985, 581; NJW-RR 1988, 305; OLG Hamburg ZIP 1984, 1332; OLG Stuttgart WM 1985, 349 = ZIP 1984, 1201; OLG Köln [9. Senat] NJW 1968, 1933 mAnm SCHOLTEN; FREUND NJW 1977, 636; OLG Köln ZIP 1988, 499; OLG Düsseldorf WM 1985, 1195 = BB 1985, 1818; LG Duisburg NJW-RR 1992, 377). Daraus, daß ein Kostenbestandteil im Rahmen des § 138 zu berücksichtigen ist, kann nicht gefolgert werden, dies sei ein Zins (so aber anscheinend OLG Köln [3. Senat] NJW 1979, 221 = VersR 1979, 479); ebenso unrichtig ist die Folgerung, was nicht Zins sei, sei nicht zu beachten (so aber OLG Köln [14. Senat] WM

§ 246   2. Buch

111–113   1. Abschnitt. Inhalt der Schuldverhältnisse

1973, 156; ähnlich OLG München NJW 1977, 152 mAnm FREUND und REICH NJW 1977, 636). Im einzelnen gilt folgendes:

111 aa) Einzubeziehen sind zunächst **Kreditkosten mit Zinscharakter**. Das sind in erster Linie **die nominellen Zinsen** bzw beim Teilzahlungskredit die **Kreditgebühren** (Rn 28; BGHZ 80, 153, 166; BGH WarnR 1975 Nr 142 = WM 1975, 889 = BB 1975, 1129 = JR 1976, 17 = MDR 1975, 1010 = DB 1975, 1932; NJW 1979, 540; WM 1980, 892 = NJW 1980, 2074 mAnm LÖWE = ZIP 1980, 642 = MDR 1980, 827 = BB 1980, 1290; NJW 1982, 2433, 2434; NJW 1982, 2436; NJW 1990, 1169; KG WM 1975, 128 = BB 1974, 1505 mAnm SCHOLZ BB 1974, 1605; WM 1979, 589 = BB 1979, 889; OLG Köln NJW 1968, 1933 mAnm SCHOLTEN; NJW-RR 1987, 1136; WM 1990, 421; OLG Nürnberg MDR 1976, 399; OLG Düsseldorf MDR 1976, 663; OLG Frankfurt/M WM 1978, 1216 = MDR 1978, 139; AG Frankfurt/M MDR 1969, 47; AG Hamburg MDR 1975, 662). Andere Kreditkosten können im Einzelfall Zinsen sein (Rn 28 ff) und sind dann ebenfalls ohne weiteres einzurechnen.

112 bb) In vollem Umfange einzubeziehen sind, unabhängig von ihrer Rechtsnatur, auch diejenigen Kreditkosten, mit denen ein **betriebsinterner Verwaltungsaufwand** des Gläubigers abgegolten werden soll. Für den Wuchertatbestand stellt bereits der Wortlaut des § 138 Abs 2 dies klar. Die Gläubigerleistung und die Vermögensopfer des Schuldners, nicht nur seine Gegenleistung im rechtstechnischen Sinne, werden einander gegenübergestellt (STAUDINGER/SACK [1996] § 138 Rn 175 ff; vgl auch SOERGEL/ HEFERMEHL [12. Aufl 1987] § 138 Rn 88, 91). Dasselbe gilt für das auffällige Mißverhältnis iS des Tatbestands des wucherähnlichen Geschäftes (zur Abgrenzung vom Wucher vgl Rn 102). In den vergleichenden Effektivzinssatz einzurechnen sind somit insbesondere die sogenannten **Antrags- und Bearbeitungsgebühren** (vgl nur BGH WM 1975, 889 = WarnR 1975 Nr 142 = BB 1975, 1129 = MDR 1975, 1010 = DB 1975, 1932; NJW 1982, 2433, 2434; NJW 1982, 2436; NJW 1983, 2692; WM 1990, 421; NJW 1990, 1169; KG WM 1975, 128 = BB 1974, 1505 mAnm SCHOLZ BB 1974, 1605; WM 1979, 589 = BB 1979, 447; WM 1982, 921 = NJW 1982, 2433 = ZIP 1982, 1047; WM 1985, 15; MDR 1985, 582; OLG Nürnberg MDR 1976, 399; OLG Düsseldorf WM 1976, 1151; WM 1989, 294, 295; OLG Frankfurt/M WM 1978, 1216 = MDR 1978, 139; BB 1979, 446 = VersR 1979, 651 [Ls]; NJW-RR 1988, 305; OLG Köln NJW-RR 1987, 1136; NJW-RR 1992, 304, 306); ebenso das **Disagio**, selbst wenn es, was im einzelnen str ist (Rn 24 ff), kein Zins sein sollte (BGH WM 1956, 459 = BB 1956, 318 = DB 1956, 326; WM 1956, 1353 = DB 1956, 1010; OLG Karlsruhe DB 1967, 1454; vgl auch zum „Auszahlungsabschlag" LG München I NJW 1976, 1978; GRÜTZBACH BB 1964, 1367, 1368; aA, aber unrichtig, OLG Köln WM 1973, 156).

113 cc) **Vermittlungsgebühren**, also *Kreditmaklerkosten oder Darlehensbeschaffungs- provisionen* (OLG Düsseldorf WM 1976, 1151) müssen nach ganz hM – freilich nur: in aller Regel – ebenfalls *ohne Abzug in die Betrachtung einbezogen werden* (BGHZ 80, 153, 167; 101, 380, 391 f; 104, 102, 104; 110, 336; BGH WM 1956, 1353 = DB 1956, 1010; WM 1980, 892 = ZIP 1980, 642 = NJW 1980, 2074 mAnm LÖWE = MDR 1980, 827 = BB 1980, 1290; NJW 1987, 2220, 2221; 1988, 1661, 1662; 1990, 1169; ZIP 1987, 22; WM 1987, 463, 464; 1989, 1675, 1676; NJW-RR 1988, 363, 365; KG WM 1975, 128 = BB 1974, 1505 mAnm SCHOLZ BB 1974, 1605; OLG München NJW 1966, 836; OLG Nürnberg MDR 1976, 399; OLG Düsseldorf WM 1976, 1151; WM 1986, 221, 222; 1989, 294, 295; OLG Frankfurt/M WM 1978, 1216 = MDR 1978, 139; NJW-RR 1988, 305; OLG Köln NJW-RR 1987, 1136; NJW 1990, 1169; OLG Stuttgart NJW 1979, 2409 = JZ 1979, 687 = BB 1979, 1168 mAnm KESSLER BB 1979, 1423 = VersR 1979, 1039 [Ls]; OLG Hamburg NJW 1982, 942, 943; ZIP 1984, 1332; OLG Celle WM 1985, 995; LG Frankfurt/M NJW 1978, 1925 = BB

1979, 449; LG Osnabrück WM 1981, 1066; Lammel BB Beil 8/1980 S 10; vOlshausen NJW 1982, 909; aA OLG München NJW 1977, 152 m krit Anm Freund und Reich 636; OLG Köln ZIP 1988, 499; ausführlich und differenzierend Canaris, Bankvertragsrecht Rn 1300). Begründet wird dies üblicherweise damit, daß die Tätigkeit des Vermittlers der kreditgewährenden Bank einen organisatorischen und finanziellen Aufwand für die Anwerbung und Überprüfung der Kunden oder die Unterhaltung weiterer Zweigstellen erspare, während für die Kunden die Dienste des Vermittlers – jedenfalls: vielfach – nicht als eine gesonderte Leistung in Erscheinung träten.

An dieser hM ist festzuhalten. Es entscheidet die Gesamtwürdigung der vom Kre- **114** ditnehmer zu erbringenden Vermögensopfer (vgl auch BGH WM 1979, 960 mAnm Scholz 1247 = NJW 1979, 2089 = BB 1979, 1469). Daß der Kreditvermittler eine eigenständige geldwerte Leistung erbringt, schließt die Gebühr nicht von der Anrechnung aus (aM Scholz BB 1974, 1605; s auch Canaris, Bankvertragsrecht Rn 1300 sowie Zwanzig BB 1980, 1286). Das Argument, Kreditgeber und Kreditvermittler träten dem Kunden als Einheit gegenüber (LG Freiburg BB 1979, 1003), ist in diesem Zusammenhang eher mißverständlich, denn es geht nicht um Verhaltenszurechnung, sondern um den notwendigen Bedingungszusammenhang zwischen den vom Kreditnehmer zu erbringenden Opfern. Die Vermittlungsgebühren weisen, wie auch die Wertung des § 4 PAngV (Rn 63) zeigt, den erforderlichen Bedingungszusammenhang regelmäßig auf. Anders liegt es freilich, wenn die Tätigkeit des Vermittlers – wie der Bundesgerichtshof dies, ohne Beispiele zu nennen, dunkel umschreibt – ausnahmsweise im Interesse des Kreditnehmers liegt (BGH ZIP 1987, 22, 23; NJW 1987, 181, 182; NJW-RR 1989, 303) – man wird wohl an die Gestaltung zu denken haben, daß der vom Kreditnehmer angesprochene Vermittler sich ernstlich bei möglicherweise mehreren Kreditgebern um eine Kreditgewährung bemühen muß – oder die Bank von der Einschaltung eines Kreditvermittlers nicht einmal weiß (BGH WM 1987, 1331 f). In diesen Gestaltungen, insbesondere natürlich in der letztgenannten, wird es freilich ohnehin nicht gerade die Bank sein, die dem Kreditnehmer die entsprechenden Kosten in Rechnung stellt (s hierzu auch noch Rn 126).

dd) Umstritten ist die Berücksichtigung der Kosten einer **Restschuldversicherung**. **115** Der Streit wird sowohl um das Ob (Rn 116 f) als auch um das Wie (Rn 118) der Berücksichtigung geführt. Eine Restschuldversicherung ist eine Lebensversicherung zur Abdeckung von Ratenverbindlichkeiten. Nutznießer der Restschuldversicherung ist damit nicht – jedenfalls nicht nur – der Kreditgeber. Dies schließt jedoch die Berücksichtigung im Rahmen der Kreditkosten nicht a limine aus.

α) Die überwiegende **Rechtsprechung** steht auf dem Standpunkt, daß die Rest- **116** schuldversicherung in die Betrachtung einbezogen werden muß (BGH NJW 1979, 808 = WM 1979, 270 = MDR 1979, 476 = BB 1979, 444 = DB 1979, 980; WM 1979, 966 mAnm Scholz WM 1979, 1247 = NJW 1979, 2089 = BB 1979, 1469; WM 1980, 892 = ZIP 1980, 642 = NJW 1980, 2074 mAnm Löwe = BB 1980, 1290 = MDR 1980, 827; WM 1980, 1111 = NJW 1980, 2301 = DB 1980, 2031; NJW 1980, 2076; BGHZ 80, 153 = WM 1981, 353 mAnm Scholz WM 1981, 538 = BB 1981, 927 mAnm Kessler = ZIP 1981, 369 = NJW 1981, 1206 = DB 1981, 1080; BGH WM 1982, 921 = NJW 1982, 2433 = ZIP 1982, 1047; NJW 1982, 2436; KG WM 1975, 128 = BB 1974, 1505 mAnm Scholz BB 1974, 1605; WM 1979, 589 = BB 1979, 447; OLG Nürnberg [7. Senat] MDR 1976, 399; OLG Frankfurt/M WM 1978, 1216 = MDR 1978, 139; BB 1978, 446 = VersR 1979, 651 [Ls]; OLG Stuttgart JZ 1979, 687 = NJW 1979, 2409 = BB 1979, 1168 mAnm Kessler BB

1979,1423 = VersR 1979, 1039 [Ls]; ZIP 1984, 1201 = WM 1985, 349; OLG Hamm [11. Senat] WM 1980, 122 = NJW 1979, 2110 = BB 1979, 1119; OLG Hamburg ZIP 1984, 1332; LG Berlin BB 1978, 15 mAnm SCHULZ; LG Frankfurt/M NJW 1978, 1925 = BB 1979, 449; LG Bielefeld BB 1980, 14; LG Osnabrück WM 1981, 1066). In anderen Gerichtsentscheidungen wurde eine Berücksichtigung der Restschuldversicherungskosten abgelehnt (BGHZ 99, 333, 336 = NJW 1987, 944; BGH WM 1987, 463; WM 1988, 181 = NJW 1988, 818; WM 1988, 647 = NJW 1988, 1661; OLG München WM 1977, 490 = NJW 1977, 152 mAnm FREUND und REICH NJW 1977, 636 = MDR 1976, 930; OLG Frankfurt/M BB 1979, 446; OLG Köln NJW 1979, 221 = VersR 1979, 479; MDR 1985, 581; OLG Nürnberg [5. Senat] OLGZ 1979, 211 = MDR 1979, 755 = DB 1979, 1404; OLG Hamm [11. Senat] WM 1980, 1324; OLG München/Augsburg BB 1980, 1825; OLG Düsseldorf WM 1985, 1195 = BB 1985, 1818; WM 1989, 294; OLG Köln ZIP 1988, 499; OLG Schleswig WM 1992, 263; LG München I MDR 1976, 399). Die Meinungen im **Schrifttum** (vgl ERMAN/BROX [9. Aufl 1993] § 138 Rn 72a mwN) über die Anrechenbarkeit dieser Kosten sind geteilt (*für Anrechnung* zB: FREUND NJW 1977, 636; REICH NJW 1977, 636, 637; LAMMEL BB Beil 8/1980, 9 f; OTTO NJW 1982, 2748; BGB-RGRK/KRÜGER-NIELAND/ZÖLLER [12. Aufl 1982] § 138 Rn 108; *gegen Anrechnung*: SCHOLZ BB 1974, 1605; MDR 1976, 281; WEBER NJW 1980, 2062; OTT BB 1981, 937, 942; *differenzierend*: RITTNER DB Beil 16/1980; ders DB 1981, 1381, 1382; CANARIS, Bankvertragsrecht Rn 1300; ders NJW 1978, 1895: Berücksichtigung nur im Rahmen einer Gesamtwürdigung).

117 Nach den grundlegenden Ausführungen von CANARIS und RITTNER sollte klar getrennt werden zwischen dem Ob und dem Wie der Berücksichtigung. Hinsichtlich des Ob kann nicht darauf abgestellt werden, ob Zinsen im Rechtssinne vorliegen, was nach Rn 31 zu verneinen ist (vgl aber WEBER NJW 1980, 2062; OTT BB 1981, 937, 942). Es sollte auch nicht auf das Vorhandensein zweier selbständiger gegenseitiger Verträge abgestellt werden (vgl aber RITTNER DB Beil 16/1980, 8 ff). Kein begriffsnotwendiger Zusammenhang besteht auch zwischen dem auf Information des Kreditnehmers zielenden Effektivzinsbegriff der PAngV und des § 4 Abs 2 VerbrKrG auf der einen und der Einrechnung der Restschuldversicherung im Rahmen des § 138 auf der anderen Seite. Im Ergebnis kommt es aber auch hier auf die Zusammengehörigkeit der Angebote an: Immer dann, wenn die Restschuldversicherung als Annex zum Kreditvertrag angesehen werden muß, ist sie auch in die Prüfung des Kreditvertrags am Maßstab des § 138 einzubeziehen (so im Ergebnis etwa BGH BB 1980, 1290 = NJW 1980, 2074 mAnm LÖWE = WM 1980, 892 = ZIP 1980, 642; KG BB 1979, 447 = WM 1979, 589; OLG Nürnberg MDR 1976, 399; LG München I MDR 1976, 399; REICH NJW 1977, 636; SCHULZ BB 1978, 16; PEETZ ZIP 1980, 607). Beruht die Restschuldversicherung auf dem freien Entschluß des Kreditnehmers, so kann sie ausscheiden (vgl LG München I aaO). Sie scheidet aber nicht schon dann aus, wenn der Kreditgeber den Kredit mit und ohne Restschuldversicherung anbietet; es genügt für die Berücksichtigung, daß die Restschuldversicherung dem Kreditnehmer nahegelegt wird (BGH aaO).

118 β) Die entscheidende Frage besteht darin, **wie die** Kosten der **Restschuldversicherung zu berücksichtigen** sind. Da der Nutzen dieser Leistung auch dem Kreditnehmer zugutekommt, stellt sich die Frage der Vorteilskompensation. Dem Kreditnehmer bzw seinen Rechtsnachfolgern nimmt die Versicherung uU das Kreditrisiko ab. Er wird im Versicherungsfall befreit, ohne die Verwertung seines Vermögens dulden zu müssen (SCHOLZ BB 1974, 1605; ders MDR 1976, 281; OTT BB 1981, 937, 942). Versicherungsfall ist im allgemeinen der Tod des Schuldners. Aber auch weitere Gefahren können versichert sein, zB Arbeitsunfähigkeit (vgl im einzelnen VerBAV 1978, 203 ff). Trotz dieser Vorteile verbietet sich eine vollständige Kompensation, auch wenn die Bedeutung, welche die Restschuldversicherung für den Gläubiger hat, unterschiedlich veranschlagt wird (vgl nur CANARIS, Bankvertragsrecht Rn 1300; HACKL BB 1977, 1412, 1414; RITTNER DB Beil 16/1980, 10; alle mwN). Die Rechtsprechung hatte sich zunächst unter Führung des BGH darauf festgelegt, die Kosten der Restschuldversicherung zur Hälfte in die für die Überprüfung am Maßstab des § 138 relevante Effektivzinsberechnung einzubeziehen (BGHZ 80, 153 = NJW 1981, 1206 = ZIP 1981, 369 = WM 1981, 353 mAnm SCHOLZ 538 = BB 1981, 927 mAnm KESSLER; BGH NJW 1982, 2433 = WM 1982, 921 = ZIP 1982, 1047; WM 1982, 1023, 1024; NJW 1982, 2436; OLG Stuttgart JZ 1979, 687 = NJW 1979, 2409 = BB 1979, 1168 mAnm KESSLER 1423; OLG Hamburg ZIP 1984, 1332 = WM 1985, 122 mAnm SCHOLZ; NJW-RR 1986, 269; OLG München WM 1985, 1262). Diese Auffassung verstand sich als ein Versuch, die beiderseitigen Vorteile zu pauschalieren. Im Anschluß an die Überlegungen von RITTNER und CANARIS ist die Praxis mittlerweile dazu übergegangen, die Kosten der Restschuldversicherung gar nicht in einen Effektivzinsvergleich einzubeziehen, sondern die aus ihr erwachsende Belastung im Rahmen einer elastischen Gesamtwürdigung zu berücksichtigen (BGHZ 99, 333 = NJW 1987, 944; BGH WM 1987, 463; WM 1988, 181 = NJW 1988, 818; WM 1988, 647 = NJW 1988, 1661; s hierzu auch noch Rn 126).

b) Die bloße **Feststellung des Effektivzinses**, der dem konkreten Vertrag zugrunde **119** liegt, trägt – ganz unabhängig davon, daß außer der Kostenbelastung noch weitere Umstände zu berücksichtigen sein können (näher Rn 127 ff) – das Sittenwidrigkeitsurteil noch nicht. Erforderlich ist vielmehr ein **Vergleich** mit dem Effektivzins von Vergleichskrediten.

aa) Die Rechtsprechung hat lange Zeit einzelne Zinssätze als „absolut" sittenwid- **120** rig angesehen (näher STAUDINGER/KARSTEN SCHMIDT[12] Rn 128 mwNachw). Eine Zahl allein sagt aber nichts über ein Verhältnis und belegt insbesondere kein nach § 138 relevantes Mißverhältnis; sie kann es nur im Vergleich mit einer weiteren Zahl. Heranzuziehen ist hierfür der marktübliche Effektivzinssatz (grundlegend für die weitere Rechtsprechung des BGH BGHZ 80, 153, 162 = BB 1981, 927 mAnm KESSLER = NJW 1981, 1206 = WM 1981, 353 mAnm SCHOLZ 538 = ZIP 1981, 369; s ferner BGHZ 125, 135, 137; zur Bestimmung des für Vergleichszwecke relevanten Marktzinses unten Rn 125 f). Zwei Wege können für einen Vergleich beschritten werden und werden in der Rechtspraxis auch beschritten: Zum einen kann der Vertragszins zum Marktzins ins Verhältnis gesetzt werden, so daß sich zB, wenn jener doppelt so groß ist wie dieser, der Vertragszins als ein Übersteigen des Marktzinses um 100% darstellen würde. Bei diesem Verfahren ließe sich von der Ermittlung einer **relativen Zinsdifferenz** sprechen oder – weil im Vordergrund der Rechenoperation gerade keine Subtraktionsaufgabe sondern eine Divisionsaufgabe steht, vielleicht besser – von der Ermittlung eines **Zinsquotienten**. Zum anderen kann durch schlichte Subtraktion des Marktzinses vom Vertragszins eine Zinsdifferenz ermittelt werden, die sich zum Zwecke der Unterscheidung von der „relativen Differenz" als **absolute Zinsdifferenz** bezeichnen ließe. Es ist eine blanke Selbstverständlichkeit, daß – wie gesagt, unabhängig davon, daß ohnehin außer der Effektivzinsgestaltung noch weitere Umstände relevant sein können – keine der beiden Rechenoperationen Maßstäbe liefern kann, die immer und auf jeden Fall aussagekräftig wären. Sollte etwa der Marktzins bei 1% liegen, wäre eine Übersteigung dieses Marktzinses – im Sinne der „relativen Zinsdifferenz" – um 100%, also die Vereinbarung eines Vertragzinses von 2%, sicher kein Beleg für einen Angriff des Gläubigers auf die Sittenordnung. Umgekehrt weist die Vereinbarung eines Vertragszinses von 512% nicht gerade zwingend auf einen Sittenverstoß hin, falls 500% als durchaus noch vertretbar anzusehen sind (so im Falle RGZ 110, 251), also eine „absolute Zinsdifferenz" von 12% vorliegt. Damit ist allerdings nur gesagt, daß im Umgang mit – auf der Grundlage des Marktzinses durch Multiplikation und/oder durch Addition ermittelten – Höchstzinssätzen Vorsicht geboten ist (vgl CANARIS, Bankvertragsrecht Rn 1298). Die primäre Aufgabe der Rechtsprechung besteht aber nicht darin, theoretisch-dogmatisches Rüstzeug zu entwickeln, mit dessen Hilfe sich für alle nur denkbaren Finanzmarkt- und Währungssituationen Sittenwidrigkeitsschwellen subsumtionssicher ermitteln oder gar errechnen lassen. Ihre vordringlichen Aufgaben liegen in der jeweils aktuellen Realität. Es spricht daher nichts dagegen, rechnerische Faustformeln zugrunde zu legen, solange dies mit der Bereitschaft gepaart ist, Finanzmarkt- und Währungssituation im Auge zu behalten und zu reagieren, sobald die tatsächlichen Grundlagen der eigenen Faustformeln eine relevante Änderung erfahren.

121 bb) Der Vorschlag, eine **relative Zinsdifferenz** bzw einen **Zinssatzquotienten als Sittenwidrigkeitsmaßstab** zu verwenden, stammt vom OLG Stuttgart. Es hatte in einer seinerzeit aufsehenerregenden Entscheidung vom 24. 4. 1979 (JZ 1979, 687 = NJW 1979, 2409 = BB 1979, 1168 mAnm KESSLER 1423 = VersR 1979, 1039 [Ls]; zustimmend BACHMANN NJW 1979, 2082) ausgesprochen, ein Vertragszins, der das Doppelte des Marktzinses betrage, sei ohne weiteres sittenwidrig. Diese These ist seinerzeit ganz überwiegend als mit dem geltenden Recht nicht vereinbar angesehen worden (BGHZ 80, 153 = WM 1981, 353 mAnm SCHOLZ 538 = BB 1981, 927 = JZ 1981, 344 = ZIP 1981, 369 = DB 1981, 1080; HADDING, Gutachten 229; CANARIS, Bankvertragsrecht Rn 1298; ders ZIP 1980, 716 f; KOCHENDÖRFER NJW 1980, 215, 216; OTT BB 1981, 937, 938; RITTNER DB Beil 16/1980, 11 f; ders DB 1981, 1381; STAUDINGER/K SCHMIDT[12] Rn 128). Die hiergegen gerichteten, eher rechtspraktischen Bedenken sind mittlerweile ausgeräumt: Daß diese Spanne von 100% insbesondere in Hochzinsphasen deutlich zu großzügig sein kann, läßt sich durch Einfügung einer zusätzlichen, nicht mit einer relativen, sondern einer absoluten Zinsdifferenz operierenden Sperre in den Griff bringen (dazu unten Rn 124), und daß sie den Gläubiger in Niedrigzinsphasen gar zu sehr einengen kann, läßt sich durch flexibles Reagieren auf diese Problemsituation korrigieren (vgl BGH NJW 1991, 834, 835: in einer Niedrigzinsphase langfristig ohne Zinsanpassungsklausel gewährter Kredit, dessen Zins den Marktzins um 110% überstieg). Heute entspricht die seinerzeit verworfene These des OLG Stuttgart gefestigter Rechtsprechung (BGH NJW 1983, 2692; WM 1986, 1517 = NJW 1987, 183; WM 1987, 463 = NJW-RR 1987, 679; NJW 1988, 818; NJW 1988, 1661, 1662; BGHZ 104, 102 = NJW 1988, 1659; WM 1989, 1675; NJW-RR 1989, 1321; WM 1989, 1461; NJW 1990, 1169 = WM 1990, 57; BGHZ 110, 336 = NJW 1990, 1595 = BB 1990, 807 mAnm SCHOLZ BB 1990, 1658 = JZ 1990, 817 mAnm DREHER; BGH ZIP 1990, 1048; NJW 1991, 1810; NJW 1995, 1019; NJW 1995, 1146).

122 Da es sich bei dieser 100%-Grenze nicht um eine starre Grenze, sondern nur um einen Richtwert handelt, kann die Anwendung des § 138 Abs 1 auch noch zu billigen sein, wenn die relative Zinsdifferenz zwischen 90% und 100% liegt und die von der Bank festgelegten sonstigen Kreditbedingungen die Belastung des Kreditnehmers ins Untragbare steigern (BGHZ 104,102 = NJW 1988, 1659; BGH NJW 1988, 1661 = WM 1988, 647; BGHZ 110, 336, 338 = NJW 1990, 595). Übersteigt dagegen der Vertragszins den Marktzins relativ um weniger als 90%, so hat der BGH ein auffälliges Mißverhältnis regelmäßig verneint (BGH NJW 1982, 2433; NJW 1982, 2436, NJW 1987, 184; BGHZ 99, 333 = NJW 1987, 941; BGH NJW 1987, 2220; NJW 1988, 696 = BB 1987, 2262; NJW 1988, 1661; BGHZ 104, 102 = NJW 1988, 1659; BGH NJW 1989, 829; NJW-RR 1989, 1321; BGHZ 110, 336 = NJW 1990, 1595 = BB 1990, 807 mAnm SCHOLZ BB 1990, 1658 = JZ 1990, 817 mAnm DREHER).

Wie bereits bemerkt (Rn 121), kann bei einem in einer Niedrigzinsphase gewährten **123** Kredit die 100%-Grenze unter Umständen überschritten werden, ohne daß dies zur Vertragsnichtigkeit führt. Ob die Rechtsprechung bei einem Zinsniveau von 7% bis 9% eine Niedrigzinsphase in diesem Sinne annehmen würde, ist wohl zweifelhaft. Jedenfalls kann in dieser Situation eine rund doppelt so hohe Zinsforderung einen Ratenkreditvertrag als sittenwidrig erscheinen lassen, wenn die übrigen Vertragsbedingungen zahlreiche schwerwiegende Belastungen des Kreditnehmers enthalten, auch wenn der Vertragszins noch deutlich unter 20% bleibt (BGH ZIP 1987, 22; NJW 1987, 183; WM 1990, 421).

cc) Insbesondere in Hochzinsphasen erscheint es unangemessen, dem Kreditgeber **124** das Doppelte des ohnehin aus dem Rahmen fallenden hohen Zinses zuzubilligen, bevor man die Grenze der Sittenwidrigkeit erreicht sieht. Es liegt nahe, in diesen Situationen auf eine **absolute Zinsdifferenz als Sittenwidrigkeitsmaßstab** abzustellen (s o Rn 121). Ob man dies tun sollte, ab wann eine Hochzinsphase in diesem Sinne vorliegt und wie die kritische Zinsdifferenz aussehen sollte, ist von den Instanzgerichten und der Literatur ausgiebig diskutiert worden (s KG MDR 1985, 582; OLG Hamm NJW-RR 1986, 46; OLG Bremen WM 1986, 1077; OLG Köln NJW-RR 1986, 1494, 1495; NJW-RR 1987, 1136, 1137; ZIP 1987, 363, 364; WM 1987, 1548; ZIP 1988, 499; OLG München FLF 1989, 48; OLG Frankfurt/M NJW-RR 1987, 998; WM 1987, 281; WM 1988, 16, 17; OLG Düsseldorf WM 1989, 294, 296; MEIWES 33 f; STEINMETZ, Sittenwidrige Ratenkreditverträge 42; BÜLOW, Sittenwidriger Konsumentenkredit Rn 39—42; SCHMELZ Rn 260 mwN; REIFNER DB 1984, 2178, 2179; EMMERICH/ MÜNSTERMANN 9; EMMERICH JuS 1988, 925, 929). Der Bundesgerichtshof hat sich mittlerweile darauf festgelegt, einer (absoluten) Zinsdifferenz zwischen relevantem Marktzins und Vertragszins von 12% dieselbe Bedeutung beizumessen wie einem relativen Verhältnis von 1:2 (BGHZ 110, 336, 339 = NJW 1990, 1595; BGH NJW-RR 1991, 501, 502; NJW 1995, 1019, 1022). Zum Tragen kommt diese zusätzliche Grenze folglich bei einem Marktzins, der 12% übersteigt.

c) Daß der effektive Vertragszins zur Ermittlung der das Sittenwidrigkeitsurteil **125** eventuell tragenden Zinsdifferenz mit dem Marktzins verglichen werden muß, ist – seitdem die Rechtsprechung den Versuch aufgegeben hat, absolut sittenwidrige Zinssätze zu fixieren (dazu oben Rn 120) – eine Selbstverständlichkeit. Die Frage ist nur, aus welchen Marktdaten der **relevante Marktzins** zu ermitteln ist und ob es im Einzelfall Gründe geben könnte, den Vergleichszinssatz, bevor der Vergleich überhaupt angestellt wird, doch noch nach oben zu korrigieren. Umstritten ist dies alles für den Bereich der Ratenkredite. Der Bundesgerichtshof geht insoweit vom sog Schwerpunktzins aus, also von dem in den Monatsberichten der Deutschen Bundesbank mitgeteilten, von dieser als ungewichtetes arithmetisches Mittel der innerhalb der sog Streubreite liegenden Zinsmeldungen der meldepflichtigen Kreditinstitute errechneten durchschnittlichen Zinssatz für Ratenkredite (BGHZ 80, 153 = BB 1981, 927 mAnm KESSLER = NJW 1981, 1206 = WM 1981, 353 mAnm SCHOLZ 538 = ZIP 1981, 369; BGH WM 1982, 742; WM 1982, 1023; NJW 1982, 2433; NJW 1982, 2436; NJW 1983, 1420; NJW 1986, 2568; BGHZ 98, 174 = NJW 1986, 2564; BGH ZIP 1987, 22; NJW 1987, 181; NJW 1987, 2220;

NJW 1988, 818; NJW 1988, 1661; WM 1990, 57 = NJW 1990, 1169; WM 1990, 1322; NJW 1991, 832; NJW 1991, 834; ZIP 1995, 383). Dieser Ansatz ist schon immer kritisiert worden. Die Kritik beruht darauf, daß in die Zinsstatistik der Deutschen Bundesbank die Meldungen aller Kreditinstitute eingehen, so daß der Schwerpunktzins für Ratenkredite nicht angibt, welcher Zinssatz durchschnittlich gerade von den auf Konsumentenratenkredite spezialisierten Teilzahlungsbanken gefordert wird. Diese würden hierdurch benachteiligt, nämlich wegen ihrer ungünstigeren Kosten- und Risikostruktur, die ein höheres Zinsverlangen erforderlich machten (vgl hierzu im einzelnen KESSLER BB 1979, 1424; SCHOLZ WM 1979, 1247; ders FLF 1983, 3; ders, Recht und Praxis des Konsumentenkredits 56 ff; ders, Anmerkungen aus betriebswirtschaftlicher Sicht zur Ratenkreditrechtsprechung des BGH [1986]; LAMMEL BB Beil 8/1980, 1, 13 f; KOCHENDÖRFER NJW 1980, 215; WEBER NJW 1980, 2062; RITTNER DB Beil 16/1980, 12; OTT BB 1981, 937, 941; HOHENDORF BB 1982, 1208; BUNTE WM Beil 1/1984, 15 ff; ders ZIP 1985, 1, 3 ff; ders NJW 1985, 705, 708 f; BERNHARDT Die Bank 1985, 340; HACKL DB 1985, 1327, 1329; MÜNSTERMANN WM 1986, 929; EMMERICH JuS 1988, 925; BERGNER NJW 1991, 2403), und weil die Nicht-Teilzahlungsbanken die Möglichkeit nutzen könnten und auch tatsächlich nutzten, Mischkalkulationen anzustellen, auf deren Grundlage sie diejenigen Kredite, die auch von Teilzahlungsbanken angeboten würden, 1,5% bis 3,5% unter Selbstkosten anbieten (s hierzu BUNTE ZIP 1985, 1, 5; EMMERICH JuS 1988, 925, 928; BGH WM 1986, 159). Der Bundesgerichtshof hat diese Kritik stets zurückgewiesen, weil sie nicht geeignet sei, dem Schwerpunktzins seine Wertbemessungsfunktion abzusprechen.

126 Diese grundsätzliche Orientierung am Schwerpunktzinssatz schließt es freilich nicht aus, auf besondere Phänomene doch noch korrigierend Rücksicht zu nehmen. Die eine Möglichkeit einer Korrektur besteht darin, aufgrund besonderer Umstände ausnahmsweise einen Vertragszins, der mehr als das Doppelte des Schwerpunktzinses beträgt (zu dieser Grenze oben Rn 121 ff), für doch nicht sittenwidrig zu erklären. Diesen Weg ist die Rechtsprechung bei in einer Niedrigzinsphase gewährten, besonders langfristigen Kreditverträgen ohne Zinsanpassungsklausel gegangen (BGH NJW 1986, 2568; NJW 1990, 1169 = WM 1990, 57; NJW 1991, 834 = WM 1991, 216 = JZ 1991, 814 mAnm KOHTE; OLG Stuttgart WM 1985, 349, 352; WM 1985, 973, 974; OLG Hamm NJW-RR 1993, 1325, 1326 f; krit dazu STEINER ZfKrW 1991, 197 f). Die andere theoretische Möglichkeit einer Korrektur zugunsten des Kreditgebers würde darin bestehen, eine Vergleichsbasis zu bestimmen, die über dem Schwerpunktzins liegt, also Zuschläge zum Schwerpunktzins hinzuzurechnen, bevor der Vertragszins an dem Vergleichszins gemessen wird. Sinnvoll ist dies dann – aber wohl auch nur dann –, wenn mit dem nach den oben (Rn 109 ff) beschriebenen Grundsätzen ermittelten Vertragszins zugleich Leistungen abgegolten werden, die im Schwerpunktzins keinen Ausdruck finden. Die aktuelle Rechtsprechung geht diesen Weg insgesamt nicht. Diskutiert worden ist dies aber zunächst für die Kosten einer Restschuldversicherung (BGHZ 80, 153 = BB 1981, 927 mAnm KESSLER = NJW 1981, 1206 = WM 1981, 353 mAnm SCHOLZ 538 = ZIP 1981, 369; BGH NJW 1982, 2433, 2434; NJW 1982, 2436; NJW 1983, 2692; OLG Hamburg ZIP 1984, 1332; OLG Celle WM 1985, 995; OLG München WM 1985, 1262, 1263; OLG Köln ZIP 1988, 499, 501). Die Rechtsprechung bewältigt das Problem der Restschuldversicherung indes mittlerweile dadurch, daß sie deren Kosten bereits aus dem Vertragszins herausrechnet, so daß kein Anlaß mehr besteht, auch noch die Vergleichsbasis zu verändern (Nachw in Rn 118). Ebenfalls kein Zuschlag zum Schwerpunktzins wird von der Rechtsprechung insbesondere auch gewährt wegen eventueller Kreditvermittlungskosten (BGH WM 1983, 2692; ZIP 1985, 466, 467; NJW 1986, 376; NJW 1986, 2658; ZIP 1987, 22; NJW 1987, 944; WM

1987, 463, 464; NJW 1987, 2220, 2221; NJW-RR 1988, 363, 365; NJW 1988, 1661, 1662; BGHZ 104, 102 = NJW 1988, 1659; BGH WM 1989, 1675, 1676; NJW 1990, 1169 = WM 1990, 57; NJW 1990, 1048, 1049; OLG Hamburg ZIP 1984, 1332; OLG Celle WM 1985, 995; OLG Frankfurt/M NJW-RR 1988, 305; OLG Düsseldorf WM 1986, 221, 222; WM 1989, 294, 295; krit hierzu CANARIS ZIP 1980, 709, 714; KOZIOL AcP 188 [1988] 183, 214 f). Berücksichtigt werden die Vermittlungskosten hingegen sehr wohl (in rechnerisch effektivzinserhöhender Weise) bei der Ermittlung des Vertragszinses (Nachw in Rn 113). Freilich will die Rechtsprechung Ausnahmen zulassen, wenn die Tätigkeit des Vermittlers ausnahmsweise im Interesse des Kreditnehmers liegt (BGH ZIP 1987, 22, 23; NJW 1987, 181, 182; NJW-RR 1989, 303) oder die Bank von der Einschaltung eines Kreditvermittlers nicht einmal weiß (BGH WM 1987, 1331 f). Folge wäre dann aber lediglich, daß der Vertragszins entsprechend niedriger zu bestimmen wäre (vgl Rn 114).

3. Berücksichtigung weiterer Umstände

Ob Sittenwidrigkeit iSd § 138 gegeben ist, kann stets nur im Rahmen einer Gesamt- **127** würdigung aller Umstände des Einzelfalls beurteilt werden. Das läßt es denkbar erscheinen, daß ein Kreditvertrag im Einzelfall auch dann nicht sittenwidrig ist, wenn seine Zinsgestaltung iSd Rn 102 ff ein zunächst einmal auffälliges Mißverhältnis zwischen Leistung und Gegenleistung aufweist, und daß ein Vertrag, der bei planmäßiger Abwicklung solche Auffälligkeiten nicht aufweist, gleichwohl als wucherähnlich anzusehen ist. Es kommen – mit anderen Worten – theoretisch Rechtfertigungen zugunsten des Kreditgebers, aber auch diesen weiter belastende Einzelumstände in Betracht.

a) Eine eventuelle **Rechtfertigung** eines aufgrund des Marktvergleichs unangemes- **128** sen hoch scheinenden Effektivzinses hat man vor allem in einem erhöhten Gläubigerrisiko (Rn 129) und in erhöhten Kosten (Rn 130) gesucht. Die insoweit seinerzeit angestellten Überlegungen haben im Prinzip immer noch abstrakt ihre Berechtigung, nur nicht mehr für den konkreten Anwendungsbereich, für den sie einst entwickelt worden sind, nämlich für den Bereich des Konsumenten-Ratenkredits.

aa) Speziell für den Bereich des Konsumenten-Ratenkredits ist seinerzeit darauf **129** hingewiesen worden, daß die Teilzahlungsbanken wegen der Struktur ihrer Kundschaft ein erhöhtes Gläubigerrisiko trifft und daß ein **außergewöhnliches Gläubigerrisiko** überhaupt nur durch einen erhöhten Effektivzins aufgefangen werden könne, der hierdurch eine Rechtfertigung erfahre (STAUDINGER/DILCHER[12] § 138 Rn 41; BGH LM Nr 15 zu § 138 [Aa] = WM 1966, 1221 = WarnR 1966 Nr 207 − DB 1966, 1884 = JR 1967, 19 = MDR 1967, 119 = BWNotZ 1967, 28 [Ls] = BB 1966, 1322; WM 1956, 459 = BB 1956, 318 = DB 1956, 459; BB 1962, 156; BB 1967, 349; WM 1971, 857; KG WM 1980, 72; OLG Köln MDR 1964, 502 = BB 1964, 1061 = DB 1964, 216 = JMBlNRW 1964, 101; NJW 1968, 1934 = JMBlNRW 1969, 92; OLG München WM 1977, 490 = MDR 1976, 930 = NJW 1977, 152 mAnm FREUND und REICH NJW 1977, 636; OLG Nürnberg OLGZ 1979, 211 = MDR 1979, 755 = DB 1979, 1404; OLG Frankfurt/M ZIP 1980, 868; LG München I MDR 1976, 399; LG Frankfurt/M NJW 1978, 1925 = BB 1979, 449; LG Bielefeld BB 1980, 14 und 16). Die seinerzeit hieran von REIFNER 394 f geübte Kritik, die hM besage nichts anderes, „als daß der § 138 BGB den Armen mehr Ausbeutung zumutet als den Reichen", traf nicht ganz den Kern. Richtig war allerdings, daß ungeachtet aller Rechtfertigungsversuche, auch ungeachtet einer Rechtfertigung durch ein erhöhtes Gläubigerrisiko die Zinshöhe ihre Grenze im

Ausbeutungsverbot finden muß. Und richtig war auch, daß ein erhöhtes Insolvenz-risiko nur dann einen hohen Zinssatz rechtfertigen kann, wenn ex ante überhaupt eine vernünftige Aussicht bestand, den Kredit ordnungsgemäß abzuwickeln. Eine absolute Kreditunwürdigkeit des Schuldners gibt kein Recht zu überhöhten Zinsen (vgl LG Berlin nach KG WM 1980, 72, 74; REICH JZ 1980, 329, 332), sondern stellt sich eher als Akt der Schuldnerausbeutung oder auch der Gefährdung von Drittgläubigern dar. Dies ändert freilich nichts daran, daß Kredite an eine Personengruppe, bei der man mit erhöhten Insolvenzrisiken rechnen muß, zwingend teurer sein müssen als Kre-dite an eine andere Personengruppe. Es läßt sich auch nicht sagen, daß die Kredit-vergabe an eine solche Personengruppe, die in die „normale" Kreditnehmerstruktur der Nicht-Teilzahlungsbanken wegen ihrer insolvenzbedingt höheren Kostenbela-stung nicht hineinpaßt, per se sittenwidrig wäre. Wohl aber wird man, seitdem die Rechtsprechung gerade auch wegen der besonderen Risikostruktur der Teilzahlungs-banken dazu übergegangen ist, diesen immerhin das Doppelte des Schwerpunktzin-ses (Rn 121 ff) bzw 12% mehr als dem Schwerpunktzins (Rn 124) zuzubilligen, sagen müssen, daß die Risikostruktur dann nicht abermals ein Grund dafür sein kann, auch diese Grenze wieder zu sprengen. Als allgemeiner – nur eben auf den wichtigen Bereich des Konsumenten-Ratenkredits nicht anwendbarer – Grundsatz behält der Gedanke eines Zusammenhangs zwischen Risiko und Zins freilich seine Berechti-gung, wobei es Sache des Gläubigers sein muß, die Besonderheit seiner Risiken darzulegen (vgl BGH WM 1981, 353 mAnm SCHOLZ WM 1981, 538 = BB 1981, 927 mAnm KESSLER = ZIP 1981, 369 = JZ 1981, 344 = NJW 1981, 1206 = DB 1981, 1080; OLG Köln NJW 1979, 554; LG Freiburg MDR 1980, 844; REICH NJW 1977, 636, 637).

130 **bb)** Auch eine **besondere Kostenbelastung** kann im Prinzip einen erhöhten Effekt-zins rechtfertigen (OLG Köln NJW 1968, 1934 = JMBlNRW 1969, 92; WM 1973, 156; SCHOLTEN NJW 1968, 385 f). Aus den besagten Gründen scheidet aber auch diese Rechtfertigung für den Bereich des Konsumenten-Ratenkredits aus.

131 **cc)** Keine eigenständige Bedeutung kommt der **Laufzeitgestaltung** für die Rechtfer-tigung eines erhöhten Effektivzinses zu (so aber für kurzfristige Kredite OLG Köln [14. Senat] WM 1973, 156; und auch für langfristige Kredite OLG Köln [14. Senat] NJW 1979, 221 = VersR 1979, 479). Dieses Merkmal wird schon bei der Auswahl des relevanten Ver-gleichsmarkts, also bei der Auswahl des passenden Schwerpunktzinses aus der Zinsstatistik der Deutschen Bundesbank berücksichtigt (vgl OLG Köln [9. Senat] NJW 1968, 1933 mAnm SCHOLTEN).

132 **b)** **Belastende Einzelumstände** können den Ausschlag dafür geben, einen Kredit, dessen Zinssatz die Grenzwerte (oben Rn 121 ff) nicht überschreitet, gleichwohl als sittenwidrig anzusehen. Im Rahmen der Kommentierung des § 246 ist die Vielfalt der Gründe, die zu einem Sittenwidrigkeitsurteil führen können, nicht einmal anzu-deuten. Nur ausgewählte Detailfragen sind anzusprechen.

133 **aa)** **Fehlende** oder unrichtige **Effektivzinsangabe** – insbes also ein Verstoß gegen die PAngV (dazu Rn 64 ff) – ist ein Umstand, der in die Gesamtwürdigung im Rahmen des § 138 einzubeziehen ist. Dieser kann, vereint mit sonstigen Umständen, das Sitten-widrigkeitsurteil begründen (BGH WM 1979, 225 = NJW 1979, 805 = MDR 1979, 476 = BB 1979, 979; WM 1980, 860 = NJW 1980, 2076 mAnm LÖWE = BB 1980, 1292 = MDR 1980, 827; WM 1980, 1111 = NJW 1980, 2301 = DB 1980, 2031; WM 1982, 919, 921 = NJW 1982, 2436, 2437; WM

1982, 1021, 1022; WM 1982, 1023, 1025; NJW 1986, 2568, 2569; NJW 1989, 829; OLG Hamm WM 1980, 122 = NJW 1979, 2110 = BB 1979, 1119; OLG München/Augsburg BB 1980, 1825; OLG Frankfurt/M WM 1985, 116, 118; LG Frankfurt/M NJW 1978, 1925 = BB 1979, 449; LG Bielefeld BB 1980, 16; vgl aber OLG Köln WM 1987, 1548, 1549: Keine negative Wertung, wenn die Zinsangabe nur unwesentlich unter dem tatsächlichen Effektivzins liegt).

bb) Auch **belastende Verzugssanktionen** können im Rahmen der Gesamtwürdigung **134** (insbesondere bei gleichzeitiger Unübersichtlichkeit; zum Transparenzgebot s auch noch Rn 215 ff) die Sittenwidrigkeit begründen. Sind die Verzugsregeln für sich genommen sittenwidrig, so sind sie nichtig (KG WM 1980, 72; AG Frankfurt/M MDR 1969, 47; AG Hamburg MDR 1975, 662). An ihre Stelle treten dann die gesetzlichen Verzugsregeln (OLG Hamm NJW 1974, 1951). Das OLG Frankfurt/Main (WM 1978, 1216 = MDR 1978, 139; WM 1978, 1218 = MDR 1978, 930) erhält allerdings Teile der Verzugsregelungen aufrecht. Dies läßt sich nur im Rahmen des § 139 rechtfertigen. Verzugsregelungen, die die Belastung des Schuldners ins Unerträgliche steigern, können darüberhinaus zur Sittenwidrigkeit des gesamten Kreditvertrages führen (Belke BB 1968, 1219, 1225 f; vgl BGH NJW 1982, 2433, 2435; NJW 1983, 1420, 1421; NJW 1983, 2692; BGHZ 110, 336, 341; KG MDR 1985, 582; OLG Karlsruhe MDR 1985, 581, 582; OLG Köln ZIP 1987, 363, 365; aA OLG Köln NJW 1968, 1934 = JMBlNRW 1969, 92; OLG Frankfurt/M BB 1979, 446 = VersR 1979, 651 [Ls]; krit Weber NJW 1980, 2062, 2065; Ott BB 1981, 937, 943). Die Sittenwidrigkeit der Verzugsregelungen allein reicht dafür jedoch noch nicht aus (BGH WM 1979, 225 = NJW 1979, 805 = MDR 1979, 476 = BB 1979, 343 = DB 1979, 979; WM 1980, 10 = NJW 1980, 445 = DB 1980, 251). Die Verzugskostenregelung ist Element der Gesamtwürdigung (vgl KG WM 1985, 15), nicht ein eventuell nach § 139 zur Gesamtnichtigkeit führender Vertragteil (BGH WM 1981, 516 = ZIP 1981, 481). Sie kann gesondert als sittenwidrig qualifiziert werden und ist nach der Rechtsprechung des BGH nicht einmal in jedem Fall in die Gesamtwürdigung des Vertrags einzubeziehen. Wird sie in AGB gegenüber geschäfts- oder rechtsunkundigen Schuldnern verwendet, so daß diese ihr Vertragsrisiko nicht abschätzen können, so kann die Verzugsregelung allerdings in die Bewertung des Gesamtvertrags einbezogen werden (BGH WM 1979, 225; WM 1979, 270 = NJW 1979, 808 = BB 1979, 444 = MDR 1979, 476 = DB 1979, 980; WM 1979, 1209; NJW 1979, 2089 = WM 1979, 966 mAnm Scholz WM 1979, 1247 = BB 1979, 1469; WM 1980, 10; WM 1980, 892 = NJW 1980, 2074 mAnm Löwe = BB 1980, 1290 = ZIP 1980, 642 = MDR 1980, 827; BB 1980, 1292 = NJW 1980, 2076 mAnm Löwe = WM 1980, 860 = MDR 1980, 827; WM 1980, 1111 = NJW 1980, 2301 = DB 1980, 2031; WM 1982, 919 = NJW 1982, 2436 = ZIP 1982, 1044; BB 1987, 2262, 2263 = NJW 1988, 696, 697; WM 1989, 1675, 1676; BGHZ 110, 336, 341; KG MDR 1985, 582; OLG Frankfurt/M NJW-RR 1988, 305; NJW-RR 1993, 879, 880). Ebenso, wenn der Verzugsfall von vornherein nahelag (BGH WM 1981, 516 = ZIP 1981, 481; WM 1982, 919, 921 = NJW 1982, 2436, 2437 = ZIP 1982, 1044; NJW-RR 1989, 1320, 1321 = WM 1989, 1675).

cc) Zu berücksichtigen sind aber nicht nur vertraglich vorgesehene Verzugssank- **135** tionen, sondern darüber hinaus auch der **Gesamteindruck der AGB-Klauseln** des Kreditgebers. Zwar folgt aus einem Verstoß von AGB-Klauseln gegen §§ 9-11 AGBG selbst dann, wenn bei einer Vielzahl von Klauseln ein Verstoß festzustellen ist, zunächst nur eine Unwirksamkeit dieser Klauseln, nicht aber die Nichtigkeit des Gesamtvertrages (vgl BGH NJW 1986, 928, 930; NJW 1987, 184, 185). Diese können aber bei der Prüfung der Sittenwidrigkeit nach § 138 Abs 1 Berücksichtigung finden und zur Nichtigkeit des Gesamtvertrages führen, wenn eine unbillige Belastung des Kreditnehmers nicht nur in den AGB-Bestimmungen, sondern in erster Linie in der –

Andreas Blaschczok

gem § 8 AGBG einer Inhaltskontrolle entzogenen – Vereinbarung eines überhöhten Zinssatzes liegt (vgl BGH NJW 1987, 184, 185; ferner BGH NJW 1987, 2220, 2221; NJW 1988, 1661, 1663; NJW 1990, 2807; OLG Stuttgart WM 1985, 349, 356). Daß sich der Kreditgeber durch die Verwendung derartiger (unwirksamer) AGB-Klauseln überhaupt eine Handhabe zu einem Vorgehen gegen den Kreditnehmer zu schaffen versucht hat, muß im Rahmen der gem § 138 Abs 1 notwendigen Gesamtwürdigung des Vertrages berücksichtigt werden (BGHZ 80, 153, 172; BGH NJW 1982, 2433, 2435; NJW 1982, 2436, 2437; FLF 1986, 90; BGHZ 98, 174, 177; BGH NJW 1991, 832, 833; Nüssgens, in: FS Werner [1984] 591, 595 ff; aA Löwe NJW 1980, 2078, 2079). In die Gesamtwürdigung mit einzubeziehen sind alle Rechte, die sich zugunsten des Kreditgebers aus dessen Kreditbedingungen ergeben würden. Dagegen kommt es nicht darauf an, welche Rechte er später tatsächlich geltend macht (BGHZ 82, 121, 128; OLG Stuttgart WM 1985, 349, 356).

136 Dazu gehören zB die Rechte des Kreditgebers im Falle des **Zahlungsverzugs** (vgl BGHZ 80, 153, 171; BGH NJW 1982, 2433, 2435; NJW 1983, 1420, 1421; NJW 1988, 696; s auch Rn 134, sowie Rn 159 ff). Aber auch eine in AGB enthaltene **Zinsänderungsklausel**, die der Bank die Möglichkeit gibt, eine Erhöhung der Kreditgebühren für rückständige und künftige Raten im Falle einer Diskontzinserhöhung um 2% zu fordern, ist im Rahmen der Gesamtwürdigung der Sittenwidrigkeit nach § 138 Abs 1 als Belastung des Kreditnehmers zu berücksichtigen, wenn diesem bei Diskontsenkungen kein entsprechendes Recht zusteht (vgl BGH NJW 1988, 696 = BB 1987, 2262). Dasselbe gilt auch für eine **Zinsanpassungsklausel** ohne Erniedrigungsalternative, die der Kreditgeberin das Recht gibt, den Zinssatz neu zu bestimmen, nämlich zu erhöhen, wenn sich die Kapitalmarktverhältnisse „entscheidend" verändern (OLG Frankfurt/M NJW-RR 1993, 879, 880). Eine Zinsänderungsklausel, die der Bank das Recht gibt, jederzeit entsprechend ihren allgemeinen Konditionenverzeichnissen den Zinssatz abzuändern, ist zwar grundsätzlich dahin auszulegen, daß sie lediglich eine Anpassung im Rahmen des § 315 ermöglicht und die Bank gegebenenfalls auch zur Herabsetzung verpflichtet (vgl BGH NJW 1991, 832, 833 mwN; hierzu auch Rn 148 f). Aber bereits der vereinbarte Ausgangszins kann ein solches Mißverhältnis offenbaren, daß die Gesamtvereinbarung bei Berücksichtigung der sonstigen Vertragsumstände als sittenwidrig mißbilligt werden muß (BGH NJW 1991, 832, 833). Eine zusätzliche Belastung kann auch in der Höhe der vorzeitgen **Ablösegebühr** liegen (BGH WM 1982, 1023, 1025: 2%; NJW 1982, 2436, 2437: 2%; BGH NJW 1986, 2568, 2569: 5%; NJW 1987, 2220, 2222: 3%; BB 1987, 2262, 2263 = NJW 1988, 696, 697: 3%; OLG Frankfurt/M WM 1985, 116, 118: 2%; NJW-RR 1993, 879, 880: 3%; OLG Stuttgart WM 1985, 973, 974: 0,25% pM), aber auch in der **vorzeitigen Fälligstellung** bei Teilrückständen zweier Raten (BGHZ 95, 362, 371; BGH NJW 1986, 2568, 2569; BB 1987, 2262, 2263 = NJW 1988, 696, 697; WM 1989, 1675, 1676; KG MDR 1985, 582: Teilrückstand auch nur einer Rate; OLG Stuttgart WM 1985, 973, 974) oder sogar bei Zahlungsverzug mit einer Rate länger als 20 Tage (BGH NJW 1982, 2433, 2435; WM 1982, 1021, 1022; WM 1982, 1023, 1025; NJW 1982, 2436, 2437). Ein im Vertragswerk vorgesehener Anspruch auf **pauschalierte Abgeltung der Kosten einer gerichtlichen Beitreibung** kann im Rahmen der Gesamtwürdigung ebenfalls als zusätzliche Belastung des Kreditnehmers bewertet werden (BGH NJW 1982, 2433, 2435; WM 1982, 1021, 1022; WM 1082, 1023, 1025; OLG Frankfurt/M NJW-RR 1993, 879, 880: 5%; OLG Stuttgart WM 1985, 973, 974). Eine zusätzliche Belastung des Kreditnehmers besteht schließlich auch dann, wenn er über wesentliche **Kreditbedingungen im unklaren** gelassen worden ist (BGH NJW 1983, 2692 = WM 1983, 951; OLG Düsseldorf WM 1988, 1690, 1693) bzw die wahre Gesamtbelastung des Kreditnehmers verschleiert wird (LG Dortmund NJW 1988, 269, 270).

dd) Eine sog **Umschuldung** – Kreditgewährung zum Zwecke der Ablösung von Vor- **137** krediten des Kreditnehmers bei einer anderen Bank (externe Umschuldung) oder bei derselben Bank (interne Umschuldung) – ist selbstverständlich nicht grundsätzlich zu mißbilligen. Sie kann – bei entsprechender Gestaltung des Umschuldungskredits – durchaus den Interessen des Kreditnehmers entgegenkommen. Aber auch das eventuelle Interesse der die Umschuldung betreibenden Bank, alleinige Gläubigerin zu werden und an vorhandenen Sicherungen nicht nur letztrangig teilzuhaben, ist grundsätzlich als legitim anzusehen (vgl BGHZ 104, 102, 106; BGH NJW-RR 1991, 501, 502; vgl auch OLG Celle NJW-RR 1989, 1134, 1136; vgl ferner die Übersicht zur Rspr bei STEINMETZ NJW 1991, 881, 886). In der Realität führt ein Umschuldungskredit freilich oftmals dazu, daß ein Schuldner, der bereits einem ihn in seiner Lebensführung sehr belastenden Kredit ausgesetzt war, nur noch stärker belastet wird. Besonders anschaulich wird dies in der – sprachlich ja durchaus mehrdeutigen – Bezeichnung „**Kettenkreditverträge**", die hin und wieder für die Umschuldungskreditverträge verwendet wird.

Bei der Gesamtwürdigung nach § 138 Abs 1 kann bereits dem Umstand als solchem, **138** daß mit dem Kredit eine Umschuldung durchgeführt wurde, entscheidende Bedeutung zukommen. Das ist insbesondere dann der Fall, wenn die Vorkredite erheblich zinsgünstiger waren und der Kreditgeber den Kreditnehmer darüber pflichtwidrig nicht aufklärt oder ihn sogar zu der Umschuldung veranlaßt hat (BGH NJW 1988, 818, 819; NJW 1988, 1659, 1660; NJW 1988, 1661, 1663; NJW 1989, 829, 830, wo die Ablösung des Altkredits freilich im konkreten Fall als sinnvoller Weg zur Vermeidung von Vollstreckungsmaßnahmen angesehen wurde; NJW 1990, 1048, 1049; NJW 1990, 2807: Vertretbarkeit einer Erhöhung des bisherigen Monatszinssatzes von 0,54% auf 0,59%; NJW-RR 1991, 501, 502; BGHZ 111, 117, 123; vgl auch OLG Celle WM 1985, 995, 996; OLG Düsseldorf WM 1986, 221; OLG Hamburg NJW-RR 1986, 348; OLG Hamm WM 1986, 286: Keine Sittenwidrigkeit, weil der Umschuldungsbetrag nur 28,84% der Darlehenssumme ausmachte). Geht das Verlangen einer externen Umschuldung dagegen von dem Kreditinteressenten selbst aus, kann der Umstand, daß Umschuldung betrieben wurde, als solcher dem Kreditvertrag nicht das Gepräge des Sittenwidrigen geben (BGH NJW 1990, 1048, 1049). Hinzunehmen sind bei der Umschuldung diejenigen Mehrbelastungen, die sich aus der Verlängerung der Kreditlaufzeit ergeben (BGHZ 104, 102, 107; BGH NJW 1990, 1048, 1049; NJW 1990, 1597, 1598), oder daraus, daß das allgemeine Zinsniveau im Zeitpunkt der Umschuldung höher lag als bei der Gewährung der abzulösenden Altkredite (BGHZ 104, 102, 107). Dient ein in Kenntnis der Arbeitslosigkeit des Kreditnehmers abgeschlossener Ratenkreditvertrag der Umschuldung, ist dieser nicht allein deshalb sittenwidrig, weil die Höhe der monatlichen Raten dem Kreditnehmer nicht den pfändungsfreien Betrag belassen. Dies gilt insbesondere dann, wenn sich durch die Umschuldung die monatliche Belastung und der Vertragszins verringern (OLG Köln NJW-RR 1988, 935). Kann der Kreditnehmer die Nachteile der Umschuldung nicht überschauen, so trifft den Kreditgeber unter Umständen eine nach den Grundsätzen der culpa in contrahendo haftungsbewehrte vorvertragliche Aufklärungspflicht (BGH NJW 1987, 2220, 2222; NJW-RR 1991, 501, 502; für eine umfassende Aufklärungspflicht auch EMMERICH JuS 1988, 925, 930; zur Aufklärungspflicht des Vermittlers vgl BGH WM 1987, 1331, 1332; ferner OLG Celle WM 1987, 1329; KÖNDGEN NJW 1994, 1508, 1510 f). Das OLG Hamm (WM 1986, 286, 287) hatte eine Aufklärungspflicht des Darlehensgebers oder Kreditvermittlers abgelehnt. Dabei waren sich die Kreditnehmer allerdings bewußt, daß die Umschuldung nicht wirtschaftlich sinnvoll war.

139 Umstritten ist, ob und inwieweit eine Bank gegenüber dem Kreditnehmer verpflichtet ist, eine eventuelle Sittenwidrigkeit der abzulösenden Vorkredite zu prüfen und den Kreditgeber hierüber gegebenenfalls aufzuklären (eine solche Pflicht bejahen DERLEDER JZ 1983, 81; MEIWES, Probleme des Ratenkreditvertrages [3. Aufl] 142; SCHMELZ, Verbraucherkredit Rn 164). Der Bundesgerichtshof verneint eine Prüfungspflicht (BGH NJW 1990, 1597, 1598; ebenso CANARIS WM 1986, 1453, 1457; EMMERICH/MÜNSTERMANN 20; GRÖNER/KÖHLER 86), bejaht indes eine Verpflichtung zur Aufklärung, wenn dem Kreditgeber die Sittenwidrigkeit des Vorkredits positiv bekannt war (BGHZ 99, 333, 337 = NJW 1987, 944) oder sich ihm bei der – im Falle der Umschuldung ja ganz unausweichlichen – Sichtung der Vertragsunterlagen auf den ersten Blick aufdrängt (BGH NJW 1990, 1597, 1599). Hierbei führt die Sittenwidrigkeit des früheren allein aber noch nicht zur Nichtigkeit des neuen Vertrages nach § 138 Abs 1 (BGHZ 99, 333, 336 f; OLG Köln NJW-RR 1991, 1456, 1457; CANARIS WM 1986, 1453, 1455 ff mwN). Es ist vielmehr zu prüfen, ob der Neuvertrag als solcher die Voraussetzungen des § 138 Abs 1 erfüllt. Ist das nicht der Fall, so führt die Sittenwidrigkeit des früheren Vertrags lediglich dazu, den neuen Vertrag der wahren Rechtslage anzupassen, soweit er durch den Irrtum des Vertragspartners über die Nichtigkeit des Vorvertrags beeinflußt worden ist (BGHZ 99, 333, 337; BGH WM 1987, 463, 465 = NJW-RR 1987, 679). Der Folgevertrag kann gem § 138 Abs 1 nichtig sein, wenn der Kreditgeber die Nichtigkeit des (von ihm selbst gewährten) Erstkredits positiv gekannt und das Ziel verfolgt hat, sich den unberechtigten Gewinn aus dem sittenwidrigen Erstvertrag zu sichern (BGHZ 99, 333, 337). Jedenfalls aber sollen dem Kreditgeber bei einer internen Umschuldung Ansprüche aus dem Folgevertrag nach Auffassung des BGH nur insoweit zustehen, als sie von den Parteien auch dann begründet worden wären, wenn sie die Nichtigkeit des vorangehenden Vertrages und die Auswirkungen dieser Nichtigkeit auf ihre gegenseitigen Rechtsbeziehungen gekannt hätten (BGHZ 99, 333 = NJW 1987, 944; BGH WM 1987, 463, 465 mAnm MÜNSTERMANN 745 = NJW-RR 1987, 679; NJW-RR 1988, 363 = WM 1988, 184; NJW 1990, 1597, 1599).

4. Das Wuchergesetz

140 Nach Art 4 Abs 1 WucherG v 24. 5. 1880 (RGBl I 109, zuletzt geändert durch Art 183 EGStGB v 2. 3. 1974, BGBl I 469, 589 f) sind gewerbsmäßige Darlehnsgeber verpflichtet, für jeden Kunden zum Ablauf des Geschäftsjahres die Rechnung abzuschließen und dem Kunden binnen drei Monaten nach Schluß des Geschäftsjahres einen Rechnungsauszug zu erteilen. Diese Pflicht zur Rechnungslegung besteht nicht für öffentliche Banken, Notenbanken, Bodenkreditinstitute, Hypothekenbanken auf Aktien, öffentliche Leihanstalten, öffentliche Spar- und Darlehnsinstitute und eingetragene Genossenschaften sowie im Verkehr zwischen Kaufleuten. Sie entfällt ferner, wenn mit dem Kunden nur ein einziges Geschäft während des Geschäftsjahres abgeschlossen und ihm darüber eine schriftliche Mitteilung übergeben worden ist (Art 4 Abs 3 WucherG). Ein Verstoß gegen die Verpflichtung zur Rechnungslegung wird gem Art 4 Abs 1 a WucherG als Ordnungswidrigkeit verfolgt. Weitere Rechtsfolge des Verstoßes gegen Art 4 Abs 1 WucherG ist der Verlust des Zinsanspruches für das abgelaufene Geschäftsjahr (Art 4 Abs 2 WucherG).

IV. Das Recht der Zinsschuld

1. Beginn der Verzinslichkeit und „Rückdatierung" der Zinspflicht

Nach dem Grundgedanken des gesetzlichen Zinsrechts beginnt die Verzinsung, **141** wenn die Kapitalschuld von Anfang an verzinslich war, mit dem Beginn der entsprechenden Kapitalentbehrung. Wird die Schuld erst durch Fälligkeit, Verzug oder Rechtshängigkeit verzinslich, dann beginnt die Verzinsung mit dem entsprechenden Ereignis (BGH NJW 1985, 730, 731; NJW 1986, 1805, 1806). Der Bundesgerichtshof hat in einem obiter dictum gesagt, dies sei dispositives Recht, auch der Beginn der Verzinslichkeit hänge vom Parteiwillen ab (BGH NJW 1985, 730, 731), so daß eine „Rückdatierung" des Beginns der Verzinslichkeit möglich sei. Dies ist klarstellungsbedürftig. Der Bundesgerichtshof weist für seine These darauf hin, daß in der Bankpraxis „Bereitstellungszinsen" üblich seien, die ja nun aber – der Bundesgerichtshof übergeht dies in der zitierten Entscheidung – nach hM gerade keine Zinsen im Rechtssinne sind (Rn 37). „Zinsen" für einen Zeitraum vor Beginn der Kapitalentbehrung bzw vor Eintritt der sonstigen Verzinslichkeitsvoraussetzungen kann man sicherlich im Prinzip vereinbaren; sie stellen aber gerade kein Äquivalent für die Kapitalentbehrung während des fraglichen Zeitraums dar. An dieser fehlt es ja. Es handelt sich somit um ein – selbstverständlich im Prinzip der Privatautonomie unterliegendes – zusätzliches Entgelt im Hinblick auf eine später noch einsetzende, abzugeltende Kapitalentbehrung. Ob es sich mit Blick auf die künftig abzugeltende Kapitalentbehrung um einen (zusätzlichen) Zins handelt, ist eine Frage des Einzelfalls, die sich nach den allgemeinen Kriterien bestimmt (dazu oben Rn 10). Unabhängig hiervon stellt sich die Frage, ob die Grenzen der Privatautonomie überschritten sind, insbesondere wenn solche Klauseln in den AGB des Gläubigers enthalten sind. Die Rechtsprechung operierte insoweit zunächst (auch) mit § 3 AGBG (BGH NJW 1986, 1805, 1806), stützt sich neuerdings aber, wie sie es allgemein bei Verletzungen des „Transparenzgebots" tut (vgl nur BGHZ 104, 82, 92 f; 112, 115, 117 ff; BGH NJW 1995, 589, 590), vor allem auf § 9 AGBG (BGHZ 125, 343 = NJW 1994, 1532 = ZIP 1994, 690). Beanstandet wurden sowohl „rückwirkende" Verzugszinsen (BGHZ 101, 380, 391 = ZIP 1987, 1305, 1308 f) als auch „rückwirkende" Vertragszinsen (BGH NJW 1986, 1805, 1806: Verzinsung eines Grundstückskaufpreises ab einem weit vor Vertragsschluß liegenden Zeitpunkt; BGHZ 125, 343 = NJW 1994, 1532 = ZIP 1994, 690: Verzinslichkeit von erst in der Zukunft darlehensweise zu kreditierenden Erstattungsansprüchen eines Kreditkartenunternehmens; s hierzu auch Häde ZBB 1994, 33, 36).

2. Der Vertragszins

a) Der vereinbarte Zins
aa) Die **Zinsvereinbarung** wird idR ausdrücklich getroffen. Da das BGB, anders als **142** das HGB (§§ 353 S 1, 354 Abs 2; s Rn 191 ff), eine Verzinslichkeit der Hauptforderung nicht als selbstverständlich voraussetzt, trägt der Gläubiger regelmäßig die Beweislast für das Vorliegen einer entsprechenden Verzinsungsvereinbarung (Staudinger/ Hopt/Mülbert[12] § 607 Rn 430; Wessels 40); allerdings wird regelmäßig eine Vermutung dafür sprechen, daß ein Darlehen nicht zinslos gewährt wird (BGH WM 1983, 447, 448; s auch Rn 203). Stillschweigende (konkludente) Zinsvereinbarungen sind zulässig (Erman/Werner § 608 Rn 4; Jauernig/Vollkommer § 608 Anm 2 a; Palandt/Putzo § 608 Rn 1; BGH NJW 1985, 731; NJW 1986, 2947, 2948; zu § 354 Abs 2 HGB, der auch als Auslegungsregel

funktioniert, vgl Rn 192). In der Vertragspraxis sind sie selten. Auch die Zinshöhe ist idR ausdrücklich bestimmt. Zur Bedeutung des gesetzlichen Zinssatzes bei fehlender Bestimmung über die Zinshöhe vgl Rn 203.

143 **bb)** Es gilt das **Prinzip der Zinsfreiheit** (Mot in MUGDAN II 107; Prot in MUGDAN II 628; Denkschrift in MUGDAN II 1234; ENNECCERUS/LEHMANN § 13 I; HERSCHEL DR 1940, 21). Eine vertragliche Zinsvereinbarung ist damit verbindlich, sofern nicht die allgemeinen Unwirksamkeits- oder Nichtigkeitsgründe entgegenstehen, insbes § 138 (zu diesem vgl Rn 102 ff). Die Zinsfreiheit wird vom BGB stillschweigend vorausgesetzt, nachdem das Prinzip bereits durch das Bundesgesetz v 14. 11. 1867 (BGBl des Norddeutschen Bundes 159; hierzu KINDLER, Zinsansprüche 204; VOLLKOMMER, in: Zins in Recht, Wirtschaft und Ethik 7, 13 ff) und durch das bayer Gesetz v 5. 12. 1867 (GBl für das Königreich Bayern 249) anerkannt war und zunächst auch in den Text des BGB aufgenommen werden sollte (§ 358 Abs 1 S 1 BGB-E I; § 211 Abs 1 BGB-E II; § 240 Abs 1 Bundesratsvorlage; hierzu HAMMEN ZBB 1991, 87, 90; WESSELS 37 ff). Zinsfreiheit bedeutet zunächst, daß die bei der Abfassung des BGB längst vollzogene Abschaffung des kanonischen Zinsverbots (Nachweise bei WINDSCHEID/KIPP II § 260 Fn 3; HERMANN LANGE, in: FS Bärmann [1975] 99 ff; HORN, in: FS Hermann Lange [1992] 99, 101 ff; SECKELMANN, Zinsen in Wirtschaft und Recht 13 ff; ders, Zinsrecht 11 ff) bestätigt ist. Zinsfreiheit bedeutet weiter, daß das Gesetz keine festen Höchstgrenzen (Zinstaxen) mehr vorschreibt (Ausnahme: § 10 Abs 1 PfandlV = Verordnung über den Geschäftsbetrieb der gewerblichen Pfandleiher v 1. 6. 1976 [BGBl I 1334], geändert durch Art 5 der VO v 28. 11. 1979 [BGBl I 1986]: zwingender monatlicher Höchstzins iHv 1 vH des Darlehnsbetrages; hierzu DAMRAU, Komm z PfandlV [1990] § 10 Rn 2; rechtspolitische Kritik bei HAMMEN WM 1995, 185, 186 ff; RÜHLE 74 ff; HADDING, Gutachten 228 ff). Insbesondere gilt auch nicht mehr das Verbot der Zinsen ultra duplum (ultra alterum tantum), so daß die Zinslast während der Laufzeit eines Kredits auch den Betrag der verzinslichen Kapitalschuld übersteigen kann (Mot in MUGDAN II 9). Das Verbot der Zinsen ultra duplum war bereits nach gemeinem Recht umstritten (näher WINDSCHEID/KIPP 11 § 261 [S 82]) und für das Handelsrecht ausdrücklich außer Kraft gesetzt (Art 293 ADHGB).

144 **cc)** **Zinsklauseln in Allgemeinen Geschäftsbedingungen** – für den Bereich der Bankdienstleistungen insbesondere die Nrn 12 AGB-Banken 1993, 17, 18 AGB-Sparkassen 1993 – unterliegen selbstverständlich den Grenzen des AGBG (dazu näher Rn 152 ff). Im Privatkundengeschäft erfolgt nach Nrn 12 Abs 1 AGB-Banken nF, 17 Abs 2 AGB-Spk nF eine Vereinbarung der im Leistungszeitpunkt jeweils maßgeblichen Zinsen und Entgelte durch Bezugnahme auf den „Preisaushang – Regelsätze im standardisierten Privatkundengeschäft", ergänzend auf das „Preisverzeichnis", ohne daß es einer gesonderten Individualvereinbarung über die Zinshöhe bedürfte (GÖSSMANN/WAGNER-WIEDUWILT/WEBER Nr 12 AGB-Banken Rn 1/324 ff; vWESTPHALEN, Vertragsrecht u AGB-Klauselwerke [1994], Banken- und Sparkassen-AGB Rn 90; zu den im Einzelfall problematischen Einbeziehungsvoraussetzungen DERLEDER/METZ ZIP 1996, 573, 579 f).

b) **Zinsanpassungsklauseln**

145 **aa)** Die **Funktion von Zinsanpassungsklauseln** besteht in der Anpassung der Zinsen bei lang- und mittelfristigen Krediten an den sich ändernden marktüblichen Zins. Im Hinblick auf § 609 a sind diese Klauseln für den Kreditgeber unentbehrlich. In der Sache geht es darum, das Risiko einer Änderung der Marktzinsen durch variable Konditionengestaltung zumindest teilweise dem Kreditnehmer zuzuweisen (REIFNER,

Kreditrecht § 18 Rn 1). Die **unterschiedlichen Arten von Zinsanpassungsklauseln** differieren vor allem in der Anpassungstechnik. Die Terminologie ist uneinheitlich. Im folgenden wird „Zinsanpassungsklausel" als Oberbegriff benutzt; die einzelnen Fälle der Zinsanpassungsklauseln sollen im folgenden als Zinsgleitklauseln (Rn 146), Zinsänderungsklauseln (Rn 147) und Kündigungsklauseln (Rn 148 f) bezeichnet werden. Zwischen den verschiedenen Zinsanpassungsklauseln wird vielfach nicht mit Genauigkeit unterschieden (vgl etwa zur Vermengung von Gleitklauseln und Änderungsklauseln TERPITZ 958; zur Vermengung von Änderungsklauseln und Kündigungsklauseln MünchKomm/H P WESTERMANN § 609 Rn 9; eingehend zu den unterschiedlichen Erscheinungsformen von Zinsanpassungsklauseln SCHWARZ, Der variable Zins [1989] 38 ff). Der ganz unterschiedliche Anpassungsmechanismus läßt aber – auch terminologische – Differenzierung geraten erscheinen.

α)   **Zinsgleitklauseln** sind solche Vertragsklauseln, die für die automatische Anpas-   **146** sung des Zinssatzes an bestimmte Sätze – zB für die Überschreitung des ja variablen Bundesbankdiskontsatzes um eine jeweils konstante Höhe – sorgen. Beispiele: RGZ 118, 152, 156 (Zinserhöhung nach Maßgabe der Dividende der Stammaktien der Schuldnerin); BGH LM Nr 1 zu § 247 (Lombardsatz als Zinssatz); LG Heidelberg WM 1975, 1271 ($3^{1}/_{4}$ vH über dem Diskontsatz der DBB). Die Mitteilung des geänderten Zinssatzes an den Vertragspartner hat bei Zinsgleitklauseln nur deklaratorische Bedeutung. Zinsgleitklauseln sind häufig mit einer Mindestklausel verbunden, zB: „Sollzinsen ... vH über dem jeweiligen Diskontsatz (oder: Lombardsatz) der Deutschen Bundesbank, mindestens .... vH, z Zt also ... jährlich." (vgl SCHÜTZ, Bankgeschäftliches Formularbuch [18. Ausgabe 1969] Muster 207).

β)   **Zinsänderungsklauseln** geben der begünstigten Vertragspartei das Recht, durch   **147** Gestaltungserklärung den Zinssatz zu ändern. Der Unterschied gegenüber der Zinsgleitklausel besteht in der konstitutiven Wirkung der Erklärung; von der Kündigungsklausel unterscheidet sich die Zinsänderungsklausel darin, daß die Ausübung des Zinsänderungsrechts keine (auch keine bedingte) Lösung des Vertragsverhältnisses darstellt und daß die Zinsänderung keinen neuerlichen Vertrag mit dem Vertragsgegner voraussetzt. Die Zinsänderungsklausel ist damit ein Anwendungsfall des § 315 Abs 2. Die Leistungsbestimmung erfolgt durch Erklärung gegenüber dem Vertragspartner (vgl BGB-RGRK/BALLHAUS § 608 Rn 8; TERPITZ 958; STAUDINGER/HOPT/MÜLBERT[12] § 608 Rn 24; vWESTPHALEN, Vertragsrecht u AGB-Klauselwerke, Darlehensvertrag Rn 41). Grundlage des Gestaltungsrechts ist der Vertrag. Für das Girogeschäft der Banken ergibt sich eine einseitige Zinsanpassungsbefugnis aus Nr 12 Abs 2 und 3 AGB-Banken 1993, wonach der Kunde die vereinbarten oder – mangels einer Vereinbarung – die von der kontoführenden Stelle der Bank im Rahmen des § 315 bestimmten Zinsen trägt (hierzu auch Rn 154). Die Bezugnahme auf § 315 stellt klar, daß die Bestimmung durch zugangsbedürftige Willenserklärung erfolgen muß; im übrigen ergibt sich eine entsprechende Informationspflicht ausdrücklich aus Nr 12 Abs 4 S 1 AGB-Banken nF (SCHEBESTA/VORTMANN Rn 198). Bedingungen, die die einseitige Zinsänderung ohne jede Mitteilung an den Kunden gestatten, sind nach § 9 AGBG unwirksam (so wohl im Ergebnis auch SCHEBESTA/VORTMANN Rn 196). Im übrigen begegnet die Klausel, da sie auf § 315 Bezug nimmt, keinen Bedenken (CANARIS, Bankvertragsrecht Rn 2631 [zu Nr 14 AGB-Banken aF]; s auch LG Berlin WM 1979, 322 f; zum Ganzen auch Rn 152 ff). Sie stellt durch diese Verweisung klar, daß die Bestimmung nach billigem Ermessen zu treffen ist. Die Verweisung von Zinsanpassungsklauseln auf § 315 hat allgemein nur deklaratorische Bedeutung. Jede einseitig gestaltende Zinsänderung unterliegt dieser Bestimmung und damit auch der richterlichen Billigkeitskontrolle (RG HRR 1940 Nr 544). Mit der Zinsänderungsklausel kann sich eine **Mindest- oder Höchstklausel** verbinden oder eine Kombination beider Klauseln. Die Höchstklausel begrenzt nach hM nur das Recht zur einseitigen Anpassung; sie schließt eine Änderungskündigung mit dem Ziel, eine notwendig gewordene weitere Erhöhung durchzusetzen, nicht aus (BGH WM 1977, 834; Terpitz 960 ff; MünchKomm/H P Westermann § 609 Rn 9). Sie dient regelmäßig überhaupt nicht dem Kreditnehmerschutz, sondern soll lediglich die Eintragung einer Immobiliarsicherheit ermöglichen (Rn 229; für die Anerkennung einer Schuldnerschutzfunktion aber Köndgen/König ZIP 1984, 129, 140). Im Hinblick auf §§ 3, 5 und 9 AGBG ist allerdings zu bedauern, daß die hM den Kreditgeber nicht zu dem besonderen Hinweis anhält, daß die Kündigungsmöglichkeit durch die Höchstgrenze nicht berührt wird.

148 γ) **Kündigungsklauseln** können nicht nur der lösenden Kündigung dienen, sondern auch der Änderungskündigung (BGH WM 1977, 834; Canaris, Bankvertragsrecht Rn 1329; Terpitz 954 ff; Bedenken bei H P Westermann AcP 176 [1976] 537). Die Kündigungsklausel braucht nicht besonders hervorzuheben, daß neben der lösenden Kündigung auch die Änderungskündigung zulässig ist. Ist die Änderungskündigung auf eine einfache Kündigungsklausel gestützt, so kann dies bedeuten, daß die Kündigung unbedingt erklärt und mit einem Neuabschlußangebot verbunden wird, oder daß sie unter einer aufschiebenden Potestativbedingung erklärt wird (zur Technik der Änderungskündigung vgl etwa BGH WM 1977, 834, 835; Terpitz 956). Regelmäßig entspricht die Kündigung unter einer Potestativbedingung dem Sinn und Zweck der auf Zinsänderung zielenden Kündigung. Nimmt der Vertragspartner das in der Änderungskündigung enthaltene Angebot zur Vertragsänderung an, so stellt dies idR eine bloße Änderung des fortlaufenden Vertrages, nicht einen Neuabschluß dar, weil die Änderungskündigung regelmäßig als auflösend bedingt aufzufassen ist (vgl im Ergebnis auch Terpitz 967). Etwaige Kreditsicherheiten setzen sich also ohne weiteres fort (Terpitz 963).

149 Die Befugnis zur Änderungskündigung ist als minus in der Befugnis zur unbedingt lösenden Kündigung enthalten. Die **Änderungskündigung hat** sogar **Vorrang** vor der lösenden Kündigung, denn das Kreditinstitut darf von dem ihm eingeräumten Recht zur ordentlichen lösenden Kreditkündigung nur in den Grenzen des § 242 Gebrauch machen (BGH WM 1977, 834, 835; OLG Hamburg MDR 1965, 294 f; allg zur Einschränkung von Kündigungsrechten durch § 242 MünchKomm/Roth § 242 Rn 440). Die Ausübung des Kündigungsrechts kann deshalb mit Neuverhandlungspflichten einhergehen (zur Neuverhandlungspflicht vgl allgemein Horn AcP 181 [1981] 255). Das gilt insbes für formularmäßige Kündigungsrechte des Kreditgebers (dazu Rn 153 ff). Diese dienen schon bestimmungsgemäß nicht der Lösung, sondern nur der Anpassung langfristiger Kredite (vgl zur früheren Regelung in § 18 Abs 2 SpkVO NRW: BGH WM 1977, 834, 835 sowie Terpitz 956). Das Ziel der vom Kreditgeber ausgesprochenen Kündigung – Vertragsanpassung oder Vertragsauflösung – bestimmt dann auch die Voraussetzungen des Kündigungsrechts (deutlich BGH WM 1977, 834, 835). Der BGH stellt darauf ab, ob dem Kreditgeber bei der Ausübung des Kündigungsrechts ein „ernstlicher Grund" zur Seite steht. Dieser „ernstliche Grund" als Legitimationsvoraussetzung der ordentlichen Kündigung braucht nicht die Voraussetzungen eines wichtigen Grundes für die außerordentliche Kündigung zu erfüllen. Canaris (Bankvertragsrecht Rn 1329) spricht deshalb nur von einem „berechtigten Anlaß". Eine Zinsanpassung, die zur wirtschaftlichen

Anpassung an eine veränderte Refinanzierungssituation unentbehrlich ist, stellt einen solchen „ernstlichen Grund" dar (ausdrücklich BGH aaO). Allerdings muß die Kreditgeberin nach Auffassung des BGH auch bereit sein, den Zinssatz wieder herabzusetzen, wenn die durch die Änderungskündigung auszugleichende Hochzinsperiode endet (zur diesbezügl Anpassungspflicht des Kreditgebers s BGHZ 97, 212, 222 sowie Rn 158). Im Hinblick auf §609 a bedeutet dies einen erweiterten Kreditnehmerschutz, weil der nachträglich angehobene Zinssatz ohne Einhaltung der gesetzlichen Kündigungsfristen wieder gesenkt werden muß, und zwar auch ohne daß der Kreditnehmer seinerseits eine Änderungskündigung ausspricht (vgl CANARIS, Bankvertragsrecht Rn 1329).

δ) **Klauselkombinationen** sind zulässig und in der Praxis gebräuchlich. Vgl als Bei- **150** spiel für die Kombination einer Zinsgleitklausel mit einer Zinsänderungsklausel LG Heidelberg WM 1975, 1271: „Der Zinssatz beträgt $3^3/4\%$ über dem jeweiligen Diskontsatz der Deutschen Bundesbank, zur Zeit also 7% jährlich netto, mindestens jedoch 7%. Die Bank behält sich vor, den Zinssatz je nach den Geldmarktverhältnissen zu ändern." Diese Klausel besagt zunächst, daß der Zinssatz grundsätzlich automatisch $3^3/4\%$ über dem jeweiligen Diskontsatz der Deutschen Bundesbank betrage. Darüber hinaus ist vereinbart, daß die Kreditgeberin bei einer außergewöhnlichen Änderung der Geldmarktverhältnisse die Möglichkeit haben soll, den Zinssatz den geänderten Verhältnissen im Rahmen des Erforderlichen anzugleichen. Möglich ist ferner die Kombination der Zinsgleitklausel oder der Zinsänderungsklausel mit einer Kündigungsklausel (vgl BGH WM 1977, 834; TERPITZ 960 ff). Der Sinn der Kündigung besteht dann entweder darin, daß die Kündigungsklausel minder strenge Voraussetzungen vorsieht als die Anpassungsklausel, oder er liegt bei den Kündigungsfolgen: Die Änderungskündigung überwindet auch eine mit der Änderungsklausel verbundene Höchstklausel (dazu Rn 147).

bb) **Die Wirksamkeit von Zinsanpassungsklauseln** richtet sich nach allgemeinen **151** Regeln, insbes nach §138 und nach dem AGBG (zu diesem vgl Rn 152 ff). Bedenken im Hinblick auf §3 S 2 WährG (Wortlaut: STAUDINGER/K SCHMIDT[12] Vorbem D 187 zu §244) bestehen nicht (aA allerdings SCHWARZ 83 ff). Abgesehen von grundsätzlichen Bedenken gegen die Anwendung dieser Bestimmung auf den Zins als Nebenforderung sind die gebräuchlichen Zinsanpassungsklauseln als Spannungsklauseln, teilweise gleichzeitig als Leistungsbestimmungsvorbehalte anzusehen und damit in jedem Fall genehmigungsfrei.

c) **Zins- und Zinsanpassungsklauseln in AGB** sind zunächst als Konditionenanpas- **152** sungsklauseln praktisch unentbehrlich und prinzipiell nicht zu beanstanden (ULMER/ BRANDNER/HENSEN Anh §§9-11 Rn 282; SCHMUCK aaO; vWESTPHALEN, Vertragsrecht u AGB-Klauselwerke, Darlehensvertrag Rn 41). Prüfungsmaßstab ist §9 AGBG, nicht §11 Nr 1 AGBG, denn diese Bestimmung gilt nicht für laufende Dauerschuldverhältnisse (LÖWE/vWESTPHALEN/TRINKNER §9 Rn 73; §11 Nr 1 Rn 6 mit Hinweis auf LG Heidelberg WM 1975, 1271; PALANDT/HEINRICHS §11 AGBG Rn 5; ULMER/BRANDNER/HENSEN Anh §§9-11 Rn 282; SCHWARZ 64 ff). Auch §10 Nr 4 AGBG ist nicht einschlägig, denn es ändert sich nicht die Leistung des Verwenders, sondern die Gegenleistung (SCHMUCK 196). Zinsklauseln haben zum anderen aber die hiervon deutlich zu unterscheidende Aufgabe, den Fall des Schuldnerverzuges zu regeln und hierfür besondere Zinsregelungen aufzustellen (hierzu Rn 159 ff).

153 aa) Unbedenklich sind Zinsanpassungsklauseln jedenfalls dann, wenn sie nur eine Feinabstimmung der Geschäftsgrundlage ermöglichen sollen und wenn sie **beiden Parteien** gleichartige Rechte geben, insbes also nicht nur zur Erhöhung des Zinssatzes sondern auch zur Zinsherabsetzung führen sollen. **Einseitige Zinsanpassungsklauseln**, die ausschließlich auf Zinserhöhungen gerichtet sind, verstoßen nach der Auffassung von Canaris gegen § 9 AGBG (Bankvertragsrecht, Rn 1328 f; ders ZIP 1980, 720; ebenso Wessels 41). Dem ist nur mit Vorbehalten zuzustimmen. Die Klausel könnte sich nämlich darauf beschränken, auch dem Gläubiger eine Position zuzugestehen, die derjenigen des durch § 609 a einseitig geschützten Schuldners entspricht (vgl auch Karsten Schmidt BB 1982, 2078). § 609 a will eine gewisse Waffengleichheit zwischen Kreditgeber und Kreditnehmer herbeiführen. Es ist dieser Absicht implizit, daß § 609 a von einem Ungleichgewicht zwischen den Gestaltungsmöglichkeiten der beiden Beteiligten ausgeht (MünchKomm/H P Westermann § 609 a Rn 4 f). Er setzt nämlich voraus, daß der Kreditgeber im Gegensatz zum Kreditnehmer selbst in der Lage ist, sein Interesse an einer Anpassung an marktübliche Zinssätze wahrzunehmen. Eine einseitige Zinsanpassungsklausel verstößt deshalb nur dann gegen § 9 Abs 1 AGBG, wenn sie dem Kreditgeber eine unangemessene Besserstellung gegenüber dem gesetzlichen Kündigungsrecht des Kreditnehmers einräumt. Das kann der Fall sein, wenn dem Kreditgeber eine jederzeitige Anpassung an Diskontsatzveränderungen eingeräumt wird, während es für den Kreditnehmer bei der befristeten Kündigung des § 609 a bleibt.

154 Aus § 9 AGBG ergeben sich daher wegen des im Prinzip berechtigten Interesses der kreditgewährenden Bank an einer Anpassung an bei Vertragsschluß noch nicht vorhersehbare, neue Verhältnisse – insbesondere an kapitalmarktbedingte Änderungen der Refinanzierungskonditionen – keine grundsätzlichen Wirksamkeitsbedenken gegen formularmäßig vereinbarte, einseitige Leistungsbestimmungsrechte des Kreditgebers iSd § 315, soweit hierfür ein sachlicher Grund besteht (Ulmer/Brandner/Hensen Anh §§ 9-11 AGBG Rn 282; BGHZ 97, 212, 216 ff = BGH NJW 1986, 1803 = WM 1986, 580, 581 = ZIP 1986, 698, 699; BGHZ 118, 126, 130 f; OLG Düsseldorf NJW 1991, 2429, 2430 jew zu Nr 10 AGB-Spk aF). Derartige Anpassungsklauseln dürfen jedoch nicht einseitig ein von den ursprünglich vereinbarten Kreditkonditionen abweichendes Erhöhungsrecht der Bank festlegen oder eine Ermäßigung bei sinkenden Refinanzierungskosten in das Belieben der Bank stellen (LG Frankfurt/M WM 1985, 316, 317; vWestphalen, Vertragsrecht u AGB-Klauselwerke, Darlehensvertrag Rn 42; Reifner JZ 1995, 866, 869). Soweit dies der Klauselwortlaut zuläßt, ist die Bank unter Berücksichtigung der Marktverhältnisse auch zu einer Zinssenkung verpflichtet (Karsten Schmidt BB 1982, 2078; Schwarz 81 ff), weshalb ein Vertragsauflösungsrecht des Darlehensnehmers für den Fall sinkender Marktzinsen nicht erforderlich ist (vgl BGHZ 97, 212, 217 = NJW 1986, 1803 = WM 1986, 580, 581 = ZIP 1986, 698, 700 f; 118, 126, 131; **aA** Löwe/vWestphalen/Trinkner, AGBG, Bd III 38.2 Rn 5; vWestphalen, Vertragsrecht u AGB-Klauselwerke, Darlehensvertrag Rn 46; Köndgen/König ZIP 1984, 129, 137; Schwarz 73 ff). Zinsbestimmungs- und -anpassungsklauseln in Darlehensverträgen, die über den üblichen Wortlaut hinaus eine weitere Konkretisierung von Entstehung und Umfang des bankenseitigen Bestimmungsrechts nicht zulassen, sind so auszulegen, daß der Zweck der Klausel – Anpassung des Zinssatzes an die jeweiligen Verhältnisse des Kapitalmarkts und die bestehenden Refinanzierungskonditionen – die Grenzen für Anlaß und Umfang der Änderung festlegt (BGHZ 97, 212, 222 = WM 1986, 580 = ZIP 1986, 698, 700 f; 115, 126, 130 f; BGH ZIP 1991, 301, 305 = NJW 1991, 832; Gössmann/Wagner-Wieduwilt/Weber, AGB-Banken 1993, Nr 12 Rn 1/337 ff mwN; hierzu auch LÜBKE-DETRING 60 ff). Soweit eine Konditionenanpassungsklausel diesen Anforderungen genügt, wird man eine auf die AGB gestützte Festsetzung eines einseitigen Zinsänderungsrechts als zulässig anzusehen haben (MünchKomm/H P WESTERMANN § 609 Rn 9; Bedenken wegen nur unzureichender Bestimmtheit insbes bei SCHWARZ 71 f; ders NJW 1987, 626 und REIFNER JZ 1995, 866, 873 mwN). Das VerbrKrG verläßt sich allerdings nicht auf eine Herbeiführung der nötigen Klauselbestimmtheit qua richterlicher Interpretation: Gemäß §§ 4 Abs 1 S 4 Nr 1 Lit e, 5 Abs 1 S 2 Nr 3 VerbrKrG sind die Voraussetzungen einer Zinsanpassung bereits im Kreditvertrag explizit zu benennen (Rn 85 ff).

Auf der Grundlage der BGH-Rspr ist Nr 12 Abs 3 AGB-Banken nF, obwohl von der **155** Aufnahme einer expliziten Zinsanpassungsklausel in die AGB-Banken 1993 abgesehen wurde (näher HORN/MERKEL, Die AGB Banken 1993, 23 f; GÖSSMANN/WAGNER-WIEDUWILT/WEBER, AGB-Banken 1993, Nr 12 Rn 1/335; KRINGS ZBB 1992, 326, 330), dahingehend zu interpretieren, daß – im Rahmen der getroffenen Kreditvereinbarung – bei Senkung des Marktzinses der vom Kunden geschuldete Zins herabzusetzen ist. Nr 17 Abs 2 S 1 AGB-SpK nF sieht eine im Rahmen der Zinsfestlegung bzw -änderung erforderliche Berücksichtigung der marktlagebedingten Veränderung des allgemeinen Zinsniveaus, aber auch des vom Kreditinstitut zu betreibenden „Aufwandes" nunmehr sogar ohne ausschließlichen Verweis auf die jeweiligen Kreditvereinbarungen vor (Bedenken gegen die Konformität dieser Regelung mit § 9 Abs 1 AGBG wegen des unbestimmten Änderungskriteriums des Aufwandes bei vWESTPHALEN BB 1993, 8, 11 f; ders, Vertragsrecht u AGB-Klauselwerke, Banken- und Sparkassen-AGB Rn 100 ff; krit auch DERLEDER/METZ ZIP 1996, 573, 583 f).

Die zwingenden Regelungen des VerbrKrG (insbes §§ 4, 5, 6 Abs 2 VerbrKrG; hierzu **156** Rn 85 ff) werden nach der ausdrücklichen Regelung in Nr 12 Abs 6 AGB-Banken nF durch die AGB-Banken nicht tangiert (näher hierzu HOEREN NJW 1992, 3263, 3266; HORN/ MERKEL 25 f). Weshalb auf eine entsprechende Bezugnahme auf das VerbrKrG in den AGB-Sparkassen nF gänzlich verzichtet wurde, ist angesichts der doch weitgehenden Identität der Regelungsinhalte nicht recht klar (krit auch vWESTPHALEN BB 1993, 8, 12 f; ders, Vertragsrecht u AGB-Klauselwerke, Banken- und Sparkassen-AGB Rn 106; DERLEDER/ METZ ZIP 1996, 573 in Fn 5). Allerdings erscheint die in Nr 12 Abs 6 S 3 ABG-Banken nF hinsichtlich der Zinssatzhöhe für Dispositionskredite nach § 5 VerbrKrG – neben dem Preisaushang – gewählte Orientierung an dem Kunden übermittelten „Informationen" problematisch: Ein einseitiges Leistungsbestimmungsrecht qua bloßer Kundeninformation dürfte mit § 9 Abs 1 AGBG kaum zu vereinbaren sein (HOEREN NJW 1992, 3263, 3266 mwN).

Zur Vermeidung unzumutbarer Belastungen für den Darlehensnehmer erkennt der **157** Bundesgerichtshof neuerdings Klauseln, die dem Verwender das Recht einseitiger Zinsfestlegung einräumen, nur noch dann als wirksam an, wenn dem Kunden aus diesem Anlaß ein Kündigungsrecht eingeräumt werde (BGH NJW 1989, 1796, 1797 f; hierzu MÜNCHKOMM/BASEDOW § 23 AGBG Rn 116). Dieser Vorgabe wurde in Nr 12 Abs 4 AGB-Banken 1993 Rechnung getragen (hierzu GÖSSMANN/WAGNER-WIEDUWILT/WEBER Nr 12 Rn 1/341 ff; HORN/MERKEL 24 f; ferner Rn 159 ff).

bb) Auch eine **Änderungskündigung** kann in Allgemeinen Geschäftsbedingungen **158** vorgesehen werden (BGH WM 1977, 834, 835; CANARIS, Bankvertragsrecht Rn 1329; STAUDIN-

GER/HOPT/MÜLBERT[12] § 608 Rn 24). Ein einseitiges Kündigungsrecht nur zugunsten des Kreditgebers verstößt nach CANARIS gegen § 9 AGBG (Bankvertragsrecht Rn 1329; ders ZIP 1980, 720). Dieser Standpunkt wird hier bei Rn 153 relativiert. Im Fall der Änderungskündigung ist dies besonders einsichtig: Das Gesetz räumt dem Kreditnehmer ein solches Kündigungsrecht in § 609 a unter der Prämisse ein, daß der Kreditgeber selbst zur Wahrung seiner Belange imstande ist. Das Recht zur Änderungskündigung darf freilich nur in den durch § 242 gezogenen Grenzen ausgeübt werden (BGH WM 1977, 834, 835; CANARIS, Bankvertragsrecht Rn 1329; MünchKomm/H P WESTERMANN § 609 Rn 8). Ein zur außerordentlichen Kündigung berechtigender wichtiger Grund muß nicht vorliegen, wohl aber muß die Änderungskündigung durch hinreichende Gründe – zB durch eine unvorhersehbare Steigerung des Zinsniveaus – gerechtfertigt sein (Rn 149). Nach LAG Hamm ZIP 1993, 1254, 1256 ist eine die jederzeitige Kündigung durch den Kreditgeber ohne Angabe von Gründen vorsehende Klausel im Hinblick auf einen gleichzeitigen langfristigen Tilgungsplan – in dem regelmäßig der Ausschluß eines ordentlichen Kündigungsrechts liege – nach § 9 Abs 2 AGBG unwirksam. Zu den ökonomischen und rechtlichen Aspekte der in § 609 a vorgesehenen Kündigungsmöglichkeiten vgl die eingehende Analyse bei BÜHLER/KÖNDGEN/SCHMIDT ZBB 1990, 49 ff; ferner BRANDTS, Das Recht zur vorzeitigen Darlehenskündigung gemäß § 609a BGB ...(1996).

159   **cc)**   **α) Verzugsschadenspauschalierungen in Form von Zinspauschalen** sind zB in § 11 Abs 1 VerbrKrG (Rn 165), in § 16 Nr 5 Abs 3 S 2 VOB/B (dazu zB INGENSTAU/KORBION, VOB/B [12. Aufl 1993] § 16, 5 Rn 276, 287 ff mwN; OLG Hamm BB 1995, 539; ZIMMERMANN JuS 1991, 229, 230; WOLF/HORN/LINDACHER § 23 AGBG Rn 264 mwN), in § 29 S 3 ADSp (vgl hierzu KOLLER, TransportR [3. Aufl 1995] § 29 ADSp Rn 5 f; BGH NJW-RR 1991, 995, 997 = WM 1991, 1468 = BB 1991, 1452) sowie in § 92 EVO (hierzu MünchkommHGB/BLASCHCZOK § 454 Rn 88 f) enthalten. Sie sind einer Reihe rechtlicher Restriktionen unterworfen. Eine besondere Stellung nimmt hier der Verbraucherkredit ein, für den § 11 Abs 1 VerbrKrG selbst eine Verzugszinspauschale vorsieht, wovon nach § 18 VerbrKrG zu Lasten des Verbrauchers nicht abgewichen werden darf (dazu Rn 167). Als **gesetzliche Ausgangslage** für die rechtliche Beurteilung von Zinspauschalen ist zunächst folgendes festzuhalten:

160   **αα)**   **Außerhalb des Anwendungsbereichs des VerbrKrG** soll die bereits vor Erlaß des VerbrKrG ergangene Rechtsprechung des Bundesgerichtshofs zur abstrakten Schadensberechnung fortgeführt werden (BGH WM 1994, 2073, 2075; NJW 1995, 1954 = ZIP 1995, 909, 910; OLG München WM 1994, 1028, 1030). Danach ist es Kreditinstituten gestattet, ihren Verzugsschaden abstrakt zu berechnen und hierbei die zur Zeit des Verzugs marktüblichen Bruttosollzinsen als Wiederanlagezinsen zugrundezulegen. Maßgebend ist dann ein Durchschnittszinssatz, der sich nach der Zusammensetzung des gesamten Aktivkreditgeschäfts des jeweiligen Kreditgebers, mithin nach institutsspezifischen Gegebenheiten richtet (BGHZ 104, 337, 344 f mwN = NJW 1988, 1967, 1969 f = WM 1988, 929; BGH NJW 1988, 1971 = WM 1988, 1044; NJW-RR 1989, 752, 754; NJW-RR 1989, 947, 950; NJW-RR 1989, 1320 f; WM 1991, 1983; BGHZ 110, 336, 341 = NJW 1990, 1595 = WM 1990, 669; BGH WM 1993, 586, 588; OLG Hamm NJW 1990, 1672, 1674; ZIP 1990, 640, 641; OLG Hamburg FamRZ 1993, 956, 957). Die Zulässigkeit einer derartigen abstrakten Schadensberechnung setzt freilich voraus, daß das Kreditinstitut nicht daneben noch Ersatz für die fortdauernden Aufwendungen – bspw in Form von Mahnkosten während des Verzuges (hierzu BGH NJW 1988, 1971, 1972) begehrt. Abzustellen ist bei dieser Berechnung des Durchschnittszinssatzes auf den marktüblichen Zins, bei der Gewichtung der einzelnen Kreditarten aber auf die institutsspezifischen Gegebenheiten (vgl BGH NJW-RR 1989, 754, 950), wobei die Offenlegung der prozentualen Anteile der einzelnen Kredite am Gesamtgeschäft genügen wird (vgl Mülbert JZ 1992, 445, 455). Soweit sich Bankkredite nicht in die Bundesbankstatistik der marktüblichen Sollzinsen einordnen lassen, muß für derartige Kredite auf andere Weise ein marktüblicher Zins ermittelt werden (vgl BGH WM 1991, 1983, 1984).

Soweit der Kreditnehmer bei von ihm verschuldeter (vorzeitiger) Gesamtfälligstel- **161** lung mit seiner Rückzahlungsverpflichtung in Verzug kommt, ist der Kreditgeber in analoger Anwendung des § 628 Abs 2 berechtigt, alternativ (kritisch gegenüber dieser Alternativität Mülbert JZ 1992, 445, 455, Fn 305, 307) zu dem beschriebenen Verzugszins Weiterzahlung des Vertragszinses zu verlangen (BGHZ 104, 337, 342 f; vgl OLG Frankfurt/M NJW-RR 1988, 305, 307). Diese Möglichkeit besteht für den Kreditgeber indessen nur „im Rahmen seiner rechtlich geschützten Zinserwartung" (vgl BGHZ 104, 337, 343 mwN; BGH WM 1988, 1044, 1045). Der Zinsanspruch bezieht sich mithin lediglich auf das rückständige Darlehenskapital, nicht hingegen auf rückständige Zinsen und endet spätestens im Zeitpunkt der vertraglich vorgesehenen Fälligkeit oder aber zum nächsten Kündigungstermin nach § 609 a (BGHZ 104, 337, 342 f mwN; Soergel/Wiedemann § 288 Rn 40 mwN; so bereits Kilimann NJW 1987, 618, 622; aM KG WM 1987, 1513, 1515; Löwisch BB 1985, 959, 960; Bruchner ZHR 153 [1989] 101, 112; krit gegenüber dieser Beschränkung Rieble ZIP 1988, 1027, 1028 f; Nassall WM 1989, 705 f; Emmerich, in: FS Giger [1989] 173, 186 ff; OLG Hamm ZIP 1990, 640, 641; hierzu auch Mack WM 1986, 1337, 1345; Gruber NJW 1992, 2274 f sowie Meyer-Cording NJW 1993, 114 f).

Eine konkrete Schadensberechnung ist dem Kreditgeber unbenommen (BGHZ 104, **162** 337, 349 mwN; BGH NJW 1988, 1967, 1970; NJW-RR 1989, 752, 754; hierzu auch Rn 193 ff).

Diese Konzeption einer abstrakten Verzugsschadensberechnung bei Bankkrediten **163** entspricht mittlerweile st Rspr des BGH (BGH WM 1989, 170, 173; WM 1989, 484, 487; WM 1989, 1011, 1015 f = NJW-RR 1989, 947, 950 = ZIP 1989, 903; WM 1989, 1083, 1085; WM 1989, 1675, 1677 = NJW-RR 1989, 1320, 1321; BGHZ 110, 336 = WM 1990, 669, 671 = NJW 1990, 1595; 115, 268 = NJW 1992, 109 f; BGH WM 1993, 586, 588 = NJW 1993, 1260, 1260). Der BGH hat sich von der aus Anlaß der Einführung des VerbrKrG intensiv geführten Diskussion um eine Orientierung entweder am Vertragszins/Wiederanlagezins oder aber an den Refinanzierungskosten (Steiner DB 1986, 895 ff; Mack WM 1986, 1337, 1338 ff; Reifner/ Burmeister JZ 1987, 952; Scholz ZIP 1986, 545, 547 f; ders DB 1987, 263 ff; Reifner BB 1985, 87, 91 f; ders ZIP 1987, 545 ff; ders, Kreditrecht § 33 Rn 107; Kilimann NJW 1987, 618 ff; Ahrens DB 1987, 315 ff; Gotthardt WM 1987, 1381, 1383 ff mwN; Wilhelm WM 1988, 281 ff; Rieble ZIP 1988, 1027; vgl ferner MünchKomm/Habersack § 11 VerbrKrG Rn 11 bei Fn 27, 28; MünchKomm/ H P Westermann § 608 Rn 5 ff; Ulmer/Brandner/Hensen Anh §§ 9-11 AGBG Rn 284 a; Emmerich, in: FS Giger [1989] 173, 177 ff; vWestphalen/Emmerich/Kessler § 11 VerbrKrG Rn 10 ff; vWestphalen, Vertragsrecht u AGB-Klauselwerke, Darlehensvertrag Rn 91 ff; Bruchner ZHR 153 [1989] 101 ff; Bruchner/Ott/Wagner-Wieduwilt § 11 VerbrKrG Rn 8 ff, 20 f; Steiner, in: FS Giger [1989] 655, 660 ff) nicht beeindrucken lassen und an seiner Argumentationslinie festgehalten. Der BGH hat freilich darauf reagiert, daß der Gesetzgeber des VerbrKrG die Rechtsprechung des BGH zur abstrakten Schadensberechnung als für viele Kreditinstitute deswegen zu restriktiv kritisiert hat, weil sie ihnen eine unpraktikable Offenlegung der Struktur ihres Aktivgeschäfts und des relativen Gewichts der einzelnen Arten der Aktivgeschäfte abverlange, und daraufhin die für interessengerechter gehaltene Norm des § 11 Abs 1 VerbrKrG erlassen hat. Der BGH hat nämlich dieser Neuregelung der Sache nach eine Art Rückwirkung verliehen, indem er ausgesprochen hat, im Wege der Schadensschätzung nach § 287 ZPO sei bei denjenigen Geschäften, die nunmehr dem VerbrKrG unterfallen würden, ein Verzugsschaden von 5% über dem jeweiligen Diskontsatz der Deutschen Bundesbank zuzusprechen, falls der Gläubiger ein Kreditinstitut sei und der für die allgemeinen Grundsätze zur abstrakten Schadensberechnung bestehenden Darlegungslast nicht entspreche (BGHZ 115, 268, 273 f = NJW 1992, 109, 110 = WM 1991, 1983; BGH WM 1994, 2073 = NJW 1994, 3344; NJW 1995, 954, 955).

164 ββ) **Im Anwendungsbereich des VerbrKrG** ist **die Regelung des § 11 VerbrKrG** als zentrale Norm zu beachten. Sie hat folgenden **Inhalt:**

165 Nach § 11 Abs 1 VerbrKrG kann bei einem Verbraucherkredit der Kreditgeber grundsätzlich Verzugszinsen in Höhe von 5% über dem jeweiligen Diskontsatz der Deutschen Bundesbank (§§ 19 Abs 2, 33 BBankG) beanspruchen, ohne nähere Angaben zur Schadenshöhe machen zu müssen (BGH NJW 1992, 1620, 1621). Damit ist der Gesetzgeber – in Übereinstimmung mit der bereits vor Erlaß des VerbrKrG gefestigten Rspr (BGHZ 104, 337, 388 ff; BGH WM 1986, 8, 10 = NJW-RR 1986, 205, 207; WM 1987, 1481, 1484; NJW 1988, 1971) – der Auffassung gefolgt, daß der Verzugszins nach Schadensgesichtspunkten zu ermitteln und mit Verzugseintritt ein Rückgriff des Kreditgebers auf den Vertragszins ausgeschlossen ist (vgl Begr zum RegE, BT-Drucks 11/5462, S 13, 26; MünchKomm/HABERSACK § 11 VerbrKrG Rn 9). Eine im Regierungsentwurf zunächst noch vorgesehene Ausnahme, die dem Kreditgeber nach Kündigung des Ratenkredits – ähnlich wie nach der Rechtsprechung des BGH zur analogen Anwendung des § 628 Abs 2 (dazu Rn 161) – in beschränktem Umfang eine Geltendmachung des Vertragszinses gestatten wollte, ist in der endgültigen Fassung gestrichen worden (vgl dazu BGHZ 115, 268, 269 f = NJW 1992, 109; SCHOLZ MDR 1991, 191, 194). Mit dieser – am jeweiligen Diskontsatz orientierten – Verzugszinspauschale „D + 5“ ist der erhöhte verzugsbedingte Verwaltungs- bzw Bearbeitungsaufwand des Kreditgebers sowie der Refinanzierungsaufwand abgegolten (vgl BT-Drucks 11/5462, 26). Änderungen des Diskontsatzes sind – anders als nach Artt 48 Abs 1 Nr 2 WG, 45 Nr 2 SchG – für die Verzinsung ab Beginn des Tages zu beachten, den die Deutsche Bundesbank als Datum des Wirksamwerdens ihres Beschlusses bestimmt hat (§ 33 BBankG). Bei während des Verzuges eintretender Diskontsatzänderungen ist eine entsprechende Modifizierung des Schadensersatzanspruchs nach § 11 Abs 1 VerbrKrG vorzunehmen (vgl MÜNSTERMANN/HANNES, VerbrKrG, Rn 593; BRUCHER/OTT/WAGNER-WIEDUWILT § 11 VerbrKrG Rn 32).

166 Nach § 11 Abs 1 aE VerbrKrG kann im Einzelfall der Kreditgeber einen höheren und der Verbraucher einen niedrigeren Verzugsschaden nachweisen. Allerdings dürfte der dem Verbraucher obliegende Beweis eines gegenüber dem pauschalierten Schaden verringerten Schadensumfangs beim Kreditgeber in praxi nicht zu führen sein (näher BRUCHNER/OTT/WAGNER-WIEDUWILT § 11 VerbrKrG Rn 31; UNGEWITTER JZ 1994, 701, 705, 708; vWESTPHALEN/EMMERICH/KESSLER § 11 VerbrKrG Rn 29; ERMAN/KLINGSPORN/REBMANN § 11 VerbrKrG Rn 20; MünchKomm/HABERSACK § 11 VerbrKrG Rn 21; vgl auch BGH WM 1994, 2073, 2075; aA BÜLOW § 11 VerbrKrG Rn 35). Ebenso wird aber auch Bemühungen des kreditgewährenden Instituts um den Nachweis eines höheren Schadens wegen infolge des Schuldnerverzugs gescheiterter Neukreditvergabe in der Praxis regelmäßig der Erfolg versagt bleiben müssen (vgl MÜNSTERMANN/HANNES, VerbrKrG, Rn 598 f; BRUCHNER/OTT/WAGNER-WIEDUWILT § 11 VerbrKrG Rn 30; vWESTPHALEN/EMMERICH/ KESSLER § 11 VerbrKrG Rn 29; optimistischer dagegen BÜLOW § 11 VerbrKrG Rn 33). Diese Schwierigkeiten für die Kreditinstitute waren ja auch gerade ein wesentlicher Grund für die Einführung der einfach zu handhabenden Regelung des § 11 Abs 1 VerbrKrG (vgl Rn 160 ff).

§ 11 VerbrKrG hat am Grundsatz der Wahlfreiheit zwischen abstrakter und konkre- **167** ter Schadensberechnung ersichtlich nichts ändern wollen. Wie vor Geltung des VerbrKrG dürfte es als unzulässig anzusehen sein, die gesetzliche Schadenspauschale durch weitere, konkret errechnete Schadenspositionen, die im Zusammenhang mit der weiteren Abwicklung des gestörten Kredits entstehen, „aufzubessern" (KÖNDGEN NJW 1994, 1508, 1515; BÜLOW § 11 VerbrKrG Rn 29a, 32; MünchKomm/HABERSACK § 11 VerbrKrG Rn 22). Neben der Geltendmachung des in § 11 Abs 2 VerbrKrG pauschalierten Verzugsschadens ist daher die Abrechnung eines konkreten Verzugsschadens (vgl BGH NJW 1988, 1971, 1972 = WM 1988, 1044) unzulässig (LG Stuttgart NJW 1993, 208, 209 = WM 1989, 2013).

Ferner sind gemäß § 11 Abs 2 S 1 VerbrKrG die nach Eintritt des Verzugs anfallen- **168** den Zinsen auf einem gesonderten Konto zu buchen und dürfen nicht gemäß § 355 HGB periodisch in ein Kontokorrent mit dem geschuldeten Betrag oder anderen Forderungen des Kreditgebers eingestellt werden. Hierdurch soll zugunsten des Verbrauchers die durch § 11 Abs 2 S 2 VerbrKrG angeordnete Beschränkung der Zinseszinsen im Verzugsfalle sowie die von § 367 abweichende Tilgungsverrechnung in § 11 Abs 3 S 1 VerbrKrG sichergestellt werden (PALANDT/PUTZO § 11 VerbrKrG Rn 5; vWESTPHALEN/EMMERICH/KESSLER § 11 VerbrKrG Rn 39 ff; BRUCHNER/OTT/WAGNER-WIEDUWILT § 11 VerbrKrG Rn 45). Jedenfalls der pauschalierte Schadensersatz, aber wohl auch der konkret vom Kreditgeber nachgewiesene Schaden iSd § 11 Abs 1, letzter HS VerbrKrG dürften daher dem Anwendungsbereich des § 11 Abs 2 S 1 VerbrKrG unterfallen (PALANDT/PUTZO § 11 VerbrKrG Rn 2; ERMAN/KLINGSPORN/REBMANN § 11 VerbrKrG Rn 23; BÜLOW § 11 VerbrKrG Rn 37c; vWESTPHALEN/EMMERICH/KESSLER § 11 VerbrKrG Rn 35; MünchKomm/HABERSACK § 11 VerbrKrG Rn 25).

Entgegen der Tilgungsregelung des § 367 Abs 1 (ausführl zu deren Grundlage BÜLOW WM **169** 1992, 1009, 1010 f; ders, § 11 VerbrKrG Rn 41) werden während des Verzugs erbrachte Teilleistungen des Verbrauchers, die zur Tilgung der gesamten fälligen Schuld nicht ausreichen, gemäß § 11 Abs 3 S 1 VerbrKrG zunächst auf die Kosten der Rechtsverfolgung, dann auf den übrigen geschuldeten Betrag und zuletzt auf die Zinsen iSd § 11 Abs 2 VerbrKrG (vgl ie zu den jeweiligen Anrechnungspositionen MünchKomm/HABERSACK § 11 VerbrKrG Rn 32 ff; BÜLOW § 11 VerbrKrG Rn 42 ff; BRUCHNER/OTT/WAGNER-WIEDUWILT § 11 VerbrKrG Rn 53 ff) angerechnet. Ungeachtet der Unwirksamkeit einer von der Tilgungsreihenfolge des § 11 Abs 3 S 1 VerbrKrG zum Nachteil des Verbrauchers abweichenden vertraglichen Vereinbarung (§ 18 S 1 VerbrKrG) dürfte aber eine anderweitige, einseitige Leistungsbestimmung durch den Verbraucher nach § 367 Abs 2 zulässig sein (BÜLOW § 11 VerbrKrG Rn 46; BRUCHNER/OTT/WAGNER-WIEDUWILT § 11 VerbrKrG Rn 52; MÜNSTERMANN/HANNES, VerbrKrG, Rn 626; vWESTPHALEN/EMMERICH/KESSLER § 11 VerbrKrG Rn 46; aA MünchKomm/HABERSACK § 11 VerbrKrG Rn 36).

170 Die Verjährungsregelungen der §§ 197 und 218 Abs 2 finden nach § 11 Abs 3 S 3 VerbrKrG auf die als Verzugsschaden geltend gemachten Zinspauschalen des § 11 Abs 2 VerbrKrG keine Anwendung. Auch deren Tilgung ist ja durch die in § 11 Abs 3 S 1 VerbrKrG vorgesehene Anrechnungsreihenfolge hinausgeschoben, was regelmäßig zur Anspruchsverjährung nach § 197 führen würde. Der Verzugsschaden wird vielmehr der Regelverjährung des § 195 unterstellt (vWESTPHALEN/EMMERICH/ KESSLER § 11 VerbrKrG Rn 54, 56; Bedenken bei STAUDINGER/FRANK PETERS [1995] § 197 Rn 17).

171 Gemäß § 11 Abs 3 S 4 VerbrKrG ist die Anwendung des § 11 Abs 3 S 1 bis 3 VerbrKrG bei Zahlungen auf sog isolierte Zinstitel ausgeschlossen. Diese Ausnahmeregelung dürfte freilich, entgegen der eigentlichen gesetzgeberischen Intention, keine Anreize zur isolierten Geltendmachung von Zinsforderungen zu schaffen (vgl BT-Drucks 11/8274, S 22), zur Konsequenz haben, daß der durch die Tilgungsbestimmung des § 11 Abs 3 S 1 VerbrKrG bezweckte Schuldnerschutz jedenfalls dann nicht mehr effektiv zu gewährleisten ist, wenn der Gläubiger einen isolierten Zinstitel erwirkt hat (so BRAUN WM 1991, 165, 166; ders WM 1991, 1325; aA MÜNZBERG WM 1991, 170, 175; BÜLOW WM 1992, 1009, 1013 f; ders § 11 VerbrKrG Rn 49c; MünchKomm/HABERSACK § 11 VerbrKrG Rn 42; vWESTPHALEN/EMMERICH/KESSLER § 11 VerbrKrG Rn 59; REINKING/NIESSEN ZIP 1991, 634, 636; KÜMPEL, Bank- u Kapitalmarktrecht Rn 5.101; BRUCHNER/OTT/WAGNER-WIE-DUWILT § 11 VerbrKrG Rn 66; eingehend ALETH, Die Geltendmachung und Beitreibung von Verzugszinsen aus Verbraucherkrediten [1994] 79 ff).

172 γγ) In den **Anwendungsbereich des § 11 VerbrKrG** fallen sämtliche wirksamen Kreditverträge iSd § 1 Abs 2 VerbrKrG bzw Überziehungskredite iSd § 5 VerbKrG, nicht hingegen die von §§ 2, 3 Abs 1, Abs 2 Nr 2 VerbrKrG erfaßten Vertragsgestaltungen (PALANDT/PUTZO § 11 VerbrKrG Rn 2; MünchKomm/HABERSACK § 11 VerbrKrG Rn 6; ERMAN/KLINGSPORN/REBMANN § 11 VerbrKrG Rn 2). Teile des Schrifttums erwägen darüber hinaus eine entsprechende Anwendung des § 11 VerbrKrG auf solche Kreditverträge iSd § 1 VerbrKrG, die gem §§ 134, 138 nichtig sind und damit einer bereicherungsrechtlichen Rückabwicklung offenstehen (BÜLOW NJW 1992, 2049, 2050 f; ders, § 11 VerbrKrG Rn 26 b; zust LWOWSKI/PETERS/GÖSSMANN, VerbrKrG, 247; MünchKomm/ HABERSACK § 11 VerbrKrG Rn 7; ders, § 11 VerbrKrG Rn 22; vWESTPHALEN/EMMERICH/KESSLER § 11 VerbrKrG Rn 27; BRUCHNER/OTT/WAGNER-WIEDUWILT § 11 VerbrKrG Rn 29; ERMAN/KLING-SPORN/REBMANN § 11 VerbrKrG Rn 6).

173 Auch bei vor Inkrafttreten des VerbrKrG abgeschlossenen Verbraucherkreditverträgen, die, wenn sie nur nach dem Inkrafttreten geschlossen worden wären, dem VerbrKrG unterfallen wären, sind einer Bank als Verzugsschadensersatz im Ergebnis wie nach § 11 Abs 1 VerbrKrG Zinsen in Höhe von 5% über dem jeweiligen Diskontsatz zuzusprechen (BGHZ 115, 268, 273 f = NJW 1992, 109, 110 = WM 1991, 1983; ferner BGH NJW 1992, 1620, 1621 = ZIP 1992, 389, 390; vgl auch OLG Schleswig NJW-RR 1993, 754, 756; LG Tübingen WM 1996, 626, 628). Dies soll freilich nicht als Anwendung des § 11 Abs 1 VerbrKrG verstanden werden, sondern als Schadensschätzung nach § 287 ZPO, zu der gegriffen werden soll, wenn der Kreditgeber seiner Substantiierungslast für eine abstrakte Schadensberechnung nach den in BGHZ 104, 337, 344 f spezifizierten Grundsätzen nicht genügt (vgl KÖNDGEN NJW 1994, 1508, 1515; krit BÜLOW § 11 VerbrKrG Rn 26c; ders ZIP 1996, 8, 10 f). Es bleibt damit dem Kreditgeber überlassen, den Verzugsschaden entweder unter Rückgriff auf die Grundsätze der abstrakten

Verzugsschadensberechnung in Höhe des Wiederanlagezinses (s unter Rn 160 ff) geltend zu machen oder den entstandenen Verzugsschaden auf der Basis des § 11 Abs 1 VerbrKrG „schätzen" zu lassen (MünchKomm/Habersack § 11 VerbrKrG Rn 12). Für Nichtbanken als Gläubiger gelten diese Schadensschätzungsgrundsätze nicht (BGH NJW 1994, 3344, 3345 f = ZIP 1994, 1761 = WM 1994, 2073; zust Bülow ZIP 1996, 8, 10 f; Lwowski/Peters/Gössmann, VerbrKrG, 248 f; wohl auch BGH NJW 1995, 954, 955; aA OLG Bremen WM 1994, 153, 155). Für diesen Kreis von Kreditgebern bleibt es daher bei den allgemeinen Grundsätzen der Verzugsschadensberechnung (Bülow ZIP 1996, 8, 11), außer natürlich § 11 Abs 1 VerbrKrG ist als Rechtsnorm – und nicht als Orientierungsdatum für die Schadensschätzung – anwendbar.

β) Die Einführung der (zugunsten der Verbraucher) halbzwingenden Vorschriften **174** des VerbrKrG hat einer **Überprüfung anhand des AGBG** viel von ihrer einstigen Bedeutung genommen. Eine selbständige Rolle spielt sie heute fast nur noch außerhalb des Anwendungsbereichs des VerbrKrG.

αα) Die Pauschalierung von Schadensersatzansprüchen ist **nach § 11 Nr 5 AGBG** **175** **unwirksam,** wenn sie den „in den geregelten Fällen nach dem gewöhnlichen Lauf der Dinge zu erwartenden Schaden" übersteigt oder dem anderen Vertragsteil der Nachweis abgeschnitten wird, ein Schaden sei nicht entstanden oder wesentlich niedriger als die Pauschale. Zinspauschalen, die sich im Rahmen des zu erwartenden Verzugsschadens bewegen, verstoßen nicht gegen diese Bestimmung (vgl Ulmer/Brandner/Hensen § 11 Nr 5 AGBG Rn 26; Canaris ZIP 1980, 718 f; aM Löwe/vWestphalen/Trinkner § 11 Nr 5 AGBG Rn 15; zweifelnd Locher NJW 1977, 1803; Überblick bei Staudinger/Schlosser[12] § 11 Nr 5 AGBG Rn 27; eingehend zur Angemessenheitskontrolle von Schadenspauschalen Birkenfeld-Pfeiffer, Schadensersatzpauschalen zwischen legitimer Rationalisierung des Geschäftsverkehrs und einseitiger Selbstbevorzugung des Verwenders [1991]). Zulässig ist auch eine Klausel, nach der der Verwender Zinsen, die er für die Refinanzierung bei seiner Muttergesellschaft zu zahlen hat, als Verzugsschaden berechnet (BGH WM 1978, 1170, 1171; Staudinger/Schlosser[12] § 11 Nr 5 AGBG Rn 27). Unangemessen hohe Pauschalverzinsungsklauseln sind unwirksam (OLG München MDR 1978, 407; OLG Köln DB 1981, 688), ebenso Unkostenpauschalen, die neben den tatsächlichen Verzugszinsen und Verzugsschäden zu zahlen sind (Rechtsprechungsnachweise bei Staudinger/Schlosser[12] § 11 Nr 5 AGBG Rn 27). Nach der bei Rn 183 vertretenen Auffassung wird es sich in diesen Fällen vielfach ohnedies um Vertragsstrafeklauseln handeln, die in Allgemeinen Geschäftsbedingungen gegenüber Nichtkaufleuten unzulässig sind. Eine weitere Frage ist, ob Verzugsschadenspauschalierungen – zB Vorfälligkeitsentschädigungen – dem Schuldner in jedem Fall ausdrücklich den Nachweis offenhalten müssen, daß der Verzugsschaden im Einzelfall den Pauschalbetrag nicht erreicht. Diese Frage ist zu verneinen (BayObLG DNotZ 1983, 44, 48; Koch/Stübing § 11 Nr 5 AGBG Rn 15; Löwe/vWestphalen/Trinkner § 11 Nr 5 AGBG Rn 35 f; aM Staudinger/Schlosser[12] § 11 Nr 5 AGBG Rn 19; Schlosser/Coester-Waltjen/Graba § 11 Nr 5 AGBG Rn 39; wohl auch Schmuck 200). Mit Schmuck 198 ist dem Kreditgeber aber vorsorglich zur Aufnahme eines entsprechenden Vorbehalts in die Klausel zu raten.

Bedenken aus § 11 Nr 5 a AGBG im Hinblick auf eine Pauschalierung übermäßiger **176** Schadensersatzansprüche bestehen nach Auffassung des BGH (vgl BGHZ 101, 380, 391 mwN = NJW 1987, 3256) jedenfalls gegen einen absoluten Verzugszinssatz in Höhe von 29,2% pro Jahr sowie dessen rückwirkende Berechnung auf die gesamte Vertragszeit

(vgl auch BGH NJW 1988, 696: 18% p a; NJW 1988, 1971: 21,6% p a; NJW 1990, 1595, 1596: 28,2%
p a; OLG Hamburg NJW-RR 1986, 47: 21% p a; OLG Hamm NJW 1990, 1672, 1674: 24,8%; OLG
Celle WM 1985, 995, 996: 24%; OLG Karlsruhe MDR 1985, 581, 582: 1,6% p m; OLG Frankfurt/M
NJW-RR 1988, 305, 306: 18% p a; KG Berlin MDR 1985, 582: in Höhe des effektiven Jahreszinses
[27,76%] zuzüglich bis zu 4% p a; OLG Hamm NJW-RR 1988, 937, 939: in Höhe der variablen
Sollzinsen zuzüglich 4% p a; OLG Köln ZIP 1987, 363, 365: 21% p a; dagegen hält LG Münster WM
1985, 1105, 1106 Verzugszinsen in Höhe von 1,6% p m für nicht unangemessen; zur rückwirkenden
Berechnung vgl auch Rn 159 ff).

177 Ferner liegt ein Verstoß gegen § 11 Nr 5 a AGBG vor, wenn der Darlehensgeber bei
Verzug des Schuldners Monatszinsen bereits für jeden angefangenen Monat berechnet, da dies bei lediglich kurzfristigem Verzug von wenigen Tagen zu unverhältnis-
mäßig hohen Effektivzinsen führen kann (OLG Hamburg NJW-RR 1986, 47).

178 Eine Klausel, nach der der Restsaldo eines Ratenkredits nach Verzugseintritt und
vorzeitiger Fälligstellung mit dem vereinbarten effektiven Zinssatz zu verzinsen ist,
ist nach Auffassung des Bundesgerichtshofs als nach § 11 Nr 5 b AGBG unzulässige
Vereinbarung eines pauschalierten Anspruchs auf verzugsbedingten Schadensersatz
zu interpretieren (BGH NJW 1986, 376 = WM 1985, 473 = ZIP 1985, 466, 467 m Anm BUNTE;
aA EMMERICH WM 1986, 541, 544). Ganz ähnlich stellt es sich nach Ansicht der Rechtsprechung zu §§ 9 Abs 2 Nr 1, 11 Nr 5, 6 AGBG dar, wenn der Kreditgeber versucht,
sich über die vom BGH konzedierten Grenzen hinaus (s o Rn 165 ff) einen Anspruch
auf Fortzahlung des Vertragszinses auch für die Zeit nach Verzugseintritt zu sichern
(BGH WM 1987, 1481, 1484; BGHZ 104, 337, 339 = NJW 1988, 1967 = WM 1988, 929, 930; BGH
WM 1989, 484, 487; WM 1989, 1011, 1015 f; NJW-RR 1989, 752, 754; KILIMANN NJW 1990, 1154,
1155 ff; ULMER/BRANDNER/HENSEN Anh §§ 9-11 AGBG Rn 165; WOLF/HORN/LINDACHER § 23
AGBG Rn 663). Dies gilt insbes auch für die in Nr 14 Abs 3 AGB-Banken aF/ Nr 10
AGB-Spk aF (vgl aber hierzu die eine Kollision mit § 9 ABGB wegen des durchweg erhöhten
Risikos und Arbeitsaufwandes für den Kreditgeber bei „eigenmächtiger" Kontenüberziehung ver-
neinenden Entscheidungen BGHZ 118, 126, 128 ff mwN = NJW 1992, 1751 = WM 1992, 940 = ZIP
1992, 751, 752 f; BGH ZIP 1992, 754 f; OLG Düsseldorf NJW 1991, 2429, 2430 mwN = ZIP 1991,
919 = WM 1991, 1790; OLG Hamm NJW 1991, 706 = ZIP 1991, 577, 578 = WM 1991, 182, 183;
OLG Köln VersR 1992, 324 f; OLG Schleswig NJW 1992, 120 f; LG Traunstein NJW-RR 1992, 45;
zust MünchKomm/BASEDOW § 23 AGBG Rn 107; ULMER/BRANDNER/HENSEN Anh §§ 9-11 AGBG
Rn 165; STEINER WM 1992, 425, 430 f; vWESTPHALEN, Vertragsrecht u AGB-Klauselwerke, Darlehensvertrag Rn 115; aA KILIMANN NJW 1990, 1154, 1157 f) der kreditgewährenden Bank
eröffnete Möglichkeit, bei Kontenüberziehung die dort vereinbarten bzw im Wege
einseitiger Leistungsbestimmung nach § 315 durch das Kreditinstitut festgesetzten
Zinsen und Entgelte als Überziehungsprovisionen auch für den Fall zu fordern, daß
das Kreditinstitut den Kreditnehmer zur Rückzahlung gemahnt und in Verzug
gesetzt hat, nachdem der Kredit infolge Zeitablaufs, Kündigung oder vorzeitiger
Fälligstellung zur Rückzahlung fällig geworden ist (vgl BGH WM 1986, 8, 10 = NJW-RR
1986, 205, 207; WM 1987, 1481, 1484; NJW-RR 1989, 752, 754; NJW-RR 1989, 947, 950 = WM 1989,
1011, 1015 f = ZIP 1989, 903; WM 1989, 484, 487; OLG Düsseldorf NJW 1991, 2429, 2430 f mwN;
hierzu auch MÜLBERT JZ 1992, 445, 455; aA OLG Hamm WM 1985, 159, 161). Die nunmehr für
Überziehungszinsen geltende Regelung in Nr 18 AGB-Sparkassen nF berücksichtigt
diese Rspr und begegnet daher keinen Bedenken (ADEN NJW 1993, 832, 836). Derartige
Regelungen werden als faktische Vertragsstrafeversprechen regelmäßig zugleich
gegen § 11 Nr 6 AGBG verstoßen (SOERGEL/STEIN § 11 AGBG Rn 53 mwN).

An den jeweiligen Bundesbank-Diskontsatz angelehnte Verzugszinspauschalen wer- **179** den von der Rspr unterschiedlich bewertet: Während Zinspauschalen iHv 2% (BGH NJW 1982, 331, 332 für Kfz-Handel) oder 4% bzw 5% über dem Bundesbankdiskontsatz (OLG Köln MDR 1994, 137; BGH NJW 1995, 954, 955 für Leasinggeber; BGHZ 115, 268, 273; BGH NJW 1995, 1954 für Banken im Verbraucherkreditgeschäft) im Einzelfall als unproblematisch angesehen werden, soll – gemessen am „branchentypischen Durchschnittsgewinn" – bei einer Pauschalierung iHv 5% (OLG Hamburg NJW 1991, 2841 = WM 1992, 446, 447 für Kreditkartenunternehmen) bzw 6% über Bundesbankdiskont (BGH NJW 1984, 2941 für Bank) bereits die Schwelle zur unangemessenen Benachteiligung des Vertragspartners überschritten worden sein (weitere Nachw bei MünchKomm/Basedow § 11 Nr 5 AGBG Rn 69; Palandt/Heinrichs § 11 AGBG Rn 22 ff; Wolf/Horn/Lindacher § 11 Nr 5 AGBG Rn 24 f; zu den notwendigen Voraussetzungen einer Einbeziehung derartiger Klauseln [§ 2 Abs 1 Nr 2 AGBG] Müller NJW 1996, 1520). Jedenfalls darf auch eine am Diskontsatz ausgerichtete Pauschale dem Vertragspartner nicht den Gegenbeweis eines geringeren Schadens abschneiden. Sofern die Klausel den Eindruck erweckt, der in einem festen Prozentsatz ausgewiesene Betrag sei ohne Gegenbeweismöglichkeit stets zu zahlen, liegt eine Unvereinbarkeit mit § 11 Nr 5 b AGBG vor (BGH WM 1992, 1956, 1958; OLG Hamm NJW-RR 1986, 1179, 1180; vWestphalen, Vertragsrecht u AGB-Klauselwerke, Verzugszinsen Rn 8 f mwN). Im übrigen betrachtet die Rechtsprechung diskontsatzorientierte Zinspauschalen als taugliche Alternative zu einer Vereinbarung „starrer" Zinssätze (BGH NJW 1987, 184, 185 = WM 1986, 1466 = ZIP 1986, 1535; BGHZ 115, 268, 273; OLG Koblenz WM 1989, 494, 496) und mißt dem für seinen Anwendungsbereich ohnehin entsprechendes vorsehenden § 11 Abs 1 VerbrKrG (Rn 165) mittlerweile sogar „Modellcharakter" bei (vgl BGH NJW 1995, 954, 955; zust Ulmer/Brandner/Hensen § 11 Nr 5 Rn 29; MünchKomm/Basedow § 11 ABGB Rn 69).

ββ) Nicht zulässig ist die Einräumung pauschalierter Verzögerungszinsen ohne **180** Mahnung, denn eine Bestimmung, durch die der Verwender von der gesetzlichen Obliegenheit freigestellt wird, den Schuldner zu mahnen, ist **nach § 11 Nr 4 AGBG unwirksam.** Eine Klausel des Inhalts, der Schuldner müsse – ohne vorherige Mahnung – nach Fälligkeit Zinsen in bestimmter Höhe über dem Diskontsatz bzw „banktübliche Zinsen" zahlen, ist demnach unzulässig und unwirksam (Koch/Stübing § 11 Nr 4 AGBG Rn 10; Ulmer/Brandner/Hensen § 11 Nr 4 AGBG Rn 5; Löwe/vWestphalen/ Trinkner, AGBG Bd III 24.3 Rn 3). Gegenüber Kaufleuten und juristischen Personen des öffentlichen Rechts (§ 24 AGBG) gilt – insbesondere wegen der Entbehrlichkeit einer Mahnung nach § 353 Abs 1 HGB – dies nur, wenn die Klausel den Vertragspartner, zB wegen eines den gesetzlichen Zinssatz der §§ 246 BGB, 352 Abs 2 HGB übersteigenden Zinsfußes, unangemessen benachteiligt (§ 9 AGBG; zur kontroversen Beurteilung von Fälligkeits- bzw Verzugszinsvereinbarungen im kaufmännischen Verkehr unter dem Blickwinkel des § 11 Nr 4 AGBG vgl Löwe/vWestphalen/Trinkner § 9 AGBG Rn 116, § 11 Nr 4 AGBG Rn 20 ff, 24.3 Rn 4; Ulmer/Brandner/Hensen § 11 Nr 4 AGBG Rn 9 f; Wolf/Horn/ Lindacher § 11 Nr 4 AGBG Rn 18 ff; MünchKomm/Basedow § 11 Nr 4 AGBG Rn 56 ff; Palandt/Heinrichs § 11 AGBG Rn 19; Kindler, Zinsansprüche 196 f). In diesem Rahmen werden allerdings Klauseln, die bei Überschreitung des Zahlungsziels eine Zahlung banküblicher Zinsen auch ohne vorangegangene Mahnung vorsehen, als mit dem AGBG vereinbar angesehen, soweit der Zeitpunkt des Verzugseintritts nur irgendwie aus dem Vertrag feststellbar ist (BGH NJW-RR 1991, 995, 997 = WM 1991, 1468 = BB 1991, 1452 zu § 29 Satz 2 ADSp; OLG Karlsruhe NJW-RR 1987, 498).

181 γγ) Zweifelhaft ist die Abgrenzung zwischen **zulässigen Verzugsschadenspauschalie-**
rungen und unzulässigen Vertragsstrafevereinbarungen (dazu BGHZ 49, 84, 89; 63, 256, 259;
BGH NJW 1970, 29, 32; NJW 1983, 1542; ZIP 1992, 939, 940; BayObLG DNotZ 1983, 44 und 49;
OLG Celle NJW 1963, 351; OLG Köln NJW 1974, 1952, 1953; LARENZ I § 24 II c; ESSER/EIKE
SCHMIDT I/1 § 16 III 1; ERMAN/H P WESTERMANN Vorbem 2 zu § 339; MünchKomm/GOTTWALD Vor
§ 339 Rn 3; MünchKomm/BASEDOW § 11 Nr 5 AGBG Rn 60 mwN; KOCH/STÜBING § 11 Nr 6
AGBG Rn 7 f; ULMER/BRANDNER/HENSEN § 11 Nr 5 AGBG Rn 6 f mwN; WOLF/HORN/LINDA-
CHER § 11 Nr 5 AGBG Rn 7 ff; LÖWE/vWESTPHALEN/TRINKNER § 11 Nr 5 AGBG Rn 3 ff; LINDA-
CHER, Phänomenologie der, Vertragsstrafe' [1972] 145 ff, 179 ff; HADDING, Gutachten 270 ff; BELKE
DB 1969, 559, 561 f; BEUTHIEN, in: FS Larenz [1973] 498 ff; eingehend zur Abgrenzungsprobl
FISCHER, Vertragsstrafe und vertragliche Schadensersatzpauschalierung [1981] 165 ff). Der
Gesetzgeber hat jedenfalls durch die gesonderte Regelung des § **11 Nr 6 AGBG** zum
Ausdruck gebracht, daß er Schadensersatzpauschalen und Vertragsstrafeverspre-
chen als verschiedene Rechtsinstitute behandelt wissen will (PALANDT/HEINRICHS § 11
Nr 6 AGBG Rn 20; MünchKomm/BASEDOW § 11 Nr 5 AGBG Rn 60).

182 Die an dieser Stelle nicht im einzelnen zu diskutierende Praxis des BGH stellt darauf
ab, ob nur der als bestehend vorausgesetzte Schadensersatzanspruch in seiner
Durchsetzung erleichtert – dann Schadenspauschale – oder ob als Zwangsmittel ein
besonderer Anspruch begründet werden soll – dann Vertragsstrafe – (Überblick bei
BGH NJW 1983, 1542; NJW-RR 1988, 39, 41; BayObLG DNotZ 1983, 44, 47; DNotZ 1983, 49,
50 f). Während also die Schadenspauschale allein den Schadensbeweis ersparen soll,
hat die Vertragsstrafe eine doppelte Funktion: Sie soll die Erfüllung der Hauptverbindlichkeit als Zwangsmittel sichern und im Falle einer Leistungsstörung den
Schadensbeweis entbehrlich machen, auf diese Weise also dem Gläubiger die Möglichkeit einer erleichterten Schadloshaltung eröffnen (PALANDT/HEINRICHS § 276 Rn 55;
BGHZ 63, 256, 259 = NJW 1975, 163, 164 mwN; BGH NJW-RR 1989, 39, 41). Bei der Abgrenzung kommt es auf die von den Parteien gewählten Bezeichnungen grundsätzlich
nicht an (OLG Celle VersR 1993, 1026; für eine diesbezügl Bindung des AGB-Verwenders an den
Klauselwortlaut aber BGH WM 1982, 7, 9), wenn auch der Wortlaut eine gewisse Indizwir-
kung entfaltet (WOLF/HORN/LINDACHER § 11 Nr 5 AGBG Rn 8; LÖWE/vWESTPHALEN/TRINKNER
§ 11 Nr 5 AGBG Rn 5).

183 Wegen der gegenüber § 11 Nr 5 AGBG weiter reichenden Rechtsfolgen des § 11
Nr 6 AGBG – eine Klauselkollision mit § 11 Nr 6 AGBG führt schlechthin zur
Unwirksamkeit, während eine mit § 11 Nr 5 AGBG nicht vereinbare Schadenspau-
schalierung lediglich dann unwirksam ist, wenn mit ihr „zu viel" verlangt wird
(MünchKomm/BASEDOW § 11 Nr 5 AGBG Rn 60) – wird die Praxis in Grenzfällen unter
Berücksichtigung der nicht ohne weiteres durchzuhaltenden Differenzierungskrite-
rien der Rspr (berechtigte Bedenken bei MünchKomm/BASEDOW § 11 Nr 5 AGBG Rn 60)
allerdings eher zur Annahme einer Schadensersatzpauschalierung neigen (LÖWE/
vWESTPHALEN/TRINKNER § 11 Nr 6 AGBG Rn 10; BEUTHIEN 511; ULMER/BRANDNER/HENSEN § 11
Nr 5 AGBG Rn 7; WOLF/HORN/LINDACHER § 11 Nr 5 AGBG Rn 10; iE auch MünchKomm/BASE-
DOW § 11 Nr 5 AGBG Rn 60). Das Hauptproblem liegt also bei der Frage, welche
Indizien für das Vorliegen einer nach dem beiderseitigen Parteiwillen gewünschten,
regelrechten – und nicht lediglich iE als Schadenspauschalierung auszulegenden (vgl
WOLF/HORN/LINDACHER § 11 Nr 5 AGBG Rn 7 f) – Vertragsstrafe sprechen. Dies wird insbesondere dann anzunehmen sein, wenn die Vertragsstrafe neben und zusätzlich zu
einem Schadensersatzanspruch bestehen soll. Aus diesem Grund ist vor allem die

Kumulierung von Schadensersatz und Vertragsstrafe als unwirksam anzusehen (BGH NJW 1992, 1096, 1097 mwN; OLG Bremen NJW-RR 1987, 468, 469; ULMER/BRANDNER/HENSEN § 11 Nr 6 AGBG Rn 16; SOERGEL/STEIN § 11 AGBG Rn 56 mwN; WOLF/HORN/LINDACHER § 11 Nr 6 AGBG Rn 24). Bestimmt eine Klausel, daß Zinsen bei Zahlungsverzug nicht bloß auf die Restschuld, sondern auf die ursprüngliche Darlehensschuld berechnet werden, so wird es sich regelmäßig um eine Vertragsstrafe handeln (EICKMANN Rpfleger 1978, 8). Auch eine Zinserhöhungsklausel, die sich bei Zahlungsverzug mit nur einer Rate auf die gesamte Restschuld bezieht, wird nicht mehr Schadenspauschalierung, sondern Vertragsstrafeklausel sein (KILIMANN NJW 1987, 618, 619 mwN; aM CANARIS ZIP 1980, 717 f). Entsprechendes gilt für einen Säumniszuschlag, der ohne Rücksicht auf vorherige Tilgungsleistungen prozentual auf den ursprünglichen Darlehensbetrag erhoben wird (aM SCHMUCK 199) und für eine von der Dauer der Überziehung unabhängige pauschale Überziehungsgebühr (BGH NJW 1994, 1532, 1533 = ZIP 1994, 690). In Fällen sehr hoher Verzugszinsen kann ein Verstoß sowohl gegen § 11 Nr 5 AGBG als auch gegen § 11 Nr 6 AGBG vorliegen (BGHZ 104, 337, 339). Dies kann selbst dann der Fall sein, wenn dem Schuldner ausdrücklich der Nachweis gestattet wird, der konkrete Verzugsschaden sei geringer, falls nämlich der Zuschlag schon der rechnerischen Anlage nach über eine bloße Schadenspauschalierung hinausgeht.

δδ) Nach § 10 Nr 7 AGBG unwirksam ist eine Klausel, nach der der Verwender für **184** den Fall der Kreditkündigung eine unangemessen hohe Vergütung oder einen unangemessen hohen Aufwendungsersatz verlangen kann. Im Anwendungsbereich des VerbrKrG enthalten §§ 13 Abs 2, 18 VerbrKrG insoweit freilich ohnehin eine (abschließende) Sonderregelung (MünchKomm/BASEDOW § 10 Nr 7 AGBG Rn 71; ULMER/ BRANDNER/HENSEN § 10 Nr 7 AGBG Rn 4). Ansonsten ist ein pauschaler Aufwendungsersatz ohne Berücksichtigung der realen Kosten bzw rücktrittsbedingten Aufwendungsersparnis des Verwenders im Regelfall unangemessen und nach § 10 Nr 7 AGBG unwirksam. Eine Vorfälligkeits- bzw Nichtabnahmeentschädigung im Rahmen von Darlehensverträgen fällt nicht unter diese Bestimmung; sie kann nur pauschalierter Schadensersatz (§ 11 Nr 5 AGBG) oder Vertragsstrafe (§ 11 Nr 6 AGBG) sein (SCHMUCK 198; LÖWE/vWESTPHALEN/TRINKNER, Bd II, § 10 Nr 7 AGBG Rn 12; aA aber ULMER/BRANDNER/HENSEN § 10 Nr 7 AGBG Rn 7, 20; Anh §§ 9-11 AGBG Rn 283, 751; zur rechtl Einordnung auch Rn 33, 37, 181 ff). Wohl aber können Zinsvereinbarungen für den Kündigungsfall unter § 10 Nr 7 AGBG fallen (LÖWE/v WESTPHALEN/TRINKNER § 9 AGBG Rn 73; HADDING, Gutachten 273), sofern nicht auch ihnen nur die Funktion eines pauschalierten Schadensersatzes zukommt. Durch die in § 10 Nr 7 AGBG vorgesehene Angemessenheitskontrolle soll verhindert werden, daß dem Vertragspartner die Ausübung von Rücktritts- bzw Kündigungsrechten sachwidrig erschwert wird (vgl ULMER/BRANDNER/HENSEN § 10 Nr 7 AGBG Rn 3). Auf der Grundlage dieser ratio wird man § 10 Nr 7 AGBG jedenfalls dann auf andere Arten der (vorzeitigen) Vertragsauflösung anzuwenden haben, wenn der Kündigungs- bzw Rücktrittsentschluß – wie zB bei der Ausübung des Widerrufsrechts nach § 7 Abs 4 VerbrKrG (vgl zum Ausnahmecharakter dieser Regelung aber MünchKomm/ULMER § 7 VerbrKrG Rn 63) – von der Höhe eventueller Vergütungs- bzw Aufwendungsersatzansprüche beeinflußt werden kann (vgl WOLF/HORN/LINDACHER § 10 Nr 7 AGBG Rn 9; PALANDT/HEINRICHS § 10 AGBG Rn 34 [für Analogie]; LÖWE/vWESTPHALEN/TRINKNER § 10 Nr 7 AGBG Rn 8; ULMER/BRANDNER/HENSEN § 10 Nr 7 AGBG Rn 6; SOERGEL/STEIN § 10 AGBG Rn 72).

dd) **Überhöhte Zinsen** können nur nach § 138 zur Nichtigkeit des Vertrages führen **185**

(Rn 102 ff), nicht nach § 9 AGBG, denn es handelt sich bei einer überhöhten Zinsvereinbarung – als eigentliche Preisgestaltung – nicht um eine Klausel, die iS von § 8 AGBG von Rechtsvorschriften abweicht oder diese ergänzt und damit eine AGB-spezifische Angemessenheitskontrolle eröffnen würde (LÖWE/vWESTPHALEN/TRINKNER § 9 AGBG Rn 73; ULMER/BRANDNER/HENSEN Anh §§ 9-11 AGBG Rn 750; MünchKomm/KÖTZ § 8 AGBG Rn 4 mwN; BGH NJW 1989, 222, 223; **aM** SCHLOSSER/COESTER-WALTJEN/GRABA § 9 AGBG Rn 142 ff; allg zum Verhältnis zwischen § 138 und den §§ 9 ff AGBG MünchKomm/KÖTZ Vor § 8 AGBG Rn 7; STAUDINGER/SACK [1996] § 138 Rn 161 ff mwN; zu den diesbezügl Grenzen der Inhaltskontrolle auch Rn 214).

186 ee) Ein **Verstoß gegen die PreisangabenVO** zieht die bei Rn 65 ff geschilderten Rechtsfolgen nach sich, führt aber nicht zur Unwirksamkeit nach dem AGBG (BGH NJW 1979, 540, 541; ULMER/BRANDNER/HENSEN § 11 AGBG Rn 2; MünchKomm/HABERSACK § 15 VerbrKrG Rn 6; **aM** SCHLOSSER/COESTER-WALTJEN/GRABA § 9 AGBG Rn 55, 144). Entsprechendes gilt für Verstöße gegen die Pflicht zur Effektivzinsangabe nach § 11 Nr 2 iVm § 10 Abs 3 Nr 4 MaBV (siehe auch Rn 100). Die PAngV macht, da Zuwiderhandlungen gem § 8 PAngV lediglich Ordnungswidrigkeiten darstellen (Rn 66), insbesondere das in § 11 Nr 1 AGBG ausgesprochene Verbot kurzfristiger Preiserhöhungen nicht überflüssig. Die zivilrechtliche Wirksamkeit entgegenstehender Preisvereinbarungen wird daher erst im Wege der AGB-Inhaltskontrolle tangiert (ULMER/BRANDNER/HENSEN § 11 Nr 1 AGBG Rn 2, 4; WOLF/HORN/LINDACHER § 11 Nr 1 AGBG Rn 2, 31; PALANDT/HEINRICHS § 134 Rn 26 f).

187 d) Eine automatische Anpassung des Zinssatzes an den Geldwert gibt es nicht (vgl insofern zutr KG JW 1937, 1405, 1406 m abl Anm HERSCHEL; vMAYDELL, Geldschuld und Geldwert [1974] 140 ff; ders in MünchKomm Rn 25; ERMAN/WERNER § 242 Rn 185; Überblick über Sondervorschriften aus den 30er Jahren bei KG aaO). Ebensowenig findet eine automatische Anpassung an den Marktzins statt. Vertragliche Zinsanpassungsklauseln sind grundsätzlich zulässig (dazu näher Rn 145 ff). Einer Genehmigung nach § 3 S 2 WährG bedürfen diese Klauseln nicht (Rn 151). Ein gesetzliches Recht zur Anpassung im Wege der Kreditkündigung gibt § 609 a dem Kreditnehmer. Eine **Vertragsanpassung wegen Veränderung der Geschäftsgrundlage** scheidet in aller Regel aus:

188 aa) Kaum praktisch ist das Problem der Geschäftsgrundlage beim **Fallen des marktüblichen Zinssatzes.** Zwar mag ausnahmsweise das Weiterfordern des vereinbarten Zinses gegen § 242 verstoßen (ENNECCERUS/LEHMANN § 13 I c; MünchKomm/vMAYDELL Rn 26; diesbezügl Bedenken bei SCHWARZ 79 ff; ROQUETTE JW 1937, 1938; HERSCHEL JW 1937, 1407; ders DR 1940, 534; ders DR 1941, 21; s auch LG Wuppertal DR 1940, 1640). Doch muß es sich zumindest dabei um extreme Äquivalenzstörungen handeln, denn für die üblichen Schwankungen des marktüblichen Zinssatzes gewährt § 609 a gesetzlichen und ausreichenden Schuldnerschutz. Jede Vertragsanpassung unter dem Gesichtspunkt der Geschäftsgrundlage untersteht zumindest dem Grundsatz der Subsidiarität. Das sonst überholte Urteil KG JW 1937, 1405, 1406 hat insofern noch bleibende Bedeutung, als es die Anwendung von § 242 auch dann hinter Spezialregelungen zurücktreten läßt, wenn diese im Einzelfall nicht helfen (gegen das KG aber ENNECERUS/LEHMANN § 13 I c; HERSCHEL JW 1937, 1407).

189 bb) Auch eine **Anhebung des Zinsniveaus** rechtfertigt im allgemeinen nicht eine außerordentliche (Änderungs-) Kündigung wegen Fortfalls der Geschäftsgrundlage.

Nrn 12 Abs 4 S 2 AGB-Banken, 17 Abs 2 S 5 AGB-Sparkassen räumen dem Kunden in Fällen einer Änderung von Zinsen und Entgelten freilich ein gesondertes, sofortiges Kündigungsrecht ein (hierzu GÖSSMANN/WAGNER-WIEDUWILT/WEBER, AGB-Banken [1993], 1/343 ff; MERKEL, in: HORN [Hrsg], AGB Banken 1993, 24 f sowie Rn 148 f, 158). Aber gerade wenn der Vertrag eine auch für Änderungskündigungen geeignete Kündigungsklausel enthält, kann der Kreditgeber regelmäßig nicht unter allgemeiner Berufung auf den Fortfall der Geschäftsgrundlage eine Zinsänderung nach § 242 verlangen (TERPITZ 963). Eingehend zum Zinsänderungsrisiko von Kreditinstituten SCHULTE-MATTLER/TRABER, Marktrisiko und Eigenkapital (1995), 74 ff, 138 ff. Hat allerdings der Zins nach dem Inhalt des Vertrages Versorgungscharakter, so kann eine Anpassung nach § 242 geboten sein (HERSCHEL DR 1941, 24: „soziale Zinserhöhung"), denn der Versorgungszweck einer versprochenen Geldleistung bleibt auch sonst bei der Anpassung nicht unberücksichtigt (STAUDINGER/K SCHMIDT Vorbem D 134 zu §§ 244 ff).

3. Gesetzlicher Zins und gesetzlicher Zinssatz

a)   aa) Gesetzliche Zinsen sind stets **nur bei Geldschulden** zu zahlen (JAUERNIG/VOLL- **190** KOMMER Anm 2 c bb; PALANDT/HEINRICHS Rn 2; SOERGEL/TEICHMANN Rn 22; SCHLEGELBERGER/ HEFERMEHL, HGB [5. Aufl] § 353 Rn 5). Auch Schulden in fremder Währung unterliegen der gesetzlichen Verzinsung (CANARIS, in: Großkomm HGB § 353 Anm 1; SCHLEGELBERGER/ HEFERMEHL § 353 Rn 5; **aM** OLG Hamburg OLGE 44, 245). Es ist nicht erforderlich, daß die Schuld ursprünglich eine Geldschuld war. Eine Forderung, die in eine Geldforderung übergegangen ist – zB auf Schadensersatz wegen Nichterfüllung – genügt (vgl RGZ 20, 118, 122; SCHLEGELBERGER/HEFERMEHL § 353 Rn 5). Da auf Verzugszinsen keine Mehrwertsteuer zu entrichten ist – derartige, unfreiwillig erbrachte Leistungen vielmehr, ebenso wie Prozeß-, Nutzungs- und Fälligkeitszinsen (§§ 291, 452, 641 Abs 2 BGB, 353 HGB) als nichtsteuerbarer Schadensersatz einzuordnen sind (EuGH 82, 2527 = NJW 1983, 505 = UStR 1982, 159; BGH WM 1983, 931; WM 1983, 1006; OLG Frankfurt/M NJW 1983, 394 = BB 1982, 2136 = WM 1983, 76 f; BdF-Schreiben v 24. 2. 1983, BStBl I 1983, 246; RAU/DÜRRWÄCHTER/FLICK/GEIST/HUSMANN, UStG § 1 Rn 332 ff mwN; SÖLCH/RINGLEB/LIST/ MÖßLANG, UStG § 1 Rn 73; SCHWARZE/REISS/KRAEUSEL, UStG § 1 Rn 73, § 10 Rn 30; PLÜCKE- BAUM/MALITZKY, UStG § 14 Rn 23 f; VOGEL/REINISCH/HOFFMANN/SCHWARZ/BÜLOW, UStG § 1 Rn 114; PETER/BURHOFF/STÖCKER, UStG § 14 Rn 37) –, scheidet diese als Teil des weiteren Verzugsschadens iSd § 288 Abs 2 aus (BGHZ 88, 228, 230; 90, 198, 206; JAUERNIG/VOLL- KOMMER § 286 Anm 2 c ee; § 288 Anm 2 b; SOERGEL/WIEDEMANN § 288 Rn 30; STAUDINGER/ LÖWISCH [1995] § 288 Rn 45).

bb)   Anspruchsgrundlagen im BGB sind die §§ 256, 288, 291, 347, 452, 641 Abs 2, **191** 668, 698, 849, 1382 Abs 2 (vgl aber die Ermessensregelung in § 1382 Abs 4 und hierzu BayObLG FamRZ 1981, 392, 393; SOERGEL/LANGE § 1382 Rn 15; ERMAN/HECKELMANN § 1382 Rn 5; MünchKomm/GERNHUBER § 1382 Rn 22 f mwN; STAUDINGER/THIELE [1994] § 1382 Rn 26), 1834. Kaufleute untereinander können für Geldforderungen aus beiderseitigen Handelsgeschäften Zinsen vom Tage der Fälligkeit an fordern (§ 353 HGB; zur Kodifikationsgeschichte und zur dogmatischen Einordnung der Fälligkeitszinsen eingehend KINDLER, Zinsansprüche 37 ff, 119 ff). Das gilt nicht nur für Erfüllungsansprüche, sondern für alle Ansprüche, die in dem beiderseitigen Handelsgeschäft wurzeln (RGZ 20, 118, 122; RG BankArch 13 [1913/14] 170, 173; CANARIS, in: Großkomm HGB § 353 Anm 3). Zweifelhaft ist, ob auch Rückgewährschuldverhältnisse aus §§ 346, 812 der Fälligkeitsverzinsung unterliegen können. Aber § 347 ist strenger als § 353 HGB, und im Bereich des § 818 wird es bei der Privilegierung des Schuldners bleiben müssen (ebenso PALANDT/THOMAS § 818 Rn 10; vgl auch BGH NJW 1983, 1420, 1423 mwN; aM KINDLER, Zinsansprüche 132 ff).

192 Als gesetzlicher Zinsanspruch – auch gegenüber Nichtkaufleuten – funktioniert dagegen § 354 Abs 2 HGB. Die auf Art 290 ADHGB, 227 PreußE ADHGB zurückgehende Bestimmung spricht zwar nicht ausdrücklich von „gesetzlichen Zinsen" (vgl LUTZ, Protokolle der Kommission zur Berathung eines ADHGB [1858] 427 f). Grundgedanke der Bestimmung ist, daß der Kaufmann nichts umsonst tut (CANARIS, in: Großkomm HGB § 354 Anm 15; HEYMANN/HORN, HGB § 354 Rn 1; KARSTEN SCHMIDT, Handelsrecht § 18 III 1 b). Wie bei § 256, mit dem die Bestimmung verwandt ist (CANARIS aaO; ZIMMERMANN JuS 1991, 229, 233), handelt es sich aber nicht nur um eine Auslegungsregel, sondern auch um eine gesetzliche Anspruchsgrundlage, die zB auch Ansprüche aus einer Geschäftsführung ohne Auftrag umfaßt (LUTZ aaO; SCHLEGELBERGER/HEFERMEHL, HGB [5. Aufl] § 354 Rn 16; HEYMANN/HORN § 354 Rn 14). Der Zinssatz ist der gesetzliche (§§ 352 Abs 2 HGB, 246 BGB). Zur Anwendung gegenüber Nichtkaufleuten vgl BGB-RGRK/BALLHAUS § 608 Rn 5; KINDLER, Zinsansprüche 152 ff, 183 ff.

193 cc) α) Der **Zinssatz** ergibt sich in erster Linie aus einer etwa über die Höhe der gesetzlichen Zinsen getroffenen Vereinbarung (zulässig! Arg § 288 Abs 1 S 2; vgl schon STAUDINGER/WEBER[11] Rn 15; NASSALL WM 1989, 705 f; RIEBLE ZIP 1988, 1027, 1028 f; SOERGEL/WIEDEMANN § 288 Rn 16 f; MünchKomm/THODE § 288 Rn 10; STAUDINGER/LÖWISCH [1995] § 288 Rn 18 f; HEYMANN/HORN, HGB § 352 Rn 12), in zweiter Linie aus den einzelnen Vorschriften über gesetzliche Zinsen, nur hilfsweise dagegen aus § 246. In diesem letzten Fall beträgt der Zinssatz 4 vH. Die Entwürfe zum BGB sahen noch 5 vH als gesetzlichen Zinssatz vor (E I § 217; E II § 210). Bei der Schaffung des § 288 Abs 1 S 1 hatte sich der Gesetzgeber ua von prozeßökonomischen Erwägungen leiten lassen: Mit dem zunächst gleichfalls noch auf 5% festgesetzten Zinsfuß, der den damals regulär denkbaren Verzugsschaden hinreichend abdeckte (vgl ROLL DRiZ 1973, 341 f), war die Erwartung verknüpft, gerichtlichen Auseinandersetzungen über die Höhe des ersatzfähigen Verzugsschadens vorzubeugen (vgl Prot bei MUGDAN II 510; PETERS ZRP 1980, 92; UNGEWITTER JZ 1994, 701, 707). Die Herabsetzung auf 4 vH beruhte auf der Feststellung, daß Hypotheken und Personalkredite um 1900 zu Zinssätzen um und unter 4 vH zur Verfügung standen (Kommissionsbericht in MUGDAN II 1271; HAMMEN ZBB 1991, 87, 88; KINDLER, Zinsansprüche 205 ff; Zahlenangaben über die Durchschnittsrendite vor 1900 bei ROLL DRiZ 1973, 341 f). Die Entwicklung zeigt, daß diese Begründung keinen Bestand haben konnte. Rechtspolitisch wird daher eine Erhöhung jedenfalls des – allgemein als unzureichend empfundenen – Verzugszinssatzes in § 288 Abs 1 S 1, nicht unbedingt auch des Zinssatzes nach § 246 empfohlen (KOOPMANN/WENZEL/WINTER ZZP 91 [1978] 216; PETERS ZRP 1980, 90; HUBER, Gutachten und Vorschläge zur Überarbeitung des Schuldrechts Bd 1 [1981], 809; BREHM ZZP 101 [1988] 453, 457; EMMERICH, in: FS Giger [1989] 173, 176 f; HONSELL, in: FS Hermann Lange [1992] 509, 511; MEDICUS NJW 1992, 2384, 2386; KINDLER, Zinsansprüche [1996] 2, 299 ff mwN in Fn 234; MünchKomm/THODE § 288 Rn 2; PALANDT/HEINRICHS § 288 Rn 2; HAMMEN WM 1995, 185, 186 f; aM REIFNER, Kreditrecht § 33 Rn 81; WESSELS 61 f). Ob die in den letzten Jahren stark rückläufige Entwicklung des Diskontsatzes auf Werte zwischen 2,5 vH und 5 vH (zur Diskontsatzentwicklung zwischen 1975 und 1994 vgl die tabellarische Übersicht bei KINDLER, Zinsansprüche Anhang B) eine entsprechende Anpassung überflüssig macht (so wohl WESSELS 61), scheint dagegen zweifelhaft; auch hier kann die Tendenz wieder umschlagen. De lege ferenda erwogen wird auch ein variabler gesetzlicher Zinssatz, der um einen festen Prozentsatz über dem Diskontsatz liegen soll (BASEDOW ZHR 143 [1979] 317, 327, 331; ders ZRP 1980, 215; GELHAAR NJW 1980, 1372, 1373; HUBER 647, 809; GOTTHARDT WM 1987, 1381, 1382; KINDLER, Zinsansprüche 326; ablehnend SCHLEGELBERGER/HEFERMEHL, HGB [5. Aufl] § 352 Rn 13; HONSELL, in: FS Hermann Lange 509, 511; EMMERICH, in: FS Giger [1989] 173, 192; für eine lineare Zinssatzerhöhung KOOPMANN/WENZEL/WINTER ZZP 91 [1978] 209, 216; PETERS ZRP 1980, 93). Insbesondere die Rechtsprechung zu § 11 Nr 5 AGBG (Rn 178 f) und zur Rückwirkung des § 11 Abs 1 VerbrKrG im Gewand der Schadensschätzung nach § 287 ZPO (Rn 163) läßt erkennen, daß auch in der Kautelarpraxis eine taugliche Alternative gegenüber den als nicht länger kreditmarktkonform bewerteten, gesetzlichen Zinssätzen zunehmend in der variablen Orientierung am Bundesbankdiskont gesehen wird.

Im Rahmen der Reformüberlegungen der Schuldrechtskommission ist unter dem **194** Eindruck dieser Unzulänglichkeiten der geltenden Rechtslage, insbesondere auch des erkennbaren praktischen Bedeutungsverlustes der §§ 246, 288 Abs 1 S 1 BGB, 352 HGB durch die dem Kreditgeber über § 288 Abs 2 eröffnete Möglichkeit eines Ausweichens auf den Verzugsschaden, nunmehr in den §§ 246, 288 Abs 1 S 1 BGB-KE eine variable gesetzliche Verzinsung von 2% über dem jeweiligen Diskontsatz der Deutschen Bundesbank, mindestens aber 6% p a vorgeschlagen worden (BMJ [Hrsg], Abschlußbericht der Kommission zur Überarbeitung des Schuldrechts [1992] 115 ff, 141; zur vergleichbaren, allerdings weiter fortgeschrittenen Entwicklung in Frankreich und Spanien STRÖMER/LE FEVRE EuZW 1992, 210, 211; GRUBE RIW 1992, 634, 635 sowie eingehend KINDLER, Zinsansprüche 225 ff). Die durch § 11 Abs 1 VerbrKrG als gesetzliche Verzugs(zins)schadenspauschalierung eingeleitete Entwicklung (Rn 164 ff) hätte, sollte dieser Entwurf Gesetz werden, auch Eingang in das allgemeine Schuldrecht gefunden (UNGEWITTER JZ 1994, 701, 705).

Dies im Wege der richterlichen Rechtsfortbildung für geltendes Recht zu erklären, **195** ist mit der Gesetzesbindung der Rechtsanwendung aber unvereinbar (BARTSCH NJW 1980, 2564; GELHAAR NJW 1981, 859; ROLL DRiZ 1973, 339, 342 f; KARSTEN SCHMIDT, Handelsrecht [4. Aufl 1994] § 18 III 2 e; BAUMBACH/HOPT, HGB [29. Aufl 1995] § 352 Rn 5; BAUMBACH/ LAUTERBACH, ZPO Anh § 286 Rn 236 mwN; GOTTHARDT WM 1987, 1381, 1382; SOERGEL/TEICHMANN Rn 22; ERMAN/WERNER Rn 1; SOERGEL/WIEDEMANN Vor § 288 Rn 5 mwN; MünchKomm/ vMAYDELL Rn 24; MünchKomm/THODE § 288 Rn 2, 8; PALANDT/HEINRICHS § 288 Rn 2; SCHMITZ, Zinsrecht 165; KINDLER, Zinsansprüche 8, 314 ff; aA BASEDOW ZHR 143 [1979] 317, 334 ff; GELHAAR NJW 1980, 1372, 1373; ders NJW 1981, 859). Die Frage, ob der gesetzliche Zinssatz von den Gerichten fortgebildet werden darf, beschäftigte schon die Praxis der Inflationszeit. Sie war auch zu jener Zeit zu verneinen (insoweit zutr CRISOLLI DJZ 1926, 167; vgl auch MANNHARDT und GOLTERMANN JW 1926, 1790 f; KINDLER, Zinsansprüche 212 ff).

Ein über den gesetzlichen Zinssatz hinausgehender **Zinsschaden** kann über § 288 **196** Abs 2 als (Verzugs-)Schaden geltend gemacht werden. Im Verurteilungsfall geht diese Schadensersatzforderung wie ein gesetzlicher Zins in den Urteilstenor ein. Der Schaden kann in Anlageverlusten (entgangener Zins) oder in Kreditkosten des Gläubigers (Zinsaufwand) bestehen (eingehend STAUDINGER/LÖWISCH [1995] § 288 Rn 25 ff; MünchKomm/THODE § 288 Rn 11 ff; SOERGEL/WIEDEMANN § 288 Rn 19 ff; BELKE JZ 1969, 586; ROLL DRiZ 1973, 339; SCHOPP MDR 1989, 1 ff; KINDLER, Zinsansprüche 265 ff). Das praktische Problem ist im wesentlichen ein solches der abstrakten Schadensberechnung (hierzu bereits Rn 160 ff) und der Beweiserleichterungen. Kapitalnutzung ist ein wirtschaftlicher Wert (in diesem Punkt richtig die Bereicherungskonstruktion bei CRISOLLI DJZ 1926, 167; eingehend hierzu KINDLER, Zinsansprüche 136 ff). Kapitalentbehrung verursacht in aller Regel einen Schaden. Mit LÖWISCH wird man diesen Gedanken auf alle Gläubiger größerer Geldbeträge – die Grenze wird hier für Privatgläubiger etwa bei 5000 DM zu ziehen sein – ausdehnen können, denn die Lebenserfahrung spricht für die Annahme, daß hier, wenn keine Kreditkosten, so jedenfalls Anlageverluste in schätzbarer Zinshöhe entstehen (STAUDINGER/LÖWISCH [1995] § 288 Rn 26; so auch BGHZ 102, 41, 46 = NJW 1988, 258; BGH NJW 1992, 1223, 1224 = BB 1992, 232 f; BGH NJW 1995, 733). Die Zinshöhe ist bei privaten Kreditgebern (zu Banken als Kreditgebern s o Rn 160 ff) nicht einfach feststellbar. Es kommt nach § 252 darauf an, welche Anlageart angesichts der Umstände des Einzelfalls, hilfsweise nach gewöhnlichem Lauf der Dinge, zu erwarten war. Kreditkosten, insbesondere über den gesetzlichen Zinssatz hinausgehende Zinsbelastungen im Rahmen der Kreditinanspruchnahme, müssen vom Gläubiger dargelegt und im Streitfall nachgewiesen werden; ein prima-facie-Beweis scheidet insofern aus (BGH NJW-RR 1991, 1406; OLG Köln NJW 1961, 30; STAUDINGER/ LÖWISCH [1995] § 288 Rn 36; MünchKomm/THODE § 288 Rn 7; ERMAN/BATTES § 288 Rn 4; BAUMBACH/LAUTERBACH Anh § 286 ZPO Rn 236; BAUMGÄRTEL/STRIEDER, Beweislast § 288 Rn 5, 14 ff; MANNHARDT JW 1926, 1790; ROLL DRiZ 1973, 339, 343; aM OLG Schleswig NJW 1955, 425; LG Bielefeld NJW 1972, 1995; GOLTERMANN JW 1926, 1791; BELKE JZ 1969, 503). Vorgetragen und im Streitfall bewiesen werden muß ein Sachverhalt, aus dem sich eine Kreditnahme ergibt, die bei rechtzeitiger Zahlung nicht erforderlich gewesen wäre. Dazu genügt es, daß laufend (Kontokorrent-) Kredit in Höhe von mindestens der rückständigen Forderung in Anspruch genommen wird. Auf den konkreten Nachweis einer Kausalität zwischen Verzug und Inanspruchnahme eines Kredits bzw einer verzugsbedingt gehinderten Kredittilgung wird hierbei seitens der Rspr – jedenfalls für Kaufleute und Großunternehmen (gegen diese Privilegierung KINDLER, Zinsansprüche 287 ff) – regelmäßig verzichtet (BGH BB 1965, 305; NJW 1984, 371, 372; WM 1991, 498, 499 f = NJW-RR 1991, 793, 794; OLG Hamburg MDR 1974, 930; OLG Hamm VersR 1979, 191, 192; LG Bielefeld NJW 1972, 1995; STAUDINGER/LÖWISCH [1995] § 288 Rn 37; ROLL DRiZ 1973, 339; BECKER-EBERHARD DZWir 1993, 183; BRAUN ZZP 108 [1995] 319, 327 mwN; aA KG NJW 1957, 1561 f; BASEDOW ZHR 143 [1979] 317, 319 ff; zum Streitstand ZIMMERMANN JuS 1991, 584, 587; MünchKomm/THODE § 288 Rn 25 f; SOERGEL/WIEDEMANN § 288 Rn 22 ff; BAUMGÄRTEL/STRIEDER, Beweislast § 288 Rn 5 ff jew mwN). Der Sache nach geht es auch bei derartigen Beweiserleichterungen um eine Korrektur des als unzureichend empfundenen Zinssatzes in § 288 (BREHME ZZP 101 [1988] 453, 454). Zur nunmehr ausdrücklichen Verzinsungsregelung des § 11 Abs 1 VerbrKrG im Hinblick auf verzugsbedingt erhöhte Kreditkosten s Rn 165 ff.

197 β) **Bei beiderseitigen Handelsgeschäften** beträgt nach **§ 352 Abs 1 S 1 HGB** der gesetzliche Zinssatz nicht 4 vH, sondern 5 vH. Noch in Art 287 ADHGB war eine Verzinsung in Höhe von 6 vH vorgesehen. Im Entwurf des HGB (abgedr bei SCHUBERT/ SCHMIEDEL/KRAMPE, Quellen zum HGB von 1897, Bd 2, 181, 1114) entschied man sich wegen festgestellter Kapitalzinssenkungen für die Reduzierung auf 5 vH. Der in den §§ 246, 288 angeordnete Zinsfuß wurde für den Handelsverkehr als nicht ausreichend erachtet (vgl Kommissionsbericht bei MUGDAN II 1271; SCHUBERT/SCHMIEDEL/KRAMPE 1348 ff; kritisch gegenüber dieser Ungleichbehandlung KINDLER, Zinsansprüche [152 ff, 258 ff]). Ob ein beiderseitiges Handelsgeschäft vorliegt, beurteilt sich nach §§ 1 ff, 343 f HGB: Es muß ein *Rechtsgeschäft* vorliegen; beide Beteiligte müssen *Kaufleute*, nicht notwendig Vollkaufleute, sein; das Rechtsgeschäft muß *betriebszugehörig* sein, was nach Maßgabe des § 344 HGB vermutet wird. Rechtsgeschäfte von Handelsgesellschaften sind immer Handelsgeschäfte (BGH NJW 1960, 1852 f = WM 1960, 866, 867). Bei einem Formkaufmann (§§ 3 AktG, 13 Abs 3 GmbHG, 17 Abs 2 GenG) genügt, daß ein Rechtsgeschäft der Gesellschaft vorliegt, ohne daß es darauf ankommt, ob die Gesellschaft ein Handelsgewerbe betreibt und ob das Rechtsgeschäft zu diesem Gewerbe gehört (MARTIN WOLFF, in: FG Otto Gierke II [1910] 135; vOHNESORGE, Die Kaufmannseigenschaft der sog Zivilaktiengesellschaften ... [Diss Münster 1977]; KARSTEN SCHMIDT, Handelsrecht § 18 I 1 c aa). Rückgewährschuldverhältnisse aus Rücktritt, Wandelung oder ungerechtfertigter Bereicherung sind mit von § 352 HGB erfaßt, wenn die zurückzugewährende Leistung auf einem beiderseitigen Handelsgeschäft beruht (zutreffend HEYMANN/KÖTTER, HGB [21. Aufl 1971] § 352 Anm 2; vgl auch ROHGE 23, 143 f; aber sehr str; aM RGZ 96, 53, 57; RG Recht 1926 Nr 246; DR 1941, 1294; BGH NJW 1983, 1420, 1423; SCHLEGELBERGER/HEFERMEHL, HGB [5. Aufl] § 352 Rn 16; BAUMBACH/HOPT, HGB § 352 Rn 1). Im Hinblick auf die von der Schuldrechtskommission vorgeschlagene Anbindung des gesetzlichen Regelzinses an den jeweiligen Bundesbankdiskontsatz (Rn 193 f) ist gleichzeitig die Streichung des § 352 HGB erwogen worden (vgl Abschlußbericht der Kommission zur Überarbeitung des Schuldrechts 117; vgl auch KINDLER, Zinsansprüche 265).

Im **Aktienrecht** löst die nicht rechtzeitige Erfüllung der Einlageverpflichtung (§ 54 **198** AktG) durch den Aktionär gem § 63 Abs 2 S 1 AktG einen Anspruch der Aktiengesellschaft auf Zahlung von jährlichen Fälligkeitszinsen iHv 5 vH des rückständigen eingeforderten Betrages aus. Ein diesen Zinsfuß übersteigender Zinsanspruch kann, da eine satzungsmäßige Festlegung höherer Zinssätze wegen § 23 Abs 5 S 2 AktG ausgeschlossen ist, nur als Verzugsschaden bzw als Vertragsstrafe über § 63 Abs 2 u 3 AktG verlangt werden (KölnKomm/LUTTER, AktG § 63 Rn 22 ff; GESSLER/HEFERMEHL/HEFERMEHL-BUNGEROTH, AktG § 63 Rn 37 ff; HÜFFER, AktG § 63 Rn 7 f). Der Kapitalerhaltung dient das – mit einer Ersatzpflicht der Vorstandsmitglieder gem § 93 Abs 3 Nr 2 AktG sanktionierte – Verbot von Zinszahlungen auf das Aktienkapital und von entsprechenden Zusagen in § 57 Abs 2 AktG als Unterfall des in § 57 Abs 1 S 1 AktG generell angeordneten Verbots einer Einlagenrückgewähr (Einzelh bei HÜFFER § 57 Rn 21; KölnKomm/LUTTER § 57 Rn 48 ff; GESSLER/HEFERMEHL/HEFERMEHL-BUNGEROTH § 57 Rn 42 ff; MünchHdb-AG/WIESNER § 16 Rn 40). Da das Aktienkapital kein Fremdkapital darstellt, würde es sich hierbei freilich ohnehin nicht um Zinsen im Rechtssinne handeln (Rn 13, 21).

Auch bei der **GmbH** sind – vom Gesetz selbst so genannte – „Verzugszinsen" zu **199** zahlen, wenn ein Gesellschafter die ihm obliegende Leistung auf eine Bareinlagenverpflichtung (nicht auf eine Sacheinlagenverpflichtung; BAUMBACH/HUECK, GmbHG § 20 Rn 2; SCHOLZ/WINTER, GmbHG § 20 Rn 2; HACHENBURG/MÜLLER, GmbHG § 20 Rn 7 f) nicht rechtzeitig leistet. Wie im Aktienrecht stehen diese „Verzugszinsen" nicht unter der Voraussetzung, daß eine Mahnung erfolgt ist und ein Schuldnerverschulden vorliegt (BAUMBACH/HUECK, GmbHG § 20 Rn 5; HACHENBURG/MÜLLER, GmbHG § 20 Rn 16; SCHOLZ/WINTER, GmbHG § 20 Rn 15). Die Vorschrift ist freilich dispositiv (HACHENBURG/MÜLLER § 20 Rn 6; BAUMBACH/HUECK § 20 Rn 1 mwN; aM SCHOLZ/WINTER § 20 Rn 1, 18; LUTTER/HOMMELHOFF, GmbHG § 20 Rn 6). Der Zinsfuß beträgt 4 vH (§ 288), soweit der Gesellschaftsvertrag keinen höheren bzw niedrigeren Zinssatz vorsieht. §§ 352, 353 HGB sind nicht anwendbar, da für die GmbH kein Handelsgeschäft vorliegt (hM, LUTTER/HOMMELHOFF § 20 Rn 6; SCHOLZ/WINTER § 20 Rn 17; BAUMBACH/HUECK § 20 Rn 6; HACHENBURG/MÜLLER § 20 Rn 36). Auch im Rahmen des § 20 GmbHG ist bei verspäteter Einlage die

Geltendmachung eines weiteren Verzugsschadens (§ 288 Abs 2) oder, soweit im Gesellschaftsvertrag vorgesehen, einer neben den Zinsanspruch tretenden Vertragsstrafe möglich (HACHENBURG/MÜLLER § 20 Rn 41 ff; LUTTER/HOMMELHOFF § 20 Rn 7 ff; BAUMBACH/HUECK § 20 Rn 8 f; SCHOLZ/WINTER § 20 Rn 21 ff).

200 Die vor allem seit Einführung des § 11 Abs 1 VerbrKrG (Rn 165, 193 ff) für die Kreditpraxis erkennbaren Vorteile einer variablen, geldmarktorientierten Verzugszinsregelung werden vom Gesetzgeber in zunehmendem Maße auch für das Gesellschaftsrecht fruchtbar gemacht. Nachdem bereits im **Umwandlungsrecht** durch §§ 15 Abs 2, 30 Abs 1 S 2 UmwG 1994 eine diskontsatzabhängige Verzinsung der im Rahmen der Unternehmensverschmelzung an die Anteilsinhaber des übertragenden Rechtsträgers zu leistenden baren Zuzahlung bzw Barabfindung eingeführt wurde (vgl DEHMER, UmwG [1996] § 15 Rn 16 ff; GOUTIER/KNOPF/TULLOCH/BERMEL, UmwG [1995] § 15 Rn 9), ist nunmehr zB auch im Rahmen eines **Beherrschungs- bzw Gewinnabführungsvertrages** die Barabfindung des außenstehenden Aktionärs gemäß § 305 Abs 3 S 3 AktG nF mit 2% p a über dem jeweiligen Diskontsatz der Deutschen Bundesbank zu verzinsen. Eine entsprechende Regelung ist jetzt auch in § 320 b Abs 1 S 6 AktG nF im Hinblick auf die Barabfindung ausgeschiedener Aktionäre einer **eingegliederten Gesellschaft** getroffen worden (hierzu HÜFFER § 320 b Rn 7 mwN).

201 γ) Unter den Spezialregeln sind diejenigen über **Wechsel- und Scheckzinsen** zu beachten. Diese betragen nach Artt 48 Abs 1 Nr 2, 49 Nr 2 WG, 45 Nr 2, 46 Nr 2 ScheckG bei im Inland sowohl ausgestellten als auch zahlbaren Wechseln bzw Schecks 2% über dem jeweiligen Diskontsatz der Deutschen Bundesbank, mindestens aber 6% (hierzu BAUMBACH/HEFERMEHL, WG und SchG [19. Aufl 1995] Art 48 WG Rn 4). Andere Wechsel bzw Schecks sind mit 6% zu verzinsen. Bezugsgröße ist die Wechsel/Schecksumme bzw die Regreßsumme. Zum Abzug von Zwischenzinsen gem Art 48 Abs 2 WG vgl BÜLOW § 38 WG Rn 7.

202 dd) **Zinseszinsen** sind bei der gesetzlichen Verzinsung nicht zu entrichten (ausdrücklich §§ 289, 291 S 2 BGB, 353 S 2 HGB; s auch STAUDINGER/K SCHMIDT[12] § 248 Rn 5). § 289 S 1 läuft aber wegen der in § 289 S 2 eröffneten Möglichkeit einer abstrakten bzw konkreten Berechnung des Verzugsschadens sowie wegen der Möglichkeit der Einstellung in ein Kontokorrent (§ 355 HGB) in der Praxis weitgehend leer (MünchKomm/THODE, § 289 Rn 1 f; STAUDINGER/LÖWISCH [1995] § 289 Rn 1; vgl auch BGH NJW-RR 1986, 205, 207 mwN; KG Berlin WM 1985, 15, 16). Die hiermit verbundenen Zinseszinseffekte werden im Anwendungsbereich des VerbrKrG freilich durch die Regelung des § 11 Abs 2 S 2 VerbrKrG (Rn 168) eingegrenzt.

203 b) **Rechtsgeschäftlich vereinbarte Zinsen** unterliegen im Grundsatz der freien Vereinbarung (Rn 143). Die §§ 246 BGB, 352 Abs 1 S 2 HGB enthalten eine Vermutung über die Höhe des vereinbarten Zinssatzes: Sind Zinsen ohne Bestimmung des Zinsfußes versprochen, so gilt der gesetzliche Zinssatz als vereinbart, nach § 246 also 4 vH, bei beiderseitigen Handelsgeschäften dagegen 5 vH (§ 352 Abs 1 S 2 HGB). Allerdings kann in einem solchen Fall das Fehlen einer Abrede über den Zinsfuß auch bedeuten, daß der übliche Zinssatz vereinbart sein soll (§ 157). Es wird dann der übliche Zinssatz geschuldet (SCHLEGELBERGER/HEFERMEHL, HGB [5. Aufl] § 352 Rn 14). Eine stillschweigende Zinsvereinbarung kann sich insbesondere aus fortdauernder Zahlung eines anderen als des gesetzlichen Zinses ergeben (CANARIS, in: Großkomm

HGB § 352 Anm 5). Der Kunde einer Bank zahlt bei der Inanspruchnahme von Bankkredit im Zweifel den banküblichen Zins (RGZ 118, 165; BGB-RGRK/ALFF Rn 8). Der buchstäbliche Anwendungsfall der §§ 246 BGB, 352 Abs 1 S 2 HGB – fehlende Einigung über den Zinssatz – ist deshalb recht selten und wohl nur theoretisch (vgl allerdings zu § 29 ADSp aF KG NJW 1957, 1561). Unter Privatpersonen kann dagegen der gesetzlich vermutete Zinssatz einer Vereinbarung auch praktisch zum Zuge kommen (§ 246), weil hier nicht ohne weiteres von handels- oder branchenüblichen Konditionen ausgegangen werden kann. Die wichtigste Bedeutung der beiden Bestimmungen – trotz des Wortlauts von § 352 Abs 1 S 2 HGB handelt es sich um Vermutungen! – besteht in der Beweislastverteilung: Ist eine Zinsvereinbarung unstreitig oder bewiesen, die Höhe der vereinbarten Zinsen aber streitig, so trägt der Gläubiger die Darlegungs- und Beweislast für die behauptete Zinshöhe nur insoweit, als diese den gesetzlichen Zinssatz überschreitet.

c) Für **Urteilszinsen** gilt § 246 nicht (RG JW 1908, 656; STAUDINGER/WEBER[11] Rn 7; **204** PLANCK/SIBER Anm 3). Durch Urteil zugesprochene Beträge sind nicht kraft Gesetzes verzinslich (BGB-RGRK/ALFF Rn 6). Urteilszinsen sind keine dritte Gruppe von Zinsen neben gesetzlichen und vertraglichen Zinsen. Zinsen können im Urteil nur zugesprochen werden, soweit dies beantragt (§ 308 Abs 1 S 2 ZPO) und der Zinsanspruch als gesetzlicher oder vertraglicher Anspruch begründet ist. Der Zinssatz muß im Urteil ausdrücklich bestimmt sein. Fehlt es daran, so gestattet § 246 keine Urteilsauslegung in dem Sinne, daß im Zweifel die gesetzlichen Zinsen geschuldet sind. STAUDINGER/WEBER[11] Rn 7 empfiehlt eine Urteilsergänzung nach § 321 ZPO (ebenso bereits PLANCK/SIBER Anm 3); aber ein übergangener Nebenanspruch liegt nicht vor, wenn nur die Zinshöhe fehlt. Die Praxis hilft sich durch Urteilsberichtigung nach § 319 ZPO, wenn der Fehler rechtzeitig bemerkt wird und der Zinssatz in die Entscheidungsgründe aufgenommen werden kann. Gelingt dies nicht mehr, so muß eine neue Klage wegen des Zinsanspruchs angestrengt werden.

Ein von Amts wegen zu beachtender (BGH NJW-RR 1989, 1087; NJW 1993, 925, 928) **205** Verstoß gegen § 308 Abs 1 ZPO (Zusprechung nicht beantragter Zinsen) führt nicht zur Nichtigkeit, sondern lediglich zur Anfechtbarkeit der zugrundeliegenden gerichtlichen Entscheidung (MünchKommZPO/MUSIELAK § 308 Rn 16 f mwN; BAUMBACH/LAUTERBACH, ZPO § 308 Rn 13; THOMAS/PUTZO, ZPO § 308 Rn 5; ZÖLLER/VOLLKOMMER, ZPO § 308 Rn 6). Die Rechtsfolgen bei nicht zulässigem bzw nicht eingelegtem Rechtsmittel sind aber ie streitig. Teilweise wird in Fällen einer versehentlichen Mißachtung des Klageantrags für eine Urteilsergänzung entsprechend § 321 ZPO plädiert (KLETTE ZZP 82 [1969] 93, 104 ff; ZÖLLER/VOLLKOMMER § 308 Rn 6), teilweise für Zulassung einer Vollstreckungsgegenklage nach § 767 ZPO (SCHNEIDER NJW 1967, 23, 24) bzw Restitutionsklage in Analogie zu § 579 Abs 1 Nr 4 ZPO (BRAUN NJW 1984, 348); andere wollen den Weg über eine Verfassungsbeschwerde wegen Verletzung des Anspruchs auf rechtliches Gehör (Art 103 Abs 1 GG) gehen (MünchKommZPO/MUSIELAK § 308 Rn 19, 21 mwN; ZIMMERMANN JuS 1991, 674, 678 mwN).

Die prozessualen Möglichkeiten einer Anpassung rechtskräftig titulierter Verzugs- **206** schadenszinsen aus § 286 Abs 1 BGB an ein – nach Urteilsausspruch – verändertes Zinsniveau (hierzu BECKER-EBERHARD DZWiR 1993, 183 ff) werden unter dem Stichwort „Zukunftszinsen" kontrovers diskutiert: Mehrheitlich wird insoweit die Erhebung einer Vollstreckungsgegenklage gemäß § 767 ZPO – da die Verurteilung zu künftig fällig werdenden Zinsen der Sache nach eine Prognose über das künftige Zinsniveau enthalte, die an der Rechtskraft des Urteils teilnehme − für unzulässig erachtet (BGHZ 100, 211, 213 f = BGH NJW 1987, 3266, 3267 = WM 1987, 1048 = ZZP 1988, 449 mAnm Brehm; OLG Stuttgart WM 1987, 1449, 1452; KG NJW 1989, 305; Braun ZZP 108 [1995] 319, 323; aA noch RGZ 124, 146, 151 f) und den Parteien − da es sich bei den nach Urteilserlaß fällig werdenden Zinsbeträgen um eine Verurteilung zu künftig fällig werdenden, wiederkehrenden Leistungen iSd §§ 258, 323 ZPO handele − ausschließlich das Mittel der Abänderungsklage (§ 323 ZPO) eröffnet (Brehm ZZP 101 [1988] 453, 456; Münzberg JuS 1988, 345, 346, 348; Kahlert NJW 1990, 1715, 1716; Becker-Eberhard DZWiR 1993, 183, 185 ff; Braun ZZP 108 [1995] 319, 321 ff; OLG Karlsruhe NJW 1990, 1738; wohl auch BGHZ 100, 211, 213; aA OLG Düsseldorf WM 1986, 316, 318; OLG Karlsruhe FLF 1992, 221, 222; Schopp MDR 1989, 1, 3). Dieser Rechtsbehelf steht dann allerdings unter der dreifachen Einschränkung einer „wesentlichen" Veränderung der Verhältnisse (§ 323 Abs 1 ZPO), der Präklusion mit vor Schluß der mündlichen Verhandlung des Vorprozesses entstandenen Abänderungsgründen (§ 323 Abs 2 ZPO) sowie der Unzulässigkeit einer rückwirkenden, auf den Zeitraum vor Erhebung der Abänderungsklage bezogenen Modifizierung (§ 323 Abs 3 ZPO; vgl Becker-Eberhard DZWir 1993, 183, 189 mwN; Braun NJW 1992, 1593 ff; ders ZZP 108 [1995] 319, 328 ff mwN; zum Ganzen ausführl Schmitz 269 ff).

207 d) § 246 ist auch auf **Uraltverbindlichkeiten aus der Zeit vor dem 1. 1. 1900** anwendbar (vgl, teils zu § 288, RGZ 46, 74; 52, 265; RG JW 1900, 269; 1902, 186; DJZ 1900, 253; 1900, 301; OLG Dresden DJZ 1900, 98).

208 Die Verzinslichkeit einer Forderung, die nach den Regeln des IPR dem **Recht der DDR** unterlegen hatte, bestimmt sich nach Art 232 § 1 EGBGB zunächst weiterhin nach dem hier nicht detailliert darzustellenden Recht der DDR. § 86 Abs 3 ZGB-DDR sah Verzugszinsen in Höhe von 4% p a vor. Ein vollständiger Ersatz des Verzugsschadens war von § 86 Abs 4 ZGB-DDR ebenfalls vorgesehen. Eine allgemeine Regelung eines gesetzlichen Zinssatzes, die mit § 246 BGB vergleichbar wäre, kannte das ZGB-DDR nicht. § 246 BGB ist auch nicht auf diejenigen, zunächst nach DDR-Recht zu beurteilenden Forderungen anzuwenden, die am 1. Januar 1976, dem Tag des Inkrafttretens des ZGB-DDR, bereits bestanden hatten, also unter der Geltung (der DDR-Variante) des BGB oder früher entstanden waren. Nur bereits vor Inkrafttreten des ZGB-DDR entstandene Rechte und Pflichten wurden nach § 2 Abs 2 S 2 EGZGB-DDR gewahrt. Ansonsten war auf die bereits bestehenden Rechtsverhältnisse nach § 2 Abs 2 S 1 EGZGB-DDR das ZGB-DDR anzuwenden. Gewahrt wurden also nur auf der Grundlage des § 246 BGB bereits entstandene Zinsansprüche, während für die Zukunft über Verzinslichkeit und Zinshöhe das ZGB-DDR entschied.

209 In zweiter Linie bestimmt sich die Verzinslichkeit einer Forderung, die dem Recht der DDR unterlegen hatte, nach Anpassungen, die der Gläubiger möglicherweise auf der Grundlage des Zinsanpassungsgesetzes vom 24. Juni 1991 (BGBl I 1314 ff) vorgenommen hat. Dieses Gesetz (näher Horn, Das Zivil- und Wirtschaftsrecht im neuen Bundesgebiet [2. Aufl 1993] § 8 Rn 8; Lellek DtZ 1991, 368 ff; Schubert WM 1992, 45 ff) ermöglichte es einer Gruppe von Gläubigern, nämlich Kreditinstituten, für bestimmte Arten von Krediten (nicht für zinslose Ehestandsdarlehen) den Zinssatz durch einseitige Erklärung gegenüber dem Schuldner in marktüblicher Höhe festzusetzen.

Eine rückwirkende Wiedereinführung eines mit § 246 BGB vergleichbaren gesetzlichen Zinssatzes war hiermit nicht verbunden.

4. Tilgung als Beendigung der Verzinslichkeit

a) Soweit eine Kapitalschuld erloschen ist, können für die Zukunft keine neuen **210** Zinsen entstehen. Es fehlt insoweit an der eine Verzinsung auslösenden Kapitalentbehrung. Eine **Verzinsung** in Wahrheit **bereits getilgter Kapitalschuldteile** ist ebenso wenig wie eine Verzinsung noch gar nicht entstandener Kapitalschulden (dazu oben Rn 141) mit dem Leitbild des gesetzlichen Zinsrechts vereinbar (zur Wertstellungspraxis im Girokontenverkehr vgl insoweit BGHZ 106, 259, 264 = NJW 1989, 522; und hierzu REIFNER NJW 1989, 952, 955). Eine anderweitige Vereinbarung ist grundsätzlich möglich. Ob es sich bei diesem „Zins ohne Kapitalschuld" wirklich um einen Zins im Rechtssinne handelt, ist aber eine ganz andere, nach den allgemeinen Kriterien des Zinsbegriffs zu beantwortende und in aller Regel zu verneinende (Rn 10) Frage. In Allgemeinen Geschäftsbedingungen dürfte eine die fortlaufende Verzinslichkeit über den Zeitpunkt der Tilgung hinaus vorsehende Klausel (Zinsfortzahlungsklausel) mit §§ 3, 9 AGBG kollidieren (WIEK DB 1991, 1207, 1208 ff; STAUDINGER/SELB [1995] § 272 Rn 1).

Die fehlende Verzinslichkeit von Nichtschulden hat Konsequenzen für alle diejeni- **211** gen Schulden, die ratenweise getilgt und verzinst werden sollen, ohne daß für jede einzelne Rate angegeben ist, welcher Teil der Tilgung dient und welcher Teil Zinszahlung ist. Das allmähliche Absinken der Kapitalschuld infolge der zwischenzeitlichen Tilgung führt dazu, daß die Zinsanteile an der Rate immer niedriger und – bei konstanter aus Zins und Tilgung zusammengesetzter Gesamtrate – die Tilgungsanteile immer höher werden. **Zins- und Tilgungsanteile** sind nur in der Summe, nicht aber für sich konstant. Ihre Höhe zu **ermitteln**, ist eine der Aufgaben des Zinsrechts. Man muß wissen, wieviel in der Vergangenheit bereits getilgt wurde, um angeben zu können, mit Hilfe welcher Restzahlung der Kredit abgelöst werden könnte. Und man muß die bereits erbrachten Zinsleistungen kennen, um bestimmen zu können, ob bei einer vorzeitigen Ablösung unter Umständen Zinsen rückzuvergüten oder nachzuzahlen sind.

b) Zur Berechnung der zu zahlenden und bereits gezahlten Zinsen, damit aber **212** auch – bei konstanten, aus für sich freilich variablen Zins- und Tilgungsteilen zusammengesetzten Gesamtraten – zur Ermittlung der bereits erbrachten Tilgungsleistung bedarf es zunächst einer **Ermittlung des** dem jeweiligen Vertrag zugrunde zu legenden rechtlich relevanten **Zinssatzes.** Zu dessen Berechnung existieren unterschiedliche „Methoden" (s ausführl Rn 267 ff). Es handelt sich freilich nicht etwa um unterschiedliche Rechenwege, die letztlich zu demselben Ergebnis führen. Sie operieren vielmehr mit unterschiedlichen Fragestellungen, Bildern und Unterstellungen, zwischen denen sich der Rechtsanwender – in Abwesenheit ausdrücklicher Gesetzesregelungen – von Rechts wegen zu entscheiden wissen muß.

c) Kennt man die **Rechtsnatur der** bei der Auszahlung des Kredites vom Kredit- **213** geber vorab einbehaltenen, gar nicht erst ausbezahlten, gleichwohl aber als Bestandteil des zurückzuzahlenden Kredits behandelten **Kosten** – wobei nur die Frage interessiert, ob es sich um Zinsen im Rechtssinne handelt oder nicht – sowie den rechtlich relevanten **Zinssatz,** so lassen sich für jede einzelne Gesamtrate deren Zins-

und **Tilgungsanteile** bestimmen. Die Verrechnung hat sich dann grundsätzlich an der **Tilgungsreihenfolge** des § 367 zu orientieren (MünchKomm/H P WESTERMANN § 607 Rn 52; zur Sonderregelung des § 11 Abs 3 VerbrKrG s Rn 169).

214 d) Sog **Zinsberechnungs- bzw Tilgungsverrechnungsklauseln** (zur Unterscheidung von Vorauszahlungs-, Tilgungsverrechnungs- und Zinsberechnungsklauseln vgl BAUMS WM Sonderbeil Nr 2/1987, 1, 5 ff) sind nicht etwa kontrollfrei iSd § 8 AGBG, sondern unterliegen als – freilich preisrelevante – Nebenabreden nach Auffassung der Rechtsprechung der **Inhaltskontrolle nach den §§ 9 ff AGBG**. Da einerseits die Preisgestaltung als solche kontrollfrei ist, andererseits aber jede Nebenabrede, auch jede unzweifelhaft unter die §§ 9 ff AGBG fallende Nebenabrede irgendwie preisrelevant ist, konzentriert sich die Kontrolle darauf, ob die Preisbestimmungsfunktion hinlänglich durchschaubar, überraschungsfrei und **transparent** ist (vgl BGH NJW 1989, 222; OLG Karlsruhe ZIP 1990, 1321, 1322; TAUPITZ JuS 1989, 520, 524; KÖNDGEN NJW 1987, 160, 162 ff; TRINKNER/WOLFER BB 1987, 425, 427 f; BAUMS WM Sonderbeil 2/1987, 1, 9 f, 19; aA CANARIS NJW 1987, 609, 614; ders NJW 1987, 2407, nach dessen Auffassung alle unmittelbar effektivzinsbestimmenden Faktoren als kontrollfreie Entgeltregelungen anzusehen sind; aA auch noch LG Essen WM 1987, 1391).

215 Die AGB-Regelung für ein Hypothekendarlehen, nach der die in der gleichbleibenden Jahresleistung enthaltenen **Zinsen jeweils nach dem Stand des Kapitals am Schluß des vergangenen Tilgungsjahres** berechnet werden, ist wegen Verstoßes gegen das Transparenzgebot (kritisch zum „Tatbestand" des Transparenzgebots BRUCHNER WM 1988, 1873, 1875; aus dogmatischen Erwägungen ein „Transparenzgebot" ablehnend insbes vCAMPENHAU-SEN 6 ff, 47 ff; dogmatische Bedenken auch bei KÖNDGEN NJW 1989, 944; vgl auch PFLUG AG 1992, 1, 14 ff, der statt an § 9 Abs 1 AGBG an § 2 Abs 1 Nr 2 AGBG anknüpft; die Tauglichkeit des Transparenzkriteriums bezweifelnd MünchKomm/BASEDOW § 11 AGBG Rn 11 a,b mwN, § 23 AGBG Rn 18) gem § 9 AGBG unwirksam (BGHZ 106, 42, 47 = NJW 1989, 223 = ZIP 1988, 1530 = WM 1988, 1730; BGHZ 112, 115, 118 = WM 1990, 1367 = NJW 1990, 2383; H P WESTER-MANN ZBB 1989, 36; WOLF/HORN/LINDACHER § 9 AGBG Rn D 17; MünchKomm/H P WESTER-MANN § 608 Rn 10; KÖNDGEN NJW 1987, 160, 164; ders NJW 1989, 943 f; WESSELS 50; KOLLER, in: FS Steindorff [1990] 667, 678 f, der allerdings nicht § 9, sondern § 3 AGBG anwenden will; so auch STAUDINGER/HOPT/MÜLBERT[12] § 608 Rn 41; TRINKNER/WOLFER BB 1987, 425, 426 f; LÖWE BB 1987, 571; ders NJW 1987, 937, 940; ferner CANARIS NJW 1987, 2407; BAUMS ZIP 1989, 7; TAUPITZ JuS 1989, 520; ders NJW 1989, 2242; HUNECKE WM 1989, 553; REIFNER NJW 1989, 952, 954 ff; ders, Kreditrecht § 14 Rn 2 ff; BRUCHNER WM 1988, 1873; HANSEN WM 1990, 1521; vgl auch OLG Frankfurt/M NJW 1989, 2264, 2266; OLG Köln NJW-RR 1991, 636; LG Berlin ZIP 1988, 1311, 1317; LG Stuttgart NJW 1987, 193; aA OLG Stuttgart NJW 1987, 2020), wenn die kreditverteu-ernde Wirkung dieser Klausel nicht hinlänglich klargestellt wird (vgl BGHZ 106, 42; 112, 115 = NJW 1990, 2383 = WM 1990, 1367; BGH WM 1992, 218 f; OLG Celle NJW 1989, 2267; WM 1993, 888; OLG Frankfurt/M WRP 1990, 418, 421; aA LG Stuttgart NJW 1987, 657, 658; dem BGH zust TAUPITZ JuS 1989, 520, 526; BAUMS ZIP 1989, 7; aA vCAMPENHAUSEN 50 ff). Dasselbe gilt für eine, auf dasselbe Ergebnis hinauslaufende sog Tilgungsverrechnungsklausel, nach der Zins- und Tilgungszahlung vierteljährlich zu erfolgen haben, die **Tilgungs-leistungen** aber erst **am Jahresende berücksichtigt** werden (vgl BGH NJW 1989, 530; NJW 1995, 2286 f = ZIP 1995, 1171 mAnm WEHRT; aA CANARIS NJW 1987, 609, 616; ders NJW 1987, 2407, 2409; zur offenbar unrichtigen These, mit einer Tilgungsverrechnungsklausel solle die Erfül-lungswirkung einer Tilgungszahlung nach § 362 durch AGB verändert werden, vgl REIFNER NJW 1989, 952, 954; ders, Kreditrecht § 15 Rn 29 ff mwN; LG Stuttgart NJW 1987, 193, 194; BADER BB 1986, 543, 545).

Nach Auffassung von KÖNDGEN (NJW 1989, 943, 952) kann sich auch ein kaufmänni- **216**
scher Kreditnehmer auf den Transparenzverstoß berufen, wenn die Tilgungsverrechnungsklausel äußerlich schon sehr mißglückt ist. Gegenüber Kaufleuten sind aber
geringere Anforderungen an das Transparenzgebot zu stellen. Bei ihm dürfen Erfahrungen in der Zinsberechnung vorausgesetzt werden (BGH NJW 1995, 2286, 2287 = BB
1995, 1503 = ZIP 1995, 1171 mAnm WEHRT; OLG Oldenburg WM 1994, 1327, 1329).

Die Anforderungen an die notwendige Transparenz dürfen freilich nicht überspannt **217**
werden. So ist es nicht erforderlich, daß der Kunde den Effekt der einzelnen Klausel
sofort ziffern- oder betragsmäßig einschätzen kann (TAUPITZ NJW 1989, 2242, 2244).
Andererseits genügt es noch nicht, daß im Darlehensvertrag Jahresleistung und
Gesamtlaufzeit angegeben werden (BGHZ 106, 42; BGH NJW 1991, 1889; OLG Köln NJW-
RR 1991, 636). Weiter muß auch der Inhalt anderer AGB-Klauseln und ihr Zusammenwirken mit der beanstandeten Klausel berücksichtigt werden (BGH NJW 1992, 179,
180; NJW 1992, 180, 181; OLG Karlsruhe ZIP 1990, 1321, 1323). Der AGB-Verwender kann
für die erforderliche Transparenz sorgen, indem er die Auswirkungen auf die Zinshöhe durch Zusatzinformationen hinreichend durchschaubar macht, so zB durch die
Angabe des effektiven Jahreszinses oder eines Tilgungsplans (BGHZ 106, 42, 51; hierzu
KÖNDGEN NJW 1989, 943; BGH NJW 1989, 530; NJW 1991, 1889; NJW 1992, 179, 180; NJW 1992,
1097, 1098; OLG Celle NJW-RR 1995, 1133; OLG Frankfurt/M WRP 1990, 418; OLG Oldenburg
WM 1994, 1327, 1329; ferner BOCKHOLT BB 1989, 940). BAUMS (ZIP 1989, 7, 8) weist darauf
hin, daß es nicht Zweck des AGBG, sondern erst der 1985 in Kraft getretenen
PAnGV ist, dem Kunden durch Angabe des effektiven Jahreszinses einen Preisvergleich zu ermöglichen (ähnlich TAUPITZ JuS 1989, 520, 525; vCAMPENHAUSEN 46). In BGHZ
112, 115 = NJW 1990, 2383 bringt der BGH verstärkt Bedenken gegen den Klausel-
inhalt einer nachschüssigen Tilgungsverrechnungsklausel als solchen zum Ausdruck
(ähnlich OLG Karlsruhe NJW 1991, 625).

Zahlreiche Stimmen im Schrifttum (vgl WOLF/HORN/LINDACHER § 9 AGBG Rn D 15 ff; **218**
ULMER/BRANDNER/HENSEN Anh §§ 9-11 AGBG Rn 283 a; REIFNER NJW 1989, 952, 960 ff; TRINK-
NER/WOLFER BB 1987, 425, 428; LÖWE NJW 1987, 937, 939 f; aber auch OLG Bremen BB 1991, 718,
719 f) halten solche nachschüssigen Zinsverrechnungsklauseln wegen Kollision mit
dem Äquivalenzprinzip „keine Leistung ohne Gegenleistung" (dazu NIEBLING WM
1992, 845, 847) bzw dem Rechtsgrundsatz taggenauer Zinsberechnung nach dem tatsächlichen Schuldenstand für unwirksam. Auf die Einhaltung des Transparenzgebo-
tes käme es dann nicht mehr an (so auch LG Frankfurt/M NJW 1992, 577, 578). Wirklich
begründbar erscheint diese Auffassung allerdings nicht. Aus dem Umstand, daß eine
Nichtschuld keine Zinsen tragen kann, folgt nicht, daß vom Schuldner eine „Leistung ohne Gegenleistung" zu erbringen wäre. Es folgt lediglich, daß es sich nicht um
eine Vergütung für die getilgten Kapitalteile, sondern um eine Zusatzvergütung für
nicht getilgte Kapitalteile handelt (vgl Rn 10 ff).

Die Klausel des § 6 Abs 2 der Allgemeinen Bedingungen für Bausparverträge **219**
(ABB), nach der die Verzinsung für Sparzahlungen, die bis zum 15. eines Monats
eingegangen sind, mit dem nächsten, sonst mit dem übernächsten Monatsersten
beginnt, kann im Kontext des gesamten Klauselwerkes und vor dem Hintergrund des
gesamten Vertragsverhaltens des Verwenders gegen das Transparenzgebot verstoßen; sie benachteiligt die Kunden sachlich unangemessen und ist deshalb gem § 9

Abs 1 AGBG unwirksam (vgl OLG Karlsruhe ZIP 1990, 1321; LG Berlin ZIP 1988, 1311, 1313).

220 Die **Unwirksamkeit** der Zinsberechnungsklausel wirft oftmals die Frage auf, wie die dadurch entstandene **Lücke** zu **schließen** ist. Nach Auffassung des OLG Frankfurt/M (ZIP 1993, 1225, 1226 = WM 1993, 1588; zust HAHN BB 1994, 1236, 1237) sind zB verbleibende vertragliche Regelungen, nach denen die Jahresleistungen in vierteljährlichen Raten zu entrichten sind, dahingehend auszulegen, daß alle Vierteljahresraten sowohl Tilgungs- als auch Zinsanteile enthalten und daß Tilgungs- und Zinsverrechnung „taggenau" zusammenfallen (vgl auch BGH NJW 1993, 3261, 3262 mwN = MDR 1994, 53, 54; OLG Köln WM 1992, 1698, 1699; WM 1993, 2211, 2213; zust HAHN BB 1994, 1236, 1237; WOLF/ HORN/LINDACHER § 9 AGBG Rn D 19).

5. Währungsumstellung 1948 und Deutsche Einheit

221 Bei der **Währungsumstellung 1948** machte sich besonders bemerkbar, daß die Zinsschuld einerseits selbständig, andererseits akzessorisch ist. Nach § 16 Abs 1 UmstG wurden Reichsmarkforderungen grundsätzlich im Verhältnis 10:1 von RM auf DM umgestellt. Soweit dies der Fall war, konnten Zinsen auf den umgestellten DM-Betrag auch für die Zeit vor der Währungsreform verlangt werden (BGHZ 3, 288, 298 f; BGB-RGRK/ALFF Rn 11). Soweit dagegen Reichsmarkforderungen nach § 18 UmstG ausnahmsweise im Verhältnis 1:1 umgestellt wurden, konnte dies für die am 20. 6. 1948 rückständigen Zinsverpflichtungen nicht gelten; die Zinsverbindlichkeiten waren bereits am Stichtag zu selbständigen Reichsmarkverbindlichkeiten geworden und deshalb nach § 16 Abs 1 UmstG im Verhältnis 10:1 umzustellen (BGHZ 23, 324, 332 f; BGB-RGRK/ALFF Rn 12; BfW [= Büro für Währungsfragen]-Merkblatt Nr 19, mitgeteilt bei HARMENING/DUDEN, Die Währungsgesetze [1949] 371). Soweit die Zinsen nach dem 20. 6. 1948 fällig wurden, unterlagen sie kraft Akzessorietät (Rn 10 ff) derselben Umrechnung wie die umgestellte Reichsmarkforderung (BayObLGZ 1948/51 Nr 136). Sie gehörten also nicht zu den nach dem 20. 6. 1948 fällig werdenden wiederkehrenden Leistungen, die in jedem Fall 1:1 umzustellen waren (BGHZ 23, 324, 332; BfW-Merkblatt Nr 19 aaO; BGB-RGRK/ALFF Rn 11; HARMENING/DUDEN § 18 Anm 8). Der Zinssatz blieb bei all dem unverändert (BfW-Merkblatt Nr 19 aaO).

222 Auf der Grundlage des Vertrags über die Schaffung einer **Währungs-, Wirtschafts- und Sozialunion zwischen der Bundesrepublik Deutschland und der Deutschen Demokratischen Republik** vom 18. Mai 1990 (BGBl II 537; GBl-DDR I 332), des sog „Staatsvertrages", wurde mit Wirkung vom 1. Juli 1990 die DM als Währung auch der DDR eingeführt. Durch Art 10 Abs 5 dieses Staatsvertrages bzw durch dessen Anl I Artt 6, 7 wurden auf Mark der DDR lautende Forderungen und Verbindlichkeiten auf DM umgestellt, und zwar „grundsätzlich" im Verhältnis 2:1, in den für die Masse der Bevölkerung wichtigsten „Ausnahmefällen" freilich im Verhältnis 1:1, darunter auch „regelmäßig wiederkehrende Zahlungen, die nach dem 30. Juni 1990 fällig werden". Eine eingehende Sonderregelung für Zinsen fehlt. Man wird daher davon ausgehen dürfen, daß bis zum 30. Juni 1990 fällig gewordene Zinsforderungen jedenfalls im Verhältnis 2:1 umzustellen waren und daß der Umstellungsmodus ansonsten – wie bei der Einführung der DM im Jahre 1948 – durch denjenigen der zinsträchtigen Kapitalschuld determiniert war.

Ein weiteres Problem ergab sich daraus, daß die Höhe der **Zinssätze in der DDR** nicht 223
marktkonform war. Schon nach Art 10 IV des Staatsvertrages hatte die DDR für ein
nach privatwirtschaftlichen Grundsätzen operierendes Bankensystem, einen freien
Geld- und Kapitalmarkt und eine nicht reglementierte Zinsbildung an den Finanz-
märkten zu sorgen. Dieser Verpflichtung kam sie mit der Verordnung über die
Änderung oder Aufhebung von Rechtsvorschriften vom 28. 6. 1990 (GBl-DDR I 509)
teilweise nach. Durch § 13 der VO wurden eine Reihe von zinsregelnden Rechtsvorschriften aufgehoben und Kreditinstituten, die von diesen Rechtsvorschriften betroffen waren, das Recht eingeräumt, den Zinssatz einseitig durch Erklärung gegenüber
dem Schuldner in marktüblicher Höhe festzusetzen. Hierdurch waren freilich nicht
alle Kredite erfaßt (näher HORN, Das Zivil- und Wirtschaftsrecht im neuen Bundesgebiet
[2. Aufl 1993] § 8 Rn 8; LELLEK DtZ 1991, 368; SCHUBERT WM 1992, 45). Für eine allgemeine –
freilich ebenfalls nur auf Kreditverträge bezogene – Anpassung sorgte erst das
Gesetz über die Anpassung von Kreditverträgen an Marktbedingungen sowie über
Ausgleichsleistungen an Kreditnehmer (Zinsanpassungsgesetz) vom 24. 6. 1991
(BGBl I 1314). Nach dem ZinsanpassungsG konnten Kreditinstitute den Zinssatz für
alle Kredite, die in der DDR bis zum 30. 6. 1990 gewährt worden sind, mit (Rück-)
Wirkung zum 3. 10. 1990 an die zu diesem Zeitpunkt bestehenden Marktzinssätze
anpassen (zur Problematik der Altkreditschulden in den neuen Bundesländern eingehend SCHOLZ
BB 1993, 1953; GÖRK, Deutsche Einheit und Wegfall der Geschäftsgrundlage [1995] 179 ff, 262 ff).
Die entsprechende Erklärung mußte dem Kreditnehmer bis zum 30. 9. 1991 zuge-
gangen sein. Das Zinsanpassungsgesetz (vgl den Überblick bei LELLEK DtZ 1991, 368 ff und
SCHUBERT WM 1992, 45 ff) verstößt weder gegen die Eigentumsgarantie des Art 14 GG
noch gegen die aus dem Rechtsstaatsprinzip (Art 20 Abs 3 GG) abgeleiteten Grundsätze der Rechtssicherheit und des Vertrauensschutzes (Rückwirkungsverbot), denn
mit einer Anpassung an die Marktverhältnisse mußte spätestens bei Herstellung der
deutschen Einheit am 3. 10. 1990 gerechnet werden (BVerfGE 88, 384, 404 = ZIP 1993,
1111; BezG Gera DtZ 1992, 88, 89).

6.   Haftung von Kreditsicherheiten

Kreditsicherheiten, welche eine verzinsliche Schuld sichern, *können sich auf die* 224
Zinsforderung erstrecken.

a)   Die **Bürgschaft** für Zinsen aus der Hauptschuld ist nicht ausdrücklich geregelt. 225
Keineswegs kann aus der Akzessorietät der Bürgschaft (§ 767) und der Zinsschuld
(Rn 10 ff) abgeleitet werden, daß der Bürge in jedem Fall für die Zinsen der Hauptschuld haftete. Es *entscheidet der Bürgschaftsvertrag.* Die Haftung für Zinsen ergibt
sich, wenn der Bürge die Verzinslichkeit der Hauptschuld kennt, aus dem Parteiwillen (OLG Braunschweig OLGE 23, 53 = SeuffA 67 Nr 5; OLG Colmar Recht 1916 Nr 1107;
ERMAN/SEILER § 765 Rn 7; einschr STAUDINGER/HORN[12] § 765 Rn 9, § 767 Rn 1). Sie umfaßt
dann idR auch rückständige Zinsen (OLG Braunschweig aaO; ERMAN/SEILER § 765 Rn 7),
und zwar bei einer Höchstbetragsbürgschaft auch über den vereinbarten Höchstbetrag hinaus (BGH DB 1978, 629 = WM 1978, 10; BGHZ 77, 256 = WM 1980, 863 = NJW 1980,
2131; BGH WM 1984, 198, 199; NJW 1986, 2308; OLG München WM 1984, 224; OLG Hamm WM
1984, 829, 832; OLG Koblenz NJW-RR 1993, 176; LG Stuttgart WM 1993, 1181, 1182 f; zust zB
ERMAN/SEILER § 765 Rn 7; MünchKomm/PECHER § 765 Rn 17; abl STAUDINGER/HORN[12] § 765
Rn 9). Doch sind dann im Zweifel nur die Zinsen auf die Höchstbetragssumme, nicht
auf einen überschießenden Teil der Hauptforderung erfaßt (BGH DB 1978, 629; STAU-

DINGER/HORN[12] § 765 Rn 9; PALANDT/THOMAS § 765 Rn 7). Im übrigen geraten entsprechende formularmäßige Erhöhungs- bzw Zinszuschlagsklauseln im Einzelfall – insbesondere bei Verwendung gegenüber geschäftsungewandten Vertragspartnern – in Konflikt mit § 3 AGBG (vgl OLG Nürnberg NJW 1991, 232, 234 = WM 1991, 985, 989; DERLEDER NJW 1986, 97 ff; MünchKomm/PECHER § 765 Rn 50, 50 a; ULMER/BRANDNER/HENSEN § 3 AGBG Rn 38; WOLF/HORN/LINDACHER § 9 AGBG B 15). Die Kontokorrentbürgschaft umfaßt auch anfallende Zinseszinsen (BGHZ 77, 256 = NJW 1980, 2131 = MDR 1980, 840 = WM 1980, 863 = BB 1980, 1294). Die Erstreckung der Bürgenhaftung auf nach Darlehenskündigung bzw Eröffnung des Konkurses über das Vermögen des Hauptschuldners anfallende (OLG Nürnberg NJW-RR 1992, 47 = WM 1991, 1794) Verzugszinsen ergibt sich bereits aus § 767 Abs 1 S 2 BGB (MünchKomm/PECHER § 765 Rn 28, 49; eingehend zum diesbezügl Umfang der Bürgenhaftung SCHWEIZER MDR 1994, 752). Wechselbürge und Scheckbürge haften in der gleichen Weise wie der, für den sie sich verbürgt haben (Artt 32 Abs 1 WG, 27 Abs 1 ScheckG). Für die Zinsschuld bedeutet dies, daß für Zinsforderungen nach Artt 48 Abs 1 Nr 2 und 49 Nr 2 WG sowie aus Artt 45 Nr 2, 46 Nr 2 ScheckG gehaftet wird (JACOBI, Wechsel- und Scheckrecht [1956] 685; STAUB/STRANZ, Kommentar zum Wechselgesetz [13. Aufl 1934] Art 32 Anm 4).

226 b) Ein **Pfandrecht** an einer beweglichen Sache, an einer Forderung oder an einem sonstigen Recht haftet nach §§ 1210, 1289, 1273 auch für die Zinsen der gesicherten Forderung bis zur Pfandverwertung. Diese Regelung ist abdingbar (RG LZ 1927, 606; RG LZ 1928, 828, 829). Die Abdingbarkeit ergibt sich daraus, daß § 1210 nur eine Auslegungsregel ist (Prot in MUGDAN III 915). § 1148 E I hob noch besonders hervor, daß anderes bestimmt werden kann. Dem Pfandrecht an einer Forderung unterliegen nach § 1289 S 1 auch die Zinsen der belasteten Forderung. Bezüglich etwaiger, im Verpfändungszeitpunkt bestehender Zinsrückstände bedarf es zur Herbeiführung dieser Mithaft aber einer gesonderten Vereinbarung (OLG Düsseldorf WM 1984, 1431 = RPfleger 1984, 473 mwN). Auch diese Regelung ist abdingbar, und zwar sowohl mit schuldrechtlicher als auch mit dinglicher Wirkung (KG OLGE 12, 286; KG Recht 1914 Nr 2878; PALANDT/BASSENGE § 1289 Rn 1; STAUDINGER/RIEDEL/WIEGAND[12] § 1289 Rn 4; ERMAN/KÜCHENHOFF § 1289 Rn 1; SOERGEL/MÜHL § 1289 Rn 5; MünchKomm/DAMRAU § 1289 Rn 10 mwN).

227 c) Der dem § 1210 zugrundeliegende Rechtsgedanke, daß nach der Verkehrsauffassung die dingliche Haftung im Zweifel die gesamte persönliche Haftung umfaßt (Prot aaO), gilt auch für die **Sicherungsübereignung**; auch hier ist also zu vermuten, daß das Sicherungsgut für die Zinsen der gesicherten Forderung haftet (SERICK, Eigentumsvorbehalt und Sicherungsübertragung II [1965] § 18 I 4 [S 53 f]). Eine besondere Vereinbarung ist aber üblich und mit SERICK auch anzuraten.

228 d) Beim **Eigentumsvorbehalt** tritt Eigentumserwerb des Käufers im Zweifel erst ein, wenn auch die Nebenkosten, also auch die Zinsen, bezahlt sind (SERICK, Eigentumsvorbehalt und Sicherungsübertragung I [1963] § 15 III 1 a mit Fn 17; STAUDINGER/HONSELL [1995] § 455 Rn 19; BGB-RGRK/MEZGER § 455 Rn 39; SOERGEL/MÜHL § 455 Rn 25; ERMAN/GRUNEWALD § 455 Rn 39; differenzierend PALANDT/PUTZO § 455 Rn 23; MünchKomm/H P WESTERMANN § 455 Rn 26: nur beim Vorliegen einer dahingehenden Zahlungsvereinbarung).

229 e) **Hypothek** (§ 1118) und **Grundschuld** (§ 1192) lassen das belastete Grundstück ohne weiteres auch für **gesetzliche Zinsen** haften. Eine Eintragung dieser Haftung im

Grundbuch wird als überflüssig abgelehnt (vgl für gesetzlich vorgesehene Nebenkosten KG RJA 1, 81), ist aber nicht materiell unrichtig (Soergel/Konzen § 1118 Rn 1) und sogar erforderlich, soweit sich die Grundstückshaftung über den gesetzlichen Zinssatz hinaus erstrecken soll (Soergel/Konzen § 1118 Rn 2; MünchKomm/Eickmann § 1118 Rn 4). Die **Haftung für vertraglich bedungene Zinsen** setzt eine Eintragung nach § 1115 voraus. Die Höhe des Zinssatzes muß dabei ebenso angegeben werden wie der Verzinsungsbeginn (vgl nur Erman/Raefle § 1115 Rn 8 f; Soergel/Konzen § 1115 Rn 16; Staudinger/Wolfsteiner [1996] § 1115 Rn 17 ff). Probleme bereitet diese **Eintragung bei Zinsanpassungsklauseln** (zu ihnen Rn 145 ff). Die Eintragung eines variablen Zinssatzes („Gleitzins") setzt unter dem Gesichtspunkt der Bestimmtheit der zu sichernden Forderung dreierlei voraus (Überblick bei MünchKomm/Eickmann § 1115 Rn 25 ff): erstens die **Eintragung eines Höchstzinssatzes,** die die höchstmögliche Belastung des Grundstücks erkennbar macht (BGHZ 35, 22, 24 f = BB 1961, 625 = DNotZ 1961, 404 = NJW 1961, 1257 = WM 1961, 628; BGH BB 1963, 68 = WM 1963, 29 = DNotZ 1963, 436; BGHZ 111, 324, 327 [für Rentenreallast]; KG HRR 1931 Nr 736; JW 1934, 1506; 1938, 1257; Rpfleger 1971, 315; OLG Stuttgart NJW 1954, 1646; OLG Karlsruhe JFG 7, 392; Terpitz 959; Staudinger/Wolfsteiner [1996] § 1115 Rn 18 f; Soergel/Konzen § 1115 Rn 17 f); zweitens die **Angabe eines Mindestzinssatzes** (BGHZ 35, 22, 24; BGH BB 1963, 68; NJW 1975, 1314; OLG Frankfurt/M Rpfleger 1956, 194; Soergel/Konzen § 1115 Rn 18); drittens muß der Zinssatz anhand der Eintragung und der Eintragungsbewilligung zumindest bestimmbar sein (BGHZ 35, 22, 24; OLG Darmstadt JW 1935, 3576; Soergel/Konzen § 1115 Rn 18). Es muß sich also jedenfalls aus der Eintragungsbewilligung ergeben, unter welchen Voraussetzungen und wie lange ein erhöhter Zinssatz zu zahlen ist (BGHZ 35, 22, 26 f; BayObLG DNotZ 1983, 44, 45; eingehende Hinweise für die Praxis bei Haegele/Stöber/Schoener, Grundbuchrecht [10. Aufl 1993] Rn 2488 ff). Die Bezugnahme auf die jeweils allgemein von einer Sparkasse festgesetzten Hypothekenzinsen genügt (BayObLG NJW 1975, 1365; KG JW 1938, 1257; s auch BGHZ 35, 22, 25; Erman/Räfle § 1115 Rn 8; Soergel/Konzen § 1115 Rn 17 ff), ebenso nach OLG Stuttgart (NJW 1954, 1646 = DNotZ 1955, 80) der gläubigerseitige Vorbehalt einer innerhalb eines Zinsrahmens vorzunehmenden Zinserhöhung bzw -ermäßigung unter Bezugnahme auf den geänderten Kapitalzins (hierzu auch Riedel DNotZ 1954, 562; Soergel/Konzen § 1115 Rn 17; Palandt/Bassenge § 1115 Rn 14; BGHZ 35, 22, 25). Dagegen ist die Eintragung, daß der Zinssatz bis zu einem Höchstbetrag ausschließlich vom Gläubiger bestimmt wird, nach der Auffassung der Praxis mangels Bestimmtheit unzulässig (BGHZ 35, 22, 25; BGH BB 1963, 68 = DNotZ 1963, 436, 437 = WM 1963, 29; NJW 1975, 1314, 1315; Riedel DNotZ 1954, 562 Demharter, GBO [21. Aufl. 1995] Anh zu § 44 Rn 45 ; **aM** Ripfel DNotZ 1955, 62; 1963, 439). Erst recht genügt nicht die bloße Eintragung des Höchstzinssatzes (BGH NJW 1975, 1314, 1315). Die Vereinbarung einer erhöhten Zinspflicht bei Zahlungsverzug kann als pauschalierter Schadensersatz oder als Vertragsstrafe Nebenleistung iS von § 1115 Abs 1 sein; sie bedarf dann besonderer Eintragung, ist also nicht schon durch die Zinseintragung gedeckt (str; Beispiel für eine solche Eintragung BGHZ 47, 41; eingehende Nachweise bei Soergel/Konzen § 1115 Rn 21; vgl auch MünchKomm/Eickmann § 1115 Rn 38 ff) und unterliegt ggf einer Angemessenheitskontrolle nach § 11 Nrn 5, 6 AGBG. Bei der Eigentümergrundschuld ist der Zinsanspruch nach Maßgabe des § 1197 Abs 2 auf den Zeitraum der Zwangsverwaltung beschränkt, da der Eigentümer ansonsten eine uneingeschränkte Möglichkeit der Grundstücksnutzung hat; hiermit soll also eine sachwidrige Kumulation von Nutzungs- und Zinsrecht vermieden werden (Palandt/Bassenge § 1197 Rn 3; MünchKomm/Eickmann § 1197 Rn 4; Soergel/Konzen § 1197 Rn 3; Erman/Räfle § 1197 Rn 4 f; eingehende Analyse bei Bayer AcP 189 [1989] 470).

7. Verjährung der Zinsschuld

230 Die **Verjährung** von Zinsschulden ist geregelt in §§ 197, 201, 218 Abs 2 (hierzu BGH NJW 1990, 2754), 223 Abs 3, 224. Im Anwendungsbereich des VerbrKrG nimmt § 11 Abs 3 S 3 VerbrKrG Verzugszinsansprüche aber insoweit von der Anwendung der §§ 197, 218 Abs 2 aus (hierzu Rn 170).

231 Die vierjährige Verjährungsfrist des § 197 erfaßt sowohl vertragliche als auch gesetzliche Zinsen (MünchKomm/vFELDMANN § 197 Rn 2; SOERGEL/WALTER § 197 Rn 5; STAUDINGER/ PETERS [1995] § 197 Rn 12 f), insbes auch Ansprüche auf Verzugszins bzw Ersatz eines weitergehenden Verzugs(zins)schadens (BGH NJW 1993, 1384; NJW 1993, 3320; OLG Hamm FamRZ 1995, 613, 614; ebenso STAUDINGER/PETERS [1995] § 197 Rn 15), Bereitstellungszinsen (OLG Stuttgart NJW 1986, 436, 437 = WM 1986, 998, 999 f m zust Anm SCHUBERT WM 1986, 1000; daß es sich nach in Rn 37 vertretener Auffassung nicht um Zinsen im Rechtssinne handelt, steht angesichts der weiten Formulierung des § 197 nicht entgegen) und Zinsansprüche aus öffentl-rechtl Vertrag (VGH Kassel MDR 1993, 291). Auch Zinsrückstände, die durch eine einmalige Zahlung auszugleichen sind, die das Kriterium einer „wiederkehrenden Leistung" also eigentlich nicht aufweisen, unterliegen nach hM der Verjährungsfrist des § 197 (ERMAN/HEFERMEHL § 197 Rn 2; PALANDT/HEINRICHS § 197 Rn 5; STAUDINGER/ PETERS [1995] § 197 Rn 13 mwN; vgl auch BGH NJW 1990, 1036).

232 Entgegen dem Gesetzeswortlaut fallen nach Auffassung des Bundesgerichtshofs (BGHZ 98, 174, 181 ff = NJW 1986, 2564 = WM 1986, 991, 993 f = ZIP 1986, 1037 f; BGH NJW 1990, 1036 mwN = WM 1990, 134 f) auch Ansprüche auf Rückzahlung nicht geschuldeter Zinsen und sonstiger Kreditkosten im Rahmen einer Rückabwicklung sittenwidriger Ratenkreditverträge in den Anwendungsbereich des § 197. Bei derartigen Vertragskonstellationen entstehe mit jeder einzelnen Ratenzahlung jeweils in Höhe des in jeder Rate enthaltenen Kreditkostenanteils ein sofort fälliger Rückzahlungsanspruch des Kreditnehmers, welcher seiner Natur nach auf Zahlungen gerichtet sei, die nicht einmalig, sondern eben „in regelmäßiger zeitlicher Wiederkehr" zu entrichten seien (BGHZ 98, 174, 181 f; hierzu CANARIS ZIP 1986, 273, 276 ff; STAUDINGER/PETERS [1995] § 197 Rn 27 jew mwN; krit REIFNER, Kreditrecht § 23 Rn 86; MünchKomm/vFELDMANN § 197 Rn 2 mwN zum Streitstand). An diese – im Anwendungsbereich des VerbrKrG wegen § 11 Abs 3 S 3 VerbrKrG allerdings nicht mehr tragfähige – BGH-Rspr wird auch für die verjährungsrechtliche Behandlung anderer wiederkehrender Leistungen angeknüpft (vgl OLG Hamburg NJW 1988, 1097 [Heizkosten]; BGH NJW-RR 1989, 1013, 1015 [Fernwärmekosten]; OLG Hamburg NJW-RR 1989, 458 [Mietpreisüberhöhung]). Eine entsprechende Anwendung des § 197 auf den Anspruch auf anteilige Disagiorückerstattung wird hingegen abgelehnt (BGH NJW 1993, 3257, 3258; NJW 1994, 47 = BB 1994, 28; NJW 1994, 379 = BB 1994, 105; OLG Düsseldorf WM 1995, 569, 573, 575; LG Zweibrücken WM 1992, 1564; aA noch LG Bielefeld WM 1993, 457; LG Dortmund WM 1993, 457, 458; LG Siegen WM 1993, 458, 459).

233 Im Rahmen einer AGBG-widrigen Berechnung überhöhter Zinsen beim Annuitätendarlehen soll der bei vorzeitiger Ablösung entstehende Bereicherungsanspruch des Darlehnsnehmers der regelmäßigen Verjährungsfrist des § 195 unterliegen, da der Kondiktionsanspruch in derartigen Fällen einer einmaligen Ablösungszahlung nicht auf wiederkehrende Leistungen gerichtet sei (BGHZ 112, 352, 354 ff = NJW 1991, 220; TAUPITZ JuS 1989, 520, 527).

Kapitaltilgungsanteile (Amortisationsquoten), die als Zuschlag zu den Zinsen zu **234**
entrichten sind, werden im Rahmen des § 197 ebenso wie Zinsen behandelt (OLG
Hamm NJW 1990, 1672, 1673 mwN = WM 1990, 924 = BB 1990, 1999, 2000 m Anm SCHWACHHEIM;
OLG Stuttgart NJW-RR 1992, 179, 180 f; OLG Celle MDR 1994, 157 f mwN; CANARIS ZIP 1986,
273, 279; ders, Bankvertragsrecht [2. Aufl] Rn 1332 a; BEINING NJW 1990, 1464 ff; REIFNER, Kreditrecht § 17 Rn 1 f; SOERGEL/WALTER § 197 Rn 8; PALANDT/HEINRICHS § 197 Rn 5; STAUDINGER/
PETERS [1995] § 197 Rn 24; MünchKomm/vFELDMANN § 197 Rn 2; vWESTPHALEN/EMMERICH/
KESSLER § 11 VerbrKrG Rn 55; ERMAN/HEFERMEHL § 197 Rn 3; aA vor allem SCHWACHHEIM NJW
1989, 2026 ff; ders BB 1990, 2001 ff; LG Krefeld NJW 1991, 2026, 2027). Keine Berücksichtigung finden derartige Tilgungsquoten hingegen im Rahmen der §§ 223 Abs 3, 902
Abs 1 S 2 (vgl SOERGEL/WALTER § 223 Rn 8; SOERGEL/STÜRNER § 902 Rn 2; MünchKomm/vFELD-
MANN § 223 Rn 4 mwN; MünchKomm/WACKE § 902 Rn 8). Allerdings ist anerkannt, daß der
Kreditgeber durch jeweils gesonderte Abrechnung der Zins- und Tilgungsforderung
– wegen des bei einem derartigen Vorgehen eben fehlenden Zinszuschlagscharakters
der Tilgungsforderung – ein Eingreifen der kurzen Verjährung nach § 197 vermeiden
kann (CANARIS, Bankvertragsrecht [2. Aufl] Rn 1332 a; OLG Hamm NJW 1990, 1672, 1673 mwN
= BB 1990, 1999; OLG Celle MDR 1994, 157, 158).

§ 223 Abs 3 verwehrt dem Gläubiger im Hinblick auf Ansprüche von Zinsen und **235**
anderen wiederkehrenden Leistungen den nach § 223 Abs 1 auch nach Verjährungs-
eintritt grundsätzlich zulässigen Rückgriff auf dingliche Sicherheiten. Dem Gläubiger wird insoweit das Folgerisiko unterbliebener verjährungsunterbrechender Maßnahmen aufgebürdet (MünchKomm/vFELDMANN § 223 Rn 1, 4). Korrespondierend hierzu
nimmt § 902 Abs 1 S 2 ua – durch das Grundbuch nicht ausgewiesene – Ansprüche
auf rückständige wiederkehrende Leistungen (zB §§ 1105, 1107, 1115, 1118, 1199
Abs 1, 1192) vom Grundsatz der Unverjährbarkeit eingetragener Rechte aus (Münch-
Komm/WACKE § 902 Rn 1, 8).

In § 224 kommt das Prinzip der Akzessorietät insofern zum Ausdruck, als unbescha- **236**
det der anderen Verjährungsbestimmungen der Anspruch auf Zinsen jedenfalls mit
der Kapitalschuld verjährt. Von § 224 werden als Nebenleistungen auch Ansprüche
auf Ersatz des Verzugsschadens (§ 286 Abs 1) erfaßt (allgM, vgl nur BGH NJW 1995, 252
mwN; OLG Köln NJW 1994, 2160; MünchKomm/vFELDMANN § 224 Rn 1; PALANDT/HEINRICHS
§ 224 Rn 1), nicht hingegen auf den Ersatz anderweitiger Zinsschäden gerichtete
Ansprüche (BGH NJW 1987, 3136, 3138). Diese Akzessorietät des Nebenanspruchs
schließt aber weder einen – gegenüber dem Hauptanspruch – späteren Verjährungs-
beginn für den Nebenanspruch (vgl OLG Köln NJW 1994, 2160), noch die Möglichkeit
einer selbständigen Verjährungsunterbrechung aus (SOERGEL/WALTER § 224 Rn 2; Münch-
Komm/vFELDMANN § 224 Rn 2; für eine eigenständige Verjährung des Nebenanspruchs bei wirksamer Verjährungsunterbrechung nur des Hauptanspruchs insbes VALCARCEL NJW 1995, 640).
Soweit der Anspruch auf die abhängige Nebenleistung also vor der Verjährung des
Hauptanspruchs eingeklagt worden ist, findet § 224 keine Anwendung (BGH NJW
1995, 252, 253 mwN; zust etwa SIEGMANN JuS 1996, 290, 292 f).

Die Verjährung der Zinsansprüche des Wechsel- bzw Scheckinhabers gegen den **237**
Indossanten, Aussteller bzw (Wechsel-)Akzeptanten im Wechsel- und Scheckregreß
(Artt 48 Abs 1 Nr 2 WG; 45 Nr 2 ScheckG) richtet sich nach den Artt 70, 71 WG; 52,
53 ScheckG.

8. Die Zinsschuld in Prozeß und Vollstreckung

238 **a)** Im Prozeß und in der Zwangsvollstreckung macht sich die **Selbständigkeit der Zinsschuld** bemerkbar (Rn 10 ff). Nach § 308 Abs 1 S 2 ZPO ist das Gericht auch hinsichtlich der Zinsen an die Anträge der Parteien gebunden (s auch Rn 204).

239 Im Rahmen des Kostenfestsetzungsverfahrens ist gemäß §§ 103, 104 Abs 1 S 2 ZPO auf entsprechenden Antrag hin eine Verzinsung der festgesetzten Kosten mit 4% p a ab Eingang des Festsetzungsantrages bzw – im Falle des § 105 Abs 2 ZPO – ab Urteilsverkündung (im Mahnverfahren ist insoweit der Erlaß des Vollstreckungsbescheides maßgebend, vgl MünchKommZPO/BELZ § 104 Rn 49) auszusprechen. § 104 Abs 1 S 2 ZPO begründet damit – in näherer Ausgestaltung der §§ 256, 291 – einen besonderen prozessualen Zinserstattungsanspruch bzw eine hiermit korrespondierende Verzinsungspflicht (STEIN/JONAS/BORK, ZPO § 104 Rn 25; TSCHISCHGALE NJW 1969, 221; ZIMMERMANN JuS 1991, 674, 678). Weitergehende materiell-rechtliche Zinsansprüche (zB § 288) können im Rahmen des Kostenfestsetzungsverfahrens keine Berücksichtigung finden (TSCHISCHGALE NJW 1969, 221; MünchKommZPO/BELZ § 104 Rn 48; STEIN/JONAS/BORK § 104 Rn 25 mwN). Eine Geltendmachung der über § 104 ZPO hinausgehenden Zinsen ist nur über den Weg einer gesonderten Klage nach Abschluß des Kostenfestsetzungsverfahrens zulässig (STEIN/JONAS/BORK § 103 Rn 25; TSCHISCHGALE NJW 1969, 221, 222; ZIMMERMANN JuS 1991, 674, 678 mwN).

240 Ein übersehener Zinsantrag kann auch noch nach Rechtskraft des – insoweit keine Verzinsung vorsehenden – Kostenfestsetzungsbeschlusses nachgeholt werden; eine Verzinsung ist auch in derartigen Fällen rückwirkend ab Eingang des bereits beschiedenen Antrags anzuordnen (STEIN/JONAS/BORK § 104 Rn 25 mwN; ZIMMERMANN JuS 1991, 674, 677; MünchKommZPO/BELZ § 104 Rn 15 mwN; THOMAS/PUTZO, ZPO § 104 Rn 16; ZÖLLER/HERGET, ZPO §§ 103, 104 Rn 6; BAUMBACH/LAUTERBACH, ZPO § 104 Rn 23, 25 mwN); dies gilt sogar bei einer zeitweiligen, konkursbedingten Unterbrechung des Festsetzungsverfahrens (OLG Hamm Rpfleger 1981, 243).

241 Zur umstr Frage, ob auf gesonderten Festsetzungsantrag des Gläubigers hin entsprechend § 104 Abs 1 S 2 ZPO im Kostenfestsetzungsbeschluß auch eine Verzinsung von Vollstreckungskosten iSd § 788 Abs 1 ZPO auszusprechen ist vgl LG Münster Rpfleger 1989, 40 = MDR 1989, 77; OLG Saarbrücken JurBüro 1991, 970 f m Anm MÜMMLER; OLG Hamm Rpfleger 1992, 315, 316 = MDR 1992, 1006 f; OLG Köln Rpfleger 1993, 120, 121 = AnwBl 1993, 354, 355; ZIMMERMANN JuS 1989, 674, 677; MünchKommZPO/BELZ § 104 Rn 48; MünchKommZPO/KARSTEN SCHMIDT § 788 Rn 33; STEIN/JONAS/BORK § 104 Rn 25; STEIN/JONAS/MÜNZBERG § 788 Rn 23; BAUMBACH/LAUTERBACH § 104 Rn 22; ZÖLLER/HERGET §§ 103, 104 Rn 6; ZÖLLER/STÖBER § 788 Rn 19; THOMAS/PUTZO, ZPO § 104 Rn 16; § 788 Rn 13 jew mwN.

242 Zu den durch das VerbrKrG hervorgerufenen Modifikationen des Mahnverfahrens bei Geltendmachung überhöhter Zinsansprüche (§§ 688 Abs 2 Nr 1, 690 Abs 1 Nr 3 ZPO) siehe Rn 88.

243 **b)** Bei der **Streitwertberechnung** bleiben nach § 4 Abs 1 HS 2 ZPO Zinsforderungen unberücksichtigt, wenn sie als Nebenforderungen geltend gemacht werden (vgl BGH MDR 1970, 994 = NJW 1970, 1083; OLG Zweibrücken MDR 1987, 334 für die in Zinsform gezahlte Enteignungsentschädigung; **aM** SCHNEIDER/HERGET, Streitwert Rn 1449; anders auch BGH NJW 1977, 583 = MDR 1977, 220 für die auf Zinsen entfallende MwSt-Belastung; zu den Voraussetzungen einer „Geltendmachung als Nebenforderung" eingehend STEIN/JONAS/ROTH § 4 Rn 25 ff). Hierunter fallen vertragliche und gesetzliche Zinsen (BGH NJW-RR 1995, 706). Auch Verzugsschäden, die in Form von Verzugszinsen neben der Hauptforderung geltend gemacht werden, werden insoweit im Anwendungsbereich des § 4 Abs 1 HS 2 ZPO als Nebenforderungen behandelt (BAUMBACH/LAUTERBACH § 4 Rn 15; ZÖLLER/HERGET § 4 Rn 11; STEIN/JONAS/ROTH § 4 Rn 19; ZIMMERMANN JuS 1991, 583, 585 mwN; HILLACH/ROHS, Streitwert § 18 III a; SCHNEIDER/HERGET, Streitwert Rn 3328 ff; BGH NJW-RR 1995, 706; OLG Hamburg JurBüro 1994, 364). Ist nur ein Teil der Hauptforderung Streit-gegenstand, so bleiben nur die auf diesen Teil entfallenden Zinsen als Nebenforde-rungen unberücksichtigt (BGHZ 26, 174, 176; BGH JurBüro 1981, 1489; WM 1981, 1092; NJW 1990, 2754; NJW 1994, 1869, 1870 mwN; OLG Koblenz MDR 1992, 717; MünchKommZPO/ LAPPE § 4 Rn 31; THOMAS/PUTZO § 4 Rn 9; BAUMBACH/LAUTERBACH § 4 Rn 16; ZIMMERMANN JuS 1991, 583, 586; STEIN/JONAS/ROTH § 4 Rn 22, 32 mwN auch zur Gegenansicht). Die Einordung als „Zinsen" orientiert sich hierbei nicht an der Bezeichnung durch die Parteien (MünchKommZPO/LAPPE § 4 Rn 37; STEIN/JONAS/ROTH § 4 Rn 22). Auch die bei Ratenkre-diten erfolgende Zusammenfassung von Zinsen, Kreditgebühren und Kapital zu einem Gesamtbetrag nimmt den Kreditzinsen nicht den Charakter von Nebenforde-rungen iSd § 4 Abs 1 HS 2 ZPO (BAUMBACH/LAUTERBACH § 4 Rn 16 mwN; OLG Karlsruhe AnwBl 1991, 590).

Gemäß § 4 Abs 2 ZPO sind bei Ansprüchen iSd Wechselgesetzes ua Zinsen, die **244** außer der Wechselsumme gefordert werden, als Nebenforderungen anzusehen; diese Regelung gilt für Ansprüche aus einem Scheck entsprechend (STEIN/JONAS/ROTH § 4 Rn 33; THOMAS/PUTZO § 4 Rn 10; MünchKommZPO/LAPPE § 4 Rn 58, 61; BAUMBACH/LAUTER-BACH § 4 Rn 21; ZÖLLER/HERGET § 4 Rn 13). Derartige Zinsansprüche werden somit bei allen Klagen als Nebenforderungen fingiert (THOMAS/PUTZO § 4 Rn 10; MünchKommZPO/ LAPPE § 4 Rn 60).

Eine mit § 4 Abs 2 ZPO für den Gerichtsgebührenstreitwert vergleichbare – und **245** über § 8 Abs 1 BRAGO auch für den Gegenstandswert der Anwaltsgebühren maß-gebliche – Regelung trifft § 22 Abs 1 GKG. Hiernach wird bei Handlungen, die außer dem Hauptanspruch ua auch Zinsen als Nebenforderungen betreffen, der Wert der Nebenforderung nicht berücksichtigt. Gemäß § 22 Abs 2 GKG ist bei Handlungen, die ua Zinsen als Nebenforderungen ohne den Hauptanspruch betref-fen, der Wert der Nebenforderungen maßgebend, soweit er den Wert des Hauptan-spruchs nicht übersteigt (hierzu HARTMANN, Kostengesetze § 22 GKG Rn 3 ff; HILLACH/ROHS, Streitwert § 21 A; allgemein zur Behandlung von Nebenforderungen bei der Streitwertberechnung SCHNEIDER/HERGET, Streitwert Rn 3256 ff). In der Zwangsvollstreckung betragsmäßig gel-tend gemachte Zinsrückstände werden als Hauptsache vollstreckt und sind daher auch dann bei der Mindestsumme in Ansatz zu bringen, wenn sie im vorangegange-nen Prozeß als Nebenforderung geltend gemacht worden waren. Die Selbständigkeit der Zwangsvollstreckung verhindert, daß Zinsen über das Erkenntnisverfahren hin-aus ihren Charakter als Nebenforderungen behalten (ZÖLLER/STÖBER § 866 Rn 5 mwN; MünchKommZPO/EICKMANN § 866 Rn 10 mwN; STEIN/JONAS/MÜNZBERG § 866 Rn 6). Eine Zwangshypothek kann daher – jedenfalls in Fällen einer bereits erloschenen Haupt-sacheforderung (weitergehend insoweit ZÖLLER/STÖBER § 866 Rn 4: auch bei noch bestehender Hauptsacheforderung) – für eine den Mindestbetrag von 500 DM übersteigende Zins-

forderung eingetragen werden (BAUMBACH/LAUTERBACH § 866 Rn 4; MünchKommZPO/
EICKMANN § 866 Rn 10; STEIN/JONAS/MÜNZBERG § 866 Rn 6; OLG Schleswig Rpfleger 1982, 301;
LG Bonn Rpfleger 1982, 75; zu weiteren Einzelproblemen der Zwangsvollstreckung ZIMMERMANN
JuS 1991, 758, 759; ZÖLLER/STÖBER § 794 Rn 26; MünchKommZPO/WOLFSTEINER § 794 Rn 230 f
jew mwN).

246 Nicht unberücksichtigt bleiben die Zinsanträge bei der Kostenentscheidung nach
§ 92 ZPO. Unterliegt der Kläger hinsichtlich der Kapitalforderung, obsiegt er aber
hinsichtlich der Zinsforderung, so liegt ein Teilunterliegen beider Parteien vor (BGH
LM Nr 7 zu § 92 ZPO; THOMAS/PUTZO § 92 Rn 4). Wenn umgekehrt nur der Zinsantrag
ganz oder teilweise abgewiesen wird, liegt häufig eine verhältnismäßig geringfügige
Zuvielforderung iSd § 92 Abs 2 ZPO vor, die zu einer vollen Kostenauferlegung zu
Lasten der anderen Partei Veranlassung geben wird (vgl MünchKommZPO/BELZ § 92
Rn 14). Dies gilt insbesondere auch bei Zuerkennung eines geringeren als des beantragten Zinssatzes oder der Berücksichtigung eines späteren Beginns der Zinslauf-
zeit (vgl THOMAS/PUTZO § 92 ZPO Rn 4; BAUMBACH/LAUTERBACH § 92 Rn 26).

9.   Die Behandlung der Zinsforderung in Konkurs und Vergleich

247 Im Konkursverfahren teilen die bis zur Verfahrenseröffnung aufgelaufenen (vertraglichen und gesetzlichen) Zinsen gemäß § 62 Nr 3 KO als Nebenansprüche den Rang
der Hauptforderung, soweit diese eine Konkursforderung ist (KUHN/UHLENBRUCK, KO
[11. Aufl 1994] § 62 Rn 1, 4; KILGER/KARSTEN SCHMIDT, KO [16. Aufl 1993] § 62 Anm 1). Soweit
Zinsen im Vergleichsverfahren nicht mehr geltend gemacht werden dürfen bzw als
erlassen gelten (§§ 29 Nr 1, 83 Abs 2 VerglO), besteht für den Konkursgläubiger die
Möglichkeit eines Ansatzes im Anschlußkonkurs (§ 102 VerglO; KUHN/UHLENBRUCK
§ 62 Rn 4; KILGER/KARSTEN SCHMIDT § 62 Anm 4; HESS, KO § 62 Rn 5; BLEY/MOHRBUTTER,
VerglO § 83 Rn 10 jew mwN).

248 Die seit Eröffnung des Konkursverfahrens laufenden Zinsen können gemäß § 63
Nr 1 KO indessen nicht mehr im Konkursverfahren geltend gemacht und als Konkursforderungen (vgl BGH NJW 1987, 946, 947 = ZIP 1987, 245, 247; krit TINTELNOT ZIP 1989,
144, 145, 148; die Regelung des § 63 Nr 1 KO bezieht sich mithin nicht auf Zinsen von Masseansprü-
chen, vgl BSG ZIP 1988, 659, 661; KUHN/UHLENBRUCK § 63 Rn 2c) angemeldet werden. Eine
spätere unmittelbare Geltendmachung gegenüber dem Gemeinschuldner – zu
Lasten seines konkursfreien oder nach Konkursbeendigung freigewordenen Neuver-
mögens – ist hierdurch freilich nicht ausgeschlossen (hM, BGH NJW 1987, 946, 947 = ZIP
1987, 245, 247; OLG Nürnberg WM 1991, 1794, 1795; vgl ferner die Nachw bei KUHN/UHLENBRUCK
§ 63 Rn 1 ff; KILGER/KARSTEN SCHMIDT § 63 Anm 1 f; GOTTWALD, Insolvenzrechtshandbuch § 20
Rn 26; HESS § 62 Rn 4, 6; krit TINTELNOT ZIP 1989, 144, 145 ff).

249 Zur Behandlung von Zinsforderungen im Nachlaßkonkurs vgl §§ 226 Abs 1. 2 Nr 1,
227 KO. Ähnlich können auch im Vergleichsverfahren gemäß § 29 Nr 1 VerglO die
seit Verfahrenseröffnung laufenden Zinsen nicht geltend gemacht werden.

250 Betagte Forderungen gelten gemäß §§ 65 Abs 1 KO, 30 S 1 VerglO als fällig; sind
diese – bei bestimmtem Fälligkeitstermin – unverzinslich, ist die Forderungsbeteili-
gung gemäß §§ 65 Abs 2 KO, 30 S 2 VerglO auf den Betrag beschränkt, der unter
Addition der gesetzlichen Zinsen für den Zeitraum von der Verfahrenseröffnung bis

zur Fälligkeit dem vollen Forderungsbetrag gleichkommt. Die Berechnung dieser in Abweichung von § 272 vorzunehmenden Kürzung um den Zwischenzins erfolgt hier nach der Hoffmann'schen Methode (Einzelheiten bei KILGER, VerglO § 30 Rn 6; BLEY/ MOHRBUTTER, VerglO § 30 Rn 3; KUHN/UHLENBRUCK § 65 Rn 9 ff).

Im Rahmen der allgemeinen Wirkungen des bestätigten Vergleichs (§ 82 VerglO) **251** führt die Vergleichsbestätigung gemäß § 83 Abs 2 VerglO – in Ermangelung einer anderweitigen Regelung im Vergleichswege – ua zum Erlaß der für die Zeit von der Eröffung des Vergleichsverfahrens laufenden Zinsen (hierzu BGH NJW-RR 1986, 672, 673; BLEY/MOHRBUTTER § 83 Rn 7 ff; KILGER § 83 Rn 2).

Die durch § 63 Nr 1 KO erfolgten Einschränkungen einer Geltendmachung von For- **252** derungen wegen Zinsverlustschäden nach Konkurseröffnung gelten, trotz Fehlens einer korrespondierenden Regelung, auch im Rahmen des Gesamtvollstreckungsverfahrens nach der GesO (vgl SMID/ZEUNER, GesO [2. Aufl 1994] § 11 Rn 39 mwN zur Gegenansicht).

Gemäß § 39 Abs 1 Nr 1 der am 1. 1. 1999 in Kraft tretenden Insolvenzordnung (InsO **253** v 5. 10. 1994, BGBl I 2866) werden die seit der Eröffnung des Insolvenzverfahrens laufenden Zinsen der Forderungen der Insolvenzgläubiger im Rang nach den übrigen Gläubigerforderungen berichtigt. Die Zinsen der Forderungen nachrangiger Insolvenzgläubiger haben gemäß § 39 Abs 3 InsO – insoweit in Entsprechung zu § 227 KO – den gleichen Rang wie die Forderungen dieser Gläubiger. Die Regelung des § 39 InsO weicht insoweit von der in den §§ 63 Nr 1 KO, 29 Nr 1 VerglO getroffenen Regelung einer nach Eröffnung des Konkurs- bzw Vergleichsverfahrens lediglich eingeschränkt möglichen Geltendmachung von Zinsforderungen ab. Die in § 226 Abs 1, Abs 2 Nr 1 KO für den Nachlaßkonkurs vorgesehene Ausnahme, derzufolge die in § 63 Nr 1 KO genannten Zinsforderungen generell im Konkursverfahren geltend gemacht werden können, jedoch erst nach allen übrigen Verbindlichkeiten berichtigt werden, wird mithin für das künftige Insolvenzverfahren zur Regel erhoben (vgl ie UHLENBRUCK, Das neue Insolvenzrecht 348 f).

Durch § 41 Abs 1 InsO werden nicht fällige Forderungen im Wege der Fiktion fällig **254** gestellt; § 41 Abs 2 Satz 1 InsO sieht bei Unverzinslichkeit eine Abzinsung mit dem gesetzlichen Zinssatz vor. Gemäß § 41 Abs 2 Satz 2 InsO vermindern sich diese fällig gestellten Forderungen im Wege der Abzinsung auf den Betrag, der bei Hinzurechnung der gesetzlichen Zinsen für die Zeit von der Eröffnung des Insolvenzverfahrens bis zur Fälligkeit dem vollen Forderungsbetrag entspricht; die Regelung des § 41 InsO entspricht somit den §§ 65 KO, 30 VerglO.

Gemäß § 169 S 1 InsO sind, solange sich in der Insolvenzmasse ein Gegenstand **255** befindet, zu dessen Verwertung der Insolvenzverwalter nach § 166 InsO berechtigt ist, dem Gläubiger vom Berichtstermin an laufend die geschuldeten Zinsen aus der Insolvenzmasse zu zahlen. Durch diese Regelung soll insbesondere der absonderungsberechtigte Insolvenzgläubiger vor einer unangemessenen Verzögerung der Verwertung von Sicherungsgut geschützt werden (vgl UHLENBRUCK 535 f).

10.   Die Zinsschuld im Internationalen Privatrecht

256 Die Akzessorietät der Zinsschuld (Rn 10 ff) bringt es nach wohl herrschender Meinung mit sich, daß die Zinsschuld – und damit zugleich die Höhe des gesetzlichen bzw vertraglichen Zinssatzes – im Internationalen Privatrecht dem allgemeinen Schuldstatut folgt (vCAEMMERER/SCHLECHTRIEM/EBERSTEIN-BACHER, Komm zum Einheitl UN-Kaufrecht [2. Aufl 1995] Art 78 CISG Rn 27 mwN; STAUDINGER/MAGNUS [1994] Art 78 CISG Rn 15; MünchKomm/MARTINY Art 32 EGBGB Rn 28; FERID, IPR § 6 Rn 108; KEGEL, IPR [17. Aufl 1995] § 17 VII; ASAM/KINDLER RIW 1989, 841, 842; KINDLER, Zinsansprüche 112 f, 338 f; grundsätzl auch SANDROCK, JbSchiedsgerichtb 3 [1989] 64, 81 f; für Prozeßzinsen auch GRUBER DZWir 1996, 169, 171; **aM** für Prozeßzinsen LG Frankfurt/M RIW 1994, 778, 780: lex fori). Die Höhe des gesetzlichen Zinssatzes steht indessen in einem Wirkungszusammenhang mit der wirtschaftlichen Situation der jeweils involvierten Währung, insbesondere mit der jeweiligen Geldentwertungsrate. Alternativ zu einer Heranziehung des Vertragsstatuts wird daher ua wegen der Funktion des gesetzlichen (Verzugs-)Zinssatzes als Inflationsausgleich (gegen eine Überbewertung dieses Aspektes aber KINDLER, Zinsansprüche 108) eine Sonderanknüpfung an das Recht des Staates, in dessen Währung die Geldschuld zu erfüllen ist (Währungsstatut; so insbes GRUNSKY, in: FS Franz Merz [1992] 147, 151 ff; PALANDT/HELDRICH Art 32 EGBGB Rn 5; für bestimmte Konstellationen auch SANDROCK JbSchiedsgerichtb 3 [1989] 64, 88, 92) bzw an das Recht am Sitz bzw Niederlassungsort des Schuldners (so STOLL, in: FS Ferid [1988] 495, 509 f; vCAEMMERER/SCHLECHTRIEM/ LESER Art 84 CISG Rn 13; wohl auch GRUBER MDR 1994, 759, 760) befürwortet. Vereinzelt wird sogar vorgeschlagen, bei grenzüberschreitenden Vorgängen auf den gesetzlichen Zinssatz ganz zu verzichten und statt dessen lediglich den – nach dem Vertragsstatut zu bestimmenden – konkreten Schaden zu ersetzen (GRUBER MDR 1994, 750, 760; ders DZWir 1996, 169, 170, 172). Diese Kontroverse zur Anknüpfung der Höhe des Zinssatzes wird vornehmlich im Zusammenhang mit Art 78 CISG geführt (Rn 257).

11.   Die Zinsschuld im Einheitsrecht

257 Im Einheitlichen Kaufrecht finden sich Regelungen über die Verzinsungspflicht ua in Artt 78, 84 des Einheitl UN-Kaufrechtsübereinkommens (CISG). Während die Vorläuferbestimmungen der Artt 81, 83 EKG noch die Festschreibung einer Zinshöhe von 1% über dem amtlichen Bankdiskontsatz des Niederlassungslandes des Gläubigers vorsahen (hierzu DÖLLE/STOLL, Einheitliches Kaufrecht Art 83 EKG Rn 1; SOERGEL/ WIEDEMANN Vor § 288 Rn 3; MünchKomm/THODE § 288 Rn 9; KINDLER, Zinsansprüche 247 ff; OLG Frankfurt/M NJW-RR 1990, 636 f), wird in Art 78 CISG eine Zinszahlungspflicht im Verzugsfall lediglich dem Grunde nach angeordnet (vgl vCAEMMERER/SCHLECHTRIEM/ EBERSTEIN-BACHER Art 78 Rn 8 ff; HERBER/CZERWENKA, Internationales Kaufrecht [1991] Art 78 CISG Rn 2 ff; STAUDINGER/MAGNUS [1994] Art 78 CISG Rn 5 ff; ASAM/KINDLER RIW 1989, 841). Die wegen divergierender politischer, kommerzieller und religiöser Motive der Vertragsstaaten bewußt nicht geregelte (REINHART, UN-Kaufrecht [1991] Art 78 CISG Rn 4; STAUDINGER/MAGNUS [1994] Art CISG 78 Rn 4; KINDLER Zinsansprüche 97 ff, 247) Zinshöhe dürfte sich daher wiederum am jeweiligen, ergänzend anwendbaren nationalen Recht zu orientieren haben, das nach hM nach Maßgabe der Kollisionsregeln des Forumstaats zu ermitteln ist (ie str, dafür etwa vCAEMMERER/SCHLECHTRIEM/EBERSTEIN-BACHER Art 78 Rn 21 ff; HERBER/CZERWENKA Art 78 Rn 6 f; STAUDINGER/MAGNUS [1994] Art 78 CISG Rn 12 ff; REINHART Art 78 Rn 5; MünchKomm/THODE § 288 Rn 9; ASAM/KINDLER RIW

1989, 841 f; KINDLER RIW 1991, 304, 305; ders, JbItalR 5 [1992] 214 ff; ders, Zinsrecht 101 ff, 112 f mwN ; GRUBE RIW 1992, 634, 637; PILTZ NJW 1994, 1101, 1105; gegen eine kollisionsrechtliche Ableitung [bei Art 84 CISG] insbes vCAEMMERER/SCHLECHTRIEM/LESER Art 84 Rn 13; STOLL, in: FS Murad Ferid [1988] 495, 509 f; NEUMAYER RIW 1994, 99, 106; s ferner Rn 256). Die Geltendmachung eines nachweislich entstandenen, höheren Schadens unter den Voraussetzungen des Art 74 CISG wird durch den Verzugszinsanspruch in Art 78 CISG freilich nicht ausgeschlossen (vCAEMMERER/SCHLECHTRIEM/EBERSTEIN-BACHER Art 78 Rn 34; STAUDINGER/MAGNUS [1994] Art 78 CISG Rn 19 mwN; PILTZ NJW 1994, 1101, 1105; eingehend ASAM/KINDLER RIW 1989, 841, 843 ff). Zu den Verzinsungsregeln in Art 27 Abs 1 CMR sowie in Artt 43 ER/CIV, 47 ER/CIM vgl THUME/THUME, CMR Art 27 Rn 15 ff; KOLLER, Transportrecht Art 27 CMR Rn 2 ff; GOLTERMANN/KONOW, EVO Art 47 COTIF-ER/CIM Anm 2 ff.

V. Zinsrechenmethoden und deren rechtliche Relevanz

1. Die Aufgaben der Zinsrechnung im Recht

Die Aufgaben der Zinsrechnung sind zum einen die Berechnung eines Zinssatzes aus **258** feststehenden wirtschaftlichen Größen (sogleich Rn 259 f; sowie Rn 267 ff) und zum anderen die Berechnung des zu zahlenden Zinses bei bekanntem Zinssatz (sodann Rn 261; sowie Rn 311 ff).

Die Ermittlung des Zinssatzes ist überall da erforderlich, wo es auf den Effektivzins **259** satz ankommt, also bei der Effektivzinsangabe nach §§ 4 PAngV, 4 VerbrKrG (Rn 41, 63, 85 ff), zur Bewertung der Zinshöhe, zB nach § 138, oder zur Feststellung einer verdeckten Gewinnausschüttung (Rn 42), aber auch für die Zinsabrechnung bei vorzeitiger Kreditabwicklung (Rn 43, 212). Die Zinsabrechnung erfolgt nämlich auf der Grundlage einer Effektivzinsanalyse (BGH NJW 1979, 540; OLG Hamm NJW 1978, 1540; OLG Düsseldorf ZIP 1981, 725; OLG Karlsruhe WM 1996, 572, 574; CANARIS, Bankvertragsrecht [2. Aufl] Rn 1344; ders NJW 1978, 1897; **aA** freilich BUSS NJW 1977, 1520 f). Bisweilen wird dies als selbstverständliches Gebot des objektiven Rechts hingestellt (KRUG BB 1979, 24). Bisweilen wird demgegenüber darauf hingewiesen, daß sich die Bedingungen vorzeitiger Kreditbeendigung in erster Linie aus der Vertragsabrede ergäben (vgl etwa OLG Düsseldorf ZIP 1981, 725, 726). Dies sind nur unterschiedliche Akzentsetzungen. Im Geltungsbereich der Privatautonomie ist der Primat der Vertragsregelung selbstverständlich. Aber einerseits muß die Rechtsordnung auch in Abwesenheit einer vertraglichen Regelung Fragen der Zinsabrechnung beantworten können, und andererseits muß sie angeben können, ob die vertragliche Regelung dem Maßstab der §§ 138 BGB, 3, 9, 11 AGBG standhält oder die Grenzen der Privatautonomie gerade sprengt. Letzteres gilt auch im Anwendungsbereich des VerbrKrG. Dort muß zwar der Kreditgeber nach § 4 Abs 1 S 4 Nr 1 Lit e aE VerbrKrG angeben, auf welchen Zeitraum einmalige Belastungen bei der Berechnung des effektiven Jahreszinses berechnet werden; aber dies bedeutet ja nicht zwangsläufig, daß bei der vorzeitigen Kreditabwicklung ohne weiteres danach verfahren werden darf.

Die relevanten Kreditkosten für die Berechnung des Effektivzinssatzes sind nicht bei **260** jeder Effektivzinsberechnung dieselben (vgl Rn 4, 39). Für die Effektivzinsangabe nach der PAngV (Rn 63) und nach § 4 VerbrKrG (Rn 85 ff) sind grundsätzlich – zum Negativkatalog s Rn 50 ff, 63 – alle Kreditkosten anzusetzen. Schon bei der Effektivzinsbewertung im Fall des § 138 (Rn 110 ff) sind hingegen die Kosten der Restschuldversicherung rechnerisch außer acht zu lassen und nur zusätzlich zum Effektivzinsvergleich mit zu berücksichtigen (Rn 118). Ganz anders als bei der Effektivzinsermittlung für die Zwecke der PAngV verhält es sich bei dem für die Zinsabrechnung anzusetzenden Zinssatz. Hier sind nämlich nur laufzeitabhängige Kreditkosten zeitanteilig zu verrechnen (vgl Rn 4). Der für die Zinsabrechnung bei vorzeitiger Kreditbeendigung maßgebliche Effektivzinssatz ist deshalb nicht mit dem Effektivzinssatz nach der PAngV identisch. Er ist ein um die nicht laufzeitabhängigen Einmalkosten bereinigter Effektivzinssatz (STEPPELER 64). Hierzu muß den Parteivereinbarungen entnommen werden, welche Leistungen des Kreditnehmers dem Kreditgeber endgültig verbleiben und welche Leistungen in welcher Weise zeitanteilig verrechnet werden (in gleichem Sinne etwa BGH BB 1981, 1799 = Betrieb 1981, 223 = NJW 1981, 2180 = WM 1981, 839 = ZIP 1981, 841; BB 1981, 1800 = NJW 1981, 2181 = WM 1981, 838 = ZIP 1981, 839; OLG Hamm BB 1978, 1540 f; LAMMEL BB-Beil 8/1980, 16). Das bedeutet allerdings nicht, daß nur der im Vertragswortlaut ausgewiesene (nominelle) Jahres- oder Monatszinssatz verrechnet wird (so unrichtig Buss NJW 1977, 1520; wohl auch IHMELS BB 1975, 1513). Es bedeutet auf der anderen Seite freilich auch nicht, daß Kosten schon deswegen, weil der Kreditgeber sie – etwa nach Maßgabe des § 4 Abs 1 S 4 Nr 1 Lit e aE VerbrKrG – als bereits vorab oder innerhalb des ersten Abschnitts der Gesamtlaufzeit endgültig verdient ausgewiesen hat, ohne weiteres außer Ansatz zu lassen sind. Es ist dann vielmehr zu fragen, ob die betreffenden Kosten wirklich einen besonderen Bezug zum Akt der Kreditgewährung als solchem oder zu dem Abschnitt der Gesamtlaufzeit aufweisen, innerhalb dessen sie verdient sein sollen. Ist dies nicht der Fall, dann hat die Vertragsklausel zum Inhalt, daß Zinsen, die an und für sich auf spätere Zeiträume entfallen würden, als gleichwohl bereits verdient behandelt werden sollen. Solche Vereinbarungen sind zwar im Prinzip zulässig, müssen sich aber an §§ 138 BGB, 3, 9, 11 AGBG, 609a Abs 4 BGB messen lassen (zur Vereinbarung von Zinsen auf noch nicht oder nicht mehr geschuldetes Kapital vgl Rn 141, 210 sowie sogleich Rn 261).

261 Die Feststellung der Zinsschuld bei vorzeitiger Kreditbeendigung ist ohne Kenntnis des relevanten Effektivzinssatzes nicht möglich (Rn 212). Natürlich stellt sie eine andere Aufgabe dar als die bloße Ermittlung des Zinssatzes. Es geht um die Errechnung der zeitanteilig verbrauchten Zinsen und der nicht verbrauchten Zinsen (der „Zinsrückvergütung" bzw des „Rediskonts"). Im Fall vorzeitiger Kreditbeendigung ist davon auszugehen, daß Zinsen nur für die Dauer der Kreditgewährung gezahlt werden (vgl statt vieler BGH NJW 1979, 540, 541; NJW 1984, 1420; NJW 1986, 376, 377; OLG Hamm NJW 1973, 1002; CANARIS, Bankvertragsrecht [2. Aufl] Rn 1343; LAMMEL BB-Beil 8/1980, 16; s auch Rn 141, 210 f). Stichtag ist bei einer Kreditkündigung durch den Kreditnehmer nach dem Rechtsgedanken der §§ 301, 557 Abs 1 nicht der Kündigungsstichtag, sondern der Zeitpunkt der effektiven Darlehensrückzahlung, so daß bis zu diesem Stichtag Vertragszinsen gefordert werden können, falls nichts anderes vereinbart ist (OLG Hamm NJW 1973, 1002, 1003; WM 1985, 1461, 1464; CANARIS aaO; LÖWISCH BB 1985, 959, 960; EMMERICH WM 1984, 949, 959; PALANDT/HEINRICHS § 301 Rn 1; vgl aber PALANDT/HEINRICHS Rn 13; im Ergebnis auch OLG Frankfurt/M NJW 1978, 1927, 1929). Die entgeltliche Kreditgewährung ist so lange zu vergüten, wie sie tatsächlich dauert (OLG Hamm aaO). Eine andere Frage ist, für welchen Zeitraum dem Kreditgeber welcher Zins zusteht, falls er selbst kündigt, insbesondere wegen Zahlungsverzugs des Schuldners (s hierzu Rn 159 ff).

2. Die Zinsrechnung als Rechtsproblem

a) Die Diskussion um die richtige Methode der Zinsrechnung behandelt weniger **262** ein wirkliches mathematisches Problem, als vor allem eine Reihe von Rechtsfragen. Die unterschiedlichen Zinsberechnungsmethoden stellen nämlich nicht mathematische Techniken für die Ermittlung der rechnerisch einzig richtigen Zinshöhe dar, sondern unterscheiden sich vor allem im Ziel der Rechenoperation. Sie gehen unterschiedlichen Fragen nach, weil ihnen unterschiedliche – mathematische bzw mathematisierte – Bilder davon zugrunde liegen, was ein Zins ist und wie er zum Kapitalwachstum beiträgt. Mit letzterem sind selbstverständlich zugleich Rechtsfragen angesprochen. Insofern ist die **Frage der richtigen Berechnungsmethode** Rechtsfrage. Sie ist als solche Gegenstand nicht der Darlegungslast, der Beweislast, der Beweisführung und der Beweiswürdigung (§ 286 ZPO), sondern Rechtsfindungsaufgabe. Als Rechtsfrage ist die Methodenwahl vom Gericht von Amts wegen zu entscheiden, und sie ist Teil der revisiblen richterlichen Entscheidung. Soweit bei der Zinsrechnung Allgemeine Geschäftsbedingungen auszulegen sind, verlangt zwar BGH NJW 1979, 540, 541 im Einklang mit der ständigen Praxis zu § 549 ZPO, daß es sich um eine Klausel handelt, deren Anwendungsbereich sich über den Bereich eines OLG hinaus erstreckt. Die richtige Zinsrechnungsmethode ist aber oftmals nicht durch Auslegung Allgemeiner Geschäftsbedingungen zu ermitteln, falls sich nämlich aus diesen nur die relevanten Zinsbestandteile ergeben. Die rechtliche Zulässigkeit von Annäherungsmethoden (Rn 263 f, 298 ff, 321 ff) ist demnach gleichfalls **Rechts- und nicht Tatfrage**. Das gilt auch insoweit, als diese Zulässigkeit auf § 287 Abs 2 ZPO gestützt wird (Rn 310, 331). Zuviel Gewicht auf die Tatfrage legt BGHZ 80, 153, 169 = BB 1981, 927 mAnm Kessler DB 1981, 1080 = JR 1981, 364 mAnm Olzen = NJW 1981, 1206 = WM 1981, 353 mAnm Scholz 538 = ZIP 1981, 369, wo es heißt: „Die Frage, welche Methode für die genaue Ermittlung des effektiven Zinssatzes angebracht ist, muß im Streitfall vom Tatrichter gegebenenfalls mit Hilfe eines Sachverständigen beantwortet werden." Ähnlich entscheidet auch BGH NJW 1982, 825, 826. Dem ist so nicht zuzustimmen. Der konkret zu errechnende Zins kann als Tatfrage angesehen werden, die Richtigkeit der Methode ist Rechtsfrage.

b) **Annäherungsmethoden und „finanzmathematisch exakte" Methoden** liegen bei der **263** Zinsrechnung miteinander in Streit. Dieser Streit ist mittlerweile dadurch etwas entschärft, daß § 4 Abs 2 VerbrKrG iVm § 4 PAngV und Art 1 a Abs 1 VerbrKrRl für Verbraucherkredite, den wichtigsten Problemfall, eine Rechenmethode vorgegeben hat, jedenfalls für die Zwecke der Preisangabe. Die von VerbrKrRl und PAngV nicht akzeptierte Annäherungsmethode der juristischen Praxis war einst die **Uniformmethode**. Diese Methode zerlegt die Gesamtleistung des Zinsschuldners in Zins und Tilgung, wobei beim Ratenkredit (Rn 265) Zins- und Tilgungsanteile jeweils konstant bleiben. Der Zeitpunkt der einzelnen Zinszahlungen und der hierdurch bedingte kalkulatorische Zinseszinseffekt bleiben außer Ansatz. Anderes gilt für die unterschiedlichen **finanzmathematischen Methoden**, die – mit wichtigen Unterschieden in den Details – jeweils auf korrekte Berücksichtigung der gesamten Kapitalentbehrung und der beiderseitigen Geldströme zielen. Der Effektivzinssatz ist nach diesen Methoden derjenige Zinssatz, mit dem man die Geldströme beider Seiten anlegen müßte, damit am Ende der Laufzeit jede Partei einschließlich der Zinsen und – hier unterscheiden sich die Methoden – kalkulatorischer „Zinseszinsen" (näher hierzu Rn 269 ff) dieselbe Summe aufgebracht hätte (besonders deutlich in diesem Sinne

Andreas Blaschczok

Art 1 a Abs 1 Lit a VerbrKrRl). Insbesondere wegen der dem Juristen zunächst aufstoßenden, freilich rein kalkulatorischen Berücksichtigung von „Zinseszinseffekten" – von keinem der Beteiligten soll ja die Bezahlung von Zinseszinsen verlangt werden –, treten die finanzmathematischen Methoden in unterschiedlichen Spielarten auf (STEPPELER 50). Die in Deutschland früher intensiv diskutierte (vgl SCHOLZ WM 1980, 323 ff; SECKELMANN ZfKrW 1979, 96 ff; STAUDINGER/ KARSTEN SCHMIDT[12] Rn 158, 162, 176), aus im Europäischen Verbraucherrecht liegenden Gründen so allerdings nicht weiter verfolgte **Renten- bzw Annuitätenmethode** setzt bei der nachträglichen Äquivalenz von Leistung und Gegenleistung an. Gedankliche Ausgangsüberlegung dieser Methode ist, daß Gläubiger und Schuldner am Ende der Kreditlaufzeit äquivalente mathematisch-wirtschaftliche Leistungen erbracht haben. Es geht dieser Methode daher darum, zu errechnen, unter Zugrundelegung welchen Zinsfaktors die Leistungen von Gläubiger und Schuldner (ohne Rücksicht auf die Rechtsnatur dieser Leistungen) am Endpunkt rechnerisch identisch sind (vgl SECKELMANN ZfKrW Beil H 6 v 15. 3. 1980, 19). Die mittlerweile der PAngV zugrunde liegende **360-Tage-Methode** – andere reden deswegen von der **PAngV-Methode** (WIMMER BB 1993, 950, 954) oder in Abgrenzung zu der noch darzustellenden Methode des Europäischen Verbraucherrechts von der **BRD-Methode** (STEPPELER ZIP 1988, 1615, 1617) – unterscheidet sich hiervon dadurch, daß sie unterjährige Zinseszinseffekte ausblenden will. Nach ihr hat der Effektivzinssatz denjenigen Zinssatz zu benennen, der sich ergäbe, wenn bei gleicher Gesamtbelastung des Kreditnehmers Zinsen erst jeweils nach einem Jahr Laufzeit belastet würden (vgl auch SCHOLZ WM 1980, 326; Anm der DGZ zu SECKELMANN ZfKrW Beil H 6/1980 v 15. 3. 1980; krit hierzu WESSELS 48 f). Die *Definition des Effektivzinssatzes nach der 360-Tage Methode* lautet demnach (STEPPELER 51): „Der Effektivzinssatz ist der Nominalzins einer vergleichsweisen Abrechnung des Kredits auf der Grundlage von Zinsbelastungen jeweils erst nach einem Laufzeitjahr." Die von der VerbrKrRl verwendete **AIBD-(Association of International Bond Dealers-)** Methode – andere reden wegen ihrer Verankerung im Europäischen Recht von der **EG-Methode** (STEPPELER ZIP 1988, 1615, 1620) – schließlich operiert im Unterschied zur Renten- bzw Annuitätenmethode mit Barwerten bzw mit „Gegenwartswerten" statt mit Endwerten. Dies ist freilich eine bloße Äußerlichkeit (Rn 285 ff). Es läßt sich daher sagen, daß auf dem Europäischen Forum – nicht aber in der deutschen Ministerialbürokratie – die Renten- bzw Annuitätenmethode in lediglich umformulierter Gestalt, nämlich als AIBD-Methode einstweilen den Sieg davongetragen hat (näher Rn 283).

264 Läßt man zunächst die Unterschiede zwischen den einzelnen finanzmathematischen Methoden beiseite, so läßt sich über die einzige nicht finanzmathematisch orientierte Methode, nämlich über die Uniformmethode folgendes sagen: Sie ist nicht eine unter mehreren prinzipiell gleichartigen Methoden, sondern ein aliud, weil sie schon dem Grundgedanken nach auf eine auch wirtschaftlich fundierte Zinsrechnung verzichtet. Unbestritten ist deshalb die Uniformmethode finanzmathematisch falsch. Sie ist nur in der praktischen Handhabung einfach (SCHOLL ZfKrW 1979, 1138; SCHOLZ WM 1980, 322; DIBBERN Die Bank 1980, 424). Die Uniformmethode liefert immerhin näherungsweise interessante Zahlen, aber nicht einen wirklichen Effektivzins (LG Osnabrück WM 1981, 1066, 1067; BACHMANN NJW 1978, 865, SCHOLL ZfKrW 1979, 1138). Wissenschaft und Rechtspraxis haben sich ausführlich mit der Frage beschäftigt, ob die Uniformmethode als „Praktikermethode" beibehalten werden darf, insbesondere soweit es „nur" um die Preisangabepflicht, also um die Pflicht zur Herstellung von

Transparenz geht (STAUDINGER/KARSTEN SCHMIDT[12] Rn 165 f). Gerade für diesen Anwendungsfall hat freilich nicht nur der Bund-Länder-Ausschuß „Preisauszeichnung" (zu diesem Ausschuß s Rn 50) der Uniformmethode eine Absage erteilt (dazu bereits STAUDINGER/KARSTEN SCHMIDT[12] Rn 166) sondern mittlerweile auch § 4 PAngV, auf den auch § 4 Abs 2 VerbrKrG verweist, sowie Art 1 a Abs 1 Lit a VerbrKrRl. Nur mehr als Kuriosum ist jedenfalls die bereits im Gedankengang unhaltbare und deshalb rechtsfehlerhafte rein lineare Umrechnung monatlicher Kreditgebühren in den effektiven Jahreszins ins Gedächtnis zu rufen, wie sie das OLG Köln in DB 1981, 688 vorgenommen hat (dagegen mit Recht SCHOLZ DB 1981, 2161): Das OLG Köln rechnet 0,65% monatlichen Nominalzins in einen Jahreszins von 12 x 0,65% = 7,8% um. Aber auch in den anderen Fällen, in denen eine Effektivzinsermittlung erforderlich ist, hat sich die Diskussion um eine eventuelle Anwendung der Uniformmethode mittlerweile erledigt (näher Rn 312 ff). Selbst im Rahmen der Zinssatzbewertung nach § 138 kommt eine Heranziehung der Uniformmethode nur noch zu dem Zweck in Betracht, zunächst einen Eindruck zu gewinnen, ob eine Zinssatzermittlung sich wirklich lohnen könnte (näher Rn 309). Dies ist nicht Anwendung der Uniformmethode, sondern betrifft das Stadium der Vorüberlegung.

c)   **Der Ratenkredit** ist der hauptsächliche Problemfall der Zinsrechnung. Auf den **265** Ratenkredit beziehen sich auch sämtliche von der Rechtsprechung und Literatur erwähnten Formeln (vgl nur ERMAN/WEITNAUER/KLINGSPORN § 1 AbzG aF Rn 8; AK-BGB/ BRÜGGEMEIER Anh § 246; LÖWE NJW 1974, 2258; UNGNADE WM 1975, 1079; WILHELM TZW 1976 1/13 f; KESSLER NJW 1977, 2060; SECKELMANN ZfKrW 1979, 96; LAMMEL BB Beil 8/1980, 8; SCHOLZ WM 1980, 322 f; STEPPELER 55 ff; STEPPELER/ASTFALK 74 ff; WIMMER BB 1993, 950 ff). Der Ratenkredit ist ein Kredit (meist Verbraucherkredit in Gestalt des persönlichen Kleinkredits, des Anschaffungsdarlehens oder des Teilzahlungskredits beim finanzierten Abzahlungskauf), bei dem die Kreditkosten (Zinsen und sonstige Kosten) dem Darlehensbetrag zugeschlagen werden. Der sich daraus ergebende Endbetrag ist in gleichbleibenden regelmäßigen Raten abzutragen (vgl BGH BB 1975, 1129, 1130 = WM 1975, 889, 890; OLG Hamm BB 1978, 1540, 1541; NJW-RR 1988, 937; MÜLLER/LÖFFELHOLZ, Bank-Lexikon [10. Aufl 1988] Stichworte „Ratenkredit" und „Kleinkredit"). Beim Ratenkredit hat der Kreditnehmer gleichbleibende Gesamtleistungen zu erbringen, die sich aus jeweils konstanten Tilgungs- und Zinsanteilen zusammensetzen. In – bei Nähe besehen, doch wohl nur scheinbarer – Abweichung von § 367 ist ausdrücklich oder stillschweigend vereinbart, daß Kapital und Kreditkosten mit jeder Rate zu gleichen Teilen getilgt werden (BGH NJW 1983, 1420; BGHZ 91, 55, 59; OLG Hamm NJW 1974, 1951; OLG Frankfurt/M NJW 1978, 1928; KG WM 1984, 429; PALANDT/HEINRICHS Rn 8; BACHMANN NJW 1978, 865, 866). Nur zusätzlich anfallende (Mahn- oder Verzugs-) Gebühren, die nicht in die Gesamtrechnung einbezogen sind, werden von eingehenden Zahlungen vorab abgezogen (BACHMANN aaO). Bei vertragsmäßiger Abwicklung des Kredits hat diese Vereinbarung erhebliche praktische Vorteile, weil sie die buchungstechnische Bearbeitung wesentlich erleichtert (OLG Hamm BB 1978, 1540, 1541). Da neben den einzelnen, für den Kreditnehmer schwer kalkulierbaren Kreditkosten nach §§ 4 Abs 1 PAngV, 4 Abs 1 VerbrKrG auch der Effektivzinssatz angegeben werden muß, ist der immer wieder wegen einer angeblichen Irreführung und wegen eines angeblichen Verheimlichungseffekts geäußerten Kritik am Ratenkredit (HADDING, Gutachten 74 f mwN) nicht zu folgen. Man muß sich aber darüber klar sein, daß die Vereinbarung gleichmäßiger Zins- und Tilgungsraten stets nur den bereits gezahlten und nicht den zeitanteilig letztlich wirklich geschuldeten Zins betreffen kann, denn die Vereinbarung über die ratenweise Zinszahlung steht nicht im Einklang mit der sich staffelmäßig verändernden Kapitalentbehrung (s auch Rn 322 ff). Effektivzinssatz und jeweils geschuldeter Zins können deshalb jeweils nur im Wege der Zinsrechnung festgestellt werden, auch wenn eine solche beim Ratenkredit nicht aus Anlaß jeder einzelnen eingehenden Rate vorgenommen wird.

266 d) Einfacher verhält es sich beim **Annuitätendarlehen** (vgl MÜLLER/LÖFFELHOLZ aaO sowie Enzyklopädisches Lexikon für das Geld-, Bank- und Börsenwesen [3. Aufl 1967/68] jeweils zum Stichwort „Tilgungshypothek"). Der Kreditnehmer zahlt hierbei zwar gleichfalls in konstanten Raten, jedoch bestimmt sich der Zinsanteil nach der unter Berücksichtigung der bisherigen Tilgungsleistungen noch verbliebenen Restschuld, so daß im Laufe der Zeit der Zinsanteil abnimmt und der Tilgungsanteil entsprechend wächst. Als Gegenmodell zu dem durch gleichbleibende, Zins und Tilgung umfassende Annuitäten zu tilgenden (und verzinsenden) Annuitätendarlehen begegnet – außerhalb der Ratenkreditpraxis – das oftmals sogenannte **Tilgungsdarlehen** (s hierzu Enzyklopädisches Lexikon für das Geld-, Bank- und Börsenwesen [3. Aufl 1967/68]; SCHIERENBACH/ HENNER [Hrsg], Bank- und Versicherungslexikon [2. Aufl 1994] jeweils zum Stichwort „Tilgungshypothek"). Hier gibt es im Gegensatz zum Annuitätendarlehen konstante Tilgungsraten. Der jeweils zu entrichtende Zins und damit die Gesamtbelastung sinkt dann im Laufe der Zeit. Was an Zinsen geschuldet und tatsächlich gezahlt wurde, ergibt sich somit sowohl beim Annuitäten- als auch beim Tilgungsdarlehen ohne weiteres aus der Parteivereinbarung. Die vertragliche Regelung ergänzende oder gar verdrängende Effektivzinsanalysen müssen daher – anders als beim Ratenkredit – nicht vorgenommen werden, um tatsächliche Zinsleistung einerseits und Zinsschuld andererseits feststellen zu können. Erforderlich sind sie ausschließlich zum Zwecke der Preisangabe.

3. Die Ermittlung des Zinssatzes

267 a) Die Aufgabe der Zinssatzermittlung ist bei Rn 212 f, 258 ff vorgestellt worden. Die gedanklichen Ansätze der wichtigsten Methoden ergeben sich aus Rn 263 f. Im folgenden sollen **die wichtigsten Effektivzinsformeln** vorgestellt werden:

268 aa) Die Formel der **Uniformmethode** lautet:

$$\text{Effektivzinssatz} = 24 \times \frac{\text{Laufzeitzinssatz} \times \text{Laufzeitmonate} + \text{Bearbeitungsgebührensatz}}{\text{Laufzeitmonate} + 1}$$

Dies sei an einem *Beispiel* (in Anlehnung an STEPPELER 62 f) verdeutlicht. Es wird ein Ratenkredit zu folgenden Bedingungen gewährt:

Kreditsumme	DM 60 000
Laufzeit	30 Monate
Kreditgebühr	0,5% pro Monat
Bearbeitungsgebühr	DM 650
Maklerkosten	DM 550

Der Bearbeitungsgebührensatz errechnet sich – wenn er nicht von vornherein in Prozent des Kapitals ausgedrückt ist – nach der Formel

$$\frac{\text{absoluter DM-Betrag} \times 100}{\text{Ursprungskapital}}$$

Danach ergibt sich für das Beispiel bei Einbeziehung von Bearbeitungsgebühr und Maklerkosten (vgl zur Frage der Bestandteile des Effektivzinssatzes Rn 260) ein Bearbeitungsgebührensatz von

$$\frac{1200 \times 100}{60\,000} = 2\%$$

Der Effektivzinssatz errechnet sich damit folgendermaßen:

$$\text{Effektivzinssatz} = 24\,\frac{0,5 \times 30 + 2}{30 + 1} = 13,161\%$$

bb) Die **Renten- oder Annuitätenmethode** (Rn 263 f) errechnet, unter Zugrundele- **269** gung welchen Zinsfaktors die Leistungen von Gläubiger und Schuldner bei Kreditbeendigung äquivalent sind. Dazu werden einerseits die einzelnen Leistungen des Schuldners (ohne Rücksicht auf ihre Rechtsnatur) vom Zeitpunkt ihrer jeweiligen Fälligkeit an bis zum Ende der Kreditlaufzeit mit einem monatlichen Zinsfaktor aufgezinst. Die Gesamtleistung des Schuldners ergibt sich dann als Summe der aufgezinsten monatlichen Einzelraten.

$$L_{Sch} = \sum_{v=1}^{v=n} r_{v\,\text{aufgezinst}}$$

Dabei ist: r die Höhe der jeweiligen Einzelraten
              v die fortlaufende Numerierung der monatlichen Einzelraten
              n die Gesamtlaufzeit in Monaten

Ebenso wird andererseits die mathematisch-wirtschaftliche Leistung des Gläubigers durch monatliche Aufzinsung der Kreditsumme (K) ermittelt:

$$L_{Gl} = \mathbf{K}_{\text{aufgezinst}}$$

Die mathematische Gleichsetzung der Schuldner- und der Gläubigergesamtleistung ($L_{Sch} = L_{Gl}$) führt dann zu einer eindeutigen Bestimmbarkeit des Aufzinsungsfaktors und somit des Zinssatzes mittels der Formel

$$\sum_{v=1}^{v=n} r_{v\,\text{aufgezinst}} = \mathbf{K}_{\text{aufgezinst}}$$

270 Die Einzelheiten dieser Methode sind umstritten (vgl SECKELMANN ZfKrW Beil H 6 v 15. 3.1980, S 18, 20 mAnm der Deutschen Girozentrale; SCHOLZ WM 1980, 322, 326). Über sie (vgl SECKELMANN ZfKrW 1979, 96 ff) heißt es – mißverständlich – immer wieder, sie gehe bei ihrem kalkulatorischen Ansatz davon aus, daß ständig Zinseszinseffekte aufträten (ders ZfKrW Beil H 12 v 15. 6. 1979, 12). Das Stichwort „Zinseszinseffekt" läßt den Juristen – schließlich gibt es in §§ 248 Abs 1, 289, 291 ein „Zinseszinsverbot" – natürlich aufmerken. Hier gilt es Mißverständnisse, die zu einer vorschnellen juristischen Ablehnung der Renten- oder Annuitätenmethode führen können, zu vermeiden. Diese Berechnungsmethode mutet nicht etwa dem Schuldner zu, Zinseszinsen zu bezahlen; und sie hat auch sonst nicht zum Inhalt, daß irgendwie den Schuldner belastende Zinseszinseffekte verursacht oder auch nur hingenommen würden. Sie geht in ihrem Ansatz lediglich davon aus, daß die vom Schuldner eingehenden Raten sofort zinsträchtig angelegt werden, und zwar – dies verursacht den „Zinseszinseffekt" – von Monat zu Monat, also einschließlich der bis zum jeweiligen Monatsende verdienten Zinsen. Aber auch dieser „Zinseszinseffekt" ist – rechtlich – ein nur scheinbarer. Man erkennt dies, wenn man in der sogleich folgenden Gleichung die scheinbar von Monat zu Monat, also mit scheinbaren monatlichen Zinseszinsen angelegte Gläubigerleistung, also das scheinbar mit Zinseszinsen wachsende Kapital näher betrachtet. Der Gläubiger vereinnahmt keine Zinseszinsen, weil die aufgelaufenen Zinsen mit der jeweiligen Rate ja getilgt werden, also ihrerseits keine weiteren Zinsen tragen. Und es wird auch nicht zu seinem Nachteil fingiert, er sei in der Lage, Anlageformen zu finden, die ihm monatliche Zinseszinsen bescheren. Unterstellt oder fingiert wird lediglich, daß er die jeweils eingehenden Gelder in exakt derselben Art und Weise – und das heißt rechtlich: ohne Zinseszinsen! – erneut anzulegen weiß. Finanzmathematisch mag dies – der terminus ist für den Mathematiker freilich anders als für den Juristen völlig irrelevant – als „Zinseszinseffekt" beschrieben werden. Juristisch hat dies mit Zinseszinsen nichts zu tun. Die Unterstellung, die jeweils eingehende Gesamtrate werde zu denselben Konditionen wieder angelegt, entspricht vielmehr (ziemlich) genau den Vorstellungen, mit denen der Gläubiger im Falle eines Schuldnerverzugs abstrakt seinen Verzugsschaden berechnen dürfte (näher oben Rn 159 ff). So wie man dem Gläubiger in einem solchen Falle mitnichten den Vorwurf machen würde, er wolle Zinseszinsen schneiden, kann er sich im hier interessierenden Fall der Zinssatzberechnung auch nicht darüber beschweren, ihm werde die rechtlich gar nicht zulässige Möglichkeit von Zinseszinsvereinbarungen unterstellt.

271 Mit der dem Ansatz der Annuitäten- oder Rentenmethode immanenten monatlichen Zinsverrechnung – nicht wie es gelegentlich heißt: Zinsbelastung (vgl BGH NJW 1993, 3261, 3262) – bzw der ihr immanenten Berücksichtigung – nicht: zusätzlichen Erhebung – unterjähriger Zinsen verbindet sich ein weiterer Vorwurf gegenüber dieser Methode: sie ignoriere § 608 (vgl Amtl Begr zu § 4 Abs 2 PAngV 1985 BAnZ Nr 70 v 13. 4. 1985 iVm der aus GABl Ba-Wü 1983, 508 ersichtlichen Stellungnahme der Arbeitsgruppe „effektiver Jahreszins" im Bund-Länder-Ausschuß „Preisauszeichnung") und verschlechtere die Rechtsstellung des Kreditnehmers (vgl BGHZ 106, 42, 50; 112, 115, 118; BGH NJW 1993, 3261, 3262). Hierzu ist im Kontext der rechtlichen Bewertung der einzelnen Methoden (Rn 299 ff) Stellung zu beziehen.

272 Für die *Rentenmethode* wird die Endleistung des Gläubigers (L_{Gl}) folgendermaßen berechnet:

$$L_{Gl} = K_{aufgezinst} = K \times q^n$$

Dabei ist: K der zugrundezulegende Kreditbetrag
q der *monatliche Aufzinsungsfaktor*
n die Laufzeit in Monaten

273

Die Endleistung des Schuldners ($L_{Sch} = \sum\limits_{v=1}^{v=n} r_{v\,aufgezinst}$)

ist formelmäßig bereits schwieriger auszudrücken. Es handelt sich um eine geometrische Reihe, um die Summe der wegen der unterschiedlichen Restlaufzeiten unterschiedlich aufgezinsten Einzelraten. Die einzelne aufgezinste Rate erhält folgendes Aussehen:

$$r_{v\,aufgezinst} = r \times q^{n-v}$$

Dabei ist **v** ein beliebiger Zahlungszeitpunkt innerhalb der Laufzeit.

Die Gesamtleistung des Schuldners stellt sich also wie folgt dar:

$$L_{Sch} = \sum\limits_{v=1}^{v=n} r_{v\,aufgezinst} = \sum\limits_{v=1}^{v=n} (r \times q^{n-v}) = r \times \frac{q^n - 1}{q - 1}$$

Hierbei ist der Einfachheit halber unterstellt, daß alle Einzelraten r_v gleich groß sind und den konstanten Wert r haben. Im Ratenkreditgeschäft entspricht dies auch dem Üblichen. Sollte die Schlußrate r_s sich in der Höhe von den übrigen Raten unterscheiden, würde sich die Gesamtleistung des Schuldners folgendermaßen darstellen:

$$L_{Sch} = r_s + q \sum\limits_{v=1}^{v=n-1} r_{v\,aufgezinst} = r_s + q \times \sum\limits_{v=1}^{v=n-1} (r \times q^{n-v-1})$$

$$= r_s + r \times q \times \frac{q^{n-1} - 1}{q - 1}$$

Im weiteren bleibt es aber bei der Unterstellung konstanter Raten.

Aus der Äquivalenz von Schuldner- und Gläubigerleistung folgt dann: **274**

$$K \times q^n = r \times \frac{q^n - 1}{q - 1}$$

oder

$$\frac{K}{r} = \frac{q^n - 1}{q^n \times (q - 1)}$$

In dieser Gleichung sind sowohl der Kreditbetrag (K), als auch die monatlichen Raten (r) und die Gesamtlaufzeit (n) bekannt. Der gesuchte monatliche Aufzinsungsfaktor (q) steht damit mathematisch eindeutig fest. Allerdings ist die Gleichung nicht nach der Variablen auflösbar. Sie ist nur iterativ bestimmbar, also – vereinfacht gesprochen – im Wege des Ausprobierens und einer schrittweisen Annäherung. Ist sie aber erst einmal bestimmt, läßt sich aus ihr ein effektiver Monatszinssatz (p_m als Prozentzahl ausgedrückt) errechnen nach der Formel

$$p_m = (q - 1) \times 100$$

275 Aus diesem effektiven Monatszinssatz läßt sich durch simple Multiplikation mit der Zahl 12 ein Jahreszinssatz errechnen, den man in gewissem Sinne als **vertraglichen Jahreszinssatz** bezeichnen kann. Unter Zugrundelegung dieses Jahreszinssatzes würde sich nämlich der Kredit bis zum Ende der Vertragslaufzeit auf exakt Null herunterrechnen, wenn man die Einzelraten des Schuldners als monatliche Annuitäten betrachtet und sie jeweils zunächst auf die bis zum Monatsende aufgelaufenen Zinsen und alsdann auf die Kapitalschuld verrechnet. Aber natürlich ist dieser Vertragszins nicht mit dem effektiven Jahreszins identisch. Die unterjährige Vereinnahmung von Zinsen führt zu einer zumindest kalkulatorischen Erhöhung der Rendite des Kreditgebers und dementsprechend auch des Aufwandes des Schuldners. Weil ja davon ausgegangen wurde, daß sich die erbrachten Leistungen von Monat zu Monat jeweils um den Faktor q aufzinsen, ergibt sich

$$q^{12} = q_a,$$

wobei q_a den jährlichen Aufzinsungsfaktor angibt. Der als Prozentzahl ausgedrückte Jahreseffektivzinssatz p_a ergibt sich somit als

$$p_a = (q_a - 1) \times 100 = (q^{12} - 1) \times 100$$

bzw als

$$p_a = 100 \times [(1 + \frac{p_m}{100})^{12} - 1].$$

276 Hat der Schuldner *zusätzlich einmalig im voraus einen Zinsbetrag* (Z_o) zu entrichten bzw wird ein solcher Betrag einbehalten, verkompliziert sich die Formel unwesentlich. Der Endwert der Gläubigerleistung bleibt nach wie vor als

$$L_{Gl} = K_{aufgezinst} = K \times q^n$$

bestehen. Die Schuldnerleistung hingegen ist um den aufgezinsten Betrag von Z_o zu vergrößern, so daß sich

$$L_{Sch} = r \times \frac{q^n - 1}{q - 1} + Z_o \times q^n$$

als Endwert ergibt. Die Gleichsetzung ergibt dann mit

$$K \times q^n = r \times \frac{q^n - 1}{q - 1} + Z_o \times q^n$$

oder

$$\frac{K - Z_o}{r} = \frac{q^n - 1}{q^n \times (q - 1)}$$

dasselbe rechnerische Ergebnis, als hätte man die maßgebliche *Kreditsumme sofort um den Vorauszins vermindert*.

Das schon bei Rn 268 durchgerechnete Beispiel soll die Anwendung dieser Formeln **277** verdeutlichen:

Es wird ein Ratenkredit zu folgenden Bedingungen gewährt:

Kreditsumme	DM 60 000	$= K$
Laufzeit	30 Monate	$= n$
Kreditgebühr	0,5% pro Monat	$= p_{nom}$
Bearbeitungsgebühr	DM 650	$\Big\} = Z_o$
Maklerkosten	DM 550	

Die monatliche Rate (r) ergibt sich als Summe der

$$\text{Tilgungsrate} = \frac{60\,000}{30} = 2000$$

und der monatlichen Kreditgebühr $= \dfrac{60\,000 \times 0{,}5}{100} = 300$

Daraus ergibt sich r = 2000 + 300 = 2300.

Der „Vorauszins" (Z_o) beträgt:

$Z_o = 650 + 550 = 1200$.

Daraus ergibt sich, daß wegen

$$\frac{K - Z_o}{r} = \frac{60\,000 - 1200}{2300} = 25{,}5652$$

derjenige monatliche Aufzinsungsfaktor (q) zu ermitteln ist, der die Eigenschaft hat:

$$\frac{q^{30} - 1}{q^{30} \times (q - 1)} = 25{,}5652$$

Das ist bei q = 1,010647 der Fall, so daß sich der monatliche Effektivzinssatz (p_m) wie folgt berechnet:

$$p_m = (1{,}010647 \text{ x } 100) - 100 = 1{,}0647$$

Dies ergibt iSd Rn 268 einen Vertragszins von 12,776% p a, der also bei Verabredung einer monatlichen Annuität der Zinsberechnung zugrunde gelegt werden müßte, und einen effektiven Jahreszins (p_a) von 13,552%.

278 cc) Die AIBD- (Association of International Bond Dealers-) oder EG-Methode (vgl BOEST NJW 1993, 40, 41; REIFNER, Kreditrecht § 2 Rn 104 ff; zum Vergleich zwischen dieser Methode und der der PAngV zugrunde gelegten Methode vgl STEPPELER ZIP 1988, 1615 ff; WIMMER BB 1993, 950 ff; WESSELS, Zinsrecht 48 f) ist im Anhang II der Änderungsrichtlinie vom 22. 2. 1990 (90/88/EWG) zur Verbraucherkreditrichtlinie vom 22. 12. 1986 (87/102/EWG) zu finden (ABl 1990 Nr 2 61/14). Diese Berechnungsmethode basiert auf der sogleich zu benennenden Grundgleichung (die folgenden Formulierungen einschließlich der Erläuterungen der Notationen, der „Anmerkungen" und der Präsentation der vier Berechnungsbeispiele sind wörtliches Zitat aus dem Anhang II der aktualisierten Verbraucherkreditrichtlinie): „mit folgender Gleichung wird die Gleichheit zwischen Darlehen einerseits und Tilgungszahlen und Kosten andererseits ausgedrückt:

$$\sum_{K = 1}^{K = m} \frac{A_K}{(1 + i)^{t_K}} = \sum_{K' = 1}^{K' = m'} \frac{A'_{K'}}{(1 + i)^{t_{K'}}}$$

Hierbei ist:

K   die laufende Nummer eines Darlehens,

K'   die laufende Nummer einer Tilgungszahlung oder einer Zahlung von Kosten,

A_K der Betrag des Darlehens mit der Nummer K,

$A'_{K'}$ der Betrag der Tilgungszahlung oder der Zahlung von Kosten mit der Nummer K',

Σ   das Summationszeichen,

m   die laufende Nummer des letzten Darlehens,

m'   die laufende Nummer der letzten Tilgungszahlung oder der letzten Zahlung der Kosten,

t_K der in Jahren oder Jahresbruchteilen ausgedrückte Zeitabstand zwischen dem Zeitpunkt der Darlehensvergabe mit der Nummer 1 und den Zeitpunkten der späteren Darlehen mit der Nummer 2 bis m,

$t_{K'}$ der in Jahren oder Jahresbruchteilen ausgedrückte Zeitabstand zwischen dem Zeitpunkt der Darlehensvergabe mit der Nummer 1 und den Zeitpunkten der Tilgungszahlung oder Zahlungen von Kosten mit den Nummern 1 bis m',

i der effektive Zinssatz, der entweder algebraisch oder durch schrittweise Annäherungen oder durch ein Computerprogramm errechnet werden kann, wenn die sonstigen Gleichungsgrößen aus dem Vertrag oder auf andere Weise bekannt sind.

Anmerkungen:

a) Die von beiden Seiten zu unterschiedlichen Zeitpunkten gezahlten Beträge sind nicht notwendigerweise gleich groß und werden nicht notwendigerweise in gleichen Zeitabständen entrichtet.

b) Anfangszeitpunkt ist der Tag der Darlehensvergabe.

c) Die Spanne zwischen diesen Zeitpunkten wird in Jahren oder Jahresbruchteilen ausgedrückt.

Erstes Berechnungsbeispiel:

Darlehenssumme: S = 1000 ECU
Diese Summe wird in einer einzigen Zahlung in Höhe von 1200 ECU nach 18 Monaten, d.h. 1½ Jahre nach der Darlehensaufnahme, zurückgezahlt.

Daraus ergibt sich folgende Gleichung:

$$1000 = \frac{1200}{(1 + i)^{1,5}}$$

oder
$$(1 + i)^{1,5} = 1,2$$
$$1 + i = 1,129243 \ldots$$
$$i = 0,129243 \ldots$$

Dieser Betrag wird auf 12,9% oder 12,92% abgerundet, je nachdem, ob der Staat oder die Usancen einen Toleranzspielraum von einer oder zwei Dezimalstellen erlauben.

Zweites Berechnungsbeispiel:

Die Darlehenssumme beträgt S = 1000 ECU, jedoch behält der Darlehensgeber 50 ECU für Nachforschungs- und Bearbeitungskosten ein, so daß sich das tatsächliche Darlehen nur auf 950 ECU beläuft; die Tilgung der 1200 ECU erfolgt wie im ersten Beispiel 18 Monate nach der Darlehensaufnahme.

Daraus ergibt sich folgende Gleichung:

$$950 = \frac{1200}{(1 + i)^{1,5}}$$

oder $\quad (1 + i)^{1,5} = \dfrac{1200}{950} = 1{,}263157 \ldots$

$\qquad 1 + i \quad = 1{,}16851 \ldots$

$\qquad i \qquad\; = 0{,}16851 \ldots$

Dieses Ergebnis wird auf 16,9% aufgerundet bzw auf 16,8% abgerundet.

Drittes Berechnungsbeispiel:

Die Darlehenssumme beträgt 1000 ECU, die in zwei Tilgungsraten von jeweils 600 ECU nach einem bzw nach zwei Jahren zurückzuzahlen ist.

Daraus ergibt sich folgende Gleichung:

$$1000 = \frac{600}{1 + i} + \frac{600}{(1 + i)^2}$$

Die Gleichung ist algebraisch lösbar und führt zu dem Ergebnis: i = 0,1306623, das auf 13,1% bzw 13,07% aufgerundet wird.

Viertes Berechnungsbeispiel:

Die Darlehenssumme beträgt 1000 ECU. Der Darlehensgeber hat folgende Raten zurückzuzahlen:

nach drei Monaten	(ein Vierteljahr)	272 ECU
nach sechs Monaten	(ein halbes Jahr)	272 ECU
nach zwölf Monaten	(ein Jahr)	544 ECU
Insgesamt		1088 ECU

Daraus ergibt sich folgende Gleichung:

$$1000 = \frac{272}{(1 + i)^{0,25}} + \frac{272}{(1 + i)^{0,5}} + \frac{544}{1 + i}$$

Mit dieser Gleichung kann i durch schrittweise Annäherungen, die auf einem Taschenrechner programmiert werden können, errechnet werden.

Man gelangt zu:
i = 0,1321.
Das Ergebnis wird auf 13,2% bzw 13,21% aufgerundet" (Ende des Zitats).

279 Die Grundgleichung der AIBD-Methode erschwert einen Vergleich mit der bereits dargestellten Renten- oder Annuitätenmethode (Rn 269) vor allem durch die in ihr verwendete Notation und durch die Berücksichtigung von eventuell gleich „mehreren Darlehen". Gemeint sind offenbar mehrere, zu unterschiedlichen Zeitpunkten erfolgende Auszahlungen auf der Grundlage eines einheitlichen Kreditvertrages. Geht man von nur einer Darlehensvalutierung und monatlichen Ratenzahlungen aus und paßt man – vor allem – die Notation der bei der Darstellung der Renten- oder Annuitätenmethode an, so ergibt sich folgendes:

K	(die laufende Nummer eines Darlehens) $= 1$	
K'	heißt dann:	v
A_K	heißt dann:	K
$A'_{K'}$	heißt dann:	r_v
m	$= 1$	
m'	heißt dann:	n
t_K	$= 0$	
$t_{K'}$	heißt dann:	$\dfrac{v}{12}$
i	heißt dann:	$\dfrac{pa}{100}$

Mit diesen Vorgaben lautet die umgeschriebene Formel:

$$K = \sum_{v=1}^{v=n} \frac{r_v}{\left(1 + \dfrac{pa}{100}\right)^{\frac{v}{12}}}$$

oder – weil $1 + \dfrac{pa}{100}$ ein jährlicher, nicht wie bei der Renten- oder Annuitätenmethode ein monatlicher Aufzinsungsfaktor ist, der sich als

$$q_a \text{ der jährliche Aufzinsungsfaktor}$$

notieren läßt –

$$K = \sum_{v=1}^{v=n} \frac{r_v}{q_a^{\frac{v}{12}}}$$

Wie man sieht, unterscheidet sich der rechnerische Ansatz der Renten- oder Annuitätenmethode von demjenigen der AIBD-Methode zunächst dadurch, daß diese mit Barwerten oder – wie Art 1 a Abs 2 Lit a VerbrKrRl dies nennt – mit „Gegenwartswerten" operiert, also eine Äquivalenz der (abgezinsten) Leistungen im Zeitpunkt der Darlehensvalutierung ermitteln will, während jene mit Endwerten operiert, also eine Äquivalenz im Zeitpunkt der Schlußzahlung des Darlehensnehmers ermitteln **280** will. Dies ist freilich nicht gerade ein fundamentaler Unterschied. Die auf den Zeitpunkt der Schlußzahlung aufgezinsten Barwerte und die Endwerte – bzw die Barwerte und die auf den Zeitpunkt der Darlehensvalutierung abgezinsten Endwerte – sind ja identisch. Vollzieht man für die AIBD-Methode einen Paradigmenwechsel weg vom Barwert und hin zum Endwert, und zinst man beide Seiten der Gleichung, also sowohl die die Gläubigerleistung markierende linke Seite der Gleichung (K) als auch die die Schuldnerleistung markierende rechte Seite der Gleichung

$$\sum_{v=1}^{v=n} \frac{r_v}{q_a^{\frac{v}{12}}}$$ entsprechend auf, so ergibt sich folgendes Bild:

$$K \times q_a^{\frac{n}{12}} = \sum_{v=1}^{v=n} \frac{r_v \times q_a^{\frac{n}{12}}}{q_a^{\frac{v}{12}}} = \sum_{v=1}^{v=n} r_v \times q_a^{\frac{n-v}{12}}$$

281 Wird des weiteren, wie bei der Darstellung der Renten- oder Annuitätenmethode, unterstellt, daß die zu erbringende Rate jeweils gleich hoch ist

$$r_v = \text{konstant} = r,$$

so lautet die umgeschriebene Formel

$$K \times q_a^{\frac{n}{12}} = r \times \sum_{v=1}^{v=n} q_a^{\frac{n-v}{12}}$$

282 Der Unterschied gegenüber der Renten- oder Annuitätenmethode ist damit folgender: Wie diese operiert die AIBD-Methode – im Gegensatz zur noch darzustellenden (unten Rn 285 ff) 360-Tage-Methode – mit einer allmonatlichen weiteren Aufzinsung unter Einschluß entsprechender (natürlich rein kalkulatorischer) unterjähriger Zinseszinseffekte; anders als diese will sie aber nicht einen monatlichen Aufzinsungsfaktor – und damit einen zum Zwecke der Ermittlung des Jahreszinssatzes erst noch umzurechnenden Monatszinssatz – bestimmen, sondern unmittelbar einen jährlichen Aufzinsungsfaktor. Aber auch dieser letzte Unterschied löst sich in nichts auf. Es gilt ja:

$$q_m^{12} = q_a \quad \text{bzw} \quad q_a^{\frac{1}{12}} = q_m$$

Dabei ist: q_a der jährliche Aufzinsungsfaktor

q_m der monatliche Aufzinsungsfaktor, der bei der Darstellung der Renten- oder Annuitätenmethode schlicht als „q" notiert worden ist.

Die entsprechend, unter Verwendung der vereinfachten Notation „q" für den monatlichen Aufzinsungsfaktor umgeschriebene Formel der AIBD-Methode lautet dann:

$$K \times q^n = r \times \sum_{v=1}^{v=n} q^{n-v} = r \times \frac{q^{n-1}}{q-1}$$

Dies ist exakt die Formel der Renten- oder Annuitätenmethode. Die beiden Metho- **283** den sind vollkommen äquivalent. Über die Grundformel der AIBD- oder EG-Methode im Vergleich zur Grundformel der Renten- oder Annuitätenmethode läßt sich damit folgendes sagen: Sie ist insofern abstrakter, als sie sich von vornherein für die Möglichkeit mehrerer unterschiedlicher Teilvalutierungen durch den Kreditgeber, für die Möglichkeit in ihrer Höhe ganz unterschiedlicher Einzelleistungen durch den Kreditnehmer (zur Berücksichtigung von der Höhe nach von den bisherigen Raten abweichenden Schlußraten im Rahmen der Renten- oder Annuitätenmethode s freilich Rn 269) und für die Möglichkeit anderer als gerade monatlicher Abzahlungen offen hält. Umgekehrt muß sie allerdings für die jeweilige konkrete Fallgestaltung, auch für die typische Fallgestaltung des Ratenkredits (eine einzige Valutierung, konstante Einzelleistung, monatliche Zahlung) erst operabel gemacht werden. Der Sache nach ist sie aber eine exakte Übernahme der alten Renten- oder Annuitätenmethode in das Europäische Recht. Deren Grundformel müßte freilich für abweichende Fallgestaltungen entsprechend umformuliert bzw umnotiert werden.

Im Hinblick auf die Äquivalenz von Renten- oder Annuitätenmethode einerseits **284** und AIBD- oder EG-Methode andererseits, erübrigt sich ein nochmaliges Aufgreifen des mehrfach durchgerechneten (oben Rn 268, 269) Zahlenbeispiels. Es bleibt bei dem Ergebnis, daß der effektive Jahreszins 13,552% beträgt.

dd) Die **360-Tage-Methode**, seit ihrer Adaption durch § 4 Abs 2 PAngV auch **PAngV-** **285** **Methode** genannt (Rn 263), arbeitet wie die Renten- oder Annuitätenmethode mit dem Grundansatz, daß im zeitlichen Endpunkt die aufgezinste Gläubigerleistung und die Summe der jeweils aufgezinsten Teilleistungen des Schuldners äquivalent sind, und zwar – im Prinzip – ebenfalls unter Berücksichtigung von Zinseszinseffekten. Ausgeblendet wird aber, ohne Rücksicht auf die konkrete vertragliche Vereinbarung, ein eventuell zu konstatierender unterjähriger Zinseszinseffekt. Nur jährliche Zinseszinsen, und zwar per Ende eines Laufzeitjahres, nicht eines Kalenderjahres werden kalkuliert. Ob der Grund für dieses Vorgehen darin zu sehen ist, daß man Kollisionen mit dem Zinseszinsverbot der §§ 248 Abs 1, 289, 291 vermeiden möchte (so wohl STAUDINGER/KARSTEN SCHMIDT[12] Rn 163), ist nicht recht klar. Die überwiegend genannte Begründung läuft daraus hinaus, daß man sich an dem aus § 608 herausgelesenen Zinsfälligkeitsmodell orientieren will (STEPPELER 48 f; in diesem Sinne auch der Bund-Länderausschuß „Preisauszeichnung", s dazu GABl BA-Wü 1983, 508; vgl ferner BGHZ 106, 42, 50; 112, 115, 118; BGH NJW 1993, 3261, 3262). Es soll nämlich so getan werden, als würden (ohne Rücksicht auf die vertragliche Vereinbarung) Zinsen nur immer nach Ablauf eines Laufzeitjahres (nicht Kalenderjahres) gezahlt und als seien alle unterjährigen Leistungen in vollem Umfange sich sofort zinsmindernd auswirkende Tilgungsleistungen. Dies sei nämlich der Normalfall des § 608; falls der Vertrag demgegenüber unterjährige Zinsleistungen vorsehe, beinhalte er eine Verteuerung gegenüber dem Normalfall, die in der Effektivzinsangabe ihren Niederschlag finden müsse.

286 Zur Illustration dieser Besonderheit der 360-Tage- oder PAngV-Methode gegenüber der Renten- oder Annuitätenmethode bzw der AIBD- oder EG-Methode genügt ein kurzes Beispiel: Es sei ein Darlehen gewährt über DM 10000. Es soll mit 12% p a verzinslich sein. Der Kreditnehmer soll nach Ablauf eines jeden Monats eine Annuität von DM 500 zahlen, die zunächst auf die bis dahin aufgelaufenen Zinsen und alsdann auf die Kapitalschuld verrechnet werden soll. Die Schlußzahlung soll nach einem Jahr erfolgen. Diese Vereinbarung hätte dann zum Inhalt, daß der Kreditnehmer elf Raten über jeweils DM 500 und eine Schlußzahlung von DM 5.427,01 leisten muß. In der Gesamtleistung des Schuldners wären demnach DM 927,01 an Zinsen enthalten, die unterjährig auf die monatlich aufgelaufene Zinslast und nicht auf die Kapitalschuld verrechnet worden sind. Nach der Renten- oder Annuitätenmethode bzw nach der AIBD- oder EG-Methode wäre ganz fraglos, daß der Vertragszins in der Tat exakt 12% p a beträgt. Schließlich war ja ein – für die Annuitätenmethode namengebendes – annuitätisches Verfahren gewählt. Hieraus errechnet sich ein Monatszinssatz von 1% und ein effektiver Jahreszins von 12,683% p a. Die 360-Tage- oder PAngV-Methode würde das Verfahren einer monatlichen Annuität kalkulatorisch nicht akzeptieren und daher auch nicht konzedieren, daß in der Tat mit einem Vertragszinssatz von 12% p a operiert wurde. Nach ihr würde vielmehr fingiert werden, daß die Monatsraten sich in voller Höhe kapitalschuldmindernd ausgewirkt hätten und die Zinszahlung von DM 927,01 erst nach dem Ablauf des Jahres erfolgt wäre. Es würde sich alsdann ein Effektivzins von 12,786% p a ergeben.

287 Den von der Renten- oder Annuitätenmethode bzw von der AIBD- oder EG-Methode festgestellten Vertragszins von 12% p a würde sie als Effektivzins hingegen konstatieren, wenn die Vereinbarung gelautet hätte, der Schuldner solle keine unterjährigen Zinsen, sondern lediglich monatliche Tilgungsraten von DM 500 sowie eine Schlußzahlung von DM 5370 (inklusive DM 870 Zinsen) zahlen. Aus der Sichtweise der Renten- oder Annuitätenmethode bzw der AIBD- oder EG-Methode hingegen wäre bei einer solchen Gestaltung der Umstand, daß sich die Kapitalschuld infolge der monatlichen Tilgungsleistungen laufend teilweise erledigt und der insoweit bereits endgültig verdiente – einen weiteren Zinslauf nach erfolgter Tilgung verneint ja auch sie – Zins gleichwohl erst Monate später, nämlich nach Ablauf des Laufzeitjahres, gezahlt wird, als eine Art Zinsstundung zu würdigen, die zu einer Absenkung des effektiven Jahreszinses unter 12,683% p a führt. Bei der ihr eigenen annuitätischen Konstruktion müßte nämlich ein Vertragszinssatz von nur noch 11,304% p a anstelle von 12% p a vereinbart werden. Unter Zugrundelegung dieses Zinssatzes und einer monatlichen Annuität von DM 500 wäre der Kredit nach Jahresfrist nämlich mit DM 5.370 abzulösen. Diesem Vertragszinssatz würde infolge der monatlichen Zinszahlungsweise eine Rendite des Kreditgebers, also ein effektiver Jahreszins von 11,908% p a entsprechen.

288 Die 360-Tage- oder PAngV-Methode (zu ihrer formalen Herleitung vgl DIBBERN Die Bank 1980, 124; STEPPELER 55 ff; STEPPELER/ASTFALK 74 ff) würde – im grundsätzlichen Ausgangspunkt gerade so wie die Renten- oder Annuitätenmethode bzw die AIBD- oder EG-Methode – ebenfalls sagen, daß sich die Gesamtleistung des Schuldners als Summe der aufgezinsten monatlichen Einzelraten darstellt:

$L_{Sch} = r_n$ aufgezinst

und die Gesamtleistung des Gläubigers als Aufzinsung der Kreditsumme (K):

$L_{Gl} = K_{aufgezinst}$.

Allerdings würde die Aufzinsung in den Details anderen Regeln folgen. Die Kredit- **289** summe würde von Jahr zu Jahr (nicht von Monat zu Monat) mit einem Aufzinsungsfaktor q_a aufgezinst. Darin wäre jeweils ein kalkulatorischer Zinseszinseffekt enthalten. Falls die Vertragslaufzeit zusätzlich zu den vollen Laufzeitjahren noch aus (weniger als 12) weiteren Monaten – deren Anzahl wird im folgenden als „m" notiert – besteht, werden freilich nur einfache Zinsen hinzugeschlagen, Zinseszinseffekte also ausgeblendet. Zugrunde zu legen ist hierbei für jeden Monat ein Zwölftel des effektiven Jahreszinses p_a, wie dieser sich mittels der Gleichung

$$p_a = (q_a-1) \times 100$$

aus dem jährlichen Aufzinsungsfaktor ableitet. Die Gesamtleistung des Gläubigers stellt sich also folgendermaßen dar:

$$L_{Gl} = K \times q_a^n + \frac{K \times p_a \times m}{100 \times 12} = K \times (q_a^n + \frac{m \times p_a}{100 \times 12})$$

$$= K \times \frac{1200 \times q_a^n + m \times p_a}{1200}$$

Dabei ist: K   die Kreditsumme
                n   die in vollen Jahren ausdrückbare und ausgedrückte Laufzeit
                m   die nicht mehr in vollen Jahren ausdrückbare, in Monaten ausgedrückte Restlaufzeit
                q_a der jährliche Aufzinsungsfaktor
                p_a der aus dem jährlichen Aufzinsungsfaktor abgeleitete, in Prozentzahlen ausgedrückte effektive Jahreszins

Will man vermeiden, daß in der Gleichung die beiden – miteinander inhaltlich **290** zusammenhängenden – Unbekannten „q_a" und „p_a" auftreten, kann man die Gleichung durch Einsetzen umformulieren in:

$$L_{Gl} = K \times \frac{12 \times q_a^n + m \times q_a - m}{12}$$

Ebenso folgt auch die Aufzinsung der Einzelleistungen des Schuldners in den Details **291** anderen Regeln als nach der Renten- oder Annuitätenmethode bzw nach der AIBD- oder EG-Methode. Mit Hilfe des jährlichen Aufzinsungsfaktors q_a werden nur die jeweiligen Jahresleistungen des Schuldners – im folgenden notiert als "R_v" – aufgezinst. Bis zum Ende des letzten vollen Laufzeitjahres hat der Schuldner damit folgende Interimsleistung erbracht:

$$L_{Sch, int} = \sum_{v=1}^{v=n} R_{v\,aufgezinst} = R \times \frac{q_a^n - 1}{q_a - 1}$$

Dabei ist: v ein beliebiger Laufzeitjahresendpunkt
R die – noch näher zu bestimmende – Jahresleistung des Schuldners

Dieser bis zum Ablauf des letzten vollen Laufzeitjahres erbrachten Interimsleistung, aber auch den in den letzten Laufzeitmonaten noch zu erbringenden Monatsraten (in Höhe von jeweils „r") sind alsdann noch einfache Zinsen auf der Grundlage des effektiven Jahreszinses p_a hinzuzuschlagen. Die Gesamtleistung des Schuldners ergibt sich dann als:

$$L_{Sch} = R \times \frac{q_a^n - 1}{q_a - 1} + \frac{R \times m \times p_a \times \frac{q_a^n - 1}{q_a - 1}}{100 \times 12} + m \times r + \frac{m \times r \times (m-1) \times p_a}{2 \times 100 \times 12}$$

$$= \frac{R \times (q_a^n - 1) \times (1200 + m \times p_a)}{1200 \times (q_a - 1)} + \frac{m \times r[2400 + p_a \times (m-1)]}{2400}$$

Aufgrund der Gleichung

$$p_a = (q_a - 1) \times 100$$

ergibt sich durch Einsetzen:

$$L_{Sch} = \frac{R \times (q_a^n - 1) \times [1200 + m \times 100 \times (q_a - 1)]}{1200 \times (q_a - 1)} +$$

$$+ \frac{m \times r \times [2400 + (m-1) \times 100 \times (q_a - 1)]}{2400}$$

292 Näher zu bestimmen ist nunmehr noch die in dieser Gleichung als „R" notierte Jahresleistung des Schuldners. Sie setzt sich zusammen aus zwölf Monatsraten (jeweils in der Höhe „r"), denen je nach Zahlungszeitpunkt einfache Zinsen auf der Grundlage des effektiven Jahreszinses p_a hinzugeschlagen werden. Sie läßt sich folglich in Abhängigkeit von r und von p_a darstellen als:

$$R = 12 \times r + \frac{66 \times r \times p_a}{100 \times 12} = r \times \frac{14400 + 66 \times p_a}{1200}$$

Wegen $p_a = (q_a - 1) \times 100$ ergibt sich:

$$R = r \times \frac{14\,400 + 6600 \times (q_a - 1)}{1200} = r \times \frac{24 + 11 \times (q_a - 1)}{2}$$

Für die Gesamtleistung des Schuldners folgt hieraus: **293**

$$L_{Sch} = \frac{r \times [24 + 11 \times (q_a - 1)] \times [1200 + m \times 100 \times (q_a - 1)] \times (q_a^n - 1)}{2400 \times (q_a - 1)} +$$

$$+ \frac{m \times r \times [2400 + (m - 1) \times 100 \times (q_a - 1)]}{2400}$$

$$= r \times \frac{(q_a^n - 1) \times (11q_a + 13) \times (12 - m + m \times q_a) + (q_a - 1) \times m \times [24 + (m - 1) \times (q_a - 1)]}{24 \times (q_a - 1)}$$

Wegen der Äquivalenz von Gläubigerleistung und Schuldnerleistung $L_{Gl} = L_{Sch}$ **294** ergibt sich dann:

$$K \times \frac{12 \times q_a^n + m \times (q_a - 1)}{12} =$$

$$r \times \frac{(q_a^n - 1) \times (11q_a + 13) \times [12 + m \times (q_a - 1)] + (q_a - 1) \times m \times [24 + (m - 1) \times (q_a - 1)]}{24 \times (q_a - 1)}$$

oder

$$\frac{K}{r} = \frac{(q_a^n - 1) \times (11q_a + 13) \times [12 + m \times (q_a - 1)] + (q_a - 1) \times m \times [24 + (m - 1) \times (q_a - 1)]}{2 \times (q_a - 1) \times [12 \times q_a^n + m \times (q_a - 1)]}$$

Weil in dieser Gleichung sowohl der Kreditbetrag (K), als auch die monatlichen Raten (r), die in vollen Jahren ausdrückbare Laufzeit (n) und die nicht mehr in vollen Jahren ausdrückbare, in Monaten ausgedrückte Restlaufzeit (m) bekannt sind, steht der jährliche Aufzinsungsfaktor (q_a) und damit auch der Jahreseffektivzins $[p_a = 100 \times (q_a - 1)]$ eindeutig fest. Wie auch bei der Renten- oder Annuitätenmethode bzw der mit ihr äquivalenten (oben Rn 279 ff) AIBD- oder EG-Methode ist diese Gleichung nicht nach der Variablen auflösbar. Diese ist wiederum iterativ zu bestimmen. Die Gleichung ist sogar erheblich verkompliziert (zum Vergleich oben Rn 269). Wer langen mathematischen Gleichungen mit fassungslosem Respekt gegenübersteht, wird dies für einen Beweis größerer finanzmathematischer Genauigkeit halten. Um eine Steigerung der „Genauigkeit" geht es aber gar nicht. „Genau" sind alle Formeln, selbst diejenige der Uniformmethode (oben Rn 268). Es geht um unterschiedliche juristische Konzeptionen des Zinswachstums, die in den Formeln lediglich ihren formalen Ausdruck finden. Hier geht es insbesondere um die Frage, ob § 608 wirklich die Vorstellungen der 360-Tage- oder PAngV-Methode plausibel macht (dazu Rn 299 ff).

295 Wie für die Renten- oder Annuitätenmethode (oben Rn 269) gilt auch hier, daß vom Schuldner zusätzlich einmalig im voraus entrichtete Zinsbeträge – oben notiert als „Z_o" – zB in die Effektivzinsberechnung einzubeziehende Bearbeitungsgebühren und Maklerkosten denselben rechnerischen Effekt haben, als hätte man die vom Gläubiger valutierte Kreditsumme (K) von vornherein um diese Beträge vermindert. Für die Zinssatzberechnung relevant ist nur der effektive Auszahlungsbetrag.

296 Das bereits für die anderen Zinsbuchungsmethoden durchgerechnete (oben Rn 268, 277, 284) Beispiel ist für die 360-Tage- oder PAngV-Methode von STEPPELER (62 f) abgehandelt worden. Es ergibt sich (ausführlicher STAUDINGER/KARSTEN SCHMIDT[12] Rn 163) ein effektiver Jahreszins von 13,365% p a gegenüber 13,552 p a nach der Renten- oder Annuitätenmethode bzw der AIBD- oder EG-Methode und 13,161% p a nach der Uniformmethode.

297 Nicht unterschlagen werden darf hier, daß die Grundgleichung der 360-Tage- oder PAngV-Methode bei STEPPELER aaO und DIBBERN Die Bank 1980, 424 ein anderes Gesicht hat als die hier entwickelte Grundgleichung. Dies beruht im wesentlichen darauf, daß der wirtschaftlich-mathematische Zusammenhang zwischen der Höhe der Kreditsumme, der Höhe der vorab einbehaltenen Bearbeitungsgebühren, dem nominellen Monatszins (p_{nom}), der Laufzeit und der Monatsrate dazu genutzt wurde, die Größen „Kreditsumme (K)" und „Monatsrate (r)" ganz aus der Formel herauszunehmen. Auch die Bearbeitungsgebühr fließt dann nicht mehr in ihrer absoluten Höhe als „Vorauszins (Z_o)" in die Gleichung ein, sondern nur mehr als „Bearbeitungsgebührensatz (b)". Die von STEPPELER und DIBBERN verwendete Gleichung sieht folgendermaßen aus:

$$\frac{1 + \dfrac{b}{100}}{12j + m} + \frac{p_{nom}}{100} = \frac{q^j}{(\dfrac{12}{q-1} + \dfrac{11}{2}) \times (q^j - 1) + [1 + \dfrac{m-1}{24} \times (q-1)] \times \dfrac{m}{1 + \dfrac{m}{12} \times (q-1)}}$$

Dabei ist:
- b der Bearbeitungsgebührensatz
- p_{nom} der nominelle Monatszinssatz
- q der jährliche Aufzinsungsfaktor
- j die Laufzeit in vollen Jahren
- m die zusätzliche Laufzeit in Monaten

298 **b)** **Die Bestimmung der rechtlich maßgeblichen Methode** ist nach dem bei Rn 262 ff Gesagten eine Frage des Normzwecks der jeweils anzuwendenden Norm, evtl auch ein Problem des § 287 Abs 2 ZPO.

299 **aa)** **Die Effektivzinsangabe nach § 4 Abs 2 PAngV 1985** erfolgt auf der Grundlage der 360-Tage-Methode; derjenigen nach § 1 Abs 4 PAngV aF lag demgegenüber in den 70er Jahren unter Duldung der Rechtsprechung zunächst die Uniformmethode zugrunde (vgl GELBERG [vor Rn 1] § 1 Abs 4 aF Anm 5.3; s auch BGH NJW 1979, 2110, 2111; weitere Nachweise bei HADDING, Gutachten 148). Bei den Preisaufsichtsbehörden der Länder hatte sich dann jedoch noch unter der „Geltung" der alten PAngV – in Wahrheit war sie wohl verfassungswidrig (näher Rn 46) – die Auffassung durchgesetzt, daß es bei der Effektivzinsangabe nicht nur auf – irgendwie ja sogar mit Hilfe der Uniformmethode erzielbare – Vergleichbarkeit, sondern auch auf mathematisch-wirtschaftliche Richtigkeit des angegebenen Zinses ankomme (vgl Steppeler 48). Sie haben daraufhin der 360-Tage-Methode in den von ihnen herausgegebenen „Grundsätzen zur Berechnung des effektiven Jahreszinses nach der Verordnung über Preisangaben [PAngV]" (s Anlage zur Anordnung des Ministeriums für Wirtschaft, Mittelstand und Verkehr Baden-Württemberg v 25. 3. 1983, GABl BaWü S 508, ber S 778) zum Sieg verholfen. Federführend war die Arbeitsgruppe „effektiver Jahreszins" im Bund-Länder-Ausschuß „Preisauszeichnung", die in den Grundsätzen folgende, nicht nur rechtshistorisch interessante Überlegungen festschreibt:

(Es ist auszugehen) „... von dem nominalen Vertragszinssatz und der deutschen banküblichen Praxis, für Zeiträume von weniger als einem Jahr mit einfachem Zins und bei nach Jahren bemessenen Zeiträumen mit Zinseszinsen zu rechnen. Praktisch bedeutet dies, daß alle Kostenbelastungen des Kreditnehmers unter Berücksichtigung des ihm zur Verfügung stehenden Kreditbetrags und der zeitlichen Folge der Leistungen in einer Rechnung exakt zu ermitteln sind. Dieser Ermittlung ist eine Staffelrechnung nach den Modalitäten des Vergleichskredits gegenüberzustellen. Der effektive Jahreszinssatz ist demzufolge derjenige Zinssatz, mit dem der Kredit zu verzinsen ist, wenn

– summen- und terminmäßig die Zahlungsströme (Auszahlung des Kredits, Zahlungen des Kreditnehmers) nach den Vertragsbedingungen zugrundegelegt werden,

– aber unterstellt wird, daß die Zahlungen des Kreditnehmers bis zur Zinssollstellung zunächst wie Tilgungen berücksichtigt werden und daß die Zinsen jeweils nach einem Jahr (360 Zinstage) bzw – bei Restlaufzeiten von weniger als einem Jahr – am Kreditende belastet werden."

Genau dies meint nun auch § 4 Abs 2 PAngV 1985, wenn er sagt, maßgeblich sei **300** derjenige Zinssatz, mit dem sich der Kredit bei regelmäßigem Kreditverlauf, ausgehend von den tatsächlichen Zahlungen des Kreditgebers und des Kreditnehmers, auf der Grundlage taggenauer Verrechnung aller Leistungen und nachschüssiger Zinsbelastung gemäß § 608 BGB staffelmäßig abrechnen lasse.

Die Verwendung dieser 360-Tage-Methode bei der Berechnung des effektiven Jah- **301** reszinses wurde damit durch die PAngV 1985 verbindlich festgesetzt. Denn – so heißt es in der Begründung – „diese Methode hat sich bewährt, da sie zum einen hinreichend genau ist, zum anderen Zahlenwerte liefert, mit denen dem Kreditnehmer die Richtigkeit des angegebenen effektiven Jahreszinses anhand einer Abstaffelung seines Kredits plausibel gemacht werden kann. Dies ist mit Werten, die andere finanzmathematische Methoden liefern, nicht möglich. Solche Methoden sowie die in der Vergangenheit übliche Uniformmethode sind durch die neue Regelung ausgeschlossen" (Amtl Begr BAnz Nr 70 v 13. 4. 1985 Abschnitt B zu § 4 Abs 2 PAngV).

Es ändert zwar nichts an dem Befund, daß § 4 Abs 2 PAngV ein – den europarecht- **302** lichen Vorgaben des Art 1 a Abs 1 VerbrKrRl nicht entsprechender – Bestandteil des geltenden deutschen Rechts ist, muß aber als Warnung davor ausgesprochen werden, diese Methode auch noch außerhalb des Bereichs zu verwenden, für den sie derzeit verbindlich festgeschrieben ist. Ihr Ansatz ist finanzmathematisch und ökonomisch derart verfehlt (so auch WESSELS 48 f), daß es dann schon vernünftiger gewesen wäre, die ebenfalls falsche, immerhin aber auch für den mathematisch Unbegabten leicht handhabbare Uniformmethode zu verwenden. Die angeblich bankübliche und für den Laien plausible staffelmäßige Abrechnung, ist, so wie sie seinerzeit von den „Grundsätzen" vorgesehen war und mittlerweile in § 4 Abs 2 PAngV festgeschrieben ist, weder banküblich noch plausibel. Sie baut ja auf der Vorstellung auf, daß eine nicht am Ende, sondern irgendwann im Laufe des Jahres gezahlte Rate in ihrer vollen Höhe die Kapitalschuld tilge, daß auf den insoweit getilgten Schuldteil für die Zukunft auch keine Zinsen mehr anfielen, daß die bisher angefallenen Zinsen aber erst Monate später, nämlich am Jahresende vereinnahmt werden, und dies auch noch am Ende eines Laufzeitjahres, nicht des Kalenderjahres. Wie ökonomisch unpassend diese Vorstellung jedenfalls für die gewerbliche Kreditwirtschaft ist, sieht man nicht zuletzt daran, daß es dem Kreditgeber für den Fall, daß der gesamte Kredit vor dem Ablauf eines Jahres beendet wird, zugestanden wird, die Zinsen sofort und nicht erst am Jahresende zu vereinnahmen. Eine teilweise Tilgung ist aber wirtschaftlich nichts anderes als eine teilweise Beendigung des Kredits. Das Motto „Tilgungswirkung jetzt, Anfall der Zinsen später" ist daher ein ökonomisches Unding, auf das man sich natürlich privatautonom einlassen könnte, auf das sich ein vernünftiger gewerblicher Kreditgeber aber nicht einlassen wird.

303 Was ansonsten die besondere Plausibilität dieser – gegenüber der Renten- oder Annuitätenmethode erheblich komplizierteren (!) – Berechnungsmethode für den laienhaften Konsumenten ausmachen könnte, ist nicht zu erkennen. So ist es zB alles andere als plausibel, daß in die letzte zu zahlende Monatsrate unter Umständen ein Zins-"Anteil" hineinfingiert wird, der die Rate, von der er doch neben dem Tilgungsanteil nur ein Bestandteil sein soll, summenmäßig bei weitem übersteigen kann (vgl hierzu Rn 322 ff). Ohne weiteres plausibel ist demgegenüber die Renten- oder Annuitätenmethode bzw die AIBD- oder EG-Methode, mit der sich immerhin relativ unkompliziert ein Vertragszins (zum Begriff s Rn 275) ermitteln läßt, zu dem sich der Kredit wirklich abrechnen läßt, wenn man die Rate als Annuität ausdeutet und zunächst auf die bis dahin aufgelaufenen Zinsen und alsdann auf die Kapitalschuld verrechnet. Die Behauptung von STEPPELER ZIP 1988, 1615, 1617, mit Hilfe des von der AIBD-Methode ermittelten Effektivzinssatzes lasse sich der Kredit nicht abrechnen, führt gleich mehrfach in die Irre. Zum einen schwebt ihm nämlich eine gar nicht annuitätische Abrechnung vor. Und zum anderen ist es nicht Aufgabe des Effektivzinssatzes, sondern des Vertragszinssatzes, nämlich des zwölffachen effektiven Monatszinssatzes, eine solche Abrechnung zu ermöglichen. Daß der von dieser Methode ermittelte Effektivzinssatz über diesem eine Vertragsabrechnung ermöglichenden Vertragszinssatz liegt, falls die Annuitäten nicht im Jahresrhythmus sondern schneller zu leisten sind (Rn 271), wird auch den Laien kaum erstaunen. Es wird ihn jedenfalls nicht in dem Maße verunsichern wie die Mitteilung, entgegen der ganz klaren vertraglichen Vereinbarung enthielten die Monatsraten (mit Ausnahme der letzten) überhaupt keine Zinsleistungen, diese würden lediglich jährlich kapitalisiert und alsdann in kapitalisierter Form wie das Kapital getilgt.

304 Was zunächst die Preisbehörden der Länder und hernach den bundesdeutschen Verordnungsgeber zu dem Griff zur 360-Tage-Methode bewogen hat, ist nicht recht klar.

Möglicherweise sind sie eben doch vor dem immer wieder beschworenen und terminologisch irgendwie Unzulässigkeit suggerierenden „Zinseszinseffekt" der Renten- oder Annuitätenmethode (vgl hierzu etwa, freilich nicht mit der angesprochenen Tendenz, SECKELMANN ZfKrW Beil H 12 v 15. 6. 1979, 12) bzw der – europarechtlich mittlerweile immerhin vorgeschriebenen! – AIBD-Methode zurückgeschreckt. Daß es einen rechtlichen Zusammenhang mit unzulässigen Zinseszinsen gar nicht gibt (näher Rn 270), ist möglicherweise nicht verstanden worden. Es sollte aber doch stutzig machen, daß die Bundesrepublik Deutschland – anscheinend freilich neben Frankreich – der einzige Mitgliedsstaat der EG ist, der die AIBD-Methode nicht angewendet sehen will (BOEST NJW 1993, 40, 41).

Das lenkt den Blick auf nationale Besonderheiten. Hierbei ist zunächst der insoweit **305** zutreffende Befund von STEPPELER (50) festzuhalten, daß es im Grunde nicht autonome mathematische Erkenntnis ist, die über den richtigen Effektivzins entscheidet, sondern der rechtliche Vergleich mit einem „Normalfall-Kredit". In der Tat entscheidet ja die Rechtsordnung darüber, ob, inwieweit und unter welchen Voraussetzungen in dem „Normalfall-Kredit" ein Kapitalwachstum durch Zinsen stattfindet und ob der konkret zu beurteilende Kredit wirklich an der Meßlatte des „Normalfall-Kredits" zu messen ist. Dieser „Normalfall" wird nun freilich, anders als es international üblich ist (zur internationalen Üblichkeit einer Orientierung am Annuitätenmodell der AIBD-Methode vgl WESSELS 47; BOEST NJW 1993, 40, 41; WIMMER BB 1993, 950, 953; vgl auch STEPPELER 50; ders ZIP 1988, 1615, 1617), nicht anhand der Kreditgewährungs- und Kalkulationspraxis ermittelt, sondern in § 608 BGB hineingelesen (s hierzu die „Grundsätze zur Berechnung des effektiven Jahreszinses" sowie die Amtliche Begründung zu § 4 Abs 2 PAngV oben Rn 299 sowie die Nachweise in Rn 271). In Wahrheit – und dies ist der Grund dafür, daß die Kommentare zu § 608 sich bisher zum „Problem" der unterjährigen Verzinsung gänzlich auszuschweigen pflegen (anders freilich JAUERNIG/VOLLKOMMER § 608 Anm 2 b) – gibt § 608 für die angebliche „Normalität" der Vertragskonstruktion, daß zwar unterjährig getilgt wird, Zinszahlungen aber gleichwohl nur am Jahresende geleistet werden, überhaupt nichts her. Er betrifft vielmehr den Fall, daß der Vertrag über die Fälligkeit von Zinsleistungen nichts sagt, und ordnet an, daß für diesen Fall vor Ablauf eines Jahres bzw vor der Fälligkeit des Darlehens Zinsleistungen nicht verlangt werden können. Man wird dieser Regelung auch noch entnehmen können, daß der Darlehensgeber keine unterjährigen Zinsen in Rechnung stellen darf, wenn der Vertrag eventuell unterjährig zu erbringende Leistungen des Darlehensnehmers explizit als Tilgungsleistungen hinstellt. Es wird sich aber kein einziger gewerblicher Kreditgeber finden, der es vergißt, eine Regelung über die Fälligkeit von Zinsleistungen zu treffen, oder der gar die dem Darlehensnehmer abverlangten unterjährigen Leistungen vollumfänglich als Tilgungsleistungen deklariert. Er wird vielmehr – anders mag es im die PAngV aber gar nicht interessierenden (Rn 54) Fall einer Kreditgewährung von Privat an Privat liegen – entweder eine besondere Regelung zur Zinsfälligkeit vorsehen oder doch zumindest vereinbaren, daß die unterjährigen Leistungen des Schuldners sowohl der Verzinsung als auch der Tilgung dienen sollen, was nach der zutreffenden Rechtsprechung des Bundesgerichtshofs (BGHZ 106, 42, 50; BGH NJW 1993, 3261, 3262) vollauf genügt, um die Geltung des § 608 auszuschließen. Genau dies ist aber beim Ratenkredit (Rn 265) ebenso wie auch beim Annuitätendarlehen (Rn 266) mit monatlichen Annuitäten begriffsnotwendigerweise der Fall.

Daß – um zunächst die Situation beim Annuitätendarlehen klarzustellen – die effek- **306** tive Belastung des Schuldners schon wegen der ihn treffenden Vorfinanzierungslast bei einer monatlichen Annuitätenleistung höher ist, als wenn er am Jahresende das Zwölffache der monatlichen Annuität zu zahlen hätte, ist eine auch von der Rechtsprechung bereits mehrfach herausgestellte (BGHZ 106, 42, 50; 112, 115; BGH NJW 1993, 3261, 3262; OLG München WM 1991, 849; OLG Köln WM 1992, 1698; WM 1993, 1370; OLG Frankfurt/M WM 1993, 1588; OLG Hamm WM 1993, 1589; OLG Celle EWiR § 9 AGB-Gesetz 2/93; LG Köln WM 1992, 1701) Selbstverständlichkeit. Deswegen ist ja auch für das Annuitätendarlehen zu unterscheiden zwischen dem Vertragszinssatz, zu dem der Kredit unter taggenauer Berücksichtigung der in der Annuität enthaltenen Tilgungsleistungen abgerechnet wird, und dem Effektivzinssatz. Der zwölfte Teil des Vertragszinssatzes markiert eben lediglich den monatlichen Effektivzinssatz, während der jährliche Effektivzinssatz größer ist als das Zwölffache des monatlichen Effektivzinssatzes (näher Rn 270). Die AIBD- oder EG-Methode – seinen deutlichsten Ausdruck findet dies in der Bezeichnung „Annuitätenmethode" – tut nichts weiter, als den Ratenkredit mit dem Annuitätendarlehen zu vergleichen bzw – in der Terminologie STEPPELERS – das Annuitätendarlehen als den maßgeblichen „Normalfall-Kredit" heranzuziehen und den soeben genannten – für den Bereich des Annuitätendarlehens, soweit ersichtlich, unbestrittenen – Befund auf den Ratenkredit zu übertragen. Das ist auch das passende Vorgehen. Bei beiden Kreditarten ist vereinbart, daß der Kreditnehmer monatlich gleichbleibende Leistungen zu erbringen hat. Und bei beiden Kreditarten ist vereinbart, daß diese Leistungen sowohl der Verzinsung als auch der Tilgung zu dienen bestimmt sind. Der Vergleich des Ratenkredits mit einem Kredit, bei dem lediglich die jeweils zwölfte Monatsrate und die Schlußzahlung Zinsanteile enthalten sollen, ist demgegenüber – abgesehen davon, daß es diesen „Normalfall" in der Realität der gewerblichen Kreditwirtschaft wohl überhaupt nicht gibt – eine nicht zu rechtfertigende Außerachtlassung des Parteiwillens.

307 Es ist darüber hinaus sogar zu bestreiten, daß die Vereinbarung monatlicher Annuitäten überhaupt auch nur ein Abweichen vom Modell des § 608 beinhaltete (in diesem Sinne freilich die zitierte Rechtsprechung). § 608 betrifft den Fall, daß eine vertragliche Regelung fehlt, und sagt nichts über den Fall, daß eine solche vorliegt. Insbesondere sagt er auch nichts über den Zusammenhang zwischen Zins und Tilgung, sondern schweigt sich über die Tilgung vollständig aus. Der Fall unterjähriger Tilgungsleistungen ist in § 608 gar nicht angesprochen.

308 **bb)** **Der Effektivzinsangabe nach § 4 VerbrKrG** ist gemäß § 4 Abs 2 S 2 VerbrKrG eine Berechnung des (anfänglichen) effektiven Jahreszinses nach § 4 PAngV zugrunde zu legen (s auch Rn 86). Jedenfalls insoweit, also für die Zwecke der Preisangabe in der Vertragsurkunde, findet somit auch im Rahmen des VerbrKrG die sog 360-Tage-Methode Anwendung.

309 **cc)** Die **Bewertung der Zinshöhe**, zB nach § **138**, erfolgt aufgrund eines Effektivzinsvergleichs (Rn 109 ff). Für die Frage, ob ein auffälliges Mißverhältnis zwischen Leistung und Gegenleistung vorliegt, könnte man sich im Grunde mit einigermaßen zuverlässigen Annäherungswerten begnügen. An und für sich könnte deshalb unbedenklich sogar mit der Uniformmethode gearbeitet werden (so auch die ältere Rspr; BGH WM 1979, 225; NJW 1979, 808 = WM 1979, 270; NJW 1979, 1209, 1211; NJW 1980, 2301, 2302 = WM 1980, 1111; NJW 1982, 2433, 2434; NJW 1983, 2692; BGHZ 101, 380, 389; OLG Hamm NJW 1979, 2110, 2111; BB 1983, 404; LG Freiburg MDR 1980, 844; LG Osnabrück WM 1981, 1066, 1069;

OLG Köln‚NJW-RR 1987, 1136; **aM** wohl Scholz WM 1980, 326). Auf mathematische Exaktheit kann, da es um Werturteile geht, im Grunde ohne weiteres verzichtet werden (anders aber – weit überwiegend mit Tendenzen zugunsten der Annuitätenmethode – die jüngere Rspr; BGHZ 80, 153, 169 mwN = BB 1981, 927 mAnm Kessler = DB 1981, 1080 = JR 1981, 364 mAnm Olzen = JZ 1981, 344 = NJW 1981, 1206 = WM 1981, 353 mAnm Scholz WM 1981, 538 = ZIP 1981, 369; BGH WM 1987, 463, 464; NJW 1987, 2220, 2221 f = ZIP 1987, 903 = WM 1987, 613; ZIP 1987, 22, 23 = NJW 1987, 181; BGHZ 104, 102, 104; BGH NJW 1988, 818; NJW-RR 1988, 363, 365; NJW 1988, 1661, 1662; NJW 1990, 2807; BGHZ 110, 336, 338; BGH NJW 1995, 1019, 1022; OLG Bremen WM 1986, 1077; OLG Celle NJW-RR 1989, 1134, 1135; OLG Düsseldorf WM 1989, 294, 295; OLG Frankfurt/M NJW-RR 1987, 998; OLG Köln WM 1987, 1548, 1549; ZIP 1988, 499, 500; LG Münster WM 1985, 1105; OLG Stuttgart ZIP 1984, 1201, 1206 = WM 1985, 349; hin und wieder wurde die Annuitätenmethode sogar für insoweit maßgebend bezeichnet und deren Anwendbarkeit als gesichert hingestellt: BGHZ 104, 102, 104; BGH WM 1989, 1676; WM 1990, 421). Wie nun wirklich zu verfahren ist, folgt demgegenüber aus dem Befund, daß es letztlich ja gar nicht auf die isolierte Feststellung des jeweiligen Effektivzinssatzes ankommt, sondern auf einen Zinssatzvergleich, vor allem mit den „Schwerpunktzinsen" der Zinsstatistik der Deutschen Bundesbank (oben Rn 125). Dies macht aber nur dann Sinn, wenn beide Zinssätze nach derselben Methode ermittelt worden sind (BGH NJW 1979, 808 = WM 1979, 270; NJW 1987, 181; NJW 1987, 2220, 2221; OLG Celle NJW-RR 1989, 1134, 1136). Der „Schwerpunktzins" als Monatszins wird aus dem ungewichteten arithmetischen Mittel der innerhalb der sog Streubreite liegenden Zinsmeldungen der meldepflichtigen Kreditinstitute errechnet. Die Streubreite wird ermittelt, indem jeweils 5% der Meldungen mit den höchsten und den niedrigsten Zinsen ausgesetzt werden (vgl Methodische Anmerkungen zur Zinsberechnung der Deutschen Bundesbank in: Monatsbericht der Deutschen Bundesbank 1/1983 S 24 f, 8/1996 S 45* f). Zur entscheidenden Frage wird damit, welche Methode die Deutsche Bundesbank angewendet wissen will, um aus den Zinsvereinbarungen den Effektivzinsatz zu ermitteln. Aus ihren an die meldepflichtigen Kreditinstitute adressierten Hinweisen ergibt sich klar lediglich, daß sie jedenfalls die Anwendung der Uniformmethode für unzulässig hält. Sie selbst scheint nach den verfügbaren Informationen die 360-Tage- oder PAngV-Methode zu präferieren. In ihren Hinweisen verweist sie die Kreditinstitute freilich auch auf Tabellenwerke, zB auf dasjenige von Sievi/Gillardon, die früher – heute entgegen Palandt/Heinrichs Rn 7 nicht mehr (!) – mit der Renten- oder Annuitätenmethode bzw mit der AIBD-Methode arbeiteten und heute mit der 360-Tage- oder PAngV-Methode operieren, ohne den meldepflichtigen Kreditinstituten die beizuziehende Auflage des Tabellenwerkes zu benennen. Es ist daher davon auszugehen, daß die Meldungen der Kreditinstitute, die alsdann von der Deutschen Bundesbank zu den Schwerpunktzinsen verdichtet werden, auf einer Anwendung teils der einen, teils der anderen Methode beruhen. Die Rechtspraxis sollte hieraus die Konsequenz ziehen, ihrerseits mit der erheblich einfacheren, aber auch richtigeren (Rn 302 ff) Renten- oder Annuitätenmethode bzw mit der AIBD- oder EG-Methode zu arbeiten und ansonsten ihren Sittenwidrigkeitsmaßstab der „relativen Zinsdifferenz" von 100% (Rn 121 ff) bzw der absoluten Zinsdifferenz von 12% p a (Rn 124) nicht übertrieben ernst zu nehmen, sondern wirklich nur als Faustformel zu verwenden.

dd) Die **Effektivzinsfeststellung bei vorzeitiger Kreditbeendigung** ist in der Rechtspra- **310** xis längere Zeit gleichfalls nach der Uniformmethode erfolgt (BGH NJW 1979, 540, 541; OLG Frankfurt/M NJW 1978, 1927; LG Frankfurt/M BB 1977, 314 f; Kessler NJW 1977, 2060; KG

WM 1985, 714, 715; anders freilich bereits OLG Hamm BB 1978, 1540; OLG Celle NJW-RR 1989, 1134, 1136, die nach der Annuitätenmethode vorgegangen sind). Gerade dieser Fall der Effektivzinsfeststellung zeigt besonders deutlich, daß die Effektivzinsermittlung keineswegs Selbstzweck ist und auch nicht stets der bloßen Orientierung dient. Es geht hier um eventuelle Zinsrückvergütungen bzw Zinsnacherhebungen, also um die inhaltliche Bestimmung von Zahlungsansprüchen. Zinsabrechnungsmethode und Effektivzinsfeststellungsmethode können voneinander nicht unabhängig sein. Es muß daher auf die Ausführungen zur Bestimmung der rechtlich maßgebenden Zinsabrechnungsmethode (Rn 321 ff) verwiesen werden.

4.   Die Zinsabrechnung bei vorzeitiger Kreditbeendigung

311 **a)**   Bei der Zinsabrechnung im Fall vorzeitiger Kreditbeendigung geht es um die Frage, in welcher Höhe der Kreditnehmer für die vergangene Laufzeit Zinsen verbraucht hat, wieviel an Zinsen er also hätte zahlen sollen und welche Zinsen ihm – falls er mehr an Zinsen gezahlt hat – rückvergütet werden sollen (Rn 260 f). Hiervon zu unterscheiden ist die Frage, in welcher Höhe der Kreditnehmer auf Zins und Tilgung gezahlt hat. Die **Ermittlung der bisher erfolgten Tilgungs-, Zins- und Kostenzahlungen** durch den Kreditnehmer ist nämlich lediglich **Vorfrage zur Frage der Zinsabrechnung**, also der Frage, ob infolge des soeben ermittelten Tilgungsstandes bisher zuviel (oder zu wenig) an Zinsen geleistet wurde. Beim Ratenkredit geht die Vereinbarung im Zweifel dahin, daß der Kreditnehmer regelmäßig gleichbleibende Gesamtraten mit einem konstanten Kapital- und einem konstanten Kostenanteil erbringt (s Rn 265). Insbesondere die Zinsen werden daher bei jeder einzelnen Rate, ohne Rücksicht auf den aktuellen Stand der Kapitalschuld, in immer derselben Höhe gezahlt (BGHZ 91, 55, 58 = WM 1984, 2161; BGH WM 1986, 1017, 1020; WM 1987, 339, 341). Wieviel auf die Kreditkosten und wieviel auf das Kapital gezahlt worden ist, wird deshalb durch lineare Berechnung festgestellt (vgl zB OLG Stuttgart ZIP 1981, 725, 727; LG Frankfurt/M BB 1977, 314, 315; PALANDT/HEINRICHS Rn 8). Dabei sind die dem Kreditgeber verbleibenden laufzeitunabhängigen Einmalgebühren (zB Bearbeitungs- und Vermittlungsgebühren; Rn 29) mit aller Selbstverständlichkeit einzubeziehen. Auch diese werden im Zweifel in konstanten Raten linear getilgt. Daß sie wegen ihrer Laufzeitunabhängigkeit bereits endgültig verdient sind und daher nicht Gegenstand eines eventuellen Rückvergütungsanspruchs des Kreditnehmers sein können (PALANDT/HEINRICHS Rn 8; KILIMANN NJW 1987, 618, 621; KG WM 1985, 15, 16), steht auf einem völlig anderen Blatt. Die Frage, in welchem Umfang jede Einzelrate auf Kapital und Zinsen anzurechnen ist, beantwortet sich mangels besonderer Vereinbarung nach folgenden Formeln:

$$\text{prozentualer Tilgungsanteil} = \frac{\text{Nettokredit x 100}}{\text{Nettokredit} + \text{Kreditkosten}}$$

$$\text{prozentualer Kostenanteil} = \frac{\text{Kreditkosten x 100}}{\text{Nettokredit} + \text{Kreditkosten}}$$

In diesem prozentualen Kostenanteil ist ein Zinsanteil enthalten und ein Anteil, der die laufzeitunabhängigen Kosten betrifft.

$$\text{prozentualer Zinsanteil} \quad = \quad \frac{\text{Zinsen} \times 100}{\text{Nettokredit} + \text{Kreditkosten}}$$

In diesen Gleichungen sind mit „Zinsen" und „Kreditkosten" jeweils die Gesamtkosten gemeint, wie sie bei einer planmäßigen und vollständigen Abwicklung des Kredits insgesamt zu zahlen gewesen wären.

b)   Die wesentlichen Zinsabrechnungsmethoden sollen hier nicht in finanzmathematisch-formaler Gestalt wiedergegeben werden. Wie bei der Ermittlung des Zinssatzes geht es bei den finanzmathematisch fundierten Methoden und ihren Formeln um Rechnungen, die nur iterativ durchgeführt werden können. Dies ist auch kein Wunder. Es geht, sobald erst einmal die rechtliche Entscheidung getroffen ist, daß die (vorzeitige) Endabrechnung der Zinsen auf der Grundlage einer Effektivzinsanalyse zu erfolgen hat (Rn 43, 259), nur mehr um die Umsetzung der unterschiedlichen Ansätze zur Effektivzinsbestimmung (Rn 267 ff) für einen speziellen Anwendungsfall. Daß die vorzeitige Abrechnung nur auf der Grundlage einer Effektivzinsanalyse erfolgen kann, ist aber gedanklich zwingend. Jeder andere Ansatz würde zu dem sinnwidrigen Ergebnis führen, daß sich die Verzinsung in unterschiedlichen Monatsabschnitten nach unterschiedlichen Zinssätzen richtet. Die **lineare Rückrechnungsmethode** (vgl IHMELS BB 1975, 1513), deren Anwendung von der Rechtsprechung in der Tat früher ernstlich diskutiert wurde (vgl zB OLG Hamm NJW 1974, 1951; ZIP 1980, 652; LG Trier NJW 1975, 1930), wird diesen Minimalanforderungen nicht gerecht. Sie geht nämlich davon aus, daß konstante Zinsanteile nicht nur tatsächlich gezahlt, sondern in genau der Höhe, in der sie tatsächlich gezahlt werden, auch im Rahmen der Endabrechnung geschuldet werden. Darauf, daß die Kapitalschuld ja seit Entrichtung der ersten Monatsrate geringer geworden ist, und die Annahme, gleichwohl seien für die Folgemonate Zinsansprüche in derselben Höhe entstanden wie für die vergangenen Monate, zwingend zu dem sinnwidrigen Schluß führen würde, daß dann ja wohl mittlerweile der Zinssatz gestiegen sein müsse, nimmt sie keine Rücksicht. Sie ist daher nicht haltbar.   **312**

aa)   Irgendwie auf einer Effektivzinsanalyse beruhen hingegen die **Zinsstaffelmethoden**. Hier ist in erster Linie die „**78er-Methode**" zu nennen (formale Darstellung bei SCHOLZ BB 1977, 1425; LAMMEL BB Beil 8/1980, 7; vgl auch REIFNER, Kreditrecht § 2 Rn 41 ff, 72 ff). Sie ist nichts anderes, als die Umformulierung der Uniformmethode für die Zwecke einer vorzeitigen Abrechnung. Insofern ist sie eine effektivzinsgestützte Methode. Der Sache nach ist sie eine Zinsstaffelmethode. Sie berücksichtigt die von Monat zu Monat steigenden Tilgungsquoten, indem sie jeden Monat in dem Verhältnis am Zins- und Gebührenaufkommen beteiligt, in dem er auch an der Gesamtsumme der addierten Ratenzahlungen beteiligt ist. Der Name 78er-Methode rührt von der Summe bei zwölfmonatigen Raten: $12 + 11 + 10 + \ldots + 1 = 78$ (SCHOLZ aaO; LAMMEL BB-Beil 8/1980, 7). Nach ihrem Ansatz stehen dem Gläubiger bis zum Ablauf des Monats, zu dem vorzeitig abgerechnet werden soll, die laufzeitunabhängigen Gebühren, das Nettokapital sowie Zinsen auf der Grundlage des (nach der Uniformmethode ermittelten) effektiven Jahreszinssatzes zu. Hiervon ist aber abzuziehen die Summe der bereits geleisteten Monatsraten. Aus dieser Differenz ergibt sich die sogenannte „Ablösesumme". Hierin enthalten ist das noch nicht getilgte Kapital und die noch nicht getilgten Gebühren. „Rückzuvergüten" – in Wahrheit ergeben sich   **313**

zusätzlich zu den Zinsteilen, die bereits tatsächlich gezahlt wurden, stets Nachforderungen, weil erst die letzten Monate wegen des nahezu getilgten Kapitals und der gleichwohl unverminderten Zinszahlungen die Vereinnahmung des relativ hohen, der Bestimmung der Ablösesumme aber bereits zugrunde gelegten Effektivzinses ermöglichen – ist der Teil des Gesamtzinses, der weder gezahlt ist noch nachgefordert werden soll. Hieraus ergibt sich folgende Formel für die Zinsrückvergütung:

$$\text{Rückvergütung in DM} = \frac{\text{monatl Kreditgebühr (in DM)} \times \text{Restlaufzeit} \times (\text{Restlaufzeit} + 1)}{\text{Gesamtlaufzeit} + 1}$$

Da freilich die dieser Formel immanente Effektivzinsberechnung nach der Uniformmethode ökonomisch unhaltbar ist (Rn 268), dürfte es sich von selbst verbieten, auf ihrer Grundlage dem Gläubiger Ansprüche zuzubilligen – die „Rückvergütung" ist ja lediglich eine Reduzierung seiner Forderung –, die ihm nach finanzmathematisch fundierten Erkenntnissen nicht zustehen würden, bzw ihm trotz besserer Erkenntnis Nachforderungsansprüche vorzuenthalten. Die Rechtsprechung ist indes früher gelegentlich nach der Uniformmethode bzw nach der 78er-Methode verfahren (BGH NJW 1979, 540, 541; OLG Frankfurt/M NJW 1978, 1927; KG WM 1985, 714, 715; LG Frankfurt/M BB 1977, 314 f; zu Recht anders freilich OLG Hamm BB 1978, 1540; OLG Celle NJW-RR 1989, 1134, 1136).

314 Als **vereinfachte Zinsstaffelmethode** wird eine in den Allgemeinen Geschäftsbedingungen von Kreditinstituten anzutreffende Methode bezeichnet, aus der sich die folgende Formel ergibt (KG WM 1980, 72; OLG Düsseldorf ZIP 1981, 725, 727; OLG Hamm BB 1983, 404, 405; KG WM 1984, 428, 429; SCHOLZ BB 1977, 1429; BACHMANN NJW 1978, 865; KRUG BB 1979, 25; LAMMEL BB-Beil 8/1980, 16 Fn 198):

$$\text{Rediskont} = \frac{\text{Nettokredit} \times \text{Restlaufzeit}^2 \times \text{Monatssatz}}{\text{Ursprungslaufzeit} \times 100}$$

Die Formel ist Ausdruck der Privatautonomie – oder wohl eher: freier AGB-Setzung – und hat keinerlei Grundlagen. Sie lehnt sich offensichtlich an die 78er-Methode an, „vereinfacht" aber deren Formel und führt zu einer geringeren Rückvergütung (LAMMEL BB-Beil 8/1980, 16).

315 bb) **Die finanzmathematisch fundierten Methoden**, also die Renten- oder Annuitätenmethode (Rn 269 ff) bzw die AIBD- oder EG-Methode (Rn 278 ff) einerseits und die 360-Tage- oder PAngV-Methode (Rn 285 ff) andererseits könnten selbstverständlich ebenfalls mit Formeln zur Bestimmung des Betrages aufwarten, der benötigt wird, um einen Kredit vorzeitig abzulösen (vgl STAUDINGER/KARSTEN SCHMIDT[12] Rn 176 ff, freilich mit sehr starken Vereinfachungen zur 360-Tage-Methode). Man sollte diese weiteren Formeln – erst recht die irreführende (es geht beim Ratenkredit immer um Zuzahlungen) Frage nach „Rückvergütungen" – beiseite schieben und die finanzmathematisch fundierten Methoden mit ihrem Grundanliegen erst nehmen.

316 Die **Renten- oder Annuitätenmethode** bzw die **AIBD- oder EG-Methode** verspricht nicht nur, einen effektiven Jahreszinssatz ermitteln zu können. Im Augenblick ist viel interessanter, daß sie einen effektiven Monatszinssatz und einen hierauf beruhenden Vertragszinssatz (zum Begriff Rn 275) liefert, zu dem sich der Vertrag bei monatlicher annuitätischer Tilgung abrechnet. Es kann dann der entsprechende Tilgungsplan erstellt werden, aus dem sich für jeden beliebigen Zahlungszeitpunkt ergibt, mit welchem Betrag der Kredit abgelöst werden könnte. Diese Ablösesumme ist die wirklich entscheidende Größe. Sie wird allerdings ganz zwangsläufig, nämlich aufgrund der dem Ratenkredit eigenen formalen Konstruktion konstanter Tilgungs- und Zinsanteile, größer sein als die aus nicht getilgtem, ehemals valutiertem Kapital und nicht getilgten, kapitalisierten Einmalgebühren bestehende formale Restschuld. Es ist ja gerade die Eigenart der formalen Konstruktion des Ratenkredits im Vergleich zum Annuitätendarlehen, daß er formal in der Anfangsphase hohe Tilgungen bei – gemessen an der Restschuld – relativ niedrigen Monatszinsen ausweist, in der Schlußphase freilich extrem hohe Zinsen bei weitgehend getilgtem Kapital. Auf dem Boden der Renten- oder Annuitätenmethode würde es naheliegen, den die formale Restschuld übersteigenden Betrag offen als Zinsnachforderung zu deklarieren. Dies ist offener als das Vorgehen der Ratenkreditpraxis, die ja ebenfalls eine zusätzliche Kompensation dafür verlangt, daß die eigentlich als lohnend gedachten Phasen des Kredits ausfallen, nur eben das Verlangen des Kreditgebers nach zusätzlichen Zahlungen umdeklariert zu einer „Rückvergütung" desjenigen Anteils der noch gar nicht gezahlten Zinsen, dessen Zahlung man nicht mehr verlangen will, im Gegensatz zu den nicht „rückvergüteten", aber auch noch gar nicht gezahlten (!) Zinsen, die man sehr wohl noch haben möchte.

Ganz ähnliches ist über die **360-Tage-Methode oder PAngV-Methode** zu sagen. Auch sie 317
liefert einen Zinssatz, nämlich ihren Jahreseffektivzinssatz, zu dem sich der Kredit abrechnet, freilich nicht bei monatlichen Annuitätszahlungen, sondern bei Tilgungen nach dem aus § 608 abgeleiteten Modell. Auch sie kann einen Tilgungsplan aufstellen. Dieser gibt freilich nicht für jeden beliebigen Zahlungszeitpunkt an, mit welchem Betrag der Kredit abgelöst werden könnte. Es müßten zuvor die unterjährigen Zinsen bis zu diesem Zeitpunkt hinzugeschlagen werden. Ansonsten gilt dasselbe.

Die Unterschiede zwischen diesen Verfahren sind gering. Zur Illustration sei das von 318
PALANDT/HEINRICHS Rn 7 verwendete Rechenbeispiel herangezogen:

Geplante Kreditlaufzeit	36 Monate
zur Auszahlung gelangter Nettokredit	10000 DM
(durch Ratenzahlung abzutragende) Bearbeitungsgebühr	200 DM
Monatliche Kreditgebühr (1% p m)	100 DM
Monatliche Rate	383,33 DM

Der Fall möge so gestaltet sein, daß der Kreditnehmer die 13. Monatsrate noch zahlt und eine logische Sekunde später der Restkredit abgewickelt werden soll. Nach der formalen Konstruktion sind bis dahin vom Ursprungskredit (DM 10 200) mittlerweile DM 3683,29 getilgt. Scheinbar nur noch offen sind demnach DM 6516,71. Für die Anwendung der oben vorgestellten Grundformel der Renten- oder Annuitätenmethode (Rn 274) ist zunächst zu berücksichtigen, daß – anders als man dies für die Zwecke der Preisangabe kalkulieren würde – ein Ursprungskapital nicht von DM 10000, sondern von DM 10200 anzusetzen ist. Die Bearbeitungsgebühr soll ja durch die Ratenzahlung mit abgetragen werden. Sie soll vollständig und nicht nur zeitanteilig verdient sein. Es würde sich dann für die Zwecke der Zinsabrechnung ein monatlicher Effektivzinssatz von 1,73478%, ein jährlicher Effektivzinssatz von 22,923% p a und ein Vertragszinssatz, zu dem sich der Vertrag abrechnet, von 20,817% p a ergeben. Auf dieser Grundlage läßt sich ein Tilgungsplan erstellen, aus dem sich ergibt, daß der Kredit unmittelbar im Anschluß an die 13. Rate mit DM 7219,16 abgelöst werden kann. Diese Ablösesumme würde zusätzlich zum nicht getilgten Kapital eine Nachforderung von DM 702,45 bedeuten.

319   Nach der 360-Tage- oder PAngV-Methode ist ebenfalls darauf Rücksicht zu nehmen, daß die Bearbeitungsgebühr bereits vollständig verdient sein soll, daß daher ein um die nicht laufzeitabhängigen Einmalkosten bereinigter Effektivzinssatz ermittelt werden muß und nicht derjenige Effektivzinssatz verwendet werden darf, den man der Preisangabe zugrunde legen würde (STEPPELER 64). Während man im Kontext der Preisangabepflicht von einem Ursprungskapital von nur DM 10000 und einem Effektivzins von 25,1% p a ausgehen würde, hat man im Zusammenhang der Zinsabrechnung ein zu tilgendes Ursprungskapital in Höhe von DM 10200 anzusetzen. Der dann maßgebende effektive Jahreszins stellt sich auf 23,25% p a Danach hätte der Schuldner – im angeblich an § 608 orientierten Modell dieser Methode – bis zum Ablauf des ersten Jahres insgesamt DM 4599,96 getilgt. Es würden alsdann Jahreszinsen in Höhe von DM 1881,32 hinzugeschlagen, so daß der Schuldner mit Schulden in Höhe von DM 7481,36 ins zweite Laufzeitjahr geht. Nach Ablauf des dreizehnten Monats wären diese dann bis auf DM 7098,03 getilgt. Es müßten freilich im Falle der vollständigen Tilgung für diesen Monat noch Zinsen in Höhe von DM 144,95 gezahlt werden. Dies würde auf eine Ablösesumme von DM 7242,98 bzw auf eine Nachforderung von DM 726,27 hinauslaufen.

320   Nach der nur noch vergleichsweise herangezogenen 78er-Methode würde sich demgegenüber ergeben, daß sich die Ablösesumme auf DM 7324,78 stellt. Nachzufordern wären folglich DM 808,11.

321   c)   **Die Bestimmung der rechtlich maßgebenden Methode** ist ebenso zweifelhaft wie bei der bloßen Ermittlung des Effektivzinssatzes.

322   aa)   Bei der verzugsbedingten **Kündigung eines Teilzahlungskredits** durch den Kreditgeber sieht **§ 12 Abs 2 VerbrKrG** eine Verminderung der noch offenen Restschuld um diejenigen nicht verbrauchten Zinsen und sonstigen laufzeitabhängigen Kreditkosten vor, die bei staffelmäßiger Berechnung erst für die Zeit nach Wirksamwerden der Kündigung angefallen wären. Es ist also zur Ermittlung des Nettorestsaldos eine „staffelmäßige Berechnung" der laufzeitabhängigen Kosten vorzunehmen. Jedenfalls eine lineare Rückrechnung (oben Rn 312) kommt daher nicht in Betracht (MünchKomm/HABERSACK § 12 VerbrKrG Rn 26; BÜLOW § 12 VerbrKrG Rn 27, § 14 VerbrKrG Rn 13; BRUCHNER/OTT/WAGNER-WIEDUWILT § 12 VerbrKrG Rn 27 f jew mwN). Alle übrigen Zinsabrechnungsmethoden hingegen operieren in dem einen oder in dem anderen Sinne mit einer „Staffelung". Auch die in der Praxis gern herangezogene „78er-Methode" (Rn 313) und die „vereinfachte Zinsstaffelmethode" (für deren Anwendbarkeit BRUCHNER/ OTT/WAGNER-WIEDUWILT § 12 VerbrKrG Rn 29 f), haben in einem weiteren Sinne etwas mit einer Abstaffelung zu tun, nämlich in dem Sinne, daß frühere Laufzeitmonate potenziert stärker zum Zinsaufkommen beitragen als spätere Laufzeitmonate.

Gedacht ist aber wohl an genau die Art der Staffelung, die § 4 Abs 2 VerbrKrG (iVm § 4 Abs 2 PAngV) für den Fall der Zinssatzoffenlegung vorschreibt. Das würde auf die 360-Tage- oder PAngV-Methode hinauslaufen.

Die Anwendung der 360-Tage- oder PAngV-Methode ist gleichwohl, also trotz rela-   **323** tiv eindeutiger legislatorischer Absichten, außerordentlich zweifelhaft. Diese Zweifel ergeben sich weniger daraus, daß es natürlich keinen zwingenden Grund gibt, in diesen ja sehr unterschiedlichen Zusammenhängen – Herstellung von Markttransparenz einerseits; inhaltliche Bestimmung von Zahlungsansprüchen andererseits – nach ein und derselben Methode zu verfahren. Es erscheint nun einmal klar, daß nicht nur die seinerzeit im Bund-Länderausschuß „Preisauszeichnung" zusammenarbeitenden Ministerialbürokratien und später der Verordnungsgeber der PAngV 1985, sondern auch der Gesetzgeber des VerbrKrG diese „staffelmäßige" Rechenmethode für schlechthin „richtig" gehalten hat und mit dem in § 12 VerbrKrG gegebenen Hinweis auf die „staffelmäßige Berechnung" genau diese Methode ansprechen wollte.

Ernsthafte Zweifel ergeben sich aber daraus, daß es – entgegen den Beteuerungen   **324** der Proponenten der 360-Tage- oder PAngV-Methode (s nur STEPPELER ZIP 1988, 1615, 1617) – überhaupt nur in Sonderfällen möglich ist, einen Effektivzinssatz zu ermitteln und dann der nach § 12 Abs 2 VerbrKrG erforderlichen „Staffel" zugrunde zu legen, mit der sich der Kredit nach dem Tilgungs- und Verzinsungsmodell abrechnet, das man in den § 608 BGB hineinliest (dazu Rn 299 ff), also nach dem Modell, daß die unterjährigen Raten ausschließlich der Tilgung dienen und Zinsen erst mit der jeweils zwölften Monatsrate bedient bzw dem Kapital hinzugeschlagen werden. Sicherlich ist ganz unbestreitbar, daß sich auf dieser gedanklichen Grundlage mathematische Formeln entwickeln lassen, daß die Anwendung dieser Formeln (auf praktisch außerordentlich komplizierten Wegen) zu eindeutigen Effektivzinsangaben führt und daß sich für jeden einzelnen Zahlungszeitpunkt der Stand des noch nicht getilgten Kapitals und die gegebenenfalls zu berechnenden unterjährigen Zinsen angeben lassen. Aber die Methode hat erheblich mehr versprochen als ein bloßes mathematisches Kunstwerk. Sie will eine Kreditabrechnung ermöglichen, die einerseits dem Modell des § 608, wie es von ihr verstanden wird, und zum anderen den unbestreitbaren Realitäten des Ratenkredits entspricht. Mit dieser – für § 12 Abs 2 VerbrKrG nun gerade entscheidenden – Abrechnungsaufgabe ist buchungstechnische Umsetzungsarbeit gefragt. Dabei erweist sich, daß die Methode ihr Versprechen nicht einlösen kann. Entweder muß sie – außer in Sonderfällen – in der praktischen Umsetzung das angebliche Modell des § 608 (Fälligkeit der Zinsen unter anderem bei vollständiger Darlehenstilgung) doch wieder preisgeben, oder sie muß sich – wenn sie dies vermeiden will – von den Realitäten des Ratenkredits (gleichbleibende Gesamtraten über die gesamte Laufzeit, nicht hingegen von Rechts wegen zwingende vorzeitige Auflösung mittels einer die geplante Rate übersteigenden Schlußrate), die sie eigentlich doch gerade mit ihrem Formelwerk einfangen wollte, wieder verabschieden. Die technische Umsetzung der Methode in die Darstellung eines Tilgungs- und Verzinsungsverlaufs ist (außer in Sonderfällen) also nicht etwa – infolge der aufwendigen Formel dieser Methode – kompliziert, und sie führt auch nicht zu leichten Ungenauigkeiten (in diesem Sinne STAUDINGER/KARSTEN SCHMIDT[12] Rn 177), sondern sie ist denkgesetzlich unmöglich.

325 Dies ist natürlich erläuterungsbedürftig, aber auch sehr einfach zu erläutern. Man braucht nur an den noch sehr einfachen Fall zu denken, daß die Laufzeit des Ratenkredits zwei Jahre beträgt. Die letztmalig zu zahlende einzelne Rate würde dann – außer in Sonderfällen eines sehr niedrigen Zinssatzes – niemals ausreichen, um die gesamte Zinslast des letzten Laufzeitjahres aufzufangen (Illustration unten Rn 326). Das bedeutet nun aber ganz zwingend, daß zumindest bereits die vorletzte Rate jedenfalls teilweise zur Zinslastabtragung herangezogen werden muß. Die 360-Tage- oder PAngV-Methode müßte folglich unterstellen, allerspätestens mit der vorletzten Rate sei der Kredit eigentlich abgezahlt, so daß es auch schon bei der vorletzten Rate um Zinszahlungen gehe. Nach dem Gedanken des § 608 wäre dann aber die Zinszahlung sofort, also allerspätestens mit der vorletzten Rate, nicht mit der letzten Rate fällig. Hält man folglich an der Parteivereinbarung zur Fälligkeit der Raten fest, dann ist es denkgesetzlich ausgeschlossen, zugleich an der (angeblichen) Zinsfälligkeitsregelung des § 608 festzuhalten. Eines von beiden muß preisgegeben werden: Entweder müßte den Parteien, was sich von selbst verbietet, aufgegeben werden, den Vertrag vor dem Ende der vertraglich vorgesehenen Laufzeit, und dann natürlich mit einer Schlußrate, die die vertraglich festgesetzte Rate deutlich übersteigt, zu beenden, damit das Modell funktioniert; oder es muß die Absicht, Tilgungs- und Zinsleistungen zu konstruieren, die dem Modell des § 608, so wie die 360-Tage- oder PAngV-Methode ihn versteht, entsprechen, – und das heißt: der gesamte gedankliche Ansatz dieser Methode (!) – aufgegeben werden.

326 Der formale Beweis für die These, zB bei einer zweijährigen Laufzeit könne eine einzige Rate höchstens noch bei einem hinlänglich niedrigen Zinssatz, nicht aber stets und ohne weiteres ausreichen, um die gesamte Zinslast des letzten Laufzeitjahres aufzufangen, soll hier mit Hilfe eines Beispiels demonstriert werden, in dem die 360-Tage- oder PAngV-Methode eben nicht funktioniert. Bei einem Ratenkredit über DM 20 000, der über zwei Jahre mit monatlichen Raten von DM 999,31 abgezahlt werden soll, liegt der Effektivzins nach der 360-Tage- oder PAngV-Methode recht genau bei 20% p a. Im ersten Jahr werden DM 11 991,72 getilgt, am Jahresende werden der Restschuld Zinsen in Höhe von DM 2 900,76 hinzugeschlagen, so daß sie sich auf DM 10 909,04 stellt. Zur Tilgung dieser Restschuld sind weniger als elf Raten in Höhe von DM 999,31 erforderlich.

327 Da somit feststeht, daß die 360-Tage- oder PAngV-Methode die von § 12 VerbrKrG geforderte Staffel – außer in Sonderfällen – überhaupt nicht liefern kann und es nicht in Frage kommt, bei einigen Zinssätzen mit der einen und bei anderen Zinssätzen mit der anderen Methode zu operieren, scheidet eine Anwendung der 360-Tage- oder PAngV-Methode aus, obwohl der Gesetzgeber sie für die richtige gehalten hat und angewendet sehen wollte. In Betracht kommt damit nur eine Anwendung der AIBD- oder EG-Methode (so im Ergebnis auch das Postulat von BÜLOW § 12 VerbrKrG Rn 27a) bzw der hiermit äquivalenten Renten- oder Annuitätenmethode (so bereits OLG Hamm BB 1978, 1540; OLG Celle NJW-RR 1989, 1134, 1136).

328 Eine entsprechende „Rückvergütung" ist in § 14 S 1 VerbrKrG für den Fall angeordnet, daß der Verbraucher seine aus dem Kreditvertrag resultierenden Verbindlichkeiten vorzeitig erfüllt. Diese Bestimmung bezieht sich freilich nur auf den Fall, daß der Kreditvertrag Lieferungen oder Leistungen gegen Teilzahlungen zum Gegenstand hat.

bb)   **Vertragsvereinbarungen** wurden von der Rechtsprechung gern der Vorrang ein- **329** geräumt (KG WM 1980, 72; WM 1984, 428; OLG Hamm BB 1983, 404, 405; vgl auch BACHMANN NJW 1978, 866; LAMMEL BB-Beil 8/1980, 16; STAUDINGER/KARSTEN SCHMIDT[12] Rn 179). Das ist heute nur noch eingeschränkt haltbar. Die Vorschriften der §§ 12, 14 VerbrKrG sind nach § 18 S 1 VerbrKrG halbzwingendes Recht. Zulässig ist die Vereinbarung einer Abrechnungsmethode, die dem Verbraucher günstiger ist als die wohl von Gesetzes wegen maßgebliche Annuitätenmethode. Das ist, wie die oben durchgeführten Rechenbeispiele (Rn 318 ff) zeigen, insbesondere bei der „78er-Methode" regelmäßig nicht der Fall (so auch MünchKomm/HABERSACK § 12 VerbrKrG Rn 27). Aber natürlich könnte im Vertrag auch eine völlig andere Abrechnungsmethode vorgesehen sein. Hier stellt § 12 VerbrKrG die wichtigste Schranke dar.

Auch außerhalb des Anwendungsbereichs des VerbrKrG sind aber erhebliche **330** Anforderungen an die Wirksamkeit von Abrechnungsklauseln zu stellen. Bedenken ergeben sich nämlich aus § 609 a BGB und aus §§ 3, 9, 11 Nr 6 AGBG (Rn 259 ff). Vorab ist freilich zu prüfen, ob eine Ausweitung des Zinsnachforderungsanspruchs des Kreditgebers überhaupt als vereinbart betrachtet werden darf (§§ 133, 157 BGB, 3 AGBG). Die Benennung der Abrechnungsformel in einem Vertrag stellt, sofern ein besonderer Hinweis fehlt, aus der Sicht des Kreditnehmers nur eine Mitteilung der „richtigen" Zinsabrechnungsformel dar; daß die Formel dem Kreditgeber zusätzliche Ansprüche einräumt oder dem Kreditnehmer solche Ansprüche nimmt, ergibt sich nicht aus der Formel (ebenso REIFNER, Kreditrecht § 2 Rn 80). Im Streitfall hat also das Gericht von dem nach Rn 331 richtigen Abrechnungsmodus auszugehen, sofern sich nicht aus der Abrechnungsklausel ein wirklicher Verzicht des Kunden auf weitere Rückvergütung ergibt oder der Kunde lediglich begünstigt wird.

cc)   **Die Frage nach der objektiv richtigen Methode** stellt sich heute nur noch in Aus- **331** nahmefällen, nicht nämlich im Anwendungsbereich des VerbrKrG, das in § 12 eine eigene Entscheidung, nämlich – nach hier vertretener Ansicht – zugunsten der AIBD- oder EG-Methode bzw der Renten- oder Annuitätenmethode trifft (oben Rn 327). Im übrigen müßte sich die richtige Methode durch finanzmathematische Genauigkeit der Rückrechnung sowie durch den (der Mathematik stets vorgeschalteten) zutreffenden ökonomischen und juristischen Ansatz ausweisen. Rechtlich unhaltbar, weil mit den Denkgesetzen unvereinbar, ist jedenfalls die lineare Rückrechnung (Rn 312; BGH NJW 1979, 540, 541; OLG Hamm BB 1978, 1540, 1541; OLG Düsseldorf ZIP 1981, 725, 726; SCHOLZ DB 1981, 2162; REIFNER, Kreditrecht § 2 Rn 77 f; § 33 Rn 10). Auch die Ungenauigkeit und die Konzeptionslosigkeit der vereinfachten Staffelmethode kann rechtlich nicht hingenommen werden (OLG Düsseldorf ZIP 1981, 725). Wenn es auf präzise Berechnung ankommt, ist hingegen die Renten- oder Annuitätenmethode bzw die AIBD- oder EG-Methode zugrundezulegen (zu deren Überlegenheit gegenüber der 360-Tage-Methode s oben Rn 324 ff), wobei die finanzmathematische Ermittlung des *Einzelergebnisses* Tatfrage und ggf unter Zuhilfenahme eines Sachverständigen zu klären wäre. Die 78er-Methode würde diesen Schritt entbehrlich machen. Das Festhalten an einer nachweislich ungenauen Rückrechnungsmethode kann naturgemäß nicht mit der Einfachheit ihrer Ergebnisse (schlichte Auflösbarkeit der Formel ohne iterative Verfahren; Entbehrlichkeit von Sachverständigen) begründet werden. Die 78er-Methode kann höchstens als Methode der *Forderungsschätzung* herangezogen werden. Eine genauere Rückrechnung ist heute (anders noch STAUDINGER/KARSTEN SCHMIDT[12] Rn 180) nicht mehr mit unverhältnismäßigen Schwierigkeiten verbunden. Es genügt für die Anwendung der Annuitätenmethode ein Taschenrechner mit der Funktion „x^y" und ein Zeitaufwand von wenigen Minuten. § 287 Abs 2 ZPO ist damit heute keine Rechtfertigung mehr dafür, die Forderungsschätzung auch zur maßgebenden Größe werden zu lassen (REIFNER, Kreditrecht § 2 Rn 80, § 12 Rn 5; WESSELS 59).

VI. Zinsen im öffentlichen Recht

1. Verzinslichkeit öffentlich-rechtlicher Forderungen

332 Ein das gesamte öffentliche Recht beherrschender Grundsatz, daß öffentlich-rechtliche Geldforderungen zu verzinsen seien, besteht nicht (BVerwGE 14, 1; 15, 78, 81 ff; 21, 44; 24, 186, 191; 48, 133, 136; BVerwG DÖV 1979, 761; DVBl 1988, 347, 348). Wo allerdings die Verzinsung gesetzlich geregelt ist, ist eine Geldschuld auch im öffentlichen Recht verzinslich (BVerwG NJW 1973, 2122).

333 a) Insbesondere ist es ganz überwiegend abgelehnt worden (analog § 288 BGB) **Verzugszinsen** wegen verzögerter Erfüllung öffentlich-rechtlicher Geldforderungen zuzuerkennen (BVerwGE 14, 1, 3 ff; 15, 78, 81 ff; 16, 346; 21, 44; 24, 186; 37, 229, 241; 38, 49; 58, 316, 326; BVerwG NJW 1973, 1854; DÖV 1979, 761; BVerwGE 71, 48, 53; 80, 334, 335; BVerwG NVwZ 1986, 554; DVBl 1988, 347, 348 = NVwZ 1988, 440 f; DVBl 1990, 870, 871 = NVwZ 1991, 168 f; BSG DVBl 1965, 738; **aM** ECKERT DVBl 1962, 11, 19; SIMONS 144 f; *differenzierend* GÖTZ DVBl 1961, 433, 436; PAPIER 135 ff; WEBER 134 ff; unentschieden BVerwGE 48, 133, 137 [unzutr ausgewertet bei KAMPS DVBl 1982, 778]; ferner die Übersicht bei vHEINEGG NVwZ 1992, 522 ff). Für die Nichterfüllung öffentlich-rechtlicher Geldforderungen des Staates gelte der in § 233 Abs 1 AO 1977 zum Ausdruck kommende abgabenrechtliche Grundsatz, daß Zinsen nur aufgrund ausdrücklicher (spezial-) gesetzlicher Grundlage verlangt werden könnten; das Verwaltungsrecht biete mithin per se keine Grundlage für eine allgemeine Pflicht zur Zahlung von Verzugszinsen (BVerwGE 80, 334, 335 mwN). Erst recht wird eine Fälligkeitsverzinsung, etwa bei Erstattungsansprüchen (Rn 338 ff) im Grundsatz verneint. Die Begründungen schwanken je nach der betroffenen Fallgruppe.

334 aa) Im **Beamtenrecht** stützte sich die Ablehnung von Verzugszinsen auf einen in den meisten Beamtengesetzen der Länder enthaltenen ausdrücklichen Ausschluß der Verzinsung für den Fall, daß Bezüge erst nach dem Fälligkeitstag gezahlt werden (vgl BVerwGE 16, 346; 24, 186; ZIMMERLING/JUNG DÖV 1987, 94, 98). Mittlerweile hat der Bundesgesetzgeber das ausdrückliche Verbot der Zahlung von Verzugszinsen in die bundeseinheitliche Regelung des § 3 Abs 6 BBesG übernommen. Hierdurch werden Verzugszinsansprüche des Beamten für Besoldungsnachforderungen ausdrücklich ausgeschlossen. Gleiches gilt gemäß § 49 Abs 5 BeamtVG für erst nach Fälligkeit gezahlte Versorgungsbezüge (hierzu PLOG/WIEDOW/BECK § 49 BeamtVG Rn 40 f; GKÖD § 49 BeamtVG Rn 40). Aber auch für Rückforderungsansprüche des Dienstherrn wegen überzahlter Bezüge ist nicht ohne weiteres von einer Zinszahlungspflicht des Beamten auszugehen (vgl insoweit die Verwaltungsanweisung in Nr 12. 2. 22 S 2 BBesGVwV v 29. 5. 1980, GMBl 1980, S 290). Von der noch in Nr 12. 2. 22.2 BBesGVwV dem Dienstherrn eröffneten Möglichkeit, bei durch Vorsatz bzw grobe Fahrlässigkeit des Beamten verursachter Überzahlung Zinsverluste im Regreßwege über § 78 Abs 1 BBG als Schadensersatz geltend zu machen, wird mit Rücksicht auf die neuere Judikatur des BVerwG, nach der ein durch dienstpflichtwidrig verursachte Überzahlung von Bezügen entstandener Schaden nicht zugleich den Kreditzinsaufwand des Bundes umfasse (BVerwG NJW 1989, 1232), kein Gebrauch mehr gemacht (vgl RdSchr BMI D II 4 – 221 120/1 v 9. 1. 1990).

bb) Eine ausführliche gesetzliche Regelung hat die Frage der Verzinsung im **Steuer-** **335** **recht** in den §§ 233–239 AO (1977) gefunden. Danach werden Ansprüche aus dem Steuerschuldverhältnis nur in den gesetzlich vorgeschriebenen Fällen verzinst (sog Teilverzinsung, § 233 AO; SCHWARZ, AO § 233 Rn 1 mwN; BFH BStBl 1991 II 422). Ohne Einschränkung vorgeschrieben ist eine Zinspflichtigkeit für die Steuerschuld des Steuerpflichtigen im Falle der Stundung (§ 234 AO) sowie bei Steuerhinterziehung (§ 235 AO; dazu eingehend KOCH/SCHOLTZ/BAUM, AO [5. Aufl 1996] § 235 Rn 2 ff mwN; ferner BFH NJW 1982, 2792). Das nach der AO (1977) geltende Prinzip der Teilverzinsung schlug zunächst einseitig zu Lasten des Steuerpflichtigen aus, weil zwar bei verspäteter Steuerzahlung Säumniszuschläge (§ 240 AO) vorgesehen waren, die zumindest Zinscharakter haben (SCHWARZ, AO § 233 Rn 5; krit TIPKE/KRUSE, AO § 240 Rn 1 mwN), so daß faktisch doch eine Zinspflicht bestand, mit der aber zunächst – abgesehen von der Gewährung von Prozeßzinsen auf Erstattungsbeträge nach § 236 AO (hierzu SCHWARZ, AO § 236 Rn 1 ff) – keine Verzinsung von Steuererstattungsforderungen korrespondierte. Hier hat der Gesetzgeber mit der Einführung der sog Vollverzinsung in § 233 a AO im Rahmen des Steuerreformgesetzes 1990 vom 25. 7. 1988 (BGBl I 1093; BStBl I 1988, 224) für Korrekturen gesorgt. Diese Vorschrift ist freilich auf die Einkommen-, Körperschaft-, Vermögen-, Umsatz- und Gewerbesteuer beschränkt und sieht außerdem einen zeitlich begrenzten Zinslauf vor. Der Ausdruck „Vollverzinsung" wird daher im Schrifttum kritisiert. Auch nach Einführung des § 233 a AO – so heißt es dann – gelte im Grundsatz unverändert das Prinzip der Teilverzinsung (zB SCHWARZ, AO § 233 Rn 1, 4; TIPKE/KRUSE, AO § 233a Rn 1). Die Zinshöhe beträgt 0,5% pro Monat (§ 238 AO).

Gemäß § 233 a Abs 2 AO beginnt der Zinslauf erst 15 Monate nach Ablauf des **336** Kalenderjahres, in dem die Steuer entstanden ist und endet mit Ablauf des Tages, an dem die Steuerfestsetzung wirksam wird, spätestens vier Jahre nach seinem Beginn (Einzelheiten bei TIPKE/KRUSE, AO § 233a Rn 6 ff). Bei Erstattungszinsen wird gemäß § 233 a Abs 3 S 3 AO nur der zu erstattende Betrag verzinst (näher KOCH/SCHOLTZ/ BAUM, AO § 233a Rn 13; SCHWARZ, AO § 233a Rn 3a, 22; TIPKE/KRUSE, AO § 233a Rn 10, 16; APP NJW 1995, 1529). Für Nachforderungszinsen nach § 233 a AO genügt es, daß der Schuldner der Steuernachforderung Liquiditätsvorteile gehabt hat oder zumindest erlangen bzw anderweitige Zinsbelastungen vermeiden konnte (BFHE 175, 516), ohne daß es im Einzelfall darauf ankäme, ob der Nachzahlungsbetrag überhaupt nicht oder zu weniger als 6% p a angelegt werden konnte.

Prozeßzinsen auf Erstattungsbeträge sind gemäß § 236 Abs 1 AO ab Rechtshängig- **337** keit von Amts wegen (vgl KOCH/SCHOLTZ/BAUM, AO § 236 Rn 16; KLEIN/ORLOPP, AO § 236 Anm 9) zu zahlen. Dies gilt auch bei Erledigung des Rechtsstreits durch Klagerücknahme (BFH BStBl 1995 II 37, 38). §§ 234 Abs 1 S 2, 235 Abs 3 S 2, 236 Abs 5, 237 Abs 5 AO stellen nunmehr klar, daß eine Aufhebung, Änderung oder Berichtigung der Steuerfestsetzung – außer in den Fällen des § 233 a Abs 5 S 1 AO – keinen Einfluß auf die Zinsfestsetzung hat (KOCH/SCHOLTZ/BAUM, AO § 236 Rn 14/2).

cc) Umstritten ist allerdings, inwieweit anderweitige **öffentlich-rechtliche Erstat-** **338**

tungsansprüche, insbesondere im Bereich des Gebühren- und Beitragsrechts, zu verzinsen sind. Die Rechtsprechung lehnt einen allgemeinen Anspruch auf Verzinsung eines Erstattungsanspruches aus dem Gesichtspunkt des Verzuges einhellig ab, vgl BVerwGE 37, 239 (Erschließungsbeitrag); 58, 316, 326 (Kosten einer Sondernutzung); BVerwG NJW 1973, 1854 (Getreidekauf); BayVGH BayVBl 1973, 296 (Erschließungsbeitrag); OVG Hamburg VwRspr 19, 92 (Sielbaubeitrag); OVG Lüneburg DÖV 1968, 846 (Erschließungsbeitrag). Es bedürfe stets einer ausdrücklichen gesetzlichen Regelung (BVerwGE 71, 48, 53; 71, 85, 93; 80, 334, 335; BVerwG NVwZ 1986, 554; DVBl 1988, 347, 348; DVBl 90, 871; VGH Mannheim NVwZ 1991, 583, 588 = DÖV 1991, 263 jew mwN; Übersicht bei REDEKER/VOERTZEN, VwGO [10. Aufl 1994] § 42 Rn 155 ff). Demgegenüber wird im Schrifttum die Auffassung vertreten, daß im Rahmen des öffentlich-rechtlichen Erstattungsanspruches der Rechtsgedanke des § 288 BGB analoge Anwendung finden könne, da ein ausdrücklicher (gesetzlicher) Ausschluß der Verzinsung nicht gegeben sei (so zB GÖTZ DVBl 1961, 433, 439; ECKERT DVBl 1962, 11, 19; KAMPS DVBl 1982, 778). Dies müsse jedenfalls dann gelten, wenn ein Fälligkeitstermin für die vom Staat zu erbringende Leistung eindeutig feststehe (so WEBER 139; zust WOLFF/BACHOF, Verwaltungsrecht I [9. Aufl 1974] § 44 III b 6; krit gegenüber diesen Ansätzen VHEINEGG NVwZ 1992, 522, 525 ff mwN). Der in der Rechtsprechung vertretenen Auffassung ist insgesamt entgegenzuhalten, daß der besondere Charakter verwaltungsrechtlicher Schuldverhältnisse einer entsprechenden Anwendung privatrechtlicher Bestimmungen allenfalls insoweit entgegensteht, als es um die Befugnisse des Staates geht, zunächst (durch Verwaltungsakt) über Entstehung und Umfang eines Zahlungsanspruches zu entscheiden (so der zutreffende Hinweis von GÖTZ DVBl 1961, 433, 438). Steht aber die Zahlungsverpflichtung nach Grund und Höhe fest, so ist entgegen der Rechtsprechung eine Pflicht zur Verzinsung vom Fälligkeitstag an (§ 284 Abs 2) gegeben.

339 Für den Fall der **Rücknahme eines Verwaltungsakts** folgte bisher eine Pflicht zur Verzinsung des Erstattungsbetrages bzw zur Herausgabe tatsächlich gezogener Zinsen bereits aus der Verweisung des § 48 Abs 2 S 6 VwVfG auf die bereicherungsrechtlichen Regelungen der §§ 820, 819 Abs 1, 818 Abs 1, 4, 291 BGB (BVerwGE 71, 48, 54 ff = NJW 1985, 2208; VGH Mannheim NVwZ 1985, 916 = DÖV 1985, 286; OVG Münster NJW 1995, 3003, 3004; KOPP, VwVfG [6. Aufl 1996] § 48 Rn 80, 81a; STELKENS/BONK/SACHS, VwVfG [4. Aufl 1993] § 48 Rn 125; OSSENBÜHL, Staatshaftungsrecht [4. Aufl 1991] § 55 4 b; SCHÖN NJW 1993, 3289, 3291 ff; differenzierend KNACK/KLAPPSTEIN, VwVfG [5. Aufl 1996] § 48 Rn 8.5.3, 8.6.6). Die in § 48 Abs 2 S 5 bis 8 VwVfG enthaltenen Regelungen sind nunmehr aber durch Art 2 a des Gesetzes zur Änderung verwaltungsverfahrensrechtlicher Vorschriften vom 2. 5. 1996 (BGBl I 656) aufgehoben worden. Jetzt gilt (auch) für die Rücknahme eines Verwaltungsakts die neu geschaffene Erstattungs- und Verzinsungsregelung des § 49 a VwVfG. Im Fall des **Widerrufs eines (rechtmäßigen) Verwaltungsakts** nach § 49 VwVfG kam eine rückwirkende Verzinsung bislang grundsätzlich nicht in Betracht. Der bereits erwähnte neue § 49 a VwVfG hat hier für Änderung gesorgt: Nach § 49 a Abs 3 S 1 VwVfG ist der zu erstattende Betrag vom Eintritt der Unwirksamkeit des Verwaltungsaktes an mit 3 vH über dem jeweiligen Diskontsatz der Deutschen Bundesbank jährlich zu verzinsen. Allerdings kann gemäß § 49 a Abs 3 S 2 VwVfG von der Geltendmachung des Zinsanspruchs insbesondere dann abgesehen werden, wenn der Begünstigte die zur Rücknahme bzw zum Widerruf führenden Umstände nicht zu vertreten hat und den zu erstattenden Betrag innerhalb einer behördlich festgesetzten Frist leistet. Mit der in § 49 Abs 3 Nr 1 VwVfG nF nun eröffneten Möglichkeit eines rückwirkenden Widerrufs in Fällen unterbleibender, nicht zeitnah erfolgender bzw zweckwidriger Mittelverwendung korrespondiert ein in § 49 a Abs 4 HS 1 VwVfG vorgesehener Verzinsungsanspruch für die Zeit bis zur zweckentsprechenden Verwendung. Mit der Novellierung bzw Einführung der §§ 49, 49 a VwVfG nF ist zugleich die Erstattungs- und Verzinsungsregelung in § 44 a BHO überflüssig geworden. Sie wurde durch Art 2 des Gesetzes zur Änderung verwaltungsverfahrensrechtlicher Vorschriften vom 2. 5. 1996 aufgehoben.

Die Frage, ob und in welchem Umfang der öffentlichen Hand bei der Verzugsscha- **340** densberechnung die – im Wege einer Kausalitätsvermutung erleichterte – Möglichkeit eröffnet werden sollte, einen Ausgleich für entgangene Anlagezinsen bzw für anfallende Kreditkosten geltend zu machen (Rn 196), wird nicht einheitlich beantwortet (hierzu etwa Czybulka NVwZ 1983, 125, 129 f; eingehend Schön NJW 1993, 961 ff jew mwN).

dd) Im **Sozialrecht** findet sich weder ein ausdrücklicher Ausschluß der Verzinsung **341** noch eine generelle Zuerkennung eines Zinsanspruches. Gemäß § 44 Abs 1 SGB I sind Ansprüche auf Geldleistungen (zum hier ie umstr Begriff Mrozynski, SGB I [1995] § 44 Rn 5 ff; SozVersGes-Komm/vEinem, SGB I § 44 Anm 2 mwN; Hauck/Freischmidt, SGB I K § 44 Rn 3 ff) nach Ablauf eines Kalendermonats nach Eintritt der Fälligkeit bis zum Ablauf des Kalendermonats vor der Zahlung – verschuldensunabhängig – mit 4% p a zu verzinsen. In Entsprechung zu § 44 SGB I sieht § 27 Abs 1 SGB IV für zu Unrecht entrichtete Versichertenbeiträge eine Verzinsung des Erstattungsanspruchs vor (hierzu Krause/vMaydell/Merten/Meydam, GK-SGB IV § 27 Rn 2 ff; Hauck/Haines, SGB IV § 27 Rn 1 ff). Des weiteren gibt § 28 r Abs 2 SGB IV dem Träger der Pflege- bzw Rentenversicherung sowie der Bundesversicherungsanstalt für Angestellte einen Verzugszinsenanspruch in Höhe von 2% über dem jeweiligen Diskontsatz der Deutschen Bundesbank gegen die Einzugsstelle, wenn diese die Abführung der eingezogenen Beiträge schuldhaft verzögert. Gleiches gilt nach § 28 r Abs 3 S 2 SGB IV gegenüber dem seine Pflicht zur Arbeitgeberprüfung schuldhaft verletzenden Rentenversicherungsträger hinsichtlich der deswegen entgangenen Beiträge (Hauck/Haines, SGB IV § 28r Rn 8 f; KassKomm/Seewald, SGV IV § 28r Rn 3; ferner BSGE 73, 106, 108 f).

Das BSG hatte den Umkehrschluß gezogen, daß in allen nicht ausdrücklich geregel- **342** ten Fällen eine Verzinsung von Sozialleistungen nicht in Betracht komme, da Sozialleistungen dem täglichen Verbrauch zu dienen bestimmt seien und nicht zinsbringend angelegt würden (BSGE 22, 150, 153; 24, 16, 18; 28, 218, 223; BSG SozR Nr 3 zu § 1424 RVO; SozR Nr 3 zu § 288 BGB; zust Schwankhart NJW 1970, 1303; Mrozynski, SGB I § 44 Rn 1 mwN). Auch insoweit (vgl bereits oben Rn 339) sorgt das Gesetz zur Änderung verwaltungsverfahrensrechtlicher Vorschriften vom 2. 5. 1996 (BGBl I 656) für Ergänzungen: Nach § 50 Abs 2 Lit a SGB X nF ist der zu erstattende Betrag vom Eintritt der Unwirksamkeit eines Verwaltungsaktes, auf Grund dessen Leistungen zur Förderung von Einrichtungen oder ähnlichen Leistungen erbracht worden sind, mit 3% über dem jeweiligen Diskontsatz der Deutschen Bundesbank jährlich zu verzinsen. Konkurrierend mit den für ihren Bereich abschließenden Sonderregelungen der §§ 44 SGB I, 27, 28 r SGB IV, 50 SGB X können somit Zinsvorschriften des BGB im Sozialversicherungsrecht – auch weiterhin – keine entsprechende Anwendung finden (vgl BSGE 71, 73 ff mwN; BSGE SozR 3–1300 § 61 SGB X Nr 1; SozVersGes-Komm/vEinem, SGB

I § 44 Anm 1 d; KassKomm/SEEWALD, SGB I § 44 Rn 6; SGB IV § 27 Rn 1; HAUCK/HAINES, SGB IV § 27 Rn 1).

343 ee) Auch für **öffentlich-rechtliche Entschädigungsansprüche** wird die Zahlung von Verzugszinsen in der Rechtsprechung allgemein abgelehnt (BVerwGE 14, 1; 15, 78, 81 ff; 21, 44; BGH WM 1981, 1312 ff; vgl demgegenüber aber PAPIER 136 f). Insoweit kann auf das bei Rn 338 ff zur Verzinsung des allgemeinen Erstattungsanspruches Gesagte verwiesen werden. Bei der Bemessung der angemessenen Entschädigung kann allerdings die Tatsache berücksichtigt werden, daß dem Betroffenen die Nutzungsmöglichkeit entzogen ist, ihm aber der Entschädigungsbetrag noch nicht zur Verfügung steht (KREFT WM-Sonderbeil 7/1982, 29; BGHZ 98, 188, 192 f; SCHRÖDTER/BREUER, BauGB [5. Aufl 1992] § 99 Rn 8 f mwN). Der Sache nach geht es dabei aber nicht um Zinsen im Rechtssinne, sondern um eine besondere Form der – abstrakt berechneten – Entschädigung für entgangene Nutzungsmöglichkeiten (BGHZ 98, 188, 193 mwN). Dagegen wird dem zu Entschädigenden weder regelrechter Verzugszins nach § 288 noch ein Quasi-Verzugszins im Wege des Schadensersatzes nach § 286 zuerkannt (BGH WM 1981, 1312 ff; KREFT 30).

344 Allerdings finden sich etwa im Rahmen der baurechtlichen Entschädigungsverfahren einige Zinsregelungen, in denen diskontsatzabhängige Zinssätze für maßgeblich erklärt werden: So ist nach § 44 Abs 3 S 3 BauGB eine für nutzlose Aufwendungen bei Änderung, Ergänzung oder Aufhebung eines Bebauungsplans zu gewährende Entschädigung ab Fälligkeit mit 2% p a über dem Bundesbank-Diskontsatz zu verzinsen (hierzu ie ERNST/ZINKAHN/BIELENBERG/BIELENBERG, BauGB § 44 Rn 39 ff mwN). Gleiches gilt gemäß § 64 Abs 2 S 3 BauGB für im Zuge des Umlegungsverfahrens festgesetzte Ausgleichsleistungen (hierzu BATTIS/KRAUTZBERGER/LÖHR, BauGB [5. Aufl 1996] § 64 Rn 7 ff).

345 Ebenso sehen im Erschließungsbeitragsrecht § 133 Abs 3 S 4 BauGB für den Rückzahlungsanspruch, der im Falle einer trotz Vorauszahlung auf die Erschließungskosten nicht fristgerechten Erstellung der Erschließungsanlage entsteht (hierzu NIERWETBERG NVwZ 1989, 535; ferner BVerwGE 92, 242, 244; VGH München NVwZ-RR 1995, 220, 221), und § 135 Abs 3 S 3 BauGB für den bei einer möglichen Verrentung des Erschließungsbeitrages verbleibenden Restbetrag eine diskontsatzabhängige jährliche Verzinsung in Höhe von 2% p a vor (hierzu BATTIS/KRAUTZBERGER/LÖHR, BauGB § 133 Rn 48, § 135 Rn 15 f; BerlinerKomm/DRIEHAUS, BauGB [2. Aufl 1995] § 135 Rn 22 f).

346 Ebenso sind bei der Enteignungsentschädigung nach § 99 Abs 3 BauGB die als einmaliger Geldbetrag zu leistenden Entschädigungen ab dem Zeitpunkt der Entscheidung über den Antrag (ein Zinsanspruch besteht mithin zulässigerweise uU auch bei noch fortbestehender Nutzungsmöglichkeit, vgl BGHZ 98, 188, 193; SCHRÖDTER/BREUER, BauGB § 99 Rn 10; ERNST/ZINKAHN/BIELENBERG/SCHMIDT-ASSMANN, BauGB § 99 Rn 19) mit 2% p a über dem jeweiligen Bundesbankdiskontsatz zu verzinsen.

347 § 99 Abs 3 BauGB fungiert anerkanntermaßen auch im allgemeinen Enteignungsrecht als Parameter für die Höhe einer angemessenen Verzinsung der Enteignungsentschädigung, falls entsprechende Regelungen in Landesgesetzen fehlen (ERNST/ZINKAHN/BIELENBERG/SCHMIDT-ASSMANN, BauGB § 99 Rn 28 mwN; BATTIS/KRAUTZBERGER/LÖHR, BauGB § 99 Rn 5 f; KINDLER, Zinsansprüche 217). Eine generelle Verzinsung der

Enteignungsentschädigung analog § 246 (vgl BGHZ 84, 261, 262 f zu der in dieser Höhe allerdings zulässigen Zinsregelung in §§ 14, 19 Abs 5 BFernStrG iVm § 46 BWStrG) wird demgegenüber als unangemessen abgelehnt (ERNST/ZINKAHN/BIELENBERG/SCHMIDT-ASSMANN, BauGB § 99 Rn 28 mwN).

ff) Fraglich ist ferner, ob die allgemein ablehnende Haltung der Rechtsprechung **348** zur Frage der Verzugszinsen auf den Verzug im Rahmen eines **öffentlich-rechtlichen Vertrages** (vgl §§ 54 ff VwVfG) übertragbar ist. Die oben referierte Rechtsprechung bezog sich ausnahmslos auf typisch hoheitlich geprägte Subordinationsverhältnisse. Diesen kann das durch einen öffentlich-rechtlichen Vertrag begründete Schuldverhältnis nicht in jeder Beziehung gleichgestellt werden (vgl die Hinweise zur Unterscheidung von Unter- und Gleichordnungsverhältnissen in BVerwGE 14, 1, 4 und bei GÖTZ DVBl 1961, 436). Gleichwohl hat das BVerwG – allerdings für die Zeit vor Inkrafttreten des VwVfG – entschieden, daß auch im Rahmen eines verwaltungsrechtlichen Vertrages (hier: Stellplatzablösevertrag) Verzugszinsen – ohne dahingehende vertragliche Vereinbarung – nicht zu zahlen seien (BVerwG DÖV 1979, 761).

Mittlerweile finden aber kraft ausdrücklicher Anordnung des § 62 S 2 VwVfG auf **349** den öffentlich-rechtlichen Vertrag ergänzend die Vorschriften des BGB Anwendung. Dies gilt auch für §§ 288, 291 BGB (so KOPP, VwVfG [6. Aufl 1996] § 62 Rn 5; MEYER NJW 1977, 1705, 1712; STELKENS/BONK/SACHS, VwVfG [4. Aufl 1993] § 62 Rn 20; OBERMAYER, VwVfG [2. Aufl 1990] § 62 Rn 43; SOERGEL/WIEDEMANN Vor § 288 Rn 6; ULE/LAUBINGER, Verwaltungsverfahrensrecht [4. Aufl 1995] § 67 IV 2 b; WOLFF/BACHOF, Verwaltungsrecht I [9. Aufl 1974] § 44 III b 6; FRIEHE NVwZ 1986, 538 f; ZIMMERLING/JUNG DÖV 1987, 94, 97 f; NIERWETBERG NVwZ 1989, 535, 538 f jew mwN; BVerwGE 81, 312, 317 f = DÖV 1989, 640 f = NVwZ 1989, 876; BVerwG DVBl 1988, 347, 348 = ZBR 1989, 61; VGH Kassel MDR 1993, 291; offengelassen in BVerwG NVwZ 1986, 554; einschränkend für Verzugszinsen etwa BVerwGE 81, 312, 317 f; KNACK/HENNECKE, VwVfG [5. Aufl 1996] § 62 Rn 3; vHEINEGG NVwZ 1992, 522, 528; generell ablehnend CZYBULKA NVwZ 1983, 125, 127 f). Die Rspr stellt insoweit darauf ab, ob das im öffentlich-rechtlichen Vertrag geregelte Rechtsverhältnis strukturelle Ähnlichkeiten zu privatrechtlichen Rechtsbeziehungen aufweist, die eine entsprechende Anwendung dieser Zinsnormen rechtfertigen würden (vgl nur BVerwG DVBl 1988, 347, 348 mwN; Übersicht bei vHEINEGG NVwZ 1992, 522, 523 f; SCHÖN NJW 1993, 961, 963 ff; KNACK/HENNECKE, VwVfG § 62 Rn 3). Aufgrund der gesetzlichen Ausgangslage und der in der neueren Rspr des BVerwG vorgenommenen Differenzierungen kann jedenfalls nicht mehr von einem wirklichen Grundsatz der Nichtverzinsung beim öffentlich-rechtlichen Vertrag ausgegangen werden (NIERWETBERG NVwZ 1989, 535, 538).

b) Allgemein anerkannt ist dagegen, daß der Anspruchsinhaber **Prozeßzinsen** in **350** entsprechender Anwendung des § 291 BGB geltend machen kann (BVerwGE 7, 95; 11, 314, 318; 14, 1, 3; 15, 78, 85; 21, 44; 38, 49, 50; 54, 285, 291; 58, 316, 326; BVerwG NJW 1973, 1854; DVBl 1988, 347, 347; BVerwGE 71, 85, 93; BVerwG DVBl 1990, 870, 871 = NVwZ 1991, 168, 169; NJW 1994, 3116; NJW 1995, 3135; BGHZ 10, 125; Übersicht bei WOLF/BACHOF, VerwR I § 44 III b 6; KOPP, VwGO [10. Aufl 1994] § 90 Rn 22 f; REDEKER/vOERTZEN, VwGO [11. Aufl 1994] § 42 Rn 157; ZIMMERLING/JUNG DÖV 1987, 94, 95 ff; PALANDT/HEINRICHS § 291 Rn 2; SOERGEL/WIEDEMANN Vor § 288 Rn 7; GKÖD K vor § 82 BBG Rn 34; krit CZYBULKA NVwZ 1983, 125, 128). Nicht durchgesetzt hat sich aber der Vorschlag von GÖTZ (DVBl 1961, 433, 439; ihm folgend FISCHER NJW 1970, 1883, 1885), „Prozeßzinsen" bereits mit Beginn des Vorverfahrens gem §§ 68 ff VwGO zuzuerkennen. Bereits im Grundsatz anders entscheidet das BSG, das nicht nur Verzugszinsen, sondern auch Prozeßzinsen auf Sozialleistungen mangels ausdrücklicher gesetzlicher Grundlage strikt ablehnt (BSGE 22, 150, 154 ff; 24, 118; 28, 218, 223; 29, 44, 56 ff; 71, 72, 76; BSG SozR 1300 § 61 Nr 1 jew mwN; zust SCHWANKHART NJW 1970, 1301; ablehnend LSG Niedersachsen, DVBl 1965, 740; MARTENS NJW 1965, 1703; FISCHER NJW 1970, 1883). Im Hinblick auf Prozeßzinsen wird diese strikte Haltung nunmehr vom BSG für – allerdings wohl nicht verallgemeinerungsfähige – Einzelbereiche relativiert (BSGE 64, 225, 230 f = NJW 1989, 3237 für soldatenrechtlichen Ausgleichsanspruch). Über Prozeßzinsen bei Leistungsbescheiden vgl KAMPS DVBl 1982, 780.

2. Der gesetzliche Zinssatz

351 Im öffentlichen Recht ist § 246 subsidiär anwendbar (§ 62 VwVfG und Verwaltungsverfahrensgesetze der Länder; vgl insoweit auch bereits FRIEDRICHS ArchBürgR 42 [1916] 33), kommt aber kaum zum Zuge.

§ 247 *(aufgehoben)*

[1] Ist ein höherer Zinssatz als sechs vom Hundert für das Jahr vereinbart, so kann der Schuldner nach dem Ablaufe von sechs Monaten das Kapital unter Einhaltung einer Kündigungsfrist von sechs Monaten kündigen. Das Kündigungsrecht kann nicht durch Vertrag ausgeschlossen oder beschränkt werden.

[2] Diese Vorschriften gelten nicht für Schuldverschreibungen auf den Inhaber und für Orderschuldverschreibungen. Bei Darlehen, die zu einer aufgrund gesetzlicher Vorschriften gebildeten Deckungsmasse für Schuldverschreibungen gehören oder gehören sollen, kann das in Absatz 1 Satz 1 bestimmte Kündigungsrecht durch ausdrückliche Vereinbarung für die Zeit ausgeschlossen werden, während der sie zur Deckungsmasse gehören.

Materialien: E I § 358 Abs 1; II § 211; III § 241; Mot II 195 f; Prot I 472 f; Abs 2 neu gefaßt durch Gesetz vom 5. 3. 1953 (BGBl I 33), Satz 2 eingefügt durch Gesetz vom 14. 1. 1963 (BGBl I 9) aufgrund der Novelle zum Hypothekenbankgesetz vom 30. 4. 1954 (BGBl I 115); geändert durch BT-Drucks 1/3824, 16; BR-Druck 228/62, 26 f.

Hinweise des Redaktors

1 Diese Vorschrift zum zwingenden gesetzlichen Kündigungsrecht bei hohem Zinssatz ist durch Art 5 des Gesetzes zur Änderung wirtschafts-, verbraucher-, arbeits- und sozialrechtlicher Vorschriften vom 25. 7. 1986 (BGBl I 1169, 1172) **aufgehoben** worden und **am 31. 12. 1986 außer Kraft** getreten. An seine Stelle ist im Abschnitt über Darlehen die **neue Bestimmung des § 609 a** eingefügt worden. Die Änderung ist am 1. 1. 1987 in Kraft getreten. Auf vor Inkrafttreten der Änderung geschlossene Verträge bleibt aber allein § 247 aF anwendbar, während der neue § 609 a auf solche Verträge unanwendbar ist (vgl Art 12 II des Gesetzes vom 25. 7. 1986).

Zur neuen Rechtslage wird auf die Erläuterungen zu § 609 a in der 13. Bearbeitung **2**
dieses Kommentars verwiesen. Zur alten Rechtslage und zu den bis 31. 12. 1986
geschlossenen Verträgen kann die Kommentierung in der Vorauflage (STAUDINGER/
KARSTEN SCHMIDT[12]) bzw in der entsprechenden Sonderausgabe der §§ 244—248 (KAR-
STEN SCHMIDT, Geldrecht [1983]) herangezogen werden; der Bearbeitungsstand dieser
Kommentierung ist Oktober/Dezember 1982.

Ergänzende Schrifttumhinweise: vBARGEN, Zur Reform des § 247 BGB, VersR 1979, **3**
1069; BATSCH, Zum Effektivzins, NJW 1983, 1651; ENGAU, Kündigungsausschluß
durch Sparkassen – Bemerkungen im Anschluß an das Grundsatzurteil des Bundesgerichtshofs, Sparkasse 1984, 424; HÄUSER/WELTER, Neues Recht der Darlehenskündigung – Von § 247 BGB zu § 609a BGB, NJW 1987, 17; HAMMEN, Der
gegenständliche Anwendungsbereich von § 247 und § 609a BGB, NJW 1987, 2856;
vHEYMANN, Die Kündigung von Darlehen nach § 247, 1984; ders, Die Aufhebung
des Kündigungsrechts nach § 247 BGB – Auswirkungen auf Vertragsgerechtigkeit
und Schuldnerschutz, DB 1984, 1229;   ders, Neuregelung des Kündigungsrechts
nach § 247 BGB, BB 1987, 415; PRAXL, Gesetzliche Deckungsmassen für Schuldverschreibungen nach § 247 Abs 2 S 2 BGB, WM 1984, 117; ders, § 247 Abs 2 BGB und
„gedeckte" Schuldverschreibungen – Eine kritische Auseinandersetzung mit dem
BGH-Urteil vom 16. 2. 1984, BB 1985, 302; vROTTENBURG, Die Reform des gesetzlichen Kündigungsrechts für Darlehen – statt Zinssatz Fristenregelung, WM 1987,
1.

Ergänzende Rechtsprechungshinweise: Im Falle des Verzugs mit der Rückzahlungs- **4**
pflicht bei verschuldeter vorzeitiger Fälligkeit endet eine **Pflicht zur Weiterzahlung der
vertraglichen Zinsen als Verzugszinsen** spätestens zum Zeitpunkt der nächsten möglichen Kündigung nach § 247 (BGH JZ 1988, 1126 mit Anm REIFNER). Unter dem
(laufzeitabhängigen) Zins iSd § 247 kann auch **ein von den Parteien vereinbartes Disagio** zu verstehen sein, wenn es nicht zur Abdeckung von Darlehensnebenkosten des
Darlehensgebers dient und keine laufzeitunabhängige, einmalige Leistung des Darlehensnehmers darstellt (BGHZ 111, 287, 289 = NJW 1990, 2251 = LM § 247 Nr 12). Mit
§ 247 Abs 1 S 2 unvereinbar und nach § 134 unwirksam ist auch eine **Vorfälligkeitsentschädigung bei Vertragsaufhebung** (BGH NJW-RR 1989, 42; BGH NJW 1990, 2379) und eine
Vorfälligkeitsentschädigung für den Fall des Ausübung des gesetzlichen Kündigungsrechts nach § 247 Abs 1 S 1 (BGHZ 111, 287, 289 = NJW 1990, 2251 = LM § 247 Nr 12;
teilweise anders noch BGHZ 81, 124, 129). Der Darlehensgeber haftet dem Darlehensnehmer nach den Grundsätzen des **Verschuldens bei Vertragsschluß** (*culpa in contrahendo*), wenn er bei Vereinbarung der Vorfälligkeitsentschädigung den unzutreffenden Eindruck erweckt, das Darlehen gehöre zu einer Deckungsmasse nach § 247
Abs 2 (BGH NJW-RR 1990, 431). Auch **Deckungsmassen für Sparkassenbriefe** werden
von § 247 Abs 2 erfaßt (BGHZ 99, 44 = NJW 1987, 835 im Anschluß an BGH NJW 1984, 1681
und BGH NJW 1982, 432; vgl auch OLG Köln WM 1982, 1417 mit Anm von HADDING). Der
Schutz des § 247 Abs 2 S 2 (vgl zum Anlageschutzzweck BGHZ 99, 44) reicht nur so weit,
wie die **Deckungsmasse nicht den deckungspflichtigen Betrag erheblich übersteigt** (BGHZ
90, 161, 171; BGH NJW-RR 1989, 41).

§ 248

[1] **Eine im voraus getroffene Vereinbarung, daß fällige Zinsen wieder Zinsen tragen sollen, ist nichtig.**

[2] **Sparkassen, Kreditanstalten und Inhaber von Bankgeschäften können im voraus vereinbaren, daß nicht erhobene Zinsen von Einlagen als neue verzinsliche Einlagen gelten sollen. Kreditanstalten, die berechtigt sind, für den Betrag der von ihnen gewährten Darlehen verzinsliche Schuldverschreibungen auf den Inhaber auszugeben, können sich bei solchen Darlehen die Verzinsung rückständiger Zinsen im voraus versprechen lassen.**

Materialien: E I § 358 Abs 2; II § 12; III § 242; Mot II 196; Prot I 475.

Schrifttum

Vgl zunächst das Schrifttum zu § 246.

BACHMANN, Die Restforderung der Teilzahlungsbank gegen den säumigen Schuldner, NJW 1978, 865

BAUMBACH/HOPT, HGB (29. Aufl 1995)

BEINING, Verzugszinsen von Verzugszinsen?, NJ 1993, 544

BELKE, Die Strafzinsen im Kreditgewerbe – ihre Begrenzung aus dem Zinseszinsverbot und ihr Verhältnis zu den gesetzlichen Verzugsfolgen, BB 1968, 1219

BRINGEZU, Erbbauzins und Zinseszinsverbot, NJW 1971, 1168

BRODMANN, Die Zinsschuld, in: Ehrenbergs Handbuch des gesamten Handelsrechts IV/2 (1918) 233

BRÖDERMANN/BREMER, Zinseszinsen, Kontokorrent und Altkredite, ZBB 1997, 63

CANARIS, Funktionen und Rechtsnatur des Kontokorrents, in: FS Hämmerle (1972) 55

ders, Der Zinsbegriff und seine rechtliche Bedeutung, NJW 1978, 1891

ders, in: GroßkommHGB III/2 (3. Aufl 1978)

DÜRINGER/HACHENBURG/BREIT, HGB IV (3. Aufl 1932)

J vGIERKE, Handelsrecht und Schiffahrtsrecht (8. Aufl 1958)

HERZ, Das Kontokorrent (1974)

IHMELS, Zur Zinsberechnung bei Teilzahlungskrediten, BB 1975, 1510

KOLLER/ROTH/MORCK, HGB (1996)

KÜBLER, Feststellung und Garantie (1967)

LÖWISCH, Zinseszinsverbot und Verzugsschadensersatz, NJW 1978, 26

PÄTZOLD, DJ 1938, 1430

RAISCH, Geschichtliche Voraussetzungen, dogmatische Grundlagen und Sinnwandlung des Handelsrechts (1965) 233

REIFNER, Handbuch des Kreditrechts (1991)

ders, Das Zinseszinsverbot in Verbraucherkredit, NJW 1992, 337

ders, Zinseszinspraktiken im Lichte der §§ 248, 249 BGB, VuR 1992, 133

SCHAUDWET, Bankkontokorrent und Allgemeine Geschäftsbedingungen (1967)

SCHLEGELBERGER/HEFERMEHL, HGB IV (5. Aufl 1976)

KARSTEN SCHMIDT, Handelsrecht (4. Aufl 1994)

ders, Kontokorrentkredit, Zinseszins und Verbraucherschutz, in: FS Claussen (1997) 483

ders, Das „Zinseszinsverbot". Sinnwandel, Geltungsanspruch und Geltungsgrenzen, JZ 1982, 829

ders, Kontokorrentrecht und Zinseszinsverbot, JZ 1981, 126

SCHÖNLE, Bank- und Börsenrecht (2. Aufl 1976)

SCHOLTEN, Die Kreditgebühren der Teilzahlungsbanken und das Zinseszinsverbot, NJW 1968, 385

SCHOLZ, Sittenwidrigkeit eines Darlehensvertrags wegen überhöhten Zinssatzes, BB 1974, 1605
ders, Sind Restschuldversicherungsprämien Kreditkosten?, MDR 1976, 281

SECKELMANN, Zinsrecht (1992)
TOBIAS, Der Konsumentenratenkredit im Kontokorrentverhältnis (1990)
ULMER/IHRIG, Ein neuer Anleihetyp: Zero-Bonds, ZIP 1985, 1169.

Systematische Übersicht

Alphabetische Übersicht

I. Grundlagen

1. Gegenstand und Zweck der Bestimmung

a) Abs 1 spricht das sog **Verbot des Anatozismus** (Zinseszinsverbot) aus. Die **1**
Bestimmung enthält eine Begrenzung der Privatautonomie. Sie ist ein gesetzliches
Verbot und wäre ohne weiteres auch als Verbotsgesetz iS von § 134 zu qualifizieren,
wenn nicht die Rechtsfolge (Nichtigkeit) in Abs 1 ausdrücklich ausgesprochen wäre.
Abs 1 macht den Rückgriff auf § 134 überflüssig (so jetzt auch SOERGEL/TEICHMANN[12]
Rn 2). Es handelt sich um eines derjenigen Verbotsgesetze, bei denen die Anwen-
dung von § 134 nichts als ein „überflüssiger Rundgang" (vTUHR II/2 § 69 Fn 9) wäre.

b) Der **Zweck des Zinseszinsverbots** ist nicht zweifelsfrei. Selbstverständlich geht es **2**
um den Schutz des Schuldners. Die Einordnung dieses Schuldnerschutzes schwankt
zwischen dem *Schutz gegen Ausbeutung* und dem *Schutz gegen Rechtsungewißheit*.
Der enge historische Zusammenhang mit dem Wucherverbot (vgl KARSTEN SCHMIDT JZ
1982, 829 f) enthält Elemente des Ausbeutungsgedankens, die bis in die gegenwärtige
Praxis fortwirken, aber überwunden werden müssen (aM SOERGEL/TEICHMANN[12] Rn 1;
REIFNER NJW 1992, 339). Abs 1 richtet sich nicht gegen eine zu hohe Effektivverzinsung, sondern nur gegen eine unabsehbare bzw schwer absehbare Zinslast. *Der
Ausbeutungsgedanke hat seinen rechten Platz bei der Inhaltskontrolle von Verträgen,
nicht bei dem Zinseszinsverbot.* Das Zinseszinsverbot schützt den Schuldner vor der
Ungewißheit über den Umfang der im voraus vereinbarten Zinsschuld (so hier schon
die 12. Aufl; vgl zuletzt auch KARSTEN SCHMIDT, in: FS Claussen [1997] 484 f; zust OLG Köln
OLGZ 1992, 472, 473 = NJW-RR 1992, 682, 683; MünchKommBGB/vMAYDELL[3] Rn 1; ULMER/
IHRIG ZIP 1985, 1173; CANARIS WM-Sonderbeil 4/87, 4). Der Schuldner muß bereits bei
Vertragsschluß wissen, wieviel an Zinslast er verspricht; außerdem soll während des
Laufs eines Rechtsverhältnisses stets feststehen, auf welche Summe Zinsen berech-
net werden. Das so verstandene Zinseszinsverbot hat nicht mehr die ihm ursprüng-
lich zukommende Bedeutung, seit die VO über Preisangaben v 10. 5. 1973 (BGBl I
461; nunmehr v 14. 3. 1985 [BGBl I 580], zuletzt geändert durch VO v 14. 10. 1992 [BGBl
I 1765]) eine Angabe des effektiven Jahreszinses vorschreibt (§ 246 Rn 44 ff).

2. Anwendungsbereich

a) Das sog Verbot des Anatozismus (Zinseszinsverbot) stellt eine Begrenzung der **3**
Privatautonomie dar. Es gilt für **Zinsvereinbarungen**, *nicht für gesetzliche Zinsen* (inso-
fern wie hier wohl REIFNER NJW 1992, 342; BEINING NJ 1993, 545; aM ROHGE 24, 388, 389 f;
AK-BGB/BRÜGGEMEIER Rn 1; ERMAN/H P WESTERMANN[9] Rn 2; JAUERNIG/TEICHMANN[7] Anm 2;
PALANDT/HEINRICHS[56] Rn 1; PLANCK/SIBER[4] Anm 1; SOERGEL/REIMER SCHMIDT[10] Rn 1; unklar
insoweit BGH NJW 1964, 294). Für den gesetzlichen Zins bedarf es nicht des Verbots
(Rn 4). Die entgegenstehende hM will nur verhindern, daß Schuldner und Gläubiger
vereinbaren, gesetzliche Zinsen, zB Verzugszinsen, sollten Zinsen tragen. Das aber
ist eine Zinseszinsvereinbarung, die selbstverständlich unter Abs 1 fällt (vgl nur BGH
NJW 1983, 1420, 1421; 1986, 376, 377; BEINING NJ 1993, 545; anders vereinzelt REIFNER NJW 1992,
342: § 289 S 1). Die Divergenz zwischen der herrschenden und der hier vertretenen
Auffassung besteht also nur in einer Unklarheit der vorherrschenden Terminologie.
Auch sonst ist der Ausdruck „Zinseszinsverbot" eher mißverständlich. Das Gesetz
verbietet nicht den Zinseszins, sondern es verhindert nur, daß Vertragsvereinbarun-

gen über die Zahlung von Zinseszins wirksam im voraus getroffen werden (zust SOERGEL/TEICHMANN[12] Rn 1; MünchKommBGB/vMAYDELL[3] Rn 1).

4 b) **Gesetzliche Zinsen** sind nach BGB und HGB *stets nur Zinsen auf die Hauptforderung.* Sonderregeln, die dies ausdrücklich aussprechen, haben nur deklaratorischen Charakter. So § 353 S 2 HGB, wonach die unter Kaufleuten zu zahlenden Fälligkeitszinsen nicht auch Zinsen von Zinsen erfassen; die Vorschrift dient nur „zur Vermeidung von Zweifeln" (Denkschrift HGB [1897] 195). Nach den §§ 289 S 1, 291 S 2 sind auch Verzugs- und Prozeßzinsen aus einer Zinsschuld nicht zu leisten (zutr etwa OLG Köln NJW 1966, 2217, 2218; OLG Düsseldorf MDR 1976, 663, 664). Auch diese Vorschriften sind keine Anwendungsfälle des Abs 1. Die Motive (in: MUGDAN II 34) knüpfen zwar noch bei dem gemeinrechtlichen Zinseszinsverbot an, das auch das „Nehmen von Verzugszinsen" aus Zinsen verbiete; aber Abs 1 verbietet nicht mehr das Nehmen von Zinseszinsen, sondern nur die Vereinbarung im voraus. Trotz der gemeinsamen historischen Wurzeln hat sich deshalb das Zinseszinsverbot unter der Geltung des Prinzips der Zinsfreiheit zu einem Sondertatbestand des Vertragsrechts verselbständigt (KARSTEN SCHMIDT JZ 1982, 830). Für gesetzliche Zinsen bedarf es dieses Verbots nicht. *Die §§ 289 S 1, 291 S 1 stellen nur die Begrenzung der gesetzlichen Zinspflicht klar.* E I § 249 wollte noch Zinseszinsen aus vertraglichen Zinsen ab Rechtshängigkeit vorschreiben, weil man in der Rechtshängigkeit eine Parallele zur nachträglichen Vereinbarung sah (Mot in: MUGDAN II 35). Die II. Kommission gab aus Billigkeitsgründen der geltenden Fassung des § 289 den Vorzug (Prot in: MUGDAN II 538). Ausgeschlossen sind nur gesetzliche Zinsen aus (gesetzlichen oder vereinbarten) Zinsen. Zum Zinsbegriff vgl § 246 Rn 6 ff. § 289 S 2 stellt klar, daß ein Verzugsschaden auch insoweit zu ersetzen ist, als er sich aus entgangener Verzinsung (RGZ 152, 166, 175; BGHZ 104, 337, 344 ff = NJW 1988, 1967, 1969; 110, 337, 341 = NJW 1990, 1595, 1596; BGH NJW 1988, 1971; 1993, 1260, 1261; OLG Hamburg OLGE 28, 70) oder aus gezahltem Zinseszins berechnet (näher STAUDINGER/LÖWISCH [1995] § 289 Rn 15 sowie LÖWISCH NJW 1978, 26). Die von REIFNER (NJW 1992, 342 f) vertretene Auffassung, wonach ein Zinsverzugsschaden nach § 289 S 2 nur auf vertragliche, nicht auf gesetzliche Zinsen berechnet werden kann, ist mit Recht abgelehnt worden (BGH NJW 1993, 1260; dagegen jedoch BEINING NJ 1993, 545). Dagegen ist die Vereinbarung eines Pauschalschadensersatzes für Zinsschuldenverzug bedenklich (Rn 12). Zu § 11 VerbrKrG vgl Rn 22 aE.

5 c) Im **öffentlichen Recht** findet § 248 sinngemäß jedenfalls Anwendung auf Verträge von Trägern hoheitlicher Gewalt mit Privatrechtssubjekten. Das ergibt sich aus § 62 S 2 VwVfG und den Verwaltungsverfahrensgesetzen der Länder (die Kommentare zum VwVfG nennen § 248 allerdings nicht; vgl zB KNACK/MÖLLGAARD, VwVfG [4. Aufl 1994] § 62 Rn 3). STAUDINGER/WEBER[11] Rn 27 stand noch auf dem Standpunkt, § 248 beschränke sich auf das Privatrecht und sei im öffentlichen Recht unanwendbar (im Anschluß an FRIEDRICHS ArchBürgR 42 [1916] 33). FRIEDRICHS hatte diese Auffassung damit begründet, daß sich § 248 nur auf Vertragsschuldverhältnisse beziehe. Das ist richtig (Rn 4), steht aber der Anwendbarkeit im öffentlichen Recht nicht entgegen. Mit der Anerkennung subordinationsrechtlicher öffentlichrechtlicher Verträge ist der Standpunkt von FRIEDRICHS überholt. Für gesetzliche Zinsen (zB nach den §§ 233 ff AO) bleibt es allerdings dabei, daß § 248 überflüssig und unanwendbar ist (vgl sinngemäß Rn 3, 4; zur gesetzlichen Verzinsung im öffentlichen Recht vgl im einzelnen WOLFF/ BACHOF/STOBER, Verwaltungsrecht I [10. Aufl 1994] § 55 Rn 41 f; ULF FISCHER, Die öffentlich-rechtliche Geldforderung [Diss Bonn 1968] 159 ff; ECKARD WEBER, Der Erstattungsanspruch [1970] 134 ff; zum Zinseszinsverbot s auch BGH NJW 1973, 2284 f).

3. Bedeutung der Ausnahmen

Die **Ausnahmen vom Zinseszinsverbot** (Rn 25 ff) haben unterschiedliche Bedeutung, je **6** nachdem, wie weit der Tatbestand des Abs 1 begriffen wird. Bedeutungslos geworden ist Art 94 EGBGB mit dem Vorbehalt landesrechtlicher Vorschriften über Pfandleiher und Pfandleihanstalten (vgl dazu noch SOERGEL/TEICHMANN[12] Rn 9).

II. Voraussetzungen des Zinseszinsverbots

1. Kapitalschuld

a) Nur für **Kapitalschulden** gilt Abs 1. Die Abgrenzung ergibt sich aus § 246 **7** Rn 9.

b) Die *Abgrenzung des Kapitalschuldbegriffs im Gesellschaftsrecht* (eingehend noch **8** STAUDINGER/KARSTEN SCHMIDT[12] § 247 Rn 11 ff) macht in der Praxis zu § 248 keine Schwierigkeiten: Bei der AG stellt sich die Frage, ob Abs 1 anwendbar ist, wegen § 57 Abs 2 AktG nicht. Eine Verzinsung der Einlagen ist unzulässig. Bei der GmbH wird die Vereinbarung einer Festverzinsung zugelassen, und nur bei der Erfüllung der Zinspflicht ist die Ausschüttungssperre des § 30 GmbHG zu beachten. Trotzdem bereitet das Verbot des Zinseszinses keine Schwierigkeiten. Der durch das Kapitalkonto dokumentierte „Wertanteil" eines Gesellschafters an einer Personengesellschaft ist ebensowenig wie die Einlage des GmbH-Gesellschafters eine Kapitalschuld. Das Eigenkapital der Gesellschaft, obschon auf der Passivseite bilanziert und obschon Grundlage künftiger Liquidationsquotenansprüche der Gesellschafter, ist keine Kapitalschuld der Gesellschaft. *Problematisch ist* dagegen die Rechtslage bei der *stillen Beteiligung*, dem meist aus thesaurierten Gewinnen entstandenen *Darlehnskonto des Gesellschafters* und bei den von Gesellschaftern zur Verfügung gestellten *Gesellschafterdarlehen*. Bei der stillen Einlage ist danach zu differenzieren, ob sie als typische stille Einlage Kreditcharakter oder als atypische stille Einlage Haftkapitalcharakter hat (dazu BAUMBACH/HOPT § 236 Rn 3 mwNw). Nur im ersten Fall liegt eine unter § 248 fallende Kapitalschuld gegenüber dem stillen Gesellschafter vor, dafür aber meist keine Verzinsung, sondern eine Gewinnbeteiligung. Darlehnskonto und Gesellschafterdarlehen begründen Kapitalschulden. Bei den Darlehnskonten – zT auch bei Gesellschafterdarlehen in Kapitalgesellschaften – finden sich ausdrückliche und stillschweigende Vereinbarungen, wonach jeweils der Kontostand an einem bestimmten Stichtag (einschließlich Gewinn- und Zinsgutschriften!) der Festverzinsung zugrundegelegt wird. Die Verzinsung von Zinsgutschriften fällt dann an sich unter Abs 1. Eine solche Verzinsung ist zwar als solche erlaubt, könnte aber nach Abs 1 nicht wirksam im voraus versprochen werden. Daß eine Vertragsvereinbarung trotzdem zulässig ist, ergibt sich aus dem recht verstandenen *Privileg des § 355 Abs 1 HGB*: Die Gesellschaft als Trägerin eines Unternehmens kann auf der Grundlage periodischer Verrechnung Zinseszinsen versprechen (KARSTEN SCHMIDT JZ 1981, 129).

c) **Zinsscheine** (§ 803) unterliegen nach hM dem Zinseszinsverbot (RGZ 5, 254, **9** 258 ff; ROHGE 10, 213, 214; ERMAN/HANTL-UNTHAN[9] § 803 Rn 1; SOERGEL/TEICHMANN[12] Rn 5;

MünchKommBGB/Hüffer² § 803 Rn 2). Eine im voraus getroffene Vereinbarung über die Verzinsung der im Zinsschein verbrieften Forderung verstößt nach dieser hM gegen § 248. Die im Zinsschein verbriefte Forderung unterliegt nach hM auch nicht der gesetzlichen Verzinsung nach den §§ 288, 290 (RGZ 5, 254, 258 ff; ROHGE 10, 213; 25, 257; Canaris, in: GroßkommHGB³ § 353 Anm 4). *Diese hM bedarf der Überprüfung* (Karsten Schmidt JZ 1982, 833). Sie ist durch den recht verstandenen Gesetzeszweck (Rn 2) nicht gedeckt. Auch wenn eine Zinsforderung vorliegt, verbietet doch § 248 Abs 1 nicht das Verzinsungsversprechen für einen bereits feststehenden Betrag (Rn 24). Eine Verzinsung nach Fälligkeit und Vorlage des Zinsscheins kann damit in dem Papier wirksam versprochen werden. Auch gesetzliche Verzugs- und Prozeßzinsen (§ 353 HGB kommt kaum in Betracht) sind nicht ausgeschlossen.

2. Zinseszins

10 **a)** Nur **Zinsen auf Zinsen** dürfen nicht im voraus vereinbart werden. Im Grundsatz ist dabei von dem bei § 246 Rn 6 ff dargestellten Zinsbegriff auszugehen. Dieser Zinsbegriff muß auf die ratio legis abgestimmt werden, dh auf das Gebot der Rechtsklarheit (Rn 2). Im Ergebnis behält damit auf der Ebene des § 248 die Zinsdefinition der älteren Auffassung ihre Berechtigung: Zinsen, die als Festbeträge vereinbart sind, verstoßen nicht gegen § 248 (aM für Disagio und Kreditgebühren Palandt/Heinrichs⁵⁶ Rn 1; Soergel/Teichmann¹² Rn 3 f). Als verbotene Zinseszinsen sind bei der Anwendung von § 248 nur wiederkehrende Leistungen für den Gebrauch eines Kapitals anzusehen, die nach Bruchteilen dieses Kapitals berechnet werden (BGH Betrieb 1971, 92, 93).

11 **aa)** Nur **Zinsversprechen** sind von dem Verbot betroffen. Was nicht Zins ist, ist auch nicht Zinseszins. Doch ist im Lichte des Normzwecks (Rn 2) auf die besondere Zinsdefinition bei § 248 zu sehen (Rn 10). Ein *Disagio*, dh Zinserhebung durch Abzug vom Kapital, ist nicht durch Abs 1 verboten (so ausdrücklich Mot in: Mugdan II 109). Da nicht der Ausbeutungsgedanke, sondern der Gedanke der Rechtsklarheit den Abs 1 beherrscht, ist ein solcher Abzug auch dann nicht untersagt, wenn er rechnerisch auf die Inanspruchnahme von Zinseszinsen hinausläuft (OLG Köln OLGZ 1992, 472 = NJW-RR 1992, 682 = WuB I E 4 – 4.92 m abl Anm Nasse; Düringer/Hachenburg/Werner § 353 Anm 5; Erman/H P Westermann⁹ Rn 2). Die wohl vorherrschende Gegenansicht sieht Abs 1 als verletzt an, wenn die gesamte Summe unter Einschluß des Disagio verzinst wird (so BGH ZIP 1989, 903, 905; MünchKommBGB/vMaydell³ Rn 2; Palandt/Heinrichs⁵⁶ Rn 1; Soergel/Teichmann¹² Rn 4; Nasse WuB I E 4 – 4.92). Das paßt nicht zur recht verstandenen ratio legis (Rn 2). Aus demselben Grund verstößt die *Ausgabe von sog Zero-Bonds (Nullcoupon-Anleihen)* nicht gegen Abs 1, bei denen der Anleger keine Zinsen erhält, dafür aber als Verzinsung einen den Ausgabebetrag übersteigenden Betrag zurückerhält (Ulmer/Ihrig ZIP 1985, 1169, 1172). Die Verzinsung ähnelt auch hier einem Disagio. Auch *Vertragsstrafen* fallen nur unter Abs 1, wenn die Höhe laufzeitabhängig vereinbart ist (zur Abgrenzung Rn 18). Eine in jedem Fall der Zuwiderhandlung einmalig zu entrichtende *feste Vertragsstrafe* für den Fall unpünktlicher Zinszahlung kann der Herabsetzung nach § 343 unterliegen; sie kann auch nach § 138 nichtig sein (im Einzelfall können dabei auch die Leitbildfunktion des Abs 1 und der Umgehungsgedanke herangezogen werden). Um Zinseszins, dessen Vereinbarung im voraus nach Abs 1 generell nichtig wäre, handelt es sich dagegen nicht (so schon eingehend Staudinger/Werner¹¹ Rn 9; zur Zinserhöhung bei unpünktlicher Zahlung vgl

Rn 18). Eine Ausdehnung des Zinseszinsverbots auf Vertragsstrafen (Antrag Dziem-
bowski-Pomian) wurde im Gesetzgebungsverfahren unmißverständlich abgelehnt
(vgl JAKOBS/SCHUBERT, Die Beratung des BGB, SchuldR I [1978] 80, 975; eingehend KARSTEN
SCHMIDT JZ 1982, 832).

bb) Auf Zinsen müssen Zinsen versprochen sein. Fehlt es daran, so liegt kein Zin- **12**
seszins vor (BGH NJW 1964, 294). Ob Zinseszins vorliegt, hängt von der Rechtsnatur
der Schuld ab, nicht von der Bezeichnung, die die Parteien gewählt haben (BGH
Betrieb 1971, 92, 93; SOERGEL/TEICHMANN[12] Rn 3). Eine Vereinbarung, daß Zinsen zum
Kapital geschlagen werden sollen, ist eine Zinseszinsvereinbarung (DÜRINGER/
HACHENBURG/WERNER § 353 Anm 5). Sie ist es auch dann, wenn der Schuldner verspricht,
jeweils verzinsliche Schuldanerkenntnisse in neuer Höhe abzugeben (OLG Kiel OLGE
35, 321). Sobald allerdings der zu verzinsende Zinsbetrag im voraus als Festbetrag
vereinbart wird, ändert sich dies (Rn 24). Auch können, zB im Rahmen einer
Umschuldung, bereits fällige Zinsen ohne Verstoß gegen § 248 in die zu verzinsende
Summe aufgenommen werden (Rn 25).

b) Exemplarische Einzelprobleme sollen die Abgrenzung erläutern: **13**

Keine Zinsen sind nach hM **Gewinnanteile**, zB nach § 121 HGB (vgl auch BGHZ 85, 61, **14**
63 = NJW 1983, 111). Das ist zweifelhaft und hängt von der Rechtsnatur der Schuld ab.
Die Gewinnbeteiligung beim partiarischen Darlehn unterliegt nach wohl richtiger
Auffassung dem Zinseszinsverbot. Gutschriften aus Gewinnbeteiligungen an einer
Gesellschaft können der Verzinsung auf dem Privatkonto eines Gesellschafters
unterliegen (so im Ergebnis DÜRINGER/HACHENBURG/WERNER § 353 Anm 5; zu eng noch STAU-
DINGER/WEBER[11] Rn 10), weil es bereits am Merkmal der Kapitalschuld fehlt (Rn 7). Für
Gewinnanteile, die auf einem Darlehnskonto bei einer Gesellschaft verbucht wer-
den, gilt im Ergebnis dasselbe, weil die Befreiung nach § 355 Abs 1 HGB eingreift
(Rn 45).

Kein Zins ist auch die **Verpflichtung zur Rückerstattung von Zinsen** etwa nach § 346 **15**
oder § 812. Der Schuldner muß diese Schuld nach allgemeinen gesetzlichen Regeln
(zB den §§ 291, 347 S 3) verzinsen, ohne daß die §§ 289 S 1, 291 S 2 im Wege stehen
(KG OLGE 24, 285). Demgemäß verstößt auch eine Vorausvereinbarung über die Verzinsung rückzuerstattender Zinsen nicht gegen Abs 1.

Renten unterliegen nicht dem Zinseszinsverbot. Es kann also vereinbart werden, daß **16**
rückständige Rentenbeträge verzinst werden sollen (BGH Betrieb 1971, 92; Münch-
KommBGB/vMAYDELL[3] Rn 1; SOERGEL/TEICHMANN[12] Rn 6; PLANCK/SIBER[4] Anm 1). Das gilt
auch für eine *verrentete Kaufpreisschuld* (BGH Betrieb 1971, 92, 93; SOERGEL/TEICHMANN[12]
Rn 6). *Raten* auf eine Schuld sind keine Zinsen und können durch Vereinbarung im
voraus verzinslich gestellt werden (BGH Betrieb 1971, 92, 93). Das hat nichts mit dem
wirtschaftlichen Motiv der Verrentung zu tun (so aber ERMAN/H P WESTERMANN[9] Rn 2),
gilt also auch dann, wenn Zinseffekte in die Höhe der Rente mit eingerechnet sind.
Der Normzweck des § 248 (Rn 2) ist hier nicht berührt. Auch eine Entschädigung für
einen Nutzungsausfall (zB wegen Grundstücksenteignung) ist nicht schon deshalb
„Zins", weil sie als Wert-„Verzinsung" berechnet wird. Die Verzinsung einer solchen
Entschädigung kann im voraus vereinbart werden (vgl BGH NJW 1964, 294; SOERGEL/
TEICHMANN[12] Rn 6). Anders verhält es sich, wenn eine bereits geschuldete Enteig-

nungsentschädigung als Summe verzinst wird. Zinsen auf diese Zinsschuld können nach Abs 1 nicht im voraus versprochen werden (BGH NJW 1973, 2284, 2285; Münch-KommBGB/vMAYDELL[13] Rn 1).

17 Auf rückständige **Erbbauzinsen** und *Einzelleistungen einer Reallast* findet Abs 1 trotz der §§ 9 ErbbauVO und 1107 BGB keine Anwendung. Die Praxis wird sich allerdings auf die entgegenstehende hM einrichten müssen, die § 289 – mithin wohl auch § 248 – auf die Verzinsung dieser Schuld anwenden will (vgl BGH NJW 1970, 243; WM 1973, 42, 44; NJW 1978, 1261; NJW-RR 1992, 591, 592; STAUDINGER/AMANN [1994] § 1107 Rn 15; STAUDINGER/RING [1994] § 9 ErbbauVO Rn 30 mwNw). Diese, freilich ganz herrschende, Auffassung sollte revidiert werden (BRINGEZU NJW 1971, 1168; KARSTEN SCHMIDT JZ 1982, 832; jetzt auch SOERGEL/TEICHMANN[12] Rn 7). Wie nunmehr in BGH NJW-RR 1992, 591, 592 klargestellt wird, basiert diese Rechtsprechung nicht auf der Zinsqualität des Erbbauzinses, sondern lediglich darauf, daß nach § 9 ErbbauVO die Vorschriften über die Reallast anzuwenden sind. Die Verweisung des § 1107 auf das Recht der Hypothekenzinsen macht aus den Erbbauzinsen und den Einzelleistungen noch keine dem Abs 1 unterliegende, auf eine Kapitalschuld zu berechnende Zinsschuld (eingehend BRINGEZU NJW 1971, 1168). Auch die Verweisungsnorm des § 1107 besagt nicht das Gegenteil, denn sie soll nur sicherstellen, daß das Grundstück wie für Hypothekenzinsen haftet (so noch ganz deutlich E I § 1051). Die Verzinsung rückständiger Beträge kann daher nach richtiger Auffassung vereinbart werden, denn § 248 verbietet nicht die Verzinsung rückwirkender Vergütungen, die, wie Mietzins und Erbbauzins, keine Zinsen im geldrechtlichen Sinne sind (wie hier jetzt SOERGEL/TEICHMANN[12] Rn 7). Der Einwand mangelnder Bestimmtheit (STAUDINGER/RING [1994] § 9 ErbbauVO Rn 30) kann allenfalls der dinglichen Sicherung, nicht aber der wirksamen Vereinbarung der Verzinsung entgegenstehen.

18 **Kein Zinseszins** und deshalb auch nicht durch Abs 1 untersagt ist die Abrede, daß sich der auf die Verbindlichkeit zu entrichtende Zinssatz bei unpünktlicher Zinszahlung erhöht (RGZ 37, 274; OLG Düsseldorf WM 1985, 17, 18; BGB-RGRK/ALFF[12] § 248 Rn 1; PALANDT/HEINRICHS[56] Rn 2; SOERGEL/TEICHMANN[12] § 248 Rn 4; DÜRINGER/HACHENBURG/WERNER § 353 Anm 5; CANARIS, in: GroßkommHGB[3] § 353 Anm 4; SCHLEGELBERGER/HEFERMEHL § 353 Rn 9; KARSTEN SCHMIDT JZ 1982, 832). Zur Frage, ob § 339 zutrifft, vgl SOERGEL/LINDACHER[12] Vorbem 20 ff zu § 339; STAUDINGER/RIEBLE (1995) Vorbem 134 zu § 339; RG LZ 1912, 914; BGH NJW 1992, 2625; BayObLG BB 1981, 1418, 1419; OLG Hamburg HansRZ 1926 Nr 114.

19 **c)** Eine **umgehungsfeste Ausdehnung des Zinseszinsverbots** wird teils durch einen weiten Zinsbegriff, teils durch analoge Anwendung des Abs 1 erreicht. Die Abgrenzung beider Bereiche ist nicht zweifelsfrei (§ 246 Rn 7). Die jüngere Praxis steht noch unter dem Eindruck des Ausbeutungsgedankens (vgl Rn 1) und neigt dazu, den Umfang des Zinseszinsverbots zu überdehnen (vgl zu den folgenden Rn 20—22 eingehend KARSTEN SCHMIDT JZ 1982, 831 f).

20 Auf **Kreditgebühren** wendet die hM § 248 an (BGH WM 1982, 1021, 1022; NJW 1983, 1420, 1421; OLG Braunschweig BB 1965, 847 = NdsRpfl 1965, 11; OLG Köln NJW 1966, 2217; OLG Hamm NJW 1973, 1002, 1003 unter ausdrücklicher Aufgabe der älteren Praxis des VIII. Zivilsenats; AG Hamburg MDR 1965, 381; MünchKommBGB/vMAYDELL[3] Rn 2; PALANDT/HEINRICHS[56] Rn 1; SOERGEL/TEICHMANN[12] Rn 4; BELKE BB 1968, 1224; BACHMANN NJW 1978, 866; vgl auch für gesetzliche Zinsen OLG Düsseldorf MDR 1976, 663). Zinsen auf Kreditgebühren sind danach unzulässige Zinseszinsen. Die Vereinbarung solcher Zinsen ist nichtig. Auch dadurch, daß die Kreditgebühr zum Bestandteil der einfach verzinslichen Hauptforderung gemacht wird, soll § 248 nach dieser hM nicht umgangen werden können (SOERGEL/TEICHMANN[12] Rn 5). Nach der hier vertretenen Auffassung muß demgegenüber stets geprüft werden, ob überhaupt Zinsen auf eine noch bestehende Kapitalschuld berechnet werden (Rn 7 ff) und ob sie iS von Rn 24 im voraus vereinbart sind. Richtig hat BGH NJW-RR 1986, 205, 206 = WM 1986, 8, 9 entschieden, daß eine bereits im Zeitpunkt der Vereinbarung angefallene einmalige Bearbeitungsgebühr nicht unter den für § 248 maßgeblichen Zinsbegriff fällt und der vertraglichen Verzinsung unterliegen kann.

Die **Behandlung sonstiger Nebenposten** ist noch umstritten (BACHMANN NJW 1978, 866). **21** Wie bei den Kreditgebühren besteht auch hier die Tendenz, § 248 auf alle Nebenposten anzuwenden, die in dem bei § 246 besprochenen Sinne Zinscharakter haben (AK-BGB/BRÜGGEMEIER Rn 3; MünchKommBGB/vMAYDELL[3] Rn 2; SOERGEL/TEICHMANN[12] Rn 4). Dies hängt mit den unklaren Vorstellungen über den Normzweck zusammen (dazu Rn 2). Es kann auf die Ausführungen zum Zinsbegriff Bezug genommen werden (Rn 10 ff). Der Tendenz zur Ausweitung des Zinseszinsverbots ist auch hierbei entgegenzuhalten, daß nicht der Ausbeutungsgedanke, sondern der Gedanke der Rechtsklarheit die Auslegung des Abs 1 zu beherrschen hat.

Schadensersatzvereinbarungen können gegen den hier wohl nur analog anwendbaren **22** Abs 1 verstoßen, wenn sie materiell Zinseszinsvereinbarungen darstellen. Die Abgrenzung im einzelnen ist nicht unzweifelhaft. Unzulässig ist die Vorausvereinbarung eines Schadensersatzes, soweit der Schaden nur im Ausfall von Zinsleistungen von seiten des Schuldners besteht (ROHGE 24, 388, 390; CANARIS, in: GroßkommHGB[3] § 353 Anm 4; unklar AK-BGB/BRÜGGEMEIER Rn 3). Kein Zinseszins liegt nach OLG Hamburg OLGE 28, 70 (betr Verzugs- und Prozeßzinsen) vor, soweit ein Zinsschaden auf die Nichtanlage des unbeglichenen Zinsbetrags zurückzuführen ist. Diese nicht zweifelsfreie Auffassung führt im Ergebnis dazu, daß für den Verzugsfall eine Vereinbarung von Zinseszins in Höhe marktüblicher Zinsen erlaubt wäre (abl CANARIS, in: GroßkommHGB[3] § 353 Anm 4). In Anbetracht des § 289 S 2 und der vom BGH zugelassenen typisierten Schadensberechnung (BGHZ 62, 103; 104, 337, 346 = NJW 1988, 1967, 1969 f; BGH NJW 1988, 1971; 1993, 1260, 1261) mögen hierfür gute Gründe sprechen (vgl zu § 289 auch LÖWISCH NJW 1978, 26). Wenn aber das Zinseszinsverbot für Rechtsklarheit sorgen soll (Rn 2) und wenn der Normzweck des Abs 1 ein anderer als der des § 289 ist (Rn 4), dann ist eine im voraus getroffene Zinseszinsvereinbarung nicht schon deshalb unbedenklich, weil das Gesetz im Nachhinein die Zahlung von Zinsschadensersatz anordnet. Geht die Vereinbarung über eine Wiederholung des § 289 S 2 hinaus, so ist sie analog § 248 unwirksam (in gleicher Richtung wohl OLG Stuttgart ZIP 1984, 1201 LS 3; vgl auch zur Unvereinbarkeit einer starren Verzugszinsklausel mit § 11 Nr 5 a und b AGBG BGHZ 101, 380, 390 = NJW 1987, 3256, 3259; 104, 337, 339 = NJW 1988, 1967, 1968; BGH NJW 1988, 1971; KG WM 1985, 714, 715; OLG Schleswig WM 1985, 881, 883). Es können also nur die marktüblichen Sollzinssätze zur Zeit des Verzugseintritts ohne Verstoß gegen Abs 1 als Grundlage der abstrakten Verzugsschadensberechnung zugrundegelegt werden, nicht dagegen kann ein Festzins auf geschuldete Zinsen als pauschalierter Schadensersatz vereinbart werden (dazu auch MünchKommBGB/vMAYDELL[3] Rn 3). Im Geltungsbereich des Verbraucherkreditgesetzes ist zusätzlich die Grenze des § 11

Abs 2 S 2 VerbrKrG zu beachten (MünchKommBGB/HABERSACK[3] § 11 VerbrKrG Rn 29; BÜLOW NJW 1992, 2050).

3. Vereinbarung im voraus

23 Nur die **im voraus getroffene Vereinbarung über Zinseszinsen** wird durch Abs 1 unterbunden. „Im voraus" bedeutet nach hM vor Fälligkeit.

24 Abreden nach Fälligkeit sind zulässig (ERMAN/H P WESTERMANN[9] Rn 2; SCHLEGELBERGER/ HEFERMEHL § 353 Rn 9; ausdrücklich auch E I § 358 Abs 1 S 2: „Zinsen aus rückständigen Zinsen"). So kann ein *Schuldanerkenntnis* (§ 781) die Verzinslichkeit eines Festbetrags anordnen, auch soweit in diesem Festbetrag Zinsposten enthalten sind (RGZ 95, 18, 19 f). Der Grund liegt nicht darin, daß durch das Schuldanerkenntnis eine abstrakte Forderung begründet wird (so SOERGEL/TEICHMANN[12] Rn 6), sondern darin, daß keine Vereinbarung im voraus vorliegt. Auch ohne Schaffung einer neuen Verbindlichkeit kann die Verzinslichkeit fälliger Zinsschulden vereinbart werden. Das gilt auch für den *(Prozeß-)Vergleich.* Der Vergleich kann auf eine verzinsliche Summe lauten, auch wenn in dieser Summe bereits angesammelte Zinsen enthalten sind. Im Rahmen einer *Umschuldungsvereinbarung* kann ohne Verstoß gegen Abs 1 die Verzinsung der bereits geschuldeten Summe einschließlich aufgelaufener Zinsen durch *Vereinbarung eines Stundungszinssatzes* neu geordnet werden (OLG Düsseldorf WM 1985, 17, 18; anders naturgemäß bei Vorausabreden für künftige Prolongationsfälle; OLG Hamburg NJW-RR 1986, 47). Der Begriff „im voraus" bedarf aber darüber hinaus der Korrektur. Dieser Begriff beruht nämlich nicht eigentlich auf der fehlenden Fälligkeit, sondern auf der noch unbestimmten Höhe künftiger Zinsen. Da das Zinseszinsverbot nicht die Ausbeutung des Schuldners, sondern die Eingehung unbestimmt hoher Zinsverbindlichkeiten verhindern soll (Rn 2), *sollte der Begriff „im voraus" von der strikten Bindung an das Merkmal der Fälligkeit befreit werden.* Der Wortlaut des Abs 1 zwingt nicht zur Auslegung der hM (anders E I § 358). *Auch eine noch nicht fällige Zinsschuld kann durch Vereinbarung verzinslich gestellt werden, wenn sie bereits im Zeitpunkt der Vereinbarung summenmäßig bestimmt in eine fixe Kapitalschuld aufgenommen wird* (KARSTEN SCHMIDT JZ 1982, 831). Eine Abrede vor Fälligkeit (zB ein Prozeßvergleich auf künftige Leistungen) ist unter diesen Voraussetzungen entgegen der noch hM gleichfalls zulässig. Dies ist neben der für § 248 maßgeblichen Zinsdefinition ein weiterer Grund dafür, daß ein verzinsliches Darlehen mit Ausgabedisagio und die Ausgabe von sog Zero-Bonds bereits im voraus wirksam vereinbart werden kann (vgl Rn 11 sowie zu den Zero-Bonds ULMER/IHRIG ZIP 1985, 1169, 1172). Wenn summenmäßig berechnete Zinsen in die versprochene Kapitalschuld aufgenommen sind, kann sie einschließlich der in ihr enthaltenen Zinsen verzinslich gestellt werden. Folgerichtig verstößt auch ein Kreditvertrag nicht gegen Abs 1, wenn ein Kredit von vornherein dergestalt versprochen wird, daß für das erste, das zweite und weitere Jahre ein Festbetrag bei dem Kreditnehmer belassen und eine von Jahr zu Jahr um den Zinsbetrag wachsende Summe verzinst wird. Voraussetzung ist, daß diese Summe im Vertrag auch genannt wird. Eine Abrede, durch die sich der Schuldner zur alljährlichen Aufnahme angefallener Zinsen in die Kapitalschuld durch jeweils neue Vereinbarungsdarlehen (§ 607 Abs 2) bzw Schuldanerkenntnisse (§ 781) verpflichtet, verstößt gegen Abs 1 (OLG Kiel OLGE 35, 321), denn hier ist die verzinsliche Summe nur abstrakt errechenbar und nicht konkret benannt. Wer Zinseszinsen ver-

langt, trägt die *Beweislast* für ihre rechtswirksame Vereinbarung (BAUMGÄRTEL/
STRIEDER, HandB der Beweislast I [2. Aufl 1991] § 248 Rn 1).

III. Ausnahmen nach Abs 2

Abs 2 macht eine Ausnahme für **Kreditinstitute** und für Kreditanstalten, die berech- **25**
tigt sind, verzinsliche Inhaberschuldverschreibungen auszugeben.

1. Abs 2 S 1

Sparkassen, Kreditanstalten und Inhaber von Bankgeschäften können im Einlagenge- **26**
schäft die Zahlung von Zinseszinsen versprechen (Abs 2 S 1). *Nur zu ihren Lasten,*
nicht zu ihren Gunsten gilt Abs 2 S 1. Der Gesetzgeber hat diese Ausnahme mit der
Verkehrsüblichkeit des Zinseszinses im Einlagengeschäft begründet (Prot in: MUGDAN
II 629). Die eigentliche Besonderheit und Bedeutung von Abs 2 S 1 besteht darin, daß
die Voraussetzungen des § 355 Abs 1 HGB nicht vorzuliegen brauchen (DÜRINGER/
HACHENBURG/WERNER § 353 Anm 6). Meist liegen sie vor. Dann konkurrieren beide Freistellungstatbestände. Unausgesprochene Voraussetzung des Abs 2 S 1 ist aber wei-
ter, daß der *Schutzgedanke* des Abs 1 (RN 2) auf Kreditinstitute nicht zutrifft. Als
Sparkasse sieht RGZ 115, 393, 397 auch die verzinsliche Arbeitnehmereinlage in
einem Unternehmen an (ebenso BGB-RGRK/ALFF[12] Rn 3). Was ein Bankgeschäft ist,
soll sich nach RGZ 129, 189, 195 nach der Verkehrsauffassung bestimmen (ebenso
DÜRINGER/HACHENBURG/WERNER § 353 Anm 6; BGB-RGRK/ALFF[12] Rn 4). Heute sollte für
Abs 2 S 1 *die Begriffsbestimmung des § 1 KWG* den Ausschlag geben (ebenso AK-
BGB/BRÜGGEMEIER Rn 4; PALANDT/HEINRICHS[56] Rn 3; SOERGEL/TEICHMANN[12] Rn 9; SCHLEGEL-
BERGER/HEFERMEHL § 353 Rn 10). Der *Begriff* der Sparkassen, Kreditanstalten und
Inhaber von Bankgeschäften ist dann identisch mit dem *des Kreditinstituts.* Es fallen
darunter Unternehmen, die Bankgeschäfte in einem Umfang betreiben, der einen in
kaufmännischer Weise eingerichteten Geschäftsbetrieb erfordert. Die nach § 2
KWG ausgenommenen Kreditinstitute, insbesondere die Deutsche Bundesbank, die
Versicherungsunternehmen und Bausparkassen, fallen mit unter Abs 2 S 1 (zust SOER-
GEL/TEICHMANN[12] Rn 9). Dagegen ist die bloße Tatsache, daß Arbeitnehmer Einlagen in
ihrem Unternehmen halten können, entgegen RGZ 115, 393, 397 kein Grund für die
Anwendung von Abs 2 S 1. Es bedarf der Ausnahmebestimmung in diesem Fall auch
nicht (vgl Rn 45).

2. Abs 2 S 2

a) Die Ausnahme des **Abs 2 S 2** *privilegiert bestimmte Kreditinstitute* als Kreditgläu- **27**
biger. Gegenüber Abs 2 S 1 ist dies eine Besonderheit insoweit, als die hier in Frage
stehenden Kreditinstitute nicht nur Zinseszinsen versprechen, sondern sich Zinseszinsen versprechen lassen, also nicht bloß Zinseszinszahlung *gewähren* (Abs 2 S 1),
sondern Zinseszinszahlung *verlangen* können (Abs 2 S 2). Die auf Bodenkreditinstitute zugeschnittene Ausnahmeregelung soll im Hinblick auf Abs 2 S 1 die Refinanzierung sicherstellen. Sie wurde in der II. Kommission mit der Erwägung gerechtfertigt, „daß diese Institute ihrerseits den Inhabern der von ihnen ausgegebenen
Zinsscheine pünktlich Zahlung zu leisten verpflichtet seien, zu diesem Zwecke aber,
wenn die Darlehnsschuldner mit ihren Zinszahlungen im Rückstande blieben, die
erforderlichen Beträge vorschießen müßten"; der Zinseszins wurde deshalb als „Ent-

schädigung für die geleisteten Vorschüsse" und als „Ansporn zu pünklicher Zinszahlung" angesehen (Prot in: MUGDAN II 629). Die Vorschrift kommt aber nicht nur den Hypothekenbanken zugute, sondern allen Kreditinstituten, die zur deckungsgleichen Ausgabe verzinslicher Schuldverschreibungen auf den Inhaber befugt sind, zB auch den Schiffsbanken. Ausländische Kreditanstalten können gleichfalls unter die Ausnahmevorschrift fallen; es kommt nicht einmal darauf an, ob sie berechtigt sind, Inhaberschuldverschreibungen im Inland auszustellen und in den Verkehr zu bringen (KGJ 44 A Nr 58; DÜRINGER/HACHENBURG/WERNER § 353 Anm 6). Insgesamt handelt es sich um eine eng begrenzte *Ausnahmeregel für vorweg vereinbarten Zinseszinsschaden*. Die Regel trifft deshalb nur auf solche Darlehen zu, für deren Betrag auch verzinsliche Schuldverschreibungen auf den Inhaber ausgegeben worden sind bzw ausgegeben werden (STAUDINGER/WEBER[11] Rn 22; aM wohl BRODMANN, in: EhrenbHandB IV/2 242).

28 **b)** Es wird also *zwischen* **Deckungswerten** *und* **Nicht-Deckungswerten** *unterschieden*. Nicht erforderlich ist dagegen, daß der Darlehensbetrag schon im Zeitpunkt der Vereinbarung durch Inhaberschuldverschreibungen gedeckt ist (PLANCK/SIBER[4] Anm 2 b; aM wohl STAUDINGER/WEBER[11] Rn 22). Ein solches Erfordernis wäre mit § 6 Abs 1 HypBkG und mit § 6 Abs 1 SchiffsbankG unvereinbar, denn nach diesen Bestimmungen dürfen Hypothekenpfandbriefe nur ausgegeben werden, soweit ihr Betrag bereits durch Hypotheken bzw Schiffshypotheken gedeckt ist.

29 **c)** Das **Prüfungsrecht des Grundbuchrichters** bei der Eintragung einer Hypothek mit Zinseszinsabrede umfaßt grundsätzlich auch den § 248; die Kreditanstalt muß deshalb mindestens erklären, daß es sich um Deckungswerte handelt (aM wohl LG Berlin KGBl 1900, 70 f = SoergRspr 1900/01 § 248 Nr b). Dann ist diese Angabe als richtig zu unterstellen, sofern nicht Anhaltspunkte dagegen sprechen (KG JFG 1, 461, 464). Den Nachweis, daß auch verzinsliche Schuldverschreibungen auf den Inhaber ausgegeben worden sind, kann der Grundbuchrichter nicht verlangen (LG Berlin KGBl 1900, 70 f = SoergRspr 1900/01 § 248 Nr b). Unentbehrlich ist dagegen die Angabe eines eintragungsfähigen Zinseszinssatzes (KG Recht 1900, 332 = SoergRspr 1900/01 § 248 Nr a). Dagegen kann der Zinseszins nicht in einem bestimmten Geldbetrag angegeben werden und braucht auch nicht in dieser Form angegeben zu werden, sofern die Voraussetzungen des § 1115 Abs 2 erfüllt sind (KGJ 20 A Nr 54; BGB-RGRK/MATTERN[12] § 1115 Rn 26; STAUDINGER/WOLFSTEINER [1996] § 1115 Rn 24).

IV. **Ausnahmen nach § 355 HGB**

1. **Inhalt und Zweck der Vorschrift**

30 **a)** Eine **Befreiung vom Zinseszinsverbot** enthält § 355 Abs 1 HGB: Im Kontokorrentverhältnis ist der Saldo auch insoweit verzinslich, als bereits in dem Saldo Zinsen enthalten sind. Da § 248 Abs 1 nicht den Zinseszins, sondern nur dessen Vereinbarung im voraus unterbindet, besteht die *Bedeutung des § 355 Abs 1 HGB* darin, *die im voraus getroffene Vereinbarung über die Verzinsung zuzulassen* (CANARIS, in: GroßkommHGB[3] § 355 Anm 100; SCHLEGELBERGER/HEFERMEHL § 355 Rn 62; KARSTEN SCHMIDT, Handelsrecht § 21 IV 3 a). Rechtspolitisch und auch auf der Auslegungsebene ist die Tragweite des § 355 Abs 1 HGB **umstritten** (dazu näher KARSTEN SCHMIDT, in: FS Claussen [1997] 485 ff). Das beruht nicht zuletzt darauf, daß die Vorschrift nur auf einer Seite die Beteiligung eines Kaufmanns, zB einer Bank, voraussetzt (Rn 34) und daß das

Zinseszinsverbot durch § 355 Abs 1 HGB faktisch ausgehöhlt werden kann, weil die Kreditvergabe durch Kontokorrentkredit, folglich auch ihr Zinseszinseffekt Ausmaße angenommen hat, die vom Gesetzgeber nicht erwartet werden konnten (Tobias 73 ff, 91 ff; Reifner NJW 1992, 340). Ein Teil der Literatur fordert deshalb eine tatbestandsmäßige Beschränkung des § 355 Abs 1 HGB auf beiderseitige Handelsgeschäfte (dazu aber Rn 34) oder auf Kontokorrentverhältnisse, die auf beiderseitige Forderungen angelegt sind (dazu aber Rn 36). Das geltende Recht erlaubt solche Korrekturen nicht, gebietet aber andere Methoden des Kreditnehmerschutzes (Rn 47).

b) Der **Zweck der Vorschrift** beruht auf der Vereinheitlichungs- und Vereinfa- **31** chungsfunktion der Verrechnung (Mot PreußE ADHGB [1857] 112; OLG Dresden ZBB 1997, 62; Canaris, in: GroßkommHGB³ § 355 Anm 100; Karsten Schmidt, in: FS Claussen [1997] 487). Die Vorschrift privilegiert aus Gründen der Rücksichtnahme auf kaufmännische Gepflogenheiten den Gläubiger. Die Parteien sollen nicht gezwungen sein, neben dem Kapital stets ein zusätzliches Konto für die Zinsen zu führen (Karsten Schmidt JZ 1981, 129 f). Bei der Auslegung des § 355 Abs 1 HGB ist zu bedenken, daß die Vorschrift zwei unterschiedliche Gesichtspunkte vermischt (Raisch 231; Karsten Schmidt, Handelsrecht § 21 II 1): die Beschreibung des Kontokorrents als eines vertraglichen Rechtsverhältnisses und die gesetzliche Freistellung vom Zinseszinsverbot. Beides muß sich nicht decken, denn die Eingehung von Kontokorrentverhältnissen geschieht in Ausübung der schuldrechtlichen Vertragsfreiheit (vgl auch Rn 44). Die Befreiung vom Zinseszinsverbot des § 248 dagegen ist ein gesetzlicher Tatbestand, dessen Auslegung nicht vom Parteiwillen, sondern von dem objektiven Normzweck getragen ist (Karsten Schmidt JZ 1981, 129 f). Diese Akzentsetzung ist gegenüber dem mißverständlichen Gesetzeswortlaut von erheblicher Bedeutung: Da zwischen beiden Regelungsinhalten des § 355 HGB unterschieden werden muß, kann die Befreiung vom Zinseszinsverbot enger oder auch weiter sein als der schuldvertragrechtliche Kontokorrentbegriff (eingehend Karsten Schmidt, in: FS Claussen [1997] 486 ff).

c) Die **Abgrenzung der Freistellungsnorm** darf sich hiernach nicht streng an den **32** Merkmalen des Kontokorrents als vertraglichem Rechtsverhältnis orientieren, sondern sie richtet sich nach dem bei Rn 31 genannten Normzweck. Diese teleologische Auslegung des Befreiungstatbestandes wirft einerseits die Frage auf, ob er im Interesse des Kreditnehmerschutzes enger ausgelegt werden soll als der Tatbestand des Kontrokorrent-Rechtsverhältnisses (dazu Rn 34 und 36). Umgekehrt kann der Befreiungstatbestand auch über den Tatbestand des Kontokorrent-Rechtsverhältnisses hinausgehen (Rn 45). Soweit dies zur Ausdehnung führt, mag man in methodischer Hinsicht nicht von einer direkten, auf teleologischer Auslegung beruhenden, sondern von einer analogen Anwendung sprechen (so wohl Canaris, in: GroßkommHGB³ § 355 Anm 12, 119). Im Ergebnis macht dies keinen Unterschied, und die für diese Korrektur streitenden Argumente bleiben dieselben. Im Ergebnis führt die unausgereifte Fassung des § 355 Abs 1 HGB zu Zweifelsfragen.

2.   Die gesetzlichen Merkmale des § 355 Abs 1 HGB

Kein Zweifel an der Befreiung vom Zinseszinsverbot besteht, wenn sämtliche **Merk- 33 male des § 355 Abs 1 HGB** erfüllt sind. Es sind dies die folgenden:

a)   Jedenfalls auf einer Seite muß ein **Kaufmann** beteiligt sein. Daß auf beiden **34**

Seiten ein Kaufmann beteiligt ist, wird vom Gesetz weder für den Tatbestand des Kontokorrentvertrages (vgl auch Rn 44) noch für die Befreiung von § 248 vorausgesetzt (aM BAUMBACH/HOPT § 355 Rn 18 unter fehlsamer Berufung auf BGH NJW 1991, 832, 833). Ein Kaufmann nach den §§ 5, 6 HGB genügt (CANARIS, in: GroßkommHGB³ § 355 Anm 13; allgM). Es muß sich auch nicht um einen Vollkaufmann handeln (CANARIS aaO; allgM). Wird ein unter § 1 HGB fallendes Gewerbe betrieben, so schadet es hiernach nichts, wenn der Gewerbebetrieb nach Art und Umfang einen in kaufmännischer Weise eingerichteten Geschäftsbetrieb nicht erfordert (§ 4 HGB). Anders im Fall des § 2 HGB. Hier wird sogar die Eintragung in das Handelsregister vorausgesetzt. Ein förmliches Festhalten am Kaufmannsbegriff engt aber die Befreiung vom Zinseszinsverbot unsachgemäß ein und führt zu Zufallsergebnissen. Auch die umstrittene Frage, ob Scheinkaufmannseigenschaft genügt (eingehend CANARIS, in: GroßkommHGB³ § 355 Anm 17), erlaubt noch keine befriedigenden Lösungen. Wie in Rn 44 auszuführen sein wird, genügt es für die Befreiung vom Zinseszinsverbot, wenn ein Unternehmensträger am Kontokorrent beteiligt ist. Darauf, ob sich dieser Unternehmensträger als ein unter die §§ 1 ff HGB fallender Kaufmann geriert hat, kommt es dann nicht mehr an. Die Vorschrift ist auf Kaufleute direkt, auf sonstige Unternehmensträger analog anzuwenden (Rn 44; anders hM). Ist allerdings auch die Unternehmensträgerschaft vorgetäuscht (das angebliche Unternehmen existiert nicht oder der Kontokorrentbeteiligte ist nicht sein Inhaber), so greift § 355 Abs 1 HGB nicht ein; soweit es dann um die Zinseszinspflicht des Scheinunternehmers geht, kann diesem nach § 242 die Berufung auf § 248 Abs 1 versagt sein (insoweit übereinstimmend CANARIS, in: GroßkommHGB³ § 355 Anm 17; SCHLEGELBERGER/HEFERMEHL § 355 Rn 9).

35 **b)** Eine **Geschäftsverbindung** setzt § 355 Abs 1 HGB voraus. Notwendige Grundlage eines Kontokorrentverhältnisses ist also der Wille der Parteien, fortgesetzt Geschäfte miteinander abzuschließen (CANARIS, in: GroßkommHGB³ § 355 Anm 18; SCHLEGELBERGER/HEFERMEHL § 355 Rn 10). Zum Begriff und zu den Rechtsfolgen einer Geschäftsverbindung vgl MÜLLER-GRAFF, Rechtliche Auswirkungen der laufenden Geschäftsverbindung im amerikanischen und deutschen Recht (1974); ders JZ 1976, 153; PHILIPOWSKI, Die Geschäftsverbindung (1963); KARSTEN SCHMIDT, Handelsrecht § 20 mwNw.

36 **c)** **Beiderseitige Ansprüche und Leistungen** müssen nebst Zinsen in Rechnung gestellt werden. Daraus wurde in der älteren Praxis gefolgert, daß auch auf beiden Seiten Ansprüche entstehen müssen (RGZ 95, 18, 19; RG JW 1933, 2826, 2827; ebenso noch TOBIAS 174 f; REIFNER NJW 1992, 340). Die heute hM verlangt nicht mehr, daß beiderseitige Ansprüche und beiderseitige Leistungen in das Kontokorrent eingestellt werden. Es genügt, wenn auf der einen Seite nur Ansprüche entstehen, während auf der anderen Seite nur Leistungen erbracht werden (RGZ 88, 373, 375; 115, 393, 396; RG WarnR 1926 Nr 27; HRR 1935 Nr 802; 1938 Nr 1231; LG Bremen NJW-RR 1988, 171; CANARIS, in: GroßkommHGB³ § 355 Anm 20; SCHLEGELBERGER/HEFERMEHL § 355 Rn 12; KARSTEN SCHMIDT, Handelsrecht § 21 II 2 c). Dieser hM ist zuzustimmen. Das erklärt sich, soweit es um das Kontokorrent als Schuldverhältnis geht, aus der Prädominanz des Parteiwillens (so SCHLEGELBERGER/HEFERMEHL § 355 Rn 12), soweit es um die Befreiung vom Zinseszinsverbot geht, dagegen aus teleologischer Gesetzesauslegung (so CANARIS, in: GroßkommHGB³ § 355 Anm 20; ders WM-Sonderbeil 4/87, 3). Es genügt, daß beiderseitige Ansprüche und Leistungen, *sofern* solche entstehen, kontokorrentmäßig behandelt werden sollen (KARSTEN SCHMIDT, Handelsrecht § 21 II 2 c). Soweit im Verbraucherinteresse eine Rückkehr zur wortlautgetreuen Anwendung des § 355 HGB nur auf Rechtsverhältnisse mit beiderseitigen Ansprüchen angemahnt wird (Tobias 175; Reifner NJW 1992, 340; ders VuR 1992, 136), handelt es sich um Erwägungen, die dieser Norm fremd sind (Karsten Schmidt, in: FS Claussen [1997] 488 ff). Insbesondere gilt § 355 Abs 1 HGB nicht nur unter Kaufleuten, sondern auch in Konsumentenfällen bei nur einseitigen Handelsgeschäften (Rn 34). Für Verbraucherschutz ist auf andere Weise zu sorgen (Rn 47).

d) Eine **Kontokorrentabrede** wird vorausgesetzt. Inhalt der Kontokorrentabrede **37** ist, daß die Ansprüche und Leistungen zunächst in Rechnung gestellt und in regelmäßigen Zeitabschnitten durch Verrechnung und Feststellung des Überschusses ausgeglichen werden. Der Parteiwille entscheidet also darüber, ob ein Kontokorrentverhältnis vorliegt (RGZ 117, 34, 35; 123, 384, 386; RG WarnR 1926 Nr 27; JW 1933, 2826; 1936, 2540; BGH WM 1986, 1355, 1357; 1991, 495, 497; 1991, 1630; OLG Dresden ZBB 1997, 62; Schlegelberger/Hefermehl § 355 Rn 14). Von der Kontokorrentabrede wird der „Geschäftsvertrag" unterschieden, der als gegenseitiger Vertrag die obligatorische Grundlage der Inrechnungstellung und der Verrechnung darstellt (Canaris, in: GroßkommHGB³ § 355 Rn 10). *Auch nachträglich* kann eine Kreditschuld, wenn sie vereinbarungsgemäß in ein Kontokorrent eingestellt wird, dem Zinseszinsverbot entzogen werden (vgl für Staatsbankkredite der früheren DDR OLG Dresden ZBB 1997, 62 m Anm Brödermann/Bremer). Nur für die *Dauer der Kontokorrentabrede* gilt § 355 Abs 1 HGB. Endet das Kontokorrent, so kann zwar der Schlußsaldo einschließlich darin enthaltener Zinsen verzinst werden, nicht dagegen ist es gestattet, weiterhin periodisch die noch unbeglichenen Zinsrückstände in die zu verzinsende Saldoforderung einzustellen (BGH NJW 1991, 1286, 1288 mwNw).

e) Die **Periodizität** ist nach hM Voraussetzung für eine direkte Anwendung des **38** § 355 Abs 1 HGB (RGZ 115, 393, 396; 123, 384, 386; insoweit auch Schlegelberger/Hefermehl § 355 Rn 15). Das *Staffelkontokorrent*, bei dem mit jeder Buchung auch eine Verrechnung erfolgt, entspricht nicht dem Leitbild des § 355 Abs 1 HGB. Nach hM stellt das Staffelkontokorrent die Ausnahme, das Periodenkontokorrent dagegen die Regel dar (RGZ 56, 19, 24; 76, 330, 333; 87, 434, 438; BGHZ 49, 24, 29; 50, 277, 279; BGH WM 1972, 283 f; BB 1972, 1163; Schlegelberger/Hefermehl § 355 Rn 104; hM; aM OLG Celle WM 1960, 208; Göppert ZHR 102 [1936] 166 ff; ders ZHR 103 [1936] 318 ff; Herz 72 ff; Schaudwet 39 ff). Damit ist nicht gesagt, daß die Periodizität etwa „Wesensmerkmal" des Kontokorrents wäre (hiergegen Canaris, in: GroßkommHGB³ § 355 Anm 30; Schlegelberger/Hefermehl § 355 Rn 15). Aber die Befreiung vom Zinseszinsverbot stellt doch auf die Periodizität ab. Zur Frage, ob § 355 Abs 1 HGB auf das Staffelkontokorrent analog anzuwenden ist, vgl Rn 46.

3. Die Verzinsung beim Periodenkontokorrent

a) Die **Verzinsung der Einzelforderungen während der Rechnungsperiode** unterliegt **39** dem § 248. Die Einzelforderungen sind nach allgemeinen Regeln verzinslich. Sie bleiben auch nach der Einstellung in die laufende Rechnung existent und verlieren nur ihre Klagbarkeit, Aufrechenbarkeit und Abtretbarkeit (RGZ 105, 233, 234; BGH WM 1970, 184, 186; Schlegelberger/Hefermehl § 355 Rn 32 ff). Eine zinsfreie Stundung ist mit der Kontokorrentabrede nicht verbunden (Baumbach/Hopt § 355 Rn 7). Die Verzinsung der Einzelforderungen kann auf dem Gesetz (zB § 353 HGB) oder auf einer

Vereinbarung beruhen. Dagegen darf nicht schon aus § 355 Abs 1 HGB eine gesetzliche Verzinsung aller in das Kontokorrent eingestellten Forderungen hergeleitet werden (DÜRINGER/HACHENBURG/BREIT § 355 Anm 31; CANARIS, in: GroßkommHGB³ § 355 Anm 49; SCHLEGELBERGER/HEFERMEHL § 355 Rn 20, 38). Zur Zinsberechnung während der Kontokorrentperiode vgl näher CANARIS, in: GroßkommHGB³ § 355 Anm 50; SCHLEGELBERGER/HEFERMEHL § 355 Rn 39.

40 b) Nur für die **Verzinsung des Saldos** gilt § 355 Abs 1 HGB. Zinsen können auch insoweit berechnet werden, als in dem Saldo Zinsposten enthalten sind. Da § 248 Abs 1 nur die im voraus getroffene Zinseszinsvereinbarung untersagt (Rn 23 f), besteht die Bedeutung des § 355 Abs 1 HGB als Befreiung vom Zinseszinsverbot darin, daß eine Verzinsung des Saldos einschließlich der darin enthaltenen Zinsen schon im voraus vereinbart werden kann und daß *schon der „kausale", noch nicht anerkannte Saldo* (CANARIS, in: GroßkommHGB³ § 355 Anm 98) in dieser Weise verzinslich ist (KARSTEN SCHMIDT, Handelsrecht § 21 IV 2 a; SCHLEGELBERGER/HEFERMEHL § 355 Rn 63; **aM** KOLLER/ROTH/MORCK § 355 Rn 14 mit unrichtigem Hinweis auf BGH NJW 1991, 1286, 1289; zum dort behandelten Schlußsaldo vgl Rn 37). Die Freistellung vom Zinseszinsverbot besagt, daß Zinseszinsen im Kontokorrent *vereinbart werden können.* Eine andere Frage ist, ob diese Verzinsung vereinbart worden *ist,* ob maW Zinseszinsen im Einzelfall auch *verlangt* werden können. § 355 Abs 1 HGB ordnet Zinseszinsen nicht an, sondern läßt die Vereinbarung nur zu. Eine Verzinsungsvereinbarung wird aber beim Kontokorrentverhältnis vermutet (CANARIS, in: GroßkommHGB³ § 355 Anm 101; KARSTEN SCHMIDT, Handelsrecht § 21 IV 2 a). Nach einer weitergehenden Auffassung folgt aus § 355 Abs 1 HGB, daß der Saldo auch insoweit verzinslich ist, als es die einzelnen Forderungen nicht waren (J vGIERKE § 63 IV 4 c; SCHLEGELBERGER/HEFERMEHL § 355 Rn 62). Das dürfte im Regelfall dem Parteiwillen entsprechen. Setzt sich allerdings der Saldo ausschließlich aus unverzinslichen Forderungen zusammen, so ist auch der Saldo unverzinslich, sofern nichts anderes vereinbart ist (CANARIS, in: GroßkommHGB³ § 355 Anm 101; KARSTEN SCHMIDT, Handelsrecht § 21 IV 3). Das Gesetz selbst regelt die Frage nicht.

41 c) Auch der **Zinssatz** ergibt sich in erster Linie aus dem Vertrag. Ist nichts über den Zinssatz geregelt, so gilt unter Nichtkaufleuten § 246, während der Zinssatz des § 352 Abs 2 HGB zur Anwendung kommt, wenn auch nur eine Partei Kaufmann ist (CANARIS, in: GroßkommHGB³ § 355 Anm 101; SCHLEGELBERGER/HEFERMEHL § 355 Rn 64).

42 d) Auch **gegen Sicherungsgeber,** die für die Kapitalschuld einschließlich der Zinsen Sicherheit gewähren, wirkt § 355 Abs 1 HGB. So nach § 767 Abs 1 gegen den Bürgen, der sich für die Kontokorrentschuld verbürgt hat (BGHZ 77, 256 = BB 1980, 1294 = NJW 1980, 2131 = JuS 1981, 61 m Anm KARSTEN SCHMIDT).

4. Zinseszins und „uneigentliches Kontokorrent"

43 a) *Die Freistellungsnorm des § 355 Abs 1 HGB ist nach Rn 31 f nicht auf den in § 355 Abs 1 HGB genannten Fall beschränkt.* Die hM bezeichnet Rechtsverhältnisse, die nicht alle in § 355 Abs 1 HGB aufgezählten Merkmale aufweisen, als „uneigentliche Kontokorrentverhältnisse" (zB RGZ 95, 18, 19; 117, 34, 35; J vGIERKE § 63 IV 6; SCHLEGELBERGER/HEFERMEHL § 355 Rn 118). Diese **Terminologie** stößt in der Literatur auf berechtigte Kritik (CANARIS, in: GroßkommHGB³ § 355 Anm 119; s auch SCHLEGELBERGER/

HEFERMEHL § 355 Rn 118). Das Schlagwort vom „uneigentlichen Kontokorrent" verdeckt nämlich Unterschiede. Die Rechtsanwendung im Bereich des „uneigentlichen Kontokorrents" muß von den in Wahrheit ganz unterschiedlichen Sachfragen geleitet sein, die sich in diesem Bereich stellen (vgl auch KARSTEN SCHMIDT, Handelsrecht § 21 II 1). Je nachdem, welches Merkmal des § 355 Abs 1 HGB fehlt, und je nachdem, welche Rechtsfolge des § 355 HGB in Frage steht, kann die Beurteilung eines „uneigentlichen Kontokorrents" ganz unterschiedlich ausfallen. Vor allem muß, wie bei Rn 31 f gefordert, genau zwischen dem Kontokorrent als Schuldverhältnis und der Befreiung vom Zinseszinsverbot unterschieden werden.

b) Das **„uneigentliche Kontokorrent" unter Nichtkaufleuten** trägt diesen Namen zu **44** unrecht. Fehlt unter den Merkmalen des § 355 Abs 1 HGB einzig die Kaufmannseigenschaft, so stellt das Schuldverhältnis unter den Parteien ein Kontokorrent dar, an dem nichts „Uneigentliches" ist. Das Kontokorrent als Schuldverhältnis ist ein Institut nicht des Handelsrechts, sondern des bürgerlichen Rechts (CANARIS, Handelsrecht [22. Aufl 1995] § 25 VII). Ein solches Rechtsverhältnis kann von jedermann vereinbart werden, nicht bloß von Kaufleuten und auch nicht bloß von Unternehmern (KARSTEN SCHMIDT, Handelsrecht § 21 II 2 b; **aM** RAISCH 231, 248 f). Die Befreiung vom Zinseszinsverbot dagegen wird von der hM in diesem Fall abgelehnt (CANARIS, Handelsrecht [22. Aufl 1995] § 25 VII; ders, in: GroßkommHGB[3] § 355 Anm 15; DÜRINGER/HACHENBURG/BREIT Anh §§ 355–357 Anm 7; HEYMANN/HORN, HGB [1990] § 355 Rn 7; SCHLEGELBERGER/HEFERMEHL § 355 Rn 9; zweifelnd aber ebd Rn 119; **aM** wohl SCHUMANN, Handelsrecht II [1954] § 5 II 2). Nach richtiger Ansicht muß es hier auf die von RAISCH für das Kontokorrent als Schuldverhältnis vorgeschlagene (dort aber nicht angebrachte) Unterscheidung zwischen verschiedenen Typen von Nichtkaufleuten ankommen: Ihrem Sinn und Zweck nach kann die Befreiung vom Zinseszinsverbot nicht von den Zufallsergebnissen des veralteten Kaufmannsbegriffs (§§ 1 ff HGB) abhängen. § 355 Abs 1 HGB ist deshalb stets dann anzuwenden, wenn auf mindestens einer Seite ein **Unternehmensträger** beteiligt ist (KARSTEN SCHMIDT, Handelsrecht § 21 II 3 a; ders JZ 1981, 129). Nach Rn 34 wird die Anwendung auf das Kontokorrent eines nichtkaufmännischen, aber gewerblichen oder freiberuflichen Unternehmers usf als eine nur analoge Anwendung zu bezeichnen sein. Im Ergebnis ändert dies nichts. *Kaufmannseigenschaft ist nicht erforderlich; Unternehmereigenschaft einschließlich der freien Berufe genügt.* Keine Anwendung findet § 355 Abs 1 HGB dagegen trotz gewisser Zweifel auf das Kontokorrent unter Privatleuten (zB bei Wohnungsmiete von einem privaten Vermieter). Die Befreiung vom Zinseszinsverbot des Abs 1 beruht nicht auf dem bloßen Willen der Parteien, sondern auf dem objektiven Befreiungstatbestand des § 355 Abs 1 HGB (insofern wie hier TOBIAS 281). Ein nennenswertes rechtspolitisches Bedürfnis ist hier nicht erkennbar. Die Verzinsungsabrede über einen bereits anerkannten Saldo wird ohnedies nicht durch § 248 Abs 1 untersagt (vgl Rn 24, 30, 40; eingehend CANARIS, in: GroßkommHGB[3] § 355 Anm 16).

c) Die **kontokorrentähnlichen Rechtsverhältnisse**, meist gleichfalls als „uneigent- **45** liches Kontokorrent" bezeichnet, werfen die Frage auf, ob die Befreiung vom Zinseszinsverbot wirklich ein Kontokorrentverhältnis iS von § 355 Abs 1 HGB voraussetzt. Nach Rn 31 muß das verneint werden. Nur kontokorrentähnlich ist zB die offene Rechnung, bei der Forderungen „angeschrieben", oft sogar später verrechnet werden, ohne durch Einstellung in das Kontokorrent ihre Selbständigkeit zu verlieren (vgl nur RGZ 117, 34, 35; OLG Köln MDR 1963, 138; OLG Frankfurt Betrieb 1975, 2178). *Ist* *hier ein Unternehmensträger beteiligt, und ist regelmäßige Verrechnung vereinbart, so kann sich der Unternehmensträger analog § 355 Abs 1 HGB auch ohne Kontokorrentabrede zur Zahlung von Zinseszinsen verpflichten;* ist regelmäßige Verrechnung vereinbart, so muß auch – wie im unmittelbaren Anwendungsfall des § 355 Abs 1 HGB – im Zweifel davon ausgegangen werden, daß der Saldo verzinslich ist (KARSTEN SCHMIDT JZ 1981, 129 f). Vgl im Ergebnis auch RGZ 95, 18, 20, wo ein echtes Kontokorrentverhältnis mit zweifelhaften Gründen verneint und die nachträgliche Zinseszinspflicht aus einem konkludent abgeschlossenen Schuldanerkenntnisvertrag hergeleitet wird (abl KÜBLER 161 f). Auch die *Darlehenskonten und stillen Einlagen von Gesellschaftern* (Rn 8) unterliegen dem direkt oder analog anwendbaren § 355 Abs 1 HGB. Die Bilanzierung auf einen Bilanzstichtag und ihre Feststellung ersetzt hier den Saldo und seine Feststellung. Es kann also die Verzinsung einschließlich gutgeschriebener Zinsen vereinbart werden, ohne daß es darauf ankommt, ob die gesetzlichen Merkmale des Kontokorrents (Geschäftsverbindung? Kontokorrentabrede?) vollständig vorliegen (KARSTEN SCHMIDT JZ 1981, 130). Im Ergebnis zutr auch (unter unrichtiger Anwendung von § 248 Abs 2) RGZ 115, 393, 397 für die Arbeitnehmerbeteiligung. Anderes muß für das nicht durch den Tatbestand des § 355 Abs 1 HGB gedeckte *Zinseszinsversprechen eines Nichtunternehmers,* insbes eines Verbrauchers, gelten. Eine Ausdehnung des § 355 Abs 1 HGB über echte Kontokorrentverhältnisse hinaus scheint zu seinen Lasten nicht vertretbar (KARSTEN SCHMIDT JZ 1981, 130). Eine *im voraus* getroffene Zinseszinsabrede bleibt damit unzulässig. Eine *nachträgliche* Einbeziehung von bereits aufgesummten Zinsen in das verzinsliche Kapital verstößt freilich auch hier nicht gegen § 248 Abs 1 (RGZ 95, 18, 19 f.; CANARIS, in: GroßkommHGB³ § 355 Anm 16; ders, in: FS Hämmerle [1972] 60; **aM** KÜBLER 161 f). Soweit § 355 Abs 1 HGB nicht weiterhilft, ist es freilich unzulässig, dem Schuldner ein zur Zinseszinszahlung führendes Schuldanerkenntnis aufgrund der im voraus getroffenen Verrechnungsabrede gegen seinen Willen zu unterstellen (insoweit überzeugend KÜBLER 162; **aM** CANARIS, in: GroßkommHGB³ § 355 Anm 16; ders, in: FS Hämmerle [1972] 60).

5. Zinseszins und Staffelkontokorrent

46 Ein **Staffelkontokorrent** ist zwar nach hM nicht die Regel (Rn 30), aber seine Vereinbarung ist zulässig (BGHZ 50, 277, 279; BGH WM 1972, 283, 284; SCHLEGELBERGER/HEFERMEHL § 355 Rn 106; hM). *Die analoge Anwendung des § 355 Abs 1 HGB* wird bejaht (SCHLEGELBERGER/HEFERMEHL § 355 Rn 122). Dem kann nur mit der Maßgabe zugestimmt werden, daß die *periodische* Hinzurechnung von Zinsen zum Kapital auch dann vom Zinseszinsverbot befreit ist, wenn das zugrundeliegende Kontokorrent ein Staffelkontokorrent ist (HERZ 72; KARSTEN SCHMIDT JZ 1981, 130). Auch dies ergibt sich aus der bei Rn 31 f hervorgehobenen Unterscheidung zwischen dem Kontokorrent als Vertragstyp und dem gesetzlichen Befreiungstatbestand des § 355 Abs 1 HGB: Die Befreiung vom Verbot des § 248 Abs 1 setzt eine Periodizität der Verrechnung voraus.

6. Flankierender Konsumentenschutz

47 Die schuldnerunfreundlichen Auswirkungen des § 355 Abs 1 HGB vor allem im Konsumentenkredit (Rn 30) rechtfertigen zwar nach der hier vertretenen Auffassung keine einschränkende Auslegung im Konsumenteninteresse (Rn 34, 36), werfen aber die **Frage nach schuldnerschützenden Korrektiven** auf (KARSTEN SCHMIDT, in: FS Claussen

[1997] 493 ff). Nach dem Normzweck des § 355 Abs 1 HGB (Rn 31) rechtfertigt die Verrechnungstechnik die Berechnung von Zinseszinsen, nicht jedoch geht es an, daß nur um des Zinseszinseffekts willen die Kreditvergabe in die Form eines Kontokorrents gekleidet wird (vgl BGH NJW-RR 1986, 205, 206; NJW 1991, 832, 833; CANARIS WM-Sonderbeil 4/87, 4). Eine **unzulässige Umgehung des § 248**, die eine Berufung des Kreditgebers auf § 355 Abs 1 HGB ausschließt, wird deshalb bei einem Kredit angenommen werden dürfen, der ohne die für Kontokorrentkredite charakteristischen Elemente des Service und der Flexibilität, insbes als Festkredit ohne vorzeitige Rückzahlungsmöglichkeit oder als Ratenkredit mit feststehenden Leistungen, in die Form des Kontokorrents gekleidet ist (vgl auch dazu BGH NJW 1991, 832, 833; TOBIAS 175, 179; CANARIS WM-Sonderbeil 4/87, 4; KARSTEN SCHMIDT, in: FS Claussen [1997] 492 f). Hier muß sich der Kreditgeber (die Bank) an § 248 Abs 1 halten und kann dies nach der hier vertretenen Auffassung auch tun, indem die jeweils zu verzinsenden Beträge für die einzelnen Kontokorrentperioden im vorhinein zahlenmäßig festgelegt werden (Rn 24). Hinzu kommt die **Inhaltskontrolle nach § 138 und nach dem AGBG**. Sie ist kein spezifisches Problem des § 355 Abs 1 HGB, kann vielmehr auch für sonst zulässige Zinseszinsabreden vor Fälligkeit gelten (zu diesen vgl Rn 24). Die Belastung des Kreditnehmers mit Zinseszinsen spielt bei der Prüfung der Sittenwidrigkeit nach § 138 eine maßgebliche Rolle (vgl BGH NJW 1983, 1420, 1421; 1991, 832, 833; OLG Hamm NJW-RR 1988, 937, 938; LG Hannover NJW-RR 1988, 625, 626; LG Bremen NJW-RR 1989, 171, 172). Das gilt auch für die Vereinbarung besonders kurzer Kontokorrentperioden, die den Zinseszinseffekt verstärken (OLG Hamm NJW-RR 1988, 937, 938). Da § 355 Abs 1 HGB die Verzinsung des Zinsanteils eines Saldos nicht bestimmt, sondern lediglich zuläßt, steht § 8 AGBG der Inhaltskontrolle nach den §§ 9 ff AGBG nicht im Wege (so auch mit abweichender Begründung LG Bremen NJW-RR 1989, 171, 172; TOBIAS 184; wohl auch BGH NJW 1986, 376, 377; **aM** CANARIS WM-Sonderbeil 4/87, 4; unklar BGH NJW 1991, 832, 833 unter c [aa] und d). Bei einem Kontokorrent, das sich in der Betreuung eines Konsumentenkredits erschöpft, wird sich die Beurteilung nach § 9 Abs 2 Nr 1 AGBG nicht an der gesetzlichen Regelung des § 355 Abs 1 HGB zu orientieren haben, sondern am Leitbild des Darlehensvertrages unter Mitberücksichtigung des § 248 (KARSTEN SCHMIDT, in: FS Claussen [1997] 495 f; der Sache nach ähnlich TOBIAS 188 ff). Anders verhält es sich nur bei einem mit Dienstleistungsfunktionen verbundenen Giroverhältnis (vgl Nr 7 AGB-Banken). Ein im Rahmen dieses Giroverhältnisses vereinbarter, auch nach § 5 VerbKrG von den Umständlichkeiten des § 4 VerbrKrG freigestellter Überziehungskredit unterliegt auch ohne Individualvereinbarung der Freistellung vom Zinseszinsverbot gemäß § 355 Abs 1 HGB. Über den Verbraucherschutz nach den §§ **4, 5 VerbrKrG** vgl im einzelnen die Kommentierung dieser Bestimmungen. Über § 4 PreisangabenVO v 3. 4. und 14. 10. 1992 (BGBl I 846 und 1765) vgl § 246 Rn 41.

Sachregister

Die fetten Zahlen beziehen sich auf die Paragraphen, die mageren Zahlen auf die Randnummern.

J. von Staudingers
Kommentar zum Bürgerlichen Gesetzbuch
mit Einführungsgesetz und Nebengesetzen

Übersicht Nr 45/28. August 1997

Die Übersicht informiert über die Erscheinungsjahre der Kommentierungen in der 12. Auflage und in der 13. Bearbeitung (= Gesamtwerk Staudinger). *Kursiv* geschrieben sind diejenigen Teile, die zur Komplettierung der 12. Auflage noch ausstehen.

	12. Auflage	13. Bearbeitung
Erstes Buch. Allgemeiner Teil		
Einl BGB; §§ 1 - 12; VerschG	1978/1979	1995
§§ 21 - 103	1980	1995
§§ 104 - 133	1980	
§§ 134 - 163	1980	1996
§§ 164 - 240	1980	1995
Zweites Buch. Recht der Schuldverhältnisse		
§§ 241 - 243	1981/1983	1995
AGBG	1980	
§§ 244 - 248	1983	1997
§§ 249 - 254	1980	
§§ 255 - 292	1978/1979	1995
§§ 293 - 327	1978/1979	1995
§§ 328 - 361	1983/1985	1995
§§ 362 - 396	1985/1987	1995
§§ 397 - 432	1987/1990/1992/1994	
§§ 433 - 534	1978	1995
Wiener UN-Kaufrecht (CISG)		1994
§§ 535 - 563 (Mietrecht 1)	1978/1981 (2. Bearb.)	1995
§§ 564 - 580 a (Mietrecht 2)	1978/1981 (2. Bearb.)	1997
2. WKSchG (Mietrecht 3)	1981	1997
MÜG (Mietrecht 3)		1997
§§ 581 - 606	1982	1996
§§ 607 - 610	1988/1989	
§§ 611 - 615	1989	
§§ 616 - 619	1993	1997
§§ 620 - 630	1979	1995
§§ 631 - 651	1990	1994
§§ 651 a - 651 k	1983	
§§ 652 - 704	1980/1988	1995
§§ 705 - 740	1980	
§§ 741 - 764	1982	1996
§§ 765 - 811	1982/1985	
§§ 812 - 822	1979	1994
§§ 823 - 829	1985/1986	
§§ 830 - 838	1986	1997
§§ 839 - 853	1986	
Drittes Buch. Sachenrecht		
§§ 854 - 882	1982/1983	1995
§§ 883 - 902	1985/1986/1987	1996
§§ 903 - 924	1982/1987/1989	1996
Umwelthaftungsrecht		1996
§§ 925 - 984	1979/1983/1987/1989	1995
§§ 985 - 1011	1980/1982	1993
ErbbVO; §§ 1018 - 1112	1979	1994
§§ 1113 - 1203	1981	1996
§§ 1204 - 1296	1981	1997
§§ 1-84 SchiffsRG		1997
WEG		

Nachbezug der 12. Auflage

Abonnenten der 13. Bearbeitung haben die Möglichkeit, die 12. Auflage komplett oder in Teilen zum Vorzugspreis zu beziehen (so lange der Vorrat reicht). Hierdurch verfügen sie schon zu Beginn ihres Abonnements über das Gesamtwerk Staudinger.

Dr. Arthur L. Sellier & Co. - Walter de Gruyter & Co.
Postfach 30 34 21, D-10728 Berlin